MÉMOIRES
DE LA
SOCIÉTÉ DES ANTIQUAIRES
DE PICARDIE.

DOCUMENTS INÉDITS CONCERNANT LA PROVINCE.

TOME QUINZIÈME

BIBLIOGRAPHIE
DU
DÉPARTEMENT DE LA SOMME

Par M. Henri MACQUERON

Membre titulaire non résidant de la Société des Antiquaires de Picardie, Directeur des Publications de la Société d'Emulation d'Abbeville, Inspecteur de la Société Française d'Archéologie.

TOME PREMIER

AMIENS
YVERT et TELLIER, Imprimeurs de la Société des Antiquaires de Picardie
37, rue des Jacobins et rue des Trois-Cailloux, 52

1904

MÉMOIRES

DE LA

SOCIÉTÉ DES ANTIQUAIRES
DE PICARDIE.

DOCUMENTS INÉDITS CONCERNANT LA PROVINCE.

TOME QUINZIÈME

BIBLIOGRAPHIE

DU

DÉPARTEMENT DE LA SOMME

Par M. Henri MACQUERON

Membre titulaire non résidant de la Société des Antiquaires de Picardie, Directeur des Publications de la Société d'Emulation d'Abbeville, Inspecteur de la Société Française d'Archéologie.

TOME PREMIER

AMIENS
YVERT et TELLIER, Imprimeurs de la Société des Antiquaires de Picardie
37, rue des Jacobins et rue des Trois-Cailloux, 52

1904

PRÉFACE

Plusieurs travaux ont déjà été entrepris sur la Bibliographie soit des différentes parties de la Picardie, soit du département de la Somme. Dès 1850, M. Charles Dufour commençait, dans les *Mémoires de la Société des Antiquaires*, son *Essai bibliographique sur la Picardie*. Le plan en était des plus vastes ; l'auteur prenait la province dans sa plus grande étendue et pensait, après avoir terminé le département de la Somme, entreprendre la bibliographie de l'Aisne et de l'Oise, ainsi que des parties du Pas-de-Calais comprises autrefois dans la Généralité d'Amiens. Malheureusement, M. Dufour comptait mener à bien son entreprise sans sortir de son cabinet, et ceux-là seuls qui nous ont aidé dans notre tâche savent l'énorme quantité de déplacements que nécessitent les recherches dans les bibliothèques publiques et privées, dans les dépôts d'archives et au siège d'innombrables sociétés où l'on cherche trace de documents intéressants, mais qu'on a bien de la peine à réunir et à retrouver ; en effet, on ne se doutait guère, au moment de leur apparition, qu'ils acquerraient avec le temps une importance qu'ils étaient alors loin de posséder.

M. Dufour a compulsé sa riche bibliothèque personnelle ; M. Victor de Beauvillé lui a fourni l'indication d'un certain nombre des pièces rares qui abondaient dans sa magnifique collection ; deux amateurs Abbevillois, MM. de Caïeu de Vadicourt et Oswald Macqueron lui ont envoyé à Amiens ce que leurs bibliothèques contenaient de plus intéressant et, avec quelques documents recueillis de part et d'autre, il a composé les deux seuls fascicules parus de son *Essai bibliographique sur la Picardie* comprenant 819 numéros qui concernent les généralités sur le département de la Somme et la ville d'Abbeville. Il est à regretter que l'ouvrage de M. Dufour soit resté incomplet, d'autant plus qu'il a été conçu et exécuté avec une rare exactitude, une grande abondance de renseignements et une division claire et méthodique qui nous a souvent servi de base pour le travail que nous publions aujourd'hui.

M. Pouy n'était pas, à proprement parler, un bibliographe, mais la nature de ses travaux le conduisait naturellement à l'étude des ouvrages publiés. A la fin de ses *Recherches sur l'Imprimerie et la Librairie dans le département de la Somme,* publiées en 1863, il a donné la description avec notes de 329 ouvrages imprimés à Abbeville, Doullens, Montdidier et Péronne et cette liste, quelque courte qu'elle soit, renferme, au point de vue bibliographique, de très utiles et très intéressants renseignements. Dans un autre de ses ouvrages, *la Vie de Mgr. Faure,* M. Pouy a publié une liste très complète et qui nous a souvent servi de toutes les pièces émanant de l'administration de ce grand évêque dont les mandements, joints aux factums des innombrables procès auxquels il a été mêlé, forment un élément très appréciable de la bibliographie de notre département.

Un peu plus tard, en 1846, M. Périn, de la *Société Archéologique de Soissons,* publiait deux gros volumes de *Recherches bibliographiques sur le département de l'Aisne.* Ce travail est complet en 7.728 numéros classés par ordre alphabétique de communes sans autre division apparente. L'auteur y a fait figurer tous les ouvrages écrits spécialement sur un sujet quelconque intéressant le département, ainsi que des articles publiés çà et là dans les revues d'histoire locale et dans les journaux de la région ; il y a aussi compris, ce que n'avait pas fait M. Dufour, les articles et mémoires non tirés à part figurant dans des recueils scientifiques ou dans des revues périodiques aussi bien que dans tous autres ouvrages de différents genres, notamment dans les travaux hagiographiques ou dans d'anciens recueils de jurisprudence. Malheureusement, les titres des ouvrages cités sont, pour la plupart, reproduits d'une façon incomplète : les noms des éditeurs et le nombre de pages de chaque pièce y sont omis, et quant aux articles extraits d'ouvrages généraux, si l'auteur indique exactement d'où ils sont tirés, il mentionne seulement le numéro de la page de départ, de telle sorte qu'on ne peut se rendre compte de leur importance. Quoiqu'il en soit, l'ouvrage de M. Périn est loin d'être dénué d'intérêt et il est de nature à rendre de grands services.

Notre cher et toujours regretté collègue et ami, M. Arthur de Marsy, directeur de la *Société française d'Archéologie,* a publié en 1874 une *Bibliographie Compiégnoise,* suivie en 1877 d'une *Bibliographie Noyonnaise.* Dans ces deux ouvrages, M. de Marsy a suivi le plan déjà adopté par M. Dufour et a donné sur les deux villes un travail absolument parfait à la fois complet, clair et détaillé, contenant nombre d'éclaircissements et de notes intéressantes sans jamais tomber dans les longueurs ni dans les détails inutiles. Nous avons à notre tour pris pour guides les Bibliographies Compiégnoise et Noyonnaise et toute notre ambition est que notre ouvrage s'en rapproche le plus possible.

M. Dramard, Membre de la *Société Académique de Boulogne-sur-Mer* s'est aussi occupé de la bibliographie de la Picardie. Il a publié en 1881 le premier volume d'un ouvrage qui parait ne pas devoir être continué et qui concernait le Boulonnais et les Pays Conquis et Reconquis, dans lequel l'auteur a non seulement compris les imprimés, mais aussi les cartes géographiques et a encore donné l'indication de nombreux documents manuscrits.

Enfin on ne saurait oublier comme ouvrages de bibliographie les magnifiques travaux de M. Georges Durand, archiviste du département de la Somme. Dans les huit gros volumes in-4º qu'il a consacrés à l'inventaire des Archives départementales de la Somme et des Archives communales d'Amiens, M. Durand a fait connaître et a analysé une quantité de pièces manuscrites presque inconnues jusqu'ici et a en même temps donné l'indication de nombre de documents imprimés de l'intérêt desquels on pourra juger par la fréquence des renvois aux Archives départementales que nous avons faits dans notre ouvrage.

Le trop bienveillant accueil qui a été fait à l'Iconographie du département de la Somme, œuvre de jeunesse laissant souvent à désirer et dont nous reprendrons peut-être un jour certaines parties, nous a déterminé à entreprendre, dès 1888, des recherches pour la bibliographie de notre département. C'est le résultat de ces recherches que nous publions aujourd'hui. Nous n'avons pas la prétention de donner un travail absolument complet : c'est, croyons-nous, chose impossible en pareille matière ; bien souvent, au cours de l'impression, il nous est arrivé d'intercaler des documents nouveaux ; mais, après avoir, depuis bientôt vingt ans, parcouru les bibliothèques publiques et privées, à l'exception d'une seule de ces dernières dont la porte ne s'ouvre pour personne ; après avoir dépouillé les catalogues de toutes sortes et frappé partout où nous avions l'espoir de trouver un document, un renseignement, une date, nous pensons pouvoir considérer notre travail comme terminé, et, sollicité par nos confrères de la *Société des Antiquaires de Picardie*, nous avons commencé la publication du grand catalogue de librairie locale que nous offrons aux amateurs et aux bibliophiles picards.

La plus grande difficulté, dans un travail de ce genre, est d'arriver à un classement aussi clair et aussi rationnel que possible de manière à faciliter les recherches pour ceux qui veulent bien le consulter. Aussi devons nous indiquer ce que nous avons mis dans la Bibliographie, comment nous avons établi notre classement et enfin les règles qui ont dirigé l'impression.

La Bibliographie comprend l'indication de tous les ouvrages et articles d'histoire locale, générale ou particulière, civile ou ecclésiastique ainsi que de biographies que nous avons pu rencontrer, soit qu'ils forment un tout complet depuis le gros in-folio jusqu'au modeste in-18 ou à la brochure de quelques pages, sans même oublier certains placards, soit qu'ils ne comportent qu'un extrait plus ou moins important pris dans une Revue, dans des Mémoires de Sociétés Savantes, dans des recueils de droit, d'hagiographie, d'histoire naturelle, etc., en un mot dans tout ouvrage quelconque d'intérêt général ou particulier. Nous avons voulu que ceux qui commencent un travail d'histoire locale puissent en feuilletant notre volume trouver l'indication de tous les documents imprimés ayant trait au sujet qu'ils vont traiter de même que pour les pièces manuscrites ils dépouillent les Inventaires d'Archives.

Nous n'avons pas cru cependant devoir mentionner les articles d'histoire locale, assez nombreux du reste, qui ont paru dans les journaux de la région (ce sera peut-être le sujet d'un autre travail), d'autant plus qu'il y a grande difficulté, pour ne pas dire impossibilité, à trouver les collections complètes des journaux, pour peu qu'ils remontent à une date reculée : au surplus, les plus importants de ces articles ont été généralement l'objet de tirages à part que nous avons mentionnés. Pas davantage, nous n'avons dépouillé, sauf quelques exceptions, les dictionnaires et encyclopédies, ni les gros recueils bibliographiques, comme la biographie Didot : ç'aurait été grossir inutilement le volume par des articles qu'il est toujours facile de trouver quand on en a besoin.

Le hasard a voulu que nous ayons terminé nos recherches au moment même où expirait le xixe siècle. On trouvera donc dans la Bibliographie tout ce qui a été publié avant le 1er janvier 1901 ; aucun ouvrage postérieur à cette date n'y figure, sauf deux ou trois exceptions pour les seconds volumes de publications dont les premiers étaient déjà mentionnés. Nous avons voulu conserver une unité complète du commencement à la fin : le temps est long pour imprimer 130 feuilles et les premiers chapitres auraient paru incomplets quand ils s'arrêtaient en 1900, alors que les derniers auraient compris des publications parues cinq, six ou sept ans plus tard. Toutes ces pièces, du reste, mises au jour au cours de l'impression, pourront peut-être former un supplément comprenant aussi les pièces anciennes découvertes pendant le même laps de temps.

Nous nous arrêtons, venons nous de dire, à la fin de l'année 1900 ; il a fallu cependant suivre une règle différente pour deux catégories de publications qui ne deviennent généralement intéressantes que lorsqu'elles ont acquis quelque ancienneté, ce sont les brochures administratives et les mandements épiscopaux. Nous n'avons pas voulu allonger notre ouvrage par l'indication de règlements sur les octrois municipaux ou de budgets départementaux ou hospitaliers de date récente ainsi que de mandements dont le titre seul est intéressant pour l'histoire locale. Aussi nous sommes nous arrêté à 1850 pour les mandements et à 1870 pour les publications émanant d'administrations quelconques.

Comme dans l'Iconographie, nous avons adopté la division géographique par arrondissements, cantons et communes en réservant aux généralités un chapitre spécial et en en consacrant d'autres aux mémoires judiciaires et aux biographies. L'ouvrage est donc divisé en huit livres : le premier comprend les généralités sur la Picardie et le département de la Somme ; les cinq suivants sont consacrés aux cinq arrondissements d'Amiens, Abbeville, Doullens, Montdidier et Péronne ; le livre sept contient les Mémoires Judiciaires entre particuliers, ne se rapportant pas à l'histoire des communes ; enfin l'hagiographie, l'histoire des familles nobles et tous les ouvrages de biographie sont compris dans le livre huitième.

Nous avons rapporté aux communes tout ce qui les concerne en tenant compte avant tout de la division territoriale et de la localité dont l'ouvrage concerne l'histoire. Un procès entre l'abbaye de St Martin-aux-Jumeaux et les religieux de Selincourt, au sujet de la cure de Warlus, sera placé à ce dernier nom, sauf à rechercher à la table alphabétique très détaillée qui se trouvera à la fin du tome II, les diverses pièces émanant d'un même établissement ou d'une même collectivité. Ainsi, pour ne citer qu'un exemple, diverses abbayes, comme celles de Corbie et de Saint-Acheul se trouvent citées dans tous les livres et dans de nombreux chapîtres ; on trouvera à leurs noms dans la table tous les numéros qui les intéressent.

Quelques sujets cependant auraient souffert d'être divisés de la sorte, car ils auraient comporté dans chaque chapitre un nombre trop peu considérable de numéros. Nous avons réuni ensemble dans le livre premier tous les ouvrages qui les concernent et en avons fait autant de chapitres séparés : ce sont l'archéologie préhistorique, l'histoire naturelle, la numismatique, le folk-lore que nous avons placé à côté du patois picard et les anciennes coutumes.

Pour l'ordre à adopter, le choix était à faire entre la classification par l'époque de la publication des ouvrages ou par la date des faits historiques qui y sont traités. Il a été impossible de suivre à ce sujet une règle fixe et nous avons dû recourir tantôt à l'une, tantôt à l'autre de ces classifications. Ainsi, pour les sujets traitant de généralités sur l'histoire du département tout entier, sur celles des villes d'Amiens et d'Abbeville, par exemple, il a fallu nécessairement suivre l'ordre de publication des ouvrages. Mais, quand il s'agissait de travaux ayant trait à une époque déterminée de l'histoire, nous avons adopté l'ordre chronologique des faits et placé, par exemple, toutes les brochures sur la fameuse question de Samarobriva avant celles relatives à la prise et à la reprise d'Amiens en 1597. En même temps, il a fallu quelquefois mélanger ces deux classifications, et ainsi mettre à la suite l'un de l'autre tous les ouvrages publiés sur ce même siège d'Amiens, qu'ils en soient contemporains ou qu'ils n'aient paru que de nos jours, en les classant cette fois suivant leur date de publication.

Nous n'avons pas ménagé les divisions, persuadé que dans les chapitres importants comprenant l'indication d'un grand nombre de pièces, comme pour le département, pour Amiens et pour Abbeville, cette multiplicité de divisions était le moyen le plus sûr de faciliter les recherches. Pour les centres moins considérables comme Doullens, Montdidier, Péronne, Corbie, Ham, Roye, etc., nous avons simplement divisé en histoire civile et histoire ecclésiastique. Quant aux communes qui ne comprennent qu'un petit nombre d'articles, nous n'avons mentionné aucune division ; mais les publications qui les concernent ont été cependant indiquées dans l'ordre adopté pour les localités plus importantes. Les mémoires judiciaires entre particuliers sont mis dans l'ordre alphabétique du premier nom cité. Les biographies sont aussi rangées par ordre alphabétique et les divers ouvrages concernant un même personnage classés suivant leur date de publication.

Nous donnons scrupuleusement le titre exact de chacun des ouvrages et documents cités avec les mots écrits en vieux français, la ponctuation, les majuscules, abréviations, etc., et même les fautes d'orthographe qui se rencontrent quelquefois, les lieux et noms d'édition et d'éditeur, le nombre de pages et le format. Ces titres, tels qu'ils existent, sont imprimés avec les caractères qui font le corps principal de l'impression. Dans certaines pièces, principalement dans les factums et dans les jugements, le titre n'indique pas suffisamment l'objet qui y est traité ; nous avons corrigé ces insuffisances ainsi que les inexactitudes qui se rencontrent aussi fréquemment par de courtes mentions, imprimées soit en caractères italiques au cours même du titre, soit en petits caractères à la suite de l'ouvrage décrit. Enfin, à chaque numéro, un ou deux mots, imprimés en caractères gras indiquent le sujet principal qui y est traité.

Nous avons vu par nous même la presque totalité des volumes que nous mentionnons dans la Bibliographie. Il y en a cependant quelques-uns dont nous connaissons l'existence pour les avoir vu cités dans une bibliographie, un ouvrage quelconque, un catalogue de librairie sans avoir jamais eu l'occasion de les rencontrer. Nous les mentionnons d'après les indications que nous en avons trouvées en les faisant précéder d'une astérique. Il en est de même pour les nombreux factums qui se trouvent à la Bibliothèque Nationale, et qu'il était impossible de rechercher parmi les milliers de pièces du même genre conservées à la rue Richelieu : nous avons reproduit exactement les titres de ces derniers, tels qu'ils se trouvent dans l'inventaire qui en a été fait par M. Corda, de la Bibliothèque Nationale, en les faisant également précéder d'une astérique.

Enfin, pour les volumes de grande rareté ou pour ces quantités de pièces peu connues noyées le plus souvent dans des dossiers d'archives ou dans des recueils factices, nous avons indiqué les bibliothèques où on peut les trouver, en indiquant de préférence les bibliothèques publiques. Ces dernières, en effet, ne changent pas, et leur classement ne varie guère ; tandis que les collections particulières sont, hélas ! destinées à être dispersées. Nous en avons eu trop souvent la preuve au cours de nos travaux ; les grandes bibliothèques de Marsy, Roze, Gosselin et bien d'autres n'existent plus, et il serait difficile de savoir où se trouvent maintenant les pièces rares et intéressantes qu'elles renfermaient en grand nombre.

En effet, depuis seize ans que nous avons commencé nos recherches, combien de nos plus précieux et meilleurs collaborateurs ont disparu. Et c'est à la mémoire de MM. Oswald Macqueron, de Marsy, Janvier, des chanoines Roze et Gosselin, des bibliothécaires Garnier et René Vion que nous devons adresser nos sentiments d'amour filial, de sincère amitié et de vive reconnaissance pour les services qu'ils nous ont rendus et pour l'inépuisable complaisance avec laquelle ils nous ont laissé travailler dans leurs bibliothèques ou dans les dépôts publics dont ils avaient la garde.

Parmi ceux de nos collaborateurs qui existent encore et auxquels nous avons l'agréable devoir d'adresser nos remerciements, il faut en première ligne citer l'excellent M. Pinsard qui nous avait habitué à considérer comme la nôtre sa bibliothèque, si riche en ouvrages d'histoire locale ; puis, M. Durand, archiviste départemental, auquel nous avons imposé tant de dérangements pour prendre communication d'un nombre énorme de dossiers dans lesquels se trouvaient perdus quelques documents imprimés : M. Alcius Ledieu, bibliothécaire d'Abbeville, qui nous a puissamment aidé lors de nos premières recherches, et M. Michel, bibliothécaire d'Amiens, arrivé au moment où nous touchions au terme de nos travaux, mais qui nous a donné souvent les plus grandes marques de complaisance quand nous allions lui demander communication de volumes. A tous nous disons merci, comme à ceux qui ne nous ont donné que quelques indications ou que nous allions importuner chez eux, pour avoir des renseignements supplémentaires sur quelques pièces incomplètes. Merci à M. Soyez qui a accepté la tâche ingrate de revoir la plupart de nos épreuves. Merci enfin à la *Société des Antiquaires de Picardie* qui a favorablement accueilli notre travail et qui a bien voulu consacrer deux volumes de ses Mémoires in-4° à l'œuvre d'un membre non résidant.

ERRATA

Entre les n°ˢ 1621 et 1622, mettre en titre : Mgr Feydeau de Brou.

BIBLIOGRAPHIE

DU

DÉPARTEMENT DE LA SOMME

LIVRE PREMIER
GÉNÉRALITÉS SUR LE DÉPARTEMENT DE LA SOMME

CHAPITRE I

TOPOGRAPHIE, ETYMOLOGIES, DESCRIPTIONS GÉNÉRALES

I. TOPOGRAPHIE.

1. — M. Z. Topographiæ Galliæ. oder Beschreibung vnd Contra feijfung des Machtigen Konigreichs Francfreich-Zwenter Theil. Diefurnehmste vnd befantiste Statte vnd Platze in der Provinc **Picardiæ** Mie auch den andern Eingang von gemelten Konigreich, auch deszen Regirung vnd furnehmste Ambtein furstellend. — Franckfurt am Mann. Inverlegung Gaspar Merians. M.DC.LVI Cum Privileg. Sac. Cœ. M ; 38 p. petit in-fol. avec une carte et 39 vues ou plans.

* 2. — Arrest du Conseil d'Estat du Roy et Lettres patentes sur icelui, concernant les enclaves de **Picardie** et d'Artois. Du 13 avril 1743. — Paris, veuve Delatour, s. d. ; 4 p. in-4°.

Bibliographie Dufour, n° 52.

3. — Dissertation sur l'étendue du Belgium et sur l'ancienne **Picardie** qui a remporté le prix au jugement de l'Académie des sciences, belles-lettres et arts d'Amiens, en l'année 1752, par l'abbé Carlier. — Amiens, veuve Godart, 1753 ; 60 p. in-12.

4. — Lettre de Monseigneur l'Évêque d'Amiens aux Curés de son Diocèse *leur recommandant de donner les renseignements nécessaires aux Ingénieurs qui dressent une* **carte** *de la province ;* 1756. — S. l. n. n. ; 3 p. in-4°.

Bibl. H. Macqueron, à Abbeville.

5. — Extrait du Tableau rectifié des **distances** en Myriamètres et Kilomètres de chaque Commune du Département de la Somme aux Chefs-lieux du Canton, de l'Arrondissement et du Département. Dressé en exécution de l'art. 93 du Décret du 18 juin 1811. — Amiens, Fr. Caron-Berquier, 1820 ; 24 p. in-4°.

Il existe une autre édition de 1825 en 33 p. in-4°.
Bibliog. Dufour, n° 225.

6. — Statistique archéologique, ou recherches sur les origines et les antiquités gauloises du département de la Somme, par *M. Ledieu*. — Amiens, R. Machart, *1828* ; 4 p. in-4°.

Prospectus du numéro suivant.
Bibliog. Dufour, n° 112.

7. — **Chorographie** de l'ancienne Picardie. Mélanges archéologiques, *par M. Ledieu*. — Amiens, R. Machart, *1832* ; 49 p. in-4°.

Bibl H. Macqueron.
Ces deux ouvrages de M. Ledieu ne sont guère que le prospectus et le programme d'un grand travail que l'auteur devait entreprendre sur la topographie celtique de la Picardie.

8. — Rapport sur la division de la **surface** du département de la Somme, par M. Riquier : séance du 30 juillet 1833. — Amiens, R. Machart ; 7 p. in-8° et 3 tabl.

Ext. Mém. Acad. Amiens.

9. — Éclaircissements historiques sur quelques points de **géographie** ancienne concernant la Picardie, par M. Rigollot.

Mém. Soc. archéol. de la Somme, t. I, p. 237 à 244 av. 1 pl. ; in-8°.

10. — Proposition concernant la confection d'une **carte** pour servir à l'Histoire de Picardie, développée dans la séance générale du 8 juillet 1838, par M. H. Hardouin. — Amiens, Ledien fils ; 8 p. in-8°.

Ext. Mém Soc. Ant. Pic., t. II.

11. — Notice sur les **limites** de la Normandie et de la Picardie, du côté de la Bresle, par M. Fernel père.

Ibid., t. II, p. 259 à 263 ; in-8°.

12. — Esquisse d'un projet de **cadastre** par masses de culture considéré sous les seuls rapports : 1° de l'arpentage général du sol du département de la Somme suivant un procédé convenable à l'abolissement définitif des mesures locales anciennes; 2° des conditions indispensables de l'expertise des revenus territoriaux des communes...... *par M. Ledieu*. — Amiens, Ledien Canda, *vers 1840* ; 42 p. in-4° et 1 pl.

13. — Département de la Somme. Tableau des **Distances** en Myriamètres et Kilomètres de chaque Commune aux Chefs-Lieux du Canton, de l'Arrondissement et du Département. — Amiens, Duval et Herment, 1850 ; 35 p. in-4°.

14. — **Topographie** ecclésiastique de la France, par M. J. Desnoyers. (Extrait de l'Annuaire de la Société de l'Histoire de France). Deuxième partie. Diocèse d'Amiens; p. 519 à 559. — Paris, Ch. Lahure, 1861-1862 ; in-8°.

15. — **Géographie** normande. Quelques pagi picards et normands. Pays d'Aumale. Cartes des frontières Nord-Est de la Normandie, par M. Sémichon. — Paris, Didier et C¹⁰. 1862 ; 38 p. in-8°.

Ext. Rev. archéol.

16. — Dictionnaire **topographique** du département de la Somme, par M. J. Garnier.

Mém. Soc. Ant. Pic., t. XXI, 528 p. et t. XXIV, 527 p. ; in-8°.

17. — **Topographie** de la Picardie, *par M. Darsy*.

La Picardie, 1878, p. 255 à 263, jn-8°.

18. — Les Variations des **Limites** du Ponthieu et de l'Artois au XIIIᵉ siècle, par le Comte de Brandt de Galametz.

Mém. Soc. Emul. d'Abbeville, t. XVII, p. 163 à 189 ; in-8°.

19. — Les **Limites** de la Normandie *et de la Picardie* du côté de la Bresle, depuis le Traité de Saint-Clair-sur-Epte (912), par P. L. Limichin. — Reims, Monce, 1895 ; 29 p. in-8° et 1 pl.

II. ETYMOLOGIES.

20. — Lettre à l'auteur du Mercure sur l'**origine** du nom de Picardie, par M. de la Chapelle, membre de la Société de Clermont-Ferrand.
Mercure de France, Décembre 1752, p. 58 à 77 ; in-12

21. — Essai sur l'**origine** des villes de Picardie, précédé de recherches historiques sur le nom et l'étendue successive de cette ancienne province, par L. A. Labourt. — Amiens, Alfred Caron, 1840 ; XIV-396 p. in-8°.
Ext Mém. Soc. Ant. Pic.

22. — Notice sur la Picardie, le **nom**, le caractère et le langage des Picards.
Arch. de Pic., t. I, p. 7 à 14 ; in-8°.

23. — Extrait d'une lettre de M. Bresseau au sujet de la Notice sur la Picardie.
Ibid., p. 39 à 47 ; in-8°.

24. — Opinion sur l'**origine** du mot Picard, en réponse aux articles publiés dans les cinq premières livraisons des Archives de Picardie, *par le Comte de Boubers*. — Amiens, Caron-Vitet, 1842 ; 7 p. in-8°.
Ext. Arch. Pic.

25. — Hypothèses **étymologiques** sur les noms de lieux en Picardie, par l'Abbé Jules Corblet. Extrait de l'Investigateur..... Avril, mai et juin 1851. — St-Germain-en-Laye, Beau, 1851 ; 20 p. in-8°.

26. — **Etymologie** du mot Santerre, par Lefèvre - Marchand. — Péronne, Recoupé, 1878 ; 26 p. in-8°.

27. — Œuvre posthume. Etude sur l'**étymologie** de nombreuses localités situées principalement dans l'ancienne Picardie. Notes recueillies et publiées par la famille de l'auteur, *(M. Ledieu,)* après sa mort. — Amiens, Delattre-Lenoel, 1880 ; VIII-447 p. in-4° av. port.

28. — *Etude* **étymologique** *sur la* Picardie.
Les anc Prov. de France. Etudes étymologiques par Rolland de Dessus : Paris, Lechevallier, 1883, p. 18 à 30 ; in-8°,

29. — **Etymologie** du nom de Picardie, *par l'abbé Fourrière*.
Revue d'exegèse, 5e année, p. 177 a 183 ; in-8°.

30. — Le Santerre. **Etymologie** de ce nom par F. I. Darsy. — Amiens, Yvert et Tellier, 1900 ; 9 p. in-8°.
Ext. Bull Soc. Ant. Pic.

III. DESCRIPTIONS GÉNÉRALES.

31. — Francia, **Picardia** vera et Campania.
Gerardi Mercatoris atlas. , Amstelodami in œdibus Iudoci Hondij, 1607, p 141 et 142 avec carte ; in-folio.

32. — La **Picardie**.
Gér. Mercatoris atlas.— Iudoci Hondij, Amstelodami, 1619, p. 153 et 154 av. carte , in-folio.

33. — Dv Pays de **Picardie**.
Les Ant. et Rech. des Villes, ., par Duchesne. — Paris, David, 1637, p. 415 à 441 ; in-16.

34. — La **Picardie**.
Le théâtre du Monde .. — Amsterdam, Blaeu, Anno CIƆ, IƆCXXXVIII, t. II, feuille E, avec carte ; in-folio.

* **35.** — Descripcion de la provincia de **Picardia**, por Juan de Moret. — Cambray, 1640 ; in-4°.
Bibliog. Dufour, n° 126.

* **36.** — Descripcion de la **Picardia**, por N... de Cordova. — Amsterdam, 166., petit in-12.
Cet ouvrage est ainsi que celui mentionné sous le n° 34, indiqué par M. Bourgoin, ancien employé de la Bibliothèque nationale, dans le guide de la conversation espagnole et française.
Bibliog. Dufour, n° 127.

37. — Les Voyages d'un Lillois en **Picardie** (1690-1697). Extraits suivis de notes sur quelques voyages dans cette province au XVIIe siècle, par M. le Comte de Marsy.
Bull. Soc. Ant. Pic., t. XVII, p. 530 à 550 ; in-8°.

38. — Un voyage en Flandre, Artois et **Picardie**, en 1714. Publié d'après le manuscrit du sieur Nomis, par Alex.

Eeckman. — Lille, Ducoulombier, 1896 ; 236 p. in-8°.

Ext. des Ann. du Comité flamand de France, t. XXII.

39. — **Généralité d'Amiens**, composée de six Elections. *Liste de toutes les paroisses avec le nombre de feux.*

Dénombrement du Royaume, par M . — Paris, Saugrain, 1719, t I. p. 48 à 76 ; in-12.

40. — Gouvernement de **Picardie**.

Description de la France, par l'Abbé de Longuerue, 1722, 1re partie. p. 54 à 65 ; in-fol.

41. — Chapitre premier, 3. Description de la **Picardie**.

Nouvelle description de la France,. par Piganiol de la Force. — Paris, Théodore Legras, 1722, t. III, p. 120 à 248 , in-12.

42. — Voyage de Paris à Calais et à Dunkerque. *Description des villes de* **Picardie**.

Nouveau voyage en France . — Au Palais, Théodore Legras, 1740. t. II, p. 155 et s. ; in-8°.

43. — La **Picardie**.

Géograph. hist eccles. et civile, par Dom Vaissette. — Paris, 1755, t. VI, p 47 à 78 ; in-12.

44. — Nouvel Atlas Chorographique de la **Picardie** et de l'Artois. Comprenant le Haut et Bas Boulonnois, le Pays Reconquis, l'Artois avec la Gouvernance d'Arras, Divisés en ses Bailliages : la Généralité d'Amiens en Elections, Bailliages et Doyennés et la Généralité de Soissons qui confine à la Haute-Picardie. Levés sur les Lieux et Détaillés dans toutes leurs Parties. — A Paris, chez le Sr Desnos, Ing : Géog : pour les Globes et Sphères, rue Saint-Jacques, au Globe, A. P. D. R., 1766 ; 25 cartes in-4°.

45. — **Picardie**.

Dict. géog. des Gaules, par Expilly. — Paris, 1772, p. 670 à 681 ; in-fol.

46. — Le Conducteur français... par L. Denis. Route de **Paris à Amiens**. — Paris, Ribou, MDCCLXXVI ; 70 p. in-8° et une carte.

47. — Description Historique et Topographique de la Route d'**Amiens à Arras**.

Le Conducteur français .., par L. Denis. -- Paris, Ribou, 1777, IV-23 p. et une carte ; in-8°.

48. — Route générale du carosse de Paris à Arras par Senlis, **Roye**, Péronne et Bapaume.

Ibid — Paris, Ribou, 1777, 80 p. et une carte ; in-8°

49. — Le Conducteur français..., par L. Denis. Route de **Paris à Abbeville** et Calais. — Paris, Ribou, M.DCC.LXXVII ; 110 p. in-8° et une carte.

50. — **Picardie**. — 2 p. in-fol. et 7 pl. grav.

Laborde Voyage pitt. de la France, t. I ; in-fol.

51. — Voyage dans le département de la **Somme**, par une société d'artistes et de gens de lettres, enrichi de tableaux géographiques et d'estampes. — Paris, imprimerie du Cercle social, 1792 ; 35 p. in-8°, 4 pl. et une carte.

Le texte est de Lavallée, les dessins sont de Brion.

52. — La **Picardie**.

Le Voyageur français. ... par l'abbé Delaporte. — Paris, Montard, 1795, t. XXXIX, p 134 à 300 ; in-8°.

53. — Voyage fait dans les départemens nouvellement réunis, et dans les départemens du Bas-Rhin, du Nord, du Pas-de-Calais et de la **Somme**, à la fin de l'an X, par A. G. Camus, membre de l'Institut national, etc. — Paris, Baudouin, ventôse an XI, (1803,) ; 2 vol. de 189 et 227 p. et 3 pl. ; in-18.

Il existe une édition in-4°.

54. — Itinéraire descriptif ou description routière, géographique, historique et pittoresque de la France et de l'Italie, 3e Partie, Région du Nord, de **Paris à Calais**, par V. de Villiers. — Paris, 1816, 164 p. in-8° et 1 pl.

55. — *Voyage de Dijon à Paris par la* **Picardie**.

Voyages en France et pays circ. depuis 1775 jusqu'en 1807. — Paris, Guillaume, 1817. t. III, p. 320 à 333, av. 1 carte et 2 vues de Saint-Valery ; in-8°.

Nombreuses erreurs.

56. — **Somme.**
Les jeunes voyageurs ou Lettres sur la France., par L. N. A. et C. T — Paris, Lelong. 1821, t. 1, p. 1 à 19 in-24

57. Description du département de la **Somme** : *Abbeville, Amiens, Albert.*
L'Anacharsis français — Paris, 1822, t. 1, p. 263 à 280 avec carte ; in-18.

58. — Manuel du voyageur de **Paris à Calais** : 1° par Beauvais, Abbeville et Boulogne ; 2° par Clermont, Amiens, Saint-Pol et Saint-Omer, par les deux embranchements d'Amiens et d'Abbeville. — Paris, Dupont, 1828 ; 3 feuilles in-18 et 1 pl.
Journ. de l'Impr. et de la Libr., 1825, n° 2501.

59. — Tableau par ordre alphabétique des communes et annexes qui composent le département de la **Somme**.. précédé d'une table de comparaison entre les anciennes mesures agraires du département de la Somme. Dressé en 1826 et rectifié en 1830. — S. l. n. n. ; LXII p. in-8°.

60. — **Somme.**
France pitt , par Hugo. — Paris, Delloye, 1835, t III. p. 177 à 184 ; gr in-8°.

61. — **Somme.** Histoire, Origines, Fastes divers, Mœurs.
Hist. des Env. de Paris. — Paris, Philippe, 1837, t. III, p. 285 à 478 av. 3 grav. ; in-8°

62. — Département de la **Somme.**
Guide hist. du voy. en France. — Paris, Didot, 1838, t. II ; 16 p in-8°, av. 6 pl. et 1 carte.

63. — Description sommaire du Département de la **Somme.** — Amiens, Caron-Vitet, 1840 ; 71 p. in-16.

64. — Voyage en chemin de fer de **Paris à Boulogne** et à la frontière du Nord. Guide du voyageur dans Amiens et Description historique de la Cathédrale et des principaux Monumens de cette ville, *ainsi que des localités du département, de la Faloise à Rue et Miraumont.* — Amiens, Lenoel-Herouart, 1847 ; 63 p. in-8°.

65. — Notice historique sur les Villages, Eglises et Châteaux disséminés sur le parcours du Chemin de fer d'**Amiens à Abbeville** par M. A. Goze avec une Carte illustrée de 40 dessins par M. Duthoit. — Amiens Alfred Caron, *vers 1850;* 24 p. in-12.

66. — Géographie historique et statistique du Département de la **Somme** renfermant de glorieux souvenirs et d'intéressants détails sur les 831 communes qui le composent. Par Pringuez, ancien Instituteur. — Amiens, Caron et Lambert, 340 p. in-18.
2 éditions sans date, l'une vers 1850, l'autre vers 1865.

67. — By-Roads and Battle-Fieds in **Picardy** : with incidents and gatherings by the way betwen Ambleteuse and Ham : including Agincourt and Crecy, by G. M. Mursgrave, M. A. — London Bell and Daldy, 1861 ; XII-326 p. grand in-8° av. 6 pl. lith.
Bibl d Amiens, Hist., n° 5568

68. Une excursion en **Picardie**, *par Fritz Berthoud.*
Biblioth. univers et Revue suisse. — Genève, t XIX, 1864 ; 45 p in-8°.

69. — Géographie, histoire, statistique et archéologie des 89 départements de la France, par Adolphe Joanne. **Somme** (vingt-sept gravures et une carte). — Paris, Hachette, 1869 ; 98 p. in-12.

70. — Notice sur le département de la **Somme.**
Géogr illust. de la France, par Jules Verne. — Paris, J. Hetzel. vers 1874, p. 665 à 672 avec 1 grav. et 1 carte ; gr. in-8°.

71. — Géographie du Département de la **Somme,** par Adolphe Joanne. — Paris, Hachette, 1876 ; 62 p. in-12 av. 12 fig. et une carte.
Autre édition. Paris, Hachette, 1893 ; 62 p. in-12, avec 11 fig. et 1 carte.

72 — Lectures courantes des écoliers français à l'usage des écoles des deux sexes. La Famille. La Maison. Le Village. Notre Pays, par Caumont. Notre département (**Somme**) par Gence. —

Paris, Delagrave, 1884 ; 356 p. in-12, avec vignettes.

<small>Les p. 193 à 228 traitent seules du département ; le reste est d'intérêt général.</small>

73. — La France illustrée, Géographie, Histoire, Administration et Statistique, par V. A. Malte-Brun. **Somme**. — Gustave Barba, à Paris ; gr. in-8° de 16 p. av. 3 grav. et 1 carte.

<small>Nouvelle édition. Paris, Jules Rouff, s. d.</small>

74. — La France Illustrée, par V.-A. Malte-Brun. Nouvelle édition. Note par M. Janvier, *sur les nombreuses erreurs y contenues*.

<small>Bull. Soc. Ant. Pic. t. XIV, p. 501 à 507 ; in-8°.</small>

75. — Géographie du Département de la **Somme**, étude physique, administrative, agricole, industrielle et commerciale par M. Quénardel. — Paris, Gustave Guérin, *1893*, 8 p. petit in-4° et 2 cartes.

76. — **Somme**.

<small>La France pittoresque. — Tours, Mame, 1893, p. 267 à 282, av. 6 grav. ; gr. in-8°.</small>

77. — **Somme**.

<small>Patrie, descr. hist. de la France, par Lucien Huard. — Paris, Boulanger, 1893, t. IV, p. 256 à 319, av. 24 grav. ; gr. in-8°.</small>

78. — La France par départements. Notices historiques, géographiques et pittoresques publiées sous la direction de M. A. Chalamel. Le Département de la **Somme** par M. Mossier. — Paris, Picard et Kaan, *1893;* 56 p. in-12 av. 19 gr. et 1 carte.

79. — G. de Witasse. Géographie historique du département de la **Somme**. — Amiens, Courtin, 1896 ; 124 p. in-8°.

80 — De **Paris** au **Tréport** par Amiens, par Alexis Martin. — Paris, A. Hennuyer, *1897;* in-16 de XXXIII-255 p. av. 51 grav. et 2 cartes.

81. — Ardouin-Dumazet. Voyage en France, 17e série. Littoral du Pays de Caux. Vexin. **Basse-Picardie**, avec 24 cartes ou croquis. — Paris, Berger-Levrault, 1898 ; 394 p. in-12.

<small>Les p. 215 à 368 contiennent la description de la partie sud du département de la Somme.</small>

82. — **Somme**.

<small>Géog. pitt. et dép. de la France, par Ch. Brossard. — Paris, Flammarion, 1900, t. I., p. 273 à 320 av. 37 fig. ; gr. in 8°.</small>

83. — Nouvelle Géographie scolaire du Département de la **Somme**. — *Amiens*, Poiré-Choquet, *1900* ; 16 p. petit in-4°, avec 2 cartes.

CHAPITRE II

HISTOIRE NATURELLE

I. GÉOLOGIE.

84. — Dissertation sur la **Tourbe** de Picardie, qui a remporté le Prix au jugement de l'Académie des Sciences, Belles-Lettres et Arts d'Amiens, en l'année 1754, par M. Bellery. — A Amiens, Chez la Veuve Godart, MDCCLV ; 34 p. in-12 et 2 pl.

85. — Mémoire sur la **Tourbe**, *d'après des observations faites dans les marais de la Picardie*, par M. Bizet, de l'Académie... d'Amiens. — A.Amiens, Chez la Veuve Godart, MDCCLVIII ; in-12 de 2 p. n. n. et 106 p.

86. — De la **Tourbe** de Picardie.
Suppl. à l'Ess sur l'hist. de Picardie, par De vérité, p. 111 à 117 ; in-12.

87. — Arrest du Conseil d'Etat du Roi qui accorde au Sr André Joseph Piérard, ses héritiers, successeurs et ayans cause pour vingt-années à compter de ce jour, la permission d'exploiter, exclusivement à tous autres, les Mines de **Charbon de terre** qui se trouvent ou pourront se trouver dans la partie de la province de Picardie enclavée entre le Village de Vicogne, la Ville d'Abbeville, Préaux-lez-Maintenay, bordant la rive gauche de la Rivière d'Authie jusqu'à Bauvoir, de là à Warluzel, et de Warluzel à la Vicogne. Du 10 Février 1784. — Lille, Peterinck-Pramé, 1784 ; 3 p. in-4° et 1 pl.
Arch. départ. de la Somme, C. 1511.

* **88.** — Mémoire sur la **terre pyriteuse** qui se trouve en Picardie et dans le Soissonnais, et sur les moyens qu'il y a d'établir des fabriques de vitriol avec cette matière, par M. Monnet, inspecteur général des mines de France. — S. l. n. n. n. d. ; 8 p. in-4°.
Ext. du Journal de Physique.
Bibliog. Dufour, n° 16.

89. — Observations sur l'**histoire physique** de la Vallée de la Somme par le C. Girard, ingénieur des Travaux publics.
Journal des Mines, an III, 4e trimestre, p. 15 à 82, av. 2 cartes.

90. — Mémoire sur la **Géologie** d'une partie du Département de la Somme, par C. J. Buteux.
Mém. Acad. Amiens, t. I, p. 1 à 28 ; in-8°.

91. — Mémoire sur la **géologie** d'une partie du département de la Somme, par M. Buteux.
Bull. de la Soc. géol. de Fr., t. IV, 1833-1834, p. 329 à 334.

92. — Notice sur des recherches de mines de **houille** dans le Département de la Somme, par M. Cocquerel.
Mém Acad. Amiens, t. II, p. 71 à 79 ; in-8°.

93. — Mémoire **géologique** sur le Bassin d'Amiens et en particulier sur les Cantons Littoraux de la Somme, par M. Ravin. — Abbeville, Boulanger, 1836 ; 68 p. in-8°.
Ext. Mém. Soc. Emul. Abbeville.

94. — Esquisses **géologiques** du département de la Somme, par M. Buteux. — Amiens, Duval et Herment, 1843 ; 140 p. in-8°, avec un tableau et une carte.
Ext. Mém. Acad. Amiens.

95. — *Note sur la formation du terrain* **quaternaire** *du Bassin de la Somme.*
Hist. des Progrès de la géologie en France, par d'Archiac. — Paris, 1848, t. II, p. 153 et 155 ; in-8°.

96. — Esquisse **géologique** du département de la Somme par Ch. Jh Buteux. Nouvelle édition. — Paris, P. Bertrand, 1849 ; 122 p. in-8°.

97. — *Note sur la formation* **crétacée** *du département de la Somme.*
Hist. des progrès. par d'Archiac. — Paris, 1851, t. IV, p. 203 et 204 ; in-8°.

98. — Note sur les coquilles **fossiles** de la Somme, par M. Albert Gaudry.
Bull. Soc. géol. Fr., t. X, 2e sér., 1852-1853, p. 290 à 292 ; in 8°.

99. — Notions générales sur la **géologie** du département de la Somme, par M. Buteux. — Abbeville, P. Briez, 1857 ; 16 p. in-8°.
Ext. Mém. Soc. Emul. Abbev.

100. — Des **terrains d'alluvions** situés dans les baies de la Somme et de l'Authie et de leur avenir. Rapport fait à l'Académie des Sciences, des Belles-Lettres, Arts, Agriculture, Commerce du département de la Somme, par M. Mancel, lu dans la séance du 30 Avril 1858, par M. Edouard Gand (Extrait du Pilote de la Somme). — Abbeville, René Housse, s. d. ; 11 p. in-12.

101. — **Géologie**. Sur les résultats des fouilles géologiques entreprises aux environs d'Amiens, par M. A. Gaudry.

Compte rendu Acad. des Sciences, t. XLIX, 1859, p. 465 à 467, in-4°.

102. — Institut de France. Académie des Sciences. Séance du 3 Octobre 1859. **Géologie**. Contemporanéité de l'espèce humaine et de diverses espèces animales aujourd'hui éteintes. *Analyse d'une lecture de M. Albert Gaudry sur les fouilles de Saint-Acheul.* — *Abbeville*, R. Housse; 8 p. in-8°.

103. — Orgues **géologiques** près d'Amiens, *par L. Douchet.*

Revue picarde, n° du 30 janvier 1860, p 1 et 2 ; in-4°

104. — Supplément à l'Esquisse **géologique** du Département de la Somme ou Additions et Corrections, *par M. Buteux.* — Paris, L. Martinet, 1862 ; 24 p. in-8° et 2 pl.

105. — Note sur les chances de succès que présente le forage des **puits artésiens** à Amiens et dans le département de la Somme par M. de Commines de Marsilly. — Amiens, T. Jeunet, 1862; 16 p. in-8°.

Ext Bull. Soc. Indust. d'Amiens.

106. — Excursion aux **carrières** de Saint-Acheul, par Georges Pouchet.

Actes du Muséum d hist. nat. de Rouen, 1862, p. 33 à 47 ; in-8°.

107. — Notice géologique sur les **terrains de transport** superficiels du bassin de la Somme, par M. Melleville.

Bull. Soc. geol. France, t. XIX, 2° sér., p 423 à 440 ; in-8°.

108. — Réponse aux observations de M. Hébert sur une communication relative aux **terrains de transport** superficiel du bassin de la Somme, par M. Melleville *et Réponse de M. Hébert.*

Ibid., t. XX, 2° sér., 1862-1863, p. 108 à 112 et 547 à 549 ; in-8°.

109. — Coquilles terrestres et d'eau douce des **sables blancs** à Elephas primigenius et à silex taillés d'Abbeville, par M. Gabriel de Mortillet.

Ibid. t. XX, 2° sér., 1862-1863, p. 293 à 296 ; in-8°.

110. — Note sur la **craie** du Nord de la France, par M. N. de Mercey.

Ibid., t. XX, 2° sér., 1862-1863, p. 631 à 644 ; in-8°.

111. — Extrait du Bulletin de la Société géologique de France, 2° série, t. XXI, p. 35 à 42. Note sur les **terrains** contenant des silex travaillés près d'Amiens et d'Abbeville, par M. Buteux. — Paris, E. Martinet, 1863 ; 8 p. in-8°.

112. — *Observations de MM. de Mercey et Hébert sur la note précédente.*

Bull. Soc. géol. Fr., t. XXI, 2° sér. 1863-1864, p. 43 à 72.

113. — Note sur les éléments de terrain **quaternaire** aux environs de Paris, et spécialement dans le bassin de la Somme, par M. N. de Mercey.

Ibid., t. XXII, 2° série, p 69 a 104, av. 14 fig. ; in-8°.

114. — Esquisse **géologique** du département de la Somme par Ch.-J^h Buteux. — Abbeville, P. Briez, 1864 ; 136 p. in-8° et 1 pl.

115. — Sur la structure de la **Craie** de Picardie au point de vue des forages, par M. N. de Mercey.

Mém. Soc. Linn. Nord Fr , t. 1, 1866-67, p. 405 et s. av. 1 plan ; in-8°.

116. — Sur l'écrasement des matériaux sousjacents ou remaniés à la base du **limon** de Picardie, depuis les hauts plateaux jusqu'au voisinage du niveau de la mer et sur l'application de ce caractère à la classification de la période quaternaire, par M. N. de Mercey.

Bull Soc. geol. Fr., 1866 1867, p 71 à 76 ; in-8°.

117. — Etude sur les **Tourbes** du Département de la Somme, par J. Kolb.

Bull. Soc. Ind. d'Amiens, t. IX, 1870, p. 270 à 290 ; in-8°.

118. — Géologie résumée du canton d'Amiens, par N. de Mercey.
Bull. Soc. Linn. Nord France, t. I, II et III ; 63 p. env. in-8°.

119. — Etude géologique et archéologique de quelques **tourbières** du littoral flamand et du département de la Somme, par M. Henri Debray. — Paris, Dumoulin, 1873 ; 56 p. in-8° et 13 pl.
Ext Mém. Soc. des Sciences de Lille, 1873.

120. — Les **Tourbières** de la Somme, par M. Le Riche.
Bull. Soc. Linn. Nord France, t. I ; 6 p. in-8°.

121. — Sur la classification de la période **quaternaire** en Picardie, par M. de Mercey.
Mém. Soc Linn Nord France. 1876-77, p. 18 à 29, in 8°.

122. — Note sur la direction adoptée pour le tracé des coupes de la Carte **géologique** du département de la Somme, et sur certains rapports entre la structure du sol de la Picardie et celle du détroit du Pas-de-Calais, par M. N. de Mercey.
Bull. Soc géolog. de France, t. IV, 3ᵉ série, p. 559 à 567 ; in-8°.

123. — Note sur les **croupes** de la Somme à Ailly-sur-Somme, à Breilly, à La Chaussée-Tirancourt, etc., par M. N. de Mercey.
Ibid., t. V, 3° sér., p. 337 à 348 ; in-8°.

124. — Sur deux questions concernant les **croupes** de la Somme. Nouvelles indications sur les croupes de la Somme, par M. N. de Mercey. — Amiens, Delattre-Lenoel, 1877 ; 16 p. in-8°.
Ext. Bull. Soc. Linn.

125. — Note sur la formation du **limon glaciaire** du département de la Somme par le remaniement des sables gras ou alluvions de rive des alluvions anciennes, par M. N. de Mercey.
Ext. Bull Soc. géolog. Franc., t. VI, 3ᵉ série, p. 201 à 203 ; in-8°.

126. — Note sur les terrains **crétacés** de la vallée de la Bresle, par M. J. de Morgan.
Ibid., t. VII, 3ᵉ série, 1878-79, p. 197 à 201 ; in-8°.

127. — Terrains **crétacés** de la vallée de la Bresle, par M. de Morgan.
Ibid., 1880, t. VII, 3ᵉ sér., p. ? et s. ; in-8°

128. — Divisions à établir dans le terrain **diluvien** de la vallée de la Somme, par M. Gosselet.
Ann. Soc. géol. du Nord, t. XII, p. 165 et s. in-8°.

129. — Remarques sur les systèmes de la Basse-Somme et de la Basse-Oise et sur leurs rapports avec la structure et le **relief du sol** dans une partie du Nord de la France à l'occasion des indications de M. Daubrée, par N. de Mercey. — Meulan, 1881 ; 20 p. in-8°.
Ext. Bull Soc géolog. de France.

130. — Sur la théorie du **quaternaire** ancien dans le Nord de la France, par N. de Mercey. — Meulan, 1881 ; 16 p. in-8°.
Ibid.

131. — Sur la position géologique de la **craie phosphatée** en Picardie par M. N. de Mercey. — Paris, Gauthier-Villars, 1887 ; 4 p. in-8°.

132. — Sur des recherches pour l'exploitation de la **craie phosphatée** en Picardie, par N. de Mercey. — Paris, Gauthier-Villars, 1887 ; 4 p. in-4°.

133. — La **craie phosphatée** à Belemnites quadrata dans le Nord de la France, par M. de Mercey.
Bull. Soc. géol. de France, t. XV, 3ᵉ série, 1886-87, p 719 à 725, av. 2 pl. ; in-8°.

134. — Coup d'œil sur la composition du **crétacé** des environs de Péronne, par Cayeux. — Lille, 1890 ; in-8°.

135. — Sur l'origine des **rideaux** en Picardie, par M. Henri Lasne.
Bull. Soc. géol. de Fr., 1890-91, p. 34 à 38.

136. — Note sur la formation des ressauts de terrain dits **rideaux**, en *Picardie*, par M. A. Lapparent.
Ibid., 1890-91, p. 107 à 109 ; in-8°.

137. — Remarques sur les gîtes de **phosphate** de chaux de la Picardie, par N. de Mercey.
Ibid., t. XVIII, 3ᵉ série, p 855 et s.; in-8°.

138. — Les **tremblements de terre** en Picardie, *par M. H. Duchaussoy*.
Bull. Soc. Linn. Nord France, t. XI, p 305 à 314 ; in-8°.

139. — Note sur **les couches tertiaires** de la feuille *de la carte géologique* d'Amiens, par MM. Gosselet et Cayeux.
Ann. Soc. géol. du Nord, t. XXII, p 150 et s.; in 8°.

140. — Etude stratigraphique du terrain **quaternaire** du Nord de la France, par M. Ladrière.
Ibid., t. XVIII, p. 93 et s.; in-8°.

141. — Note sur le terrain **quaternaire** des environs d'Abbeville, par G. d'Ault du Mesnil.
Rev. de l Ec. d anthrop. de Paris, 1896, p. 284 à 296 av. 3 pl. ; in-8°.

142. — *Observations sur la* **Carte géologique** *de la France au* $\frac{1}{80000}$ (Feuille 12, Amiens, 2ᵉ édition, par MM. Gosselet, Cayeux et de Mercey.)
Rev. des trav. scientif., 1896, p. 968 à 970 ; in-8°.

II. BOTANIQUE.

143. — Catalogue des plantes usuelles avec une explication des principaux termes de botanique pour servir d'introduction aux démonstrations commencées dans le jardin de **botanique** *d'Amiens*, le 27 juin 1754, sous les auspices de Mgr le Duc de Chaulnes, *par Dom Robbe, fondateur du jardin botanique d'Amiens.* — A Amiens, chez la Veuve Godart, M.DCC.LIV ; 34 et 56 p. in-12.

Cet ouvrage a été réimprimé dans les Mém. Soc. Linn. Nord France t. 1, p. 75 à 142.

144. — *Note sur le* Traité des **Plantes** comestibles du Département de la Somme, *inédit*, par le citoyen Boucher.
Bull. Soc. Emul. Abb., Nivose an VIII, p. 6 et 7 ; in-8°.

145. — Extrait de la **Flore** d'Abbeville et du Département de la Somme, par J. A. G. Boucher. — De l'Impr. de N. L. Perronneau. A Paris, chez J. J. Fuchs. An XI, 1803. XVI-108 p. in-12.

146. — **Agrostographie** des départemens du Nord de la France. Analyse et description de toutes les graminées... par J. B. N. Desmazières. — Lille, Vanacker, 1811 ; in-8°.
Bibliog. de l Imp. franç., t. I, p. 245.

147. — Statistique botanique ou **Flore** du département de la Somme et des environs de Paris, description de toutes les plantes qui y croissent spontanément, distribuées suivant la méthode naturelle, d'une part, et le système de Linné, de l'autre, avec l'indication de leur lieu natal, de leur durée, de la couleur de leurs fleurs et de leur emploi dans la médecine, les arts et l'économie domestique, par Ch. Pauquy. — Amiens, R. Machart, 1831 ; XI-635 p. in-8°.

148. — **Flore** d'Abbeville et des Environs par M. J. A. G. Boucher de Crèvecœur. Troisième édition. — Abbeville, A Boulanger, 1834 ; 116 p. in-12.
Ext. Mém Soc. Emul. Abbeville.

149. — Observations botaniques *recueillies dans le Département de la Somme*, sur le genre **sonchus**, par M. Casimir Picard. — Boulogne, Le Roy-Mabille, s. d. ; 16 p. in-8° et pl.
Ext. Mém. Soc. d'Agric. de Boulogne-sur-Mer.

150. — Histoire naturelle. Etude sur les **Géraniées** qui croissent spontanément dans les départements de la

Somme et du Pas-de-Calais, par M. Casimir Picard. — Boulogne, Le Roy-Mabille, 1838 ; 46 p. in-8°.

151. — Notes sur quelques **plantes du littoral** des départements de la Somme et du Pas-de-Calais, par Eloy de Vicq.

Bull. Soc. Botan. France, t. VI, 1857, p. 1033 ; in-8°.

152. — Catalogue raisonné des **plantes vasculaires** du département de la Somme, par MM. Eloy de Vicq et Blondin de Brutelette. — Abbeville, P. Briez, 1865 ; VIII-318 p. in-8°.

Ext. Mém. Soc. Emul. Abbeville

153. — Rapport sur le cours d'**arboriculture** fruitière professé à Abbeville par M. du Breuil du 31 mars au 7 juin 1873. — Abbeville, C. Paillart, 1877 ; 15 p. in-8°.

Ext. Mém Soc. Emul. Abbeville.

154. — Supplément au catalogue raisonné des **plantes vasculaires** du département de la Somme, par MM. Eloy de Vicq et Blondin de Brutelette. — Abbeville, Briez, C. Paillart et Retaux, 1873 ; 5 et 34 p. in-8°.

Ibid.

155. — Etude sur les **cuscutes** observées dans les environs d'Abbeville par M. Eloy de Vicq. Lu à la Société d'Emulation d'Abbeville, séance du 23 janvier 1873. — Abbeville, Briez, C. Paillart et Retaux, 1873 ; 18 p. in-8°.

156. — Liste de quelques **plantes rares** du département de la Somme.

Bull. Soc. Linn. du Nord de la France, t. II, p. 109 et s. ; in-8°.

157. — **Flore** de la Somme, par M. R. Gonse.

Ibid, t. II et III ; in-8°.

158. — De la **végétation** sur le littoral du département de la Somme. Guide pour les herborisations, par M. Eloy de Vicq. — Paris, F. Savy, 1876 ; 124 p. in-18.

159. — Note sur l'**Obione pedunculata**, découvert ou retrouvé à Saint-Valery-sur-Somme, par M. de Brutelette.

Bull. Soc. Botan. France, t XXIII, 1876, p. 369 ; in-8°.

160. — Les **plantes** intéressantes de la vallée de la Bresle et de ses deux versants, par M. E. de Vicq. — Paris, F. Savy, 1877 ; 20 p. in-8°.

Ext. Mém. Soc. Linn. Nord France.

161. — Catalogue raisonné des **mousses** de l'arrondissement d'Abbeville, par E. de Vicq et Ch. Wignier. — Paris, F. Savy, 1877 ; 44 p. in-8°.

Ext. Mém. Soc. Emul. Abbeville.

162. — Catalogue raisonné des **hépatiques** observées dans l'arrondissement d'Abbeville par E. de Vicq. — Paris, F. Savy, 1882 ; 13 p. in-8°.

Ibid.

163. — La Flore d'**Eaucourt-sur-Somme** ou Souvenirs de jeunes naturalistes, par M. Jules Tripier. — Abbeville, C. Paillart, 1881 ; 19 p. in-18.

164. — **Flore** du Département de la Somme, par Eloy de Vicq. — Abbeville, P. Prévost, 1883 ; XXXVI-564 p in-16.

165. — Excursion *botanique* à la **baie d'Authie**, par *M. Léon Carpentier*.

Bull. Soc. Linn., t. V, p. 129 à 136 et t VII, p. 131 à 134 ; in-8°.

166. — Catalogue des **Muscinées** de la Somme par E. Gonse. — Amiens, Delattre-Lenoel, 1885 ; 70 p. in-8°.

Ext. Mém. Soc. Linn. Nord France.

167. — Additions au Catalogue des **Muscinées** de la Somme, par E. Gonse.

Ibid., t. VII, 1886-88, p 79 à 87, in-8°.

168. — Supplément à la **Flore** de la Somme, par E. Gonse.

Ibid, t. VII, 1886-88, p. 1 à 64 ; in-8°.

169. — **Florules** de Sailly-Bray, d'Hautebut et du Hable d'Ault, par M. Ernest Gonse.

Bull. Soc. Linn. Nord Fr., 1888, p. 181 à 188 ; in-8°.

170. — D'Amiens à Dury : le **bois du Trou Wargnies** à Saint-Fuscien, *étude de botanique* par M. E. Gonse.
Ibid., t. IX, 1889, p. 328 à 342 ; in-8°.

171. — Contributions à la **flore** locale *par E. Gonse.*
Ibid., t. X.

172. — Contributions à la **flore** locale, *par A. Cacheleux.*
Ibid., t. X.

173. — Quelques localités nouvelles de la **Flore de Marquenterre** par M. Pierre Dubois.
Ibid., t. X, p. 180 à 184, in-8°.

174. — Espèces et localités perdues pour la **Flore** de la Somme, par M. E. Gonse.
Ibid, t. X, p. 150 à 153.

175. — Promenade **mycologique** d'Amiens à Monthières, par M. Guichard.
Ibid., t. XI, p. 112 à 127 ; in-8°.

176. — Le **Geum intermedium**, Etats dans la vallée de la Selle, par E. Gonse.
Ibid., t. XI, p. 86 à 88 ; in-8°.

177. — Le marais de **Fontaine-sur-Somme**, par E. Gonse.
Ibid., t. XI, p. 341 à 348 ; in-8°.

178. — Les **Plantes Picardes** du Dictionnaire de Buchoz, *par l'abbé Ch. Dequevauvillers.*
Ibid., t. XI, p. 214 et s.

179. — Les Marais de **Saint-Maurice** et de Longpré-lès-Amiens, *par M. E. Gonse.*
Ibid, t. XI, p. 326 à 330 ; in 8°.

180. — **Flore sylvatique** de la Vallée de la Noye, *par M. Dequevauviller.*
Ibid., t. XII, XIII et XIV ; in-8°

181. — Lecture de la **flore** du Dr Pauquy, par Dequevauviller.
Ibid., t. XII, p. 310 à 314 ; in-8°.

182. — **Herborisations** de passage *dans le bois de Wargnies et les localités voisines, par M. Dequevauvillers.*
Ibid., t XII, p. 355 à 360 ; in-8°.

183. — Les **Orchidées** de Picardie et leur introduction dans les jardins, par M. Pierre Dubois.
Bull. Soc. Hortic. de Pic., t. XIV, p. 610 à 624 ; in-8°.

184. — Le Marais de **Longpré-les-Corps-Saints**, de Long et de Condé-Folie, par E. Gonse.
Bull. Soc. Linn., t. XIII, p. 82 à 86 ; in-8°.

185. — Contributions à la **flore** locale, par E. Cacheleux.
Ibid., t. XIII, p. 121 à 125 ; in-8°.

186. — Catalogue des **Cryptogames** vasculaires et des Muscinées du Nord de la France, par M. L. Geneau de Lamarlière.
Journal de botanique, t X, 1896, p. 271 et s. ; in-8°.

187. — **Végétation** comparée de la Somme et du Cher, par H. Duchaussoy. — Amiens, Piteux, 1896 ; 71 p. in-8°
Ext. Mém. Soc. Linn. Nord France.

188. — Contributions à la **flore** locale, par Guilbert.
Bull. Soc. Linn., t. XIII, p. 146 et 147 ; in-8°.

189. — Excursion **botanique** de la Société Linnéenne à Lucheux, *par M. Lediou.*
Ibid., t. XIV, p. 114 à 120 ; in-8°.

190. — Excursion **botanique** de la Société Linnéenne à Noyelles-sur-Mer et à la forêt de Crécy, *par V. Commont.*
Ibid., t. XIV, p. 146 à 152 ; in-8°.

191. — Nouvelles additions au Catalogue des **Muscinées** de la Somme, par Gonse.
Ibid., t. XIV, p. 243 à 248 ; in-8°.

192. — Contribution à la **flore** locale, par E. Gonse.
Ibid., t. XIV, p. 293 à 298 ; in-8°.

193. — Excursion **botanique** de la

Société Linnéenne au Crotoy, le 2 juillet 1899, par H. Duchaussoy.

Ibid. t. XIV, p. 306 a 312 ; in-8°.

III. ZOOLOGIE.

194. — **Ornithologie** du département de la Somme, *par M. Goret.* — Abbeville, Devérité, s. d. ; 7 p. in-4°.

195. — Catalogue des **Mammifères**, Oiseaux, Reptiles, Poissons et Mollusques, Testacés marins, Observés dans l'arrondissement d'Abbeville, par M. L. A. F. Baillon. — Abbeville, Boulanger, *1833*; 32 p. in-8°.

Ext. Mém. Soc. Emul. Abbeville.

196. — Essai sur les **Lamellicornes** des Environs d'Amiens, par M. Garnier.

Mém. Acad. Amiens, t. I, p. 53 a 80 ; in 8°.

197. — Essai sur les **carabiques** du département de la Somme, par M. J. Garnier. — Abbeville, A. Boulanger, 1836 ; 84 p. in-8°.

Ext. Mém. Soc. Emul. Abbeville.

198. — **Entomologie** du département de la Somme, par M. J. Garnier. — Deuxième notice. Eupodes. — Abbeville, Boulanger, *1837*; 13 p. in-8°.

Ibid.

199. — Histoire des **mollusques** terrestres et fluviatiles qui vivent dans le département de la Somme, par M. C. Picard ; 180 p. in-8°.

Bull. Soc. Linn. du Nord de la France, t. I ; in-8°.

200. — Essai sur les **Nécrophages** de la France et principalement du Nord, par M. P. Victor Mareuse. — Abbeville, Paillart, s. d ; 62 p. in-8°.

201. — Notes sur plusieurs cas de monstruosités observés chez les **insectes** *du département de la Somme*, par M. Victor Mareuse. — Paris, Bourgogne et Martinet, s. d. ; 4 p. in-8°.

Ext. de l'Echo du monde savant.

202. — Sur quelques prétendues espèces **d'insectes** *du département de la Somme* qu'il faut considérer comme de simples variétés, par M. Victor Mareuse. — Paris, Bourgogne et Martinet ; 4 p. in-8°.

Ext. de l'Echo du Monde savant.

203. — Tableau méthodique et synonymique des **Coléoptères** des Environs d'Abbeville, par F. Marcotte. — Abbeville, T. Jeunet, 1852 ; 417 p. in-8°.

Ext. Mém. Soc. Emul. Abbeville.

204. — Les Bords de la Mer, Points de vue, **Coquillages**, **Oiseaux**, **Poissons**, divers autres Animaux, etc, observés principalement sur les côtes des départements du Pas-de-Calais et de la Somme, par Labille. — Boulogne-sur-Mer, chez l'Auteur, s. d. ; 216 p. in-12.

205. — Les **animaux vertébrés** de l'arrondissement d'Abbeville, par F. Marcotte. — Abbeville, P. Briez, 1860 ; 256 p. in-8°.

Ext. Mém. Soc. Emul Abbeville.

206. — Catalogue raisonné des **hyménoptères** du département de la Somme par le Dr Dours. Première partie, Mellifères. — Amiens, E. Yvert, 1861 ; 47 p. in-8°.

207. — Catalogue Méthodique des **Lépidoptères** Trouvés dans les environs d'Amiens, *par M. Dujardin.*

Mém. Soc. Linn. Nord France, t. I, p. 84 à 106, in-8°.

208. — Zoologie. Sur un crâne d'Equidé des Tourbières de la Somme. Note de M. A. Sanson, présentée par M. de Quatrefages.

C^{tes} rendus des séances de l'Acad. des Sciences, t. LXXIV, p. 68 à 71 ; in-4°.

209. — Notice sur un **crustacé** d'eau douce observé dans les environs d'Abbeville, *par E. de Vicq*. — Amiens, Lenoel-Hérouart, 1874 ; 7 p. in-8°.

Ext. Bull. Soc. Linn. Nord France.

210. — **Mollusques** recueillis au sud d'Amiens dans un rayon de 2 lieues

(1876-1877), par le R. P. E. Vaniot S. J.
Mém Soc. Linn. Nord Fr , t. V, 1883, p. 1 à 53 ; in 8°.

211. — Catalogue des **coléoptères** du département de la Somme par F. Marcotte. —Amiens, Delattre-Lenoël, 1877 ; VII-215 p. in-8°.
Ext. Mém. Soc. Linn. Nord France.

212. — La Faune de **Cayeux-sur-Mer** et de ses environs, *par F. Decaux*.
Ibid., t. V, 1883, p. 201 à 232 ; in-8°.

213. — Matériaux pour le Catalogue des **hyménoptères** du Nord et du Pas-de-Calais, de la Somme et de l'Oise, par L. Lethierry et L. Carpentier.
Ibid , t. VI, p. 247 à 268 et t. VII, p. 240 à 253 ; in-8°.

214. — Catalogue des **Hémiptères** de la Somme, par Michel Dubois.
Ibid., t. VII, 1886-88, p 97 à 178 ; in-8°.

215. — Contribution à l'étude de la faune des eaux douces de la vallée de la Somme **(Copépodes et Cladocères)** par R. Moynier de Villepoix. — Amiens, Delattre-Lenoel, 1888 ; 23 p. in-8°.
Bull. Soc. Linn. Nord France.

216. — **Faune picarde**. I. Mollusques, Tuniciers, Brachéopodes, Bryosoaires. Les Malacozoaires terrestres, fluviatiles et marins de la Picardie par Edouard Bizet. — Paris, Paul Klingsieck, 1892 ; 206 p. in-8°.
Le titre intérieur porte : Catalogue des Mollusques observés à l'état vivant dans le département de la Somme par Edouard Bizet. Première partie. — Amiens, Delattre-Lenoël, 1888.

217. — Sur la **faune** du Hable d'Ault, par M. R. Moniez.
Revue biolog. du Nord de la France, 1888-1889, p. 276 et s, ; in-8°.

218. — Du repeuplement des eaux dans le département de la Somme, par M. M. Dubois.
Bull. Soc. Linn. Nord France, t. X, p. 54 à 56 ; in-8°.

219. — Matériaux pour le catalogue des **Orthoptères** de la Somme, par Michel Dubois.
Ibid., t. X, p. 67 à 75 ; in-8°.

220. — Contribution à la faune locale. **Coléoptères**, par MM. E. Colin, L. Carpentier et E. Delaby.
Ibid., t. X, 1890, p. 212 à 217, 276 à 281 et 308 à 314 ; in-8°.

221. — Contribution à la faune locale. **Arachnides**, par M. Du Roselle.
Ibid., t X, 1890-1891, p. 340 à 343 ; in-8°.

222. — La montée **d'anguilles** dans la Somme, par M. V. Brandicourt.
Ibid., t. X, p. 166 à 169 ; in-8°.

223. — Contributions à la faune locale. **Lépidoptères**, par L. Carpentier.
Ibid., t. XI, p. 54 à 60 , in 8°.

224. — Contributions à la faune locale. **Coléoptères**, par L. Carpentier.
Ibid., t. XI, p. 149 à 154 , in-8°.

225. — Contributions à la faune locale. **Coléoptères**, par E. Delaby.
Ibid., t. XI, p. 21 à 27 ; in-8°.

226. — Essais de **pisciculture** dans la Somme, par Alph. Lefebvre.
Ibid., t. XI, p. 179 à 185 ; in-8°.

227. — Les **Poissons** des Environs d'Amiens, par M. Michel Dubois.
Ibid., t. XI et XII , in-8°.

228. — **Insectes** myrmécophiles *du département de la Somme*, par M. L. Carpentier.
Ibid., t. XI, p. 371 à 377 ; in-8°.

229. — Contributions à la faune locale **(Coléoptères)**, par M. Colin.
Ibid., t XII, p. 100 et s. ; in-8°.

230. — Du rempoissonnement des cours d'eau dans le département de la Somme, par M. Michel Dubois.
Idid., t. XIII, p. 370 à 375 ; in-8°.

231. — A Lefebvre. **Pisciculture** dans la Somme.
Rev. des Trav. scientif., t. VII, p 57 et s. ; in-8°.

232 — Elevage de **Saumons** de Californie et de Truites arc-en-ciel, à Amiens (Somme), par M. A. Lefebvre.
Bull. d. l. Soc. Nat^{le} d'Acclim. de France, 1896, p. 125 ; in-8°.

233. — Supplément au Catalogue des **Hémiptères** de la Somme, par Michel Dubois.
Mém. Soc. Linn. Nord Fr., t. IV, p. 229 à 240 ; in-8°.

234. — Note sur les **Oiseaux de proie** observés dans la région de l'estuaire de la Somme, *par Magaud d'Aubusson.*
Le Naturaliste, Septembre 1900, p. 200 et 201 ; gr. in-8°.

IV. MÉTÉOROLOGIE.

235. — Bulletin de la Commission **météorologique** de la Somme. — In-8°.
La première année parue en 1885 n'avait que 8 p. ; en 1893, le bulletin avait 114 p. ; la dernière année a paru en 1896.

236. — Déterminations magnétiques faites dans le département de la Somme pendant l'année 1889, *par M. Duchaussoy.*
Bull. Soc. Linn. Nord Fr., t. X ; in-8°.

237. — **Météorologie** du Département de la Somme, par M. H. Duchaussoy. — Amiens, Piteux, 1892 ; 260 p. in-8° et 1 pl.

238. — *Compte rendu de l'ouvrage précédent.*
Revue des Trav. scient, t. XIII, p. 76 et 77 ; in-8°.

239. — Compte rendu d'un ouvrage offert à la Société. **Météorologie** *du Département de la Somme par M. Duchaussoy.* Lecture faite par M. Gontier à la séance du 5 janvier 1893.
Bull. Soc. Emul. Abbeville, 1891-1893, p. 228 à 241 ; in 8°.

240. — L'année **météorologique** à Amiens (Décembre 1892 — Novembre 1893), par M. Duchaussoy.
Bull. Soc. Linn. Nord France, t. XII, p. 7 à 11 et 19 à 28 ; in-8°.
M. Duchaussoy a, depuis, publié chaque année un travail semblable dans le même recueil.

241. — Phénomènes **lumineux** observés en Picardie, par M. Duchaussoy
Ibid,, t. XI, p. 58 à 73, in-8°.

242. — La **température** des eaux en Picardie, *par M. Duchaussoy.*
Ibid., t. XI et XII ; in-8°.

243. — Nouvelle note sur la **température** des eaux en Picardie, par *M. Duchaussoy.*
Ibid , t XIII et suiv.

244. — Les **zones à grêle** du Département de la Somme, de 1861 à 1890, par M. Duchaussoy.
Ann. du Bur. cent. Météor. de Fr., 1893, p 19 à 25 av. 1 pl. ; gr. in 4°.

245. — Les **Orages** et les Zones à grêle dans le Departement de la Somme par M. Duchaussoy. — Amiens, 1897 ; 16 p. in-12 et 1 pl.

246. — Almanach **météorologique** *d'après les observations recueillies dans le département de la Somme,* par M. Duchaussoy. — Amiens, 1898 ; 125 p. in-8° et 3 pl.

CHAPITRE III

ARCHÉOLOGIE

I. ARCHÉOLOGIE PRÉHISTORIQUE

247. — Description de deux **haches celtiques**, enchassées dans leurs gaines en corne de cerf, trouvées en 1837, dans les marais de la Somme, *au Hamel lès-Corbie et à Tirancourt*, par M. Bouthors.
Mém Soc. Arch. de la Somme, t. I., p 217 à 237 et 1 pl , in-8°.

248. — *Lettre de M. Ravin à M. Boucher de Perthes sur un* Extrait de l'**industrie primitive** ou des Arts à leur origine par M. Boucher de Perthes, 1845. — Abbeville, C. Paillart ; 7 p. in-8°.

249. — De l'**Industrie primitive** ou des Arts à leur origine par M. Boucher de Perthes. Mémoire sur des instruments et Signes très anciens, découverts de 1837 à 1847 dans des Sépultures celtiques et des Terrains diluviens. Lu a la Société d'Emulation en 1843, 1844, 1845 et 1846. — Paris, 1486 ; 614 p. in-8° av. 34 pl.
C'est la première édition du T. I. des Antiquités celtiques.

250. — **Antiquités Celtiques** et Antédiluviennes. Mémoire sur l'industrie primitive et les arts à leur origine par M. Boucher de Perthes, avec 80 planches représentant 1600 figures. — Paris, Treuttel et Wurtz, 1847 ; XII-628 p. grand in-8°. Tome II... avec 26 planches représentant 500 figures ; mêmes éditeurs, 1857 ; XVI-511 p. gr. in-8°. Tome III... avec 12 planches représentant 104 figures ; mêmes éditeurs, 1864 ; XXIV-681 p. gr. in-8°.

251. — Rapport fait à la Société Impériale d'Emulation d'Abbeville par M. E. de Marsy, sur l'ouvrage de M. Boucher de Perthes, ayant pour titre : Des **monuments celtiques** et antédiluviens ou de l'industrie primitive. — Abbeville, Briez, 1855 ; 26 p. in-12.

252. — Mémoire sur des instruments en **silex** trouvés à Saint-Acheul, près d'Amiens, et considérés sous les rapports géologique et archéologique par le Dr Rigollot. — Amiens, Duval et Herment, 1855 ; 40 p. in-8° et 7 pl.
Ext. Mém. Soc. Ant Pic.

253. — Réponse *par M. Boucher de Perthes* à MM. les Antiquaires et Géologues présents aux Assises archéologiques tenues à Laon (Aisne) en août 1858, au sujet des pierres taillées du **diluvium**.
Bull. Soc. Ant. Pic., t. VII, p. 65 à 93 ; in-8°.

254. — Géologie. Sur la découverte *à Abbeville et à Amiens*, d'**instruments en silex** associés à des restes de mammifères d'espèces perdues dans des couches non remaniées d'une formation géologique récente. Lettre de M. Prestwich à M. Elie de Beaumont.
Ctes rendus des séances de l'Acad. des Sciences, t. XLIX, p. 634 à 636 ; in-4°.

255. — Haches trouvées dans le **diluvium** près d'Amiens.
Bull. Soc. Géol. Fr., 1859-1860, t. XVII. 2e Sie, p. 17 à 19 ; in-8°.

256. — Sur les **silex travaillés** trouvés dans le diluvium ou terrain quaternaire, près d'Abbeville et d'Amiens, par M. Buteux.
Ibid., année 1859, p. 72 à 78 ; in-8°.

257. — Géologie et Paléontologie. Sur les **silex taillés** des bancs diluviens de la Somme, par M. Boucher de Perthes.
Comptes rendus des Séances de l'Acad. des Sciences, t. XLIX, p, 581 et 582 ; in-8°.

258. — Notice sur les objets d'art trouvés dans le diluvium, 1860, *par Ferguson fils*. — Amiens, E. Yvert, 1860 ; 41 p. in-8°. — *Titre intérieur :* Notice sur les découvertes des **hâches de pierre** dans le diluvium des environs d'Amiens et d'Abbeville. Extrait de la Revue Picarde des mois de Janvier, Février, Mars et Avril.

259. — Archéologie. **Hachettes diluviennes** du Bassin de la Somme. Rapport adressé à M. le Sénateur, Préfet de la Seine-Inférieure, par M. l'Abbé Cochet. — Paris, A. Aubry, 1860 ; 17 p. in-8°.
Ext. Mém. Soc Emul. Abbeville.

260. — De l'**homme antédiluvien** et de ses œuvres par M. Boucher de Perthes. — Paris, Jung-Treuttel, 1860 ; 99 p. in-8° et 3 pl.
Ibid.

261. — Notes sur les Résultats fournis par une enquête relative à l'authenticité de la découverte d'une Mâchoire humaine et de Haches en silex dans le terrain diluvien de **Moulin-Quignon**, par M. Milne-Edwards. — Paris, Mallet-Bachelier, *1860* ; 13 p. in-4°.
Ext. C^{tes} rendus de l'Acad. Sc., t. LVI.

262. — On the Occurrence of Flint Implements in undisturbed **Beds of Gravel,** Sand, and Clay By John Evans. Read June, 2nd. 1859. *Étude sur les terrains de Menchecourt, Saint-Acheul et de la Vallée de la Somme.*
Archeologia or miscellaneous tracts relating to Antiquity. published by the Society of Antiquaries of London Vol. XXXVIII, p. 380 à 397 ; in-4°.

263. — On the evidence of the **Antiquity of man** afforded by the Physical structure of the Somme Valley, by J. Lubbock.
Natural history Review, vol. 11 ; 7 fig.

* **264.** — Note sur les antiquités **antédiluviennes** du département de la Somme, par V. Simon. — 1860 ; in-8°.
Bibliog. Ruelle, n° 9536.

* **265.** — Observations sur un **instrument en silex** découvert dans un banc de gravier à St-Acheul près d'Amiens, par J. W. Flover. — 1860 ; in-8°.
Bibliog. Ruelle, n° 9618.

266. — Une visite aux sablières de **Saint-Acheul,** par M. l'Abbé Cochet.
Bull. monum, 1861, p. 65 à 70 ; in 8°.

* **267.** — Extrait d'une lettre à M. Charma sur une découverte de traces dites **diluviennes** à Saint-Acheul, par l'abbé Cochet. — 1860 : in-8°.
Bibliog. Ruelle. n° 9619.

268. — On the occurrence of flint implements, associated with the **remains of animals** of extinct species in beds of a late geological period, in France at Amiens and Abbeville, and in England at Hoxne, by Joseph Preswich.—From the Philosophical Transactions. Part II. 1860. — London, Taylor and Francis, 1871 ; 44 p. in-4° paginées de 275 à 318 av. 5 pl. h. t. et 12 fig.

269. — Account of some further Discoveries of Flint Implements in the Drift on the Continent (*terrains de* **Menchecourt** *et de* **Saint-Acheul**), and in England By John Evans. Read May 16, 1861.
Archeologia or miscellaneous. . of the Soc. of Ant. of London : vol XXXIX, p. 57 à 84, 1 pl.; in-4°.

270. — Note sur les **Silex taillés** des départements de la Somme et de l'Aisne, par Melleville. Extrait de l'Argus Soissonnais du 18 juillet 1861. — Paris, Dumoulin, 1861 ; 16 p. in-12.

271. — Sur les **Silex taillés** trouvés dans le diluvium du département de la Somme. Remarques de M. Boucher de Berthes à l'occasion d'une Communication récente sur les Pierres travaillées par les habitants primitifs des Gaules. — Paris, Mallet-Bachelier, *1861* ; 4 p. in-4°.

3

* **272.** — Antiquités celtiques **antédiluviennes** découvertes à Abbeville, par V. Simon. — 1861; in-8°.
Bibliog. Ruelle, n° 9583.

273. — Paléontologie. Sur les **silex taillés** trouvés dans le diluvium du département de la Somme : remarques de M. Boucher de Perthes à l'occasion d'une communication récente sur les pierres travaillées par les habitants primitifs des Gaules.
Comptes rendus de l'Acad. des Sciences, 1861, p. 300 à 302, in-4°.

274. — **Paléontologie**. Réponse de M. Robert aux remarques de M. Boucher de Perthes.
Ibid., p. 455 à 458, in-8°.

275. — Géologie. Lettre de M. Boucher de Perthes à M. Elie de Beaumont. Paléontologie. Réponse de M. Boucher de Perthes aux observations faites par M. E. Robert sur le **diluvium** du département de la Somme.
Ibid., p. 1133 à 1137, in-4°.

276. — Paléontologie. Sur l'insuffisance des preuves que l'on a tirées du gisement des **silex travaillés** de Saint-Acheul près d'Amiens pour faire admettre l'existence de l'homme pendant la période quaternaire; par M. Scipion Gras.
Ibid., t. LIV, p. 1126 à 1129 : in-4°.

277. — Observations sur quelques opinions récemment émises au sujet des **silex travaillés** du département de la Somme, par M. Buteux.
Bull. Soc. Géol. Fr., t, XX, 2e S^ie, 1862-1863, p. 30 à 34 ; in-8°.

278. — Notice sur les **silex taillés** des temps ante-historiques, par M. Garnier. — Amiens, Yvert, 1862 ; 77 in-8°.
Ext. Mém. Acad. Amiens.

279. — Note sur la **mâchoire humaine** découverte par M. Boucher de Perthes dans le diluvium d'Abbeville, par M. de Quatrefages. — 12 p. in-4° av. 1 pl.
Ext. des C^tes rendus des séances de l'Acad. des Sciences, t. LVI.

280. — Deuxième note sur la **mâchoire** d'Abbeville par M. de Quatrefages. — Paris, Mallet-Bachelier, 27 avril 1863 ; 8 p. in-4°.
Ibid., t. LVI.

281. — Troisième note sur la **mâchoire** d'Abbeville, par M. de Quatrefages. — Paris, Mallet-Bachelier, 4 mai 1863 ; 4 p. in-4°.
Ibid, t. LVI.

282. — Observations sur la **mâchoire** de Moulin-Quignon par M. de Quatrefages. — Paris, Mallet-Bachelier, 18 mai 1863 ; 3 p. in-4°.
Ibid, t. LVI.

283. — Observations à propos du Mémoire de M. Pruner-Bey et de la Note de M. Elie de Beaumont par M. de Quatrefages. Examen de la **Mâchoire** de Moulin-Quignon au point de vue anthropologique, par M. Pruner-Bey. — S. l. n. n., 25 mai 1863; 4 p. in-4°.
Ibid., t. LVI

284. — Feuilleton du Temps du 3 juin 1863. Le prétendu **homme fossile** d'Abbeville. Congrès des naturalistes anglais et français à Paris. Visite à Moulin-Quignon. — 14 colonnes.

285. — L'**Homme fossile**. Historique général de la question et Discussion de la découverte d'Abbeville, par F. Garrigou, de Tarascon (Ariège). — Paris, Dentu ; Toulouse, Delboy, 1863 ; 51 p. in-8°.

286. — Homme fossile. **Mâchoire d'Abbeville**.
Bull. Soc. Anthrop. Paris, 1863, p. 298 à 307 et 323 à 324, in-8°.

287. — On the section at **Moulin-Quignon**, Abbeville, and on the peculiar character of some flint implements recently discovered there by Joseph Prestwich. — London, Taylor and Francis, 1863 ; 6 p. et 3 fig. in-8°.
Ext. de Quaterly Journal of the geological Society.

288. — La **Mâchoire humaine** de Moulin-Quignon. Procès-verbaux des

séances du Congrès réuni à Paris, et à Abbeville sous la présidence de M. le professeur Milne-Edwards, rédigés par M. Delesse, Secrétaire du Congrès.
Mém. Soc. Anthropol. Paris, 1863 p 37 à 68, 1 pl ; in-8°.

289 — Problème géologique. Essai de solution. Lettre sur la **mâchoire d'Abbeville**, par P. U. O. S. l. n. n., *vers 1863*; 16 p. in-12.
Bibl. de la Soc. d'Anthrop.; n° 4405.

290. — Du terrain quaternaire et de **l'ancienneté de l'homme** dans le Nord de la France, d'après les leçons professées au Muséum par M. d'Archiac recueillies et publiées par M. Eugène Trulat. — Paris, Savy, 1863 : 48 p. in-8°.

291. — Note sur l'homme fossile trouvé à **Moulin-Quignon**, par le Docteur Luton.
Trav de l'Acad. de Reims, t. XXXVIII, 1862-1863, p. 90 à 98 ; in-8°,

292. — De la mâchoire humaine de **Moulin-Quignon**. Nouvelles découvertes en 1863 et 1864, par M. Boucher de Perthes. — Paris, Jung-Treuttel, 1864 ; 173 p. in-8° et 1 pl.

293. — Royal Institution of Great Britain, Friday February 26-1864. On the **Quaternary Flint** Implements of Abbeville, Amiens, Hoxne, etc. Their Géological Position and History, by Joseph Prestwich. — 10 p. in-8°.

294. — Note sur les **silex taillés** à Abbeville. par M. Olivier.
Mém. lus à la Sorbonne au Comité des Trav hist. en 1861, p. 1 à 4 , in-8°.

295. — **Instruments de silex** dans le diluvium par John Evans. Traduit de l'Anglais par S. Ferguson fils.— Amiens T. Jeunet, 1864 ; 47 p. in-8°.

296. — Des outils de pierre *trouvés à Abbeville et aux environs*, par M. Boucher de Perthes. — Paris, Jung-Treuttel, 1865 ; 48 p. in-8° et XII pl.

297. — Lettre relative aux **silex taillés** de main d'homme ou antéhistoriques adressée à M. Boucher de Perthes, *par M. Victor Chatel*. — Caen, C. Hommais, 1866 ; 11 p. in-12.

298. — Graviers des rivières. *Etude des découvertes* **préhistoriques** *dans la vallée de la Somme*.
L'homme préhistorique, par John Lubbock. — Paris, 1876, p. 312 à 349 ; in-8°.

299. — Sur la date des premières recherches **préhistoriques** à Abbeville par M. E. Prarond.— Abbeville, C. Paillart, 1877 ; 10 p. in-8°.
Ext. Mém. Soc. Emul. Abbeville.

300. — Note sur les patines des **silex taillés** des alluvions de Saint-Acheul, et sur l'ordre de leurs suppositions par M. E. d'Acy.
Congr. des Sciences anthropol de 1878, p. 234 à 237 , in-8°.

301. — Le limon des plateaux du Nord de la France et les **silex travaillés** qu'il renferme *principalement dans le canton de Moreuil*, par E. d'Acy. — Paris, Savy, 1878 ; 72 p. in-4° av. 1 carte et 10 pl.

302. — Essai sur l'âge des **silex taillés** de Saint-Acheul et sur la clasfication de l'époque quaternaire, par M. Tardy.
Bull. Soc. Géol. Fr., t. VI, 3° S¹ᵉ, 1877-1878, p. 401 à 416 ; in-8°.

303. — Georges Lecocq. Notions sommaires sur les **premiers Hommes** en France et notamment dans le Département de la Somme. Conférence faite le 24 Mai 1882 à la Société républicaine d'Instruction d'Amiens. — Amiens, W. Dutilloy, 1882 ; 50 p. in-8° et un tableau archéologique.

304. — De l'emmanchement de certains **silex taillés** de Saint-Acheul ou de Chelles par M. E. d'Acy. Extrait du Bulletin de la Société d'anthropologie. Séances des 3 mars et 7 avril 1887. — Paris, A. Hennuyer, 1887 ; 46 p. in-8°.

305. — La Picardie souterraine. Album composé de dix Planches en Chromolithographie reproduisant des Armes,

Outils et autres **Instruments en silex** trouvés dans les Alluvions Quaternaires de la Vallée de la Somme (Epoques Chelléenne et Moustérienne. Dessinées et Lithographiées en couleur par M. Pilloy et imprimées par M. Bourbier. — Saint-Quentin, Poëtte, 1892; 12 p. in-4° et 10 pl.

306. — **Marteaux.** Casse-tête et gaines de hache néolithiques, en bois de cerf, ornementés *trouvés aux environs d'Amiens*, par M. d'Acy. Extrait du n° 4 de l'Anthropologie, Juillet-Août 1893. — Paris, Masson, 1893; 19 p. in-8° av. 4 pl.

307. — Quelques **silex taillés** trouvés à Montières dans la terre à briques, par M. d'Acy.
Bull. Soc. Anthrop. Paris, 1894, p. 72 à 81; in-8°.

308. — Des **silex taillés** du limon des plateaux de la Picardie et de la Normandie, par E. d'Acy.
Ibid., 1894, p. 184 à 215, in-8°.

309. — Victor Meunier. Les ancêtres d'Adam, histoire de l'**homme fossile**. — Paris, Fischbacher, 1900; 312 p. in-12.
Nombreux détails sur les travaux de M. Boucher de Perthes
Voir Compte rendu de cet ouvrage par M. Boucher de Crévecœur. — Bull Soc. d'Emul. d'Abb., 1900, p. 6 à 14.

310. — C. Boulanger. L'**homme préhistorique** de Saint-Acheul. Extrait de la " Revue Picarde ". — Amiens, 1900; 6 p. in-12.

311 — Congrès international d'Anthropologie, Paris, 1900. Les pierres figures à retouches intentionnelles à l'époque du creusement des vallées *et les hypothèses de M.* **Boucher de Perthes**. — Paris, Larousse, 1900; 32 p. gr. in-8°.

312. — L'**âge du bronze** dans le bassin de Paris. I. Les épées et dagues du bassin de la Somme, par l'abbé Breuil.
L'Anthropologie, 1900, p. 503 à 536 av. 8 fig.; in-8°.

II. ARCHÉOLOGIE.

313. — Conjectures sur l'usage des **souterrains** qui se trouvent en grand nombre en Picardie, par l'abbé Lebeuf.
Mém Acad. Insc. et B.-Lett., t. XXVII, p. 179 et s. et 1 planche; in-4°.

314. — Archæologie. Sur les **Tombes** du District d'Abbeville, par le citoyen Fraullé (sic), juge de paix à Abbeville.
Magas. encyclop. de Millin., t. IV, p. 329 à 341; in-8°.

315. — Lettre adressée à M. Mongez, Membre de l'Institut, par M. Traullé, Procureur impérial à Abbeville, *sur les* **débris d'un bateau** *trouvés dans les levées de la Somme, près Abbeville*. Extrait du Magasin encyclopédique. — Paris, J. B. Sajou, 1809; 15 p. in-8°.

316. — Mémoire sur la question suivante, proposée par l'Académie des Sciences, Agriculture, Commerce, Belles-Lettres et Arts du Département de la Somme, pour sujet de l'un des prix qu'elle devait distribuer dans sa séance publique du 16 août 1809. Donner la description des **voies romaines**, vulgairement appelées Chaussées Brunehaut, qui traversent la Picardie, et particulièrement de celle qu'Agrippa conduisit depuis Lyon jusqu'à Boulogne, et qui passe par Soissons, Noyon et Amiens, etc..., indiquer leurs anciennes directions, les changements qui y ont été faits, leur proximité ou leur éloignement de quelques-uns des camps connus dans cette province sous le nom de Camps de César, leur largeur et leur épaisseur; si elles sont formées de différents lits de pierre, de caillou, de sable, d'arène, etc..., les comparer avec nos routes modernes sous le rapport de la solidité, des frais de construction et d'entretien, *par Grégoire d'Essigny*. — S. l. n. d.; 86 p. in-8°.
Ext. du Mag. encyclop. (décembre 1811).

317. — Lettre à M. Mongez, Membre de l'Institut, *sur les* **découvertes** *faites dans les tourbières de la Somme*, par

M. Traullée, correspondant de l'Institut... Lue le 15 février 1811, à la Classe d'Histoire et de Littérature ancienne. — Paris, J. B. Sajou, 1811 ; 27 p. in-8°.

Bibl H. Macqueron.

318. — Notice sur les **Tombes ou Tombelles** de l'arrondissement d'Abbeville, *par Traullé*. — Abbeville, Boulanger-Vion, s. d. ; 8 p. in-12.

319. — Mémoire sur les Meules de moulin employées par les anciens et les modernes et sur des **Meules à bras** antiques, trouvées près d'Abbeville, par M. Mongez.

Mém. Acad Insc. et B -Lettres, t III, n⁰ˡˡᵉ série, p. 441 à 480, in-4°.

320. — Dissertation sur les **Camps Romains** du Département de la Somme avec leur description : suivie d'éclaircissements sur la situation des Villes gauloises de Samarobriva et de Bratuspance, et sur l'époque de la construction des quatre Camps Romains de la Somme, par le Comte Louis d'Allonville. — Clermont-Ferrand, Thibaut-Landriot, 1828 ; in-4° de XXXII-187 p. et 13 pl.

321. — Rapport sur les **fouilles** à entreprendre dans le Département de la Somme, par M. Garnier.

Mém. Soc. Ant. Pic , t. II, p. 75 à 82 ; in-8°.

322 — Rapport à M. le Ministre de la Justice et des Cultes, sur les principales **églises** du département de la Somme, par M. H. Dusevel. — Amiens, Caron-Vitet, 1837 ; 48 p. in-8°.

323. — Description des **monuments** les plus curieux, anciens et modernes de la Picardie, par Fⁱⁿ Lombart. — Amiens, Caron Vitet, 1838 ; 16 p. in-8°.

Ouvrage incomplet dont trois livraisons seulement ont paru.

324. — **Cryptes** de Picardie, recherches sur l'origine des souterrains-refuges qui existent en grand nombre dans les départements de la Somme (*Quesnel en Santerre, Lamotte en Sanverre, Gapennes, Domqueur, Franquetille, Maison-Rolland, Hiermont, Maison-Ponthieu, Grattepanche, Beauquesne, Domart*), du Pas-de-Calais, de l'Oise et du Nord, par M. Bouthors. — Amiens, Ledien fils, 1838 ; 194 p. et 4 pl. in-8°.

325. — Mémoire sur les **Monuments** religieux et historiques du Département de la Somme, par M. J. Garnier. — Amiens, Duval et Herment, 1839 ; 57 p. in-8°.

Ext. Mém. Acad Amiens.

326. — Essai historique sur les **arts du dessin** en Picardie depuis l'époque romaine jusqu'au xvıᵉ siècle, par le Dʳ Rigollot. — Amiens, Alfred Caron, 1840 ; 197 p. in-8° av. un atlas de 40 pl.

Ext. Mém. Soc. Ant. Pic.

327. — Essai sur les **monuments** anciens du département de la Somme, *par H. Dusevel*.

Archives de Picardie, t. II, p. 193 à 197 ; in-8°.

328. — Etudes archéologiques sur les monuments religieux de la Picardie et particulièrement sur les **caractères architectoniques** qui doivent servir à faire distinguer ces monuments du vᵉ au milieu du xvıᵉ siècle, par M. Emm. Woillez. — Amiens, Duval et Herment, 1843 ; 261 p. in-8° av. 16 pl.

Ext. Mém Soc. Ant. Pic.

329. — **Camps Romains** de la Picardie et de l'Artois, *par le Cᵗᵉ d'Allonville*.

Bibl. hist de la Pic. et de l'Art., par P. Roger, p. 225 à 241 ; in-8°.

330. — Revue historique et archéologique des **Eglises de Picardie** et d'Artois. I. Diocèse d'Amiens, par P. Roger et Dusevel.

Ibid. p. 90 à 108 et 155 à 170.

Cet article contient des notes sommaires qu'on ne trouve guère autre part sur de nombreuses églises de village.

331. — **Eglises, Châteaux, Beffrois** et Hôtels de Ville les plus remarquables de la Picardie et de l'Artois. Texte par MM. H. Dusevel, A. Goze, de la Fons baron de Mélicocq, M. A. Gabriel Rembault. Dessins de MM. Duthoit, Letellier, Hugot, Lebel, Beaudouin, Pinsard, Alfred Graux, etc. — Amiens, Alfred Caron, 1846-1849 ; 2 vol. gr. in-8°.

Ces deux volumes sont composés de trente notices ayant un titre propre et une pagination différente et réunies au moyen d'une introduction et d'une table des matières. L'illustration comprend 57 planches lithographiées Chaque notice sera mentionnée plus loin à la place qui lui convient.

332. — Ancient **Fibula** or Brooch found at Abbeville.

Archeologia... by the Society of Ant of London, t. XXXI, p 467 à 469 ; in-4°.

333. Département de la Somme. **Monuments historiques**. Rapport à M. le Préfet, *par M. Dusevel.* — Amiens, Duval et Herment, 1846 ; 13 p. in-8°.

334. Iconographie des **plantes aroïdes figurées** au Moyen-Âge en Picardie et considérées comme origine de la fleur de lis de France, par le docteur Eugène Woillez. — Amiens, Duval et Herment, 1848 ; 48 p. in-8° et 10 pl.

Ext. Mém. Soc. Ant Pic.

335. — Lettre de M. Danse sur son **voyage archéologique** en Picardie en 1758, publiée avec notes par M. le Mareschal.

Mem. Soc. Ant. Pic., t. IX, p 257 à 277 ; in-8°.

336. — De l'apparition de l'**ogive** dans les monuments religieux de l'ancienne Picardie, par le Dr Eug. Woillez.

Ibid., p 279 à 302 ; in-8°.

337. — On Account of various **Objets of Antiquity** found near Amiens in France, in the Spring of 1848, In a Letter from Lord Albert Conyngham to John Yonge Akerman, Esq. Secretary.

Archæologia, or Miscellaneous..., by Soc. Ant. of London, vol. XXXIII, p. 174 et s. av. 1 pl. ; in-4°.

338. — Recherches historiques sur les peuples de la race teutonique qui envahirent les Gaules au v° siècle, et sur le caractère des **armes**, des **boucles** et des **ornements** recueillis dans leurs tombeaux, particulièrement en Picardie *et à Misery*, par M. le Docteur Rigollot.

Mém Soc. Ant. Pic , t. X, p. 122 à 227 ; in-8°.

339. — **Ameublements** et costumes du moyen-âge dans le département de la Somme *(Abbeville, Picquigny, Saint-Fuscien).* Communication de M. Dusevel.

Bull. du Com. hist., t. II, p. 218 et 219 et 1 pl. ; in-8°.

340. — **Ameublements** et costumes du moyen-âge dans le département de la Somme *(Amiens, Saint Riquier, Raincheval).* Communication de M. Dusevel ; dessin de M. Duthoit.

Bull du Com. des Trav. hist., t. IV, p. 85 à 87 av 1 pl. et Bull du Com. de la Langue, de l'hist, et des arts, t. III, p. 157 à 160 av. 4 pl. ; in-8°.

341. — Notice sur quelques **ornements d'église** dans le département de la Somme. Communication de M. Goze.

Bull. du Com. des Trav. hist., t. IV, p. 88 et 89 ; in-8°.

342. — Première lettre à M. le Duc de Luynes, membre de l'Institut, sur quelques types de l'**art chrétien** dessinés par ses soins dans le département de la Somme, *par M. Dusevel.* — Abbeville, T. Jeunet, 1853 ; 33 p. in-4°.

343. — Seconde lettre à M. le Duc de Luynes... 31 p. in-4°.

344. — *Analyse d'un manuscrit de la Bibliothèque Nationale,* " Recueil d'**épitaphes** des églises de Picardie ", *par M. Janvier.*

Bull. Soc. Ant. Pic , t VII, p. 51 à 55 ; in-8°.

345. — **Vitraux** historiés de quelques églises du département de la Somme *(Fontaine-sur-Somme, Tilloloy, Roye).*

Revue Picarde, nos des 11 août et 22 septembre 1862.

346. — Des **voutes en bois** dans les églises du diocèse d'Amiens, *par M. Goze.*

Revue de l'Art. chrétien, t. X, p. 136 à 146 ; in-8°.

347. — La **voie romaine** d'Amiens à Boulogne d'après la table Théodosienne, par M. J. Lion.
Bull. Soc. Ant. Pic., t. IX, p. 329 à 336 av. 1 pl.; in-8°.

348. — Notice sur quelques **églises** de l'arrondissement d'Amiens (*Agnières, Beaucamps-le-Jeune, Contay, Cottenchy, Flesselles, Flixecourt, Molliens-Vidame, Neuville-les-Lœuilly, Oisemont et Sentelie*), par G. D.
La Picardie, t. XIII, p. 529 à 537; in-8°.

349. — Réponses aux questions n°ˢ 3, 11, 15, 24 de la IV° Section, par M. l'Abbé Paul de Cagny.
Congrès scientif. d'Amiens, p. 393 à 408 ; in-8°.

350. — Glanes d'un Amiénois pour servir à l'**archéologie** du département de la Somme, *par G. DD.*
La Picardie, t. XIV, p. 385 à 397 et 452 à 460 ; in-8°.

351. — Curiosités des principales **églises** du département de la Somme il y a 50 ans, *par E. D.*
Ibid., t. XVIII, p. 337 et s. ; in-8°.

352. — Notes sur quelques **enceintes** anciennes des départements de la Somme (*Tirancourt, l'Etoile, Liercourt, Abbeville*) et de la Seine-Inférieure, par M. O. Vauvillé. — Paris, 1873 ; 67 p. in-8° et 5 pl.
Ext. Mém. Soc. Ant. France.

353. — Notices sur les **cimetières francs** de Domart-en-Ponthieu, Maisnières-Harcelaines, Martainneville et Waben, par A. van Robais. — Amiens, Emile Glorieux, 1875 ; 16 p. in-8°.
Ext. Bull. Soc. Ant. Pic.

354 — La **Renaissance** en Picardie. Somme.
La Renaissance en France, par Léon Palustre. Paris, Quantin, 1879, t I p. 29 à 48 av. 9 eaux-fortes dont une hors texte ; in-folio.

355. — Recherches archéologiques sur les anciens **camps romains** en Picardie, par M. l'abbé P. De Cagny.
Bull. Soc. Ant. Pic., t. XIV, p. 412 à 416 ; in-8°.

356. — **Médaillon** en os sculpté, communiqué par M. Pouy. Seau gallo-romain en bronze trouvé à Pont de Metz près Amiens, par Pouy.
Rev. Soc. Sav. Dép, t. VI, 1882, p. 318 à 322 ; in-8°.

357 — Gaëtan de Witasse. Essai d'**Archéologie** picarde. — Amiens, Delattre-Lenoël, 1883 ; 31 p. in-8°.
Ext. de La Picardie.

358. — **Refuges gaulois** et Camps romains *de la Somme*, étude historique et archéologique, par Duhamel-Decéjean. — Amiens, Douillet, 1883 ; 30 p. in-8°.

359. — Les stations de la **voie romaine** d'Amiens à Boulogne, par M. A. van Robais.
Cabin. hist. de la Pic. et de l'Art., t. II, p. 108 à 110 ; in-8°.

360. — **Marques** de Tacherons Tailleurs de pierres sur les Constructions du Département de la Somme, par M. Pinsard.
Bull. Soc. Ant. Pic., t. XVI, p. 20 à 22 et 2 pl., in-8°.

361. — Etude sur quelques **antiquités** trouvées en Picardie, par Alfred Danicourt. — Paris, Ernest Leroux, 1886 ; 41 p. in-8° av. 2 pl. h. t. et 25 fig. dans le texte.
Ext. de la Revue archéologique.

362. — Les **plaques ajourées** des bords de la Somme. Communication de M. Jules Pilloy.
Bull. archéol., 1887, p. 365 à 372 av. 1 pl. d'objets trouvés à Marché-le-Pot et Templeux-la-Fosse ; in-8°.

363. — A propos des nouvelles **églises** du département de la Somme. L'architecture et les Picards au XIX° siècle. — Amiens, Rousseau-Leroy, 1888 ; 59 p. in-8°.

364. — Les **mégalithes** de la Somme, par M. Ponchon.
Bull. Soc. Anthrop. Paris, t. XII, 3° série, p. 556 à 567 av. 2 fig. ; in-8°.

365. — La Picardie et l'Artois à l'**exposition rétrospective** du Trocadéro en 1889, par le Comte de Marsy. Abbeville, 1890 ; 19 p. in-8°.

Ext. du Cab. hist. de la Pic. et de l'Art.

366. — Etudes sur quelques **fonts baptismaux** du Nord de la France. Mémoire présenté au Congrès de la Sorbonne, par M. Camille Enlart.

Bull. archéol., 1890, p 46 à 73 av. fig. ; in-8°.

367. — Notes sur quelques **enceintes** anciennes des départements de la Somme et de la Seine-Inférieure, par M. O. Vauvillé.

Mém. Soc. Ant Fr., 6° série, t. II, 1891, p. 78 à 143 av. 5 pl. ; in-8°.

368. — Exploration d'anciens lieux de **sépulture** de la Somme (*Ercheu et Flamicourt*) et de l'Aisne, par M. Théophile Eck.

Bull archéol, 1895, p. 387 à 398 av 3 pl. ; in-8°.

369. — Mémoires de la Société des Antiquaires de Picardie. **Monuments religieux** de l'architecture romane et de transition dans la région picarde, par C. Enlart. Anciens Diocèses d'Amiens et de Boulogne. — Amiens, Yvert, 1895 ; VIII-252 p. gr. in-4° av. 18 pl. h. t. et 176 fig. dans le texte.

370. — L'**Architecture religieuse** aux XI° et XII° siècles dans les anciens diocèses d'Amiens et de Boulogne et l'ouvrage de M. Camille Enlart, par M. Louis Régnier. — Caen, Delesques, 1896 ; 41 p. in-8° av. 3 pl. h. t. et 6 fig. dans le texte.

Ext. du compte rendu du Congrès Archéologique d'Abbeville

371. — Les **Charpentes** en bois sculpté dans les églises du XVI° siècle *de l'Arrondissement d'Abbeville*, par Henri Macqueron. — Caen, Henri Delesques, 1896 ; 9 p. in-8° av. 2 pl. h. t.

Ibid.

372. — Société des Antiquaires de Picardie. **Album archéologique**. — Amiens, Yvert ; Paris, Picard, 1886-1898 ; 67 feuilles gr. in-4° av. 65 héliog. h. t.

373. — Le **bandage** herniaire de Marché le Pot. Le bandage herniaire de Devise.

Les bandages herniaires à l'époque mérovingienne, par Deneffe. — Anvers, 1900, p. 19 à 35 av. 4 pl. ; in-8°.

374. — Les Monuments **Mégalithiques** de la Somme par C. Boulanger, avec 18 gravures. — Paris, Leroux, 1900 ; 139 p. in-12.

375. — La Picardie au **Petit Palais** *de l'Exposition de 1900*, par M. Virgile Brandicourt.

Ext. Bull. Soc. Ant. Pic., t. XX, p. 728 à 747 ; in-8°.

III. NUMISMATIQUE.

376. — Essai sur une **monnaie** d'or frappée sous les Mérovingiens et portant le nom de l'Eglise de Saint-Martin aux Jumeaux d'Amiens, par M. J. R.

Mém Acad. Amiens, t I, 1836, p. 673 à 699 av. 2 pl., in-8°

377. — Monnaies inconnues des **Evêques des Innocens**, des Fous et de quelques autres associations singulières du même temps, recueillies et décrites par M. J. R. (*Rigollot*) d'Amiens ; avec des notes et une introduction sur les espèces de plomb, le personnage de fou, et les rébus dans le moyen âge par M. C. L. (*Leber*). — Paris, Merlin, 1837 ; CLVI-220 p. in-8° av. 46 pl. et 1 frontispice.

Cet ouvrage intéresse particulièrement les monnaies picardes des Evêques des Innocents.

378. — Notice sur des **monnaies** trouvées à Allonville, par M. Rigollot.

Mém Soc. Arch. Dép Somme, t. I, p 259 à 363, in-8°.

379. — Notice sur une découverte de **monnaies picardes** du XI° siècle recueillies et décrites par Fernand Mallet et le Dr Rigollot. — Amiens, s. n., 1841 ; 83 p. in-8° et 8 pl.

Ext. Mém. Soc. Ant. Pic.

380. — *Compte rendu de l'ouvrage précédent par E. Cartier.*

Revue numismatique, 1842, p. 69 à 73 ; in-8°.

381. — Mémoire sur une **monnaie** du XII° siècle frappée par l'autorité municipale de la ville d'Amiens, par M. le Docteur Rigollot.

Mém Soc Ant. Pic , t. V, p. 335 à 347 av, 1 pl. et 1 fig. ; in 8°.

382. — Monnaie inédite de Nesle. Signé : *Nomophile.*

Rev. num., 1841, p. 206 à 207 av. 1 fig.; in-8°.

383. — Note sur les **monnaies d'Amiens** au XII° siècle, *par le Docteur Rigollot.*

Ibid., 1843, p. 119 à 122 av 2 fig. ; in-8°.

384. — *Note sur une* **monnaie** *de Jean de Nesle, Comte de Ponthieu, par Anatole de Barthélémy.*

Ibid., 1846, p. 290 à 292 av 1 fig. ; in-8°.

385. Mémoire sur de nouvelles découvertes de **monnaies picardes**, par M. le Docteur Rigollot.

Mém. Soc. Ant. Pic., t. VIII, p 355 à 375 av. 2 pl., in-8°.

386. — Description de quelques **monnaies** de Picardie, par M. Adrien de Longpérier. — Amiens, Duval et Herment, 1848 ; 18 p. in-8° et 1 pl.

Ext. Mém. Soc. Ant. Pic.

387. — Notice sur quelques anciens **coins monétaires** qui existaient à l'échevinage d'Abbeville, suivie de l'indication des principales monnaies du Ponthieu, par E. Demarsy. — Abbeville, Jeunet, 1851 ; 55 p. in-8° et 2 pl.

Ext. Mém. Soc. Em. Abb.

388. — **Monnaies** royales frappées par Philippe le Bon, duc de Bourgogne à Amiens et à Saint-Quentin, *par M. Piot.*

Revue belge de numism 1851, p. 18 à 25 ; in-8°.

389. — Essai historique sur les **monnaies des Comtes de Ponthieu**, suivi de quelques mots sur les mereaux de la Collégiale de St-Vulfran d'Abbeville, par M. L. Deschamps de Pas. — Amiens, Duval et Herment, 1854 ; 32 p. in-8° av. 2 pl.

Ext. Mém. Soc. Ant. Pic.

390. — Instruction de Philippe le Bon, Duc de Bourgogne pour la fabrication de **monnaies** à Amiens et à Saint-Quentin, *par L. Deschamps de Pas* (Extrait de la Revue de la numismatique belge, t. V, 3° série). — Bruxelles, Devroye, s. d. ; 8 p. in-8°.

391. — Les **deniers** du monétaire Simon restitués à Amiens. Encore un mot au sujet des deniers d'Amiens et du monétaire Simon, *par M. Piot.*

Rev. belge de num., 1858, p. 23 à 37 et 277 à 287 av. 4 fig. , in-8°.

392. — **Deniers de Corbie** par M. Adrien de Longpérier.

Revue numism., 1858, p. 426 à 431 ; in-8°.

393. — Restitution à Tours d'un **triens mérovingien** attribué à Saint-Martin aux Jumeaux d'Amiens, par M. Rigollot et à Rebais (Seine-et-Marne) par M. Duchallais, *par M. Boilleau.*

Rev. fr. de numism., 1860, p. 311 à 314, 1 fig., in-8°.

394. — *Description des* **monnaies** *de Picardie.*

Monn. féod de France, par Poey d'Avant, 1862, t. III, p. 318 à 391 et pl. CXLVIII à CLVI; in-4°.

395. — Petite notice sur les **monnaies** des Comtes de Ponthieu, par J. Lefebvre. — Abbeville, Briez, 1863 ; 18 p. in-8°.

396. — Note sur quelques Pièces de **Monnaie** fabriquées à Amiens, par M. Ch. Dufour.

Bull. Soc. Ant. Pic., t. VIII, p 401 à 405, in-8°.

397. — Notice sur quelques **enseignes de pèlerinage** en plomb concernant la Picardie, par M. J. Garnier. —

4

Amiens, Lemer aîné, 1865 ; 39 p. in-8°
et 3 pl.

Ext. Mém Soc. Ant. Pic.

398. — Monnaies communales d'Amiens, par M. Caron. — Paris, 1867 ;
7 p. in-8°.

Ext. de l'Ann. de la Soc. franç. de numism.

399. — Des **ateliers monétaires**
de la Ville d'Amiens, par M. Bazot.

Mém. Soc. Ant. Pic., t. XXIII, p. 1 à 26 ; in-8°.

400. — *Rapport sur l'ouvrage précédent, par M. Albert Lenoir.*

Rev. des Soc. Sav. des Dép , 1876, p 99 à 101 ;
in-8°.

401. — Trésor de Corbie (Somme),
par M. E. Caron. *Description des* **monnaies picardes** *trouvées en 1879 à
Ovillers-la-Boisselle, canton d'Albert.*

Ann. de la Soc. franç de numism., 1877-1881,
p. 184 à 191 av. 5 fig. ; in-8°.

402. — Picardie. **Numismatique**
d'*Amiens, Péronne... Nesle, Corbie, Encre... Ponthieu.*

Monn. féod. franç , par E. Caron. — Paris, 1882,
p. 360 à 380 ; in-8°.

403. — Quelques mots sur l'**histoire
monétaire** d'Amiens pendant la période
féodale, *par Raymond Serrure.*

Bull. de numism. et d'arch., 1882-83, p. 38 à
42 ; in-8°.

404. — Sur quelques **monnaies
gauloises** trouvées en Picardie, par
Alfred Danicourt.

Cab. hist. Pic. et Art., t. I, p. 110 à 115 av.
1 pl. et 1 fig. ; in-8°.

405. — Alfred Danicourt. Sur les
enseignes et **médailles d'étain** ou de
plomb trouvées en Picardie. — Paris,
Rollin et Feuardent, 1887 ; 19 p. in-8° av.
2 pl. et 6 fig.

Ext. de la Rev. numism. et Cab. hist. Pic et
Art.

406. — *Numismatique abbevillois.*

Desc. de monn. franç par Letellier. — Paris,
1886, p. 1 à 8 ; in-12.

407. — **Numismatique amiénoise.**

Ibid., p. 14 à 19 ; in-12.

408. — La **Numismatique** du Vermandois, par M. C. Derome.

Mém. Soc. Acad. St-Quentin, 1891-92, p. 210 à
251 av. 45 fig. ; in-8°.

409. — Un **douzain** de Henri II
frappé à Amiens, par le Comte de Castellane.

Ann. Soc. franç. numism. 1893, p. 50 à 54 ; in-8°.

410. — Notes sur les différents des
ateliers d'Aix, de Villefranche et d'**Amiens**, et sur les dernières monnaies
posthumes de Henri II, *par M. Roger
Vallentin.*

Bull. de numism., 1893-94, p. 141 à 145 ; in-8°.

411. — **Numismatique.** Evêché
d'Amiens. Comté d'Amiens. Commune
d'Amiens. Abbaye de Corbie. Seigneurie d'Ancre. Baronnie de Picquigny.
Comté de Ponthieu.

Numism. du m âge, par Engel et Serrure, 1894.
t. II, p. 492 à 498 ; in-8°.

412. — Essai sur l'**histoire monétaire** de l'abbaye de Corbie, par
M. Maurice Prou.

Mém. Soc. Ant. Fr , t. V, 6° série, 1894, p. 55 à
92, in 8°.

IV. SIGILLOGRAPHIE

413. — Aperçu **sigillographique**
des archives départementales de la
Somme, par M. Boyer de Sainte-Suzanne
— Amiens, Lemer aîné, 1863 ; 27 p.
in-8°.

Ext. Mém. Soc. Ant. Pic.

414. — Rapport sur une Lettre *relative à deux* **sceaux picards** adressée
par M. Michel fils, d'Angers, à la Société des Antiquaires de Picardie, par
M. Dutilleux.

. Bull. Soc. Ant. Pic., t. IX, p. 366 à 370 ; in-8°.

415. — Inventaire des **sceaux** *intéressant la Picardie*, offerts à la Société des Antiquaires de Picardie par M. Célestin Ratel, par M. A. Dutilleux.

<small>Mém. Soc. Ant. Pic , t. XXII, p. 385 à 451 av. 2 pl. ; in 8°.</small>

416. — Inventaire des **Sceaux** de la Picardie recueillis dans les dépôts d'archives, musées et collections particulières des départements de la Somme, de l'Oise et de l'Aisne, ouvrage accompagné de huit planches phototypiques, par G. Demay. — Paris, Imprimerie Nationale, MDCCCLXXV ; 215 p. in-4°.

417. — Note sur deux **sceaux matrices**, l'un de la ville de Corbie, l'autre de la Châtellenie d'Ailly-sur-Noye, par M. J. Garnier. — Amiens, Douillet, 1881 ; 4 p. in-4° av. 2 fig.

<small>Ext. Bull. Soc. Ant. Pic.</small>

418. — Les **Sceaux Picards** de la collection Charvet, par A. de Marsy. In-8°.

419. — Marquis de Belleval. Les **Sceaux** du Ponthieu. — Paris, Emile Lechevallier, 1896 ; VIII-388 p. in-8° av. 9 pl. et 132 fig.

420. — Note sur trois **Sceaux** trouvés à Albert, par M. E. Comte.

<small>Bull. Soc. Ant. Pic., 1898-1900, p. 455 et 456 av. 3 fig. ; in-8°.</small>

CHAPITRE IV

BIBLIOGRAPHIE ET ICONOGRAPHIE

421. — Extrait du rapport de MM. Dusevel et Rigollot à Monsieur le Ministre de l'Instruction publique sur les **Bibliothèques** et Archives de l'arrondissement d'Amiens. — *Amiens*, Ledien fils, s. d. ; 18 p. in-8°.

422. — Rapport présenté par M. Henri Hardouin au nom de la commission chargée de la recherche des titres les plus importants déposés aux **Archives** départementales.

<small>Mém. Soc. Arch. Somme, t. I, p. 129 à 138 ; in-8°.</small>

423. — Pouillé des **manuscrits** composant la collection de Dom Grenier sur la Picardie à la Bibliothèque du Roi, par Ch. Dufour. — Amiens, Ledien fils, 1839 ; 90 p. in-8°.

<small>Ext. Mém. Soc. Ant. Pic.</small>

424. — **Archives** de la Somme.

<small>Bibl. hist. de la Pic. et de l'Art., par Roger, p. 244 a 249 ; in-8°.</small>

425. — Essai **bibliographique** sur la Picardie ou plan d'une bibliothèque spécialement composée d'imprimés entièrement relatifs à cette province, par M. Charles Dufour. Première série. Amiens, Duval et Herment, 1850 ; XV-106 p. in-8°. Deuxième série. Amiens, E. Herment, 1857 ; p. 107 à 232, in-8°.

<small>Ext. Mém. Ant. Pic.
Cet ouvrage est resté inachevé.</small>

426. — Notices et Extraits des **documents manuscrits** conservés dans les dépôts publics de Paris et relatifs à l'histoire de la Picardie, par M. Hip. Cocheris. Ouvrage couronné par la Société des Antiquaires de Picardie, au concours de 1852. — Paris, Durand, 1854-1858 ; 2 vol in-8° de 693 p. et VI-626 p.

Ibid.
Cet ouvrage est resté inachevé.

427. — Société des Antiquaires de Picardie. Concours de 1852. Rapport Présenté par M. Ch. Dufour, membre résidant, sur le Catalogue analytique et raisonné des **manuscrits** conservés à la Bibliothèque nationale qui concernent l'histoire de la Picardie. — Amiens, Duval et Herment, 1853 ; 11 p. in-8°.

Ibid.

428. — Picardie. Dépouillement de la collection dite de **Dom Grenier**.

Le Cabinet historique, t. III à XIV ; in-8°.

429. — Mémoire sur les **Chartes et Diplômes** relatifs à la Picardie, qui se trouvent aux Archives du département du Nord, par M. Le Glay.

Bull. Soc. Ant. Pic , t. VI, p. 429 à 435 . in-8°.

430. — Essai sur l'**iconographie** monumentale, historique et biographique du département de la Somme, par *H. Dusevel*.

La Picardie, t. VII, p. 457 à 461 . in-8°.

431. — Recherches historiques et **bibliographiques** sur l'Imprimerie et la Librairie et sur les arts et industries qui s'y rattachent dans le département de la Somme avec divers fac-simile, par Ferdinand Pouy. — Paris, Duprat, 1863-1864 ; 252 p. in-8° avec 4 pl. ; en deux fascicules.

432. — Recherches historiques sur l'Imprimerie et la Librairie à Amiens avec une description des **livres** divers imprimés dans cette ville, par Ferdinand Pouy.

Revue Picarde, n° du 22 juin 1861, p. 3 et 4.
Compte rendu d'une partie de l'ouvrage précédent.

433. — Note sur quelques **images** imprimées à Amiens, par M. Demarsy. — Amiens, Lemer aîné, 1864 ; 4 p. in-4°.

Ext. Bull Soc Ant. Pic.

434. — Catalogue analytique des Chartes, **Documents historiques**, Titres nobiliaires, etc., composant les Archives du Collège héraldique et historique de France. Première partie. Picardie. — Paris, J. Léon Techener fils, 1866 ; VI-90 p. in-8°.

435. — *Notice sur la* **collection** *de M. O. Macqueron, à Abbeville, par M. E. Prarond*.

Mém. Soc. Emul. Abb., t. I, 3° série, p. 755 à 766 ; in-8°.

436. — Coup d'œil sur quelques **Dessins et Gravures** représentant des Villes, Monuments et Hommes célèbres du Département de la Somme, *par H. Dusevel*.

La Picardie, t. XIII, p. 433 à 441 et 481 à 491 ; in-8°.

437. — Note sur plusieurs **Lithographies** représentant des Villes, Monuments et Hommes distingués du Département de la Somme, *par H. Dusevel*.

Ibid., t XIV, p. 1 à 11 et 97 à 106 ; in-8°.

438. — Les **Bibliographes** picards, par F. Pouy.

Ext. de la Picardie.

439. — Inventaire sommaire des **Archives départementales** antérieures à 1790, Rédigé par MM. Louis Boca et Armand Rendu, Archivistes. Somme. Tome I. Archives civiles. Série A. Actes du Pouvoir Souverain et Domaine Royal, n°s 1 à 66. Série B. Cours et Juridictions, n°s 1 à 1664. — Amiens, Imprimerie Picarde, 1883 ; in-8° de XIV-15 et 438 p.

440. — Inventaire sommaire des **Archives départementales** antérieures à 1790. Rédigé par M. Georges Durand, Archiviste. Somme.

Tome II. Archives civiles. Série C. Administrations Provinciales. N°s 1 à

953. — Amiens, Imprimerie Picarde, 1888 ; XXIII-452 p. in-4°.
Tome III. Archives civiles. Série C. Administrations Provinciales, n°ˢ 953 à 1975. — Amiens, Redonnet, 1892 ; 503 p. in-4°.
Tome IV Archives civiles. Série C (n°ˢ. 1976 à 2230). — D-E. — Amiens, Redonnet, 1897 ; VI-592 p. in-4°.

441. — Catalogue des **aveux** et dénombrements relatifs à la Picardie conservés aux Archives Nationales (Fin du XV° siècle), *par M. Gaëtan de Witasse*.

La Picardie, t. VI et VII, 2° série ; in-8°.

442. — **Bibliographie** picarde, par M. de Marsy.

La Picardie, 2° série, t. IV, VI et VII.

443. — **Documents** historiques et autographes concernant la Picardie, par le C^(te) de Marsy.

Cab. hist. de la Pic. et de l'Art., t. I, p 104 et s.; in-8°.

444. — **Iconographie** du Département de la Somme ou Catalogue des Cartes, Vues, Armoiries, Portraits, etc. gravés ou lithographiés concernant ce département, par Henri Macqueron. — Abbeville, C. Paillart, 1885 ; VIII-867 p. in-8°.

445. — Etude sur les **portraits** picards jusqu'à la fin du XVIII° siècle par M. Henri Macqueron. Amiens, A. Douillet, 1888 ; 24 p. in-8°.

Ext. Mém. Soc. Ant. Pic.

446. — Notice sur le fonds de l'Intendance de Picardie aux **Archives** du département de la Somme, par M. Georges Durand. — Amiens, Imprimerie picarde, 1888 ; 24 p. in-4°.

447. — Les **Etudes historiques** et archéologiques dans le département de la Somme depuis cinquante ans, par Henri Macqueron. — Caen, Delesques, 1896 ; 26 p. in-8°.

Ext. du Congrès archéol. de France

448. — Analyse de quelques pièces **manuscrites** *concernant la Picardie* acquises sur les revenus du legs Beauvillé, par M. F. Poujol de Fréchencourt.

Bull. Soc. Ant. Pic , t. XIX, p. 171 à 182 ; in-8°.

CHAPITRE V

PATOIS PICARD ET LITTÉRATURE PICARDE

I. OUVRAGES SUR LE PATOIS PICARD.

449. — Mémoire sur l'origine du **patois** picard, sur ses caractères, sur ses rapports avec les langues qui l'ont précédé, etc. Ouvrage qui a remporté le prix de l'Académie des Sciences... du Département de la Somme ; suivi d'un mémoire sur les voies romaines qui a obtenu une mention honorable de la même Académie, par L. A. J. Grégoire d'Essigny fils, de Roye. — A Péronne, chez L. A. Laisney.

Le titre intérieur modifié est : Mémoire qui a remporté le prix... — Paris, J. B. Sajou, 1811 ; 86 p. in-8°.

Ext. du Magasin encyclopédique.

450. — Coup d'œil sur l'**idiôme** picard en usage dans l'arrondissement d'Abbeville, par M. André de Poilly.

Mém. Soc. Emul. Abbev., t. I, p. 118 à 145; in-8°.

451. — Origines picardes. *Programme d'un* **glossaire** *picard*, par M. C. Picard.

Ibid., 1838-1840, p. 263 à 270 ; in-8°.

452. — Essai sur la langue normande du XII° siècle et la **langue** parlée au XIX° dans la Normandie, la Picardie et l'Artois, par M. Ernest Sauvage. — S. l. n. n., *vers 1848* ; 15 p. in-8°.

Ext. du Puits artésien, 5° année.

453. — **Glossaire** étymologique et comparatif du patois picard, ancien et moderne, précédé de recherches philologiques et littéraires sur ce dialecte, par l'abbé Jules Corblet. Ouvrage couronné par la Société des Antiquaires de Picardie le 19 août 1849 — Paris, Dumoulin, 1851 ; 619 p. in-8°.

Ext. Mém. Soc Ant Pic.

454. — Rapport sur le concours de 1849 (**Glossaire** *du patois picard*), par M. Breuil.

Ibid., t. XI, p 39 à 53 ; in-8°.

455. — Note sur l'**orthographe** picarde, pour servir à l'intelligence d'une traduction de l'Evangile selon Saint-Mathieu en picard amiénois du XIX° siècle, par Edouard Paris. — Londres, Strangeivays et Walden, 1862 ; XVI p. in-16.

456. — Publications de la Société pour l'Etude des Langues romanes. Fragment d'une **anthologie** picarde (XIII° siècle), par A. Boucherie. — Montpellier, Félix Séguin, 1872 ; 30 p. in-8°.

457. — Essai sur l'origine et la formation du **Patois** Picard avec l'indication sommaire des lois de la transformation des mots et leur application à la recherche de quelques étymologies picardes Par J. B. Jouancoux. — S. l. n. n., *vers 1873* ; 64 p. in-16.

458. — Le **Patois** Picard. *Compte rendu de l'ouvrage de M. Jouancoux, par M. Dusevel.*

La Picardie, t. XVII, p. 433 à 439; in-8°.

459. — Etude sur le **dialecte** picard dans le Ponthieu d'après les chartes des XIII° et XIV° siècles (1254-1333), par Gaston Raynaud. — Paris, G. Vieweg, 1876 ; 123 p. in-8°.

Ext de la Biblioth de l'Ec. des Chartes.

460. — *Compte rendu de l'ouvrage précédent par Gaston Paris.*

Romania, 1877, p. 614 à 620 ; in-8°.

461. — Académie des Sciences, des Lettres et des Arts d'Amiens. Le **Patois** picard et Lafleur. Discours prononcé à la Séance publique de l'Académie d'Amiens le 17 décembre 1876, par M. H. Daussy. — Amiens, H. Yvert, 1877 ; 24 p. in-8°.

Ext. Mém. Acad. Amiens.

462. — Etudes pour servir à un **glossaire** étymologique du patois picard, par J. B. Jouancoux. — Première partie A. F. — Amiens, Jeunet, 1890 ; 4, III et 294 p. in-4°.

463. — *Compte rendu de l'ouvrage précédent, par Gaston Raynaud.*

Bibl. de l'Ec. des Chartes, 1880, p. 631 et 632 ; in-8°.

464. — Les Etudes de M. Jouancoux sur le **Patois** Picard, par M. Daussy.

Mém. Acad. Amiens, t. XXXVIII, p. 95 à 104 ; in-8°.

465. — Etudes pour servir à un **glossaire** étymologique du Patois Picard par M. J. B. Jouancoux et M. Devauchelle. Deuxième partie. — Amiens, Jeunet, 1890 ; 221 p. in-4°.

466. — Du **Patois** picard,

Tablettes d'Hist locale par E. Coet — Compiègne, 1890, p. 20 à 23 ; in-8°.

467. — Le **Patois** Picard, par Emile Czenfant.

Revue du Nord de la France, 1890 et 1891 ; in-8°.

468. — L'**Orthographe** du Patois Picard, par Xavier Dorion.

Ibid., 1891, p. 65 à 67 : in-8°.

469. — Phonology of the **Patois** of Cachy (Somme), by Thomas Logie, Ph. D. — Baltimore, published by the mod. larg. association of America, 1892; 73 p. in-8°.

Bibl. de M. Robert de Guyencourt, à Amiens.

470. — De l'esprit **picard** à travers les âges, par G. H. Quignon. — Beauvais, Imp. centrale, 1897 ; 39 p. in-12.

471. — Du **Patois** et de la Littérature Picarde. Discours de Réception prononcé à la Séance de l'Académie d'Amiens du 27 janvier 1899 par M. Edouard David. Réponse de M. Octave Thorel. — Amiens. Yvert et Tellier, 1899 ; 60 p. in-8°.

II. OUVRAGES EN PATOIS PICARD.

* **472**. — Histoire plaisante de la jalousie de Jennain sur la grossesse soudaine de Prigne, sa femme, contenant un brave discours de l'accouchement d'icelle. Le tout mis en rime et langue **picarde**, et envoyé par un courtisan à un autre son amy. — Chez Pierre Mortier, portier, 1598 ; in-12.

Biblioth. de M. de Beauvillé, à Montdidier.
Cette plaquette extrêmement rare a été réimprimée dans les Joyeusetés de Techener, t IV. (Bibliog. Dufour, n° 97).

473. — L'Eniollement de Covla et de Miqvelle sur le sujet des dialotins qu'il disoit qu'alle auoit dans le ventre. Les Chansons de Miquelle. Les plaintes de Marion Floncan mere de ladite Miquelle su le deflorement de se fille, le procès

intervenu entr'eux et le mariage de Coula et Miquelle par dialogue en langage **Picard**. — A Paris, 1634 ; 21 p. in-18.

Une réimpression à 100 exemp. a été faite à Genève, par Blanchard.

* **474**. — Chants **picards** sur la prise de Corbie.

Chants populaires du XVI° siècle publiés par Téchener.
Voir Corblet, gloss. du pat. picard, p. 51.

475. — Svitte du celebre et honorable mariage de Iennain et Prignon. Belle Histoire, Representant au naïf la soudaine Grossesse de ladicte Prignon: Son prodigieux Accouchement, Le Baptesme de son enfant, Le somptueux Banquet faict aux Parins et Marines. Ensemble Les Ceremonies et plusieurs discours, auec une belle Chanson a ce suject. Du plus fin **Picard**, qui soit au pays de Lyronfa, et en toute l'estendüe du Beyeleu. — A S. Qventin, en Picardie, 1648 ; 34 p. in-16.

Bibl. d'Amiens, B.-Lett., n° 1928.

476. — Dialogue en **patois** de trois paysans picards Miche, Guillame et Cherte, sur les affaires de ce temps. — S. l. n. n., M.DC.XLIX ; 11 p. in-4°.

Bibl. de M. Van Robais.

477. — Discovrs dv Cvré de Bersy faict à ses parroissiens en langue **Picarde**. Auec le Discours du très-excellent Mariage de Ieannain et de Prigne‘ Où sont contenus les biens, tant de l'vn que de l'autre, le bon ordre tenu en allant à l'Eglise, le magnifique Banquet, la belle danse, et les deuis du Marié et de l'Espousée tenue au lict. Ledit Discours enuoyé d'vn Cousain à l'autre en langue Picarde. — S. l. n. n., 1717 ; 8 p. pet. in-8°.

Bib. d'Amiens, B.-Lett., n° 1927.
Réimprimé dans les Joyeusetez de Techener,t.IV.

* **478**. — Réponse faite à l'autheur du discours du curé de Bersy, en langue **picarde**. — S. l. n. n. n. d. ; in-8°.

Catal. de Ch. Nodier, n° 942.

479. — Compliment D'un Poysan ed Boutrilly à nos Gouverneux. — S. l. n. n. n. d. ; 4 p. in-4° en vers.

Bibl. d Amiens, B -Lett., n° 1931.

480. — Satyre d'un curé **picard** sur les vérités du temps par le Reverend Père *** Jésuite. — Avignon, Claude Lenclume, à l'enseigne de Muche ten Pot, MDCCLIV ; XX-98 p. in-12.

Cet ouvrage est généralement attribué à Devérité.
M. Corblet en cite une autre édition, à Avignon, 1750 (Dict. du pat. pic , n° 90).

* **481.** — Critique sur les préjugés démasqués. — Port-Mahon, 1756 ; 66 p.

Satyre en vers picards citée par Corblet, Gloss. du pat. picard, p. 55.

482. — Sermon d'un bon curé **picard** en patois picard, nouvelle édition dédiée au cousin Jacques. — Abbeville, Devérité, 1787 ; 133 p. in-12.

Ce sermon est le même que la Satyre sur les vérités avec quelques additions ; il a encore été reproduit sous ce titre • De la Langue picarde, dans le supplément a l Histoire de Picardie, p. 118 à 154.

483. — Recueil de poésies. sermons et discours **picards**. — Abbeville, Devérité, an VI ; 133 p. in-12.

Nouvelle édition sans aucun changement de l'ouvrage précédent.

484 — Ch' nouvieu beudet d' Balaam histoer véritab' et remarquab' arrivée à Amiens l' 4 frimaire d' lan 8°, jour de Ste-Catlaigne, viu estil, par Colo-Pierro Kiot-Bitt. — S. l. n. n. n. d. ; 4 p. in-8° en vers.

Anc^{ne} Bibl. de M de Marsy.
Réimprimé dans le Glossaire de Corblet, p. 51 à 54.

485. — Lili Gausseux, ouvrier Setier, au Four des Camps, à Monseigneur Mathan Gaivernon, chi-devant Evêque constitutionnel de Tulle, dans che Département del Corrèze, ennui Commissaire du Département del Somme. — S. l. n.n., *vers 1798* ; 1 p. in-fol.

Bibl. d'Abbeville.

* **486.** — Colo-Pierrot Kiol Bite, dit Ch' Couailleux, m'neu d' Bergneux de ch' Don, rue des Bondes à Amiens, à ch' l'Obrieux, l'Evêque Gueuvernon. comm'-y-serre sans entrailles den ch', département del Somme. — à Amiens, à ch' plein scieu, chez tous les marchands d'beux, *vers 1798* ; in-8°.

Cat. de la vente Cazin, en mars 1885.

487. — Pièces récréatives ou le Patois **Picard**. — A Gibitonne, 1823. *A la première page se trouve un autre titre :* Dialogue curieux et intéressant entre deux Picards concernant la Ville et l'Eglise d'Amiens. — 24 p. in-16.

Bibl. d Amiens, B.-Lett., n° 1929.

488. — Traduction de la parabole de l'enfant prodigue en patois **picard** par M. Delahaye, Bibliothécaire à Amiens.

Mém. Soc. Aut. France, t. I (2° série), p. 327 à 329 ; in-8° et Mélanges sur les Langues et Patois, par M Coquebert de Montbret.

489. — Pièces récréatives ou le **Patois** Picard. Nouvelle édition. — Beauvais, Dupont-Diot ; 24 p. in-24.

490. — Lettres picardes par Pierre-Louis Gosseu, paysan de Vermand, suivies de la grande complainte en 79 couplets sur la translation des cendres de Napoléon, écrite en patois **picard**, paroles et musiques du même auteur, et traduites en très bon français par le père Ladéroute, avec accompagnement de piano par un ménétrier de l'endroit. — Saint-Quentin, Cottenet, 1841 ; 176 p. in-8°.

* **491.** — Anciennes et nouvelles lettres picardes, par P. L. Gosseu (*M. Pinguet*), paysan de Vermand, suivies de la grande complainte en 92 couplets sur la translation des cendres de Napoléon écrite en patois **picard**, paroles et musique du même auteur, et traduite en très bon français, par le père Ladéroute. — Saint-Quentin, Doloy, 1847.

Bibliog Dufour, n° 108.

492. — Chansons **picardes**.
Poésies diverses, par Delegorgue-Cordier. — Abbeville, Jeunet, 1847, p. 649 à 666 ; in-8°. Le même auteur a publié de nombreuses chansons picardes dans les premières années de l'almanach d'Abbeville.

* **493.** — Lettre de Jacques Croédur à Jean Pronnieu par M. Nortier, brasseur à Bouchon. — Abbeville. C. Paillart, 1849 ; 2 p. in-8°.
Pouy, Rech. sur l'Impr. et la Libr., n° 157.

494. — Visite de Jacques Croédur, Paysan de Vauchelles, ancien maçon, coquetier, auteur des lettres picardes aux prisonniers politiques de Doullens.
Almanach d'Abbeville, 1850, p. 153 à 158 ; in-16. C'est la première des lettres de Jacques Coédur qui ont depuis été publiées chaque année dans le même almanach.

495. — Bibliothèque Picarde. Dialogues en Patois **Picard**. 1ᵉʳ Entretien dé ch' Franc-Picard Aveuc scin Voiezan. — Amiens, Alfred Caron, 1850 ; 24 p. in-16.
C'est la première pièce d'une série de neuf à dix brochures, tirages à part des dialogues parus dans l'almanach du Franc-Picard.

496. — **Satires** picardes, par Hector Crinon, laboureur, poete et sculpteur. — Péronne, Recoupé, 1863 ; XXXII-232 p. in-8°.

497. — S' sint Evangil slon Sin Matiu, tradui in Fransé dsu l' vulgat par Elmouèt ed Sasy..., par Edouer Paris, d'Ammyin. Le saint Evangile selon saint Matthieu, traduit en **picard** amiénois d'après la version française de Lemaistre de Sacy, précédé d'une note sur la manière d'écrire le picard, et suivi de quelques observations sur certains sous-radicaux de cet idiôme, par Edouard Paris.—Londres, Strangeivays et Walden, 1863 ; XXXII-142 p. in-16.

498. — Le Saint Evangile selon Saint Matthieu, traduit en **picard** amiénois par M. Edouard Paris. Rapport par M. Garnier. — *Amiens*, E. Yvert, *1864* ; 12 p. in-8°.
Ext. Mém Acad. Amiens.

499. — El Rue d' l'Andouille, à Amiens, **Chanson** picarde.— Amiens, Alfred Caron, s. d. ; 7 p. in-8°.

500. — Ein eintermeint, par M. Gédéon Baril.
Mém. Acad. Amiens, t. XL, p.305 à 315 ; in-8°.

* **501.** — Dialogues philosophiques **franco-picards** sur le contentement de soi-même par l'éducation morale, par Lescot. — Paris, 1885 ; in-18.

502. — Petite bibliothèque **picarde**. Les caquets du baquet, par Gédéon Baril. Lessive amiénoise. — Amiens, T. Jeunet, 1887 ; 50 p. in-18.

503. — Einn' partie d' piqué par Tcho Doère (*Edouard David*).—Amiens, Rousseau-Leroy, 1890 ; 11 p. in-24.

504. — Einne déclaration d' naissance à ch' buriéu d'let at-civil par Tcho Doère (*Edouard David*). — Amiens, Impr. et Libr. générales, 1890 ; 14 p. in-16.

505. — 1ʳᵉ Eglogue de Virgile. Traduction en vers **Picards** par M. L. Caron. — S. l. n. n. n. d. ; 4 p. in-8°.

506. — Pierre Dupuis. Chansons **picardes**. — Amiens, 1891 ; 47 p. in-24.

507. — à M' n'anmi Jacharié Doéyein d' chés cabotans. L' bataillo ed Querrieu, pièche militaire ein deux actes épi einne apothéose à l'usage ed tous chés joueux d' cabotans, par Tcho Doère. — Amiens, Impr. générale, 1891 ; 28 p. in-16.

508. — Tcho Doère. Moumeints perdus d'ein picard. — Amiens, Rousseau-Leroy, 1892 ; 67 p. in-16

509. — *Poésies picardes, par M. Robert de Guyencourt, illustrées par MM. Baril, Delambre, de Franqueville, etc.* — *Amiens, Yvert et Tellier, 1892-1898* ; in-4°.
Tous chés douz' mois d' l'ainnée. 28 p. 6 vign. — Qué'qu's vers patois ; 20 p. 5 vign. — Santé, Maladie, Mort ; 8 p , 10 vign. — O fortunatos nimium... Agricolas !!! 16 p., 9 vign. — Ein molet d' picard ; 12 p., 6 vign.

510. — Rosati Picards. El Mvse Picarde par Edovard David avec une Préface de Monsieur L. Delambre, illvstrée par A. Rose, L. Delambre, David-Riqvier, J. de Francqveville, Boqvet et René Delassvs. — Amiens, Jeunet, 1895; 138 p. in-12 avec 1 port. et 5 vign.

511. — Edouard David. Chés Lazards Illustrations par Jules Boquet. — Amiens Hecquet, 1897; 123 p. in-8° av. 12 fig.

512. — Edouard David. Chès Hortillonages. Préface de George Tattegrain et Octave Thorel. Illustrations de Pierre Ansart, Gédéon Baril, Camille Boignard, Jules Boquet... — Amiens, Imprimerie Picarde, 1900; 100 p. in-4° av. 15 pl. et 102 fig.

513. — Rosati picards. Ch' l' Accident d' Dodore. Saynète **picarde**, par Léon Goudalier. — Amiens, Duchatel, 1900; 16 p. in-12.

III. FOLK-LORE, LÉGENDES ET ROMANS SUR DES SUJETS RELATIFS A LA PICARDIE.

514. — **Edèle** de Ponthieu, Nouvelle historique par ***. — Paris, Jean Musier, M.DCC.XXIII; 16 p. n. n. et 326 p. in-12.
Bibl. H Macqueron.

515. — **Adèle**, Comtesse de Ponthieu, tragédie en cinq actes et en vers, par M. de la Place. Représentée par les Comédiens Ordinaires du Roi, le 28 Avril 1757 et remise au Théâtre au Mois de Novembre de la même année. — Paris, Ruault, M.DCC.LXXVII; 48 p. in-12.

516. — **Adèle**, Comtesse de Ponthieu, tragédie par M. De La Place. Représentée par les Comédiens Ordinaires du Roi le 28 Avril 1757 et remise au Théâtre au mois de Novembre de la même année. — Paris, Sébastien Jorry, M.DCC.LVIII; 88 p. in-16.
Bibl. H. Macqueron.

* **517.** — **Adèle** de Ponthieu, Tragédie en trois actes, par M. de Saint-Marc, Musique de M. de La Borde.— Paris, de Lormel, 1772; in-4°.

518. — **Adele** de Pomthieu Ballo tragico in cinque Atti di Monsr Noverre Compositore Attuale de Balli delle LL.MM.II.RR. — Milano, Nella Stamperia di Giovanni Montani; 24 p. in-24.
Bibl. H. Macqueron.

519. — **Anecdotes** picardes.
Suppl. à l'Ess. sur l'Hist. de Pic., par Devérité, p. 155 à 222; in-12.

520. — Du Boucher d'**Abbeville**.
Fables ou Contes du xiie et du xiiie s. — Paris, Onfroy, 1779, t. III, p. 18 à 22; in-8°.

521. — Le Bourgeois d'**Abbeville** Alias la Housse coupée en deux.
Ibid., t III, p. 220 à 231; in-8°.

522. Adèle de Ponthieu, Tragédie lyrique en cinq actes, donnée sur le théâtre de l'académie royale de musique pour la première fois, le mardi premier décembre 1772.
(Œuv. de M. de St-Marc. — Paris, de l'Imp de Monsieur, 1781, t. III, p. 1 à 83, in-12.

523. — **Adèle** de Ponthieu, tragédie lyrique en trois actes, remise en Musique par M. Piccini. Représentée, pour la première fois, à la Nouvelle Salle de la Porte Saint-Martin, par l'Académie Royale de Musique, le Samedi 27 octobre 1781. — Paris, P. de Lormel, M.DCC.LXXXII; 32 p. in-12.
Bibl. H. Macqueron.

* **524.** — Le **Paysan** picard, vaudeville en un acte, par MM. Brasier et Léon, représenté sur le théâtre de la Gaité, le 17 août 1822. — Paris, Quoy, 1825; 18 p. in-8°.
Il avait été fait une 1re édition en 1822.
Bibliog. Dufour, n° 166.

525. — Le **Siège d'Amiens**, roman historique du 16me siècle par M. T... Machart. — Paris, Mame et Delaunay, 1830; 4 vol in-12 de XXIV-216 p., 220 p., 228 p. et 246 p.

526 — **Adèle** de Ponthieu, poème historique en six chants, par Mondelot. — Paris, Dondey-Dupré, 1834; 140 p. in-18.

527. — **Isabelle de Nesle**, épisode tirée de l'histoire du xv° siècle, par P. D. C. (*l'abbé Paul Decagny*). — Lille, Lefort, 1837 ; 210 p. in-12.

528. — Histoire de **Jean d'Avesnes**, *publiée par P. Chabaille*. — Abbeville, Paillart, *1840*; 80 p. in-8°.

_{Ext. Mém. Soc. Em. Abbeville.}

* **529**. — Histoire des ducs et des rois d'Angleterre, suivie de la relation du **tournoi de Ham**, par Sarazin, trouvère du xiii° siècle et précédée d'une introduction par Francisque Michel. — Paris, 1840; in-8°.

530. — Le Château et le **Moulin d'Heilly** (Somme), *par Roger de Beauvoir*.

_{Alman d'Abbeville, 1844, p. 36 à 66 ; in-16.}

531. — Il n'y a que 3 corps ici ! Légende picarde *par C. L.*

_{Ibid., 1844, p. 67 à 76 , in-16.}

532. — Bibliothèque picarde. La Bête Canteraine, **légende** picarde, par M. A. Labourt. — Amiens, Alfred Caron, s. d. ; 98 p. in-8° av. 3 pl.

533. — **Chroniques** picardes. Gautier Tirel, Comte de Poix, *par M. F., d'Amiens*. — Amiens, Alfred Caron, s. d. ; 48 p. in-8°.

534. — Le Lépreux ou un Courage de femme, **épisode** du Siège d'Amiens, drame en trois actes par P. A. A., 1597. — Paris, Dolin, 1845 ; 75 p. in-8°.

535. — Le Lépreux, ou Un courage de femme. **Episode** du siège d'Amiens, 1597, drame en trois actes en prose. — Amiens, Prévost-Allo, 1845 ; 76 p. in-8°.

536. — La Citadelle de Doullens, 935-1846, par Charles Marchal, détenu politique. — Paris, Cherbuliez, s. d. ; 2 vol. in-8° de 316 p. et 300 p.

_{Roman qui n'a guère de picard que le titre.}

537. — Le Lion du **Santerre**, par Dautrevaux de Péronne. — Péronne, J. Quentin, 1847 ; 233 p. in-16.

538. — **Notre-Dame des Joies** ou le vrai bonheur. Nouvelle contemporaine et morale par M. l'Abbé Paul Decagny. — Amiens, Alfred Caron, 1849 ; IV-269 p. in-12 et 1 pl.

539. — **Chroniques** et traditions populaires, dramatiques et surnaturelles de la Picardie, *par Dautrevaux*. — Péronne, Quentin, 1849 ; in-18.

540. — Des **dictons** historiques et populaires de Picardie, par l'Abbé Jules Corblet. Mémoire lu à la séance publique de la Société des Antiquaires de Picardie le 18 août 1850. — Amiens, Alfred Caron, 1850 ; 15 p. in-8°.

_{Ext. Bull. Soc. Ant, Pic.}

541. — **Chroniques** picardes. Robert de Luzarches, *par Théophile B*. — S. l. n. n. n. d. : 68 p. in-8°.

542. — Le Chevalier noir ou Philippe-Auguste à **Péronne**, *par C. R. Dautrevaux*. — Péronne, J. Quentin, s. d. ; 107 p. in-16.

543. — Toussaint le **Péronnais**. — Péronne, J. Quentin, s. d. ; 129 p. in-16.

544. — Les Révoltés de **Péronne**. — Péronne, J. Quentin, s. d. ; 144 p. in-16.

545. — Les Chauffeurs de la **Somme** ou 1795-1796, par C. R. Dautrevaux. — Wazemme, Horemans, 1851 ; 122 p. in-8°.

546. — Louis XI à **Péronne**, pièce historique en trois Actes et en Vers, par Martial Audoin (de Limoges), représentée pour la première fois sur le théâtre de Limoges le 26 janvier 1854. — Paris et Limoges, 1854 ; 24 p. in-8°.

547. — Analyse du **roman de Hem** du Trouvère Sarrazin, par M. Peigné-Delacourt. — Arras, Brissy, 1854 ; 48 p. in-8° et 1 pl.

_{L'auteur prétend qu'il s'agit de Hem-Monacu, Cⁿ de Combles.}

548. — Roman de Ham.
Hist. litt. de la Fr., t. XXIII, 1856, p. 469 à 478 ; gr. in-4°

549. — Istoire d'outre-mer. *Histoire d'Adèle, Comtesse de Ponthieu.*
Nouvelles françaises du xiii° siècle, publiées par MM. Moland et d'Héricault. — Paris, Jouaust, 1856, p. 159 à 228 ; in-16.

550. — Veillées picardes, par J. P. Faber. — Paris et Tournai, Casterman, 1860 ; 112 p. in-12.
Articles sur Athies, Amiens, Crécy, Ham, Abbeville et Péronne,

551. — Ch' quiot Picard, par Florentin Lefils. — Abbeville, René Housse, s. d. ; 82 p. in-8°.

552. — Les Bords de la **Somme**, par J. P. Faber. — Paris et Tournai, Casterman, 1861 ; VI-114 p. in-12.

553. — Florentin Lefils. La jolie fille de **Domart**. — Abbeville, René Housse, 1861 ; 2 vol. in-12 de 228 et 272 p.
Autre édition en 98 p. gr. in-8°.

554. — Les Scandales de Paris. Les Ardents de **Picardie**, par Adrien Robert et Jules Cauvain. — Paris, Décembre-Alonnier, s. d. ; 163 p. gr. in-8°.

555. — La Comtesse de **Ponthieu**. Roman de chevalerie inédit Publié avec Introduction et Traduction par Alfred Delvau (Tiré d'un manuscrit du xiii° siècle appartenant à la Bibliothèque impériale). — Paris, Bachelin-Deflorenne, 1865 ; XIV-46 p. in-8°.
Le texte du roman est en gothique et la traduction en caractères ordinaires

556. — Les Veillées **Montdidériennes**, petites histoires et chroniques Picardes, par Dautrevaux. — Montdidier, 1869 ; in-12.

557. — La Vallée de Tenflot, **chronique** du seizième siècle, par Amédée Jourdain. — Abbeville, Briez, 1869 ; 16 p. in-12.

558. — **Chronique** du treizième siècle (1214). Enguerand de Bichecourt, par Amédée Jourdain. — Abbeville, Briez, 1880 ; 28 p. in-16.

559. — Les pas du masque, **légende** amiénoise, *par A. D.*
Le Dimanche, 1874, t. 1., p. 150 à 152 ; in-8°.

560. — Jean l'Avise, **Conte** picard, *par M. Henri Carnoy.*
Mélusine, n° du 20 févr. 1876, col. 90 et 91 ; in-4°.

561. — Jacques l'Idiot, **Conte** picard. Jean de l'Ours, Conte picard, *par Henri Cornoy.*
Ibid., n° du 5 mars 1877, col. 109 à 113 ; in-4°.

562. — Le dimanche on ne doit pas travailler (**Conte** de l'Amiénois). Les Trois Fées et les Jours de la Semaine (Conte de l'Amiénois), *par Henri Carnoy.*
Ibid., n° du 20 mai 1877, col. 239 à 241 ; in-4°.

563. Les Aventures d'un petit garçon, **Conte** de l'Amiénois, *par Henri Carnoy.*
Ibid., n° du 20 juin 1887, col 279 et 280 ; in-4°.

564. — La Montagne noire ou les filles du diable, **Conte** picard *par Henri Carnoy.*
Ibid., n° du 5 oct. 1877, col. 446 à 451 ; in-4°.

565. — **Contes**, petites Légendes, Croyances populaires, Coutumes, Formalités, Jeux d'enfants recueillis à Warloy-Baillon (Somme) et à Mailly, *par Henri Carnoy.*
Romania, t. VIII, p. 222 à 263 ; in-8°.

566. — Floreda ou l'**Eglise d'Amiens** au iv° siècle par l'abbé A. Houllier. — Amiens, Delattre-Lenoël, 1880 ; 350 p. in-8°.

567. — *Compte rendu de l'ouvrage précédent, par l'abbé Corblet.*
Rev. de l'Art chrétien, t. XIII, 2° sér., p. 236 à 238 ; in-4°.

568. — Saint-Preuil, drame historique en cinq actes dont un prologue, et sept tableaux par M. Georges Maurin. Représenté pour la première fois sur le Théâtre d'Amiens, le 9 Février 1882. — Amiens, Imp. du Progrès de la Somme, 12 p. petit in-fol.

569. — Henri Carnoy. Les **légendes** de Gandelon ou Ganelon... Ces légendes ont été recueillies à Heilly, près de Corbie.
Romania, t. XI, p. 410 à 413 ; in-8°.

570. — **Littérature** orale de la Picardie, par E. Henri Carnoy. — Paris, Maisonneux et C¹ᵉ, 1883 ; VII-381 p. in-12.

571. — Des **dictons** historiques et populaires de Picardie. Communication faite à la Société des Sciences morales, Lettres et Arts de Seine-et-Oise dans la séance solennelle du 28 novembre 1883, par M. l'Abbé Jules Corblet. — Versailles, E. Subert, 1884 ; 18 p. in-8°.

572. — Quinze **contes** picards par le Président Albert de Roucy, ornés de dessins composés par Martial Lequeux. — Compiègne, Henry Lefebvre, 1884 ; 136 p. in-16.

573. — Société des Antiquaires de Picardie. Proverbes et **dictons** picards par M. A. Dubois. Lecture faite à la deuxième séance du Congrès archéologique et historique d'Amiens, 9 juin 1886. — Amiens, A. Douillet et C¹ᵉ, 1888 ; 32 p. in-8°.
Ext Mém. Soc Ant. Pic.

574. — Léon Duvauchel. Le Tourbier, **mœurs** picardes. — Paris, Albert Savine, 1889 ; 314 p. in-12.

575. — **Proverbes** et rébus picards.
E. Coet, Tabl. d'hist. loc., 4ᵉ p. — Compiègne, 1890, p. 113-116 ; in-8°.

576. — Essai sur le **Folk-Lore** du Santerre, par Alcius Ledieu.
Revue du Nord de la France, 1890 et 1891 ; in-8°.

577. — **Souvenirs** du vieux Demuin. Sobriquets et noms patronymiques, par Alcius Ledieu. — Abbeville, Imp. du Pilote, 1890 ; 37 p. in-16 sur pap. rose.

578. — **Chansons** populaires de la Picardie, par Henri Carnoy. Chansons populaires de la Picardie, par Henri Menu.
La Tradition, t. IV, 1890, p. 248 et s. et t. V, 1891, p. 117 et s. ; in-8°.

579. — Louis Greux. Parole donnée, **roman** historique de l'époque révolutionnaire à Abbeville. — Saint-Valery-sur-Somme, Kober, 1891 ; 260 p. in-24.

580. — **Dictons** et Sobriquets picards par le bibliophile Ratoux (*Alcius Ledieu*).
Alm. du Pilote de la Somme, 1891, p. 72 à 99 ; in-16.

581 — Souvenirs du vieux Demuin. Une gerbe de **contes** picards par le folkloriste du Santerre (*Alcius Ledieu*) avec illustrations de E. Winckler. — Paris, Lechevalier, 1881 ; 87 p. in-8° impr. en bistre sur pap. teinté avec 38 vign.

582. — F. Fabart. Le Bon vieux temps. **Récits** du Pays de Picardie. Poésies satiriquees du curé J. B. Charpentier (xviiiᵉ siècle). — Montdidier, 1892 ; VIII-305 p. in-12.

583. — Georges Jeanson. Vieux **Contes** Picards. — Montdidier, Jeanson, 1893 ; 249 p. in-16.

584. — Histoire de **Jacques Croé-dur** de Vauchelles, le premier paysan de France, par O. Le Roy. Frontispice de G. Ripart et vingt-deux illustrations de l'auteur. — Paris, Picard et Kaan, s. d. ; 125 p. in-8°.

585. — Paul Vulpian. La Maison du Christ à Cayeux-sur-Mer. Etude de **mœurs locales** suivie d'une notice historique et topographique sur Cayeux et son territoire. — Paris, Flammarion, 1895 ; 306 p. in-12.

586. — Léon Duvauchel. L'Hortillonne, **Mœurs picardes.** — Paris, Lemerre, 1897 ; 295 p. in-12.

587. — Fernand Bertaux. La Belle Picarde. — Paris, Lechevalier, 1898 ; VI-335 p. in-12.

588. — Dʳ Albert Cahon. **Adèle** de Ponthieu, *poème.* — Saint-Valery-sur-Somme, Kober, 1898 ; 55 p. in-16.

CHAPITRE VI

HISTOIRE DU DÉPARTEMENT DE LA SOMME

I. OUVRAGES GÉNÉRAUX.

589. — Extrait du Mémoire de la Généralité de **Picardie** Dressé par ordre de Monseigneur le Duc de Bourgogne en 1698 par Monsieur Bignon, Intendant.

L'Etat de la France... par M. de Boulainvilliers — Londres, P. Wood, 1752, t. III, p. 1 à 73.
Voir aussi l'édition in-folio . Londres, Wood, 1726, p. 64 a 90.

590. — Dessin et projet de l'histoire de **Picardie**, par Ch. Dufresne du Cange.

Journal des Savants, 1749, p. 833 et s. ; in-4°.
Réimprimé dans la notice sur Ducange, par M. Hardouin.

591. — Avis aux naturalistes et aux antiquaires de la province de **Picardie**, — De l'Imp. de Vallayre, s. d., *1767;* 4 p. in-4°.

Demande de renseignements par le P. Boudier, et non par Dom Grenier (Bibliog. Dufour, n° 1107) pour une histoire de Picardie qui n'a pas été terminée.
Bibl. d'Amiens, Hist., n° 2559.

592. — Essai sur l'Histoire générale de **Picardie**, les Mœurs, les Usages, le Commerce et l'Esprit des Habitans jusqu'au Règne de Louis XIV, *par Devérité*. — Abbeville, veuve Devérité, M.DCC.LXX ; 2 vol. in-12 de XXXII-428 p. et 348 p.

593. — Lettre à l'Auteur de ces Feuilles sur l'Essai de l'Histoire de **Picardie**, *par le P. Daire*.

Année littéraire, 1770, t. VIII, p. 260 à 269, in-12.

594. — Supplément à l'Essai sur l'Histoire de **Picardie**, les Mœurs, les Usages, le Commerce et l'Esprit de ses habitants, *par Devérité.* — Londres et Abbeville, veuve Devérité, M.DCC.LXXIV ; 222 p. in-12.

* **595.** — Avis à la province de **Picardie**, par D. Calliaux et D. Pardessus, bénédictins de la congrégation de Saint-Maur historiographes de Picardie à l'abbaye de Saint-Pierre de Corbie près d'Amiens. — Arras, Michel Nicolas, s. d. ; 8 p. in-4°.

Annonce d'un plan d'histoire de Picardie et demande de renseignements à faire transmettre aux auteurs ; cette histoire n'a été ni terminée ni publiée.
Bibl de M. de Beauvillé.
Bibliog. Dufour, n° 109.

596. — Prospectus de la notice historique de **Picardie**, *par Dom Grenier*. A la page 3, se trouve le titre suivant : Notice historique du premier royaume des Francs, nommé ensuite Picardie ou Histoire détaillée de la plus grande partie de la seconde Belgique au premier et au moyen Age, avec un coup d'œil sur le moderne. Plan de l'Ouvrage. — Paris, Philippe Denys Pierres, 1786 ; 23 p. in-4°.

Bibl. d'Amiens, Hist , n° 3559.

597. — Mémoire sur la **Picardie** contenant les doléances de la Généralité d'Amiens, divisé en 11 Parties, Suivi d'un Etat des Capitaux de Rentes Perpétuelles..... par M. S... (*Tartas)* de Romainville, (*Commandant de place à Amiens*). — Au cap de Bonne-Espérance, aux dépens de la Société Philanthropique (*Amiens, Caron l'aîné*), 1789; 118 p. in-4°.

598. — Résumé de l'Histoire de **Picardie** (Somme, Oise, Aisne, et partie du Pas-de-Calais) par P. Lami. — Paris, Lecointe et Durey, 1825; 326 p. in-24.

599. — Lettres sur le Département de la **Somme**, par M. H. Dusevel. — Amiens, R. Machart, 1827; 203 p. in-12.

600. — Précis de l'Histoire de Flandre, d'Artois et de **Picardie**, par MM. F. Ragon et Fabre d'Olivet. — Paris, Hachette, 1834; VIII-166 p. in-24.

601. — Voyages pittoresques et romantiques dans l'ancienne France, par MM. J. Taylor, Ch. Nodier et Alph. de Cailleux. **Picardie**. — Paris, Firmin Didot, 1835-1845, 3 vol. grand in-folio.

Le tome I et une partie du tome II sont consacrés au département de la Somme avec 92 feuillets de texte encadré de vues et de compositions et 171 planches hors texte.

602. — Description historique et pittoresque du Département de la **Somme** ornée de lithographies et suivie d'une Biographie des Hommes célèbres de ce Département, par MM. H. Dusevel et P. A. Scribe. — Amiens, Ledien fils; Paris, Lance, 1836; 2 vol. in-8° : t. I, VIII-360 p. et 15 pl.; t. II, 351 p. et 6 pl.

603. — Essai sur l'histoire du Département de la **Somme**, par H. Dusevel. — Amiens, Machart, 1837; 34 p. in-8°.

Ext. de l'Annuaire statistique, n° 1837.

604. — Lettres sur le Département de la **Somme**, par M. H. Dusevel. Troisième édition, revue et augmentée. — Amiens, Caron-Vitet, 1840; in-8° de 3 p. n. n. et 456 p.

La première édition était la publication de ces lettres dans un journal d'Amiens.

605. — *Compte rendu des Lettres sur le Département de la* **Somme** *de M. Dusevel, par M. de la Fontenelle*.

Revue anglo-française, t. II, 2ᵉ série, p. 148 à 155; in-8°.

606. — Le **Picard**, *par Francis Wey*.

Les Français peints par eux-mêmes. — Paris, Curmer, 1841, t. II, p. 337 à 347 av. 3 pl. et 6 fig.; in-8°.

607. — **Archives historiques** et ecclésiastiques de la Picardie et de l'Artois publiées par P. Roger. — Amiens, Duval et Herment, 1842; 2 vol. gr. in-8° de 368 et 352 p. av. grav. sur bois.

608. — **Bibliothèque historique**, monumentale, ecclésiastique et littéraire de la Picardie et de l'Artois, publiée par M. P. Roger, avec la collaboration de M. le Comte d'Allonville, de M. le Baron de Hauteclocque et de M. H. Dusevel. — Amiens, Duval et Herment, 1844; 368 p. gr. in-8° av. 14 lithog.

609. — Notices sur plusieurs villes et bourgs du département de la **Somme** (*Saint-Riquier, Crécy, Domart, Ham*).

Alman. d'Abbev., 1845, p. 92 à 102; in-18.

610. — Recherches sur l'époque où l'on a commencé à se servir de la langue vulgaire dans les actes publics, et sur les premières chartes écrites en cette langue en **Picardie**, par M. Dorbis.

Mém. Soc. Ant. Pic, t. IX, p. 435 à 452, in-8°.

611. — Recueil de **Monuments inédits** de l'Histoire du Tiers-État. Première série. Chartes, Coutumes, Actes municipaux, Statuts des Corporations d'Arts et Métiers des Villes et Communes de France. Région du Nord. Tome premier contenant les pièces relatives à l'histoire de la Ville d'Amiens depuis l'an 1057, date de la plus ancienne de ces pièces jusqu'au xvᵉ siècle, par Augustin Thierry. — Paris, Firmin Didot, 1850; VIII-CCLXXII et 911 p. in-4° av. 1 pl. de sceaux.

Tome deuxième contenant les pièces relatives à l'histoire de la ville d'Amiens, depuis le xvᵉ siècle jusqu'au xvIIᵉ par Augustin Thierry. — Paris, Firmin Didot, 1853; LXXV-1144 p. in-4°.

Tome troisième contenant les pièces relatives à l'histoire municipale de la ville d'Amiens depuis le xvii{{e}} siècle jusqu'en 1789, et à celle des Villes, Bourgs et Villages de l'Amiénois par Augustin Thierry. — Paris, Firmin Didot, 1856 ; XXXII-698 p. in-4°.

Ce volume contient les pièces relatives à Corbie, Poix, Flixecourt, Vignacourt, Villers-Bretonneux, Conty, Belloy-sur-Somme, Picquigny et Hornoy.

Tome quatrième contenant les pièces relatives à l'histoire municipale d'Abbeville et à celle des Villes, Bourgs et Villages de la Basse Picardie, par Augustin Thierry. — Paris, Imprimerie Impériale, 1870 ; VIII-885 p. in-4°.

Ce volume est presqu'entièrement l'œuvre de M. Ch. Louandre qui a signé la préface. Il contient les pièces relatives à Abbeville, Saint-Riquier, Noyelles-sur-Mer, Hiermont, Crécy, Waben, le Marquenterre, Ponthoile, Doullens, Saint-Josse-sur-Mer, Wavans, Nouvion en-Ponthieu, Ergnies, Rue, Le Crotoy et Maroc, Villeroy-sur-Authie, Port-le-Grand, Vismes, Maisnières, Gamaches, Saint-Valery-sur-Somme, Airaines, Domart-en-Ponthieu, Bernaville, Feuquières, Montreuil-sur-Mer, Fontaine-sur-Somme, Ault, Long, Le Translay, Boismont, Oisemont, Merck-Arborea, Arguel, Verton.

612. — **Monuments inédits** *de l'Histoire du Tiers-Etat, par Augustin Thierry. Compte rendu par Lorédan Larchey.*

Revue contemporaine, 1856, p 659 à 671 ; in-8°.

613. Sommaire des Recherches sur l'Histoire de **Picardie**, par P. Ch. Damiens. — Paris, Dumoulin, 1852 ; 4 p. in-8°.

614. — Fragments historiques et littéraires sur le département de la **Somme** par feu E. D. *(Eugène Dusevel).*

Feuilleton du Commerce de la Somme, 1853.

615. — Notice sur les anciennes corporations d'**archers**, d'arbalétriers, de couleuvriniers et d'arquebusiers des villes de Picardie, par A. Janvier. — Amiens, Duval et Herment, 1855 ; 248 p. in-8° av. 2 pl.

Ext. Mém. Soc. Ant. Pic.

616. — Notice sur les anciennes corporations de **couleuvriniers** et d'arquebusiers des villes de Picardie. *Compte rendu par E. Boutaric.*

Bibl. de l'Ec. des Chartes, 1837, p. 192 à 195 ; in-8°.

617. — Introduction à l'Histoire générale de la **province de Picardie**, par Dom Grenier, religieux bénédictin de la Congrégation de Saint-Maur, publiée d'après le manuscrit de la Bibliothèque impériale par MM. Ch. Dufour et J. Garnier. — Amiens, Duval et Herment ; Paris, Dumoulin, 1856 ; XIV-597 p. in-4°.

618. — *Compte rendu de l'ouvrage précédent, par M. Aug. Baillet.*

Rev. des Soc. Sav. des Dép., 1858, p. 187 à 191, in-8°.

619. — Aperçus statistiques sur le département de la **Somme**, par Ch. Jolivot.

La Picardie, 1856, p. 316 à 319 et 511 à 518 ; in-8°.

620. — Les **Chasses** de la Somme, par E. Prarond. — Paris, V{{e}} Bouchart ; Amiens, Lenoel-Hérouart, 1858 ; 130 p. in-8° et 1 pl.

621. — Quelques notes sur l'histoire de **Picardie**. *Signé F...*

Revue Picarde, n{{os}} des 12 mars, 2 et 16 avril 1860.

622. — Deux lettres à Ducange sur l'histoire de **Picardie**, *publiées par H. Dusevel.*

Revue Picarde, n° du 22 juillet 1861, p. 1 à 3.

623. — Sur quelques **Tournois en Picardie**. Notice lue à la Séance publique de la Société des Antiquaires de Picardie le 20 Juillet 1862, par M. A. Janvier. — Amiens, Lemer aîné, 1866 ; 24 p. in-24.

624. — Lettre à M. V. sur une nouvelle histoire de **Picardie**, *par M. Dusevel.*

La Picardie, t. VIII et IX ; in-8°

625. — La **Picardie**. Amiénois. Boulonnais. Ponthieu. Vimeu. Calaisis. Pays-Reconquis. Santerre. Vermandois. Thiérache. Soissonnais. Valois. Beauvaisis. Noyonnais. Laonnais.

Hist. des villes de France, par Ar. Guilbert, t. II, p 1 à 200 av. 5 grav. sur acier, in-8°.

626. — Notes sur la **Picardie** tirées du portefeuille d'un picard, *par M. D. du M.*

La Picardie, t XI, p. 289 à 300, 337 à 348 et 385 à 397, in-8°.

627. — Recueil de **Documents inédits** concernant la **Picardie** publiés (d'après les titres originaux conservés dans son cabinet) par Victor de Beauvillé. — Paris, Imprimé par autorisation de M. le Garde des Sceaux à l'Imprimerie Impériale (ou Nationale), 1860-1882; 5 vol. in-4°. T. I. LXIV-581 p. av. 14 fac simile de sceaux et chartes; t. II, XXV-521 p.; t. III, 661 p. av. 7 fig. dans le texte; t. IV, XXXV-716 p. av. 8 pl, h. t. et 42 fig. dans le texte; t. V. 188 p.

Les principaux documents publiés dans ces cinq volumes sont :
T. I. Pièces relatives à l'abbaye de Selincourt; Renonciation par le Cte de Ponthieu à faire toute acquisition au-delà de la Canche sans le consentement du Cte de Boulogne. Pièces relatives à l'abbaye d Epagne ; Dénombrement de la terre de Villers-Bretonneux ; Dénombrement de la terre de Beaufort-en-Santerre. Chevauchée de Jean Gonnet, lieutenant criminel à Peronne. Fondation du couvent des Carmelites d Abbeville ; Eaux et Forêts de Picardie.
T. II. Pièces relatives au seigneur de Beauval; Etat de frais présenté par le receveur du duc de Bourgogne à Peronne, Montdidier et Roye, Règlement et poésies de la confrérie de Notre-Dame du Puy d'Amiens; Obituaire des Célestins d'Amiens ; Dépenses faites par Henri IV au siège d'Amiens ; Description des rues et bâtiments sacrés et profanes d'Amiens au xviiie siècle, Long mémoire pour servir à l'histoire de l'église de Saint'Acheul, à Amiens.
T. III. Pièces relatives à l'hôpital de Boves ; Vie de saint Honoré ; Cens, rentes et revenus de l'Hôtel-Dieu de Corbie ; Coutumes locales de la chatellenie de Moreuil au xvie siècle, Inventaire des terres de Charles d'Ailly, baron de Piquigny ; Role des décimes levés sur le clergé d'Amiens en 1522; Déclaration du Temporel de l Abbaye du Lieu-Dieu en 1546 ; Arrière-ban d'Amiens levé en 1557; Aveu et dénombrement de Boves pour ce qui relève de Coucy.

T. IV. Travers de Boves en 1168 ; Coutumes du tonlieu, du travers et du gréage d'Amiens en 1218 ; nombreuses pièces sur Raineval, Pierrepont, Folleville , Rançon payée par des habitants d'Amiens en 1597 ; Consistance du revenu de la baronnie de Boves en 1608 ; Dénombrement de Mailly-Raineval, Thory et Louvrechy . Etat général du comté de Mailly en 1770.
Tome V. Supplément. Tables et Rectifications.

628. — *Recueil de* **Documents** *inédits sur la Picardie par M. de Beauvillé. Compte rendu par M Edouard Fleury.*

Bull. de la Soc. acad. de Laon, t. XII, p. 158 et 159 ; in-8°.

629. — Rapport sur le recueil de **Documents inédits** sur la Picardie, publié par M. V. de Beauvillé (Séance du 22 Février 1861 .

Mém. Acad. Amiens, t. XII, p. 123 à 131, in-8°.

630. — Recueil de **Documents inédits** concernant la Picardie publiés par Victor de Beauvillé. Compte rendu par l'abbé J. Corblet. — Arras, Rousseau-Leroy, 1861 ; 8 p. in-8°.

631. — *Recueil des* **documents** *inédits publiés par M. de Beauvillé. Compte rendu par M. L. Douet d'Arcq.*

Bibl. de l'Ecole des Chartes, 1861, p. 281 à 293 ; in-8°.

632. — Rapport à l'Académie d'Amiens sur le recueil des **documents inédits** sur la Picardie.

Revue Picarde, n° du 4 août 1862, p. 2 à 4.

633. — *Recueil de* **documents** *inédits concernant la Picardie par M. de Beauvillé, t. II. Compte rendu par M. l'abbé Corblet.*

Revue de l'art. chrétien, t. XI, p. 609 à 612 ; in-8°.

634. — *Rapport sur les t. IV et V des* **Documents inédits** *sur la Picardie par M. de Beauvillé.*

Répert. des Trav. histor., t. II, 1882, n° 5960; in-8°.

635. — Histoire générale de la France du Nord (Flandre-Artois-Picardie). Départements du Nord, du Pas-de-Calais, de la Somme, depuis les temps les plus reculés jusqu'en 1871,

6

par P. Decroos, avocat. — Paris, Aubry, 1874 ; III-294 p. in-8°.

636. — Répertoire et appendice des **histoires locales** de la Picardie, par F. I. Darsy. — Amiens, Delattre-Lenoél, 1877-1878 ; 2 vol. in-8° de 300 et 356 p.

Cet ouvrage concerne Amiens, Doullens, Cramont, Gamaches, Crécy, Rue, Quend, Frettemeule, Lanchères, Aigneville et Maisniéres.

637. — Les ordres hospitaliers et militaires de Saint-Lazare et de Notre-Dame du Carmel par Mannier. *Note sur les* **commanderies** *de Doullens, Corbie, Abbeville, Domart, Rue, Saint-Vaast, Oisemont et Moreuil.*

Revue Nobiliaire, t XIII, p. 419 et s. ; in-8°.

638. — Documents historiques sur la **Picardie** d'après un recueil inédit de la Bibliothèque impériale de Saint-Pétersbourg.

La Picardie, 1878, p. 146 à 152 ; in-8°

639. — Petite **histoire de Picardie**. Simples récits par A. Janvier. — Amiens, Hecquat, 1880 ; VIII-275 p. in-4° et 1 carte.

640. — Histoire populaire de la Picardie depuis les temps les plus reculés jusqu'en 1789, par R. Morel. Ouvrage couronné en 1881 par la Société des Antiquaires de Picardie. — Péronne, Quentin, 1883 ; III-309 p. in-12 av. 3 pl.

641. — Rapport sur l'**histoire populaire** de Picardie, par M. Leleu.

Bull. Soc. Ant. Pic., t. XIV, p. 416 à 422 ; in-8°

642. — Variétés. *Note sur l'*histoire de Picardie *de Dévérité, par A. de Marsy.*

La Picardie, 1883, p. 285 à 288 ; in-8°.

643. — Petite histoire de Picardie. **Dictionnaire historique** et archéologique, par A. Janvier. — Amiens, Douillet, 1884 ; VII-405 p. in-4°.

644. — **Fragments d'histoire locale**, par Emile Coet. Tome I. — Péronne, Quentin, 1887, 248 p. in-16 av. 10 pl. Tome II. — Péronne, Quentin, 1889 ; 331 p. in-16.

Les très nombreux articles contenus dans ces deux volumes concernent Péronne, Lihons-en-Santerre, Combles, Feuillaucourt, Liancourt-Fosse, Ham, Nesle, Etinehem, Chaulnes, Framerville, Mailly, Champien, Corbie, Pertain, Offemont, Rouvroy-en-Santerre, Essertaux, Roye, Rethonvillers, Villers et Morlancourt, Selincourt etc Ces volumes contiennent aussi des Notes biographiques sur Coutant de Péronne, Jean Guillebert, Jacmart Pilavaine, Jean Gonnet, le M^{al} d'Hocquincourt, Oger de Cavoye, Marie Gaillart, le Gal Friant, Jehan de Haizecourt, Buteux, Catherine Vasseur, le chanoine Lejeune, Jacques d Humières, etc., la plupart Péronnais.

645. — Histoire du Département de la **Somme** avec la biographie des hommes remarquables qui en sont originaires, par Al. Ledieu. — Paris, Guérin, 1890 ; 80 p. in-16.

646. — A travers le **Carmel**. La Réforme thérésienne et ses origines en France, notamment en Picardie, par l'abbé Odon, curé de Tilloloy.

Le Dimanche, années 1892, 1893 et 1894 ; in-8°.

647. — Notices et Choix de Documents inédits pour servir à l'Histoire de la **Picardie**, par Alcius Ledieu. — Paris, Picard, 1893 ; 318 p. in-8° av. 10 pl. et qq. fig.

C'est la réunion d'articles parus dans diverses publications périodiques.

648. — Etude sur les possessions de l'**Ordre du Temple** en Picardie, par M. Trudon des Ormes. — Paris. Alph. Picard, 1894 ; 308 p. in-8°.

II. OUVRAGES SUR LES DIFFÉRENTES EPOQUES DE L'HISTOIRE.

649. — Dissertation tendant à prouver contre l'opinion vulgaire des historiens, que **César**, lors de sa première invasion dans l'Isle de la Grande Bretagne (Angleterre) ne s'embarqua point à Calais ou Boulogne, mais dans les ports à l'embouchure de la Somme. Présentée au Général premier Consul Bonaparte, à son passage à Abbeville le vingt Messsidor an XI. — Abbeville, de l'Imp. rue Saint-Gilles, 351 ; 25 p. in-8°.

Attribué à Deverité.

A la suite on trouve parfois : Lettre à M. X... sur la Dissertation ci-dessus. S. l. n. n. n. d. ; 9 p. in-8°.

650. — Rapport sur les travaux de la commission chargée de dresser la carte de l'**itinéraire romain** dans la Picardie, par *M. J. Garnier*.

Mém Soc. Ant Pic., t. III, p. 63 à 98, in-8°..

651. — Second rapport sur les travaux de la commission chargée de dresser la carte de l'**itinéraire romain** dans la Picardie, par M. J. Garnier.

Ibid., t. IV, p. LXXXV à CIX ; in-8°.

652. — Petite bibliothèque picarde Récits du temps passé. La **Révolution communale** en Picardie. Notice historique par J. B. Jouancoux. — Amiens, Jeunet, 1862 ; 71 p. in-18.

653. — La réunion des Provinces septentrionales à la Couronne par **Philippe Auguste**. Amiénois, Artois, Vermandois, Valois, par le Colonel Borrelli de Serres. — Paris, Picard, 1899 ; CXLVII p. in-8°.

654. — La **Féodalité** en Picardie, fragment d'un cartulaire de Philippe-Auguste, par M. Tailliar. — Amiens, Caillaux, 1868 ; 128 p. in-8°.

Ext. Mém. Soc. Ant. Pic.

655. — 1224-25. Fevrier. Relatio ab Hugone de Fontibus domino regi facta de modo solvendorum debitorum in **praepositura Ambianensi**, tempore Philippi regis, usitato.

Layett. du très. des chart., t. II, p 49 ; in-8°.

656. — 1261-1263. **Comptes municipaux** présentés aux gens des comptes du Roi.

Ces comptes concernent Bray-sur-Somme, Amiens, Doullens, St-Riquier, Corbie, Péronne, Athies, Beauquesne, Cappy, Roye et Montdidier.
Doc. sur les rel. de la Royauté... par Giry, p. 91 à 107, in-8°.

657. — **Situation financière** des Villes de Picardie sous Saint Louis, par M. Ch. Dufour. — Amiens, V° Herment, 1858 ; 111 p. in-8°.

Ext. Mém. Soc. Ant. Pic.

658. — Ordonnance *de justice de Louis X, du 15 mai 1315* faite sur les plaintes et en faveur des habitans du **Baillage d'Amiens**.

Ordonn. des Rois de France, t. I, p 561 à 567 ; in-folio.

659. — Role des **Nobles et Fieffés** du Bailliage d'Amiens convoqués pour la guerre le 25 août 1337. Publié pour la première fois avec un avant-propos, des notes et des éclaircissements par René de Belleval. — Amiens, Lemer aîné, 1862 ; 119 p. in-12.

660. — Des **approvisionnements** de blé faits en Picardie en 1384-1385 pour la flotte française équipée en vue d'une descente en Angleterre, par M. de Galametz.

Bull. Soc. Emul Abbev., t. III, p. 285 à 287, in-8°.

661. Lettres de Charles VI, *du 8 février 1413*, par lesquelles il mande au Bailli d'Amiens de faire **publier le ban** et l'arrière-ban et que ceux qui ont des fiefs et arrière-fiefs viennent à Paris avec leurs vassaux en armes pour le servir.

Ord. des Rois de Fr., t. X. p. 192 à 195, in-fol.

662. — Esquisses militaires de la **guerre de Cent Ans**, *en Picardie*, par A. Ledieu. La Hire et Xaintrailles Les Flavy. — Lille et Paris, Lefort, 1887 ; 239 p. in-8°.

663. — Esquisses biographiques de la **guerre de Cent Ans** en Picardie. Les Flavy, *par Alcius Ledieu*.

Rev. de la Soc. des Etud. hist., 4° série, t. X, p. 413 à 415 ; in-8°.

664. — La **vie municipale** au xv° siècle dans le Nord de la France, par le baron A. de Calonne. — Paris, Didier, 1880 ; VIII-336 p. in-8°.

665. — *Compte rendu de l'ouvrage précédent.*

Le Correspondant, t. CXXII, 1881, p. 363 à 365 ; in-8°.

666. — Lettres patentes de **Louis XI**, *du 5 octobre 1465*, portant don des villes et forteresses qui lui appartenaient sur la rivière de Somme, à Charles de Bourgogne, Comte de Charolais.

Ord. des Rois de France, t. XVI, p. 355 à 367 ; in-fol.

667. — Montres et Revues intéressant la Picardie *à la fin du* **XV° siècle**, par M. de Galametz.

Bull. Soc. Em. Abb., t. IV, p. 440 à 444 ; in-8°.

668. — Les Regretz de Picardie et de Tournay a XXIJ couplets (1522).

Recueil de poésies françaises, t. IX, 1865, p. 294 à 308 ; in-16.

669. — Liste des personnes tenant fiefs nobles du Bailliage d'Amiens, qui contribuèrent à la **rançon du Roi** François 1ᵉʳ en 1529, par M. Eug. de Rosny.

Bull. Soc. Ant. Pic., t. VI. p. 436 à 449 ; in-8°.

670. — Edit du Roy nostre Sire sur les victuailles qui seront menez et conduictz en ses camps et **armées de Picardie** et Champaigne. Publié à Paris à son de trompe le mardy cinquiesme jour de Juing, L'an de grâce mil cinq cents quarante troys. Donné à Paris. — Imprimé *à Rouen*, par Jehan Lhomme ; 4 ff. pet. in-8° goth.

Catal. Morgand, 1895, n° 26113.

671 — Liste des personnes tenant les fiefs nobles du Vimeu dans l'**Arrière Ban d'Amiens** en 1557, publiée et annotée par M. Arthur de Marsy. Extrait de la Revue nobiliaire, Tome II, n° 1ᵉʳ ; 8 p. in-8°.

672. — Bailliage d'Amiens. Ban et **Rôle des Gentishommes** qui se sont offerts à servir personnellement le 11 Octobre 187⁵. Document inédit communiqué à la Société des Antiquaires de Picardie, par le Cᵗᵉ Le Clerc de Bussy. — Amiens, Emile Glorieux, 1874 ; 20 p. in-8°.

Ext. Bull Soc. Ant. Pic.

673. — **Conspiration** faite en Picardie sous fausses et meschantes calomnies contre l'édit de pacification. M.DLXXVI.

Variétés historiques, par Edouard Fournier, t. VII, p. 315 à 322 ; in-16.

674, — Répartition entre les gentilshommes tenant fiefs nobles en Ponthieu de l'indemnité allouée à Messire André de Bourbon Rubempré délégué aux **Etats Généraux** de Blois, 1597. Document inédit publié par le Baron Albéric de Calonne. — Amiens, Emile Glorieux, 1872 ; 32 p. in-8°.

Ext. Mém. Soc. Ant Pic.

675. — La **Ligue**, Documents relatifs à la Picardie d'après les registres de l'Echevinage d'Amiens, par A. Dubois. — Amiens, E. Yvert, 1859 ; 104 p. in-8°.

676. — La Chambre du Conseil des **Etats de Picardie** pendant la Ligue suivi de documents inédits notamment Cahier des Plaintes et Doléances des Habitants de cette Province, par F. Pouy. — Amiens, Delattre-Lenoel, 1882 ; VI-78 p. in-8°.

677. — *Compte rendu de l'ouvrage précédent, par Tamizey de Larroque.*

Rev. des Quest. hist., janvier-avril 1882 ; in-8°

678. — Notes sur la **Ligue** en Picardie d'après une Correspondance du duc de Mayenne, par le Cᵗᵉ de Marsy. — Amiens, Delattre-Lenoël, 1884 ; 15 p. in-8°.

Ext. de la Picardie.

679. — Articles des Remontrances à proposer aux **Etats-Généraux** *de Blois*, par les Depputez de la Noblesse du Bailliage d'Amiens.

Arch. de Picardie, t. I, p. 155 à 162 , in-8°.

680. — Déclaration du Roy sur l'attentat, felonie et rebellion des Villes de Paris, Orléans, **Amyens et Abbeville**,

LE
TOCSAIN
ET LA
TROMPETE
DES PAYSANS DE
Picardie, pour le seruice
du Roy.

Dans les furieuses poursuites Contre les Espagnols, & Prise de leur Canon.

A PARIS,

Chez CLAVDE MORLOT,
en la Ruelle deuant la petite porte S. Seuerin.
M. DC. XXXVI.

— 45 —

et autres leurs adhérans, Février 1589. — Bourdeaus, Millanges, 1509 ; 14 p. petit in-8°.

<small>Voir aussi Mém. de la Ligue. — Amsterdam, 1758, t. III, p. 211 à 215 ; in-4°.</small>

* **681.** — Déclaration du Roy sur l'attentat, félonnie et rébellion du duc de Mayenne, duc et chevalier d'Aumalle et ceux qui les assistent. Auec la déclaration de Sa Majesté sur l'attentat, félonnie et rebellion des villes de Paris, Orléans, **Amiens et Abbeville** et aultres leurs adhérens. — *Blois*, 1589 ; 14 ff. pet. in-8°.

<small>Catal. Morgand, 1895, n° 26067.</small>

682. — Edit du Roi par lequel Sa Majesté declare tous les biens meubles et immeubles du Duc de Mayenne, Duc et Chevalier d'Aumale et de ceux qui volontairement habitent ès villes de Paris... **Amiens, Abbeville**, Lyon et le Mans et tous autres qui tiennent leur parti, acquis et confisquez, et les deniers provenans de la vente d'iceux être employés aux frais de la guerre (Avril 1589. — A Rennes, par Mich. Logeroy, 1589 ; 8 p. in-4°.

<small>Bibl. Nat^{le}.
Voir aussi Mém. de la Ligue. — Amsterdam, 1758, t, III, p. 266 à 270, in-4</small>

* **683.** — Arrest de la Cour portant commandement à la noblesse d'aller trouver le Roy aux **frontières de Picardie** dedans 24 heures. — Paris, 1596 ; 5 p. in-8°.

684. — Pertes éprouvées durant les guerres des **XVIe et XVIIe siècles** par quelques villages de Picardie, *par de la Fons-Mélicocq*.

<small>La Picardie, t. VIII, p. 317 à 326 ; in-8°.</small>

685. — *Le mariage et le divorce de Gabrielle d'Estrées, par Descloziaux*. V. Le procès devant l'Official d'**Amiens**. VI. La sentence de l'Official.

<small>Rev. histor., t. XXX, 1886, p 49 à 106, in-8°.</small>

686. — **Concini** Maréchal d'Ancre. Son gouvernement en Picardie 1611-1617 avec Portrait, par F. Pouy. — Amiens, Douillet, 1885 ; 158 p. in-8° et 1 pl.

687. — Desfaicte d'un regimēt des rebelles du Roy, et ennemis de l'Estat, en Picardie, par Monsieur le Mareschal **Dancre**, Lieutenant general de sa Majesté en ceste Prouince. — A Bovrdeavs, par Simon Millanges, s. d. ; 8 p. in-8°.

<small>Bibl. Nat^{le}, Lb³⁶, n° 579.</small>

688. — Traicté de ce qui s'est passé, tant en **Picardie** qu'ailleurs depuis la retraicte de Messieurs les Princes iusques à present. — A Paris, de l'Imprimerie d'Anthoine du Brueil, M.D.CXVI ; 12 p. in-16.

<small>Bibl de M. Pinsard, à Amiens.
M. Dufour (Bibliog n° 147) cite une autre édition, Lyon, 1616, 13 p. in-8°.</small>

689. — Lettres envoyees av Roy, par Messievrs les Ducs de **Guyse et de Neuers** sur l'Arrest de la personne de Monseigneur le Prince, Avec le Traicté de ce qui s'est passé, tant en Picardie qu'ailleurs, depuis la retraicte de Messieurs les Princes, iusques à présent. — Paris, s. n., M.DC.XVI ; 16 p. in-8°.

<small>Bibl. Nat^{le}, Lb³⁶, n° 886.</small>

* **690.** — Le Pasquil picard coyonosque. *Facétie en vers contre le maréchal d'*Ancre. — S. l. n. n. ; 1616.

<small>Bibliog. Dufour, n° 148.</small>

* **691.** — Dialogue du Berger Picard avec la Nymphe Champenoise, sur la fortune et gouvernement du Marquis d'Ancre en Picardie, par A. D. F. P. — Paris, Sara, 1616 ; 80 p. in-12.

<small>Bibliog Dufour, n° 150.</small>

* **692.** — Le véritable Picard, 1619. — S. n. n. l. ; 24 p. in-12.

<small>Bibliog Dufour, n° 152.
Pièce en faveur de M. le Prince et pour le défendre contre les libelles dont il était l'objet.</small>

693. — Le Manifeste de Picardie av Roy. — A Paris, iouxte la Coppie Im-

‚primée à Amiens, M.DC.XIX ; 16 p. in-8°.
Bibl. Nat^{le}, Lb36, n° 1319.
Au sujet de la mort du maréchal d'Ancre et du remplacement du duc de Longueville par le duc de Luynes comme gouverneur de Picardie.

694. — La resolvtion des Picards. Av Roy. Svr la reception de M. de **Luynes.** — Paris, Iouxte la Coppie Imprimée à Amiens, M.DC.XIX ; 16 p. in-8°.
Ouvrage presqu'analogue au précédent.
Bibl. Nat^{le}, Lb36, n° 1320.

695. — Memoires de ce qvi s'est passé en Picardie depuis le depart de leurs Maiestez. — S. l. n. n. n. d. ; 8 p. in-16.
Bibl. Pinsard.

696. — Declaration des **Paysans de Picardie** à Monseigneur le Mareschal de Chastillon. — A Paris, Par P. Mettayer, M.DCXXXV ; 13 p. in-8°.
Bibl. Nat^{le}, Lb36, n° 3066.

697. — Arrest de la Covr de Parlement, Par lequel il est enjoint a tous Seigneurs, Gentilshommes et autres faisans profession des armes estans dans Paris et autres lieux, d'aller presentement seruir le Roy en l'armee de sa Majesté en **Picardie**, sur les peines portees par ledit Arrest. *Du 4 août 1636.* — A Paris, par A. Estienne.. M.DC.XXXVI ; in8°.
Bibl. Nat^{le}, Lb36, n° 3085.

698. — Declaration generale sur l'Election de Monseigneur le Dvc d'Orleans, Frere vnique du Roy En la Charge de Generalissime de l'Armée de Sa Maiesté dans la Prouince de **Picardie**. Contre les Desseins et Entreprises du Cardinal Infant, General de l'Armee Imperiale et Espagnole. — Paris, Iean Brvnet, M.DC.XXXVI ; 16 p. in-8°.
Bibl. Nat^{le}, Lb36, n° 3091.

699. — Advis sur ce que doit faire l'armée du Roy que Monsieur va commander **en Picardie**. 1636.
Bull. Soc. Hist. Fr., t. 1, p 130 à 135 ; in-8°.

700. — L'acheminement et resolvtion de la Cavallerie et Infanterie de la puissante Armee du Roy dans la Prouince de **Picardie**. — Paris, Iean Brvnet, MDC.XXXVI ; 16 p. in-8°.
Bibl. Nat^{le}, Lb36, n° 3092.

701. — Declaration Des Villes de la Prouince de **Picardie** Av Roy. Sur l'Arriuée de la Puissante Armée de sa Majesté ; Et de ce qui s'est Nouuellement passé en icelle Contre les ennemis de l'Estat. — A Paris, Chez Jean Brvnet, M.DC.XXXVI ; in-8°.
Bibl. Nat^{le}, Lb36, n° 3093.

702. — Le Tocsain et la Trompette des Paysans de **Picardie**, pour le seruice du Roy Dans les furieuses poursuites contre les Espagnols, et Prise de leur Canon. — Paris, Claude Morlot, MDCXXXVI ; 16 p. in-8°.
Bibl. Nat^{le}, Lb36, n° 3095.

703. — Les Valevrevses actions Guerrieres de Monseignevr le Dvc d'Orléans Frere vnique dv Roy Generalissime des Armees de sa Majeste En la Poursuitte et Retraitte des Troupes de l'Armee Imperiale et Espagnole dans la Prouince de **Picardie**. — A Paris, Chez Iean Brvnet, M.DC.XXXVI ; 15 p. in-8°.
Bibl. Nat^{le}, Lb36, n° 3096.

704. — Les veritez françoises opposees aux calomnies espagnoles ou refutation des impostures contenues en la declaration imprimée à Bruxelles sous le nom du Cardinal Infant, par un gentilhomme de Picardie (*C. B. de Bienville*). — Beauvais, 1636 ; 336 p. in-12.
Bibl. H. Macqueron.

705. — Etudes d'histoire locale. Deux années d'**invasion espagnole** en Picardie (1635-1636), par Alcius Ledieu. — Amiens, Douillet, 1887 ; 318 p. in-8°.
Ext. Mém. Soc. Ant. Pic.

— 47 —

706. — *Compte rendu de l'ouvrage précédent.*

Rev. des Etudes hist., 1888, p. 520 et 521, in-8°.

707. — La Covrageuse Resolvtion des Habitans de la Prouince de Picardie En la nouuelle deffaite et desroute des **Trouppes Espagnolles**. — A Paris, Pour Pierre Promé, M.DC.XXXVII ; 7 p. in-8°.

Bibl. Nat¹ᵉ, Lb³⁶, n° 3110.

708. — **Récits picards.** Procès célèbres. Exécutions capitales, par A. Janvier. Le meurtre du Pont Dolent. 1615. François de Jussac d'Ambreville, sieur de Saint-Preuil, mareschal des camps et armées du roi Louis XIII, 1600-1641. Balthazar de Fargues. Révolte du régiment de Bellebrune. 1658-1665. L'horloger de Senlis, 1789. — Amiens, Caillaux, 1869 ; 355 p. in-8°.

709. — Ordonnance du Roy, portant commandement aux Gouuerneurs, Maires et Escheuins des Villes et Habitans des Lieux estans le long des riuieres de Somme et d'Oyse, de faire garder les **passages desdites riuieres** et arrester les gens de guerre de l'Armée de Flandres qui se debanderont, et à tous Prevosts des Mareschaux Lieutenans de Robbe courte, et autres Officiers de la Mareschausse de France, de s'employer à ladite garde, arrester et ramener les deserteurs en l'Armee, pour estre punis exemplairement. *Du 30 Juin 1645.* — S. l. n. n. ; placard in-folio.

Bibl. Natⁱᵒ, Recueil Cangé.

710. — Ordonnance dv Roy, tovchant la garde des **passages des riuieres** de Somme et d'Oise pour arrester les Officiers et soldats qui deserteront les troupes des Armees de Flandres, et estre procede contre les Officiers selon la rigueur des ordonnances et contre les soldats par la peine des Galeres. *Du 17 Novembre 1647.* — S. l. n. n. ; placard in-folio.

Bibl. Natⁱᵉ, Recueil Cangé

711. — Ordonnance dv Roy, tovchant la garde des **passages des riuieres** de Canche, d'Authie, de Somme et d'Oise, pour arrester les Officiers et Soldats qui deserteront les Trouppes des Armees de Flandres, et estre procede contre les Officiers selon la rigueur des Ordonnances, et contre les soldats par la peine des galeres. *Du 17 Novembre 1645.* — S. l. n. n. ; placard in-folio.

Bibl. Natⁱᵉ, Recueil Cangé.

712. — Lettre circulaire contenant un charitable advis à quelques villes de Champagne et Picardie, pour les inciter de se résoudre à prendre le bon **party du Roy** et du Parlement ; du 2 février 1649. — Paris, Primeray, 1649 ; 7 p. in-4°.

Bibliog. Dufour, n° 158.

713. — Lettre envoyée à quelques villes de Champagne et de Picardie pour les inciter de se résoudre à prendre le bon **party du Roy** et du Parlement. — Iouxte la Copie de Paris. A Rouen ; 4 p. in-4°.

Autre édition de la pièce qui précède.

714. — Le troisiesme **Mercvre** de Compiegne et d'Amiens depuis le dix-neuf Iuin, jusques au 1 iour de Iuillet 1649 (*en vers*). — S. l. n. n. ; MDCXLIX, 8 p. in-4°.

Bibl. Natⁱᵉ, Lb³⁷, n° 1297 (Poésie)

715. — Lettre d'un Picard à son ami, contenant tout ce qui s'est fait et passé du depuis le **séjour du Roi** en la province de Picardie. — S. l. n. n., 1649 ; 8 p. in-4°.

Moreau, Mazarinades, 1891.

716. — La Champagne et la **Picardie** avx pieds dv Roy qui se plaignent des violences qu'on leur fait et qui implorent son assistance. — Paris, s. n., M.DC.L ; 24 p. in-4°.

Bibl. Natⁱᵉ, Lb³⁷, n° 1535.

717. — Mois de décembre 1650. Suite de l'**estat des pauvres** de la frontière de Picardie et des environs de Soissons où les armées ennemies ont campé, et du soulagement qu'ils ont reçu. — S. l. n. n., 1651 ; 4 p. in-4°.

Moreau, Mazarinades, n° 2485.

* **718**. — Ce qui s'est passé en Picardie, depuis l'**entrée des Espagnols** en France, jusqu'à leur retraite et la prise de la ville et château de Saint-Felion en Catalogne, par le marquis du Plessis-Bellièvre ; avec ce qui s'est fait depuis l'arrivée du maréchal d'Hocquincourt. — Paris, s. n., 1653 ; in-4°.

Bibliog Dufour, n° 128.

719. — Le Mémorial d'un Bourgeois de Domart sur les **guerres de Louis XIII** et de Louis XIV (1634-1655), mis en ordre, annoté et publié par M. Alcius Ledieu.

Mém. Soc. Emul. Abb., t. XVIII, p 307 à 613 ; in-8°.

720. — Arrest dv privé Conseil du Roy, qui ordonne qu'il sera procédé dans trois mois par le sieur de Machault, à la liquidation des restitutions adjugées à Sa Majesté, par le Iugement souuerain rendu à Abbeville, contre **Balthazar de Fargues** le 27 Mars dernier. *Du 10 Avril 1665*. S. l. n. n. ; 7 p. in-4°

Bibl. Nat¹ᵉ, F, n° 3444.

* **721**, — De par le Roi. Extrait des Registres du Conseil d'Etat du vingt-sixième janvier 1675. *Ordre donné aux détenteurs de grains des généralités de Picardie, Flandres, Artois, Haynaut et Champagne, de les tenir, contre paiement, à la disposition des commis des magasins.* — S. l. n. n. ; gr. in-4°.

Bibl. Natᵉ, Mᵉ Clair, 796, p. 5.

722. — Détails sur la **guerre de 1708** en *Picardie..* Documents communiqués par M. Pouy.

Bull. du Com. des Trav. hist., sᵒⁿ d'hist. et de phil., 1884, p. 317 à 319 ; in-8°

723. — Traité pour les **Contributions de guerre** de la Picardie jusqu'à la Rivière de Somme ; *du 9 juillet 1710*. — S. l. n. n. ; 1 p. gr. in-fol.

Bibl. H. Macqueron.

724. — **Journal historique** écrit *de 1708 à 1719*, dans l'Abbaye de Saint-Jean d'*Amiens*, (Bibliothèque d'Amiens, Mss. 532) par A. Janvier.

La Picardie, 1878, p. 41 à 54 et 81 a 90 , in-8°.

725. — Petite bibliothèque picarde. Récits du temps passé. Les premiers essais d'**aérostation** en Picardie, par A. Janvier. — Amiens, Jeunet, 1883 ; 22 p. in-18.

726. — Règlement fait par le Roi, sur la formation et la composition des assemblées qui auront lieu dans la généralité d'Amiens, en vertu de l'Edit portant création des **Assemblées provinciales**. Du 8 Juillet 1787. — Paris, N. H. Nyon, 1817 ; 8 p. in-4°.

Il existe de ce règlement trois autres éditions. Paris, Imp. royale, 1787 ; 12 p. in-4°. — Amiens, J -B. Caron l'aine, s. d. ; 16 p. in-4°. — Amiens. J -B. Caron l'ainé, 1787 ; placard in-folio.

727. — Ordonnance de M. l'Intendant de Picardie concernant les **Assemblées paroissiales** qui se tiendront pour composer les Assemblées municipales à établir dans toutes les Villes et Communautés de la Généralité d'Amiens, où il n'y en a pas, les Campagnes du Boulonnois exceptées, en exécution de l'Edit du mois de Juin 1787, concernant les Assemblées Provinciales et du Règlement fait par le Roi, pour ladite Généralité le 8 Juillet suivant. Du quatre Août mil sept cent quatre-vingt-sept. — *Amiens*, J. B. Caron l'aîné, 1787 ; 8 p. in-4°.

Bibl. H. Macqueron.

728. — Lettre d'un curé de Picardie à un évêque sur le droit des curés d'assister aux **assemblées du clergé** et aux Etats-Généraux, et sur quelques objets intéressants qui y sont relatifs. — S. l. n. n., 1789 ; 34 p. in-8°,

Bibl. H. Macqueron.

729. — Catalogue des Gentilshommes de Picardie qui ont pris part ou envoyé leur procuration aux **Assemblées de la Noblesse** pour l'élection des députés aux Etats-Généraux de 1789, publié d'après les procès-verbaux officiels par MM. Louis de la Roque et Edouard de Barthélémy. — Paris, Dentu; Aubry, 1863; 47 p. in-8°.

730. — Documents pour servir à l'**histoire de la Révolution** française dans le département de la Somme. Etats Généraux de 1789. Elections. Rédaction des cahiers. — Amiens, Jeunet, 1888-1891; 2 vol. in-8° de XVIII-428 p. et 527 p.

731. — Proclamation de la **Commission intermédiaire** de Picardie, du 12 octobre 1789. — Amiens, J. B. Caron l'aîné, 1789; 8 p. in-4°.

732. — Les **Deputes du Bailliage** d'Amiens à l'Assemblée Nationale à leurs commettans. *Proclamation, du 17 Février 1790, demandant, entre autres choses, la lecture au prône de l'adresse de l'Assemblée Nationale aux Français.* — Amiens, J. B. Caron l'aîné; 18 p. in-4°.
Bibl. d'Amiens, Hist., n° 3597.

733. — Coup d'œil philosophique d'un officier des gardes nationales du département de la Somme. — Abbeville, 1790; 97 p in-8°.
Attribué à Devérité.

734. — Les Administrateurs du Département de la Somme aux Français de ce département. **Appel aux Armes,** *du 24 Juin 1891, à la suite de l'affaire de Varennes.* — Amiens, J. B. Caron l'aîné, 1791; 4 p. in-4°.

735. — Extrait du Registre aux Arrêtés du Département de la Somme, *sur la publication d'une* **Lettre du Roi**. Séance du 27 Mars 1792. — Amiens, Jean-Baptiste Caron l'aîné, 1792; 10 p. in-4°.[1]

[1] Au cours de la Révolution, il existe de nombreux " Extraits du Registre aux Arrêtés du Directoire du Département de la Somme ", qui n'ont aucun intérêt local. Ce sont des publications dans ce département de pièces politiques générales émanant des Ministres ou du Comité de Salut Public

736. — Extrait du Registre aux Arrêtés du Directoire du Département de la Somme. Séance du 18 Juin 1792, l'an 4 de la Liberté. *Programme de la fête civique du 14 juillet 1792.* — *Amiens,* Fr. Caron-Berquier, 1792; 7 p. in-4°.

737. — Extrait du Registre aux Arrêtés du Directoire du Département de la Somme. Séance extraordinaire du 22 Juin 1792, *pour l'envoi d'une* **Adresse au Roi** *au sujet des événements du 20 Juin.* — Amiens, J. B. Caron l'aîné, 1792; 4 p. in-4°.

738. — Arrêté du directoire du département de la Somme, au sujet des **événemens du 20 Juin**. Paris, Imp. Royale, 1792; in-4°.
Bibl. Nat¹ᵉ.

739. — Adresse du Directoire du Département de la Somme, au Roi des Français, *au sujet de la* **journée du 20 juin**. — Amiens, Caron l'aîné, 1792; 4 p. in-4°.

740. — Opinion de M. Pucelle, député du département de la Somme sur la dénonciation faite à l'Assemblée nationale le 26 juin 1792, séance du soir, par M. Bazire, de l'arrêté pris par le Directoire du Département de la Somme le 22 juin 1792, Onze heures du matin, au sujet des événemens qui se sont passés au Château des Tuileries le 20 du même mois, et de l'adresse au Roi rédigée, en conséquence dudit arrêté, et présentée au Roi le 24 juin suivant. — De l'Imprimerie Nationale, 3 p. in-8°.
Bibl. d'Amiens, Hist. n° 3678.

741. — Extrait du Registre aux Arrêtés du Directoire du Département de la Somme. Séance du 10 Juillet 1792. **Adresse** du Directoire du Département de la Somme à l'Assemblée Nationale; — *Amiens,* Fr. Caron-Berquier, 1792. 4 p. in-4°.

742. — Copie de la Lettre écrite par le Conseil général du Département de la Somme, à MM. les Commandans, Officiers, Sous-Officiers et **Volontaires nationaux** du deuxième Bataillon de ce Département. — Amiens, le 23 juillet 1792 ; 4 p. in-4°.

Bibl. H. Macqueron.

743. — Fidelissimæ Picardorum genti. Tu dors Picard, et Louis est dans les fers. — A Amiens, dans le palais épiscopal. S. n. n. d., *vers 1792 ;* 14 p. in-8°.

Appel en faveur de Louis XVI dont la rédaction est attribuée au ministre de Calonne et par d'autres à Suleau.
Bibl. d'Amiens, Hist. n° 3668.

744. — Le **Vrai Picard** ou Réponse à l'Ecrit intitulé : Fidelissimæ Picardorum genti... par M. P... de Beauvais, Soldat de la Garde Nationale. — *Paris*, Ballard, *vers 1792*.

Bibl. Nat^{le}, Lb³⁷, n° 2611.

745. — Loi relative aux **administrateurs** du Département de la Somme. Donnée à Paris le 17 Août 1792. — Paris, Imprimerie nationale, 1792 ; 3 p. in-4°.

Bibl. d'Amiens, Hist., n° 3639.

746. — Extrait du Registre aux Arrêtés du Conseil Général provisoire du Département de la Somme en sa Séance permanente du 4 septembre 1792, l'an 4° de la Liberté et le premier de l'Egalité. *Arrêté relatif à la* **fabrication des piques**. — *Amiens*, Fr. Caron-Berquier, 1792 ; 3 p. in-4°.

747. — Adresse aux Citoyens du Département de la Somme, *relative aux* **droits féodaux**. — Amiens, J. Caron l'aîné, 1792 ; 4 p. in-4°.

Bibl. A. de Caieu.

748. — Exposé de la conduite des **Administrateurs** du département de la Somme. (*Biard, Cordier, Verrier, Flessel, etc.*) à la Convention nationale. — *Paris*, Pain, *1792* ; 8 p. in-8°.

749. — Réponse des **administrateurs** composant le directoire du Département de la Somme à ce qui les concerne dans un Mémoire de M. Flesselles contre M. Chambosse. — S. l. n. d., imprim. du Pont ; 31 p. in-4°.

Anc^{ne} Bibl. de Marsy.

750. — Histoire des **Assignats**. Recherches sur les billets de confiance de la Somme, par A. Bazot. — Amiens, Caron et Lambert, 1872 ; in-8° de 136 et 44 p. av. 9 pl.

Ext. Mém. Soc. Ant. Pic.

751. — Département de la Somme. **Liste des Emigrés** dont les Biens sont acquis et confisqués au profit de la République Françoise. — *Amiens*, Caron Berquier, s. d. ; placard in-folio.

Bibl. de M. de Bonnault, à Abbeville.

752. — Déclaration des Députés de la Somme à leurs commettants sur la **journée du 2 juin 1793**. Extrait du Registre aux Arrêtés du Conseil Général du Département de la Somme en sa Séance publique du 10 juin 1793. — S. l. n. n., ; 8 p. in-8°.

Bibl. Pinsard.

753. — Exposé de la conduite des administrateurs du département de la Somme, à la Convention Nationale, *au sujet de la publication d'une* **déclaration des députés** *de la Somme sur les événements des 31 mai et 2 juin 1793*. — De l'Imprimerie de Paris, *1793 ;* 8 p. in-8°.

Bibl. d'Amiens, Hist., n° 3668.

754. — **André Dumont**, représentans du peuple dans le Département de la Somme aux Citoyens de ce Département. — Abbeville, L. A. Devérité ; 3 p. in-4°.

Proclamation du 27 août 1793, commençant par ces mots : C'est avec peine que mon collègue et moi nous voyons contraints à faire faire des arrestations, mais le salut de la patrie l'exige.

755. — André Dumont et Joseph Lebon Representans du Peuple dans lo

Département de la Somme. *Arrêté du 2 septembre 1793, ordonnant la* **dissolution de l'administration** *du département de la Somme, l'incarcération de ses membres et son remplacement par une commission.* — Abbeville, Devérité ; 3 p. in-4°.
Bibl. d'Abbeville.

756. — Extrait du Registre aux Arrêtés de la Commission provisoire du Département de la Somme en sa Séance publique du 18 Septembre 1793. *Arrêté relatif aux* **suspects** *du département du Nord se trouvant dans la Somme.* — Amiens, Caron-Berquier ; 2 p. in-4°.

757. — Les Commissaires du **Comité de Salut public** de la Convention Nationale près l'Armée du Nord, Aux Habitans des Campagnes du Département de la Somme et Pays circonvoisins. *Proclamation du 21 septembre 1793.* — Amiens, F. Caron-Berquier, 1793 ; 3 p. in-4°.

758. — La République ou la Mort. *Arrêté d'André Dumont, du 18 frimaire an II, prenant des mesures sévères à la suite du* **sciage d'un arbre de la liberté.** — Amiens, J. B. Caron l'aîné ; 3 p. in-4°.
Bibl. H. Macqueron.

759. — *Arrêté d'André Dumont, du 26 pluviôse an II, ordonnant l'***arrestation** *des ci-devant nobles.* — S. l. n. n. ; 2 p. in-4°.
Bibl. Henri Lottin.

760. — Amiens, 28 Nivôse an 2. **André Dumont**, Représentant du Peuple dans les Départemens de la Somme et de l'Oise, aux Autorités Constituées des Départemens de la Somme et de l'Oise. — S. l. n. n. ; 2 p. in-fol.
Bibl. A. de Caïeu.

761. — Les Administrateurs du Département de la Somme à leurs concitoyens. *Adresse du 21 messidor an 2, relative aux* **offrandes patriotiques**. — *Amiens*, Caron-Berquier ; 4 p. in-4°.
Bibl. A. de Caïeu.

762. — Proclamation. Le Représentant du Peuple **Blaux en mission** dans le Département de la Somme aux bons citoyens de toutes les Communes de ce Département. *Du 20 prairial an 3.* — *Amiens*, Caron-Berquier ; placard in-folio.
Bibl. d'Amiens, Hist., n° 3639.

763. — Documents historiques tirés d'anciennes **affiches** du Département de la Somme (1790-1792). *Signé G.*
La Picardie, 1870, p 193 et s. : in-8°.

764. — Extrait du Registre aux Arrêtés du Département de la Somme en sa séance du 21 Ventôse an quatrième de la République française. **Protestation** *de Derveloy, du Bellay, Lenfant, Coutte et Longuecamp contre leur remplacement par Malafosse, Lecomte, Sanson, Ballue et Vasseur.* — Amiens, F. Caron-Berquier ; in-4°.

765. — Extrait du Registre des Délibérations du Directoire exécutif du 18 Nivôse an V de la République française. **Division du département** *de la Somme en 5 arrondissements et 62 cantons.* — Amiens, Imprimerie des Associés ; 7 p. in-4°.

766. — Discours prononcé le 26 germinal an V de la République jour de l'installation des Citoyens Dubellay, Derveloy, l'Enfant, Longuecamps et Coutte, **réélus administrateurs** du Département de la Somme : imprimé sur la demande des Citoyens présens à la Séance, et conformément à l'Arrêté dudit jour, consigné au Procès-verbal. — Amiens, Imprimerie des Associés ; 7 p. in-4°.
Bibl. d'Amiens, Hist., n° 3639.

767. — Extrait des Minutes aux Arrêtés du Département de la Somme, en sa Séance du quatorze Thermidor an 5°. *Délibération relative à la dépréciation du* **papier monnaie** *dans le département.* — Amiens, Patin ; 7 p. in-4°.

* **768.** — Discours prononcé *au Conseil des Cinq Cents* par Prevost (de

la Somme) sur le départ des **conscrits** .. **de la Somme.** Séance du 19 frimaire an VII. — Paris, Imprimerie Nationale, frimaire an VII ; in-8°.
Bibl. N^{le}.

* **769.** — Essai sur l'**inondation** de l'an VII *dans le Département de la Somme*, par M. Traullé, 1799 ; 2 p. in-4°.
Pouy, Rech. sur l'Impr. et la Librairie, n° 76.

770. — Amiens et le Département de la Somme pendant la **Révolution**. Episodes historiques tirés des documents administratifs, par F. I. Darsy. — Amiens, Douillet, 1878-1883 ; 2 vol. in-8° de 303 et 322 p.

771. — Les Doléances du Peuple et les Victimes. Souvenirs de la **Révolution** en Picardie avec deux Plans, par F. I. Darsy. — Amiens, Douillet, 1887 ; X-362 p. in-8°.

772. — **Bonaparte,** premier Consul à Amiens et à Abbeville.
Alman. d'Abbeville, 1847, p. 126 à 130 ; in-16.

773. — Proclamation. Le Sénateur, Grand Chambellan de France, Commissaire extraordinaire de S. M. l'Empereur et Roi, Dans la quinzième Division Militaire, aux Habitans des Départemens de la Seine-Inférieure de la **Somme** et de l'Eure. *Du 8 Janvier 1814*. — Amiens, J. B. Caron l'aîné ; 4 p. in-4°.

* **774.** — Défense des Picards et du défenseur de la Religion, par M. Graincourt. — Paris, Lefebvre, 1814 ; in-8°.

* **775.** — Description des **entrées** solennelles, hommages et honneurs rendus à Louis XVIII à *Calais, Boulogne, Abbeville, Amiens*, etc. — 1814, 56 p. in-8°.

776. — Tarif de la composition des rations de vivres et de fourrages pour les **Troupes prussiennes** cantonnées dans le département de la Somme. *Du 16 Avril 1814*. — *Amiens*, Maisnel fils ; placard in-folio.
Arch. munic. de Doullens.

777. — Relation du voyage de Son Altesse Royale Monseigneur le **Duc d'Angoulême** dans le Département de la Somme. *Octobre 1817*. — *Amiens*, Caron-Vitet ; 8 p. in-12.
Bibl. d'Abbeville.

778. — Réflexions picardes ou réponse aux Réflexions politiques de M. de Châteaubriand, par un Emigré de 91, ami du trône et de la justice, décoré de l'Ordre de l'Eteignoir par les amis de la lumière (des lanternes), etc. — S. l. n. n. n. d. ; 65 p. in-8°
Cet opuscule signé W. L. D.-B.RK à la page 60 et T., prêtre, curé de V. à la page 64 n'a aucun rapport avec l'histoire de Picardie : nous le mentionnons seulement a cause de son titre.

779. — Ma défense. Pièces justificatives de mes réflexions picardes, en réponse aux Réflexions politiques de M. de Châteaubriand avec cette épigraphe. Justus esto et fac ut lubet. — S. l. n. d., P. Gueffier ; 16 p. in-8°.
Bibl. H. Lottin.

780. — *1831. Voyage de* **Louis-Philippe** *dans le Département de la Somme*. Discours du tribunal de commerce d'Amiens, du conseil des prudhommes d'Abbeville, du principal du collège d'Abbeville, de la Cour Royale d'Amiens, récit de la revue d'Amiens du 25 mai ; Discours de M. le Maire d'Amiens, du tribunal de commerce d'Amiens, du conseil des prudhommes de la ville d'Amiens, de la chambre de commerce, de l'Académie, du principal du collège d'Amiens.
Relation des deux voyages de S. M. en 1831. — Paris, Agasse, 1831, p. 127 à 147 ; in-8°.

781. — Campagne de l'**Armée du Nord** en 1870-1871 avec une carte, des notes et des pièces justificatives, par le général de division L. Faidherbe. — Paris, Dentu, 1871 ; 135 p. in-8°.

782. — Précis des opérations militaires auxquelles a pris part la **brigade Porion** pendant le siège de Paris, 1870-

1871. — Paris, Librairie générale, 1871 ; 52 p. in-12
<small>La brigade Porion était presqu'entièrement composée de mobiles de la Somme.</small>

783. — Souvenirs de la **Campagne du Nord** (1870-1871), par Maxime Lecomte. Deuxième partie. Formerie, Villers-Bretônneux, Pont-Noyelles. — Avesnes, Eliet-Lacroix, 1871 ; 64 p. in-8°.

784. — **Campagne du Nord** (1870-1871). Le 3me bataillon des mobiles de la Marne, par un Mobile du 101e Régiment de Marche (Somme et Marne). — Reims, Geoffroy, 1871 ; 144 p. in-8°.

785. — La France du Nord. La Picardie. *Récit de la* **campagne de 1870-1871** *dans la Somme, par Ch. Louandre.*
<small>Rev. des 2 Mondes, t CVI. p. 35 à 61, 317 à 348, 647 à 678 et 818 à 853 ; in-8°.</small>

* **786.** — **Batailles** *d'Amiens, de Pont-Noyelles....*
<small>Souvenirs de la dernière invasion, par Max Guillin. — Limoges, 1872 ; in-8°.</small>

787. — La **Campagne du Nord**. Opérations de l'armée française du Nord (1870-1871) avec cartes d'ensemble et plans de bataille. — Paris, Tanera, 1873 ; V-315 p. in-12 av. 8 pl.

788. — L'armée française du Nord. *Compte rendu de l'ouvrage précédent.*
<small>Le Correspondant, t. XCI, 1873, p. 382 à 395 ; in 8°.</small>

789. — 1875. Almanach de la **guerre du Nord**. Extraits des ouvrages sur la campagne du Nord, par MM. le général Faidherbe, Maxime Lecomte et Alfred Girard. — Paris, Henri Plon ; 127 p. in-18.

790. — La Ligne de la Somme pendant la **campagne 1870-1871**. Etude par M. H. Daussy avec deux cartes. — Paris, J. Dumaine, 1875 ; VIII-360 p. in-8°.

791. — Rapport sur les **Tombes des Militaires** morts en 1870-1871, par de Marcère. Somme. — Paris, 1878, p. 264 à 273 ; in-4° av. 2 pl.

792. — Opérations de **l'armée du Nord**.
<small>Hist. de la guerre franco-allem., par Am. Le Faure, t. II, p. 161 à 169 av. 2 fig. ; gr. in-8°.</small>

793. — Un bataillon de mobiles pendant la guerre de 1870-71. Souvenirs de **l'armée du Nord** par Louis Gensoul. — Nimes, Jouve, 1879 ; 56 p. in-8° et 1 carte.
<small>Histoire du bataillon d'Uzès à l'armée du Nord.</small>

794. — Pierre Lehautcourt. **Campagne du Nord** en 1870-1871. Histoire de la défense nationale dans le nord de la France. — Paris et Limoges, Lavauzelle, 1888 ; 270 p. in-8° et 7 cartes.

795. — **Armée du Nord**.
<small>Le Livre d'Or de 1870, par G. Armelin. — Paris, Flammarion, 1897, p. 385 à 397 ; in-12.</small>

796. — Les **Armées du Nord** et de la Normandie. Relation anecdotique de la Campagne de 1870-71 par Grenest, Villers-Bretonneux, Ham, Pont-Noyelles, Bapaume... — Paris, Garnier frères, 1897 ; XIII-552 p. av. 3 cartes et 21 vignettes.

797. — Amiens, Rouen et l'Hallue, Péronne et Bapaume.
<small>Hist. de la guerre franco allem. par le Comm. Rousset, t. V, p. 1 à 172 ; in-8°.</small>

798. — 1870-1871. Au Siège de Paris. Le 1er Bataillon des **Mobiles de la Somme**, par René de Boiville. — Abbeville, Paillart, 1899 ; 93 p. in-12.

III. MŒURS ET USAGES.

* **799.** — Requête d'un brave et **franc Picard** à Mercure, patron des joueurs et des sycophantes. Suivie d'un arrêt du Conseil d'Etat de ce Dieu et d'un remerciement à l'auteur de cette requête, avec des remarques sur les harpyes anciennes et modernes et une dénonciation de ces monstres aux ar-

— 54 —

gonautes du temps. Le tout précédé d'une supplique dédicatoire aux auteurs souverains du Parnasse et à Messieurs les journalistes, maréchaux-de-logis du mont Hélicon. Première partie. — S. l. n. n., 1751 ; 72 p. in-12.

Satyre en vers et en prose contre les mœurs du xviii° siècle.
Bibl. de M. de Beauvillé.
Bibliog. Dufour, n° 163.

800. — De quelques **jeux et fêtes** en Picardie, *par Ch. Vaquette.*

Arch. de Pic., t. II, p. 198 à 208 ; in-8°.

801. — Coutumes et **usages divers** en Picardie.

Ann. topog. de la Somme, par J. D., 1846, p. 125 à 133 ; in-16.

802. — Le jeu de la **Cholle**, *par M. A. Decaieu.*

La Picardie, t. I, p. 182 à 187 ; in-8°.

803. — **Récréations** de nos pères aux quinzième et seizième siècles, par M. A. Dubois. — Amiens, L. Challier, 1860 ; 15 p. in-8°.

804. — Les **Feuilles volantes.** Billets de Naissance, de Mariage, d'Enterrement. Cartes de Visites, Factures, Prospectus, Programmes, Affiches, etc. avec Fac simile par Ferdinand Pouy. — Amiens, Lenoël-Hérouart, 1862 ; 35 p. in-8° et 1 pl.

805. — De quelques **pèlerinages** en Picardie, par M. l'abbé J. Corblet.

Cong. scientif. d'Amiens, 1867, p. 414 à 422 ; in-8°.

806. — Pratiques et **croyances populaires** de l'Artois et de basse Picardie relatives aux abeilles, par M. E. T. Hamy.

Bull. Soc. Anthrop. Paris, 1883, p. 609 à 614 ; in-8°

807. — **Usages** et traits de mœurs en Picardie, par F. I. Darsy. — Amiens, Douillet, 1885 ; 36 p. in-8°.

Ext. Mém. Soc. Ant. Pic

808. — Séance publique du 29 juillet 1888. Frais et menues **dépenses** d'un maitre de maison au xviii° siècle, *à Amiens.* Lecture faite par M. Robert de Guyencourt.

Mém. Soc. Ant. Pic., t. XXX, p. 415 à 459 ; in-8°.

809. — Les **Pèlerinages** en Picardie du xiv° au xvi° siècle, par F. Pouy. — Amiens, Rousseau-Leroy, 1889 ; 14 p. in-16.

810. — Société des Antiquaires de Picardie. Les **Serviteurs** d'autrefois, par Robert Guerlin. — Amiens, Yvert et Tellier, 1893 ; 22 p. in-8°.

811. — Le **mobilier** des paysans du Santerre aux deux derniers siècles, par M. Alcius Ledieu.

Cong. archéol. de France, LX° session, p. 185 à 191 ; in-8°.

812. — Académie des Sciences, des Lettres et des Arts d'Amiens. **Récits du temps passé.** Le mariage de Jean Rouvillain en 1692, par H. Daussy. — Amiens, Yvert, 1894 ; 26 p. in-8°.

CHAPITRE VII

ADMINISTRATION PROVINCIALE ET DÉPARTEMENTALE

1. GÉNÉRALITÉS.

813. — La première année de l'administration des **Intendants** en Picardie, par de Boyer de Ste Suzanne. Amiens, Lemer, 1861 ; 23 p. in-8°.
<small>Ext. Mém. Soc. Ant. Pic.</small>

814. — Le Maistre de Bellejamme, deuxième **intendant** de la généralité d'Amiens, par Boyer de Ste Suzanne. — Amiens, Lemer aîné, 1862 ; 38 p. in-8°.

815. — L'Administration sous l'ancien Régime. Les **Intendants** de la Généralité d'Amiens (Picardie et Artois), par de Boyer de Sainte-Suzanne. — Paris, Paul Dupont, 1865 ; 611 p. in-8° av. 4 portr. phot.

816. — *Compte rendu de l'ouvrage précédent, par M. l'Abbé Corblet.*
<small>Revue de l'art chrétien, t. XI, p. 368 à 392 ; in-8°.</small>

817. — Rapport fait à la Commission historique du Nord par A. Desplanque sur l'ouvrage de M. Boyer de Sainte-Suzanne ayant pour titre : les **Intendants** de la Généralité d'Amiens. — Lille, Danel, *1865 ;* 19 p. in-8°.

818. — Les **Intendants** de la Généralité d'Amiens. Discours prononcé..... par M. le baron de Calonne.
<small>Bull. Soc. Ant. Pic., 1898-1900, p. 412 à 425 ; in-8°.</small>

819. — L'Administration provinciale et communale en France et en Europe, 1785-1870, par M. A. Hesse. — Amiens, Alfred Caron, 1870 ; 800 p. in-8°.
<small>La première partie (p. 1 à 420) comprend une étude détaillée sur l'**Assemblée provinciale** de Picardie et l'administration de la Province avant 1789.</small>

820. — Procès-verbal de l'**Assemblée Provinciale** de Picardie tenue à Amiens au mois d'août 1787. — Amiens, J. B. Caron l'aîné ; M.D.CCLXXXVII ; 44 p. in-4°.

821. — Procès-verbal des séances de l'**Assemblée provinciale** de Picardie tenue à Amiens en Novembre et Décembre 1787. — Amiens, Jean-Baptiste Caron l'aîné, M.DCC.LXXXVIII ; VII-335 p. et 13 p. n. n. in-4°.

822. — Instructions adressées par ordre du Roi au **Directoire** du Département de la Somme *sur les questions dont il devra s'occuper en 1790.* — Paris, Imprimerie Royale, 1790 ; 46 p. in 4°.
<small>Bibl. de Bonnault.</small>

823. — Procès-verbal de l'**Assemblée** du Département de la Somme, Tenue à Amiens, en Novembre et Décembre 1790. — Amiens, Jean-Baptiste Caron l'aîné, 1791 ; 592 p. in-4°.

824. — Procès-verbal des séances du **Conseil général** du Département de la Somme, en sa Session de 1791. — Amiens, F. Caron-Berquier, M.DCC.XCII ; l'an IV de la Liberté et le I de l'Egalité ; 290 p. in-4°.

825. — Compte de l'**administration**

du **Directoire** rendu au Conseil général du Département de la Somme, en la 3ᵉ séance, le 16 Novembre 1791. — Amiens, Caron-Berquier ; 156 p. in-4°.

826. — Extrait du Registre aux Arrêtés du **Directoire** du Département de la Somme. Séance Publique du premier Décembre 1722. *Défense aux communes de vendre et abattre les arbres croissant sur les terrains communaux.* — *Amiens*, F. Caron-Berquier, 1792 ; 3 p. in-4°.

827. — 1792-1793. **Conseil général** et Directoire de la Somme (Extrait des papiers de M. Saint-Albin Berville).
Mél. ext. de la Gaz. des Trib , par Alph. de Pistoye. — Paris, Chaix, 1869, p. 1 à 24 ; in-8°.

828. — Procès-verbal d'installation des **Sous-Préfets** et Conseillers de Préfecture du Département de la Somme *le 25 germinal an VIII*. — Amiens, F. Caron-Berquier ; 11 p. in-4°.

829. — **Mémorial** administratif du département de la Somme, pour l'année mil huit cent seize. — *Amiens, Caron l'aîné*, 1816 ; 16, 362 et 14 p. in-4°.
Cette publication d'un intérêt tout administratif a commencé par le volume qui vient d'être signalé ; en 1824, elle prit le format in-8° en conservant le même titre , en 1839, elle est devenue le **Recueil administratif** du Département de la Somme et en 1857 le **Recueil des Actes administratifs** de la Préfecture de la Somme ; elle paraît encore actuellement.

830. — Rapport sur l'état actuel des **prisons**, des **hospices** et des **écoles** des départements de l'Aisne, du Nord, du Pas-de-Calais et de la Somme, suivi de considérations générales sur ces sortes d'établissements, *par M. Appert*. — Paris, L. Colas, 1824 ; in-12.
Bibliog Dufour, n° 261.

831. — Extrait des Votes, Demandes et Délibérations du **Conseil général** du Département de la Somme, pendant sa session de 1831. — Amiens, Boudon-Caron ; 9 p. in-4°.

832. — Analyse des délibérations prises par le **Conseil général** du département de la Somme pendant le cours de la session de
1835. Amiens, R. Machart, 1836 ; XXII-77 p. in-4°.
1836. » » 1837 ; XXVI-86 p in-4°.
1837 » » 1838 , XI-92 p. in-4°.
1838 » Duval et Herment, 1838 ; XXIV-60 p. in-4°.
1839. » » 1839 , XII-80 p in-4°.

833 — Procès-verbal des délibérations prises par le **Conseil général** du département de la Somme pendant le cours de la

Session de	1840. Amiens, Duval et Herment, 160 p. in 8°.
»	1841. » » » 318 p. in-8° et 2 tab
»	1842. » » » 319 p. in-8° et 2 tab.
»	1843. » » » 327 p. in-8° et 2 tab
»	1844. » » » 284 p. in-8° et 2 tab.
»	1845. » » » 305 p. in-8° et 4 tab.
»	Extraord. 1845. » » » 7 p. in-4°.
»	1846. » » » 339 p. in-8° et 3 tab.
»	1847. » » » 311 p. in-8° et 4 tab.
»	1848. » » » 360 p. in 8° et 4 tab.
»	Extraord. 1848. » » » 16 p. in-8°.
»	1849. » » » 389 p. in-8° et 6 tab.
»	Extraord. 1849. » » » 86 p. in-8°.
»	1850. » » » 492 p. in 8° et 7 tab.
»	1851. » » » 424 p. in 8° et 4 tab.
»	1852. » » » 426 p. in-8°.
»	1853. » » » 00 p. in-8°.
»	1854. » » » 190 208 p. in 8°
»	1855. » » » 516 p. in-8°.
»	1856. » » » 418 p. in-8° et 5 tab.
»	1857. » Jeunet , 586 p. in-8° et 8 tab.
»	1858. » » 675 p. in 8° et 5 tab.
»	1859. » » 546 p. in 8° et 5 tab.
»	1860. » Alfred Caron ; 579 p. in-8° et 5 tab.
»	1861. » » 535 p. in-8° et 5 tab.
»	1862. » » 504 p. in-8° et 5 tab.
»	1863. » » 528 p. in-8° et 2 tab.
»	1864. » » 500 p. in-8°.
»	1865. » » 475 p. in-8°.
»	1866. » » 520 p. in-8°.
»	1867. » » 521 p in-8°.
»	Extraord. 1867. » » 80 p. in-8° et 1 tab.
»	1868. » » 578 p. in 8°.
»	1869. » » 544 p. in-8°.

La publication a été continuée sous la même forme depuis cette époque.

834. — **Conseil général** du Département de la Somme. Rapport du Préfet. Session de
1846. Amiens, Duval et Herment ; 60 p. in-8°.
1847. » » » 32 p. in-8°
1848. » » » 8 p. in-8°.
1851. » » » 32 p. in-8°.

835. — Rapport fait par M. Malot au nom de la Commission chargée par le

Conseil général de la Somme d'étudier les questions soumises à ce Conseil par M. le Ministre de l'Intérieur, sur l'organisation municipale, cantonale et départementale. — Amiens, Duval et Herment, s. d. ; 35 p. in-8°.

836. — **Conseil général** de la Somme. Session de 1855. Exposé général présenté par le comte V. du Hamel, préfet. — Amiens, Duval et Herment, 1856 ; 2 vol. in-4°

837. — Etudes et mesures pour la Mise en valeur des **Biens communaux** du département de la Somme. — Amiens, Duval et Herment, 1855 ; 8 p. in-4°.

838. — Conseil général de la Somme. Session de 1856. Exposé général présenté par M. le Comte V. du Hamel *sur les Biens communaux du département*. — Amiens, Duval et Herment ; 13 p. in-4°.

839. — Conseil général de la Somme. Session de 1856. Mise en valeur des **Biens communaux** du Département. Résultats obtenus depuis le 6 Décembre 1855 jusqu'au 15 Août 1856. — Amiens, Duval et Herment ; 36 p. in-4°.

840. — Département de la Somme. **Conseil général**. Session de 1867. Rapport du Préfet. Appendice. — Amiens, Alfred Caron, 1867 ; 57 p. in-8°.

Ces rapports ont continué d'être publiés chaque année dans la même forme.

II. ASSISTANCE PUBLIQUE.
Caisse des Incendiés

841. — Relation extraordinaire contenant l'Estat General des **Pauvres de Picardie** et Champagne, la nécessité de continuer leur assistance : Et la proposition d'achepter promptement des pois, febues et orges, pour ensemencer quelques terres. *Du 31 mars 1651.* — S. l. n. n. ; in-4°.

Bibl. N¹ᵉ, Lk², n° 1321

842. — Relation Contenant l'Estat des **Pauvres de Picardie** et de Champagne iusques au mois de Décembre 1655. — S. l. n. n. ; 4 p. in-4°.

Bibl. N¹ᵉ, Lk², n° 1322.

843. — Arrest du Conseil d'Estat du Roy, Pour assurer dans les Villes et Lieux de la Generalité d'Amiens, des fonds necessaires aux besoins des **Hôpitaux**. Du 11 Septembre 1725. — Paris, veuve Saugrain et Prault, 1725 ; 12 p. in-4°.

Bibl. H. Macqueron.

844. — Arrest du Conseil d'Estat du Roy qui ordonne que pour subvenir aux besoins des **Hôpitaux**, il sera levé pendant six années de differens Droits *(suivant un tarif indiqué)* dans la Généralité d'Amiens, à l'exception du Boulonnois, ou il sera imposé pendant le même tems, la somme de cinq mille livres par an, pour y tenir lieu desdits Droits. Du onze Septembre 1725. — S. l. n. n. ; placard in-folio.

845 — Arrest du Conseil d'Estat du Roy, Portant réunion aux Villes et autres lieux de la Généralité d'Amiens des Offices municipaux qui n'y ont pas été levés, et aliénation à cet effet des Droits réservés aux **Hôpitaux** avec les augmentations desdits Droits, suivant le Tarif énoncé au présent Arrest. Du 21 Novembre 1747. — Paris, P. Prault, 1747 ; 7 p. in-4°.

846. — Lettre de Monseigneur l'Evêque d'Amiens aux Curés de son Diocèse Concernant le Bureau de Charité établi en faveur des **Incendiés**. — *Amiens*, Louis-Charles Caron père, *1788* ; 3 p. in-4°.

Bibl. d'Amiens, Théol., n° 1865.

847. — Etat du produit des Quettes faites en faveur des **Incendiés** du Diocèse d'Amiens en l'année 1787 et l'année 1788 : Suivi de l'emploi desdites Quêtes.

8

— Amiens, Louis-Charles Caron père, 1789 ; 49 p. in-8°.

848. — *Lettre du 24 juillet 1791 adressée aux Officiers Municipaux par les Administrateurs du Directoire de la Somme pour la quête des* **incendiés**. — S. l. n. n. ; 6 p. in-4°.

849. — Etat du produit et de l'emploi des quêtes faites en faveur des **incendiés** du Département de la Somme en l'année 1791. — Amiens, F. Caron-Berquier ; 8 p. in-4°.

Bibl. d'Abbeville.

850. — Rapport et Compte des Opérations de l'Administration centrale *de la caisse des* **incendiés** *du Département de la Somme, pendant l'an IV° de la République Française*. — Amiens, Patin et Compagnie ; 30 p. in-4°.

Ibid.

851. — Association d'assurance mutuelle contre l'**incendie**, particulière au Département de la Somme.— Amiens, Ledien-Canda, Octobre 1820 ; 10 p. in-4°.

852. — Statuts de l'**Assurance mutuelle** de la Somme tels qu'ils résultent des Actes passés devant M° Doizy et son Collègue, notaires à Amiens, les 7, 9 et 10 octobre 1820, et 20 mars 1821. — Amiens, Maisnel ; 23 p. in-12.

Autre édition : Abbeville, Boulenger-Vion ; 26 p. in-8°.

853. — Bureau central des **Incendies**. Tableau de la totalité des secours et indemnités accordés aux incendiés de l'année 1820. — Amiens, Caron-Duquenne ; placard in-folio.

Pareille publication a été faite en 1822.

854. — Rapport fait au Conseil général de l'Association d'**Assurances Mutuelles** du Département de la Somme, en sa séance du 1er Mai 1824 par M. de Caix, Conseiller de Préfecture, Président du Conseil d'Administration. — Amiens, Ledien-Canda ; 12 p. in-4°.

855. — Département de la Somme. **Caisse des Incendies.** Arrêté réglementaire du 14 Septembre 1819 et Modifications apportées successivement à quelques-unes de ses dispositions. — Amiens, E. Yvert, 1840 ; 24 p. in-12.

856. — Département de la Somme. **Caisse des Incendies.** Compte général rendu par le bureau central des incendies pour l'année

1834	Amiens, J. Boudon-Caron, 1835, 17 p in-4°.			
1835.	»	»	1836 ; 16 p. in-4°.	
1836.	»	»	1837 . 18 p. in-4°.	
1837.	»	»	1838, 17 p. in-4°.	
1838	»	Duval et Herment, 1839, 17 p. in-4°.		
1840	»	E. Yvert,	1841 ; 20 p. in-4°.	
1841	»	»	1842, 17 p. in-4°.	
1842.	»	»	1843, 18 p. in-4°.	
1845	»	»	1846, 18 p in-4°.	
1846	»	»	1847, 18 p. in-4°.	
1847	»	»	1848 ; 22 p in-4°.	
1848.	»	»	1849, 18 p. in-4°.	
1850.	»	»	1851, 18 p. in-4°.	
1851	»	»	1852, 20 p. in-4°.	
1852.	»	»	1853 ; 22 p in-4°.	
1853.	»	»	1854 ; 22 p in-4°.	
1854	»	»	1855, 20 p. in-4°.	
1855.	»	»	1856 . 29 p. in-4°.	
1856	»	»	1857 ; 22 p in-4°.	
1860.	»	»	1861, 26 p. in-4°.	

Celui de 1849 a été publié sous ce titre :
Tableau des secours et indemnités accordés aux incendiés de l'année 1849. — S. l. n. n. ; 12 p. in-4°.[1]

857. — Département de la Somme. Caisses départementales de secours contre l'**incendie et la grêle**. Comptes généraux et détaillés des recettes et dépenses de l'exercice

1863.	Amiens, E. Yvert, 1864 ; 38 p. in-4°.]		
1864.			
1865.	»	»	1866 ; 60 p. in-4°.
1866.	»	»	1867 ; 36 p. in-4°.

Ces comptes rendus ont continué d'être publiés chaque année dans la même forme.

858 — **Donation** Boucher de Crévecœur de Perthes au Département de la Somme. — Abbeville, Briez, C. Paillart et Retaux, 1870 ; 16 p. in-8°.

[1] Je n'ai pu trouver d'autres comptes publiés sous cette forme que ceux signalés plus haut.

III. EAUX ET FORÊTS

859. Arrest du Conseil d'Etat du Roy, qui maintient les Arpenteurs des Maistrises particulières des **Eaux et Forests** du Bailliage d'Amiens et les autres du Royaume en leurs Fonctions, suivant l'ordonnance de Sa Majesté sur le fait des Eaux et Forests de l'année 1669, rendu à Versailles le 13 Mars 1696. — S. l. n. n. ; placard in-folio.

Arch. dép. de la Somme, C, n° 1195.

860. — Arrest du Conseil d'Etat du Roy, qui ordonne que par tels Officiers des Maîtrises particulières des Lieux, ou autres personnes que les Sieurs Commissaire départi et le grand Maître des **Eaux et Forêts** de la Province de Picardie pourront commettre, il sera incessamment fait des visites et dressé des procès-verbaux, avec assistance d'Experts qui seront aussi par eux nommez, de l'état actuel des Lieux sujets aux inondations, et des causes d'icelles, ainsi que des remèdes que l'on y peut apporter. Du 9 Janvier 1749. — S. l. n. n. ; placard in-folio.

Ibid., C, n° 1525.

861. — Arrêt du Conseil d'Etat du Roi, qui commet le Sieur Comte d'Agay, Intendant de Picardie, à l'effet de pourvoir aux **Inondations** auxquelles sont sujettes plusieurs Vallées de la Généralité d'Amiens. Du 28 Décembre 1773. — Amiens, veuve Godart, 1774 ; placard in-folio.

Ibid., C, n° 1527.

862. — Ordonnance de Monsieur l'Intendant qui fixe la hauteur des **Vannes des Moulins** construits sur la Rivière de Somme depuis Sailly-Lorette jusqu'à Péronne. Du 24 Octobre 1777. — Amiens, Jean-Baptiste Caron fils, 1777 ; placard in-folio.

Ibid , C, n° 1365.

863. — Police des **Eaux**. *Arrêté pris le 27 Fructidor an X par* Le Préfet du Département de la Somme. — Amiens, Maisnel fils ; 12 p. in-4°.

864. — *Arrêté pris le 21 Germinal an XII par* Le Préfet du Département de la Somme *et relatif à l'établissement du* **point d'eau** *des moulins de la vallée de la Selle*. — Amiens, Maisnel fils ; placard in-folio.

Bibl. d'Amiens, Hist., n° 3639.

IV. ADMINISTRATION FINANCIÈRE.

IMPÔTS DIRECTS ET INDIRECTS.

865. — Les **Trésoriers** de France de la Généralité de Picardie ou d'Amiens par le Comte A. de Louvencourt. — Amiens, Yvert et Tellier, 1896 ; 225 p. in-8° av. 1 pl.

866. — Lettres adressées à l'Evesque d'Amiens, *par Philippe le Bel, le 15 août 1303*, portant Ordonnance de faire **lever une Décime** dans son Diocèse, comme elle se payoit dans les autres, pour subvenir aux dépenses de la Guerre de Flandres. Et au moyen de cette Décime, le Roy remet aux Ecclésiastiques le droit d'amortissement de toutes leurs acquisitions.

Ordonn. des Rois de France, t. I, p. 382 et 383 ; in-fol.

867. — Letres *de Jean II, de juin 1351*, touchant la levée d'une **Ayde**, dans le Bailliage d'Amiens.

Ibid., t. II, p. 430 à 441, in-fol.

868. — Lettres de Charles VI, *du 24 mars 1393*, par lesquelles il ordonne de lever sur les marchandises venant de Flandre et de Bapaume, les **droits de péages** et passages établis non-seulement à Bapaume, mais à Péronne, Roye et Compiègne : quand même les Voituriers desdites Marchandises auroient évités de passer par ces trois dernières villes.

Ibid., t. XII, p. 184 et 185 ; in-fol.

869. — Lettres patentes du Roy en forme de jussion adressantes à la cour des aydes, pour l'**imposition** levée d'un écu six sols pour muid de vin, entrant en toutes les villes et bourgs de la province de Picardie, même du pays reconquis, au lieu des nouvelles aydes et impositions accordées en l'assemblée de Rouen, en 1597, et conversion d'un autre écu, à un sol pour pot, qui sera payé à la vente et distribution par le menu, à la réserve de ce qui sera transporté hors du royaume, qui payera à la sortie, ledit écu pour muid, outre les anciens droits. Du 20 janvier 1599, registrées en la cour des aydes, le 30 desdits mois et an. — Paris, veuve Saugrain et Pierre Prault, 1723 ; 4 p. in-4°.

Bibliog. Dufour, n° 32.

870. — Déclaration du Roy, donnée à Paris le 15 février 1601. qui continue pendant trois années la **levée du droit** d'un écu six sols par muid de vin faisant 9 livres 18 sols par tonneau entrant en toutes les villles et bourgs de la province de Picardie et pays reconquis, et du droit d'un sol pour pot de vin vendu en détail dans ladite province. — Paris, veuve Saugrain et Pierre Prault, 1724 ; 3 p. in-4°.

Bibliog. Dufour, n° 35.

871. — Déclaration du Roy, Donnée à Fontainebleau le 18 Octobre 1601 qui continue pendant trois années la **levée du droit** de 9 livres 18 sols et sol pour pot en Picardie ; Et d'un écu par Muid de vin à la sortie de ladite Province. — Paris, veuve Saugrain et P. Prault, 1724 ; 3 p. in-4°.

872. — Déclaration du Roy, Donnée à Paris le 15 janvier 1604, qui continue pour trois ans trois mois la **levée du droit** de 9 livres 18 sols par tonneau de vin entrant en Picardie, un sol par pot de vin vendu en détail, et trois livres par Muid de vin à la sortie de ladite Province. — Paris, veuve Saugrain et Pierre Prault, 1724 ; 3 p. in-4°.

873. — Déclaration du Roy, donnée à Paris le 16 juillet 1607, qui continue pour trois années l'**imposition** de 9 livres 18 sols par tonneau de vin entrant dans la province de Picardie, celle d'un sol pour pot de vin vendu en détail dans ladite province ; et aussi le droit de trois livres sur chacun muid de vin, sortant de ladite province de Picardie, et de celle de Soissons et Champagne. — Paris, Saugrain, 1724 ; 3 p. in-4°.

874. — Lettres patentes Données à Paris le 10 Decembre 1610, qui continuënt pendant six Années la **levée des Droits** de 9 livres 18 sols par Muid de vin, aux Entrées des Villes et Bourgs de la Province de Picardie, et du sol pour Pot de Vin vendu en détail dans ladite Province. Registrées en la Cour des Aydes. — Paris, Veuve Saugrain et Pierre Prault, 1724 ; 3 p. in-4°.

875. — Arrest et réglement du cinquième août 1632, sur le fait des **aydes** des généralités de Picardie et Champagne. — Paris, Saugrain, 1723 ; 7 p. in-4°.

Bibl de Beauvillé.

876. — Declaration du Roy, portant Exemption de **Tailles** pendant trois ans, à tous les Habitans des Frontières de Picardie, Champagne et Bourgogne, qui seront employez dans ses armées ou ailleurs à son seruice. — Paris, par A. Estienne, M.DC.XXXVI.

Bibl. N¹ᵉ, Lb³⁵, n° 3085 (Législ).

877. — Extraict des Registres dv Conseil d'Etat. *Arrêt, du 24 octobre 1637, qui ordonne l'*imposition *d'une somme de 100.000 livres sur la généralité de Picardie pour le paiement des gens de guerre.* — S. l. n. n. ; 3 p. in-fol.

Arch. dép. de la Somme, C, n° 1176.

878. — Réglement fait par le Roy en son conseil pour la levée des anciens et nouveaux **droits** de neuf livres dix-huit sols sur chacun tonneau de vin entrant ès villes et bourgs de la généralité de Picardie ; sol pour pot de vin vendu et débité en détail en icelle, et des soixante sols pour muid de vin sortant de ladite généralité et de celles de Chaalons et Soissons. Du 6 mars 1638. — S. l. n. n. ; 7 p. in-4°.

879. — Extraict des Registres du Conseil d'Etat. *Arrêt, du 12 octobre 1641, qui ordonne que les sommes auxquelles les officiers de l'eslection d'Amiens ont esté* **taxez** *pour les seize sols pour parroisse, d'augmentations de signatures de roolles, confirmation d'hérédité, descharge du prest et autres taxes, seront perceues et levées par ceux à qui elles appartiennent sur les gaiges escheus et à escheoir desdits officiers, et non sur leurs autres biens.* — S. l. n. n. ; 3 p. in-4°.

Arch. dép. de la Somme, C, n° 1103

880 — Arrêts de Nosseigneurs dv grand conseil Entre le **Receueur general des Finances** d'Amiens. Et les Tresoriers de France en ladite Generalité leurs Huissiers, Sergens et Archers. Contenant les reparations, despens, dommages et interests adiujez audit Receueur general. Contre lesdits Tresoriers de France, et lesdits Huissiers, Sergens et Archers. Prononce à Mantes le 21 iour d'Octobre 1652. — Paris, Denys Langlois, M.DC.LII ; 24 p. in-4°.

Bibl. d'Amiens, Hist., n° 3597.

881. — Extrait des Registres du Conseil d'Etat. *Arrêt, du 6 juin 1654, qui ordonne qu'il sera procédé, en la généralité d'Amiens, à une nouvelle assiette et fait un rôle séparé tant des* **offices** *supprimés que réservés.* — S. l. n. n. ; placard in-folio.

Arch. dép. de la Somme, C, n° 1104.

882. — Bail fait à M° Claude Bavdovin de la **ferme** des nevf livres dixhuit sols pour Tonneau de vin, entrant ès Villes et Bourgs de la Generalité de Picardie, de douze deniers pour Pot de Vin qui se vend et débite en détail en ladite Generalité, des soixante sols pour chacun Muid de Vin sortant du Royaume par ladite Prouince de Picardie et de celles de Champagne et Soissons ; ensemble des cent sols pour le Poinçon de vin, jauge dudit Champagne, et autres vaisseaux à l'équipotent... — Paris, Iulian-Iacqvin, M.DC.LV ; 23 p. in-4°.

Ibid., C, n° 1147.

* **883.** — Arrest du conseil d'Estat du Roy, par lequel les marchands voiturans des **vins** sur les frontières de Picardie, Champagne et Soissonnois, sont tenus rapporter certificats des commis du fermier, que le vin par eux conduit a esté deschargé es lieux par eux déclarés et a esté usé et consommé dans le royaume, sinon contraints au payement des droits de sortie, sans que leurs déclarations que les vins sont pour les villes nouvellement conquises les puisse dispenser du payement des droits de sortie. Du 11 may 1656. — Paris, Saugrain, 1723 ; 4 p. in-4°.

Bibliog Dufour, n° 34.

884. — Extrait des Registres de la Cour des Aydes. *Arrêt, du 26 octobre 1656, donnant acte à M° Antoine Bouchemel de son consentement à ce que les* **vins** *que les ecclésiastiques feront entrer pour leur provision, ne paient aucun droit.* — S. l. n. n. ; 2 p. in-4°.

Arch. dép. de la Somme, C, n° 1147.

885. — Extrait des Registres du Conseil d'Etat. *Arrêt du 20 mars 1658, déchargeant les Carmes déchaussés des droits qui se perçoivent sur les* **vins** *dans la province de Picardie.* — S. l. n. n. ; 3 p. in-4°.

886. — Extrait des Registres dv Conseil d'Estat. *Arrêt, du 26 Mai 1660, relatif au paiement des droits* **d'aides.** — S. l. n. n. ; 3 p. in-4°.

Arch. dép. de la Somme, C, n° 1148.

* **887.** — Arrêt de la Chambre de justice, pour le remboursement des

intéressés aux **fermes** de neuf livres 18 sols de Picardie (27 octobre 1662). — S. l. n. n. ; in-4°.

Bibl. Nat¹ᵉ, Ms. Clair. 766. p. 265.

888. — Déclaration du Roi, donnée à Paris, le sixiesme décembre 1663, par laquelle Sa Majesté décharge les communautés, ecclésiastiques et séculiers des frontières de Picardie, Champagne et ceux du parlement de Metz, de la moitié des arrérages des **rentes foncières**, constituées deues et escheues depuis la déclaration de la guerre jusques et y compris l'année 1661, à la charge de payer l'autre moitié en deux termes, l'un dans trois ans, l'autre trois ans après, sans préjudice des interests courants. — S. l. n. n. ; 7 p. in-4°.

Ancⁿᵉ Bibl. de Marsy.

889. — Arrest dv Conseil d'Estat dv Roy Du 31 Mars 1665 par Lequel il est ordonné que les particuliers qui brasseront des **Bières**, dans la Generalité d'Amiens, seront tenus de payer les Droicts de Controolle et Subvention, Parisis, Douze et six Deniers d'iceux, etc. S. l. n. n. ; 4 p. in-4°.

Bibl. Nⁱᵉ, F, n° 3444.

890. — Arrest du Conseil d'Estat du Roy, Du 11 Novembre 1669, qui décharge les **vins** passans par les Bureaux de la rivière de Somme, et qui sortent du Royaume, du Droit de neuf livres dix-huit sols par tonneau. — Paris, Veuve Saugrain et Pierre Prault, 1723 ; 4 p. in-4°.

* **891.** — Arrest du conseil d'Estat du Roy, du treizième janvier 1670 portant exemption des **droits d'entrée** et de sortie pour les vins et eaues de vie qui seront conduits es droitures par les ports de la coste de Picardie dans le pays de Flandre, Artois et autres pays cédés à sa Majesté, mesme des droits de sortie pour ceux qui seront transportés desdits pays cédés en ceux de l'obéyssance du roy catholique, nobstant ce qui est porté par les tarifs du troisième février dernier ; desquels vins et eaues de vie, les commis des bureaux tiendront des registres séparés pour éviter les fraudes. — Paris, Saugrain ; 4 p. in-4°.

Bibliog. Dufour, n° 28.

* **892.** — Arrest du conseil d'Estat qui modère le **droit de sortie** sur les vins par les provinces de Champagne et Picardie, à six livres pour pièce, jauge de Laon, et à neuf livres quinze sols pour muid, jauge de Paris, et ce depuis le premier juin 1671 jusques au dernier juin 1672. Du dernier may 1671. — Paris, Léonard, 1671 ; 6 p. in-4°.

Bibliog. Dufour, n° 29.

893. — Arrest du conseil d'Estat du Roy, du troisième décembre 1672, qui réduit et modère les **droits de sortie** des vins qui seront transportés hors de son royaume par les provinces de Champagne et Picardie. — S. l. n. n. ; 3 p. in-4°.

894. — Etude sur les **timbres fiscaux** de la Généralité d'Amiens, de 1673 à 1793, par M. Ris-Paquot.

Mém. Soc. Ant. Pic , t. III, 4ᵉ Sⁱᵉ, 1899, p. 657 à 677 av. 6 pl., in-8°.

* **895.** — Mémoire pour les sieurs Luillier, Le Normand, Delpech et Brunet de Rancy *Contre les sieurs Chastelain et consorts, au sujet de la perception des* **Aides** *dans la Généralité d'Amiens*. — S. l., 1680 ; in-fol.

Bibl. Nⁱᵉ, Rec. Thoisy, 151, f° 169.

896. — Arrest contradictoire du conseil d'Etat Du treizième Fevrier 1683, Qui Ordonne que les Amendes adjugées par les Jugemens rendus à Abbeville par les Sieurs Commissaires à ce députez, seront délivrées au Fermier General des Domaines de France, en execution de l'Arrest du Conseil du septième Novembre 1682. A ce faire les Debiteurs et Condamnez contraints : Avec deffenses à Robert de Lisle, Sous-

Fermier desdits Domaines de le troubler, etc. — Paris, Prault Père, 1752; 3 p. in-4°.

Bibl. H. Macqueron.

897 — De l'Estat arresté au Conseil contenant les **droits d'ayde** qui doivent estre perceus sur les vins et autres boissons dans les Villes, Bourgs et Paroisses de la Generalité d'Amiens, a esté extrait ce qui suit : *Suit le tarif. Du 27 janvier 1687.* — S. l. n. n. ; 21 p. in-4°.

Bibl. d'Amiens, Hist., n° 3597.

898. — Sentence de Messieurs les Elus d'Amiens rendve en conformité des Ordonnances de 1680, et Tarif arreté au Conseil le 27 janvier 1687, qui ordonne que les Nobles, Officiers, Communautez, Religieux, Religieuses, Ecclésiastiques et Bourgeois, tant de la Ville, que de l'Election d'Amiens qui voudront **brasser** pour leur provision pendant le bail de Michel Belin, le viendront déclarer en les Bureaux qu'il a établis, qui seront tenus de représenter leurs Cuves, Bacqs et Chaudières, pour être épallées et marquées, d'en payer les Droits de Controle, à raison de trente sols par Muid, où lesdites bières doubles et petites seront façonnées, et en outre payeront 13 sols 6 deniers pour chacun Muid pour le droit de Subvention dans les lieux, où le quatrième a cours, à peine de 100 livres d'amende, conformément à lad. Sentence. Du 30 Septembre 1687. — S. l. n. n. ; placard in-folio.

Arch. dép. de la Somme, C, n° 1765.

899. — Mémoire pour Messieurs du Clergé d'Amiens, opposans et demandeurs. Contre le Fermier des Aydes, deffendeur. — S. l n. n., *vers 1687;* 6 p. in-4°.

Refus du clergé de payer le droit d octroi réuni au domaine.
Bibl. d'Amiens, Hist., n° 3814, t. II, n° 1.

* **900.** — Arrest du conseil d'Estat du Roy, qui ordonne qu'à commencer du premier jour de juillet prochain, il ne sera payé pour **droits d'entrée** aux entrées des provinces de Picardie et de Champagne, sur les charbons de terre venans de Flandre et du Hainault que dix sols par baril du poids de trois cents liures, au lieu de trente sols portés par l'arrest du conseil du 3 juillet 1692. — Paris, Léonard, s. d. ; 4 p. in-4°.

Bibliog. Dufour, n° 42.

901. — Arrest du Conseil d'Estat qui surceoit la défense de l'exposition des **Monnoyes Estrangeres** pendant trois mois dans les Generalitez d'Amiens, Soissons et Châlons. *Du 29 Décembre 1694.* — S. l. n. n. ; placard in-folio.

Arch. dép. de la Somme, C, n° 1175.

902. — Tarif des Droits que le Roy en son conseil veut et ordonne estre levés et perçûs par les Courtiers-Commissionnaires - **Jaugeurs de Vins**, Cidres, etc, de la Généralité d'Amiens, en exécution des Edit du mois d'Avril et Déclaration du quatre Septembre 1596. Du 16 Octobre 1696. — Paris, Veuve Saugrain et Pierre Prault, 1726 ; 3 p. in-4°.

Bibl H. Macqueron.

903. — Déclaration du Roy Concernant les Inscriptions de Faux, contre les Procès Verbaux des **Commis aux Aydes**, dans la généralité d'Amiens. Donnée à Versailles le sixième Janvier 1699. — Paris, veuve Saugrain et Pierre Prault, 1725 ; 3 p. in-4°.

904 — Arrest du Conseil d'Estat du Roy portant aliénation à Maistre Philbert Hytier, Bourgeois de Paris, des **Droits Seigneuriaux** dus aux Mutations par Echange, restans à aliéner dans la Province de Picardie et Pays d'Artois, et qui lui en permet la revente. Du 10 Aoust 1700. — Paris, Vve Saugrain et P. Prault, 1733 ; 4 p. in-4°.

Bibl. Pinsard.

905. — Arrest du Conseil d'Esta

du Roy *ordonnant un* **impôt** *de 50.000 livres en Picardie pour le paiement des voitures de grains destinés aux troupes ; du 10 juin 1701.* — S. l. n. n. ; placard in-fol.

Bibl. H. Macqueron.

906. — Arrest du Conseil d'Estat du Roy qui Ordonne que les abonnemens faits par les Marchands d'**Eaux-de-Vie** des Villes d'Amiens, Abbeville, S. Quentin et autres de la Généralité d'Amiens, avec le Fermier des Aydes, seront continuez et executez pendant le cours du prochain Bail. Du dix-huit Septembre 1703. — Paris, veuve Saugrain ; 4 p. in-4°.

Bibl. H. Macqueron.

907. — Extrait des Registres du Conseil d'Etat. *Arrêté, du 27 Mai 1704, qui prononce la suppression des offices d'***essayeurs d'eau de vie** *dans la généralité d'Amiens.* — S. l. n. n. ; 3 p. in-fol.

Arch. dép. de la Somme, C, n° 1172.

908. — Extrait des Registres du Conseil d'Etat. *Arrêt, du 5 Mai 1705, exemptant du droit d'***Aides** *l'adjudicataire de la fourniture des Etapes de la Généralité d'Amiens.* — S. l. n. n. ; 2 p. in-4°.

Bibl. H. Macqueron.

909. — Arrest du Conseil d'Estat du Roy, contre les Cavaliers et Soldats estant en Garnison au-dedans du Roiaume *(Amiens, Abbeville, Rue)*, qui font entrer des **Boissons** dans les Villes et qui en vendent en détail. Du trentième Avril 1707. — Paris, Vve Saugrain et Pierre Prault, 1783 ; 8 p. in-4°.

Bibl. Pinsard

910. — Extrait des Registres du Conseil d'Etat. *Arrêt, du 17 décembre 1709, qui accepte l'offre faite par les gentilshommes et seigneurs de la Généralité d'Amiens de payer 60.000 livres pour le rachat des* **offices de gruyers,** *procureurs du Roi et greffiers créés par édit de mars 1707.* — S. l. n. n. ; 3 p. in-4°.

Arch. dép. de la Somme, C, n° 1172.

* **911.** — A Monseigneur monseigneur de Bernage... intendant de justice, police et finances en Picardie et Artois. *Requête de Jean-Jacques de La Vaux et de Vincent de la Rue, chargés du recouvrement* **des droits sur les vins** *dans la généralité d'Amiens, relative à l'exécution des ordonnances et arrêts qui régissent la perception de ces droits. Signé : de la Haye, 22 juillet 1713.* — S. l. n. n. ; in-4°.

Bibl. Nat^{le}, 4° Fm, n° 18027.

912. — Arrest du Conseil d'Estat du Roy Qui assujettit les Religieux et Religieuses de l'Ordre de Saint François et Sainte Claire de la Province de Picardie, qui ne sont pas compris dans les Estats de Sa Majesté, à payer les **Droits d'Aides** et ceux d'Inspecteurs des Boissons. Du dixième Avril 1717. — Paris, veuve Saugrain et Pierre Prault, 1725 ; 4 p. in-4°.

Bibl. H. Macqueron.

Autre édition : Paris, P. Prault, 1743 ; 4 p. in-4°.

913. — Fermes générales. Régie de Charles Cordier. Ordre et Instruction pour la **Régie du Grand Droit** de Picardie et des Droits de Rivière. *Du 8 Mai 1718.* — Paris, Georges Jouvenel, 1721 ; 23 p. in-4°.

Arch. dép. de la Somme, C, n° 1148.

* **914.** — Arrest du Conseil d'Estat du Roy, portant règlement pour la perception des **droits sur les fers** étrangers, entrant directement dans la province de Picardie, et autres des cinq grosses fermes, et de ceux qui entreront par la Flandre et le Hainaut. — Paris, Saugrain, 1718 ; 6 p. in-4°.

Bibliog. Dufour, n° 43.

915. — Arrest de la Cour des Aydes qui confirme des Sentences des Élections de Doulens et de Péronne, qui condamnent les Sieurs Marquis de Lameth et Marquis des Tournelles, à payer les **Droits de Contrôle des Bierres** qu'ils brassent pour leur provision et celles de leurs Familles et Domestiques, et les condamnent chacun en une amende de 12 liv. et aux dépens envers le Fermier, et qui deboute les Nobles et Ecclesiastiques de la Province de Picardie de leurs Requestes d'intervention et des demandes par eux formées à ce que deffenses fussent faites au Fermier de percevoir le Droit de Contrôlle et autres Droits sur la Bierre qu'ils brassent pour leur provision et de leurs Familles et Domestiques, et à ce que le Fermier fut condamné de leur rendre les Droits par luy perçus et les condamnent aux dépens envers le Fermier. Du 22 May 1719. — Paris, veuve Saugrain, 1719 ; 11 p. in-4°.

Bibl. H. Macqueron.
Cet arret est rapporté au Journal des Audiences du Parlement par Michel Duchemin, 1754, t. VIII, p. 244 à 247 ; in-fol.

916. — Arrest de la Cour des Aydes. Qui permet à Armand Pillavoine Fermier General des Aydes et Gabelles de France, de faire assigner en la Cour les Communautez Religieuses, Seculières et Regulières de la Province de Picardie, pour affirmer la quantité des **Bierres** par elles brassées et façonnées depuis le premier Octobre dernier et estre condamnées à en payer les Droits de Controlle et de la Subvention où elle a cours, leur fait deffenses de brasser et façonner à l'avenir des Bierres dans leurs Maisons, Enclos et Convents sans déclaration à peine de confiscation et de cent livres d'amende ; Ordonne que leurs Communautez seront tenuës de souffrir les Exercices des Commis, si mieux n'aiment celles des Filles Religieuses mettre dans trois mois leurs Brasseries, Chaudières, Pressoirs et Atteliers hors de leurs Enclos. Du 23 Février 1720. — Paris, Veuve Saugraint et Pierre Prault ; 4 p. in-4°.

Bibl. H. Macqueron.

917. — De par le Roy. Arrest du Conseil d'Estat du Roy portant qu'il sera Imposé sur la Généralité d'Amiens la somme de cent cinquante-un mille huit cens soixante-neuf livres pendant l'année 1721. au marc la livre de la Taille de ladite année pour subvenir à la dépense des Troupes et pour tenir lieu des Impositions pour le quartier d'hyver et le logement desdites Troupes. Du 22 janvier 1721. — S. l. n. n. ; placard in-folio.

Arch. dép. de la Somme, C, n° 1108.

918. — Ordre et Instruction pour la **Régie du grand Droit** de Picardie et des Droits de Rivière. Du 28 avril 1721. — Paris, Saugrain et P. Prault, 1721 ; 11 p. in-4°.

Bibl. H. Macqueron.

919. — Arrest du Conseil d'Estat du Roy portant qu'il sera **imposé** sur la Generalité d'Amiens la somme de cent-trente-trois mille trois cens soixante-huit livres un sol deniers pendant l'année 1722 au marc la livre de la Taille de ladite année, pour subvenir à la dépense des Troupes et pour tenir lieu des Impositions pour le quartier d'hyver et le logement desdites Troupes. Du trente Septembre 1721. — S. l. n. n. ; placard in-folio.

Arch. dép. de la Somme, C, n° 1108.
Il existe un autre arrêt absolument semblable pour l'année 1725 rendu le 17 juin 1725.

920. — Arrest du Conseil d'Etat du Roy, qui enjoint aux **Brasseurs** *de la généralité d'Amiens*, de laisser les Congez des Bierres et autres Boissons, à ceux auxquels la vente en aura été faite et ce à l'instant de la livraison : Enjoint parcillement aux Vendeurs de Bierres en détail, de représenter lesdits Congez sur le champ à la première réquisition des Commis. à peine de Cent livres d'amende, le tout nonobstant les déclarations qui pourroient se trouver sur les Registres du Fermier ausquels Sa Majesté défend d'avoir aucun égard. Du

7 Novembre 1721. — Paris, veuve Saugrain et Pierre Prault, 1725; 7 p. in-4°.

Bibl. Pinsard.

921. — Arrest du Conseil d'Estat du Roy, qui declare les **Droits d'anciens et nouveaux** 5 sols et ceux de 9 livres 18 sols par tonneau, qui se levent à l'Entrée; Ensemble le Droit de sol pour pot sur la Vente en détail dans les Villes de la Généralité d'Amiens, faire partie de la Ferme des Aydes; et décharge sans tirer à conséquence les Vins qui seront transportés à l'Etranger dans de petits Vaisseaux appelez ancres et demy-ancres desdits Droits dûs en détail à condition de satisfaire aux formalitez prescrites par l'Ordonnance. Du quinze Septembre 1722. — Paris, veuve Saugrain et Pierre Prault, 1725; 15 p. in-4°.

Bibl. H. Macqueron.

922. — Arrests de la Cour des Aydes qui condamnent les Religieuses du tiers Ordre de Saint François de Montreüil sur Mer..... Celles de l'Hôtel-Dieu de Saint Vallery sur Somme, Les Dames Abbesse et Religieuses de l'Abbaye Royale de Bettancourt. Et les Religieux Chartreux d'Abbeville, à payer tant pour le passé que pour l'avenir les **Droits de Contrôle** et autres y joints, des Bierres Brassées ou à brasser dans leurs Maisons pour leur consommation ou autrement, etc. Des 5 May et 21 Juillet 1723. — Paris, veuve Saugrain et Pierre Prault, 1725; 12 p. in-4°.

Bibl. H. Macqueron.

923. — Arrest du Conseil d'Estat du Roy, portant Reglement pour empescher le **faux-saunage** qui se fait dans le Département d'Amiens, par les Habitans de la Ville de Saint-Pol en Artois. Du 5 Aout (*21 juin*) 1723. — S. l. n. n.; placard in-folio.

Arch. dép. de la Somme, C, n° 1573

924. — Ordonnance de Monsieur l'Intendant de la Generalité de Picardie et Artois, qui fait défenses à toutes les Communautez de Religieux et Religieuses de la Province de Picardie, de **Brasser**, ni faire faire aucunes Boissons dans leurs Enclos ou Convens, sans en avoir fait declarations aux plus prochains Bureaux établis par Martin Girard, avant de faire mettre le feu sous leurs Chaudières, et y appeller les Commis lors de l'entonnement d'icelles, à peine de confiscation et de trois cens livres d'amende si mieux n'aiment lesdites Communautez, mettre leurs Brasseries hors de leurs Enclos. Ordonne en outre ausdites Communautez, de fournir leurs déclarations audit Martin Girard ou à ses Commis, de la quantité des Bières par elle façonnées depuis le premier Avril 1722, et d'en payer les Droits d'Inspecteurs aux Boissons, etc. Du 2 Octobre 1723. — Paris, Veuve Saugrain et Pierre Prault, 1723; 4 p. in-4°.

Autre édition: Paris, Claude Girard, s. d.; 4 p. in-4°.

925. — Arrest du Conseil d'Estat du Roy, du 15 Février 1724, qui ordonne que l'Ordonnance des Aydes de 1680, Déclaration, Arrest et autres Réglemens rendus sur icelle, seront exécutés selon leur forme et teneur, et en conséquence, que les Habitans des Vilages Hameaux et Maisons de Vron, Nempont, Berck, Verton, Merlimont, Grofflier, St-Aubin, Brimeux, l'Espinoy, aucunes maisons de Waban, Vailly, la Gense de Beaucamps, Argoult, Dominois, Petit Chemin, Dompierre, Raye, Rapechy, Labroye, Villancourt, Neux, Vaux, Fortel, les deux Ligny, Haravenne, Conchy, le Temple, Noyelle, Maurepas, le Quesnoy, Fondeval, les Religieux des Abbayes de Verton et Dompmartin, leurs dépendances et autres lieux, seront tenus de faire leurs déclarations à l'arrivée aux Bureaux des Aydes, établis ou à établir par Charles Cordier, chargé de la Régie des **Fermes Generales** de tous les

Vins, Eaux-de-Vie et autres Boissons qu'ils feront venir, ainsi que des Bierres qu'ils façonneront ou feront façonner, ensemble de prendre les Congés nécessaires. Ordonne ausdits Habitans de nommer l'un d'entr'eux des plus entendus et solvables pour recevoir les déclarations et délivrer les Congés et autres expéditions nécessaires. Leur enjoint de souffrir les Visites, marques et exercices des Commis qui vaudront soûmissions, pour y être les Droits payés, s'il est ainsi jugé en fin de cause, avec deffenses ausdits Habitans et à tous autres, d'insulter, injurier ou maltraiter lesdits Commis et Buralistes à peine de punition exemplaire. — Paris, Veuve Saugrain et Pierre Prault, MDCCXXIV ; 11 p. in-4°.

Bibl. H. Macqueron.

926. — Lettres patentes sur arrest portant Règlement pour assurer les Droits d'Aydes sur les **Eaux-de-vie** qui entrent dans la Généralité d'Amiens. Données à Versailles le 30 May 1724. — Amiens, veuve Caron-Hubault ; 7 p. in-4°.

Bibl. H. Macqueron.

927. — Arrest du Conseil d'Estat du Roy, portant qu'il sera Imposé sur la Generalité d'Amiens la somme de dix-neuf mille huit cens cinquante trois livres pendant l'année 1724 au marc la livre de la Taille de ladite année, pour la dépense de la première année des **Pepinnieres Royales,** qui doivent être établies dans ladite Generalité, et celle de quatorze cens quatre-vingt-quatre livres chacune des années suivantes, pour l'entretien desdites Pepinnieres Royales. Du 30 Novembre 1724. — S. l. n. n. ; 2 p. in-folio.

Bibl. d'Amiens, Hist., n° 3594.

928. — Edit du Roy Portant Reglement pour l'arrondissement des **greniers à sel** de la Direction d'Amiens. Suppression des greniers de Ruë et Forest-Moûtier, et des Officiers créés dans lesdits greniers. Et établissement de nouveaux greniers dans la ville d'Albert et les Bourgs de Nampont-Saint-Martin et Breteuil, et creation d'Officiers pour connoître des contraventions aux Ordonnances et Reglemens pour les Gabelles, *avec la nomenclature des communes et l'indication du grenier à sel dont elles dépendent.* Donné à Marly au mois de Mars 1725. Registré en la Cour des Aydes. — Paris, veuve et M. G. Jouvenel, 1725 ; 24 p. in-4°.

Bibl. d'Amiens, Hist., n° 3597.

929. — Arrest du Conseil d'Estat du Roy, en interprétation de l'Edit d'Arrondissement des **Greniers** de la Direction d'Amiens, du mois de Mars 1725. Du 8 Avril 1727. — S. l. n. n. ; 3 p. in-4°.

Bibl. d'Abbeville.

930. — Arrest du Conseil d'Estat du Roy. Du 8 Avril 1727. et Lettres Patentes sur iceluy. Données à Versailles le 26 Avril 1727. Registrées en la Cour des Aydes le 30 May 1727. Qui ordonnent qu'à commencer du premier Octobre dernier pour le service des **Gabelles** de vente volontaire, et au premier Janvier de la présente année pour celuy du Sel d'Impost, les Paroisses y dénommées ressortiront aux Greniers à Sel du Département d'Amiens, y désignez. — Paris, Impr. Royale, 1727 ; 4 p. in-4°.

931. — Arrest du Conseil d'Estat du Roy, portant qu'il sera Imposé sur la Généralité d'Amiens au marc la Livre de la **Taille** de l'année mil sept cens trente-un, la somme de deux cens mille cent cinquante-neuf livres quinze sols onze deniers, pour subvenir tant à la dépense des Troupes pendant le Quartier d'hyver de 1730 à 1731, et au logement desdites Troupes, que pour la solde des Soldats de Milice, les frais d'assemblée et l'entretien des Cadets, qu'autres dépenses pour raison de ce pendant ladite année 1731. Du 5 Septembre 1730. — S. l. n. n.; 3 p. in-folio.

Arch. dép. de la Somme, C, n° 1108.

932. — Arrest de la Cour des Aydes qui reçoit le Fermier appellant d'une Sentence de l'Election d'Amiens du 23 Decembre 1734, par laquelle il est fait défenses aux **Commis** de faire aucune visite chez les Notables Bourgeois ni de faire ouvrir les portes sans avoir obtenu la permission des Juges de ladite Election : et défend de mettre ladite Sentence à exécution. Du premier Fevrier 1735.

Chavandon de St-Marc, Recueil..., p. 478 à 480; in-8°.

933. — Arrest du Conseil d'Estat du Roy, qui ordonne que toutes Personnes, sans distinction, qui **brasseront** ou feront brasser des Cidres et Poirés, dans les Villes, Bourgs et Lieux de la Generalité d'Amiens, où la Subvention et les Droits d'Inspecteurs ont cours, seront tenus, avant le brassage, d'en faire déclaration au Bureau du Fermier, de laquelle il leur sera délivré un Acte sans autres frais que ceux du Papier timbré, et seront tenus de souffrir, dans les Pressoirs, les Visites et Exercices, Marques et Démarques des Commis, pour ensuite être les Droits payés; à peine en cas de contravention, de confiscation des Cidres et Poirés, et de cent livres d'amende. Du vingt-six Avril mil sept cent trente cinq. — Paris, Pierre Prault, 1735; 7 p. in-4°.

Bibl H. Macqueron.

934. — Arrest du Conseil d'Estat du Roy, Portant que les Officiers du Grenier à sel de Peronne seront tenus, à la première requisition du Fermier, ses Commis et Préposez, de procéder au mesurage et submergement des **faux-sels**, et d'en dresser leurs procez-verbaux, sans que, pour raison de ce, ils puissent exiger aucuns droits : Annulle la procedure faite par lesdits Officiers, et un Arrest de la Cour des Aydes, rendu sur icelle, à l'occasion du refus par eux fait de procéder au mesurage et submergement de faux sel : Les rend garans envers le Fermier, tant des frais de ladite procedure, que des dechets qui pourront se trouver sur le sol dudit Grenier, encore que les clefs en ayent esté remises entre les mains de deux Notaires pendant le cours de la procedure. Du 19 Mars 1737. — Paris, Imprimerie Royale, 1737; 7 p. in-4°.

935. — Généralités d'Amiens et de Soissons. **Aydes** et Formules desdites Généralités. Publication. *Texte des annonces d'adjudication des Sous-Fermes et Baux des Aydes dans lesd. Généralités.* — Paris, P. Prault, 1738; 7 p. in-4°.

936. — Arrest du Conseil d'Estat du Roy, Qui casse et annulle une Sentence renduë par les Officiers de l'Election de Peronne, le 29 May 1738, par laquelle ils avaient condamné un Controlleur, un sous-Controlleur et quatre Commis-Ambulans des **Aydes** de la Generalité d'Amiens, en chacun soixante livres d'amende envers le Roy, pour n'avoir pas suivi les Ordonnances; renvoye Sa Majesté lesdits Commis dans les fonctions de leurs emplois, Ordonne que lesdites amendes, ensemble les Epices, seront renduës. Du premier Juillet 1738. — Paris, Pierre Prault, 1738; 12 p. in-4°.

937. — Arrest dv Conseil d'Estat dv Roy, portant que les bavx et Arrests du Conseil des 6 Mars et 12 May 1638, faits et donnez au profit de Maistre Anthoine de la Fosse, *fermier* des **droits sur les vins** *entrant dans les villes et bourgs de la généralité de Picardie,* seront executez : Et que sans auoir esgard aux Arrests de la Cour des Aydes, Ordonnances des Intendans de la Iustice ès armées de Picardie, Sentences des Esleus, et autres Iugemens interuenus et qui pourront interuenir contre ledit Fermier et ses Commis, les Soubs-Fermiers et debiteurs des droicts de ladite Ferme seront contraincts au payement de ce qu'ils doiuent : Et que tous les contreuenans seront assignez au Conseil. — S. l. n. n., *21 juillet 1738*; 3 p. in-folio.

938. — Arrest du Conseil d'Estat du Roy, Qui commet le sieur Intendant et Commissaire départi en la Generalité d'Amiens, pour faire droit sur la requeste du Fermier, aux fins de conversion de l'amende prononcée contre plusieurs **Faux-tabatiers**, en la peine des galeres : Avec le jugement rendu le 13 Decembre 1738, par ledit sieur Intendant, qui prononce ladite conversion. Du 16 Sepembre (*sic*) 1738. — Paris, Imprimerie Royale, 1739 ; 7 p. in-4°.

939. — Ordonnance de Monsieur l'Intendant d'Amiens Qui fait défenses de percevoir aucuns Droits sans en donner Quittance, lesquelles seront en **Papier Timbré**, lorsque les sommes seront de cinq sols et au dessus, et en Papier non Timbré, quand les sommes seront au dessous de cinq sols. Du dix-sept Septembre 1738. — Paris, P. Prault, 1738 ; 4 p. in-4°.

940. — De par le Roy. *Ordonnance de l'Intendant Chauvelin, relative au nombre des* **huissiers et recors** *qui seront employés au recouvrement des impôts dans la Généralité d'Amiens. Du 1 Mars 1740.* — S. l. n. n. ; placard in-folio.

Bibl. H. Macqueron.

941. — Arrest du Conseil d'Estat du Roy, qui renvoye pardevant Messieurs les Intendans des Finances, le Procès qui est à juger entre les Paroisses prétenduës Enclaves d'Artois, les Etats d'Artois, l'Adjudicataire des Fermes-Unies de France, et le Sous-Fermier des Aydes de la Généralité d'Amiens. Du 10 May 1740. — Paris, Pierre Prault, 1740 ; 3 p. in-4°.

942. — Arrest du Conseil d'Estat du Roy. Du 13 Septembre 1740, et Lettres Patentes sur icelui. Données à Fontainebleau le 7 Octobre 1740. Registrées en la Cour des Aydes de Paris le 21 desdits mois et an. Qui contiennent differentes dispositions au sujet des Declarations, Soumissions et Cautionnemens, pour assurer le payement des **Droits de Subvention** sur les Vins et autres Boissons destinés pour la Généralité d'Amiens, ou pour y passer debout. Et l'Etablissement des differens Bureaux à l'entrée de ladite Généralité pour y recevoir lesdites Declarations, Soumissions, Cautionnemens, et le payement desdits Droits, dans les cas mentionnés ausdits Arrest et Lettres Patentes. — Paris, Pierre Prault, 1740 ; 12 p. in-4°.

943. — Arrest du Conseil d'Estat du Roy, qui, sur la Requête de Charles Barbier Fermier des Aydes de la Généralité d'Amiens, tendante à faire casser l'Arrêt de la Cour des Aydes de Paris, du 17 Août 1740, par lequel plusieurs particuliers **non Brasseurs** ordinaires étoient autorisés à brasser des Bierres pour autrui, et à prêter leurs Chaudières sans payement des Droits de gros et autres y joints, Ordonne avant faire droit que M' le Procureur Général de ladite Cour des Aydes enverra au Conseil les motifs dudit Arrêt. Du 11 Octobre 1748. — Paris, Prault; 7 p. in-4°.

944. — Arrest de la Cour de Parlement qui permet la fabrique et l'usage de toutes sortes de **Bierres** dans toute l'etendue de la Province d'Artois, de même que dans les villes de Calais et de saint Vallery-sur-Somme, pour être chargées sur les Vaisseaux seulement ; et qui permet la fabrique et l'usage de la petite Bierre dans les Villes d'Amiens, d'Abbeville, d'Ardres, de Boulogne, de Calais, de Montreuil-sur-Mer, de Saint Vallery-sur-Somme, de Peronne, de S. Quentin, de Rocroy, de Charleville et de Mézières. L'Arrêt du 12 Septembre 1740 au surplus exécuté.

Du 17 Janvier 1741. — Paris, Pierre Simon, 1741 ; 3 p. in-4°.

Arch. dép. de la Somme, B, n° 326.

945. — Memoire de ce qui doit estre observé par les **Buralistes des Aydes** de la Generalité d'Amiens, Pour l'execution des Arrests et Lettres Patentes des 13 Septembre et 7 Octobre 1740, avec L'Etat alphabétique des Villes, Bourgs et Paroisses sujets aux Droits d'Entrées, situés dans l'étenduë de ladite Généralité. Juin 1741. — Paris, Pierre Prault, 1741 ; 16 p. in-4°.

946. — Arrest du Conseil d'Estat du Roy Qui fait défenses à tous Particuliers autres que les Brasseurs ordinaires, de brasser des **Bierres pour autrui**, ni de prêter leurs Brasseries et Chaudières sous quelque prétexte que ce soit, à peine de confiscation, et de quinze cens livres d'amende applicable au profit des Hôpitaux, laquelle amende sera solidaire entre ceux qui prêteront leurs Chaudières, et ceux qui en feront usage. Du 22 Août 1741. — Paris, P. Prault, 1741 ; 4 p. in-4°.

947. — Déclaration du Roy en interprétation de l'Ordonnance du mois de Juillet 1681, concernant les **droits d'Abord** et de Consommation ; Ordonne que le Poisson de Mer, frais, sec et salé, entrant par terre dans la Province de Picardie, pour y être consommé ou transporté ailleurs, sera sujet auxdits droits, à l'exception de celui qui sera déclaré pour la Ville de Paris. Donnée à Versailles le 5° May 1742. — *Paris*, veuve Delatour, 1743 ; 4 p. in-4°.

Autre édition *Paris*, Lamesle, 1746 ; 3 p. in-4°.

948. — Arrest du Conseil d'Etat du Roy et Lettres Patentes sur icelui, registrées en la Cour des Aides, Portant règlement pour l'imposition, levée, **perception et régie** des différens droits des fermes dans les paroisses, villages, hameaux, fermes et censes réunis à la province de Picardie par arrêt et lettres patentes du 13 avril 1743. Du 24 juin 1743. — Paris, Imprimerie Royale, 1743 ; 11 p. in-4°.

Bibl. d'Amiens, Hist., n° 3597.

949. — Arrest du Grand-Conseil qui maintient et garde les Officiers du **Bureau des Finances** d'Amiens, dans l'exemption des fonctions de Marguilliers comptables. Du 16 Septembre 1743. — Amiens, veuve Godard, 1743 ; 16 p. in-4°.

Anc^{ne} Bibl. de Marsy.

950. — Arrest du Conseil d'Etat du Roy, qui déboute les Seigneurs, Habitans et Communautés des villages, hameaux et censes d'Argoules, Petit-Chemin, Dominois, Beaucamps, Wailly, Berck, Groffliers, Waban, Verton, Saint-Aubin, Merlimont, Conchil le Temple, Noyelle, Tigny, Nempont, Vron et Baillon de leurs demandes : Et ordonne l'exécution des arrêts du Conseil et lettres-patentes des 13 avril et 24 juin 1743 par lesquels ils ont été assujettis aux droits établis dans la province de Picardie, à laquelle ils ont été réunis. Du 4 Février 1744. — Paris, Imprimerie Royale, MDCCXLIV ; 4 p. in-4°.

Bibl. H. Macqueron.

951. — Généralités d'Amiens et de Soissons. Bail de Philipes Serant. Commerce **d'Eau-de-Vie**. Instruction et Ordres generaux Qui seront exécutés par Messieurs les Directeurs, Receveurs, Gardes-Magasins et Distributeurs des Eaux-de-Vie, pendant le Bail de Philippes Serant, commencé le premier Octobre 1744. Du huit Octobre 1744. — Paris, Pierre Prault, 1744 ; 16 p. in-4°.

952. — Réplique des Marchands en gros, et gros Détailleurs de toutes les Villes et Généralités d'Amiens à la Réponse faite à leur Requête par Philippe Serrant, **Fermier des Aydes** des Généralités d'Amiens et de Soissons.

Signé : Mimerel. — *Paris*, Robustel, 1744 ; 10 p. in-folio.

<small>Bibl. H. Macqueron.</small>

953. — Arrest du Conseil d'Estat du Roy, qui liquide les arrérages des Rentes qui seront payées annuellement et à perpétuité au Fermier du Domaine, pour tenir lieu des **Droits d'Indemnité** dûs à Sa Majesté, à cause des nouvelles propriétés pour les acquisitions faites par les filles Hospitalières de Sainte Geneviève de la Providence de la Ville d'Amiens, les Religieuses Bénédictines de la Ville de Calais, les Administrateurs des Pauvres de la Paroisse Saint Remy d'Amiens, les Chanoines Réguliers de Saint Jean de ladite Ville, Ordre de Prémontré, et par les Administrateurs des biens des Pauvres de la paroisse d'Oye et condamne tous lesdits Gens de Main-morte, chacun pour ce qui les concerne, aux Amendes de 100 l. par eux encourues, faute d'avoir représenté aux Receveurs Généraux des Domaines en exercice, chacun dans leur département, les titres de propriété des biens par eux acquis, lesquels sont situés dans l'étendue des Mouvances, Censives et Hautes-Justices de Sa Majesté conformément et en exécution de la Déclaration du 21 Novembre 1724 et Lettres Patentes du 20 Novembre 1742. Du 21 Décembre 1745. — Paris, Prault, 1746 ; 8 p. in-4°.

<small>Bibl. H. Macqueron.</small>

954. — Arrest du Conseil d'Etat du Roy, Qui casse une Sentence de l'Election d'Abbeville du 29 octobre 1744, pour avoir renvoyé absous le nommé Jean-François Dimpre, dit Saint-Pierre, Soldat au régiment Royal-Comtois, arrêté avec quatorze onces de **faux tabac**... ils ont prétendu qu'un Soldat pouvait avoir une ou deux livres de faux tabac pour sa provision, sans encourir les peines portées par les règlemens contre ceux qui vendent du tabac de fraude... Du 28 Décembre 1745. — Paris, Imprimerie Royale, 1746 ; 3 p. in-4°.

955. — Arrest du Conseil d'Estat du Roy, Qui ordonne l'exécution de la Declaration du 21 Novembre 1724, et Lettres Patentes du 20 Novembre 1742 et en conséquence fixe ce qui doit être payé annuellement et à perpétuité par différentes Communautés et gens de main-morte de la Ville et Généralité d'Amiens, pour tenir lieu du **Droit d'Indemnité** dû au Roy à cause des nouvelles propriétés pour acquisitions par eux faites dans les Mouvances, Censives et autres Justices de sa Majesté et les condamne en l'amende de 100 livres chacun pour avoir négligé d'exécuter les Règlements cy-dessus. Du 29 Mars 1746. — Paris, P. Prault, 1746 ; 4 p. in-4°.

<small>Bibl. H. Macqueron.</small>

956. — Arrest contradictoire de la Cour des Aides, qui confirme avec amende et dépens, une sentence de la juridiction des **Traites d'Abbeville** du 23 juillet 1745, qui a prononcé la confiscation d'un Cheval saisi sur le nommé Guillain Mallet Laboureur demeurant en Artois, et qu'il avait fait entrer en Picardie sans déclaration ni payement des droits. Du 15 juillet 1746. — Paris, Imprimerie Royale, 1746 ; 3 p. in-4°.

957. — Arrest du Conseil d'Estat du Roy, portant réunion aux Villes et autres lieux de la Généralité d'Amiens, des **Offices municipaux** qui n'y ont pas été levés ; et aliénation à cet effet des Droits réservés aux Hôpitaux, avec les augmentations desdits Droits, suivant le Tarif énoncé au présent Arrest. Du 21 Novembre 1747. — Paris, Prault, 1747 ; 7 p. in-4°.

<small>Arch. dép. de la Somme, C, n° 498.
Il en existe une autre édition en placard in-folio sans lieu ni nom.</small>

958. — Ordonnance de Monsieur l'Intendant de la Généralité d'Amiens,

Portant que tous l'articuliers des Villes et Bourgs de ladite Généralité, dénommés en l'Arrest du Conseil du 21 Novembre 1747, qui achèteront des **Cochons-de-Lait** pour les élever, seront tenus d'en faire déclaration à l'instant de l'acquisition, au Bureau de François Olivier, Adjudicataire des Droits énoncés au susdit Arrest du 21 Novembre 1747, à peine de confiscation et de cent livres d'amende. Du 22 Mai 1748. — — *Paris*, P. Prault, 1752; 4 p. in-4°.

* **959** — Mémoire et moyens pour les **sous-fermiers des domaines** de Picardie, Calais et Ardres, contre M° Jean Fauconnet, fermier général des aides, gabelles et domaines de France. — S. l. n. n. n. d.; in-4°.

Bibl Nat^{le}, Thoisy, 388, f° 423.

960. — **Aydes.** Etat General des Paroisses, Hameaux et Ecarts qui composent les Généralités d'Amiens et Soissons, distribuées par Directions et Départemens dans l'ordre alphabétique. — Paris, Pierre Prault, 1752; 19 p. in-4°.

Bibl. de M. X. de Bonnault, à Compiègne.

961. — Arrest du Conseil d'Estat du Roy, du 21 Décembre 1756, rendu contradictoirement entre les Officiers du Bureau des Finances, et les Receveurs des Domaines des Généralités d'Amiens et Soissons, qui juge que les **Droits de Relief** dûs à Sa Majesté, doivent être payés entre les mains des Receveurs généraux des Domaines, pour raison des Terres et Seigneuries situées dans les Provinces et Généralités où ils sont établis, quoique lesdites Terres et Seigneuries soient mouvantes de Sa Majesté, à cause de ses Domaines situés dans d'autres Provinces et Généralités. — S. l. n. n.; in-4°.

Bibl. H. Macqueron.

962. — Edit du Roi qui ordonne que pendant six années consécutives, à commencer du premier janvier prochain, il sera payé au Roi un **Don gratuit** par toutes les Villes et Fauxbourgs, et les Bourgs du Royaume. Donné à Versailles au mois d'Août 1758. — Amiens, Veuve Godart; 20 p. in-4°.

Bibl. H. Macqueron.
A la suite se trouve le Tarif des sommes dues par les Villes et Bourgs de la Généralité d'Amiens.

963. — De par le Roi. Du **tarif des droits** que le Roi, étant en son Conseil, a ordonné et ordonne ètre levés et perçus pendant le temps de six années consécutives, à compter du premier Février 1759, en exécution de l'Edit de Sa Majesté du mois d'Août précédent et de la Déclaration de cejourd'hui dans les Villes, Fauxbourgs, Banlieue, Bourgs et dépendances ci-après détaillés, a été extrait ce qui suit: Généralité d'Amiens. — Amiens, veuve Godart; 6 p. in-4°.

964. — Ordre aux changeurs dans les Villes ou Bourgs de la Généralité d'Amiens, *relatif à la* **vaisselle d'argent.** *Du 21 Novembre 1759.* — S. l. n. n.; 3 p. in-4°.

Bibl. d'Amiens. Hist., n° 3397.

965. — De par le Roi. *Ordonnance, du 16 Décembre 1759, de l'intendant Maynon d'Invau, qui supprime le droit de* **sol par livre** *perçu sur les marchandises arrivant au port de St Valery.* — S. l. n. n.; placard in-folio.

Arch. dép. de la Somme, C. n° 1371.

966. — Arrêt du Conseil d'Etat du Roi qui proroge pour douze années, à commencer au premier Juillet 1770, et finir à pareil jour de l'année 1782, les **deux Octrois** de dix Sols par Velte d'Eau-de-vie, faisant ensemble Vingt sols qui se perçoivent en Picardie. Du 18 Mai 1770. — Amiens, veuve Godart; 6 p. in-4°.

Arch. dép. de la Somme, C, n° 614.
Il existe une autre édition en placard in-folio.

967. — Arrest du Conseil d'Estat du Roi, contenant Règlement sur les **Péages et Bacs** dans l'étendue de la

Généralité d'Amiens. Du 10 Mars 1771. *A la suite* : Etats des Péages de cette Généralité, qui ont été confirmés, de ceux qui sont supprimés, ou réunis au Domaine du Roi, et de ceux qui restent à vérifier sur titres représentés. — Paris, Imprimerie Royale, 1771 ; 12 p. in-4°.

<small>Arch dép. de la Somme, C, n° 1212.
Il existe deux autres éditions imprimées à Amiens chez la veuve Godart, l une en 12 p. in-4°, l'autre en placard in-folio.</small>

968. — Arrest contradictoire du Conseil d'Etat du Roi, du 10 Septembre 1701, qui déboute les Habitans des Villages de Blergies, Bouvresse, Boutavant, Eslencourt, Frettemolle, Bertrancourt, Hescamps, Saint-Clair, Lignières-Châtelain, Marlay, Meriaumont, Moliens, Abancourt, Bernapré, Caroy, Saint-Thibaut, Halleuc et Souplicourt, province de Picardie, de leur demande : Ordonne qu'ils seront tenus de souffrir les inventaires et marques de leurs boissons et de payer les **droits de Gros** et autres y joints sur les cidres et poirés, compris dans les inventaires et trouvés manquans aux récolements, aux déductions accordées par l'Ordonnance des Aides et autres règlemens postérieurs, et notamment par les Lettres patentes du 10 mai 1745 ; et condamne ces Habitans au coût de l'arrêt. — Paris, Imprimerie Royale, 1771 ; 7 p. in-4°.

<small>Bibl. H. Macqueron.</small>

969. — Arrest du Conseil d'Etat du Roi, et Lettres Patentes sur icelui, Registrées en Parlement le 24 Février 1772. Qui contiennent différentes dispositions au sujet des déclarations, soumissions et cautionnemens pour assurer le payement des **droits de Subvention**, Inspecteurs aux boissons, anciens et nouveaux Cinq sous ; et Neuf livres dix-huit sous par tonneau sur les Vins et autres Boissons destinés pour la généralité d'Amiens ou pour y passer debout. Et ordonnent l'établissement de différens Bureaux à l'entrée de ladite Généralité, pour y recevoir lesdites déclarations, soumissions, cautionnemens et le payement desdits Droits dans les cas mentionnés auxdits Arrêt et Lettres patentes. Du 3 Décembre 1771. — Paris, Imprimerie Royale, 1772 ; 12 p. in-4°.

970. — Arrest du Conseil d'Etat du Roi, et Lettres patentes sur icelui qui contiennent différentes dispositions au sujet des déclarations, soumissions et cautionnemens pour assurer le payement des **droits de Subvention**, Inspecteurs aux Boissons, anciens et nouveaux Cinq sous ; et Neuf livres dix-huit sous par tonneau sur les Vins et autres boissons destinés pour la généralité d'Amiens ou pour y passer debout. Du 3 Décembre 1771. — Paris, Imprimerie Royale, 1772 ; 12 p. in-4°.

971. — Arrest du Conseil d'Etat du Roi, qui exempte des Sous pour livre de nouvelle perception, ordonnés par l'Edit de Novembre 1771, le **droit de Quatrième** à la vente en détail des Boissons, ainsi que les Droits de Cinquante-quatre livres et de Vingt-sept livres, ou octroi de Picardie sur les Eaux-de-vie entrant dans la Généralité d'Amiens. Du 29 Décembre 1771. — Paris, P. G. Simon, 1772 ; 3 p. in-4°.

<small>Autre édition : Imprimerie Royale, 1772, 3 p. in-4°.</small>

972. — Lettres Patentes du Roi qui ordonnent que les Habitans des Paroisses de la Généralité d'Amiens, et autres Provinces assujetties au Droit de Gros, seront tenus de souffrir les **inventaires et récolemens** de leurs Vins, Cidres et Poirés et de payer les droits de Gros et autres y joints. Données à Compiègne le 14 juillet 1772. Registrées en Parlement le douze Août 1772. — Paris, P. G. Simon, 1772 ; 3 p. in-4°.

<small>Il existe une autre édition . Imprimerie Royale, 1779 ; 3 p. in-4°.</small>

973. — Arrest du Conseil d'Etat du Roi, qui, sur la requête des Marchands

Brasseurs des villes et régies de Péronne, Doulens et Montreuil-sur-mer, en ordonnant l'exécution d'un autre Arrêt du Conseil du 22 août 1741, sous les peines y portées, et en l'interprétant en tant que de besoin, fait très-expresses inhibitions et défenses à tous particuliers, de quelque qualité et condition qu'ils soient, de **brasser** ni faire brasser à l'avenir, aucune bière dans des chaudières ambulantes et non scellées à demeure dans leurs maisons : Interdit l'usage des brasseries communes, et défend aux Propriétaires reconnus, de les prêter, ni brasser pour autrui, sous les peines portées par ledit arrêt du 22 août 1781 : Enjoint aux sieurs Intendans et Commissaires départis dans les provinces et généralités du royaume, où il se fabrique des bières de tenir la main à exécution du présent arrêt. Du 12 Janvier 1773. — Paris, Imprimerie Royale, 1773 ; 4 p. in-4°.

Bibl H. Macqueron.

974. — Arrest du Conseil d'État du Roi, qui déclare sujets aux **Huit sous pour livre**, prorogés ou imposés par l'Edit de novembre 1771, les droits de Péage, Etalage, Afforage, Poids et Mesures, Marchés et autres de pareille nature qui se lèvent sur les marchandises, boissons, liqueurs et denrées au profit de différens Seigneurs, dans les villes, bourgs et paroisses des élections de Montreuil-sur-Mer, Roye et Péronne, généralité d'Amiens : Exempte néanmoins les articles isolés de perception, dont le principal est au-dessous de quinze deniers, ceux desdits droits qui jusqu'à présent se seraient perçus en nature et aux perceptibles sur les blés, les grains et les farines ; Et permet que le produit des Huit sous pour livre sur ceux desdits droits dont il n'est point tenu registres, et dont les tarifs contiennent des articles de perception au dessous de quinze deniers, ou dans les baux comprennent cumulativement ces natures de biens non passibles, soit fixé par abonnemens, amiablement convenus avec l'Adjudicataire, sinon qui seront réglés d'office par M. l'Intendant d'Amiens. Du 17 Mars 1774. — Paris, Imprimerie Royale, 1774 ; 7 p. in-4°.

Bibl. Pinsard.

975. — Ordonnance de Monsieur l'Intendant du 24 Mai 1774, qui enjoint aux Propriétaires des **Bacs**, dans l'étendue de la Généralité de Picardie, de faire afficher sur un Poteau, qui sera placé aux bords des Rivières, où ils sont établis, en caractères lisibles, la Pancarte des Droits fixés par les Arrêts du Conseil, sous peine de 100 livres d'amende. — Amiens, veuve Godart, 1774 ; placard in-folio

Arch. dép. de la Somme, C, n° 1213.

976. — Arrêt du Conseil d'Etat du Roi, qui rétablit la perception des **Droits sur les Grains** appartenans aux Villes et à Sa Majesté dans les Généralités de Flandres, Hainaut et Picardie, qui avait été suspendue par les Arrêts des 21 Mai et 3 Juin 1775. Du quatorze juillet 1776. — Amiens, veuve Godart ; placard in-folio.

Bibl. d'Amiens, Hist., n° 3594.

977. — **Impôt du sel**. De par le Roi. Commission de l'Impôt du sel dans la Généralité d'Amiens pour l'année 1777. — S. l. n. n. ; 4 p. in-folio.

Arch. dép. de la Somme, C, n° 1168.
Il existe un imprimé semblable, de même titre et aussi de 4 pages in-folio pour chaque année jusques et y compris 1787.

978. — Arrests du Conseil d'Etat du Roi, et Lettres-Patentes sur iceux Données à Versailles le 22 Novembre 1777. Registrées en la Cour des Aides le 6 Février 1778 concernant le paiement des Droits sur les **Eaux-de-Vie** dans la Généralité d'Amiens. — Paris, Knapen, 1778 ; 15 p. in-4°.

Bibl. Pinsard.

979. — Arrêt du Conseil d'Etat du Roi, qui proroge pour un an, à compter du premier Juillet 1782, les deux Octrois de Dix Sols par Velte qui se perçoivent sur les **Eaux-de-Vie** dans la Ville d'Amiens et dans les autres Villes, Lieux et Communautés dépendans des six Elections de la Généralité de Picardie. Du quatre Juillet mil sept cent quatre-vingt-deux. — S. l. n. n. ; 6 p. in-4°.

980. — Arrêt du Conseil d'Etat du Roi, qui proroge pour dix ans, à compter du 1er Juillet 1783, les deux Octrois de dix sols par Velte qui se perçoivent sur les **Eaux-de-vie** dans la Ville d'Amiens, et dans les autres Villes, Lieux et Communautés dépendans des six Elections de la Généralité de Picardie. Du six juin mil sept cent quatre-vingt-trois. — Amiens, J.-B. Caron l'aîné, 1783 ; 4 p. in-4°.

981. — Ordonnance de M. l'Intendant concernant les Gribaniers chargés du **transport des Sels** de Saint Valery à Amiens Du 20 Octobre 1783. — Amiens, J.-B. Caron l'aîné, 1783 ; placard in-folio.

Arch. dép. de la Somme, C, n° 1153.

982. — Ordonnance de M. l'Intendant de Picardie, qui modifie en tant que de besoin l'Ordonnance du 20 Octobre 1783, et qui prescrit la Police à observer sur le **transport des Sels** des Grandes Gabelles sur la rivière de Somme. Du sept Mai 1784. — Amiens, J.-B. Caron l'aîné, 1784 ; placard in-folio.

Arch. dép. de la Somme, C, n° 1153.

983. — Ordonnance de M. l'Intendant de Picardie portant Règlement pour la Perception du Tarif ou **nouveau Droit** exigible sur toutes les Marchandises entrant dans les Ports du Crotoy, de Saint-Valery et d'Abbeville, ou en sortant, aux termes des Lettres patentes données par Sa Majesté les 28 Novembre 1782 et 11 Juin 1784. Du trois Septembre mil sept cent quatre-vingt-cinq. — Amiens, J.-B. Caron l'aîné ; placard in-folio.

984. — Proclamation de la commission intermédiaire provinciale de Picardie, *contre le retard apporté au* **paiement des impôts**. — Amiens, J.-B. Caron l'aîné, 1789 ; 8 p. in-4°.

Bibl. d'Amiens, Hist., n° 3597.

985. — Lettres Patentes du Roi Sur le Décret de l'Assemblée Nationale du 27 Avril 1790, concernant l'arrêté et mise en recouvrement des **rôles des Impositions** ordinaires pour l'année 1790, des Villes et Communautés de l'Election d'Amiens. Données à Paris le 7 Mai 1790. — Paris, Imprimerie Royale, 1790 ; 2 p. in-4°.

986. — Le Directoire de l'Assemblée administrative du Département de la Somme aux François de ce Département. *Appel relatif au* **paiement des impôts.** — Amiens, J.-B. Caron, 1790 ; 7 p. in-4°.

Bibl. de Bonnault.

987. — Relevé de la situation des **perceptions de la Régie** générale des Aides dans les villes et lieux qui composoient ci-devant les Généralités d'Amiens et de Soissons *et* Lettre écrite par M. le Contrôleur général à M. le Président de l'Assemblée Nationale le 28 juin 1790, *sur la difficulté de percevoir les impôts en Picardie*. — Paris, Imprimerie Royale, 1790 ; 20 p. in-4°.

Bibl A. de Caieu.
Cette pièce mentionne aussi tous les faits de désordre qui se sont produits à Péronne, Roye, Doullens, Corbie, St-Valery, Montdidier, Airaines, Ham et Amiens au sujet des perceptions de l'impôt.

988. — Extrait du Registre aux Arrêtés du Conseil général du département de la Somme en sa Séance publique extraordinaire du 19 Octobre 1792. *Délibération sur la mise en* **circulation des assignats** *coupures*. — Amiens, Caron-Berquier ; 6 p. in-4°.

Bibl d'Abbeville.

989. — Extrait du Registre aux Arrêtés du Directoire du Departement de la Somme, *du 17 novembre 1792. Arrêté relatif à l'établissement d'un* **atelier de petite monnaie** *à Amiens.* — Amiens, J.-B. Caron l'aîné ; 4 p. in-4°.

Bibl. d'Abbeville.

990. — Extrait du Registre aux Arrêtés du Département de la Somme, en sa séance du 13 Floréal de l'an deuxième. *Tableaux d'évaluation des* **revenus immobiliers** *du département.* — Amiens. J.-B. Caron l'aîné ; 14 p. in-4°.

Bibl. A. de Caïeu.

991. — Rapport et Compte des Opérations de l'**Administration Centrale** du Département de la Somme, pendant l'an IV° de la République Française. — Amiens, Patin ; 30 p. in-4°.

992. — Extrait des Minutes aux Arrêtés du Département de la Somme, *relatif a la* **dépréciation des Assignats** *dans le Département de la Somme : du 14 thermidor an V.* — Amiens, Patin ; 7 p. in-4°.

993. — Préfecture de la Somme. Règlement du Préfet concernant les **Frais de poursuites** en matière de Contributions directes (15 décembre 1820.) — S. l. n. n. ; 37 p. in-4°.

994. — Rapport fait au Conseil Général du Département de la Somme, le 12 août 1820, par M. Cornet-Dincourt, sur la surcharge qu'éprouve ce Département dans la **répartition de la Contribution** foncière. — S. l. n. n. ; 10 p. in-8°.

995. — Département de la Somme. Comptes des **Recettes et Dépenses** départementales fixes, variables et facultatives de l'exercice[1]..., et Budgets des recettes et dépenses fixes, variables et facultatives de l'exercice[2].

[1]1827, [2]1829. Amiens, Boudon-Caron, 1829 ; 56 p. in-4°.
1828, 1830.
1829, 1831 » R. Machart, 1831, 67 p in-4°.
1830, 1832. » » 1832 ;
1831, 1833. » » . 1833, 65 p. in-4°.

996. — Département de la Somme. Compte au premier[1]... des **Dépenses départementales** fixes ou communes à plusieurs départemens, qui ont été effectuées pendant l'année[2]... ainsi que des sommes qui ont été allouées, ordonnancées et employées au payement de ces dépenses.

[1]Décembre 1830, [2]1829 S. l. n n. o. d. ; 68 p. in-4°.
 » 1831, 1830. » » 65 p. in-4°.
 » 1832, 1831
Novembre 1833, 1832. » » 63 p. in-4°.

997. — Rapport du Directeur des Contributions Directes, à Monsieur le Préfet de la Somme sur les résultats des Travaux exécutés pour parvenir à la **sous-répartition de la contribution** foncière entre les arrondissements et les communes : imprimé sur la demande du Conseil général du Département. — Amiens, R. Machart, 1833 ; 29 p. in-4°.

998. — Département de la Somme. Compte des **recettes et dépenses** départementales, communes, variables et facultatives de l'exercice 1834, budgets de report des recettes et dépenses variables et facultatives de 1834 sur 1836, et budget des dépenses communes à plusieurs départements de l'exercice 1836. — Amiens, R. Machart, 1836 ; 44 p. in-4°.

999. — Département de la Somme. Comptes des **recettes et dépenses** départementales, variables, facultatives et cadastrales de l'exercice 1835, Budgets de report des recettes et dépenses variables et facultatives de 1835 sur 1837 et Budget des recettes et dépenses cadastrales de l'exercice 1837. — Amiens, R. Machart, 1837 ; 38 p. in-4°.

1000. — Département de la Somme. **Budgets départementaux** de l'exercice[1]... et Etats d'emploi des sommes mises en réserve au budget de[2]

[1]1836, [2]1835. Amiens, R. Machart, 1836 ; 28 p. in-4°.
1837, 1836. » » 1837 ; 30 p. in-4°.
1838, 1837. » » 1838 ; 32 p. in-4°.

1001. — Département de la Somme. Compte des **recettes et dépenses** départementales, variables, facultatives, cadastrales et de l'instruction primaire de l'Exercice[1]... Budgets de report des recettes et dépenses variables et facultatives de[2] sur[3].

[1]1836, [2]1836, [3]1838. Amiens, R. Machart, 1838, 46 p. in-4°.
1837, 1837, 1839. » Duval et Herment, 1839; 44 p. in 4°.
1838, 1838, 1840. » » » 1840 55 p. in-4°.
1839, 1839, 1841. » » » 1841, 71 p. in 4°.
1840, 1840, 1842. » » » 1842, 72 p. in-4°.

1002. — Département de la Somme. **Budget départemental** des dépenses et des recettes ordinaires, facultatives, extraordinaires, spéciales, de l'instruction primaire et du Cadastre.

Exercice 1839. Amiens, Duval et Herment, 1839, 32 p. in-4°
1840. » » » 1840, 34 p. in-4°.
1841. » » » 1841, 34 p. in-4°.
1842 » » » 1842, 33 p. in-4°.
1843. » » » 1843, 33 p in-4°.
1844. » » » 1844, 34 p in 4°.
1845. » » » 1845, 84 p in-4°
1846 » » » 1846; 32 p in-4°
1847. » » » 1847, 32 p. in-4°.
1848. » » » 1848; 32 p. in-4°.
1849 » » » 1849, 32 p in-4°.
1850. » » » 1850, 32 p. in-4°.
1851.
1852. » » » 1852, 32 p. in-4"
Supplément 1852. » » » 1852; 8 p. in-4°.
Exercice 1853 » » » 1853, 28 p. in 4°.

1003. — Département de la Somme. Comptes des **recettes et dépenses** départementales, variables, facultatives, extraordinaires, spéciales et de l'instruction primaire de l'exercice[1]... Budget de report des mêmes recettes et dépenses de[2] sur[3]. Compte des recettes et dépenses du cadastre de l'exercice[4]... et Budget des mêmes recettes et dépenses de[5].

[1]1841,[2]1841,[3]1843,[4]1840,[5]1843. Amiens, Duval et Herment, 1843, 75 p. in 4°.
1842, 1842, 1844, 1841, 1844. » » » 1844, 80 p in-4°.

1004. — Département de la Somme. Comptes des **recettes et dépenses** départementales, variables, facultatives, extraordinaires, spéciales et de l'instruction primaire de l'exercice[1]..Compte des recettes et dépenses du cadastre de l'exercice[2] et Budget des mêmes recettes et dépenses de[3].

[1]1843, [2]1843, [3]1845. Amiens, Duval et Herment. 1845, 71 p. in-4°.
1844, 1844, 1846. » » » 1846, 71 p. in-4°.
1845, 1845, 1847. » » » 1847, 71 p. in 4°.
1846, 1846, 1848. » » » 1848; 71 p. in-4°.
1847, 1847, 1849. » » » 1849; 71 p. in-4°.

1005. — Département de la Somme. Budgets de report sur[1]... de **Recettes et Dépenses** departementales ordinaires, facultatives, extraordinaires, spéciales et de l'instruction primaire de l'exercice[2].

[1]1844, [2]1843. Amiens, Duval et Herment, 1844 ; 12 p. in-4°.
1845, 1844. » » » 1845, 12 p in-4°.
1846, 1845. » » » 1846; 12 p. in-4°.
1847, 1846 » » » 1847, 12 p. in-4°.
1848, 1847. » » » 1848. 12 p. in-4°
1849, 1848. » » » 1849, 12 p. in-4°.
1850, 1849.
1851, 1850 » » » 1851, 8 p. in-4°.

1006. — Conseil général de la Somme. **Péréquation de la contribution** foncière, personnelle et mobilière. Rapport fait au nom de la commission des finances par M. Gaultier de Rumilly, le 4 septembre 1850. — Amiens, Duval et Herment; in-8°.

V. INSTRUCTION PUBLIQUE.

§ 1. Nation de Picardie.

* **1007.** — Factum pour les Recteur et **Université de Paris** contre les sieurs de Nouveau et Laurens Levesque, dit La Roque, qui entreprennent de faire partir tous les jours de Paris à Amiens et d'Amiens à Paris des courriers pour le public. — S. l. n. n., 1663; in-4°.

Bibl. Nat^{le}, 4° Fm, 24301.

* **1008.** — Au Roi et à Nosseigneurs de son Conseil. *Pour l'***Université de Paris**, *au sujet du trouble causé à ses messagers d'Amiens par les sieurs de Nouveau et Levesque. Signé : Le Gangneur.* — S. l. n. n., 1663 ; in-4°.

Bibl. Nat^{le}, 4° Fm, 24301.

— 78 —

* 1009. — Factum pour maître Pierre Ricard, Procureur de la **Nation de Picardie**, défendeur et demandeur. Contre maître François Le Maire, grand boursier du Collège de Laon, demandeur et défendeur. — S. l. n. n., *1664*; in-4°.

Relatif à l'élection du Procureur de la Nation de Picardie, faite le 12 octobre 1664.
Bibl. Nat^{le}.

1010. — Statuta fidelissimæ **nationis Picardiæ** recognita, reformata et Amplissimi Ordinis authoritate confirmata. — Parisiis, apud Viduam Claudii Thiboust et Petrum Esclassan... via D. Joannis Lateranensis... MDCLXXV; 80 p. in-16.

Anc^{ne} Bibl. de Marsy.

* 1011. — Mémoire pour la nation de France, intervenante et demanderesse en lettres de rescision, contre la **nation de Picardie**, défenderesse. — S. l. n. n., 1690; in-4°.

Au sujet d'une transaction passée à l'insu de la nation par le sieur du Boulay, le 30 juin 1676.
Bibl. Nat^{le}, 4° Fm, n° 22951.

* 1012. — Factum pour les procureur, doyens, principaux et régents de la nation de France fondée en l'Université de Paris, appelants, contre les procureur, doyens, principaux et régents de la **nation de Picardie** en la même Université, intimés. — S. l. n. n., *vers 1690*; in-4°.

Appel d une sentence du 20 juin 1689, relative aux revenus des messageries.
Bibl. Nat^{le}, 4° Fm, 24274.

* 1013. — Mémoire instructif pour Jean Garçon, petit bedeau de la **nation de Picardie**... contre M. Antoine Laurent, procureur, et M. Richard de Forceville, questeur de la même nation. — S. l. n. n., 1691; in-4°.

Bibl. Nat^{le}, 4° Fm, 13142.

* 1014. — Factum pour les procureur, doyens, principaux, régents, bacheliers et suppôts de la nation de France, fondée en l'Université de Paris... contre les procureur, doyens, principaux, régents, bacheliers et suppôts de la **nation de Picardie**, aussi fondée en l'Université de Paris... *Signé*: *Feloix*. — S. l. n. n., 1692; in-folio.

Au sujet du partage des revenus des messageries.
Bibl. Nat^{le}, Thoisy, 34, f° 190.

* 1015. — Extractum e commentariis fidelissimæ **Picardorum nationis**. *Procès-verbal de l'assemblée tenue par la nation de Picardie, le 1er août 1738, pour la désignation d'un titulaire à la cure de Saint André des Arcs. Signé*: *Petit*. — Paris, P. N. Lottin, 1738; in-folio.

Bibl. Nat^{le}, f° Fm, n° 13047.

1016. — Mémoire et Consultation sur la prétendue désignation faite à la Cure de S. André des Arcs par la **Nation de Picardie** *en l'Université de Paris*. — Paris, Christophe David, 1738; 15 p. in-folio.

Bibl. H. Macqueron.

1017. — Memoire pour Maitre Louis Baudouin, Prêtre, Docteur en Theologie de la Faculté de Paris, Grand-Maitre du Collège du Cardinal-le-Moine, Defendeur. Et pour le Corps des Boursiers du Collège du Cardinal-le-Moine, Intervenans. Contre Michel-Jean-François Bernard, Chevalier, Marquis de Montbise, Seigneur de la Grange-Menassier, Demandeur. En présence de la **Nation de Picardie**, en l'Université de Paris, Intervenante. *Sur cette question: M. de Montbise a-t-il la présentation libre de 7 bourses du Collège, ou doit-il choisir les boursiers dans le diocèse d'Amiens.* — A Paris, P. G. Simon, 1755; 14 p. in-folio.

Bibl. d'Abbeville.

1018. — Notice sur la **maille d'or** de Beaugency, par M. Duchallais.

Rev. numism., 1838, p. 54 à 60, in-8°.

1019. — Mémoire sur les Ecoliers de la **Nation Picarde** à l'Université d'Orléans, et sur la maille d'or de Florence, par M. Bimbenet. — Amiens, Duval et Herment, 1850; 86 p. in-8°.

Ext. Mém. Soc. Ant. Pic

1020. — Note sur les armes de la **Nation picarde** à l'Université d'Orléans au xve siècle, par M. A. Dutilleux.

Mém. Soc. Ant. Pic., t. XIX, p. 83 à 88 ; in-8°.

1021. — Les Ecoliers de la **Nation de Picardie** et de Champagne à l'Université d'Orléans, par M. Eugène Bimbenet. — Orléans, Herluison, 1886 ; 182 p. in-8°.

§ 2. INSTRUCTION PRIMAIRE ET SECONDAIRE.

1022. — Etude historique sur l'**Instruction publique**. Les Ecoles et les Collèges du Diocèse d'Amiens, par M. Darsy. — Amiens, Delattre-Lenoel, 1881 ; 204 p. in-8°.

Ext. de la Picardie.

1023. — Un mot sur les **Ecoles primaires** en *Picardie*, par M. F. I. Darsy.

Mém. Soc. Ant. Pic , t. XXX, p. 115 à 143 ; in-8°.

1024. — Ordonnance de Monseigneur l'Intendant de Picardie touchant les **Ecoles**, *tendant à ce que ceux qui veulent enseigner ne le puissent faire sans une autorisation de l'Evêque renouvelable chaque année. Du 28 décembre 1726.* — S. l. n. n. ; placard in-folio.

Bibl. H. Macqueron.

1025. — Règlement pour les clercs-lais ou **magisters** du Diocèse d'Amiens. — S. l. n. n. n. d. ; 2 p. in-folio.

Bibl. de M. le Bon de Calonne.

1026. — *Lettre du 26 pluviose an IV relative à la création d'une* **école centrale** *à Amiens et écrite par* Les Administrateurs du Département de la Somme, aux Administrateurs municipaux du canton. — S. l. n. n. ; 4 p. n. n.

Bibl. d'Abbeville.

1027. — Corps législatif. Conseil des Cinq-Cents. Projet de résolution présenté par Laborde *relatif à l'établissement de l'***école centrale** *du département de la Somme dans l'ancien couvent des Prémontrés d'Amiens.* Séance du 8 pluviôse an 6. — De l'Imp. Nationale, Pluviôse an 6 ; 2 p. in-8°.

Bibl. Nat^{le}, Lb^{43}, n° 1725.

1028. — Les administrateurs municipaux du canton d'Abbeville, Département de la Somme, au Corps Législatif. — Abbeville, L. A. Devérité ; 4 p. in-4°.

Pétition demandant l'installation à Abbeville de l'**Ecole centrale** du département de la Somme.
Bibl. H. Lottin.

1029. — **Ecole centrale** du Département de la Somme. — Amiens, Patin, an VIII ; 7 p. in-4°.

1030. — Ecole centrale du département de la Somme. Distribution solennelle des prix le 30 thermidor an IX de la République. — Amiens, Maisnel fils ; 16 p. in-4°.

Bibliog. Dufour, n° 260.

1031. — Extrait du Procès-Verbal de l'Assemblée de MM. les Fonctionnaires publics de la Ville d'Amiens, réunis sur l'invitation de M^r Le Comte Lezay-Marnézia, Préfet du Département de la Somme, en la Salle des Séances du Conseil général du Département, le 15 Mai 1817 *et relative à* l'**Ecole d'Enseignement mutuel**. — Amiens, Maisnel fils ; 28 p. in-4°.

1032. — Règlement de la Société établie à Amiens, pour l'encouragement dans le Département de la Somme, de l'Instruction Elémentaire, par la méthode d'**Enseignement mutuel**, arrêté dans l'Assemblée générale de la Société, du 27 Mai 1817, présidée en l'absence de MM. les Président et vice-Présidens, par M. le Marquis Lesens de Folleville, Premier Président de la Cour Royale, et l'un des Membres du Conseil d'Administration. — Amiens, Caron-Duquenne ; 7 p. in-4°.

1033. — Assemblée générale de la Société d'Encouragement de l'Instruction Elémentaire par la méthode d'**enseignement mutuel**, dans le Département de la Somme. Séance du 30 Août 1817. — Amiens, Maisnel fils ; 26 p. in-4°.

1034. — Assemblée générale de la Société d'Encouragement de l'Instruction élémentaire par la méthode d'**Enseignement mutuel** dans le département de la Somme. Séance du 31 mars 1819. — Amiens, Caron-Vitet ; 16 p. in-8°.

1035. — Sur l'état actuel de l'**instruction primaire** dans un canton rural du diocèse d'Amiens par C. D. P. Du 18 juillet 1820.

Le Défenseur, t. II, 1820, p. 304 à 310, in-16

1036. — Règlement de Mgr l'Evêque d'Amiens pour l'exécution de l'ordonnance du 8 avril 1824, concernant les **Maîtres d'Ecole** — Amiens, Caron-Duquenne ; 4 p. in-4°.

Bibl. de M. l'abbé Gosselin.

1037. — Département de la Somme. *État de l'***instruction primaire** *en 1828.*

Journal d'Education, 1828, p. 385 à 390, in-8°.

1038. — Rapport fait à la Société d'**Enseignement Mutuel** du Département de la Somme dans son Assemblée générale du 26 août 1828 sur les Travaux du conseil d'Administration pendant l'année. — Rapport fait à la Société d'Enseignement.., dans son Assemblée générale du 2 septembre 1829... — Rapport fait à l'Assemblée générale de la Société d'Enseignement mutuel sur un projet d'école d'adultes le 28 avril 1828. Ouverture de l'école d'adultes.

Dernier hommage de M. Warmé..., p. 242 à 298 ; in-8°.

1039. — Société pour l'encouragement dans le Département de la Somme de l'instruction élémentaire par la méthode d'**Enseignement mutuel**. Rapport et discours imprimés par ordre du conseil d'Administration. — Amiens, Boudon-Caron, septembre 1828 ; 22 p. in-8°.

1040. — L'Instituteur de l'**Académie d'Amiens**. Bulletin mensuel d'instruction primaire à l'usage des écoles de l'Aisne, de l'Oise et de la Somme, 1842.

Ce journal de format in-8° a été publié mensuellement, d'abord par Duval et Herment, puis par Lenoel-Hérouart avec des titres variant légèrement. A-t-il paru encore après 1844 ?

1041. — L'enseignement primaire de l'**Académie d'Amiens**, ou l'Instituteur tel qu'il fut, tel qu'il est, tel qu'il sera ou tel qu'il devrait être par H. Hamet. — A Roye, 1847 ; 124 p. in-16.

1042. — Ministère de l'Instruction publique. **Rapport d'inspection** générale sur le département de la Somme (1880). — Paris, Imprimerie nationale, 1882 ; 16 p. in-8°.

VI. POIDS ET MESURES.

1043. — **Toisage des bois** à la solive, exactement calculé par pieds, chevilles, comme il se pratique principalement en Picardie et dans d'autres provinces. — Abbeville, Devérité, 1780 ; 93 p. in-12.

La cinquième édition est à Abbeville, Devérité, 1826 ; 112 p. in-12.

1044. — Tableau des **anciennes mesures** du Département de la Somme comparées aux mesures Républicaines. — Paris, de l'Imp. de la République, Fructidor an VII ; 16 p. in-4°.

1045. — Département de la Somme. **Poids et mesures**. Tableau des anciennes mesures linéaires du Département, réduites en mètres, millimètres, etc., et réciproquement. — Amiens, J. B. Caron l'aîné, an VII ; 12 p. in-folio.

1046. — Département de la Somme. Poids et mesures. Tableau général des **mesures agraires** du Département de la Somme, et de leur réduction, etc. — Amiens, J. B. Caron l'aîné, an VII ; 56 p. in-4°. n. n.

1047. — Mesure en usage dans le Département de la Somme, pour la Vente des **Bois de charpente**. — S. l. n. n., *an VII ;* 6 p. in-folio.

1048. — Bois de chaufage. Tableau des différentes Mesures appellées Cordes, en usage dans le Département de la Somme, pour la vente des **Bois de chaufage**. — S. l. n. n., *an VII ;* 6 p. in-folio, n. n.

1049. — Instruction sur la comparaison des **anciennes Mesures** de Longueur, en usage dans le Département de la Somme, Pour l'aunage des Etoffes, le Toisé des Bâtimens, l'Arpentage des Terreins, le Solivage des Bois de Charpente, l'Encordage des Bois de Chaufage, l'Empilement de la Tourbe ; avec les Mesures métriques qui doivent les remplacer dans tous les Actes publics et particuliers, à dater du premier Vendémiaire an 8, en exécution de la Proclamation du Directoire Exécutif, du 28 Messidor dernier. — Amiens, Patin et Cⁱᵉ, An VIII ; 20 p. in-folio.

1050. — Tables de rapports entre les **anciennes mesures** de longueur, de superficie, de solidité, ou de capacité, en usage dans le département de la Somme et les nouvelles mesures : pour convertir réciproquement les unes dans les autres, *par M. de Lestang*. — Amiens, Darras, *an IX ;* XXIII-100 p. in-8° av. 2 tableaux et 3 p. n. n.

Bibl. d'Amiens, Sc. et Arts, n° 1515.

1051. — Théorie ou Comparaison des **Poids et Mesures** anciens du département de la Somme, avec les Mesures et Poids métriques, d'après la dernière valeur fixée au mètre, par la loi du 18 frimaire an VIII : et des tableaux lumineux de leur réduction réciproque. Ouvrage présenté à l'Administration et au Gouvernement, sous l'approbation de la Commission des poids et mesures, et absolument nécessaire à l'Arpenteur, au Notaire, au Juge, à l'Administrateur, au Négociant et à tous les Chefs d'Ateliers et de Famille, par le citoyen Tournyer. — Amiens, J. B. Caron l'aîné, *an X ;* 58 p. in-4° et 3 tableaux.

1052. — Etat de rectifications opérées sur le Tableau des **distances** du département de la Somme. — S. l. n. n., 1837 ; 8 p. in-4°.

1053. — Guide dans l'usage des **poids et mesures** et du calcul décimal, suivi de notions de physique et de chimie nécessaires pour l'entière intelligence du système d'exercices sur le toisé des surfaces et des volumes, des mesures agraires du département de la Somme, de tableaux de conversions et des prix relatifs des mesures anciennes et des nouvelles, etc., par M. L. Brion. — Abbeville, C. Paillart, 1840 ; 108 p. in-12 et 6 tableaux.

1054. — Tableau de comparaison entre les nouvelles et les anciennes **mesures agraires**, pour toutes les communes du département de la Somme, divisé par arrondissement et canton, dressé par M. Damis, agent-voyer de l'arrondissement d'Amiens, sur la demande et à l'aide des renseignements obtenus de MM. les Notaires composant les membres de la Chambre de l'arrondissement d'Amiens, précédé de plusieurs tableaux de comparaison pour les mesures de longueur, et suivi de plusieurs autres tableaux pour les mesures de solidité et de capacité. —

Amiens, Duval et Herment, 1840 ; 116 p. in-8°.

1055. — Réduction des **mesures aux grains** de plusieurs villes et bourgs de France et de l'étranger en mesures d'Amiens. Archives municipales d'Abbeville. IIII, n° 81. Communication de M. A. Ledieu.
Bull. Soc. Ant. Pic., t. XV, p. 23 à 29 ; in-8°.

VII. POLICE.

1056. — Instruction pour l'exécution de la Declaration du Roy du 18 Juillet 1724. Concernant les **Mendians et Vagabonds** dans le Département d'Amiens. *Du 11 Août 1724.* — S. l. n. n. ; 4 p. in-folio.
Bibl. H. Macqueron.

1057. — De par le Roi. *Ordonnance de l'intendant Chauvelin, du 10 novembre 1746, relative à la* **construction des bâtiments.** — S. l. n. n. ; placard in-folio.
Bibl. de M. de Clermont-Tonnerre

1058. — Extrait du Registre aux Arrêtés du Conseil général du Département de la Somme. Séance du 21 juillet 1792, l'an 4° de la Liberté. *Arrêté relatif à la* **police municipale.** — Amiens, J.B. Caron l'aîné, 1792 ; 4 p. in-4°.
Bibl. A. de Caïeu.

1059. — *Lettre adressée le 20 Messidor an 12 par* Le Préfet du Département de la Somme, aux Maires des Communes de ce Département, *faisant défenses d'***inhumer dans les Eglises** *et dans l'intérieur des villes.* — S. l. n. n. ; 15 p. in-4° n. n.
Bibl. d'Abbeville.

1060. — *Arrêté relatif à la* **divagation des chevaux** *entiers rendu le 5 septembre 1806 par* Le Préfet du Département de la Somme. — Amiens, Maisnel ; plac. in-folio.

1061. — Préfecture de la Somme. Ordonnance de police sur la **Mendicité.** — Amiens, Maisnel fils, *1811* ; 8 p. in-4°.

VIII. SUBSISTANCES ET MARCHÉS

1062. — Calcul des Appréciations du **Septier de bon bled** (Mesure d'Amiens) de chacune des 45 Années antérieures au Contrat du 13 Mars 1690 pour en démontrer le Prix commun. — S. l. n. n., *1726 ;* 8 p. in-4°.
Bibl. H. Macqueron.

1063. — *Ordonnance du 28 décembre 1737, défendant d'***exporter les grains** *hors de la Généralité d'Amiens.* — S. l. n. n. ; placard in-folio.
Arch. dép. de la Somme, C, n° 74.

1064. — Ordonnance de M. l'Intendant de Picardie du sept mai mil sept cent quatre-vingt-neuf défendant aux habitants d'apporter des empèchements aux **transports de grains** sur la Somme. — Amiens, J.B. Caron l'aîné, 1789 ; placard in-folio.
Ibid., C, n° 1384.

1065. — Arrêt du Conseil d'Etat du Roi, qui fixe le **prix de la Mouture** de toutes espèces de Grains en argent dans la Province de Picardie, à raison de Huit sols du Quintal poids de marc. Du vingt Novembre mil sept cent quatre-vingt-neuf. — Amiens, J.B. Caron l'aîné, 1789 ; placard in-folio.
Ibid., C, n° 105.

1066. — Extrait du Registre aux Arrêtés du Département de la Somme *désignant les magasins qui recevront les* **approvisionnements en grains.** *Du 5° jour complémentaire an III.* — Amiens, de l'Impr. des Associés ; 20 p. in-4°.
Bibl. d'Amiens, Hist. n° 3639.

1067. — Extrait du Registre aux Arrêtés du Département de la Somme en sa Séance publique du 19 Frimaire de l'an 4ᵉ de la République française. — *Amiens*, de l'Imp. des Associés ; 14 p. in-4°.

<small>Arrêté analogue au précédent</small>

1068. — Département de la Somme. Tableau des **Marchés ordinaires** et principaux du Département de la Somme à établir d'après la décision du Ministère de l'Intérieur du 26 Nivôse an 12. — S. l. n. n. ; 2 p. in-folio.

<small>Bibl. d'Amiens, Hist , n° 3639.</small>

1069. — Extrait des Registres des Délibérations du Gouvernement de la République. *Décret du 22 Ventôse an XII fixant les* **foires** *du Département de la Somme.* — Amiens, Maisnel fils ; placard in-folio.

<small>Ibid., n° 3689.</small>

1070. — Rapport de M. Gaulthier de Rumilly sur la **question des subsistances**. Extrait du procès-verbal du conseil général de la Somme. Séance du samedi 4 septembre 1847. — Amiens, Yvert ; in-8°.

IX. VOIRIE.

1071. — Arrests du Parlement du 9 May 1678 et 23 Mars 1689, qui maintiennent et gardent les Présidens-Trésoriers de France, de la Généralité d'Amiens dans la Jurisdiction et connoissance de la **Voirie**. — S. l. n. n. ; 7 p. in-4°.

<small>Bibl. d'Amiens, Hist., n° 3597.</small>

1072. — De par le Roi. *Ordonnance de l'Intendant d'Invau, relative à la corvée pour l'***entretien des routes** *en Picardie. Du 9 mai 1755.* — S. l. n. n. ; placard in-folio.

<small>Bibl. H. Macqueron.</small>

1073. — De par le Roi. Du 18 Mars 1769. Règlement général pour la **grande et petite Voierie**, tant sur les Routes et grands Chemins, que dans l'intérieur des Villes, Bourgs et Villages de la Généralité *d'Amiens*. — Amiens, veuve Godart, 1769 ; 21 p. in-4°

<small>Bibl. d'Amiens, Hist., n° 3597, et Journal de Législ., année 1769, p. 312 à 329 ; in-4°.</small>

1074. — De par le Roi. François-Marie-Bruno, Comte d'Agay… *Ordonnance relative à la* **coupe des arbres,** *le long des grandes routes ; du 3 juin 1773.* — Amiens, veuve Godart, 1773 ; 3 p. in-4°.

<small>Bibl. d'Amiens, Hist., n° 5561.</small>

1075. — Arrêt du Conseil d'Etat du Roi Portant nouveau Règlement sur le **Roulage**. Du 28 Décembre 1783. — Amiens, J.B. Caron l'aîné, 1784 ; 9 p. in-4°.

<small>Bibl. d'Amiens, Hist., n° 3597.
A la suite est l'indication des lieux de la Généralité d'Amiens où il est permis d'employer des chevaux de renfort.</small>

1076. — Arrêt du Conseil d'Etat du Roi, qui ordonne l'Imposition sur les Communautés de la Généralité d'Amiens, des Sommes nécessaires à l'entretien et à la confection des **Routes** de ladite Généralité pendant l'année 1787. Du vingt et un Décembre mil sept cent quatre-vingt-six. — S. l. n. n. ; 4 p. in-folio.

<small>Arch. dép. de la Somme, C, n° 1286.
Des arrêtés identiques ont été pris pour d'autres années.</small>

1077. — Règlement provisoire pour les **Cantonniers** de la Généralité d'Amiens. — Amiens, J.-B. Caron, 1789 ; 11 p. in-4°.

<small>Ibid., C, n° 1286.</small>

1078. — Extrait du Registre aux Arrêtés du Département de la Somme. Séance du 18 Pluviôse an II. *Arrêté relatif aux* **réparations des routes** *et des ponts.* — Amiens, J. B. Caron l'aîné ; 20 p. in-4°.

<small>Bibl. d'Abbeville.</small>

1079. — Extrait d'une instruction du Directoire du Département de la Somme. Pour le Service des **Employés des Routes**. *Du 27 mars 1792* — Amiens, Caron-Berquier ; 3 p. in-4°.

1080. — Extrait du Registre aux Arrêtés du Département de la Somme. Séance du 12 Pluviôse. *Arrêté, du 6 février 1794, relatif aux* **travaux de voirie** *à exécuter dans le département.* — Amiens. J.B. Caron l'aîné ; 20 p. in-4°.

Bibl. A. de Caïeu.

1081. — Extrait du Registre aux Arrêtés du Département de la Somme, En sa Séance du 8 Pluviôse, l'an quatrième de la République. *Fixation du prix de la* **journée de travail**. — Amiens, Fr. Caron-Berquier ; 3 p. in-4°.

1082. — Extrait des Minutes aux Arrêtés du Département de la Somme, En sa Séance du 1 Ventôse an 5. *Fixation du prix de la* **journée de travail** *dans les communes du département.* — Amiens, Impr. des Associés ; 2 p. in-4°.

1083. — Extrait des Minutes aux Arrêtés du Département de la Somme, En sa séance du 27 Nivose an 7°. *Fixation du prix de la* **journée de travail**. — Amiens, J.B. Caron l'aîné, an 7 ; 2 p. in-4°.

1084. — Le Préfet du Département de la Somme. *Arrêté du 13 brumaire an X relative à la* **police des routes**. — Amiens, Maisnel fils ; placard in-folio.

Bibl. d'Amiens, Hist., n° 3639.

1085. — Le Préfet du Département de la Somme aux maires des Communes du Département. *Circulaire, du 3 Messidor an XII, relative à la* **police des routes**, *à leur établissement et aux conditions qu'elles doivent remplir.* — S. l. n. n. ; 7 p. in-4° n. n.

1086. — Département de la Somme. Règlement rédigé en exécution de la loi du 21 mai 1836 sur les **chemins vicinaux.** — Amiens, R. Machart, *1837 ;* 65 p. in-8°.

1087. — Département de la Somme. Chemins vicinaux. Organisation du personnel des **Agents-voyers.** *24 janvier 1839.* — Amiens, Duval et Herment ; 22 p. in-8°.

1088. — Extrait du rapport sur la situation du service des **routes départementales**, rédigé par l'Ingénieur en chef de la Somme, pour être mis sous les yeux du conseil général de ce département, dans sa session de 1842. *Signé : Lebreton.* — Amiens, Caron-Vitet ; 23 p. in-4°.

1089 — **Route départementale** n° 17 d'Amiens à Auxi-le-Château. Direction entre Bernaville et Montigny. — Amiens, Alfred Caron, *1843 ;* 4 p. in-4°.

1090. — Précis sur la direction de la **route départementale** n° 17 entre Bernaville et Montigny. — Abbeville, Paillart, *1843 ;* 3 p. in-4°.

1091. — Département de la Somme. **Service vicinal.** Rapport général annuel de l'Agent-Voyer en Chef à M. le Préfet du Département. 1855. — Amiens, Duval et Herment, 1855 ; 41 p. in-4° av. 5 tabl.

1092. — Département de la Somme. Règlement général sur les **chemins vicinaux.** — Amiens, Duval et Herment, 1856 ; 94 p. in-8°.

CHAPITRE VIII

ÉLECTIONS

1093. — Département de la Somme divisé en cinq districts. Etat des **électeurs** nommés dans les Assemblées Primaires dudit Département. — Amiens, J. B. Caron l'aîné, 1790; 37 p. in-4°.

Bibl. A. de Caïeu.

1094. — Procès-verbal de l'**Assemblée électorale** du département de la Somme. — Amiens, J. B. Caron l'aîné, 1790 ; 26 p. in-4°.

1095. — Procès-verbal de l'**Assemblée électorale** du District d'Amiens, Département de la Somme ; *25 octobre 1790*. — Amiens, J.-B. Caron l'aîné, 1791 ; 15 p. in-4°.

Bibl. d'Amiens, Hist., n° 3639.

1096. — Etat nominatif des **Electeurs** du Département de la Somme. — Amiens, J. B. Caron, 1791 ; 33 p. in-4°.

Bibl. H. Macqueron.

1097. — Etat nominatif des **Electeurs** du Département de la Somme Assemblés à Abbeville, pour l'élection des Députés à la Convention Nationale. — Abbeville, L. A. Devérité, 4 septembre 1792 ; 33 p. in-4°.

Bibl. A. de Caïeu.

1098. — *Lettre du 29 Brumaire an 4 par* Les Administrateurs du Département de la Somme, Aux Agens, Adjoints et Officiers-Municipaux des Communes, *au sujet des* **élections** *du 15 vendémiaire*. — S. l. n. n. ; 4 p. in-4°.

Bibl. d'Abbeville.

1099. — Liste des **Electeurs** du Département de la Somme nommés dans les Assemblées Primaires de l'an 5° de la République Française. — Amiens, Patin ; 28 p. in-4°.

Bibl. de Roye.

1100. — Liste par ordre alphabétique des **Electeurs** du Département de la Somme, nommés par les Assemblées Primaires de l'an VI de la République Française. — Amiens, Patin ; 15 p. in-4°.

Bibl. d'Amiens, Hist., n° 3639.

1101. — Adresse d'un **Electeur** du Canton de Péronne à MM. les Electeurs du Département de la Somme. — *Amiens*, Caron-Berquier, *vers 1795 ;* 3 p. in-4°.

Bibl. de Roye.

1102. — *Circulaire relative aux* élections *adressée le 28 ventôse an IX, par* Le Préfet du Département de la Somme aux Maires des Communes de ce Département. — S. l. n. n. ; 3 p. in-4°.

1103. — Proclamation pour la tenue de l'**Assemblée** du Canton d'Amiens Sud-Est ; *du 25 brumaire an XII*. — Amiens, Caron l'aîné ; in-4°.

Bibl. d'Amiens, Hist., n° 3639.

1104. — Proclamation pour la tenue de l'**Assemblée** du Canton d'Amiens Sud-Ouest ; *du 25 brumaire an XII*. — Amiens, Caron l'aîné ; 3 p. in-4°.

1105. — Liste des Membres composant le **Collège Electoral** du Département de la Somme. Elections de l'An XIII. — Amiens, Maisnel fils; 8 p. in-4°.

1106. — Liste des membres composant le **collège électoral** de l'arrondissement de Montdidier. An XIII. — S. l. n. n. ; 4 p. in-4°.

Bibl. de M. de Beauvillé.

1107. — Discours prononcé par M. Duval, Juge en la Cour d'Appel, Président du **Collège Electoral** de l'Arrondissement d'Amiens, à l'ouverture de la Session le 12 Floréal an 13, et dont l'Assemblée a voté l'impression. — Amiens, Maisnel fils ; 3 p. in-4°.

1108. — Liste des Membres qui composent le **Collège Electoral** de l'Arrondissement d'Abbeville. Fait à Amiens le 7 Janvier 1811. — S. l. n. n. ; placard in-folio.

1109. — Discours prononcé dans le **Collège électoral** du Département de la Somme, par M. le Baron de Nervo, à la suite de la proclamation de la nomination de M. le Comte de Ségur, Président de ce Collège, comme premier Candidat au Sénat-Conservateur. — *Amiens*, Maisnel fils, *1813 ;* 2 p. in-4°.

1110. — Discours prononcé par M' le Baron Morgan, Maire d'Amiens, Président du **Collège Electoral** de l'Arrondissement d'Amiens, à l'ouverture de la Session le 14 Août 1815. — *Amiens*, Caron-Berquier ; 2 p. in-4°.

1111. — Liste des Membres qui composent le **Collège Electoral** du Département de la Somme. Fait le Dix Septembre 1816. — S. l. n. n. ; placard in-folio.

1112. — Discours prononcé par M' le Comte Adrien de Rougé, Membre de la Chambre des Députés de 1815, Président du **Collège électoral** de l'Arrondissement de Montdidier, à l'ouverture de la Session du 25 Septembre 1816. — S. l. n. n. ; 2 p. in 4°.

1113. — Département de la Somme. Liste alphabétique des **Electeurs**. — Amiens, Maisnel fils, *1819 ;* 13 p. in-folio en placards.

1114. — Liste des **Electeurs** du Département de la Somme, *1819-1820.* — Amiens, Ledien-Canda ; 79 p. in-8°.

1115. — Département de la Somme. **Collège électoral** de ce Département. — Amiens, Caron-Duquenné, *vers 1820 ;* 18 p. in-4°.

1116. — Discours de M. le Duc de Levis, Président du **collège** du département de la Somme. — Amiens, Caron-Duquenne, 1820 ; 3 p. in-4°.

1117. — Discours prononcé à l'ouverture du **collège électoral** du 2ᵉ arrondissement du Département de la Somme le 5 novembre 1820, par M. Morgan de Belloy. — Amiens, Caron-Duquenne, 1820 ; 4 p. in-4°.

1118. — Discours prononcé à l'ouverture du **collège électoral** du 3ᵉ arrondissement du Département de la Somme le 4 novembre 1820 par M. Cornet-Dincourt. — *Amiens*, Caron-Vitet ; 7. p. in-12.

1119. — Discours prononcé par M. le Chevalier Lemarchant de Gomicourt, Officier de l'Ordre Royal de la Légion d'honneur, député sortant, Président du **Collège électoral** du 4ᵉ arrondissement du Département de la Somme. — Amiens, Caron-Duquenne, 1820 ; 3 p. in-4°.

1120. — A Messieurs les **électeurs** du quatrième arrondissement du département de la Somme réunis en la ville de Roye. 1820. — Imp. Baudouin, Paris ; 2 p. in-8°.

Jᵃˡ de l'Impr. et de la Librairie, n° 5970.

1121 — Département de la Somme. Collège électoral du département. Liste

Générale des **Electeurs** composant le Collège. — Amiens, Caron-Duquenne, vers *1824* ; 18 p. in-4°.

1122. — Discours prononcé à l'ouverture du **Collège** du Département de la Somme, le 6 mars 1824, par M. le Marquis de Rougé, Pair de France, Président du Collège. — Amiens, Caron-Duquenne ; 2 p. in-4°.

1123. — Département de la Somme. Discours de M. le Mis de Rougé, Pair de France, Président du **Collège** de ce Département. — Amiens, Ledien-Canda, s. d. ; 3 p. in-8°.

1124. — Discours Prononcé à l'Ouverture de la Session du **Collège électoral** du Département de la Somme, par M^r le Baron Morgan de Belloy, Président. — *Amiens*, Caron-Berquier, vers *1824* ; 7 p. in-12.

1125. — Discours prononcé à l'ouverture du **Collège électoral** du 3e Arrondissement du Département de la Somme le 25 Février 1824, par M. Cornet-Dincourt. — Amiens, Caron-Vitet ; 5 p. in-8°.

1126. — Séance du **Comité Libéral** des Electeurs de l'Arrondissement d'Amiens. — Reims, Ternaux, 1824 ; 14 p. in-12.

Pièce humouristique en forme de parodie.
Bibl. Pinsard.

1127. — A MM. les **Electeurs** des départemens de la Meurthe et de la Somme, le comte de Franclieu, électeur du département de l'Oise. — Paris, Tilliard, 1824 ; 2 p in-8°.

J^{al} de l'Impr. et de la Libr., 1824, n° 851.

1128. — **Vote** d'un véritable royaliste constitutionnel suivant la Charte, en faveur de M. Morgan de Belloy. — S. l., David, s. d. ; 4 p. in-8°.

Bibl. de Bonnault.

1129. — **Vote** d'un royaliste du Collège de Péronne, ami du Roi et de la Charte. — S. l., David, s. d. ; 4 p. in-8°.

1130. — Liste générale des **Electeurs** du Grand Collège séant à Amiens. Novembre 1827. — *Amiens*, Caron-Isnard ; 13 p. in-4°.

1131. — Liste générale des **Electeurs** du deuxième Collège séant à Amiens (Collège intra-muros). Novembre 1827. — Amiens, Caron-Duquenne ; 13 p. in-4°.

1132. — Discours prononcé le 17 novembre 1827, par M. Daveluy-Bellencourt, maire de la ville d'Amiens, président du **collège** du 2me arrondissement électoral (Intra-Muros). — Amiens, Caron-Isnard ; 3 p. in-4°.

1133. — Département de la Somme. Collège du 3me Arrondissement séant à Amiens. Discours prononcé à l'ouverture du **Collège Electoral**, le 17 Novembre 1827, par M. Cornet-Dincourt. — Amiens, Caron-Vitet ; 4 p. in-8°.

1134 — Aide-toi, le ciel t'aidera. Manuel de l'électeur juré. Aux **électeurs** du département de la Somme. — Paris, Cosson, *1827* ; 16 p in-8°.

1135. — Ma pensée électorale aux **Electeurs** du Département de la Somme. — S. l. n. n. n. d. *(probablement 1827)* ; 8 p. in-12.

1136. — Papa Des-Ormeaux ou Colloque sur les **Elections** de Novembre 1827. — A Camon, de l'Imprimerie des Bateliers, dévoués aux Bourbons *(Amiens, Caron-Vitet)* ; 10 p. in-12.

Bibl. H. Macqueron.

1137. — Discours prononcé le 23 juin 1830 par M. Daveluy-Bellencourt, maire de la Ville d'Amiens, président du **collège** du deuxième arrondissement électoral (intra-muros). — Amiens, Caron-Vitet, 3 p. in-4°.

1138. — Discours prononcé par M. le vicomte de Casteja, Président du

Collège électoral séant à Montdidier, le 23 Juin 1830. — S l. n. n. ; 3 p. in-8°.

1139. — Discours prononcé par M. Caumartin Député nommé président de la 2me section du **collège électoral** du département de la Somme, le 29 octobre 1830. — Amiens, Boudon-Caron ; 7 p. in-8°.

1140. — Discours prononcé par M. Caumartin, président provisoire de la première section du **collège électoral** intra-muros, de l'arrondissement d'Amiens, département de la Somme le 5 juillet 1831. — Amiens, Boudon-Caron ; 7 p. in-8°.

1141. — Département de la Somme. Etat représentant la population de chaque commune et le nombre des **électeurs**, réglé conformément à la loi du 21 mars 1831, sur l'organisation du corps municipal. — Amiens, R. Machart, 1832 ; 20 p. in-8°.

1142 — Discours prononcé le 11 décembre 1833 au **Collège Electoral** de la ville d'Amiens par M. Caumartin réélu député après sa nomination à la place de président de chambre à la cour royale d'Amiens. — Amiens, R. Machart ; 8 p. in-12.

1143. — Département de la Somme. **Liste électorale** et du jury pour 1837. — Premier arrondissement électoral. Ville d'Amiens. — Amiens, Machart, 1836 ; 53 p. in-4°.

1144. — Département de la Somme. **Liste électorale** et du jury pour 1837. Quatrième arrondissement électoral composé des cantons d'Ailly-le-haut-Clocher, Ault, Crécy, Gamaches, Hallencourt, Moyenneville, Nouvion, Rue et Saint-Valery. — Amiens, R. Machart, 1836 ; 33 p. in-4°.

1145. — Département de la Somme. **Liste électorale** et du jury pour 1838. Troisième arrondissement électoral. Ville d'Abbeville. — Amiens, R. Machart, 1837 ; 23 p. in-4°.

1146. — Département de la Somme. **Liste électorale** et du jury pour 1838. Quatrième arrondissement électoral... — Amiens, R. Machart, 1837 ; 33 p. in-4°.

1147. — Département de la Somme. **Liste électorale** et du jury. 1843-1844. 5e Arrondissement électoral. *Doullens.* — *Amiens*, Duval et Herment ; 19 p. in-4°.

1148. — Jacques et Guillaume. Seconde **causerie électorale** *en faveur de M. Delapalme contre M. Blin de Bourdon.* — Doullens, Vion, *vers 1845* ; 8 p. in-8°.

Bibl. H. Macqueron.

1149. — Département de la Somme. **Liste électorale** et du Jury 1847-1848. 3e Arrondissement d'Abbeville. Ville d'Abbeville. — Amiens, Duval et Herment ; 17 p. in-4°.

1150. — Département de la Somme. **Liste électorale** et du Jury 1847-1848. 4e arrondissement d'Abbeville. *Cantons ruraux.* — Amiens, Duval et Herment ; 41 p. in-4°.

1151. — Les quatorze **Représentants du peuple** du département de la Somme à l'Assemblée Constituante 1848-1849 jugés au point de vue démocratique et social par H. Hamet, Instituteur, ancien rédacteur du Journal du Santerre et du Noyonnais. — En vente, au bureau des publications républicaines ; 32 p. in-16.

1152. — Election du Président de la République. *Circulaire du Préfet de la Somme aux* **Electeurs** ; *9 novembre 1848.* — Amiens, Lenoel-Hérouart ; 8 p. in-8°.

CHAPITRE IX

ADMINISTRATION MILITAIRE

RÉGIMENTS DE PICARDIE ET DE PONTHIEU

1153. — Ordonnance dv Roy, Portant Reglement pour les **Troupes** qui seront en quartier d'Hyuer ès frontières de Picardie, Isle de France, Champagne, et Eueschez. Du dixiesme Novembre 1654. — Paris, Sebastien Cramoisy, 1654 ; 4 p. in-folio.

Bibl. d'Amiens, Hist., n° 3594.

1154. — Ordonnance du Roy Portant, que le **Logement des Troupes** estant en Garnison dans les Villes et Places de Flandres, Arthois, Haynault, et Picardie, seront faits comme par le passé, sans que les Habitans soient obligez de fournir aucun bois ny chandelle ausdites Troupes. Du quatorziesme Octobre 1660. — Paris, Cramoisy, MDCLX ; 4 p. in-folio.

Bibl. H. Macquéron.

1155. — Arrest du Conseil d'Estat du Roy, Qui Ordonne que les **Veuves des Officiers** de la Mareschaussée de Picardie jouiront des mesmes privileges et exemptions dont jouissaient leurs maris. *Du 4 septembre 1696.* — S. l. n. n. ; 4 p. in-12.

Bibl. H. Macqueron.

1156. — Sur la **défense** de la Coste de Picardie (Extrait des Mémoires de M. le lieutenant général comte de Vault).

Arch. de Pic., t. II, p. 122 à 125 ; in-8°.

1157. — Extrait des Registres du Conseil d'Estat du Roy. *Arrêt, du 16 Mai 1710, relatif aux* **fortifications** *à faire aux villes de Picardie.* — S. l. n. n. ; 3 p. in-4°.

Arch. dép. de la Somme, C, n° 1279.

1158. — Extrait des Registres du Conseil d'Estat. *Arrêt, du 24 juin 1710, relatif aux bois à fournir pour les travaux de* **fortification** *des villes de Picardie.* — S. l. n. n. ; placard in-folio.

Ibid., C, n° 1279.

1159. — Règlement pour la division et l'estendue des **Capitaineries Garde-Costes** de la Province de Picardie. Du 26 Aoust 1721. — Paris, Imprimerie Royale, 1722 ; 4 p. in-4°.

Bibl. Pinsard.

1160. — **Milices** de Picardie. *Ordonnance de l'Intendant Chauvelin, du 15 décembre 1747, relative à la convocation des milices.* — S. l. n. n. ; placard in-folio.

Arch. mun. de Doullens.

1161. — Ordonnance du Roi, concernant les **Milices, Garde-Côtes** des provinces de Picardie, Normandie, Poitou, Aunis, Saintonge et Guyenne. Du 16 mars 1756. — Paris, Imprimerie Royale, 1756 ; 16 p. petit in-folio.

Bibliog. Dufour, n° 60.

1162. — Ordonnance du Roi concernant les **Milices Garde-Côtes** des Provinces de Picardie, Normandie, Poitou, Aunis, Saintonge et Guyenne. Du 5 juin 1757. — Paris, Imprimerie Royale, 1757 ; 15 p. in-folio.

1163. — Règlement concernant le service de la **Garde-côte** en la province de Picardie. Du 30 Mars 1758. — Paris, Imprimerie Royale, 1758; 20 p. in-4°.

Bibl. d'Amiens, Hist, n° 3597.

1164. — **Milices**. Levée du mois de Septembre 1758. De par le Roi. *Ordonnance de l'Intendant Maynon d'Invau, du 10 septembre 1758.* — Amiens, veuve Godart; 8 p. in-folio.

Bibl. d'Amiens, Hist., n° 3594.

1165. — *Ordonnance de l'Intendant Maynon d'Invau, du 10 Mars 1761, sur les fournitures de chevaux et voitures pour l'artillerie et le* **transport des troupes.** — Amiens, veuve Godart, 1761; 7 p. in-4°.

Bibl. d Amiens, Hist., n° 3597.

1166. — Instruction pour les subdélégués de l'Intendance de Picardie, relativement aux opérations des **recrues.** *Du 1er janvier 1764.* — Amiens, veuve Godart, 1764; 3 p. in-folio.

Bibl. d'Amiens, Hist., n° 3594.

1167. — De par le Roi. Instruction pour servir à compter du premier Janvier 1765 aux préposés à la **levée des Recrues** dans la Généralité d'Amiens. *Du 1er janvier 1765.* — Amiens, veuve Godart, 1765; 8 p. in-folio.

Ibid.

1168. — **Milices.** 1766. *Ordonnance de l'Intendant Maynon d'Invau, du 20 février 1766, relative à la convocation de la milice et à la confection des listes des jeunes gens qui doivent tirer au sort.* — Amiens, veuve Godart, 1766.

Arch. munic. de Doullens.

1169. — **Milices.** 1769. *Ordonnance de l'Intendant Dupleix, du 30 Mars 1769, relative à la levée des milices.* — Amiens, veuve Godart, 1769; 3 p. in-folio.

Ibid.

1170. — De par le Roi. *Ordonnance de l'Intendant d'Agay, du 13 Décembre 1771, relative au dénombrement des hommes à faire partie du tirage de la milice.* — Amiens, veuve Godart; 3 p. in-folio.

1171. — De par le Roi. *Ordonnance de l'Intendant d'Agay, du 23 Avril 1773, relative à la convocation des soldats du* **régiment de Péronne.** — S. l. n. n.; 4 p. in-folio.

1172. — De par le Roi. Extrait de l'Ordonnance du Roi, du premier Décembre 1774, concernant les Régimens Provinciaux. — Amiens, veuve Godart, 1775; 26 p. in-folio.

Arch. mun. de Doullens.

Cette pièce qui est un ordre de lever **deux régiments**, un à Péronne et un à Abbeville, renferme des prescriptions nombreuses et intéressantes.

1173. — De par le Roi. *Ordonnance de l'Intendant d'Agay, du 8 Avril 1776, relative aux* **Milices.** — Amiens, Vve Godart; 6 p. in-folio.

1174. — De par le Roi. *Ordonnance de l'Intendant d'Agay, du 2 avril 1777, relative à la levée des* **milices.** — S. l. n. n.; 3 p. in-folio.

1175. — De par le Roi. *Ordonnance de l'Intendant d'Agay, du 20 janvier 1780, relative à la confection du* **rôle pour la milice.** — S. l. n. n.; 3 p. in-folio.

1176. — Extrait du Registre aux Arrêtés du Conseil Général du Département de la Somme, En sa Séance du 3 Août 1792, l'an 4° de la Liberté. *Appel aux* **engagements volontaires.** — Amiens, Caron-Berquier, 1792; 12 p. in-4°.

Bibl. A. de Caieu.

1177. — Extrait du Registre aux Arrêtés... du 6 Août 1792 *fixant le* **contingent** *des gardes nationaux à four-*

nir à l'armée du Nord. — *Amiens*, Fr. Caron-Berquier; 8 p. in-4°.

Bibl. d'Amiens, Hist., n° 3639.

1178. — Extrait du Registre aux Arrêtés... En sa Séance permanente du 2 septembre 1792, l'an 4° de la Liberté et le premier de l'Egalité. *Arrêté frappant le département d'une* **fourniture** *de 900 chevaux, 30 voitures et 300 conducteurs pour l'armée* — *Amiens*, Fr. Caron-Berquier, 1792; 4 p. in-4°.

Bibl. A. de Caieu.

1179. — Loi relative à la formation d'une **Compagnie franche**, sous la dénomination de Chasseurs bons-tireurs de l'Oise et de la Somme. Du 10 Septembre 1792. — Paris, Imprimerie Nationale, 1792; 2 p. in-4°.

Bibl. H Macqueron.

1180. — Extrait du Registre aux Arrêtés de la Commission provisoire du Département de la Somme, en sa Séance du 15 Septembre 1792, l'an quatrième de la Liberté et le premier de l'Egalité. *Arrêté relatif à la* **levée** *du sixième des gardes nationaux et de la moitié des grenadiers et chasseurs du département.* — *Amiens*, Fr. Caron-Berquier, 1792; 6 p. in-4°.

Bibl A. de Caieu.

1181. — Extrait du Registre aux Arrêtés... en sa Séance permanente du 24 septembre 1792, l'an 4° de la Liberté et le premier de l'Egalité. *Nomination de* **commissaires** *civils et militaires pour l'exécution de l'arrêté des 14 et 15 septembre 1792.* — *Amiens*, Fr. Caron-Berquier, 1792; 4 p. in 4°.

1182. — Extrait du Registre aux Arrêtés du Conseil Général du Département de la Somme en sa Séance Publique extraordinaire du 12 Octobre 1792, l'an premier de la République. *Arrêté relatif au* **recensement des chevaux** *et voitures.* — *Amiens*, Fr. Caron-Berquier, 1792; 8 p. in-4°.

1183. — Extrait du Registre aux Arrêtés du Directoire du District d'Amiens. Séance extraordinaire du 17 Mars 1792. *Arrêté répartissant par commune les 1348 hommes du* **contingent**. — S. l. n. n.; 12 p. in-folio.

Bibl. d'Amiens, Hist., n° 3639.

1184. — Extrait du Registre aux Arrêtés du Directoire du District d'Amiens. Séance du 9 juin 1793. *Arrêté relatif à la formation d'un* **corps de 158 pionniers** *et à la répartition du contingent entre chaque commune.* — Amiens, J.-B. Caron; 8 p. in-4°.

Ibid.

1185. — Extrait du Registre aux Arrêtés de la Commission révolutionnaire du Département de la Somme, En sa séance publique du vingt-troisième jour du premier mois de l'an 2 de la République. *Arrêté relatif au service des fournitures des* **étapes de troupes**. — Amiens, Caron-Berquier; placard in-folio.

Arch. mun. de Doullens.

1186. — Les Administrateurs du Département de la Somme à leurs Concitoyens. *Circulaire du 21 Messidor an II pour l'achat par souscription d'une* **frégate**. — Amiens, Fr. Caron-Berquier; 4 p. in-4°.

Bibl. H. Macqueron.

1187. — Extrait du Registre aux Arrêtés du Département de la Somme, En sa séance du 23 Vendémiaire, l'an quatrième de la République. *Arrêté indiquant la répartition par canton des 148 gardes-nationaux que le département doit fournir pour la* **garde du Corps législatif**. — Amiens, Imprimerie des Associés; 8 p. in-4°.

Bibl. H. Macqueron.

1188. — Extrait du Registre aux Arrêtés du Département de la Somme, En sa Séance du 28 Frimaire l'an quatrième de la République. *Arrêté sur* *l'organisation de la* **garde nationale.**— *Amiens*, Fr. Caron-Berquier ; 4 p. in-4°.

Bibl. H. Macqueron.

1189. — Département de la Somme Proclamation du Général de Division Tuncq, commandant dans le Département de la Somme aux Citoyens de tous les Cantons, *relative à l'armement des* **bataillons auxiliaires.** *Du 24 fructidor an VII.* — Amiens, Patin ; placard in-folio.

1190. — Délibération du Conseil Général du Département de la Somme. Du premier Messidor de l'an onze *votant un don de 35000 fr. au gouvernement pour les travaux de* **défense de la baie** *de Somme.* — Amiens, Maisnel fils ; 8 p. in-4°.

Bibl. d'Amiens, Hist., n° 3639.

1191. — La Vallée de la Somme au point de vue **militaire**, par le général Bourelly. — Paris, Chapelot, 1899 ; 32 p. in-8°.

1192. — Essais historiques sur les régimens d'Infanterie, Cavalerie et Dragons par M. de Roussel. **Picardie.** — Paris, Guilly, M.DCC.LXV ; XII, 415 et 4 p. in-8°.

Bibl. H. Macqueron.

1193. — Infanterie française. Le **Régiment de Picardie.** Etude historique par Charles Desmaze. — Paris, Dentu, 1888 ; 232 p. in-12 av. 2 pl.

1194. — Ordonnance du Roi, pour mettre le **Régiment d'Infanterie de Ponthieu** sous le nom d'Austrasie. Du trente-un Mai mil sept cent soixante-seize. — Paris, P.G. Simon, 1776 ; 2 p. in-4°.

1195. — Notice historique sur le **Régiment de Ponthieu,** par Arthur Demarsy. — Abbeville, P. Briez, 1867 ; 13 p. in-8°.

Ext. Mém. Soc. Emul. Abbeville.

CHAPITRE X

ADMINISTRATION JUDICIAIRE

I. GÉNÉRALITÉS.

1196. — *Nomination par la* **Chambre de justice** *établie en novembre 1661 de Adrian Picquet et Jacques Demons comme subdélégués dans les Bailliages d'Amiens, Doullens, Montdidier, Roye, Péronne et S*^{t} *Quentin.* Du 1 février 1662. — S. l. n. n. ; 1 p. in-folio.

Arch. dép. de la Somme, B, n° 20.

1197. — Edit du Roy portant Suppression de la **Jurisdiction des Prevôtés** d'Amiens, Beauquesne et de Beauvoisis, et Réunion à celle du Présidial d'Amiens. Donné à Versailles au mois de Septembre 1748. — *Paris*, Pierre-Guillaume Simon, 1749 ; 8 p. in-4°.

1198. — Lettres Patentes du Roi qui attribuent aux **Baillis et Sénéchaux** des Généralités de Soissons, Amiens et Châlons, la connoissance en première instance, de tous délits concernant l'exploitation des terres, même des incendies. Données à Versailles le trois Juillet 1769. Registrées en Parlement le 11 Juillet 1769. — Paris, P. G. Simon, 1769 ; 4 p. in-4°.

1199. — Ordonnance du **Tribunal criminel** du Département de la Somme Relative à l'Acte constitutionnel présenté au Peuple français par la Convention nationale le 24 juin 1793. — Amiens, J. B. Caron l'aîné, 1793 ; 4 p. in-4°.

1200. — Ordonnance du Tribunal Criminel du Département de la Somme Relative à la promulgation du décret du 23 Ventôse, concernant la **punition des Conspirateurs** et Contre-Révolutionnaires. Extrait des Registres du Tribunal Criminel du Département de la Somme. Du 4 Germinal an 2°. — Amiens, J. B. Caron l'aîné ; 7 p. in-4°.

1201. — Extrait des Minutes aux Arrêtés du Département de la Somme en sa Séance du 3 Prairial an VII. *Arrêté relatif à l'affectation et au règlement des* **prisons**. — Amiens, Caron-Berquier ; 15 p. in-4°.

Bibl d'Amiens, Hist., n° 3639.

1202. — Les **Prisons** en Picardie. Etude historique sur la détention préventive et pénale et sur les prisons anciennes avec trois planches, par M. Darsy. — Amiens, Douillet, 1880 ; 95 p. in-8°.

Ext. Mém. Soc. Ant. Pic.

II. COUTUMES.

§ 1. Coutumes générales.

1203. — Le **Coutumier de Picardie**, contenant les Commentaires De Heu, de Dufresne et de Ricard, sur les Coutumes d'Amiens : De Gosset, sur celle de Ponthieu : De Le Caron, sur Peronne, Mondidier et Roye : De La Villette, nouveau Commentaire sur les mêmes Coutumes : De Dubours, sur Montreuil-sur-Mer : De Le Roy de Lozembrune, nouveau Commentaire sur celle de Boulonois : et l'Histoire abrégée de la Ville de Boulogne et de ses Comtes : Avec des Questions importantes sur plusieurs Articles des mêmes Coutumes, traitées par les plus célèbres Avocats au Parlement. — A Paris, aux dépens de la Société *(Gosselin et Cie)*, M.DCC.XXVI ; 2 vol. in-folio.

Chacun de ces commentaires a un titre spécial, une pagination différente et sa table de matières. Le premier volume comprend les coutumes d'Amiens et d'Abbeville, le second celles de Péronne, Montdidier et Roye, de Montreuil, de Boulenois et les questions de jurisprudence.

1204. — Déclaration du Roi, Qui défend la **Tacite Reconduction** dans les Généralités de Soissons, Amiens et Châlons, pour les Terres et Héritages situés à la Campagne. Donnée à Compiègne le 20 juillet 1764. — Paris, P. G. Simon, 1764 ; 4 p. in-4°.

1205. — Observations et Jugements sur les **Coutumes** d'Amiens..., par M. de Calonne. — Paris, P. G. Simon et N. H. Nyon, 1784 ; 8 p. in-4°.

Prospectus de l'ouvrage qui suit.

1206. — Observations et Jugements sur les **Coutumes** d'Amiens, d'Artois, de Boulogne et de Ponthieu. Sur plusieurs matières du Droit civil et coutumier, Par M. de Calonne, avocat au Parlement. — A Paris, Chez l'Auteur, rue de Bièvre, M.DCC.LXXXIV ; XII-568 p. in-4°.

1207. — Ancien **coutumier inédit** de Picardie contenant les coutumes notoires, arrêts et ordonnances des Cours, Assises et autres juridictions de Picardie, au commencement du quatorzième siècle (1300 à 1323). Publiées d'après le manuscrit français n. 9822-3 de la Bibliothèque royale, par M. A. J. Marnier. — Paris, Techener, 1840 ; 188 p. in-8°.

1208. — Les **Usages locaux** du Département de la Somme, précédés d'un essai d'application des usages ruraux du Nord de la France au projet de code rural, publiés sous la Direction de J. L. Alexandre Bouthors. — Amiens, Alfred Caron. 1861; CIV-335 p. in-8°.

1209. — Essai d'application des **Usages locaux** du Nord de la France au Code rural ; étude faite en commun par les rapporteurs des commissions centrales du Nord (*V. Balson*), du Pas-de-Calais (*H. Clément*) et de la Somme (*A. Bouthors*) avec un avant-propos par J. L. Alexandre Bouthors. — Amiens, Alfred Caron, 1861 ; CIV p. in-8°.

<small>Tirage à part de la première partie de l'ouvrage précédent.</small>

1210. — Les **Asseurements** au XIIIe siècle dans nos villes du Nord. Recherches sur le droit de vergeance, par Pierre Dubois. — Paris, Rousseau, 1900 ; 227 p. in-8°.

§ 2. Coutumes d'Amiens.

1211. — Coustumes generales du **bailliage damiens** avec celles des pvostez de Monstrœul, Biauquesne, Foulloy, Saict Ricquier, Doulles et Biauvoisis nouuellemt publices et decretees en la ville Damiens par Messieurs les comissaires deleguez par le Roy nostre souuerain seigneur sur le faict des coustumes du royaulme de Frāce. — Imprimé par lordonnance desd. comissaires par Nicolas le caron imprimeur et libraire demourāt en ladite ville damiens en la rue de la draperie près le marchie à lymage saict Claude ou au portail de la grande eglise nostre dame.
On lit aux f°s 57 V° et 97 : Imprimé à Amiens par Nicolas le Caron sergent royal au bailliage damiens et imprimeur de livres et ce par Lordonnance de messeignrs les comissaires. — S. d. (*vers 1513*) ; 98 ff. in-8° goth.

<small>D'après M. de Calonne, hist. d'Amiens, t. I, p. 464, c'est le premier livre imprimé à Amiens.
Bibl. de M. de Beauvillé.</small>

1212. — Coustumes generalles du **bailliage damīes** auec celles des preuostez de Monstrœul | Beauquesne Foullois Sainctriquier | Doullens | et Beauuoisis nouuellement publices et decretees en la ville Damiens par messieurs les comissaires deleguez de par le Roi nostre souuerain seigneur sur le faict des coustumes du royaulme de france. — On le vend à paris a la Rue neufue nostre dame a Lagn^s dei ou au pallays au troisiesme pillier. *A la fin* : Imprime a Paris par Guillaume Eustace libraire du Roy demourant à la Rue neufue Nostre dame a Lagnus dei : ou au Palays au troisiesme Pillier. L̄a mil cicq ces et seize ; 96 ff. in-16 goth.

<small>Bibl. d'Amiens, Jurispr., n° 515.</small>

1213. — Cy commencent les coustumes generalles du **bailliage Damiens**. Coustumes generalles du bailliage Damīes auec celles des preuostez de Mostrœul | Beauquesne | Foulloys | sainct Ricquier | Doullens | et Beauuoisis | nouuellement publiees et decretees en la Ville Damiens par messieurs les comissaires deleguez de par le roy nostre souuerain seigneur | sur le fait des coustumes de France.

<small>Coutumes et Statuts partie de la plupart des Baill., Sénéch et Prév. du Roy. de Fr. — Paris, Poncet le Preux, 1536, feuillets LXV à LXLIII ; in-folio goth.
Bibl. d'Amiens, Jurisp., n° 435.</small>

1214. — Coustumes generalles du **bailliage Damyēs** | auec celles des preuostez de Monstrœul | Beauquesne | Foulloys | sainct Ricquier | Doullens et Beauuoisis : Nouellemet publices et decretees en la ville Damyens | par messieurs les commissaires deleguez de par le Roy nostre souuerain seigneur | sur le faict des coustumes du Royaulme de France. — On les vend a

Amyens a la haulte rue nostre dame pres sainct Martin chez Jehan caron libraire. *A la fin* : Fin des coustumes du bailliage Damyens nouuellement | augmetees | additionnees et corrigees oultre les precedentes | et Imprimees pour Jehan caron libraire demourant audit lieu Damyens le xxv° jour de Ianvier mil cinq cens XLVI auant Pasques. — In-8° gothique de CXIII feuillets.

Bibl. d'Amiens, Jurispr., n° 516.

1215. — Coustumes generalles du **Bailliage d'Amyens**, avec celles des Prevostez de Monstrœul, Beauquesne, Foulloys, Sainct-Ricquier, Doullens et Beauuoisis.

Le grand Coustumier général..., par Charles dv Molin. — Paris, Iacques du Pays, M.D.LXVII, t. I, feuillets CCCXXJ à CCCXLVII; in-folio.

1216. — Covstvmes tant generales qve locales et particvlieres dv **Bailliage d'Amiens**, mises et redigées par escript de l'aduis des trois estats dudict bailliaige, par nous Christofle de Thou Cheualier, Conseiller du Roy en son priué conseil, et premier President en sa court de Parlemet, Barthelemy Faye, et Iacques Viole, aussi Conseillers dudict Seigneur en sadicte court, commissaires à ce deputez. — A Paris, Pour Jean Dallier, Libraire demeurant sur le pont Sainct-Michel à lenseigne de la Rose blanche, 1571 ; 8 p. n. n. et 98 feuillets in-4°.

Bibl. d'Amiens, Jurispr., n° 517.

1217. — Covstvmes tant generales qve locales et particvlieres dv **Bailliage d'Amiens**, mises et redigées par escrit de l'aduis dudit bailliage, par nous Christofle de Thou, Cheualier, Conseiller du Roy en son priué conseil et premier President en sa cour de Parlement, Barthelemy Faye, et Iacques Viole, aussi Conseillers dudit Seigneur en sadite cour, commissaires à ce deputez. — A Paris, Pour la veufue Nicolas Rosset, sur le pont sainct Michel, à la Rose blanche, M.D.LXXV ; 8 p. n. n. et 98 feuillets in-4°.

Bibl. H. Macqueron.

1218. — Covstvmes generales du **Bailliage d'Amiens** : et locales et particvlieres, tant des ville, loy, Mairie, Prevoste Escheuinage et banlieue dudit Amiens, que des Preuostez de Monstreul sur la mer ; Foraine de Beauquesne du coste d'Arthois et delà la riuiere d'Authie ; sainct Riquier, Doullens, Foulloy et Vimeux.

Covstvmes génér. et part. de France..., par Ch. du Moulin. — Paris, Morel, 1595, t. I, p. 590 à 644 ; in-folio

1219. — Covstvmes tant generales que locales et particvlieres dv Bailliage d'Amiens, mises et redigees par escrit de l'aduis des trois estats dudict Bailliage, par nous Christofle de Thou, Cheualier, Conseiller du Roy en son Priué Conseil, et premier President en sa Cour de Parlement, Barthelemy Faye et Jacques Viole, aussi Conseillers dudit Seigneur en sadicte Cour, Commissaires à ce deputez. — Amiens, Iacques Hubault, MDCXIII ; 12 p. n. n. et 143 feuillets in-8°.

Bibl. d'Abbeville.

1220. — Covstvmes generales dv **Bailliage d'Amiens** ; et locales et particvlieres, tant des ville, loy Mairie, Preuoste, Escheuinage et banlieue dudit Amies que des Preuostez de Monstreuil sur la mer : Foraine de Beauquesne du costé d'Arthois et de la riviere d'Authie : sainct Riquier, Doullens : Foulloy et Vimeux : mises et redigees par escrit de l'aduis des trois estats dudit Bailliage, par nous Christophe de Thou, Cheualier, Coseiller du Roy en son privé Coseil et premier President en sa Cour de Parlement : Barthelemy Faye, et Iacques Viole, aussi Conseillers dudit seigneur en sadite Cour, commissaires à ce deputez.

Covstvmes génér. et partic. de France, par Ch. du Mouln. — Paris, Fouet, 1635, t. I, p. 590 à 642 ; in-folio.

1221. — Les Covstvmes generales du **Bailliage d'Amiens** commentees par Adrian de Hev, Escuyer sieur de Conty, Conseiller du Roy en ses Conseils d'Estat et Priué, President et Lieutenant General en la Seneschaussée de Ponthieu, et siege Presidial d'Abbeville, auparavant Conseiller audit Bailliage et siege Presidial d'Amiens, avec vne ample table des matieres et questions traitees au present Commentaire, *publiées après sa mort par Nicolas de Boulongne, Procureur du Roi à Abbeville.* — Paris, Gervais Alliot, M.DC.LIII ; in-folio de 12 p. n. n., 741 p. et 133 p. de table n. n. avec portrait.

Bibl. H. Macqueron.

1222. — Covstvmes tant generales que locales et particulieres du **Bailliage d'Amiens,** Auec les Notes de Maistre Charles Du Molin. Et autres remarqves particulieres de M. Jean-Marie Ricard, Aduocat au Parlement. — Paris, Lovys Billaine, M.DC.LXI ; in-12 de 10 p. n. n., 618 p. et 24 p. de table n. n.

1223. — Commentaire svr la Covstvme generale dv **Bailliage d'Amiens,** et svr la Covstvme locale de la Ville, Prevosté et Banlieue dudit Amiens. Ov sont rapportez les Arrests donnez sur l'interpretation d'icelles depuis cinquante ans et plus : Avec vne explication par forme de Conference de plusieurs Articles des Coustumes de Ponthieu, Peronne, et Arthois, voisines qui sont aussi pays de Nantissement. Par M° Iean dv Fresne Aduocat en la Cour de Parlement. — Paris, Estienne Maveroy, M.DC.LXII ; in-folio de 10 p. n. n., 478, 84 p. et 29 p. de table n. n.

1224. — Coustumes tant generales que locales et particulieres du **Bailliage d'Amiens** Avec les Notes de Maistre Charles Du Molin et autres remarques particulieres De M. Jean-Marie Ricard, Avocat au Parlement. — Amiens, Veuve Robert Hubault, M.DC.LXXXIII ; in-8° de 6 p. n. n., 454 p. et 11 p. de table n. n.

1225. — Coutumes du **Bailliage d'Amiens,** tant generales que locales et particulieres avec les Notes de Maitre Charles du Molin et autres Remarques particulieres de M. Jean Marie Ricard, Avocat en Parlement. Augmentees de plusieurs autres nouvelles Remarques. — Paris, Guillaume Cavelier, 1712 ; in-folio de 2 p. n. n., 114 p. et 9 p. de table. n.

1226. — Coutumes generales du **Bailliage d'Amiens** avec celles des Prevôtés de Monstrœul, Beauquesne, Foulloys, Saint-Ricquier, Doullens, et Beauvoisis. 1507.

Le *Nouveau Coutumier général de France*, par Bourdot de Richebourg. — Paris, Brunet, 1724, t. I, p. 113 à 154 ; in-folio.

1227. — 1567. Coutumes generales du **Bailliage d'Amiens** et locales et particulieres, tant des Ville, Loy, Mairie, Prevôté, Echevinage et Banlieue dudit Amiens, que des Prevôtez de Monstrœul sur la mer : Foraine de Beauquesne du côté d'Arthois, et delà la rivière d'Authie : saint Riquier, Doullens, Foulloy et Vimeux : mises et rédigées par écrit de l'avis des trois Etats dudit Bailliage : par nous Christofle de Thou, Chevalier, Conseiller du Roy en son privé Conseil et premier Président en sa Cour de Parlement, Barthelemy Faye et Jacques Viole, aussi Conseillers dudit Seigneur en sadite Cour, Commissaires à ce députez.

Ibid., t. I, p. 167 à 242 ; in-folio.

1228. — Coutumes du **Bailliage d'Amiens,** commentées par Ricard. Nouvelle édition augmentée. — Abbeville, Devérité, 1781 ; in-12 de LXXXIII-292 p. et 36 p. de table.

1229. — Consultation sur la question intéressante si les Dames d'Amiens, séparées de biens d'avec leurs maris, peuvent avoir le privilège particulier de s'attribuer la propriété des meubles

Coustumes generalles du bail
liage damiés auec celles des prenostez
de Monstroeul/Beauquesne/Foullois
Sainct ricquier/Doullens/et Beauuoisis Nou
uellement publiez et decretees en la ville Dami
ens/par messieurs les commissaires deleguez de
par le Roy nostre souuerain seigneur sur le faict
des coustumes du royaulme de France.

On le vend a paris a la Rue neufue nostredame
a L'egn° dei/ou au pallays au troisiesme Pillier

Coustumes ge-
neralles du bailliage Dampés/auec celles des
prenostez de Monstroeul/Beauquesne/
Foullois/sainct Ricquier/Doullens et
Beauuoisis: Nouuellement publieea et
decretees en la ville Dampens/par
messieurs les commissaires deleguez de par le Roy nostre sou
uerain seigneur/sur le faict
des coustumes du Roy-
aulme de France.

On les vend a Ampens a la haulte
rue nostre dame pres sainct Martin
chez Jehan caron libraire.

COVSTVMES
TANT GENERA-
LES QVE PARTICV-
LIERES DV BAILLIAGE D'AMIENS, MI-
ses & redigées par escrit de l'aduis des trois estats dudit
bailliage, par nous Christofle de Thou Cheualier,
Conseiller du Roy en son priué conseil, & premier
President en sa cour de Parlement, Barthelemy Faye,
& Iacques Viole, aussi Conseillers dudit Seigneur en
sadite cour, commissaires à ce deputez.

A PARIS,

Pour la veufue Nicolas Roffet, sur le pont sainct
Michel, à la Rose blanche.

M. D. LXXV.

AVEC PRIVILEGE DV ROY.

Nº 1217

GRANDEUR RÉELLE

et effets de toute la maison conjugale, comme donataires de leur préciput, vulgairement appelé dans ce pays, **Chambre étorée** de ces Dames ; pour avoir la gloire de loger leurs maris chez elles, de manière que leurs époux ne soient plus que de simples hospitaliers de l'hyménée. — Amiens, Maisnel fils, 1807 ; in-4°.

Bibl. H Macqueron.

1230. — Supplément à la consultation sur la **Chambre étorée** des Dames d'Amiens. *Signé : Dematigny*. — Amiens, Maisnel fils, s. d. ; 4 p. in-4°.

1231. — Coutumes locales du **Bailliage d'Amiens**, rédigées en 1507. publiées par M. A. Bouthors. — Amiens, Duval et Herment, 1845 ; 2 vol. in-4° de XVI-536 p. et VIII-816 p.

Ext. Mem Soc Ant. Pic.

Le premier volume contient les coutumes des prévôtés d'Amiens, Beauvoisis, Fouilloy, Vimeu et Saint-Riquier; le second, celles des prevôtés de Doullens, Beauquesne et Montreuil, plus un glossaire et une table analytique.

1232. — Les Coutumes du **Bailliage d'Amiens** rédigées en 1507 publiées par la Société des Antiquaires de Picardie. *Compte rendu signé A. F. D.*

Le Puits artésien, 1842 p. 484 à 490 ; in-8°.

1233. — Théorie des prestations seigneuriales au Moyen-Age servant d'introduction à la cinquième série des Coutumes locales du **Bailliage d'Amiens** que publie la Société des Antiquaires de Picardie, par M. A. Bouthors. — Amiens, Duval et Herment, 1845 ; 28 p. in-4°.

1234. — Rapport sur les Coutumes locales du **Bailliage d'Amiens**, lu à la séance de la Société des Antiquaires de France, du 19 avril 1850, par M. Kœnigswarter. — Paris, Crapelet, 1851 ; 26 p. in-16.

Ext. Ann. Soc. Ant. France.

1235. — *Compte rendu des Coutumes du* **Bailliage d'Amiens**, *publiées par M. Bouthors.*

Bibl. de l'Ecole des Chartes, t. V, 1854, p. 545 à 548 ; in-8°.

1236. — Rapport sur les Coutumes locales du **Bailliage d'Amiens** considérées comme documents historiques.

Arch. hist. et litt. du Nord de la France, par MM. Leroy et Dinaux, t. IV, (1854), p. 372 à 382; in-8°.

1237. — Rapport sur un ouvrage de M. Bouthors, Greffier en Chef de la Cour Impériale, intitulé Coutumes locales du **Bailliage d'Amiens**, par M. Dupin. — Orléans, Coignet-Damaux, *1854* ; 28 p. in 8°.

Ext. du Cte-rendu de l'Acad. des Sc. mor. et polit., 1854.

1238. — *Rapport sur les 4e et 5e séries terminant le t. I des Coutumes locales du* **Bailliage d'Amiens** *par M. Bouthors, par M. P. Masson.*

L'Investigateur, t. VI, IIe série, p. 378 à 383 ; in-8°.

1239. — Si les habitants d'Amiens ont été serfs de leur évêque ? 1er article sur les Coutumes du **Bailliage d'Amiens**, Rédigées en 1507 et publiées par M. Bouthors..., en 1845 et 1853, par *J. Belin de Launay*. — S. l. n. n. n. d. ; 16 p. in-8°.

Ext. de la Picardie.

1240. — La Féodalité ; son organisation, ses droits et son origine. 2e article sur les Coutumes locales du **Bailliage d'Amiens**, par *J. Belin de Launay*. — S l. n. n. n. d. ; 15 p. in-8°.

Ext. de la Picardie.

1241. — La Ghilde n'est pas l'origine de la Commune. 3e article sur les Coutumes du **Bailliage d'Amiens**, par *J. Belin de Launay*. — S. l. n. n. n. d. ; 18 p. in-8°.

Ext. de la Picardie.

1242. — *Notes sur les fiefs dans le*

Bailliage d'Amiens, *suivant la coutume de 1507, par M. Léon Ledieu.*

Bull. Soc. Ant. Pic., t. XX, p. 317 à 341 ; in-8°.

1243. — Coutume locale de la Ville et Banlieue de **Doullens**. — Amiens, Louis Godart, 1738 ; 7 p. in-folio.

Bibl. H. Macqueron.

§ 3. Coutumes de Ponthieu.

1244. — Cayer des Coustumes, vsages et stiles de la Seneschavcee et **Comte de Ponthieu**.

Le Grand Coustumier général, par Ch. dv Molin. — Paris, Iaques du Puy, MDLXVII, t. I, ff.CCCLX à CCCLXXI, in-folio.

1245. — Cayer des Covstvmes Usages et Stiles de la Seneschaussee et **Comté de Ponthieu**, faict par l'office de monseigneur le Seneschal dudit Ponthieu : appellez à ce faire les advocat et procureur du Roy, en icelle Seneschaucee, le greffier et autres officiers d'iceluy seigneur, genz d'Eglise, nobles, bourgeois, bons coustumiers, pour enquerre la verité et effect d'icelles Coustumes, ainsi que led. seigneur l'auoit mandé faire par ses lettres missives et mandement patent.

Covstvmes gén. et partic., par Ch. du Moulin. — Paris, Morel, MDCXV, t I, p. 667 à 685 et autre édition : Paris, Fouet, MDCXXV, in-folio.

1246. — Covstvmes tant generales de la Senéchaussée et **Comté de Ponthieu** que locales et particulieres de la Ville et Banlieue d'Abbeuille. Auec les sommaires de chacun Article, rapport et conference des vns auec les autres, et quelques notes et remarques sur aucuns d'iceux. — A Paris, En la Boutique de Langelier, Chez Iean Gvignard Pere, au premier pilier de la grande Sale du Palais, au Sacrifice d'Abel, MDCLXIV ; 4 p. n. n. et 324 p. in-32.

Bibl. H. Macqueron.

1247. — Coustumés tant generales de la Senechaussee et **Comté de Ponthieu** que locales et particulieres de la Ville et Banlieue d'Abbeville. Avec les Sommaires de chacun Article, rapport et conference des uns avec les autres, et quelques Notes et Remarques sur aucuns d'iceux. — Amiens, Veuve Robert Hubault, M.DC.LXXXV ; 276 p. et 18 p. n. n. in-32.

Il existe une autre édition de la même année chez le même libraire avec un titre identique à celui de la précédente en 6 p. n. n. et 222 p. in-24.

1248. — Cahier des Coutumes, Usages et Stiles de la Senechaussée et **Comté de Ponthieu**.

Nouv Coutum gén. de France, par Bourdot de Richebourg. — Paris, Brunet, 1724, t I, p. 82 à 103 ; in-folio.

1249. — Coutumes locales d'**Abbeville**.

Ibid., t I. p. 104 à 108 ; in folio.

1250. — Coutumes locales du **Marquenterre**.

Ibid., t I, p. 109 à 111 ; in-folio.

1251. — Coutumes générales de la **Sénéchaussée de Ponthieu**. Et celles Locales d'Abbeville, avec les Notes de M. Duchesne et quelques additions Par Mᵉ Delegorgue, Avocat en Parlement et à Abbeville. — Amiens, veuve Godart, M.DCC.LXVI ; 2 vol in-12, le 1ᵉʳ de XX-356 p. et 4 p. n. n. et le 2ᵉ de 254 p. et 113 p. n. n.

Il existe d'autres exemplaires absolument semblables avec le titre suivant : Coutumes générales de Ponthieu et d'Abbeville, commentées par M. Duchesne, avec plusieurs décisions relatives aux coutumes d'Artois et d'Amiens mises en ordre et suivies de quelques additions par M. Delegorgue avocat. — Paris, Saugrain et Lamy, 1779 ; 1 vol. in-12.

Bibliog. Dufour, n° 391.

1252. — Extrait des Registres aux Causes de la **Sénéchaussée de Ponthieu** à Abbeville. *Indication des délais pour sortir des maisons et délaissements* *de fermages avec indication des indemnités*. — Abbeville, Artous, 1766 ; 3 p. in-4°.

Bibl. H. Macqueron.

1253. — Mémoire important et Consultations Sur la nature et les effets de l'hypothèque en Ponthieu. Pour les Officiers de la **Sénéchaussée de Ponthieu**. — *Paris*, Le Breton, 1767 ; 69 p. in-4°.

1254. — Mémoire contenant les motifs de la Déclaration demandée au Roi, par les Officiers de la Sénéchaussée Présidiale d'Abbeville, les Maire, Echevins et les Juges Consuls de la même Ville, sur l'exécution des Articles VIII, XIX, LXXVIII, CXXX, etc, de la **Coutume de Ponthieu**, *par M. Formentin, 1er avocat du Roi en la Sénéchaussée de Ponthieu*. — S. l. n. n. n. d. *(vers 1768)*; 120 p. in-4°.

A la suite et par pagination séparée : Indication des Autorités servant de preuves aux Principes établis au Mémoire et Questions y relatives. — 28 p. in-4°.

1255. — Lettres-Patentes du Roi, Pour la Réformation de la **Coutume de Ponthieu**. Données à Versailles le premier Juillet 1769. Registrées en Parlement, le 11 Juillet 1769. — Paris, Imprimerie Royale, 1769; 3 p. in-4°.

Autre édition : Paris, P. G. Simon, 1769 ; 4 p. in-4°.
Voir aussi J^{al} de Législ., par M. Desprez, 1769, p. 642 à 644 ; in-4°.

1256. — Lettres patentes du Roi concernant la vérification des Coutumes locales et particulières du **Comté de Ponthieu** et de la Ville d'Abbeville. Données à Versailles le 17 Février 1770. Registrées en Parlement le 23 Février 1770. — Paris, Imprimerie Royale, 1770 ; 3 p. in-4°.

Autre édition : Paris, P. G. Simon, 1770 ; 4 p. in-4°.

1257. — Déclaration du Roi, Concernant la vérification et rédaction nouvelle de la Coutume du **Comté de Ponthieu**. Donnée à Versailles le vingt-trois juillet 1777. Registrée en Parlement le 2 Septembre 1777. — Paris, Imprimerie Royale, 1777 ; 8 p. in-4°.

Autres éditions : Paris, P. G. Simon, 1777 ; 7 p. in-4°. — Abbeville, Devérité, s. d. : 4 p. in-4°.

1258. — Lettres-patentes du Roi portant nomination du sieur Lefebvre d'Ammécourt, pour, à la place du sieur Blondeau, procéder avec le sieur Pasquier, à la vérification et rédaction nouvelle de la coutume du **comté de Ponthieu**. Données à Versailles le 6 décembre 1777. — Paris, Simon 1778 ; 4 p. in-4°.

1259. — Lettres patentes du Roi portant nomination du sieur Tandeau de Marsac, pour, à la place du sieur Pasquier, procéder avec le sieur Lefebvre d'Ammécourt à la vérification et rédaction nouvelle de la **coutume de Ponthieu**. Données à Versailles le 9 mars 1783. — Paris, Imprimerie Royale, 1783 ; 3 p. in-4°.

Autre édition. Paris, Simon et Nyon, 1783 ; 3 p. in-4°.

§ 4. Coutumes de Péronne, Montdidier et Roye.

1260. — Covstvmes dv Govvernement de **Péronne, Montdidier et Roye**, mises et redigées par escript, en presence des gens des trois Estatz dudict Gouuernemet, par nous Christofle de Thou, Cheualier, premier Président en la Court de Parlemet, et Conseiller du Roy en son priué Conseil Barthelemy Faye, et Jacques Viole, Conseillers dudit Seigneur, en ladicte Court de Parlement, et Commissaires par luy ordonnez. — A Paris, Par Jehan Dallier, Libraire, demourant sur le pont sainct Michel, à l'enseigne de la Rose blanche, 1569 ; 8 p. n. n. et 64 feuillets in-4°.

Bibl de Roye ; exempl. sur vélin.

1261. — Covstumes du govvernement de **Peronne, Montdidier et Roye**, mises et redigées par escrit, en presence des gens des trois Estats dudit gouuernement, par nous Christofle de Thou, Cheualier premier President en la Cour de Parlement, et Conseiller du Roy en son priué Conseil, Barthelemy Faye, et Iacques Viole, Conseillers dudit Seigneur en ladite Cour de Parlement, et Commissaires par luy ordonnez.

Coust. gén et partic., par Ch. du Moulin. Paris, Morel, 1585 ; Fouet, 1635, t. I, p. 712 à 744 ; in-folio.

1262. — Covstvme dv **Govvernement de Peronne, Montdidier et Roye**. De novvel corrigee, augmentee et amplifiee de plusieurs Nottes, Additions et Obseruations, authorisees d'Arrests seruans à l'explication de plusieurs articles d'icelle. Auec vn Indice fort ample des Villes, Bourgs Villages et Hameaux dudit Gouuernement, diligemment et curieusement recerchez. — Paris, Charles le Qvevx, M.DC.XXI ; VI-204 p. in-24.

Bibl. H. Macqueron.

1263. — Traicté pour montrer qu'en la **coutume de Mondidier** entre nobles la représentation en ligne collatérale n'a lieu quant aux fiefs avitins partagés noblement entre les frères héritiers de leur père, et que l'aisné des frères estant décédé, lequel avoit survescu son second frère, lesdicts fiefs appartiennent au troisiesme frère à l'exclusion de son nepveu, fils du second frère prédécédé, par Claude le Caron, advocat et ancien maieur de Montdidier. — Paris, Denys Langlois, 1629 ; 54 p. in-8°.

Bibl. de M. de Beauvillé.

1264. — Response au traicté de M° Claude le Caron, advocat à Mondidier pour monstrer qu'aux neveux venans par représentation de leurs pères aux successions collaterales avec leurs oncles appartiennent les mesmes droicts et advantages qui eussent appartenu aux pères s'ils eussent survescu, sans aucune réserve ny distinction, par A. M. L. P. A. P. (*Antoine Mutel, lieutenant particulier à Péronne*). — Paris, Claude Morlot, 1630 ; 78 p. in-12.

Bibl. de M. de Beauvillé.

1265. — Réplique à la réponse D. A. M. L. P. A. P. par Claude le Caron, advocat et ancien maieur de Mondidier, pour montrer qu'en la **coustume de Mondidier**, il n'y a de representation quant aux fiefs une fois partagés entre nobles en la succession du père, et que le second frère ayant prédécédé son aisné, le troisième frère est héritier des fiefs à l'exclusion de son nepveu, fils du second frère. — S. l. n. n. n. d. ; 71 p. in-12.

Bibl. de M. de Beauvillé.

1266. — Commentaire svr les Covstvmes dv Gouvernement de Peronne, **Mondidier et Roye**. Fait par M° Clavde le Caron, ancien Aduocat au Parlement de Paris, et au Siege dudit Mondidier, Imprimé apres son deces. Auec vne Table tres ample des articles et des Matieres. — A Paris, Chez Clavde Barbin... et à Amiens, Chez Gilles de Govy, rue des Beaux-Puis, M.DC.LX ; in-8° de 14 p. n. n., 406, 38 et 114 p.

1267. — Style et Vsage des procedvres pour le **Bailliage de Peronne**. — S. l. n. n. n. d. ; 8 p. in-folio.

Bibl. d'Amiens, Hist., n° 3595.

1268. — Covstvmes dv Gouvernement de **Peronne, Montdidier et Roye**, mises et rédigées par escrit, en presence des Gens des trois Estats dudit Gouvernement, par nous Christophe de Thou, Chevalier, premier Président en la Cour de Parlement, et Conseiller du Roy en son Privé Conseil, Barthelemy Faye et Jaques Viole, Conseillers dudit Seigneur en ladite Cour

COVSTVMES

TANT GENERALES de la Senéchauffée & Comté de Ponthieu que locales & particulieres de la Ville & Banlieuë d'Abbeuille.

Auec les sommaires de chacun Article, rappport & conference des vns aueo les autres, & quelques notes & remarques sur aucuns d'iceux.

A PARIS,

En la Boutique de LANGELIER.
Chez IEAN GVIGNARD Pere, au premier pilier de la grande Sale du Palais, au Sacrifice d'Abel

M. DC. LXIV.

COVSTVMES
DV GOVVER-
NEMENT DE PERONNE, MONT-
didier & Roye, mises & redigées par escript, en pre
sence des gens des trois Estatz dudict Gouuernemét,
par nous Christofle de Thou, Cheualier, premier President en la Court de Parlemét, & Conseiller du Roy
en son priué Conseil, Barthelemy Faye, & Iacques
Viole, Conseillers dudict Seigneur, en ladicte Court
de Parlement, & Commissaires par luy ordonnez.

A PARIS,
Par Iehan Dallier, Libraire, demeurant sur le pont
sainct Michel, à l'enseigne de la Rose blanche.
1569.
Auec priuilege du Roy.

de Parlement, et Commissaires par luy ordonnez.

<small>Nouv. Coutum. gén., par Bourdot de Richebourg. - Paris, Brunet, 1724, t. II, p. 627 à 662; in-folio.</small>

1269. — Coutumes de la Gouvernance et **Prevosté de Peronne.**

<small>Ibid., t. II, p. 593 à 626; in-folio.</small>

1270. — Lettres patentes du Roi, concernant les Baux à cens dans le ressort de la Coutume de **Peronne, de Montdidier et de Roye.** Données à Versailles, le 24 juin 1781. — Paris, P. G. Simon, 1781; 4 p. in-4°.

1271. — Usages locaux de l'**arrondissement de Péronne** et des cantons circonvoisins (Acheux, Corbie, Rosières et Roye). — Péronne, Quentin, 1898; 58 p. in-16.

III. LISTES DU JURY.

1272. — Liste des Citoyens qui doivent former le **Juré de Jugement** pour le Trimestre d'Avril 1792, dans le Département de la Somme. — *Amiens*, Caron-Berquier, 1792; 8 p. in-4°.

<small>Toutes les pièces reprises sous les n°⁵ 1272 à 1314 inclus se trouvent à la Bibl. d'Amiens, Hist., n° 3642.</small>

1273. — **Juré d'Accusation.** Trimestre de Juillet 1792. Liste des Citoyens qui... serviront, pour le District d'Amiens, de Jurés dans les Accusations, depuis le premier Juillet jusqu'au premier Octobre 1792. — S. l. n. n. d.; 2 p. in-4°.

1274. — Liste des Citoyens qui doivent former le **Juré de Jugement,** pour le Trimestre de Juillet 1792, dans le Département de la Somme.— Amiens, J. B. Caron l'aîné, 1792; 8 p. in-4°.

1275. — **Juri spécial** d'accusation formé sur la réquisition de M. le Directeur du Juri du Tribunal du District d'Amiens... *(17 Aout 1792).* — S. l. n. n.; 2 p. in-4°.

1276. — Liste des Citoyens qui doivent former le **Juré de Jugement,** pour le Trimestre d'Octobre 1792, dans le Département de la Somme.— Amiens, J. B. Caron, 1792; 8 p. in-4°.

1277. — Juré spécial de jugement formé... pour procéder, dans le courant du Mois d'Octobre prochain, à l'examen et au Jugement du procès de **J. B. Thuillier,** prévenu de contrefaction de Mandats. *Du 26 septembre 1792.* — S. l. n. n.; 2 p. in-4°.

1278. — Juré spécial de jugement formé... pour procéder dans le courant du mois de novembre prochain, à l'examen et au jugement du procès de **Jean Hautefeuille,** accusé d'exposition et distribution de faux Assignats. — Amiens, J. B. Caron, 1792; 2 p. in-4°.

1279. — Liste des Citoyens qui... serviront pour le District d'Amiens de **Jurés dans les Accusations,** depuis le premier Janvier jusqu'au premier Avril 1793. — *Amiens,* Caron-Berquier; 2 p. in-4°.

1280. — Liste des Citoyens qui doivent former le **Juré de Jugement,** pour le trimestre de Janvier 1793, dans le Département de la Somme. — Amiens, J. B. Caron, 1793; 8 p. in-4°.

1281. — **Juré spécial** de jugement formé..... pour procéder dans le courant du mois de mars prochain à l'examen du et au jugement du procès des Citoyens **Pierre Gricout,** Jacques Gricourt, Aldegonde et Flavy Degouy, accusés d'avoir distribué sciemment de faux Mandats. — S. l. n. n., *1793*; 2 p. in-4°.

1282. — Liste des Citoyens qui doivent former le **Juré de Jugement,** pour le trimestre d'Avril 1793, dans le Département de la Somme. — Amiens, J. B. Caron, 1793; 8 p. in-4°.

1283. — Juré spécial de jugement formé sur la réquisition du Tribunal

Criminel du Département de la Somme..... pour procéder dans le courant du mois de Juin prochain, à l'examen et au Jugement du Procès de **Pierre Nostry**, prévenu d'avoir falsifié un Bon de trente-cinq Rations, dont il a reçu le montant. — S. l. n. n., *1793*; 4 p. in-4°.

1284. — Liste des Citoyens qui doivent former le **Juré de Jugement** pour le trimestre de Juillet 1793, l'an 2ᵉ de la République françoise, dans le Département de la Somme. — Amiens, J. B. Caron, 1793; 8 p. in-4°.

1285. — Juré spécial de Jugement formé..... pour procéder, dans le courant du mois de septembre prochain, à l'examen et au Jugement du Procès de **Lejeune, Hordé et Chapellier**, accusés de distribution de faux assignats de cinq livres, lesquels accusés n'ont pu être jugés dans la session dernière. — S. l. n. n., *1793*; 3 p. in-4°.

1286. — Liste des Citoyens qui doivent former le **Juré de Jugement** pour le trimestre d'octobre 1793, l'an 2ᵉ de la République françoise, une et indivisible, dans le Département de la Somme. — Amiens, J. B. Caron, 1793; 8 p. in-4°.

1287. — Juré spécial de Jugement formé..... pour procéder dans le courant de Frimaire prochain (*an II*), à l'examen et au jugement du procès d'**Augustin Caron**, accusé d'avoir fait usage d'un faux passe-port, et d'**Aléaume Clérentin**, accusé de distribution de faux assignats de cinq livres. — Amiens, J. B. Caron, 1793; 3 p. in-4°.

1288. — Juré spécial de Jugement formé..... pour procéder dans le courant de Nivôse prochain à l'examen et au jugement du procès de François **Marlié** et Marie-Joseph **Lanquin**, accusés d'avoir distribué de faux assignats de cinq, dix et deux cens Livres. — Amiens, J. B. Caron, an II; 2 p. in-4°.

1289. — Département de la Somme. District d'Amiens. Liste des Citoyens qui..... doivent composer le **Juri**, tant d'Accusation, que de Jugement, pendant les mois de Germinal, Floréal et Préréal de cette année. — Amiens, Caron-Berquier, *an II*; 8 p, in-4°.

1290. — Département de la Somme. District d'Amiens. Liste des Citoyens qui..... doivent composer le **Jury**, tant d'Accusation que de Jugement, pendant les mois de Germinal, Floréal et Prairial de cette année. — Amiens, de l'Imprimerie des Associés, *an III*; 7 p. in-4°.

1291. — Liste des Citoyens, qui composent le jury spécial de jugement des affaires criminelles relatives aux subsistances, notamment celles du citoyen **Charles-Joseph Callé**, garde-magasin des fourrages de Doullens. — Amiens, de l'Imprimerie des Associés, *an III*; 3 p. in-4°.

1292. — Liste des Citoyens qui doivent composer le **Juri de Jugement** près le Tribunal criminel du Département de la Somme, pendant le Trimestre qui commencera au premier Vendémiaire an IVᵉ. — Amiens, J. B. Caron, an III ; 8 p. in-4°.

1293. — Liste des Citoyens qui, en conformité de l'article 519 du Code des Délits et Peines, doivent composer le Jury spécial de Jugement, pour procéder dans le courant de Vendémiaire prochain (*an IV*) au Jugement des nommés **Divincourt**, ex-Commissaire du Directoire Exécutif près l'Administration Municipale d'Auxi-la-Réunion, accusé d'avoir été l'un des Chefs de la Force armée qui s'est portée, du Département du Pas de Calais, dans celui de la Somme, en la Commune d'Hiermont; Jean-Martin Verdet; Antoine-Joseph Verdet; Martin Chartier, accusés d'avoir soustrait une Voiture de Bled, appartenante à la République; Alexis Frère, et Gabriel Clément tous deux Gendarmes, accusés d'avoir laissé échapper un Déserteur autrichien. — Amiens, Patin, *an IV*; 4 p. in-4°.

1294. — Liste des Citoyens qui, en conformité..... doivent composer le **Jury spécial** de jugement, pour procéder dans le courant de Floréal prochain (*an IV*), au jugement des infractions à la loi du 4 Frimaire dernier, concernant les jeunes gens de la Réquisition, et aux affaires relatives aux subsistances. — *Amiens*, J. B. Caron; 3 p. in-4°.

1295. — Liste des Citoyens qui..... doivent composer le **Juri spécial** de Jugement, pour procéder, dans le courant de Fructidor (*an IV*) prochain, aux Jugemens des infractions à la Loi du 4 Frimaire et aux affaires relatives aux Subsistances. — S. l. n. n. n. d.; 3 p. in-4°.

1296. — Liste des Citoyens qui... doivent composer le Jury spécial de Jugement, pour procéder dans le courant de Brumaire prochain (*an V*), au Jugement des nommés **Riflard et Leroi**, le dernier accusé de malversation comme Garde forestier et le premier de complicité : Alexis et Louis Fidel Dubois, accusés de résistance à l'exécution des actes émanés des autorités constituées ; de Nicolas Lucas et Consors, accusés d'opposition à la libre circulation des subsistances. — Amiens, de l'Imprimerie des Associés ; 4 p. in-4°.

1297. — Liste des Citoyens qui... doivent composer le Jury spécial de Jugement, pour procéder au Jugement des nommés **Philippe Mortier** et **Marie-Anne Ferrière**, accusés de rébellion à la Gendarmerie et aux ordres émanés des Autorités constituées ; François Darras, dit Camus, accusé de rébellion à Ordonnance de Justice ; et Pierre Froidure, dit Bailly, accusé de rébellion à un Garde-Forestier dans l'exercice de ses fonctions avec assassinat non consommé. — Amiens, Patin, *an V*; 2 p. in-4°.

1298. — Liste des Citoyens qui... doivent composer le Jury spécial de Jugement, pour procéder au Jugement des nommés **Joseph Dutemple**, Concierge de la Maison du Dépôt, dit Bicêtre, accusé d'avoir favorisé l'évasion de deux Prisonniers : Pierre François Langlet, dit Frisé, accusé de rébellion à un Garde-Forestier, dans l'exercice de ses fonctions, avec assassinat tenté à plusieurs reprises ; Jean Dequesne, accusé de rébellion à Ordonnance de Justice ; Jean-Baptiste Bocquet, accusé d'être porteur de faussemonnaie et d'en avoir voulu distribuer ; Joseph Lefebvre et Etienne Lafleur, Contumaces, accusés de faux ; Antoine Morillon accusé de rébellion à un garde de la Maison du Dépôt, dit Bicêtre, dans l'exercice de ses fonctions ; et Victor Ducroquet, dit Poulain, accusé d'avoir spolié un Prisonnier des mains du Concierge de la Maison du Dépôt, dit Bicêtre. — Amiens, Patin, *an V*; 4 p. in-4°.

1299. — Liste des Citoyens qui... doivent composer le Jury spécial de jugement, pour procéder au jugement des nommés **Pierre Lebrun**, militaire, natif de Rouen et Jean Baptiste Leclerq, aussi militaire, de Remiremont, Département des Vosges, accusés de rébellion à la gendarmerie avec armes, et Jean Baptiste Bouderuelle, garçon meunier, demeurant au faubourg de Hem de cette commune, accusé d'être fabricateur et distributeur de fausses pièces de trente sols. — S. l. n. n., *an V*; 4 p. in-4°.

1300. — Liste des Citoyens qui doivent composer les **Jurys d'Accusation et de Jugement** pendant le Trimestre de*... de la République pour les cinq Arrondissements du Département de la Somme.

*Nivôse, de l'an V.	Amiens,	Patin;	16 p. in-4°.
Germinal de l'an V.	»	»	15 p. in-4°.
Messidor de l'an V.	»	»	16 p. in-4°.
Vendémiaire de l'an VI.	»	»	16 p. in-4°.
Nivôse de l'an VI.	»	»	16 p. in-4°.
Germinal an VI.	»	»	16 p. in-4°.

Messidor an VI	Amiens, Imp.d.Assoc.; 20 p in-4°.
Nivôse an VII.	» Caron-Berquier; 15 p. in-4°.
Germinal an VII.	» Patin; 16 p. in-4°.
Vendémiaire an VIII.	» Imp.d.Assoc.; 18 p. in-4°.
Nivôse an VIII.	» J. B. Caron; 15 p. in-4°.
Germinal an VIII.	» Caron-Berquier; 19 p. in-4°.

1301. — Liste des Citoyens qui... doivent composer le Jury spécial pour procéder au Jugement des nommés 1° d'**Antoine Cheriez**, Marchand de Tabac, demeurant en la Commune de St-Souplet, canton du Câteau, Département du Nord. accusé de distribution de fausse monnaie ; 2° de Geneviève Haraux, veuve Franchette, de Méharicourt, accusée de distribution de faux sous ; 3° et de Charles-Antoine Obré Badestamier à Beleuse, Marie Loriot, sa femme, Sophie Obré, leur fille ; Jean-Baptiste Tartarin, garçon orfèvre à Ath. présens : et Louis Wassel, Marchand audit Beleuse, absent et contumace, tous cinq accusés de fabrication et distribution de fausse monnaie. — Amiens, Caron-Berquier, *an VI*; 4 p. in-4°.

1302. — Liste des Citoyens qui... doivent composer le Jury-Spécial pour procéder au Jugement des nommés 1° **Domice Debrailly**, accusé de complicité de Banqueroute frauduleuse ; 2° Antoine Roussel de Moyenneville, Contumace accusé de faux en écriture authentique et publique. — Amiens, Caron-Berquier, *an VI*; 4 p. in-4°.

1303. — Liste des Citoyens qui... doivent composer le Jury spécial pour procéder au jugement des nommés 1° **François Morvillers**, percepteur, demeurant à Aumont, accusé de faux en écriture authentique et publique ; 2° Augustin Tranel, praticien à Bertheucourt, contumace, accusé de faux en écriture et 3° Antoine Roussel, de Moyenneville, contumace aussi accusé de faux en écriture authentique et publique. — Amiens, de l'Impr. des Associés, *an VI*; 3 p. in-4°.

1304. — Liste des Citoyens qui... doivent composer le Jury spécial pour procéder au jugement du nommé **Nicolas-Joseph Doresmieulx**, accusé de faux en écriture. — Amiens, de l'Impr. des Associés, *an VI*; 3 p. in-4°.

1305. — Liste des Citoyens qui... doivent composer les Jurys spéciaux pour procéder au jugement des nommés **Louis Pelsé**, dit Sagnier, et de Nicolas Leclerq, dit Colin Magnan. accusés le premier de rébellion contre un garde de la maison de dépôt de Bicêtre, et le second d'insultes graves envers un Fonctionnaire public, de menaces de tuer, d'incendier, etc. — Amiens, de l'Impr. des Associés, *an VI*; 3 p. in-4°.

1306. — Liste des Citoyens qui... doivent composer le Juri Spécial, pour procéder au Jugement 1° Des nommés **François Piron**, M^d; Joseph Henique, Vallet de charrue ; Joseph Bacquet, Mulquinier ; Florentin Diéval, Linier ; Augustin Vasseur, Charpentier, demeurans à Gueudecourt ; Jean-Baptiste Bertrand, Cordonnier ; Valentin Lepaine, Mulquinier ; Etienne Delmotte, Mulquinier, demeurans à Flers, et Nicolas Boubert, Mulquinier à Lesbœuf, tous accusés d'attroupement séditieux ; 2° de Nicolas Langlet, de Wattéblery, accusé de rébellion à ordonnance de justice. — Amiens, J. B. Caron, *an VII*; 4 p. in-4°.

1307. — Liste des Citoyens qui... doivent composer le Jury spécial de Jugement 1° De la nommée Bonne-Charlotte Danzenau, veuve de Charles Oger, domiciliée à Arras, accusée de Faux ; 2° d'**Augustin Carpentier**, Chasse-Meunier, d'Hangest-sur-Somme, aussi accusé de Faux ; 3° Enfin de Charles Machoire, Percepteur de la Contribution foncière de la Commune de Grandecourt, y demeurant, Contumax, accusé également de faux. — Amiens, Patin, *an VII*; 4 p. in-4°.

1308. Liste des Citoyens qui...

doivent composer le Juri spécial pour procéder au Jugement du nommé **Antoine Barbier**, Gardien de la Maison d'Arrêt de Montdidier, accusé d'avoir favorisé l'évasion de huit détenus confiés à sa garde. — Amiens, Patin, *vers l'an IX*; 3 p. in-4°.

1309. — Liste des Citoyens qui... doivent composer le Juri spécial de Jugement, pour procéder, dans le courant de Vendémiaire présent mois, au Jugement du nommé **Jean Thiébault**, accusé de rébellion à Ordonnance de Justice. — Amiens, Patin, *vers l'an IX*; 3 p. in-4°.

1310. — Liste des **Jurés spéciaux** d'Accusation et de Jugement pour le trimestre de Vendémiaire an 9 Formée par le Préfet du Département de la Somme concurremment avec le Conseil de Préfecture de la manière prescrite par la loi du 6 Germinal an VIII. — Amiens, R. Varlé; 20 p. in-4°.

1311. — Liste des Citoyens qui doivent composer les **Jurys ordinaires** d'Accusation et de Jugement pendant le trimestre de*... de la République, formée par le Préfet de la Somme

*Vendémiaire an 9,	S. l. n. n. n. d.;		17 p. in-4°.
Germinal an 9.	Amiens,	Patin;	16 p. in-4°.
Messidor an 9.	»	»	16 p. in-4°.
Vendémiaire an X.	»	Maisnel fils;	16 p. in-4°.
Nivôse an 10.	»	»	15 p. in-4°.
Germinal an 10.	»	»	15 p. in-4°.
Messidor an 10.	»	»	15 p. in-4°.
Vendémiaire an XI.	»	»	15 p. in-4°.
Nivôse an XI.	»	»	15 p. in-4°.
Germinal an XI.	»	»	16 p. in-4°.
Messidor an XI.	»	»	15 p. in-4°.
Vendémiaire an douze.	»	»	16 p. in-4°.
Nivôse an 12.	»	»	15 p. in-4°.
Germinal an 12.	»	»	15 p. in-4°.
Messidor an 12.	»	»	15 p. in-4°.

1312. — Liste des Citoyens qui doivent former les **Juris spéciaux** d'Accusation et de Jugement pendant le Trimestre de*... de la République, formée par le Préfet du Département de la Somme

*Nivôse an 9.	Amiens,	Patin;	15 p. in-4°
Germinal an 9.	»	»	15 p. in-4°
Messidor an 9.	»	»	15 p. in-4°.
Vendémiaire an 10.	Amiens,	Maisnel fils;	15 p. in-4°.
Nivôse an 10.	»	»	15 p. in-4°.
Germinal an 10	»	»	15 p. in-4°.
Messidor an 10.	»	»	12 p. in-4°.
Vendémiaire an XI.	»	»	11 p. in-4°.
Nivôse an XI	»	»	11 p. in-4°.
Germinal an onze.	»	»	11 p. in-4°.
Messidor an 11.	»	»	11 p. in-4°.
Vendémiaire an douze.	»	»	11 p. in-4°.
Nivôse an 12.	»	»	11 p in-4°.
Germinal an 12	»	»	11 p. in-4°.
Messidor an 12.	»	»	11 p. in-4°.

1313. — Liste des Citoyens qui doivent composer les **Juris ordinaires** d'Accusation et de Jugement pendant le trimestre de Vendémiaire an 13, formée par le Préfet du département de la Somme. — Amiens, Maisnel fils; 15 p. in-4°.

Une liste analogue a été publiée dans la même forme chaque trimestre jusqu'en avril 1811.

1314. — Liste des Citoyens qui doivent composer les **Juris spéciaux** d'Accusation et de Jugement pendant le trimestre de Vendémiaire an 13, formée par le Préfet du Département de la Somme. — Amiens, Maisnel fils; 10 p. in-4°.

Une liste analogue a été publiée dans la même forme chaque trimestre jusqu'en avril 1811.

IV. JUGEMENTS RENDUS PAR LE TRIBUNAL CRIMINEL DE LA SOMME

1315. — Jugement rendu par le tribunal du District d'Amiens, qui condamne Florimond **Malot**, graveur en cuivre, à faire amende honorable, nud en chemise, la corde au cou, tenant une torche de cire ardente, du poids de deux livres, au devant de l'Eglise Cathédrale, avec écriteau, portant ces mots: Fabrication de faux Papiers-Monnoies ; ce fait, conduit sur la Place du grand Marché, pour y être pendu et étranglé jusqu'à ce que mort s'ensuive par l'Exécuteur des Jugemens criminels ; et attendu l'absence du coupable, ordonne que le Jugement sera exécuté par effigie : Décharge Adélaïde Voclin, femme Malot, d'accusation et ordonne son élargissement. Du 19 Novembre 1791. — Amiens, J. B. Caron l'ainé, 1791 ; 4 p. in-4°.

Bibl. d'Amiens, Hist., n° 3659.

1316. — Jugement du Tribunal criminel du Département de la Somme qui, sur la déclaration du Juré de Jugement, portant : que Philippe et Theodore **Brulé** et Pierre Antoine **Morel**, sont convaincus d'avoir enlevé et pillé des branchages et bourées appartenant au sieur Souillart, Propriétaire et ci-devant Seigneur de Beaucourt, District de Péronne, sous prétexte que les arbres étaient plantés sur une Commune. Condamne lesdits Brulé et Morel, à trois mois de détention, et en une amende double du dédommagement dû au sieur Souillard, Propriétaire. Du Samedi 15 Juin 1792. — Amiens, Caron l'ainé, 1792 ; 7 p. in-4°.

1317. — Jugement en dernier ressort, rendu par le Tribunal du District d'Amiens, qui condamne Pierre-François **Evrotte**, en huit années de fers, et à être attaché par l'Exécuteur des Jugemens Criminels, à un Poteau, placé sur un Echafaud, dressé sur la Place publique d'Abbeville, pour y demeurer exposé pendant six heures aux regards du Peuple, avec Ecriteau au dessus de sa tête, comme atteint et convaincu d'avoir volé avec effraction extérieure, dans la maison du sieur Godart au Village de Dominois, Canton de Cressy, District d'Abbeville. Du Samedi 30 Juin 1792. — Amiens, J. B. Caron, 1792 ; 6 p. in-4°.

Bibl. de Bonnault.

1318. — Jugement en dernier ressort rendu par le Tribunal du District d'Amiens, qui condamne Louis **Fauchart**, en huit années de fer, et à être attaché par l'Exécuteur des Jugemens Criminels, à un poteau, placé sur un échafaud, dressé sur la Place publique d'Abbeville, pour y demeurer exposé pendant six heures au regard du peuple, avec écriteau au-dessus de sa tête, comme atteint et convaincu d'avoir volé plusieurs effets dans l'auberge du Cerceau d'Or, en la ville de Rue. Du vendredi 13 Juillet 1792. — *Amiens*, Caron-Berquier, 1792 ; 6 p. in-4°.

Bibl. d'Amiens, Hist., n° 3659.

1319. — Jugement du Tribunal criminel du Département de la Somme, qui, sur la déclaration du Juré de Jugement, portant que Pierre **Seillier** est convaincu d'avoir distribué sciemment des faux Billets de la Caisse Patriotique d'Amiens. Condamne ledit Seillier, à la peine de six années de fers ; ordonne qu'il sera dressé dans la Place publique d'Abbeville un poteau sur un échafaud, auquel sera appliqué un Ecriteau portant ses noms, sa profession, son domicile, la cause de sa condamnation, et le présent Jugement lequel demeurera exposé pendant six heures aux regards du Peuple. Du 17 juillet 1792.— Amiens, J. B. Caron, 1792 ; 8 p. in-4°.

Ibid.

1320. — Jugement du Tribunal criminel du Département de la Somme qui, sur la déclaration du Juré de Jugement, portant qu'il a été volé vingt-un Moutons chez le sieur Petit, fermier à la Halle, Banlieue d'Abbeville ; qu'Ulphe **Leclerc** est convaincu de les avoir volé dans un lieu clos et fermé, attenant à une maison habitée, et pendant la nuit : Condamne ledit Leclerc à la peine de six années de Fers, et à être exposé sur un échafaud aux regards du Peuple, sur la Place publique d'Abbeville avec un écriteau, dans la forme prescrite par la Loi. Du 16 Août 1792. — Amiens, J. B. Caron l'ainé, 1792 ; 6 p. in-4°.

Ibid.

1321. — Jugement ..... qui, ... condamne Jean **Mortagne**, dit Martin, Tonnelier au village de Naours, Jean-Baptiste Cantillon, Manouvrier au même lieu, et Adrien Joseph Briquet, du

Grand Rolcourt, à la peine de huit années de fer, pour vol commis pendant la nuit, dans une maison habitée, après avoir été préalablement exposés aux regards du Peuple pendant six heures dans la Place publique de Doullens. Du 15 octobre 1792. — Amiens, J. B. Caron l'ainé, 1793 ; 8 p. in-4°.
Ibid.

1322. — Jugement ..... qui..., condamne Jean-Baptiste **Roussel**, Charretier, demeurant ci-devant à Hédouville, à quatre ans de détention, pour avoir volé un mouton dans un des parcs du Village d'Argœuve, après avoir été préalablement exposé aux regards du peuple pendant deux heures : ordonne en outre, attendu la récidive, qu'après avoir subi sa peine, Roussel sera transféré pour le reste de sa vie, au lieu fixé pour la déportation des malfaiteurs. Du 7 Septembre 1693. — Amiens, J. B. Caron l'ainé ; 6 p. in-4°.
Ibid.

1323. — Décret de la Convention Nationale du 3 Octobre 1793, l'an second de la république Françoise, une et indisible, qui annulle deux Jugemens rendus par le Tribunal du District d'Amiens et le Tribunal criminel du Département de la Somme, relativement à Jean-Baptiste **Dailly**, accusé d'avoir demandé une cocarde blanche, et ordonne de traduire Dailly au Tribunal Révolutionnaire. — Paris, de l'imprimerie nationale exécutive du Louvre, an II ; 3 p. in-4°.
Bibl. H. Macqueron.

1324. — Jugement ..... qui ..... condamne Victoire Fourdrin, femme de Denis **Racine**, journalier à Saint-Valery-sur-Somme, à quatre années de réclusion dans la maison de force de cette Commune, après avoir été préalablement exposée, pendant six heures, aux regards du peuple, pour un vol de vache commis dans la maison du nommé Fouache, à Saint-Blimond. Du 18 Nivôse, l'an 2ᵉ de la République françoise. — Amiens, J. B. Caron l'ainé ; 8 p. in-4°.
Ibid.

1325. — Jugement ..... qui ....., condamne Françoise Franson, veuve de Jean Pierre **Cocquerel**, de *Péronne* à la peine de 8 années de réclusion dans la maison de force, après avoir été préalablement exposée pendant six heures aux regards du peuple, et Béatrice **Picault** à une année de détention *(sic)* dans la même maison par forme de police correctionnelle, pour recélement et vol commis dans une maison habitée. Du 19 Nivôse, l'an deuxième de la République Françoise. — Amiens, J. B. Caron l'ainé, an IIᵉ ; 8 p. in-8°.
Ibid.

1326. — Jugement .... , qui ..... condamne Auguste **Labrousse**, natif de Melun, Volontaire au Bataillon de la Réunion de Paris, en garnison à Péronne, à la peine de douze années de fers, après avoir été préalablement exposé aux regards du peuple pendant six heures, pour viol commis en la personne de Marie-Anne Françoise Lecreux, âgée de cinq à six ans. Du 20 Nivôse, an deuxième. — Amiens, J. B. Caron l'ainé ; 6 p. in-4°.
Ibid.

1327. — Jugement ..... , qui ....., condamne Jacques **Fournier**, Marchand forain, demeurant habituellement à Sens, département de la Côte d'Or, actuellement soldat au vingtième régiment de dragons, en garnison à Abbeville, et François **Pérot**, vigneron, demeurant à Vevre-sous-Pranger, département de la Haute-Marne, actuellement soldat audit régiment, à la peine de dix années de fers, après avoir été préalablement exposés aux regards du peuple pendant six heures, pour Vols commis chez les nommés Millot, cabaretier à Villers-sous-Mareuil, et Cordier, cultivateur à Boencourt. Du 21 Nivôse, an II. — Amiens, J. B Caron l'aîné ; 8 p. in-4°.

Ibid.

1328. — Jugement du tribunal criminel du département de la Somme, séant à Amiens, du 19 Floréal, l'an deuxième de la République Française, qui, sur la déclaration du Jury, condamne Pierre **Ducrocq**, Laboureur et Cabaretier demeurant à Monthières, Canton de Gamaches, à la peine de six années de détention, et deux heures d'exposition, attaché à un poteau, sur un échafaud dressé sur la place publique d'Abbeville, où le Juré d'accusation a été tenu, pour avoir volé une volée à charrue et des rouelles de charrue dans les champs. — Abbeville, Decaisne ; 7 p. in-4°.

Bibl. d'Amiens, Hist., n° 3659.

1329. — Jugement .... du 18 thermidor l'an deuxième de la République Française, une et indivisible, qui déclare contumax le nommé **Lafleur**, garçon Meûnier chez le Citoyen Houin fils, à la Bouvaque près Abbeville et le condamne à la peine de 4 années de fer, avec exposition préalable pendant six heures sur la place publique d'Abbeville pour avoir volé un sac de bled au magasin de la République établi à la Caserne d'Abbeville. — S. l. n. n. ; placard infolio.

Bibl. H. Macqueron.

1330. — Jugemens du tribunal criminel du département de la Somme qui condamnent Jean-Baptiste-Claude-Simon **Hareux**, Juge de paix du Canton extérieur d'Avre-libre (ci-devant Roye) en deux cens vingt-cinq livres d'amende, et le privent pendant quatre ans des droits de citoyen, pour omissions, négligences et fautes graves dans l'exercice de ses fonctions. Du 14 Messidor an II°. — Amiens, J. B. Caron-l'aîné ; 6 p. in-4°.

Ibid.

1331. — Jugement ....., du 17 Fructidor, l'an deuxième de la République Française, qui, sur la déclaration du Jury, condamne Angélique **Lesage**, femme Dumas, Madeleine Lesage, sa sœur, fileuses de coton, domiciliées à Abbeville, rue de la Prison, à quatre années de réclusion dans la maison de force, avec exposition préalable pendant six heures, attachées à un poteau sur un échafaud dressé sur la Place publique d'Abbeville aux regards du peuple, où le Jury d'accusation a été tenu, pour être les auteurs ou complices du vol, d'un paquet de mouchoirs commis le dix Messidor, en la boutique du Citoyen Fréchon fils, Marchand et Officier Municipal à Abbeville.— Abbeville, A. Decaisne ; 10 p. in-4°.

Bibl. d'Amiens, Hist , n° 3659.

* **1332.** — Jugement du tribunal révolutionnaire condamnant à la peine de mort C. **Marangé**, pour avoir entretenu des correspondances réactionnaires à Abbeville et autres lieux. — An II ; 10 p. in-4°.

1333. — Jugement du Tribunal criminel du département de la Somme, qui condamne Pierre-François **Poëtes**, Chasse-Meunée, de la Commune de Mézerolles, convaincu de Désertion et d'avoir fait sciemment usage d'un passeport faux, à la peine de huit années de fer, après avoir été préalablement exposé pendant six heures, aux regards du Peuple. Du 21 Germinal an III. — Amiens, Imprimerie des Associés ; 6 p. in-4°.

Bibl. d'Amiens, Hist., n° 3659.

1334. — Jugement ....., qui ....., condamne Hubert **Leblanc**, déserteur Autrichien, Domestique chez le citoyen Thuilier, Cultivateur à Francières, à la peine de quatorze années de fers, pour avoir volé des assignats chez ledit Thuilier avec effraction extérieure et intérieure, après avoir été préalablement exposé dans la Place publique d'Abbeville, sur un échafaud pendant six heures aux regards du Peuple. Du 20 fructidor an III. — Abbeville, Devérité ; 8 p. in-4°.

Bibl. d'Abbeville.

1335. — Jugement du tribunal criminel du département de la Somme, qui condamne Joseph **Lebon**, Député du Département du Pas-de-Calais à la Convention Nationale à la peine de mort, pour, étant en mission dans le même Département, avoir exercé des Oppressions, Persécutions, Cruautés, Vengeances personnelles, et avoir, par abus de ses fonctions, dans l'exercice de ses Pouvoirs, provoqué l'Assassinat judiciaire d'un grand nombre de Citoyens. Du 13 Vendémiaire an 4°. — Amiens, de l'Imprimerie des Associés ; 16 p. in-4°.

Bibl. d'Amiens, Hist., n° 3659.

1336. — Procès de Joseph **Lebon**, membre de la députation du département du Pas-de-Calais à la Convention nationale, condamné à la peine de mort par le tribunal criminel du département de la Somme, recueilli audit tribunal par la citoyenne Varlé. — Amiens, de l'Imprimerie des Associés, s. d. ; 2 vol. in-8° de 371 et 196 p.

Bibliogr. Dufour, n° 258.

1337. — Jugement du tribunal criminel du Département de la Somme, séant à Amiens, qui, sur la déclaration du Juri, condamne Pierre-Joseph **Roussel**, demeurant en la commune de Bus, District de Doullens, à la peine de six années de fers, pour avoir volé pendant la nuit chez le citoyen Venier, Cultivateur à Brailly, un Bidet et une Bride, après avoir été préalablement exposé dans la Place Publique d'Abbeville sur un échafaud pendant six heures aux regards du Peuple. Du 18 Brumaire an IV. — Abbeville, L. A. Devérité ; 7 p. in-4°.

Bibl H Macqueron

1338. — Jugemens des tribunaux criminels des départemens du Pas-de-Calais et de la Somme, qui condamnent 1° Jean-Baptiste **Damerval**, Maçon et Marchand de Tabac demeurant à Vinacourt, à la peine de mort pour vols commis à force ouverte, avec violences envers les personnes, et dessein de tuer, dans l'intérieur d'une maison, où il s'était introduit à l'aide d'effraction extérieure ; 2° Louis-Jean-Pierre Morin.. Des 20 Floréal et 21 Thermidor an IV. — Amiens, de l'Imprimerie des Associés ; 20 p. in-4°.

Bibl. d'Amiens, Hist , n° 3659.

1339. — Jugemens du Tribunal criminel du Département de la Somme, qui condamnent, par forme de Police Correctionnelle, Adrien **Blondel**, Matelot-Pêcheur, demeurant à Noyelle-sur-Mer, à trois mois de prison pour vol. Et Barthelémi **Tellier**, Tailleur d'Habits. demeurant à Saint-Riquier, en deux années d'emprisonnement et à une amende de dix fois sa Contribution mobiliaire pour rébellion à la gendarmerie dans ses fonctions. *Du 15 fructidor au IV.* — Amiens, Patin ; 4 p. in-4°.

Bibl. A. de Caïeu.

1340. — Jugement, qui condamne Nicolas **Farcy**, dit Codin, de Belloy-sur-Somme, convaincu de Vol commis avec effraction, en Bande et à main armée accompagné d'assassinat non consommé à la peine de Mort. Du 22 Thermidor an V. — Amiens, Patin et C¹ᵉ ; 6 p. in-4°.

Bibl. d'Amiens, Hist., n° 3659.

1341. — Jugemens du Tribunal Criminel du Département de la Somme, qui condamnent Jean-Baptiste **Cantillon**, âgé de trente-quatre ans, Marchand de Tabac et Coconnier, demeurant en la Commune de Naours, à la peine de mort, pour Vol commis la nuit à force ouverte et violence envers les Personnes, avec effraction, par plusieurs Personnes porteurs d'armes à feu ou de toutes autres armes meurtrières, avec préméditation et attaque à dessein de tuer : Et Louis **Boncourt**, âgé de trente-trois ans, ancien Marchand de légumes, actuellement Mendiant demeurant en la Commune de Guyencourt à la peine de mort, pour Meurtre commis avec préméditation. Du 22 Messidor an 5°.

— Amiens, Patin et C¹⁰ ; 8 p. in-4°. Ibid.

1342. — Extrait des Registres du **Tribunal Criminel** du Département de la Somme. — Amiens, Patin ; in-4°.

Série de pièces relatant les condamnations prononcées par ce tribunal dans les ans V, VI, VII et VIII.

CHAPITRE XI

ADMINISTRATION ECCLÉSIASTIQUE

I. GÉNÉRALITÉS.

1343. — **Bénéfices** du Diocèse d'Amiens.
Pouillé général cont. les bénéf. de l'Archev. de Reims... — Paris, Alliot, 1648 ; 97 p. in-4°.

1344. — **Etat ecclésiastique** de la Province de Picardie.
Etat de la France..., par M. de Boulainvilliers. — Londres, 1752, t. III, p. 74 à 97 ; in-8°.

1345. — **Evêché** d'Amiens.
Recueil hist. et chronol. des Archevêchez et Evêchez de France par Dom Beaussier. — Paris, Mesnier, MDCCXXVI, t. II, p. 629 à 648 ; in-4°.

1346. — Instrumenta **Ecclesiæ Ambianensis**.
Gallia Christiana, t. X, col. 281 à 360 ; in-folio.

1347. — **Ecclesia Ambianensis** cujus Metropolis Remi.
Gallia Christiana, t. X. col. 1146 à 1377 ; in-folio.

1348. — Lettre circulaire de Mgr l'Evêque d'Amiens au Clergé de son Diocèse, à l'occasion de l'impression des **Actes de l'Eglise d'Amiens**. *Du 2 février 1848*. — Amiens, Lenoel-Herouart ; 4 p. in-4°.

1349. — **Actes de l'Eglise d'Amiens**, recueil de tous les documents relatifs à la discipline du diocèse de l'an 811 à l'an 1848, avec une notice sur tous les Evêques d'Amiens, publié par Mgr Jean-Marie Mioland, évêque d'Amiens. — Amiens, Caron et Lambert, 1848-1849 ; 2 vol. in-8° de CXX-494 p. et XX-825 p.

Ouvrage rempli de documents intéressants.

1350. — Dénombrement du **Temporel** de l'Evêché d'Amiens en 1301, publié et annoté par J. Garnier. — Amiens, veuve Herment, 1859 ; 206 p. in-8°.

Ext. Mém. Soc. Ant. Pic.

1351. — Quelles ont été les phases diverses de la **Liturgie** dans le Diocèse d'Amiens ? par M. l'abbé Roze.

Congrès scientif. d'Amiens, p. 478 à 486 ; in-8°.

1352. — **Bénéfices** de l'Eglise d'Amiens ou Etat général des Biens, Revenus et Charges du Clergé du Diocèse d'Amiens en 1730 ; avec des notes indiquant l'origine des Biens, la répartition des Dimes, etc., par F. I. Darsy. —

Amiens, E. Caillaux, 1869-1871 ; 2 vol. in-4° de LXII-510 p. et 511 p. av. une carte.

<small>A la fin du tome II, se trouve cette mention : Editæ Tabulæ dum Galliam deprædabantur et vastabant Borussi voraces. Ineluctabilis dolor.</small>

1353. — **Bénéfices** de l'Eglise d'Amiens ou Etat général de ses biens, revenus et charges en 1730. Extrait contenant l'introduction et tout ce qui concerne la ville d'Amiens et son ancienne banlieue, par F. I. Darsy. — Amiens, Caillaux, 1869 ; LXII-142 p. in-4°.

<small>Tirage à part d'une partie de l'ouvrage précédent.</small>

1354. — **L'Eglise d'Amiens** de 1734 à 1856 ou simples Notes pour servir à la continuation du Gallia Christiana, par l'abbé J. B. M. Roze. — Amiens, Lenoel-Herouart, 1871 ; III-313 p. in-8°.

<small>Ext. de la Picardie.</small>

1355. — Rapport sur l'ouvrage de M. l'abbé Roze, ayant pour titre : l'**Eglise d'Amiens** de 1734 à 1856, par M. Salmon.

<small>Bull. Soc. Ant. Pic., t. XI, p. 129 à 139 ; in-8°.</small>

1356. — De l'**Administration du Diocèse** d'Amiens pendant la vacance du siège épiscopal, par M. l'abbé Duval. Discours lu dans la Séance publique du 1er Décembre 1878.

<small>Mém. Soc. Ant. Pic., t XXVI, p 495 à 507, in-8°.</small>

1357. — **Nécrologe** de l'Eglise d'Amiens, par M. l'abbé Roze. — Amiens, Douillet, 1885 ; 243 p. in-8°.

<small>Ext. Mém. Soc. Ant. Pic</small>

1358. — Rapport (*sur le* **Nécrologe** *de l'Eglise d'Amiens*) pour le prix d'Histoire (Fondation Leprince), fait au nom de la Commission par M. Darsy.

<small>Bull Soc. Ant. Pic., t. XIV, p 280 à 294, in-8°.</small>

1359. — Etat général de l'**ancien Diocèse** d'Amiens contenant les 130 paroisses du Diocèse de Noyon qui y sont annexées depuis le Concordat de 1801, dressé d'après les Pouillés de 1648, 1736 et 1772, par l'Abbé Paul Decagny. — Amiens, Lenoel-Herouart, 1866 ; 179 p. in-8°.

<small>Ext. de la Picardie.</small>

1360. — Le **Clergé** de l'Eglise d'Amiens en 1789, par M. Darsy.

<small>Mém. Soc. Ant. Pic., t XXXI, p. 449 à 457 Fragment de la préface de l'ouvrage qui suit.</small>

1361. — Le **Clergé** de l'Eglise d'Amiens en 1789, par M. F. I. Darsy. — Amiens, Yvert et Tellier, 1892 ; 399 p. in-4° av. 1 pl.

<small>Ext. Mém. Soc. Ant. Pic.</small>

1362. — **Ordo** divini officii recitandi ivxta ritvm Breviarij et Missalis Ecclesiæ Ambianensis pro anno 1673. — Ambiani, apud Viduam Roberti Hubault, MDCLXXIII ; 41 p. in-12.

<small>Cette pièce ainsi que tous les autre Ordo que nous avons pu retrouver et presque tous les avis synodaux, conférences ecclésiastiques et mandements qui seront ci-après mentionnes se trouvent dans la bibliothèque de M. l'abbé Gosselin.</small>

1363. — **Ordo** divini officii recitandi juxta ritum Breviarij et novi Missalis Ambianensis pro anno... authoritate... D. D. Francisci Favre.

<small>* 1676. Ambiani, Viduae Roberti Hubault, 1676, 35 p. in-12.
1677.   »   »   »   »   1677 ; 31 p in-12.
1684.   »   »   »   »   1684 ; 34 p in-12.</small>

1364. — **Ordo** divini officij recitandi juxta ritum Breviarij et Missalis Ambianensis pro anno 1693... authoritate... D. D. Henrici Feydeau de Brou... — Ambiani, apud Viduam Roberti Hubault, MDCXCIII ; 31 p. in-12.

1365. — **Ordo** divini officij recitandi juxta rubricas Breviarij et Missalis Ambianensis... pro singulis diebus Anni M.DCC.IX. — Ambiani, apud Carolum Caron-Hubault, MDCCIX ; 35 p. in-12.

1366. — **Ordo** divini officii recitandi missamque celebrandi juxta ritum Brz viarii et Missalis Ambianensis... pro singulis diebus anni Domini*... — Ambiani, apud*...

M DCC XXXIII.	Carolum Caron-Hubault;		33 p. in-12.
M DCC L.	Viduam Caroli Caron-Hubault,		74 p. in-12.
M.DCC LVIII.	»	»	»	79 p. in-12.
M DCC.LXV.	»	»	»	44 p. in-12.
M.DCC.LXVI.	»	»	»	80 p. in-12.
M.DCC.LXVIII.	»	»	»	80 p. in-12.
M DCC.LXIX.	»	»	»	78 p. in-12.
M DCC.LXX.	»	»	»	79 p. in-12.
M DCC.LXXII.	Ludovicum Carolum Caron;		42 p. in-12.
M DCC LXXIV.	»	»	»	74 p. in-12.
M DCC LXXV.	»	»	»	73 p. in-12.
M DCC LXXVI.	»	»	»	74 p. in-12.
M.DCC LXXVII.	»	»	»	44 p. in-12.
M.DCC.LXXVIII.	»	»	»	78 p. in-12.
M DCC LXXIX.	»	»	»	44 p. in-12.
M.DCC LXXX.	»	»	»	44 p. in-12.
M DCC LXXXI.	»	»	»	44 p. in-12.
M DCC LXXXII.	»	»	»	44 p. in-12.
M.DCC LXXXIV.	»	»	»	42 p. in-12.
M.DCC.LXXXV.	»	»	»	40 p. in-12.
M DCC.LXXXVI.	»	»	»	73 p. in-12.
M.DCC.LXXXVII.	»	»	»	44 p. in-12.
M.DCC.LXXXVIII.	»	»	»	78 p. in-12.
M DCC.LXXXIX.	»	»	»	77 p. in-12.
M.DCC.XC.	Franciscum Caron-Berquier;		76 p. in-12.
M.DCC XCI.	Jean-Bapt. Caron Majorem;		39 p. in-12.
M.DCC XCII.	Fr. Caron-Berquier,		40 p. in-12.
M.DCC.XCIII.	»	»	42 p. in-12.
M DCCC.I.	»	»	46 p. in-12.
M DCCC II.	Jean-Bapt.Caron majorem;		43 p. in-12.
M.DCCC III.	»	»	»	46 p. in-12.
M.DCCC.IV.	»	»	»	48 p. in-12.
M DCCC V.	»	»	»	44 p. in-12.
M.DCCC.VI.	»	»	»	42 p. in-12.
M.DCCC.VII.	»	»	»	42 p. in-12.
M.DCCC.VIII.	»	»	»	48 p. in-12.
M.DCCC.IX.	»	»	»	48 p. in-12.
M DCCC.X.	»	»	»	48 p. in-12.
M.DCCC XI.	»	»	»	43 p. in-12.
M.DCCC.XII.	»	»	» VII-44 p. in-12.
M DCCC XIII.	»	»	»	42 p. in-12.
M.DCCC XIV.	»	»	»	42 p. in-12.
M DCCC XV.	»	»	»	42 p. in-12.
M.DCCC.XVI.	»	»	»	40 p. in-12.
M.DCCC.XVII.	»	»	»	54 p. in-12.
M.DCCC.XVIII.	»	»	»	36 p. in-12.
M DCCC XIX.	»	»	»	50 p. in-12.
M.DCCC.XX.	Caron-Duquenne ; 34-VIII p. in-12.
M DCCC.XXI.	»	»	34-VIII p. in-12.
M.DCCC XXII.	»	» XV-34-VIII p. in-12.
M.DCCC XXIII.	»	» XVI-40-VIII p. in-12.

1367. — **Ordo** divini officii recitandi missamque celebrandi juxta ritum Breviarii Ambianensis pro singulis diebus anni*... — Ambiani*... — *A la suite et par pagination séparée* : Tableau du Clergé du Diocèse d'Amiens, dédié à Messieurs les Ecclésiastiques,

M.DCCC.XXIV.	Caron-Duquenne : XX-44-V et 40 p in-12.
M.DCCC.XXV.	» » XXVI-44 et 40 p. in-12.
M.DCCC XXVI.	Caron-Vitet; XXVI-48 et 45p. in-12.
M DCCC XXVII.	» » XXIV-45 et 44 p. in-12
M.DCCC.XXVIII.	» » XXIV-42 et 46 p. in-12.
M.DCCC.XXIX.	» » XXIV-42 et 50 p. in-12.
M.DCCC.XXX.	» » XXIV-41 et 50 p. in-12.
M.DCCC.XXXI.	» » XXI-44 et 50 p. in-12.
M DCCC XXXII.	» » VIII-44 et 52 p. in-12.
M.DCCC.XXXIII.	» » VIII-22-36 et 51 p. in-12.
M.DCCC.XXXIV.	» » VIII-23-40 et 51 p. in-12.
M DCCC.XXXV.	» » VIII-23 40 et 50 p. in-12.
M DCCC.XXXVI.	» » XX-35 et 50 p. in-12.
M DCCC.XXXVII.	» » XX-46 et 52 p. in-12
M.DCCC.XXXVIII.	» » XX-46 et 52 p. in-12.
M.DCCC.XXXIX.	» » XX-44 et 53 p. in 12.
M.DCCC.XL.	» » XX-104 p. in-12.
M.DCCC XLI.	» » XX-112 p. in-12.
M.DCCC XLII.	» » XXIV-105 p in-12.
M.DCCC.XLIII.	Lenoel-Herouart ; XXII-100 p. in-12.
M DCCC XLIV.	» » XXII-102 p. in-12.
M DCCC XLV.	» » XVI-66 et XI p. in-12.
M.DCCC.XLVI.	» » XVI-64 p. in-12.
M.DCCC.XLVII.	» » XVI-67 et 60 p. in-12.
M.DCCC.XLVIII.	» » XII-34-67 et IV p. in-12.
M DCCC.XLIX.	» » XVI-34 et 65 p. in-12.
M.DCCC.L.	» » XVI-34 et 89 p. in-12.

Depuis cette époque, l'Ordo a continué à paraître chaque année dans la même forme.

II. ADMINISTRATION TEMPORELLE.

RAPPORTS DE L'ÉGLISE ET DE L'ÉTAT.

1368. — Decretum Summæ Curiæ Parisiensis, quo declaratur Regem in vacationibus Canonicatuum Ambianensium **jus Regalium** non habere. Anno MCCCXXVIII.

Spicilegium..... d'Achery, 1723, t. I, p. 716 et s. ; in-folio.

1369. — Lettres *de Philippe de Valois, du 10 Juillet 1336*, par lesquelles le Roy ordonne que l'Evesque d'Amiens sera contraint, par saisie de son temporel, de ne plus lever des amendes sur les **nouveaux mariez,** qui habiteront avec leurs épouses.

Ordonn. des Rois de Fr., t. II, p. 117 et 118; in-folio.

1370. — Sommaire ov factvm pour les Syndic et **Deputez du Clergé** du

Diocèse d'Amiens Contre M⁰ Laurent Denis, cy-deuant Greffier des Insinuations Ecclesiastiques dudit Diocese. — 1653 ; 4 p. in-4°.

Bibl. d'Amiens, Hist., n° 3814, t. I, n° 3
Au sujet de la remise des registres de l'Evêché.

1371. — Si un Officier (*le* **bailli de l'Evêché** *d'Amiens*) qui a servi pendant plus de quarante années, peut être destitué par l'Evêque nouvellement pourvu. *Arrêt, du 19 janvier 1655, jugeant la destitution légitime.*

Nouv. rec. de quest. notab., par Soefve — Paris, 1682, t. I, p 442 et 443, in-folio.

1372. — Arrest de la Cour de Parlement de Paris Pour Monseigneur l'Evesque d'Amiens contre quelques Particuliers qui denioient d'apporter leurs Pastes au **Four bannal** de l'Euesché. *Du 16 Septembre 1657.* — S. l. n. n. ; 2 p. in-4°.

Bibl. d'Amiens, Hist , n° 3814, t. I, n° 6.

1373. — Extraict des Registres du Conseil Priué du Roy. *Arrêt, du 31 Aout 1660, relatif à des saisies faites sur les* **bénéficiers du diocèse** *d'Amiens.* — S. l. n. n. ; 4 p. in-folio.

Arch. dep. de la Somme, C, 1576.

1374. — *Arrêt, du 31 Janvier 1662, jugeant que le Roi n'a pas le* **droit de Régale** *dans l'Evêché d'Amiens.*

J⁻ˡ des Aud du Parlem., par Jamet de la Guessière. — Paris, 1757, t. II, p. 66 et 67 ; in-folio.

1375. — *Arrêt relatif aux* **portions congrues** *de divers curés du diocèse d'Amiens : du 15 décembre 1671.* — S. l. n. n. ; 4 p. in-4°.

Bibl. d'Amiens, Hist , n° 5561.

1376. — Extrait des Registres dv Conseil privé dv Roy. *Arrêt relatif aux* **portions congrues** *de certains curés du diocèse d'Amiens ; du 27 avril 1672.* — S. l. n. n. ; 3 p. in-4°.

Ibid.

1377. — Extrait des Registres au Conseil privé du Roy renvoyant à son Grand Conseil la Demande en **Portion congrue** de certains Curés du Diocèse d'Amiens. 1672. Document retrouvé et publié par l'Abbé J. A. Armand. — Abbeville, Fourdrinier, 1896 ; 11 p. in-8°.

Ext. Cab. hist. Pic. et Art.

1378. — A Nosseigneurs de l'Assemblée générale du Clergé. *Requête des Chapitres d'Amiens, Saint-Quentin, Péronne et autres bénéficiers de la province de Picardie, au sujet d'un arrêt du 21 janvier 1721, qui met à leur charge la* **réparation des nefs** *des églises et des presbytères* Signé : *Couet de Montbayeux.* — S. l. n. n. ; in-folio.

Bibl. Natle, f° Fm, 194.

1379. — Mémoire pour le Clergé Seculier et Regulier de la Province de Picardie. Pour Messieurs les Ducs de St Simon et de Chaulnes Pairs de France, les sieurs Marquiz de Nesle de Clermont et Destourmelles, et autres Seigneurs distinguez de la Province de Picardie. Et pour le Corps de la Noblesse de la même Province. *Réclamation contre un arrêté de l'Intendant, du 16 janvier 1721, qui enjoignait aux propriétaires exempts de contribuer a la* **réparation des églises** *et presbytères, suivant un rôle spécial joint à l'arrêté.* — S. l. n. n. n. d. ; 7 p. in-folio.

Bibl. d'Amiens, Hist., n° 3594.

1380. — Addition au premier mémoire pour le Clergé et la Noblesse de Picardie, au sujet des Réparations ou **Constructions des Nefs** des Eglises et des Presbytères. — *Paris*, V. L. Vaugon, 1724 ; 6 p. in-folio.

1381. — Addition au mémoire pour le Clergé et la Noblesse de Picardie. Au sujet des Réparations ou **Construction des Nefs** des Eglises de la Campagne et des Presbytères. — S. l., J. Josse, 1724 ; 4 p. in-folio.

1382. — Abrégé des trois mémoires présentez au Conseil du Roy, par le

Clergé et la Noblesse de Picardie. Au sujet des Réparations ou **Constructions des Nefs** des Eglises, et des Presbitères de la Campagne. — S. l. n. n. n. d. ; 6 p. in-folio.

1383. — Memoire de ce qui doit être observé à l'occasion des demandes en **construction** ou réparations des Presbitaires, ou des **Nefs d'Eglises**. *Ordonnance de l'Intendant Chauvelin, du 27 mai 1728.* — S. l. n. n. ; 3 p. in-folio.

Bibl. de Galametz.

1384. — Lettre circulaire du Syndic du Clergé d'Amiens, *du 25 avril 1739, communiquant un Arrêt du Conseil du 3 mars 1739, sur les* **droits de contrôle** *et d'insinuation*. — S. l. n. n. ; 11 p. in-folio.

Bibl. d'Amiens, Hist., n° 3815, 8.

1385. — Arrest du Conseil d'Etat du Roi, qui fait défenses au sieur Tavernier, Greffier des **Insinuations ecclésiastiques** d'Amiens, d'enregistrer et insinuer aucuns actes du genre et de la qualité de ceux énoncés en l'article premier du tarif du 29 septembre 1772, qu'ils n'aient été préalablement contrôlés, à peine de demeurer personnellement garant et responsable des droits de contrôle qui en résulteront, et de deux cents livres d'amende par chaque contravention : Et qui le décharge par grâce et sans tirer à conséquence. des demandes dirigées contre lui, pour raison des actes qu'il avoit insinués, sans qu'ils eussent été revêtus de la formalité du contrôle, à la charge de se conformer à l'avenir aux règlemens, sous les peines y portées. Du 25 avril 1774. — *Paris*, Guillaume Desprez ; 4 p. in-4°.

* **1386.** — Mémoire signifié pour le **syndic du clergé** du diocèse d'Amiens contre les officiers municipaux de la même ville. *Signé : Rigault.* — *Paris*, d'Houry, 1780 ; in-4°.

Bibl. Nat^{le}, 4° Fm, 419.

* **1387.** — Observations pour le **syndic du clergé** du diocèse d'Amiens sur le mémoire imprimé des officiers municipaux de cette ville. *Signé : Rigault.* — *Paris*, d'Houry, 1780 ; in-4°.

Bibl. Nat^{le}, 4° Fm, 420.

1388. — Instruction pastorale de Monseigneur l'Evêque d'Amiens, *sur la* **Constitution civile** *du Clergé ; du 25 août 1790.* — Paris, J. B. N. Crapart. 1790 ; 95 p. in-8°.

Bibl. H. Macqueron.

1389. — **Réfutation** d'une instruction pastorale de Monseigneur l'Evêque d'Amiens : Imprimée à Paris chez Crapart ; Par la Société des Amis de la Constitution d'Amiens. — Amiens, Fr. Caron-Berquier, 1790 ; 30 p. in-8°.

* **1390.** — Coup d'œil philosophique sur la brochure qui a pour titre **Instruction pastorale** de Mgr l'Evêque d'Amiens. *par Devérité*. — Abbeville, Devérité, 1790 ; in-8°.

Pouy, Rech. sur l'Imp. et la Libr., n° 37.

1391. — Les Administrateurs du Département de la Somme aux François de ce Département. *Proclamation relative à la* **Constitution civile** *du Clergé ; 18 décembre 1790*. — Amiens, J. B. Caron l'aîné, 1791 ; 14 p. in-4°.

Bibl. A. de Caieu.

1392. — Reflexions d'un citoyen sur l'adresse *relative à la* **Constitution civile** *du Clergé*, envoyée à MM. les Curés d'Amiens, de la part du Département de la Somme pour être lue au Prône de la Messe Paroissiale. — S. l. n. n., *décembre 1790* ; 6 p. in-8°.

Bibl. H. Macqueron.

1393. — Déclaration de M. l'Evêque d'Amiens au sujet du **Serment civique**. — S. l. n. n., *1790* ; 12 p. in-8°.

1394. — Les loisirs d'un curé déplacé ou les actes de l'**église constitutionnelle**.

Cet ouvrage est une espèce de revue parue en 31 numéros in-8°, rappelant les faits de l'histoire religieuse dans la Somme en 1791 et 1792.

Bibl. de M. l'abbé Gosselin.

1395. — Loi Relative à une Délibération du Département de la Somme, au sujet du remplacement des Ecclésiastiques Fonctionnaires publics, refusant de **prêter le Serment** Donnée à Paris, le 4 Février 1791. — Paris, Imprimerie Royale, 1791 ; 3 p. in-4°.

1396. — Extrait du Registre aux Délibérations du Directoire du Département de la Somme. Du 19 Février 1791. *Convocation des électeurs pour la* **nomination de l'Evêque** *du département.* — Amiens, J. B. Caron l'aîné, 1791 ; 7 p. in-4°.

1397. — Loi relative à la **circonscription des Paroisses** de Péronne, Npelle, Montdidier, Roye, Doulens, Abbeville et autres Paroisses du Département de la Somme. Donnée à Paris le 1er Juin 1791. — Paris, Imprimerie Royale, 1791 ; 4 p. in-4°.

1398. — Extrait du Registre aux Arrêtés du Directoire du Département de la Somme. Séance du 29 juillet 1791, *concernant* l'**ouverture des églises** *et des maisons religieuses du département*. — Amiens, J. B. Caron l'aîné, 1791 ; 8 p. in-4°.

1399. — Extrait du Registre aux Arrêtés du Directoire du Département de la Somme en sa Séance publique, le 29 janvier 1793, l'an second de la République Françoise. *Affectation à l'usage des* **prêtres infirmes** *et sexagénaires de la maison des Frères des Écoles Chrétiennes d'Amiens.* — Amiens, J. B. Caron l'aîné, 1793 ; 3 p. in-4°.

Bibl. A. de Caieu.

1400. — Extrait du Registre aux Arrêtés du Conseil Général du Département de la Somme. Séance du 19 Février 1793, l'an 2 de la République Françoise. **Protestation** *contre le mandement du 1er juillet 1793*. — *Amiens*, Caron-Berquier ; 10 p. in-4°.

Bibl. A. de Caieu.

1401. — Le Conseil épiscopal du Département de la Somme a la Convention Nationale. *Lettre relative à des* **suppressions de vicaires** *à la cathédrale*. Du 28 août 1793. — Amiens, Fr. Caron-Berquier ; 6 p. in-4°.

1402. — Les Administrateurs du Département de la Somme, aux Administrations Municipales des 62 Cantons. *Circulaire relative à la vérification des* **comptes des fabriques** *des églises*. — S. l. n. n. n. d. ; 2 p. in-4°.

1403. — Règlement pour les **Fabriques** du Diocèse d'Amiens. — Amiens, Caron l'Aîné, An XII (1804) ; 9 p. in-12.

1404. — Instruction de Mgr l'Evêque d'Amiens sur le recouvrement des **rentes et autres biens** appartenant aux fabriques. *Du 15 septembre 1824.* — Amiens, Caron-Duquenne ; 20 p. in-4°.

1405. — Réclamation en faveur des **Desservans du Diocèse** adressée par Mgr l'Evêque d'Amiens *(de Chabous)*, à MM. les Membres du Conseil Général. — *Amiens*, Caron-Duquenne, vers 1825 ; 9 p. in-4°.

1406. — Avis *de Mgr l'Evêque d'Amiens* au clergé *sur sa* **Conduite politique**. — Amiens, Lenoel-Herouart, 1849 ; 4 p. in-4°.

III. ADMINISTRATION SPIRITUELLE

DISCIPLINE ECCLÉSIASTIQUE.

1407. — Lettre de Jessé, Evêque d'Amiens sur les cérémonies du Baptême. Instructions de Jessé, Evêque d'Amiens sur la **conduite des prêtres** chargés du soin des paroisses.

Act. de la prov. ecclés. de Reims,..., par Mgr Gousset, t. I, p. 118 à 130 ; in-4°.

* **1408**. — Arrest du Parlement, portant deffence aux Officiaux de l'évêque d'Amiens, d'**emprisonner** aucun prestre sans plainte. — 1632 ; 7 feuillets pet. in-8°.

1409. — Evêques peuvent juger en personne par Provision la **preseance entre des Curez** dans les Processions generales. *Arrêt rendu le 31 janvier 1639 dans un conflit entre l'Evêque et les Curés d'Amiens.*

Recueil d'arrets du Parl., par Bardet. — Paris, 1690, t. II, p. 502 et 503 ; in-folio.

1410. — *Arrêt, du 31 mars 1663, qui égale les* **semi-prébendés** *de l'Eglise d'Amiens aux chanoines pleins-gros en tous fruits, droits, profits, revenus, émoluments, charges et offices de l'Eglise et du Chapitre.* — S. l. n. n. ; 7 p. in-4°.

Bibl. d'Amiens, Hist., n° 3814, t. I, n° 1.

1411. — Taxes et Ordonnances de Monseigneur l'Evesque d'Amiens, Sur les **Salaires et Retributions** qui s'acquièrent des Obseques, Funerailles des Defunts, et Administration du Mariage, pour les Villes, Bourgs et Villages de son Diocèse. — Amiens, Caron-Hubault, 1648 ; 12 p. in-8°.

1412. — Extraict des Registres de Parlement. *Arrêt, du 20 mars 1654, ordonnant l'exécution d'un* **acte capitulaire** *du 5 mars 1654.* — S. l. n. n. ; 1 p. in-4°.

1413. — L'Ordre que Monseigneur l'Illvstrissime et Reuerendissime François Faure, par la Grâce de Dieu et du S. Siege Apostolique Euesque d'Amiens, desire estre observé dans les **Visites** de son Diocese, par le Clergé et le Peuple. — S. l. n. n., 1654 ; 3 p. in-8°.

Bibl. d'Amiens, Théol., n° 1857.

* **1414**. — Ordonnance de Mgr Faure pour la **révocation des pouvoirs**. 1655.

Hist. de Mgr Faure par Pouy, ch. VI, n° 6.

1415. — Arrêt du Parlement de Paris, rendu par provision le 8 Février 1656 portant que par provision l'Evêque d'Amiens connoîtra de tous délits, qui pourroient être commis par les Religieux Prieurs-Curez de l'Ordre de **Prémontré**, tant pour ce qui regarde l'administration des Sacremens, que leurs vies et mœurs ; et au résidu que l'Abbé général de Prémontré en connoîtra par convenance avec l'Evêque.

Rec. des Actes conc...., les Affaires du Clergé de France. — Paris, 1726, t. VI, col. 380 à 383, in-folio.

1416. — *Lettre de Mgr Faure, du 24 septembre 1661, ordonnant la* **fermeture des églises** *au coucher du soleil.* — S. l. n. n. ; 1 p. in-4°.

1417. — *Lettre de Mgr Faure, du 24 septembre 1661, défendant aux ecclésiastiques de boire et manger dans les* **tavernes, cabarets** *et autres lieux ou on débite des boissons ou du tabac.* — S. l. n. n. ; 1 p. in-folio.

1418. — *Lettre de Mgr Faure, du 19 octobre 1661, défendant de faire servir les* **églises à des usages profanes**, *comme d'y entasser des grains et fourrages et d'y faire toutes publications concernant les choses temporelles.* — S. l. n. n. ; 1 p. in-4°.

Bibl. d'Amiens, Théol., n° 1858.

1419. — *Lettre de Mgr Faure, du 12 avril 1662, relative à la* **Confirmation**. — S. l. n. n. ; 1 p. in-folio.

1420. — *Lettre de Mgr Faure, du 12 Avril 1668, relative à l'emploi du* **nouveau bréviaire**. — S. l. n. n. ; 1 p. in-4°.

1421. — Lettre pastorale de Monseigneur L'Illustrissime et Reverendiss. Evêque d'Amiens, Contenant l'Obligation des Curez, et la conduite qu'ils doivent observer dans le temps de la **Maladie contagieuse**. *Du 1er Septembre 1668.* — Amiens, Veuve Hvbavlt, 1668 ; 15 p. in-4°.

* **1422**. — Lettre circulaire aux curez du diocèse d'Amiens, pour établir dans leurs paroisses l'**accord des procez** et des querelles, et la distribution des **remèdes pour les pauvres** gens de la campagne, suivant la délibération de la dernière Assemblée générale du clergé de France, du 17 novembre 1670. — Amiens, 1672.

1423. — Ordre qve Monseigneur l'..... Evesque d'Amiens désire estre observé par tous ceux qui administrerons *(sic)* le **Sacrement de Pénitence** dans son Diocèse, durant le temps de la Mission de cette année 1673. — Amiens, veuve Robert Hubault, 1673; 1 p. in-folio.

* **1424**. — Lettre pastorale pour la publication et l'impression d'un **nouveau Missel**, 1674.

Hist. de Mgr Faure, par Pouy, ch VI, n° 35.

1425. — Mémoire pour les **Doyens de Chrestienté** du Diocèse d'Amiens fait dans le synode de l'année 1676. — S. l. n. n. ; 4 p. in-4°.

Bibl. d'Amiens, Théol , n° 1858.

1426. — Ordonnance de Monseigneur l'..... Evêque d'Amiens touchant les **Catéchismes** qui doivent être enseignés dans son Diocèse. *Du 6 octobre 1677.* — S. l n. n. ; 3 p. in 4°.

1427. — L'Ordre que Monseigneur l'..... Evêque d'Amiens veut estre observé par les Doyens Ruraux de son Diocèse, dans les quatre Chapitres ou **Calendes de l'année**, et dans les Visites des Paroisses de leurs Doyennez. *Du 6 octobre 1677.* — S. l. n. n. ; 4 p. in-4°.

1428. — *Ordonnance de Mgr Faure, du 5 octobre 1678, relative aux* **droits honorifiques** *des laïques dans les églises.* — S. l. n. n. ; 1 p. in-folio.

1429. — *Ordonnance de Mgr Faure, du 7 octobre 1682, relative aux* **visites** *faites dans les paroisses par d'autres que l'évêque ou ses délégués.* — S. l. n. n. ; 1 p. in-folio.

* **1430**. — Ordonnance de Mgr Faure sur divers sujets de **discipline ecclésiastique**. 1683.

Hist. de Mgr Faure, par Pouy, ch. VI, n° 48.

* **1431**. — Ordonnance de Mgr Faure interdisant aux supérieurs des communautés de s'arroger le **droit de visite**. 1684.

Ibid., n° 49.

1432. — Ordonnance de Messieurs les Doyen, Chanoines et Chapitre de l'Eglise Cathédrale d'Amiens le **Siège Episcopal vacant**. Donnée dans le Synode tenu le 3 jour d'Octobre 1691. — S. l. n. n. ; 4 p. in-4°.

1433. — Mandement de Monseigneur l'..... Evesque d'Amiens pour la Visite dans les Eglises de son Diocèse, et l'administration du Sacrement de **Confirmation**. *Du 13 novembre 1692.* — S. l. n. n. ; 3 p. in-4°.

1434. — Règlemens faits par Monseigneur l'Illustrissime et Révérendissime Evêque d'Amiens Touchant la **discipline ecclésiastique**. *Du 26 Novembre 1692.* — S. l. n. n. ; 6 p. in-4°.

Bibl. d'Amiens, Théol., n° 1860.

1435. — Règlemens faits par Monseigneur l'..... Évêque d'Amiens touchant ceux qui aspirent à la **Tonsure**, ou qui l'ont reçue. *Du 16 janvier 1693.* — S. l. n. n. ; 7 p. in-4°.

1436. — Mandement de Monseigneur l'.... Evêque d'Amiens touchant la **stabilité des Prêtres** dans les Eglises ausquelles ils ont été attachez par leur Ordination. *Du 15 mars 1693.* — S. l. n. n. ; 4 p. in-4°.

1437. — Ordonnance de Monseigneur l'..... Evesque d'Amiens. Pour les **Ecclésiastiques** de son Diocèse qui étudient **à Paris**. *Du 3 avril 1693.* — S. l. n. n. ; 4 p. in-4°.

1438. — Sentence rendve par Monseigneur l'Evêque d'Amiens contre un Religieux de son Diocèse, **Charles Daverton** *d'Abbeville, religieux de Saint-Saulve de Montreuil*, ordonné sans Dimissoire. *Du 28 décembre 1694.* — S. l. n. n. ; 8 p. in-4°.

Bibl. d'Amiens, Hist., n° 3822.

1439. — Lettre de Monseigneur l'Evêque d'Amiens aux Curez de son Diocèse, *relative au* **rôle des pauvres**. *Du 6 mai 1709.* — S. l. n. n. ; 2 p. in-4°.

1440. — Constitutio illustrissimi et reverendissimi Domini D. Episcopi Ambianensis, qua damnantur et prohibentur institutiones theologicæ **Gasparis Juenin**. *Du 28 juin 1709.* — S. l. n. n. ; 3 p. in-4°.

1441. — Mandement de Monseigneur l'Evêque d'Amiens, qui ordonne à tous les Curez du Diocese de publier au Prône des Messes Paroissiales l'Edit du Roy Henri II du mois de Fevrier 1556, *concernant les femmes et* **filles qui cachent leur grossesse** *et enfantement*, suivant la Declaration du Roy du 25 Fevrier 1708. *Du 2 décembre 1711.* — S. l. n. n. ; 4 p. in-folio.

Bibl. d'Amiens, Théol., n° 1862.

1442. — Ordonnance de Monseigneur l'Evêque d'Amiens qui deffend de **célébrer des mariages** les Dimanches et Festes, d'en célébrer dans les Eglises des Réguliers, et d'y faire les Bénédictions des Femmes après leurs couches. *Du 4 septembre 1713.* — S. l. n. n. ; 1 p. in-folio.

1443. — Règlemens de Messieurs les Doyen, Chanoines et Chapitre d'Amiens Sur quelques Points de **Discipline**. *Du 30 octobre 1713.* — S. l. n. n. ; 3 p. in-4°.

Bibl. d'Amiens, Hist., n° 3814, t. I, 28.

1444. — Lettre pastorale de Monseigneur l'..... Evêque d'Amiens aux Curez de son Diocèse au sujet des **nouveaux Catholiques**. *Du 25 Janvier 1715.* — S. l. n. n. ; 4 p. in-4°.

1445. — Avis de Monseigneur l'Illustrissime et Révérendissime Evêque d'Amiens aux **Confesseurs** de son Diocèse. *Du 22 février 1715.* — S. l. n. n. ; 3 p. in-4°.

Pour ce n° et les suivants, Bibl. d'Amiens, Théol., n° 1862.

1446. — Règlement de Messieurs les Doyen, Chanoines et Chapitre d'Amiens Touchant les qualitez que doivent avoir les **Parrains** et les **Marraines** qui tiennent des Enfans sur les fons de Batème. *Du 20 septembre 1715.* — S. l. n. n. ; 2 p. in-4°.

Bibl. d'Amiens, Hist , n° 3814, t. I, 27.

1447. — Ordonnance de Monseigneur l'..... Evêque d'Amiens sur les **jeux publics** des ecclésiastiques. *Du 2 octobre 1715.* — S. l. n. n. ; 3 p. in-4°.

1448. — Ordonnance de Monseigneur..... Pierre Sabatier, Evêque d'Amiens qui défend de celebrer des Mariages les **Dimanches et Fêtes**, d'en celebrer dans les Eglises des Reguliers, et d'y faire les Benedictions des Femmes après leur couches. *Du 2 octobre 1715.* — S. l. n. n. ; 6 p. in-8°.

1449. — Lettre pastorale de Monseigneur l'..... Evêque d'Amiens sur les **visites des Doyens** de Chrétienté. *Du 24 février 1716.* — Amiens, Charles Caron-Hubault, 1716 ; 4 p. in-4°.

1450. — Ordonnance de Monseigneur l'Illustrissime et Reverendissime Evêque d'Amiens portant **Règlement pour le Clergé** de son Diocèse. *Du 14 novembre 1716.* — S. l. n. n. ; 4 p. in-4°.

1451. — Ordonnance de Monseigneur l'Illustrissime et Reverendissime Evêque d'Amiens touchant l'institution des **Vicaires**. *Du 8 novembre 1717.* — S. l. n. n. ; 3 p. in-4°.

1452. — Avis de Monseigneur l'Illustrissime et Révérendissime Evêque d'Amiens aux **Confesseurs** de son Diocèse. *Du 10 octobre 1718.* — S. l. n. n. ; 3 p. in-4°.

1453. — Ordonnance de Monseigneur l'...... Evêque d'Amiens, qui enjoint à tous les Curez, Vicaires et autres Ecclésiastiques de porter toûjours l'**habit long** dans la Paroisse de leur résidence. *Du 8 octobre 1721.* — S. l. n. n. ; 3 p. in-4°.

1454. — Règlement de Monseigneur l'Evêque d'Amiens sur la manière dont les Curés doivent recevoir la **Visite des Doyens** de Chrétienté. *Du 28 juin 1723.* — S. l. n. n. ; 4 p. in-4°.

Bibl. H. Macqueron.

1455. — Ordonnance de Monseigneur l'...... Evêque d'Amiens qui **défend la Chasse** à tous les Curez, Vicaires et autres Ecclésiastiques sous peine de suspense. *Du 4 octobre 1724.* — S. l. n. n. ; 4 p. in-4°.

1456. — Mandement de Monseigneur l'...... Evêque d'Amiens qui défend de porter les **Mays** à la Procession du SS. Sacrement. *Du 14 mai 1727.* — S. l. n. n. ; 1 p. in-folio.

1457. — Ordonnance de Monseigneur l'...... Evêque d'Amiens. Pour les **Ecclésiastiques** de son Diocèse qui étudient à Paris. *Du 4 novembre 1732.* — S. l. n. n. ; 6 p. in-4°.

1458. — Pouvoirs que M. l'Evêque d'Amiens accorde aux **Doyens de Chrétienté** de son Diocèse, dans l'étendue de leur Doyenné. — S. l. n. n. n. d. ; 3 p. in-4°.

1459. — Règlement de Monseigneur l'illustrissime et reverendissime Evêque d'Amiens Pour les **Ordinands** de son Diocèse. *Du 8 février 1735.* — S. l n. n. ; 4 p. in-4°.

1460. — Retraite pour les **Vicaires** du Diocèse d'Amiens. *Du 16 février 1735.* — S. l. n. n. ; 3 p. in-4°.

1461. — Lettre circulaire du Syndic du Clergé d'Amiens. *Communication d'***arrêts** *d'intérêt général :* du 20 décembre 1738. — S. l. n. n. ; 12 p. in-folio.

Bibl. d'Amiens, Hist , n° 3815.

1462. — Arrests du Conseil d'Estat du Roy, et Mémoire imprimés par ordre de Monseigneur l'Evêque d'Amiens, pour être envoyés à tous les Bénéficiers et autres Corps et Communautés Ecclésiastiques de son Diocèse. — Amiens, Ch. Caron-Hubault, 1740 ; 9 p. in-folio.

Ibid.

1463. — Avis de Monseigneur l'Evêque d'Amiens aux Curés, Prédicateurs et Confesseurs de la Ville d'Amiens, *sur* la **Comédie ;** *du 10 avril 1744.* — S. l. n. n. ; 1 p. in-folio.

1464. — Règlement de Monseigneur l'Evêque d'Amiens Pour les **Honoraires** des Curés et des Ecclésiastiques de son Diocèse. — Amiens, Veuve Charles Caron-Hubault, 1744 ; 30 p. in-16.

Bibl H. Macqueron.

1465. — Avis donné par Monseigneur l'Evêque d'Amiens aux Curés, Vicaires, et autres Prêtres de son Diocèse, ayant **charges d'Ames**. *Du 11 février 1745.* — S. l. n. n. ; 4 p. in-4°.

1466. — Ordonnance de Monseigneur l'Evêque d'Amiens portant Règlement pour les **Processions** générales. *Du 24 avril 1745.* — S. l. n. n. ; 1 p. in-folio.

1467. — Déclaration de Monseigneur l'Evêque d'Amiens au sujet de son Règlement pour la Taxe des **Honoraires** Ecclésiastiques faite en 1744. *Du 6 octobre 1745.* — S. l. n. n. ; 3 p. in-4°.

1468. — Mandement de Monseigneur l'Evêque d'Amiens pour les **Retraites**. *Du 16 décembre 1745.* — S. l. n. n. ; 1 p. gr. in-folio.

1469. — Mandement de Monseigneur l'Evêque d'Amiens, pour régler quelles seront à l'avenir les **Fêtes d'obligation** dans son Diocèse et le Tems après lequel l'ancien bréviaire ne sera plus d'usage. *Du 6 décembre 1747.* — S. l. n. n. ; 6 p. in-4°.

1470. — Instruction pastorale et Maudement de Monseigneur l'Evêque d'Amiens sur l'obligation qu'ont les Curés de **prêcher** dans leurs Paroisses. *Du 2 octobre 1748.* — S. l. n. n. ; 22 p. in-4°.

1471. — **Discours ecclésiastiques** Imprimés par l'Ordre de Monseigneur l'Evêque d'Amiens, pour l'instruction et l'édification des Prêtres de son Diocèse. — Amiens, Veuve Charles Caron-Hubault, 1750 ; in-8° de 2 p. n. n., 514 p. et 5 p. n. n.

1472. — Ordonnance de Monseigneur l'Evêque d'Amiens au sujet des **personnes du sexe** qui sont au service des Ecclésiastiques. *Du 6 octobre 1751.* — S. l. n. n. ; 6 p. in-4°.

Bibl. d'Amiens, Théol., n° 1863.

1473. — Réponses de Monseigneur l'Evêque d'Amiens à quelques doutes qu'on lui a proposés sur son Ordonnance faite au sujet des **personnes du sexe** qui sont au service des Ecclésiastiques. *Du 16 mars 1752.* — S. l. n. n. ; 4 p. in-4°.

Bibl. H. Macqueron.

1474. — Ordre établi par Monseigneur de Sabatier et renouvellé par Monseigneur Louis François Gabriel, Evêque d'Amiens, pour la distribution des **saintes Huiles**. *Du 27 mars 1752.* — S. l. n. n. ; 4 p. in-4°.

1475. — Ordonnance de Monseigneur Pierre Sabatier, Evêque d'Amiens renouvellée par Monseigneur L. F. G. d'Orléans de la Motte, son successeur immédiat l'our les **Ecclésiastiques** de son Diocèse qui étudient **à Paris**. *Du 20 février 1753.* — S. l. n. n. ; 6 p. in-4°.

Cette pièce ainsi que presque toutes celles concernant l'administration de M⁰ʳ de la Motte se trouve dans la bibliothèque H. Macqueron.

1476. — Réponse de Monseigneur l'Evêque d'Amiens à quelques doutes qu'on lui a proposés sur son Ordonnance faite au sujet des **personnes du sexe** qui sont au service des Ecclésiastiques. *Du 11 août 1753.* — S. l. n. n. ; 7 p. in-4°.

1477. — Instruction pastorale de Monseigneur l'Evêque d'Amiens, sur la célébration de la sainte Messe, et son ordonnance pour l'usage du **nouveau Missel**. *Du 3 octobre 1743.* — Amiens, veuve C. Caron-Hubault ; 29 p. in-4°.

1478. — Lettre de Monseigneur l'Evêque d'Amiens à M. Dehodencq Prêtre chargé par ce Prélat des Jeunes **Ecclésiastiques d'Abbeville**. *Du 16 novembre 1753.* — S. l. n. n. ; 3 p. in-4°.

1479. — Avis de Monseigneur l'Evêque d'Amiens aux Curés, Prédicateurs et aux Confesseurs de son Diocèse, *sur la* **Comédie** ; *du 30 janvier 1754.* — S. l. n. n. ; 3 p. in-4°.

1480. — Copie d'une lettre de son Eminence Monseigneur le Cardinal de Luynes, communiquée par Monseigneur l'Evêque d'Amiens au Chapitre de sa Cathédrale, et aux Chapitres des Collégiales, aux Paroisses, aux Confréries, aux Communautés et Congrégations Séculières ou Régulières exemptes et non exemptes de son Diocèse avec ce que mondit Seigneur l'Evêque d'Amiens y a ajouté *au sujet de l'***envoi à la monnaie de l'argenterie** *inutile à la décence du culte divin ; du 8 décembre 1759.* — S. l. n. n. ; 4 p. in-4°.

1481. — Lettre de Monseigneur l'Evêque d'Amiens aux Curés de son Diocèse, *relative à la disette de* **nourrices à Paris**. *Du 2 avril 1767.* — S. l. n. n. ; 1 p. in-folio.

1482. — Reflexions de Monseigneur l'Evêque d'Amiens sur l'**Avertissement du Clergé** général, qu'il communique au Clergé Séculier et Régulier de son Diocèse. — Amiens, Louis-Charles Caron, M.DCC.LIX ; 12 p. in-12.

Bibl. A. de Calcu.

1483. — Mandement de Monseigneur l'Evêque d'Amiens, Portant Règlement pour la **sonnerie des Eglises** de son Diocèse. *Du 13 février 1775.* — S. l. n. n. ; 4 p. in-4°.

1484. — Lettre pastorale de Monseigneur l'Evêque d'Amiens au Clergé de son Diocèse sur l'obligation de **prêcher**. *Du 8 octobre 1777.* — S. l. n. n. ; 4 p. in-4°.

1485. — Règlement de Monseigneur l'Evêque d'Amiens Pour les **Honoraires** des Curés, Ecclésiastiques et Fabriques de son Diocèse. — Amiens, Louis-Charles Caron, 1778 ; 34 p. in-16.

1486 — Lettre des Vicaires Episcopaux aux Curés Desservans et Vicaires du Département de la Somme. *Du 24 octobre 1792.* — Amiens, J. B. Caron, 1792 ; 2 p. in-4°.

1487 — Lettre pastorale de M. l'Evêque du Département de la Somme aux Pasteurs et aux Fidèles de son Diocèse sur les principaux **Actes de Catholicité**. *Du 1 février 1793.* — S. l. n. n. ; 8 p. in-4°.

1488. — Extrait du Registre aux Arrêtés du Conseil Général du Département de la Somme. Séance du 19 Février 1793. *Arrêté relatif à la* **Lettre pastorale** *qui précède.* — Amiens, Caron-Berquier ; 10 p. in-4°.

1489. — Lettre de M. l'Evêque d'Amiens aux Prêtres d'Amiens (*inassermentés*) desservant des **Oratoires particuliers**. *Du 8 avril 1800.* — S. l. n. n. ; 2 p. in-4°.

1490. — Lettre du Clergé du Diocèse d'Amiens au Très S. Père Pie VII : *du 24 avril 1800. Signé : Eléonore-Marie, Guidé, Bertin et Falempin.* — S. l. n. n. ; 4 p. in-4°.

Bibl. Soc. Ant. Pic.

1491. — Ordonnance de M. l'Evêque d'Amiens, concernant la **suppression de plusieurs Fêtes**, et la célébration de celles qui sont conservées. *Du 1er décembre 1802.* — Amiens, J. B. Caron ; 8 p. in-4°.

1492. — Décret de M. l'Evêque d'Amiens pour l'**érection des succursales** de son Diocèse. *Du 30 floréal an XI.* — S. l. n. n. ; 3 p. in-4°.

1493. — Ordonnance de M. l'Evêque d'Amiens concernant l'**organisation des Succursales**. *Du 28 thermidor an XI.* — S. l. n. n. ; 3 p. in-4°.

1494. — Règlement pour les **Honoraires** des Curés, Desservans, et autres Ecclésiastiques du Diocèse d'Amiens. — Amiens, Caron l'aîné, an XII, (1804) ; 16 p. in-12.

Bibl. d'Amiens, Théol., n° 1868.

1495. — Règlement pour les **Honoraires** des Curés, Desservans et autres Ecclésiastiques du Diocèse d'Amiens Aux termes de l'article 69 de la Loi du 18 Germinal l'an 10. — Amiens, Fr. Caron-Berquier, an XII ; 16 p. in-8°.

Bibl. Pinsard.

1496. — Décret, Mandement et Ordonnance de Monseigneur l'Evêque d'Amiens, *sur la* **réduction des succursales** ; *du 28 janvier 1809*. — Amiens, J. B. Caron l'aîné ; 7 p. in-4°.

1497. — Lettre circulaire de Monseigneur l'Évêque d'Amiens à MM. les Curés et Desservans de son Diocèse, *les invitant à veiller à la* **vaccination des enfants** ; 1er mai 1816. — Amiens, Fr. Caron-Berquier ; 3 p. in-4°.

1498. — Ordonnance de Mgr de Bombelles, Evêque d'Amiens, sur l'entretien des **Églises**, et la gestion des Fabriques, adressée à MM. les Doyens et Curés-Desservans du Diocèse. *Du 12 novembre 1821.* — Amiens, Caron-Duquenne ; 4 p. in-4°.

1499. — Établissement d'une caisse de secours en faveur des **prêtres infirmes** ; *8 août 1824.* — Amiens, Caron-Duquenne ; 3 p. in-4°.

1500. — Tarif et Règlement pour les **Honoraires** des Curés, Desservants et autres Ecclésiastiques du Diocèse d'Amiens. — Amiens, Caron-Vitet, 1825 ; 48 p. in-8°.

1501. — Lettre pastorale de Monseigneur l'Evêque d'Amiens à l'occasion de la **retraite ecclésiastique**. *Du 10 juin 1826.* — S. l. n. n. ; 4 p. in-4°.

1502. — Lettre pastorale de Mgr l'Evêque d'Amiens en résultat du Synode de 1826. — S. l. n. n. ; 4 p. in-4°.

1503. — Lettre pastorale de Mgr l'Evêque d'Amiens à l'occasion de la **retraite ecclésiastique**. *Du 23 mai 1827.* — Amiens, Caron-Duquenne ; 4 p. in-4°.

1504. — Lettre pastorale de Mgr l'Evêque d'Amiens, à l'occasion de la **retraite ecclésiastique**. *Du 6 juin 1828.* — Amiens, Boudon-Caron ; 4 p. in-4°.

1505. — Lettre pastorale de Mgr l'Evêque d'Amiens à l'occasion de la **retraite ecclésiastique**. *Du 17 juin 1829.* — Amiens, Caron-Vitet ; 4 p. in-4°.

1506. — **Lettre** à Mgr de Chabons, Evêque d'Amiens par M. l'Abbé Caron, ancien curé d'Ailly-le-Haut-Clocher. — S. l. n. n., *vers 1830* ; 42 p. in-8°.

1507. — **Seconde lettre** à Mgr de Chabons, Evêque d'Amiens, par M. Caron, ancien curé d'Ailly-le-Haut-Clocher. — S. l. n. n. n. d. ; 73 p. in-8°.

1508. — **Lettre** de M. l'Abbé Caron à M. le Rédacteur de la Gazette de Picardie. — S. l. n. n. n. d. ; 44 p. in-8°.

1509. — Circulaire de Mgr l'Evêque à MM. les Curés du Diocèse. Objets : **Choléra-morbus**. Vaccine. — Amiens, Caron-Vitet, *1832* ; 4 p. in-4°.

1510. — Circulaire de Mgr l'Evêque d'Amiens à Messieurs les Chanoines, Doyens, Curés-Desservants, Vicaires et autres Prêtres de son Diocèse Sur divers points de **Discipline Ecclésiastique**. *Du 23 septembre 1838.* — Amiens, Caron-Vitet ; 7 p. in-4°.

1511. — Circulaire de Mgr l'Evêque d'Amiens, à Messieurs les Curés de son Diocèse, à l'occasion de sa deuxième **Visite Pastorale**. *Du 29 février 1844.* — Amiens, Lenoel-Herouart ; 6 p. in-4°.

1512. — Lettre pastorale de Mgr l'Evêque d'Amiens, au Clergé de son Diocèse, à l'occasion de la **retraite ecclésiastique** de 1845. — Amiens, Lenoel-Herouart ; 6 p. in-4°.

1513. — Lettre pastorale de Mgr l'Evêque d'Amiens au Clergé du Diocèse, à l'occasion de la **retraite ecclésiastique** de 1847. — Amiens, Lenoel-Herouart ; 4 p. in-4°.

1514. — Lettre pastorale de Mgr l'Evêque d'Amiens, au Clergé de son Diocèse, à l'occasion de la réimpression du **Bréviaire** et du **Missel** de 1746. *Du 20 février 1849.* — Amiens, Caron et Lambert ; 15 p. in-4°.

* **1515.** — Le **Concile d'Amiens** et le Traditionalisme, par le Chanoine Robitaille. — 1855 ; in-8°.

1516. — Projet de tarif ou Règlement des **Oblations** pour le Diocèse d'Amiens. — Amiens, Caron et Lambert, 1862 ; 28 p. in-8°.

* **1517.** — Etat comparatif du produit de la quête du **lait et beurre** et de la dispense de l'abstinence dans les diverses paroisses du diocèse. — Amiens, Lenoel-Herouart, s. d. ; in-8°.

STATUTS
SYNODAUX,
PUBLIEZ AUX SYNODES
TENUS DANS L'EGLISE ABBATIALE
DE CORBIE,
JUSQU'EN L'ANNÉE 1697.

A AMIENS,
Chez NICOLAS CARON HUBAULT, Imprimeur &
Libraire, ruë du Beau Puy, proche S. Martin.

IV. STATUTS SYNODAUX.

1518. — **Statuta synodalia** ecclesiæ Ambianensis edita a Johanne Avantage episcopo Ambianensi.

Veterum scriptorum... collectio... D. Martene et... Durand. — Paris, Montalant, 1733, t. VI, col. 1225 à 1273; in-folio.

* **1519**. — **Statuta synodalia** Diœcesis Ambianensis, a Francisco de Pisseleu, publicata in Synodo anni 1546. — In-4°.

P. Lelong, n° 6322.

1520. — Statvta Ecclesiæ Ambianensis in **Synodo** anni 1641 per Franciscvm Episcopvm Ambianensem promvlgata. — S. l. n. n.; 8 p. in-16.

Bibl. d'Amiens, Théol., n° 1857.

1521. — Statuta in **Synodo** Generali anni 1655 per venerabiles et discretos Dominos D. Decanum, Canonicos, et Capitulum insignis Ecclesiæ Ambianensis promulgata. — S. l. n. n.; 7 p. in-8°.

Bibl. d'Abbeville.

1522. — **Statuta synodalia**, ab illustrissimo et reverendissimo D.D. Francisco Faure, Dei et sanctæ sedis apostolicæ gratia Ambianensi Episcopo, promulgata in synodo generali, die mensis octobris vigesima prima anno Domini millesimo sexcentesimo quinquagesimo quinto. — S. l. n. n.; 23 p. in-12.

Bibl. d'Amiens, Théol., n° 1857.

* **1523**. — Procès-verbal d'un **synode** général tenu en la cathédrale d'Amiens. 1655.

Hist. de Mgr Faure, par Pouy, ch. VI, n° 4.

1524. — *Lettre de Mgr Faure, du 17 août 1662, portant convocation du* **synode**. — S. l. n. n.; 1 p. in-folio.

1525. — **Statvts synodavx** dv Diocese d'Amiens. — Amiens, Chez la vefue Hubault, Imprimeuse ordinaire..... MDCLXII; 52 p. in-8°.

1526 — **Synode** d'Amiens; *5 octobre 1662.*

Act de la prov. ecclés. de Reims, par Mgr Gousset, t. IV, p. 216 à 237; in-4°.

1527. — **Statuts synodaux** du Diocese d'Amiens. — Amiens, veuve Robert Hubault, M.DC.LXXXIII; 32 p. in-16.

1528. — **Statuts synodaux** du Diocèse d'Amiens. — Amiens, Nicolas Caron-Hubault, M.DC.XCVI; 48 p. in-16.

Bibl. H. Macqueron.

1529. — **Synode** d'Amiens; *3 octobre 1696.*

Act. de la prov. ecclés. de Reims, par Mgr Gousset, t. IV, p. 540 à 559; in-4°.

1530. — **Statuts synodaux** du Diocèse d'Amiens. — Amiens, Nicolas Caron-Hubault, M.DC.XCVII; 48 p. in-16.

1531. — **Statuts synodaux** publiez aux Synodes tenus dans l'église abbatiale de Corbie, jusqu'en l'année 1697. — Amiens, Nicolas Caron-Hubault; 32 p. in-16.

Bibl. d'Abbeville.

1532. — Avis donnez au **Synode**.

Le trois Octobre 1708.	S. l. n. n.;	4 p. in-4°.
Du deuxième Octobre 1709.	» »	4 p. in-4°.
Du huitième Octobre 1710.	» »	3 p. in-4°.
Le septième Octobre 1711.	» »	4 p. in-4°.
Le quatrième Octobre 1713.	» »	7 p. in-4°.
Le troisième Octobre 1714.	» »	8 p. in-4°.
Le deuxième Octobre 1715.	» »	4 p. in-4°.
Du 7 Octobre 1716.	» »	8 p. in-4°.
Du 6 Octobre 1717.	» »	7 p. in-4°.
Du 4 Octobre 1719.	» »	7 p. in-4°.
Du 8 Octobre 1721.	» »	12 p. in-4°.
Du 7 Octobre 1722.	» »	2 p. in-4°.
Le 4 Octobre 1724.	» »	8 p. in-4°.
Du 6 Octobre 1728.	» »	22 p. in-4°.
Du cinquième Octobre 1729.	» »	15 p. in-4°.
Du 4 Octobre 1730.	» »	19 p. in-4°.
Du 3 Octobre 1731.	» »	19 p. in-4°.
Du 8 Octobre 1732.	» »	18 p. in-4°.
Du 6 Octobre 1734.	» »	4 p. in-4°.
Du 5 Octobre 1735.	» »	4 p. in-4°.
Du 3 Octobre 1736.	» »	4 p. in-4°.
Du 2 Octobre 1737.	» »	7 p. in-4°.
Du 8 Octobre 1738.	» »	4 p. in-4°.

1533. — Synode d'Amiens ; *1713 et 1715.*
Act. de la prov. eccl. de Reims, t. IV, p. 670 à 672 ; in-4°.

1534. — **Statuts synodaux** du Diocèse d'Amiens. — Amiens, Charles Caron-Hubault, M.DCC.XVII ; 60 p. in-8°.

1535. — **Statuts synodaux** du Diocèse d'Amiens. — Amiens, Charles Caron-Hubault, M.DCC.XXXVII ; 56 p. in-8°.

1536. — Ordonnances de Monseigneur l'Evêque d'Amiens Publiées à son **Synode** du 5 Octobre 1749 et Avis donnez de sa part. — S. l. n. n. ; 4 p. in-4°.

1537. — Ordonnances de Monseigneur l'Evêque d'Amiens, Publiées en son **Synode** du 4 Octobre 1752. — S. l. n. n. ; 7 p. in-4°.

1538. — **Statuts synodaux** publiés aux Synodes tenus dans l'Eglise abbatiale de Corbie jusqu'en l'année 1753. — Arras, Michel Nicolas ; 52 p. in-8°.
Bibl. d'Amiens, Théol., n° 1955.

1539. — Ordonnance de Monseigneur l'Evêque d'Amiens Publiée en son **Synode** de 1754. — S. l. n. n. ; 4 p. in-4°.

1540. — Avis donnés au **Synode** du
6 Novembre 1755. S. l. n. n. ; 6 p. in-4°.
5 Octobre 1757. »   »   4 p. in-4°.
4 Octobre 1758. »   »   4 p. in-4°.
Bibl d'Amiens, Théol., n° 1863.

1541. — Avis donnés par Monseigneur l'Evêque d'Amiens En son **Synode** le
3 Octobre 1759. S. l. n. n. ; 4 p. in-4°.
8 Octobre 1760. »   »   4 p. in-4°.
7 Octobre 1761. »   »   4 p. in-4°.
6 Octobre 1762. »   »   4 p. in-4°.
5 Octobre 1763. »   »   4 p. in-4°.
3 Octobre 1764. »   »   4 p. in-4°.
2 Octobre 1765. »   »   4 p. in-4°.
8 Octobre 1766. »   »   4 p. in-4°.
7 Octobre 1767. »   »   4 p. in-4°.
5 Octobre 1768. »   »   3 p. in-4°.
4 Octobre 1769. »   »   4 p. in-4°.
Bibl. d'Amiens, Théol., n° 1863.

1542. — Avis et Ordonnance donnés par Monseigneur l'Evêque d'Amiens en son **Synode**, le 30 Octobre 1770. — *Amiens*, Louis-Charles Caron ; 3 p. in-4°.

1543. — **Statuts synodaux** du Diocèse d'Amiens. — Amiens, Louis-Charles Caron, M.DCC.LXXV ; 65 p. in-12.

1544. — Avis donnés par Monseigneur l'Evêque d'Amiens en son **Synode** le 4 Octobre 1775. — S. l. n. n. ; 4 p. in-4°.

1545. — Avis et Ordonnances de Monseigneur l'Evêque d'Amiens Publiées en son **Synode** le 6 Octobre 1779. — Amiens, Louis-Charles Caron ; 4 p. in-4°.

1546. — Actes du **Synode** diocésain tenu à Amiens dans la Seconde Semaine de Pâques 1800. — Paris, Librairie Chrétienne, an VIII ; 82 p. in-8°.

1547. — **Statuts synodaux** du Diocèse d'Amiens. — Amiens, Caron-Duquenne, 1821 ; 50 p. in-12.

1548. — **Avis sinodaux.** 20 Septembre 1825. — S. l. n. n. ; 64 p. in-4°.

1549. — Diocèse d'Amiens. Résultat des **Synodes** de 1826 et 1827. — Amiens, Caron-Duquenne ; 16 p. in-12.

1550. — **Statuts synodaux** du Diocèse d'Amiens, publiés par Mgr Jean-Pierre de Gallien de Chabons, Évêque d'Amiens. — Amiens, Caron-Vitet, 1835 ; 96 p. in-12.

1551. — **Statuts synodaux** du Diocèse d'Amiens publiés par Mgr Jean-Pierre de Gallien de Chabons, Évêque d'Amiens. Seconde édition. — Amiens, Caron et Lambert, 1853 ; 18 p. in-8°.

1552. — Acta et **Statuta Synodi** ambianensis anno MDCCCLI habitæ a RR. DD. Antonio de Salinis, Episcopo Ambianensi. — Ambiani, Caron et Lambert, 1852 ; 56 p. in-8°.

1553. — Acta et Decreta **Concilii** Provinciæ Remensis in civitate **Ambianensi** Anno Domini MDCCCLIII. Pontificatus Pii Papæ Noni VII *(sic)* celebrati a sancta sede revisa et recognita. — Ambiani, Lenoel-Herouart, 1853; IV-81 p. in-8°.

1554. — **Statuta Synodi** Ambianensis habitæ die tertia augusti anno MDCCCLVIII a RR. DD. Jacobo Antonio Boudinet Episcopo Ambianensi. — Ambiani, Caron et Lambert, 1858; 23 p. in-8°.

1555. — Acta et **Statuta Synodi** Ambianensis habitæ die tertia augusti anno MDCCCLVIII a RR. DD. Jacobo Antonio Boudinet Episcopo Ambianensi. — Ambiani, Caron et Lambert, 1858; 108 p. in-8°.

1556. — **Statuts synodaux** du Diocèse d'Amiens publiés par Mgr Boudinet Évêque d'Amiens. — Amiens, Lambert-Caron, 1863; XVI-182 p. in-8°.

V

CONFÉRENCES ECCLÉSIASTIQUES.

1557. — L'ordre que Monseigneur l'Illustrissime et Reverendissime Evesque d'Amiens Desire être observé dans toutes les **Conferences Ecclesiastiques** qui se font dans son Diocèse; publié dans son Synode du 7 d'Octobre de la présente année 1682. — S. l. n. n.; 1 p. in-folio.

1558. — Ordonnance de Monseigneur l'Evesque d'Amiens donnée dans le Synode tenu le sixième jour d'Octobre 1683. — S. l. n. n.; 3 p. in-4°

Relative aux **conférences ecclésiastiques**.
Bibl. d'Amiens, Théol., n° 1858.

1559. — Sujets des **Conferences Ecclesiastiques** du Diocèse d'Amiens depuis le mois de Novembre 1691 jusqu'au mois d'Octobre 1692 inclusivement *et* Reponse au resultat de la Conference du mois de novembre 1691. — S. l. n. n.; 115 p. in-4°.

Bibl. d'Abbeville.

1560. — Sujets des **Conferences ecclesiastiques** du Diocèse d'Amiens, depuis le mois de Novembre 1692 jusqu'au mois d'Octobre 1693, inclusivement. Proposez par l'Ordre de Monseigneur l'Illustrissime et R^{me} Henry Feydeau de Brou, Evêque d'Amiens. — Amiens, Veuve Robert Hubault, M.DC.XCII; in-4° de 8-696 p.

La seconde pagination (696 p) comprend les réponses faites dans les diverses conférences aux questions posées dans les huit premieres pages.
Bibl. H. Macqueron.

1561. — **Conferences ecclesiastiques** du Diocèse d'Amiens sur la Penitence. — Amiens, Veuve Robert Hubault, M.DC.XCV; 695 p. in-4°.

Bibl. d'Abbeville.

1562. — Reponse aux questions proposees dans les **Conferences** du Diocèse d'Amiens sur diverses obligations des Ecclesiastiques et particulierement de ceux qui sont chargez du soin des âmes. — Amiens, Nicolas Caron-Hubault, M.DCC; 321 p, in-4°.

Bibl. d'Abbeville.

1563. — **Conferences ecclesiastiques** sur les cas reservez. — Amiens, Nicolas Caron-Hubault, M.DCCI; 636 p. in-4°.

1564. — Sujets des **Conferences ecclesiastiques** qui se tiendront en presence de Monseigneur l'Evesque d'Amiens, dans le cours de ses Visites pendant l'année 1703 et les suivantes. Sur l'Administration du Sacrement de Penitence. — Amiens, Charles Caron-Hubault, 1702; 8 p. in-16.

1565. — Sujets des **Conferences ecclesiastiques** du Diocèse d'Amiens Depuis le mois de Novemb. 1703 jusques au mois d'Octobre 1704 inclusivement proposez par l'ordre de Monseigneur..... Feydeau de Brou, Evêque d'Amiens Sur les Vertus Theologales, la Foy, l'Esperance et la Charité. — Amiens, Charles Caron-Hubault, 1703 ; 12 p. in-16.

1566. — Sujets des **Conferences ecclesiastiques** du Diocèse d'Amiens Depuis le mois de Novembre 1704, jusqu'au mois d'Octobre inclusivement. Proposez par l'ordre de Monseigneur.... Feydeau de Brou, Evesque d'Amiens Svr les Vertvs cardinales et specialement sur la Iustice. — Amiens, Charles Caron-Hubault, 1704 ; 8 p. in-16.

1567. — **Questions** sur le rituel du Diocèse d'Amiens et sur divers devoirs des ecclesiastiques chargez du soin des âmes. — Amiens, Charles Caron-Hubault, M.DCC.IV ; 30 p. in-16.

1568. — Sujets des **Conferences ecclesiastiques** du Diocèse d'Amiens depuis le mois de Novembre 1705 jusqu'au mois d'Octobre 1706, inclusivement Proposez par l'ordre de Monseigneur..... Feydeau de Brou Evêque d'Amiens sur les Empechemens du Mariage. — Amiens, Charles Caron-Hubault, 1705 ; 12 p. in-16.

1569. — Sujets des **Conferences ecclesiastiques** du Diocèse d'Amiens, svr le prest et svr l'vsvre : Proposez par Messieurs du Chapitre de l'Eglise Cathedrale, le Siege Episcopal vacant. — Amiens, Charles Caron-Hubault, 1706 ; 12 p. in-16.

1570. — Résultats des **Conferences ecclesiastiques** du Diocése d'Amiens sur les empeschemens du mariage. — Amiens, Charles Caron-Hubault, 1706 ; 12 p. n. n. et 196 p. in-16.

1571. — Sujets des **Conferences ecclesiastiques** du Diocese d'Amiens, Depuis le mois de Novembre 1707 jusques au mois de Novemb. 1708 inclusiv. proposez par Monseigneur l'Illustrissime et Reverendisime Evêque d'Amiens. Sur les Contrats. — Amiens, Charles Caron-Hubault, 1705 ; 12 p. in-16.

1572. — Sujets des **Conferences ecclesiastiques** du Diocèse d'Amiens pour l'année 1709 Proposez par Monseigneur l'..... Evêque d'Amiens. Svr la Restitvtion. — S. l. n. n. ; 13 p. in-16.

1573. — Sujets des **Conferences ecclesiastiques** du Diocese d'Amiens proposez par Monscigneur l'...Evêque d'Amiens. Sur le Decalogue. — Amiens, Charles Caron-Hubault, 1710 ; 11 p. in-16.

1574. — Résultats des **Conferences ecclesiastiques** du Diocèse d'Amiens sur la Theologie morale, *par F. Masclef*. — Amiens, Charles Caron Hubault ; 4 vol. in-12 ; le 1ᵉʳ, 1702, de 14 p. n. n. et 428 p. ; le 2ᵉ, 1704, de 14 p. n. n., 444 p. et 34 p. n. n ; le 3ᵉ, 1707, de 16 p. n. n. et 525 p. et le 4ᵉ, 1710, de 18 p. n. n. et 526 p.

Bibl. d'Amiens, Théol., n° 3715.

1575. — Sujets des **Conferences ecclesiastiques** du Diocèse d'Amiens. Sur le Decalogue pour l'année 1711. — Amiens, Charles Caron-Hubault, 1711 ; 11 p. in-16.

1576. — Sujets des **Conferences ecclesiastiques** du Diocèse d'Amiens pour l'Année M.DCC.XII proposez par Monseigneur l'.....Evêque d'Amiens sur le Decalogue. — Amiens, Charles Caron-Hubault, 1711 ; 10 p. in-16.

1577. — Sujets des **Conferences ecclesiastiques** du Diocese d'Amiens, sur le reste du Decalogue pour l'année 1713. — Amiens, Charles Caron-Hubault, 1713 ; 10 p. in-16.

1578. — Sujets des **Conferences ecclesiastiques** du Diocese d'Amiens sur les Commandemens de l'Eglise pour l'année 1714. — Amiens, Charles Caron-Hubault, 1714 ; 11 p. in-16.

1579. — Sujets des **Conferences ecclesiastiques** du Diocese d'Amiens sur les Actes humains, pour l'année 1715. — S. l. n. n. ; 8 p. in-16.

1580. — Sujets des **Conferences ecclesiastiques** du Diocese d'Amiens sur les Pechez pour l'année 1716. — Amiens, Charles Caron-Hubault, 1716 ; 10 p. in-16.

1581. — Sujets des **Conferences ecclesiastiques** du Diocese d'Amiens sur la Grâce pour l'année 1717. — Amiens, Charles Caron-Hubault, 1717 ; 12 p. in-16.

1582. — Sujets des **Conférences ecclésiastiques** du Diocèse d'Amiens sur le Sacrement de Mariage, pour l'année 1718. — S. l. n. n. ; 8 p. 16.

1583. — Ordonnance de Mgr l'Evêque d'Amiens sur la forme et tenue des **Conférences.** *Du 10 septembre 1825.* — Amiens, Caron-Duquenne ; 8 p. in-4°.

1584. — Circulaire de Mgr l'Evêque d'Amiens, concernant les questions à traiter dans les **Conférences ecclésiastiques** de l'année 1829. — Amiens, Caron-Duquenne ; 6 p. in-4°.

1585. — Circulaire de Mgr l'Evêque d'Amiens concernant les questions à traiter dans les **Conférences ecclésiastiques** de l'année 1828. — Amiens, Caron-Duquenne ; 8 p. in-4°.

1586. — Résultat des **Conférences ecclésiastiques** de l'année 1828. — Amiens, Caron-Vitet, 1829 ; 62 p. in-8°.

1587. — Questions proposées par Mgr l'Évêque d'Amiens pour les **Conférences ecclésiastiques** de l'année

1829. Amiens, Caron-Vitet ; 6 p. in-4°.
1830. » » » 6 p. in-4°
1835. » » » 4 p. in-4°.
1836. » » » 4 p in-4°.
1837. » » » 7 p in-4°.

1588. — **Conférences ecclésiastiques** de l'année 1838. *Programme des questions.* — Amiens, Caron-Vitet ; 4 p. in-4°.

VI. MANDEMENTS.[1]

1589. — Mandement de Monsievr l'Evesque d'Amiens povr invoquer l'ayde de Dieu, contre les **desordres et sacrileges** que commettent les gens de Guerre, enuers le tres-sainct Sacrement de l'Autel. — Iouxte la Copie Imprimée à Amiens, M.DC.L ; 6 p. in-4°.

Bibl. Nat¹ᵉ, Lb³⁷, n° 1534.

Mgr Faure.

1590. — Bvlle ov Constitvtion de N. S. Pere le Pape Innocent X Par laquelle sont declarees et definies **cinq Propositions** en matiere de Foy. Auec le Bref de sa Sainteté aux Archeuesques, Et Euesques de ce Royaume Et le Mandement de Messieurs du Chapitre d'Amiens. *Du 6 août 1653.* — S. l. n. n., 1653 ; 8 p. in-4°.

Pour tous les mandements de Mgr Faure, Bibl. d'Amiens, Théol., n° 1858.

1591. — Mandement de Monseigneur l'Evesque d'Amiens, pour la Publication de la **Constitution** de N. S. P. le Pape Innocent X du 31 May 1653 et du Bref de sa Sainteté du 29 Septembre 1654. — Amiens, Robert Hubault, 1655 ; 23 p. in-8°.

1592. — *Mandement, du 28 novembre 1654, relatif aux* **oraisons de 40 heures.** — S. l. n. n. ; 1 p. in-4°.

1593. — *Mandement, du 24 août 1655, pour convocation d'***Assemblée synodale.** — S. l. n. n. ; 1 p. in-folio.

1594. — *Lettre et mandement du 19*

---

[1] Les mandements qui figurent sous ce chapitre sont ceux qui, s'adressant à tous les fidèles, présentent un caractère tout à fait général : tels sont, par exemple, ceux qui ordonnent des prières publiques pour un heureux évènement ou indiquent les prescriptions de carême. Tous les mandements concernant soit un fait historique, soit une question particulière d'organisation religieuse, de discipline ecclésiastique, etc, figurent au chapitre consacré à ce sujet spécial.

février 1657, relatifs au **Jubilé** *ordonné par Alexandre VII.* — S. l. n. n. ; 1 p. in-folio.

1595. — *Mandement, du 20 juin 1658, sur l'institution de l'***Adoration perpétuelle.** — S. l. n. n. ; 4 p. in-4°.

1596. — *Lettre ou Mandement du 4 juin 1661, sur le* **Jubilé** *ordonné par le Pape Alexandre VII.* — S. l. n. n. ; 1 p. in-folio.

1597. — *Mandement, du 26 août 1666, relatif aux fêtes en l'honneur de la canonisation de S.* **François de Sales.** — S. l. n. n. ; 1 p. in-folio.

1598. — Mandement de Monseigneur l'illustrissime et reverendissime Évesque d'Amiens povr la **célébration des festes** dans le Diocèse d'Amiens. *Du 24 décembre 1666.* — S. l. n. n. ; 7 p. in-4°.

1599. — Mandement, *du 25 février 1668, pour le* **Jubilé** *ordonné par le Pape Clément IX.* — S. l. n. n. ; 1 p. in-folio.

1600. — Prières pour gagner le **Iubilé Vniversel** octroyé par N. S. P. le Pape Clement IX afin d'obtenir pour sa Sainteté la Grace de bien gouverner l'Eglise, et la Paix entre les Princes Chretiens. Par Commandement de Monseigneur l'Illustrissime et Reverendissime Evesque d'Amiens. — Amiens. chez la Vefve de Robert Hvbavlt, M.DC.LXVIII ; 24 p. in-16.

1601. — *Mandement, du 23 décembre 1668, relatif aux dispenses du* **Carême.** — S. l. n. n. ; 1 p. in-folio.

1602. — *Lettre, du 1 avril 1669, relative au* **Jubilé** *accordé par le Pape, Clément IX.* — S. l. n. n. ; 1 p. in-folio.

1603. — **Mandement** de Mgr Faure, *du 20 décembre 1669,* à ajouter aux Actes de l'Eglise d'Amiens, par l'abbé O. Godart. — Abbeville, 1892 ; 14 p. in-8°.

Ext. Cab. hist. Pic. et Art.

1604. — Prières pour gagner le **Jvbilé Universel** octroyé par N. S. P. le Pape Clément X, afin d'obtenir pour sa Sainteté la Grace de bien gouverner l'Eglise, et la Paix entre les Princes Chrestiens. Par Commandement de Monseigneur l'Illustrissime et Reverendissime Evesque d'Amiens. — Amiens, Veuve Robert Hvbavlt, M.DC.LXXI ; 20 p. in-16.

1605. — Mandement de Monseignevr l'Illvstrissime et Reverendissime Évesque d'Amiens pour l'Establissement des **Prières pour le Roy.** *Du 18 mai 1672.* — Amiens, veuve Robert Hvbavlt, M.DC.LXXII ; 8 p. in-4°.

1606. — *Mandement, du 12 mars 1673, relatif au* **Jubilé** *ordonné par le Pape Clément X.* — S. l. n. n. ; 1 p. in-folio.

1607. — Prières ordonnées pendant le Jubilé par Monseigneur l'...... Evesque d'Amiens. Pour demander à Dieu tous les secours necessaires aux Chrestiens contre l'injuste **oppression des Turcs** sur le Royaume de Pologne. — Amiens, veuve Robert Hubault, M.DC.LXXIII ; 24 p. in-16.

1608. — Ordonnance de Monseigneur l'...... Evesque d'Amiens portant deffense d'imprimer, de lire, vendre, et debiter une **Traduction du Nouveau Testament** en François imprimée à Mons, et autres lieux. *Du 20 octobre 1673.* — Amiens, veuve Robert Hubault, M.DC.LXXIII ; 7 p. in-4°.

1609. — Mandement de Monseigneur l'......Evesque d'Amiens, pour l'establissement des **Prières pour le Roy.** Dans la présente Année 1674. *Du 1 mai 1674.* — S. l. n. n. ; 4 p. in-4°.

1610. — *Mandement, du 27 mars 1677, relatif au* **Jubilé** *ordonné par le Pape Innocent XI.* — S. l. n. n. ; 1 p. in-folio.

1611. — Prières ordonnées par

Monseigneur l'..... Evêque d'Amiens pour gaigner le **Jubilé Vniversel** Octroié par Nôtre Saint Père le Pape Innocent XI. — Amiens, Veuve Robert Hubault, M.DC.LXXVII ; 31 p. in-16.

1612. — Mandement de Monseigneur l'..... Evesque d'Amiens pour l'establissement des **prieres povr le Roy** dans la presente année 1678. *Du 16 mars 1678.* — S. l. n. n. ; 1 p. in-folio.

1613. — *Mandement, du 19 novembre 1670, relatif aux dispenses du* **Carême**. — S. l. n. n. ; 1 p. in-folio.

1614. — *Mandement, du 7 mars 1682, relatif au* **Jubilé** *ordonné par le Pape Innocent XI.* — S. l. n. n. ; 1 p. in-folio.

1615. — *Mandement, du 19 novembre 1682, relatif aux dispenses du* **Carême**. — S. l. n. n. ; 1 p. in-folio.

1616. — Mandement de Monseigneur l'..... Evesque d'Amiens, qui ordonne des Prières publiques dans tout son Diocèse pour le repos de l'**Ame de la Reyne** Defunte. *Du 27 aout 1683.* — S. l. n. n. ; 1 p. in-folio.

1617. — *Mandement, du 21 février 1684, relatif au* **Jubilé** *ordonné par Innocent XI pour implorer le secours de Dieu contre les Turcs.* — S. l. n. n. ; 1 p. in-folio.

1618. — Prières ordonnées par Monseigneur l'.....Evêque d'Amiens pour gagner le **Jubilé Universel** octroyé par N. S. P. le Pape Innocent XI pour demander à Dieu le secours nécessaire aux Chrétiens contre les Turcs. Pour la Ville d'Amiens. — Amiens, veuve Robert Hubault, M.DC.LXXXIV ; 24 p. in-16.

1619. — Lettre pastorale de Monseigneur l'Evesque d'Amiens pour règler les Actions de grâces que l'on doit à Dieu et au Roy, pour avoir délivré ce Diocèse de l'Hérésie, et les Instructions qu'on doit faire aux **nouveaux Convertis**. *Du 1 février 1686.* — Amiens, Veuve Robert Hubault, M.DC.LXXXVI ; 13 p. in-4°.

1620. — *Mandement, du 23 novembre 1686, prescrivant des prières pour la réussite d'une* **grave opération** *subie par le Roi.* — S. l. n. n. ; 1 p. in-folio.

1621. — Ordonnance pour remercier Dieu de l'heureux succès de l'**opération faite au Roy**. 1687.

Hist. de Mgr Faure, par Pouy, ch. VI, n° 58.

1622. — Mandement de Monseigneur l'.....Evesque d'Amiens pour l'usage des œufs pendant le **Carême**. *Du 28 janvier 1693.* — S. l. n. n. ; 1 p. in-folio.

1623. — Mandement de Monseigneur l'...Evesque d'Amiens *sur la distribution des* **aumônes**. *Du 31 janvier 1693.* — S. l. n. n. ; 3 p. in-4°.

1624. — Mandement de Monseigneur l'...Evesque d'Amiens *sur le* **Jubilé** *ordonné par le Pape Innocent XII. Du 9 mars 1694.* — S. l. n. n. ; 1 p. in-folio.

1625. — Prières ordonnées par Monseigneur l'.....Evêque d'Amiens, pour gagner le **Iubilé Vniversel**, octroyé par nòtre Saint Père le Pape Innocent XII. — Amiens, Veuve Robert Hubault, M.DC.XCIV ; 22 p. in-16.

1626. — Mandement de Messieurs les Vicaires generaux de Monseigneur l'Evesque d'Amiens pour faire des prieres en actions de graces de la benediction qu'il a plû à Dieu de donner aux **biens de la Terre**. *Du 18 août 1694.* — S. l. n. n. ; 3 p. in-4°.

1627. — Mandement de Monseigneur l'...Evesque d'Amiens, *pour le* **Carême** *de 1695. Du 15 décembre 1694.* — S. l. n. n. ; 1 p. in-folio.

1628. — Mandement de Monsei-

17

gneur l'...Evesque d'Amiens povr procvrer la **desserte des Paroisses** abandonnees, les Retraites des Ecclesiastiques dans le Seminaire, etc. *Du 16 décembre 1694.* — S. l. n. n. ; 3 p. in-4°.

1629. — Mandement de Monseigneur l'...Evesque d'Amiens, *sur le* **Jubilé** *accordé par le Pape Innocent XII. Du 19 février 1696.* — S. l. n. n. ; 1 p. in-folio.

1630. — Mandement de Monseigneur l'...Evesque d'Amiens pour la Convocation de son **Synode général**. *Du 12 août 1696.* — S. l. n. n. ; placard in-folio.

1631. — Mandement de Monseigneur l'Eveque d'Amiens pour la publication de la Constitution de Nostre Saint Pere le Pape Innocent XII. Du 12 Mars 1699 Portant condamnation et defense du Livre intitulé Explication des **Maximes des Saints** sur la vie intérieure, etc. — Amiens, Nicolas Caron-Hubault ; 18 p. in-4°.

1632. — Mandement de Monseigneur l'...Evêque d'Amiens, *pour le* **Carême**. *Du 1er février 1700.* — S. l. n. n. ; in-folio.

1633. — Mandement de Monseigneur l'Evêque d'Amiens *pour le Jubilé ordonné par le Pape Clément XI. Du 2 avril 1701.* — S. l. n. n. ; 1 p. in-folio.

1634. — *Mandement sur* Le **Jubilé** de l'année sainte 1702 pour la ville et le diocèse d'Amiens. — S. l. n. n. ; 1 p. in-folio.

1635. — Prières désignées par Monseigneur l'...Evêque d'Amiens Pour gagner le **Iubilé** de l'Année Sainte octroyé par nôtre Saint Père le Pape Clément XI. — Amiens, Charles Caron-Hubault, 1702 ; 16 p. in-16.

1636. — *Instruction sur* Le **Jubilé** de l'année sainte pour la Ville et le Diocèse d'Amiens. — S. l. n. n. ; 12 p. in-16.

1637. — Mandement de Monseigneur l'Evêque d'Amiens qui ordonne des **prières pour le Roy**. *Du 3 avril 1705.* — S. l. n. n. ; 1 p. in-4°.

Mgr SABATIER.

1638. — Mandement de Monseigneur l'Illustrissime et Reverendissime Evêque d'Amiens Sur la Dispense du **Lait, du Beurre** et du Fromage pendant le Carême. *Du 29 août 1707.* — S. l. n. n. ; placard in-folio.

Presque tous les mandements de Mgr Sabatier se trouvent à la Bibl. d'Amiens, Théol., n° 1862.

1639. — Mandement de Monseigneur l'Evesque d'Amiens pour la **visite** *pastorale. Du 26 septembre 1707.* — S. l n. n. ; 4 p. in-4°.

1640. — Mandement de Monsieur l'Evêque d'Amiens qui ordonne les **prières de Quarante heures**. *Du 9 mai 1710.* — S. l. n. n. ; 1 p. in-folio.

1641. — Mandement de Monseigneur l'Evêque d'Amiens qui ordonne des Prières pour le repos de l'**Ame de feu** Monseigneur **le Dauphin**. *Du 5 mai 1711.* - S. l. n. n. ; 2 p. in-4°.

1642. — Ordonnance de Monseigneur l'Evêque d'Amiens qui défend les **Habits indécens** et immodestes dans l'Eglise. *Du 20 décembre 1711.* — S. l. n. n. ; 1 p. in-folio.

1643. — Mandement de Monseigneur l'Evêque d'Amiens qui ordonne des **Questes** pour le rétablissement des saints Lieux de la Palestine. *Du 18 janvier 1712.* — S. l. n. n. ; 1 p. in-4°.

1644. — Mandement de Monseigneur l'Evêque d'Amiens qui ordonne les **Prières** de Quarante Heures **pour la Paix**. *Du 5 février 1712.*— S. l. n. n. ; 1 p. in-folio.

1645. — Mandement de Monseigneur l'Evêque d'Amiens, qui ordonne des Prières pour le **repos des Ames** de Monseigneur le Dauphin et de Madame la Dauphine. *Du 5 mars 1712.* — S. l. n. n. ; 1 p. in-folio.

1646. — Mandement de Monseigneur l'Evêque d'Amiens pour **la visite** *pastorale. Du 10 février 1714.* — S. l. n. n. ; 4 p. in-4°.

1647. — Instruction pastorale de Monseigneur l'Evêque d'Amiens sur **la Comédie.** *Du 8 novembre 1714.* — S. l. n. n. ; 7 p. in-4°.

1648. — Lettre pastorale de Monseigneur l'Evêque d'Amiens aux Curez de son Diocése sur le rétablissement de **l'abstinence du Carême.** *Du 8 février 1715.* — S. l. n. n. ; 4 p. in-4°.

1649. — Mandement de Monseigneur l'..... Evêque d'Amiens qui ordonne des prières publiques pour **l'âme du feu Roy.** — *Du 9 septembre 1715.* — S. l. n. n. ; 4 p. in-4°.

1650. — Mandement de Monseigneur l'..... Evêque d'Amiens qui permet l'usage des œufs pendant le **Carême** de la présente Année mil sept cens seize et ordonne une Queste generale pour le Rachat des Esclaves François. *Du 10 février 1716.* — Amiens, Caron-Hubault, 1717 ; 5 p. in-4°.

1651. — Mandement de Monseigneur l'..... Evêque d'Amiens pour la **Mission** qui doit commencer à Amiens le Dimanche huit novembre 1716. *Du 26 octobre 1716.* — Amiens, Charles Caron-Hubault, 1716 ; 8 p. in-4°.

1652. — Lettre de Monseigneur l'Evêque d'Amiens, *du 23 décembre 1717 communiquant une* Ordonnance du Roy portant défenses à tous ses Sujets d'aller en **Pèlerinage en Pays Etranger,** sous les peines y contenues. Du 15 novembre 1717. — S. l. n. n. ; 4 p. gr. in-4°.

1653. — Ordonnance de Monseigneur l'..... Evêque d'Amiens qui défend certaines **mascarades** sous peine d'excommunication. *Du 28 mars 1718.* — S. l. n. n. ; 3 p. in-4°.

1654. — Mandement de Monseigneur l'Evêque d'Amiens qui ordonne des **Prières publiques** dans tout le Diocèse. *Du 28 novembre 1720.* — Amiens, Charles Caron-Hubault, 1720 ; 7 p. in-4°.

1655. — Mandement de Monseigneur l'..... Evêque d'Amiens pour la Publication du **Jubilé.** *Du 21 novembre 1721.* — S. l. n. n. ; placard in-folio.

1656. — Prières ordonnées par Monseigneur l'..... Evêque d'Amiens pour gagner le **Jubilé** Universel Octroyé par notre Saint Père le Pape Innocent XIII. — Amiens, Charles Caron-Hubault, 1721 ; 28 p. in-16.

1657. — Instruction familière sur le **Jubilé** dressée en forme de catéchisme, réimprimée par l'Ordre de Monseigneur l'..... Evêque d'Amiens. — Amiens, Charles Caron-Hubault, 1721 ; 12 p. in-16.

1658. — Mandement de Monseigneur l'..... Evêque d'Amiens, qui ordonne des Prières pour demander de la **Pluye.** *Du 14 mai 1723.* — S. l. n. n. ; 2 p. in-4°.

1659. — Mandement de Monseigneur l'..... Evêque d'Amiens pour la Publication du **Jubilé.** *Du 15 novembre 1724.* — S. l. n. n. ; 1 p. in-folio.

1660. — Prières ordonnées par Monseigneur l'..... Evêque d'Amiens Pour gagner le **Jubilé** Universel Octroyé par nôtre Saint Père le Pape Benoist XIII. — Amiens, Charles Caron-Hubault, 1724 ; 30 p. in-16.

1661. — Mandement de Monseigneur l'..... Evêque d'Amiens, qui Ordonne des Prières pour demander à

Dieu la cessation de la Plüye et la **sérénité de l'air**. *Du 2 juillet 1723.* — S. l. n. n. ; 4 p. in-4°.

1662. — Mandement de Monseigneur l'..... Evêque d'Amiens, pour demander par des **Prières publiques** la bénédiction de Dieu sur la résolution que le Roy a prise de gouverner l'Etat par lui-même. *Du 2 juillet 1726.* — S. l. n. n. ; 4 p. in-4°.

1663. — Mandement de Monseigneur l'.... Evêque d'Amiens, *pour le* **Jubilé**. *Du 9 octobre 1726.* — S. l. n. n. ; 1 p. in-folio.

1664. — Le **Jubilé** de l'année sainte pour la Ville et le Diocèse d'Amiens, accordé par N. S. P. le Pape Benoist XIII avec le Mandement de Monseigneur l'Illustrissime et Reverendissime Evêque d'Amiens. — Amiens, Charles Caron-Hubault, 1726 ; 19 p. in-16.

1665. — Prières ordonnées par Monseigneur l'..... Evêque d'Amiens, Pour gagner le **Jubilé** de l'Année Sainte, Octroyé par notre Saint Père le Pape Benoist XIII. — Amiens, Charles Caron-Hubault, 1726 ; 20 p. in-24.

1666. — Mandement de Monseigneur l'..... Evêque d'Amiens, sur la Dispense du **Lait**, du **Beurre** et du Fromage pendant le Carême. *Du 14 octobre 1726.* — S. l. n. n. ; placard in-folio.

1667. — Mandement de Monseigneur l'..... Evêque d'Amiens qui Ordonne des Prières pour l'heureux **accouchement de la Reine**. *Du 4 juin 1727.* — S. l. n. n. ; 1 p. in-folio.

Il y en a un autre dans la même forme à la date du 19 juillet 1728.

1668. — Mandement de Monseigneur l'..... Evêque d'Amiens sur l'abstinence du **Carême**. *Du 4 janvier 1728.* — S. l. n. n. ; 3 p. in-4°.

1669. — Mandement de Monseigneur l'Evêque d'Amiens pour demander à Dieu par des **Prières publiques** un Dauphin. *Du 20 octobre 1728.* — Amiens, Caron Hubault, 1728 ; 8 p. in-4°.

1670. — Mandement de Monseigneur l'Evêque d'Amiens qui Ordonne de chanter le Te Deum en action de grâces de la parfaite **guérison du Roy**. *Du 16 novembre 1728.* — S. l. n. n. ; 1 p. in-folio.

1671. — Mandement de Monseigneur l'Evêque d'Amiens qui Ordonne des Prières publiques d'action de grâces avec le Te Deum pour la **Naissance de Monseigneur le Dauphin**. *Du 15 septembre 1729.* — S. l. n. n. ; 1 p. in-folio.

1672. — Mandement de Monseigneur l'Evêque d'Amiens pour la **visite pastorale**. *Du 30 septembre 1730.* — S. l. n. n. ; 4 p. in-4°.

1673. — Mandement de Monseigneur l'Evêque d'Amiens pour faire **quêter** dans toutes les Eglises et Paroisses de ce Diocèse et y laisser poser des Troncs, en faveur des Pauvres Malades de l'Hôtel-Dieu de Paris. *Du 25 février 1731.* — S. l. n. n. ; 4 p. in-4°.

1674. — Mandement de Monseigneur l'..... Evêque d'Amiens qui Ordonne des Prières pour demander de la **Pluye**. *Du 17 avril 1731.* — S. l. n. n. ; 3 p. in-4°.

1675. — Mandement de Monseigneur l'Evêque d'Amiens qui ordonne une **Quête** pour la Rédemption des Captifs. *Du 26 septembre 1731.* — S. l. n. n. ; 1 p. in-folio.

1676. — Mandement de Messieurs du Chapitre d'Amiens le **Siège épiscopal vacant**. *Du 21 janvier 1733.* — S. l. n. n. ; 1 p. in-folio.

Mgr DE LA MOTTE.

1677. — *Mandement de Mgr de la Motte permettant l'usage des œufs pen-*

dant le **Carême.** *Du 28 janvier 1735.* — S. l. n. n. ; 1 p. in-folio.

Il y a un mandement pareil chaque année pendant l'épiscopat de Mgr de la Motte.
Presque tous les mandements de Mgr de la Motte se trouvent dans la bibl. H. Macqueron.

1678. — Mandement de Monseigneur l'Evêque d'Amiens sur la Dispense du Lait, du Beurre et du Fromage pendant le **Carême.** *Du 8 février 1735.* — S. l. n. n. ; 1 p. in-folio.

1679. — Mandement de Monseigneur l'Evêque d'Amiens pour ses **visites pastorales.** *Du 16 avril 1735.* — S. l. n. n. ; 7 p. in-4°.

1680. — Mandement de Monseigneur l'Evêque d'Amiens pour une Quête en faveur des RR. PP. **Capucins de Constantinople.** *Du 12 juillet 1735.* — S. l. n. n. ; 1 p. in-folio.

1681. — Mandement de Monseigneur l'Evêque d'Amiens, pour faire quêter dans toutes les Eglises et Paroisses de son Diocèse, et y laisser poser des Troncs en faveur des **Pauvres de l'Hôtel-Dieu de Paris.** *Du 24 octobre 1735.* — S. l. n. n. ; 1 p. in-folio.

1682. — Mandement de Monseigneur l'Evêque d'Amiens qui permet une Quête pour la **Rédemption des Captifs.** *Du 21 février 1736.* — S. l. n. n. ; 1 p. in-folio.

1683. — Mandement de Monseigneur l'Evêque d'Amiens *sur une* **mission à Abbeville.** *Du 31 mai 1736.* — S. l. n. n. ; 1 p. in-folio.

1684. — Mandement de Monseigneur l'Evêque d'Amiens, *sur une* **mission à Albert.** *Du 29 décembre 1736.* — S. l. n. n. ; 1 p. in-folio.

1685. — Mandement de Monseigneur l'Evêque d'Amiens, *relatif au centenaire de la* **Procession du vœu de Louis XIII.** *Du 1 août 1738.* — S. l. n. n. ; 8 p. in-4°.

1686. — Mandement de Monseigneur l'Evêque d'Amiens qui Ordonne une Quête dans son Diocèse pour le soulagement de la **Terre-Sainte.** *Du 28 août 1738.* — S. l. n. n. ; 4 p. in-4°.

1687. — Mandement de Monseigneur l'Evêque d'Amiens, *sur l'observance du* **Carême.** *Du 16 décembre 1738.* — S. l. n. n. ; placard in-folio.

1688. — Prières de Quarante-Heures Ordonnées pour obtenir de Dieu un tems favorable pour la **Moisson.** *Du 14 août 1739.* — S. l. n. n. ; 1 p. in-folio.

1689. — Prières de Quarante-Heures Ordonnées pour obtenir de Dieu un tems favorable à la **moisson.** *Du 22 août 1740.* — S. l. n. n. ; 1 p. in-folio.

1690. — Mandement de Monseigneur l'Evêque d'Amiens, *au sujet de la* **misère publique.** *Du 2 janvier 1641.* — S. l. n. n. ; 4 p. in-4°.

1691. — *Mandement, du 20 avril 1741, contre la* **Comédie.** — S. l. n. n.; 1 p. in-folio.

1692. — Prières de quarante heures ordonnées pour la **conservation du Roy,** et l'heureux succés de ses Armes. *Du 23 mai 1744.* — S. l. n. n. ; 4 p. in-4°.

1693. — Mandement de Monseigneur l'Evêque d'Amiens pour rendre à Dieu des actions de grâces publiques au sujet du recouvrement de la **santé du Roy.** *Du 3 septembre 1744.* — S. l. n. n. ; 4 p. in-4°.

1694. — Mandement de Monseigneur l'Evêque d'Amiens qui ordonne qu'on chantera le Te Deum dans les Eglises de son Diocèse en action de grâces du recouvrement de la **santé du Roy.** *Du 24 septembre 1744.* — S. l. n. n. ; 4 p. in-4°.

1695. — Prières de Quarante-Heures Ordonnées pour la conservation du Roy, et l'heureux **succès de ses Armes**. *Du 19 mai 1745.* — S. l. n. n.; 4 p. in-4°.

1696. — Mandement de Monseigneur l'Evêque d'Amiens qui ordonne qu'on chantera le Te Deum dans toutes les Eglises de son Diocèse, en action de grâces de la **victoire** remportée par le Roi en Flandre sur ses ennemis. *Du 25 mai 1745.* — S. l. n. n.; 4 p. in-4°.

1697. — Mandement de Monseigneur l'Evêque d'Amiens pour la **mission**. *Du 9 juillet 1745.* — S. l. n. n.; placard in-folio.

1698. — Mandement de Monseigneur l'Evêque d'Amiens pour le **Jubilé**. *Du 15 juillet 1745.* — S. l. n. n.; 1 p. in-folio.

1699. — Avis donné par Monseigneur l'Evêque d'Amiens pour le **Jubilé**. *Du 5 octobre 1745.* — S. l. n. n.; 2 p. in-4°.

1700. — Prières ordonnées par Monseigneur l'Evêque d'Amiens pour gagner le **Jubilé**, accordé par Notre Saint Père le Pape Benoist XIV. — Amiens, veuve Charles Caron-Hubault, 1745; 24 p. in-16.

1701. — Prières ordonnées par Monseigneur l'Evêque d'Amiens, pour gagner le **Jubilé**, accordé par Notre Saint Père le Pape Benoist XIV. — Amiens, veuve Charles Caron-Hubault, 1745; 45 p. in-12.

1702. — Prières de Quarante-Heures Ordonnées pour la Conservation du Roy et l'heureux **succès de ses Armes**. *Du 12 juin 1747.* — S. l. n. n.; 4 p. in-4°.

1703. — Mandement de Monseigneur l'Evêque d'Amiens, *sur une* **mission à Abbeville**. *Du 5 septembre 1747.* — S. l. n. n.; 1 p. in-folio.

1704. — Prières pour le **Jubilé** de l'année sainte ordonnées par Monseigneur l'Evêque d'Amiens. — Amiens, Charles Caron-Hubault, 1751; 6 p. n. n. et 18 p. in-12.

1705. — Prières pour le **Jubilé** de l'année sainte ordonnées par Monseigneur l'Evêque d'Amiens. — Amiens, veuve Charles Caron-Hubault, 1751; 29 et 18 p. in-12.

1706. — Prières ordonnées par Monseigneur l'Evêque d'Amiens Pour demander à Dieu un temps favorable aux **biens de la Terre**. *Du 27 mai 1751.* — S. l. n. n.; 1 p. in-folio.

1707. — Mandement de Monseigneur l'Evêque d'Amiens qui ordonne qu'on chantera le Te Deum, dans toutes les Eglises de son Diocèse, en actions de grâces de la **Naissance d'un Prince**. *Du 22 septembre 1751.* — S. l. n. n.; 4 p. in-4°.

1708. — Prières de Quarante-Heures ordonnées par Monseigneur l'Evêque d'Amiens pour obtenir de Dieu le **rétablissement de la santé** de Monseigneur le Dauphin. *Du 7 août 1752.* — S. l. n. n.; 4 p. in-4°.

1709. — Mandement de Monseigneur l'Evêque d'Amiens qui ordonne qu'on chantera le Te Deum dans les Eglises de son Diocèse, en action de grâces du **Recouvrement de la santé** de Monseigneur le Dauphin. *Du 5 septembre 1752.* — S. l. n. n.; 4 p. in-4°.

1710. — Mandement de Monseigneur l'Evêque d'Amiens, qui ordonne qu'on chantera le Te Deum, dans toutes les Eglises de son Diocèse, en actions de grâces de la **Naissance d'un Prince**. *Du 28 septembre 1753.* — S. l. n. n.; 4 p. in-4°.

1711. — Mandement de Monseigneur l'Evêque d'Amiens, qui ordonne qu'on chantera le Te Deum, dans toutes les Eglises de son Diocèse, en actions de grâces de la **Naissance d'un Prince**.

Du 4 septembre 1754. — S. l. n. n. ; 4 p. in-4°.

1712. — Mandement de Monseigneur l'Evêque d'Amiens pour faire des Quêtes, dont le produit doit servir à rétablir une Eglise à Alger, en faveur des **Esclaves Chrétiens**. *Du 9 octobre 1754*. — S. l. n. n. ; 4 p. in-4°.

1713. — Mandement de Monseigneur l'Evêque d'Amiens, qui ordonne qu'on chantera le Te Deum, dans toutes les Eglises de son Diocèse, en actions de grâces de la **Naissance d'un Prince**. *Du 4 novembre 1755*. — S. l. n. n. ; 4 p. in-4°.

1714. — Mandement de Monseigneur l'Evêque d'Amiens pour la **mission**. *Du 25 juin 1756*. — S. l. n. n.; 1 p. in-folio.

1715. — Mandement de Monseigneur l'Evêque d'Amiens qui ordonne qu'on chantera le Te Deum dans toutes les Eglises de son Diocèse en action de grâces de la **prise des Forts de Mahon**. *Du 28 juillet 1756*. — S. l. n. n.; 4 p. in-4°.

1716. — Mandement de Monseigneur l'Evêque d'Amiens, qui ordonne qu'on chantera dans toutes les Eglises de son Diocèse une Messe solennelle, et le Te Deum en action de grâces de la **conservation de Sa Majesté** *après l'attentat de Damiens*. *Du 16 mars 1757*. — S. l. n. n. ; 3 p. in-4°.

1717. — Mandement de Monseigneur l'Evêque d'Amiens, qui ordonne qu'on chante le Te Deum dans toutes les Eglises de son Diocèse, en action de grâces de l'heureux **succès des armes** de Sa Majesté. *Du 16 août 1757*. — S. l. n. n. ; 4 p. in-4°.

1718. — Mandement de Monseigneur l'Evêque d'Amiens, qui ordonne qu'on chantera le Te Deum, dans toutes les Eglises de son Diocèse, en actions de grâces de la **Naissance d'un Prince**.

Du 27 octobre 1757. — S. l. n. n. ; 3 p. in-4°.

1719. — Mandement de Monseigneur l'Evêque d'Amiens, qui ordonne qu'on chantera le Te Deum dans toutes les Eglises de son Diocèse, en action de grâces de l'heureux **succès des armes** de Sa Majesté. *Du 5 octobre 1758*. — S. l. n. n.; 7 p. in-4°.

1720. — Mandement de Monseigneur l'Evêque d'Amiens qui ordonne qu'on chantera le Te Deum dans toutes les Eglises de son Diocèse, en action de grâces de l'heureux **succès des armes** de Sa Majesté. *Du 2 novembre 1758*. — S. l. n. n. ; 4 p. in-4°.

1721. — Prières pour les stations du **Jubilé** accordé par N. S. Père le Pape Clément XIII. Imprimées par ordre de Monseigneur l'Evêque d'Amiens. — Amiens, veuve Charles Caron-Hubault, 1759 ; 16 et 18 p. in-12.

1722. — Mandement de Monseigneur l'Evêque d'Amiens qui ordonne qu'on chantera le Te Deum dans toutes les Eglises de son Diocèse, en actions de grâces de l'heureux **succès des armes** de Sa Majesté. *Du 14 mai 1759*. — S. l. n. n. ; 4 p. in-4°.

1723. — Prières ordonnées par Monseigneur l'Evêque d'Amiens, pour demander à Dieu qu'il daigne répandre sa Bénédiction sur les **Armes du Roi** et favoriser le succès de ses justes entreprises. *Du 27 mai 1760*. — S. l. n. n.; 4 p. in-4°.

1724. — Mandement de Monseigneur l'Evêque d'Amiens, qui ordonne qu'on chantera le Te Deum dans toutes les Eglises de son Diocèse, en actions de grâces de l'heureux **succès des armes** de Sa Majesté. *Du 20 avril 1761*. — S. l. n. n. ; 4 p. in-4°.

1725. — Mandement de Monseigneur l'Evêque d'Amiens qui ordonne qu'on chantera le Te Deum dans toutes les Eglises de son Diocèse, en actions de grâces de la **Victoire** remportée dans la Hesse sur les Ennemis de Sa Majesté. *Du 17 septembre 1762.* — S. l. n. n. ; 4 p. in-4°.

1726. — Adhésion de Monseigneur l'Evêque d'Amiens à l'Instruction Pastorale de Monseigneur l'Archevêque de Paris, sur les atteintes données à l'autorité de l'Eglise par les Jugemens des Tribunaux séculiers, dans l'**affaire des Jésuites**, communiquée à tout son Diocèse. *Du 1 février 1764.* — S. l. n. n. ; 4 p. in-4°.

1727. — Arrest de la Cour de Parlement qui condamne un Imprimé ayant pour titre : Adhésion de Monseigneur l'Evêque d'Amiens, à l'Instruction Pastorale de Monseigneur l'Archevêque de Paris, sur les atteintes données à l'Autorité de l'Eglise, par les Jugemens des Tribunaux Séculiers dans l'affaire des **Jésuites**, communiquée à tout son Diocèse, en date du premier Février 1764, à être lacéré et brûlé par l'Exécuteur de la Haute Justice. *Du neuf Mars 1764.* — Paris, P. G. Simon, 1764 ; 7 p. in-4°.

Bibl. d'Amiens, Hist. des Relig., n° 1350, t. III.

1728. — *Mandement ordonnant des prières de Quarante Heures pour le rétablissement de la* **santé du Dauphin**. *Du 6 décembre 1765.* — S. l. n. n. ; 1 p. in-folio.

1729. — Mandement de Monseigneur l'Evêque d'Amiens qui ordonne des Prières pour le repos de l'**Ame de feu Monseigneur le Dauphin**. *Du 3 janvier 1766.* — S. l. n. n. ; 4 p. in-4°.

1730. — Mandement de Monseigneur l'Evêque d'Amiens qui ordonne une Quête générale pour la **Rédemption des Esclaves** François. *Du 23 janvier 1766.* — S. l. n. n. ; 1 p. in-folio.

1731. — Mandement de Monseigneur l'Evêque d'Amiens par lequel est ordonnée la **Fête du Sacré-Cœur** de Jésus, publié en son Synode de 1767. *Du 7 octobre 1767.* — S. l. n. n. ; 4 p. in-4°.

1732. — *Mandement prescrivant des prières de Quarante-Heures pour le rétablissement de la* **Santé de la Reine**. *Du 7 mars 1768.* — S. l. n. n. : 1 p. in-folio.

1733. — Mandement de Monseigneur l'Evêque d'Amiens qui ordonne des Prières publiques pour le repos de l'**Ame de la Reine**. *Du 11 juillet 1768.* — S. l. n. n. ; 4 p. in-4°.

1734. — Mandement de Monseigneur l'Evêque d'Amiens sur l'assistance qui est due aux Pauvres pendant la **cherté actuelle du Pain**. *Du 18 novembre 1768.* — S. l. n. n. ; 4 p. in-4°.

1735. — Mandement de Monseigneur l'Evêque d'Amiens *pour le* **Jubilé**. *Du 26 mars 1770.* — S. l. n. n. ; 1 p. in-folio.

1736. — Prières pour les Stations du **Jubilé** accordé par N. S. Père le Pape Clément XIV imprimées par ordre de Monseigneur l'Evêque d'Amiens. — Amiens, Louis-Charles Caron, 1770 ; 16 et 16 p. in-12.

1737. — Mandement de Monseigneur l'Evêque d'Amiens pour la **Mission**. *Du 25 juin 1773.* — S. l. n. n. ; 1 p. in-folio.

1738. — Mandement de Monseigneur l'Evêque d'Amiens, qui ordonne des Prières publiques pour le repos de l'**Ame du Roi** Louis XV, surnommé le Bien-Aimé. *Du 16 mai 1774.* — S. l. n. n. ; 4 p. in-4°.

Mgr DE MACHAULT.

1739. — Mandement de Monseigneur l'Evêque d'Amiens qui ordonne des **Prières** pour le Repos de l'Ame de Monseigneur Louis-François Gabriel d'Orléans de la Motte, son Prédécesseur. *Du 26 juin 1774.* — Amiens, Louis Charles Caron, 1774 ; 21 p. in-4°.

1740. — Mandement de Monseigneur l'Evêque d'Amiens Pour le **Carême**. *Du 12 janvier 1777.* — S. l. n. n.; 1 p. in-4°.

1741. — Mandement de Monseigneur l'Evêque d'Amiens Pour le **Carême**. *Du 25 janvier 1779.* — Amiens, L. C. Caron ; 3 p. in-4°.

1742. — Mandement de Monseigneur l'Evêque d'Amiens Pour le **Carême** *de 1780.* — Amiens, L. C. Caron Père ; 3 p. in-4°.

1743. — Mandement de Monseigneur l'Evêque d'Amiens, au sujet de l'annonce publiée dans son Diocèse d'une Collection entière des **Œuvres** du Sieur **de Voltaire**. *Du 9 avril 1781* — S. l. n. n. ; 4 p. in-4°.

Très curieux comme style indigné.

1744. — Mandement de Monseigneur l'Evêque d'Amiens, qui ordonne qu'on chantera le Te Deum dans toutes les Eglises de son Diocèse, en actions de grâces de l'heureux **succès des Armées** de Sa Majesté. *Du 3 décembre 1781.* — S. l. n. n. ; 4 p. in-4°.

1745. — Mandement de Monseigneur l'Evêque d'Amiens Pour le **Carême**. *Du 3 février 1783.* — S. l. n. n. ; 4 p. in-4°.

1746. — Mandement de Monseigneur l'Evêque d'Amiens Pour le **Carême**. *Du 1 février 1784.* — Amiens, L. C. Caron père ; 4 p. in-4°.

1747. — Mandement de Monseigneur l'Evêque d'Amiens Pour le **Carême**. *Du 6 février 1786.* — Amiens, L. C. Caron Père ; 3 p. in-4°.

1748. — Mandement de Monseigneur l'Evêque d'Amiens Pour le **Carême**. *Du 25 janvier 1787.* — S. l. n. n.; 4 p. in-4°.

1749. — Mandement de Monseigneur l'Evêque d'Amiens Pour le **Carême**. *Du 2 février 1790.* — Amiens, J. B. Caron, 1790 ; 12 p. in-4°.

1750. — Lettre pastorale de M. l'Evêque d'Amiens. *A Tournay, du 4 mars 1791.* — S. n. ; 8 p. in-8°.

1751. — Lettre pastorale de M. l'Evêque d'Amiens. *A Tournay, du 6 mai 1791.* — De l'Impr. de Crapart ; 36 p. in-8°.

Bibl. de Bonnault.

1752. — Lettre pastorale de Monsieur l'Evêque du Département de la Somme *(Desbois de Rochefort)* au Clergé et aux Fidèles de son Diocèse. *Du 8 mai 1791.* — Amiens, J. Bapt. Caron l'aîné, 1791 ; 26 p. in-4°.

1753. — Lettre à Monsieur Desbois de Rochefort, Evêque Constitutionnel du Département de la Somme : sur sa **Lettre Pastorale**, au Clergé et aux Fidèles de son Diocèse. — S. l. n. n. *1791 ;* 23 p. in-8°.

1754. — Examen de la **lettre pastorale** de M. Desbois de Rochefort, ci-devant curé de St André-des-Arts, et évêque constitutionnel du département de la Somme par un paroissien de Saint-André-des-Arts. — Paris, Crapart, 1791; 32 p. in-8°.

1755. — Seconde lettre à M. Desbois, Curé de Saint-André-des-Arcs de Paris, Evêque constitutionnel du Département de la Somme, par un curé catholique du Diocèse d'Amiens. — Paris, Dufresne, 1791 ; 32 p. in-8°.

Bibl. Pinsard.

1756. — Mandement de M. l'Evêque du Département de la Somme Pour le **Carême**. *Du 8 février 1792.* — Amiens, J. B. Caron l'aîné, 1792 ; 3 p. in-4°.

1757. — Mandement de M. l'Evêque d'Amiens. *Du 18 juillet 1795.* — Amiens, F. Caron-Berquier, an III ; 53 p. in-4°.

1758. — Lettre pastorale de l'Evêque d'Amiens, pour la convocation du **Synode diocésain** à Amiens. *Du 25 mars 1800.* — S. l., de l'Imprimerie Librairie Chrétienne ; 16 p. in-8°.

Mgr VILLARET.

1759. — Mandement de M. l'Evêque d'Amiens qui ordonne qu'il sera chanté un Te Deum solemnel en actions de grâces pour le Senatus Consulte et la Loi de l'Etat qui proclame **Napoléon Bonaparte**, Premier Consul à vie. *Du 22 thermidor an X.* — Amiens, J. B. Caron l'aîné ; 4 p. in-4°.

1760. — Mandement de M. l'Evêque d'Amiens, Beauvais et Noyon pour le **Carême**. *Du 8 février 1803.* — Amiens, J. B. Caron l'aîné ; 4 p. in-4°.

1761. — Mandement de M. l'Evêque d'Amiens, de Beauvais et Noyon qui ordonne que chaque année, à commencer de la présente, il sera chanté un Te Deum le St Jour de Pâques, en action de grâces, pour l'anniversaire du **Rétablissement solennel du Culte** Catholique dans toute la France. *Du 2 avril 1803.* — Amiens, J. B. Caron l'aîné ; 3 p. in-4°.

1762. — Prières ordonnées par M. l'Evêque d'Amiens pour demander à Dieu qu'il daigne bénir les **armes de la France** et favoriser les justes entreprises du Premier Consul. *Du 13 juin 1803.* — S. l. n. n. ; 4 p. in-4°.

1763. — Mandement de M. l'Evêque d'Amiens qui ordonne de solemnelles actions de grâces pour la nouvelle marque de protection que Dieu vient de donner à la France *(à propos de l'***attentat de la rue Saint-Nicaise.***) Du 5 ventôse an XII.* — Amiens, J. B. Caron l'aîné ; 4 p. in-4°.

1764. — Lettre pastorale [de M. l'Evêque d'Amiens. *Du 16 nivôse an XII.* — 8 p. in-4°.

1765. — Mandement de M. l'Evêque d'Amiens pour le **Carême**. *Du 27 janvier 1804.* — Amiens, J. B. Caron l'aîné ; 4 p. in-4°.

1766. — Mandement de M. l'Evêque d'Amiens qui ordonne de solemnelles actions de grâce, pour l'avénement de Napoléon-Bonaparte, à la dignité d'**Empereur des Français**. *Du 1er juin 1804.* — Amiens, Caron l'aîné ; 8 p. in-4°.

1767. — **Jubilé** accordé par N. S. Père le Pape Pie VII, imprimé par autorité de M. l'Evêque d'Amiens à l'usage de son Diocèse. — Amiens, J. B. Caron l'aîné, 1804 ; 48 p in-12.

1768. — **Jubilé** accordé par N. S. Père le Pape Pie VII. — Amiens, Fr. Caron-Berquier, 1804 ; 48 p. in-12.

1769. — Mandement de M. l'Evêque d'Amiens qui ordonne de solemnelles actions de grâces pour le **Sacre et Couronnement** de S M. I. Napoléon, Empereur des Français. *Du 30 frimaire an XIII.* — Amiens, Caron l'aîné ; 4 p. in-4°.

Mgr DEMANDOLX.

1770. — Mandement de M. l'Evêque d'Amiens pour le **Carême**. *Du 9 février 1805.* — Amiens, Caron l'aîné ; 4 p. in-4°.

1771. — Mandement de M. l'Evêque d'Amiens, qui ordonne de solemnelles actions de grâces pour la nouvelle marque de protection que Dieu vient de donner à la France. *Du 25 février 1805.* — Amiens, J. B. Caron ; 4 p. in-4°.

1772. — Mandement de M. l'Evêque d'Amiens qui ordonne des Prières publiques pour la **prospérité des Armes** de Sa Majesté l'Empereur. *Du 4 octobre 1805.* — Amiens, J. Bapt. Caron l'aîné ; 4 p. in-4°.

1773. — Mandement de M. l'Evêque d'Amiens qui ordonne de solennelles actions de grâces pour les **Succès** que Dieu a accordés aux armes de S. M. l'Empereur. *Du 28 octobre 1805*. — Amiens, Caron l'aîné ; 4 p. in-4°.

1774. — Mandement de M. l'Evêque d'Amiens qui ordonne une Messe Solennelle en actions de grâces pour de **nouveaux Succès** accordés aux armes de S. M. l'Empereur. *Du 3 décembre 1805*. — Amiens, J.-Bapt. Caron l'aîné ; 3 p. in-4°.

1775. — Mandement de Mgr l'Evêque d'Amiens pour faire chanter le Te Deum en actions de grâces de la **Victoire** remportée sur les armées combinées de l'Empereur d'Allemagne et de l'Empereur de Russie, par S. M. Napoléon, Empereur des Français et Roi d'Italie. *Du 19 décembre 1805*. — Amiens, J.-Bapt. Caron l'aîné ; 4 p. in-4°.

1776. — Mandement de Mgr l'Evêque d'Amiens pour le **Carême**. *Du 3 février 1806*. — Amiens, J. Bapt. Caron l'aîné ; 7 p. in-4°.

1777. — Mandement de Mgr l'Evêque d'Amiens, pour les **Fêtes du 15 Août** et du premier Dimanche de Décembre. *Du 27 juin 1806*. — Amiens, J. B. Caron ; 6 p. in-4°.

1778. — Mandement de Monseigneur l'Evêque d'Amiens qui ordonne la **Publication du Catéchisme** à l'usage de toutes les Eglises de l'Empire Français, pour être seul enseigné dans son Diocèse. *Du 25 août 1806*. — Amiens, J. Bapt. Caron ; 4 p. in-4°.

1779. — Mandement de Monseigneur l'Evêque d'Amiens qui ordonne des Prières publiques pour la **prospérité des Armes** de Sa Majesté l'Empereur et Roi. *Du 21 octobre 1806*. — Amiens, J. Bapt. Caron ; 4 p. in-4°.

1780. — Mandement de Monseigneur l'Evêque d'Amiens pour faire chanter le Te Deum, en actions de grâces de la **Prospérité des Armes** de Sa Majesté l'Empereur et Roi. *Du 4 novembre 1806*. — Amiens, J. B. Caron l'aîné ; 4 p. in-4°.

1781. — Mandement de Monseigneur l'Evêque d'Amiens pour le Carême et pour qu'il soit chanté un Te Deum en actions de grâces des **nouveaux succès** obtenus par les armes de Sa Majesté Impériale et Royale. *Du 19 janvier 1807*. — Amiens, J. B. Caron l'aîné ; 8 p. in-4°.

1782. — Mandement de Monseigneur l'Evêque d'Amiens, pour qu'il soit chanté un Te Deum en actions de grâces de la **prise de Dantzick**, par les armes de Sa Majesté l'Empereur et Roi. *Du 13 juin 1807*. — Amiens, J. B. Caron l'aîné ; 4 p. in-4°.

1783. — Mandement de Monseigneur l'Evêque d'Amiens pour qu'il soit chanté un Te Deum en actions de grâces de la **victoire de Friedland**, et de la prise de Kœnigsberg, par les armes de Sa Majesté l'Empereur et Roi. *Du 7 juillet 1807*. — Amiens, J. B. Caron l'aîné ; 4 p. in-4°.

1784. — Mandement de Mgr l'Evêque d'Amiens pour le **Carême**. *Du 1er février 1808*. — Amiens, J. B. Caron l'aîné ; 8 p. in-4°.

1785. — Mandement de Monseigneur l'Evêque d'Amiens pour qu'il soit chanté un Te Deum en actions de grâces des **Victoires** remportées **en Espagne** par les Armes de Sa Majesté l'Empereur et Roi. *Du 22 décembre 1808*. — S. l. n. n. ; 4 p. in-4°.

1786. — Mandement de Monseigneur l'Evêque d'Amiens pour qu'il soit chanté un Te Deum en actions de grâces des **Victoires** remportées à Tann, Eggmuhl et Ratisbonne, par les armes de Sa Majesté l'Empereur et Roi. *Du 8 mai 1809*. — Amiens, J. B. Caron l'aîné ; 4 p. in-4°.

1787. — Mandement de Monseigneur l'Evêque d'Amiens pour qu'il soit chanté un Te Deum en actions de grâces de la **prise de Vienne**, par les armes de Sa Majesté l'Empereur et Roi. *Du 24 mai 1809.* — Amiens, J. B. Caron l'aîné ; 4 p. in-4°.

1788. — Mandement de Monseigneur l'Evêque d'Amiens qui ordonne un Te Deum en actions de grâces des Victoires remportées à Enzersdorf et à **Wagram**, par les armes de S. M. *Du 25 juillet 1809.* — Amiens, J. B. Caron l'aîné ; 4 p. in-4°.

1789. — Mandement de Monseigneur l'Evêque d'Amiens qui ordonne un Te Deum, en actions de grâces de la **Paix** conclue avec l'Autriche. *Du 17 novembre 1809.* — Amiens, J. Bapt. Caron ; 4 p. in-4°.

1790. — Mandement de Monseigneur l'Evêque d'Amiens, sur la **naissance du Roi de Rome**. *Du 20 mai 1811.* — Amiens, J. B. Caron l'aîné ; 7 p. in-4°.

1791. — Mandement de Monseigneur l'Evêque d'Amiens qui ordonne un Te Deum en actions de grâces de la **Victoire** remportée **sur les Russes**, par les Armes de S. M. l'Empereur et Roi. *Du 30 septembre 1812.* — Amiens, Jean-Baptiste Caron ; 4 p. in-4°.

1792. — Mandement de Monseigneur l'Evêque d'Amiens qui ordonne un Te Deum, à l'occasion du Rétablissement de la **paix de l'Eglise**. *Du 1er février 1813.* — Amiens, J. B. Caron l'aîné ; 7 p. in-4°.

1793. — Mandement de Monseigneur l'Evêque d'Amiens qui ordonne un Te Deum, en actions de grâces des Victoires remportées par les Armes de S. M. dans les champs de **Lutzen**. *Du 14 mai 1813.* — Amiens, J. B. Caron l'aîné ; 4 p. in-4°.

1794. — Mandement de Monseigneur l'Evêque d'Amiens qui ordonne des Prières publiques pour la **prospérité des Armes** de S. M. l'Empereur et Roi. *Du 31 janvier 1814.* — Amiens, J. B. Caron ; 10 p. in-4°.

1795. — Mandement de Mgr l'Evêque d'Amiens, qui ordonne un Te Deum solennel, en Actions de grâces de l'**entrée de Louis XVIII** dans sa Capitale le 3 Mai 1814. — Amiens, J. B. Caron l'aîné ; 8 p. in-4°.

1796. — Mandement de Monseigneur l'Evêque d'Amiens qui ordonne un Te Deum solennel, en actions de grâces du **retour de S. M. Très-Chrétienne** Louis XVIII, dans ses Etats. *Du 20 mai 1814.* — Amiens, J. B. Caron l'aîné ; 16 p. in-4°.

1797. — Mandement de Monseigneur l'Evêque d'Amiens qui ordonne un Te Deum solennel, en actions de grâces de la **Paix générale** conclue par S. M. Très-Chrétienne. *Du 1 juillet 1814.* — Amiens, J. B. Caron l'aîné ; 7 p. in-4°.

1798. — Mandement de Monseigneur l'Evêque d'Amiens qui ordonne des Prières Publiques en **réparation des outrages** faits à notre Sainte Religion, pendant la révolution. *Du 12 septembre 1815.* — Amiens, J. B. Caron l'aîné ; 4 p. in-4°.

1799. — Mandement de Monseigneur l'Evêque d'Amiens pour le **Carême**. *Du 5 février 1816.* — Amiens, J. B. Caron l'aîné ; 12 p. in-4°.

1800. — Mandement de Mgr l'Evêque d'Amiens pour le **Carême**. *Du 28 janvier 1817.* — Amiens, J. B. Caron l'aîné, 1817 ; 8 p. in-4°.

1801. — Mandement de MM. les Vicaires Généraux Capitulaires du Diocèse d'Amiens, le siège vacant, au sujet de la **mort de Mgr de Demandolx**, Evêque de ce Diocèse, décédé le 14 août 1817. — Amiens, Caron l'aîné ; 7 p. in-4°.

1802. — Mandement de MM. les Vicaires Généraux Capitulaires du Diocèse d'Amiens (le siège vacant) à l'occasion du **Carême**. *Du 10 janvier 1818.* — Amiens, Caron l'aîné ; 15 p. in-4°.

1803. — Mandement de MM. les Vicaires Généraux Capitulaires du Diocèse d'Amiens (le siège vacant) à l'occasion du **Carême**. *Du 1er février 1819.* — Amiens, Caron l'aîné ; 20 p. in-4°.

Mgr de Bombelles.

1804. — Lettre pastorale de Mgr de Bombelles, Evêque d'Amiens, à l'occasion de sa **prise de possession** et de son installation. *Du 16 octobre 1819.* — Amiens, Caron-Duquenne ; 4 p. in-4°.

1805. Mandement de Mgr l'Evêque d'Amiens, pour le **Carême**. *Du 8 février 1820.* Amiens, Caron-Duquenne ; 8 p. in-4°.

1806. — Mandement de Mgr l'Evêque d'Amiens, qui ordonne un Service Solennel pour le **repos de l'âme** de S. A. R. Mgr le **duc de Berri**. *Du 17 mars 1820.* — Amiens, Caron-Duquenne ; 4 p. in-4°.

1807. — Mandement de Mgr l'Evêque d'Amiens qui ordonne un Te Deum solennel en actions de grâces de l'heureux Accouchement de S. A. R. Madame Duchesse de Berry, et de la Naissance de Son Altesse Royale Mgr le **Duc de Bordeaux**. *Du 4 octobre 1820.* — Amiens, Caron-Duquenne ; 4 p. in-4°.

1808. — Mandement de Mgr l'Evêque d'Amiens pour le **Carême**. *Du 27 février 1821.* — Amiens, Caron-Duquenne ; 7 p. in-4°.

1809. — Mandement de Mgr l'Evêque d'Amiens pour le **Carême**. *Du 7 février 1822.* — Amiens, Caron-Duquenne ; 11 p. in-4°.

1810. — Mandement de MM. les Vicaires Généraux Capitulaires du Diocèse d'Amiens, le siège vacant, au sujet de la **mort de Mgr de Bombelles**. Evêque de ce Diocèse, décédé le 5 Mars 1822. — Amiens, Caron-Duquenne ; 5 p. in-4°.

Mgr de Chabons.

1811. — Mandement de Mgr l'Evêque d'Amiens à l'occasion de son entrée solennelle dans son Eglise Cathédrale et de son **installation**. *Du 11 décembre 1822.* — Amiens, Caron-Duquenne ; 7 p. in-4°.

1812. — Mandement de Mgr l'Evêque d'Amiens, pour le **Carême** et le rétablissement de l'abstinence pendant ce saint temps. *Du 24 janvier 1823.* — Amiens, Caron-Duquenne ; 11 p. in-4°.

1813. — Mandement de Mgr l'Evêque d'Amiens, au sujet de la **mort du Souverain Pontife** Pie VII. *Du 6 septembre 1823.* — Amiens, Caron-Duquenne ; 6 p. in-4°.

1814. — Mandement de Mgr l'Evêque d'Amiens qui ordonne un Te Deum solennel, en actions de grâces de l'**élection du S. P. Léon XII**. *Septembre 1823.* — Amiens, Caron-Duquenne ; 3 p. in-4°.

1815. — Mandement de Mgr l'Evêque d'Amiens pour le **Carême**. *Du 12 février 1824.* — Amiens, Caron-Duquenne ; 12 p. in-4°.

1816. — Mandement de Mgr l'Evêque d'Amiens qui ordonne des Prières publiques à l'occasion de la **Maladie du Roi**. *Du 13 septembre 1824.* — Amiens, Caron-Duquenne ; 3 p. in-4°.

1817. — Mandement de Mgr l'Evêque d'Amiens *sur la mort du roi Louis XVIII*. *Du 16 septembre 1824.* — Amiens, Caron-Duquenne ; 3 p. in-4°.

1818. — Mandement de Mgr l'Evêque d'Amiens pour le **Carême**. *Du 19 janvier 1825.* — Amiens, Caron-Duquenne ; 10 p. in-4°.

1819. — Mandement de Mgr l'Evêque d'Amiens à l'occasion de l'**Ouverture de la Mission** dans la Ville d'Amiens. *Du 10 février 1825.* — Amiens, Caron-Duquenne ; 7 p. in-4°.

1820. — Mandement de Mgr l'Evêque d'Amiens qui ordonne un Te Deum en actions de grâces du **Sacre de S. M. Charles X**. *Du 3 juin 1825* — Amiens, Caron-Duquenne ; 3 p. in-4°.

1821. — Lettre pastorale de Monseigneur l'Evêque d'Amiens à MM. les Doyens, Desservans..... de son Diocèse. *Du 16 août 1825.* — Amiens, Caron-Duquenne ; 4 p. in-4°.

1822. — Mandement de Mgr l'Evêque d'Amiens pour le **Carême** *de 1826.* — Amiens, Caron-Duquenne ; 12 p. in-4°.

1823. — Mandement de Mgr l'Evêque d'Amiens pour le **Jubilé**. *Du 20 février 1826.* — Amiens, Caron-Duquenne ; 28 p. in-4°.

1824. — Lettre circulaire de Mgr l'Evêque d'Amiens pour la **suspension du Jubilé**. *Du 27 juillet 1826.* — Amiens, Caron-Duquenne ; 2 p. in-4°.

1825. — Mandement de Mgr l'Evêque d'Amiens pour le **Carême**. *Du 20 janvier 1827.* — Amiens, Caron-Duquenne ; 11 p. in-4°.

1826. — Mandement de Mgr l'Evêque d'Amiens au sujet de la **mort** du **Souverain Pontife Léon XII**. *Du 19 février 1827.* — Amiens, Caron-Vitet ; 4 p. in-4°.

1827. — Mandement de Mgr l'Evêque d'Amiens pour le **Carême**. *Du 28 janvier 1828.* — Amiens, Caron-Duquenne ; 11 p. in-4°.

1828. — Mandement de Mgr l'Evêque d'Amiens pour le Carême. *Du 6 février 1829.* — Amiens, Caron-Vitet ; 12 p. in-4°.

1829. — Mandement de Monseigneur l'Evêque d'Amiens pour le **Jubilé** universel accordé par notre Saint-Père le Pape Pie VIII, à l'occasion de son exaltation. *Du 17 août 1829.* — Amiens, Caron-Vitet, 1829 ; 20 p. in-4°.

1830. — Extrait du Mandement de Monseigneur l'Evêque d'Amiens, pour le **Jubilé** universel accordé par Notre Saint-Père le Pape Pie VIII, à l'occasion de son exaltation *et prières pour ce Jubilé*. — *Amiens, Caron-Vitet, 1829 ;* 32 p. in-24.

1831. — Lettre circulaire de Monseigneur l'Evêque d'Amiens au Clergé et aux Fidèles de son Diocèse. *Du 31 août 1829.* — Amiens, Caron-Vitet ; 3 p. in-4°.

1832. — Mandement de Mgr l'Evêque d'Amiens pour le **Carême**. *Du 2 février 1830.* — Amiens, Caron-Vitet ; 7 p. in-4°.

1833. — Mandement de Mgr l'Evêque d'Amiens qui ordonne des prières pour le succès des **armes françaises en Afrique**. *Du 26 mai 1830.* — Amiens, Caron-Vitet ; 7 p. in-4°.

1834. — Mandement de Mgr l'Evêque d'Amiens qui ordonne qu'un Te Deum solennel sera chanté dans toutes les églises de son diocèse en actions de grâces de la **prise d'Alger**. — Amiens, Caron-Vitet, 1830 ; 3 p. in-4°.

1835. — Mandement de Mgr l'Evêque d'Amiens qui ordonne des prières à l'occasion de la **mort de** Notre Saint Père le Pape **Pie VIII**, et pour l'élection d'un souverain pontife. *Du 21 décembre 1830.* — S. l. n. n. ; 3 p. in-4°.

1836. — Mandement de Mgr l'Evêque d'Amiens pour le **Carême**. *Du 20 janvier 1831.* — Amiens, Caron-Vitet ; 14 p. in-4°.

1837. — Mandement de Mgr l'Evêque d'Amiens pour le **Carême**. *Du 15 février 1832.* — Amiens, Caron-Vitet ; 15 p. in-4°.

1838. — Mandement de Mgr l'Evêque d'Amiens à l'occasion du **Choléra-Morbus.** *Du 5 avril 1832.* — S. l. n. n.; 4 p. in-4°.

1839. — Mandement de Mgr l'Evêque d'Amiens pour le **Carême** de l'année 1833. — Amiens, Caron-Vitet; 16 p. in-4°.

1840. — Mandement de Mgr l'Evêque d'Amiens à l'occasion du **Jubilé** universel pour l'exaltation de notre Saint-Père le Pape Grégoire XVI. *Du 3 avril 1833.* — Amiens, Caron-Vitet; 12 p. in-4°.

1841. — Mandement de Mgr l'Evêque d'Amiens pour le **Carême.** *Du 21 janvier 1834.* — Amiens, Caron-Vitet; 19 p. in-4°.

1842. — Mandement de Mgr l'Evêque d'Amiens pour le **Carême.** *Du 27 janvier 1835.* — Amiens, Caron-Vitet; 14 p. in-4°.

1843. — Mandement de Mgr l'Evêque d'Amiens pour le **Carême.** *Du 18 janvier 1836.* — Amiens, Caron-Vitet; 11 p. in-4°.

1844. — Mandement de Mgr l'Evêque d'Amiens pour le **Carême.** *Du 10 janvier 1837.* — Amiens, Caron-Vitet; 11 p. in-4°.

1845. — Mandement de MM. les vicaires généraux capitulaires du Diocèse d'Amiens, le siège vacant, au sujet de la **démission de Mgr** Jean-Pierre-Gallien **de Chabons.** *Du 24 décembre 1837.* — Amiens, Caron-Vitet; 11 p. in-4°.

Mgr MIOLAND.

1846. — Lettre Pastorale de Monseigneur l'Evêque d'Amiens à l'occasion de sa prise de possession et de son **installation.** *Du 22 avril 1838.* — Lyon, Périsse, 1838; 14 p. in-4°.

1847. — Mandement de Monseigneur l'Evêque d'Amiens qui ordonne un Te Deum solennel en actions de grâces de la **naissance** de S. A. R. Mgr le **Comte de Paris.** *Du 26 août 1838.* — Amiens, Caron-Vitet; 3 p in-4°.

1848. — Mandement de Mgr l'Evêque d'Amiens qui ordonne des prières pour le **repos de l'âme de Mgr** Jean-Pierre-de Gallien **de Chabons,** ancien Evêque d'Amiens. *Du 31 octobre 1838.* — Amiens, Caron-Vitet; 4 p. in-4°.

1849. — Mandement de Monseigneur l'Evêque d'Amiens pour le **Carême** de l'an de grâce 1839. — Amiens, Caron-Vitet, 1839; 16 p. in-4°.

1850. — Mandement de Mgr l'Evêque d'Amiens, qui ordonne une Quête dans toutes les Eglises de son Diocèse, en faveur des plus pauvres Familles victimes du **tremblement de terre** de la Martinique. *Du 4 avril 1839.* — Amiens, Caron-Vitet; 3 p. in-4°.

1851. — Mandement de Monseigneur l'Evêque d'Amiens à l'occasion de la **visite pastorale.** — Amiens, Caron-Vitet, 1839; 10 p. in-4°.

1852. — Mandement de Monseigneur l'Evêque d'Amiens, au sujet de la **fête de l'Immaculée Conception** de la Très-Sainte Vierge Marie, Mère de Dieu. *Du 29 octobre 1839.* — Amiens, Caron-Vitet, 1839; 8 p. in-4°.

1853. — Mandement de Monseigneur l'Evêque d'Amiens sur l'Œuvre de la **Propagation de la Foi.** *Du 5 novembre 1839.* — Amiens, Caron-Vitet, 1839; 10 p. in-4°.

1854. — Mandement de Monseigneur l'Evêque d'Amiens pour le **Carême** de l'an 1840. — Amiens, Caron-Vitet, 1840; 16 p. in-4°.

1855. — Mandement de Mgr l'Evêque d'Amiens qui ordonne une Quête générale en faveur des plus pauvres familles **victimes des** dernières **inondations** dans les provinces du Midi. *Du 22 no-*

vembre 1840. — Amiens, Caron-Vitet ; 3 p. in-4°.

1856. — Mandement de Monseigneur l'Evêque d'Amiens pour le **Carême** de l'an 1841. — Amiens, Caron-Vitet, 1841 ; 17 p. in-4°.

1857. — Mandement de Mgr l'Evêque d'Amiens qui prescrit des Prières pour les **Fruits de la Terre**. *Du 5 août 1841*. — Amiens, Caron-Vitet ; 3 p. in-4°.

1858. — Circulaire de Mgr l'Evêque d'Amiens, relative à l'**Œuvre du Bon-Pasteur**. *Du 26 octobre 1841*. — Amiens, Caron-Vitet, 1842 ; 20 p. in-4°.

1859. — Mandement de Monseigneur l'Evêque d'Amiens pour le **Carême** de l'an 1842. — Amiens, Caron-Vitet, 1842 ; 10 p. in-4°.

1860. — Mandement de Mgr l'Evêque d'Amiens, qui indique des prières publiques pour l'**église d'Espagne** et pour gagner l'indulgence plénière en forme de Jubilé, accordée à cette occasion. *Du 11 avril 1842*. — Amiens, Caron-Vitet, 1842 ; 5 p. in-4°.

1861. — Mandement de Mgr l'Evêque d'Amiens qui ordonne un service solennel pour le **repos de l'âme de Mgr le Duc d'Orléans**, Prince royal. *Du 22 juillet 1842*. — Montdidier, Radenez ; 3 p. in-4°.

1862. — Mandement de Monseigneur l'Evêque d'Amiens pour le **Carême** de l'an de grâce 1843. — Amiens, Lenoel-Herouart, 1843 ; 18 p. in-4°.

1863. — Mandement de Mgr l'Evêque d'Amiens Ordonnant une Quête et des Prières, en faveur des **victimes** du désastre **de la Guadeloupe**. *Du 22 mars 1843*. — Amiens, Lenoel-Herouart ; 3 p. in-4°.

1864. — Lettre pastorale de Monseigneur l'Evêque d'Amiens à l'occasion de la clôture de la **Visite générale** de son Diocèse. *Du 11 novembre 1843*. — Amiens, Lenoel-Herouart ; 9 p. in-4°.

1865. — Mandement de Monseigneur l'Evêque d'Amiens, pour le **Carême** de l'an de grâce 1844. — Amiens, Lenoel-Herouart, 1844 ; 11 p. in-4°.

1866. — Mandement de Mgr l'Evêque d'Amiens pour la publication d'une nouvelle édition du **Catéchisme** de son Diocèse. *Du 16 mai 1844*. — Amiens, Lenoel-Herouart ; 11 p. in-4°.

1867. — Mandement de Monseigneur l'Evêque d'Amiens pour le **Carême** de l'an de grâce 1845. — Amiens, Lenoel-Herouart, 1845 ; 13 p. in-4°.

1868. — Mandement de Monseigneur l'Evêque d'Amiens pour la publication d'une nouvelle édition du **Rituel**. *Du 15 juin 1845*. — Amiens, Caron-Vitet, 1845 ; 12 p. in-4°.

1869. — Mandement de Monseigneur l'Evêque d'Amiens pour le **Carême** de l'an de grâce 1846. — Amiens, Lenoel-Herouart, 1846 ; 11 p. in-4°.

1870. — Lettre pastorale de Mgr l'Evêque d'Amiens qui autorise des prières pour l'**Eglise d'Angleterre**. *Du 2 février 1846*. — Amiens, Lenoel-Herouart, 1846 ; 7 p. in-4°.

1871. — Mandement de Monseigneur l'Evêque d'Amiens qui ordonne des Prières à l'occasion de la **mort de Notre Saint Père le Pape Grégoire XVI** et pour l'élection d'un Souverain Pontife. *Du 18 juin 1846*. — Amiens, Lenoel-Herouart, 1846 ; 6 p. in-4°.

1872. — Mandement de Mgr l'Evêque d'Amiens qui ordonne une quête générale en faveur des **inondés de la Loire**. *Du 6 novembre 1846*. — Amiens, Lenoel-Herouart ; 3 p. in-4°.

1873. — Recette et emploi des souscriptions et quêtes faites en faveur des **inondés de la Loire** dans le Diocèse d'Amiens, d'après le mandement

— 145 —

de Monseigneur. — Amiens, Lenoel-Herouart, 1847 ; 12 p. in-4°.

1874. — Mandement de Monseigneur l'Evêque d'Amiens pour le **Carême** de l'an de grâce 1847, et pour la publication d'une Indulgence en forme de Jubilé, accordée par N. S. P. le Pape Pie IX, à l'occasion de son exaltation. — Amiens, Lenoel-Herouart, 1847 ; 19 p. in-4°.

1875. — Mandement de Monseigneur l'Evêque d'Amiens pour le **Carême** de l'an de grâce 1848. — Amiens, Lenoel-Herouart, 1848 ; 11 p. in-4°.

1876. — *Second* Mandement de Monseigneur l'Evêque d'Amiens, pour le **Carême** de l'an de grâce 1848. *Du 28 février 1848.* — Amiens, Lenoel-Herouart, 1848 ; 11 p. in-4°.

1877. — Instruction pastorale de Monseigneur l'Evêque d'Amiens, à l'occasion des **Elections générales.** *Du 15 mars 1848.* — Amiens, Lenoel-Herouart, 1848 ; 7 p. in-4°.

1878. — Mandement de Monseigneur l'Evêque d'Amiens portant dispense de l'**Abstinence des Rogations.** *Du 5 mai 1848.* — Amiens, Lenoel-Herouart, 1848 ; 7 p. in-4°.

1879. — Lettre circulaire de Mgr l'Evêque d'Amiens aux Curés de son Diocèse, ordonnant un service solennel pour le repos de l'âme des **victimes des 23, 24, 25 et 26 juin.** *Du 8 juillet 1848.* — Amiens, Lenoel-Herouart ; 2 p. in-4°.

1880. — Mandement de Monseigneur l'Evêque d'Amiens, qui ordonne un Te Deum à l'occasion de la **promulgation de la Constitution.** *Du 12 novembre 1848.* — Amiens, Lenoel-Herouart ; 3 p. in-4°.

1881. — Mandement de Monseigneur l'Evêque d'Amiens qui ordonne des **prières pour N. S. P. le Pape.** *Du 5 décembre 1848.* — Amiens, Lenoel-Herouart ; 4 p. in-4°.

1882. — Mandement de Monseigneur l'Evêque d'Amiens qui ordonne des **Prières** selon les intentions de N. S. P. le Pape Manifestées dans son Encyclique du 2 Février 1849. — Amiens, Lenoel-Herouart ; 7 p. in-4°.

1883. — Mandement de Monseigneur l'Evêque d'Amiens pour le **Carême** de l'an de grâce 1849. — Amiens, Lenoel-Herouart, 1849 ; 11 p. in-4°.

1884. — Circulaire de Mgr l'Evêque d'Amiens à Messieurs les Curés de son Diocèse *sur le* **denier de St Pierre.** *Du 18 février 1849.* — Amiens, Lenoel-Herouart ; 3 p. in-4°.

1885. — Lettre pastorale de Monseigneur l'Evêque d'Amiens, à l'occasion de sa translation à l'Archevêché de Sardes et à la Coadjutorerie de Toulouse. — Amiens, Lenoel-Herouart, 1849 ; 7 p. in-4°.

VII. LITURGIE.

1886. — **Pontifical** d'Amiens publié d'après un manuscrit original du XIe siècle avec notes et commentaires, par Victor de Beauvillé et Hector Josse. — Amiens, T. Jeunet, 1885 ; 14-143 p. gr. in-4° av. 7 pl. de fac-simile.

1887. — *Compte rendu de l'ouvrage précédent, par M. Léopold Delisle.*
Bibl. de l'Ecole des Ch., t. XLVII, 1886, p. 135 à 137 ; in-8°.

1888. — Le **Pontifical** d'Amiens à l'Abbaye de Saint-Corneille. *Compte rendu, par M. Coët, de la publication qui précède.*
Tabl. d'hist. loc., par Coët. — Compiègne, 1887, p. 159 à 161 ; in-8°.

1889. — **Sacramentaire** de l'église d'Amiens. M^t latin 9432 de la Bibliothèque nationale. Calendrier du sacramentaire d'Amiens. Litanies du sacramentaire d'Amiens.

Mém. sur d'anc. sacrament., par L. Delisle, dans les Mém. de l'Inst. Nat. de Fr. (Acad. des Insc. et B. Lett.), t. XXXII, p. 159 à 163, 325 à 344 et 366 à 367. — Paris, 1886 ; in-4°.

1890. — Ad vsum insignis ecclesie Ambianeñ **Missale.**

A la fin : Ad sumi optimi tonatis | eiusdēq itemerate genitricis marie | īsignis ecclie Ambianeñ dignissime patrone | necnō sctor supcelestiū ciuium laudē atq honore. Presens missale ad devotū vsū eiusd Ābianeñ ecclie Parisiis nouissime īpressū : expensisq exactisima cura Johanis dupre alme vniuersitatis parisieñ librarii iurati : post diligenteōrdinarii eiusdevsus emendatione| a nonullis circuspectis viris | dnis ecclesiasticis antedicte abianeñ ecclesie in hoc nōmodicū expertis : accuratione puigilifactā | exaratūfuit copletum Anno ab īcarnatione dñi Millesimo quadrigentesimo nonagesimo octauo | dieuidelicet mensis Maii penultima.

Petit in-folio gothique sur parchemin de un feuillet pour le titre, 7 pour le calendrier et la dédicace et 226 feuillets, le tout non numéroté avec trois grandes miniatures et huit petites.
Bibl. d'Abbeville.

* **1891.** — Les psentes heures a lusaige de Amiēs : tout au lōg sans reqre ont este faictes pour Simō Vostre Libraire, demourant à Paris à la rue neuue nostre dame. a leseigne sainct Jehan leuageliste. *Sur˙ la vignette du titre* : Philippe Pigovchet. — S. l. n. n., *vers 1500* ; in-8° goth.

Cet ouvrage excessivement rare, que je n'ai pu trouver dans aucune bibliothèque et que je cite d'après un catalogue de la librairie Claudin où il est côté 500 fr., quoiqu'incomplet,se compose d'environ 110 feuillets avec 156 grandes planches gravées sur bois ; le texte est encadré de sujets aussi gravés sur bois représentant l'Histoire de la Vierge et de Jésus-Christ, Suzanne, l'Enfant prodigue, la Danse des morts, les Douze Sybilles, des scènes de chasse, des grotesques et des arabesques.

1892. — **Missale** ad vsum insignis ecclesie Ambianeñ. De nouo peroptime correctum cum consilio et auxilio plurimorum etiam expertorū doctorū fideliter emendatū. — Imprimé à Rouen deuat saint lo par Maistre Martin Mozin tāt en papier q̄ bon parchemin.

A la fin : Hoc insigne missalis opus ad vsum percelebris ecclesie Ambianeñ nuper multis tersū mendis opera et īpensis Magistri Martini Mozin impressoris iuxta prioratum sancti Laudi et Iohānis Richardi librarii mercatoris iuxta sacellum diui Nicolai Rothomagēn comorantiū. finit feliciter Anno domini Millesimo Quingentesimo sexto die vero octaua et vigesima mensis Augusti. — In folio goth. sur vélin de 234 ff. avec 6 grandes grav. sur bois et nombr. lettr. ornées aussi sur bois.

Bibl. d'Amiens, Théol , n° 1438.

1893. — **Manuale** secdm vsum ecclesie et diocesis ambianeñ, in quo cotinetūr per ordinem que sequutur.

A la fin : Impressum Parisius in vico Jude iuxta Carmelitas Expēsis honestor. viror. bibliopolar. Francisci regnault Parisius commoratis in vico sancti Jacobi ī intersignio diui Claudii et Petri lepaueur Ambianis comoran iuxta porticum diue marie Ambian. Anno domini Millesimo quingentesimo nono. V. Maii. — In-8° goth. de CXVI feuillets.

Bibl. d'Amiens, Théol., n° 1446.

1894. — Ces presentes **heures** à lusage De Amiens tout au long sans rien requerir, auecqs les gras suffrages ont esté nouuellemet imprimees à Paris pour Guillaume eustace libraire iuré de luniuersité de ladicte Ville. Et se vedent en la rue De la iuifrie à lenseigne Des Deux sagittaires ou au Palais au troisiesme pillier.

A la fin : Ces presentes heures au long sans rien reqrir auec les grās suffraiges ont este imprimees a paris par Gille couteau Lan mil cinq cens et

VII

Nº 1890
GRANDEUR RÉELLE

Les p̄sentes heures a lusaige de Amiēs:tout
au lõg sans reqre ont este faictes pour Simõ Vo
stre. Libraire:demourant a Paris a la rue neuue
nostre dame.a lēseigne sainct Jehan leuāgeliste

Nº 1891
Grandeur réelle

Missale

Ad vsum insignis ecclesie Ambianen.
De nouo peroptime correctum / cum
consilio et auxilio plurimorum etiam
expertoru doctoru fideliter emendatu.

Imprime a Rouen deuāt saint
lo par Maistre Martin Morin.
tāt en papier q̄ bon parchemin.

Nº 1892

GRANDEUR RÉELLE : 0.340 × 0.240

X

Ces presentes heures a lusage de amiens tout au long sans riens reque/ rir auecques les grãs suffraiges ont este nouuellemēt imprimees a Paris pour Guillaume eustace libraire iure de lu/ niuersite de ladicte ville. Et se vēdent en la rue de la iuifrie a lenseigne des deux sagittaires Ou au Palais au troisiesme pillier.

N° 1894
Grandeur reelle

N.° 1895
Grandeur réelle

Nº 1896

GRANDEUR RÉELLE : 0.310×0.210

N° 1897

GRANDEUR RÉELLE : 0.320 × 0.200

treize Pour Guillaume Eustace libraire demourāt en ladite Ville a la rue de la iuifrie a l̄eseigne des deux sagittaires ou au palais au troisiesme pillier. — In-8° goth. sur vélin de 110 ff. avec 18 grandes figures et 16 petites.

Bibl Nat^{le}.

1895. — Ces presentes **heures** à lusaige de Amiens sont au long sans riens requerir : auec les miracles nostre dame :· et les figures de lapocalipse : et de la bible : et des triumphes de Cesar. — *Paris*, Simon Hadrot, 1527; in-8° gothique de 106 ff. avec encadrement de gravures sur bois, lettres ornées et 21 grandes grav. sur bois dans le texte.

Bibl. d'Amiens, Théol , n° 1465.

1896. — **Breuiarium** sub maiori forma ad vsum insignis ecclesie Ambianensis ab innumeris mendis purgatum : et ad unguem castigatum Parisiis nuper impressum. Hujusce forme breviarij prima emissio. — Venundatur Parisiis a Desiderio Maheu in vico sancti Jacobi sub signo diui Nicolai : et a Johanne paruo in eodem vico commorān. sub signo Lilij aurei : M.D.XXVIII ; in-folio goth. de 16 ff. n. num., CIIIIJ, XL et LXXII ff. plus 172 ff. n. num. avec un titre et 10 fig. dans le texte, gravées sur bois.

Bibl. d'Amiens, Théol., n° 1425.

1897. — **Missale** ad vsum et cosuetudinem insignis ecclesie Ambiā peroptime ordinatum : ac summa diligentia adamussum excusum : ab innumeris mendis ad vnguem castigatum. Adiectis pluribus commoditatibus que in ceteris desiderāt cū appropriatis historijs : et quotatīoibus sacror. biblior. vvilibet īsertis : ī alma Parisior. academia nuprime īpressum. Huiusce forme Missalis prima emissio. — Venūdat. Parisiis a Johāne paruo ī vico sancti Jacobi sub signo Lilii aurei et a Desiderio maheu in eodem vico commorantibus sub signo diui Nicolai. M.D.XXIX ; in-folio goth. de 7 ff. n. num., CIX et LXXXIII ff. plus 82 ff. n. num. et LVI ff. av. 2 grandes grav. sur bois, 11 plus petites, grand nombre d'autres de petite dimension et lettres ornées.

Bibl. d Amiens. Théol , n° 1439.

1898. — **Missale** ad insignis ecclesie Ambianensis usum elegantioribus diligētissime jam denuo formulis impressum ; summaq. diligētia ac industria probe recognitum ; vna cū accomōdatis imaginibus tū annotationib* sacre scripture vndiq. in marginibus non vulgari labore accurate illustratum. — Parisiis in edibus Joannis Kerbvand vulgo Huguelin sub Crateferrea i via Jacobea commorantis. Anno a Christo nato M.D.XXX, mense Augusto : in-8° goth. de CXXXVIII ff., 74 ff. n. et LVIII ff., av. vign. et lett. ornées grav. sur bois.

Bibl. d'Abbeville.

1899. — **Breviariū** ad vsum insignis ecclesie Ambianēnsis nupmultis in locis accuratissime ēmendatū et suo pristino nitori restitutu. Adiūctis punctis seu meditationib* ī psalmodia cōsuetis prout modissie fieri potuit. Venudantur parisiis a Johanne paruo cōmorante in vico scti Jacobi sub signo Lilij aurei : 1539 ; 2 vol. in-18 goth., le 1er de 20 ff. n. n., CXXXVI ff. et 91 ff. n num. ; le 2° de 6 ff. n. n., XCVI ff., 8 ff. n. n., LIII ff. et 125 ff. n. n.

Bibl. d'Abbeville.

1900. — **Missale** ad insignis ecclesie Ambianeū. vsum elegantioribus diligētissime iam denuo formullis impressum : summaq. diligētia ac industria probe recognitum : una cum accommodatis imaginibus tum annotationibus sacre scripture vndiq. in marginibus non vulgari labore accurate illustratum. — Parisiis apud vidvā defucti īracisci regnault via Iacobea sub signo Elephantis commorati, 1552 ; in-4° goth. à 2 col.

de 146 ff., 10 ff. n. n. et 59 ff. av. 3 grandes grav. sur bois, 12 petites et nomb. lett. ornées aussi grav. sur bois.

Anc^{ne} bibl. de M l'abbé Roze.

* **1901.** — **Heures** de Nostre || Dame a lusage Damiens nou || uellement imprimées à Paris avec plusi || eurs belles histoires, tant au Kalen || drier, aux heures Nostre Dame, aux || heures de la Croix, aux heures || du sainct Esprit || : aux sept || Psalmes, que aux || Vigiles. — A Paris, par Jacques Kerver, 1581 ; in-8° goth. de 177 ff. av. fig. sur bois.

Anc^{ne} bibl. Dufour, à Amiens.

* **1902.** — **Heures** de Nostre || Dame a lusage de Amyens. — Imprimées à Paris, pour Guillaume de la Noue, s. d. ; in-8° goth. de 72 ff. av. grav. sur bois.

Anc^{ne} bibl. Dufour.

1903. — **Sacerdotale** vvlgo manvale sev agenda id est liber, in quo plane continentur eaque Sacerdotes prestare oportet in administratione Sacramentorum, rerum benedictionibus et alijs plerisque peragendis, quæ ad Parœciale munus spectant. Ad usum omnium Ecclesiarum Prouinciæ Remensis iuxta decretum Concilij Prouincialis anno Domini 1583 Rhemis celebrati, magna cura digestum atque editum. Pro Ecclesia et Diœcesi Ambianensi. — Rhemis, Excudebat Ioannes de Foigny, 1586 ; in-4° de 13 p. n. n., 184 ff. et 14 p. n. n.

Anc^{ne} bibl de M. l'abbé Roze.

1904. — **Breviarivm** Ambianense avctoritate Geofridi de la Martonie Ambianensis Episcopi nouissime reformatum. — Parisiis, apud Societatem Typographicam Librorum Officij Ecclesiastici, M.DC.VII ; 2 vol in-8° ; Pars hiemalis ; 84 p. n. n., 770 et CLXXXXIX p. Pars æstivalis : 90 p. n. n., 703 et CLXXXXIX p. av. quelq grav. sur bois.

Bibl. d'Amiens, Théol., n° 1426.

1905. — **Sacerdotale** vvlgo manvale, sev agenda, Id est, Liber, in qvo plane continentvr ea quæ Sacerdotes præstare oportet in administratione Sacramentorum, rerum benedictionibus et aliis plerisque peragendis, quæ ad Parœciale munus spectant. Ad vsum omnium Ecclesiarum Prouinciæ Remensis, magna cura digestum atque editum, iuxta decretum Concilij Prouincialis Anno Domini 1583, Remis celebrati. Pro Ecclesia et Diœcesi Ambianensi. — Remis, Excudebat Simon de Foigny, 1607 ; in-4° de 28 p. n. n. et 136 ff.

Bibl. d'Amiens, Théol., n° 1419.

1906. — **Missale** ad vsvm insignis Ecclesiæ Ambianensis, Auctoritate Geoffridi de la Martonie, Ambianensis Episcopi editum et ad formam sacro-sancti concilij Tridentini restitutum. — Parisiis, Apud Rolinvm Thierry et Evstachivm Fovcavlt, M.DC.XIII ; in-fol. de 64 p. n. n., 444 et 106 p. av. 4 grav. s. cuivre et lettr. ornées grav. sur bois.

Anc^{ce} bibl. de M. l'abbé Roze.

1907. — **Breviarivm** Ambianense avthoritate Francisci Favre Ambianensis Episcopi ac eiusdem Ecclesiæ capituli consensu nouissime reformatum. — Parisiis, apud Viduam Alliot..... et Ambiani, apud Viduam Roberti Hvbavlt, M.DC.LXVII ; 2 vol. in-8°, le 1er de 72 p. n. n., 918 et CCXCII p. ; le 2e de 70 p. n. n., 808, CCXCII p. et 16 p. n. n. av. 4 grav. s. cuiv.

Bibl. d'Amiens, Théol., n° 1427.

1907 ^{bis}. — **Divrnale** iuxta formam Breviarii Ambianensis, avthoritate Francisci Favre Ambianensis Episcopi, Ac eiusdem Ecclesiæ Capituli consensu nouissime Reformatum. — Ambiani, apud Viduam Roberti Hvbavlt, M.DC.LXX ; in-16 de 38 p. n. n , 522 et CCXIV p. av. 1 grav.

Bibl d'Amiens, Théol., n° 1436.

1908. — **Missale** Ambianense. — Ambiani, Sumptibus viduæ Roberti Hvbavlt anno M.DC.LXXV ; in-folio de 82 p. n. n., 600-CXLIII p. et 5 p. n. n.

PETIT CATECHISME,

FAIT PAR

LE COMMANDEMENT
de Monseigneur l'Illustrissime & Reverendissime Evesque d'Amiens.

Pour estre enseigné dans son Diocese.

A AMIENS,
Chez la Veuve de ROBERT HUBAULT,
Imprimeur & Libraire, ruë du beau-Puits,
proche de Saint Martin.

M. DC. LXXIII.
Avec Permission, & Privilege.

Non mentionné dans l'ouvrage

A placer avant le N° 1908

GRANDEUR RÉELLE

1909. — **Breviarium** ambianense authoritate Francisci Faure Ambianensis Episcopi Ac ejusdem Ecclesiæ Capituli consensu novissimè reformatum. — Ambiani, Sumptibus Viduæ Roberti Hubault, M.DC.LXXXIII ; 4 vol. in-8° ; pars autumnalis, 47 p. n. n., 422 et CCXLII p. av. 2 grav. au burin ; pars hyemalis, 47 p. n. n., 492 et CCXLVI p. av 2 grav. ; pars verna, 85 p. n. n , 422 et CCXLVII p. av. 2 grav. ; pars æstivalis, 47 p. n. n., 424 et CCXL p. av. 2 grav.

Bibl. d'Amiens, Théol., n° 1430.

1910. — **Catéchisme** fait par le Commandement de Monseigneur l'Illustrissime et Reverendissime Evêque d'Amiens pour être enseigné en son Diocèse. — Amiens, Veuve Robert Hubault, M.D.LXXXIII ; 6 p. n. n. et 81 p. in-12.

Bibl. d'Amiens, Théol., n° 3794.

1911. — L'**Adoration perpétuelle** du Saint-Sacrement Avec la Permission de Monseigneur l'Illustrissime Evesqve d'Amiens — Amiens, G. le Bel, M.DC.LXXXVI ; in-12 de 104 p. et 4 p. n. n.

1912. — **Rituel** du Diocèze d'Amiens, renouvellé et augmenté par Monseigneur l'Illustrissime et Révérendissime Messire François Faure Evesque d'Amiens et publié dans son Diocèze par son autorité. — Amiens, veuve Robert Hubault, M.DC.LXXXVII ; in-4° de 4 p. n. n., XI p., 15 p. n. n. et 619 p. av. vign. gr. au burin par Edelinck.

1913. — Retraite ou **exercice spirituel** pour les jeunes clercs du Diocèse d'Amiens. — Amiens, veuve Robert Hubault, M.DC.XCIII ; 120 p. in-12.

Bibl. d'Amiens, Théol., n° 6250

1914. — **Catéchisme** dogmatique et historique, à l'usage du Diocèse d'Amiens : ou Instructions chrétiennes pour la Jeunesse après la première Communion : Contenant l'histoire de l'ancien et du nouveau Testament, le Symbole des Apôtres, le Décalogue, les Sacremens, et un Traité de la Prière, Avec une Méthode facile pour faire des Catéchismes Par le R. P..... *Goussin*, Prêtre de l'Oratoire de Jésus. — Paris, L. Roulland fils, M.DC.XCIII ; in-12 de 32 p. n. n., 308 p. et 6 p. n. n.

Bibl. d'Abbeville.

1915. — **Livre d'Eglise** à l'usage des laïcs du Diocèse d'Amiens, contenant de svite les offices qui se chantent dans l'Eglise, tous les dimanches et toutes les Fêtes de l'Année : Avec l'Office des Morts et autres Prières. — Amiens, Charles Caron-Hubault, M.DCC.IV ; 2 vol. in-12, le 1er de 24 p. n. n., 968 et CLXIV p. av. 1 grav. au burin ; le 2e de 24 p n. n , 762 et CLXIV p. av. 3 grav.

1916. — Carmina in sacris supplicationibus a Clero Ambianensi decantanda Autoritate Illustrissimi Domini D. Episcopi Ambianensis, Consensuque Insignis Ecclesiæ Ambianensis Capituli, Autore Henrico Delfavlt ejusdem Insignis Ecclesiæ Ambian. Canonico. — Ambiani, apud Carolum Caron-Hubault, M.DCC.VIII ; 15 p. in-12.

Bibl. d'Amiens, B.-Lettr., n° 1338.

1917. — **Catéchisme** du Diocèse d'Amiens, avec des Prières pour le Matin, pour le Soir, et pendant la Messe. — Amiens, Charles Caon *(sic)*-Hubault, 1715 ; 120 p. in-12.

1918. **Offices pour les morts** à l'usage d'Amiens. — Amiens, Charles Caron-Hubault, 1725 ; 96 p. in-16.

1919. — **Catéchisme** du Diocèse d'Amiens. — Amiens, Charles Caron-Hubault, 1737 ; 120 p. in-12

1920. — **Breviarium** sanctæ Ambianensis Ecclesiæ Illustrissimi... Ludovici Francisci Gabrielis d'Orléans de la Motte, Ambianensis Episcopi auctoritate et ejusdem Ecclesiæ Capituli consensu editum. — Ambiani, apud viduam Caroli Caron-Hubault, M.DCC.XLVI. Pars autumnalis : 30 p. n. n., 636, CLV et 5 p. n. n. ; Pars hiemalis : 30 p. n. n., 612, CLV et 5 p. n. n. ; Pars verna : 30 p. n. n., 582, CXXXI et 5 p. n n.; Pars æstivalis : 30 p. n. n., 672, CLV et 5 p. n. n. av. 1 grav. à ch. vol.

1921. — Les **gravures du Bréviaire** d'Amiens (1746-1889). Notice par M. Robert de Guyencourt. — Amiens, Douillet, 1889 ; 10 p. in-8° et 4 grav.

1922. — **Antiphonarium** sanctæ Ambianensis Ecclesiæ illustrissimi et reverendissimi in Christo Patris, DD. Ludovici Francisci Gabriel d'Orléans de la Motte, Ambianensis Episcopi auctoritate, et venerabilis ejusdem Ecclesiæ Capituli consensu editum. — Ambiani, apud Viduam Caroli Caron-Hubault, 1747 ; 2 vol. gr. in-folio, le 1er de 10 p. n. n. et 748 p., le 2e de 16 p. n. n. et 1058 p.

Ancne bibl. de M. l abbé Roze

1923. — **Psalterium** juxta Breviarium Ambianense, illustrissimi et reverendissimi in Christo Patris D. D. Ludovici Francisci Gabrielis D'Orléans de la Motte, Ambianensis Episcopi auctoritate et Venerabilis ejusdem Ecclesiæ Capituli consensu editum. — Ambiani, apud Viduam Caroli Caron-Hubault, 1747 ; gr. in-folio de 14 p. n. n. et 422-CCCCLXXIV p.

Ancne bibl de M. l'abbé Roze

1924. — **Manuale** ad usum Ecclesiæ et Diœcesis Ambianensis in quo continentur Officium, Commendationes solennes, Missæ et Ordo Inhumationis Defunctorum. — Ambiani, apud Viduam Caroli Caron-Hubault, 1748 ; CLII p. in-8°.

1925. — **Processionale** ambianense Illustrissimi et Reverendissimi in Christo Patris Domini D. Ludovici Francisci Gabrielis d'Orléans de la Motte, Ambianensis Episcopi auctoritate, et Venerabilis ejusdem Ecclesiæ Capituli consensu editum. — Ambiani, apud Viduam Caroli Caron-Hubault, 1748 ; in-8° de LVI-336 et CLIV p.

Bibl d'Amiens, Theol , n° 1449.

1926. — **Supplementum processionalis** juxta ritum sanctæ ecclesiæ cathedralis Ambianensis. — Ambiani, apud Viduam Caroli Caron-Hubault, 1748 ; LII p. in-8°.

1927. — **Diurnale** Ambianense Illustrissimi et Reverendissimi in Christo Patris DD. Ludovici Francisci Gabrielis d'Orléans de la Motte, Ambianensis Episcopi auctoritate, et Venerabilis ejusdem Ecclesiæ Capituli consensu editum. — Ambiani, apud Viduam Caroli Caron-Hubault, 1749 : 2 vol. in-12. Pars hiemalis : 30 p. n. n., 336, CXX et 12 p. ; Pars æstivalis : 30 p. n. n., 332, CXX et 12 p.

1928. — **Missæ defunctorum** ex missali ambianensi desumptæ. — Ambiani, apud Viduam Caroli Caron-Hubault, 1749 ; in-folio de 4 p. n. n., 32 et XVI p.

1929. — **Pseautier** distribué suivant le nouveau Bréviaire d'Amiens, Avec les Offices des Dimanches et Fêtes de l'Année. Imprimé par ordre de Monseigneur l'Evêque. — Amiens, veuve Charles Caron-Hubault, 1750 ; in-4° de 24 p. n. n., 456-CX et 8 p.

1930. — **Missale** sanctæ Ambianensis Ecclesiæ, Illustrissimi et Reverendissimi in Christo Patris DD. Ludovici Francisci Gabrielis d'Orléans de la Motte, Ambianensis Episcopi auctoritate, et Venerabilis ejusdem Ecclesiæ Capituli consensu editum. — Ambiani, apud Viduam Caroli Caron-Hubault, 1752 ; in-folio de 20 p. n. n., LIV, 534, CXII, XVI, 95 p. et 4 p. n. n.

1931. — **Rubricæ generales** et particulares totius missæ, ad usum Ecclesiæ et Diœcesis Ambianensis. — Ambiani, apud Viduam Caroli Caron-Hubault, 1752 ; 231 p. in-8°.

1932. — **Graduale** Sanctæ Ambianensis Ecclesiæ, Ill. et Rev. in Christo Patris DD. Lud. Franç. Gab. d'Orléans de la Motte, Amb. Epis. Auctoritate et venerabilis ejusdem Ecclesiæ Capituli consensu editum. — Ambiani, Caron-Hubault, 1753; 1 vol. in-folio.

Bibl. d'Amiens, Théol , n° 1453.

1933. — **L'Office de la Nativité** de Notre-Seigneur-Jésus-Christ, avec ceux de S. Etienne et de S. Jean. Conformément aux nouveaux Bréviaire et Missel d'Amiens. — Amiens, veuve Charles Caron-Hubault, M.DCC.LIV; in-16.

1934. — **Missale** ad usum Ecclesiæ et Diœcesis Ambianensis, In quo continentur Officium, Commendationes solennes, Missæ et Ordo Inhumationis Defunctorum. Auctoritate Illustrissimi et Reverendissimi D. Domini Episcopi Ambianensis, ac Venerabilis ejusdem Ecclesiæ Capituli Consensu editum. — Ambiani, apud Viduam Caroli Caron-Hubault, M.DCC.LVI; 184 p. in-8°.

1935. — **Pseautier** distribué suivant le nouveau bréviaire d'Amiens Avec les Offices des Dimanches et Fêtes de l'année. — Amiens, veuve Charles Caron-Hubault, 1757, in-8° de 24 p. n. n., 426, CVI, 9 et 42 p.

1936. — **Heures** nouvelles à l'usage du Diocèse d'Amiens. — Amiens, veuve Charles Caron-Hubault, 1762; 792 p. in-24.

1937. — **Processionale** Ambianense, Illustrissimi ac Reverendissimi in Christo Patris Domini D. Ludovici Francisci Gabrielis d'Orléans de la Motte, Ambianensis Episcopi auctoritate, et Venerabilis ejusdem Ecclesiæ Capituli consensu editum. — Ambiani, apud Viduam Caroli Caron-Hubault, 1765; 564 p. in-8°.

1938. — **Office du Sacré-Cœur** de Jésus à l'usage du Diocèse d'Amiens. — Amiens, veuve C. Caron-Hubault, 1767; 102 p. in-16.

1939. — **Catéchisme** du Diocèse d'Amiens. — Amiens, veuve Charles Caron-Hubault, 1769; 120 p. in-12.

1940. — **Offices des morts** à l'usage du Diocèse d'Amiens. — Amiens, Louis-Ch. Caron, 1770; 93 p. in-12.

1941. — **Cantiques** spirituels à l'usage des Missions du Diocèse d'Amiens. — Amiens, Louis-Charles Caron, 1771; 72 p. in-12.

1942. — **L'Office du matin** pour tous les Dimanches et Fêtes de l'Année selon le nouveau Missel. Imprimé par ordre de Monseigneur l'Evêque d'Amiens à l'usage de son Diocèse. — Amiens, Louis-Charles Caron, 1773; 2 vol. in-12, le 1er de 498-CXXVI p. et le second de 380-CXXVI p.

1943. — **Pratiques de piété** pour profiter de la mission. Imprimées par ordre de Mgr l'Evêque à l'usage des missions du Diocèse d'Amiens. — Amiens, L.-C. Caron, M.DCC.LXXIII; 259 p. in-24.

Bibl. de St Acheul, à Amiens.

1944. — Office de la **Semaine Sainte** en latin et en françois, avec l'explication des cérémonies de l'Eglise, quelques Prières pour la Confession et la Communion et sur les Mystères que l'on célèbre durant ce saint tems. Imprimé par ordre de Monseigneur l'Evêque d'Amiens, à l'usage de son Diocèse. — Amiens, Louis-Charles Caron, 1774; 600 p. in-12.

1945. — **Heures** dédiées à la vieillesse du diocèse d'Amiens. — Amiens, 1776; in-12.

1946. — **Rubricæ** generales et particulares totius **missæ**, ad usum ecclesiæ et diœcesis ambianensis. — Ambiani, apud Ludovicum Carolum Caron, 1778; 231 p. in-8°.

1947. — **Office du Sacré-Cœur** de Jésus à l'usage du Diocèse d'Amiens. — Amiens, Louis-Charles Caron, 1778 ; 108 p. in-16.

1948. — **Pseautier** du Diocèse d'Amiens, distribué selon le Bréviaire, avec les Offices des Dimanches et Fêtes de l'Année. Imprimé par ordre de Monseigneur l'Evêque. — Amiens, Louis-Charles Caron, 1778 ; in-8° de 24 p. n. n., 460, CX et 10 p.

1949. — **L'Office divin** noté en plain-chant, imprimé par ordre de Monseigneur l'Illustrissime et Révérendissime Louis-Charles de Machault, Evêque d'Amiens, pour l'Usage du Clergé et des Fidèles de son Diocèse. — Amiens, Louis-Charles Caron Père, 1782 ; 2 vol. in-8°, le 1er de 20 p. n. n., 306 et CVI p. ; le 2e de 20 p. n. n., 436 et CVI p.

1950. — **Rituel** du Diocèse d'Amiens publié par l'autorité de Révérendissime Père en Dieu Monseigneur Louis-Charles de Machault, Evêque d'Amiens. — Amiens, Louis-Charles Caron Père, 1784 ; 2 vol. in-4°, le 1er de 336 p. et le 2e de 286-LVI p. et 8 p. n. n.

1951. — **Catéchisme** du Diocèse d'Amiens avec des Prières pour le matin, pour le soir, et pendant la Messe. — *Amiens*, Louis-Charles Caron père, 1785 ; 120 p. in-12.

1952. — **L'Office divin** à l'usage d'Amiens pour les Dimanches et les Fêtes de l'Année, imprimé par Ordre de Mgr l'Evêque, en faveur des Laïques qui fréquentent leur Paroisse. — Amiens, L. C. Caron père, 1786 ; in-8° de 674 et CXLIV p.

1953. — **Heures** nouvelles ou demi-bréviaire... Imprimées par Ordre de Monseigneur l'Evêque d'Amiens, à l'usage de son Diocèse. — Amiens, Louis-Ch. Caron père, 1788 ; XL-619 p. in-12.

Bibl de l'abbé Gosselin.

1954. — **Heures nouvelles** à l'usage du Diocèse de la Somme. — Amiens, Fr. Caron-Berquier, 1793 ; 240 p. in-24.

1955. — **Pseautier** du Diocèse d'Amiens distribué selon le Bréviaire. Avec les Offices des Dimanches et Fêtes de l'Année. — Amiens, J. F. Darras, 1801 ; in-8° de 22 p. n. n., 482 et CVI p.

1956. — **Manuel** pour la première Communion et la Confirmation à l'usage des Catéchismes de la Paroisse Notre-Dame d'Amiens, et des autres Paroisses de la Ville et du Diocèse. — Amiens, Fr. Caron-Berquier, 1802 ; 120 p. in-12.

Une autre édition a paru en 1816.

1957. — **Cantiques** de Missions, imprimés par autorité de M. l'Evêque d'Amiens, à l'usage de son Diocèse. — Amiens, Caron l'aîné, 1804 ; 46 p. in-16.

1958. — **Catéchisme** du Diocèse d'Amiens, Imprimé avec permission de M. J. F. Demandolx, Evêque d'Amiens. — Amiens, Fr. Caron-Berquier, an XIII (1805) ; 128 p. in-16.

1959. — **Album cæremoniarum** generalium sanctæ ecclesiæ Cathedralis Ambianensis Illustrissimi ac Reverendissimi in Christo patris DD. Joannis-Francisci Demandolx, Ambianensis Episcopi auctoritate, et Venerabilis ejusdem Ecclesiæ Capituli consensu editum. — S. l. n. n. n. d. ; 46 p. in-16.

Bibl Pinsard.

1960. — **Heures** nouvelle ou demi-bréviaire à l'usage du Diocèse d'Amiens. — Amiens, J. B. Caron l'aîné, 1808 ; 530 p. in-18.

1961. — Petit **antiphonnier** noté en plain-chant, Contenant les Matines, Vêpres et Complies des Dimanches et des Fêtes solennelles : les Vêpres et Complies de tous les jours de la Semaine et de tous les Dimanches et Fêtes de l'Année : l'Office complet des Morts, avec les Messes, à l'usage du Clergé et des Fidèles du Diocèse d'Amiens. — Amiens, Jean-Baptiste Caron l'aîné, 1809 ; in-8° de XLVIII, 426 et LVI p.

1962. — **Manuel** à l'usage des Eglises du Diocèse d'Amiens, dans lequel sont contenus l'Office, les Commendaces solennelles et les Messes des morts. — Amiens, J. B. Caron l'aîné, 1809 ; 89 p. pet. in-4°.

1963. — **Eucologe** ou demi-bréviaire à l'usage du diocèse d'Amiens. — Amiens, Caron-Berquier, 1809 ; XII-598 p. in-12.

1964. — **Cantiques** spirituels à l'usage du Diocèse d'Amiens. — Amiens, Fr. Caron-Berquier, 1810 ; 132 p. in-8°.

1965. — **Petit rituel** du Diocèse d'Amiens pour l'administration des Sacremens du Baptême, de l'Eucharistie et de l'Extrême-Onction ; suivi des Prières des Agonisans et de la Bénédiction du Lit Nuptial. — Amiens, J. Bapt. Caron, 1811 ; 80 p. in-12.

* **1966**. — **Tableaux de la messe** à l'usage du Diocèse d'Amiens. — Amiens, Caron-Berquier, 1813 ; 64 p. in-32.

Journal de l'Imp. et de la Lib., 1813, p. 192.

1967. — Recueil de **Cantiques** à l'usage des Catéchismes de la Paroisse Notre-Dame d'Amiens et des autres Paroisses du Diocèse. — Amiens, Caron-Berquier, 1816 ; 132 p. in-18.

1968. **Explication du Catéchisme** du Diocèse d'Amiens propre à l'Instruction de la Jeunesse. — Amiens, Ledien-Canda, 1818 ; 144 p. in-12.

1969. — **Catéchisme** du Diocèse d'Amiens. Imprimé avec Permission de Mgr Demandolx, Evêque d'Amiens, pour l'usage de son Diocèse. — Amiens, Caron-Berquier, 1819 ; 144 p. in-16 av. 3 pl.

1970. — **Catéchisme** du Diocèse d'Amiens. Nouvelle édition augmentée d'instructions supplémentaires et d'un catéchisme des fêtes. — Amiens, Ledien fils, *1823* ; 119 p. in-12.

1971. — **Explication du Catéchisme** du Diocèse d'Amiens par M. Voclin. — Amiens, Ledien-Canda, 1823 ; 192 p. in-8°.

Une quatrième édition a paru à Amiens, en 1834, chez Ledien fils

1972. — **Livre d'Eglise** à l'usage d'Amiens pour la commodité des Laïques. — Amiens, Charles Caron-Hubault, 1824 ; in-12 de 870 et CXCI p.

1973. — **Catéchisme** du Diocèse d'Amiens. — Amiens, Fr. Caron-Berquier, 1824 ; 130 p in-12.

1974. — **Petit graduel** noté en plain-chant, contenant les Offices du matin pour tous les Dimanches et Fêtes de l'Année à l'usage du Clergé et des Fidèles du Diocèse d'Amiens.—Amiens. Lamou-Mercier, *1824* ; 932 p. in-8°.

1975.— **Processionale** ambianense Illustrissimi ac Reverendissimi DD. Joannis Petri de Chabons. Ambianensis Episcopi, autoritate editum. — Ambiani, apud Caron-Duqueune. 1826 ; 496 p. in-8°.

1976. — Explication nouvelle du **Catéchisme** du Diocèse d'Amiens..., par M. l'abbé Quevauvillers, desservant d'Aigneville. — Amiens, Caron-Vitet, 1830 ; 216 p. in-12.

La troisième édition a été publiée à Amiens en 1836.

1977.— **L'Office** complet **des morts** latin-français à l'usage du Diocèse d'Amiens. Première édition. — Amiens, Caron-Vitet, 1831 ; 155 p. in-12.

1978. — **Album ceremoniarum** generalium sanctæ ecclesiæ cathedralis ambianensis Illustrissimi ac Reverendissimi..... Joannis Petri de Gallien de Chabons. — *Amiens*, Caron-Vitet, s. d. ; 16 p. in-16.

1979. — Nouveau recueil de **Cantiques** spirituels à l'usage du Diocèse d'Amiens. Nouvelle édition augmentée d'un Examen de Conscience très détaillé, de l'Office de l'Immaculée Conception en français, des Vêpres des Morts, d'une Pratique dite de la Retraite du Mois et de diverses prières, *par le P. Sellier*. — Amiens, Ledien fils, 1833 ; CXX-386 p. in-12.

Autre édition en 1836.

1980. — Supplément aux nouveaux **Cantiques** du Diocèse d'Amiens. — Amiens, Ledien fils. 1834 ; 141 p. in-12.

1981. — L'**Office des morts**, contenant les vigiles, commendaces et messes... précédé des prières pendant la messe. — Amiens, R. Machart, 1838 ; 144 p. in-12.

1982. — **Breviarum** ambianense illustrissimi et reverendissimi DD. Joannis Mariæ Mioland, Ambianensis Episcopi auctoritate, nec non et venerabilis ecclesiæ cathedralis capituli consensu editum. — Ambiani, Caron-Vitet, 1840 ; 4 vol. in-8° av. 4 grav. ; pars autumnalis, 38 p. n. n., 608, CLXXII, 9, 11 et 8 p. ; pars hiemalis, 38 p. n. n., 568, CXII et 8 p. ; pars verna, 38 p. n. n., 530, CLXXII, 8, 12 et 8 p. ; pars æstivalis, 38 p. n. n., 624, CLXXII, 8, 12 et 8 p.

1983. — **Office** divin complet en latin et en français, contenant tous les offices des dimanches et des fêtes de l'année, l'office des morts, etc., etc, tout entier en latin-français. — Amiens, Lamon-Mercier, 1843 ; in-12 de XII-864 p. av. 2 grav.

1984. — **Rituel** du Diocèse d'Amiens. Nouvelle édition publiée par Monseigneur Jean-Marie Mioland, Evêque d'Amiens. — Amiens. Caron et Lambert, 1845 ; 2 vol. in-4°, le 1ᵉʳ de XV-372 et 27 p., le 2° de 327 p.

Autre édition de la même année chez Caron-Vitet.

1985. — Petit **antiphonier** complet noté en plain-chant. Nouvelle édition approuvée par Monseigneur l'Evêque d'Amiens. — Amiens, Lamon-Mercier, 1845 ; 666-CVII p. in-8°.

1986. — **Paroissien** complet noté en plain-chant, contenant tous les Offices des dimanches et des fêtes de l'année, à l'usage des fidèles du Diocèse d'Amiens. — Amiens, Lenoel-Herouart, 1846 ; XX-579 p. in-8°.

1987. — **Paroissien** noté en plain-chant à l'usage du Clergé et des Fidèles du Diocèse d'Amiens rédigé par les soins de M. l'Abbé Leboulenger. — Amiens, Duval et Herment, 1847 ; in-12 de 696 et 32 p.

1988. — **Breviarium** sanctæ Ambianensis Ecclesiæ Ill. et RR. DD. Lud. Franc. Gab. d'Orléans de la Motte Ambianensis Episcopi Auctoritate, et ejusdem Ecclesiæ Capituli consensu editum ac denuo Ill. et RR. DD. Joannis Mariæ Mioland Ambianensis Episcopi jussu typis mandatum. — Ambiani, Caron et Lambert, 1849 ; 4 vol. in-8° ; pars verna, 70 p. n. n., 552-CLVIII p. ; pars æstivalis, 38 p. n. n., 612-CXCII p. ; pars autumnalis, 38 p. n. n., 620-CLXXXIV p. et pars hiemalis, 38 p. n. n., 592-CLXXXIV p.

1989. — L'**Office** complet **des morts**, en latin, à l'usage du Diocèse d'Amiens. — Amiens, Alfred Caron, 1849 ; 139 p. in-12.

1990. — **Petit paroissien** complet latin-français à l'usage des fidèles du Diocèse d'Amiens. — Amiens, Godart-Lequien, 1849 ; 764 p. in-18.

1991. — **Officia** propria **sanctorum** Diœcesis Ambianensis RR. DD. Antonio de Salinis, episcopo ambianensi edita. — Rhedonis, Vatar, 1852 ; in-16 de 35, 29, 31 et 62 p.

1992. — Agenda ou petit **manuel des cérémonies** romaines à l'usage des églises du diocèse d'Amiens, publié par ordre de Mgr Jacques-Antoine Boudinet, Evêque d'Amiens. — Amiens, Lenoel-Herouart, 1858; XX-288 p. in-12.

1993. — **Rituale** romanum Pauli V Pontificis Maximi jussu editum atque a felic. record. Benedicto XIV auctum et castigatum nec non supplementum ritualis Romani pro Diœcesi Ambianensi illustrissimi ac reverendissimi DD. Jacobi Antonii Boudinet Episcopi Ambianensi jussu editum. — Ambiani, Lambert-Caron, 1863-1867; 3 vol. in-8° de 348, 371 et 299 p.

VIII. JANSÉNISME.

1994. — *Lettre de Mgr Faure, du 10 juin 1661, relative au formulaire de profession de foi opposé au* **Jansénisme**. — S. l. n. n. ; 1 p. in-4°.

1995. — *Mandement de Mgr Faure, du 20 juillet 1665, relatif à la bulle d'Alexandre VII rejetant les propositions de* **Jansénius**. — S. l. n. n.; 1 p. in-folio.

1996. — Mandement de Monseigneur l'Illustrissime et Reverendissime Évesque d'Amiens, pour la publication de la Constitution de Nôtre Saint Pere le Pape Clément XI du 16 Juillet 1705 *contre le* **Jansénisme**. *Du 19 octobre 1705.* — S. l. n. n.; 4 p. in-4°.

1997. — Mandement de Monseigneur l'Evêque d'Amiens pour la publication de la Constitution de Nôtre Saint Pere le Pape Clément XI. Du 8 Septembre 1713. — Amiens, Charles Caron-Hubault, 1714; 66 p. in-4°.

1998. — Mandement de Monseigneur l'Illustrissime et Reverendissime Evêque d'Amiens au sujet de la **Constitution Unigenitus** et de l'Appel qui en a esté interjetté au futur Concile. *Du 23 août 1718.* — S. l. n. n. ; 11 p. in-4°.
Bibl. d'Abbeville.

1999. — **Formulaire** du Diocèse d'Amiens à accepter et signer par tous les confesseurs et prédicateurs et par tous ceux qui se destinent au service de l'Eglise, s'ils veulent continuer ou entrer dans le ministère sacré. Extrait du dispositif ou ordonnance portée dans le Mandement de Monseigneur l'Evêque d'Amiens, du 23 août 1718. — S. l. n. n. ; in-4°.
Bibl. Nat^{le}.

2000. — Déclaration et Raisons des Chanoines de l'Eglise Cathédrale d'Amiens, qui ont refusé d'appeller comme d'Abus du Mandement de M. l'Evêque d'Amiens, datté du 23 aoust 1718. *Du 27 octobre 1718.* — S. l. n. n. ; 4 p. in-4°.

2001. — Réponse à la Déclaration de quinze Chanoines d'Amiens qui ont protesté contre l'Appel comme d'abus interjetté par le Chapitre contre le Mandement de M. l'Evêque du 23 août 1718. *Du 10 novembre 1718.* — S. l. n. n. ; 4 p. in-4°.

2002. — Ordonnance de Monseigneur l'Illustrissime et Reverendissime Evêque d'Amiens, portant Condamnation d'un Libelle qui a pour Titre : Reponse à la Declaration de quinze Chanoines d'Amiens qui ont protesté contre l'Appel comme d'Abus interjetté par le Chapitre, contre le Mandement de M. l'Evêque du 23 Aoust 1718. *Du 21 novembre 1718.* — S. l. n. n. ; placard in-folio.

2003. — Lettre à Monseigneur l'Evêque d'Amiens sur son Ordonnance du 21 Octobre 1718. *Du 10 décembre 1718.* — S. l. n. n. ; 36 p. in-12.
Bibl. d'Amiens, Théol., n° 7329, t. III.

2004. — Lettre à Monseigneur l'Evêque d'Amiens sur son Mandement du 23 Aoust 1718. *Du 28 décembre 1718.* — S. l. n. n. ; 54 p. in-12.
Bibl. d'Amiens, Théol., n° 7329, t. III.

2005. — Dénonciation d'une Instruction sur la Soumission dué à la

Constitution Unigenitus. A Monseigneur l'Illustrissime et Révérendissime Évêque d'Amiens, *par François Masclef. Du 4 janvier 1719.* — S. l. n. n. ; 8 p. in-12.

2006. — Lettre à Monseigneur l'Evesque d'Amiens sur une nouvelle Instruction au sujet de la **Constitution Unigenitus** qui se distribue en son Diocèse à la place de celle qui a été flétrie et supprimée par les deux Arrests du Parlement du 14 Janvier et 11 Mars 1719. *Du 26 mars 1719.* — S. l. n. n. ; 22 p. in-12.

Bibl. d'Amiens, Théol., n° 7329, t. III.

2007. — Lettre à Monseigneur l'Evêque d'Amiens où l'on montre qu'il n'est pas permis aux Evêques qui reçoivent la **Constitution**, même en supposant qu'ils ont raison de la recevoir, de séparer de la Communion de l'Eglise ceux qui ne la reçoivent pas. *Du 25 avril 1719.* — S. l. n. n. ; 29 p. in-4°.

Bibl. d'Abbeville.

2008. — D'Amiens. *Reflexions sur les statuts synodaux de Mgr Sabatier du 3 octobre 1731 relatifs à la* **Bulle Unigenitus.**

Nouv. ecclés., 24 décembre 1731, p. 249 ; in-4°.[1]

2009. — *Lettre pastorale de Mgr Sabatier au sujet de la* **Bulle Unigenitus.** — S. l. n. n. n. d. ; 8 p. in-4°.

Bibl. d'Amiens, Théol., n° 7331, t. VIII.

2010. — Du Diocèse d'Amiens. *Correspondances relatives à l'Histoire de la* **Bulle Unigenitus** *dans le Diocèse.*

Nouv ecclésiast., 30 mai 1740, p 85 à 88 et 27 juin 1740, p. 101 et 102 ; in-4°.

2011. — Avis donné par Monseigneur l'Evêque d'Amiens aux Curés de son Diocèse, au sujet de ceux qui, n'étant pas soumis à la **Bulle Unigenitus**, demandent les Sacremens. *Du 19 décembre 1746.* — S. l. n. n. ; 7 p. in-4°.

Bibl. d'Amiens, Théol., n° 1863.

2012. — Arrest de la Cour du Parlement qui ordonne la Suppression d'un Imprimé intitulé : Avis donné par Monseigneur l'Evêque d'Amiens, aux Curés de son Diocèse, au sujet de ceux qui n'étant pas soumis à la **Bulle Unigenitus** demandent les Sacremens. Du 7 janvier 1747. — Paris, Sanson, 1747 ; 3 p. in-4°.

Arch. dép. de la Somme, B, n° 326.

2013. — De Paris. *Correspondances relatives à l'avis donné par Mgr l'Evêque d'Amiens au sujet de ceux qui. n'étant pas soumis à la* **Bulle Unigenitus,** *demandent les Sacremens.*

Nouv. ecclés. des 6 février 1747, p 21 et 22, 18 avril 1747, p. 57 à 60 et 24 avril 1747, p. 65 à 68 ; in-4°.

2014. — Lettre de Monseigneur l'Evêque d'Amiens aux Curés de son Diocèse, *au sujet de la* **Bulle Unigenitus.** *Du 6 mars 1747.* — S. l. n. n. ; 7 p. in-4°.

Bibl. d'Amiens, Théol., n° 1863.

2015. — Lettre de Monseigneur l'Evêque d'Amiens aux Curés, Vicaires et autres Confesseurs de son Diocèse, au sujet de la Rétractation que le **Père Pichon**, Jésuite, a faite de son Livre intitulé l'Esprit de Jésus-Christ et de l'Eglise sur la fréquente Communion. *Du 9 avril 1748.* — S. l. n. n. ; 12 p. in-4°.

2016. — Lettre de Monseigneur l'Evêque d'Amiens au Roy à propos de la **Bulle Unigenitus,** 9 Mai 1752, *contre l'arrêt du Parlement du 18 avril.* — S l. n n. ; 4 p. in-4°.

Bibl. H. Macqueron.

* **2017.** — Seconde lettre de Monseigneur l'Evêque d'Amiens au Roi, *sur la* **Bulle Unigenitus.** Troisième lettre

---

[1] Les extraits des Nouvelles Ecclésiastiques qui traitent de questions locales relatives au Jansénisme, sont mentionnés à la localité qu'ils intéressent.

de Monseigneur l'Evêque d'Amiens au Roi. — S. l. n. n., *1752*: in-4°.

Bibl. Nat^{le}.

2018. — Extrait de l'exhortation que fit Monseigneur l'Evêque d'Amiens dans la Cathédrale le jour de la Fête-Dieu de la présente année 1752, communiqué aux Fidèles de son Diocèse. — S. l. n n. ; 6 p. in-4°.

2019. — *Correspondance relative à la suppression par le Parlement de l'exhortation que fit Mgr l'Evêque d'Amiens le jour de la Fête-Dieu 1752, communiquée aux Fidèles de son Diocèse.*

Nouv. ecclésiast. du 13 août 1752, p. 129 à 132 ; in-4°.

2020. — Mandement de M. l'Evesque d'Amiens par lequel il adhère au Mandement et Instruction Pastorale de M. l'Archevêque de Paris, en date du 19 septembre 1756, et communique l'un et l'autre aux Fidèles de son Diocèse avec injonction de s'y soumettre. (*Au sujet de la* **Bulle Unigenitus**.) *Du 7 novembre 1756.* — S. l. n. n. ; 4 p. in-4°.

2021. — Mandement de Monseigneur l'Evêque d'Amiens, par lequel il adhère au Mandement et à l'Instruction Pastorale de Monseigneur l'Archevêque de Paris, en datte du 19 septembre 1756, et communique l'un et l'autre aux Fidèles de son Diocèse, avec injonction de s'y soumettre. *Du 14 novembre 1756.* — S. l. n. n. ; 4 p. in-4°.

2022. — Sentence du Bailliage d'Amiens, qui donne Acte à M. le Procureur du Roi, de l'Appel comme d'abus par lui interjetté pour Monsieur le Procureur Général, de la Publication faite le 14 Novembre 1756, d'un Mandement dudit jour, par Monsieur l'Evêque d'Amiens, en l'Eglise et dans la Chaire de la Cathédrale, et des défenses y portées, par lequel Mandement mondit sieur Evêque d'Amiens adhère au Mandement et à l'Instruction Pastorale de Monsieur l'Archevêque de Paris, en date du 19 Septembre dernier, et communique l'un et l'autre aux Fidèles de son Diocèse, avec injonction de s'y soumettre, Et qui fait défenses à tous Curés, Vicaires, et autres Prêtres du ressort, de publier ledit Mandement. Du 15 novembre 1756. — Amiens, veuve Godart ; 4 p. in-4°.

Anc^{ne} Bibl. de M. l'abbé Roze.

IX. PROTESTANTISME.

2023. — Mémoire pour le syndic du clergé d'Amiens contre M. Louis de Brossart. — S. l. n. n., *vers 1664* ; 4 p. in-4°.

M. de Brossard, seigneur de Monthue et de Prouville voulait faire en sa maison l'exercice public de la **religion reformée**.
Cette pièce et la suivante sont indiquées par Pouy, Hist. de Mgr Faure, ch. VI, n° 45, note.

2024. — Procez verbal de M. Courtin, conseiller du Roy et de M. de Miannay, maréchal de camp, commissaires départis par Sa Majesté en la généralité et diocèse d'Amiens, touchant les entreprises et contraventions faites à l'Edit de Nantes, par ceux de la **Religion** prétenduc réformée. *Du 20 novembre 1664.* — Paris, 1665 ; 26 p. in-4°.

2025. — Observations faites par ceux de la **Religion P. Réformée**, pour la décision des partages d'opinion, formez entre les Sieurs Commmissaires, deputez par Sa Majesté pour informer des contrauentions à l'Edict de Nantes, en la Generalité d'Amiens. *Signé* : *Loride Desgallières*. — S. l. n. n., *vers 1664* ; 27 p. in-4°.

Bibl. Nat^{le}, Ld¹⁷⁶, n° 277.

2026. — Arrest dv Conseil d'Estat dv Roy povr l'execution des partages de Messieurs les Commissaires executeurs de l'**Edict de Nantes** dans la Generalité et Diocese d'Amiens. Du 27

Ianvier 1665. — Paris, Antoine Vitré, M.DC.LXV ; 14 p. in-12.

Arch. dép. de la Somme, C, n° 1587.

2027. — Arrêt du Conseil d'Etat, du 27 Janvier 1665, qui confirme les ordonnances rendues par Messieurs les Commissaires deputez pour connoître des contraventions à l'Édit de Nantes dans la generalité et diocèse d'Amiens et qui contient divers règlemens en faveur des Catholiques contre ceux de la **Religion** prétendue **réformée** *et ordonne la démolition des temples de Pont de Metz et Cannessières*.

Rec. des Act... des Aff. du Clergé de France. — Paris, 1716, col. 1503 à 1505 ; in-folio.

2028. — Factvm pour Monsieur l'Euesque d'Amiens, contenant les preuves de ses principales demandes Contre ceux de la Religion Pretenduë Reformée, à cause des infractions qu'ils ont faites aux Edits du Roy, Declarations et Arrests dans le Diocèse d'Amiens, *au sujet des temples de Salouel, Cannessières et Vaudricourt.* — S. l. n. n. n. d. ; 16 p. in-4°.

Bibl. Nat^{le}, Ld¹⁷⁶, n° 276.

2029. — Factvm povr ceux de la Religion Prétendue Reformée de la Généralité d'Amiens Contre Monsieur l'Euesque d'Amiens, et les Ecclésiastiques de son Diocèse au sujet du partage d'opinions, formé entre les Sieurs Commissaires députez par sa Majesté pour informer des contrauentions à l'**Edit de Nantes**. *Signé : Favre.* — S. l. n. n. ; *vers 1664* ; 26 p. in-4°.

Bibl. Nat^{le}, Ld¹⁷⁶, n° 278.

* **2030.** — *Signification à Me Pierre Charlot avocat de l'évêque d'Amiens, par Me Pierre Loride, avocat des* **réformés** *de la généralité, du désaveu fait par lui et ses clients du factum de Me Favre, commençant par ces mots :* A la requête de maitre Pierre Loride..... S. l. n. n., *1665* ; in-4°.

Ibid., n° 279

2031. — Response av Libelle imprimé et signifié à Maistre Pierre Charlot, Aduocat aux Conseils d'Estat et Priué du Roy, à la Requeste de Me Pierre Loride. aussi Aduocat ausdits Conseils. — S. l. n. n., *1665* ; 3 p. in-4°.

Ibid , n° 280.

* **2032.** — Examen de l'imprimé intitulé : Réponse au libelle imprimé et signifié à maître Pierre Charlot, avocat aux Conseils d'Etat et privé du Roi, à la requête de Me Pierre Loride, aussi avocat auxdits Conseils. — S. l. n. n., *vers 1665* ; in-4°.

Ibid., n° 281.

2033. — Quelques détails sur les Eglises de la Somme accompagnés du récit de l'inauguration du temple d'Amiens et suivis des discours prononcés à cette occasion par MM. les pasteurs Grandpierre et Valette de Paris. — Amiens, E. Yvert, 1845 ; 46 p. in-8°.

2034. — Histoire des **Protestants** de Picardie particulièrement de ceux du département de la Somme d'après des documents pour la plupart inédits, par L. Rossier. — Paris, Grassart, 1861 ; VIII-328 p. in-12.

2035. — Rapport sur l'ouvrage ayant pour titre : Histoire des **Protestants** de Picardie..., par M. Ch. Salmon.

Bull. Soc. Ant. Pic., t. VII, p. 409 à 424 ; in-8°.

2036. — Reflexions sur l'histoire des **Protestants** de Picardie par M. Rossier..., par M. Creton.

Mém. Acad. Amiens, t. XII, p. 411 à 435 , in-8°.

2037. — Alexandre Davesne. Examen critique de l'histoire des **Protestants** de Picardie de M. L. Rossier. — Paris, Dentu, 1861 ; 24 p. in-12.

2038. — Gustave Dorieux. Examen critique de l'histoire des **Protestants** de Picardie de M. L. Rossier. — Paris, Dentu, 1861 ; 24 p. in-12.

CHAPITRE XII

BAIE ET RIVIÈRE DE SOMME.

Pêche et Navigation

I. COTES DE PICARDIE.

2039. — Les **Rivières** des Costes de Picardie.

Riv. de France, par Coulon. — Paris, Clouzier, 1644, t. I, p. 1 à 41 ; in-12.

2040. — Mémoire sur les côtes de la Haute-Normandie, comprises entre l'**embouchure** de la Seine et celle de la **Somme**, considérées relativement au galet qui remplit les ports situés dans cette partie de la Manche, par M. de Lamblardie, ingénieur des Ponts-et-Chaussées. — Au Hâvre, Faure, 1789 ; 61 p. in-4° et 2 pl.

Bibl. H. Macqueron.

2041. — Les Côtes de Normandie et de **Picardie**, *par le B*ᵒⁿ *Baude.*

Rev. des 2 Mondes, t. XXII, 1848, p 927 à 963 ; in-8°.

2042. — Les **Côtes** françaises de la **Manche** par Florentin Lefils. — Paris, Adrien Delcambre, 1854 ; 29 p. in-4° av. 2 cartes.

2043. — Observations Sur la brochure de M. Florentin Lefils intitulée : les **Côtes** françaises de la **Manche**, par M. Mary, Membre du Conseil général de la Somme. — Amiens, E. Yvert, 1854 ; 8 p. in-12.

2044. — Florentin Lefils. Recherches sur la configuration des **Côtes** de la **Morinie**. — Paris, Société française, 1859 ; XXV-166 p. in-8° av. 2 cartes.

2045. — Les **Côtes de la Somme**. *Signé J. M. (Jules Mancel).* — Amiens, Duval et Herment, *vers 1860* ; 30 p. in-8°.

2046. — Les **Dunes du Nord** et du Sud-Ouest de la France, par M. Béraud.

Mém. Acad. Amiens, t. XV, p. 485 à 519 ; in-8°.

2047. — Le Marquenterre. Les **Grèves de la Somme**.

Les Rivages de la France, par J. Gérard. — Paris, Delagrave, 1885, p. 40 à 72 avec 4 fig. ; in-8°.

2048. — Les **Dunes maritimes** et les Sables littoraux, par M. le Dʳ Labbat.

Bull. Soc. Géol. France, t. XVIII, 3ᵉ sᵢᵉ, p. 259 et s. ; in-8°.

II. BAIE DE SOMME.

2049. — Mémoire des Commerçants et Marins de Saint-Valery, sur la navigation de la **Baie de Somme**, *avec de nombreuses pièces justificatives.* — Amiens, Caron-Vitet, *1833* ; 52 p. in-4° avec 1 pl.

Bibl. A. de Caieu.

2050. — Pétition adressée à Messieurs les Pairs de France et A Messieurs les Membres de la Chambre des Députés, *par les négociants d'Abbeville et du Crotoy pour les* **travaux à exécuter** *entre ces deux ports.* — Abbeville, Devérité, Février 1834; 22 p. in-4° et 1 carte.

2051. — Règlements et tarifs du **pilotage** des ports de la baie de Somme, approuvés par Ordonnance royale du 4 Juin 1843. Extrait du Bulletin des Lois, année 1843, partie supplémentaire, n° 671. — Abbeville, au bureau des Courtiers ; 22 p. in-16.

2052. — Chambre de Commerce d'Amiens. Des **Ports de la Somme** et de leurs rapports avec la navigation intérieure. — Amiens, Caron-Vitet, *1843;* 24 p. gr. in-8°.

2053. — Chambre de Commerce d'Amiens. Avis sur les **Ports de la Somme** et de leurs rapports avec la navigation intérieure. — Amiens, Caron-Vitet, *1844* ; 29 p. in-8°.

2054. — Chambre de Commerce de l'Arrondissement d'Abbeville. Département de la Somme. Rapport de l'Ingénieur *Beaulieu*, chargé du Service des Ports maritimes de commerce de la Baie de Somme à l'appui du projet d'amélioration du **Port de Saint-Valery**. *A la suite :* Observations et avis de l'Ingénieur en chef. — Abbeville, Jeunet, *1844;* 22 p. gr. in-4°.

2055. — Chambre de Commerce de l'Arrondissement d'Abbeville. Amélioration de l'entrée du **Port de St-Valery**. Rapport de M. l'Ingénieur ordinaire à St Valery et Observations de M. l Ingénieur en chef du département de la Somme. — Abbeville, Jeunet, 1844; 22 p. gr. in-4°.

2056. — Chambre de Commerce de l'Arrondissement d'Abbeville. Avis sur l'exécution des travaux projetés pour l'amélioration de l'entrée du **port de Saint-Valery-sur-Somme**. 10 Décembre 1844. — Abbeville, C. Paillart ; 10 p. in 4°.

2057. — La **Baie de Somme** et ses ports. Discussions sur l'utilité de conserver cette baie et sur les travaux projetés sur la rive gauche ; influences hydrographiques et anémographiques sur le gisement et la profondeur des passes ; utilité du jusant démontrée par l'expérience ; prolongement incessant de la pointe du Hourdel ; nécessité de conserver le Crotoy comme port de refuge. Dédié aux riverains de la baie de Somme, par L*** *Florentin Lefils).* — Abbeville, Jeunet, *1846* ; 66 et 50 p. in-8°.

2058. — **Baie de Somme**. Port de St Valery s. Somme. Barrage éclusé. Digue de halage. — Abbeville, Briez, *1846;* 16 p. in-12.

2059. — Tribunal de Commerce de Terre et de Mer de l'Arrondissement d'Abbeville. Lettre adressée à M. le Ministre de la Marine sur la question du **pilotage** dans la baie de Somme. Octobre 1849. — Abbeville, C. Paillart ; 24 p. in-8°.

2060. — Tribunal de Commerce de Terre et de Mer de l'Arrondissement d'Abbeville. Note complémentaire adressée à M. le Ministre de la Marine sur la question du **pilotage** dans la baie de Somme. Février 1850. — Abbeville, C. Paillart ; 21 p. in-8°.

2061. — Saint-Valery-sur-Somme. Observations sur la question du **pilotage** dans la baie de Somme. Mars 1850. — Amiens, E. Yvert ; 12 p. in-8°.

2062. — Chemin de fer de Noyelle à Saint-Valery. Question de la **Baie de Somme**. Saint-Valery et le Crotoy. Réponse de M. J. Mancel à M Boulanger de Saint-Valery. — Amiens, Alfred Caron, 1852 ; 16 p. in-8°.

2063. — Chemin de fer de Noyelle... Deuxième lettre de M. J. Mancel à

M. Boulenger, de Saint-Valery. — Amiens, Alfred Caron, *1852*; 20 p. in-8°.

2064. — Chemin de fer de Noyelle... Troisième lettre de M. J. Mancel à M. Boulenger, de Saint-Valery. — Amiens, Alfred Caron, *1852*; 20 p. in-8°.

2065. — Chemin de fer de Noyelle... Quatrième lettre de M. J. Mancel à M. Boulenger, de Saint-Valery. — Amiens, Alfred Caron, *1852*; 16 p. in-8°.

2066. — La vérité sur la **Baie de Somme** par Florentin Lefils. — Paris, L. Martinet, *1853*; 16 p. in-4° av. 4 pl.

2067. — Question de la **Somme**, *par Florentin Lefils*. — Amiens, Caron, 1854; 16 p. in-12.

2068. — A propos du **bassin des Dunes**. Réponse à M. Mary, Inspecteur divisionnaire des Ponts-et-Chaussées, par M. Florentin Lefils. — Paris, Jules Juteau, 1854; 19 p. in-12.

2069. — Décret du 28 juin 1856, portant modification des articles 118 à 143 du règlement général du **pilotage** pour le premier arrondissement maritime. *Station de la baie et de la rivière de Somme.* — S. l. n. n.; 11 p. in-8°.

2070. — Les **Ports de la Somme**. Extrait du Journal le Commerce de la Somme, *par M. J. Mancel*. — Amiens, Alfred Caron, s. d.; 18 p. in-12.

2071. — Observations sur la situation actuelle et sur l'avenir des **Ports de la Baie de Somme**, présentées à Sa Majesté l'Empereur par la Commission spéciale désignée à cet effet par le Conseil général du Département de la Somme, dans sa séance du 31 Août 1860. — Amiens, Alfred Caron, *1861*; 8 p. in-4°.

2072. — Enquête sur la continuation des **digues** de Saint-Valery-sur-Somme entre le Cap Hornu et le Hourdel. — Délibération et Avis de la Chambre de Commerce d'Amiens. Séance du 5 Mars 1862. — Amiens, E. Yvert, 1862; 20 p. in-8°.

2073. — Chambre de Commerce d'Abbeville. Délibération relative aux travaux projetés pour le prolongement du **chemin de halage** entre Saint-Valery et le Hourdel. Séance du 30 mars 1862. — Abbeville, P. Briez, 1862; 12 p. in-8°.

2074. — Recherches sur l'histoire des travaux hydrographiques de Lamblardie ancien Ingénieur en chef du Département de la Somme et particulièrement sur son projet d'un **port au hable d'Ault** et sur les vicissitudes de ce projet jusqu'à nos jours, par P.-Ch. Damiens. Fragment détaché de ces recherches. — Paris, Dumoulin, *1864*; 24 p. in-8°.

2075. — L'**embouchure** de la Somme.

Lect. variées, par Jean Reynaud, 1865, p. 370 à 372; in-8°.

2076. — Remorquage à Vapeur dans la **Baie de Somme**. Lettres adressées à Son Excellence Monsieur le Ministre de l'Agriculture, du Commerce et des Travaux publics 1° Par la Chambre de Commerce d'Abbeville; 2° Par la ville de Saint-Valery-sur-Somme. — Aut. L. Gillard, Abbeville, s. d.; 15 p. in-8°.

2077. — Des **Ports de Refuge** à établir aux Baies de Canche, d'Authie et de Somme sur la Manche, par le Général J. Tripier. — Abbeville, P. Briez, *1867*; 43 p. in-8° et 4 pl.

2078. — Département de la Somme. Projet d'achèvement des travaux destinés à l'amélioration des ports de la **Baie de Somme**. Lettre au Ministre des Travaux Publics, de l'Agriculture et du Commerce. Moyens d'exécution. Rapport. — Abbeville, J. Gamain, *1868*; 8 p. gr. in-4° et 1 pl.

2079. — Des **Ports de refuge** à établir aux Baies de Canche, d'Authie et de Somme sur la Manche, par le Général J. Tripier. *Seconde édition.* — Montreuil-sur-Mer, Jules Duval, 1869 ; 126 p. in-12.

2080. — Conseil général de la Somme. Session d'Avril 1873. Commission spéciale de la **Baie de Somme.** — Amiens, Alfred Caron, 1873 ; 54 p. in-8°.

2081. — Recherches historiques sur les projets d'**amélioration de la Somme** et de ses ports, par Porphyre Labitte. Rapport présenté au Conseil général de la Somme dans la séance du 15 avril 1874. — Amiens, Alfred Caron, 1874 ; 34 p. in-8° et 1 pl.

2082. — La **Baie de Somme**, par M. Mancel. (Séance du 24 Avril 1874).
Mém. Acad. Amiens, t. XXI, p. 337 à 364 ; in-8°.

2083. — Ministère des Travaux Publics. Ports maritimes de la France. Notices sur les **Ports** du Crotoy, de Saint-Valery, d'Abbeville et du Hourdel par M. Geoffroy. — Paris, Imprimerie Nationale, M.DCCC.LXXIV ; 78 p. gr. in-4°.

2084. — Ponts et Chaussées. Département de la Somme. **Baie de Somme.** Étude des différents moyens propres à améliorer la navigation maritime de la Somme, par M. Geoffroy. — Amiens, Imp. du Progrès de la Somme, 1874 ; 37 p. in-8° et 1 pl.

2085. — Conseil général de la Somme. Projets d'**amélioration de la Somme** et de ses Ports par Porphyre Labitte. Recherches historiques. Notes et Documents. Cartes et Plans. Index bibliographique. — Amiens, T. Jeunet, 1874 ; XXXV-349 p. in-8° et 1 pl.

2086. — Ponts et Chaussées. Département de la Somme. Arrondissement d'Abbeville. **Baie de Somme.** Étude des différents moyens propres à améliorer la navigation maritime de la Somme, par M. Geoffroy. — Abbeville, Briez, C. Paillart et Retaux, M.DCCC.LXXV ; 42 p. gr. in-4° et 2 pl.

2087. — Le **Port de la Somme** d'après M. l'Ingénieur Geoffroy, par A. Mancel. — Amiens, R. Marquis, 1875 ; 22 p. in-12.

2088. — Académie d'Amiens. Etude sur l'**embouchure de la Somme**, par M. A. de Puyraimond. Séance du 26 Mars 1875. — Amiens, H. Yvert, 1875 ; 47 p. in-8°.
Ext. Mém. Acad. Amiens.

2089. — Conseil Général de la Somme. Projets d'**amélioration de la Somme** et de ses Ports. Rapports de MM. Brûlé et de Douville-Maillefeu. Procès-verbaux des Séances de la Commission spéciale de la Baie de Somme. Enquête sur la Station du Remorqueur. — Amiens, T. Jeunet, 1875 ; 72 p. in-8°.

2090. — Note sur l'ancienne étendue des **baies de Somme et d'Authie**, par M. N. Josse.
Bull. Soc. Linn. Nord Fr., t. III, p. 320 à 324 ; in-8°.

2091. — Chambre de Commerce d'Abbeville. Séance du 27 Février 1879. Présidence de M. J. Vayson. **Baie de Somme** et Port de Saint-Valery. — Abbeville, C. Paillart ; 8 p. in-8°.

2092. — Chambre de Commerce d'Abbeville. Baie de Somme. Réunion à Saint-Valery, du 27 Mai 1879. — Abbeville, E. Caudron, 1879 ; 14 p. in-8°.

2093. — N° 625. Dépôt des cartes et plans de la marine Recherches hydrographiques sur le régime des côtes. Dixième Cahier. Rapport sur la reconnaissance de la **Baie de Somme** et de ses abords en 1878 par M. G. Héraud. — Paris, Imprimerie nationale, 1880 ; 77 p. in-4° av. XIII pl.

2094. — Saint-Valery et la **Baie de Somme**, par M. Brûlé. — Amiens, 1889 ; 157 p. in-16. Saint-Valery et la Baie de

Somme, par M. Brulé. — Saint-Valery, Tetelin, 1890; 29 p. in-16.

2095. — Conseil Général de la Somme. Session d'Avril 1900. Séance du 24 Avril 1900. Enquête sur les voies de communication. Rapport présenté au nom de la 3ᵉ Commission par M. Gellé *sur la question de la* **Baie de Somme**. — Amiens, Redonnet, 1900 ; 40 p. in-8°.

III. PÊCHE ET CHASSE MARITIMES.

* **2096.** — Arrest du Conseil d'Estat du Roy, portant règlement pour l'exercice et fonctions des offices de vendeurs de **poissons** de mer, frais, sec et salé le long des côtes de Normandie et de Picardie, et pour la perception du droit de sol pour livre à eux attribué. Du 16 avril 1680. — Paris, Saugrain, 1724 ; 8 p. in-4°.

Bibliog. Dufour, n° 53.

2097. — Arrest du Conseil d'Estat du Roy du deuxième May 1702 qui Ordonne que les Habitans de Saint-Vallery sur Somme, et ceux de Cayeux, payeront dix livres pour chaque Minot de Sel qu'ils lèveront au Grenier à sel de Saint Vallery pour leur Provision, Grosses et Menues **Salaisons**, en ce non compris les Augmentations et Droits Attribuez par Edits de Sa Majesté : Et à l'égard du Sel qui sera délivré ausdits Habitans pour la Salaison des Poissons de leur Pesche, le prix en demeure fixé à l'avenir pour le temps de Paix ou de Guerre, à quatre livres quinze sols dix deniers le Minot. — Paris, Saugrain ; 7 p. in-4°.

Bibl. H. Macqueron.

2098. — Arrest du Conseil d'Etat du Roy, qui fixe le prix du Sel qui sera délivré aux Habitans des Villes du Havre-de-Grace..... Bourg d'Ault, et Saint-Vallery sur Somme, tant pour leur Provision que pour leur **Pesche**. Du 12 Décembre 1719. — S. l. n. n. ; 4 p. in-4°.

Bibl. H. Macqueron.

* **2099.** — Ordonnance du Roy portant qu'il sera élu annuellement dans chaque port ou paroisse des amirautés des provinces de Flandre, Picardie et Normandie, un **garde juré des pescheurs**, conformément à l'ordonnance de 1681. Du 24 décembre 1726. — Paris, Imprimerie Royale, 1726 ; 3 p. in-4°.

Bibliog. Dufour, n° 54.

2100. — Déclaration du Roy, concernant les **Pesches** à pied et tentes à la basse eau, sur les Costes des Provinces de Flandre, Pays conquis et reconquis, Boulonnois, Picardie et Normandie. Donnée à Versailles le 18 Mars 1727. — Paris, Imprimerie Royale, 1727 ; 16 p. in-4°.

Bibl. H Macqueron.

2101. — Déclaration du Roy au sujet de la **Pesche des Moules** dans les Provinces de Flandre, Pays conquis et reconquis, Boulonnois, Picardie et Normandie. Donnée à Versailles le 18 Décembre 1728. — Paris, Imprimerie Royale, M.DCC.XXIX ; 8 p. in-4°.

Bibl. d'Amiens, Jurispr., n° 328.

2102. — Déclaration du Roy concernant les gardes-jurez ou syndics des **pescheurs du poisson** de mer sur les costes des provinces de Flandre, Pays conquis et reconquis, Boulonnois, Picardie et Normandie, donnée à Versailles, le 21 septembre 1729. — Paris, Imprimerie Royale, 1740 ; 16 p. in-4°.

Arch dép. de la Somme, 1-A, 1432.

* **2103.** — Déclaration du Roy, au sujet des **pescheries** exclusives sur les costes des provinces de Flandre, Pays conquis et reconquis, Boulonnois et Picardie, Donnée à Fontainebleau le 10 may 1730. — Paris, Imprimerie Royale, 1730 ; 8 p. in-4°.

Bibliog. Dufour, n° 56.

* **2104.** — Déclaration du Roy, au sujet des herbes de mer connues sous les noms de **Varech**, ou Vraicq, Sar ou Gouesmon sur les costes des provinces de Flandre, Pays conquis et reconquis, Boulonnois, Picardie et Normandie. Donnée à Versailles le 30 may 1731. — Paris, Imprimerie Royale : 12 p. in-4°.
Bibliog. Dufour, n° 57.

2105. — La **pêche maritime** au XVIII° siècle sur les côtes de Picardie et notamment au bourg d'Ault, par M. Paul Ducroquet.
Bull Soc. Ind. d'Amiens, t. XXV, 1887, p. 231 à 237 ; in-8°.

2106. — Des abus de la **pêche côtière** dans la Manche, par L. Estancelin, Député du Département de la Somme. — Abbeville, Devérité, 1834 ; 42 p. in-8°.

2107. — La **Pêche** sur les Côtes de la Picardie et particuliérement dans la Baie de Somme, par Fl. Lefils.
La Picardie, t. III, p. 249 à 263 ; in-8°.

2108. — Extrait des Mémoires de l'Académie d'Amiens. L'Inscription maritime. La **Pêche côtière**. Les Dunes de Saint-Quentin, par M. J. Mancel. — Amiens, E. Yvert, 1863 ; 166 p. in-8°.

2109. — La **chasse** au Hable d'Ault. *Poésie, par D C.*
Journal des Chasseurs, 1837, p. 367 à 370 ; in-8°

2110. — Une **chasse au phoque** dans la Baie de Somme, par Léon Bertrand.
Ibid , 1858, p. 225 à 240 et 265 à 279 ; in-8°.

2111. — **Chasses** exceptionnelles. Des Phoques sur les Côtes de la Manche par Porphyre Labitte. — Paris, L. Tinterlin, 1858 ; 34 p. in-8° et 2 pl.

2112. — Hutte - Hutteau. **Chasse** dans la baie de Somme, par P. Labitte.
J^{al} des Chasseurs, t. XXVII, p. 286 à 298 et 351 a 367 av. 2 pl. lith.

IV. CANAL DE LA HAUTE-SOMME.

2113. — Edit du Roy portant permission de faire une Navigation en Picardie par les Rivières de Somme et d'Oise, et **Canal** de communication des dites deux Rivières, ensemble le tarif des droits y mentionnez. Donné à Fontainebleau au mois de Septembre 1724, registré en Parlement le 7 septembre 1725. — Paris, Pierre Simon, 1725 ; 8 p. in-4°.
Arch. dép. de la Somme, 1-A, 1181.
Autre édition Paris, Prault, 1765.

2114. — Instruction generale pour les intéressés au **Canal de Picardie**. — A Paris, chez Pierre Simon, M.DCC.XXVIII ; 12-40 p. in-4°.
Bibl. H. Macqueron.

2115. — Instruction generale pour les Intéressés au **Canal de Picardie**. — A Lille, de l'Imp. de Charles-Maurice Cramé, M.DCC.XXVIII ; 35 p. in-4°.
Autre édition de l'ouvrage précédent.

2116. — Seconde instruction pour les intéressez au **canal de Picardie**. — Paris, Simon, M.DCC.XXVIII ; 11 p. in-4° av. 2 cartes.
Bibl. A. de Caieu.

2117. — Canal de Picardie. Devis des ouvrages nécessaires à faire pour la construction du **nouveau Canal** projetté le long de la Rivière de Somme, depuis le Village de S. Simon jusqu'à Ham, Péronne, Bray, Corbie et Amiens, dressé pendant les mois d'Août, Septembre et Octobre de l'année 1731. — Paris, Simon, 1732 ; *118 p. in-4° av. 1 carte.
Bibl. Soc. Ant. Pic.

2118. — Lettres patentes qui accordent au sieur Crozat, commandeur des ordres du Roi, le don et propriété du **canal** et navigation de **Picardie**. Données à Compiègne le 4 juin 1732. — Paris, Simon, 1732 ; 8 p. in-4°.
Autre édition : Paris, Pierre Prault, *vers 1760* ; in-4°.

2119. — Arrest du Conseil d'Etat du Roi, concernant les Actionnaires du **Canal de Picardie.** Du 14 avril 1733. — Paris, Simon, 1733 ; 4 p. in-4°.

Autre édition : Paris, Pierre Prault, *vers 1765* ; in-4°.

2120. — Arrest du Conseil d'Etat du Roy, qui accorde un délai d'un mois pour la conversion des Actions du Canal de Provence en Actions du **Canal de Picardie.** Du 30 Juin 1733. — Paris, Pierre Simon, 1733 ; 4 p. in-4°.

Bibl. Pinsard.

* **2121.** — Arrest du Conseil d'Estat du Roy, qui nomme des commissaires pour juger deffinitivement et en dernier ressort tous les procès mus et à mouvoir entre les directeur, ingénieurs, entrepreneurs, fournisseurs et autres employés aux travaux du **canal de Picardie.** Du 22 février 1735. — Paris, Simon, 1735 ; 4 p. in-4°.

Bibliog. Dufour, n° 78.

* **2122.** — Arrest du Conseil d'Estat du Roy, qui déboute les héritiers du sieur Antoine Crozat, concessionnaire du privilège de la navigation du **canal de Picardie**, le sieur Desnuelles et Compagnie, marchands de vin, et les directeurs et actionnaires dudit canal, de leur demande tendante à ce qu'il fut ordonné que les vins et eaux-de-vie passant debout par la ville de Paris, pour la navigation du canal de Picardie, jouiroient de l'exemption de tous les droits des fermes généralement quelconques : En conséquence, ordonne que les droits des rivières continueront d'être perçus comme par le passé, sur tous les vins et eaux-de-vie passant debout en ladite ville de Paris, pour la navigation dudit canal de Picardie. Du 17 décembre 1743. — Paris, Lamesle, 1744 ; 3 p. in-4°.

Bibliog. Dufour, n° 79.

2123. — Mémoire concernant la navigation de la **Rivière de Somme**, *par M. de Grassy*. — Paris, G. Lamesle, 1761 ; 3 p. in-4°.

Bibl. d'Abbeville.

2124. — Arrest de la Chambre des Comptes qui dispense les héritiers du Sieur Antoine Crozat, de la forme de décret du fonds et très-fonds du **Canal de Picardie**, et des terrains acquis pour le former, ordonné par les Arrêts de ladite Chambre des 3 et 4 Septembre dernier ; Et en conséquence, ordonne que M. le Duc de Choiseul sera remboursé au Trésor Royal, d'un million, faisant le tiers de trois millions d'indemnité accordée par le Roi aux Représentans ledit Antoine Crozat. Du 5 Novembre 1767. — Paris, P. G. Simon, 1767 ; 7 p. in-4°.

Autre édition : Paris, Prault, 1776.
Bibl. d'Amiens, Jurisp , n° 328.

2125. — Lettres-Patentes du Roi qui ordonnent que la Justice sur le **Canal de Picardie** sera à l'avenir exercée au nom du Roi, et que les Officiers établis précédemment pour l'exercice de cette Justice, continueront de remplir leurs fonctions sans être obligés de prendre de nouvelles provisions, ni être assujettis à une nouvelle réception. Données à Versailles le 5 Décembre 1767. Registrées en Parlement le 9 Février 1768. — Paris, P. G. Simon, 1768 ; 4 p. in-4°.

Autre édition : Paris, Prault, 1776.
Bibl. H. Macqueron.

2126. — Arrest du Conseil d'Etat du Roi, qui ordonne qu'il sera ouvert un **Canal de Navigation** depuis l'ancien Canal de Picardie, pris à Saint-Simon, jusqu'à Amiens et que la Rivière de Somme sera redressée et nettoyée depuis Amiens jusqu'à la Mer. Du premier Juillet 1770. — Amiens, veuve Godart ; 4 p. in-4°.

Arch. dép. de la Somme, C, 1437

2127. — *La rivière de* **Somme**.

Dict. géog. des Gaules, par Expilly, t. VI, p. 846 et 847 ; in-folio.

2128. — Arrest du Conseil d'Etat du Roi, qui ordonne l'imposition, en 1774, au marc la livre, de la capitation sur les généralités de pays d'élection et sur les pays conquis, d'une somme de quatre cens dix-neuf mille huit cens soixante-treize livres huit sous cinq deniers y compris les taxations, pour être employée aux ouvrages concernant les **canaux** de Bourgogne et de **Picardie**. Du 7 septembre 1773. — Paris, Imprimerie Royale, 1774; 4 p. in-4°.

2129. — Arrêt du Conseil d'Etat du Roi qui, en confirmant celui du premier Juillet 1770, accorde la Direction générale de tous les Travaux du **Canal de la Somme**, au Sieur Laurent de Lionne, au lieu et place du feu sieur Laurent, son Oncle. Du 27 Novembre 1773. — Saint-Quentin, T. Hautoy, 1774; 4 p. in-4°.

<small>Arch. dép. de la Somme, E, n° 1440.</small>

2130. — Arrest du Conseil d'Estat du Roi qui ordonne la répartition en 1775, au marc la livre, de la Capitation sur les généralités de Pays d'élection et sur les Pays conquis, d'une somme de quatre cens dix-neuf mille huit cents soixante treize livres huit sous cinq deniers y compris les taxations, pour la seconde des dix années de l'imposition annuelle de Quatre cents mille livres, ordonnée par l'Arrêt du 7 Septembre 1773; pour la dépense de la construction des **Canaux de Bourgogne et de Picardie**. Du 9 Août 1774. — *Paris*, Guillaume Desprez: 4 p. in-4°.

2131. — Ordonnance de Monseigneur l'Intendant portant défenses à tous Propriétaires et Fermiers riverains des contre-fossés du **Canal de Picardie**, de planter aucun arbre montant à plus de six pieds des bords desdits contre-fossés, ni même aucune espèce de bois de raspe, qui se coupe à pied, à plus d'une toise et demie desdits bords. Du 22 octobre 1774. — S. l. n. n.; placard in-folio.

<small>Arch. dép. de la Somme, C, 1440.</small>

2132. — Arrest du Conseil d'Etat du Roi qui ordonne une imposition annuelle, à commencer en 1776, de la somme de Huit cens mille livres, savoir, celle de Sept cens vingt-un mille neuf cens cinq livres sur les Pays d'Elections et celle de Soixante-dix-huit mille quatre-vingt-quinze livres sur les Pays conquis, pour être employée aux travaux du **Canal de Picardie** et de celui de Bourgogne, de la navigation de la Charente, et autres ouvrages de cette nature, destinés aux progrès de la Navigation. Du premier Août 1775. — *Paris*, Guillaume Desprez; 4 p. in-4°.

2133. — Arrest du Conseil d'Etat du Roi, portant réduction des droits établis sur le **canal de Picardie** et la rivière d'Oise. Du 11 août 1776. — *Paris*, Desprez, 1776; 6 p. in-4°.

2134. — Arrêt du Conseil d'Estat du Roi, concernant l'Imposition de huit cents mille livres destinée aux dépenses tant des travaux des **Canaux de Picardie et de Bourgogne**, et de la navigation de la rivière de la Charente, que des autres ouvrages de cette nature, relatifs au progrès de la navigation. Du 22 Juillet 1777. — Paris, Imprimerie Royale, 1777; 4 p. in-4°.

2135. — Des **canaux de Picardie** et de la Flandre française, de l'Oise et des rivières d'Artois.

<small>Des canaux de navigation... par Delalande. — Paris, Desaint, 1778, p. 301 à 329; in-folio.</small>

2136. — Discours prononcé à la séance publique de l'Académie des Sciences, Belles-Lettres et Arts d'Amiens. Le 25 Août 1776 : Par M. Laurent de Lionne, Directeur des **Canaux de Picardie et de la Somme**. Sur l'utilité de ces canaux. Réimprimé avec des Notes en mil sept cent quatre-vingt-un. — Paris, Cailleau, M.DCC.LXXXI; 23-XV p. in-4° av. 1 carte et 1 tableau.

2137. — Discours prononcé à la séance publique de l'Académie des Sciences, Belles-Lettres et Arts d'Amiens, le 25 Août 1782, par M. d'Agay, Intendant de la Province. Sur les Avantages de la Navigation intérieure, auquel on a joint la Carte de communication de la Mer Méditerrannée avec la Mer du Nord, par le Canal projetté en Bourgogne, et par les **Canaux de Picardie.** — Amiens, J. B. Caron l'aîné ; 91 p. in-8°.

Il existe une autre édition portant identiquement le même titre publiée chez le même imprimeur en 42 p. in-4° av. carte. Ce discours a aussi été publié dans les Observations sur la physique et l'histoire naturelle par l'abbé Rozier, t. XXII, p. 36 à 50 et 93 à 105 ; in-8°.

2138. — Ordonnance de M. l'Intendant de Picardie, qui condamne les sieurs Cazier, Aubin le jeune et Lefevre, solidairement avec leurs Cautions, en l'amende envers le Roi, et en une indemnité envers les Paroisses de Daours, Blangy et la Motte-Brebière : pour avoir commis, aux Conditions de leurs Devis, des Contraventions très-nuisibles à la Construction du **Canal de la Somme,** ainsi qu'aux Terrains contigus. Du vingt huit Juillet mil sept cent quatre-vingt-cinq. — Amiens, J.-B. Caron l'aîné, 1785 ; placard in-folio.

Arch. dép. de la Somme, C, n° 1475.

2139. — Ordonnance de M. l'Intendant de Picardie qui prescrit aux Adjudicataires des travaux du **Canal de la Somme,** de commettre un nombre suffisant d'Ouvriers, pour parachever les Ouvrages qu'ils ont entrepris, dans le temps fixé par leurs Devis ; et qui ordonne que faute par eux de satisfaire aux dispositions de la présente Ordonnance, il sera procédé à la folle enchère des Défaillans à la réadjudication des Ouvrages dont ils ont entrepris l'exécution. Du vingt-neuf Mars mil sept cent quatre-vingt-six. — Amiens, J. B. Caron l'aîné, 1786 ; placard in-folio.

Arch. dép. de la Somme, C, n° 1676.

2140. — Mémoire sur le **canal de Picardie,** par Condorcet. — S. l. n. n. d., vers 1790 ; 39 p. in-8°.

Bibl. H. Macqueron.

2141. — Rapport sur le desséchement des **marais de la Somme** et sur le projet de Sallengros, relatif à la jonction de l'Oise à la Sambre, par Poultier, représentant du peuple. Imprimé par ordre de la Convention nationale. — Imprimerie nationale. Pluviôse an III ; 8 p. in-8°.

Bibliog. Dufour, n° 281.

2142. — Navigation intérieure de la République. Communications par eau **de la Mer à Paris,** par Amiens et Beauvais ; de la Mer aux Départements du Nord et de l'Est, par Amiens et Saint-Quentin. Observations des Commerçants de la Commune d'Amiens sur les moyens de donner la plus grande extension au Commerce intérieur et extérieur de la République par l'amélioration de la navigation de la Somme, et par sa jonction aux Rivières qui lui sont adjacentes : Suivies du projet d'un Canal de la Mer à Paris, par Amiens et Beauvais, au moyen de la jonction des Rivières de la Selle et du Terrain, confluentes aux Rivières de Somme et d'Oise, par le Citoyen Advyné, Ingénieur des Ponts-et-Chaussées du 1er Arrondissement de la Somme.—Amiens, Patin et Cie, 1796 ; in-4° de 24, 12 et 51 p. av. 6 planches et 1 tableau.

On remarque dans cette brochure un relevé du mouvement commercial du port de St-Valery.

Bibl. H Macqueron.

2143. — Le Préfet du Département de la Somme. *Arrêté, du 1 Fructidor an IX, relatif à l'***entretien des bords** *de la Somme entre Bray et Pont-Remy*. — Amiens, Maisnel fils ; placard in-folio.

Bibl. d'Amiens, Hist., n° 3639.

2144. — Notes sur les **canaux de Picardie,** relatives à différens projets de jonction des rivières du Nord de la France avec celles de l'intérieur *par Bosquillon de Frescheville : à Amiens,* 7 *ventôse an X.* — *Paris,* Delance et Lesueur ; 40 p. in-4°.

Bibl. H. Macqueron.

2145. — Extrait du Journal de la Somme du 19 Novembre 1825. Notice sur la fondation de l'**écluse dite de Froissy** au-dessous de Bray-sur-Somme. — Amiens, Caron-Vitet ; 4 p. in-8°.

2146. — Canal de la Somme. Notice sur la fondation par caisson de l'**écluse de Froissy**, par M. Mary, Ingénieur des Ponts et Chaussées. Extrait des Annales des Ponts et Chaussées. — Paris, Carilian-Gœury, 1831 ; 19 p. in-8° et 1 pl.

2147. — Rapport sur le **canal de la Somme** à l'Oise, etc., par M. Taillandier. — Paris, 1832 ; 19 p. in-8°.

Bibliog. Dufour, n° 291.

2148. — Le **canal du Nord** à Paris par Peronne. Examen du projet par Alfred Danicourt. — Péronne, Trépant, 1879 ; 15 p. in-8° et 1 carte.

2149. — La Rivière de **Somme**, par *Lefèvre Marchand*.

Rev. hist. des prov., par H. Carnoy, avril 1896, p. 2 et suiv. ; in-8°.

V. CANAL DE LA BASSE-SOMME.

2150. — Arrest du Conseil d'Estat pour faire mettre les bords de la Rivière de Somme **(entre Amiens et Abbeville)** en l'état prescrit par l'Ordonnance du mois d'Aoust 1669, sur le fait des Eaux et Forêts. Du 12 Avril 1687. — Paris, Mabre-Cramoisy, M.DC.LXXXVII ; 8 p. in-4°.

Arch. dép. de la Somme, C, 1974.

2151. — Mémoire pour les Negotians de la Ville d'Amiens faisant le Commerce de Mer Contre le sieur Gabriel Chaudron de Grassy. *Projet de créer des inspecteurs de gribanes et d'établir un* **canal sous Abbeville** *pour en éviter la traversée*. — *Paris*, Le Breton, 1747 ; 8 p. in-folio.

Arch. dép. de la Somme, C, 1371.

2152. — Au Roy et à Nosseigneurs de son Conseil. *Autre requête sur le même sujet*. — *Paris*, Le Breton, 1747 ; 2 p. in-folio.

2153. — *Proposition des négociants d'Amiens demandant le curage du* **canal marchand à Abbeville** *ou la suppression des Six-moulins*. — *Paris*, 1747 ; 2 p. in-folio.

2154. — Au Roy et à Nosseigneurs de son Conseil. *Supplique sur le même sujet*. — *Paris*, Le Breton, 1747 ; 2 p. in-folio.

2155. — Mémoire pour l'établissement d'un Port *au hâble d'Ault* avec son Bassin de deux mille quatre cens toises de pourtour, en Picardie, et pour un **nouveau lit à la Rivière de Somme**, depuis Abbeville inclusivement jusqu'en ce Port, pour la navigation de cette Province qu'il faut bonifier, *par Mol de Lurieux, avocat*. — S. l., Brunet, 1750 ; 12 p. in-folio.

Ann^{ce} bibl. de Marsy.

2156. — Mémoire sur un objet intéressant pour la Province de Picardie : Ou **Projet d'un Canal** et d'un Port sur ses côtes *(au Crotoy)* avec un Parallèle du Commerce et de l'activité des François, avec celle des Hollandois, *par Linguet*. — A La Haye Et se vend à Abbeville, chez de Vérité, 1764 ; 72 p. in-8°.

2157. — Troisième lettre par l'auteur d'un mémoire intéressant pour la province de Picardie. On y examine comment et jusqu'à quel point la Marée agit sur les Rivières. On y donne une méthode nouvelle pour les excavations considérables. — A La Haye et a Abbeville, chez de Vérité, M.DCC.LXIV ; 46 p. in-8° et 1 pl.

2158. — Les Souhaits d'une heureuse année, suivis de plusieurs autres, Adressés à M. de *** à Abbeville ; en réponse au nouveau Projet d'un **Canal dans la Picardie**, et d'un Port à Amiens qui entraîneraient la destruction d'Abbeville et de St Valery avec quelques Observations sur l'utilité du commerce et la manière d'élever les enfans qui y sont destinés, *par Louis-François de Calonne, avocat.* — Amsterdam et à Paris, chez Vincent, M.DCC.LXV ; 38 p. in-8°.

2159. — Lettre de l'Auteur d'un Mémoire sur un objet intéressant pour la province de Picardie à un de ses amis à l'occasion d'une brochure intitulée : Les Souhaits d'une heureuse année suivie de plusieurs autres, adressée à M*** à Abbeville ; *12 février 1765.* — S. l. n. n. ; 8 p. in-8°.

2160. — Mémoire en projet pour perfectionner la Navigation de la **Rivière de Somme** depuis son Embouchure à la Mer jusqu'à Abbeville, par Jumel Riquier. — Amiens, Vve *Godart*, 1765 ; 22 p. in-4°.

Bibl. A. de Caieu.

2161. — Canaux navigables ou Développement des avantages qui résulteraient de l'exécution de plusieurs projets en ce genre pour la Picardie, l'Artois, la Bourgogne, la Champagne, la Bretagne, et toute la France en général. Avec l'examen de quelques-unes des raisons qui s'y opposent. Par Simon-Nicolas-Henri Linguet. — Amsterdam et Paris, L. Cellot, M.DCC.LXIX ; 467 p. in-12.

La question du **canal de Picardie** et du port naturel de la baie de Somme, au Crotoy, est traitée en vingt-cinq lettres, p. 53 à 148.

2162. — Arrêt du Conseil d'Etat du Roi, qui commet le Sieur de la Touche, à l'effet de faire les opérations nécessaires pour le rétablissement du Port de Saint-Valery et le creusement d'un **nouveau lit** sur la rive gauche **de la Somme.** Du 15 octobre 1778. — *Paris*, Pierre Robert Christophe Ballard, 1783 ; 2 p. in-folio.

Bibl. d'Abbeville.

2163. — Extrait du registre aux délibérations de la Chambre de Commerce de Picardie au sujet du **canal de Picardie** *et de l'établissement d'un port à Saint-Valery.* — Amiens, Ch. Caron père, *vers 1778* ; 46 p. in-4°.

Seconde édition chez Caron-Vitet, à Amiens, s. d. ; 48 p. in-8°.

2164. — Arrêt du Conseil d'Etat du Roi, qui autorise la Chambre de Commerce de Picardie à faire un Emprunt de neuf cent trente quatre mille livres, pour le rétablissement du **Port de Saint-Valery,** et à lever un Octroi pendant vingt ans. Du 20 Mars 1782. — *Paris*, Ballard, 1783 ; 3 p. in-folio.

Bibl. d'Abbeville.

2165. — Lettres patentes du Roi qui autorisent la Chambre de Commerce de Picardie à faire un Emprunt de neuf cent trente-quatre mille livres, pour le rétablissement du **Port de Saint-Valery,** et à lever un Octroi pendant vingt ans. Données à Versailles le 28 Novembre 1782 ; Registrées en Parlement le 14 Janvier 1783. — *Paris*, Ballard, 1783 ; 6 p. in-folio.

Autre édition : Imprimerie Royale, 1783 ; 8 p. in-4°.

2166. — Lettres patentes du Roi. Données à Versailles le 28 Novembre 1782 *autorisant l'emprunt de la Chambre de Commerce de Picardie :* et Lettres de surannation aussi données à Versailles le 16 Juin 1784. Registrées en la Cour des Aides à Paris le 20 Août 1784. — Tarif de ce que devront payer par quintal, à compter du premier Octobre mil sept cent quatre-vingt-six, jusqu'au premier janvier mil huit cent trois, les Marchandises ci-après dénommées, entrant dans les Ports de Saint-Valery, du Crotoy et d'Abbeville, ou en sortant. — Autres lettres patentes du Roi, concernant les Travaux à faire au **Port de Saint-Valery-sur-Somme,** et les Fonds à employer auxdits Travaux. Données à Versailles le 11 juin 1784. Registrées tant en Parlement qu'en la Cour des Aides à Paris les 10 et 20 août 1784. — Amiens, J.-B. Caron l'aîné, 1784 ; 8 p. in-folio.

2167. — Arrêt du Conseil d'Etat du Roi, qui ordonne l'exécution d'un **Canal de Navigation** d'Abbeville à Saint-Valery, dont le Plan a été dressé par M. Delatouche, Ingénieur en Chef des Ponts et Chaussées ; et que l'Arrêt du Conseil du 20 Mars 1782, les Lettres Patentes du 28 Novembre de la même année et celles du 11 Juin 1784, seront exécutées en ce qui n'y est pas dérogé par le présent arrêt. Du dix-huit Juin mil sept cent quatre vingt-cinq. — S. l. n. n. ; placard in-folio.

Arch. dép. de la Somme, C, 1486.

2168. — Lettre du S*** *Durand*, ancien Négociant d'Amiens, à M. le Comte d'Agay, Intendant de Picardie, Au sujet des travaux ordonnés pour améliorer la **Navigation de la** rivière de Somme, depuis son embouchure jusqu'à Amiens. *Du 1 juillet 1785.* — S. l. n. n. ; 68 p. in-24.

Seconde édition : S. l. n. n., *vers 1840* ; 72 p. in-24.
Bibliog. Dufour, n° 279.

2169. — Arrest du Conseil d'Etat du Roi, Qui supprime un Imprimé ayant pour titre : Lettre du sieur ... ancien Négociant d'Amiens, à M. le Comte d'Agay, Intendant de Picardie. Du 10 Septembre 1785. — Paris, P. G. Simon et N. H. Nyon, 1785 ; 3 p. in-4°.

2170. — Ordonnance de M. l'Intendant de Picardie, qui condamne les nommés Augustin Friville, Antoine Piauchelles, Jean-Baptiste Friville, Laurent Bouchard, Antoine Friville, Pierre Grisel, Pierre Elmor, et Nicolas Bouchart, tous Ouvriers du **Canal de Saint-Valery**, à huit jours de Prison, pour avoir voulu s'emparer des Pompes des Travaux dudit Canal, et aussi à payer les frais de Pansemens de Maladie, indemnité de perte de temps, etc., pour avoir frappé et blessé Hubert Morel et Jacques Hercelin. Du vingt-quatre Octobre mil sept cent quatre-vingt-six. — Amiens, J. B. Caron l'aîné, 1786 ; placard in-folio.

Arch. dép. de la Somme, C, 1489.

2171. — Vues économiques et géologiques relatives à la vallée de la Somme, extraites d'un mémoire du C^{en} Lamblardie, directeur de l'Ecole des Ponts et Chaussées, membre du Conseil des travaux publics.

Journal des Mines, an IV, p 31 à 52 ; in-8°.
Cette notice concerne principalement la **navigation de la Basse-Somme.**

2172. — Lettres sur les avantages et les inconvénients de la **navigation des ports** d'Abbeville, Amiens, St-Valery et Le Crotoy : par M. Linguet, Avocat au Parlement de Paris. — Abbeville, H. Devérité ; Amiens, Caron-Vitel, août 1818 ; 60 p. in-8°.

2173. — *Lettre des Commissaires délégués par l'Assemblée du Commerce d'Abbeville sur la* **navigation de la Somme** *dans Abbeville. Mars 1820.* — S. l. n. n. ; 2 p. in-4°.

Bibl. H. Macqueron.

2174. — Mémoire sur le **Canal du Duc d'Angoulême**, par M. Brière de Mondétour. — Paris, Adrien Egron, mai 1821 ; 50 p. in-8°.

Bibl. d'Abbeville.

2175. — Note remise au Directeur général des Ponts et Chaussées, par M. Sartoris, concessionnaire du **canal d'Angoulême**. *6 novembre 1821.* — Paris, s. n. ; 6 p. in-8°.

* **2176.** — Rapport de la Commission des canaux sur un Mémoire adressé à M. le Directeur général des Ponts et Chaussées, par M. Sartoris, le 6 Novembre 1821, et en partie relatif à l'embouchure du **canal du Duc d'Angoulême**, près de Saint-Valery. 5 Décembre 1821. — Paris, s. n. ; 10 p. in-4°.

2177. — Observations sur ce qui a

précédé la concession du **canal du Duc d'Angoulême**, les résultats probables de cette concession, et le mode le plus avantageux pour l'Etat de concéder les canaux par le col. Beaufort, ancien directeur des fortifications. — Paris, Boucher, 1822 ; 20 p. in-8°.

<small>Bibliog. Dufour, n° 288.
Une première édition sans nom d'auteur a paru en 1821 ; 36 p. in-8°
Bibl de la Chambre de Commerce d'Amiens.</small>

2178. — Renseignements utiles sur l'embouchure du **canal du Duc d'Angoulême** à Saint-Valery-sur-Somme, par P. S. G. *(Girard)*, chap. I-III. — Paris, Rignoux, 1822 ; 70 p. in-8° et 2 pl.

* **2179.** — Mémoire adressé à M. Becquey, conseiller d'Etat, directeur général des Ponts-et-Chaussées, par M. Urbain Sartoris. 12 avril 1822. — Paris, s. n. ; 10 p. in-4°.

2180. — **Canal du Duc d'Angoulême.** Deuxième rapport de la Commission nommée le 28 Février 1822 sur le barrage éclusé de S¹-Valery. — Paris, s. n., Février 1824 ; 17 p. in-4°.

2181. — **Canal du Duc d'Angoulême.** Réponse de l'Ingénieur attaché à la Compagnie, au deuxième Rapport fait le 23 Février 1824, par la Commission spéciale chargée de l'affaire du barrage de S¹-Valery. — Paris, s. n., 1ᵉʳ juin 1824 ; 17 p. in-4°.

2182. — **Canal du Duc d'Angoulême.** Observations de l'Ingénieur attaché à la compagnie de M. Sartoris, relativement au barrage éclusé de Saint-Valery-sur-Somme, et au Canal projeté entre cette écluse et Abbeville. —*Paris*, Firmin-Didot, *1824;* 45 p. in-4°.

2183. — Notice sur la baie de Somme, le barrage éclusé de S¹-Valery, et les moyens d'établir la communication du **canal du Duc d'Angoulême** avec la mer ; Remise à M. le Directeur Général des Ponts-et-Chaussées, par M. Urb. Sartoris, représentant de la Comp¹ᵉ concessionnaire du canal du Duc d'Angoulême ; 2 avril 1824. — Paris, Goetschy ; 40 p. in-4°.

2184. — Passage du **Canal du Duc d'Angoulême** à Abbeville. *Lettre de M. Sartoris* A Monsieur le Maire et Messieurs les Membres du Conseil Municipal de la Ville d'Abbeville. *Du 30 avril 1825.* — Paris, Goetschy ; 15 p. in-4°.

2185. — Deuxième Mémoire de M. Sartoris sur le passage du **Canal du Duc d'Angoulême** à Abbeville. 1825. — S. l. n. n. ; 10 p. in-4°.

2186. — Inauguration du **Canal du Duc d'Angoulême** à Amiens, Faite le 31 Août 1825, par son Altesse Royale, Madame, Duchesse de Berry. — A Paris et à Amiens, s. d. ; 12 p. in-folio av. 2 pl. lith.

2187. — **Canal du Duc d'Angoulême.** Traversée d'Abbeville. Résumé des Observations présentées à l'Administration des Ponts et Chaussées par la Chambre de Commerce d'Amiens, sur la direction à donner au Canal du Duc d'Angoulême, dans la traversée d'Abbeville et aux abords de cette Ville. *Du 2 mai 1826.* — Amiens, Caron-Vitet ; 7 p. in-4°.

<small>Bibl. H. Macqueron.</small>

2188. — Note pour MM. Grandin, Lemaire et Cⁱᵉ, propriétaires de la Manufacture de draps d'Abbeville, *s'opposant à l'établissement du* **canal de transit** *et à la prolongation du canal jusqu'à la mer.* — S. l. n. n., *1827;* 8 p. in-4° autog.

2189. — Note remise à Monsieur le Directeur général des Ponts et Chaussées par M. Sartoris, concessionnaire du **Canal du Duc d'Angoulême.** — Paris, C. Ballard, *vers 1828* ; 26 p. in-4°.

2190. — Observations du commerce d'Abbeville sur le **canal d'Angoulême**

et le tarif de ses droits de navigation. — Abbeville, H. Devérité, *1828*; 7 p. in-4°.

2191. — Réponse de M. Sartoris aux Observations faites au nom de la ville d'Abbeville, sur le projet communiqué officieusement par M. Mary, ingénieur de la **navigation de la Basse-Somme**. — S. l. n. n. n. d.; 10 p. in-4°.

2192. — *Lettre de M. Sartoris à M. du Liège d'Aunis, maire d'Abbeville, au sujet du passage à Abbeville du* **canal du Duc d'Angoulême**; *du 5 janvier 1830*. — 2 p. in-folio autog.

2193. — Note sur le passage du **Canal du Duc d'Angoulême** à Abbeville, ou examen comparatif du Projet approuvé en 1826 et celui qu'a proposé le Conseil Municipal de cette ville. Janvier 1830. — 7 p. in-folio autog.

2194. — De l'emploi du béton dans la fondation des écluses **du canal de la Basse-Somme**, par M Mary. — Paris, Fain, *vers 1831*; 40 p. in-8° et 1 pl.

2195. — Observations sur le **Canal de la Basse-Somme** d'Abbeville à Saint-Vallery, par M. Estancelin. — Paris, A. Pinard, 1833; 42 p. in-8°.

2196. — Mémoire sur l'établissement du **canal de la Somme**, et du port de relâche à la pointe du Hourdel par César Roussel. Avant-propos *(seul paru)*. — Abbeville, Boulanger, 1833 ; 3 p. in-4°.

2197. — **Canal de la Somme**. Observations de la Chambre de Commerce d'Amiens, à l'occasion d'une Note remise à M. le Ministre du Commerce, le 31 Août *1833*, par M. Estancelin, député de l'arrondissement d'Abbeville. — Amiens, Caron-Vitet, 23 p. in-4°.

2198. — Chambre des Députés. Session de 1834. Opinion de M. Estancelin, Député de la Somme, Sur le rapport des pétitions des habitans d'Abbeville, d'Amiens et de Saint-Valery *au sujet du Canal de la Somme*. — *Paris*, Vve Agasse ; 8 p. in-8°.

2199. — Rapport sur la situation de la **vallée de la basse-Somme** présenté au Conseil général de la Somme par un de ses membres. — Amiens, Caron-Vitet, 1834 ; 58 p. in-4°.

2200. — Observations de la Chambre de Commerce d'Amiens, sur une brochure de M. Estancelin, Député de la Somme, intitulée : Observations sur le **Canal de la Basse-Somme** d'Abbeville à Saint-Valery. — Amiens, Caron-Vitet, *1834* ; 39 p. in-4°.

2201. — Nouvelles observations sur le **Canal de la Basse-Somme** et sur l'état de la navigation et du commerce dans les ports de Saint-Valery, du Crotoi et d'Abbeville, par L. Estancelin. — Paris, Carilian-Goeury, 1834 ; 107 p. in-8° et une carte.

2202. — Mémoire présenté par la ville et le commerce de Saint-Valery-sur-Somme aux Ministres de l'Intérieur et des Travaux publics à l'occasion des Travaux nécessités par l'**état des Ecluses**. — Abbevillle, Paillart, 1844 ; 7 p. in-4°.

2203. — Pétition adressée aux Ministres de l'Intérieur et des Travaux publics, par les Commerçants, Capitaines de Navire et Notables de Saint-Valery lors de l'accident arrivé au **barrage éclusé**. — Abbeville, C. Paillart, 1844 ; 2 p. in-4°.

2204. — Chambre de Commerce de l'arrondissement d'Abbeville. *Lettre* A Monsieur le Ministre de l'Agriculture et du Commerce *au sujet de l'avarie survenue en 1844* au **barrage éclusé de St Valery**. — S. l. n. n.; 16 p. gr. in-8° autog.

2205. — Renseignements utiles sur l'embouchure du **Canal du Duc d'An-**

goulême à Saint-Valery-sur-Somme.— S. l. n. n., *vers 1844*; 16 p. in-8°.

2206. — Chambre de Commerce d'Abbeville. **Navigation**. *Délibération du 19 septembre 1845 sur les difficultés de la navigation d'Abbeville et les moyens d'y remédier*. — Abbeville, Jeunet; 7 p. in-4°.

2207. — Correspondances et proclamation de M. Brûlé, adjoint au maire de Saint-Valery au sujet du **barrage éclusé** et de la digue de halage. — Abbeville, Briez, 1846; 14 p. in-8°.

2208. — **Canal de la Somme**. Curage du contre-fossé du canal entre Abbeville et Saint-Valery, au moyen d'un radeau dragueur, par M. Cambuzat, Ingénieur des Ponts et Chaussées.

Ann. des P. et Ch., 1851, p. 229 à 244; in-8°.

2209. — Lettres adressées au Conseil général 1° Sur l'approfondissement du **Canal de la Somme** et la création d'un second service d'Ingénieur en chef; 2° Sur la dotation du chemin de fer d'Abbeville à Eu, avec embranchement vers St-Valery; par M. Courbet-Poulard, Député de la Somme. — Amiens, Alfred-Caron, août 1875; 12 p. in-8°.

2210. — Préfecture de la Somme. Exposé des travaux de la commission d'études de **la vallée de la Somme**, instituée par arrêté de M. A. Spuller, Préfet de la Somme en date du 8 Décembre 1879. — Amiens, W. Dutilloy, 1880; 80 p. in-8°.

V. NAVIGATION DE LA SOMME.

GRIBANNIERS.

2211. — *Ordonnance de l'Intendant Henri Lambert d'Herbigny, du 16 mars 1672, règlementant le service des* **gribanniers** *de St Valery à Abbeville*. — Abbeville, G. Artous; placard in-folio.

Bibl. de Clermont-Tonnerre.

2212. — De par le Roy. *Ordonnance de l'Intendant Le Tonnelier de Breteuil, du 22 janvier 1682, sur le prix du* **transport par eau** *de diverses marchandises*. — S. l. n. n.; placard in-folio.

Arch. dép. de la Somme, C, 1385.

2213. — De par le Roy. Extrait des Registres dv Conseil privé dv Roy. *Arrêt, du 28 septembre 1696, qui maintient et garde les* **gribanniers** *d'Abbeville dans le droit de voiturer par la Somme, entre Amiens et Abbeville toutes sortes de marchandises et fait défenses aux bâteliers d'Amiens et de Picquigny de les troubler*. — S. l. n. n.; placard in-folio.

Ibid.

2214. — Arrest du Conseil d'Estat du Roy, concernant les **Bastimens François** qui montent par la Somme à Abbeville. Du 12 May 1716. — Paris, Imprimerie Royale, M.DCC.XVI; 3 p. in-4°.

Bibl. Pinsard.

2215. — *Ordonnance de l'Intendant Chauvelin, du 30 décembre 1720, sur le transport des voyageurs et des marchandises de St Valery à Abbeville et à Amiens par les* **gribanniers** *d'Abbeville*. — S. l. n. n.; placard in-folio.

Arch. dép. de la Somme, C, 1385.

2216. — Tarif des Droits que le Roy en son Conseil veut et ordonne être paiez en exécution de l'Edit du mois de Septembre 1724, pour les Marchandises et Denrées qui seront **voiturées par eau** depuis Saint-Vallery jusqu'à La Ferre, et depuis La Ferre jusqu'à Saint-Vallery. — Paris, Pierre Simon, 1725; 24 p. in-4°.

Bibl. H. Macqueron.

2217. — De par le Roy. *Ordonnance de l'Intendant Chauvelin, du 17 août 1728, relative au droit de transport des marchandises de St Valery à Amiens* *par la compagnie des* **gribanniers**. — S. l. n. n. ; placard in-folio.

<small>Arch. dép. de la Somme, C, 1387.</small>

2218. — De par le Roy. *Ordonnance de l'Intendant Chauvelin, du 18 mars 1733, qui laisse à tous les marchants commissionnaires de St Valery le droit de faire charger telle* **gribane** *que bon leur semblera de celles qui sont descendues au port de cette ville.* — S. l. n. n. ; placard in-folio.

<small>Ibid., C, 1388.</small>

2219. — De par le Roy. *Ordonnance de l'Intendant Chauvelin, du 16 mai 1733, relative aux* **picotins ou barques** *faisant le transport des voyageurs d'Abbeville à Amiens et réciproquement.* — S. l. n. n. ; placard in-folio.

<small>Ibid.</small>

2220. — De par le Roy. *Ordonnance de l'Intendant Chauvelin, du 2 février 1736, interdisant aux* **gribanniers** *qui conduisent des eaux-de-vie à Amiens d'en donner aux bâteliers ou hâleurs qui les aident à monter leurs bâteaux.* — S. l. n. n. ; placard in-folio.

<small>Ibid., C, 1389.</small>

2221. — *Ordonnance d'André Bauldry, Enquêteur des Eaux et Forêts de Picardie, du 22 décembre 1736, prescrivant le curage de la Somme par les riverains pour en faciliter la* **navigation.** — S. l. n. n. ; placard in-folio.

<small>Ibid., C, n° 1974.</small>

2222. — Mémoire pour les Mayeur et Echevins, Corps et Communautés de la Ville d'Abbeville, Opposans à l'Arrêt du Conseil d'Estat, du 22 Février 1741. Contre les Négocians de la Ville d'Amiens Défendeurs à l'oposition *sur la question de savoir si la* **navigation** *se fera, à la traversée d'Abbeville par le grand bras de la Somme ou le Canal marchand.* — Abbeville, Denis Artous, 1741 ; 6 p. in-folio.

<small>Bibl. H. Macqueron.</small>

2223. — Mémoire pour les Négociants d'Amiens et de Saint Vallery Contre les Mayeur et Echevins d'Abbeville *pour le rétablissement de la* **navigation** *par le grand bras de la Somme.* — Paris, Lamesle, 1741, 4 p. in-4°.

<small>Arch. dép. de la Somme, C, 406.</small>

2224. — De par le Roy. *Ordonnance de l'Intendant Chauvelin, du 13 mai 1741, portant défense à tous* **bâteliers et hâleurs** *chargés de bois et de tourbe d'altérer le nombre et quantité de leur charge.* — S. l. n. n. ; placard in-folio.

<small>Ibid., C, 1391.</small>

2225. — De par les Lieutenant général de Police, Maire et Echevins de la Ville d'Amiens. *Ordonnance, du 21 juillet 1744, défendant aux* **gribanniers** *de garder les marchandises non comprises dans leurs lettres de voiture et leur enjoignant de les déposer au bureau des épiciers d'Amiens.* — S. l. n. n. ; placard in-folio.

<small>Ibid., C, 1394.</small>

2226. — *Ordonnance sur supplique de l'Intendant de Picardie, du 1er novembre 1744, qui fait défenses à tous* **gribanniers** *de rester plus d'une nuit à Abbeville.* — S. l. n. n. ; placard in-folio.

<small>Ibid., C, 1386.</small>

2227. — Mémoire au Conseil pour les Négocians d'Amiens faisans le Commerce de mer, *contre le projet des S. Forceville et Pillard d'obtenir la* **navigation** *exclusive de la Somme d'Amiens à St Valery à la charge de garantir le transport des marchandises, moyennant que le prix du lest sera porté de 14 à 15 livres.* — Amiens, Veuve Godart, 1746 ; 17 p. in-folio.

<small>Ibid., C, 1395.</small>

2228. — Mémoire pour le Sieur François-Antoine Pillart, servant de réponse au Mémoire imprimé des Marchands Epiciers d'Amiens. — Paris, P. Prault, 1747 ; 4 p. in-folio.

<small>Ibid.</small>

2229. — Au Roi et à Nosseigneurs de son Conseil. *Protestation des Maieur, Echevins, Corps et Communautés d'Abbeville contre le projet de Chaudron de Grassy, tendant au rétablissement de la* **navigation** *par le grand bras de la Somme.* — *Paris*, Le Breton, 1747; 16 p. in-folio.

Bibl. Soc. Ant. Pic.

2230. — Arrest du Conseil d'Etat du Roy qui approuve l'Adjudication passée pour les Ouvrages à faire au **Canal marchand** d'Abbeville. Du 2 juin 1750. — S. l. n. n.; placard in-folio.

Arch. dép. de la Somme, C, 1371.

2231. — De par le Roy. *Ordonnance de l'Intendant d'Aligre, du 1 décembre 1751, qui commet Louis Chatelain pour vérifier la charge de chaque* **gribane** *arrivant à St Valery.* — S. l. n. n.; placard in-folio.

Ibid., C, 1396.

2232. — Mémoire concernant la **navigation** de la Rivière de Somme, d'Amiens à St Valery, par de Grassy. — *Paris*, Lamesle, 1761; 3 p. in-4°.

Bibl. H. Macqueron.

2233. — De par le Roy. *Ordonnance de l'Intendant d'Invau, du 29 juillet 1763, relative au refus par les* **gribanniers** *de transporter aucune marchandise qu'ils n'aient obtenu une augmentation de fret et permettant aux marchands de s'adresser à tels gribanniers qu'ils voudront sans ordre de tour.* — S. l. n. n.; placard in-folio.

Arch. dép. de la Somme, C, 1328.

2234. — Mémoire au Conseil pour les Négocians d'Amiens faisant le Commerce de Mer Contre les Corps et Communauté des **Gribanniers** et Bâteliers d'Abbeville, faisant la Navigation de Saint-Valery à Amiens. — Amiens, veuve Caron, 1765; 11 p. in-4°.

Ibid., C, 1401.

2235. — Mémoire pour la Communauté des Maîtres **Gribanniers** d'Abbeville et Port de Saint-Valery, Appellans et Intervenans Contre les sieurs Bruslé, Masset et autres Marchands Commissionnaires à Saint-Valery-sur-Somme, Intimés. — *Paris*, G. Desprez, 1768; 24 p. in-4°.

Demande d'augmentation de salaire faite par les gribanniers.

Bibl. d'Abbeville.

2236. — Ordonnance de Monseigneur l'Intendant de la Généralité d'Amiens, qui autorise, en conséquence de l'Arrêt du Conseil, du premier Février 1724, et des Ordres de la Cour, adressés par M. de Sartine, Ministre et Secrétaire d'Etat de la Marine le 16 juillet dernier, les Négocians et Commissionnaires de la Généralité d'Amiens de se servir de tels **Gribaniers** que bon leur semblera sur la Rivière de Somme, pour les Chargemens qu'ils auront à faire, en convenant de gré-à-gré du prix de la Voiture. Et qui supprime à l'avenir l'usage abusif et irrégulièrement introduit entre les Gribaniers de charger chacun à leur Tour, avec défenses auxdits Gribaniers de donner à leur Equipage et aux Halleurs de l'Eau-de-vie, et autres Liqueurs, à peine de dommages et intérêts; et de confiscation de leurs Gribanes. Du 18 octobre 1775. — Amiens, veuve Godart, 1775; placard in-folio.

Arch. dép. de la Somme, C, 1406.

2237. — Ordonnance de M. l'Intendant de la Généralité de Picardie, qui casse et annulle la Délibération prise le 26 Octobre 1781, devant Notaires, par les Maîtres, Chefs et Veuves des **Gribanniers** et Matelots classés de la Ville d'Abbeville, de charger chacun à leur Tour, et autorise les Négocians et Commissionnaires de notre Généralité à se servir de tels Gribaniers que bon leur semblera sur la rivière de Somme. Du dix Mai mil sept cent quatre vingt deux. — Amiens, Jean-Baptiste Caron, 1782 ; placard in-folio.

Ibid., C, 1407.

2238. — Ordonnance de M. l'Intendant de la Généralité de Picardie, qui rejette la demande des **Gribanniers** pour être affranchis du Péage de Picquigny, et celle en augmentation de Salaire ; leur enjoint de se conformer à l'Ordonnance du 18 Octobre 1775 ; et casse et anéantit la Communauté et Corps desdits Gribanniers, faisant la Navigation de la Somme. Du trente-un juillet mil sept cent quatre-vingt-trois. — Amiens, J.B. Caron l'ainé, 1783 ; placard in-folio.

Ibid , C, 1408.

2239. — Ordonnance de M. l'Intendant concernant les **Gribanniers** chargés du transport des Sels de Saint-Valery à Amiens. Du 20 Octobre 1783. — Amiens, J.B. Caron l'ainé, 1783 ; placard in-folio.

Ibid., C, 1410.

2240. — Ordonnance de M. l'Intendant de Picardie qui modifie en tant que de besoin l'Ordonnance du 20 Octobre 1783, et qui prescrit la Police à observer sur le **transport des Sels** des Grandes Gabelles sur la rivière de Somme. Du sept Mai mil sept cent quatre-vingt-quatre. — Amiens, J. B. Caron l'ainé, 1784 ; placard in-folio.

Ibid , C, 1410.

2241. — Mémoire pour les Consuls et Commerçants d'Abbeville *rédigé par Pialla, avocat, en interprétation de l'arrêt du Conseil du 12 mai 1716, concernant les* **bâtiments français** *qui montent par la Somme à Abbeville.* — Paris, Knapen, 1784 ; 22 p. in-4°.

2242. — Observations pour les Consuls et Commerçants d'Abbeville *qui réclament la faculté d'alléger les* **navires** *qui remontent la Somme jusqu'à Abbeville.* — Paris, Knapen et fils, 1784 ; 20 p. in-4°.

Bibl. A. de Caieu.

2243. — Précis pour les Matelots classés, vulgairement appelés les Maitres **Gribanniers** de la Ville d'Abbeville, *contre la suppression de l'usage du tour dans le chargement des marchandises conduites par eau de St Valery à Amiens.* — Abbeville, L. A. Devérité, 1790 ; 19 p. in-4°.

Bibl. d'Abbeville.

2244. — Lettres patentes du Roy, Sur le Décret de l'Assemblée Nationale du 29 juin dernier, relativement à la **Navigation** sur le Canal de Picardie. Données à Paris le 26 Juillet 1790. — Paris, Imprimerie Royale, M.DCC.XC ; 3 p. in-4°.

Bibl. Pinsard.

2245. — Loi Relative à la police des **transports sur la** rivière de **Somme**. Donnée à Paris, le 17 Novembre 1790. — Paris, Imprimerie Royale, M.DCC.XC ; 3 p. in-4°.

Bibl. Pinsard.

Autre édition · Paris, N. H Nyon, 3 p. in-4°.

CHAPITRE XIII

CHEMINS DE FER

I. GRANDES LIGNES.

2246. — Projet d'un chemin de fer de **Paris à Lille** et Boulogne passant par Amiens. Extrait du Procès-Verbal de la Séance du Conseil Municipal d'*Amiens*, en date du 13 Décembre 1833. — Amiens, Boudon-Caron; 11 p. in-4°.

2247. — Chemin de fer de Paris à la Belgique. Observations sur la préférence que la ligne de **Paris à Lille** par Pontoise, Beauvais, Amiens, Arras et Douai, doit obtenir sur celle par Saint-Quentin, par la Commission des Délégués des villes de Pontoise, Méru, Beauvais, Amiens, Arras, Lille, Calais, Boulogne et Abbeville. — Amiens, Ledien fils, *vers 1835;* 10 p. in-4° avec 1 carte et 7 tableaux.

2248. — Opposition à l'adoption de l'avant-projet présenté à la Direction générale des Ponts et Chaussées, d'un chemin de fer de **Paris à Lille** consistant en deux tracés; l'un, par Amiens avec embranchement sur Valenciennes, et l'autre, par Saint-Quentin; formée par la Société Anonyme de la route en fer de Paris à Lille, passant par Amiens et Arras. — Arras, Jean Degeorge, 1835 ; 16 p. in-4°.

2249. — Chambre de Commerce d'Amiens. Projets de Chemin de fer de **Paris à Lille** avec embranchement sur Valenciennes. — Amiens, Caron-Vitet, 1835 ; 11 p. in-4°.

2250. — Rapport fait à la commission d'enquête du département de la Somme, sur les projets de chemin de fer, de **Paris à Lille** avec embranchement sur Valenciennes, Boulogne, Calais et Dunkerque, au nom de la sous-commission chargée de préparer l'avis motivé qu'elle doit émettre pour satisfaire à l'ordonnance royale du 18 février 1834 — Amiens, R. Machart, 1835 ; 19 p. in-4°.

2251. — Rapport sur les projets de chemin de fer entre **Paris et Lille**. — Amiens, R. Machart, 1835 ; 8 p. in-4°.

2252. — Route en fer de **Paris à Lille** par Amiens et Arras. Délibération du Conseil municipal de la Ville de Lille, du 17 Décembre 1835. — Amiens, Delaporte ; 5 p. in-4° autog.

2253. — Académie des Sciences.... du Département de la Somme (Séance du 26 Décembre 1835). Rapport fait au nom d'une Commission composée de MM. Decaïeu, Duroyer, Coquerel, Caresme et Delorme, sur les projets de chemins de fer entre **Paris et Lille**. — Amiens, R. Machart, 1835 ; 8 p. in-8°.

2254. — Notes sur les derniers mémoires publiés par les délégués de Saint-Quentin, *au sujet du chemin de fer de* **Paris à Lille**. — Amiens, Ledien fils, *vers 1835;* 14 p. in-4°.

2255. — Ville d'Amiens. **Chemin de fer**. *Séance du 6 janvier 1836 à l'Hôtel*

— 178 —

de Ville d'Amiens; demande au Ministre que le chemin de fer passe par Amiens. — Amiens, R. Machart; 7 p. in-8°.

2256. — Ville d'Amiens. Conseil municipal. Séance du 14 janvier 1836. Rapport sur le projet de chemin de fer de **Paris à Lille**. — Amiens, J. Boudon-Caron, 1836; 7 p. in-4°.

* **2257.** — Projet de pétition où sont développés les avantages d'un **chemin de fer par Amiens**. — 1836; 7 p.

2258. — Département de la Somme. Commission d'enquête du Chemin de fer de **Paris à la** Frontière de **Belgique** avec embranchemens sur les ports du littoral de la Manche. *Rapports de M. Daveluy sur les projets par la vallée de la Selle et par la vallée de la Noye et de M. Jourdain Lecocq sur la ligne d'Amiens à Boulogne.* — Amiens, R. Machart, 1837; 15 p. in-4°.

2259. — Ville d'Amiens. Conseil municipal. Chemin de fer de **Paris à Lille** par Amiens avec embranchement sur Boulogne par Abbeville. Extrait du Registre aux Délibérations. Séance du Mardi 16 Mai 1837. — Amiens, J. Boudon-Caron; 3 p. in-4°.

2260. — Conseil d'arrondissement d'Amiens. **Chemin de fer.** Avis sur la direction. — Amiens, Boudon-Caron, 1838; 15 p. in-8°.

2261. — Département de la Somme. Commission d'enquête du chemin de fer de **Paris à la** Frontière de **Belgique.** *Séance du 13 décembre 1838.* — Amiens, Duval et Herment; 8 p. in-4°.

2262. — Ville d'Amiens. Chemin de fer de **Paris à Lille** par Amiens. Assemblée générale du Mercredi 23 Mai 1838. — *Amiens*, Ledien fils; 4 p. in-4°.

2263. — Actes de la Compagnie du Chemin de fer du Nord. Examen de cette question : La Compagnie concessionnaire du Chemin de fer du Nord peut-elle, en vertu de simples arrêtés ministériels, modifier par des raccordements et spécialement par celui de Longueau, près d'Amiens, le Tracé de la Ligne exécutée par l'Etat? Délibération de la Chambre de Commerce de Boulogne-sur-Mer sur cette Question, suivie de tous les documents nécessaires à sa parfaite intelligence : et accompagnée d'un plan. — Boulogne-sur-Mer, Berger frères, Novembre 1849; 52 p. in-8° et 1 pl.

2264. — Départemens du Pas-de-Calais et de la Somme. Programme d'un concours ouvert pour l'étude d'un chemin de fer allant d'**Amiens** par Abbeville et le long de la côte à **Boulogne.** — Boulogne, Le Roy Mabille, 1835; 7 p. in-4°.

2265. — Chambre de Commerce de Boulogne-sur-Mer. Projet d'un chemin de fer de **Boulogne à Amiens.** Rapport de MM. J. Gibb et Emile Wissocq, Ingénieurs. Extrait du procès-verbal de la séance du 7 juillet 1835. — Boulogne, Le Roy Mabille, Novembre 1835; 19 p. in-4° av. 1 pl.

2266. — Chambre de Commerce de Boulogne-sur-Mer. Chemin de fer. Ligne du Nord. De la nécessité ..... De la supériorité du tracé d'Amiens sur celui de St Quentin. De la préférence à donner pour l'union de Paris à Londres à la ligne directe d'**Amiens à Boulogne**, Calais et Dunkerque. Lettre à M. le Ministre des Travaux publics. — Boulogne-sur-Mer, Le Roy-Mabille, Décembre 1841; 26 p. in-8° et 1 carte.

2267. — Chemins de fer. **Embranchement à Amiens** des lignes d'Angleterre et de Belgique. — Amiens, Duval et Herment, mars 1843; 35 p. in-8° et 1 pl.

2268. — Les Habitants d'Amiens à MM. les Membres de la Chambre des Députés. *Pétition, du 8 avril 1843, pour le passage par Amiens du chemin de fer* *de* **Paris à la mer.** — S. l. n. n. n. d.; 4 p. in-4°.

2269. — Académie des Sciences .... du département de la Somme. Chemin de fer. Embranchement d'**Amiens à Boulogne.** Évaluation de la dépense et des produits de l'exploitation. Rapport présenté par une Commission spéciale à la séance extraordinaire du 9 Avril 1843. — Amiens, Duval et Herment, Avril 1843; 23 p. in-12.

2270. — Ville d'Amiens. Extrait du Registre aux Délibérations du Conseil municipal. Séance du lundi 10 avril 1843, *relative au* **chemin de fer.** — Amiens, Lenoel-Herouart; 4 p. in-4°.

2271. — Ville et Chambre de Commerce de Boulogne sur Mer. Chemin de fer de l'Angleterre. Ligne d'**Amiens à Boulogne** par Abbeville. Compagnie d'exploitation de cette ligne. 30 Avril 1843. — Boulogne, Le Roy-Mabille; 8 p. in-8°.

2272. — Boulogne and Amiens Railway. To the Mayor, the Municipal Council, and the Chambre of Commerce of the City of Boulogne-sur-Mer. A Report on the line of railway communication between **Boulogne and Amiens**, by M. W. Cubitt. — Londres, Octobre 1843; 18 p. in-8°.

2273. — Chemin de fer d'**Amiens à Boulogne.** Loi du 26 juillet 1844. Ordonnance du Roi du 9 septembre 1844. Cahier des charges. Ordonnance du Roi du 24 octobre 1844. Ordonnance du Roi du 29 mai 1845. — Paris, s. n., 1845; 75 p. in-8°.

2274. — Ville d'Amiens. Boulevard du Mail et Bastion de Longueville. *Projet d'un* **tunnel** *sous la place Longueville, par J. Herbault.* 15 Décembre 1845. — Amiens, Alfred Caron; 6 p. in-4°.

2275. — Ville d'Amiens. Boulevard du Mail et Bastion de Longueville. Projet de **tunnel.** Résumé des propositions et observations de J. Herbault, architecte. — Amiens, Alfred Caron, *13 janvier 1846*; 8 p. in-4°.

2276. — Chemin de fer d'**Amiens à Boulogne.** Tunnel dans le fond du Boulevard du Mail. Ville d'Amiens. Extrait du Registre aux Délibérations du Conseil municipal. Séance du Samedi 17 janvier 1846. — Amiens, Duval et Herment; 8 p. in-4°.

2277. — Chemin de fer d'**Amiens à Boulogne.** Ville d'Amiens. Observations sur le projet de voûter le Chemin de Fer dans le fossé du Boulevard du Mail et sur les opinions émises à l'occasion de ce projet, *par M. Bazaine*. — Amiens, Duval et Herment, *1846*; 18 p. in-4°.

2278. — Lettre à M. le Rédacteur du Journal de la Somme sur la traversée du **Chemin de Fer** dans la Ville d'Amiens. — Amiens, Alfred Caron, *1846*; 12 p. in-4°.

2279. — Ville d'Abbeville. Délibération du Conseil municipal concernant le chemin de fer d'**Amiens à Boulogne.** Station définitive et traversée de la Somme à Abbeville. 14 novembre 1850. — Abbeville, C. Paillart, 1851; 16 p. in-8°.

II. LIGNES SECONDAIRES.

2280. — Des Chemins de fer d'**Intérêt local** du Département de la Somme par J. Fuix, Ingénieur en Chef des Ponts et Chaussées. — Amiens, Jeunet. 1867; 123 p. gr. in-8°.

2281. — Département de la Somme. Réseau des chemins de fer d'**intérêt local** du département de la Somme. Rapport général de l'Ingénieur en chef. — Amiens, Jeunet, 1867; 123 p. gr. in-8°.

2282. — Les chemins de fer d'**intérêt local** du département de la Somme, par M. J. Mancel. — Amiens, Yvert, 1867 ; 14 p. in-8°.

2283. — Compagnie anonyme des Chemins de fer d'**intérêt local** du Département de la Somme. Projet de statuts. — Paris, Paul Dupont, 1869 ; 31 p. in-4°.

2284. — Conseil général de la Somme. Session d'avril 1872. Rapport de la commission spéciale des **chemins de fer**. — Amiens, Alfred Caron, 1872 ; 28 p. in-8°.

2285. — Note relative à un embranchement de **chemin de fer sur Saint-Valery** et à l'emprunt d'un million pour cet objet par la compagnie d'Amiens à Boulogne. 25 janvier 1851. — Abbeville, C. Paillart ; 19 p. in-8°.

2286. — **Embranchement** de chemin de fer **sur Saint-Valery**. Extrait du Courrier de la Somme du 28 Janvier 1851 et Extrait du Journal l'Abbevillois du 28 Janvier 1851. — Abbeville, C. Paillart ; 4 p. in-8°.

2287. — Adresse des habitants d'Abbeville au Président de la République, sur l'embranchement de **Noyelles à Saint-Valery,** par la baie de Somme. — Abbeville, Briez, 1852 ; 11 p. gr. in-8°.

2288. — Conseil municipal d'Abbeville. Délibération relative à un projet d'embranchement de **Noyelles à Saint-Valery,** à travers la baie de Somme. — Abbeville, Briez, mars 1853 ; 39 p. gr. in-8° et 1 carte des différents projets.

2289. — Projet de chemin de fer de **Tergnier** (Lafère) **à Amiens** par Ham, Nesle, Roye, Moreuil et Boves. — Paris, Maulde et Renou, 1852 ; 16 p. in-4°.

2290. — Chemin de fer de **Rouen à Saint-Quentin,** par Amiens. Indications précises du tracé par la vallée de la Somme. *Demande de la ville de Péronne.* — Péronne, J. Quentin, 1853 ; 2 p. in-4°.

2291. — Chemin de fer de **Rouen à Saint-Quentin** par Amiens. Rapport adressé au Conseil municipal de Péronne, par M. Berthon ainé. — Péronne, Quentin, 1853 ; 10 p. in-4°.

2292. — Chemin de fer de Rouen à Saint-Quentin par Amiens, Roye, Ham et Montescourt. Section d'**Amiens à Ham.** — S. l. n. n., *1853 ;* 3 p. in-4°.

2293. — Chemin de fer d'**Amiens à Saint-Quentin.** Nouvelles observations présentées sur le tracé par la commission de la ville de Roye. — Amiens, Duval et Herment, *1853 ;* 4 p. in-4°.
Bibl. comm. de Roye.

2294. — Appendice au mémoire qui précède. Chemin de fer de Rouen à Saint-Quentin par Amiens, Roye et Montescourt. Section d'**Amiens à Ham.** — S. l. n. n., *1853 ;* 3 p. in-4°.

2295. — Chemin de fer de Rouen à Saint-Quentin. Encore un mot sur le chemin de fer de Rouen à Saint-Quentin dans la section d'**Amiens à Ham** par Roye. — Paris, Maulde et Renou, *1857 ;* 4 p. in-4°.

2296. — Chemin de fer d'**Amiens à Tergnier.** Observations présentées sur le tracé par Moreuil et Roye. 1861. — Noyon, Andrieux-Duru ; 3 p. in-4°.

2297. — Chemin de fer de **Rouen à Amiens.** Observations des délégués de la vallée de Conty (Somme), sur la direction des tracés du chemin de fer de Rouen à Amiens dans la partie du tracé d'Amiens à Forges, par M. Gaulthier de Rumilly. Novembre 1858. — Amiens, Caron et Lambert ; 30 p. gr. in-8° et 1 carte.

2298. — Chemin de fer de **Rouen à Amiens.** Exposé des délégués de la vallée de Conty, par M. Gaulthier de Rumilly. — Amiens, L. Challier, *vers 1859*; 32 p. in-8°.

2299. — Note sur le tracé du chemin de fer d'**Amiens à Rouen**, au nom des cantons de Molliens-Vidame, Poix, Hornoy et Oisemont. Septembre 1859. — Amiens, Alfred Caron, 1859; 16 p. in-8°.

2300. — Chemin de fer d'**Amiens à Rouen** par la vallée de la Selle, Conty et Grandvilliers. Transport des houilles. Note à l'appui des observations de M. Obry des 17-19 septembre 1859. — Paris, E. Thunot et Cie, 1860; 8 p. in-8°.

2301. — Les intérêts industriels de la ville d'Amiens dans la Vallée de la Selle et les cantons de Conty, Grandvilliers et Crèvecœur. Mémoire présenté aux commissions d'enquête instituées dans la Somme, l'Oise et la Seine-Inférieure sur le projet de chemin de fer de **Rouen à Amiens**, par M. Ch. Dufour. Octobre 1859. — Amiens, Caron et Lambert; 24 p. in-8°.

2302. — Chemin de fer projeté entre **Rouen et Amiens**. Délibération de la Chambre de Commerce d'Amiens. Novembre 1859. — Amiens, Caron et Lambert; 11 p. in-4°.

2303. — Chambre de Commerce d'Abbeville. Délibération sur le chemin de fer d'**Amiens à Rouen**. — Abbeville, P. Briez, 1860; 20 p. in-8° et 1 carte.

2304. — Chemin de fer de **Rouen à Amiens**. Station de Famechon. Observations sur l'utilité publique de cette station et notamment en faveur des cantons de Conty et de Grandvilliers. — Amiens, Lemer aîné, 1864; 19 p. in-8°.

2305. — Conseil général de la Somme. Session d'avril 1874. Chemins de fer. Ligne d'**Amiens à Rouen**. Vœu en faveur de la création d'une Halte de voyageurs à Sainte-Segrée. Rapport de la Commission spéciale. — Amiens, Alfred Caron; 2 p. in-8°.

2306. — Département de la Somme. Chemins de fer d'intérêt local. Ligne d'**Amiens à Beauvais** par la vallée de la Selle. Avant projet. Section d'Amiens à la limite du département. Mémoire. — Amiens, Lambert-Caron, 1866; 22 p. gr. in-8°.

2307. — Chemin de fer d'intérêt local de la Somme et de l'Oise. Résumé des études de la ligne projetée d'**Amiens à Beauvais** par les vallées de la Selle et du Thérain. (Extrait du Mémorial d'Amiens, n° du 5 janvier 1869). — Amiens, Caillaux, 1869; 16 p. in-8°.

2308. — Département de la Somme. Chemin de fer d'intérêt local d'**Amiens à Beauvais** par les Vallées de la Selle et du Thérain. Procès-verbal de la commission d'enquête. Séances des 20 Mars et 17 Avril 1869. — Amiens, Caillaux, 1869; 16 p. in-8°.

2309. — Chemin de fer d'intérêt local. Ligne directe d'**Amiens à Beauvais** par les vallées de la Selle et du Thérain. Projet des statuts de la compagnie anonyme pour la Construction et l'Exploitation de cette voie de fer. — Amiens, Caillaux, 1869; 25 p. in-8°.

2310. — La Vérité sur le Nord-Est à l'occasion de la ligne projetée d'**Amiens à Beauvais**. — Amiens, Caillaux, 1869; 24 p. in-8°.

2311. — Département de la Somme. Chemins de fer d'intérêt local. Ligne de **Péronne à** un point de **la ligne du Nord** situé entre les stations de Saint-Just et de Breteuil, passant par Roye et Montdidier et prolongée, d'une part, jusqu'à Achiet, et de l'autre jusqu'à Cambrai. Avant-projets. Rapport de l'Ingénieur en Chef. — Amiens, Jeunet, 1866; 20 p. gr. in-8°.

2312. — Département de la Somme. Chemins de fer d'intérêt local. Ligne de **Cambrai ou Achiet** au chemin de fer du Nord en un point situé entre les

Stations de Saint-Just et de Breteuil, par Péronne, Roye et Montdidier. Section de Roye à la limite du département. Mémoire à l'appui de l'avant-projet. — Amiens, Jeunet, 1866 ; 35 p. gr. in-8°.

2313. — Département de la Somme. Chemins de fer d'intérêt local.Ligne de **Cambrai au Chemin de fer du Nord** en un point situé entre les stations de Saint-Just et Breteuil. Tracé par la vallée de la Cologne. Section comprise entre Epehy et Péronne. Mémoire à l'appui de l'avant-projet. — Amiens, Lambert-Caron, 1866 ; 35 p. gr. in-8°.

2314. — Département de la Somme. Chemins de fer d'intérêt local. Ligne d'**Achiet au chemin de fer du Nord** en un point situé entre les Stations de Saint-Just et de Breteuil. Section de Bapaume à Roye par Chaulnes... Mémoire. — Amiens, Jeunet, 1866 ; 67 p. gr. in-8°.

2315. — Département de la Somme. Chemins de fer d'intérêt local.Ligne de **Cambrai au chemin de fer du Nord** en un point situé entre les Stations de Saint-Just et de Breteuil. Tracé par la vallée de la Tortille. Section comprise entre Fins et Péronne en raccordement avec le tracé d'Achiet. Mémoire. — Amiens, Jeunet, 1866 ; 35 p. gr. in-8°.

2316. — Conseil d'arrondissement de Péronne (Somme). Chemins de fer d'intérêt local. Extrait du Rapport du Sous-Préfet. Session de 1866. — Péronne, Quentin ; 27 p. in-8°.

2317. — Extrait du Journal de Péronne des 18, 25 mars et 1ᵉʳ avril 1866 Chemins de fer d'intérêt local dans le département de la Somme, par M. Dermigny, du Catelet. — Péronne, Quentin, 1866 ; 48 p. in-12.

2318. — Extrait du Journal de Péronne du 8 avril 1866. Chemins de fer d'intérêt local dans le département de la Somme. Réponse aux articles de M. Dermigny, du Câtelet, *par M. Villemant.* — Péronne, Quentin, 1866 ; 11 p. in-12.

2319. — Chemins de fer d'intérêt local dans le Département de la Somme. Réponse aux articles publiés par M. Dermigny, du Catelet, *par Alph. Magniez, d'Épehy.* Extrait du journal de Péronne des 8 et 15 avril 1866. — Péronne, Quentin, 1866 ; 20 p. in-12.

2320. — Chemin de fer d'intérêt local. Observations présentées *par M. Lallouette* pour la variante de **Péronne à Roye** par Nesle. — Amiens, Jeunet, *vers 1867* ; 12 p. gr. in-8° et 1 carte.

2321. — Chemin de fer d'intérêt local de **Cambrai à Gannes**. Direction entre Péronne et Roye. Défense du tracé par Chaulnes présentée par la commission représentant les cantons de Chaulnes et Rosières. — Amiens, Jeunet, 1867 ; 11 p. gr. in-8°.

2322. — Chemin de fer de **Cambrai à Gannes**. Quelques observations sur les emplacements choisis pour les gares qui sont appelées à desservir les communes et les établissements industriels situés sur le côté droit de la Somme, *par Mouronval, maire de Doingt.* — Péronne, Recoupé, 1867 ; 14 p. in-8°.

2323. — Chemin de fer d'intérêt local de **Cambrai à Gannes**, *par G. Vallois.* — Péronne, Quentin, 1868 ; 10 p. in-8°.

2324. — Statuts de la Compagnie anonyme pour la construction et l'exploitation du chemin de fer d'intérêt local de **Cambrai à Gannes** par Masnières, Roisel, Péronne, Roye et Montdidier. — Péronne, Quentin, 1868 ; 60 p. in-4°.

2325 — Chemin de fer de **Picardie et Flandres**. Délibération prise par le Conseil municipal de Roye en faveur du tracé de Roye à Péronne, par

Chaulnes, à l'exclusion de la variante par Nesle. Séance du 7 avril 1870. — Montdidier, Mérot; 3 p. in-4°.

2326. — Observations présentées pour la variante de **Péronne à Roye** par Nesle. — Amiens, Jeunet, *1870*; 12 p. gr. in-8° et 1 carte.

2327. — Concessions de chemins de fer. La Compagnie du Nord et la Cie de **Picardie et Flandres**. Documents et discussion. — Amiens, Jeunet, 1874; 60 p. in-4° et 1 carte.

2328. — Traité entre la Compagnie du Chemin de fer du Nord et la Compagnie des Chemins de fer de **Picardie et Flandres**. — Lille, Danel, *1879*; 7 p. in-4°.

2329. — Notice sur le chemin de fer de **Vélu-Bertincourt** à Saint-Quentin par Roisel-Epchy. — St Quentin, Magnier, s. d.; in-8°.

2330. — Conseil Général de la Somme. Session d'avril 1874. Chemin de fer. Ligne de **Vélu-Bertincourt** à Saint-Quentin. Rapport de la commission spéciale. — Amiens, Alfred Caron; 6 p. in-8°.

2331. — Comité d'études de Doullens. Ligne de **Frévent à Amiens** par Doullens. Section unique. Devis descriptif dressé par l'Ingénieur en chef, le 25 juillet 1865. — 26 p. gr. in-8° autog.

2332. — Département de la Somme. Chemins de fer d'intérêt local. Ligne de **Frévent à Amiens** par Doullens et les vallées d'Authie et d'Hallue. Mémoire. — Amiens, Jeunet, *1866*; 52 p. gr. in-8°.

2333. — Département de la Somme. Chemins de fer d'intérêt local. Ligne de **Doullens à Amiens** avec prolongement sur Frévent et d'Airaines à Doullens avec prolongement sur Arras. Avant-projets. Rapport de l'Ingénieur en chef. — Amiens, Jeunet, *1866*; 22 p. gr. in-8°.

2334. — Chambre de Commerce d'Abbeville. Séance du 11 Mars 1868. Délibération sur les divers projets d'un chemin de fer entre **Doullens et Amiens** et sur leur rapport avec la ligne de Lille au Hâvre par Abbeville. — Abbeville, Briez, 1868; 60 p. in-4° et 1 carte.

2335. — Chemin de fer de **Doullens à Amiens**. *Pétition du Baron de Lagrange au Conseil général en faveur du tracé par l'Hallue.* — Amiens, L. Challier, *vers 1868*; 8 p. in-4°.

2336. — Chemin de fer d'intérêt local de **Doullens à Amiens**. Extrait du Mémorial d'Amiens. *Article en faveur du tracé par l'Hallue.* — Amiens, L. Challier, *vers 1868*; 16 p. gr. in-8°

2337. — Statuts de la Compagnie anonyme pour la construction et l'exploitation du chemin de fer d'intérêt local d'**Amiens à Frévent** par Doullens. Tracé dit des plateaux. — Amiens, Jeunet, 1868; 25 p. in-4°.

2338. — Département de la Somme. Chemins de fer d'intérêt local. Ligne d'**Airaines** au chemin de fer d'Amiens à Boulogne et de ce chemin à **Arras** par Doullens. Avant-projet. Section d'Airaines à la limite du département. Mémoire. — Amiens, Jeunet, *1866*; 41 p. gr. in-8°.

2339. — Département de la Somme. Chemins de fer d'intérêt local. Ligne d'**Airaines** au chemin de fer d'Amiens à Boulogne et de ce chemin à **Arras** par Doullens. Avant-projet. Section d'Airaines à la limite du Département. Etude suivant le système Loubat. Mémoire. — Amiens, Lambert-Caron, *1866*; 16 p. gr. in-8°.

2340. — Chemins de fer d'intérêt local du département de la Somme. Observations présentées en faveur du tracé mixte par **Frévent, Doullens, Hangest, Airaines, Oisemont et Gamaches** par la compagnie demanderesse en concession. — Paris, Paul Dupont, 1867; 22 p. in-8°.

2341. — Commission d'enquête pour le chemin de fer de Bethune à Dieppe et au Hâvre. Section de **Frévent à Gamaches**. Séances tenues à la Préfecture de la Somme les 8 Juin et 6 Juillet 1867; 41 p. in-8°.

2342. — Observations en faveur du tracé du chemin de fer de **Doullens à Gamaches** par Airaines avec embranchement sur Hangest, *par M. F. de Domesmont*. — Amiens, V° Alfred Caron, *vers 1869;* 23 p. in-4° autog.

2343. — Département de la Somme. Chemin de fer de **Frévent à Gamaches**. Observations en faveur du tracé par Fienvillers et Domart, *par M. F. de Domesmont*.— Amiens, V° Alfred Caron, *vers 1869;* 19 p. in-4° autog.

2344. — Chemin de fer de **Frévent à Gamaches**. Tracé entre Doullens et Saint-Léger.*Propositions de M. de Butler.* — Doullens, Grousilliat, 1870; 6 p. in-4°.

2345. — Chemin de fer d'intérêt local. *Lettre de M. Mercier au Conseil général en faveur du tracé par Le Candas.* — Amiens, Jeunet, 1870; 7 p. in-4°.

2346. — Département de la Somme. Chemin de fer de **Frévent à Gamaches**. Réponse au mémoire de M. Mercier, maire et manufacturier à Candas, *par M F. de Domesmont*. — Amiens, V° Alfred Caron, *1870;* 7 p. in-4° autog.

2347. — Traité conclu entre la Compagnie du Chemin de fer du Nord et la Compagnie du Chemin de fer de **Frévent à Gamaches,** par Doullens. — Lille, Danel, *1874;* 7 p. in-4°.

2348. — Traité conclu entre la Compagnie du Chemin de fer du Nord et la Compagnie concessionnaire des Chemins de fer d'**Arras à Doullens**, et de Frévent à Bouquemaison. — Lille, Danel, *1874;* 4 p. in-4°.

2349. — A Messieurs les Membres du Conseil général du Département du Pas-de-Calais. Projet d'un chemin de fer qui mettrait directement en communication Le Hâvre et **Rouen avec Lille** en traversant par Dieppe, Eu, Saint-Valery, Abbeville, Auxi-le-Château, Frévent, Saint-Pol et Béthune toute l'étendue du bassin houillier du Pas-de-Calais. — Saint-Pol, H. Warmé, 1854; 4 p. in-4° et 1 carte.

<small>Deux éditions différentes.</small>

2350. — Observations *avec documents sur la production industrielle du Vimeu* du Comité de Woincourt (Somme) à propos d'un **chemin de fer** qui desservirait le bassin houillier **de Béthune**. — Abbeville, Briez, 1863; 24 p. in-4°.

2351. — Comité central du chemin de fer de **Béthune au Hâvre**, par Auxi-le-Château, Abbeville, etc. Procès-verbal de la Séance du 9 Mars 1864, tenue en l'Hôtel-de-Ville d'Abbeville. — Abbeville, Briez, 1864; 39 p. in-4°.

2352. — Département de la Somme. Chemin de fer d'intérêt local. Ligne de **Frévent à** Gamaches par Auxi-le-Château et **Abbeville** sur un développement de 76,136 mètres. Rapport. — Amiens, Lambert-Caron, *1866;* 33 p. gr. in-8°.

2353. — Comité central du Chemin de fer de **Béthune au Hâvre** par Auxi-le-Château, Abbeville et Dieppe. Procès-verbal de la Séance tenue en l'Hôtel-de-Ville d'Abbeville, le 16 Mai 1867. — Abbeville, P. Briez, 1867; 63 p. in-8° et 1 carte.

2354. — Chambre de Commerce de l'Arrondissement d'Abbeville. Délibération sur le projet d'un chemin de fer entre **Lille et le Hâvre** par Abbeville. — Amiens, Jeunet, 1867; 28 p. in-8°.

— 185 —

2355. — Chambre de Commerce d'Abbeville. Extrait de la Délibération du 11 mars 1868. Chemin de fer de **Lille au Hâvre**. Section de la Basse-Somme à la Basse-Seine. Passage par le Vimeu serrurier. — Abbeville, Briez, 1868 ; 16 p. in-4° et 1 carte.

2356. — Quelques souvenirs relatifs à la question du chemin de fer de **Béthune à Abbeville** (Tronçon de la ligne projetée de Lille au Hâvre). — Abbeville, Briez, C. Paillart et Retaux, 1879 ; 16 p. in-8°.
Brochure electorale dans laquelle M Courbet-Poulard conteste à M. Senéca le mérite des démarches faites en faveur de ce chemin de fer.

2357. — Chambre de Commerce de l'Arrondissement d'Abbeville. Chemin de fer de **Lille au Hâvre** par Abbeville. Section d'Abbeville à Dieppe. Lettre adressée par la Chambre de Commerce de l'Arrondissement d'Abbeville le 28 janvier 1870 à Son Excellence le Ministre des Travaux publics. Délibération du Conseil municipal d'Abbeville, en date du 5 mars 1870. — Abbeville, Briez, C. Paillart et Retaux, 1870 ; 14 p. in-4°.

2358. — Département de la Somme. Chemin de fer d'intérêt local. Ligne d'**Abbeville à Eu**. Avant-projet. Rapport des Ingénieurs. — Abbeville, Briez, Paillart et Retaux, 1872 ; 20 p. gr. in-8°.

2359. — Extrait du Registre aux Délibérations du Conseil Municipal de la Ville d'Abbeville. Séance du 4 Octobre 1872. *Délibération demandant la prolongation du* **chemin de fer d'Eu** *jusqu'au* **Tréport**. — Abbeville, Briez, C. Paillart et Retaux ; 4 p. in-4°.

2360. — Commission d'enquête pour le chemin de fer d'**Abbeville à Eu** et au Tréport comme continuation du chemin de fer de Béthune. Séance tenue à la Préfecture de la Somme le 12 Octobre 1872. — S. l. n. n. ; 12 p. in-folio autog.

2361. — Enquête relative à l'Avant-Projet d'un Chemin de fer d'**Abbeville au Tréport** destiné à former le prolongement de la ligne de Béthune à Abbeville. Délibération du Conseil municipal et du Tribunal de Commerce de la ville de Saint-Valery. *Du 5 Décembre 1872*. Réponse faite par les Membres du Conseil Municipal et du Tribunal de Commerce de St Valery à la Délibération du Conseil Municipal d'Abbeville en date du 4 Octobre 1872. — Paris, Autog. Broise ; 12 p. in-4° et 2 cartes.

2362. — Chemin de fer de Lille au Hâvre. *Section d'***Abbeville à Eu** *et au Tréport*. Commission d'enquête pour le chemin de fer d'Abbeville à Eu et au Tréport. Prolongement de la ligne de Béthune à Abbeville. Procès-verbaux et Documents. Abbeville, Briez, C. Paillart et Retaux, 1873 ; 69 p. in-4° et 1 carte.

2363. — Conseil Général de la Somme. Session d'avril 1873. Chemin de fer projeté d'**Abbeville à Eu**. — Amiens, Alfred Caron, 1873 ; 28 p. in-8°.

2364. — Conseil Général de la Somme. Session d'août 1873. Chemin de fer projeté d'**Abbeville à Eu**. — Amiens, Alfred Caron, 1874 ; 12 p. in-4°.

2365. — Chambre de Commerce de l'Arrondissement d'Abbeville. Chemin de fer de **Lille au Hâvre** par Abbeville. Section de Béthune à Abbeville et d'Abbeville à Eu et au Tréport. Lettre adressée par la Chambre de Commerce d'Abbeville, le 12 février 1874, à messieurs les Membres de la Commission parlementaire d'Enquête sur les Chemins de fer, à l'occasion du Projet de loi du 27 janvier 1874 concédant à la Compagnie de Picardie et Flandre la ligne de Douai à Cambrai. Convention du 11 septembre concédant la même ligne et celle d'Abbeville à Eu et au Tréport à la Compagnie du Chemin de fer du Nord. — Abbeville, Gamain, 1874 ; 12 p. in-8°.

2366. — Conseil Général de la Somme. Session d'avril 1874. Chemin de fer. Ligne d'**Amiens à Dijon**. Rapport de la commission spéciale. — Amiens, Alfred Caron ; 3 p. in-8°.

2367. — Le chemin de fer d'**Amiens à Dijon**. Du respect des droits acquis et de l'intérêt public. Appel à la justice de l'Assemblée Nationale. *Signé : Beaurepaire de Louvagny*. — Paris, Chaix, 1875 : 19 p. in-4°.

2368. — Mémoire à l'appui d'un projet de Chemin de fer d'**Amiens à Saint-Omer** et d'Arras à Etaples avec un Embranchement sur Béthune. — Paris, Dupont, 1861 ; 14 p. in-4°.

2369. — Etudes de travaux publics. Projet du chemin de fer de **Mathonville à Abbeville** par Neufchâtel-en-Bray ralliant le réseau de l'Ouest à celui du Nord, dans la direction du détroit de Calais par la ligne la plus courte, étudié par M. A. Thomé de Gamond. — Paris, Dunod, 1870 ; 16 p. in-4° et 2 cartes.

III. CHEMINS DE FER A VOIES ÉTROITES

2370. — Conseil Général de la Somme. Chemin de fer d'intérêt local à **voies étroites**. Rapport de M. Méhaye présenté au nom de la cinquième commission. — Amiens, Alfred Caron, 1875 ; 11 p. in-8°.

2371. — Conseil Général de la Somme. Session d'Août 1876. Etude d'un réseau complémentaire de chemins de fer d'intérêt local à **voie étroite**. Rapports de l'ingénieur en chef. — Amiens, Oscar Sorel, 1876 ; 66 p. in-8°.

2372. — Département de la Somme et de l'Oise. Chemin de fer à **voie étroite** sur routes dits tramways à vapeur. *Projet entre Péronne et Noyon*. — Paris, Paul Dupont, 1877 ; 14 p. gr. in-8° av. 1 carte.

2373. — Départements de la Somme et de l'Oise. Chemins de fer d'intérêt local à **voie étroite** de Péronne à Noyon par Athies, Ham et Guiscard. Avant-Projet. Mémoire. — Paris, Paul Dupont, 1878 ; 13 p. gr. in-8°.

2374. — La Question des Chemins de fer dans l'arrondissement de Montdidier. — Montdidier, Mérot, 1880 ; 29 p. in-24.

2375. — Etudes économiques. Les Chemins de fer de la Somme par Edmond Théry. — Amiens, Progrès de la Somme, février 1885 ; 15 p. in-4°.

CHAPITRE XIV

AGRICULTURE, COMMERCE, INDUSTRIE.

I. AGRICULTURE.

§ 1. Administration, Ouvrages sur l'Agriculture, Epizooties

2376. — La **Vie agricole** sous l'ancien régime en Picardie et en Artois, par le Baron A. de Calonne. — Paris, Guillaume et C¹ᵉ, 1883 ; IX-336 p. in-8°.

2377. — La **Vie agricole** sous l'ancien régime dans le Nord de la France, par le Baron A. de Calonne. Ouvrage récompensé par l'Académie des Inscriptions et Belles-Lettres. Deuxième édition revue et augmentée. — Paris, Guillaume et C¹ᵉ, 1885 ; IX-356 p. in-12.

2378. — La **Vie agricole**....., par par le baron A. de Calonne. Compte-rendu par M. Duhamel-Decéjean.
Bull. Soc. Ant. Pic., t XV, p. 62 à 74, in-8°.

* **2379.** — Arrest du Conseil d'Etat par lequel le Roy ordonne que les **baux à ferme** des biens et revenus des bénéfices, scitués sur les frontières de Picardie et de Champagne, faits pendant la guerre et desquels il reste plus d'une année à expirer, à compter du jour du présent arrest, seront et demeureront nuls et résiliez. — Paris, Antoine Vitré, 1660 ; 8 p. in-12.
Bibl. de Beauvillé.

2380. — Arrest du Conseil d'Estat du Roy portant que dans toute l'étendue de la Généralité d'Amiens ceux qui exploiteront des **Héritages**, soit de leurs propres, ou à Ferme dans différentes Elections, seront imposez dans chacune à proportion de leurs exploitations quoyqu'elles soient au dessous de vingt-cinq arpens, à l'exception néanmoins des Héritages, Censives, et Droits qui ne sont que de petites parties du corps d'une Ferme et qui s'étendent dans des Paroisses de différentes Elections, auquel cas les Propriétaires, Serviteurs, ou Fermiers, ne seront cotisez que dans la Paroisse, dans laquelle sera située le magasin et le principal domicile de la Ferme, pourveu que le tout soit compris dans un même Bail. Du 14 Février 1713. — S. l. n. n. ; placard in-folio.
Arch. dép. de la Somme, C, n° 1104.
Cet arrêt intéresse plus particulièrement Varennes et Forceville.

2381. — De par le Roy. *Ordonnance de l'Intendant Chauvelin, relative à l'épidémie morveuse* ; *du 6 novembre 1742.* — S. l. n. n. ; placard in-folio.
Bibl. H. Macqueron.

* **2382.** — Extraits des jugements sur quelques ouvrages nouveaux..... Mémoire sur la **maladie** présente **des bêtes à cornes**, avec le remède éprouvé en Picardie. — S. l. n. n., 1745 ; 72 p. in-12.
Bibliog Dufour, n° 47.

2383. — Arrest du Conseil d'Etat du Roy, qui en attribuant au Sieur Intendant et Commissaire départi en Picardie et Artois, la connoissance des plaintes qui seront portées pardevant luy par les Seigneurs et Propriétaires, ou leurs Fermiers et Receveurs, à l'occasion des dommages, délits et excès qui seroient faits et commis dans leurs **Plantations et Exploitations**, et dont les auteurs seroient ignorez ou incertains, ordonne que lesdites Plantations et Exploitations soient mises sous la sauve-garde des Habitans et Vassaux desdits Seigneurs et Propriétaires ; et pourvoit en outre à la réparation à eux dûë pour raison desdits dommages, délits et excès. Du 10 Octobre 1747. — Amiens, veuve Godart ; placard in-folio.

Bibl H. Macqueron.

2384. — De par le Roy. *Ordonnance de l'Intendant Chauvelin relative aux plantations ; du 6 juillet 1749.* — S. l. n. n. ; placard in-folio.

Ibid.

2385. — Ordonnance de M. l'Intendant de Picardie portant entr'autres choses condamnation solidaire à une amende de cinq cent livres contre les nommés Caron, Wailly, Decaix, Niquet et Derain, pour raison de Mulets attaqués de la **maladie de la Morve** à *Corbie.* Du 10 Mai 1756. — S. l. n. n. ; placard in-folio.

Ibid.

2386. — Lettre sur la **culture du lin** en Picardie, par M. de Rheinvillers d'Abbeville.

Ephémérides Troyennes de Groslez, 1763, p. 109 et s.

2387. — Extrait d'un Mémoire Adressé Par le Sieur Dottin, Maître de Poste à Villers-Bretonneux, à M. Dupleix, Intendant de Picardie, *sur ses expériences de* **culture de pomme de terre.** — Amiens, veuve Godart, 1768 ; 8 p. in-4°.

Bibl. H. Macqueron.

2388. — Mémoire du Sieur Maillard, Elève de l'Ecole Vétérinaire de Paris, sur la **Maladie Epizootique** ou Epidémique qui règne actuellement sur les Bêtes à Cornes, dans les Elections de Péronne et Saint-Quentin, de la Généralité d'Amiens. — Amiens, veuve Godart, 1773 ; 6 p. in-4°.

Arch. dép. de la Somme, C, 70.

2389. — Arrêt du Conseil d'Etat du Roi, Qui ordonne qu'à l'avenir les Laboureurs et **Marchands de Moutons** et Brebis de l'Isle de France, Soissonnois, Picardie, Normandie et autres, marqueront leurs moutons et brebis avec de la sanguine ou autre matière qui ne puisse être nuisible aux Laines ; et défend de les marquer avec du tergue, de la poix ou autre composition capable d'altérer la qualité des Laines. Du 27 Avril 1779. — Paris, Imprimerie Royale, 1779 ; 3 p. in-4°.

2390. — Ordonnance de M. l'Intendant *de Picardie* qui enjoint à tous Propriétaires de Bestiaux qui seront attaqués de **maladies Epizootiques**, d'en faire la déclaration sur le champ au Syndic de la Paroisse, ou au Commandant du Poste le plus voisin à peine de trois cens livres d'amende, et de Prison. Du 15 Septembre 1779. — Amiens, Jean-Baptiste Caron fils ; 12 p. in-4°.

Bibl. d'Amiens, Hist., n° 3597.
Autre édition en placard in-folio.

2391. — Ordonnance de M. l'Intendant de Picardie qui condamne le nommé Deboulogne, Marchand de Chevaux à Liancourt, en cinq cens livres d'amende pour avoir exposé sur la Place du Marché aux Chevaux de la Ville de Roye, le 29 Septembre 1779, et vendu au nommé Firmin Villet, Laboureur à Vrely, un cheval attaqué de la **maladie de la morve**, et à rendre et restituer audit Villet la somme de dix-neuf livres quatre sols, à laquelle monte le prix de ladite vente. — Amiens, Jean-Baptiste Caron, 1779 ; placard in-folio.

2392. — Précis historique de la **Maladie épizootique** qui a régné dans la Généralité de Picardie, *à Vron, Nampont et environs*, en 1779, par M. Vicq d'Azir.

Hist. Soc. R¹ᵉ Médec., 1779, p. 343 à 360, in-4°.

2393. — Arrest de la Cour du Parlement, qui fait **défenses de glaner**, dans l'étendue du ressort du Bailliage de Montdidier, à toutes personnes en état de travailler et de gagner leur vie pendant le temps de la moisson. Fait défenses de glaner avant le soleil levé et après le soleil couché. Fait défenses de glaner dans les prairies avec des rateaux ayant des dents de fer... Du dix Juin mil sept cent quatre vingt. — Paris, P. G. Simon, 1780 ; 4 p. in-4°.

2394. — Arrest de la Cour de Parlement, qui fait défenses à toutes personnes demeurant dans l'étendue du ressort du Bailliage d'Amiens, en état de travailler ou gagner leur vie pendant le tems de la moisson, de glaner, *et qui règle toutes les* **conditions du glanage**. Du quatre Juillet mil sept cent quatre-vingt-un. — Paris, P. G. Simon ; 6 p. in-4°.

2395. — Ordonnance de M. l'Intendant de la Généralité de Picardie concernant les **Maladies Epizootiques** sur les Bestiaux. Du trente Avril mil sept cent quatre-vingt-deux. — Amiens, Jean-Baptiste Caron fils, 1782 ; placard in-folio.

Arch. dép. de la Somme, C, n° 71.

2396. — Arrest de la Cour du Parlement qui ordonne que dans les Paroisses situées dans l'étendue du Bailliage d'Amiens, où les Propriétaires et Cultivateurs sont dans l'**usage et possession de disposer**, en tout ou en partie, **des chaumes** étant sur leurs héritages, il sera continué d'en être usé par lesdits Propriétaires et Cultivateurs comme avant l'Arrêt du 14 Juillet 1781, lequel au surplus sera exécuté. Du premier juillet mil sept cent quatre-vingt-deux. — Paris, P. G. Simon, 1782 ; 3 p. in-4°.

Bibl. H. Macqueron.

2397. — Mémoire sur la comparaison des **produits de la Culture** du Bourbonnais avec celle **de la Picardie**, par M. Hassenfratz.

Mém. publ. par la Soc. d'Agr., 1786, p 103 à 122 ; in-12.

2398. — Ordonnance de M l'Intendant de Picardie, qui condamne le Nommé Augustin Marquis et la Veuve Alavoine, de Contalmaison, solidairement en l'Amende de Cinq cens livres, pour avoir voulu soustraire aux opérations des Artistes-Vétérinaires, un **Cheval attaqué de la Morve**... Du dix neuf Mars mil sept-cent-quatre-vingt sept. — Amiens, J. B. Caron l'aîné, 1787 ; placard in-folio.

Arch dép. de la Somme, C, n° 73.

2399. — Recherches sur les moyens d'étendre et de perfectionner la culture des **prairies artificielles** en Picardie par F. H. Gilbert. Mémoire couronné en 1787 par l'Académie d'Amiens et publié avec une introduction par M. Ch. Dufour. — Mérot à Montdidier, Douillet à Amiens, 1880 ; XXXV-154 p. in-16.

2400. — Extrait d'un **Voyage Agricole** fait en Normandie et en Picardie par M. le Marquis de Guerchy.

Mém. Soc R¹ᵉ Agric. Paris, 1788, p. 64 à 83 ; in-8°.

2401. — Extrait des Registres des Délibérations de la Commission Intermédiaire Provinciale de Picardie. *Secours accordés aux cultivateurs pour un* **ouragan de grêle** *du 13 juillet*. Du premier Août mil sept cent quatre-vingt-huit. — S. l. n. n. : 2 p. in-4°.

Bibl. d'Amiens, Hist., n° 3597.

* **2402.** — Mémoire sur les avantages du **dessèchement des marais** de la Somme. — S. l. n. n. n. d. *(XVIII° siècle)* ; 11 p. in-4°.

2403. — Programme *d'un concours ouvert par la Société d'Agriculture du département de la Somme pour remplacer les jachères par la* **culture de la pomme de terre**. — *Amiens*, Caron-Berquier, an X ; 4 p. in-4°.

Bibl. d'Amiens, Hist , n° 3639.

2404. — Coup d'œil sur l'**agriculture** de la Belgique, comparée avec celle de la **Picardie**, *par le comte Depère*. — S. l. n. n., *1806 ;* 166 p. in-8°.

Extr. du Manuel d'agr. pratique.

2405. — Questions adressées à MM. les Agriculteurs du département de la Somme, pour servir à la rédaction de la **statistique**. — Amiens, R. Machart, 1833 ; 4 p. in-4°.

2406. — Liste des matériaux adressés a l'Académie d'*Amiens* sur sa demande. Pour la **Statistique** *agricole* du Département de la Somme.

Mém. Acad. Amiens, 1835, p. 725 à 727 ; in-8°.

2407. — Mémoire sur les Moyens les plus propres à hâter les **progrès de l'Agriculture** dans le Santerre, par C. J. Buteux.

Ibid., t. I, p. 187 à 200 ; in-8°.

2408. — Mémoire sur les moyens mis en usage dans le Département de la Somme pour débarrasser les Etangs des **joncs et** autres **plantes nuisibles**, par M. N. Delamorlière.

Ibid , t. I, p. 237 à 242 ; in-8°.

2409. — Aperçu Statistique et Comparatif des Ameliorations obtenues de 1791 à 1835, sur le **revenu** de deux catégories **de Propriétés rurales**, situées dans les Départemens de l'Aisne et de la Somme. *Signé* : G. (C. A. L.) et B. — Saint-Quentin, Moureau, s. d. ; 12 p. in-4°.

Bibl. d'Amiens, Sc. et Arts, n° 2781.

2410. — Rapport sur l'état actuel de la **culture du murier** blanc et sur l'éducation des vers à soie dans le département de la Somme, par M. Riquier.

Mém. Acad. Amiens, t. II, p. 111 à 123 ; in-8°.

2411. — Rapport sur l'état actuel de la **culture du murier** blanc et sur l'emploi des huit cents francs alloués par le conseil général, dans sa session de 1837, pour son encouragement et sa propagation, par M. Riquier.

Ibid., t. III, p. 299 à 309 ; in-8°.

2412. — Rapport sur l'emploi des 1000 francs accordés par le conseil général dans sa session de 1839, pour la **culture** et la propagation **du murier** dans le département de la Somme et sur les avantages d'y établir une magnanerie modèle, par M. Riquier.

Ibid., t IV, p. 405 à 416 , in-8°.

2413. — Notice statistique sur l'**industrie agricole** du **d**épartement de la Somme, par M. Mallet.

Ibid., 1839, p. 277 à 283 , in-8°

2414. — Rapport fait au nom de la commission chargée d'examiner le mode de distribution des primes accordées par le conseil général *de la Somme*, pour l'encouragement de la **culture de la garance**, par M. Pauquy.

Ibid., 1839, p. 293 à 298 , in-8°.

2415. — Manuel d'**agriculture pratique** à l'usage des fermes de trente hectares, rédigé sur la demande de l'Académie des Sciences, Agriculture, etc., du Département de la Somme, par M. Spineux, l'un de ses membres. — Amiens, Duval et Herment, 1841 ; 196 p. in-12.

2416. — Mémoire sur les **ravages de la morve** dans le département de la Somme, par M. Amable Dubois.

Mém. Acad. Amiens, 1843, p. 95 à 105 ; in-8°.

2417. — Note sur la **culture** et les produits **de la vigne** dans l'arrondissement d'Amiens, *par M. Dusevel.*

Le Cultivateur de la Somme, année 1848, p. 111 à 113 , in-8°.

* **2418.** — Conseil d'agriculture du département de la Somme. Projet d'établissement d'une **ferme modèle**. Rapport fait au Conseil et avis des comités des arrondissements d'Abbeville, Péronne, Montdidier et Doullens. — Amiens, Caron-Vitet, s. d. ; 16 p. in-8°.

Biblog. Dufour, n° 202.

2419. — **Colonies agricoles** par familles, par l'auteur *(de Rainneville)* du manuel de la petite culture, Directeur honoraire de la Ferme-Ecole de la Somme. — Amiens, Caron et Lambert, 1849 ; 32 p. in-16.

2420. — Rapport sur les essais de **culture en quinconce** et en paquets accomplis chez M. de Rainneville, à Allonville à l'aide d'ustensiles Le Docte. 25 juillet 1854. — Amiens, Alfred Caron ; 8 p. in-24.

2421. — Lettre à M. le Préfet de la Somme *sur la culture du Département de la Somme, par Delamarre, Député. Paris, 26 août 1855.* — Paris, Schiller aîné ; 8 p. in-8°.

2422. — Lettre à MM. les Cultivateurs du Département de la Somme sur la condition des **domestiques** et servantes **de la campagne**. — Paris, Henri Plon, 1865 ; 64 p. in-8°.

2423. — Ministère de l'Agriculture du Commerce et des Travaux Publics. **Enquête agricole**. Deuxième Série. Enquêtes départementales. 4° Circonscription, Somme, Oise, Seine-Inférieure. — Paris, Imprimerie Nationale, 1867 ; in-4°.

Ce volume contient (p. 1 à 46) le rapport de M. Gressier sur le département de la Somme et (p. 131 à 186) les procès-verbaux des séances de la Commission départementale.

2424. — **Excursion agricole** dans la Picardie et les Flandres en 1879, par M. Dubost.

Journ. de l'Agric., 1879, p. 29 et s.

2425. — Rapport sur l'état moral, intellectuel et matériel des **populations agricoles** de la Picardie, par *M. Baudrillart.*

Trav. Acad. Sc. mor. et polit., 1880 p. 16 et s. et 1881, p. 54 et s. ; in-4°.

2426. — Mise en valeur des mauvais terrains de la Somme par les **plantations** d'arbres résineux, par M. Ch.-Ern. Guignet. — Amiens, Hecquet, 1881 ; 15 p. in-8°.

2427. — **Agriculture** de Basse-Picardie en 1884, par E. Hecquet d'Orval. — Abbeville, Paillart, 1885 ; 48 p. in-8°.

2428. — De l'amélioration de la **culture du pommier** et de la fabrication du cidre dans le département de la Somme par le B°ⁿ Constant de Benoist. — Amiens, Laforest, 1887 ; 21 p. in-8°.

2429. — La **grande culture** en famille instable. Le grand propriétaire du Nord de la France (Somme, Aisne, Oise), par Edmond Demolins.

La science sociale, t. V, 1888, p. 226 à 244 et s. ; in-8°.

2430. — 1898. Création d'un **verger** ou plant de pommiers à cidre *en Picardie*. Mémoire... par M. Gaston Cannet. Tableau de résistance aux intempéries du printemps de 1898 de 77 variétés de pommiers à cidre. — Abbeville, Paillart ; 55 p. in-8°.

§ 2. Concours agricoles,
Sociétés et Journaux d'Agriculture

2431. — **Congrès** des agriculteurs du Nord de la France. Troisième session tenue à **Amiens** du 6 au 8 novembre 1846. — Amiens, Duval et Herment, 1847 ; 136 p. in-8°.

2432. — Concours régionaux d'animaux reproducteurs, d'instruments, machines, ustensiles ou appareils à l'usage de l'industrie agricole, et des divers produits de l'agriculture, ou des différentes industries agricoles tenus à

Saint-Lo... Amiens... et Versailles. — Paris, Imprimerie Impériale, 1852 ; in-8°.

Le **Concours régional d'Amiens**, tenu les 22 et 23 avril 1853, occupe les p. 159 à 210 avec 4 pl.

2433. — **Exposition** agricole départementale de la Somme, ouverte à **Amiens**, du 28 au 30 Septembre 1853. Catalogue des produits agricoles et instruments aratoires admis à l'Exposition. — Amiens, E. Yvert, 1853 ; 15 p. in-8°.

2434. — Rapports sur les instruments et les **produits agricoles** de l'Exposition universelle adressés à M. le Préfet de la Somme au nom de la Section d'agriculture de la Commission départementale, par *Ch. Salmon*. — Amiens, Yvert, 1856 ; 67 p. in-8°.

2435. — Catalogue des objets composant l'Exposition collective présentés au **Concours régional** de Melun par les Comices agricoles du département de la Somme. — Amiens, Herment, 1857 ; 47 p. in-8°.

2436. — **Concours** régional et départemental **des animaux reproducteurs** de la race chevaline à Amiens du Jeudi 24 au Dimanche 27 mai 1860. — Amiens, Alfred Caron, 1860 ; 36 p. in-8°.

2437. — Prix et médailles décernés au **Concours régional** d'Amiens, le 27 Mai 1860. — Amiens, Alfred Caron ; 32 p. in-8°.

2438. — **Concours** interdépartemental **d'étalons** à Abbeville, le lundi 30 octobre 1865. — Abbeville, Briez, 1865 ; 8 p. in-8°.

2439. — **Concours** agricole **régional** d'Amiens, du Samedi au Lundi 24 mai 1883. Catalogue des animaux, instruments et produits agricoles exposés. — Paris, Imprimerie Nationale, 1883 ; 104 p. in-12.

2440. — **Concours Régional** Agricole d'Amiens (Somme), du Samedi 5 au Lundi 14 Mai 1883. Liste des prix décernés. — Amiens, 1883 ; 47 p. in-12.

2441. — L'Exposition forestière au **Concours régional** d'Amiens, par M. René Vion.

Mém. Soc Linn. Nord Fr., 1883, t. V, p 121 à 160 ; in-8°.

2442. — Bulletin de la Société des **Agriculteurs de la Somme** et de la Station agronomique. 1re Année, 1877. — Amiens ; in-8°.

Continue de paraître régulièrement.

2443. — Règlement de la **Société libre d'agriculture** du Département de la Somme, Créée le 25 Floréal an 7. — Amiens, Caron-Berquier ; 8 p. in-8°.

Bibl d'Amiens, Hist , n° 3668.

2444. — **Chambres** consultatives **d'agriculture** du département de la Somme. Session ordinaire de 1856. — Amiens, Herment, 1857 ; 54 p. in-8°.

2445. — Statuts de la Chambre d'assurance mutuelle contre la grêle pour le département de la Somme. — Amiens, Maisnel, *1820* ; 11 p. in-4°.

2446. — Bulletin du **Comice agricole** de l'arrondissement d'**Abbeville**. — Abbeville, Boulanger-Vion ; in-8°.

Ce bulletin a paru d'une façon irrégulière du 3 mars 1836 jusqu'en 1842, époque à laquelle il a pris le titre : Revue agricole de la Somme, Bulletin du Comice d'Abbeville. Imprimé chez C. Paillart, il a paru alors regulierement chaque mois par fascicules in-12 ; sa publication se continue, mais depuis quelques années, elle est irrégulière.

2447. — Rapport sur les encouragements accordés par le **Comice agricole** de l'arrondissement d'**Abbeville** à la protection des animaux utiles à l'agriculture et à la destruction de ceux qui lui sont nuisibles, par M. Ch. Lefebvre de Villers. — Abbeville, Paillart, 1879 ; 14 p. in-8°.

2448. — Notice sur le **Comice agricole d'Amiens** par M. A. Despréaux. — Amiens, Lenoel-Herouart ; 23 p. in-8°.

2449. — **Comice agricole** de l'arrondissement **d'Amiens.** Rapport de M. de Rainneville sur la création des Comices de section. — Amiens, Ledien fils, *vers 1835* ; 24 p. in-8°.

2450. — Bulletin du **Comice agricole** de l'arrondissement **d'Amiens.** — Amiens, Ledien-Canda ; in-8°.

Le n° 1 est de janvier 1836, il a paru par trimestre jusqu'au 1 janvier 1842, époque à laquelle il est devenu le Cultivateur de la Somme

2451. — Le Cultivateur de la Somme ou **Bulletin central des Comices** agricoles d'Amiens, Péronne, Doullens et Montdidier. — Amiens, Duval et Herment ; in-8°.

Le premier numéro a paru en janvier 1842, imprimé à Amiens chez Duval et Herment, puis chez Yvert, il a cessé sa publication en 1858 ; chaque année avait environ 200 p.

2452. — Règlement du **Comice d'Amiens**, approuvé par l'Assemblée générale le 24 juin 1848. — Amiens, Yvert, 1851 ; 8 p. in-8°.

2453. — Règlement du **Comice agricole d'Amiens.** — Amiens, Yvert, 1865 ; 8 p. in-8°.

2454. — Revue agricole, industrielle et commerciale de la vallée d'Authie. Bulletin du **Comice agricole de Doullens.** N°⁸ 1 et 2. — Doullens, Vion, 1845 ; 45 p. in-8°.

Seuls numéros parus.

2455. — Bulletin du **Comice agricole** de l'arrondissement **de Montdidier.** — Montdidier, Radenez, 1839 ; in-8°.

Il n'a été publié que quelques fascicules de 16 p. dont le premier est d'août 1839 ; ce bulletin s'est fondu en 1842 avec le Cultivateur de la Somme.

2456. — **Comice agricole** de l'arrondissement **de Péronne.** *Bulletins.*

La première année de ce bulletin est 1839-1840 ; il a paru régulièrement, par fascicules in 8° d'importance différente, jusqu'en 1886 et a toujours été imprimé à Péronne, par Quentin.

2457. — Société de **drainage** de la Somme. *But et statuts de la Société.* — Amiens, E. Yvert, s. d. ; 16 p. in-8°.

2458. — Procès-verbal de la **commission hippique** de la circonscription du dépôt d'étalons d'Abbeville. Session de 1851. — Béthune, Reybourdon, 1851 ; 16 p. in-8°.

Cette commission, qui paraît n'avoir publié que ce seul procès-verbal, a été remplacée par la Société hippique dont il est parlé au n° suivant.

2459. — Bulletin de la **Société hippique** de l'arrondissement d'Abbeville. — In-8°.

Le premier numéro est de janvier 1855 ; ce bulletin imprimé à Abbeville chez P. Briez, paraissait tous les trois mois ; sa publication a cessé vers 1860.

2460. — **Société hyppique** *(sic)* du Vimeu. Règlement. — Abbeville, Briez, *1862* ; 8 p. in-12.

2461. — **Société protectrice** des animaux domestiques du Département de la Somme. *Proposition de sa création.* — S. l. n. n. ; 4 p. in-8°.

2462. — Règlement de la **société protectrice** des animaux domestiques du Département de la Somme. — Amiens, Yvert, 1853 ; 4 p. in-8°.

2463. — Nouveaux statuts de la **Société protectrice** des animaux domestiques du département de la Somme. — Amiens, Lenoel-Herouart, 1854 ; 4 p. in-8°.

2464. — **Journal des agriculteurs** manufacturiers et commerçants du département de la Somme, *rédigé par Jourdain-Lecocq.* — Amiens, Caron-Vitet, 1829 ; 1 vol. in-8°.

Bibl. d'Amiens, Sc. et Arts, n° 2762.

2465. — La **Picardie horticole**, journal illustré paraissant le premier dimanche de chaque mois. Bulletin du Syndicat des Horticulteurs et Maraîchers d'Amiens. — In-8°.

1re année : 1897.

2466. — Le **Progrès agricole**, organe agricole et horticole de la région du Nord, paraissant le dimanche. 1887.

Journal purement agricole paraissant à Amiens en numéros de 16 p. in-4° ; le 1er numero est du 7 avril 1887.

§ 3. Droit de Marché

2467. — De par le Roi. Extrait des Registres du Conseil d'Etat. *Arrêt, du 7 juin 1707, au sujet des abus qui se sont produits vers Roye et Péronne, du fait des fermiers dans l'exploitation de leurs baux et qui se perpétuent dans la iouissance des terres.* — S. l. n. n. ; placard in-folio.

Bibl. d'Amiens, Hist., n° 3595.

2468. — De par le Roy. Extrait des Registres du Conseil d'Etat. *Arrêt, du 17 octobre 1714, rendu contre ceux qui empêchent de renouveler des fermes, qui brûlent les maisons ou tuent les bestiaux des nouveaux fermiers principalement vers Roye, Péronne et St Quentin.* — S. l. n. n. ; 7 p. in-4°.

Ibid., Hist., n° 3597.

2469. — Arrest du Conseil d'Estat du Roy, par lequel Sa Majesté ordonne l'exécution des Arrêts du Conseil ci-devant rendus les 17 Juin 1707 et 17 Octobre 1714, à l'occasion des Fermiers et Occupeurs des Terres dans la Généralité d'Amiens, qui jouissent sans Baux, cèdent, partagent et disposent de l'Exploitation desdites Terres, sans la participation des Propriétaires, et détermine les peines contre lesdits Fermiers ou Occupeurs, et contre les Moissonneurs, Batteurs en grange, Bergers et autres Gens nécessaires à l'Exploitation des Terres, lorsque ceux qui les auront dépossédez seront troublez dans leur jouissance ou fonction. Du 25 Mars 1724. — Amiens, Louis Godart ; 11 p. in-4°.

Arch. dép. de la Somme, C, n° 31.
Autre edition en placard in-folio.

2470. — Jugement concernant le **Dépointage**, rendu en dernier Ressort par M. Chauvelin..... Contre Pierre Prez, Laboureur, demeurant au Village de Croixrault, sa Femme et ses Enfans, par lequel, pour avoir au préjudice de l'Arrest du Conseil du vingt cinq Mars mil sept cens vingt-quatre, menacé le nommé Quentin Lamory, présentement Fermier de la Ferme de Forestel, appartenante au Sieur de Glimont, et ci-devant occupée par ledit Prez, même lui avoir brisé et enlevé plusieurs pièces de Charruës, ils sont condamnez à être transportez aux colonies. — S. l n. n. n. d. ; placard in-folio.

2471. — Arrest et Jugement rendu en dernier Ressort par M. Chauvelin, Conseiller d'Estat, Intendant... Contre les nommez Jean-Lucien et Nicolas Coffin, Charles Vvagnier, Pierre Dallongeville, Louis Goret et Jacques Benoist, tous Habitans du Village de Follie en Sangterre. *Question de* **droit de marché**. — Du 18 Novembre 1727. — S. l. n. n. ; placard in-folio.

2472. — Jugement concernant le **Dépointage** rendu en dernier ressort, par M. Chauvelin... Contre Marie de Beauval, veuve de feu Nicolas Delaval, vivant Laboureur au Village de Morlancourt, et Nicolas et Charles Delaval, ses enfans. Par lequel sur ce que de nouveaux Fermiers se sont trouvez avoir été troublez et molestez dans leur exploitation, il est Jugé conformément à l'Arrêt du 25 Mars 1724, que les anciens Fermiers seront transportez aux Colonies avec leurs Femmes et Enfans. Du 29 Mars 1729. — S. l. n. n. ; placard in-folio.

2473. — Jugement concernant le **Dépointage** rendu en dernier ressort par M. Chauvelin.... Contre Jean,

Jacques et Guillaume de Fruy, Enfans' de défunt Eloy de Fruy, Laboureur à Morcourt. Par lequel sur ce qu'un nouveau Fermier s'est trouvé avoir été troublé et molesté dans son exploitation, il est jugé conformément à l'Arrêt du 25 Mars 1724, que les Enfans de l'ancien Fermier seront transportez aux Colonies. Du 6 août 1729. — S. l. n. n. ; placard in-folio.

2474. — Jugement concernant le **Dépointage** rendu en dernier Ressort par M. Chauvelin... contre Nicolas Dallon, Laboureur, demeurant au Village du Pont-de-Remy, ci-devant Fermier d'un Marché de Terre appartenant aux Demoiselles Minette, et Marguerite Gense, sa Femme et leurs Enfans. Par lequel, pour avoir au préjudice de l'Arrêt du Conseil du 25 Mars 1724, usé de menace, et brisé la Charrue du nommé Antoine Lallot, Laboureur à Espagne, nouveau Fermier desdites Demoiselles Minette, ils sont condamnez à être transportez aux Colonies. Du 4 Septembre 1736. — S. l. n. n. ; placard in-folio.

2475. — Arrest du Conseil d'Etat du Roy, qui, en attribuant au Sieur Intendant et Commissaire départi en Picardie et Artois, la connoissance des Plaintes qui seront portées devant lui par les Seigneurs et Propriétaires, ou leurs Fermiers et Receveurs, à l'occasion des dommages, délits et excès qui seroient faits et commis dans leurs Plantations et Exploitations, et dont les Auteurs seroient ignorés ou incertains, ordonne que lesdites Plantations et Exploitations soient mises sous la sauvegarde des Habitans et Vassaux desdits Seigneurs et Propriétaires ; et pourvoit en outre à la réparation à eux dué pour raison desdits dommages, délits et excès. Du 10 Octobre 1747. — Arras, veuve Duchamp, 1748 ; 3 p. in-4°.

Bibl. d'Amiens, Hist., n° 3597.
Autre édition : Amiens, veuve Godart ; placard in-folio.

2476. — Extrait des Liasses des Sentences et Jugements du Greffe Criminel du Bailliage et Siège Présidial d'Amiens. *Arrêt, du 23 juillet 1757, condamnant, soit à la déportation, soit à d'autres peines, quinze habitants d'Etricourt pour crime de* **dépointage**. — S. l. n. n. ; placard in-folio.

2477. — Etude sur le **Droit de Marché**. Discours d'ouverture de M. le Directeur *(Daussy)* pour la séance publique du 26 août 1856.
Mém. Acad. Amiens, 1854-57, p. 443 à 456 ; in-8°.

2478. — Discours prononcé le 3 novembre 1864 à l'audience solennelle de rentrée de la Cour Impériale d'Amiens par M. Saudbreuil, Procureur Général Impérial. Du **Droit de Marché**. — Amiens, Lemer aîné, 1864 ; 70 p. in-8°.
Reproduit dans le Bull des Tribun, n°s des 5 et 9 décembre 1864 et 2 janv. 1865.

2479. — Le **Droit de Marché**. Son passé, son présent, son avenir et sa transformation, par M. G... *(Gillet)*, ancien notaire. — Péronne, Recoupé, 1865 ; 48 p. in-8°.

2480. — Le **Droit de Marché**, par M. le Procureur Général Saudbreuil.
Congrès scientif. d'Amiens, p. 361 à 374 ; in-8°.

2481. — E. Vion, Cultivateur à Lœuilly *(Pœuilly)*, Somme. Le **Droit de Marché**. — Péronne, Recoupé, 1868 ; 32 p. in-8°.

2482. — Etudes sur l'histoire de la propriété. **Le Droit de Marché**, par J. Lefort.
Séanc. et Trav. de l'Ac. des Sc. mor., t. CVII, 1877, p. 87 à 118 et 498 à 532 ; in-4°.

2483. — Le **Droit de Marché**, par J. Lefort.
Rev. gén du Droit, 1877, p. 36 à 42.

2484. — Observations à la suite du Mémoire de M. J. Lefort sur le **Droit de Marché** par Valette.
Séanc. et trav de l'Ac. d. Sc. mor. et pol., t. CVII, 1877, p. 533 et s. ; in-4°.

* **2485**. — Etude théorique et pratique sur les droits du preneur et leur nature, suivi d'un aperçu sur le **Droit de Marché** en Santerre (Picardie), par M. R. Brière. — Paris, 1877; gr. in-8°.

2486. — Le **Droit de Marché**.

Bull. de statist. et de législ comp. du Min. des Fin, avril 1882, p. 326 et suiv.

2487. — Le **Droit de Marché**. Son origine, sa transformation, sa légalité. Condition juridique et économique du preneur à marche, par Laurent Prache. — Paris, Larose et Forcel, 1882 ; 55 p. in-8°.

2488. — La Condition de la Propriété dans le Nord de la France. Le **Droit de Marché**, par Jʰ Lefort. — Paris, Ernest Thorin, 1892 ; VII-223 p. in-8°.

II. COMMERCE.

2489. — Confirmation d'un Règlement fait pour les **Pescheurs** de la Rivière de Somme. *Février 1387.*

Ordonn. des Rois de Fr., t. VII, p. 181 et 182 ; in-folio.

2490. — Arrest du Conseil d'Estat du Roy du sixième novembre 1672, pour la **sortie des bleds** en faveur des provinces de Picardie et Champagne, et des villes conquises ou cédées à Sa Majesté dans la province des Pays-Bas. — *Paris*, veuve Saugrain ; 4 p. in-4°.

2491. — Arrest du Conseil d'Estat du Roy, du septième janvier 1679, qui permet de faire **sortir** par les provinces de Picardie et Champagne, **les bleds**, froments, mesteils, seigles, et autres grains. — S. l. n n.; 3 p. in-4°.

2492. — Arrest du Conseil d'Etat du Roy, qui ordonne que les **Camelots**, les Tapisseries, les Cuirs dorez et les Dentelles de Fil des fabriques de la Flandre Françoise, pourront entrer directement dans les autres Provinces du Royaume par les Bureaux de Saint-Quentin, Péronne et Amiens en payant les droits d'Entrée arrestez par cet Arrest. Du 15 Décembre 1703. — *Paris*, Léonard ; 4 p. in-4°.

2493. — *Ordonnance de l'Intendant de Picardie, du 23 novembre 1703, portant défenses aux négociants de vendre d'autres* **eaux-de-vie** *que celles de vin.* — S. l. n. n. ; placard in-folio.

Arch. dép. de la Somme, C, n° 1151.

2494. — Arrest du Conseil d'Estat du Roy, qui fixe l'**Entrée** dans le Royaume **des** Bas et autres **Ouvrages de Bonneteries** Estrangeres, composez de Laine, par les Ports de Calais et Saint-Vallery. Du 3 May 1720. — Paris, Imprimerie Royale, 1720 ; 4 p. in-4°.

Bibl H. Macqueron.

2495. — Arrest du Conseil d'Estat du Roy, qui permet le **transport des Grains** de Picardie, Artois et Flandre, à l'étranger, par les ports de Calais et de Dunkerque. Du 6 Décembre 1735. — Paris, Imprimerie Royale, 1735 ; 3 p. in-4°.

Bibl. d'Amiens, Hist, n° 3597.

2496. — Arrest du Conseil d'Estat du Roy, qui permet la **sortie des grains** de Picardie pour l'estranger, par le port de Saint-Valery. Du 10 janvier 1736. — Paris, Imprimerie Royale, 1736 ; 4 p. in-4°.

Ibid., n° 3597.
Autre édition en placard in-folio.

2497. — Arrest du Conseil d'Etat du Roy, qui révoque les permissions accordées par les arrêts des 6 décembre 1735, 10 janvier, 24 avril et 18 septembre 1736 et 16 avril 1737, de **transporter les grains** et farines des provinces de Picardie, Artois, Flandre, Haynault, des trois Eveschez de Metz, Toul et Verdun et de la province du Languedoc, dans les pays estrangers. Du 10 septembre 1737. — Paris, Imprimerie Royale, 1737 ; 3 p. in-4°.

2498. — *Ordonnance de l'Intendant de Picardie, du 20 Mars 1743, défendant de* **tuer** *et vendre* **des agneaux** *pour la boucherie.* — S. l. n. n.; placard in-folio.

Arch dép de la Somme, C, n° 196.

2499. — Extrait de l'Arrêt du Conseil d'Etat du 16 janvier 1745 — Amiens. veuve Charles Caron-Hubault; 4 p. in-folio.

C'est le programme des conditions à remplir pour s'intéresser dans l'armement des six vaisseaux accordés à la Picardie pour son **commerce avec les colonies** et les côtes de Guinée.
Bibl. de la Chamb. de Comm. d'Amiens.

2500. — De par le Roy. *Ordonnance de l'intendant Chauvelin relative au* **commerce des grains** *en Picardie et Artois; du 16 avril 1748.* — S. l. n. n.; placard. in-folio.

Bibl. H. Macqueron.

2501. — Arrest du Conseil d'Etat du Roy, qui fait deffenses à toutes personnes de quelque qualité et condition qu'elles soient de **faire sortir** des provinces de Flandre, du Haynault, de Picardie, d'Artois et du Soissonnois, pour l'étranger, **aucuns lins** ou filets, gris ou écrus, ni aucuns fils retors, qui ne soient teints ou blanchis. Du 10 juin 1740. — Paris, Imprimerie Royale, 1749; 3 p. in-4°.

2502. — Arrest du Conseil d'Etat du Roy portant permission aux négocians de la province de Picardie de faire le **commerce des isles** et colonies françoises et celui de la côte de Guinée, par le port de Saint-Valeri, en se conformant aux dispositions dudit arrêt du 14 octobre 1754. — Amiens, Veuve Godart, 1754; 4 p. in-4°.

Autre édition en placard.

2503. — *Ordonnance de l'Intendant de Picardie, du 1er juin 1757, défendant la* **vente des grains** *ailleurs que dans les ports, halles et marchés.* — Amiens, veuve Godart; 4 p. in-4°.

Bibl. d'Amiens, Hist., n° 3597.

2504. — *Lettre de l'Intendant de Picardie à ses subdélégués, du 10 janvier 1758, relative à l'ordonnance du 1er juin 1757.* — S. l. n. n.; 5 p. in-4°.

2505. — Ordonnance de M. l'Intendant du 5 Février 1774 qui condamne le Sieur Moreau, Marchand Brasseur au Village de Long, Election d'Abbeville en cinq cents livres d'amende, pour être contrevenu aux dispositions de l'Arrêt du Conseil du 23 Decembre 1770, et qui défend à tous autres de **vendre ou acheter des** orges, ou autres **grains**, ailleurs que **dans les marchés** publics. — Amiens, veuve Godart, 1774; placard in-folio.

Bibl. d'Abbeville.

* **2506.** — Lettre d'un laboureur de Picardie *(Condorcet)* à M. N... *(Necker)*, auteur prohibitif a Paris *sur le commerce des* **grains**. — Paris, 1775; in-8°.

2507. — Mémoire à consulter et consultation pour les **Marchands d'Eau-de-Vie** en gros de la Province de Picardie Contre le Sieur Laurent David, Adjudicataire Général des Fermes-Unies. — *Paris*, Knapen et fils, 1780; 42 p. in-4°.

Bibl. de Péronne.

2508. — Premier Plaidoyer pour les Négociants de Picardie contre le Sieur Laurent David Adjudicataire de la Ferme Générale. — *Paris*, Knapen et fils, 1780; 16 p. in-4°.

2509. — Second Plaidoyer pour les Négociants de Picardie Contre le Sieur Laurent David... — *Paris*, Knapen et fils, 1780; 44 p. in-4°.

2510. — Considérations politiques sur le commerce du Royaume... Précédées de Réflexions particulières sur tout ce qui peut intéresser le **Commerce de Picardie**. Ouvrage destiné pour l'Assemblée des Etats Généraux par un Citoyen. 1789. — S. l. n. n.; in-8° de 102-84 p. av. tabl.

Bibl. H. Macqueron.

2511. — *Le cours du blé en Picardie sous le premier empire*, par M. de Bonnault.

Bull. Soc. Emul. Abbev., 1885. p. 32 à 35; in-8°.

III. INDUSTRIE.

2512. — Les Artistes et les **Ouvriers** du Nord de la France (Picardie, Artois, Flandre) et du Midi de la Belgique aux xiv°, xv° et xvi° siècles, par Al. de la Fons-Mélicocq. — Béthune, V° de Savary. 1848; IV-251 p. in-8°.

2513. — Lettres de Colbert à M. de Breteuil, Intendant de Picardie, touchant les **manufactures** et canaux de cette province ; *vers 1670*.

Archiv. de Pic., t. I, p. 110 à 114; in-8°.

2514. — Arrest qui ordonne que les **blanchisseurs de toiles**, batistes et linons des provinces de Picardie, Artois et Flandre française qui blanchiront et recevront des toiles crues pour les blanchir, avant et après le temps fixé par l'arrêt du 20 février 1717, ensemble les marchands qui les donneront à blanchir avant et après ledit temps, seront condamnez en 1500 livres d'amende. Du 24 août 1717.

Rec. des Règlem. conc. les manuf.— Paris, 1730, t. III, p. 443 et 444, in-4°.

2515. — Arrest qui ordonne que les **Ouvriers en Bas** au métier de la Généralité d'Amiens, seront tenus de se retirer dans ladite Ville, et dans celle de Péronne, pour y travailler de leur métier. Du 6 Novembre 1717.

Ibid., t. IV, p. 102 à 104 ; in-4°.

2516. — Arrest portant Règlement pour la **fabrique des Serges Razes** de S^t-Lo qui se fabriquent en Picardie. Du 22 Février 1721.

Ibid., t. II, p. 342 a 344 ; in-4°.

2517. — Arrest qui ordonne l'exécution de celuy du 22 février dernier, portant règlement pour la **fabrique des Serges razes** de Saint-Lô *qui se fabriquent en Picardie*. Du 18 mars 1721.

Ibid., t. III, p 344 à 346 ; in-4°.

2518. — Ordonnance de M. Chauvelin, Intendant dans la Généralité d'Amiens, pour la **visite** et la marque dans ladite Ville **des serges** de Grandvilliers, Feuquières et autres lieux de **Picardie**, que les Fabriquans viennent vendre à Amiens. Du 9 août 1721.

Ibid., t II. p. 315 et 316 ; in-4°.

2519. — *Ordonnance de l'Intendant de Picardie, du 15 juillet 1724, prescrivant que les* **fabricant de bas** *et autres ouvrages au métier des villes d'Amiens, Péronne, Montdidier et Roye, seront tenus de se conformer à ce qui est prescrit par les règlements*. — S. l. n. n. ; placard in-folio.

Arch. dép. de la Somme, C, n° 157.

2520. — Arrest qui fait deffenses de **blanchir les toiles**, batistes et linons de Picardie, Artois et Flandre française, avant le 15 mars et passé le dernier septembre de chaque année. Du 9 mai 1728.

Rec. des Regl. conc. les Manuf — Paris, 1730, t. III, p. 350 et s. ; in-4°.

2521. — Arrest du Conseil d'Estat du Roy, portant **Règlement pour les Toiles**, Batistes et Linons qui se fabriquent dans les Provinces de Picardie, d'Artois, du Hainault, de la Flandre Française et du Cambrésis. Du 12 Septembre 1729. — S. l. n. n. ; 4 p. in-folio.

Autre édition : Paris, Imprimerie Royale, 1729; 7 p. in-4°.

2522. — Arrest du Conseil d'Estat du Roy en interprétation des arrests du 12 septembre 1729 et 11 février 1731, portant **règlement pour les toiles**, batistes et linons qui se fabriquent dans les provinces de Picardie, d'Artois, du Hainaut, de la Flandre Françoise, de Cambrésis et dans les Généralités de

Paris et de Soissons. Du 24 juillet 1731. — Paris, Imprimerie Royale, 1731 ; 4 p. in-4°.

2523. — Arrest du Conseil d'Estat du Roy Concernant le **Tourbage** en *Picardie*. Du 5 May 1736. — S. l. n. n. ; 4 p. in-4°.

Bibl. d'Amiens, Hist., n° 3597.
Autre édition en placard in-folio.

2524. — Arrest du Conseil d'Estat du Roy qui ordonne que les **toiles, batistes et linons** Demi-Hollande et autres espèces de toiles de quelque sorte et qualité qu'elles puissent estre, qui auront esté fabriquées jusqu'au dernier décembre de la présente année 1737, tant dans les provinces de Picardie, d'Artois, du Haynault, de la Flandre-Françoise et du Cambrésis, que dans les généralités de Picardie et de Soissons, seront, quinze jours après la publication du présent arrest et jusqu'au 15 janvier de l'année prochaine 1738, marquées dans le bureau établi dans les villes et lieux desdites provinces et généralités, à la teste et à la queue de chaque pièce, d'une empreinte contenant ces mots : Marque en écreu 1737, après néantmoins qu'elles auront esté visitées et marquées de la marque de visite de l'un desdits bureaux, si elles sont trouvé fabriquées conformément aux règlements. Et fait deffenses aux fabriquans, tisserands ou malquiniers, aux courtiers, commissionnaires et autres, d'exposer en vente, ni vendre, et aux marchands d'acheter et de garder dans leurs boutiques et magasins, aucune desdites toiles, comme aussi aux blanchisseurs d'en recevoir aucune pour blanchir, qu'elles n'ayent la marque ordonnée par le présent arrest, ou celle du fabriquant, tisserand ou malquinier, ordonnée par l'arrest du conseil du 16 mai 1737, sous les peines portées par ledit arrest. Du 2 novembre 1737. — Paris, Imprimerie Royale, 1737 ; 4 p. in-4°.

2525. — *Ordonnance de l'Intendant de Picardie, du 30 novembre 1737, déclarant valable une saisie de pièces d'étoffes et ordonnant que ces pièces soient distribuées tant à l'Hôpital général qu'aux filles pénitentes d'Amiens.* — S. l. n. n. ; placard in-folio.

Arch. dép. de la Somme, C, n° 184.

2526. — **Manufactures** et fabriques de la Généralité d'Amiens.

Dict. du Comm., par Savary, 1741, col. 14 à 19 ; in-folio.

2527. — De par le Roy. *Ordonnance de l'Intendant Chauvelin, relative aux bâteliers et haleurs de bâteaux de tourbes; du 13 mars 1741.* — S. l. n. n. ; placard in-folio.

Bibl. H. Macqueron.

2528. — Lettres Patentes du Roy et Règlement concernant les Serges, les Droguets, les Barracans, les Callemandes et autres **Etoffes** qui se fabriquent en Picardie, à l'exception de la ville d'Amiens. Du 20 Juin 1741. — Paris, Imprimerie Royale, 1741 ; 38 p. in-4°.

Autres éditions : Paris, P. G. Simon, 1741 ; 48 p. in-4°. Amiens, veuve Godart, 1753, 48 p. in-4° et celle qui suit.

2529. — Lettres Patentes du Roy et Règlement, Concernant les Serges, les Droguets et les Barracans, les Callemandes, et autres **Etoffes** qui se fabriquent en Picardie à l'exception de la Ville d'Amiens. Du 20 juin 1741. — Amiens, Veuve Godart, 1747 ; 72 p. in-4°.

Cette pièce comprend, sous une seule pagination, les lettres patentes ci-dessus et tous les arrêts suivants qui ont chacun un titre spécial.

Arrest du Conseil d'Etat du Roy et Lettres Patentes sur icelui, Données à Versailles le 28 Mars 1747, Portant Règlement pour les Barracans qui se fabriquent à Abbeville.

Arrest du Conseil d'Etat du Roy Portant confirmation des Articles des Statuts des Manufactures de la Ville d'Abbeville. Du 30 octobre 1670.

Arrest du Conseil d'Etat du Roy, qui permet aux Maîtres Barracaniers de la Ville d'Abbeville, de faire dégraisser, peigner, houper, filer et préparer chez eux les laines pour leurs Barracans. Du 23 Novembre 1680.

Arrest du Conseil d'Etat du Roy, Portant défenses aux Maîtres-Houpiers et à tous autres qui ne sont point Maîtres Sergers-Barracaniers, de fabriquer et faire fabriquer en ladite Ville des Serges, Barracans et autres Etoffes de ladite fabrique ; et aux pauvres Maîtres Sergers-Barracaniers, de prêter leur noms ou d'entreprendre de travailler à façon pour d'autres que pour des Maîtres de leur Communauté. Du 5 juin 1703.

Arrest du Conseil d'Etat du Roy, qui maintient les Barracaniers d'Abbeville dans le droit de teindre en leurs maisons les Laines et Etoffes de leur fabrique. Du 22 Mars 1723.

Arrest du Conseil d'Etat du Roy, qui ordonne que la moitié des amendes qui seront prononcées par les Maire et Echevins d'Abbeville, pour raison des contraventions aux Règlemens des Manufactures, continuera d'être appliquée comme par le passé au profit de l'Hôtel commun de ladite Ville. Du 6 May 1727.

A la fin : Imprimé par les soins des Gardes en charge des Manufactures de la ville d'Abbeville.

Arch. dép. de la Somme, C, n° 195

2530. — Arrests du Conseil d'Estat du Roy portant règlement pour les **toiles, batistes et linons** qui se fabriquent dans les provinces de Picardie, d'Artois, du Haynaut, de la Flandre-Française et du Cambrésis. — Saint-Quentin, veuve Pierre Boscher, 1746 ; 106 et 46 p. in-12.

Bibl. de Beauville.

2531. — De par le Roy. *Ordonnance de l'Intendant Chauvelin relative aux* **Blanchisseurs** *et Curandiers de Picardie ; du 26 Mai 1747.* — S. l. n. n. ; placard in-folio.

Bibl H. Macqueron.

2532. — Arrest du Conseil d'Etat du Roi portant règlement pour la fabrique des **toiles** qui se font dans les différens endroits de la Province de Picardie, des élections d'Amiens, d'Abbeville, de Mondidier et de Doulens. Du 8 Avril 1749. — Paris, Imprimerie Royale, 1749 ; 48 p. in-4°.

Ibid.

2533. — De par le Roy. *Ordonnance de l'Intendant Chauvelin autorisant la perception d'un droit sur les toiles portées aux* **blanchisseries** *des environs de St Valery et de la vallée de la Bresle ; du 11 mai 1749.* — S. l. n. n. ; placard in-folio.

Ibid.

2534. — Arrest du Conseil d'Etat du Roi, portant Règlement concernant le **Tourbage**, les Adjudications, le produit et la Police générale des Communes de la Picardie et de l'Artois. Du 3 Avril 1753. — Amiens, veuve Godart, 1753 ; placard in-folio.

Ibid.

2535. — Arrest du Conseil d'Etat du Roi, Concernant les **Tourbes** dérogeant en un point à celui du 3 avril 1753. Du 27 Novembre 1753. — Amiens. L. C. Caron père ; 4 p. in-4°.

Bibl. d'Amiens, Hist., n° 3597.

2536. — De par le Roi. *Ordonnance de l'Intendant de Picardie qui permet de donner des* **largeurs** *arbitraires* **aux Etoffes** *mentionnées dans les précédens Règlemens, et qui déclare libre le choix des matières et la fabrication, ainsi que les largeurs à l'égard de celles de nouvelle invention. Du 13 septembre 1763.* — Amiens. veuve Godart, 1763 ; placard in-folio.

2537. — Dissertation sur l'établissement des **Manufactures d'Etoffes** dans les villages du Royaume de France et spécialement dans les villages de la Province de Picardie. — Liège, B. Collette, 1765 ; 50 p. in-18.

Anc^{ne} Bibl. de Marsy.

2538. — Sentence de la Sénéchaussée de Ponthieu portant **règlement pour les fabriques** de campagne du ressort de cette Sénéchaussée et du Comté d'Eu. Du 8 Octobre 1766. — S. l. n. n. ; 12 p. in-4°.

Ibid.

2539. — Consultation *relative au* **Tourbage** *en Picardie ; du 12 janvier 1778.* — Abbeville, Devérité, 1778 ; 13 p. in-4°.

Bibl. A de Caieu.

2540. — Ordonnance de M. l'Intendant du 26 Avril 1778 qui défend à tous les Propriétaires et Fermiers des Prairies et Marais adjacens à la Navigation et au Canal de la Somme, d'y extraire des **tourbes** ou bousins, plus près que six toises du bord extérieur des contre-fossés de ladite navigation. — Amiens, Jean-Baptiste Caron fils, 1778 ; placard in-folio.

Arch. dép. de la Somme, C, n° 1446.

2541. — Lettres Patentes du Roi, Portant règlement pour la fabrication des **Etoffes de laines** dans la Généralité d'Amiens, *avec le tableau des règles de fabrication à suivre dans les diverses localités.* Données à Versailles le 22 Juillet 1780. Registrées en Parlement le vingt-deux Août mil sept cent quatre-vingt. — Paris, P. G. Simon, 1780 ; 11 p. in-4°.

Bibl. H. Macqueron.

2542. — Arrêt du Conseil d'Etat du Roi, qui ordonne l'Etablissement des Bureaux pour la Visite et la **Marque des Etoffes** de Laine, dans Amiens, Abbeville, Grandvilliers, Crèvecœur, Hardivillers, Tricot et Quiry. Du dix-sept Septembre mil sept cent quatre-vingt. — Amiens, Jean-Baptiste Caron, 1780 ; placard in-folio.

Arch. dép. de la Somme, C, n° 356.

2543. — Lettres Patentes du Roi, Portant Règlement pour la **fabrication** des **Toiles** et Toileries dans la Généralité de Picardie. Données à Versailles le 30 Septembre 1780. Registrées en Parlement le dix-neuf Décembre mil sept cent quatre-vingt. — Paris, P. G. Simon, 1781 ; 12 p. in-4°.

Autre édition : Imprimerie Royale, 1781 ; in-4°.

2544. — Etat général et noms des bourgs et villages de la Picardie, où se font les différents ouvrages de **serrures** et ferrures, avec les noms des ouvriers qui y sont occupés et leurs prix particuliers.

Détail général des fers, fontes, serrurerie..... par Bonnot ; 1782, in-8°.

2545. — Instruction donnée par M' l'Intendant d'Amiens aux Fabricans de cette Généralité *sur les plombs destinés à constater l'***origine des étoffes** *sorties des manufactures* **françaises** *; du 12 juillet 1786.* — Amiens, J. B. Caron l'aîné, 1786 ; 6 p. in-4°.

Bibl d'Amiens, Hist., n° 3793.

2546. — Précis pour les Marchands de Paris, faisant le **Commerce de Quincaillerie** et Serrurerie *avec les fabricants du Vimeu ;* Contre le Fermier de la Messagerie de la ville d'Eu à Paris. — Paris, N. H. Nyon, 1787 ; 10 p. in-4°.

Ibid., Jurisp., n° 841.

2547. — Arrêt du Conseil d'Etat du Roi, qui rend commun à la Picardie celui du 8 août 1761 portant défenses, relativement à la Champagne, la Flandre et le Hainaut, d'établir aucunes **Clouteries** dans les deux lieues frontières de l'Etranger. Du 19 Septembre 1787. — Paris, Imprimerie Royale, 1787 ; 2 p. in-4°.

2548. — Alcius Ledieu. Les **Badestamiers** du Santerre aux deux derniers siècles. — Paris, Picard, 1885 ; 15 p. in-8°.

2549. — *Etude* **commerciale et industrielle** *sur la Picardie.*

Dict. univ. de la Géogr. commerc. par Peuchet.— Paris, an VIII, t. IV, p. 237 à 239, t. V, p. 373 à 390 et 587 à 588 ; in-4°.

2550. — *Arrêté relatif au* **tourbage** *pris le 29 Germinal an VIII par* Le Préfet du Département de la Somme. — S. l. n. n.; 6 p. in-4°.
Bibl. H. Macqueron.

2551. — *Arrêté relatif au* **tourbage** *pris le 11 Germinal an X par* Le Préfet du Département de la Somme.—Amiens, Maisnel fils; 8 p. in-4°.
Ibid.

2552. — Mémoire sur la manière d'extraire et de préparer la **tourbe** dans les provinces de Hollande et d'Utrecht; et sur les avantages qui résulteraient, pour le Departement de la Somme, de l'adoption d'une partie des procédés hollandais : par le Général Dejean.
Journal des Mines, t. XV, an XII, p. 337 à 370 av. 1 fig. ; in-8°.

2553. — Plan de la **Statistique** Agricole, Industrielle et Commerciale du Département de la Somme, arrêté par la Chambre de Commerce d'Amiens. — Amiens, R. Machart, 1833; 58 p. in-8°.

* **2554.** — Supplique des **Fabricants de sucre** indigène du département de la Somme. 1836. — 12 p. in-12.

2555. — Exposition Universelle. Rapport à la Chambre de Commerce d'Amiens, sur les produits exposés par les Filateurs et les **Fabricants de Tissus** de sa Circonscription, lu par M. Jules Lamy. — Amiens, Alfred Caron, 1855 ; 26 p. in-8°.

2556. — Fête de l'**Industrie** à Amiens le 23 Décembre 1855. — Abbeville, P. Briez ; 26 p. in-18.

2557. — Exposition universelle de 1855. Département de la Somme. Application de l'exposition aux intérêts départementaux. — Amiens, Duval et Herment, 1856 ; 287 p. in-8°.
Autre édition : Abbeville, T. Jeunet, 1857 ; 293 p. in-12.

2558. — Fête de l'**Industrie** à Amiens, 23 Août 1858. — Amiens, Jeunet, 1858 ; 23 p. in-8°.

2559. — Préfecture de la Somme. Distribution des **primes** et des rentes viagères **aux ouvriers** et ouvrières de l'agriculture et de l'industrie dans l'une des Galeries du Musée Napoléon, à Amiens. 26 août 1861. — Amiens, Alfred Caron ; 56 p. in-8°.

2560. — Fête du Travail et du Devoir. Distribution solennelle des **récompenses aux ouvriers** et ouvrières de l'Industrie dans l'une des Galeries du Musée Napoléon le 22 août 1864, sous la présidence de M. le Conseiller d'Etat J. Cornuau, Préfet de la Somme. — Amiens, Alfred Caron, 1864 ; 52 p. in-8°.

2561. — Fête du Travail et du Devoir. Distribution solennelle de **récompenses aux ouvriers** et ouvrières de l'agriculture et de l'industrie le 1er septembre 1867 sous la présidence de M. J. Cornuau. — Amiens, Alfred Caron fils, 1867 ; 16 p. in-8°.

2562. — Les **Faïences** spécialement celles d'origine picarde. 2e Édition avec notes sur la Céramique armoriée et chiffrée et Documents divers, Planches coloriées, Marques et Fac-Simile par F. Pouy. — Paris, Detaille, 1873 ; in-8° de 40 p. et 3 pl.
Cet ouvrage a paru d'abord dans la Picardie, t. XVIII, avec le titre : Les Faïences d'origine picarde et les collections particulières.

2563. — Industrie de la **Tourbe**. Exposé de l'exploitation industrielle de la Tourbe dans le Nord de la France par M. G. R. Colart. — Abbeville, E. Caudron, 1881 ; 20 p. in-12.

2564. — **Poteries vernissées** de l'ancien Ponthieu, par Ch. Wignier. — Paris, Laurens, 1887 ; 61 p. gr. in-8° av. 25 pl. color.

2565. — R. Poujol de Fréchencourt. La Picardie *(principalement* **industrielle)** à l'Exposition universelle de 1889. — Amiens, Yvert et Tellier, 1890 ; 135 p in-8°.

CHAPITRE XV

SANTÉ PUBLIQUE

MÉDECINE, ÉPIDÉMIES, SOCIÉTÉS MÉDICALES.

2566. — Extrait des Registres de Parlement. *Arrêt, du 21 mai 1666, établissant des* **conseils de santé** *à Amiens, Abbeville et dans les villes maritimes de Picardie.* — S. l. n. n. ; 3 p. in-4°.

<small>Arch. dép. de la Somme, B, n° 30.</small>

* **2567.** — An febri putridæ Picardis **suette** dictæ sudorifera ? par Bellot. — Paris, 1733 ; in-4°.

<small>Bibliog. Dufour, n° 44.</small>

2568. — Mémoire sur la **dyssenterie** épidémique qui règne en Picardie. — Amiens, veuve Godart, 1750 ; 4 p. in-folio.

<small>Arch. dép. de la Somme, C, n° 38.</small>

2569. — Lettre écrite de Montreuil-sur-Mer, en 1750, sur la cause du **flux épidémique** qui règne dans la province de Picardie. — S. l. n. n. ; 6 p. in-4°.

<small>Anc^{ne} Bibl. de Marsy.</small>

2570. — Histoire d'une **dyssenterie épidémique** qui a régné en 1750, en quelques endroits de la Picardie et à Aumale, par M. Marteau.

<small>Journ. de Médec., t. XVIII, p 42 à 59.</small>

2571. — Consultation des médecins d'Amiens sur la **Dyssenterie** qui règne dans plusieurs Cantons de la Province de Picardie. — Amiens, J. B. Caron, 1779 ; 4 p. in-4°.

<small>Arch. dép. de la Somme, C, n° 38.</small>

2572. — Département de la Somme. Liste générale des **Docteurs**, Chirurgiens, Officiers de santé, Sages-Femmes et Herboristes, établis dans le Département, dressée en exécution de l'Article XXVI de la Loi du 19 Ventôse an II. — Amiens, Maisnel fils, s. d. ; placard in-folio.

<small>C'est le premier des tableaux de ce genre qui depuis ont paru périodiquement.</small>

2573. — Consultation du **Juri de Santé**, Comité médical du Département de la Somme, sur une question de médecine légale. — Amiens, Maisnel fils, an XI ; 20 p. in-4°.

2574. — Département de la Somme. *Arrêté du Préfet de la Somme relatif à l'organisation de la* **Société de Vaccine** *d'Amiens* ; du 2 thermidor an XII. — Amiens, Maisnel fils ; 7 p. in-4°.

<small>Bibl. d'Amiens, Hist., n° 2639.</small>

2575. — Instruction pour la propagation de la **vaccine**, dans le département de la Somme. — S. l. n. n., an XIII ; 12 p. in-8°.

2576. — Précis sur les moyens de **désinfecter l'air** par l'acide muriatique oxygène, rédigé, sur la demande de M. le Préfet, pour l'usage des campagnes, par la Société médicale du département de la Somme. — *Amiens, an XIII* ; 7 p. in-8°.

<small>Bibl. de la Ch. de Comm. d'Amiens.</small>

2577. — Département de la Somme. Liste générale des **agens sanitaires** établis dans le département de la Somme. 1803. — S. l. n. n. ; placard in-folio.

2578. — Programme des opérations chimiques et pharmaceutiques proposées par le **Jury médical** du Département de la Somme pour Réception de Pharmacien. — Amiens, Fr. Caron-Berquier, 1816 ; 7 p. in-4°.

Anc^{ne} bibl. de Marsy.

2579. — Association de bienfaisance médicale. Concordance de l'état atmosphérique avec les **maladies** régnantes à Amiens et ses environs, *par les docteurs Traunoy et Griois.* — S. l. n. n. n. d. *(1819-1825)* ; in-8°.

Bibl. d'Amiens, Médec., n° 3031.

2580. — Du **Choléra Morbus.** Intendance sanitaire du département de la Somme. — Amiens, Boudon-Caron, 1832 ; 32 p. in-8°.

2581. — Histoire du **choléra-morbus** asiatique, avec les mesures administratives auxquelles il donna lieu en 1832, à Amiens et dans le Département de la Somme, etc, par J. Petit, Médecin. — Amiens, Allo-Poiré ; Abbeville, Grare, 1833 ; 600 p. in-8°.

2582. — Documents sur le **choléra-morbus** asiatique considéré comme maladie contagieuse ou communicable recueillis dans l'arrondissement d'Abbeville en 1832 et 1833, par J. B. Vésignié. — Abbeville, T Jeunet, 1847 ; 104 p. in-8°.

Ext. Mém. Soc. Emul. Abbeville.

2583. — Histoire du **vaccin** découvert à Amiens en 1836, par V. Autier, Méd. P., suivie de quelques réflexions sur son utilité. — Paris, Crochard ; Amiens, Ledien fils, 1836 ; 62 p. in-8°.

2584. — **Service vaccinal** du département de la Somme. Règlement. — Amiens, Duval et Herment, *1836* ; 17 p. in-8° et 2 tableaux.

2585. — **Société** centrale **de vaccine** du département de la Somme. Séance solennelle du 11 novembre 1838. — Amiens, Duval et Herment ; 17 p. in-8°.

2586. — Département de la Somme. **Comité** central **de vaccine.** Procès-Verbal de la séance solennelle du 6 novembre 1843. — Amiens, Duval et Herment, 1843 ; 47 p. in-8°.

2587. — **Société de Médecine** d'Amiens formant le Comité central de Vaccine du Département de la Somme. Séance publique.

1844. Amiens, Duval et Herment, 1845 , 80 p. in-8°
1845   »   »   »   1846 : 27 p. in-8°
1846.   »   »   »   1847 ; 38 p. in-8°.
1847.   »   »   »   1847 , 38 p. in-8°.
1848.   »   »   »   1848 . 40 p. in-8°.
1849   »   »   »   1849 ; 36 p. in-8°
1850.   »   »   »   1850 ; 39 p. in-8°.

Ces comptes rendus ont continué à paraître les années suivantes.

2588. — Lettre de M. le docteur Foucart, sur la **suette militaire** *dans l'arrondissement de Péronne en 1848.*

Bull. Acad. Médec., t. XIV, p. 922 à 925 ; in-8°.

2589. — **Société de Médecine** d'Amiens. Discours prononcé au Comité central de Vaccine du Département de la Somme par M. le Docteur Courtillier. — Amiens, Duval et Herment, 1852 ; 21 p. in-8°.

2590. — **Société médicale** d'Amiens. Séance du 12 Février 1856. Discours de M. Andrieu, Président. — Amiens, Yvert, 1856 ; 8 p. in-8°.

2591. — Travaux des **Conseils d'Hygiène** publique et de Salubrité du Département de la Somme

Tome   I. 1856. Amiens, E. Herment, 1857 , 187 p. in 8°.
  »   II. 1857.   »   Yve Herment, 1858 ; 210 p. in-8°.
  » III. 1858.   »   »   1859 ; 204 p. in-8°.
  »   IV. 1859.   »   Alfred Caron, 1860 ; 208 p. in-8° et 13 tab.
  »   V. 1860.
  »   VI. 1861.   »   Alfred Caron, 1862 ; 231 p. in-8° et 7 tabl.
  » VII. 1863.   »   »   1864 ; 112 p. in-8° et 3 tabl.
  » VIII. 1864.   »   »   1865 ; 412 p. in-8° et 3 tabl.
  »   IX. 1865.   »   »   1866 ; 184 p. in-8° et 1 tabl.
  »   X. 1866.   »   »   1867 ; 148 p. in-8° et 3 tabl.
  »   XI. 1867.   »   »   1868 ; 260 p in-8° et 3 tabl·
  » XII. 1868.   »   »   1869 ; 106 p. in-8° et 3 tabl

Depuis cette époque, il a été publié un volume chaque année sur les travaux de ces conseils.

2592. — Association de prévoyance et de secours mutuels des **médecins et des pharmaciens** du département de la Somme fondée le 10 septembre 1856. Statuts. — Amiens, Lenoel-Herouart ; 11 p. in-8°.

2593. — Société médicale d'Amiens, **Topographie médicale** du Département de la Somme. Abbeville, Gamaches, Montdidier. — Amiens, Lenoel-Herouart, 1857 ; 203 p. in-8°.

2594. — Association de prevoyance et de secours mutuels des **Médecins** du Département de la Somme.—Amiens, Lenoel-Herouart, 1862 ; 39 p. in-8°.

2595. — Règlement pour la **Société Médicale** d'Amiens, fondée en l'an XI. — Amiens, Alfred Caron, 1864 ; 12 p. in-8°.

2596. — Etude sur la **Société de Médecine** d'Amiens, commentaire historique, biographique et critique des cinquante premières années de son existence, comme institution publique et comme compagnie savante dans ses rapports avec les doctrines médicales du temps, par le Dr Courtillier. — Paris, Asselin ; Amiens, Alfred Caron, 1864 ; 545 p. in-8°.

2597. — Rapport sur l'épidémie de **choléra** de 1866, par le Docteur Lenoel.

Trav. cons. hyg. dép Somme, t. X, p. 123 à 145 ; in-8°.

2598. — **Gazette médicale** de Picardie, Organe officiel de la Société Médicale de Picardie. Paraissant à la fin de chaque mois.

Le premier numéro (janvier 1883) est de format in-8°. A partir du n° 2 (février 1883), le format in-4° a été adopté ; chaque numéro de 16 p. a paru régulièrement depuis cette époque.

2599. — Société de **Médecine-Vétérinaire** du Département de la Somme. Statuts. Règlement. — Abbeville, Caudron, 1881 ; 16 p. in-12.

2600. — Bulletin de la Société de **Médecine-Vétérinaire** de la Somme. — In-8°.

Le premier numéro imprimé à Abbeville, chez Caudron a paru en 1882. Ce bulletin continue de paraître irrégulièrement.

CHAPITRE XVI

PUBLICATIONS PÉRIODIQUES

I. REVUES SAVANTES ET LITTÉRAIRES.

2601. — **Archives de Picardie** (Histoire, Littérature et Beaux-Arts). — Amiens, t. I, Yvert, 1841 ; t. II, Caron-Vitet, 1842 ; 2 vol. in-8° de VI-304 p. et 288 p. av. pl.

Cette revue dirigée par MM. Dusevel, Goze et de la Fons-Mélicocq, est la première de ce genre qui ait été publiée dans le département.

2602. — Le **Cabinet historique** de l'Artois et de la Picardie. Revue d'histoire locale publiée avec la collaboration de membres de Sociétés savantes sous la direction de M. Alcius

Ledieu. — Abbeville, aux Bureaux de la Revue ; in-8°.

Tome I. 1886-1887, 336 p., 15 pl. et 10 fig.
» II 1887-1888 ; 336 p. et 11 pl.
» III. 1888-1889 ; 360 p., 11 pl. et 13 fig.
» IV. 1889-1890 ; 352 p., 7 pl. et 11 fig.
» V. 1890-1891 ; 344 p., 13 pl. et 21 fig.
» VI. 1891-1892 ; 336 p., 6 pl. et 12 fig.
» VII. 1892-1893 ; 328 p. et 11 pl.
» VIII. 1893-1894 ; 336 p. et 3 pl.
» IX. 1894-1895 ; 328 p. et 7 pl.
» X. 1895 ; III-349 p. et 1 pl.
» XI. 1896 ; IV-352 p., 9 pl. et 1 fig.
» XII. 1897 ; II-376 p., 15 pl. et 23 fig.
» XIII. 1898 ; II-384 p., 11 pl. et 24 fig.
» XIV. 1899 ; II-410 p., 1 pl. et 33 fig

2603. — Le **Dimanche**, semaine religieuse du Diocèse d'Amiens. — In-8°

Fondé par M. l'abbé Corblet, il paraît par livr. hebdomadaires. Le 1er numéro est du 2 juillet 1871 ; continue de paraître régulièrement.

2604. — Les **Enfants du Nord**. Revue littéraire, artistique et historique. Flandre, Artois, Picardie, Wallonie.

Vol. I. 1893. Paris, Lechevalier, 1893 ; 380 p. in-8° et 34 fig.
» II. 1894. »   » 1894 ; 368 p. in-8° et 20 fig.
» III. 1895. »   » 1895 ; 256 p. in-8°, 18 fig. et 1 pl.
L'année 1895 n'a pas été achevée.

2605. — La **Foi picarde**, semaine religieuse des trois diocèses de Beauvais, Soissons et Amiens, dirigée par M. l'abbé Lecot. — Noyon, Andrieux ; in-8°.

Revue hebdomadaire qui a paru de 1865 à 1870 en 8 volumes : le dernier numéro est d'octobre 1870.

2606. — La **Jeune Picardie**. Revue littéraire et historique paraissant tous les mois. 1re année, n° 1, juillet 1900. — Gr. in-8°.

Editée à Cayeux-sur-Mer.

2607. — La **Picardie**, revue littéraire et scientifique, publiée à Amiens, sous les auspices des Académies et Sociétés Savantes des départemens de la Somme, de l'Aisne, de l'Oise et du Pas-de-Calais. — Amiens, Lenoel-Herouart *(de 1855 à 1873)*; Delattre-Lenoel *(de 1874 à 1884)* ; in-8°.

Tome I. Année 1855 ; 596 p. et 1 pl.
» II. » 1856 ; 564 p. 1 pl. et 6 fig.
» III. » 1857 ; 572 p. et 3 pl.
» IV. » 1858 ; 576 p.
» V. » 1859 ; 576 p. et 2 fig.
» VI. » 1860 ; 576 p.
» VII. » 1861 ; 576 p. et 17 fig.
» VIII. » 1862 ; 576 p. et 10 fig.
» IX. » 1863 ; 576 p.
» X. » 1864 ; 576 p.
» XI. » 1865 ; 576 p.
» XII. » 1866 ; 576 p.
» XIII. » 1867 ; 576 p. et 1 pl.
» XIV. » 1868 ; 576 p.
» XV. » 1869 ; 588 p. et 9 fig.
» XVI. » 1870 ; 496 p.
» XVII. » 1871-1872 ; 576 p.
» XVIII. » 1873 ; 576 p. et quelques fig.
» XIX. » 1874 ; 576 p. et quelques fig,
» XX. » 1875-76-77 ; 668 p.
» I. (2e série)1878, 504 p. et quelques fig.
» II. » 1879 ; 576 p.
» III. » 1880 ; 578 p. et 12 fig.
» IV. » 1881 ; 576 p.
» V. » 1882 ; 578 p.
» VI. » 1883 ; 574 p.
» VII. » 1884 ; 580 p.

2608. — **Picardie littéraire**. Lettres, Sciences, Arts, Revue Amiénoise mensuelle. — Grand in-8°.

Le premier numéro est de février 1889. Cette revue n'a paru que jusqu'à la fin de l'année. Au n° 3 elle avait changé son titre, réclamé par une autre feuille antérieure, en celui de : **Picardie Revue**.

2609. — **Revue d'Amiens** politique, littéraire, agricole et commerciale. — Amiens, au Bureau de la Sentinelle Picarde ; in-8°.

Cette revue a paru d'avril à octobre 1833 en 7 livr. contenant ensemble 232 p.

2610. — La **Revue du Nord**. Directeur : Emile Blémont. — In-8°.

Voir le numéro suivant.
A succédé à la Revue du Nord de la France. Son premier numéro daté du 1 janvier 1892 porte la mention 3e année, n° 23. A paru jusqu'en 1898.

2611. — **Revue du Nord de la France**. Directeurs MM. Henry Carnoy et Alcius Ledieu.

Tome I. 1890. Paris, Lechevalier ; 272 p. in-8°.
» II. 1891. »   » 300 p. in-8°.
Seules années parues.

2612. — **Revue Picarde**. Annales historiques, littéraires et artistiques du Nord de la France.

Cette revue dirigée par M. Yvert a paru chaque semaine en un numéro de 8 p. in-4°, du 2 janvier 1860 au 29 décembre 1862. Elle a souvent donné des articles d'histoire et d'archéologie, mais dans sa seconde moitié, s'est presqu'uniquement occupée de théâtre, de musique et de beaux arts.

2613. — **La Revue Picarde.** Organe Mensuel illustré, littéraire, artistique et scientifique. — In-4°.

Le premier numéro est du 15 janvier 1899 ; a continué de paraître régulièrement

2614. — La **Revue septentrionale.** Flandre, Artois, Picardie. — In-8° carré.

Cette revue dont le premier numéro est de novembre 1895 continue de paraître chaque mois ; elle est publiée à Paris et comprend des articles de littérature, beaux arts, etc., relatifs aux provinces indiquées ci-dessus.

II. JOURNAUX.[1]

2615. — **Annales Picardes** et Belgiques. Prospectus. — Abbeville, Devérité, 1798 ; 8 p. in-8°.

Nous n'avons pu retrouver aucun numéro de ce journal qui n'a probablement jamais paru.
Bibliog. Dufour, n° 184.

2616. — Annonces, **Affiches** et Avis divers **de Picardie,** Artois, Soissonnais et Pays-Bas français ; 1770-1791.

Ce journal publié à Amiens chez Godart, paraissait chaque samedi en feuille grand-in-4°. Le n° 1er est du 6 janvier 1770. Il modifia successivement son titre : le 6 décembre 1788, il s'appela : Affiches, Annonces et Avis divers de Picardie et Soissonnais ; le 2 janvier 1790 : Affiches de Picardie et Soissonnais et le 17 juillet 1790, Affiches du Département de la Somme. Supprimé en 1791, il fut remplacé par la Décade de la Somme. (Voir aux journaux d'Amiens).

2617. — **Ch' Kiot picard** illustré.

Ce journal de 8 p. in-4° n'a eu qu'un numéro, le 11 mai 1890.

[1] Il est souvent difficile de distinguer les journaux d'Amiens de ceux s'adressant au département tout entier, les premiers étant répandus bien en dehors de leur arrondissement. Pour l'attribution au département, nous suivrons M. Dufour dans sa bibliographie en y joignant les notices indispensables dont il a accompagné chaque journal.

2618. — Le **Correspondant picard** et le Rédacteur des cahiers de la seconde législature. Journal dédié aux habitants des cantons, villes, bourgs, villages, hameaux et municipalités des départemens de la Somme, de l'Aisne et de l'Oise, par F. N. Babœuf. —Noyon, Devin, 1790 ; in-8°.

M. Dufour qui signale le propectus de cet ouvrage se demandait s'il avait jamais paru. M. de Marsy en indique dans sa Bibliographie Noyonnaise, une série de 40 numéros parus en 1790 et 1791.

2619. — Le **Franc-Picard,** journal littéraire des Villes et des Campagnes sous la direction de M. de Belleval.

Paraissait en numéros de 8 p. in-4° ; le 1er numéro est du 28 mai 1882.

2620. — Le **Picard amusant,** journal illustré *à caricatures*. — Paris, Le Peletier ; in-folio.

Paraît n'avoir eu que deux numéros, les 21 et 28 avril 1894.

2621. — Le **Picard illustré.**

Le seul numéro de ce journal de 4 p. in-folio a paru le 16 mars 1890.

2622. — La **Somme hebdomadaire.**

Le premier numéro de ce journal édité à Arras, est du 8 Décembre 1883 ; a paru toujours régulièrement depuis cette époque.

2623. — Le **Spectateur Picard.** Janvier 1755. — Au Cap de Bonne-Espérance, chez Hottentot, à l'Impartialité ; 29 p. in-12.

Seul numéro paru. Le journal a été supprimé le 18 mars 1755, comme contenant des expositions vicieuses de faux principes de religion et de mœurs.

2624. — De par les Lieutenant Général de Police, Maire et Echevins de la Ville d'Amiens. Sentence qui ordonne la suppression du **Spectateur Picard.** *Du 18 mars 1755.* — S. l. n. n. ; 1 p. in-4°.

Bibl. H. Macqueron.

III ALMANACHS.

2625. — **Almanach** historique et géographique **de la Picardie** pour l'année 1753 ; Où l'on donne une idée générale de la situation, de la division, de l'Histoire, des Rivières, du Terroir, des Coûtumes, de la Noblesse et du Commerce de cette Province. Avec Les particularités les plus intéressantes sur les principales Villes qu'elle renferme, et la plus grande partie des noms des personnes qui y composent l'Etat Ecclésiastique, Militaire, Civil et Littéraire, particulièrement de la Ville d'Amiens. Dédié à Mgr le Duc de Chaulnes. — Amiens, veuve Godart, 1753 ; 156 p. in-32 n. n.

Cet almanach, publié par le P. Daire, a continué de paraître dans le même format les années suivantes sous un titre un peu moins développé que celui de la première année ·

Almanach historique et géographique de la Picardie.....

Année	M DCC.LIV.	Amiens, Veuve Godart ;			248 p.
»	M DCC.LV	»	»	»	242 p.
»	1756	»	»	»	240 p.
»	M DCC LVII.	»	»	»	240 p.
»	1758.	»	»	»	240 p.
* »	1759.	»	»	»	248 p.
»	1760.	»	»	»	244 p.
»	1761.	»	»	»	264 p
»	1762	»	»	»	256 p
»	1763.	»	»	»	259 p.
»	1764.	»	»	»	260 p.
»	1765.	»	»	»	288 p.
»	1766	»	»	»	212 p.
»	1767	»	»	»	232 p.
»	1768	»	»	»	260 p.
»	1769.	»	»	»	290 p.
»	1770.	»	»	»	280 p.
»	1771	»	»	»	219 p.
»	1772.	N'a point paru.			
»	1773.	Amiens. Veuve Godart ;			196 p.
»	1774.	N'a point paru.			
»	1775.	»	»	»	
»	1776	Amiens, Veuve Godart ;			304 p.
»	1777	»	»	»	253 p.
»	1778.	»	J. B. Caron fils ;		XVI-248 p.
»	1779	»	»	»	XVI-278 p.
»	1780.	»	»	»	XVI-252-XIV p.
»	1781	»	»	»	XVI-308 p.
»	1782	»	»	»	288 p
»	1783.	»	»	»	273 p.
»	1784.	»	»	»	252 p.
»	1785	»	»	»	292 p.
»	1786	»	»	»	296 p.
Année	1787.	Amiens, J. B. Caron fils,			300 p.
»	1788	»	»	»	288 p.
»	1789.	»	»	»	340 p
»	1790.	»	»	»	312 p.

L'Année 1754 a paru en trois éditions ne différant que par l'ordre des matières , l'une a le titre ci-dessus indiqué · l'autre les titres suivants . 1º Almanach historique et géographique contenant les particularités les plus intéressantes et les noms des Personnes qui composent l'Etat Ecclésiastique, Militaire et Civil, des Villes des Elections d'Amiens et de Doullens. Année 1754 . 2º Almanach historique et géographique. . Militaire et Civil des Elections d'Abbeville, Saint-Quentin, Péronne, Mondidier, et du Pays conquis et reconquis. Année 1754.

Bibl. H. Macqueron.

2626. — L'**Almanach** historique et géographique **de la Picardie** pour l'année 1757 par le R. P. Daire. *Extraits signés : F. H. G.*

La Picardie, t. XVIII, p 193 à 204, in-8º.

* **2627.** — Préservatif contre l'**Almanach de Picardie.** — S. l. n. n. n. d. ; 6 p. in-12.

Bibliog. Dufour, nº 132.

2628. — **Almanach** historique et géographique **du Département de la Somme** pour l'année bissextile Mil sept cent quatre-vingt douze. — Amiens, Jean-Bapt. Caron, 1792 ; 174 p. in-32.

2629. — **Annuaire** statistique et administratif **du Département de la Somme**, pour l'An 1806, par Maurice Rivoire. — Amiens, Maisnel fils, 1806 ; 375 p. in-8º.

2630. — **Annuaire du Département de la Somme** pour l'an 1815, faisant suite à l'ancien almanach de Picardie. — Amiens, Caron-Vitet ; 348 p. in-32.

2631. — **Annuaire du Département de la Somme**, pour 1815 et 1816 faisant suite à l'ancien almanach de Picardie. — Amiens, Caron-Vitet, s. d. ; 348 p. in-32.

Cette édition reproduit celle de 1815 ; elle n'en diffère que par le calendrier. La page 18 marquée ainsi 18-34 conduit à la page 35.

2632. — **Annuaire statistique** du Département de la Somme pour l'année 1826, publié par souscription, par M. Binet fils aîné, d'Amiens. — Amiens, Caron Duquenne, 1826; XVI-250 et 6 p. n. n. in-8°.

2633. — **Annuaire du Commerce** du Département de la Somme pour 1826, publié par M. Binet fils aîné à Amiens. — Amiens, Caron-Isnard ; 148 p. in-8°.

2634. — **Annuaire statistique** du Departement de la Somme pour l'année 1827, publié par M. Binet fils aîné, d'Amiens. — Paris, Gaultier-Laguionie, 1827 ; IV-244 p. in-8°.

2635. — **Almanach du Palais**, des Cours, des Tribunaux civils et de Commerce et des Fonctionnaires publics dans les Départemens de la Somme de l'Aisne et de l'Oise, par M. Robert. — Amiens, 1833 ; 156 p. in-8°.

* **2636.** — Le **Messager picard**, Almanach populaire du département de la Somme publié par la Sentinelle Picarde. 1836. — Amiens, Boudon-Caron ; in-18.

N'a paru qu'une seule année.

2637. — **Annuaire statistique** du Département de la Somme pour l'année 1837, par A. Vast. — Amiens, 1837 ; 520 p. in-8°.

2638. — **Almanach du département** de la Somme pour 1841 ; première année. — Amiens, Ledien fils ; in-18.

Seule année parue.

2639. — 1842. Almanach populaire de la Somme précédé d'un annuaire complet du département. 1re année. — Abbeville, C. Paillart ; in-16.

Cet almanach a depuis lors continué de paraître dans la même maison sous le titre : **Almanach annuaire** du Département de la Somme.

2640. — **Almanach du département** de la Somme, contenant les noms et adresses des fonctionnaires et principaux commerçants des villes d'Amiens, Abbeville, Doullens, Péronne et Montdidier, des notices sur l'agriculture, le commerce et les arts. — Amiens, Caron-Vitet, 1842-1843 ; 152 p. in-32.

2641. — **Almanach du Franc-Picard** ou petit Annuaire de la Ville d'Amiens et des autres villes du département de la Somme. 1845. — Amiens, Alfred Caron ; 224 p. in-16.

Cet almanach a continué de paraître chaque année avec les légères modifications de titre suivantes : en 1854, Le **Franc-Picard**, annuaire commercial du département de la Somme ; en 1862, Almanach du Franc-Picard, Annuaire commercial du Département de la Somme ; en 1866 Le Franc-Picard, Annuaire de la Somme, et en 1891, Almanach annuaire. Le Franc-Picard.

Les différents éditeurs tous d'Amiens ont été jusqu'en 1876 Alfred Caron, de 1877 à 1879, Oscar Sorel, de 1880 à 1881, Dutilloy, de 1884 à 1886, Caillet et depuis 1887 l'Imprimerie Picarde.

Son format et son importance (de 225 à 300 p. suivant les années) n'ont pas changé ; il contient tous les ans une ou plusieurs pièces en patois picard.

2642. — **Annuaire topographique** statistique et historique du département de la Somme, par T. D. 1re année : 1844. — Amiens, Caron-Vitet ; 208 p. in-16.

Cet almanach édité à Amiens par Caron-Vitet, puis à partir de 1847 par Caron-Lambert et de 1865 par Lambert-Caron a paru jusque vers 1885 sous le titre d'**Annuaire complet de la Somme** qu'il avait pris en 1851, il a été continué dans un format plus grand par la maison Redonnet et porte maintenant le titre **Grand annuaire complet** du Département de la Somme.

2643. — **Grand Almanach populaire** de la Somme pour 1815. — Paris, Pillet ; 185 p. in-18 et 1 carte.

C'est le titre de la couverture qu'on adaptait avec une carte et une feuille spéciale à un almanach publié à Paris, seule année parue.

2644. — **Annuaire** administratif et historique **de la Somme** pour les années 1852 et 1853, publié sous les auspices du conseil général du département par la Société des Antiquaires de Picardie. — Amiens, Duval et Herment, 1852 ; 538 p. in-8°.

Très nombreux renseignements parmi lesquels il faut surtout citer : le calendrier picard par M. Dufour, la liste des députés de la Somme depuis 1789, le répertoire des plans terriers du département antérieurs à 1790, etc.

2645. — **Les almanachs** du Messager Picard et du Département de la Somme, *par F. H. G.*

La Picardie, 1873 ; p. 240 à 252 ; in-8°

2646. — **Annuaire du Département** de la Somme, pour l'année 1876 par Paul Ansart. — Amiens, Caron, 1876 ; 925 p. in-8°.

Cette annuaire a paru depuis chaque année sous des titres légèrement modifiés, tels que : **Annuaire administratif** de la Somme, **Annuaire administratif et historique** du département de la Somme. **Annuaire officiel** du département de la Somme. Il ne porte plus de nom d'auteur.

2647. — **Arména** des Enfants du Nord, des Francs-Picards et des Rosati Flamands, Artésiens, Francs-Picards et Wallons pour l'année" publié par Henry Carnoy,

"1893. Paris, Lechevalier, 1893 ; 125 p. in-8° et 17 fig.
1894. id. id. 1894 ; 154 p. in-8° et 35 fig.
1895. id. id. 1895 ; 128 p. in-8° et 41 fig.
Seules années parues.

LIVRE DEUXIÈME

ARRONDISSEMENT D'AMIENS

CHAPITRE I

AMIENS

ARCHÉOLOGIE GALLO-ROMAINE.

2648. — *Note sur la* **statuette phallique** *du Musée d'Amiens et sur des* **anneaux d'argent** *trouvés à Pont-de-Metz.*

Rec. de monum. ant., par Grivaud de la Vincelle, t. II, p. 84 à 92 et pl. X et XI ; in-4°.

2649. — Note sur les substances contenues dans un **miroir métallique** trouvé au faubourg de Beauvais et analysé par M. Reynard, pharmacien, par M. Rigollot.

Mém. Soc. Archéol. Somme, t. I, p. 247 à 250 ; in-8°.

2650. — Notice sur un **tombeau antique** découvert dans le terrain de Saint-Acheul, en novembre 1839, par M. l'abbé Solente.

Mém. Soc. Ant. Pic., t. IV, p. 431 à 433 ; in-8°.

2651. — Note sur le squelette du **tombeau romain** découvert en novembre 1839, à Saint-Acheul, par M. le docteur Fevez.

Ibid., p. 435 et 436 ; in-8°.

2652. — Mémoire sur une petite **statue de Midas** *trouvée à Henriville*, par M⁰ le Dʳ Rigollot.

Ibid., t. VIII, p. 303 à 316 av. 1 pl. ; in-8°.

2653. — Note sur un **ancien égout**, découvert à Amiens, au mois de septembre 1843, par M. Dufour.

Bull. Soc. Ant. Pic., t. II, p. 128 à 132 ; in-8°.

2654. — Notice sur un **cachet d'oculiste** romain, trouvé à Amiens, par M. Ch. Dufour.

Mém. Soc. Ant. Pic , t. VIII, p. 575 à 599 ; in-8°.

2655. — Note sur une découverte de **tombeaux** faite à Longpré-les-Amiens le 28 février et le 6 mars 1852, par M. Garnier.

Bull. Soc. Ant. Pic , t. IV, p. 331 à 336 ; in-8°.

2656. — Note sur la découverte d'un **four de potier** et de fragments de vases gallo-romains, dans la rue de Belle-Vue, quartier d'Henri-Ville, par Mʳ A. Magdelaine. — Amiens, Duval et Herment, 1854 : 8 p. in-8° av. 1 pl.

Ibid.

2657. — Notice sur une **sépulture romaine** découverte sur le territoire de la ville d'Amiens, par Mʳ le Dʳ Rigollot.

Ibid , t. V, p. 346 à 349 ; in-8°.

2658. — Notice sur une découverte d'**objets romains** faite à Saint-Acheul-lès-Amiens en 1861, par M. Garnier. — Amiens, Lemer aîné, 1863 ; 18 p. in-8° et 3 pl.

Ext. Mém. Soc. Ant. Pic.

2659. — Rapport sur un **cercueil de plomb** trouvé à Amiens, *le 6 janvier 1874, par M. de Montaiglon*.

Rev. Soc. Sav. Dép., t. I, 6ᵉ Sⁱᵉ, p. 102 à 104 av. 1 fig. ; in-8°

2660. — Découvertes d'**antiquités** à Amiens. Communication de M. Dusevel. (Séance du 10 mai 1875).

Ibid., t. II, 6ᵉ Sⁱᵉ, p. 221 et 222 ; in-8°.

2661. — Amiens **souterrain**, *par Georges Lecoq*.

La Picardie, t. I, 2ᵉ Sⁱᵉ, p. 231 à 235 ; in-8°.

2662. — Sur la découverte d'un **hypocausis**, rue du Cloître Saint-Nicolas, à Amiens, par M. Ch. Pinsard.

Bull. Soc. Ant. Pic., t. XIII, p. 212 à 216 ; in-8°.

2663 — Notice sur un **cachet d'oculiste** romain trouvé à Amiens le 21 juin 1879, par M. J. Garnier.

Mém. Soc. Ant. Pic., t. XXVI, p. 461 à 479 av. 1 pl. et 3 fig. ; in-8°.

2664. — **Antiquités romaines** découvertes à Amiens, *par M. Janvier*.

Bull. Soc. Ant. France, 1881, p. 237 et s. ; in-8°.

2665. — *Note sur des* **découvertes archéologiques** *faites à Renancourt, près Amiens, par M. Pinsard*.

Bull. Soc. Ant. Pic., t. XIV, p. 214 à 218 ; in-8°.

2666. — **Inscription** d'Amiens, *par Florian Vallentin*.

Bull. épig. de la Gaule, t. II, p. 29 à 32 av. 1 pl. ; in-8°.

2667. — Les **Inscriptions militaires** d'Amiens, à propos d'un nouveau monument de la Légion XXI Rapax, par M. Robert Mowat. — Paris, Didier et Cⁱᵉ, 1882 ; 16 p. in-8°.

Ext. de la Revue archéol.

2668. — **Statuette romaine** en terre cuite trouvée à Amiens, communiquée de la part de M. Ch. Borély, *par M. Robert Mowat*.

Bull. Soc. Ant. France, 1882, p. 177 et 178 ; in-8°.

2669. — **Stèle funéraire** romaine trouvée à Amiens, par Demay.

Ibid., 1882, p. 253 et 256 av. 1 pl. ; in-8°.

2670. — **Cachet d'oculiste** romain trouvé à Amiens en 1884. Note de M. Alfred Danicourt.

Bull. Soc. Ant. Pic., t. XV, p. 242 à 244 av. 1 fig.; in-8°.

2671. — Note sur deux **cachets d'oculistes** romains trouvés à Amiens en 1884 et à Lyon en 1880, par Alfred Danicourt. — Paris, Pillet et Dumoulin, 1884 ; 9 p. in-8° av. 1 pl.

2672. — **Inscription funéraire** gallo-romaine trouvée à Saint-Acheul-lez-Amiens, par M. Pouy.

Bull. Soc. Ant. Pic., t. XVII, 1889-91, p. 369 à 371 av. 1 pl. ; in-8°.

2673. — Ornements d'une **bride de cheval** *trouvée à Renancourt*. Communication de M. Pinsard.

Ibid., t. XVIII, 1891-94, p. 170 à 174 av. 5 pl. ; in-8°.

2674. — **Inscription chrétienne** trouvée à Amiens. Notice par M. Georges Durand. — Amiens, Yvert et Tellier, 1895 ; 7 p. in-8° et 1 pl.

Ibid.

2675. — **Ciste et Sandales** Gallo-Romaines, trouvées à Amiens en 1896. Note par M. F. Collombier.

Ibid., t. XIX, 1895-97, p. 879 et 880 av. 2 pl. ; in-8°.

2676. — Guerrier à cheval, **sculpture en os** trouvée à Amiens, *par Albert Maignan.*

Revue archéol., 1897, t. II, p. 115 à 124 av. 2 fig. ; in-8°.

CHAPITRE II

HISTOIRE D'AMIENS

I. OUVRAGES GÉNÉRAUX

2677. — **Antiqvitez** et Choses plvs remarqvables de la Ville d'**Amiens** succinctement traictees Par M. Adrian de la Morliere, Chanoine de l'Eglise nostre Dame d'Amiens. — Amiens, Iacqves Hvbavlt, M.DC.XXI ; in-8° de 79 p. et 3 p. n. n.

Bibl. Nat^{le}, Lk⁷, n° 155.

2678. — Bref estat des **Antiquitez** et Choses plvs remarqvables de la Ville d'**Amiens** poëtiquement traictées. Seconde edition Dediée au Roy Par M. Adrian de la Morliere, Chanoine de l'Eglise nostre Dame d'Amiens. — Amiens, Iacqves Hvbavlt, M.DC.XXII ; 146 p. in-12.

Autre édition en 1624.

2679. — Le premier Livre des **Antiqvitez**, Histoires et Choses plvs remarqvables de la ville d'**Amiens** poetiquement traicté. Troisiesme edition dediee av Roy. Par M. Adrian de la Morliere Chanoine de l'Eglise Nostre Dame d'Amiens. — Paris, Denys Moreav, M.DC.XXVII ; in-4° de 13 p. n. n., 564 p. et 18 p. n. n.

Cet ouvrage qui n'a qu'une seule pagination se compose de 12 parties ayant chacune un titre spécial ; celui ci-dessus est le titre de la première partie ; voici ceux des autres :

P. 147. Sovspirs et Mort de Daphné povr l'absence dv tres chrestien, tres auguste et tres-redouté Henry le Grand Roy de France et de Nauarre. A tres-havte et tres-vertueuse Princesse Madame M. Anne de Caumont, Comtesse de S. Pol et Duchesse de Fronsac. Par M. Adrian de la Morliere... M.DC.X.

P. 161. Renaissance et Allegresse de Daphné, pour le Regne hevrevx de Lovys XIII. Roy de France et de Nauarre. A tres-havt et generevx Prince Monseigneur M. Leonor d'Orleans Duc de Fronsac. Par M. Adrian de la Morliere... M.DC.XI.

P. 177. Le second Livre des Antiqvitez, Histoires et Choses plvs remarqvables de la ville d'Amiens, comprenant le Catalogue des Euesques. Dedié à Monseigneur le Reuerendissime François le Feure de Caumartin Euesque d'Amiens. Par M. Adrian de la Morliere..... M.DC.XXVI.

P. 283. A Monseignevr le Reverendissime François Le Fevre de Cavmartin, Euesque d'Amiens, à son hevrevx advenement en l'Eglise Cathedrale de Nostre Dame. Calliope Par M. Adrian de la Morliere, Chanoine. M.DC.XVIII.

P 315. Le troisiesme Livre des Antiqvitez, Histoires et Choses plvs remarqvables de la ville d'Amiens. Contenant l'ordre et la suite des anciens Majeurs d'Amiens, des Gouuerneurs et Lieutenans de la Prouince, des Baillifs, et des Capitaines ou Gouuerneurs de la ville en particulier, dedié à Messievrs du Corps de Ville. Par Maistre Adrian de la Morliere..... M.DC.XXVI.

P. 433. A tres-havt et tres-pvissant Prince Monseigneur M. Henry d'Orleans, Duc de Longueuille, Gouuerneur et Lieutenant general pour sa Majesté en Picardie, Boulonnois, Arthois et pays reconquis. Faisant son entree en la ville d'Amiens. Polyrrhoe. Par Maistre Adrien de la Morliere... M.DC.XIII.

P. 455. A très havt et tres-pvissant Prince Monseignevr M. Henry d'Orleans.... A son retour en la ville capitalle d'Amiens. Callirhoe. Par Maistre Adrien de la Morliere..... M.DC.XVI.

P. 469. Bannissement volontaire et spiritvel dv pechevr. A tres haute et tres-vertueuse Princesse Madame M. Anne de Caumont..... par M. Adrian de la Morliere..... M.DC.XI.

P. 481. A la Vierge Mere de Diev. Le Pechevr. Par M. Adrian de la Morliere... M.DC.XII.

P. 503. Confiance dv pechevr a la naissance dv Fils de Diev av monde. A tres havte et tres vertvevse Princesse, Madame M. Catherine de Gonzague, Duchesse de Longueuille et d'Etouteuille. Par M. Adrian de la Morliere.... M.DC.XV.

P. 549. Estreines de M. Adrian de la Morliere..... presentant la covronne de lierre. A noble et vertvevx Lovys du Fresne, sieur de Froideual, Preuost Royal de Beauquesne.

2680. — Les **Antiqvitez**, Histoires, et Choses plvs remarqvables de la Ville d'**Amiens**. Troisiesme edition dediee av Roy. Par M. Adrian de la Morliere, Chanoine de l'Eglise Nostre Dame d'Amiens. — Paris, Sebastien Cramoisy, M.DC.XLII; in-folio de 14 p. n. n., 409 p. et 8 p. n. n.

A la suite se trouve le Recueil des Maisons Nobles. V. **Noblesse.**

2681. — **Histoire** de la Ville d'**Amiens** Depuis son Origine jusqu'à présent. Ouvrage Enrichi de Cartes, de Plans et de différentes Gravûres Par le Révérend Pere Daire, Célestin. — Paris, veuve Delaguette, 1757; 2 vol. in-4°, le 1er de XII-560 p., 7 p. n. n. et 4 pl.; le 2e de 448 p., 4 p. n. n. et 10 pl.

2682. — Lettre au Père Daire, Célestin, Auteur d'une **Histoire** de la Ville d'**Amiens**, et de Montdidier.

Suppl. à l'Ess. sur l'Hist. de Pic., par Devérité p. 17 à 43 ; in-12.

2683. — **Amiens.**

Dict. géog. des Gaules, par Expilly. — Paris, 1772, t. I, p. 143 à 160 ; in-folio.

2684. — Observations sur quelques endroits de la nouvelle histoire du Vermandois, *(par Colliette).* De la **Samarobriva** des Anciens.

Suppl. à l'Ess. sur l'Hist. de Pic., par Devérité, p. 57 à 80 ; in-12.

2685. — **Histoire littéraire** de la Ville d'**Amiens** à laquelle on a joint, dans l'ordre chronologique, les Hommes célèbres dans les Arts, et les Personnes qui se sont distinguées par la pratique constante des plus hautes vertus, par l'abbé Daire, ancien Célestin. — Paris, P. F. Didot, 1782; VIII-668 p. in-4°.

2686. — **Voyage** pittoresque, ou

Notice exacte de tout ce qu'il y a d'intéressant à voir **dans la Ville d'Amiens,** Capitale de Picardie, et dans une partie de ses alentours, faite en l'année 1783, par M. D. V. L. d'A. (*Devermont l'aîné, d'Amiens*). — Amiens, J. B. Caron l'aîné, 1783 ; 75 p. in-16.

2687. — *Description d'***Amiens**.
Travels through the France by Pinkney — London, 1809, p. 61 à 76 ; in-4°.

2688. — Notice sur la ville d'**Amiens,** ou description sommaire des rues, places, édifices et monumens les plus remarquables de cette ville, accompagnée d'un précis des événemens qui s'y rattachent, par MM. H. D. (*Hyacinthe Dusevel*) et R. M. (*René Machart*). — Amiens, Allo-Poiré ; Paris, Dentu, 1825 ; 122 p. in-8° et 1 plan.

2689. — Dissertation sur **Samarobriva,** ancienne ville de la Gaule par M. Mangon de la Lande. — Saint-Quentin, Tilloy, 1825 ; 48 p. in-8° et 1 pl.

2690. — Mémoire sur l'ancienne ville des Gaules qui a porté le nom de **Samarobriva,** par M. J. Rigollot fils. — Amiens, Caron-Duquenne, 1827 ; 38 p. in-8°.

2691. — Mémoire en réponse à celui de M. Rigollot sur l'ancienne ville des Gaules qui a porté le nom de **Samarobriva,** présenté à la Société académique de Saint-Quentin, par M. Mangon de la Lande. — Saint-Quentin, Tilloy, 1827 ; 59 p. in-8°.

2692. — Extrait des Mémoires de la Société d'Agriculture, Sciences et Arts de Douai. Rapport sur **Samarobriva,** ancienne ville de la Gaule, par M. Bruneau. — S.-Quentin, Doloy et Penet, s. d. ; 16 p. in-8°.

2693. — Mémoire en réponse au rapport fait à la Société académique de Douai, sur l'ouvrage intitulé : Dissertation sur **Samarobriva,** ancienne ville de la Gaule par M. Mangon de la Lande. — S. Quentin, Tilloy, 1827 ; 29 p. in-8°.

2694. — Second mémoire sur l'ancienne ville des Gaules qui a porté le nom de **Samarobriva** suivi d'éclaircissements sur Vermand, par M. Rigollot fils. — Amiens, J. Boudon-Caron, 1828 ; 46 p. in-8°.

2695. — Mémoire en réponse ou quatrième dissertation sur **Samarobriva,** ancienne ville de la Gaule, par M. Mangon de la Lande. — Saint-Quentin, Tilloy, 1829 ; 46 p. in-8° et 1 pl.

2696. — **Samarobriva,** ancienne ville de la Gaule. Dissertation sur Samarobriva, par M. Mangon Delalande, inspecteur des domaines, membre de plusieurs sociétés savantes, et divers écrits auxquels cette dissertation a donné lieu. Rapport fait à la Société de Géographie par M. Bottin, janvier 1829.
Mél. d'archéol., par Bottin. — Paris, 1831, p. 75 à 94 ; in-8°.

2697. — **Samarobriva** ou Examen d'une Question de Géographie ancienne par M. de C... (*Cayrol*). — Amiens, R. Machart, 1832 ; 126 p. in-8°.

2698. — **Samarobriva** ou Saint-Quentin. Notes critiques et géographiques sur la Samarobriva de M. de C..., par Ch. Quentin. — S.-Quentin, Cortenest, 1832 ; 87 p. in-8° et 1 pl.
Tous les ouvrages repris depuis le n° 2689 ont rapport à une polémique soulevée sur la question de savoir si Samarobriva était Amiens, S.-Quentin, Cambrai, Vermand ou Bray-sur-Somme.

2699. — **Histoire** de la ville d'**Amiens,** depuis les Gaulois jusqu'en 1830, ornée de douze lithographies, par M. H. Dusevel. — Amiens, R. Machart, 1832 ; 2 vol. in-8° de XV-569 p. et 561 p.

2700. — **Amiens en 1832,** ou Guide de l'étranger dans cette ville par M C.-A.-N. Caron, d'Amiens. — Amiens, Caron-Vitet, 1832 ; 205 p. in-18 av. qq. lith.

2701. — **Monumens** Anciens et Modernes de la ville d'**Amiens,** dessinés par MM. Duthoit frères et décrits par M. H. Dusevel. Première série. — Amiens, R. Machart, *vers 1835* ; in-4°. Deuxième série. — Amiens, Duval et Herment, *vers 1840* ; in-4°.

La 1re série se compose de 50 pl. avec notices et la seconde de 27 pl. Les lithographies sont de M. Leprince. La première série a été publiée sous forme de suppléments au Journal « Le Glaneur ».

2702. — **Amiens en 1835** ; ses embellissemens ; ses établissemens nouveaux ; ses progrès dans l'industrie, le commerce et les arts, par M. S¹ A. Berville. — Amiens, R. Machart ; 11 p. in-8°.

Ext. Mém. Acad. Amiens.

2703. — **Amiens en 1836**, ou Guide de l'étranger dans cette Ville par M. C.-A.-N. Caron, d'Amiens.—Amiens, Caron-Vitet ; VIII-226 p. in-16 av. 1 plan et 6 lith.

2704. — Description des monuments les plus curieux, anciens et modernes de la Picardie par F¹ⁿ Lombart. Première livraison *seule parue* : **Monuments d'Amiens.** — S. l. n. n. n. d. ; 32 p. in-8°.

2705. — Introduction à l'**histoire des Comtes d'Amiens** de Du Fresne du Cange, par M. Henri Hardouin.

Mém. Acad. Amiens, t. IV, p. 485 à 509 ; in-8°.

2706. — Histoire de l'état de la ville d'**Amiens et de ses Comtes** avec un recueil de plusieurs titres concernant l'histoire de cette ville qui n'ont pas encore esté publiez : par Charles Du Fresne, sieur Du Cange. Ouvrage inédit, publié d'après le texte du manuscrit original de la Bibliothèque royale (Sup. Franc. n° 1209), précédé d'une notice sur la vie et les principaux ouvrages de du Cange, ainsi que d'une introduction avec notes et éclaircissemens, *par M. Henri Hardouin*. — Amiens, Duval et Herment, 1840 ; in-8° de L-498 p.

2707. — *Compte rendu de l'Ouvrage précédent par M. Henri Géraud.*

Bibl. Ec. des Chart., t. II, 1840-1841, p. 292 à 295 ; in-8°.

2708. — **Histoire** de la ville d'**Amiens** depuis les Gaulois jusqu'à nos jours, par M. H. Dusevel. Seconde édition, revue, augmentée et ornée de plusieurs Planches. — Amiens, Caron et Lambert, 1848 ; in-8° de XII-695 p. et 7 pl.

2709. — Les **enceintes** successives d'**Amiens**, par M. A. Goze. — Amiens, Alfred Caron, 1854 ; 207 p. in-12.

2710. — **Guide** du voyageur à **Amiens**. Description de ses Monuments anciens et modernes suivie d'une Biographie des Hommes remarquables qui sont nés dans cette cité, par H. Calland. — Amiens, Caron et Lambert, 1855 ; 148 p. in-12 av. 1 pl. et 21 vignettes.

Il a paru de cet ouvrage une autre édition revue et augmentée en 180 p. in-12.

2711. — Publication des **manuscrits de Pagès** déposés à la Bibliothèque communale d'Amiens. Prospectus spécimen. Sommaire des matières contenues dans les Manuscrits. Première liste des souscripteurs.—Amiens, Alfred Caron, 1855 ; 36 p. in-18.

2712. — **Manuscrits de Pagès** marchand d'Amiens, écrits à la fin du 17° et au commencement du 18° siècle, sur Amiens et la Picardie. Mis en ordre et publiés par Louis Douchet. — Amiens, Alfred Caron, 5 vol. in-12 ; t. I, 1856, 568 p. ; t. II, 1857, 468 p. ; t. III, 1858, 535 p. ; t. IV, 1859, 509 p. ; t. V, 1862, 604 p.

2713. — Souvenirs des Villes de Picardie. **Amiens**, *par H. Dusevel*.

La Picardie, t. V, p. 145 à 155, 193 à 204 et 240 à 253 ; in-8°.

2714. — Supplément aux **manuscrits de Pagès** marchand d'Amiens Écrits à la fin du 17° et au commencement du 18° siècle. Extraits du manuscrit dit Petit-Pagès et d'autres documents inédits par Louis Douchet. —

Se trouve chez les libraires de Picardie, 1864 ; 319 p. in-12.

2715. — **Journal** historique **de Jehan Patte** bourgeois d'Amiens (1587-1617), publié d'après le manuscrit de la Bibliothèque d'Amiens, par M. J. Garnier. — Amiens, Lemer aîné, 1863 ; 194 p. in-8°.

Ext. Mém. Ant Pic.

2716. — **Amiens**.

La France nouvelle illustrée, n° 5, 1867, 16 p. gr. in-8° av. plan et nomb. vues du Musée.

2717. — La Ville d'**Amiens au XVII**[e] **siècle,** *par X., d'après une pièce originale.*

La Picardie, t. XVI, p. 145 à 158 ; in-8°.

2718. — Remarques sur deux anciennes **vues d'Amiens**, *par H. Dusevel.*

Ibid., t. XVII, 1871-72, p 529 à 534 ; in-8°.

2719. — Le **Vieil Amiens** dessiné d'après nature par Aimé et Louis Duthoit. Autographié par Louis Duthoit — Amiens, T. Jeunet, 1874 ; 1 vol. gr. in-4° de XV p. de texte et 271 dessins en cinq séries ainsi qu'il suit :

1re Série *(25 dessins)* : Enceinte de la Ville, Citadelle, Remparts, Bastions, Portes et Ponts.

2e Série *(103 dessins)* : Rues, Quais, Canaux, Ponts, Promenades, Hôtels et Maisons, Moulins, Fontaines, Puits, Enseignes.

3e Série *(29 dessins)* : Edifices civils, militaires et hospitaliers.

4e Série *(89 dessins)* : Edifices religieux, Eglises, Chapelles, Couvents, Cimetières.

5e Série *(25 dessins)* : Le Vieil Amiens du seizième siècle à la fin du dix-huitième, d'après les peintures murales, tableaux, dessins et gravures du temps.

2720. — L'**Etoile d'Amiens**. Etude historique et militaire avec deux cartes — Amiens, T. Jeunet, 1874 ; III-130 p. in-12.

2721. — **Amiens**.

Hist. des Villes de Fr., par L. Favre, p. 189 à 194 et 1 plan ; in-8°

2722. — Lycée d'Amiens. (**Promenade dans Amiens**). Discours prononcé à la distribution solennelle des prix du 9 Août 1875 par M. Cartault, professeur de rhétorique. — Amiens, Jeunet, 1875 ; 25 p. in-8° carré.

2723. — *Note de M. Pinsard sur un* **plan** *parcellaire de la ville d'Amiens.*

Bull. Soc. Ant. Pic., t. XIII, p. 186 à 194 ; in-8°.

2724. — Notes de voyage par J. Giraud. **Amiens**.

Rev. de l'Art Chrétien, 2e S[ie], t. VIII, p. 153 à 163 ; in-8°.

2725. — **Histoire d'Amiens** racontée aux enfants des écoles primaires par A. Janvier. — Amiens, Douillet et Cie, 1882 ; 160 p. in-12.

2726. — Les propos de mon ami S... *Brochure sans nom d'auteur où M. Janvier étudie sommairement les trois* **histoires d'Amiens** *de La Morlière, Daire et Dusevel.* — Amiens, Piteux frères, *1890* ; 31 p. in-8°.

2727. — **Amiens** en une heure avec illustrations. — Amiens, Librairie générale, 1890 ; 16 p. in-16 avec 5 fig.

2728. — Une **visite à Amiens** par Alexis Martin. Historique. La ville haute. La ville basse. Les faubourgs. Hommes célèbres nés en Picardie, Avec 25 gravures et 1 plan colorié. — Paris, A. Hennuyer, 1896 ; XXIV-147 p. in-12.

2729. — Quelques **notes** recueillies dans les études de notaires **d'Amiens,** par M. A. Dubois.

Bull. Soc. Ant. Pic , 1895-97, p. 679 à 683 ; in-8°.

2730. — Nouveau **guide** complet des étrangers **dans** la Ville d'**Amiens**. — Amiens, Caron et Froideval, *1898* ; 58 p. in-16.

28

2731. — **Amiens pittoresque.** Discours de M. Jules Bocquet pour sa réception à l'Académie d'Amiens et Réponse de M. le Docteur Peugniez. — Amiens, Yvert. 1899; 39 p. in-8°.

2732. — **Histoire** de la Ville d'Amiens, par le Baron A. de Calonne. — Amiens, Piteux ; Paris, Picard, 1899-1900 ; 2 vol. in-8°, le 1ᵉʳ de VIII-530 p. av. 9 pl. et 6 fig. ; le 2ᵉ de 621 p. av. 8 pl. et 4 fig.

II. OUVRAGES SUR LES DIFFÉRENTES ÉPOQUES DE L'HISTOIRE D'AMIENS

2733. — Théâtre ou Amphithéâtre, Cirque, etc., de **Samarobriva**. 287 à 301, par *L. Douchet*.

La Picardie, t. XI, p. 11 à 18 et 62 à 70 ; in-8°

2734. — Lettres de Philippe-Auguste, par lesquelles il accorde une **Commune** à la ville d'Amiens.

Ord. des Rois de Fr , t. XI, p. 264 à 268 ; in-folio.

2735. — 1209-1210. Mars. Ricardus Ambianensis episcopus se arbitrio domini Regis supponit quoad **observationem solemnium dierum** in civitate Ambianensi.

Layettes du Trés. des Ch , t. I, p. 348 ; in-8°.

2736. — Saint-Riquier en Ponthieu. 1211. Octobre. Charta fidelitatis facta Philippo regi a **Raginaldo de Ambianis**.

Ibid , t. I, p. 372 et 373 ; in-8°.

2737. — Lettres de Louis VIII *(1226)*, par lesquelles il confirme la **Commune** que Philippe-Auguste avait accordée à la ville d'Amiens.

Ord. des Rois de Fr , t. XII, p. 318 ; in-folio.

2738. — 1228. Octobre. Juramentum **communiæ Ambianensis**.

Layet. du Trés. des Ch., t. II, p. 651 et 652 ; in-8°.

2739. — Condamnation de **Geoffroy de Milly**, bailli d'Amiens ; 1224.

Les Milly, par M. Renot, Mém. de la Soc. Acad. de l'Oise, t. XVI, p. 248 à 251 ; in-8°.

2740. — Lettres de Philippe IV (décembre 1307) par lesquelles il rétablit la **commune** d'Amiens.

Ord. des Rois de Fr., t. XII, p. 367 ; in-folio.

2741. — Une joueuse de vielle accusée de **sorcellerie**. Rémission accordée par Philippe de Valois à Jeanne de Cretot, ménestrielle de vielle, accusée d'avoir ensorcellé Pierre Coquel clerc d'Amiens (Septembre 1347).

Le Corresp. hist. et archéol., t. I, p. 68 à 70 ; in-8°.

2742. — **Etat politique** de la ville d'Amiens au XIVᵉ siècle, par M. A. Bouthors.

Bull. Soc. Ant. Pic., t. IV, p. 23 à 35 ; in-8°.

2743. — Véritables sentiments des Amiénois à l'égard de **Charles le Mauvais**, par J. Roux.

Cab. hist. Pic. et Art., t. I, p. 241 à 253 ; in-8°.

2744. — Amiens durant les **guerres civiles du XIVᵉ siècle**, par de la Fons Mélicocq.

La Picardie, t. IV, p. 161 à 166 ; in-8°.

2745. — Ordonnance *de Jean II, du 5 décembre 1363*, faite en conséquence de l'**Assemblée des trois Estats** tenue à Amiens.

Ord. des Rois de Fr , t. III. p. 646 à 649 ; in-folio.

2746. — Lettres de **Sauvegarde Royale** pour le Maire, les Eschevins et la Communauté de la Ville d'Amiens. *Février 1383*.

Ibid., t. VII, p. 58 à 60 ; in-folio.

2747. — Passages et séjours de **Charles VI à Amiens**, par A. Janvier. — Amiens, s. n., 1897 ; 32 p. in-8°.

2748. — Montre de l'**Evêque de Beauvais** à Amiens (9 septembre 1386), *par M. de Marsy*.

Mém. Soc. Acad. Oise, t. XI, p. 787 à 789 ; in-8°.

2749. — Lettres *de janvier 1406* qui confirment les **Sauve-gardes Royales** accordées à la Ville d'Amiens et à ses habitans.

Ord. des Rois de Fr., t. IX, p. 179 et 180 ; in folio.

2750. — Lille et **Amiens en 1416-19**, *par de la Fons Mélicocq*.

La Picardie, t V, p. 91 à 95 ; in-8°.

2751. — Notice sur la part que la ville d'**Amiens** a prise **au siège de Rouen**, en 1418, par M. Lavernier.

Mém. Soc. Ant. Pic., t. V, p. 203 à 209 ; in-8°.

2752. — Lettres de Charles VI, *du 21 janvier 1420*, par lesquelles il **défend** aux Villes d'Amiens et de Beauvais, **d'arrêter les bleds**, vins et autres marchandises chargées pour la provision de Paris.

Ord. des Rois de Fr., t. XI, p. 115 et 116 ; in-folio.

2753. — Document inédit sur une **assemblée d'Etats** convoquée à Amiens en 1424, par L. Demaison. — S. l. n. n. d. ; 19 p. in-8°.

Ext. Trav Acad. de Reims.

2754. — Apparitions des Egyptiens ou **Bohémiens à Amiens** dans le XVe siècle, *et particulièrement en 1427, par M. H. Dusevel.*

La Picardie, t. VI, p. 433 à 437 ; in-8°.

2755. — Lettres de **Louis XI** (1463 à 1472) adressées à la ville d'Amiens. Communication de M. H. Dusevel.

Bull. du Comité., t. II, 1853-1855, p. 460 à 467 ; in-8°.

2756. — 74. Manifeste du **Comte de Charollais** aux habitants d'Amiens. 16 juin 1465.

Doc. hist. inéd..., par Champollion-Figeac. — Paris, Didot, 1843, t. II, p. 297 à 299 ; in-4°.

2757. — 76. Lettre de Guillaume Hugonnet à ceux d'Amiens. Il les exhorte à répondre aux lettres du **Comte de Charollais**. Lettre du duc de Berry supprimée par les autorités d'Amiens. Détention d'un héraut bourguignon. Menaces. 17 juin 1465.

Ibid., t. II, p. 306 et 307 ; in-4°.

2758. — 82. Lettre du **Comte de Charollais** aux habitants d'Amiens. Arrestation du héraut chargé de porter aux habitants d'Amiens le manifeste du duc de Berri. Violences exercées contre celui qui s'était fait le messager du Comte de Charollais. Accusations contre le chancelier de France. Reproches adressés à ceux d'Amiens. Rappel des bons traitements qu'ils ont reçus du Duc de Bourgogne. Réfutation des divers discours tenus à Amiens par le chancelier. Envoi d'une nouvelle copie du manifeste du duc de Berri. Exhortation pour qu'on chasse de la ville Pierre de Morvilliers. Arrestation du poursuivant chargé de la présente lettre. 23 juin 1465.

Ibid., t. II, p. 315 à 319 ; in-4°.

2759. — Décision prise par l'Assemblée générale des Habitants d'Amiens, le 15 juillet 1465, sur le refus fait par le Clergé de contribuer à la **défense de la Ville**. Communication de M. Lavernier.

Mém. Soc. Ant. Pic., t. V, p. 257 à 265 ; in-8°.

2760. — **Siège d'Amiens** par le Duc de Bourgogne, en 1470.

Arch. de Pic., t. II, p. 171 à 177 ; in-8°.

2761. — Une page d'histoire locale *(janvier) 1470)*, par M. le Baron A. de Calonne.

Bull Soc. Ant. Pic., t. XIII, p. 145 à 147 ; in-8°.

2762. — Lettres *de Louis XI, de mars 1470* qui accordent différens **Privilèges à la ville** d'Amiens concernant l'acquisition des fiefs, la réparation et construction des fortifications, et l'assiette et levée des deniers nécessaires pour les besoins communaux.

Ord. des Rois de Fr., t. XVII, p. 401 à 403 ; in-folio.

2763. — Lettres *de Louis XI, d'avril 1471*, portant **union** de la Ville **d'Amiens au Domaine** de la Couronne.

Ibid., t XVII, p. 414 et 415 ; in-folio.

2764. — Documents concernant **l'histoire d'Amiens**, extraits des Registres aux délibérations de l'Hôtel-de-Ville de Rouen et communiqués par M. Richard, archiviste de la ville. 1475. 1524. 1597.

Bull. Soc. Ant. Pic , t. III, p. 77 et s. ; in-8°.

2765. — Délibération des Sages d'Amiens au sujet d'un **cyrographe falsifié** *(1478)*, *par M. de la Fons-Mélicocq*.

La Picardie, t. VI, p. 557 à 564 ; in-8°.

2766. — Note sur une lettre d'*Antoine Clabaut, maieur et Jean Lenormant, échevin, aux échevins d'Amiens, en 1483*, concernant le **mariage du Dauphin**, fils de Louis XI, avec Marguerite d'Autriche *où ils avaient représenté la ville d'Amiens*, par M. Dusevel.

Mém. Soc. Ant. France, 1835, p. 270 à 281; in-8°.

2767. — N° LIV. Rapport de Maistre **Jehan de Saint-Deliz** du voyage fait devers le Roy aux estats du royalme tenus à Tours *par les élus des trois états du bailliage d'Amiens*. Communiqué par M. Dusevel ; du 6 avril 1484.

Doc. hist. inéd., par Champollion Figeac. — Paris, Didot, 1843, t. II, p. 473 à 477 ; in-8°.

2768. — Curiosités de l'histoire du Département de la Somme. I. Ordonnances concernant les Filles de joie d'Amiens, *1485*. II. Requête du Procureur fiscal d'Amiens, aux Maire et Echevins de cette ville, contre la **superfluité des habillements**. *1679*.

La Picardie, 1859, p. 77 à 81 ; in-8°.

2769. — N° LV. Rapport de Nicolas Fauvel et Jacques Groult, **Eschevins d'Amiens**, de leur députation **à l'assemblée de Lyon**, pour la paix avec le Roi des Romains, le Roi d'Espagne et la conquête de Naples. Communiqué par M. Dusevel. 25 avril 1494.

Doc. hist. inéd , par Champollion Figeac, t. II, p. 477 à 481 ; in-8°.

2770. — Rapport sur une communication de M. Dusevel relative au **service** célébré à Amiens, *le 3 mai 1498*, **pour le repos de l'âme du roi** Charles VIII, *par E. Boutaric*.

Rev. Soc. Sav. Dép , 1866, p. 62 et 63 ; in-8°.

2771. — **Entrées royales** et princières dans Amiens pendant les 15° et 16° siècles augmentées de quelques faits inédits relatifs à l'histoire de cette ville, par A. Dubois. — Amiens, Lambert-Caron, 1868 ; 80 p. in-8°.

2772. — Fragments d'une étude historique sur la ville d'**Amiens au XV° siècle**, par M. Dusevel.

Mém. lus à la Sorb. dans les séances du Com .. de 1864, p. 247 à 269 ; in-8°.

2773. — Joyeuse entrée de **François Ier à Amiens**.

Bibl. hist. Pic. et Art., par Roger, p. 11 à 13; in-8°.

2774. — Entrée de **François Ier** et de la Reine à Amiens en 1517. Communication de M. Dusevel.

Rev. Soc. Sav. Dép., 1862, p. 599 et s. ; in-8°.

2775. — La grande et triumphante **monstre** et bastillon **des six mille Picardz** faicte à Amiens à l'honneur et louenge de nostre sire le Roy, le XX jour de juing mil cinq cents XXXV, faicte en manière de chanson, et se chante sur celle de Monsieur de Bacqueville, capitaine de mille hommes.

Rec. de poésies franç., annot. par M. de Montaiglon, 1855, t. I, p. 176 à 185 ; in-12.

2776. — *Délibération de l'échevinage d'Amiens pour la* **mise de la ville en état de défense** *après la bataille de St Quentin; 1557*.

Rev. Soc. Sav. Dép., 1863, p. 573 à 575 ; in-8°.

2777. — Rapport *de M. Bourquelot*, sur une **lettre de Coligny** *du 6 juin*

1559 aux membres de la municipalité d'Amiens, envoyée par M. Dusevel.

Ibid , 1866, p. 59 à 62 ; in-8°.

2778.— **Entrée** solennelle à Amiens le 20 juin 1565, **de Louis Ier de Bourbon**, prince de Condé, Duc d'Enghien, marquis de Conty qui avait été nommé au gouvernement général et militaire de Picardie.

Revue Picarde, n° 132, 7 juillet 1862, p. 1 à 3 ; in-4°.

2779. — Deux **Ligueurs de Picardie**. Documents historiques sur un maieur d'Amiens *(François Bigant, 1570-1571)* et un gouverneur de Gerberoy, *par A. Janvier*. — Paris, Dentu, 1874 ; 128 p. in-8° et 2 pl.

2780. — Documents relatifs à l'histoire de la **Ligue** *à Amiens*. Communication de M. Dusevel.

Bull du Com. de la Langue..., 1855-56, p. 105 à 109 ; in-8°.

2781. — Rapport des délégués de la ville d'Amiens, d'un voyage fait en Cour, pour ne pas jurer les articles de l'association ou de la **Ligue**.

Bull. du Com. hist. des mon., t. I, 1849, p. 136 à 141 ; in-8°.

2782. — Réponse de la ville d'Amiens à une **lettre de Henri III** qui lui notifiait les motifs de son départ de Paris (1588). Communication de M. Dusevel.

Bull. du Com. de la Langue..., t, I, 1852-53, p. 493 à 498 ; in-8°.

2783. — Edict dv Roy par leqvel Sa Maiesté declare les **biens** mevbles et immeubles du Duc de Mayenne, Duc et Cheuallier d'Aumalle, **et de ceux que volontairement habitent** ès villes de Paris, Rouen, Thoulouze, Orleãs, Chartres, **Amiẽs**, Abbeville, Liõ et le Mans, et tous autres qui tienent leur party, acquis et cõfisquez, et les deniers provenans de la vẽte d'iceux employez aux frais de la guerre. — A Tovrs, Par Barthelemy Gomet, M.D.LXXXIX ; in-8°.

Bibl. Natle, Lb34. n° 746.

2784. — **La trahison** novvellement descovverte **en la ville Damyens** par les Catholiques, et la prise des heretiques et les noms de ceux qui la vouloient trahir Auec vn aduertissement à tous les habitans des villes de France, et principalement à ceux de la ville de Paris. — A Paris, Sur la Lettre enuoyée d'Amiens, M.D.XC ; 13 p. in-12.

Le titre de départ porte : Lettre missive enuoyée par vn notable personnage de la ville d'Amiens, à vn sien amy de Paris, touchant la trahison descouuerte le dimanche premier iour de ce presant moys d'Auril 1590.

Bibl. Natle, Lb35, n° 232.

2785. — **La Trahison** descovverte **en la ville d'Amyens** le Dimanche huictiesme iour d'Auril 1590 Brassee par ceux qui tiennent le party du Roy de Nauarre Auec vn aduertissement aux Catholiques François. — Paris, Denis Binet, M.DXC ; 14 p. in-12.

Bibl. Natle, Lb35, n° 233.

2786. — Discovrs veritable sur l'Inique **emprisonnement** et detention **de mes-Dames** les Duchesses et Damoiselles **de Longue-ville**, et de Monseigneur le Comte de sainct Pol. Par ceux de l'Vnion *à Amiens*. — S. l. n. n., M.D.LXXXX ; 221 p. pet. in-8°.

Ouvrage attribué à M. de Nevers.
Bibl. Natle, Lb35, n° 1114.

2787. — Mémoire sur **ce qui s'est passé à Amiens** à l'occasion des divers Etats Généraux de France, par M. Lavernier.

Mém. Soc. Ant. Pic., t. V, p. 275 à 314, in-8°.

2788. — **Harangve** de Messire Vrbain de Sainct Gelays, Cheualier de l'Ordre de France, Sieur de Boisdauphin, Gouuerneur et Lieutenant general en Picardie, en l'absence de Monseigneur le Duc d'Aumalle **Faicte à Amyens** en l'assemblee generale des villes Catholiques dudit pays, conuocquees pour enuoyer leurs deputez aux Estats generaux de France a Rheims pour l'eslection d'vn Roy Catholicque le 2 Ianvier 1592. — A Lyon par Louys Tantillon Prins sur la coppie imprimee. A Amiens, Par Anthoine des Hayes, 1592 ; 13 p. in-12.

Bibl. Nat^{le}, Lb³⁵, n° 406.

2789. — Responce d'vn Bovrgeois de Paris à vn escrit enuoyé d'Amiens, par laquelle les calomnieuses prédications de M. I. Boucher sont refutees, et les **habitans d'Amiens admonestez de recognoistre leur souuerain,** et se ranger souz son obeissance. — A Paris, chez Iamet Mettayer et Pierre L'hvillier, M.D.XCIII ; 15 p. in-8°.

Bibl. d'Amiens, Hist., n° 2648, t. V.

* **2790.** — **Discours fait au roi Henri IV** à Amiens, le 21 août 1594, par M° Leonard Darlot, l'un des députés pour la capitulation de la ville de Beauvais. — S. l. n. n. d. ; 15 p. in-8°.

2791. — Edict et Declaration dv Roy, svr la **reduction de la ville d'Amiens,** soubs son obeyssance. — A Paris, par Federic Morel, M.D.XCIIII ; 32 p. pet. in-8°.

Bibl H. Macqueron.

2792. — Edict et Declaration du Roy, sur la **réduction de la ville d'Amiens.** *Du 10 octobre 1594.*

La grande Conférence des Ord. et Ed. royaux par Pierre Guenois. — Paris, Richer, 1636, t. I, p. 354 à 357 ; in-folio.

2793. — Coppie des Lettres dv Roy Sur la prinse de Laon, et **reduction d'Amiens,** et autres villes Enuoyee à Messieurs les Consuls Escheuins de la ville de Lyon. — A Lyon, par Thibavd Ancelin et Gvichard Ivllieron, M.D.XCIII ; 11 p. in-8°.

Bibl. Nat^{le}, Lb³⁵, n° 572.

2794. — **Resiovyssance sur la reduction** de la vile **d'Amiẽs** fete au Roy Henri IIIJ, de ce nom a present regnant. — A Paris, Chez Estienne Preuosteau, M.D.XCIIII ; 15 p. in-8°.

Le titre de départ porte : Suget d'un Peyzage presente à sa Majesté retournée de la chasse en la vile d'Amiens.

Bibl. d'Amiens, Hist., n° 2648, t. V.

2795. — Deux lettres extraites des Archives départementales de la Côte-d'Or et relatives à l'histoire de la ville d'Amiens, *en 1595,* par M. le Baron de Calonne.

Bull. Soc. Ant. Pic., t. XIV, p. 68 à 70, in-8°.

2796. — Breve, et vero discorso delli particolari svccessi occorsi sotto **la citta d'Amiens,** tra gli assediati, et gli inimici, Dopoi il Martedi 15. Mercordi 16. et la Giobbia 17. di Luglio fino il Lune di sequente alli t. I. — Stampata in Milano, conforme la copia stampata in Aras. Per Pandolfo Malatesta. Con licenza di Superiori l'Anno 1597 ; 8 p. in-12.

Bibl. Comm^{le} d'Abbeville.

2797. — **Remonstrance aux gentils-hommes** casaniers Pour les induire de se rendre à l'armée au seruice du Roy, *à Amiens.* — A Paris, Chez Iamet Mettayer, et Pierre L'huillier, M.D.XCVII ; 12 p. in-8°.

Bibl. Nat^{le}, Lb³³, n° 700.

2798. — Discovrs veritable de la routte et **desfaicte des** Mareschaux de Camp de l'armee **du Cardinal d'Austriche,** qui venoyent pour le secours d'Amiens aduenue le XXIX Aoust M.D.XCVII. Auec la lettre du Roy enuoyee à Madame. — S. l. n. n. ; CIƆ.IƆ.XVII ; 8 p. in-8°.

Bibl. Nat^{le}, Lb³³, n° 701.

2799. — Discovrs veritable de la route et **Deffaicte** des Mar^{aux} de Camp de l'armée **du Cardinal d'Austriche,** aduenue le 29 Aoust mil cinq cens

EDICT
ET DECLARATION
DV ROY, SVR LA RE-
duction de la ville d'A-
miens, soubs son
obeyssance.

A PARIS.

Par FEDERIC MOREL, Imprimeur
ordinaire du Roy.

M. D. XCIIII.

Auec Priuilege dudit Seigneur.

DISCOVRS
VERITABLE DE LA
ROVTE ET DEFFAICTE
des Mar^{aux} de Camp de l'armee du Cardinal d'Auſtriche, aduenue le 29. Aouſt, mil cinq cens nonante ſept.

A PARIS,
Chez Iamet Mettayer, & Pierre L'huillier,
Imprimeurs & Libraires ordi-
naires du Roy.

M. D. XCVII.

Nº 2799
GRANDEUR RÉELLE

DISCOVRS
VERITABLE DV
SVCCEZ DE L'ENTRE-
priſe faicte par le Cardinal
Albert d'Auſtriche pour ſe-
courir la ville d'Amiens, les
xv. & xvj. du mois de Septé-
bre 1597.

A PARIS,
Chez Iamet Mettayer, & Pierre L'huillier,
Imprimeurs & Libraires
ordinaires du Roy.

M. D. XCVII.

Nº 2803
GRANDEUR RÉELLE

soixante sept. — Paris, Iamet Mettayer et Pierre L'huillier, M.D.XCVII ; 12 p. in-8°.

Bibl. Nat^{le}, Lb^{35}, n° 701 b.

2800. — **Deffaicte de mille cheuaux Espagnols** chargez par le Roy, le Vendredy 29 d'Aoust. Auec la Lettre du Roy, enuoyée à Madame sa Sœur. — Paris, Iamet Mettayer et Pierre L'huillier, M.D.XCVII ; in-8°.

Bibl. Nat^{le}, Lb^{35}, n° 702.

2801. — Discours véritable du **succez de l'entreprise** faicte par le Cardinal Albert d'Austriche pour secourir la ville d'Amiens **les XV et XVI** du mois de **septembre 1597.** — A Lyon, par Thibaut Ancelin, 1597 ; 24 p. pet. in-8°.

Anc. bibl. de M. Doutard, à Amiens.

* **2802.** — **Plainte funèbre** d'un habitant de la ville d'Amiens sur la mort de son âne espagnolisé, le 12 de Septembre 1597. — S. l. n. n. ; in-4°.

Bibl. Nat^{le}, Lb^{35}, n° 704.

2803. — Discovrs veritable dv **svccez de l'entreprise** faicte par le Cardinal Albert d'Austriche pour secourir la ville d'Amiens, les **XV et XVJ** du mois de **Septembre 1597.** — A Paris, Iamet Mettayer, et Pierre L'huillier, M.D.XCVII ; 16 p. in-8°.

Bibl. comm^{le} d'Abbeville.
Autre édition publiée chez les mêmes libraires avec le même titre ; 24 p. in-8°.
Bibl. Nat^{le}, Lb^{35}, n° 705.

2804. — Discovrs dv **svccez de l'entreprise** faicte par le Cardinal Albert d'Austriche, pour secourir la ville d'Amyens, les **XV et XVI** du mois de **Septembre 1597.** Avec une lettre missiue du dix-huictiesme dudit mois, coforme au present discours, par laquelle le Roy aduertit ses fidels subjets les gens du Coseil et habitans de la ville de Chalons, de la prompte reduction de ladite ville d'Amyens en son obeyssance. — Imprimé par Claude Guyot, Imprimeur pour sa Maiesté audit Chaalons, M.D.XCVII ; 16 p. in-8°.

Bibl. Nat^{le}, Lb^{35}, n° 705.

* **2805.** — **Articles accordés** par le Roi au Marquis de Montenegro, commandant en la ville d'Amiens et aux Cappitaines de gens de guerre estans en ville le **19 iour de septembre 1597.** — Lyon, Guichard Jullieron, 1597 ; in-8°.

Bibl. N^{le}, Lb^{35}, n° 705.

* **2806.** — Autre particulier et très certain advis du 17 septembre 1597 de la **retraicte** honteuse **de l'armée espagnolle**, venue pour secourir la ville d'Amiens. Avec la routte de deux mil cinq cents hommes de pied, et prinse de deux ponts artificiels. Ensemble autres particularitez touchant les exploicts de l'armée du duc Morice au Pays-Bas. — A Lyon, par Guichard Jullieron, M.D.XCVII ; 15 p. in-8°.

Bibl. de Beauvillé.

2807. — Vœv et exhortation tovchant la necessaire conseruation de la personne du Roy Tres-Chrestien Henry quatriesme à la genereuse et belliqueuse Noblesse Françoise estant à present au **siege de la Ville d'Amiens** Par M. R. Benoist, Confesseur du Roy et esleu Euesque de Troyes. — A Paris, chez Iamet Mettayer et P. L'huillier, M.D.XCVII ; 14 p. in-8°.

Bibl. d'Amiens, Hist., n° 2648, t. V.

* **2808.** — Epistola ΑΝΤΑΠΟΔΕΙΚ-ΤΙΚΗ D. Philippi Parentii, militis emeriti, **de rebus ad Ambianum** principale Picardiæ oppidum gestis, **anno 1597**, missa ad patricium Sellensem, nobilem Franconiæ incolam. — Bistrity, typis Danielis Ursi, anno 1597 ; 35 p. in-4° n. n.

Le titre de départ porte : Ambianensis expeditio ductu serenissimi archiducis Alberti, cardinalis, proregis Belgii, etc.

Bibl. Roy^{le} de Madrid.

2809. — **Reddition de la ville d'Amiens** à l'obeissance du Roy, le 25 Septembre 1597. Auec vn discours sur les vtilités, biens et commodités qui en reuiennent à la France Ensemble la lettre escrite par Sa Majesté à Monsieur de la Guiche. — S. l. n. n.; M.D.XCVII; 16 p. in-8°.

Bibl. Nat^{le}, Lb35, n° 706.

2810. — **Reddition de la ville d'Amiens** à sa Majesté le 25 Septembre 1597. Ensemble vn Discovrs sur les vtilitez biens et commoditez qui en reuiennent à la France. — A Lyon, par Thibaud Ancelin, M.D.XCVII; 21 p. in-4°.

Bibl. Nat^{le}, Lb35, n° 707.

2811. — Copie des Lettres dv Roy tovchant la **reduction de la Ville d'Amiens** en l'obeyssance de sa Majesté A Monseigneur de la Guiche, Cheualier des deux Ordres de sa Maiesté, ... Gouuerneur et Lieutenant general pour sa Maiesté en la ville de Lyon, Pays de Lyonnois, Forestz et Beaujolois. — Lyon, par Thibaud Ancelin, M.D.XCVII, par 5 p. in-8°.

Bibl. Nat^{le}, Lb35, n° 708.

2812. — Discours des entremises et pratiques qui se firent en l'année 1597 pour parvenir à l'execution des deux **entreprises** que le feu roi Henry le Grand... avait sur sa ville d'**Amyens** lors du siege d'icelle, lesquelles deux entreprises furent depuis découvertes assavoir : la première, par le capitaine Sireuilh, pour s'être trouvée double et faite à dessein par les ennemis de Sa Majesté : et la deuxième, par aucuns traitres mal affectionnés à son service. — S. l. n. n. n. d. ; in-4°.

Cat. de la Bibl. Nat^{le}, t. VIII, p. 195

2813. — Aduis tres certain de tout ce qui s'est passé en la **sortie de l'Espagnol** de la ville d'Amiens, **le 25 Septembre 1597**. Auec le feu de ioye des François, sur la memorable reprinse de ladite ville. — S. l. n. n., M.D.XCVII; 15 p. in-8°.

Bibl. Nat^{le}, Lb35, n° 709.

2814. — Lettre d'avis, svr ce qui s'est passé à l'abord et **retraitte de l'armée ennemie** pres Amiens. — Lyon, par Thibaud Ancelin, M.D.XCVII; 7 p. in-8°.

Bibl. Nat^{le}, Lb35, n° 710.

2815. — La **Retraite de l'Espagnol** par T. D. C. F. à Monsieur L. B. — Paris, par François Dv Chesne : M.D.XCVII; 16 p. in-8°.

Bibl. Nat^{le}, Lb35, n° 711.

* **2816**. — Discours après la **réduction d'Amiens** de l'an 1597. — S. l. n. n. n. d. ; in-8°.

Bibl. Nat^{le}, Lb35, n° 712.

2817. — Chant d'Allégresse sur la **reprise d'Amiens**. — S. l. n. n. n. d. : 8 p. in-8°.

Série de pièces en vers français.
Bibl. Nat^{le}, Lb35, n° 713.

2818. — In captos et receptos Ambianos. — S. l. n. n., 1597; 8 p. in-8°.

Série de poésies françaises et latines.
Bibl. Nat^{le}, Lb35, n° 713.

* **2819**. — Le feu de ioye des François, Sur la memorable **reprinse de la ville d'Amiens** par le Roy. — Lyon, par Thibaud Ancelin, 1597 ; in-8°.

Autre édition : Paris, Iamet Mettayer et P. L'huillier, 1597 ; in-8°.

Bibl. Nat^{le}, Lb35, n° 713.

* **2820**. — Le François converty, a un quidam ennyuré du Catholicon d'Espagne. Escript en la ville d'Amiens le 27 de Septembre 1597. — Paris, A. du Brueil, 1597 ; in-8°.

Bibl Nat^{le}, Lb35, n° 714.

2821. — Discours touchant la **prise admirable de la** grande et puissante **ville d'Amyens**, capitale de la Picardie, saisie par les Espagnols l'unzième de mars, l'an mille cinq cents nonante sept. — Douay, Charles Boscard, L'an M.D.XCVII ; 8 p. in-8°.

Bibl. de M.J Masson à Amiens.,

2822. — Discours véritable des choses les plus remarquables advenues en la **prinse d'Amyens** par les gens de Sa Majesté Catholique sous la conduite du gouverneur de Doullens l'onsiesme jour de mars 1597. — Arras, Robert Maudhuy, 1597 ; 10 p. in-8°.

Ibid.

2823. — Discours touchant la **prise admirable de la** grande et puissante **ville d'Amiens** capitale de Picardie, saisye par les Espagnols le XI° jour de mars l'an 1597. — Lille, Guillaume Stroobant, l'an M.D.XCVII ; 8 p. in-8°.

Ibid.

* **2824**. — **L'acquisto della citta d'Amiens** metropoli della Piccardia fatto dal serenissimo cardinale archiduca Alberto d'Austria luogotenente per S. M. Cattolica et suo capitano generale ne Paesibassi. M.D.XCVII.

Bibl. de Lucerne

* **2825**. — Vero discorso di quanto e successo alli giorni passati sotta la citta d'Amiens in Francia. — In Torino, Appresso Pietro Gaydetto ; 1597.

Hist. d'Amiens, par de Calonne, t. II, p. 208.

2826. — Poliorceticon sive **Ambiani expvgnatio** ad Henricvm IIII. Franc. et Navarr. Regem. — *Paris*, s. n. n. d. ; 7 p. in-8°.

Pièce de vers sur la reprise d'Amiens aux Espagnols, par N. Richelet.
Bibl. Pinsard.

2827. — Stances svr la Prinse d'Amiens.

Les Muses françaises, par Despinelle, 1599, p. 23 à 26 ; in 18.

2828. — Dialogve svr le Tombeav dv Capitaine **Ernanteillo** qui surprit la ville d'Amiens, et y fut tué durant le siège de la reprise.

Ibid., 2° partie, p. 75 à 77 ; in-18.

2829. — Devx Discovrs. Le I faict l'an 1597 sur la **reprise d'Amiens**. Le 2 l'an 1598, sur la Paix. — S. l. n. n. ; 21 p. in-8°.

Bibl. Nat^{le}, Lb^{35}, n° 721.

2830. — Trois Discovrs. Le I faict en l'an 1597 après la **reprise d'Amyens**. Le II en l'An 1598 sur la Paix. Le III svr l'édict dv mois d'Auril 1598. Publié en Parlement le 25 Feurier 1599. — S. l. n. n. n. d. ; 72 p. in-12.

Bibl. Nat^{le}, Lb^{35}, n° 722.

* **2831**. — Discours après la **réduction d'Amiens**. — S. l. n. n., 1607 ; 21 p. in-12.

Cat. Dorbon, 1891, n° 260.

2832. — *Récit de la* **prise d'Amiens**.

Hist. gén. de la guerre de Flandre, ... par Gabriel Chappuys. — Paris, Fouet, 1623, t. I, p. 510 à 539 ; in-folio.

2833. — Discours de la **Prise d'Amiens** par les Espagnols. Lettre de Hernando Porto Carrero, Espagnol, Commandant dedans Amiens, écrite au Cardinal d'Austriche. Discours véritable de la route et défaite des Maréchaux de Camp de l'Armée du Cardinal d'Autriche, advenue le 29 d'Aout 1597. Avis très certain de tout ce qui s'est passé en la sortie de l'Espagnol de la Ville d'Amiens, le 25 Septembre 1597. Feux de joie des François sur la mémorable reprise de la ville d'Amiens par le Roi. Discours sur la reddition de la ville d'Amiens. Discours sur la réduction de la Ville d'Amiens.

Mémoires de la Ligue. - Amsterdam, 1752, t. VI, p. 487 à 539 ; in-4°.

2834. — Histoire de la **surprise de la Ville d'Amiens** par les Espagnols le onze Mars 1597 et de la reprise de cette Ville par Henri IV, le 25 Septembre de la même année, avec les pièces justificatives.

Mélanges hist., par Damiens de Gomicourt. — Paris, De Hansy, 1768, t. II, p. 3 à 201 ; in-12.

2835. — Précis historique de la **surprise d'Amiens** par les Espagnols le 11 Mars 1597, et de la reprise par Henri IV, le 25 Septembre suivant : précédé d'un coup d'œil militaire sur le département de la Somme, par Maurice Rivoire. — Amiens, Maisnel fils, 1806 ; VIII-58 p. in-8°

* **2836.** — **Henri IV** à Amiens, par le comte du Parc-Lomaria. — Paris, Ant. Boucher, 1818 ; 8 p. in-8°.

2837. — **Surprise d'Amiens** par les Espagnols, *par H. Dusevel.*

Revue d'Amiens, 1833, p. 147 à 151 ; in-8°.

* **2838.** — La **sorpresa de Amiens**. Copia de carta original del archiduque Alberto à S. M. fecha en Bruselas a 14 de marzo de 1597, accompañando la relacion que le hizo et sargento Francisco del Arco. Archiva de Simancas. Publicada por el Sr D. Alejandro Lhorente por apendice de la conventarios de Villalobos. — Madrid, 1876.

Hist. d'Amiens, par de Calonne, t. II, p. 165.

2839. — La **Prise d'Amiens** par les Espagnols en 1597 ; extraits d'un registre manuscrit de la famille Cornet, par F. Poujol de Fréchencourt. — Amiens, Douillet, 1884 ; 14 p. in-8°.

Ext. Mém. Soc. Ant. Pic.

2840. — **Prise et reprise d'Amiens** en 1597, d'après des documents tirés des Registres de l'échevinage d'Abbeville, par M. Alcius Ledieu.

Bull. Soc. Em. Abb., 1888, p. 52 à 72 et 76 à 79 ; in-8°.

2841. — Le **Siège d'Amiens en 1597** et les Jésuites *par de Badts de Cugnac.* — Amiens, Lenoël-Herouart, 1873 ; 40 p. in-8*.

2842. — Séjour à Amiens du **Cardinal de Florence**. Publication de la paix de Vervins, par Edmond Soyez.

Le Dimanche, 1880, n° 467, p. 441 à 448 ; in-8°.

2843. — Scènes du **XVIe siècle**, à Amiens, *par H. Dusevel.*

La Picardie, 1862, p. 289 à 299 et 349 à 358 ; in-8°.

2844. — *Note sur les* **pestes d'Amiens**, *au sujet d'un travail de M. Rigollot.*

Coll. des Rapp. anal. de l'Ac. d'Amiens, t. I, an XIII, p. 202 à 210 ; in-4°.

2845. — Les **Pestes** ou Contagions à Amiens pendant les **XVe**, **XVIe** et **XVIIe siècles**, par M. A. Dubois. — Amiens, Em. Glorieux, 1873 ; 44 p. in-8°.

Ext. Mém. Soc. Ant. Pic.

2846. — Le **Covrrier picard**. — S. l. n. n., *avril 1615 ;* 16 p in-12.

Libelle sur l'histoire d'Amiens et Concini.
Bibl. H. Macqueron.

2847. — Lettre de Monseignevr le Dvc de Longveville av Roy. — S. l. n. n., M.DC.XV ; 7 p. pet. in-8°

Au sujet d'un guet-apens dont il aurait failli être victime à Amiens du fait du **maréchal d'Ancre.**
Bibl. H. Macqueron.

2848. — Documents historiques sur la ville d'**Amiens. 1610-1696**.

La Picardie, t. XIII, p. 289 à 304 ; in-8°.

2849. — Remonstrance très-hvmble presentee au Roy par ses subiects de la prouince de Picardie sur le faict de la **Citadelle d'Amyens**. — S. l. n. n , *mai 1616 ;* 8 p. in-12.

Bibl. H. Macqueron.

* **2850.** — Réponse du roi aux trois articles sur la **citadelle d'Amiens**. — 1616 ; in-8°.

2851. — Le **meurtre de Prouville**, épisode du XVIIe siècle par M. A^{le} Janvier. — Amiens, Lemer aîné, 1861 ; 23 p. in-8°.

Ext. Mém. Soc. Ant. Pic.

2852. — Conclvsions civiles de Dame Marie Bochart, vefue de feu Messire **Pierre de Prouille**, viuant cheualier seigneur dudit lieu, et de Hangars, Sergent-Major des ville et Citadelle d'Amiens, demanderesse et accusatrice Alencontre De feu Conchino Conchini Marquis d'Ancre, de Leonora Galigay sa femme et leurs complices, defendeurs et accusez. — A Paris, Par Jean Sarra, M.DC.XVII ; 29 p. in-8°.

Bibl. Pinsard.

* **2853**. — Lettre du **mareschal d'Ancre** à la Majesté très chrestienne de la Royne mère, *au sujet de la citadelle d'Amiens*. — Paris, Abraham Saugrain, M.DC.XVIII ; 4 p. in-8°.

Voir Hist. d'Amiens, par de Calonne, t. II, p. 267.

2854. — L'**entrée** svperbe et magnifiqve, Faite à la **Royne de la grande Bretagne**, dans la ville d'Amiens, Le Samedy septiesme de Iuin 1625. Sur les fideles relations et missiues d'vn Seigneur de qualité, enuoyées à vn sien seruiteur et amy : auec ce qui a esté imprimé dans ladite ville d'Amiens. — A Paris, Par Flevry Bovrriqvant, M.DC.XXV ; 16 p. in-16.

Bibl. d'Amiens, Hist., n° 3785.

2855. — **Harangve** faicte en l'année mil six cent vingt-cinq, à **la Reyne de la Grand'Bretagne** par Vauchelles premier Escheuin de la Ville d'Amiens.

Le Trésor des Harangues... — Paris, Bobin, 1660, t. II, p 92 et 93 ; in-4°.

2856. — **Entrée de la reine d'Angleterre** à Amiens, en 1625.

Arch. de Pic., t. I, p. 70 à 72 ; in-8°

2857. — Buckingham et **Anne d'Autriche à Amiens**. *1625*.

Etudes St-Quentinoises, par Ch. Gomart, t. II, p. 357 à 360 ; in-8°

2858. — La **peste** à Amiens au **XVIIᵉ siècle** et le Vœu de l'Echevinage à N. D. de Liesse, par M. Dubois.

Bull. Soc. Ant. Pic., t. XVII, p. 411 à 418 ; in-8°.

2859. — Lettres relatives à **Amiens** *(années 1633 à 1635)*, tirées des cartons de la Bibliothèque de l'Institut (cartons nᵒˢ 271 et 272) et communiquées par M. le marquis de Godefroy-Ménilglaise.

Ibid., t. X., p. 23 à 29 ; in-8°

2860. — Lettres de Sublet au chancelier Séguier en faveur des habitants d'Amiens qui, ravagés par la **peste** ne pouvaient payer les contributions exigées (1633).

Rev. d'hist. mod. et contemp., 1900-1901, t. II, p. 167 à 169 ; in-8°.

2861. — La refvtation de l'escrit composé par Mᵉ Simon Dufresne Docteur en Médecine à Amiens, en approbation du parfum employé aux airiements des **maisons contagiées** par Henry le Cointe, soy disant Airieur, à l'assistance de Mathieu le Cointe, son oncle. Par Mᵉ Alexandre de Ponthieu aussi Docteur en Medecine audit Amiens, de l'aveu de Messieurs de la Police de ladite ville, pour le repos et sevreté des Habitans. Ensemble le decret des Medecins résidens audit lieu contre ledit parfum. La repliqve dudit de Ponthieu de l'inuectiue honteuse et scandaleuse dudit Dufresne. A Monseigneur le Duc de Chaulnes. — A L'Isle, chez Christophe Beys, demeurant près la ruë de la Tannerie, à l'Enseigne du Lys, 1635 ; 99 p. in-12.

Renseignements intéressants sur la peste d'Amiens.

Anc. bibl. de M. Lefurme, à Ailly-le-Haut-Clocher.

2862. — **Alarmes à Amiens** et Fortifications de cette ville en 1636, *par II. Dusevel*.

La Picardie, t. XVII, p. 241 à 250 ; in-8°.

2863. — Une **alerte** à Amiens **en 1636**, *par Georges Lecocq*.

Bull. Conf. Pic., t. III, p. 37 à 39 ; in-8°.

2864. — Georges Lecocq. Lutte entre la ville d'Amiens et le **Duc de Chaulnes**, gouverneur de Picardie en

1636. — Amiens, T. Jeunet, 1881 ; 9 p. in-8°.

2865. — L'Arest Fait de la personne du sieur **de Sainct Preüil** par ordre du Roy. — Sur l'imprimé à Paris, 1641 ; 7 p. in-8°.

Bibl. Nat^{le}, Lb³⁶, n° 3274.

2866. — La Mort dv Cardinal Infant Et ce qui s'est passé en la mort du **sieur de Saint Preuil**. — Sur l'imprimé à Paris, en l'Isle du Palais et à Orléans, chez René Fremont, *1641* ; 7 p. in-8°.

Bibl. Nat^{le}, Lb³⁶, n° 3297.

2867. — Récit Véritable de tout ce qui s'est passé depuis que le **Sieur de Sainct-Preüil** fut arresté jusques à sa Mort.

Journ. du Card. de Richelieu. — S. l. n. n., 1648, p. 226 à 255 ; in-12.

2868. — Plaidoyé nevfième en la Chambre des Comptes Sur la Confiscation de **Monsieur de S. Preüil**. Pour Madame de Chabans, Opposante à la verification des Lettres de Don de la confiscation des biens de Monsieur de S. Preüil Contre Monsieur d'Ambleville, Demandeur.

Plaidoyers de M. Gaultier. — Paris, Girard, 1663, p. 179 à 200 ; in-4°.

2869. — François de Jussac d'Ambleville, **Sieur de Saint-Preuil**, Mareschal des Camps et Armées du Roi Louis XIII, par A^{le} Janvier. — Abbeville, 1859 ; 139 p. in-8°.

2870. — Un procès criminel **(Saint-Preuil, à Amiens)** au XVIIe siècle, *par M. Lecesne.*

Mém. Acad. Arras, t. XXVII, p. 250 à 269 ; in-8°.

2871. — **Mazarin** dans Amiens. — S. l. n. n., M.DC.XLIX ; 11 p. in-4°.

2872. — **Harangve** faite à la **Reine** à Amiens. Par E. P. — Paris, Jean du Crocq, M.DC.XLIX ; 8 p. in-4°.

2873. — **Harangve** heroiqve De l'Aduocat de la Maison de Ville d'Amiens **av Roy**. — A Paris, Iouxte la Coppie Imprimée à Amiens, M.DC.XLIX ; 8 p. in-4°.

Bibl. H. Macqueron.

* **2874.** — Le troisième **Mercure** de Compiègne et **d'Amiens,** depuis le dix neuf juin jusques au 1er jour de décembre 1649.

Bibl. Nat^{le}, Lb³⁷, n° 1297.

2875. — **Harangve fvnèbre** sur la mort de Tres-Haut et Tres-Pvissant Seignevr, Messire Honnore d'Albert, **Dvc de Chavlnes**, Chevalier des Ordres dv Roy, Pair, et premier Mareschal de France, Vidasme, Bailly et Gouuerneur de la Ville et Citadelle d'Amiens, Gouuerneur et Lieutenant pour le Roy de la Haute et Basse Auuergne, Prononcée dans l'Eglise Cathedrale d'Amiens le vingt-neufiesme d'Octobre 1650, par le R. P. Thomas le Paige. — Paris, Pierre Rocolet, M.DC.LI ; in-4° de 8 p. n. n. et 43 p.

Bibl. d'Amiens, B.-Lett., n° 938, t. X.

2876. — Procez verbal des desordres, degats et ruines causez par le **débordement** extraordinaire **des eaux** dans la Ville et Cité d'Amiens. Le 23 Fevrier 1658. — S. l. n. n. ; 10 p. in-4°.

Bibl. d'Amiens, Hist., n° 3793.

2877. — Arrest de la Covr de Parlement Portant interdiction de Commerce auec la Ville d'Amiens, au sujet de la **Maladie Contagieuse** qui est dans ladite Ville. — Paris, Par les Imprimeurs et Libraires ordinaires du Roy, M.DC.LXVIII ; 4 p. in-4°.

Bibl. H. Macqueron.

2878. — *Ordre de Mgr Faure relatif aux prières à faire en raison de la* **maladie contagieuse** *qui règne à Amiens ; du 20 septembre 1668.* — S. l. n. n. ; 1 p. in-folio.

Bibl. d'Amiens, Théol., n° 1858.

2879. — Récit fidele et veritable de ce qvi s'est passé dans la ville d'Amiens pour l'accomplissement du Vœu solennel qu'elle a fait, afin d'obtenir de la miséricorde de Dieu la grace d'estre delivrée de la **maladie Contagieuse**, dont elle est affligée il y a plus de six mois. — Amiens, Veuve Hvbavlt, 1668; 22 p. in-4°.

Bibl. d'Amiens, Théol., n° 1858.

2880. — Lettre pastorale de Monseignevr l'Illvstrissime et Reverendissime Evesque d'Amiens, à tovs les Fideles de son Diocese, et de toute l'Eglise vniverselle, qui sont touchez d'vne particulière devotion envers l'Admirable Precurseur de nostre Seigneur Iesvs-Christ, Saint Jean-Baptiste, au sujet du Vœu solennel que toute la Ville d'Amiens a fait le premier jour de Novembre 1668 *au sujet de la maladie contagieuse. Du 10 juin 1669.* — S. l. n. n. ; 7 p. in-4°.

Bibl. d'Amiens, Théol., n° 1858.

2881. — Prières povr réciter en action de grâces, de la Miséricorde que Dieu fait à la Ville et au Diocèse d'Amiens, de les délivrer de la **Maladie Contagieuse**. Par Commandement de Monseigneur l'Illustrissime et Reverendissime Evesque d'Amiens. — Amiens, chez la Vefue Hvbault, 1669 ; 29 p. in-16.

Bibl. d'Amiens, Théol., n° 5887.

2882. — Estat de la ville d'Amiens Pendant la Sepmaine commencée le Dimanche 27 Octobre et finie le Samedy 2 Novembre 1669. — Troisieme Novembre 1669 et finie le Samedy neufième dudit mois. — Dixieme Novembre 1669 et finie le Samedy seizième dudit mois. — Premier iour de Decembre 1669 et finie le Samedy septième dudit mois, touchant le **mal contagieux**. — S. l. n. n. ; 4 feuillets in-folio.

Bibl. Nat¹ᵉ, Lk, n° 161.

2883. — La **Peste à Amiens** (1669), par M. Charles Desmaze.

Bull. Soc. Ant. Pic., t. XII. p. 401 à 405 ; in-8°.

2884. — Ordonnance de Monseigneur l'Illvstrissime et Reverendissime Evesque d'Amiens povr la **mission** qvi doit commencer dans la Ville d'Amiens le dimanche cinquième jour de Novembre 1673. — S. l. n. n. ; 1 p. in-folio.

2885. — Lettre d'un prédicateur d'Amiens *(F. I. S. R. S. D.)* écrite à un de ses amis de Paris, au sujet de la célèbre **Mission** faite ces jours derniers par Monseigneur l'Evêque d'Amiens, dans ladite Ville ; à Amiens, le 1 Mars 1674. — S. l. n. n. ; 27 p. in-4°.

Bibl. comm¹ᵉ d'Abbeville.

2886. — Extrait des Chartes de l'Hostel de Ville d'Amiens. Discovrs de François de Vitry, Ecuyer, Seigneur des Auteurs, Premier en Charge de la Ville d'Amiens durant l'année presente 1683, qu'il a prononcé à la tête du Corps de Ville, à Messire François Faure, Evêque d'Amiens, en son Palais Episcopal la dernière Fete de Paques, pour le rémercier de ce qu'il a **prêché le Carême** entier cette année dans sa Cathédrale. — S. l. n. n. ; 14 p. in-4°.

Bibl. comm¹ᵉ d'Abbeville.

2887. — Ordonnance, *du 19 octobre 1686*, de Monseigneur l'Illustrissime et Révérendissime Evesque d'Amiens, pour la **mission** qvi doit commancer dans la ville d'Amiens le dimanche vingt-septième jour du mois d'Octobre 1686 — S. l. n. n. ; 1 p. in-folio.

Bibl. d'Amiens, Théol., n° 1858.

2888. — Explication du **feu d'artifice** dressé dans la Grande Place, par l'Ordre de Messieurs les Premier et Escheuins de la Ville d'Amiens, le 6 May 1691. Pour la Réduction de la Ville de Mons, Capitale du Haynault. — Amiens, Veuve Robert Hubault, M.DC.LXXXXI ; 4 p. in-4°.

Bibl. d'Amiens, Hist., n° 3793.

2889. — Extrait des Registres du Conseil d'Etat. *Arrêt exemptant les habitants d'Amiens du* **ban** *et de* l'**arrière-ban**; *du 17 avril 1696.* — S. l. n. n.; 4 p. in-4°.

Bibl. d'Amiens, Hist., n° 5561.

2890. — Arrest du Conseil d'Estat du Roy pour l'ouverture des **Monoyes** d'Amiens, de Reims et de Troyes. Du 17 Septembre 1707. — Paris, Frédéric Léonard, 1707; 4 p. in-4°.

Bibl. H Macqueron.

2891. — Mandement de Monseigneur l'Evêque d'Amiens sur la Construction de la nouvelle Chapelle de S. Jean, pour l'accomplissement du **Vœu de la Ville** en 1668. *Du 10 avril 1710.* — S. l. n. n.; 4 p. in-4°.

Bibl. d'Amiens, Théol., n° 1862

2892. — Relation des Réjouissances faites dans la Ville d'Amiens, pour l'heureuse **naissance de Monseigneur le Dauphin**. *Septembre 1727.* — Amiens, Charles Caron-Hubault; 6 p. in-4°.

Bibl. d'Amiens, Hist.. n° 3736.

2893. — **Entrée** de Mgr de la Motte, Evêque d'Amiens.

La Picardie, t. VIII, p. 313 à 316; in-8°.

2894. — Mandement de Monseigneur l'... Evêque d'Amiens pour la **Mission** qui doit commencer à Amiens le jour de la Fête Dieu neuvième Juin 1735. *Du 2 juin 1735.* — S. l. n. n.; 1 p. in-folio.

2895. — Suite des nouvelles ecclésiastiques. Du 14 juillet 1736. D'Amiens. *Récit d'une mission faite par les Jésuites en juin et juillet 1735.*

Nouv. ecclés., 1736, p. 109 à 111; in-4°.

2896. — Deux **baptêmes à Amiens** au XVIIIe siècle 1738, 1748 par A. Janvier. — Amiens, Yvert et Tellier, 1893; 18 p. in-8°.

Ext. Mém. Soc Ant. Pic.

2897. — Documents inédits sur Amiens. Grande misère et long **Hyver de 1739.**

La Picardie, t. VII, p. 462 à 470; in-8°.

2898. — La guerre de la succession d'Autriche. Amiens pendant la **maladie du Roi** Louis XV, par Robert Guerlin. — Amiens, Delattre-Lenoel, 1884; 23 p. in-8°.

Ext. de la Picardie.

2899. — D'Amiens. *Correspondance relative aux* **querelles Unigenitus** *et au refus de sacrements fait à M. Jean-Baptiste-Alexandre Duliège, ancien échevin décédé à Amiens le 1er Décembre 1746.*

Nouv. ecclés., n° du 27 Mars 1747, p. 49 à 52; in-4°.

2900. — *Correspondance* D'Amiens *relative au jansénisme et notamment au* **refus de sacrements** *fait à Mme Jourdain de Thieulloy, décédée à Amiens le 2 septembre 1749.*

Nouv. ecclés., 1751. p 102 à 104; in-4°.

2901. — Le **Jubilé Calotin** à Amiens en 1751, Parodie inédite de Jean-Léonore Baron, Avocat au Bailliage d'Amiens et Secrétaire perpétuel de l'Académie de cette ville, suivie d'épigrammes adressées à l'auteur par le P. Daire et d'autres pièces également inédites, d'après un Manuscrit du temps publié par Pseu d'Onyme, Membre de l'Académie de Rollot. — A. Frettecuisse, chez Jean Basreins, Imprimeur, 1892; 30 p. in-8°.

2902. — Consultation sur la voye d'Appel comme d'abus contre un **refus de Communion** publiquement fait à Amiens. — Paris, Laurent Prault, 1752; 8 p. in-4°.

2903. — Relation de ce qui s'est passé à Amiens à l'**entrée de** très-haut et très-puissant seigneur **M. le Duc de Chaulnes**, Gouverneur General de la Province de Picardie. — Amiens, veuve Charles Caron-Hubault, 1753; 20 p. in-4°.

Bibl. H. Macqueron.

2904. — Essais de poésies. —

RELATION
DE CE QUI S'EST PASSE'
A AMIENS
A L'ENTRE'E
DE TRE'S-HAUT ET TRE'S-PUISSANT SEIGNEUR
M. LE DUC DE CHAULNES,
GOUVERNEUR GENERAL
DE LA PROVINCE DE PICARDIE.

A AMIENS,
Chez la Veuve de CHARLES CARON-HUBAULT, Imprimeur.
rue & vis-à-vis S. Martin.

M. DCC. LIII.
AVEC PERMISSION.

N° 2903

GRANDEUR RÉELLE

Amiens, veuve Charles Caron-Hubault, 1753 ; 12 p. in-12.

Le titre de départ porte : Sur l'**Entrée** solennelle de **Monseigneur le Duc de Chaulnes**, Gouverneur Général de la Province de Picardie, etc., à Amiens, avec Madame la Duchesse son Epouse.

2905. — D'Amiens. *Correspondance relative au* **refus de sacrements** *fait à M. Antoine-Auguste Duliège, décédé à Amiens le 16 janvier 1756.*

Nouv. ecclés., n° du 24 sept. 1756, p. 159 et 160 ; in-4°.

2906. — D'Amiens. *Correspondance relative à une* **mission** *faite par les Jésuites à Amiens.*

Ibid., n° du 24 Nov. 1756, p. 195 et 196 ; in-4°.

2907. Monnoie d'Amiens. Etat de la **Vaisselle portée à** ladite **Monnoie** par les différentes personnes ci-après dénommées, à compter du 8 Novembre 1759, jusques et compris le 25 Janvier 1760, relativement aux Lettres Patentes de Sa Majesté. — Amiens, veuve Godart, s. d. ; 4 p. in-4°.

Bibl. d'Amiens, Hist., n° 3793.

* **2908.** — Ordonnance du Roy, du 20 novembre 1773, portant règlement sur la **conservation des chasses,** dans l'étendue de la banlieue d'Amiens, pour le gouverneur et les officiers de l'Etat-Major des ville et citadelle d'Amiens. — S. l. n. n. ; 12 p. in-8°.

Cat. de la Libr. Voisin, 1888, n° 12689.

2909. — Académie d'Amiens. Séance du 14 Mars 1881. Les derniers jours de l'**ancien régime** à Amiens. Discours de réception de M. L. Fournier. Réponse de M. A. Moullart. — Amiens, 1884 ; 87 p. in-8°.

Ext. Mém. Acad. Amiens.

2910. — **Quelques faits** concernant Amiens *(XVII*e *et XVIII*e *siècles,* tirés d'un vieil almanach, *par F. H. G.*

La Picardie, t. XVIII, p. 145 à 157 ; in-8°.

2911. — Documents pour servir à l'histoire de la **Révolution** française **dans la ville d'Amiens.** Tome I. Etats Généraux de 1789. Elections. Rédaction des cahiers. — Paris, Charavay, 1889 ; 584 p. in-8°. Tome II. Registres aux Délibérations de l'Administration municipale du 1er janvier 1789 au 18 Brumaire an VIII. 1789. — Paris, Alph. Picard, 1894 ; 2-576 p. in-8°.

2912. — Notes historiques sur **Amiens, 1789-1803,** par A. Dubois. — Amiens, L. Challier, 1882 ; 255 p. in-8°.

Extr. du Mémorial d'Amiens.

2913. — Procès verbal de l'**Assemblée de la Noblesse** des Bailliages d'Amiens et de Ham, Tenue à Amiens conformément aux Ordres du Roi. — Amiens, J. B. Caron, 1789 ; 38 p. in-4°.

Arch. dép. de la Somme, C, n° 23.

2914. — Extrait du procès-verbal de l'**Assemblée du Tiers-Etat** des Bailliages d'Amiens et de Ham. *Du 30 mars 1789.* — Amiens, J.B. Caron l'aîné, 1789 ; 4 p. in-4°.

Bibl. d'Amiens, Hist., n° 3597.

2915. — Liste des trente-six **Députés du Tiers-Etat** de la Ville d'Amiens, nommés publiquement à haute voix le vingt Mars 1789, en la Salle d'Audience de l'Hotel-de-Ville, à grands huis ouverts, pour porter le Cahier des Doléances de ladite Ville en l'Assemblée du Bailliage le 23 du même mois. — S. l. n. n. d. ; 2 p. in-4°.

Bibl. d'Amiens, Hist., n° 3793.

2916. — Appel aux gens sensés ou Très-Humbles et très-respectueuses représentations de la capitale de Picardie à l'Assemblée Nationale. 1789. — S. l. n. n. ; 15 p. in-8°.

Bibl. Pinsard.

2917. — Mémoire pour le Sieur Jean-Baptiste-Alexandre **Leleu fils,** Négociant et Consul en exercice de la

Ville d'Amiens, *emprisonné pour avoir fait le commerce de grains avec l'étranger.* — Amiens, J. B. Caron l'aîné, 1789 ; 11 p. in-4°.

Bibl. d'Amiens, Hist., n° 3794.

2918. — A mes concitoyens. Suite de ma justification, *par Debray, d'Amiens, emprisonné pour avoir fait commerce de grains avec l'étranger.* — Amiens, J. B. Caron l'aîné, 1789 : 8 p. in-4°

Ibid

2919. — Copie de la **lettre écrite à M. Necker,** Directeur-Général des Finances, par les Electeurs des Trois Ordres, Officiers Municipaux et Conseil de la Ville d'Amiens, *annonçant que l'agitation populaire est terminée ; du 11 août 1789.* — Amiens, L. C. Caron père, 1789 ; 4 p. in-4°.

Ibid., Hist., n° 3793.

2920. — Projet d'établissement d'une **Caisse patriotique** à Amiens. — Amiens, Fr. Caron-Berquier, 1790 ; 4 p. in-4°.

Ibid., Hist., n° 3793, t. II, n° 13

2921. — Règlement pour le temps de la **Confédération.** — Amiens, Caron-Berquier, *1790* ; 3 p. in-4°.

Bibl. Soc. Ant. Pic., Q. X, n° 3.

2922. — **Ordre** *de la* **fête** du Dimanche quatre *(14)* Juillet *1790.* — Amiens, Fr. Caron-Berquier ; 2 p. in-4°.

Bibl. d Amiens, Hist., n° 3793, t. II, n° 7.

2923. — Anniversaire du **14 juillet.** Fêtes de la Liberté et de la Concorde. Programme. — Amiens, J. B. Caron l'aîné, *1790 ;* 3 p. in-4°.

2924. — Discours de M. le Président de l'Assemblée électorale du Département de la Somme, prononcé au Champ de Fédération de la Ville d'Amiens, lors de la prestation du **Serment civique,** le 14 Juillet 1790. — S. l. n n. ; 1 p. in-4°.

Bibl. d'Amiens, Hist., n° 3793, t. II, n° 7.

2925. — **Discours** de M. le Maire d'*Amiens* avant le serment *civique :* fête *du 14 juillet 1790.* — S. l. n. n. n. d. ; 2 p. in-4°.

Ibid., Hist., n° 3793, t. II, n° 9.

2926. — Réponse *de la Société des Amis de la Constitution d'Amiens* aux Lettres des Sociétés Patriotiques de Béthune et de Nantes relatives à la Contribution directe du Marc d'Argent, décrétée par l'Assemblée Nationale, le 22 Décembre 1789. *Du 7 octobre 1790.* — Amiens, Fr. Caron-Berquier ; 7, p. in-4°.

Anc^{ne} Bibl. de Marsy.

2927. — **Oraison funèbre** des Martyrs de la Constitution. Morts à Nanci le 31 Août 1790 ; Prononcée le Jeudi 21 Octobre 1790, dans l'Eglise Cathédrale d'Amiens, En présence de l'Assemblée du Département et du District, de celle de la Commune et de la Garde Nationale par M. l'Abbé Joseph Bellegueule, Prêtre, ci-devant Gardien des Capucins de St Honoré à Paris, Professeur en Théologie, Membre de plusieurs Académies de la Société des Amis de la Constitution de Paris et de celle d'Amiens sa Patrie, Aumônier de MM. les Fédérés du Département de la Somme. Imprimée par Ordre de MM. les Officiers Municipaux d'Amiens. — Amiens, Fr. Caron-Berquier, 1790 ; 48 p. in-4°.

Bibl. d'Amiens, B.-Lett., n° 938, t. VIII .

2928. — Adresse de la Société des **Amis de la Constitution** établie à Amiens. *Du 12 Décembre an 2 de la Liberté.* — Amiens, Caron-Berquier ; 4 p. in-4°.

2929. — Notes historiques sur **Amiens, 1791-1802,** par A. Dubois. — Amiens, 1880 ; 42 p. in-12.

2930. — Discours sur les **avantages de la Constitution** française prononcé dans la Paroisse Notre-Dame Cathédrale le 20 Février 1791, pour la solemnité Civique de la Société des

Amis de la Constitution d'Amiens, en Mémoire de ce que le 4 Février 1790, le Roi des François vint à l'Assemblée Nationale reconnoître la Souveraineté du Peuple, par George-Louis Mezurolle, Docteur en Théologie, ci-devant Religieux Cordelier et Membre de la Société des Amis de la Constitution d'Amiens ; en présence de MM. les Administrateurs du Directoire du Département et du District, du Conseil Général de la Commune, de la Garde Nationale et de tous les Officiers des Troupes de Ligne. — Amiens, Fr. Caron-Berquier, 1791 ; 31 p. in-8°.

Bibl H. Macqueron.

2931. — Proclamation du Conseil Municipal de la Ville d'Amiens pour rappeller aux Citoyens, 1° Que nul ne doit être inquiété pour ses **opinions**, même **religieuses** : que c'est un principe conservé dans la Déclaration des Droits de l'Homme et du Citoyen ; 2° Que toutes violences commises contre les personnes qui auroient une opinion différente des maximes reçues et autorisées n'en sont pas moins des attentats contre la liberté et la sûreté ; 3° Que tous ceux qui s'en rendent coupables s'exposent à être poursuivis extraordinairement et punis selon toute la rigueur des Lois comme perturbateurs du repos public. Du Lundi 13 Juin 1791. — Amiens, Fr. Caron-Berquier ; 6 p. in-4°.

Bibl. d'Amiens, Hist., n° 3793, t. II, 19.

2932. — Ordonnance du Tribunal du District d'Amiens, Du 2 Août 1791, *défendant de troubler le* **service divin** *dans les églises, sous prétexte de dissentiments dans les opinions religieuses.* — Amiens, J. B. Caron l'aîné, 1791 ; 4 p. in-4°.

Ibid., Hist., n° 3659.

2933. — **Adresse aux Citoyens** Actifs du District d'Amiens, *août 1791.* Signé : *Loyer.* — Amiens, Fr. Caron-Berquier ; 6 p. in-4°.

Ibid., Hist., n° 5561.

2934. — Discours de M. le Président *(Bellegueule)* de la Société des **Amis de la Constitution** *d'Amiens*, en la Séance du 28 Aout 1791, à MM. les Electeurs invités par arrêté de la Société. — *Amiens*, De l'Imprimerie patriotique de Fr. Caron-Berquier ; 3 p. in-8°.

Ibid., Hist. n° 3668.

2935. — Réplique à la **lettre du District** d'Amiens *par de Ville, ancien trésorier de France.* — S. l. n. n., *vers 1791* ; 4 p. in-8°.

Ibid , Hist., n° 3668.

2936. — Avertissement du Conseil Général de la Commune au peuple d'Amiens, sur les dangers auxquels il s'expose en exerçant des **violences contre les personnes** et en attentant contre les Propriétés. — *Amiens*, Caron-Berquier, 1791 ; 4 p. in-4°.

Ibid., Hist., n° 3793, t. II, 23

2937. — Les prévarications des nouveaux fonctionnaires publics, recommandées à la vigilance des bons citoyens ou **mémoire de Pierre Flesselle**, Citoyen d'Amiens, contre Chambosse, receveur du district de cette Ville. — A Paris, Amiens, Abbeville, Février de l'an quatrième de la Liberté ; in-4° de 42-48 p.

Ibid., Hist., n° 3794, t. II, 23.

2938. — Réponse des administrateurs composant le Directoire du Département de la Somme, en ce qui les concerne dans un **Mémoire de M. Flesselles**, contre M. Chambosse. — S. l. Du Pont, *an IV* ; 31 p. in-4°.

Ibid , Hist., n° 3794, t. II, 24.

2939. — Discours prononcé par M. Poullain, Procureur de la Commune d'Amiens, le Dimanche 20 Mai 1792 après-midi, sur la place de la Maison Commune, à l'instant de la **plantation de l'Arbre de la Liberté**, en présence de tous les Corps Administratifs, Judiciaires, Militaires, de toute la Garde

Nationale et du Peuple. — *Amiens*, Fr. Caron-Berquier, 1792; 3 p. in-4°.

Ibid., Hist., n° 3793, t. II, p. 25.

2940. — Adresse d'un très grand nombre de citoyens actifs de la ville d'Amiens, département de la Somme, à l'Assemblée nationale, du 26 Juin 1792 : au sujet d'une **adresse au Roi**, et d'un arrêté du directoire de ce département en date du 22 du même mois. — *Amiens*, De l'imprimerie du Cercle social ; 8 p. in-8°.

Bibl. Pinsard.

2941. — Les Administrateurs composant le Directoire du Département de la Somme aux Citoyens d'Amiens *au sujet des évènements du* **20 juin** ; *du 4 juillet 1792*. — Amiens, Fr. Caron-Berquier, 1792 ; 4 p. in-4°.

Bibl. de Bonnault.

2942. — Avertissement du Conseil général de la Commune d'Amiens sur les vaines **terreurs qui agitent les Citoyens**, sur les véritables moyens de les dissiper et d'assurer la tranquillité publique. *Du 19 août 1792.* — *Amiens*, Fr. Caron-Berquier, 1792 ; 8 p. in-4°.

Bibl. d'Amiens, Hist., n° 3793, t. II, 27.

2943. — Extrait du Registre aux Délibérations des Officiers Municipaux de la Ville d'Amiens, du Dimanche 26 août 1792. Extrait du Registre aux Délibérations des Officiers Municipaux de la Ville d'Amiens du Lundi 27 août 1792. — *Amiens*, Caron-Berquier, 1792 ; 7 p. in-4°.

Réponse à une pétition des citoyens du quartier Saint-Leu, contenant des **imputations** calomnieuses contre M. **Laurendeau**.
Ibid., Hist., n° 3793, t. II, 28.

2944. — Oraison funèbre des Citoyens Morts dans la **journée du 10 Août**, sous les murs du Château des Tuileries : Prononcée devant le Peuple, le 30 Août 1792, dans l'Eglise de Saint-Leu ; Par M. Grainville, Curé de Saint Leu d'Amiens, et Membre des Amis de la Constitution. Se trouve à Amiens, au Presbytère de St-Leu. — Paris, Desenne, an quatrième de la Liberté ; 23 p. in-8°.

Bibl. H. Macqueron.

2945. — Amiens en **1793**.
Le Dimanche, 1871, p. 360 à 367 ; in-8°.

2946. — Premier avertissement du Conseil général de la Commune d'Amiens, à ses Concitoyens, sur les Attroupemens qui ont eu lieu au-devant des Maisons de plusieurs Négocians, à l'occasion du **renchérissement du prix des Denrées** et sur les Dangers auxquels s'exposent les auteurs de ces troubles. *Du 11 février 1793.* — *Amiens*, Caron-Berquier ; 6 p. in-4°.

Bibl d'Amiens, Hist., n° 3793, t. II, 31.

2947. — Procès-verbal des honneurs funèbres civiques rendus à la Mémoire de **Lepelletier St Fargeau**, par la Commune d'Amiens, le Dimanche 17 Février 1793, l'an second de la République. En exécution de la Délibération du Conseil-Général du 23 Janvier, avec le Discours prononcé à cette occasion par le Citoyen Brandicourt, Notable. — *Amiens*, Caron-Berquier ; 10 p. in-4°.

Ibid., Hist., n° 3793, t. II, 30.

2948. — Adresse du Conseil général de la Commune d'Amiens à la Convention Nationale, sur le Décret du 28 Mars dernier, qui accorde les **indemnités** de la Société civique, à **Jourdain l'Eloge, Daveluy et Morgan**, et qui les met à la charge de la Commune. — Amiens, Caron-Berquier, 1793 ; in-4°.

Ibid., Hist., n° 3793, t. II, 52.

2949. — **L'Assemblée populaire d'Amiens** séante en la salle du concert à la Société des Jacobins de Paris. — S. l. n. n., *20 juin 1793* ; 6 p. in-12.

Bibl. H. Macqueron.

2950. — **Discours** prononcé par **le citoyen Evrard**, Président de la Société Populaire d'Amiens, en présence des Commissaires de la Convention Nationale, des Administrateurs du Département et du District, des Membres du Conseil général de la Commune, du général Dur, de l'Etat-Major de la Force armée et d'une grande affluence de Citoyens réunis en l'Eglise Cathédrale le 29 juillet *1793*. — Amiens, Fr. Caron-Berquier ; 4 p. in-4°.

Bibl. d'Amiens, Hist., n° 3793, t. II, 33.

2951. — Pétition de la **Société populaire d'Amiens**, du 13 Août 1793, l'An II de la République Françoise, une et indivisible, et réponse du Conseil Général de la Commune. — Amiens, Caron-Berquier, 1793, 1 An II ; 20 p. in-4°.

Ibid., Hist., n° 3793, t. II, 34.

2952. — Extrait des Délibérations du Conseil Général de la Commune d'Amiens. Séance du Mardi 20 août 1793. Compte rendu par les Deputés des dix sections des Assemblées primaires d'Amiens, chargés de porter le vœu de l'**acceptation de l'Acte Constitutionnel** à la Convention. — *Amiens*, Caron-Berquier ; 8 p. in-4°.

Ibid, Hist., n° 3793, t. II, 35.

2953. Procès-verbal *du* **départ des jeunes gens** *d'Amiens de la première réquisition ; 29 septembre 1793*. Discours du Président de la Commission Révolutionnaire du Département de la Somme. — *Amiens*, Caron-Berquier ; 4 p. in-4°.

Ibid., Hist., n° 3639.

2954. — Inscriptions placées lors de la **Fête Civique** et Républicaine donnée dans la Commune d'Amiens *le 3 Brumaire an II*. — Amiens, C. Caron-Berquier ; 2 p. in-4°.

Ibid , Hist., n° 3793, t. II, 39.

2955. — Les Autorités Constituées et la Société Populaire de la Commune d'Amiens, réunies. Aux Membres de la Convention Nationale *remercient de l'envoi de* **Dumont** *comme commissaire ; du 25 brumaire an II*. — Amiens, Caron-Berquier ; 4 p. in-4°.

Ibid., Hist., n° 3793, t. II, 41.

2956. — Marche de la **fête civique** et républicaine qui aura lieu le 30 Brumaire de l'an second de la République, une, indivisible et impérissable. — Amiens, F. Caron-Berquier ; 3 p. in-4°.

Ibid., Hist., n° 3793, t. II, 42

2957. — *Proclamation, du 13 frimaire an II*. **André Dumont**, représentant du Peuple dans les Départemens de la Somme, du Pas-de-Calais et de l'Oise, aux Citoyens d'Amiens. — Amiens, J.B. Caron l'aîné, 1793; placard in-folio.

Ibid , Hist., n° 3639.

2958. — Règlement pour la réorganisation des **Sections de la Commune** d'Amiens. Tableau *de la composition des Sections : du 1 Nivôse an II*. — Amiens, Caron-Berquier ; 10 p. in-4°.

Ibid., Hist., n° 3793, t. II, 43.

2959. — Règlement de l'**Assemblée populaire** d'Amiens. — Amiens, Fr. Caron-Berquier, an II ; 10 p. in-8°.

Ibid., Hist., n° 3668.

2960. — Amiens pendant la **Terreur**, par M. Mancel.

Mém. Acad. Am., t. XX, p. 421 à 440 ; in-8°.

2961. — La **famine** à Amiens. Lecture faite à la Séance publique du 26 Juillet 1874, par M. Darsy.

Mém. Soc. Ant. Pic., t. XXV, p. 33 à 55; in-8°.

2962. — La **Commission révolutionnaire** du Département, l'Administration du District, le Conseil général de la Commune, le Comité de Surveillance du Canton d'Amiens et l'Assemblée Populaire de la même Ville. A tous leurs Concitoyens du Département de la Somme. — Amiens, Caron-Berquier, *pluviôse an II;* 4 p. in-4°.

Bibl. d'Amiens, Hist., n° 3793, t. II, 45.

2963. — Pensées civiques Prononcées le 20 Pluviôse *an II*, en la **Société Populaire** de la Commune d'Amiens, par Florimond Dewailly, l'un de ses Membres, et imprimées avec l'approbation de la Société. — Amiens, Caron-Berquier ; 16 p. in-8°.

Bibl. Pinsard.

2964. — Le **R. P. Firmin de la Nativité**, religieux carme déchaussé, d'Amiens, né au mois de septembre 1759 : guillotiné sur la place aux Herbes de cette ville, le lundi de la semaine sainte, 14 avril 1794.

Les Conf. de la Foi dans l'Egl. gall., par l'abbé Carron. — Paris, Le Clerc, 1820, t. III, p. 163 à 191 ; in-8°.

2965. — Plan de la **fête de l'Etre Suprême** à célébrer le 20 prairial *an II* dans le Champ de Mars par la Commune d'Amiens. — Amiens, Caron-Berquier ; in-4°.

Arch. mun. d'Amiens.

2966. — Discours prononcé au nom du Conseil général de la Commune d'Amiens le 20 prairial *an II*, jour de la fête célébrée en l'honneur **de l'Etre Suprême**. — Amiens, Caron-Berquier ; 10 p. in-4°.

Bibl. d'Amiens, Hist., n° 3793, t. II, 48.

2967. — Discours prononcé par le Président de la **Société Populaire** d'Amiens, le 20 Prairial *an II*. — Amiens, Caron-Berquier ; 4 p. in-4°.

Ibid., Hist., n° 3793, t II, 47.

2968. — **Discours** prononcé **par le citoyen Damay** fils, agent national près la commune d'Amiens le 23 thermidor an deuxième de la République. — Amiens, Caron-Berquier ; in-4°.

Arch. mun. d'Amiens.

2969. — Discours prononcé au nom du Conseil général de la Commune d'Amiens, le 30 Vendémiaire de l'an 3, jour de la **Fête de l'Expulsion des Esclaves** hors du Territoire de la Liberté. — *Amiens*, Caron-Berquier ; 7 p. in-4°.

Bibl. d'Amiens, Hist., n° 3793, t. II, 50.

2970. — Avertissement paternel du Conseil Général de la Commune d'Amiens à ses concitoyens, pour les prémunir contre les **calomnies** répandues **contre la Municipalité** et le District au sujet des subsistances, avec le dessein d'exciter des troubles en cette Commune. *Du 2 Brumaire an III.* — Amiens, Fr. Caron-Berquier ; 4 p. in-4°.

Ibid., Hist., n° 3793, t. II, 51.

2971. — Les Otages Gantois à Amiens *d'après M. Kervyn de Lettenhove.*

Le Dimanche, 1880, n° 445, p. 3 à 8 ; in-8°.

2972. — Discours prononcé par le Citoyen Laurendeau, Agent National de la Commune d'Amiens, le 21 Ventôse an 3ᵉ de la République, jour de l'**Installation** des Citoyens nommés par Arrêté du Représentant du Peuple Florent Guiot, du 16 dudit mois, pour composer le **nouveau Conseil-Général de la Commune**, en présence des anciens Membres. — *Amiens*, Fr. Caron-Berquier ; 7 p. in-4°.

Bibl. d'Amiens, Hist., n° 3793, t. II, p. 58.

* **2973.** — **Rapport** fait à la Convention Nationale **par le Citoyen Blaux** Député de la Moselle, des outrages faits à la représentation nationale sur sa personne, lors de sa mission dans le département de la Somme, à Amiens le 14 germinal an III. — Paris, Imprimerie Nationale, Messidor an III ; 6 p. in-8°.

2974. — *Discours de* Barbier-Jenty, aux Citoyens réunis dans l'Eglise de la Providence, se disant l'**Assemblée primaire** de la première Section de la Commune d'Amiens. A Amiens, 7 Vendémiaire an 4. — *Amiens*, Caron-Berquier ; 12 p. in-8°.

Bibl. d'Amiens, Hist., n° 3668.

2975. — Discours prononcé dans la Séance publique de l'**installation de l'Administration Municipale** d'Amiens, du 9 Germinal an 5°, par le Citoyen Laurendeau, Président de ladite Administration, dont l'impression a été demandée par le Peuple et arrêtée suivant le Procès-Verbal. — Amiens, Patin, *1797*; 4 p. in-4°.

Ibid., Hist., n° 3793, t. II, 64.

* **2976**. — Avertissement de l'administration municipale d'Amiens aux citoyens, sur l'**observation** exacte des lois déterminant les jours consacrés au repos **des décadis** et des fêtes nationales. — S. l. n. n., *an VI*.

Arch. mun. d'Amiens, BB, 117.

2977 — Discours prononcé à la Maison Commune, le 7 Vendémiaire an VI lors de l'**Installation de l'Administration Municipale** d'Amiens, nommée par Arrêté du Directoire Exécutif du 2me jour complémentaire an V, par le Citoyen Barbier-Jenty, Commissaire du Directoire Exécutif près ladite Administration Municipale. — *Amiens*, Patin et Cie ; 8 p. in-4°.

Bibl. d'Amiens, Hist., n° 3793, t. II, 65 bis.

2978. — Discours prononcé à la Maison Commune le 7 Vendémiaire an VI, lors de l'**Installation de l'Administration Municipale** d'Amiens, nommée par Arrêté du Directoire Exécutif, du 2me jour complémentaire, an V, par le Citoyen Rigollot, Président de ladite Administration Municipale. — Amiens, Patin ; 3 p. in-4°.

Ibid., Hist., n° 3793, t. II, 65.

2979. — Plan d'Ordre et de Marches pour la **Pompe Funèbre** qui aura lieu le 30 Vendémiaire courant, dans la ci-devant Cathédrale d'Amiens en Mémoire **du général Hoche** : *du 28 vendémiaire an VI*. — Amiens, Patin ; 4 p. in-4°.

Ibid., Hist , n° 3793, t. II, 66.

2980. — Invitation aux Citoyens de la Commune d'Amiens *à participer aux* fêtes *en l'honneur* **de la paix** : *du 12 frimaire an VI*. — Amiens, Patin, 4 p. in-4°.

Ibid., Hist., n° 3793, t. II, 69.

2981. — Procès-verbal de la **fête** en réjouissance **de la paix**, conclue entre la République Française et l'Empereur, célébrée en la Commune d'Amiens, par les soins de l'Administration Municipale, le 20 Nivôse an VI. — Amiens, Patin ; 15 p. in-4°.

Ibid., Hist , n° 3793, t. II, 70.

2982. — Discours prononcé par le Citoyen Bernaux fils, élève de l'École centrale et Instituteur, Rue St-Germain, en présence de ses concitoyens, le 20 Nivôse an VI, jour de la **fête de la paix**. — Amiens, de l'Imprimerie des Associés ; 8 p. in-4°.

Ibid., Hist., n° 3793, t. II, 71.

2983. — Le Cercle constitutionnel d'Amiens aux Amis de la République et de la Constitution de l'An III, *au sujet des* **élections de l'an VI**; *du 26 pluviôse an VI*. — Amiens, de l'Imp. du Cercle constitutionnel chez Caron-Berquier : 8 p. in-4°.

Ibid , Hist., n° 3793, t. II, 72.

2984 — Adresse aux Citoyens *d'Amiens* pour les informer que plusieurs Demi-Brigades d'Infanterie de Ligne, de l'**armée d'Italie**, doivent loger en cette commune, et qu'il doit même en rester **en garnison**. *Du 29 pluviôse an VI*. — Amiens, Patin ; 7 p. in-4°.

Ibid., Hist., n° 3793, t. II, 73.

2985. — Discours Prononcé par le C^{en} Gayvernon Commissaire du Directoire Exécutif près l'Administration Centrale du Département de la Somme, le 1er Vendémiaire, jour de l'**Anniversaire de la République**. — Amiens, Patin ; 4 p. in-4°.

2986. — Avertissement de l'administration municipale d'Amiens aux citoyens sur l'**observation exacte des lois** des 17 thermidor, 13 et 23 fructidor an VI. — Amiens, Patin; in-4°.

Arch. mun. d'Amiens.

2987. — Couplets faits en In-promptu en apprenant la **nouvelle de la Paix**: par un Habitué du Café Crépin d'Amiens. — S. l. n. n. n. d.; 2 p. in-8°.

Bibl. d'Amiens, Hist., n° 3668.

2988. — Avertissement aux Citoyens sur les **dangers des écrits liberticides** qui se distribuent clandestinement. *Du 27 Messidor an VII.* — Amiens, Patin; 4 p. in-4°.

Ibid., Hist., n° 3793, t. II. 80.

2989. Avertissement de l'Administration municipale de la commune et canton d'Amiens, à ses Concitoyens **Conscrits** de toutes les Classes, aux Réquisitionnaires et autres Défenseurs de la Patrie, **qui auraient abandonné leur poste**. *Du 13 thermidor an VII.* — Amiens, Patin; 4 p. in-4°.

Ibid., Hist., n° 3793, t. II, 78.

2990. — Avertissement de l'Administration municipale d'Amiens, à ses Concitoyens, pour les prémunir contre les **manœuvres des Ennemis de la Tranquillité** et contre les rumeurs qu'ils répandent pour diviser les Citoyens, et troubler la Commune. *Du 24 thermidor an VII.* — Amiens, Patin; 16 p. in-4°.

Ibid., Hist., n° 3793, t. II, 79

2991. — Discours prononcé par le Commissaire près l'Administration centrale du Département de la Somme, à la **fête du Dix Fructidor** an VII. Pour la Célébration de celle du dix Août. — Amiens, Patin; 6 p. in-4°.

Bibl. H. Macqueron.

2992. — Anniversaire de la fondation de la République. **Fête du premier vendémiaire** *an VIII*. Programme. — Amiens, Patin; 4 p. in-4°.

2993. — Observations de la commune d'Amiens sur le **placement des établissemens** administratifs et judiciaires qui vont être faits en vertu de la constitution de l'an 8. — Paris, Baudouin, an 8; 7 p. in-8°.

Bibl. d'Amiens, Hist, n° 3668.

2994. — Discours prononcé par le Commissaire près l'Administration centrale du Département de la Somme à la **fête du dix fructidor** an VIII, pour la Célébration de celle du dix août. — Amiens, Patin; 6 p. in-4°.

Ibid., Hist., n° 3639.

2995. — Discours prononcé par le Préfet du Département de la Somme à l'**Anniversaire du 14 juillet** *(messidor an VIII)*, en posant la première pierre sur la Place de la Concorde. — Amiens, Patin; 4 p. in-4°.

Ibid., Hist., n° 3639.

2996. — **Anniversaire de la Fédération** de la République. Discours prononcé par le Préfet du Département de la Somme, le 1er Vendémiaire, an 9, au Champ-de-Mars, où les Troupes du Camp-sous-Amiens s'étoient réunies, par l'ordre du Général en Chef Murat. — Amiens, Patin; 7 p. in-4°.

2997. — Avertissement et invitation du Maire d'Amiens aux Citoyens, pour les engager à donner du **travail aux Détenus** renfermés au Dépôt. *Du 23 ventôse an IX.* — *Amiens*, J. B. Caron l'aîné; 3 p. in-4°.

Bibl. d'Amiens, Hist., n° 3793, t. II, 87.

2998. — **Publication de la paix**. Cérémonie. Marche. *Arrêté du maire d'Amiens, du 5 germinal an IX.* — Amiens, J. B. Caron l'aîné; 3 p. in-4°.

Ibid., Hist., n° 3793, t. III, 88.

2999. — Discours prononcé le 27 Thermidor, 15 Août *1802* par le Citoyen Quinette, Préfet du Département de la Somme, en présence de toutes les Autorités civiles et Militaires réunies dans les Salles de l'Hôtel-de-Ville d'Amiens dites du Congrès, pour assister à la publication des **Senatus-Consultes des 14 et 16 Thermidor an 10**. — *Amiens*, Maisnel fils ; 14 p. in-8°.

Ibid., Hist., n° 3668.

3000. — Anniversaire du 14 juillet. *Programme des* **Fêtes de la Liberté** *et de la Paix. Du 20 Messidor an X.* — *Amiens*, J. B. Caron ; 4 p. in-4°.

Ibid., Hist., n° 3639.

3001. — **Bonaparte**, Premier Consul, à **Amiens**, par P. Roger.

Bibl. hist. Pic. et Art., par Roger, p. 117 à 120, in-8°.

3002. — Variétés historiques et littéraires. **Bonaparte dans Amiens** *par A. Janvier.* — Amiens, Lenoel-Hérouart, 1872; 15 p. in-8°.

Ext. de la Picardie.

3003. — 27 juin an XI. **Bonaparte dans Amiens**. Couplets *par Le T...* —

Bibl. Aug. Janvier.

3004. — Notice historique sur le **Congrès d'Amiens**, par M. Ch. Dufour. — Amiens, Duval et Herment, 1853; 27 p. in-8°.

Ext. Mém. Soc. Ant. Pic.

3005. — Relation de ce qui a eu lieu à Amiens lors du **passage du Roi Louis XVIII**. 1814.

A la page 3 est un autre titre. Relation De ce qui a eu lieu à Amiens lors du passage de Sa Majesté le Roi Louis 18, et de Son Altesse Royale Madame la Duchesse d'Angoulême : Précédée d'une Notice sur la Famille Royale et de quelques Réflexions sur les Bourbons. Par un Amiénois. — *Amiens*, Caron-Vitet ; 82 p. in-8°.

Bibl. H. Macqueron.

Une autre édition semblable varie seulement par le titre :

Relation de ce qui a eu lieu à Amiens lors du passage du Roi Louis XVIII, dédiée à Son Altesse Royale, Madame Duchesse d'Angoulême, qui a bien voulu en agréer le Dédicace. Nouvelle édition. Cette édition est précédée d'une Notice sur les Membres de la Famille Royale et de quelques Réflexions sur les Bourbons.

Dans cette édition, les armes de France remplacent le portrait du Roi qui est en exergue au titre de la 1re édition.

Bibl. d'Amiens, Hist., n° 3740.

3006. — L'**Union des Lis**. **Cantate** pour le mariage de S. A. R. le duc de Berry, fils de France, et de la princesse Caroline de Naples. Paroles de M. F. Le Jey, Musique de M. Cassel, **Exécutée sur le théâtre d'Amiens**, le 16 juin 1816. Dédiée à Monsieur le Comte Albert de Béthune, Chevalier de l'Ordre Royal et Militaire de St Louis, Colonel du Régiment des Cuirassiers de la Reine. — Amiens, J. B. Caron l'aîné ; 7 p. in-8°.

3007. — Relation du voyage de Son Altesse Royale Monseigneur le **Duc d'Angoulême dans le département de la Somme** *(ou plutôt à Amiens)* en 1817. — *Amiens*, Caron-Vitet ; 8 p. in-8°.

3008. — **Mission** d'Amiens. Année 1825. *Programme*. — Amiens, Caron-Duquenne ; placard in-folio.

3009. — Discours prononcé par M. l'abbé Dupuis, vicaire-général du diocèse d'Amiens, archidiacre d'Abbeville à l'occasion de l'**ouverture de la mission**. 1825. — Amiens, Caron-Duquenne ; 4 p in-4°.

3010. — **Mission d'Amiens**. Année 1825. Triomphe de la Croix. Procession générale pour le Jeudi 14 Avril. — Amiens, Caron-Duquenne ; placard in-folio.

3011. — **Mission d'Amiens**. 1825. Notes communiquées à M. le Rédacteur du Journal de la Somme, et insérées dans le Numéro du samedi 30 avril 1825. — Amiens, Caron-Vitet ; 6 p. in-8°.

3012. — La route de Reims ou Alfred et Louise, à propos-vaudeville en un acte, à l'occasion du **sacre de S. M. Charles X**, par Mr A. J. D. Représenté pour la 1re fois sur le Théâtre d'Amiens, le Lundi 6 Juin 1825. — Amiens, Fr. Caron-Berquier, 1825 ; 32 p. in-8°.

3013. — Précis des **fêtes données à** S. A. R. **Madame Duchesse de Berri**, par la ville d'Amiens, et de tout ce qui est relatif au séjour que cette princesse a fait dans cette ville les 30 et 31 Août, et 1er Septembre 1825. — Amiens, Caron-Vitet, 1825 ; 24 p. in-8°.

3014. — Le trente août ou l'heureuse journée ; à propos vaudeville en un acte composé à l'occasion de l'**arrivée à Amiens** de S. A. R. **Madame Duchesse de Berry**, par M. M. — Amiens, Caron-Duquenne, 1825 ; 32 p. in-8°.

3015. — Notice du cérémonial et des fêtes qui ont eu lieu à l'occasion de l'**arrivée de S. M. Charles X** et de Mgr le Dauphin dans le Département de la Somme *et principalement à Amiens*, à laquelle on a ajouté le récit de ce qui s'est passé lors de l'entrée de Henri IV dans la ville d'Amiens en 1594. — Amiens, R. Machart, *1827* ; 36 p. in-8°.

3016. — Relation complète du **passage du Roi** dans le département de la Somme donnant la description de sa réception, tous les discours adressés au Roi, avec les réponses de Sa Majesté et le détail des fêtes qui lui ont été données à Amiens le 1 Septembre 1827 (Extrait du Journal de la Somme). — Amiens, Caron-Vitet, *1827* ; 12 p. in-8°.

3017. — Funérailles de **Bruno Wieliczko** officier polonais mort à l'Hôtel-Dieu d'Amiens. — 1835. Amiens, Boudon-Caron ; 8 p. in-8°.

3018. — Séances générales tenues à *Amiens* en 1839 par la Société française pour la **conservation des Monuments historiques.** — Caen, A. Hardel, 1839 ; 109 p. in-8°.

3019. — Extrait du Journal de la Somme. Feuilleton du 24 mai 1848. Une rencontre, dialogue historique *sur les évènements locaux, entre Démophile et Verbiflu.* — Amiens, Yvert ; 7 p. in-12.

3020. — République Française. **Société Républicaine** du département de la Somme. *Convocation pour le 13 avril 1848 ; signé : Just Brazier.* — Paris, Pollet.

* **3021.** — Appel aux enfants d'Amiens et du département de la Somme, *par Just Brazier, Président du* **club démocratique.** — Paris, Pollet ; in-folio.

3022. — *Annonce de l'ouverture du club démocratique à Amiens pour le 8 avril 1848* : Citoyens, une société populaire vient de s'organiser... — Amiens, Yvert ; in-folio.

3023. — **Banquet des travailleurs** démocrates *à Amiens* (12 juin 1848). — Amiens, Yvert ; in-8°.

Circulaire de souscription.

* **3024.** — Lettre de M. Bazaine au " Courrier de la Somme " en réponse à l'article inséré dans le n° du 20 juin de ce journal. — Amiens, Yvert ; in-8°.

Au sujet d'un discours prononcé au **banquet du 12 juin 1848.**

* **3025.** — Aux lecteurs du " Courrier de la Somme ". — Amiens, Yvert ; in-8°.

Reproduction des toasts portés au **banquet du 12 juin** par MM. Bazaine et Damay, en réponse aux accusations du journal.

3026. — Pot pourri du **banquet offert le 11 juin 1848** à la 3me légion de Paris par la Garde Nationale d'Amiens, par Ch. Dervaux, garde national de la 3me du 2me. — Paris, Charpentier, 1848 ; 16 p. in-16.

* **3027.** — La Picardie républicaine, souvenir du **banquet du 11 juin 1848**, offert par la ville d'Amiens aux gardes nationaux de Paris, Lille, Arras..... *Poésie*, par F. Perrot.

* **3028.** — Impressions d'un tambour du 2ᵉ bataillon de la garde nationale d'Amiens, pendant les **fêtes des 11 et 12 juin**, racontées à son Commandant. *Poésie par P. C.*

* **3029.** — Le **banquet d'Amiens**, *poésie, par Bérenger, dentiste à Beauvais.*

3030. — Paris à Amiens, ou Union et Fraternité. A Propos Patriotique dédié aux **Gardes Nationaux réunis**, par Victor Thurbet, Artiste du théâtre d'Amiens. — Amiens, E. Yvert, 1848; 24 p. in-12.

Bibl. R. de Guyencourt.

3031. — Avis aux **ouvriers d'Amiens** (19 juin). — Amiens, Yvert; in-8°.

* **3032** — **Catastrophe** arrivée le 3 août 1848 aux **travaux de charité** du Calcaillot à Amiens. *Signé : Flippes.* — Amiens, Caron; in-8°.

3033. — Procès verbal de la pose de la première pierre du piédestal de la **Statue de Du Cange.**

Bull. Soc. Ant. Pic., t. III, p. 319 à 325; in-8°.

3034. — Société des Antiquaires de Picardie. Notice sur **Dufresne du Cange et sa Statue**, précédée du programme des Fêtes qui seront célébrées à Amiens les 19 et 20 août 1849 pour l'inauguration de son monument. — Amiens, Alfred Caron, 1849; 16 p. in-8°.

3035. — Inauguration de la **statue** de Dufresne **du Cange** érigée à Amiens, le 19 août 1849, par les soins de la Société des Antiquaires de Picardie — Amiens, Duval et Herment, 1849; 26 p. in-8°.

Quelques rares exemplaires ont été tirés sur papier rose.

3036. — Inauguration de la **statue de du Cange.**

Mém. Acad. Inscr. et B.-Lett., t. XVIII, 1855, p. 362 à 368; in-4°.

3037. — Institut national de France. Académie des Inscriptions et Belles-Lettres. Inauguration de la **statue de Du Cange** à Amiens le dimanche 19 août 1849. Discours prononcé par M. Magnin. — Paris, Firmin-Didot; 5 p. in-4°.

3038. — Inauguration de la **statue de du Cange** à Amiens. Discours prononcés par MM. F. Génin et Ch. Magnin, membres du Comité des monuments écrits de l'histoire de France.

Bull. Com. des mon. écrits, t. I, 1849, p. 209 à 215; in-8°.

3039. — Procès-Verbal de l'Inauguration de la **statue** de Dufresne **du Cange**, érigée à Amiens, le 19 août 1849.

Bull. Soc. Ant. Pic., t. III, p. 363 à 386; in-8°.

3040. — Inauguration de la **statue** de Dufresne **du Cange** (19 août 1849). Vers lus à l'occasion de cette solennité par M. A. Breuil. — Amiens, Duval et Herment, 1849; 7 p. in-8°.

3041. — La **Statue de Ducange**. *Complainte comique sur l'air de Fualdès.* — Amiens, E. Yvert, 1849; 7 p. in-8°.

3042. — Rapport sur les Fêtes qui ont eu lieu à l'occasion de l'inauguration de la **statue de Du Cange**, à Amiens, les 19 et 20 août 1849, par M. Bouthors.

Bull. Soc. Ant. Pic., t. IV, p. 81 à 91; in-8°.

3043. — Académie..... du Département de la Somme. Inauguration de la **statue de Gresset**. 21 juillet 1851. — Amiens, Duval et Herment, 1851; 53 p. in-8°.

Ext. Mém. Acad. Amiens

3044. — Académie..... du Département de la Somme. Inauguration de **la statue de Gresset**. Discours prononcé par M. A. Breuil, Directeur de l'Académie dans la Séance publique du 21 Juillet 1851. — Amiens, Duval et Herment, 1851; 20 p. in-8°.

3045. — Une fête dans ma ville natale. *Inauguration de la* **statue de Gresset**, *par S¹ A. Berville.* — Paris, Félix Malteste, *vers 1851* ; 10 p. in-16.

3046. — Institut national de France. Académie Française. Inauguration de la **statue de Gresset** à Amiens. Rapport fait à l'Académie par M. Nisard, chancelier de l'Académie au nom des Membres de l'Académie présents à cette cérémonie. Séance du 24 juillet 1851. — Paris, Firmin-Didot ; 16 p. in-4°.

3047. — Inauguration de la **statue de Gresset** à Amiens. Rapport fait à l'Académie Française par M. Nisard le 24 juillet 1851.

Mém. Acad. Amiens, t. IX, p. 169 à 172 ; in-8°.

3048. — Scandales en robes de soie. Dédié aux **Amiénoises** et un peu aussi aux Parisiennes par M. Paul-Ernest de Ratier, 1851. Minuit 1852. — Paris, Ledoyen ; 54 p. in-16.

Ancⁿᵉ Bibl. de Marsy.

3049. — Erection d'un monument à **Pierre l'Hermite**, dans la ville d'Amiens, *par M. Henri Hardouin.*

L'Investigateur, 1852, p. 249 et 250 ; in-8°.

3050. — **Assises scientifiques** tenues à Amiens le 25 et le 26 avril 1853.

Ann. de l'Inst. des Prov., 1854, p. 411 à 434 ; in-12.

3051. — Assises scientifiques tenues en 1854 par l'Institut des Provinces. **Assises scientifiques** tenues à Amiens les 2 et 3 juillet 1854. (Ext. de l'Ann. de l'Inst. des Prov.). — 55 p. in-12.

3052. — Notice sur **Pierre l'Hermite** et les Croisades *ou plutôt programme de l'inauguration de* **sa statue**. — Amiens, Alfred Caron, *1854* ; 8 p. in-24.

3053. — Société des Antiquaires de Picardie. Séance publique du 29 juin 1854 et Inauguration de la **statue de Pierre l'Ermite** à Amiens. — Amiens, Duval et Herment, 1854 ; 32 p. in-8°.

Tirages sur papier de différentes couleurs.

3054. — Inauguration de la **statue de Pierre l'Hermite** (29 juin 1854). Vers lus à l'occasion de cette solennité par Mʳ A. Breuil. — Amiens, Duval et Herment, 1854 ; 14 p. in-8°.

3055. — Cérémonies du sacre de Monseigneur Gerbet et de l'inauguration de la **statue de Pierre l'Hermite**, *par MM. Salmon et Breuil.* Extrait de l'Ami de l'Ordre, des 1ᵉʳ et 2 juillet 1854. — Amiens, E. Yvert ; 24 p. in-8°.

3056. — Procès-verbal de l'inauguration de la **statue de Pierre l'Ermite**.

Bull. Soc. Ant. Pic., t. V, p. 178 à 201 ; in-8°.

3057. — Ville d'Amiens. **Réception de l'Empereur** et de l'Impératrice. Programme du Cérémonial. 12 Octobre 1854. — Amiens, Caron et Lambert ; 3 p. in-4°.

3058. — **L'année 1854** à Amiens, *par M. Dutilleux.*

La Picardie, t. I, p. 20 à 30 ; in-8°.

3059. — Hommage à Sa Majesté la **Reine de la Grande-Bretagne** et d'Irlande à l'occasion de son passage à Amiens. *Poésie, par Daniel Gavet, Payeur du Trésor Public à Amiens.* — Amiens, Caron et Lambert ; 4 p. in-folio.

3060. — **Assises scientifiques** tenues à Amiens, les 22 et 23 juin 1855.

Ann. Inst. des Prov., 1856, p. 376 à 449 ; in-12.

3061. — **Entrée** solennelle **de Monseigneur l'Evêque d'Amiens.** — Amiens, E. Yvert ; 7 p. in-8°.

3062. — **Assises scientifiques** tenues à Amiens les 2 et 3 juillet 1857.

Ann. Inst. des Prov., 1858, p. 479 à 545 ; in-12.

3063. — Inauguration de la double **statue de Lhomond**. Poésie en style de complainte. — Amiens, Challier, *1860* ; 7 p. in-8°.

3064. — **Concours musical** d'Amiens du 3 juillet 1864. *Liste des récompenses.* — S. l. n. n.; 12 p. in-8°.

3065. — Notice sur l'épidémie actuelle de **choléra** à *Amiens*, par Corriez, pharmacien à Montières.— Amiens, Lambert-Caron, 1866; 15 p. in-12.

3066. — Voyage en Lorraine de Sa Majesté l'Impératrice et de S. A. I. le Prince Impérial, précédé du voyage de S. M. l'**Impératrice à Amiens**. — Paris, Henri Plon, s. d.; in-folio oblong.

Le voyage d'Amiens occupe sous le titre d'avant-propos les 6 premières pages avec 3 vign. dont 1 hors texte.

3067. — Le **choléra** et l'ange de la consolation, poëme par Raoul V. — Amiens, veuve Alfred Caron, *1866;* 12 p. in-8° autog.

3068. — Essais poétiques. Le **Choléra** à Amiens. Hommage acrostiché à Sa Majesté l'Impératrice, *par Anthime Lejeune.* — Amiens, Alfred Caron, 1866; 12 p. in-8°.

3069. — Le **Choléra** à Amiens en 1866, poème en huit chants par L… *(Leroi).* — Amiens, Leroi, 1866; 16 p. in-8°.

3070. — Solennité religieuse célébrée à Amiens, le 28 février 1867 en l'honneur de **M**gr **Daveluy**, Evêque in partibus d'Acône, martyrisé en Corée le 30 mars 1866, jour du vendredi-saint. — Amiens, Lambert et Caron, 23 p. in-12.

3071. — *Programme du* **Congrès scientifique** de France. 33me session. Amiens, 1er août 1866 *(remis au 3 Juin 1867).* — Amiens, Lemer aîné, 1866; 24 p. in-4°.

3072. — **Congrès scientifique** de France. 34me session. Amiens. 3 juin 1867. Programme. — Amiens, Caillaux, 1867; 15 p. in-4°.

3073. — **Congrès scientifique** de France. Trente-quatrième session tenue à Amiens le 3 juin 1867.— Paris, Derache; Amiens, Caillaux, 1868; in-8° de VIII-711 p.

3074. — J. Colle. Aux deux Sœurs de Charité de France. Visite faite à Amiens par **Leurs Majestés Impériales** (1867). *Poésie.* — Paris, Pillot, 1868; 17 p. in-8°.

3075. — Discours adressé par Monseigneur l'Evêque d'Amiens, à LL. MM. l'**Empereur et l'Impératrice** le 30 Août 1867, dans la Cathédrale d'Amiens. — Amiens, Lenoel-Herouart; 3 p. in-4°.

3076. — Note pour servir à l'histoire du **siège de la Citadelle** d'Amiens le 29 novembre 1870. — Amiens, Lambert-Caron, 1871; 8 p. in-8°.

** **3077.** — **Parmentier fusillé** par les Prussiens à Amiens le 4 février 1871. — 22 p. in-8°.

3078. — Guerre de 1870-1871. Notice sur l'organisation de la **défense d'Amiens**. — Paris, G. Dumaine, 1873; 40 p. in-8° et 1 carte.

3079. — La **Bataille d'Amiens**, par M. H. Daussy. — Amiens, Yvert, 1874; 32 p. in-8° av. 1 carte.

Ext. Mém. Acad. Amiens.

3080. — Académie ..... d'Amiens. Séance du 24 mars 1882. L'**Entrée des Prussiens** à Amiens, le 28 novembre 1870, par H. Daussy. — Amiens, H. Yvert, 1883; 26 p. in-8°.

3081. — Petite bibliothèque picarde. Récits de l'**invasion** *à Amiens.* Le lieutenant Schmidt. par H. Daussy. — Amiens, T. Jeunet, 1882; 36 p. in-24.

3082. — Petite bibliothèque picarde. Souvenirs de l'invasion. L'**entrée des Prussiens** à Amiens le 28 Novembre 1870 par Henry Daussy. — Amiens, T. Jeunet, 1883; 54 p. in-24.

3083. — Petite bibliothèque picarde.

Souvenirs de l'**invasion** à *Amiens*. Un vainqueur, par H. Daussy. — Amiens, T. Jeunet, 1883; 30 p. in-24.

3084. — Académie..... d'Amiens. En leur absence, *Souvenir de 1870*, par H. Daussy. — Amiens, 59 p. in-8°.

<small>Ext Mém Acad. Amiens.</small>

3085. — Souvenirs d'un bottier. *Episode de l'occupation prussienne à Amiens*, par H. Daussy.

<small>Mém. Acad. Amiens, t. XXV, p. 123 à 150 ; in-8°.</small>

3086. — Vorrucken der I. Armee bis zur Somme. Die **Schlacht bei Amiens** am 27 sten November.

<small>Der Deutsch Franzosischen Krieg. — Berlin, 1898, t. IV, p. 734 à 755 av. 1 carte ; in-8°.</small>

3087. — Obsèques de M. **Feuilloy**, Chevalier de la Légion d'honneur, Ancien Président du Tribunal de Commerce, premier Adjoint au Maire de la Ville d'Amiens, Décédé en exercice le 26 mars 1873. — Amiens, Emile Glorieux, 1873 ; 12 p. in-8°.

3088. — **Discours** prononcés par MM. R. Goblet et J. Barni, Députés de la Somme dans la réunion privée tenue à Amiens, Salle Saint-Denis, le Dimanche 3 Mai 1874.—Amiens, Alfred Caron, 1874 ; 55 p. in-16.

3089. — **Discours** prononcés par MM. Gaulthier de Rumilly, Goblet et Barni, Représentants de la Somme, dans une réunion privée tenue à Amiens, Salle Saint-Denis, le Dimanche 2 Mai 1875. — Amiens, Alfred Caron ; 17 p. in-16.

3090. — Mai 1875. **Concours régional** du Nord de la France Tenu à Amiens du Samedi 22 au Lundi 31 Mai 1875. Guide général du visiteur pour la ville et ses monuments, les concours et les expositions, les fêtes locales, etc. — Amiens, T. Jeunet ; 48 p. in-8°.

3091. — **Discours** prononcés par MM. Gaulthier de Rumilly, René Goblet, Jules Barni et Magniez, Représentants de la Somme, dans une réunion privée tenue à Amiens, Salle Longueville, le Dimanche 31 Octobre 1875. — Amiens, Alfred Caron ; 46 p. in-16.

3092. — République Française. Célébration du **centenaire de Voltaire** à Amiens le jeudi 30 mai 1878. Conférence par M. Eugène Pelletan. — Amiens, Oscar Sorel, 1878 ; 40 p. in-12.

3093. — *Lettre de M. Bazot, de janvier 1886, pour la* **Suppression de la Citadelle** d'Amiens. — Amiens, Lambert-Caron ; 32 p. in-8°.

3094.—Adrian Villart. Tout **Amiens y passera**, **Revue** à la main en 6 tableaux. Publié par le Franc-Picard des 13 et 20 mars 1892. - Amiens, Imprimerie picarde, 1892 ; 58 p. in-16.

III. MŒURS ET USAGES

3095. — Documents relatifs aux **mystères** et jeux de personnages représentés à Amiens pendant le xv° siècle, *par H. Dusevel*.

<small>Arch. de Picardie, t. I, p. 211 à 224 , in-8°</small>

3096. — Fête de Saint-Firmin à Amiens, par l'abbé ***

<small>Ibid., t. I, p. 48 à 50 ; in-8°.</small>

3097. — Notes relatives à la représentation du **mystère de la Passion** *à Amiens*, à la fin du xv° siècle *par H. Dusevel*.

<small>La Picardie, t. X, p. 529 à 535 , in-8°.</small>

3098. — Notice sur le **cérémonial** observé autrefois à Amiens aux Obsèques des Rois et des Reines de France et sur les obligations de la Ville à ce sujet, par M. Lavernier.

<small>Mém. Acad. Amiens, t. VI, 1845, p. 103 à 117 ; in-8°.</small>

3099. — Notice et documents sur la fête du **Prince des Sots** à Amiens, par

M. H. Dusevel. — Amiens, Lenoel-Herouart, 1859 ; 15 p. in-8°.

Ext. de la Picardie.

3100. — Le **jour de l'an** au xv° siècle à Amiens.

Rev. picarde, 2 janvier 1860, p. 2 et 3 ; in-4°.

3101. — Les **joueurs de farces** à Amiens.

Ibid., n° 28, p. 1 et 2 ; in-4°.

3102. — La Saint Jean à Amiens, par *Eug. Yvert*.

Ibid , 15 juillet 1861, n° 85, p. 1 à 3, in-4°.

3103. — Les **Fous de Saint-Germain** *à Amiens* et Recherches sur la fête des Fous.

Mél. hist. et arch., par Guérard. — Amiens, Lemer, 1861, p. 17 à 52 ; in-8°.

3104. — Documents relatifs à la représentation du **mystère de la Passion** dans la ville d'Amiens, à la fin du quinzième siècle, *par H. Dusevel*.

Rev. Soc. Sav. Dép., t. II, 2ᵉ série, p. 107 à 110 et t. IV, 3ᵉ série, p. 388 et 389 , in-8°.

3105. — Les **Mystères à Amiens** dans les xv° et xvi° siècles par A. Dubois. Lu en assemblée générale de la Societé des Antiquaires de Picardie, le 2 décembre 1878. — Amiens, Typ. du Mémorial, 1878 ; 30 p. in-8°.

3106. — Société des Antiquaires de Picardie. Le **mariage de Jean Cornet** en 1517, lu dans la séance publique du 3 Juillet 1881, par M. Poujol de Fréchencourt. — Amiens, Douillet, 1884 ; 11 p. in-8°.

Ext. Mém. Soc. Ant. Pic.

3107. — Une **représentation dramatique** à Amiens en 1500, par le Baron A. de Calonne. — Amiens, A. Douillet, 1882 ; 25 p. in-8°.

Ibid.

3108. — Les **Bourgeois d'Amiens**, par M. F. Poujol de Fréchencourt. — Amiens, Douillet, 1885 ; 16 p. in-8°.

Ibid.

3109. — Les **Cabotins**, Marionnettes amiénoises, par Paul de Wailly.

Revue du Nord, 1ᵉʳ juillet 1893 ; in-8°.

3110. — Les **noms de Baptême** à Amiens. Communication de M. Dubois.

Bull. hist. et philolog. des Comités, 1893, p 178 à 181 ; in-8°.

3111. — La **Procession** du Saint Sacrement et les Processions générales à Amiens, par Edmond Soyez. — Amiens, Yvert et Tellier, 1896 ; 93 p. pet. in-4° et 1 pl.

3112. — Société des Antiquaires de Picardie. Beaucoup de **Rimeurs**, peu de **Poëtes**. Essai sur la Poésie à Amiens à la fin du xviii° siècle, par M. Robert Guerlin, Président. Lecture faite à la Séance publique du Mercredi 2 Décembre 1896. — Amiens, Yvert et Tellier, 1897 ; 62 p. in-8°.

Ext. Bull. Soc. Ant. Pic.

3113. — Société des Antiquaires de Picardie. **Dimanches et Fêtes** chomées *à Amiens, aux XVII° et XVIII° siècles*, par M. Robert Guerlin, Président. Lecture faite à la séance du 15 Décembre 1897. — Amiens, Yvert et Tellier, 1898 ; 48 p. in-8°.

Ibid.

3114. — Les **noms de baptême** à Amiens. Lecture faite... par M. Auguste Dubois.

Bull. Soc. Ant. Pic., 1898-1900, p. 445 à 454 , in-8°.

3115. — La **Vie Amiénoise**. Impressions et Souvenirs recueillis sur la voie publique, par Edouard Levêque. Tome I. 1894-1895. — S. l. n. n ; in-4° de 16 p. et 60 pl.

Seul paru.
Bibl. de Guyencourt.

CHAPITRE III

ADMINISTRATION MUNICIPALE D'AMIENS

I. GÉNÉRALITÉS.
CONSTITUTION DE LA COMMUNE.
ARCHIVES.

3116. — Monographie de la **constitution communale** d'Amiens. Notes sur les faits généraux qui résultent des documents relatifs à l'histoire municipale d'Amiens.

Essai sur l'hist. du Tiers-Etat, par Aug. Thierry. — Paris, Furne, 1866, p. 369 à 471 ; in-8°.

3117. — Traduction en vieux français de la **Charte** latine accordée en 1209, à la ville **d'Amiens**. Communication de M. Lavernier.

Mém. Soc. Ant. Pic., t. III, p. 471 à 480 ; in-8°

3118. — **Charte communale** d'Amiens,

Doc. sur les relat. de la Royauté av. les villes de Fr., par A. Giry. — Paris, 1885, p. 20 à 35 ; in-8°.

3119. — Essai sur l'**organisation municipale** de la Ville d'Amiens, depuis son érection en commune en 1209 jusqu'en 1382, époque de la suppression des maïeurs de bannières, par M Lavernier.

Mém. Acad. Amiens, t. V, p. 385 à 404, in-8°.

3120. — Nominations et **droits des Maïeurs** d'Amiens.

Ann. topog. de la Somme, par T. D., 1848, p. 117 à 128, in-16.

3121. — **Maires, Echevins** et Elections à Amiens aux XIIe, XIIIe et XIVe Siècles, par M. Georges Boudon. — Amiens, Yvert et Tellier, 1899 ; 22 p. in-8°.

Ext. Bull. Soc. Ant. Pic.

3122. — Rapport sur deux extraits du **Registre de l'Echevinage** d'Amiens au XVe siècle, communiqués par M. Pouy. Bail à ferme des jeux de dés et de brelan à Amiens (1406-1409). Recensement ou dénombrement de la population à Amiens au XVe siècle.

Bull. du Com., Sect. d'hist. et de phil., 1883, p. 160 à 164 ; in-8°.

3123. — Arrest contradictoire du Conseil privé du Roy du vingt deuxième Aoust 1573 qui règle et accorde le **Pas** et la **Préséance** aux Maire et Echevins sur les Lieutenans Civil et Criminel de la Ville d'Amiens. — S. l. n. n. ; 2 p. in-4°.

Bibl. H. Macqueron.

3124. — Edit du Roy *(novembre 1597)* sur l'**établissement des Echevins**, Justice et Police de la Ville d'Amiens. — S. l. n. n. n. d. ; 24 p. in-4°.

Cette pièce contient aussi : Règlement pour la création, pouvoir et autorité du Premier et six Echevins, Conseillers et Officiers de la Ville d'Amiens *(novembre 1597) et des extraits des registres du Parlement relatifs au même sujet.*

Arch. dép. de la Somme, C, n° 558.

3125. — Edit du Roy sur l'**établissement des Eschevins**, Justice et Police de la Ville d'Amiens. *Du 22 novembre 1597.* — Amiens, Charles Caron-Hubault, 1729 ; 32 p. in-12.

3126. — Du **rang et séance** d'entre les Tresoriers Generaux de France et les Baillifs, Seneschaux, leurs Lieutenans et Officiers des Sièges Presidiaux, Maires et Escheuins *d'Amiens. Arrêt du 16 Mars 1598.*

Rec. des Règlem. notabl , par Jean Chenu — Paris, Brion, 1691, p. 529 et 530 ; in-4°.

3127. — Edit du Roy sur l'**establissement des Eschevins,** Justice et Police de la ville d'Amiens. *Du 20 mars 1601.* — S. l. n. n. n. d. ; 32 p. in-12.

Bibl. Pinsard.

3128. — A Nosseigneurs du Parlement. *Requête relative à une question de* **préséance** *entre les Echevins d'Amiens. Du 26 novembre 1617.* — S. l. n. n. n. d. ; 12 p. in-8°.

Bibl. d'Amiens, Hist., n° 3793, t. I, n° 3.

3129. — **Privilèges** *accordés à la ville d'Amiens.*

Rec. des Antiq. et Privil., par Jean Chenu. — Paris, Fouet, M.DC.XXII, p. 848 à 367 ; pet in-4°.

3130. — Les Eschevins de la Ville d'Amiens, supplient très-humblement le Roy, la Reyne, et nos Seigneurs de leur Conseil de faire obseruer l'**Edit de l'an 1597,** particulièrement en trois points *(articles 9, 11 et 12. Du 20 mai 1644).* — S. l. n. n. n. d. ; 8 p. in-4°.

Bibl. d'Amiens, Hist., n° 3793, t. I, n° 4.

3131. — Arrêt du Parlement qui ordonne que les **édit et règlemens de 1597** pour le rétablissement de la ville d'Amiens seront exécutés dans leur forme et teneur et qu'il sera procédé à la nouvelle élection des premier et échevins d'Amiens pour la présente année en la forme et manière accoutumées. Du 22 janvier 1649. — Paris, 1649 ; 2 p. in-4°.

Arch. mun. d'Amiens, BB, n° 187.

3132. — Arrest de la Covr de Parlement donné av profit des Capitaines et Chefs des portes de la ville d'Amiens, Contre les Premier et Escheuins de ladite Ville, portant qu'il sera procédé à nouvelle **nomination et eslection des Premier et Escheuins :** Enïoint au Lieutenant general de proceder incessamment à ladite nomination et eslection, à peine d'en respondre en son nom et d'interdiction de sa charge : Auec defenses ausdits Escheuins nommez par Lettres de Cachet d'exercer lesdites charges, à peine de faux et de confiscation de corps et de biens. — Paris, Nicolas Bessin, M.DC.XLIX ; 4 p. in-4°.

Bibl. H. Macqueron.

3133. — Arrest dv Parlement dv qvatorzième fevrier mil six cens cinquante, rendu contradictoirement, par lequel il est ordonné que les Baillifs, Officiers et toutes personnes qui sont **gagez ou pensionnaires** des princes seigneurs ou communautez, **ne pourront estre nommez pour escheuins** en la ville d'Amiẽs auec inuonctiõ au Substitud de M. le Procureur General du Roy de tenir la main à l'execution dudit Arrest, et en consequence à ce qu'il soit procédé tous les ans à la nomination des Escheuins, conformément à l'Edict de Restablissement de ladite ville du mois de Novembre mil cinq cens quatre-vingtz dix sept Sçauoir : pour les deux qui seront nommez par le Gouuerneur, Bailly d'Amiens, ou son Lieutenant, les Escheuins estans en charge et Conseillers de ville ; et les cinq autres par lesdits Escheuins, Conseillers de ville, Capitaines et Chefs de porte. — S. l. n. n., M.DC.XXXXX ; 4 p. in-4°.

Ibid.

3134. — Extraict des Registres du Parlement. *Arrêt, du 9 janvier 1651, relatif à l'*Election des Echevins *d'Amiens, faite en 1650.* — S. l. n. n. n. d. ; 4 p. in-4°.

Bibl. d'Amiens, Hist., n° 3793, t. I, n° 7.

3135. — Factvm pour Maistre Guy Fournier, Conseiller du Roy esleu en l'Eslection d'Amiens : Et Louis de Villers Bourgeois et Marchand de ladite Ville, Eschevins Esleus les 24 et 25. Septembre 1651, opposans et appellans.

Et les Doyen, Chanoines et Chapitre de l'Eglise Cathedralle de Nostre-Dame d'Amiens : Les Gens tenans le Siege Presidial dudit lieu : Les Presidens et Tresoriers de France en la Generalité dudit Amiens : Les Presidens, Lieutenans et Esleus en l'Eslection dudit lieu : La Communauté des Aduocats dudit Presidial d'Amiens : Le Syndicq des Marchands : Les principaux Bourgeois : Et les Créanciers Rentiers de laditte Ville, interuenans.

Et Jean Thierry Seigneur de Genonuille, Conseiller du Roy en ses Conseils, Lieutenant general audit Bailliage et Siege Presidial dudit Amiens : Et Maistre Antoine Petit, Conseiller et Aduocat du Roy audit Bailliage et Siege Presidial, deffendeurs et demandeurs.

Contre Maistre Antoisne Lestocq, Substitud de Monsieur le Procureur General audit Bailliage et Siege Presidial d'Amiens, demandeur et deffendeur : Gabriel de Sachy et Antoine Gœudon, appellans, intimez et pareillement deffendeurs. *Au sujet de la* **nomination des** *trois derniers comme* **échevins** *d'Amiens. A la suite :* Extrait des Registres du Parlement. *Arrêt, du 30 janvier 1652, maintenant l'élection de de Sachy et cassant celles de de Lestocq et de Gœudon.* — Paris, Iean Iulien, 1652 ; 47 p. in-4°.

Bibl. Pinsard.

3136. — Extrait des Registres du Conseil d'Etat. Du dix-huitième jour de Novembre 1692. *Arrêt qui* **réunit au corps** *et* **communauté de la ville** *d'Amiens* **les offices** *de maire perpétuel, d'assesseur et de commissaire aux revues créés par édit du mois d'août 1692.* — S. l. n. n. ; 4 p. in-4°.

Arch. dép. de la Somme, C, 558.

* **3137**. — Arret du Conseil rendu sur une contestation entre les maire et echevins d'Amiens et le lieutenant général au bailliage de cette ville, relativement à l'édit de **création des** offices de **maïeurs perpétuels** de 1692 et ordonnant que l'élection des maire, échevins et autres officiers de la ville d'Amiens sera faite par les nominateurs ordinaires, ainsi qu'il est ordonné par l'édit de 1592, que ladite élection sera faite dans l'hôtel commun de ladite ville, à laquelle présidera celui qui aura fait fonctions de maire l'année précédente, et que le lendemain de l'élection, le bailli d'Amiens ou son lieutenant se transportera dans l'hôtel de ville, pour recevoir le serment de celui qui aura été élu maire, lequel, après avoir prêté serment, recevra celui des échevins et autres officiers qui auront été élus. Versailles, 2 décembre 1693. — S. l. n. n. ; 4 p. in-4°.

Arch. mun. d'Amiens, BB, n° 140

3138. — Extrait des Registres du Conseil d'Etat, du 22 Décembre 1693. *Arrêt relatif à l'***Election des Maire et Echevins** *d'Amiens.* — S. l. n. n. ; 5 p. in-4°.

Bibl. d'Amiens, Hist , n° 5561.

3139. — Extrait des Registres du Conseil d'Etat. *Arrêt déchargeant la ville d'Amiens d'un* **Office de** *Conseiller* **Garde-Scel.** *Du 8 juin 1700.* — S. l. n. n. ; 3 p. in-4°.

Ibid , Hist., n° 5561.

3140. — Arrest du Conseil d'Etat du Roi portant **Règlement pour l'Administration Municipale** de la Ville d'Amiens. Du 22 Janvier 1714. — *Amiens,* Louis-Charles Caron ; 15 p. in-4°.

Ancᵉⁿᵉ Bibl. de Marsy.

3141. — Arrest du Conseil d'Estat du Roy portant **restablissement de l'office de maire** de la ville d'Amyens. Du 16 Aout 1718. — Placard in-folio.

Arch. mun. d'Amiens, BB, n° 289.

3142. — Mémoire important pour les Maire et Echevins de la Ville d'Amiens, Défendeurs, contre M. le Marquis de Mézières, gouverneur et bailly d'Amiens, et les sieurs lieutenant-général et procureur du Roy du Bailliage d'Amiens, Demandeurs. — 1719 ; 4 p. in-folio.

Ibid.

3143. — Arrest du Conseil d'Estat du Roy, Portant nouveau Règlement pour la **nomination des Maires** et Echevins de la Ville d'Amiens. Du 7 Septembre 1726. — S. l. n. n. ; 10 p. in-4°.

Bibl. d'Amiens, Hist., n° 3793, t. I, n° 19.

3144. — Recherches curieuses des principales **cérémonies de l'Hôtel de Ville** d'Amiens. — Amiens, Charles Caron-Hubault, 1740 ; 39 p. pet. in-4°.

Bibl. H. Macqueron.

3145. — Arrest du Conseil d'Estat du Roy qui renvoye par devant M. l'Intendant d'Amiens toutes procedures et contestations nées et à naître au sujet de la recousse des **Titres et Biens patrimoniaux** de l'Hôtel Commun de ladite Ville, pour les juger définitivement et en dernier ressort. Du 6 Septembre 1742. — S. l. n. n. ; 4 p. in-4°.

Arch. dép. de la Somme, C, n° 578.

3146. — Arrest du Conseil d'Estat du Roy, qui ordonne la **retenue**, chaque année, **de trois échevins** dont un de chaque Etat, et qui règle quelques contestations nées ou à naître, tant sur la séance du Conseil de Ville d'*Amiens*, les excuses, oppositions, etc., que sur la nomination ou renomination des Echevins. Du 24 Décembre 1750 — S. l. n. n. ; 4 p. in-4°.

Bibl. d'Amiens, Hist., n° 3793, t. I, n° 33.

3147. — Arrest du Conseil d'Estat du Roy qui condamne les Officiers Municipaux de la Ville d'Amiens, au **payement des droits de Contrôle** des baux et adjudications de leurs biens et revenus, quoiqu'énoncés avoir été faits devant M. l'Intendant ; et ce attendu qu'ils étoient reçus au greffe de l'Hôtel-de-Ville, et visés ensuite par M. l'Intendant. Du vingt-quatre Septembre 1771. — Paris, P.-G. Simon, 1772 ; 4 p. in-4°.

Ibid., Jurisp., n° 330.

3148. — Arrest du Conseil d'Etat du Roi Qui **réunit au Corps de la Ville** d'Amiens **les Offices municipaux** créés par Edit de Novembre 1771, moyennant soixante-dix mille livres. Qui permet à ladite Ville d'emprunter ladite somme de soixante dix mille livres. Qui lui permet en même tems de tourber soixante journaux de ses Marais, pour subvenir au remboursement de ladite somme. Qui la maintient dans tous ses Droits, Possessions, Privilèges et Exemptions pour continuer d'en jouir comme elle a fait jusqu'à présent. Et enfin qui ordonne que son Administration municipale sera et demeurera réglée, conformément aux Articles annexés au présent Arrêt. *Du 13 octobre 1772.* — Amiens, Louis-Charles Caron, 1772 ; 22 p. in-4°.

Ibid., Hist., n° 3793, t. II, 52.

3149. — Arrest du Conseil d'Etat du Roi, portant **Règlement pour l'Administration Municipale** de la Ville d'Amiens Du 22 janvier 1774. — Amiens, Louis-Charles Caron ; 15 p. in-4°.

Arch. dép. de la Somme, C, n° 558.

3150. — La **municipalité d'Amiens** à la fin du siècle de Louis XV, par M. Poulle.

Bull. Conf. Picardie, t. II, p. 90 à 95 ; in-8°.

3151. — Mémoire pour la ville d'Amiens. *Protestation contre la* **suppression de divers offices** *en 1776.* — Amiens, L.-C. Caron, 1776 ; 18 p. in-4°.

A la suite, et par pagination séparée, diverses pièces justificatives, notamment :

32

Charte de Philippe de Valois du mois de juin 1332, par laquelle il reconnaît que les Offices de ladite ville d'Amiens appartiennent à ladite ville à titre de Mairie. — Arrêt du conseil privé du 26 juillet 1578, qui maintient la Ville dans ses Offices de Priseurs-jurés, etc.

Bibl. d'Amiens, Hist., n° 3794, t. II, n° 4.

3152. — Arrêt du Conseil d'Etat du Roi, qui maintient la Ville d'Amiens dans la **possession** et jouissance **de ses Offices patrimoniaux** de Police, comme auparavant l'Edit d'Avril mil sept cent soixante-huit et la Déclaration du quinze Décembre mil sept cent soixante-dix et qui ordonne que les huit sols pour livre seront perçus sur les Emolumens des Offices énoncés audit Arrêt. Du 17 Juin 1779. — Amiens, Louis-Charles Caron ; 12 p. in-4°.

Arch. dép. de la Somme, C, n° 564.

3153. — Tableau des **Officiers Municipaux** et Notables de la ville d'Amiens **pour** l'année **1790.** — Amiens, Fr. Caron-Berquier ; 2 p. in-4°.

Bibl d'Amiens, Hist., n° 3793, t. II, n° 1.

3154. — Extrait du Procès-Verbal de prestation de **serment des Officiers Municipaux** de la Ville d'Amiens devant la Commission. Du Mercredi 24 Février 1790. — *Amiens*, Fr. Caron-Berquier ; 8 p. in-4°.

Ibid., Hist. n° 3793, t. II, n° 2.

3155. — Règlement pour la **division** du Corps Municipal **en Comités et en Bureaux**. Extrait du Registre aux délibérations des Officiers Municipaux de la Ville d'Amiens. Du jeudi 19 Août 1790, sur les cinq heures d'après-midi. —*Amiens*, Caron-Berquier ; 4 p. in-4°.

Bibl. H. Macqueron.

3156. — Copie du Mémoire adressé au Conseil Général de la Commune d'Amiens pour demander la **publicité de ses Séances**, par la Société des Amis de la Constitution. Du 4 octobre 1790. — Amiens, Fr. Caron-Berquier ; 4 p. in-8°.

Bibl. d'Amiens, Hist., n° 3668.

3157. — Tableau des **Officiers Municipaux et Notables** de la Ville d'Amiens pour l'année 1790 et 1791. — Amiens, Fr. Caron-Berquier, 1790 ; 4 p. in-4°.

Ibid., Hist., n° 3793, t. II, 14.

3158. — *Discours prononcés le 22 Novembre 1791, à la prestation de* **serment des Officiers Municipaux** *par M. Poullain, Procureur de la Commune, M. Degand, Maire sortant et M. Leroux, Maire entrant.* — Amiens, J. B. Caron l'aîné, 1791 ; 6 p. in-4°.

Ibid., Hist., n° 3793, t. II, 21.

3159. — Tableau des **Officiers Municipaux et Notables** de la Ville d'Amiens pour l'Année 1791 et 1792. — Amiens, Fr. Caron-Berquier, 1791 ; 4 p. in-4°.

3160. — **Correspondance de la Municipalité** d'Amiens pendant l'année 1792. Discours de réception de M. René Goblet. Séance du 11 avril 1879.

Mém. Acad. Amiens, t. XXXVI, p. 95 à 145 ; in-8°.

3161. — Ordonnance du tribunal criminel du Département de la Somme, Rendue sur le Réquisitoire du Commissaire du Roi, Touchant les formes à observer par tous les Juges de District, Directeurs de Juré, et les Officiers de Police de sûreté du Département, relativement à la **population de la Ville d'Amiens**, Chef-lieu et Siège du Tribunal. Du Samedi 31 Mars 1792. — Amiens, J. B. Caron l'aîné, 1792 ; 8 p. in-4°.

Bibl. d'Abbeville.

3162. — **Tableau des Membres** du Conseil-Général de la Commune d'Amiens, de ceux qui composent le Bureau Municipal, les Comités, le Bureau de Surveillance, le nom des Chefs de chacun de ces Bureaux et Comités, et les Officiers Publics pour les Actes Civils, dressé le 7 Brumaire de l'an 3 de la République Françoise une et indivisible. — *Amiens*, Caron-Berquier ; 7 p. in-8°.

Bibl. d'Amiens, Hist., n° 3668.

3163. — Extrait du Registre aux Délibérations de la Commune d'Amiens. Du 21 Nivôse an 2. *Nomination d'Officiers publics et création de* **draps mortuaires tricolores**. — *Amiens*, F. Caron-Berquier ; 2 p. in-4°.

Ibid., Hist., n° 3793, t. II, n° 44.

3164. — **Arrêté**, *du 16 Ventose an 3, du Commissaire de la Convention* **nommant le Conseil Général** *de la commune d'Amiens*. — *Amiens*, F. Caron-Berquier ; 4 p. in-4°.

Ibid., Hist , n° 3793,t. II, n° 57.

3165. — Amiens, ce 5 Floréal, an 4° de la République Française, une et indivisible. Chamont, ex-Maire de la Commune d'Amiens, au Ministre de la Police générale. — S. l. n. n. ; 10 p. in-4°.

Lettre par laquelle il répond à des accusations nombreuses du Représentant du Peuple Sellier, notamment d'avoir **présidé la municipalité sans cocarde** et avec une cravate verte.

Bibl. H. Macqueron.

3166. — **Plan de municipalité** pour la ville d'Amiens par un citoyen. — *Amiens*, J. B. Caron l'aîné, *vers 1800* ; 74 p. in-8°.

Bibl. H. Macqueron.

3167. — Ville d'Amiens. Résumé des **délibérations du Conseil municipal** et Table par ordre de matières, 15 Pluviôse an IX-20 juin 1812. — Amiens, Imp. du Progrès de la Somme, 1889 ; 89 p. in-8°.

3168. — Ville d'Amiens. Résumé des **délibérations du Conseil municipal** et table par ordre de matières. 22 janvier 1816 - 15 juillet 1837. — Amiens, Imp. du Progrès de la Somme, 1891-1895 ; 247 p. in-8°.

3169. — Mairie de la Ville d'Amiens. M⁺ Nicolas **Daveluy - Bellencourt**, Membre de la Chambre des Députés, a été installé le Mercredi 16 juillet 1823, à une heure de relevée, dans les fonctions de Maire de la Ville d'Amiens. *Procès - verbal de la cérémonie*. — Amiens, Caron-Duquenne ; 8 p. in-4°.

Bibl. Soc. Ant. Pic.

3170. — Discours prononcé par M. le Préfet de la Somme pour l'**installation du Conseil municipal** et de la Municipalité d'Amiens, le 20 Septembre 1848. — Amiens, Lenoel-Herouart ; 12 p. in-12.

3171. — Ville d'Amiens. **Récompenses municipales** pour belles actions. Procès-verbal de la distribution solennelle du 24 Décembre 1854. — Amiens, Yvert, 1855 ; 40 p. in-8°.

3172. — Ville d'Amiens. Résumé des **délibérations du Conseil municipal.**

1862.	Amiens,	Jeunet ;	109 p. in-4°.
1868.	»	»	145 p. in-4°.
1869.	»	Lambert-Carou ;	413 p. in-4°.
1870.	»	»	375 p. in-4°.

Ce sont les seules années antérieures à 1871 que j'ai pu trouver à l'Hôtel de Ville d'Amiens. Cette publication continue de paraître chaque année sous le titre de : Bulletin municipal de la ville d'Amiens.

3173. — **Amiens en 1875**. Ses Affaires, par M. J. Mancel. — Amiens, Yvert, 1875 ; 45 p. in-12.

3174. — Elie Fleury. **Causeries municipales**, Amiens de 1870 à 1888. I. Le Conseil municipal d'Amiens de 1870 à 1888. II. Silhouettes municipales. III. Une promenade autour du budget de la ville d'Amiens. IV. Tableaux instructifs. V. Les paroles et les actes : M. Frédéric Petit. — Amiens, Yvert, 1888 ; 79 p. in-8°.

3175. — Livre d'Or de la Municipalité Amiénoise, par A. Janvier. —

Paris, Alph. Picard, 1893; IX-459 p. in-8°.

3176. — Rapport sur les **Archives** de la Mairie d'Amiens, fait à la Société d'Archéologie de la Somme, dans sa séance du 8 juillet 1838.

Mém. Soc. Ant. Pic., t. II, p. 83 à 94 ; in-8°.

3177. — Rapport sur les **Archives** de la Mairie d'Amiens, Fait à la Société des Antiquaires de Picardie, Dans sa séance publique du 7 juillet 1839, par M. H. Dusevel.— Amiens, Alfred Caron, 1840 ; 16 p. in-8°.

Ext. Mém. Soc. Ant. Pic.

3178. — Ville d'Amiens. **Archives** municipales. Rapport de M. Garnier. — Amiens, Dutilloy, 1880 ; 7 p. in-8°.

3179. — Excursion à travers les **Archives communales** d'Amiens, par M. Janvier.

Mém. Soc. Ant. Pic., t. XXXI, p. 246 à 352 ; in-8°.

3180. — Ville d'Amiens **Inventaire** sommaire des **Archives** communales antérieures à 1790, par M. Georges Durand.

T. I. Série AA. Amiens, Piteux frères, 1891, V-357 p. in-4°.
T. II. Série BB (1 à 38)   id.   1894 ; 517 p. in-4°.
T. III. Série BB (39 à 223) id.   1897 ; 537 p. in-4°.
T. IV. Série CC (1 à 241) id.   1901 ; 599 p. in-4°.

II. ALIMENTATION.

3181. — Bon A. de Calonne. L'**alimentation** de la ville d'Amiens au XVe siècle. Etude historique lue en la Séance publique du 1er Décembre 1878. — Amiens, Douillet, 1880 ; 29 p. in-8°.

3182. — Délibération, Arrest du Conseil, Lettres patentes, Arrêts du Parlement et de la Chambre des Comptes, et Procuration, au sujet de l'Emprunt de Cinq Cent Milles Livres que la Ville d'Amiens a fait à Constitution de Rente, pour employer en **achapts** de **Bleds**, et d'autres grains. — S. l. n. n. n. d. *(1740)* ; 9 p. in-folio.

Bibl. d'Amiens, Hist., n° 3594.

3183. — Arrest de la Cour du Parlement, qui ordonne l'Enregistrement en cette Cour des Lettres Patentes du 16 Octobre 1740 qui permettent aux Maire et Echevins de la Ville d'Amiens, d'emprunter la somme de 500000 livres pour **acheter des Bleds**. Du 20 Avril 1741. — Paris, P. Prault, 1741 ; 3 p. in-4°.

Bibl. H. Macqueron.

3184. — Arrest du Conseil d'Estat du Roy, qui confirme et approuve le compte rendu par les Maire et Eschevins de la Ville d'Amiens, en exécution de l'Arrest du Conseil du 11 Octobre 1740 devant le Sieur Chauvelin, Commissaire départy en la Généralité d'Amiens, des deniers provenans de l'emprunt de la somme de cinq cens mille livres du prix des **achats des Bleds** et autres Grains, des frais faits à l'occasion desdits achats, et des deniers qui sont provenus de la vente desdits Grains. Du 3 Mars 1744. — S. l. n. n. ; 6 p. in-4°.

Arch. dép. de la Somme, C, n° 798.

3185. — Arrest du Conseil d'Estat du Roy, qui ordonne que les Arrests du Conseil des onze Octobre 1740 et trois Mars 1744 seront executez selon leur forme et teneur, et que sans s'arrêter à l'Arrest de la Chambre des Comptes du 21 Octobre 1740 que sa Majesté a cassé et annulé, les Maire et Echevins de la Ville d'Amiens ne seront tenus de rendre ni en ladite Chambre des Comptes, ni ailleurs, aucun compte de l'Emprunt de cinq cens mille livres, ni de l'employ, tant des deniers en provenans que de ceux provenus de la **vente des Bleds** et autres Grains, que pardevant le Sieur Commissaire départy en la Généralité d'Amiens. Du 7 Avril 1744. — S. l. n. n. ; 8 p. in-4°.

Bibl. d'Amiens, Hist., n° 3793, t. I, n° 30.

3186. — Ordonnance des Officiers Municipaux de la ville d'Amiens contre les **malversations des Meuniers**. *Du 12 juin 1767.* — S. l. n. n.; 4 p. in-4°.

Bibl. H. Macqueron.

3187. — Ordonnance de M. l'Intendant de Picardie du premier juin 1789 ordonnant à tous les bateliers des villages riverains de la Somme de faire le service des **gribannes chargées de blé** à Abbeville pour faire monter ce blé à Amiens. — Amiens, J. B. Caron l'aîné, 1789; placard in-folio.

Arch. dép. de la Somme, C, n° 1384.

3188. — Ordonnance des Officiers municipaux juges de police de la ville d'Amiens, qui fixe le **taux de la mouture**, en exécution de l'Arrêt du Conseil d'Etat du Roi du 14 juin 1789. Et qui renouvelle les Règlemens concernant les Meuniers. *Du 2 juillet 1789.* — Amiens, L. C. Caron; 6 p. in-4°

Anc^{ne} bibl. A. Janvier.
Autre édition en placard in-folio.

3189. — Association civique pour procurer à la Ville d'Amiens les **Comestibles nécessaires** à la subsistance de ses habitants jusqu'au 1er Septembre 1789. *Statuts et à la fin :* Liste des Souscripteurs de la Société civique. — Amiens, L.-C. Caron père, 1789; 13 p. in-4°.

Bibl. d'Amiens, Hist., n° 3793.

3190. — Réflexions d'un citoyen sur la conduite du peuple envers M. **Jourdain de l'Eloge**, négociant à Amiens. — *Paris*, veuve Delaguette, *1789*; 32 p. in-8°.

Ibid., Hist., n° 3794.

3191. — Mémoire à l'Assemblée Nationale Pour la Société civique d'Amiens d'**approvisionnement de grains**, *1791*. — S. l., P.-L. Couret; 16 p. in-8°.

Bibl. H. Macqueron

3192. — Proclamation du Conseil Municipal de la Ville d'Amiens pour rappeler aux Citoyens : 1° que la vente, l'achat et la **libre circulation des grains** sont permis dans l'intérieur du Royaume ; 2° Que cette liberté est nécessaire pour entretenir l'abondance des Marchés et le bas prix des grains ; 3° Que tous ceux qui s'opposent à cette liberté, sont regardés par la Loi comme coupables d'attentat contre la sûreté et la sécurité du Peuple et s'exposent à être poursuivis extraordinairement et être punis comme perturbateurs de l'ordre public. — Amiens, Fr. Caron-Berquier, 1792; 8 p. in-4°.

Bibl. d'Amiens, Hist., n° 3793, t. II, 16.

3193. — Avertissement du Conseil municipal d'Amiens, sur les démarches qu'il a faites de concert avec les Corps Administratifs, pour obtenir un secours du Gouvernement afin de remédier à la **chereté des grains ;** Sur la Quantite des Bleds tirée de l'Etranger, accordée pour être vendue au Marché de cette Ville, et sur celle destinée aux autres Marchés du Département ; Sur la nécessité de prolonger ce secours jusqu'à la prochaine récolte. Et sur les Règles de comptabilité prescrites à la Municipalité à l'égard de la Vente de ces Blés Etrangers, par l'Article 3 de la Loi du 17 Mars 1792. Dressé en exécution de la Délibération du 7 Juillet 1792. — *Amiens*, Caron-Berquier, 1792; 8 p. in-4°.

Ibid., Hist , n° 3793, t. II, 26.

3194. — Tableau des Communes désignées pour l'**approvisionnement des Marchés** d'Amiens, avec indication des quantités qu'elles doivent fournir et des jours des fournissements. — Amiens, Fr. Caron-Berquier, *1793 ;* placard in-folio.

Ibid., Hist , n° 3639.

3195. — Règlement pour la **distribution égale des subsistances**, rédigé le 30 septembre 1793, l'an second de la République Françoise, une et indivisible, par la Commission nommée le 29 dudit mois en Séance publique, par la Société Populaire composée de trois Membres pris dans son sein, et deux Officiers municipaux. Arrêté en la séance ordinaire publique du Conseil Général de la Commune *d'Amiens*, le Mardi premier Octobre 1793, avec les additions d'amendemens énoncés au Registre, homologué par la Commission Révolutionnaire du Département de la Somme, sauf les corrections et augmentations portées en son Arrêté du trois dudit mois d'octobre. — *Amiens*, C. Caron-Berquier ; 7 p. in-4°.

Ibid., Hist., n° 3793, t. II, 37.

3196. — Précis pour le citoyen Collache *chargé de l'*approvisionnement *de la ville d'Amiens*. — Amiens, Caron-Berquier, *an II* ; 19 p. in-4°.

Ibid. Hist., n° 3794, n° 25.

3197. — Invitation du Conseil Général de la Commune d'Amiens, à tous les cœurs sensibles et compatissants de la même Commune *à verser les fonds nécessaires pour le* **paiement des blés** *achetés pendant l'hiver : du 1er Germinal an II*. — Amiens, Caron-Berquier ; 4 p. in-4°.

Ibid , Hist., n° 3793, t. II, 46.

3198. — Avertissement paternel du Conseil Général de la Commune d'Amiens, à ses concitoyens, pour les prémunir contre les calomnies répandues contre la Municipalité et le District au sujet des **subsistances**, avec le dessein d'exciter des troubles en cette Commune. *Du 2 brumaire an III*. — Amiens, Fr. Caron-Berquier ; 4 p. in-4°.

Anc^{ne} Bibl. de Marsy.

3199. — Le Conseil Général de la Commune d'Amiens au Citoyen... — *Amiens*, C. Caron-Berquier, *an II* ; 6 p. in-4°.

Lettre convoquant à une réunion pour chercher les moyens de sauver la commune de la **disette**.
Bibl. d'Amiens, Hist., n° 3793, t. II, n° 38.

3200. — Souscription fraternelle proposée par le Conseil Général de la Commune d'Amiens, à tous et chacun de ses Concitoyens, pour tirer des **Grains de l'Etranger**, afin d'assurer nos subsistances jusqu'après la Récolte future. *Du 19 Nivose an III*. — *Amiens*, Fr. Caron-Berquier ; 4 p. in-4°.

Ibid., Hist., n° 3793, t. II, n° 53.

3201. — Troisième avertissement du Conseil Général de la Commune d'Amiens à ses concitoyens, sur la nécessité urgente de concourir de tous leurs moyens à l'**approvisionnement de la Commune** en subsistances, pour jusqu'après l'entière et parfaite récolte future. *Du 15 pluviose an III*. — *Amiens*, Fr. Caron-Berquier ; 7 p. in-4°.

Ibid., Hist , n° 3793, t. II, 55.

3202. — Quatrième avertissement du Conseil-Général de la Commune d'Amiens à ses concitoyens, sur la nécessité urgente de concourir plus efficacement à la Souscription ouverte dès le 19 Nivôse dernier pour préserver la Commune des **horreurs de la disette**. *Du 13 ventôse an III*. — *Amiens*, Fr. Caron-Berquier ; 8 p. in-4°.

Ibid., Hist., n° 3793, t. II, 56.

3203. — Délibération du Conseil Général de la Commune d'Amiens sur le prix auquel les grains tirés de l'étranger reviennent à la Commune ; sur le prix du pain ; sur la **police**, régie et comptabilité **des subsistances** : approuvée par le District, le Département et le Représentant du Peuple Blaux. Du 4 Prairial an 3. — *Amiens*, Fr. Caron-Berquier ; 12 p. in-4°.

Ibid , Hist., n° 3793, t. II, 59.

3204. — Rapport et Projet de Décret relatifs au Commerce de la **Boulangerie** dans la ville d'Amiens. — Paris, Imprimerie Impériale, 11 Novembre 1813 ; 7 p. in-4°.

3205. — Ville d'Amiens. **Boulangerie**. *Arrêtés des 27 Mars 1816*, 11 no-

vembre 1824 et 23 Octobre 1848. — Amiens, Alfred Caron ; 14 p. in-8°.

3206. — Ville d'Amiens. **Boulangerie**. Vente du pain au poids. *Arrêté du 21 juillet 1853.* — Amiens, Alfred Caron ; 4 p. in-8°.

III. DOMAINE.

§ 1. Seigneurie des Eaux de la Somme.

3207. — Factvm sommaire du Procez d'entre les Doyen, Chanoines et Chapitre de l'Eglise Nostre-Dame d'Amiens, Intimez. Contre les Egards, Corps et Communauté des Brasseurs de ladite Ville, Appelans des Sentences rendués au Bailliage d'Amiens, les 7 Mars 1661 et 21 Juillet 1664. — S. l. n. n. n. d. ; 10 p. in-4°.

Au sujet d'un éboulement de terre provenant de la vergne des brasseurs et de leur vanne levée trop haut.
Cette pièce ainsi que toutes celles reprises sous ce paragraphe, se trouvent à la Bibl d'Amiens, Hist., n° 3795.

3208. — Extrait des Registres du Conseil d'Etat. *Arrêt, du 14 juin 1707, confirmant, malgré les prétentions contraires du Chapitre d'Amiens, le don fait au Sr de Poissy d'un lieu sur la Somme pour y construire un barrage.* — S. l. n. n. ; 3 p. in-4°.

3209. — Sommaire de l'affaire des Chanoines d'Amiens au sujet de leurs Moulins. — S. l. n. n., *1713* ; 2 p. in-folio.

3210. — Mémoire pour servir de réponse au placet que les Maire et Echevins d'Amiens ont présenté au Roy contre les Moulins des Chanoines de l'Eglise Cathédrale. — S. l. n. n., *1713 ;* 28 p. in-4°.

3211. — Mémoire pour Messieurs les Experts nommés pour la visite des lieux, qui ont donné occasion à l'instance formée au Conseil par les Maire et Echevins de la Ville d'Amiens, contre les Doyen, Chanoines et Chapitre de l'Eglise Cathédrale de la même Ville. — S. l. n. n., *1713 ;* 23 p. in-4°.

3212. — Mémoire pour les Doyen, Chanoines et Chapitre de l'Eglise Cathédrale d'Amiens, Intimés et Défendeurs. Contre les Maire et Echevins de la ville d'Amiens, Intervenans, Demandeurs et Appelans : Et contre Jean-Baptiste Tilloloy, Maître Maçon : Jacques Quignon, Maître Serrurier : Jean-Charles Cellier, Maître Menuisier : Charles Delamarre, Maître Charpentier, et autres Ouvriers de la Ville d'Amiens, Appelans ; Et encore contre le sieur Clément. Maître Teinturier audit Amiens, Appellant ; Et contre le Sieur Deville, ci-devant Substitut de M. le Procureur Général en la Maîtrise des Eaux et Forêts d'Amiens Intervenant et Appellant. — Paris, P.-M. Delaguette, 1782 ; 97 p. in-4°.

Au sujet des droits du chapitre sur la rivière de Somme.

3213. — Requête de production nouvelle pour le Chapitre d'Amiens. A Nosseigneurs de Parlement en la Grand'-Chambre. — *Paris*, P. M. Delaguette, 1782 ; 22 p. in-4°.

3214. — Analyse des titres pour le Chapitre d'Amiens contre les Officiers Municipaux de la même Ville, et autres. — *Paris*, P. M. Delaguette, *1783 ;* 59 p. in-4°.

3215. — Réponse signifiée au mémoire imprimé des Officiers municipaux servant de précis à l'affaire pour le Chapitre de l'Eglise d'Amiens, Intimé ; Contre lesdits Officiers municipaux d'Amiens, Appellants ; le sieur Deville, ci-devant Substitut de M. le Procureur-Général en la Maîtrise d'Amiens ; le sieur Despréaux, Substitut actuel et autres ès-qualités. — *Paris*, L. Cellot, 1783 ; 42 p. in-4°.

3216. — Titres décisifs produits par les Officiers Municipaux de la ville d'Amiens; contre le Chapitre de la Cathédrale de la même Ville. — Paris, N.-Fr. Vallayre jeune, 1783; 19 p. in-4°.

3217. — Mémoire pour les Maire et et Echevins de la ville d'Amiens, contre le Chapitre de la même Ville. Question de savoir si le Chapitre a la propriété, Seigneurie et Justice des Eaux de la Rivière de Somme à Amiens; et s'il a pu s'opposer à l'accensement fait par le Roi, au profit de la Ville, d'un Moulin à Foulon.

Le titre de départ porte : Mémoire pour les Maire et Echevins de la ville d'Amiens, Demandeurs en intervention et prenants le fait et cause des Ouvriers employés à travailler dans les canaux de la Somme : et encore Demandeurs aux fins de Requête, Ordonnance et Exploit des 9 et 10 juillet 1778, devant les Présidents Trésoriers de France au Bureau des Finances de la Généralité de Picardie à Amiens, sur laquelle il a été ordonné par Arrêt du 16 du même mois que les Parties procéderoient en la Cour, et défendeur.

Contre les Doyen, Chanoines et Chapitre de l'Eglise Cathédrale de Notre-Dame d'Amiens se disant Seigneurs Hauts-Justiciers du courant des eaux de la rivière de Somme, tant au-dedans de la ville d'Amiens, qu'au-dessus et au-dessous, depuis le lieu dit autrefois Ravine, au-dessous de Camon, jusqu'au lieu dit Goudran, au-dessus du terroir de Montière, Défendeurs et Demandeurs;

En présence des nommés Tillolloy, Maçon; Quignon, Serrurier; Sellier, Menuisier, tous ouvriers employés par les Officiers Municipaux aux travaux publics de la Ville Appellans de diverses Sentences rendues contr'eux en la Justice Temporelle du Chapitre, Demandeurs et Défendeurs.

Et encore en présence du Substitut de M. le Procureur général en la Maîtrise particulière des Eaux et Forêts du Bailliage d'Amiens, Demandeur, intervenant et adhérent à l'appel d'Antoine Clément, Marchand Teinturier à Amiens, et Défendeur. — *Paris*, L. Cellot, 1783; 83 p. in-4°.

3218. — Mémoire et analyse de titres pour les Officiers Municipaux de la Ville d'Amiens, contre le Chapitre de la Cathédrale de la même Ville. — Paris, N.-Fr. Valleyre jeune, 1783; 75 p. in-4°.

3219. — Arrest du Conseil d'Etat du Roi, qui casse et annulle les saisies qui avoient été faites des Revenus de la Ville d'Amiens, à la Requête du Chapitre de la Cathédrale de la même Ville. Fait défenses audit Chapitre et à tous autres d'en faire de semblables à l'avenir, sans s'y être fait préalablement autoriser par M. l'Intendant. Et ordonne que l'Arrêt sera imprimé et affiché. Du deux décembre 1783. — Amiens, L.-C. Caron père; 7 p. in-4°.

3220. — Résumé de l'affaire pour le Chapitre de l'Eglise d'Amiens, contre les Officiers Municipaux d'Amiens; le Substitut de M. le Procureur Général en la Maîtrise d'Amiens, et autres. — *Paris*, P. M. Delaguette, 1783; 42 p. in-4°.

3221. — *Arrêt de la Cour de Parlement, du 5 août 1783, confirmant la Sentence du 13 mars 1767 et condamnant aux dépens les Officiers Municipaux d'Amiens.* — *Paris*, Veuve Ballard, 1783; 33 p. in-4°.

3222. — Arrest du Conseil d'Etat du Roi qui ordonne l'exécution de l'Edit d'Avril 1683, et des Arrêts du Conseil du 7 Mai et 2 Décembre 1783. Qui casse et annulle toutes les procédures faites au Parlement de Paris, par le Chapitre d'Amiens, depuis l'Arrêt du Conseil du 2 Décembre 1783 tant contre les Officiers Municipaux en exercice que contre les Sieurs Morgan, Ogier, Baron, Gossart et Leleu, Officiers municipaux de l'exercice de 1776 et notamment les Arrêts des 8, 20 et 31 Mars 1783, ensemble tout ce qui pourrait s'en être en suivi : Fait défenses au Chapitre de faire à l'avenir de semblables procédures à peine de toutes pertes, dépens, dommages et intérêts. Condamne ledit Chapitre à rendre et restituer les sommes que les Officiers Municipaux en exercice, et les Sieurs Morgan, Ogier, Baron, Gossart et Leleu auroient pu être contraints de payer. Le condamne pareillement aux frais faits au Parlement et au coût du Scel, Contrôle et signification de l'Arrêt. Du 22 Juin 1784. — *Amiens*, L. C. Caron père; 15 p. in-4°.

3223. — Requête au Roi et à Nosseigneurs du Conseil; Pour les Doyen, Chanoines et Chapitre de l'Eglise Cathédrale d'Amiens, Défendeurs ; Contre les Officiers Municipaux de ladite Ville demandeurs en Cassation des Arrêts du Parlement de Paris, des 18 Juillet 1778, 29 Janvier 1779, et 6 Août 1783 : Au sujet de la Propriété et Seigneurie des Eaux de la rivière de Somme dans la ville et la banlieue d'Amiens. — Paris, Dhoury, 1785 ; 160 p. in-4°.

3224. — *Requête* Au Roi et à Nosseigneurs de son Conseil *par* Les Doyen, Chanoines et Chapitre de l'Eglise Cathédrale d'Amiens Contre le sieur Despréaux, Procureur de Sa Majesté en la Maîtrise particulière des Eaux et Forêts de Picardie au Bailliage d'Amiens. — *Paris*, d'Houry, 1785 ; 47 p. in-4°.

3225. — Réponse pour les Officiers Municipaux de la Ville d'Amiens, à la Requête du Chapitre de l'Eglise Cathédrale de la même Ville, du 11 août 1785, au sujet de la propriété et seigneurie des eaux de la rivière de Somme, dans la ville et banlieue d'Amiens. — Paris, P.-G. Simon et N.-H. Nyon, 1786 ; 156 p. in-4°.

Document important qui contient l'analyse et la discussion de tous les titres historiques relatifs à la question depuis 1185.

3226. — Extrait des principaux Titres et moyens des Officiers Municipaux de la Ville d'Amiens. Dans l'Instance pendante entr'eux et le Chapitre de la Cathédrale de la même Ville au Conseil des Finances. — Paris, P.-G. Simon et N.-H. Nyon, 1787; 53 p. in-4°.

3227. — Observations des Officiers municipaux de la ville d'Amiens sur les principales Pièces produites par le Chapitre de l'Eglise Cathédrale de la même Ville, avec sa Requête signifiée le 12 Août 1785. — Paris, P. G. Simon et H. Nyon, 1787; 60 p. in-4°.

3228. — Résumé pour les Officiers Municipaux de la ville d'Amiens contre le Chapitre de l'Eglise Cathédrale de la même Ville — Paris, N.-H. Nyon, 1787 ; 9 p. in-4°.

3229. — Mémoire pour le Procureur du Roi, en la Maîtrise des Eaux et Forêts d'Amiens : Contre les Doyen, Chanoines et Chapitre de l'Eglise Cathédrale de la même Ville ; en présence des Officiers Municipaux de ladite Ville. — Paris, N.-H. Nyon, 1787 ; 22 p. in-4°.

3230. — Extrait des Registres du Conseil d'Etat. *Arrêt, du 15 janvier 1788, ordonnant l'exécution des arrêts précédents et condamnant aux frais les Officiers municipaux d'Amiens.* — Paris, d'Houry et Debure, 1788 ; 23 p. in-4°.

§ 2. Propriétés communales, Cimetières.

3231. — Arrest du Conseil d'Estat du Roy, concernant les entreprises faites sur les **Marais Communs,** Fauxbourgs et Banlieue de la Ville d'Amiens. Du 28 Février 1733. — S. l. n. n. ; 4 p. in-4°.

Arch. dép. de la Somme, C, 573.

3232. — Arrest du Conseil d'Estat du Roy qui renvoye pardevant M. l'Intendant d'Amiens toutes procédures et contestations nées et à naître au sujet de la recousse des Titres et **Biens patrimoniaux** de l'Hôtel Commun de ladite Ville, pour les juger définitivement et en dernier ressort. Du 8 Septembre 1742. — S. l. n. n. ; 4 p. in-4°.

Bibl. d'Amiens, Hist., n° 3793, t. I, n° 29.

3233. — Règlement pour les Droits d'Inhumation dans l'Eglise Cloître et Préau du **Cimetière Saint-Denis**. Extrait du Registre aux Délibérations du 4 Février 1773. — S. l. n. n. ; placard in-folio.

Arch. dép. de la Somme, D, n° 34.

3234. — Loi Portant Vente à la Municipalité d'Amiens des **Domaines nationaux** y désignés. Donnée à Paris le 23 janvier 1791. — Paris, Imprimerie Royale, 1791 ; 22 p. in-4°.

3235. — Nouvelles réclamations de l'Administration municipale d'Amiens, contre des Soumissions et Ventes de plusieurs **Biens patrimoniaux** de la Commune. — Amiens, Patin, 1797 ; 22 p. in-4°.

Bibl. d'Amiens, Hist , n° 3793, t. II, 63.

3236. — Souvenirs du **cimetière Saint-Honoré**, *par A. Janvier.*

La Picardie, t. XVIII, p. 205 à 216 ; in 8°.

3237 — Ville d'Amiens. **Cimetière de la Madeleine**. *Règlement du 15 mai 1827.* — Amiens, Caron-Duquenne ; 8 p. in-4°.

3238. — **Cimetières ruraux**. Règlement pour les sépultures et Tarif des concessions de terrain. *Du 8 juillet 1851.* — Amiens, Alfred Caron ; 11 p. in-4°.

3239. — Cahier des Charges pour la mise en adjudication de l'entreprise du **transport des morts** par corbillards et du service des tentures funèbres. 1854. — Amiens, Duval et Herment ; 24 p. in-8°.

3240. — Ville d'Amiens, **Cimetière général de la Madeleine**. Règlement pour les sépultures et tarif des concessions de terrain. *Du 22 octobre 1858.* — Amiens, T. Jeunet ; 22 p. in-8°.

3241. — Promenades au **cimetière de la Madeleine** précédées d'un précis historique sur l'Origine de cet Etablissement, sa première destination, et les diverses transformations qu'il a subies depuis sa fondation jusqu'à nos jours, par M. Stephane C. — Amiens, Duval et Herment, 1847 : 264 p. in-12 av. plan.

* **3242.** — Petition adressée au Sénat par les **arbres de la ville d'Amiens** et de sa banlieue contre l'application qu'on prétend leur faire du décret sur la mise à la retraite forcée, *par St Albin Berville.* — Amiens, Jeunet, 1861 ; in-8°.

IV. ÉCLAIRAGE PUBLIC.

3243. — De par les Lieutenant-Général, Maire et Echevins de la Ville d'Amiens. *Arrêté, du 27 octobre 1755, réglant la distribution des commissaires chargés d'***allumer les lanternes** *dans les vingt-huit quartiers de la ville et la distribution de la police dans la ville d'Amiens.* — S. l. n. n. ; 23 p. in-4°.

Bibl. d'Amiens, Hist., n° 3793, t. I, n° 41.

3244. — Arrêt du Conseil d'Etat du Roi qui permet aux Officiers Municipaux de la Ville d'Amiens, de lever pendant six ans sur tous les Propriétaires des Maisons de la Ville, une contribution de quatre deniers pour livre, du montant du loyer de chaque Maison, pour subvenir à la dépense de l'**Illumination publique**, à laquelle contribution tous les Exempts, Ecclésiastiques, Nobles et autres Privilégiés sont assujettis, même les Locataires personnellement à proportion des Bâtimens qu'ils occupent. Du 10 Février 1778. — S. l. n. n. ; 4 p. in-4°.

Bibl. comm^{le} d'Abbeville.

3245. — Délibération des Officiers Municipaux de la Ville d'Amiens, qui porte que les Habitans, non Propriétaires qui, par pauvreté, ne sont pas assujettis à la Capitation, seront déchargés de la **Taxe des Réverbères**. *Du 13 novembre 1778*. — *Amiens*, Louis-Charles Caron ; placard in-folio.

Arch. dép. de la Somme, C, n° 665.

3246. — Mémoire signifié pour le Syndic du Clergé du Diocèse d'Amiens : Contre les Officiers Municipaux de la même ville *au sujet d'une taxe mise sur les immeubles du clergé pour les frais de* **substitution des lanternes aux réverbères**. — *Paris*, d'Houry, 1780 ; 67 p. in-4°.

Bibl. d'Amiens, Jurisp., n° 841, t. IV.

3247. — Mémoire pour les Officiers Municipaux d'Amiens contre le Syndic du Clergé d'Amiens. — Paris, P.-G. Simon, 1780 ; 36 p. in-4°.

Arch. dép. de la Somme, C, n° 665.

3248. — Observations pour le Syndic du Clergé du Diocèse d'Amiens sur le Mémoire imprimé des Officiers Municipaux de cette Ville. — *Paris*, d'Houry, 1789 ; 30 p. in-4°.

3249. — Arrest du Conseil d'Etat du Roi, qui proroge la Taxe de l'**Illumination publique** de la ville d'Amiens à compter du premier Janvier 1784 jusqu'au premier Octobre 1796 Et qui ordonne que pendant ce temps, l'Arrêt du Conseil du dix Février 1778 continuera d'être exécuté dans toutes ses dispositions. Du 13 janvier 1784. — *Amiens*, L. C. Caron père ; 6 p. in-4°.

Bibl. d'Amiens, Hist., n° 3793, t. I, 67.

3250. — Adresse de l'Administration municipale d'Amiens à ses concitoyens sur l'impossibilité de subvenir, sans secours extraordinaire, à la dépense de l'**Illumination des Rues** et sur la nécessité d'y contribuer volontairement, promptement et suffisamment, par chacun des citoyens. *Du 6 Brumaire an VII*. — Amiens, Patin ; 7 p. in-4°.

Ibid., Hist, n° 3793, t. II, 75.

3251. — Ville d'Amiens. **Eclairage public par le gaz**. Cahier de charges. — Amiens, Alfred Caron, *1852* ; 19 p. in-8°.

3252. — Ville d'Amiens. **Eclairage public à l'huile**. Cahier des charges. — Amiens, Alfred Caron, 1855 ; 12 p. in-12.

3253. — Ville d'Amiens. **Eclairage par le gaz**. Traité conclu par la Ville avec la Compagnie européenne et celle du Gaz français. 1ᵉʳ Janvier 1865 au 31 Décembre 1914. — Amiens, Lemer, 1865 ; in-8°.

V. FINANCES ET IMPOTS.

3254. — 1260. Mardi 6 avril. Etat des **revenus** et des **dépenses** de la ville d'Amiens.

Layett. du trésor des chartes, t III, p. 515 et suiv. ; in-8°.

3255. — Essai sur le **régime financier** de la Ville d'Amiens du XIVᵉ à la fin du XVIᵉ siècle (1356-1538) par M. Edouard Maugis. — Amiens, Yvert et Tellier, 1898 ; 525 p. in-8°.

Ext. Mém. Soc. Ant. Pic.

3256. — Ordonnance *de Jean II, du 2 juin 1356*, sur l'Octroy que les Maires, Eschevins et habitans d'Amiens ont fait d'un **subside** qu'ils payeront dans leur Ville, **pour tous les biens** qu'ils ont en quelque lieu qu'ils soient situez.

Ordonn. des Rois de France, t. III, p. 68 et 69 ; in-folio.

3257. — Aide de 5795ˡⁱᵛ· 10ˢ 4ᵈ dite **aide** ordonnée **pour le passage de la mer**. Lettre de Charles VI du 24 avril 1386 aux mayeur et échevins d'Amiens. Communication de M. Dubois.

Mém Soc. Ant. Pic., t. XXVI, p. 165 à 259 ; in-8°.

3258. — Lettres *de Charles VI, du 13 avril 1393*, qui donnent droit aux Propriétaires des Maisons de la Ville d'Amiens, chargées de Cens ou Rentes de **racheter** ces **Cens ou Rentes** dans le terme de six mois, des personnes auxquelles ceux à qui ils appartenaient les auront vendus.

Ord. des Rois de Fr , t. VIII, p. 637 et 638 ; in-folio.

3259. — **Décharge** du chancelier de France et du bailli d'Amiens **au receveur des aides** d'Amiens d'une certaine somme prise sur sa recette pour être envoyée au Roi. *Du 26 juin 1405.*

Doc. hist. inéd , par Champ, Figeac.— Paris, Didot, 1843 t. II, p. 319 ; in-8°.

3260. — Les **droits d'aides** à Amiens au xvi° siècle par M. L. Fournier.

Bull. Conf. Pic., t. I, p. 88 à 95 ; in-8°.

3261. — Les **Salariés de l'Echevinage** d'Amiens au xvi° et au xvii° siècle.

Cab. hist Pic. et Art., t. I, p. 185 à 201 ; in-8°.

3262. — Arrest du Conseil d'Estat du Roy, du 18 Aoust 1657. Portant que les Ingemens donnez pour la leuée des XXV sols pour muid de vin vendu en destail en la Ville d'Amiens, et pour la leuée des **droicts sur les Bières** en ladite ville d'Amiens et de Peronne, seront executez selon leur forme et teneur nonobstant oppositions et appellations quelconques. — S. l. n. n. ; 4 p. in-4°.

Arch dep. de la Somme, C, n° 1147.

3263. — Les **Créanciers de l'Administration** Municipale à Amiens en 1657, par M. Dubois.

Bull. Soc. Ant. Pic., t. XVII, 1889-91, p. 493 à 498 , in-8°.

* **3264.** — Arrest du Conseil d'Estat du Roy, Sa Majesté y étant, pour le Payement des **Droicts sur les Bières**, qui règle les déchets de la Cuisson, et autres, au quart de la continence de chacune chaudière, tant pour celles ou il y a des Gautes, que pour celles où il n'y en a point. Du 22 Janvier 1665. — Paris, Pierre Prault, 1738 ; 4 p. in-4°.

Concerne les brasseurs d'Amiens.
Bibl. Nat^{le}, F, 3444.

3265. — Extrait des Registres du Conseil d'Estat, *relatif au droit à payer par les marchands de vins d'Amiens ; du 31 mars 1665.* — S. l. n. n. ; 3 p. in-4°.

Bibl Nat^{le}, F, n° 3444.

* **3266** — Arrest contradictoire dv Conseil d'Estat dv Roy du vingt cinquième Juin 1665 qvi ordonne que les **Brasseurs de Bières** d'Amiens payeront les Droits d'icelles, sur le pied de la lauge et Epalement de leurs Chaudières : A la diminution du quart : Et que l'Arrest du vingt-deuxième Ianvier dernier, sera exécuté selon sa forme et teneur. — S. l. n. n. ; 8 p. in-4°.

Bibl. Nat^{le}, F, 3444, F, 40.

* **3267.** — Arrest dv Conseil d'Estat dv Roy du trentième Septembre 1665 par lequel les Brasseurs de la Ville d'Amiens sont condamnez par prouision au **payement du Vingtième des Bières** qu'ils ont brassées et brasseront à l'aduenir, conformément à l'Article 76 du Bail general des Aydes, et Arrests du Conseil y énoncez. — S. l. n. n. ; 3 p. in-4°.

Bibl. Nat^{le}, F, n° 3444.

3268. — Arrest du Conseil d'Estat du Roy, povr la **liqvidation des dettes** de l'Hôtel de Ville d'Amiens. Du 23 Septembre 1687. — Amiens, G. Le Bel, M.DC.LXXXVII ; 42 p. in-4°.

Bibl. d'Amiens, Hist., n° 3793, t. I, n° 14.

3269. — Sentence renduë en l'Election d'Amiens le 19 Septembre 1716, par laquelle Antoine Petit et sa femme, Geoliers des Prisons de la Conciergerie d'Amiens, ont été condamnez en conformité des Articles I et VI du Titre IV et 11 du Titre VI de l'Ordonnance de 1680, au paiement des **Droits** de Détail Annuel, et autres y joints, **des Vins et Boissons** entrez et consommez en leur dite Conciergerie, et de souffrir à l'avenir les visites et exercices des Commis aux peines de ladite Ordonnance. — S. l. n. n. ; 3 p. in-4°.

Bibl. H. Macqueron.

3270. — Arrest du Conseil d'Etat du Roy, Du 17 Octobre 1721, qui casse une Sentence des Elûs d'Amiens, déboute des Troupes Suisses de leurs demandes et ordonne que les Arrêts des 30 Avril 1707 et 9 May 1719. Ensemble la contrainte décernée par le Fermier, seront executez tant contre les Marchands de Vin et d'Eau-de-Vie, que contre ceux des Bierres, sans préjudice de l'Exemption desdites Troupes Suisses, pour les **Boissons** qu'ils tireront de la première main sans fraude, et sans préjudice aussi de l'Exemption des Droits de détail pour les Boissons qui leur seront vendües par leurs Vivandiers, jusqu'à concurrence des quantitez portées par les Reglemens, sans que ceux qui leur vendront des Boissons puissent joüir d'aucunes Exemptions des Droits dûs par les Vendeurs. Condamne en outre les nommez Guillemin, Marchand d'Eau-de-Vie, et le Fèvre, Vigneron aux dépens contr'eux faits en l'Election d'Amiens. — Paris, Jouvenel, M.DCC.XXI ; 15 p. in-4°.

Bibl. H. Macqueron.

3271. — Arrest du Conseil d'Estat du Roy, qui ordonne que les Bourgeois et Habitants des Villes d'Amiens et d'Abbeville seront tenus de payer les **Droits de Francs-Fiefs**. Du 31 juillet 1722. — *Paris*, veuve Saugrain et Pierre Prault, 1722 ; 4 p. in-4°.

Arch dép. de la Somme, C, n° 1221.

3272. — Arrest du Conseil d'Estat du Roy, portant qu'il sera fait des **tourbes** dans les Marais et Prez appartenans à la Ville d'Amiens *pour payer les réparations faites aux remparts*. Du 19 Mars 1733. — S. l. n. n. ; 3 p. in-4°.

Arch. dép. de la Somme, C, n° 572.

3273. — Arrest contradictoire de la Cour des Aydes, qui Condamne Charles Elie Marchand de Vin, au payement des Droits de Gros, Augmentation et quatre sols pour livre dûs à l'arrivée des **Vins venans de Bourgogne,** Pays exempt, destinez pour la Foire de S. Nicolas à Amiens, arrivez par Eau et déchargez au Port d'Ablon, où ils ont séjourné plus de huit jours. Du 2 Avril 1734. — Paris, P. Prault, 1738 ; 3 p. in-4°.

3274. — Mémoire pour les Maire, Echevins et Officiers municipaux de la Ville d'Amiens, Intervenans contre le Sieur le Seneschal, Receveur Général des Domaines et Bois de Picardie, Demandeur. Et contre Messire Claude Picquet, Chevalier, Seigneur de Belloy-sur-Somme, Défendeur *au sujet du* **paiement du treizième denier.** — Amiens, Louis C. Caron, 1771 ; 24 p. in-4°.

Bibl. d'Amiens, Hist., n° 3794, t.

3275. — Arrest du Conseil d'Estat du Roi, qui maintient les Officiers Municipaux de la Ville d'Amiens, comme Juges de Police, dans le droit de mettre le **Taux à la petite Bière,** tant Bourgeoise que Cabaretière, attendu qu'elle est Boisson de première nécessité, et par cette raison non sujette au droit de Huitième. Du 27 Septembre 1772. — *Amiens,* Louis-Charles Caron ; 4 p. in-4°.

Ibid., Hist., n° 3793, t. I, 56.

3276. — Arrêt du Conseil d'Etat du Roi du 10 Novembre 1778. *Le titre de départ porte :* Arrêt du Conseil d'Etat du Roi, qui déboute le Receveur des Domaines d'Amiens de sa demande en Cassation d'une sentence du Bureau des Finances d'Amiens du 3 août 1771 qui..... juge que les **Droits Seigneuriaux** dus au Roi ne doivent être perçus dans la Ville et Banlieue que sur le pied du vingtième, suivant les titres de la Ville et la possession immémoriale des Habitants... et défend au Receveur des Domaines de percevoir plus grands droits à peine de concussion. — Amiens, Louis-Charles Caron, 1778; 11 p. in-4°.

Ibid., Hist , n° 3794, 2.

3277. — Mémoire en réponse pour le Sieur Jourdain de l'Eloge, la Dame veuve Poujol et le Sieur Poujol fils, Négocians à Amiens, Defendeurs Contre les Officiers Municipaux de la même Ville, Demandeurs en cassation d'un Arrêt de la Cour des Aides de Paris, du 29 mars 1779 *au sujet du* **droit d'aides**. — *Paris*, Clousier, 1780 ; 20 p. in-4°.

Bibl A. de Caieu.

3278. — Proclamation des Officiers Municipaux de la Ville d'Amiens pour la **confection du Rôle** des impositions de 1790. — Amiens, Fr. Caron-Berquier, 1790; 8 p. in-4°.

Bibl. d'Amiens, Hist., n° 3793, t. II, n° 4.

3279. — Tableau des Declarations pour la **Contribution Patriotique** des Citoyens de la Ville d'Amiens, Dressé en exécution de l'Art. IX des Lettres-Patentes du Roi, du premier avril dernier, sur le Décret de l'Assemblée Nationale du 2 Mars précédent. — Amiens, Fr. Caron-Berquier, 1790 ; 22 p. in-4°.

Il faut ajouter à cette pièce quatre suppléments de 1 à 2 p.

Ibid., n° 3793, t. II, n° 6.

3280. — Proclamation du Conseil Général de la Commune d'Amiens : pour assurer l'exacte **perception des Droits** et **Contributions** et pour réprimer la Fraude. Du 24 août 1790. — *Amiens*, F. Caron-Berquier; 8 p. in-4°.

Ibid., Hist., n° 3793, t. II, n° 10.

3281. — Délibération du Conseil-Général de la Commune d'Amiens sur la **situation** actuelle **des Finances** de cette Ville. — Amiens, Fr. Caron-Berquier, 1791; in-folio de 7 p. et 26 p. n. n.

Ibid., Hist., n° 3696.

3282. — Proclamation du Conseil Général de la Commune d'Amiens, pour l'établissement d'une **Caisse** Patriotique d'**Echange d'Assignats** contre des Billets de la Caisse. *Du 1er juin 1791*. — Amiens, Fr. Caron-Berquier, 1791 ; 3 p. in-4°.

Ibid., n° 3793, t. II, n° 17.

3283. — Avertissement des Commissaires de la **Caisse patriotique** d'Amiens. *Du 3 juin 1791*. — Amiens, Fr. Caron-Berquier, 1791 ; 2 p. in-4°.

Ibid., Hist., n° 3793, t. II, n° 18.

3284. — Délibération du Conseil Général de la Commune d'Amiens portant Arrêté des Etats et du Tableau Général de la **situation** actuelle **des Affaires et Finances** de la Commune Avec le Tableau Général à la suite. Du Samedi 12 Janvier 1793, l'an deuxième de la République, cinq heures après-midi. — *Amiens*, Caron-Berquier ; 15 p. in-folio.

3285. — Tableau de **Situation des Finances** de la Commune d'Amiens. An VI. — S. l. n. n. ; 4 p. in-folio.

3286. — Avertissement des Maire et Adjoints d'Amiens, à leurs Concitoyens, sur la nécessité indispensable d'**acquitter**, sans retard, toutes **les Contributions** arriérées des Ans 7 et 8, et des Années antérieures. *An VIII*. — Amiens, Patin ; 4 p. in-4°.

Bibl. d'Amiens. Hist., n° 3793, t. II, 83.

3287. — Etat indiquant **les Recettes et les Dépenses** faites pendant l'année 1817, extrait du Compte rendu par le Receveur municipal de la ville d'Amiens. — Amiens, Maisnel fils ; 12 p. in-folio.

Année	1818.	S. l. n. n. ;	8 p. in-folio.
»	1819	» »	8 p. in-folio.
»	1820.	» »	10 p. in-folio.
»	1821.	» »	4 p. in-folio.
»	1822	» »	4 p. in-folio.
«	1823.	» »	4 p in-folio.
»	1824.	» »	5 p. in-folio
»	1825.	« »	5 p in-folio.
»	1826.	» »	5 p in-folio.

Ibid, Hist., n° 3697.

3288. — **Budget** ou Etat des Recettes et Dépenses de la Ville d'Amiens pour

1818.	S. l n. n.		10 p in-folio.
1819.	»	»	10 p in-folio
1820.	»	»	10 p in-folio
1821.	»	»	10 p in-folio
1822.	»	»	10 p. in-folio.
1823.	Caron-Duquenne ;		10 p in-folio
1824	S. l. n. n.		10 p. in-folio.
1825.	»	»	10 p in folio.
1826.	»	»	10 p in-folio
1827.	»	»	9 p. in-folio.
1828.	»	»	9 p in-folio
1829.	»	»	10 p. in-folio
1830.	»	»	13 p in-4°.

Ibid., Hist., n°s 3697 et 3698.

3289. — Département de la Somme. Ville d'Amiens. Compte des **Recettes et Dépenses** de l'exercice[1] 1828 et **Budget** de l'Exercice[2] 1831. — Amiens, R. Machart ; 30 p. in-4°.

[1]1829	[2]1832.	Amiens,	Caron-Vitet ;	30 p. in-4°.
1830	1833.	»	Boudon-Carou ;	30 p. in 4°.
1831	1834.	»	» »	24 p in-4°.
1832	1835.	»	» »	28 p in-4°.
1833	1836.	»	» »	28 p. in-4°
1834	1837.	»	» »	53 p. in-4°

3290. —Extrait du registre aux délibérations du conseil municipal de la ville d'Amiens. Procès-verbal de la Séance du Samedi 19 Mai 1838. — Amiens, Ledien fils ; 2 p. in-4°.

Vote d'un million pour **achat d'actions de la Compagnie du chemin de fer** de Paris à Lille.

3291. — Département de la Somme. Ville d'Amiens. Compte des **recettes et dépenses** de l'exercice[1] 1836, **budget supplémentaire** de[2] 1837 et **budget** de l'exercice[3] 1838. — Amiens, Duval et Herment ; 31 p. in-4°.

[1]1837 [2]1838 [3]1839.	Amiens, Duval et Herment ;	33 p in-4°.
1838 1839 1840	» Yvert ;	33 p. in-4°.
1839 1840 1841.	» Duval et Herment,	33 p. in-4°
1840 1841 1842.	» »	35 p. in-4°.
1841 1842 1843.	» »	33 p. in-4°.
1842 1843 1844.	» »	32 p. in-4°.
1843 1844 1845.	» »	32 p. in-4°.

3292. — Consultation sur la **réclamation** présentée par les habitants des faubourgs d'Amiens **contre la taxe des portes et fenêtres**, par *M. Vivien ; 1860.* — Paris, Paul Dupont ; 10 p. in-4°.

3293. — Rapport au Conseil municipal d'Amiens sur les **pensions de retraite** (11 août 1841). — Amiens, Duval et Herment ; 20 p. in-4°.

3294. — Département de la Somme. Ville d'Amiens. **Compte final** de l'exercice[1] 1844. **Budget supplémentaire** de[2] 1845 et **Budget primitif** de[3] 1846. — Amiens, Duval et Herment ; 32 p. in-4°.

[1]1845 [2]1846 [3]1847.	Amiens, Duval et Herment ;	34 p in-4°.
1846 1847 1848.	» »	34 p. in-4°.
1847 1848 1849.	» »	34 p in-4°.
1848 1849 1850.	» »	34 p in-4°.
1849 1850 1851.	» »	34 p in-4°.
1850 1851 1852.	» »	34 p in-4°.
1851 1852 1853.	» 1853 ;	38 p. in-4°.
1852 1853 1854.	» 1854 ,	39 p. in-4°.
1853 1854 1855.	» 1855 ;	47 p in-4°
1854 1855 1856.	» 1856,	50 p. in-4°
1855 1856 1857	» 1857,	51 p. in-4°
1856 1857 1858.	» Vve Herment, 1858 ;	52 p. in-4°
1857 1858 1859.	» 1859 ;	59 p. in-4°
1858 1859 1860.	» 1860,	64 p in-4°.
1859 1860 1861.	» Lemer, 1861,	69 p. in-4°.
1860 1861 1862.	» 1862,	72 p. in-4°.
1863 1864 1865.	» 1865,	68 p. in-4°
1864 1865 1866.	» 1866 ;	68 p. in-4°.
1865 1866 1867.	» Caillaux, 1867 ;	70 p. in-4°.
1866 1867 1868	» 1868 ; 32, 8. 23 p
1867 1868 1869	» « 1869, 32, 8, 24 p
1868 1869 1870.	» » 1870 ; 32, 8, 24 p

3295. — Ville d'Amiens. **Compte moral et financier** présenté par M. Allou, Maire de la Ville d'Amiens au Conseil Municipal dans la séance du 7 juillet 1860. — Amiens, T. Jeunet, 1860 ; 11 p. in-4°.

3296. — Ville d'Amiens. Conseil municipal. **Situation financière**. Travaux à achever. Améliorations nouvelles à réaliser. Emprunt à contracter. Exposé présenté par Mr le Comte Léon de Chassepot, Maire de la Ville d'Amiens. Séance du 6 Novembre 1860. — Amiens, Alfred Caron ; 14 p. in-4°.

3297. — Ville d'Amiens. Conseil municipal. Rapport de M. le Maire à la **Commission des Travaux et des Finances**, le 6 novembre 1860. — Amiens, Alfred Caron ; 8 p. in-8°.

3298. — Ville d'Amiens. Conseil municipal. Observations présentées par M. le Comte Léon de Chassepot, maire, sur le Rapport de la **commission des travaux et des finances**. 18 mars 1861. — Amiens, Alfred Caron, 1861 ; 48 p. in-4°.

3299. — Ville d'Amiens. Conseil municipal. Séance du 8 mars 1861. Rapport de la **commission des travaux et des finances**. M. A. Dauphin, rapporteur. — Amiens, Alfred Caron, 1861 ; 32 p. in-8°.

3300. — Conseil municipal. Propositions faites par M. Allou, maire, de concert avec la commission des finances sur le **projet d'emprunt** ayant pour objet l'exécution des travaux d'utilité communale. Délibération du 20 avril 1861. — Amiens, Alfred Caron, 1861 ; 22 p. in-4°.

3301. — Les **Impôts** en France et particulièrement à **Amiens**. Mémoire lu a l'Académie de la Somme, par J. Mancel. — Amiens, Challier, 1861 ; in-folio.

3302. — Ville d'Amiens. Tableau des **Dépenses extraordinaires** s'appliquant à des Travaux en cours d'exécution ou qui doivent être exécutés prochainement. 15 Septembre 1865. — Amiens, Lemer ; 13 p. in-4°.

3303. — Ville d'Amiens. Extrait du Registre aux Délibérations du Conseil municipal. Objet : **Budget primitif** de 1866. Séance du Vendredi 15 Décembre 1865. — Amiens, Alfred Caron ; 20 p. in-4°.

3304. — Ville d'Amiens. Conseil municipal. **Dépenses d'utilité communale.** Voies et Moyens. Emprunts. Centimes additionnels. Taxes d'Octroi. 1866. — Amiens, Lemer, 1866 ; 11 p. in-4°.

3305. — Ville d'Amiens. Conseil municipal Commission des Voies et Moyens pour **dépenses extraordinaires** d'utilité communale. Rapport fait au nom de la Commission par M. Charles Labbé. Séance du Samedi 6 Mars 1869. — Amiens, Lambert-Caron ; 84 p. in-4°.

3306. — Amiens en 1869. Un mot sur ses **ressources,** par M. J. Mancel. — Amiens, Yvert, 1869 ; 24 p. in-8°.

VI. FONTAINES PUBLIQUES.

3307. — Essai sur la nécessité et sur les moyens d'établir les **fontaines** dans la ville d'Amiens ; M.DCC.LIX, par M. de Sachy de Carouge. — Amiens, Godart ; 12 p. in-4°.

Anc{ne} Bibl. de Marsy.

3308. — Mémoire sur l'établissement des **fontaines publiques** dans la ville d'Amiens, par le Père Fery, Prêtre, Religieux Minime. — Amiens, veuve Caron-Hubault, 1749 ; 47 p. in-4°.

Bibl. d'Amiens, Hist., n° 3752.

3309. — Projet pour l'établissement des **Fontaines publiques** dans la ville d'Amiens, par ***. — Paris, Vve Delormel ; 8 p. in-4°.

Ibid.

3310. — De par les Lieutenant Général de police, Maire et Echevins de la Ville d'Amiens. Ordonnance contre les **Malfaiteurs aux Fontaines publiques,** et aux Bâtimens en dépendans. Du 5 juillet 1755. — S. l. n. n. ; 4 p. in-4°.

Ibid., Hist., n° 3793, t. I, n° 39.

3311. — De par les Lieutenant-Général de police, Maire et Echevins de la Ville d'Amiens. *Ordonnance, du 29 avril 1758, relative à la police des* **fontaines publiques** *d'Amiens.* — S. l. n. n.; 3 p. in-4°.

Ibid , Hist., n° 3793, t. I, n° 40.

* **3312.** — Lettre de correspondance concernant les **fontaines** d'Amiens. — Paris, 1773; in-4°.

3313. — **Fontaines publiques** d'Amiens. Exposition ou Analyse d'un moyen simple et économique, proposé à l'Administration Municipale, pour qu'elle l'emploie à procurer de l'eau dans les hauts quartiers, et où il lui plaira élever d'autres fontaines. — Amiens, Caron-Vitet, *1821;* 4 p. in-4°.

3314. — **Rivière d'Avre** autour d'Amiens. Fragment d'une lettre écrite à M. *** Conseiller municipal *par Limozin, le 26 janvier 1822.* — Amiens, Caron-Vitet; 4 p. in-4°.

3315. — Ville d'Amiens. Extrait du Registre des Délibérations du Conseil municipal. Projets d'établissement d'un **nouveau système hydraulique**, de reconstruction du pont Saint-Michel et de substitution d'une galerie voutée à la partie du bras de Somme, comprise entre les ponts Saint-Michel et de Croix. Propositions du Maire ; Rapport de la Commission ; Délibération du Conseil municipal. — Amiens, E. Yvert, 1843 ; 15 p. in-4°.

3316. — Règlement sur les **abonnements des eaux** d'Amiens. Du 20 Novembre 1849. — Amiens, E. Yvert ; 3 p. in-4°.

3317. — Ville d'Amiens. **Système hydraulique**. Rapport du Maire au Conseil municipal. 20 novembre 1869. Rapport de M. Belgrand, du 11 août 1869. — Amiens, Caillaux, 1869 ; 55 p. in-4°.

3318. — Ville d'Amiens. Procès verbal d'inauguration des travaux de la **distribution des Eaux** des sources du Pont de Metz pour l'alimentation publique et l'assainissement de la ville. 19 Août 1873. — Amiens, Lambert-Prieur ; 12 p. in-4°.

VII. GARDE BOURGEOISE, GARDE NATIONALE, POMPIERS.

3319. — Notice historique sur la Milice amiénoise. Milice communale, **Garde bourgeoise** et Compagnies privilégiées, par A^{te} Janvier. —Amiens, Duval et Herment, 1851 ; 74 p. in-8°.

3320. — Extrait des Registres de Parlement. *Arrêt, du 22 décembre 1586, donnant aux Bourgeois de la ville d'Amiens la* **garde des portes**. — S. l. n. n. ; 4 p. in-8°.

Bibl. d'Amiens.

3321. — De par les Lieutenant Général de Police, Maire et Echevins de la Ville d'Amiens. *Arrêté, du 15 septembre 1758, relatif à la* **levée des milices**. — S. l. n. n. ; 3 p. in-4°.

Ibid , Hist., n° 3793, t. I, 43.

3322. — Règlement pour la **Garde Bourgeoise** de la Ville d'Amiens. *Du 26 avril 1769.* — S. l. n. n. ; placard in-folio.

Arch. dép. de la Somme, C, n° 791.

3323. — Ordonnance du Roi, concernant la Discipline et la Juridiction de la **Garde Bourgeoise** de la Ville d'Amiens. Du 11 janvier 1773. — *Amiens,* Louis-Charles Caron ; 5 p. in-4°.

Cette pièce et toutes celles de ce paragraphe dont l'origine n'est pas indiquée sont à la Bibliothèque d'Amiens, Hist., n°s 3763 et 3765.

3324. — Arrest du Conseil d'Etat du Roi, qui approuve et autorise le Règlement des Officiers Municipaux de la Ville d'Amiens, pour les secours à apporter lors des **incendies**. Du 29 mai

1782. — *Amiens*, L.-C. Caron père ; 8 p. in-4°.

<small>Bibl. comm^{le} d'Abbeville.</small>

3325. — Lettres-patentes du Roi et Règlement pour la **milice citoyenne** d'Amiens. — Amiens. Fr. Caron-Berquier, 1789 ; 12 p. in-4°.

3326. — Règlement provisoire pour la **milice citoyenne** d'Amiens, en cas d'Allarme ou de Générale battue à l'improviste. *Du 24 août 1789.* — *Amiens*, Louis-Charles Caron Père ; 3 p. in-4°.

3327. — Règlement provisoire des compagnies auxiliaires de la **milice citoyenne** d'Amiens. — Amiens, Veuve L. C. Caron, 1789 ; 14 p. in-4°.

3328. — Copie de la Lettre des Représentans de la **Milice Citoyenne** *d'Amiens*, écrite le 16 Octobre 1789, à MM. les Officiers Municipaux et remise par MM. Danglas, Desmoulins, Deflesselles et Lamon, leurs Députés, à M. Poujol, Lieutenant de Maire. — S. l. n. n. ; 4 p. in-4°.

3329. — Exposé de la conduite des membres composant le comité de la **Milice citoyenne** d'Amiens. 1789. — Abbeville, L. A. Devérité ; 16 p. in-4°.

3330. — Reflexions *par les Députés Commissaires et Représentans de la* **Milice citoyenne** *d'Amiens formant ci-devant le Comité Militaire de ladite Ville*, sur l'arrêté des Officiers Municipaux et Conseil permanent de la Ville d'Amiens, du 11 Décembre pour servir de suite à l'Exposé de la conduite des Membres composans ci-devant le Comité-Militaire de ladite Ville. — Abbeville, L. A. Devérité, 1789 ; 39 p. in-4°.

<small>Bibl. Soc. Ant. Pic.</small>

3331. — *Protestation de Saladin contre les reproches adressés au* **Comité militaire** *d'Amiens. 1789.* — Abbeville, L. A. Devérité ; 4 p. in-4°.

<small>Ibid.</small>

3332. — Arrêté du Conseil municipal de la Ville d'Amiens, du Vendredi 12 Mars 1790 *invitant les Membres de la* **Milice citoyenne** *à observer les règlements provisoires de discipline.* — *Amiens*, Fr. Caron-Berquier ; 3 p. in-4°.

<small>Bibl. d'Amiens, Hist., n° 3793, t. II, n° 3.</small>

3333. — Discours prononcé au Bureau de Correspondance de la **Garde Nationale** d'Amiens, le Mercredi 12 Octobre 1791, par M. Laurendeau, Membre de l'Assemblée Nationale constituante, en présence de M. Leroux, aussi Membre de l'Assemblée Nationale constituante. Réponse de M. Mercier, Major de la Garde Nationale d'Amiens. — Amiens, J. B. Caron, 1791 ; 4 p. in-4°.

3334. — Règlement de service et de police à l'usage de la **Garde Nationale** d'Amiens, publié par l'Etat-Major. — Amiens, Fr. Caron-Berquier, 1792 ; 38 p. in-8°.

<small>Bibl. d'Amiens, Hist., n° 3764.</small>

3335. — Les Maire et Officiers, municipaux de la ville d'Amiens, à la **Garde Nationale** d'Amiens. — Amiens, Fr. Caron-Berquier, 1792 ; 6 p. in-4°.

<small>Proclamation recommandant la subordination et l'exactitude dans le service.</small>

3336. — Extrait du Registre aux Délibérations des Officiers Municipaux de la Ville d'Amiens. Du Mardi 6 Mars 1792. — *Amiens*, Fr. Caron-Berquier, 1792 ; 6 p. in-4°.

<small>Règlement permettant le remplacement dans le service de la **garde nationale** jusqu'à concurrence de 40 personnes.</small>

3337. — Invitation des officiers municipaux d'Amiens à tous les Citoyens inscrits sur les Registres de la **Garde Nationale** et à ceux en état de porter les Armes, qui doivent se rassembler Dimanche prochain 18 de ce mois, en exécution de l'art. II de la Loi du 25 Janvier 1792, sur le Recrutement de l'Armée Françoise. *Du 15 mars 1792.* — *Amiens*, Fr. Caron-Berquier, 1792 ; 4 p. in-4°.

3338. — Le Conseil municipal à la **Garde Nationale** d'Amiens. — *Amiens, Fr. Caron-Berquier, 1792*; 6 p. in-4°.

<small>Proclamation du 30 avril 1792 relative à l'armement.</small>

3339. — Le Conseil Général permanent de la Commune d'Amiens *ordonne au Commandant de la* **Garde Nationale** *de désigner ceux de ses hommes qui iront a la frontière; du 17 septembre 1792.* — *Amiens*, Fr. Caron-Berquier, 1792 ; 2 p. in-4°.

3340. — Avertissement de l'Administration municipale de la Commune et du Canton d'Amiens, à ses concitoyens, sur l'exécution de la Loi du 25 Thermidor an V, concernant l'organisation de la **Garde Nationale** sédentaire ; sur l'indispensable obligation de se faire inscrire sur le Rôle de la Garde Nationale, afin de n'être point privé de l'exercice de ses droits de Citoyen. *Du 9 fructidor an V.* — Amiens, J. B. Caron l'aîné ; 7 p. in-4°.

<small>Bibl. H. Macqueron.</small>

3341. — Règlement concernant le Service de la **Garde Nationale**, délibéré par le Conseil Municipal de la Ville d'Amiens, en sa Séance du 29 Pluviôse an 9, proposé et adressé par le Maire au Préfet du département qui l'a approuvé le 29 germinal suivant. — Amiens, Patin et Cie ; 10 p. in-4°.

3342. — L'Ombre de Turenne aux Français. Hymne guerrier Chantée au Banquet donné par MM. les Officiers de la **Légion de la Somme**, aux Autorités Civiles et Militaires d'Amiens, à l'occasion de l'organisation de ce Corps le 1er Avril 1816. *Signé : Ad. Quatremère Disjonval.* — S. l. n. n. ; 2 p. in-4°.

<small>Bibl. Soc. Ant. Pic.</small>

3343. — Règlement pour les membres composant la **musique de la Garde Nationale** ; *20 août 1816.* — Amiens, Caron aîné ; 4 p. in-4°.

3344. — Articles supplémentaires au règlement de MM. les **musiciens de la Garde Nationale** d'Amiens ; *3 septembre 1817.* — Amiens, Caron aîné ; 3 p. in-4°.

3345. — Extrait du Service de Campagne pour la Théorie de MM. les Officiers et les Sous-Officiers de la **Légion de la Somme**, n° 77. — Amiens, Caron l'aîné, 1817 ; 132 p. in-12.

3346. — Règlement pour les officiers de la **Garde Nationale** d'Amiens. — Amiens, Caron l'aîné, *1818* ; 4 p. in-4°.

3347. — Règlement pour le service de la compagnie des **Sapeurs-Pompiers** de la Ville d'Amiens. — Amiens, Caron-Vitet, 1829; 13 p. in-8°.

<small>Bibl. d'Amiens, Hist n° 3766.</small>

3348. — **Légion d'Amiens**. Règlement relatif au service ordinaire ; *du 26 juin 1832.* — Amiens, J. Boudon-Caron ; 8 p. in-8°.

3349. — Règlement discuté et adopté par MM. les Officiers de la **Légion d'Amiens**, *le 23 décembre 1832.* — Amiens, J. Boudon-Caron, 1833; 4 p. in-8°.

3350. — Règlement de la Compagnie d'**Artillerie Légère de la Garde Nationale** d'Amiens. — Amiens, R. Machart, 1832 ; 36 p. in-18.

3351. — **Garde Nationale**. Légion d'Amiens. Règlement relatif au service ordinaire. — Amiens, J. Boudon-Caron, 1835 ; 14 p. in-12

3352. — Règlement pour le service et la discipline de la Compagnie de **Sapeurs-Pompiers** de la ville d'Amiens. — Amiens, J. Boudon-Caron, 1837; 30 p. in-8°.

<small>Bibl. d'Amiens, Hist . n° 3767.</small>

3353. — **Garde Nationale**. Légion d'Amiens. Règlement relatif au service ordinaire ; *du 26 mars 1841.* — Amiens, E. Yvert ; 15 p. in-8°.

3354. — Règlement du **Corps de Musique**. 1845. — Amiens, Yvert; 14 p. in-12.

3355. — Garde Nationale d'Amiens. Compagnie de **Sapeurs-Pompiers** volontaires. Règlement de 1847. — Amiens, Duval et Herment, 1847; 114 p. in-16.

<small>Bibl. d'Amiens, Hist., n° 3768.</small>

3356. — **Garde Nationale** d'Amiens. Instruction sur les attributions et le service des Officiers et sous-Officiers d'armement; *du 22 mai 1848*. — Amiens, Caron et Lambert; in-8°.

3357. — Récit par un garde national d'Amiens des faits et gestes du détachement qui a pris part aux terribles **évènements de Paris**. 24, 25 et 26 juin 1848. — Amiens, Caron, 1848; 14 p. in-8°.

3358. — **Garde Nationale** d'Amiens. Ordre du Jour du 30 Juin 1848. — Amiens, E. Yvert; 7 p. in-4°.

<small>Bibl. Soc. Ant. Pic.</small>

3359. — A la **Garde Nationale** d'Amiens, Vers lus à la Séance publique de l'Académie d'Amiens, le 27 Août 1848. — Amiens, Yvert, 1848; 6 p. in-4°.

* **3360.** — Amiens, le 9 octobre 1848... A M. le Rédacteur du " Courrier de la Somme ". — Amiens, Caron et Lambert; in-4°.

<small>Protestation des gardes nationaux contre une liste insérée au Moniteur des noms de ceux qui s'étaient distingués à Paris lors des journées de juin.</small>

3361. — Discours de M. le Maire aux **Gardes Nationaux** d'Amiens, *le 15 octobre 1848, jour de la distribution des croix*. — Amiens, Lenoel-Herouart; 3 p. in-4°.

3362. — **Garde Nationale**. Légion d'Amiens. Règlement relatif au service ordinaire. — Amiens, E. Yvert, 1849; 15 p. in-8°.

3363. — **Garde Nationale**. Légion d'Amiens. Règlement relatif au service de la 4me Compagnie du 2me Bataillon. — Amiens, Alfred Caron, 1849; 12 p. in-12.

3364. — Garde Nationale d'Amiens. *Reconnaissance de M. Amyot, comme capitaine des* **sapeurs-pompiers**. Extrait de l'Ami de l'Ordre du 11 décembre 1849. — Amiens, Yvert; in-8°.

3365. — Ville d'Amiens. Corps municipal de **Sapeurs-Pompiers** volontaires. Règlement spécial de musique. — Amiens, Alfred Caron, 1852; 10 p. in-18.

3366. — Garde Nationale d'Amiens. Corps de **Sapeurs-Pompiers**. Ordres du jour des 4 juillet et 5 août 1852. Règlement de 1852. — Amiens, Alfred Caron, 1852; 16 p. in-16.

<small>Bibl. d'Amiens, Hist., n° 3769.</small>

3367. — Ville d'Amiens. Corps municipal des **Sapeurs-Pompiers** volontaires. Règlement. — Amiens, Alfred Caron, 1853; 14 p. in-16.

<small>Ibid., Hist., n° 3770</small>

3368. — Ville d'Amiens. Corps municipal des **Sapeurs-Pompiers** volontaires. Règlement. 1855. — Amiens, Alfred Caron, 1855; 39 p. in-16.

<small>Ibid., Hist., n° 3771.</small>

3369. — Distribution solennelle de médailles d'honneur au corps des **Sapeurs-Pompiers** d'Amiens. Procès-verbal du 21 Décembre 1856. — Amiens, Alfred Caron; 13 p. in-8°.

* **3370.** — **Garde Nationale** d'Amiens. Règlement relatif au service ordinaire. 1863. — Amiens, E. Yvert, 1863; 8 p. in-8°.

3371. — **Garde Nationale** d'Amiens. Règlement du conseil de famille du 2e bataillon. — Amiens, Alfred Caron fils, 1870; 7 p. in-18.

VIII. INSTRUCTION PRIMAIRE.

3372. — Privilège concernant le Sel accordé aux **Ecolâtres** d'Amiens, pour les pauvres Clercs et Etudians. *Avril 1471.*

Ord. des Rois de Fr., t. XVII, p. 415 et 416 ; in-folio.

* **3373.** — Ordonnance de Mgr Faure relative aux **maîtres d'école** d'Amiens et à leurs obligations. 1674.

Hist. de Mgr Faure, par Pouy, ch. VI, n° 34.

3374. — Arrêt rendu à l'audience de la grande chambre du Parlement de Paris le 23 Janvier 1680, par lequel la sentence des requêtes du palais du 23 Mai 1678, portant défenses aux Premier et Echevins de la ville d'Amiens de s'immiscer et prendre connoissance, sous quelque prétexte que ce soit, du fait des écoles, a été confirmée ; l'**écolâtre d'Amiens** maintenu au droit et possession d'institution et juridiction sur les maîtres d'école de la ville d'Amiens : et les curez de ladite ville maintenus pareillement au droit d'établir des écoles de charité dans les paroisses, et d'en nommer les maîtres sans qu'ils soient obligez de prendre lettres d'attache de l'écolâtre.

Recueil des actes conc. le clergé. — Paris, Muguet, 1716, t. I, col. 999 à 1034 ; in-folio.

3375. — Règlement pour les **Ecoles**. S'il appartient aux Ecolâtres d'instituer les Maîtres d'école et d'exercer juridiction dans les écoles. S'il faut obtenir lettres de l'Ecolâtre pour tenir Ecole de Charité. Et si la police des écoles est Séculière ou Ecclésiastique. *Arrêt du 23 janvier 1680.*

J^{al} des Aud. du Parl., t. IV, p. 90 à 106 ; in-folio.

3376. — Mémoire pour Me Charles Moreau, prêtre, docteur en théologie de la faculté de Paris, écolâtre de l'église d'Amiens..... contre Jean Baptiste Ferret, se disant maître écrivain à Amiens..... la prétendue communauté des maîtres écrivains d'Amiens..... et les maire et échevins d'Amiens. *Signé : Pelletier.* — Paris, A. X. R. Mesnier, 1725 ; 7 p. in-folio.

Relatif au droit de **juridiction sur les maîtres d'école** d'Amiens

Bibl. Nat^{le}, f° Fm, 11657.

3377. — Mémoire pour les Sieurs Dembreville, Moinet, Philippe, Lefévre, Davion, Morvillés et Coupelon, Maîtres Ecrivains, Demandeurs. Et pour les Sieurs Denamps, Douay, Masse, Galland, Mercier, Drevelle, Duchemin, Dessay, Dangest, Dinouart, Frin, Bertin, le Duc, Dernanché, Danicourt, Conty, Wallet, Rullot, Maillet, Maîtres d'école, Intervenans. Contre les **Frères des Ecoles Chrétiennes** établis dans cette ville, Défendeurs *auxquels ils reprochent de sortir de leurs attributions qui sont d'instruire seulement les enfants pauvres.* — S. l. n. n., *vers 1762* ; 36 p. in-4°.

Bibl. d'Amiens, Jurisp , n° 841, t. V.

3378. — Délibération du Conseil Municipal de la Commune d'Amiens, portant Règlement pour les **Ecoles de Charité**. — Amiens, Fr. Caron-Berquier, 1790 ; 16 p. in-4°.

Ibid., Hist., n° 3661.

3379. — Extrait du registre aux délibérations du Directoire du District d'Amiens sur l'Etablissement des **Ecoles primaires** — Amiens, Caron-Berquier, l'an IIIe ; 18 p. in-4°.

Ibid., Hist., n° 3661.

3380. — L'administration municipale de la Commune et Canton d'Amiens, au Corps Législatif. *Pétition du 6 germinal an IV, demandant l'établissement à Amiens d'une* **Ecole Centrale**. — Amiens, Fr. Caron-Berquier ; 6 p. in-4°.

Ibid., Hist., n° 3793, t. II, n° 60.

3381. — Discours prononcé par Mgr Jean Pierre Gallien de Chabons,

Evêque d'Amiens, premier aumônier de S. A. R. Madame la Duchesse de Berry, le jeudi 19 août 1824, à l'occasion de la Pose de la première pierre de l'Edifice destiné à l'Etablissement des **Frères de la Doctrine Chrétienne**, dans l'emplacement de l'ancien couvent des Moreaucourt, en présence des Autorités Judiciaires, Civiles et Militaires, du Clergé et d'un grand nombre de spectateurs appelés à cette Cérémonie. - Amiens, Caron-Duquenne ; 3 p. in-4°.

3382. — Société pour l'**enseignement élémentaire** établie à Amiens. Rapport fait à la séance générale de la Société, par M. Vivien, secrétaire du conseil d'administration, et discours prononcé à la distribution des prix de l'Ecole modèle d'Amiens, le 2 septembre 1825, par M. Duval, vice-président de la Société. — Paris, Fain, 1826 ; 8 p. in-8°.

3383. — Règlement pour les **écoles primaires** d'*Amiens*. — Amiens, Lenoel-Herouart, *1829* : 18 p. in-8°.

3384. — Société de l'**enseignement mutuel** gratuit à Amiens, département de la Somme. Extrait du registre aux délibérations du conseil d'administration, séance du mercredi 31 janvier 1838. — Amiens, Boudon-Caron, 1838 ; 40 p. in-8°.

3385. — Ville d'Amiens. Programme des **cours communaux**. *Arrêté du 9 novembre 1838*. — Amiens, Duval et Herment ; 32 p. in-8°.

3386. — Ville d'Amiens. Programme des **Cours communaux**. — Amiens, E. Yvert, 1850 ; 56 p. in-8°.

3387. — Ville d'Amiens. Concours entre les élèves des **Ecoles Communales** des Faubourgs et des Sections rurales. Rapport de la Commission. Année scolaire

1852-1853. S. l. n. n. n, d. ; 24 p. in-8° aut.
1853-1854. Amiens, Alfred Caron ; 16 p. in-8°.
1854-1855. " » » 16 p. in-8°.
1855-1856. » » » 20 p. in-8°.
1856-1857. » » » 20 p. in-8°.
1857-1858 » » » 19 p. in-8°.
1858-1859. » » » 19 p. in-8°.
1859-1860. » » » 19 p. in-8°.
1860-1861. » » » 19 p. in-8°.

3388. — Ville d'Amiens. **Ecoles primaires** communales des faubourgs et des sections rurales. Rapport de la Commission d'examen. Concours de

1862. Amiens, Alfred Caron, 1862 ; 38 p. in-12.
1863. » » » 1863 ; 32 p. in-12
1864. » » » 1864 ; 40 p. in-12.
1865. » » » 1865 ; 50 p. in-12.

3389. — Ville d'Amiens. **Ecoles primaires** communales de garçons. Rapport sur le concours de

1867. Amiens, Caillaux, 1867 ; 32 p. in-12.
1868. » Lenoel-Hérouart, 1868 ; 48 p. in-12.
1869. » Yvert, 1869 ; 40 p in-12.

3390. — De la création des **bibliothèques populaires** à Amiens. Lecture faite à la Société Industrielle, par M. A^{le} Janvier. — Amiens, Jeunet, 1865 ; 24 p. in-8°.

IX. MARCHÉS ET FOIRES.

3391. — Etablissement d'**étape de grains** à Amiens *(février 1472)*.

Ord. des Rois de Fr , t. XVIII, p. 356 et 357, in-folio.

3392. — Etablissement d'**étape de vin** à Amiens *(février 1476)*.

Ibid , t. XVIII, p. 243 et 244 ; in-folio.

3393. — Octroi de **deux Foires** à Amiens, avec exemption de tous droits et subsides, la gabelle exceptée *(février 1476)*.

Ibid., t. XVIII, p. 242 et 243 ; in-folio.

3394. — Arrest du Conseil d'Etat du Roi, qui fait defenses à tous les habitans de la Ville d'Amiens, de vendre ni faire vendre, directement ni indirectement, aucun vin sur l'Etape en gros et en détail, pendant les **Foires franches** appellées **Saint Nicolas et Saint Martin,** qui se tiennent tous les ans, les neuf Mai et 11 Novembre, et de prendre en garde des Forains, les Vins qui auroient été étapés, ni leur permettre de les mettre en leurs Maisons, Caves et tenemens, à peine de confiscation et de cinq cens livres d'amende. Du 12 Mars 1726. — Paris, Pierre Prault ; 8 p. in-4°.

Bibl. H. Macqueron.

3395. — Arrest de la Cour du Parlement, qui ordonne que les Maire et Echevins de la Ville d'Amiens, comme Juges de Police, seront et demeureront autorisez pour la présente année seulement, de donner permission aux **marchands forains** d'étaler et vendre leurs Marchandises en tous les lieux accoûtumez pendant **l'octave de la Saint Jean-Baptiste** prochaine : fait défenses aux Marchands Merciers et à tous autres de troubler lesdits Marchands forains à peine de mille livres d'amende. Du vingt May 1740. — S. l. n. n. ; 4 p. in-4°.

Bibl d'Amiens, Hist , n° 3793, t. I, 27.

3396. — Lettres patentes portant confirmation de **Foire** en la Ville d'Amiens, pendant l'Octave de **S. Jean Baptiste,** données en mars 1740 et registrées en Parlement le 8 juin 1742. — S. l. n. n. ; 6 p. in-4°.

Arch. dép. de la Somme, C, n° 802.

3397. — Sentence des Lieutenant Général de police, Maire et Echevins de la ville d'Amiens *à propos d'une loterie tirée par la d^{elle} Beaupuits, marchande* **à la foire de la St Jean ;** *du 30 juin 1755.* — S. l. n. n. ; 4 p. in-4°.

Bibl d'Amiens, Hist., n° 3793, t. I, n° 38.

3398. — De par les Lieutenant Général de Police, Maire et Echevins de la Ville d'Amiens. *Ordonnance réglant l'***emplacement des marchés ;** *du 12 juillet 1755.* — S. l. n. n. ; 4 p. in-4°.

Ibid.. Hist., n° 3793, t. I, n° 42.

3399. De par les Lieutenant Général de Police, Maire et Echevins de la Ville d'Amiens. *Ordonnance, du 5 août 1766, relative aux* **marchés aux grains.** — S. l. n. n. ; placard in-folio.

Arch. dép. de la Somme, C, 804.

3400. — Ordonnance des Officiers Municipaux de la Ville d'Amiens, contenant Règlement pour la Police du **Marché au Bled.** *Du 17 juin 1757.* — S. l. n. n. ; placard in-folio.

Ibid.

3401. — Ordonnance des Officiers Municipaux de la Ville d'Amiens, portant nouvelles défenses de vendre ni mesurer aucuns Grains ailleurs qu'aux **Marchez publics.** *Du 2 juillet 1768.* — S. l. n. n. ; placard in-folio.

Ibid.

3402. — Ordonnance' des Officiers Municipaux de la Ville d'Amiens, portant nouveau Règlement pour les **Revendeurs et Revenderesses** jurés. *Du 11 mai 1773.* — *Amiens*, Louis-Charles Caron ; 6 p. in-4°.

Bibl. d'Amiens, Hist , n° 3793, t. I, 53

3403. — Ordonnance des Officiers Municipaux de la Ville d'Amiens, qui porte qu'il ne sera perçu à la **Halle Foraine** de cette Ville, sur les Pièces d'Etoffes qu'on y apporte à la marque, que le seul droit de plomb de six deniers par Pièce. Fait défenses aux Halliers d'exiger aucun droit sur les Pièces dont ils ne feront pas le transport de la Halle chez les Marchands. Fait pareillement défenses aux Courtiers de la Draperie Foraine de percevoir aucuns droits de Courtage sur les Pièces qui arrivent à destination, ni sur les Pièces que les Fabricants apportent pour vendre en personne. Du 10 Décembre 1774. — S. l. n. n. ; placard in-folio.

Arch. dép. de la Somme, C, n° 323.

3404. — Arrêt du Conseil d'Etat du Roi, qui permet de transférer le Champ de **Foire de Saint Jean** Baptiste, des environs de la Cathédrale, dans la nouvelle Halle, et dans la Place de l'Hôtel de Ville si besoin est. Du 8 Avril 1777. — Amiens, L. C. Caron ; 4 p. in-4°.

<small>Bibl. d'Amiens, Hist., n° 3793, t. I, p. 56.</small>

3405. — Ordonnance des Officiers Municipaux de la Ville d'Amiens, qui défend à toutes personnes **d'aller au-devant des Grains** qui arrivent au Marché de cette ville, de les acheter aux Portes et dans les Rues. *Du 26 novembre 1778*. — *Amiens*, Louis-Charles Caron Père ; placard in-folio.

<small>Arch. dép. de la Somme, C, n° 804.</small>

3406. — Ordonnance des Officiers Municipaux de la Ville d'Amiens concernant la Police du **Marché aux Volailles.** *Du 19 janvier 1786.* — Amiens, Louis-Charles Caron Père ; 4 p. in-4°.

<small>Bibl d'Amiens, Hist., n° 3793, t. I, 70.</small>

3407. — Ordonnance de police des Officiers Municipaux de la ville d'Amiens, interprétative de l'Art. V du Règlement concernant le **Marché à Volailles**, et qui fait défense au Préposé dudit Marché d'exiger des particuliers qui n'apportent audit Marché que quelques pièces de Volaille vivante aucun loyer de Cage sous quelque prétexte que ce soit. *Du 18 mars 1786.* — *Amiens*, L. C. Caron ; 3 p. in-4°.

<small>Ibid., Hist., n° 3793, t, I, 72.</small>

3408. — Arrest du Conseil d'Etat du Roi, qui ordonne l'exécution de celui du 8 Avril 1777, concernant la Translation de la **Foire de St Jean-Baptiste** dans la Grande-Halle et sur la Place de l'Hôtel-de-Ville ; Et qui déclare bonnes et valables des Saisies-gageries faites en vertu de Sentences de Police des Officiers Municipaux du 4 juillet 1787, sur des Forains qui refusèrent de payer le Loyer des emplacemens de leurs Boutiques sur la Place. Du 4 Décembre 1787. — *Amiens*, L. C. Caron père ; 15 p. in-4°.

<small>Ibid., Hist., n° 3793, t. I, 80,</small>

3409. — Arretté des Electeurs des Trois Ordres, Officiers Municipaux et Conseil de Ville d'Amiens. Pour le maintien de la liberté et de la sûreté dans les **Marchés aux Grains** de cette Ville. Extrait du Registre aux Délibérations des Electeurs des Trois Ordres, Officiers Municipaux et Conseil de Ville d'Amiens réunis. Du mardi 15 Septembre 1789, après-midi. — *Amiens*, Veuve L. C. Caron Père ; 3 p. in-4°.

<small>Ibid., Hist., n° 3793, t. I, 83.</small>

3410. — Pétition des **mesureurs de grains** de la ville d'Amiens à l'Assemblée Nationale. *Signé* : *Gosselin*. — De l'Imprimerie Nationale, *vers 1790* ; 4 p. in-8°.

<small>Bibl. de M. Jules Mollet, à Roye.</small>

3411. — Extrait du Registre aux Délibérations du Conseil Municipal de la Ville d'Amiens. Séance du 6 Ventôse an 9. *Organisation du service de la* **halle au blé.** — Amiens, J. B. Caron l'aîné ; 16 p. in-4°.

<small>Bibl. H. Macqueron.</small>

3412. — Mairie d'Amiens. Règlement concernant le service de la **halle aux grains.** *Du 9 février 1810.* — Amiens, Maisnel fils ; 12 p. in-4°.

3413. — Halle aux étoffes. Règlement concernant la police de la **halle aux étoffes.** *Du 21 mai 1810.* — Amiens, Maisnel fils ; 4 p. in-4°.

3414. — **Bourse de Commerce.** Règlement concernant la police de la Bourse. *Du 21 mai 1810.* — Amiens, Maisnel fils ; 4 p. in-4°.

3415. — Rapport sur la demande de M. le Préfet relativement au **cours des graines oléagineuses** sur le marché d'Amiens, par M. Riquier.

<small>Mém Acad. Amiens, t. III, p. 310 à 314 ; in-8°.</small>

3416. — Ville d'Amiens. Conseil Municipal. Séance du 22 Décembre 1847. Rapport fait au Conseil municipal, au nom d'une Commission spéciale, sur le projet de construction d'un **marché couvert** sur la place du Grand Marché aux Herbes, et aussi sur l'établissement à Amiens de divers droits de place et de voirie. — Amiens, Lenoël-Herouart; 12 p. in-4°.

3417. — Ville d'Amiens. Règlement concernant la **Halle aux Grains**. *Du 27 Mai 1848.* — Amiens, Yvert; 16 p. in-4°.

3418. — Ville d'Amiens. **Marchés**. Arrêtés, Règlements, Tarifs, etc. — Amiens, E. Yvert, 1851; 30 p. in-8°.

3419. — Notice historique sur la **foire de la Saint Jean** à Amiens, par M. l'abbé Jules Corblet. — Amiens, Duval et Herment, 1856; 27 p. in-8°.

Ext. Mém. Soc. Ant. Pic.

3420. — La **Foire d'Amiens** dite de la Saint-Jean *par L. F. G.* — Amiens, Wallon, 1861; 22 p. in-18.

3421. — Ville d'Amiens. **Foire de la Saint-Jean**. Extrait du Registre des Délibérations du Conseil municipal. Séance du Vendredi 4 Décembre 1863. — Amiens, Jeunet; 4 p. in-4°.

3422. — Ville d'Amiens. **Foire de la St Jean** du 24 juin. Construction des Loges pour la période de 1865 à 1873. Cahier des Charges. — Amiens, Yvert, 1865; 12 p. in-12.

X. OCTROI.

§ 1. Procès du droit de travers de la Somme dans Amiens.

3423. — Extraict des Registres du Conseil d'Estat. *Arrêt, du 17 février 1655, relatif à une contestation entre Mgr Faure, la dame de Seraigne et les Echevins d'Amiens sur la question des* **droits de travers**. — S. l. n. n.; 8 p. in-4°.

Cette pièce et toutes celles de ce paragraphe qui n'ont pas d'indication particulière sont à la Bibl. d'Amiens, Hist., n° 3796.

3424. — Factvm pour Messire François Faure Evesque d'Amiens, inthimé et demandeur Contre les Premier et Eschevins et Communauté des Marchands de la Ville d'Amiens deffendeurs. — S. l. n. n., 1655; 24 p. in-4°.

Au sujet de la propriété des **droits de chaussée et de travers**.

3425. — Extraict des Registres du Conseil d'Estat. *Arrêt, du 17 mai 1656, déboutant les échevins d'Amiens de leurs prétentions dans la question des* **droits de travers**. — S. l. n. n.; 6 p. in-4°.

3426. — Factvm pour Messire François Faure, Euesque Damiens deffendeur à l'opposition formée à l'exécution de l'Arrest du Conseil du 17 May dernier 1656. Contre les Premier et Escheuins dudit Amiens, et la Communauté des Marchands de la mesme Ville, opposans à l'exécution dudit Arrest, et demandeurs aux fins de la Requeste par eux présentée au Conseil le 14 Iuin audit an. — S. l. n. n. n. d.; 11 p. in-4°.

Autre édition avec même titre : S. l. n. n. n d.; 15 p. in-4°.

3427. — Mémoire sur l'**affaire du Trauers** par Eau et par Terre pendante au Conseil Pour le Sieur Euesque d'Amiens contre les Escheuins et Marchands d'Amiens. — S. l. n. n. n. d; in-4°.

3428. — Factvm povr la Commvnauté des Marchands d'Amiens, demandeurs en Requeste contenuë en l'Arrest du Conseil interuenu sur icelle le 14 Iuin 1656 Contre Messire François Faure Euesque d'Amiens, et Damoiselle Marie Croquoison, deffendeurs. — S. l. n. n. n. d.; 4 p. in-4°.

3429. — Factvm povr les premier et Escheuins, Syndic, Corps et Communauté des Marchands de la Ville d'Amiens. Contre Messire François Faure Euesque dudit Amiens, et Damoiselle Marie Crocquoison, veufue d'Antoine Seraigne, viuant Capitaine au Regiment de Tracy. — S. l. n. n. n. d.; 10 p. in-4°.

3430. — Mémoire povr Monsievr l'Evesque d'Amiens et Damoiselle de Seraigne. — S. l. n. n. n. d. ; 4 p. in-4°.

3431. — Factvm pour les premier et Escheuins d'Amiens Contre Monsieur l'Evesque de ladite Ville et la vefue Seragne. — S. l. n. n. n. d. ; 9 p. in-4°.

Bibl. H. Macqueron.

3432. — Extraict des Registres du Conseil d'Estat. *Arrêt, du 30 octobre 1656, maintenant et confirmant les droits de l'Evêque d'Amiens dans la question des* **droits de travers**. — S. l. n. n. ; 8 p. in-4°.

Deux éditions différentes.

3433. — *Arrêt du subdélégué à l'intendance de Picardie ordonnant l'exécution des arrêts contre la ville d'Amiens dans l'affaire des* **droits de travers** ; *du 27 novembre 1656.* — S. l. n. n. ; 3 p. in-4°.

3434. — Factvm pour Mre François Faure, Conseiller du Roy en ses Conseils, Maistre de l'Oratoire de sa Majesté, Euesque d'Amiens : Et Damoiselle Marie Croquoison vefue de deffunct Anthoine de Seraigne sieur de la Rubère, Capitaine Major au Régiment de Trassy, estant aux droits de sa Majesté, demandeurs en Lettres du 13 Decembre 1656, inthimez et deffendeurs. Contre les Scindicqs, Corps et Communauté des Marchands et les Premier et Escheuins de la Ville d'Amiens, appellans de l'Ordonnance rendue le 27 Novembre 1656 par le Sieur Pietre Président au Bureau des Trésoriers de France, Commissaire député pour l'exécution de l'Arrest, du 30 Octobre audit an. — S. l. n. n. n. d. ; 8 p. in-4°.

3435. — Factvm pour les Syndic, Corps et Communauté des Marchands d'Amiens, appellants de l'Ordonnance du sieur Pierre du 27 Novembre 1656, deffendeurs. Contre Messire François Faure Euesque d'Amiens et Marie Croquoison vefue d'Antoine Seragne inti- mez, demandeurs en Lettres d'anticipation sur ledit appel du 14 Decembre 1656 et en Requeste contenue en l'Arrest du Conseil, interuenu sur icelle le 2 Mars 1657. — S. l. n. n. n. d. ; 7 p. in-4°.

3436. — Extraict des Registres du Conseil d'Estat. *Arrêt, du 22 août 1657, ordonnant l'exécution de l'ordonnance du S. Pietre et réglant les conditions de la levée du* **droit de travers**. — S. l. n. n. ; 10 p. in-4°.

3437. — Lettre de Monseignevr l'Evesque d'Amiens avx cvrez de la Ville d'Amiens Svr le sviet d'vn procez qv'il a soûtenu au Conseil Priué du Roy Pour le Restablissement d'vn des plus anciens droits de son Euesché. **Droit de Travers.** *Du 8 Septembre 1657.* — S. l. n. n. ; 18 p. in-4°.

3438. — Transaction faite par Messieurs les Premier, Escheuins, et les Syndics, Corps et Communauté des Marchands de la Ville d'Amiens, avec Messire François Faure Euesque d'Amiens, pour raison du **Trauers** et autres actes faits à ce subject. *Du 8 octobre 1657* — S. l. n. n. ; 13 p. in-4°.

3439. — Extraict des Registres de Parlement. *Arrêt, des 18 janvier et 1er février 1664, relatif au différend entre la Ville et l'Evêque d'Amiens au sujet du* **droit de travers.** — S. l. n. n. ; 21 p. in-4°.

3440. — A Nosseigneurs du Parlement. *Supplique des Syndics, Corps et Communauté des Marchands d'Amiens, relative au* **droit de travers** *par eau. Du 19 décembre 1661.* — S. l. n. n. ; 15 p. in-4°.

3441. — Extraict des Registres de Parlement. *Arrêt, du 27 janvier 1662, sur le* **droit de travers** *et relatif à une question de procédure.* — S. l. n. n. ; 2 p. in-4°.

3442. — Factvm pour Damoiselle Marie Croquoison, vefue d'Antoine de

Seragne, viuant Escuyer sieur de la Ribère et Capitaine Major au Régiment de Caualerie du Colonel de Tracy, demanderesse au principal. Contre les Premier et Eschevins, Syndic, Corps et Communauté des Marchands de la Ville d'Amiens et Vincent Benoit, cy-deuant l'vn desdits Syndics, deffendeurs. — S. l. n. n., *1662;* 4 p. in-4°.

3443. — Arrest de Nosseigneurs de la Cour de Parlement de Paris du vingtdevxiesme may 1665. Portant Reglement pour la Perception des **Droicts de Trauers** tant par Eaue, que par Terre dans la Ville d'Amiens. — Amiens, Iean Mvsnier, M.DC.LXV ; 19 p. in-4°.

3444. — Factvm pour les Premier et Eschevins, Scindic, Corps et Communauté des Marchands de la Ville d'Amiens appellans et demand. Contre M. François Favre, Evesque d'Amiens. Et Damoiselle Marie Crocquoyson vefue du feu Sieur de Seraigne, intimez et deffendeurs *au sujet du* **droit de travers** *par eau dans la ville d'Amiens.* — S. l. n. n., *vers 1664 ;* 7 p. in-4°.

3445. — Conference des pancartes dv Travers d'Amiens par la lectvre desqvelles se reconnoit la validité et vérité de l'vne, la nullité et falsification de l'autre pour seruir au procez pendant à la cour, entre les Premier, Escheuins, Syndic et Communauté des Marchands de ladite ville d'Amiens, les six Corps des Marchands de Paris, et encore les Voituriers de plusieurs lieux, allencontre de Messire François Faure Euesque dudit Amyens et la Damoiselle Seraigne. — S. l. n. n., *1665;* placard in-folio.

3446. — Extrait des Registres du Conseil d'Estat. *Arrêt, du 16 septembre 1666, relatif au* **droit de travers** *du, dans la ville d'Amiens, au profit du Roi et de l'Evêque, chacun par moitié.* — S. l. n. n. ; 4 p. in-folio.

Arch. dép. de la Somme, C, n° 1202.

3447. — *Arrêt des Présidens Trésoriers de France et Généraux des Finances de Picardie, du 15 janvier 1672, relatif aux droits de* **travers par eau** *dans la ville d'Amiens et réglant le quantum de ces droits pour les diverses sortes de marchandises.* — S. l. n. n. ; 11 p. in-4°.

Bibl. H. Macqueron.

3448. — Extrait des Registres du Conseil d'Etat. *Arrêt, du 13 février 1731, relatif au* **travers** *de la ville d'Amiens.* — S. l. n. n. ; placard in-folio.

Arch. dép. de la Somme, C, n° 1203.

3449. — *Tarif des* **Droits de Trauers** deubs moitié au Roy, et l'autre moitié à Monsieur l'Euesque *d'Amiens.* — S. l. n. n. n. d. ; 3 p. in-4°.

3450. — Mémoire pour Madame la Marquise de Saissac Engagiste de la moitié des **Droits de Péages et Travers** qui se lèvent dans la Ville d'Amiens, l'autre moitié appartenant à M. l'Evêque de la même Ville : et pareillement Engagiste de la totalité du Droit de Chaussée. Sur l'Arrêt du Conseil du 13 Février 1731, rendu sur l'Avis de Messieurs les Commissaires nommez pour la vérification des titres des Peages auquel elle a formé opposition. — *Paris*, Paulus du Mesnil, 1732 ; 6 p. in-folio.

3451. — Précis pour Monsieur l'Evêque d'Amiens, opposant à l'exécution d'un Arrêt du Conseil d'Etat rendu le 13 Février 1731, sur l'avis de Messieurs les Commissaires nommez par Arrêt du Conseil d'Etat du 29 Aout 1724 pour la vérification des **titres de péage**. — *Paris*, Paulus - du - Mesnil, 1732 ; 8 p in-folio.

Bibl. H. Macqueron.

3452. — Arrest du Conseil d'Estat du Roy, qui maintient la Dame de Saissac dans la moitié des **droits de travers**, chaussée ou peage par terre et par eau dans la Ville d'Amiens, pour en jouir en qualité d'engagiste du Domaine sa vie durant et par indivis avec l'Evesque d'Amiens. Du 7 octobre 1732. —

Paris, Imprimerie Royale, 1733 ; 11 p. in-4°.

Arch. dép. de la Somme, C, n° 1203.

3453. — Arrest du Conseil d'Estat du Roy qui maintient le Sieur Evesque d'Amiens dans la moitié des **droits de travers**, chaussées ou péages par terre et par eau dans la Ville d'Amiens. Et déclare non sujets à la vérification ordonnée par l'Arrest du Conseil du 29 Aoust 1724, les droits prétendus sur le sel, à titre d'indemnité du droit de Tonlieu. Du 7 octobre 1732. — Paris, Imprimerie Royale, 1733 ; 28 p. in-4°.

Ibid.

3454. — Extrait des Registres du Conseil d'Estat. *Arrêt, du 7 octobre 1732, confirmant l'évêque d'Amiens dans la possession de moitié des* **droits de travers**. — S. l. n. n. ; placard in-folio.

Ibid.

§ 2. Octrois municipaux.

3455. — Extrait des Registres du Conseil d'Estat. *Arrêt du 1er décembre 1660, qui condamne les officiers municipaux et habitants d'Amiens à payer 300000 livres, somme à laquelle la moitié de leurs* **octrois** *a été modérée, par arrêt du Conseil, pour trois années commençant le 1er avril 1657.* — S. l. n. n. ; 3 p. in-folio.

Arch. dép. de la Somme, C, n° 658.

3456. — Arrest du Conseil d'Estat du Roy, qui décharge les Ecclésiastiques et les Communautez Religieuses de la Ville d'Amiens du nouvel **Octroy** établi à l'Entrée de ladite ville sur la Boisson. Du 23 Aoust 1712. — S. l. n. n. ; 3 p. in-4°.

Bibl. d'Amiens, Hist., n° 3793, t. I, 17.

3457. — Arrest du Conseil d'Estat du Roy, qui permet aux Maire et Echevins de la Ville d'Amiens d'aliéner le gros **Octroy** accordé à ladite Ville en 1641 sur les Vins, Eaux de vie et Tabac au profit de ceux qui se chargeront de payer la somme de cent vingt-six mille neuf cens livres, pour la supression des Offices d'Avocats du Roy en la Mairie et Police, d'Echevins alternatifs, Lieutenant General, Procureur de Sa Majesté, Greffier, Commissaires et Huissiers. Receveur alternatif des Octrois, pour l'affranchissement des droits de Francs-Fiefs et pour le Don gratuit. Du 29 Octobre 1712. — S. l. n. n. ; 7 p. in-4°.

Ibid., Hist , n° 3793, t I, 16.

3458. — Arrest du Conseil d'Estat du Roy *qui proroge pour dix ans les* **octrois** *de la ville d'Amiens.* Du 17 mars 1719. — S. l. n. n. ; placard in-folio.

Arch. dép. de la Somme, C, n° 658.

3459. — Tarif arresté par Messieurs les Maire et Eschevins de la Ville d'Amiens, en présence et du consentement de tous les Négocians, Marchands et Artisans de la Ville d'Amiens, pour la perception des **Droits à recevoir** sur toutes les Marchandises et Denrées entrantes et sortantes par le Port du Quay de ladite Ville. Du 23 août 1732. — S. l. n. n. ; placard in-folio

Ibid , C, n° 1360.

3460 — Arrest du Conseil d'Estat du Roy, qui défend aux Maire et Echevins de la Ville d'Amiens, leurs Fermiers et Préposés, et à tous autres, de percevoir aucuns **Droits sur les bleds** passant debout par ladite Ville, à peine de concussion ; leur permet seulement Sa Majesté, de continuer à percevoir ceux portés par l'Arrest du 17 Décembre 1709 qui sortent de ladite Ville. Du 18 Juin 1737. — S. l. n. n. ; 4 p. in-4°.

Bibl. H. Macqueron.

3461. — Arrest du Conseil d'Estat du Roy Concernant le droit d'**Octroy** de la ville d'Amiens. Du 18 Février 1738. — S. l. n. n. ; 4 p. in-4°.

Bibl. d'Amiens, Hist., n° 3793, t. I, 25.

3462. — Arrest du Conseil d'Estat du Roy, qui assujettit les Ecclésiastiques et Officiers du Bureau des Finances de la Ville d'Amiens au Paiement du droit d'**Octroy**. Du 21 Octobre 1738. — Amiens, Charles Caron-Hubault; 7 p. in-4°.

Ibid , Hist , n° 3793, t. I, 26.

3463. — Arrest contradictoire de la Cour des Aydes de Paris, qui confirme une Sentence des Elûs d'Amiens du quatre Juin 1740, par laquelle sans avoir égard aux offres faites par Jean le Tellier Marchand à Amiens, de payer au Fermier des Aydes le **droit de sol pour livre** aux Entrées sur neuf cens quatre-vingt-dix planches qu'il y a fait venir d'une longueur, largeur et épaisseur extraordinaire à raison de trente sols le cent, ainsi qu'il est fixé par le Tarif arresté en 1673 en l'Election d'Amiens, a condamné ledit le Tellier, à payer ledit droit par réduction et évaluation sur chacune planche ordinaire, qui suivant l'usage doit être de sept pieds de longueur sur un pied de largeur et un pouce d'épaisseur. Du 17 Janvier 1742. — Paris, Prault, 1742; 7 p. in-4°.

Bibl. H. Macqueron.

3464. — Arrests du Conseil d'Estat du Roy des 2 Avril et 28 May 1743 Portant permission aux Maire et Echevins de la Ville d'Amiens, de percevoir au profit de ladite Ville pendant le temps de douze années, à commencer du premier Juillet 1743, **dix sols sur chaque Velte d'Eau-de-vie** qui se consommera dans ladite Ville d'Amiens, Fauxbourgs et Banlieuë, et dans toutes les autres Villes, Lieux et Communautés formant les six Elections de la Generalité d'Amiens, comme aussi dans les Villes de Boulogne, Ardres et Calais, et dans toutes les Communautés et Lieux desd. trois Gouvernemens. — S. l. n. n. ; 6 p. in-4°.

Bibl. H. Macqueron.

3465. — Arrest du Conseil d'Etat du Roi qui proroge pour six années à commencer au premier Juillet 1764, l'**Octroi de Dix sols** par velte d'Eau de vie accordé à la Ville d'Amiens par Arrêt du Conseil du 3 Août 1743, et qui ordonne qu'à commencer du premier Août de la présente année 1758, il sera levé au profit de ladite Ville d'Amiens, un nouvel Octroi de Dix sols par velte d'Eau de vie, etc. Du 30 Juillet 1758. — Amiens, veuve Godart; 4 p. in-4°.

Arch. dép. de la Somme, C, n° 612.
Autre édition en placard.

3466. — Arrest du Conseil d'Etat du Roi qui ordonne la suppression des **Droits de Péage** au passage dit de Saint-Maurice. Du 12 Juillet 1771. — S. l. n. n. ; placard in-folio.

Ibid., C, n° 1211.

3467. — L'**Octroi** d'Amiens en 1772-1773, par M. G. Matifas.

Bull. Confér. Pic., t. II, p. 14 à 22 ; in-8°.

3468. — Arrest du Conseil d'Etat du Roi, qui accorde à la Ville d'Amiens à titre patrimonial, un **Octroi de trente sols** par Muid de Cidre entrant dans la Ville, Fauxbourgs et Banlieue, pour subvenir d'autant à l'insuffisance des Revenus ordinaires. Qui ordonne que ledit Octroi sera payé par toutes personnes exemptes ou non exemptes, privilégiées et non privilégiées, et qu'il sera perçu par les Directeur et Commis aux Aides. Du 8 Septembre 1772. — Amiens, Louis-Charles Caron; 7 p. in-4°.

Bibl. d'Amiens, Hist., n° 3793, t. I, 50.

3469. — Arrêt du Conseil d'Etat du Roi, qui autorise les Officiers Municipaux de la ville d'Amiens à restraindre la perception de leur gros **octroi sur les Eaux-de-vie** à la seule consommation de la Ville et Banlieue. Et qui permet auxdits Officiers Municipaux de lever pendant six ans un nouvel Octroi de huit sols par Sac de Cendres de

Tourbes sortant de la Ville et Banlieue. Du 18 Janvier 1774. — *Amiens*, Louis-Charles Caron ; 8 p. in-4°.

Ibid , Hist., n° 3793, t. I, 54.

3470. — Mémoire sur délibéré pour les Maire et Echevins de la Ville d'Amiens, Intimés Contre le Sieur Coquillard, Marchand de grains de la même Ville, Appelland *sur la question de l'octroi sur la graine de trèfle*. — *Paris*, Veuve Ballard, 1774 ; 26 p. in-4°.

Ibid., Hist., n° 3794, 3.

3471. — Mémoire sur la prétention du Fermier des droits réservés, qui veut exiger des Brasseurs d'Amiens, le paiement des **Octrois municipaux** pour la petite bière, appellée buvette, ou boisson des Pauvres. — *Amiens*, J. B. Caron fils, 1778 ; 26 p. in-4°.

Ibid., Hist., n° 3794, 5.

3472. — Mémoire à consulter et consultation pour le Sieur Jourdain d'Eloge, Intimé Contre les Maire et Echevins de la Ville d'Amiens, appellans *sur la question d'application de l'octroi à la sortie des grains*. — Paris, Knapen, 1779 ; 36 p. in-4°.

Ibid., Hist., n° 3794, 6.

3473. — Précis signifié pour les Officiers Municipaux de la Ville d'Amiens. Contre le Sieur Jourdain de Léloge et autres Négocians de la même Ville. — Paris, P. G. Simon, 1780 ; 9 p. in-4°.

Ibid., Hist , n° 3794, 7.

3474. — Mémoire en réponse pour le Sieur Jourdain de Léloge, la Dame veuve Poujol, et le Sieur Poujol fils, Négocians à Amiens, Defendeurs, Contre les Officiers Municipaux de la même Ville, Demandeurs en cassation d'un Arrêt de la Cour des Aides de Paris, du 29 Mars 1779. — *Paris*, Clousier, 1780 ; 20 p. in-4°.

Ibid., Hist., n° 3794, 8.

3475. — Réfutation du dernier Mémoire signifié le 20 Novembre 1780, par les Officiers Municipaux de la Ville d'Amiens *à Jourdain de l'Eloge*. — *Paris*, Clousier, 1780 ; 16 p. in-4°.

Ibid., Hist., n° 3794, 9.

3476. — Arrest du Conseil d'Estat du Roi, qui ordonne qu'à compter du premier juillet 1785, il sera perçu jusqu'au 30 juin 1787 1° Un Tiercement du **gros Octroi** sur les Vins et Eaux-de-Vie ; 2° Un Tiercement de l'Aide Patrimonial sur le Cidre, lequel Tiercement, ainsi que le Droit principal, aurait lieu sur les Poirés comme sur les Cidres ; 3° Un Tiercement de l'Aide sur les Grosses Bierres seulement, pour être employés, d'abord à acquitter l'excédent des charges de la Ville suivant quelles seront réglées, et le surplus versé dans une Caisse d'amortissement pour être employé sans divertissement à l'acquit des dettes de la ville. Du 14 juin 1785. — Amiens, L. C. Caron père ; 6 p. in-4°.

Ibid., Hist., n° 3793, t. I, 69.

3477. — Arrest du Conseil d'Estat du Roi, qui proroge pour 10 ans à commencer du 1er Juillet 1787, la perception du Tiercement du **gros Octroi**, du Tiercement de l'Aide sur la grosse Bierre et du Tiercement de l'Aide sur le Cidre, et qui ordonne que ce Tiercement ainsi que l'Aide Patrimonial seront perçus sur le Poiré. Du 26 Juin 1787. — *Amiens*, L. C. Caron Père ; 4 p. in-4°.

Ibid., Hist., n° 3793, t I, 78.

3478. — Ville d'Amiens. Observations sur l'extension de l'**Octroi** aux Faubourgs. — *Amiens*, Ledien fils, *vers 1830* ; 4 p. in-4°.

3479. — Réponse aux diverses observations faites contre l'extension de l'**Octroi** aux faubourgs. — Amiens, Ledien fils ; 10 p. in-4°.

3480. — Un mot sur le second écrit

XVIII

Nº 3493
Grandeur réelle

publié par la mairie d'Amiens en faveur de l'**octroi** appliqué aux faubourgs. — *Amiens*, Ledien fils, *vers 1830;* 14 p. in-8°.

3481. — Réflexions sur l'écrit apologétique de l'**Octroi** appliqué aux faubourgs de la ville d'Amiens. — *Amiens*, Ledien fils ; 7 p. in-4°.

3482. — Règlement et tarif de l'**Octroi** de la Commune d'Amiens, approuvé par Ordonnance royale du 30 décembre 1832. — Amiens, J. Boudon-Caron, 1833 ; 32 p. in-8°.

3483. — Règlement et tarif de l'Octroi de la Commune d'Amiens, approuvé par ordonnance royale du 26 janvier 1837. — Amiens, Boudon-Caron, 1837 ; 35 p. in-8° et 1 tabl.

3484. — Règlement et tarif de l'**Octroi** de la commune d'Amiens. Approuvé par ordonnance royale du 6 octobre 1840. — Amiens, Duval et Herment, 1840 ; 32 p. in-8° et 1 tabl.

3485. — Amiens, le 14 juillet 1849. A M. le préposé en chef de l'**Octroi** d'**Amiens**. Par C^t N. L. — Paris, P. Dupont ; in-4°.

Au sujet du remplacement de la communauté des grossiers des poissons à Amiens.

3486. — Règlement et tarif de l'**Octroi** de la Commune d'Amiens, département de la Somme, suivis du règlement de l'Abattoir et d'autres documents. — Amiens, Lenoel-Herouart, 1850 ; 90 p. in-8°.

3487. — Règlement et tarif de l'Octroi de la ville d'Amiens. — Amiens, Lenoel-Herouart, 1854 ; 39 p. in-8°.

3488. — Ville d'Amiens. Conseil Municipal. Enquête sur la question des **Octrois** municipaux. Délibération du 4 mars 1870 sur le rapport fait au nom d'une commission spéciale par M. Ch. Dufour. — Amiens, Lambert-Caron ; 26 p. in-4°.

3489. — Règlement et Tarif de l'Octroi de la Ville d'Amiens, département de la Somme. — Amiens, Lenoel-Herouart, 1854 et 1871 ; 64 p. in-12.

XI. POLICE.

3490. — De l'administration de la justice criminelle et de la **police** à Amiens pendant le xve siècle, par M. H. Dusevel. — Amiens, E. Yvert, 1839 ; 22 p. in-8°.

3491. — **Amendes municipales** à Amiens aux xve et xvie siècles. Lecture faite à la Séance publique du 28 Novembre 1894, par M. Dubois.

Bull. Soc. Ant. Pic., t. XVIII, p. 685 à 694 ; in-8°.

3492. — Compagnons " huyseux " ou " **varigaux** " *(vagabonds)* **bannis** d'Amiens en 1460. Communication de M. Pouy.

Rev. Soc. Sav. Dép., t. II, 7e série, 1880, p. 130 et 131 ; in-8°.

3493. — Recueil des dernières et principales ordonnances, qvi concernent principalement l'Honneur de Diev, la Garde et Seureté de la Ville d'Amiens, et le Gouuernement et **Police** d'icelle, tirées de plusieurs Edicts du Roy, Ordonnances et Publications des Registres de l'Hostel Commun de ladite Ville d'Amiens, mises par ordre et par chapitres separez, suivant les matieres au long declarees en la Table estant à la fin du present recueil, qui a esté fait en l'Année 1586 : de l'Ordonnance de Messieurs les Majeur, Preuost, Escheuins d'icelle, Iuges Royaux, ordinaires et politiques, ayant souz le Roy la Garde, Force, Gouuernement et Super-Intendance de ladite Ville. A ce temps Sire Philippes du Beguin sieur des Alleux, Majeur et Nicolas Delessau, Greffier d'icelle. — Amiens, Robert Hubault, M.DC.LIII ; in-4° de 162 p. et 8 p. n. n.

Bibl. d'Amiens, Hist., n° 3725.

3494. — A propos d'un chapitre du Recueil des Ordonnances de **Police** de la commune d'Amiens de 1585 par M. Lorgnier. Séance du 29 juin 1894.
<small>Mém Acad. Amiens, t. XL, p. 251 à 264 ; in-8°.</small>

3495. — Esdicts, Arrets, Sentences et avtres pièces concernants les Privileges, Fonctions et exercices des seize Huissiers à Masse de la justice civille, **Police**, Prevosté Royalle et Eschevinage de la Ville d'Amiens. — Amiens, Iean Mvsnier, M.DC.LXX ; 12 p. in-4°.
<small>Anc^{ne} Bibl. de Marsy.</small>

3496. — Extrait des Registres du Conseil d'Estat. *Arrêt, du 11 Mai 1700, maintenant les Maire et Eschevins d'Amiens dans la connaissance de la police de la ville sous la réserve de certains droits du Lieutenant Général.* — S. l. n. n. ; 4 p. in-4°.
<small>Bibl. H. Macqueron.</small>

3497. — De par Messieurs les Lieutenant général de police, Maire et Echevins de la ville d'Amiens. *Ordonnance, du 21 octobre 1712, prescrivant de maintenir la* **convenance dans les Eglises.** — S. l. n. n. ; placard in-folio.
<small>Bibl. d'Amiens, Hist., n° 3595.</small>

3498. — De par les Maire et Echevins de la Ville d'Amiens. Avis sur les **secours** à donner **aux personnes noyées.** — S. l. n. n. n. d. *(après 1722)* ; 4 p. in-16.
<small>Bibl. Soc. Ant. Pic.</small>

3499. — De par Messieurs les Lieutenant Général de police, Maire et Eschevins de la ville d'Amiens. *Ordonnance, du 21 janvier 1723, concernant la* **bonne tenue dans les églises** *et la police des cabarets.* — S. l. n. n, ; placard in-folio.
<small>Bibl. d'Amiens, Hist., n° 3595.</small>

* **3500.** — Ordonnance des Lieutenant-général de **Police**, Maire et Echevins d'Amiens, entre les **porteurs au sac** et Nicolas Menguay, portefaix du quai. 29 mars 1727. — Amiens, placard in-folio.
<small>Arch. mun. d'Amiens, BB, n° 288.</small>

3501. — De par Messieurs les Lieutenant général de police, Maire et Eschevins de la ville d'Amiens. *Ordonnance, du 12 mai 1727, relative à la police de la* **procession de la Fête-Dieu.** — S. l. n. n. ; placard in-folio.
<small>Bibl. d'Amiens, Hist., n° 3595</small>

3502. — *Ordonnance de l'Intendant Chauvelin, du 20 mai 1732, interdisant de mettre des* **Fumiers sur la chaussée de la Hotoie** *et de laver du linge dans les canaux de la promenade.* — S. l. n n. ; placard in-folio.
<small>Arch. dép. de la Somme, C, n° 785.</small>

3503. — Par les Lieutenant général de Police, Maire et Eschevins de la ville d'Amiens. *Ordonnance, du 18 juin 1734, défendant de tirer des* **pétards pendant la procession** *du Saint-Sacrement.* — S. l. n. n. ; placard in-folio.
<small>Ibid , C, n° 806.</small>

3504. — De par les Lieutenant général de Police, Maire et Eschevins de la Ville d'Amiens. *Règlement des* **porteurs du quay** *de la Ville d'Amiens. Du 4 février 1740.* — S. l. n. n. ; 8 p. in-4°.
<small>Ibid., C, n° 468.</small>

3505. — De par les Lieutenant-Général de police, Maire et Echevins de la Ville d'Amiens. Ordonnance pour la **Police en général**, et notamment des Ramparts, Fortifications, Travers d'Eau, Promenades, Assemblées, Jeux, Cabarets, et tous autres lieux publics, Lanternes et Batailles ou Mahonages. *Du 2 novembre 1754.* — S. l n. n. ; 8 p. in-4°.
<small>Bibl. d'Amiens, Hist., n. 3793, t. I, 35.</small>

3506. — De par les Lieutenant Général de police, Maire et Echevins de la ville d'Amiens. **Ordonnance**, *du 25 avril 1755,* **défendant de** *poser des guidons,* **décharger des armes à feu** *et donner des sérénades à l'occasion des Baptêmes, Mariages, Installations dans les charges de Magistrature, etc.* — S. l. n. n. ; 3 p. in-4°.
<small>Ibid., Hist., n° 3793, t. I, 36.</small>

3507. — Ordonnance pour la **Police des Locations,** Hôteliers, Chambres garnies, etc., Quêtes des Pauvres de la Ville, ou Etrangers. *Du 7 janvier 1764.* — S. l. n. n. ; 7 p. in-4°.

Anc^{ne} Bibl. de Marsy.

3508. — Arrest de la Cour de Parlement qui condamne Charles **Gervais,** dit la Giroflée, *de Lucheux*, Soldat au Régiment Lyonnais, à être attaché au Carcan dans la Place publique de la Ville d'Amiens, ayant écriteau devant et derrière portant ces mots : **(Soldat rebelle envers la Maréchaussée.),** ensuite flétri d'un fer chaud en forme des lettres Gal. et aux Galères pendant l'espace de trois ans, pour rébellion et violence envers la Maréchaussée. Du vingt-deux Septembre mil sept cent soixante-quinze. — Paris, Simon, 1775 ; 4 p. in-4°.

* **3509.** — Ordonnance du bailli général du temporel du chapitre de la Cathédrale d'Amiens sur les **secours** à apporter **aux noyés.** Amiens, 13 janvier 1778. — S. l. n. n. ; placard in-folio.

Arch. mun. d'Amiens, BB, n° 123.

3510. — Ordonnance des Officiers municipaux de la Ville d'Amiens. — Amiens, Caron, 1778 ; 6 p. in-4°.

Le titre de départ porte : Ordonnance... portant défenses expresses de **Mendier dans la Ville** Faubourgs et Banlieue, soit dans les Eglises, soit dans les Rues, ou autres endroits, à telle heure et sous tel prétexte que ce soit. Et qui invite tous les Citoyens, à verser leurs aumônes dans la Caisse du Bureau général des Pauvres, ou dans la Caisse du Bureau particulier de leur Paroisse.

3511. — Ordonnance des Officiers Municipaux de la Ville d'Amiens qui renouvelle les Règlemens concernant la **Police des Cabarets.** *Du 8 juin 1779.* — S. l. n. n. ; 7 p. in-4°.

Bibl. d'Amiens, Hist., n° 3793, t. I, 59.

3512. — Arrêt du Conseil d'Etat du Roy, qui maintient la Ville d'Amiens dans la possession et jouissance de ses **Offices patrimoniaux de Police,** comme auparavant l'Edit d'Avril mil sept cent soixante huit et la Déclaration du quinze Décembre mil sept cent soixante dix. Et qui ordonne que les huit sols pour livre seront perçus sur les émolumens des Offices énoncés audit Arrêt. Du 17 Juin 1779. — Amiens, Louis-Charles Caron ; 12 p. in-4°.

Ibid., Hist., n° 3793, t. I, 60.

3513. — Ordonnance des Officiers Municipaux de la Ville d'Amiens, portant nouveau Règlement sur la **Police de la Navigation des hortillons** de la haute Somme. *Du 14 août 1779.* — Amiens, Louis-Charles Caron Père ; 7 p. in-4°.

Arch. dép. de la Somme, C, n° 786.

* **3514.** — Ordonnance des Officiers Municipaux de la Ville d'Amiens qui enjoint aux orfèvres de cette ville de remettre dans huitaine au greffe de l'Hôtel-de-Ville un état exact d'eux certifié véritable de tous les **effets d'or et d'argent** et autres arrêtés par eux ou leurs auteurs ès-mains de personnes suspectes ou inconnues, etc. Amiens, 29 novembre 1780. — Placard in-folio.

Arch. mun. d'Amiens, BB, n° 131.

3515. — Arrest du Conseil d'Etat du Roi, qui approuve et autorise le Règlement des Officiers Municipaux de la Ville d'Amiens, pour les **secours** à apporter **lors des incendies.** Du 29 Mai 1782. — *Amiens*, L. C. Caron père ; 8 p. in-4°.

Arch. dép. de la Somme, C, n° 792.

3516. — Ordonnance des Officiers Municipaux Juges de Police de la Ville d'Amiens, au sujet des **périls imminens aux Maisons** et Bâtimens de la Ville et Banlieue. *Du 28 septembre 1782.* — Amiens, L. C. Caron Père ; placard in-folio.

Ibid., C, n° 786.

3517. — Ordonnance de Police de MM. les Maire et Echevins de la Ville, Fauxbourgs et Banlieue d'Amiens, concernant le Massacre et l'**Abattis des Porcs**. Du six Septembre 1783. — Amiens, Louis-Charles Caron Père ; 6 p. in-4°.

Bibl. d'Amiens, Hist., n° 3793, t. I, 64.

3518. — Ordonnance de Police de MM. les Maire et Echevins de la Ville, Fauxbourgs et Banlieue d'Amiens, concernant les **Boueurs et Haquetiers** dits Baroteurs. Du 18 Octobre 1783. — *Amiens*, L. C. Caron père ; 7 p. in-4°.

Ibid., Hist., n° 3793, t. I, 65.

3519. — Ordonnance de Police de MM. les Maire et Echevins de la Ville, Fauxbourgs et Banlieue d'Amiens concernant le **poisson de mer**. Du 20 Novembre 1783. — *Amiens*, L. C. Caron Père ; 11 p. in-4°.

Ibid., Hist.. n° 3793, t. I, 66.

3520. — Ordonnance des Officiers Municipaux Juges de Police de la Ville d'Amiens portant **Règlement pour les Courtiers**, Facteurs et Agents de Voitures de ladite Ville. Du 21 Janvier 1785. — *Amiens*, L. C. Caron Père ; 7 p. in-4°.

Arch. dép. de la Somme, C, n° 565.

* **3521.** — Ordonnance des Officiers Municipaux de la ville d'Amiens portant **défenses** expresses **de mendier** dans la Ville, Fauxbourgs et Banlieue, soit dans les églises, dans les rues ou autres endroits, à telle heure et sous tel prétexte que ce soit et qui invite tous les citoyens à verser leurs aumônes dans la caisse du bureau particulier de leur paroisse. Amiens, 29 août 1786. — Placard in-folio.

Arch. mun. d'Amiens, BB, n° 130.

3522. — Ordonnance des Officiers Municipaux Juges de Police de la Ville d'Amiens, qui porte que tous Compagnons, Garçons de Boutique et **Ouvriers** travaillant actuellement dans la Ville et Banlieue, soit aux Manufactures, soit des autres Professions et Métiers, tant libres qu'en Jurande, seront **tenus** conformément à l'article premier des Lettres Patentes du Roi du 12 Septembre 1781, **de se faire registrer au Greffe** de l'Hôtel de Ville dans un mois de la date des présentes. Du 29 Août 1786.— *Amiens*, L. C. Caron Père ; 4 p. in-4°.

Bibl. d'Amiens, Hist., n° 3793, t. I, 74.

3523. — Ordonnance des Officiers Municipaux de la Ville d'Amiens portant **Règlement sur le Bois de Corde** et établissement d'une Membrure pour l'encordage d'icelui ; suivie d'une Instruction sur tous les objets de ladite Ordonnance. *Du 24 octobre 1786.* — Amiens, Louis Charles Caron ; 25 p. in-4°.

Ibid., Hist., n° 3793, t. I, 75.

3524. — Ordonnance des Officiers Municipaux, Juges de Police de la Ville d'Amiens, pour le **Curement du vieux Quay** et du Nouveau Port et pour l'ordre à garder par les Gribaniers et Bâteliers qui fréquentent ces deux Ports. *Du 6 février 1787.* — *Amiens*, Louis-Charles Caron Père ; 7 p. in-4°.

Ibid., Hist., n° 3793, t. I, 76.

3525. — Ordonnance des Officiers Municipaux, Juges de Police de la Ville d'Amiens, portant nouvelles **défenses de passer en voiture**, ou à cheval **dans la Promenade de la Hautoye**, à l'exception des deux secondes Contre-Allées ; et qui renouvelle les autres Règlemens concernant la conservation et la police de la Promenade. *Du 28 juin 1787.* — *Amiens*, L. C. Caron Père ; 6 p. in-4°.

Ibid., Hist., n° 3793, t. I, 79.

3526. — Notice sur la **Police** d'Amiens avant 1789 par M. Brayer. — Amiens, T. Jeunet, 1858 ; LXIII p. in-8°.

3527. — Ordonnance des Officiers de la Maîtrise d'Amiens, portant **Règle-**

ment provisoire **sur la Chasse.** — Amiens, Caron-Berquier, 1790 ; 8 p. in-4°.

Bibl. d'Amiens, Hist., n° 3793, t. II, 5.

3528. — Pétition à l'Assemblée Nationale par cent trente Pères de Famille, dépouillés de leurs propriétés, sans en avoir reçu la juste et préalable indemnité que l'art. 17 de la Déclaration des Droits leur a assurée, et que les dispositions fondamentales de la Constitution leur garantissent. *Réclamation des* **Officiers de police** *d'Amiens dont les offices ont été* **supprimés** *comme droits féodaux.* — *Amiens*, Fr. Caron-Berquier, 1792 ; 10 p. in-4°.

Ibid., Hist., n° 3793, t. II, 24.

3529. — Avertissement du Conseil municipal d'Amiens, sur l'exécution du Décret de la Convention Nationale du 29 Mars dernier, publié à la Municipalité le 26 Avril dernier, et affiché dans les Places publiques ; qui enjoint à tout Propriétaire, ou principal Locataire, de faire **afficher à l'extérieur de leurs maisons, les noms,** prénoms, âges et professions de tous les individus résidant dans leurs maisons. Du 3 Mai 1793. — *Amiens*, Caron-Berquier ; 6 p. in-4°.

Ibid., Hist., n° 3793, t. II, 31.

3530. — Extrait du Registre aux Délibérations du Conseil Général de la Commune d'Amiens. *Arrêt, du 24 vendémiaire an III, réprimant l'***abus du jeu de billard** *et défendant d'y jouer à la lumière.* — *Amiens*, Caron-Berquier ; 2 p. in-4°.

Ibid., Hist., n° 3793, t. II, 49.

3531. — Délibération du Conseil Général de la Commune d'Amiens, pour l'exécution des Loix relatives à la **Police** intérieure et extérieure du **Théâtre.** Du 16 Nivôse an 3. — *Amiens*, F. Caron-Berquier ; 8 p. in-4°.

. Ibid., Hist., n° 3793, t. II, 52.

3532. — Délibération de l'administration municipale d'Amiens, qui ordonne l'exécution des anciens règlemens de Police relatifs à la **salubrité,** à la **sureté individuelle,** à l'ordre et à la tranquillité publique, maintenue par les Loix de la République. Du 20 Prairial an 4. — *Amiens*, Caron-Berquier ; 12 p. in-4°.

Ibid., Hist., n° 3793, t. II, 61.

3533. — Délibération de l'Administration municipale d'Amiens, qui ordonne l'exécution des anciens **Règlemens relatifs aux Rivières,** Moulins, et à la Voierie des Eaux de la Commune et Banlieue : Approuvée par Arrêté du Département du 26 Prairial. Séance du 20 Prairial l'an quatrième de la République Française. — *Amiens*, Caron-Berquier ; 7 p. in-4°.

Bibl. H. Macqueron.

3534. — Délibération de l'Administration municipale d'Amiens, pour l'**observation** uniforme **du Calendrier Républicain.** Séance du 13 Messidor an 6. — Amiens, F. Caron-Berquier ; 6 p. in-4°.

Bibl. d'Amiens, Hist., n° 3793, t. II, 74.

3535. — Délibération de l'Administration municipale de la Commune et Canton d'Amiens, pour le rétablissement de la **Police des Bouchers et Boucheries.** En la séance du 26 Brumaire an 7. — *Amiens*, Caron-Berquier ; 7 p. in-4°.

Ibid., Hist., n° 3793, t. II, 77.

3536. — Avertissement du Maire d'Amiens aux Pères de Famille et à tous ses Concitoyens sur les dangers auxquels on expose les jeunes Epoux en procédant aux **Cérémonies du Culte avant la Célébration civile du Mariage.** *Du 23 fructidor an VIII.* — *Amiens*, Patin ; 4 p. in-4°.

Ibid., Hist , n° 3793, t. II, 82.

3537. — Jugement du Tribunal de

police municipale du canton d'Amiens *rendu le 24 fructidor an VIII et condamnant les nommés Maquet, Porcher, Ravin et autres, boulangers à Amiens pour avoir vendu du pain qui n'avait pas le poids.* — Amiens, Patin; 7 p. in-4°.

Ibid., Hist., n° 3659.

3538. — Jugement du Tribunal de **Police municipale** d'Amiens contre Cuvelier, Boulanger. *Du 18 pluviôse an IX.* — Amiens, Imprim. des Associés; placard in-folio.

3539. — Jugement du Tribunal de **Police municipale** du Canton d'Amiens qui condamne les Citoyens Dumont et Régnier, Boulangers, Rue S. Germain en une amende égale à la valeur de trois journées de travail, pour faux poids et défaut de marque sur leurs pains. *Du 28 Ventôse an IX.* — Amiens, Patin; placard in-folio.

3540. — Jugement du Tribunal de **Police municipale** *d'Amiens rendu le 28 floréal an IX*, contre le Citoyen Laurent Bellay, Propriétaire à Vellert *(Villers)* le Vert. — Amiens, Imp. des Associés; placard in-folio.

3541. — Jugement du Tribunal de **Police municipale** *d'Amiens*, qui condamne le Citoyen Etienne Lamollet, en l'amende de trois journées de travail pour avoir vendu du blé sur une fausse montre; *du 4° jour complémentaire an 10.* — Amiens, Lavernier; placard in-folio.

3542. — **Police des Manufactures.** Extrait du Registre aux Délibérations du Maire d'Amiens. Séance du 19 Frimaire an 12. — Amiens, J. B. Caron l'aîné; 7 p. in-4°.

Bibl. d'Amiens, Hist., n° 3793, t. II, 92.

3543. — Ordonnance de Police concernant l'Enlèvement des **Boues et Immondices** *d'Amiens. Du 23 décembre 1807.* — Amiens, J. B. Caron l'aîné; 7 p. in-4°.

3544. — Jugement du **Tribunal de Police** séant à Amiens qui condamne Alexandre Varlet, Marchand en cette Ville, en une amende égale à la valeur de trois journées de travail et aux frais pour avoir, par son fait ou par sa négligence, causé des rassemblements qui ont troublé le repos public. *Du 6 Mai 1808.* — Amiens, Maisnel; placard in-folio.

Affaire de sorcier.

3545. — Jugement du **Tribunal de Police** séant à Amiens qui condamne Pierre Plé, Femme Deneux, Jean-Baptiste Grégoire Caullier, Antoine Lanef, Pierre Lenoir, Veuve Lefebvre, Cauchy et Charles Lamolet en chacun une amende égale à la valeur d'une journée de travail, et le Sieur Lami-Martin, par défaut, en une amende égale à trois journées de travail, pour contravention au système décimal, et déclare bonne et valable la saisie des anciens Poids et Mesures trouvés chez eux, les 20 et 21 de ce mois. Audience du 24 Mai 1808. — Amiens, Maisnel fils; placard in-folio.

3546. — Jugement du **Tribunal de Police** séant à Amiens qui condamne les sieurs Guillain Quesnel, Rocourt, Corroyer, Rollot et Gallot, Boulangers à Amiens, en une amende égale à la valeur d'une journée de travail, pour faux poids et défaut de marque sur leurs pains et ordonne la confiscation des pains saisis chez eux le 1er juin. *Du 3 Juin 1808.* — Amiens, Maisnel fils; placard in-folio.

3547. — Ordonnance de police concernant la **libre circulation** de la Voie publique. *Du 9 avril 1811.* — Amiens, Maisnel; 4 p. in-4°.

3548. — *Arrêté du Maire d'Amiens, du 27 mars 1817, réglementant l'organisation des* **commissionnaires ambulants.** — Amiens, Fr. Caron-Berquier; 3 p. in-4°.

3549. — Ville d'Amiens. **Police des Cafés**, Cabarets et autres Lieux publics.

Arrêté du 22 Octobre 1829. — Amiens, Duval et Herment ; 20 p. in-8°.

3550. — Correspondance qui a précédé la suspension de Monsieur Massey premier adjoint à la Mairie d'Amiens. Arrêté de Suspension. — Amiens, R. Machart ; 15 p. in-8°.
Affaire du **commissaire de police Creteil.**

3551. — Préfecture de la Somme. Exposé des faits relatifs à la Nomination du **Commissaire de Police** qui a remplacé M. Moumert, à Amiens. — Amiens, R. Machart, *1835* ; 27 p. in-8°.

3552. — Ville d'Amiens. M. F^{ic} Boistel Duroyer, maire suspendu par ordonnance royale du 1er février 1835, à ses concitoyens. — Amiens, J. Boudon-Caron ; 19 p. in-8°.

3553. — Réponse au mémoire de M. Boistel-Duroyer, touchant l'Affaire du **Commissaire de Police**.— Amiens, R. Machart ; 16 p. in-4°.

3554. — La Dunoyade, poème en deux chants. Extrait de la Gazette de Picardie des 21 et 24 Avril 1835.— 19 p. in-12.

3555. — Règlement pour l'**Abattoir** de la Ville d'Amiens. *Du 23 janvier 1835.* — Amiens, J. Boudon-Caron ; 16 p. in-8°.

3556. — Règlement concernant la police de l'**Abattoir** *d'Amiens. Du 22 juillet 1836.* — Amiens, Boudon-Caron ; 8 p. in-8°.

3557.— Police municipale d'Amiens. Organisation et Règlement des **Sergents-de-Ville** et Gardes de Nuit. — Amiens, Duval et Herment, 1849 ; 24 p. in-18.

3558. — Ville d'Amiens. Canal de la Somme. **Police des Ports** d'Amont et d'Aval. Règlements et Tarif. *Du 19 octobre 1850.* — S. l. n. n. ; 13 p. in-12.

3559. — Règlement pour le **service du dépotoir** de la ville d'Amiens. *Du 26 avril 1852.* — *Amiens*, Lenoel-Herouart ; 8 p. in-8°.

3560. — Ville d'Amiens. **Police de la voie publique.** *Arrêté du 24 mai 1856.* — Amiens, Duval et Herment ; 16 p. in-8°.

3561. — Collection par ordre de matières d'**Arrêtés de Police** applicables à la ville d'Amiens précédée d'une notice sur la police de cette ville avant 1789 par M. Brayer. — Amiens, T. Jeunet, 1858 ; LXIII-271 p. in-8°.

3562. — Recueil des **Règlements de Police** applicables à la ville d'Amiens et au département de la Somme contenant en outre 1° les principales lois de police en vigueur ; 2° une notice sur la police d'Amiens avant 1789 ; 3° un tableau des peines prononcées par le Code pénal en matière de simple police, par M. Brayer. Deuxième édition revue et mise au courant de la matière. — Amiens, T. Jeunet, 1862 ; in-8° de LXXXIV-394 p.

3563. — Ville d'Amiens. Règlement de police sur le **service des mœurs.** 1869. — Amiens, T. Jeunet ; 21 p. in-12.

3564. — Us et **Coutumes** de la Ville d'Amiens *en matière* **de police**, d'après des Documents conservés aux Archives. — Amiens, Rousseau-Leroy, 1883 ; 61 p. in-8°.

3565. — Recueil des **Usages de Police** anciens et Usages nouveaux de la ville d'Amiens suivis de notes ou développements pratiques sur divers sujets compris dans ces Usages par M. Clément, Juge de paix. — Amiens, Delattre-Lenoel, 1888 ; 235 p. in-16.

XII. VOIRIE.

3566. — Arrest du Conseil d'Etat du Roy qui évoque l'appel interjetté au Parlement de Paris par le sieur Guerard et la Dame Holleville, d'une Ordonnance du Bureau des Finances d'Amiens du 18 Mars 1747, renduë en Direction de **Voyerie**, et cependant ordonne par provision, l'exécution de lad. Ordonnance. *Du 27 février 1748.* — S. l. n. n. ; 4 p. in-4°.

Bibl. II. Macqueron.

3567. — *Ordonnance de l'Intendant d'Agay, prescrivant le* **curage des canaux** *qui traversent Amiens. Du 23 juillet 1772.* — S. l. n. n. ; placard in-folio.

Arch. dép. de la Somme, C, n° 1500.

3568 — Arrêt du Conseil d'Etat du Roi, qui ordonne : 1° que l'**Alignement** donné au nommé Solimont dans la rue des Capucins de cette Ville, sera et demeurera nul ; casse et annulle l'Ordonnance des Trésoriers de France rendue à cet effet ; 2° que pour éviter à l'avenir l'arbitraire dans les Alignemens, il sera dressé un Plan général de la Ville, sur lequel seront tracés les Alignemens qui doivent avoir lieu, et un Procès-Verbal qui contiendra les dimensions du retranchement ou ravancement de chaque maison ; 3° que jusqu'à ce que le Plan général et les Alignemens soient arrêtés définitivement, il sera surcis à tous ouvrages sur la voie publique, à moins qu'il n'en soit rendu compte au Conseil. Du 21 Mars 1777. — Amiens, L. C. Caron ; 6 p. in-4°.

Bibl. d'Amiens, Hist., n° 3793, t. I, 57.

3569. — Arrêt du Conseil d'Etat du Roi, qui approuve et autorise les **plans d'allignemens** et les élévations de façade de la Place d'Armes d'Amiens, qui permet aux Officiers Municipaux de ladite Ville d'acquérir les portions de maisons qui doivent entrer dans ladite Place Et qui attribue à M. l'Intendant, la connoissance des contestations relatives à l'exécution dudit Arrêt. Du 20 Juillet 1781. — Amiens, L. C. Caron père, 1781 ; 7 p. in-4°.

Ibid., Hist., n° 3793, t. I, 62.

3570. — Ordonnance de M. l'Intendant de Picardie qui condamne la Veuve Létocart en cent livres d'amende pour avoir fait faire des **réparations à la façade** extérieure de sa maison, sans en avoir obtenu la permission. Du vingt-deux Juillet mil sept cent quatre-vingt-huit. — Amiens, J. B. Caron père ; placard in-folio.

Arch. dép. de la Somme, C, n° 786.

3571. — Délibération de l'administration municipale d'Amiens qui rappelle et ordonne l'exécution des anciens Règlemens concernant la **voie publique**, la construction et réparation des Maisons, la liberté et la sûreté des Rues, leur pavage, l'entretien des Ponts et des Vergnes sur et le long des Canaux qui arrosent la Cité, et la démolition des Maisons menaçant d'une chute prochaine. Du 3 Vendémiaire an V. — Amiens, Patin ; 23 p. in-4°.

Ibid.

3572. — Arrêté du Maire d'Amiens, approuvé par le Préfet du Département pour le Rétablissement du **Chemin de la Voierie** à l'Agrappin. Du 2 Brumaire an 10. — Amiens, J. B. Caron l'aîné ; 4 p. in-4°.

3573. — Ville d'Amiens. **Voies publiques**. Alignements et Nivellements. Procès-verbaux 1837-1894. — Amiens, Redonnet, 1895 ; 34 p. in-8°.

3574. — Ville d'Amiens. **Règlement de Voirie**. — Amiens, Alfred Caron, 1851 ; 27 p. in-8°.

3575. — Mémoire à M. le Préfet de la Somme et au Conseil d'Etat sur les deux projets de règlement pour le Curage et l'entretien des **Vergnes des Canaux** dans l'intérieur d'Amiens. — Amiens, Yvert, 1853 ; 18 p. in-4°.

3576. — Ville d'Amiens. Traité pour le **nettoiement de la Ville** (1854-1859). — Amiens, Duval et Herment ; 11 p. in-8°.

3577. — Département de la Somme. Ville d'Amiens. Canaux dérivés des rivières de Somme et d'Avre, **Curage et faucardement**, entretien et réparation des vergnes et des garde-corps. *Arrêté du 25 aout 1856.* — Amiens, Lenoel-Herouart ; 8 p. in-8°.

3578. — Ville d'Amiens. **Droits de Voirie**. Tarif pour la Ville et les Faubourgs. *Arrêté du 6 Avril 1857.* — S. l. n. n. ; 7 p. in-8°.

CHAPITRE IV

ÉGLISES ET COUVENTS

I. CATHÉDRALE D'AMIENS.

§ 1. Descriptions générales et particulières du monument, Faits historiques, Poésies et Littérature.

3579. — Remarques sur l'Eglise **Cathédrale d'Amiens** ; avec une Description de la proportion de ce bel Edifice Par le Citoyen Caron-Berquier. Suivi d'un Compliment Picard par l'Abbe G... *(Gorin)*. — Amiens, Fr. Caron-Berquier, l'an IX ou 1801 ; 8 p. in-8°.

3580. — Description de l'Eglise **Cathédrale d'Amiens**, par Maurice Rivoire. — Amiens, Maisnel fils, 1806 ; 248 p. in-4° et 1 pl.

3581. — Lettre à M. Rivoire sur quelques passages de sa Description de la **Cathédrale d'Amiens**. — Amiens, Maisnel Fils, *1806* ; 52 p. in-8°.

3582. — Description de l'Eglise **Cathédrale** Notre-Dame **d'Amiens** par J. Baron, Conservateur de la Bibliothèque communale publique de la même ville, publiée par Edmond Soyez. 1815-1900. — Amiens, Yvert et Tellier, 1900 ; in-8° de IX-245 p. et 1 pl.

3583. — Vues pittoresques de la **Cathédrale d'Amiens** et détails remarquables de ce monument, dessinés, lithographiés et publiés par Chapuy, avec un texte historique et descriptif par F. T. de Jolimont. — Paris, Engelmann, 1826 ; 17 p. gr. in-4° av. 17 pl. lith.

3584. — Notice historique et descriptive de l'église **cathédrale** de Notre-Dame **d'Amiens**, par M. H. Dusevel. — Amiens, Caron-Vitet, 1830 ; 68 p. in-8° av. 4 lith.

3585. — Description historique de l'église **cathédrale** de Notre Dame **d'Amiens**, ornée de cinq planches, par A. P. M. Gilbert. — Amiens, Caron-Vitet, 1833 ; XII-380 p. in-8°.

3586. — Parallèle des **cathédrales** de Beauvais et d'Amiens, *par A. Goze; 1835.*

Arch. de Pic., t. II, p. 59 à 63 ; in-8°.

3587. — Notice historique et descriptive sur l'église **cathédrale d'Amiens**, par H. Dusevel. Seconde Edition revue et augmentée. — Amiens, Caron-Vitet, 1839 ; 98 p. in-8° av. 5 pl.

* **3588.** — Exploration de la **cathédrale d'Amiens**, par Goard de S¹-Gowerd.
Séanc Soc. franç. conserv. mon. hist, 1839, p. 64 à 69.

3589. — Visite à la **cathédrale d'Amiens**, par M. Eugène Dusevel. — Amiens, Lenoel-Herouart, 1841 ; 36 p. in-16.

3590. — **Cathédrale d'Amiens**, par A. Goze. — Gr. in-8° de 44-52 p. av. 10 pl. lith.
Ext. de Chat. et Belfr. de la Pic. et de l'Artois, t. II.

3591. — Les **Cathédrales** de Cologne et d'Amiens. *par le Baron de Roisin*.
Ann. archéol., t. VII, p. 178 à 187 et 226 à 240 ; in-4°.

3592. — A short description notice on the **cathedral** church **of Amiens** by M. A. Goze, translated from french by W. Henry. — Amiens, Alfred Caron, *vers 1850;* 93 p. in-12.
Avec le texte français en regard.

3593. — Notice historique et descriptive sur l'église **cathédrale d'Amiens**, par M. H. Dusevel. Troisième édition, revue et augmentée. — Amiens, Caron et Lambert, 1853 ; 102 p. in-8° av. 5 pl. h. t. et 9 fig. dans le texte.

3594. — Notice historical and descriptive on the **cathedral** church of **Amiens**, by M. H. Dusevel, translated from French by S. Ferguson junʳ. — Amiens, Caron et Lambert, *vers 1853 ;* 104 p. in-24.

3595. — La **Cathédrale d'Amiens**, par *Viollet Le Duc*.
La Picardie, t. I, 1855, p. 497 à 504 ; in-8°.

* **3596.** — **Cathédrale d'Amiens**.
Curiosités de l'Archéol. et des B.-Arts, 1855, in-12.

3597. — Une visite dans l'église **cathédrale d'Amiens**, il y a cent cinquante ans, *par H. Dusevel*.
La Picardie, t. VI, p. 97 et suiv. ; in-8°.

3598. — *Visite* A la **cathédrale d'Amiens** *par H. Dusevel*.
Revue Picarde, n° 120, 14 avril 1862, p. 1 à 3.

3599. — **Notre-Dame d'Amiens**.
Les plus belles cath. de Fr., par Bourassé. — Tours, Mame, 1862, p. 1 à 15 av. 1 grav. ; in-8°.

3600 — Grand guide pour visiter la **Cathédrale d'Amiens**. — Amiens, Lambert-Caron, *1865;* 36 p. in-16 av. 3 gr. sur bois.

3601. — Visite à la **Cathédrale d'Amiens**. Nouvelle édition entièrement refondue et rédigée d'après les renseignements les plus authentiques par un Membre de la Société des Antiquaires de Picardie. — Amiens, Lenoel-Herouart, s. d. ; 47 p. in-12 av. 2 pl.

3602. — Guide du Pèlerin à **Notre-Dame d'Amiens** par Charles Salmon. — Amiens, Guillaume, *vers 1880;* 36 p. in-18.

3603. — Visite à la **Cathédrale d'Amiens**, par M. l'abbé Roze. — Amiens, Delattre-Lenoel, 1881 ; 72 p. in-12 et 2 pl.

3604. — La **Cathédrale d'Amiens** considérée au point de vue de l'esthétique, par M. le chanoine Van Drival.
Mém. Soc. Ant. Pic., t. XXX, p. 321 à 332 ; in-8°.

3605. — **Notre-Dame d'Amiens**.
L'Art gothique, par Gonse. — Paris, Quantin. *vers 1890*, p. 197 à 206 av. 2 pl. h. t. et 6 fig. dans le texte, in-folio.

3606. — **Cathédrale d'Amiens** (Somme).
Vieilles églises de France, par Buron. — Paris, Delagrave, 1891, p. 131 à 142 av. 1 fig. ; gr. in-8°.

3607. — La **Cathédrale d'Amiens**, *par Mgʳ Dehaisnes*.
La France artist. et monum. — Paris, Lib. illust. s. d., t. V, p. 1 à 32 av. 4 pl. h. t. et 14 gr dans le texte ; gr. in-8°.

3608. — La **Picardie** historique et monumentale. Amiens, **Cathédrale**. Notice par Edmond Soyez.
La Pic. hist et monum., t. I, p 1 à 60 avec 10 pl. h. t. et 12 pl. dans le texte ; gr. in-4°.

3609. — **Cathédrale d'Amiens.** Compte-rendu de la Monographie de M. Soyez. Communication de M. Ed. Lamy.

Trav. de l'Ac. N¹ᵉ de Reims, t. CI, 1896-1897, p. 315 à 330 ; in-8°.

3610. — La **Cathédrale d'Amiens**, par Emile Lambin.

Rev. de l'Art chrétien, 1897, p. 99 à 105 av. 3 fig. ; in-4°.

3611. — Monographie de l'Eglise Notre-Dame **Cathédrale d'Amiens**, par Georges Durand. Tome I. Histoire et Description de l'Edifice. — Amiens, Yvert et Tellier ; Paris, Picard, 1901 ; gr. in-4° de X-535 p. av. 48 pl. h. t. et 180 fig. dans le texte.

3612. — Feuilleton du Journal des Débats du 13 août *et des 10 septembre et 9 octobre* 1901. *Compte-rendu de l'ouvrage de M. Durand sur la* **Cathédrale d'Amiens**, *par André Michel.* — 18 colonnes.

3613. — **Dimensions** de l'église cathédrale d'Amiens. — S. l. n. n. n. d : *(XVIIᵉ siècle)* ; 4 p. in-12.

Bibl. Soc. Ant. Pic.

3614. — Observations sur un **bas relief** *du pilier central de la porte* de **la cathédrale** d'Amiens, par M. J. B. F. Obry. — Amiens, R. Machart, 1837 ; 49 p. in-8°.

Ext. Mém. Acad. Amiens.

3615. — Le **Grand Portail** de la Cathédrale d'Amiens, par MM. Jourdain et Duval.

Bull. monum., t. XI, p. 145 et suiv. et t. XII, p. 96 et s. av. 29 fig. ; in-8°.

3616. — *Description des* **médaillons du soubassement** *du portail de la cathédrale d'Amiens.*

Icon. chrét., par l'abbé Crosnier, p. 237 à 252 av. fig. ; in-8°.

3617. — **Roues symboliques** de N. D. d'Amiens et de Sᵗ Etienne de Beauvais, par MM. Jourdain et Duval.

Bull. monum., t. XI, p. 59 à 64 ; in-8°.

3617 ᵇⁱˢ. — Explication de quelques figures du grand portail de la **cathédrale** d'Amiens, par M. Duval, chanoine.

Bull. monum., 1854, p. 463 à 472 av. 39 fig. ; in-8°.

3618. — Cathédrale d'Amiens. Iconographie du **Portail de Saint-Firmin**, *par Ch. Salmon.*

Rev de l'Art. chrétien, t. IV, p. 617 à 626 av. 1 pl. ; in-8°.

3619. — Société libre des Beaux-Arts. Comité Central. Rapport fait à la Société libre des Beaux-Arts sur le **Plan** archéologique en relief **de la Cathédrale** d'Amiens donné au Musée Napoléon de cette ville par M. J. Herbault (de Paris) architecte à Amiens et Note sur le Musée Napoléon à Amiens, par M. Charles Lucas, architecte. — Paris, 1867 ; 8 p. in-8°.

3620. — Un plan de la **Cathédrale** d'Amiens vers 1450. Communication de M. le Comte de Marsy.

Bull. Soc. Ant. Pic., t. XVIII, p. 194 à 196 ; in-8°.

3621. — *Catalogue de la* **Vente** *et Description raisonnée* de **cinq dessins anciens** représentant la Cathédrale d'Amiens qui aura lieu le lundi 28 avril 1890. Etude de Mᵉ Ducatelle, Commissaire-Priseur à Amiens. — Amiens, Yvert ; 8 p. in-8°.

3622. — *La* **Flore des sculptures** *de* Notre-Dame d'Amiens.

La flore des gr. cath. de Fr., par Lambin. — Paris, 1897, p. 31 à 34 av. 1 fig. ; in-8°.

3623. — Le **Grand Portail** de la Cathédrale d'Amiens, par M. Georges Durand. — Amiens, Yvert et Tellier, 1900 ; 25 p. in-8°.

Extr. Mém. Acad. Amiens.

3624. — **Robert de Luzarches, Thomas de Cormont et Renault de Cormont**, *par E. D.*
Hist. litt. de la France, t. XX, 1842, p. 18 à 22 ; in-4°.

3625. — Comme il advint que **Robert de Luzarches** rencontra un homme et une femme : ce qui s'ensuivit, *par E. Cassagnaux.*
Rev. d'Amiens, 1833, p. 173 à 181.

3626. — Document inédit sur un des architectes de la Cathédrale d'Amiens **(Renaud de Cormont)** au XIII° siècle. Rapport de M. de Lasteyrie sur une communication de M. Georges Durand.
Bull. archéol., 1886, p. 366 à 368 ; in-8°.

3627. — **Un sermon** prêché dans la Cathédrale d'Amiens vers l'**an 1270**, par M. l'abbé Crampon.
Mém. Soc. Ant. Pic , t. XXV, p. 57 à 66 et 551 à 601 ; in-8°.

3628. — Documents concernant des **réparations** effectuées dans la cathédrale d'Amiens **en 1497 et en 1503**. Communication de M. Goze.
Bull. du Com. de la Langue, t. I, 1852-1853, p. 565 à 571 ; in-8°.

3629. — **L'incendie du clocher** de la cathédrale d'Amiens en 1527, d'après un témoin oculaire, par M. Ch. Dufour. — Amiens, Lemer aîné, 1863 ; 28 p. in-8°.

3630. — *Note sur un hallebardier qui, le 16 octobre 1593, est grimpé jusqu'au* **coq de la cathédrale** *d'Amiens,* par *M. Janvier.*
Bull. Soc. Ant. Pic., t. XV, 1883-1885, p. 46 à 48 ; in-8°.

3631. — Reconnaissance pour le **guet** qui se faisait, au XVI° siècle, **dans une des tours** de la cathédrale d'Amiens. Communication de M. Dusevel.
Rev. Soc. Sav. Dép , t. I, 5° série, 1870, p 160 et 161 ; in-8°.

3632. — **Oraison funebre** de Marie Terese d'Autriche, Infante d'Espagne, Reine de France et de Navarre, Prononcée le 20 de Septembre 1683, en presence de Monseigneur l'Evesque d'Amiens dans son Église Cathedrale par le R. P. de Ponssemothe de Lestoille. — Imprimé à Amiens chez G. le Bel et se vend à Paris chez Jacques de Laise de Bresche, M.DC.LXXXIV ; 34 p. in-4°.
Bibl. d'Amiens, B.-Lett., n° 938, t. VIII.

3633. — Mandement de Monseigneur l'Evêque d'Amiens qui ordonne une Procession générale en action de grâces, de ce que l'Eglise Cathédrale a esté **préservée du feu** que le tonnerre y avoit allumé. *Du 27 Juin 1712.* — S. l. n. n. ; 1 p. in-folio.
Bibl. d'Amiens, Théol , n° 1862.

3634. — **Souvenirs** d'un Vieux Picard ou Particularités et Anecdotes **concernant la Cathédrale**, le Clergé et plusieurs personnages importants de la ville d'Amiens de 1771 à 1781 par l'Abbé Tiron. Précédés d'une Notice sur la Vie et les Ecrits de l'Auteur par M. l'abbé J. Gosselin. — Amiens, Lenoel-Herouart, 1864 ; XLIII-47 p. in-8°.
Ext. de La Picardie.

3635. — Souvenirs d'un vieux picard sur Amiens, *par l'abbé Tiron.*
Arch. de Pic., t. II., p. 51 à 58 et 102 à 108 ; in-8°.

3636. Lettre pastorale de M. l'Evêque d'Amiens, Beauvais et Noyon sur les **réparations urgentes** de la Cathédrale d'Amiens. *Du 12 janvier 1803.* — Amiens, J. B. Caron l'aîné ; 4 p. in-4°.
Bibl. abbé Gosselin.

3637 — Rapport à M. le Préfet du Département de la Somme sur l'état actuel du **portail de la Vierge dorée** de la Cathédrale d'Amiens et sur les restaurations à faire, en réponse à sa lettre du 29 avril 1843.
Mém. Soc. Ant. Pic., t. VI, p. 59 à 136 et t. VII, p. 489 à 507 ; in-8°.

3638. — Rapport de M. Duval sur les **restaurations** exécutées par M. Caudron, **au portail de St Honoré**, de la cathédrale d'Amiens.

Bull. Soc. Ant. Pic., t. II, p. 115 à 121 ; in-8°.

3639. — **Dégradation de la Cathédrale** d'Amiens. *Lettre de M. Didron à M. de Montalembert.*

Ann. archéol., t. VIII, p. 321 à 325 ; in-4°.

3640. — **Isolement de la Cathédrale** d'Amiens. Observations présentées dans l'Enquête, *par Baudelocque*, 1850. — Amiens, Alfred Caron ; 11 p. in-4° av. plan.

3641. — Un mot sur la Cathédrale d'Amiens, *par G...* — S. l. n. n., *1852 ;* 8 p. in-8°.

Ext. de la Gaz. de Picardie.

3642. — Délibération concernant les travaux de la Cathédrale d'Amiens, publiée par MM. Guérard et Janvier. — Amiens, 1853 ; 36 p. in-8°.

Ext. Bull. Soc. Ant. Pic.

3643. — Observations sur la Délibération de la Société des Antiquaires de Picardie, en date du 23 Décembre 1852, concernant les **travaux de la Cathédrale** d'Amiens, par A. Goze. — Amiens, Alfred Caron, 1853 ; 15 p. in-8°.

3644. — **Travaux de la Cathédrale** d'Amiens. Réponse à MM. les Antiquaires par M. Charles Berton. — Amiens, Alfred Caron, mars 1853 ; 39 p. in-8°.

3645. — Ville d'Amiens. Conseil municipal. Délibération du 23 mars 1872. **Dégagement de la façade** principale de la Cathédrale d'Amiens. — Amiens, Glorieux, 1872 ; 12 p. in-4° et 1 pl.

3646. — La Cathédrale d'Amiens par Cleon G... D... *(Galoppe d'Onquaire).* **Poésie.**

Feuilleton d'un journal de Novembre 1829.

3647. — Notre Dame d'Amiens. **Ode Sacrée.** Souvenirs historiques par H. Le Guern. — Paris, au Comptoir des Imprimeurs réunis, 1843 ; 48 p. in-8°.

3648. — Notre Dame d'Amiens. **Poésies.**

Fables en vers et poésies diverses, par Auguste Doudemont. — Paris, 1852, p. 125 à 127 ; in-12.

3649. — La Cathédrale d'Amiens. **Ode** par M. Breuil.

Mém. Soc. Ant. Pic., t. XII, p. 43 à 48 ; in-8°.

3650. — La Cathédrale d'Amiens. **Ode** *par E. Quinsac.*

La Picardie, t. II, p. 176 à 178 ; in-8°

3651. — La Cathédrale et le Musée, **poésie** *par E. Yvert.* — *Amiens*, Yvert, s. d. ; 15 p. in-8°.

3652. — A la Cathédrale d'Amiens. **Poésie,** *par Calland.* — Amiens, Lemer ainé, 1865 ; 30 p. in-8°.

3653. — Les deux cités. La Cathédrale et le Cimetière, par M. l'abbé Herbet. — Amiens, Delattre-Lenoel, 1880 ; 19 p. in-12.

3654. — La Cathédrale d'Amiens.

Etud. hist., par Théodule. — Compiègne, 1893, p. 131 à 135 ; in-12.

3655. — La Nef d'Amiens, par F. Martin.

Rev. du Clergé franç., t XXIII, 1900, p. 54 à 66 ; in-8°.

§ 2. Autels, Chapelles, Clotures du Chœur, Dallage, Orgles, Stalles, Tombeaux, Trésor et Reliques, Vitraux.

3656. — Examen des tableaux formant le **Chemin de la Croix** de la Cathédrale d'Amiens. — Amiens, Yvert, *1841 ;* 14 p. in-8°.

Ext. Arch. Pic.

3657. — *La danse macabre du* **cloître des Machabées** *à Amiens.*

Essai sur les danses des morts, par Langlois. — Rouen, 1852, t. I, p. 220 et 221 ; in-8°.

3658. — Cathédrale d'Amiens. Description de la **Chapelle S**^{te} **Theudosie** par M. A. D. *(Dutilleux).* — Amiens, Alfred Caron, 1854 ; 34 p. in-12.

3659. — Les **Sybilles,** peintures murales de la Cathédrale d'Amiens découvertes et expliquées par MM. Jourdain et Duval.

Mém. Soc. Ant. Pic., t. VIII, p. 275 à 302 av. 6 pl. ; in-8°.

3660. — Sur l'âge du **crucifix de saint Saulve** ou Sauve de la Cathédrale d'Amiens. Communication de M. Dusevel. (Séance du 12 mars 1877).

Rev. Soc. Sav. Dép., t. V, 6° série, p. 277 à 279 ; in-8°.

3661. — Cathédrale d'Amiens. **Notre-Dame du Puy** et Notre-Dame de Foy, par Edmond Soyez. — Amiens, 1872 ; 19 p. in-8°.

3662. — Le **Sanctuaire** de la Cathédrale d'Amiens par Edmond Soyez. — Amiens, Lambert-Caron, 1873 ; 160 p. gr. in-8°. av. 4 pl.

3663. — **Deux chapelles** de la cathédrale d'Amiens *(Notre Dame du Puy et S*^{t} *Sébastien),* par Edmond Soyez. — Arras, 1877 ; 16 p. in-8°.

Ext. Rev. Art. chrétien.

3664. — **Autel du Sacré-Cœur** à la cathédrale d'Amiens.

Rev. Art. chrétien, 1881, p. 194 et 195 av. 1 pl ; in-4°.

3665 — Le **Sanctuaire** de la Cathédrale d'Amiens, par Edmond Soyez. — Amiens, Langlois, 1890 ; 25 p. in-8°.

Extr. du Dimanche.

3666. — L'autel de **saint Sébastien** dans la Cathédrale d'Amiens.

Le Dimanche, n° 1075, 1892, p. 81 à 85 ; in-8°.

3667. — L'**Assomption,** groupe en marbre sculpté par Blasset, offert à la Cathédrale d'Amiens en 1637. Notice historique par Edmond Soyez. — Amiens, Yvert et Tellier, 1893 ; 52 p. petit in-4°.

3668. — Les **Clôtures du Chœur** de la Cathédrale d'Amiens, par MM. Jourdain et Duval.

Mém. Soc. Ant. Pic., t. IX, p. 161 à 255 ; in-8°.

3669. — Cathédrale d'Amiens. Restauration des peintures des **bas-reliefs autour du chœur.** Rapport fait au nom d'une Commission composée de MM. Rigollot, Dufour, Forceville, Bazot et Jourdain, pour répondre à M. le Préfet de la Somme.

Bull. Soc Ant. Pic., t. II, p. 369 à 378 ; in-8°.

3670. — Rapport de M. Jourdain sur la restauration de l'**histoire de S**^{t} **Jean Baptiste,** à la cathédrale d'Amiens, exécutée par M. Lebel.

Ibid., t. II, p. 121 à 128 ; in-8°.

3671. — *Note de M. Goze sur la restauration des* **clôtures du chœur** *de la cathédrale d'Amiens.*

Bull. archéol. du Comité, t. IV, 1847-48, p 414 à 418, in-8°.

3672. — Rapport fait *par M. de Betz,* au nom de la commission chargée de surveiller la restauration des **peintures des bas-reliefs** de saint Firmin et de saint Saulve, au côté méridional de la clôture du chœur de la cathédrale d'Amiens.

Bull. Soc. Ant. Pic., t. III, p. 197 à 203 ; in-8°.

3673. — Rapport sur un projet d'enlèvement de la **grande porte du chœur** de la Cathédrale d'Amiens, *par Ed. Soyez.* — Amiens, Douillet, 1878 ; 13 p. in-8°.

Ext. Bull. Soc. Ant. Pic.

3674. — Les **Bas-Reliefs relatifs à Saint-Firmin-**le-Martyr à Amiens et à Saint-Acheul (XIII°, XV° et XVI° siècles), par F. Pouy.

Le Dimanche, 1890, n°^{s} 1001, 1002 et 1003 ; in-8°.

3675. — **Redallage** de la cathédrale d'Amiens.

Bull. arch. du Comité, 1843, p. 237 à 243 ; in-8°.

3676. — Les Labyrinthes d'Eglises. **Labyrinthe** de la Cathédrale d'Amiens, par Edmond Soyez. — Amiens, Yvert et Tellier, 1896 ; 52 p. pet. in-4° et 4 pl.

3677. — Note sur les **Orgues** de la cathédrale d'Amiens et sur l'établissement à Amiens des Frères de la Doctrine Chrétienne, par A. Dubois. — Amiens, Em. Glorieux, 1872 ; 8 p. in-8°.

Ext. Bull. Soc. Ant. Pic.

3678. — Les **Grandes Orgues** de la Cathédrale d'Amiens. Notice sur leur Origine, leurs Fondateurs, etc., avec planche, par F. I. Darsy. — Amiens, Emile Glorieux, 1873 ; 20 p. in-8°.

Ext. Bull. Soc. Ant. Pic.

3679. — Les **Grandes Orgues** de la Cathédrale d'Amiens. La restauration actuelle.

Le Dimanche, 1889, n°s 961, 964 et 965 ; in-8°.

3680. — Les **Grandes Orgues** de la Cathédrale d'Amiens. Description et Composition, par Henri Vitasse.

Ibid., n° 590, 1890, p 5 à 9 ; in-8°.

3681. — Les vrais **Fondateurs des Grandes Orgues** de la Cathédrale d'Amiens, par M. Darsy. Les Fondateurs des Orgues de la Cathédrale d'Amiens. Réponse à M. Darsy par M. Dubois.

Bull. Soc. Antiq. Pic., t. XVIII, p. 695 à 706 ; in-8°.

3682. — Les **Stalles** de la Cathédrale d'Amiens, par MM Jourdain et Duval. — Amiens, Duval et Herment, 1843 ; VIII-371 p. in-8° av. 18 pl.

Ext. Mém. Soc. Ant. Pic.

3683. — Cathédrale d'Amiens. Les **Stalles** et les **Clotures du Chœur** par MM. les Chanoines Jourdain et Duval. — Amiens, Vve Alfred Caron, 1867 ; pet. in-4° de 112 p. et 18 pl. lith.

Abrégé des deux autres ouvrages des mêmes auteurs.

3684. — L'ameublement civil au XVIe siècle dans les **Stalles** de la Cathédrale d'Amiens, par M. Georges Durand.

Mém Soc. Ant. Pic., t XXXI, p. 293 à 321 av. 8 pl ; in-8°.

3685. — Lettre sur le **Mausolée** de feu M. de Sabatier, Evêque d'Amiens.

Journal de Verdun, mai 1749, p. 550-552.

3686. — *Note sur les* **tombeaux** *en bronze de la Cathédrale d'Amiens, par M. Rigollot.*

Coll. des rapp. anal. de l'Acad d'Am., t. I, an XIII, p. 96 à 102 ; in-4°.

3687. — Les **Tombes en bronze** des deux Evêques fondateurs de la Cathédrale d'Amiens, par l'abbé J. Corblet. — Amiens, Langlois, s. d. ; 47 p. in-8° av. 2 pl.

Ext. de la Rev. de l'Art chrétien.

3688. — Note sur le déplacement des **Tombeaux en bronze** des évêques fondateurs de la Cathédrale d'Amiens, par M. l'abbé Duval.

Bull. monum , t. XXXIV, p. 46 à 52 ; in-8°.

3689. — Les **Tombeaux** de la Cathédrale d'Amiens, par M. J. Garnier. I. Monument de Pierre Burry. — Amiens, Lemer aîné, 1866 ; 43 p. in-8°.

Ext. Mém. Soc. Ant. Pic.

3690. — L'**Epitaphier** de Villers-Rousseville. Extrait en ce qui concerne la cathédrale d'Amiens, par M. Elie Fleury.

Bull. Soc. Ant. Pic., t. XVIII, 1891-1894, p. 25 à 42 ; in-4°.

3691. — La sculpture amiénoise au XVIIe et XVIIIe siècle, *par François Benoit.*

Etude concernant principalement les **tombeaux** et œuvres d'art de la cathédrale d'Amiens
Rev. de l'Art. anc. et mod., 1900, p. 181 à 192 av. 11 fig. ; gr. in-8°.

3692. — Histoire veritable de la Gverison admirable advenue et faicte par la bonté et miséricorde de Dieu tout puissant, tout à l'heure, à l'endroict d'vne femme nommée Nicole Obry, femme de Loys Pierret marchand demeurant à Vreuin, de longtemps priuee de l'vsage de la veüe, et abandonnée des Medecins et Chirurgiens (comme estant incurable) à l'attouchement de la venerable relique du **chef de** monsieur **S. Iean Baptiste** en la grande Eglise d'Amiens le Dimenche dixneufiesme iour de May 1577. — Paris, Nicolas Chesneau, 1578 ; 32 p. pet. in-4°. A la fin : Deux Odes de S. Iean Baptiste à Reverend Pere en Dieu Messire Geoffroy de la Martonie Euesque d'Amiens par Iean des Caurres natif de Morœul P. D. Collège d'Amiens.

Bibl. d'Amiens, Hist. des Rel., n° 2207.

* **3693**. — Le Miroir ardent de la vie et mort du glorieux précurseur de notre Sauveur, Saint Jean Baptiste, plus un ample narré du **transfert de ses saintes reliques** pour la vérification du sacré chef d'icelui, qui pour cejourd'hui repose en la ville d'Amiens, par Robert Viseur, chanoine de ladite église. — Paris, Thierry, 1604 ; 48 p. in-8°.

P. Lelong, n° 5462.

3694. — Recveil de la Vie, Mort, Inuention et Miracles de **S. Iean Baptiste**, Precurseur de nostre Sauueur Iesvs Christ. Ou il est montré que le Reliquaire d'Amiens est **son vray Chef** : Auec vne lettre de Monsieur le Cardinal Baronius sur ce subiect. Reueu et augmente, et de nouueau reduit par Chapitres, par M. R. Viseur, Docteur en Theologie et Chanoine de l'Eglise nostre Dame d'Amiens. — Amiens, Robert Hvbavlt, 1649 ; 88 p. in-16.

Bibl. d'Amiens, Hist. des relig., n° 2205.
Le P. Lelong (n° 5462), cite une edition parue en 1613, chez Hubault M. l'abbé Boucher (Mém. de la Soc. des Ant. de Pic.), cite en outre deux autres éditions de 1609 et 1618.

3695. — Traité historiqve dv **Chef de S. Iean Baptiste**, contenant vne discussion exacte de ce que les Auteurs anciens et modernes en ont écrit, et particulièrement de ses trois Inuentions. Il y est aussi parlé par occasion des autres Reliques du mesme Saint. Et à la fin sont inserez quelques Traitez Grecs, tirez de la Bibliothèque du Roy, et de celle de M. le Cardinal Mazarin, auec leurs versions latines seruans de fondement et de preuue à toute cette dissertation. Par Charles dv Fresne Sieur dv Cange. — Paris, Sébastien Cramoisy, et Sébastien Mabre-Cramoisy, M.DC.XCV ; in-4° de 16 p. n. n. et 264 p. av. 1 pl.

3696. — Documents inédits sur Nicole Aubry.

Mém. Soc. Acad. Laon, t. XIV, p. 227 à 235 ; in-8°.

3697. — Notice historique sur le **chef de St Jean-Baptiste** vénéré dans la Cathédrale d'Amiens. — Amiens, Lenoel-Herouart, s. d. ; 36 p. in-18.

3698. — Les **reliques** de la Cathédrale d'Amiens, par Edmond Soyez.

Le Dimanche, 1874, t. II, p. 393 à 397 ; in-8°.

3699. — Histoire du **Chef de Saint-Jean Baptiste** conservé à Amiens depuis le 17 Décembre 1206 d'après du Cange, les Bollandistes et un grand nombre de Documents authentiques, précédée d'un Abrégé de la vie du saint Précurseur par Charles Salmon. — Amiens, Langlois, 1876 ; XXVII-209 p. in-12 av. 1 pl.

3700. — Les reliquaires du **chef de S. Jean-Baptiste** à la cathédrale d'Amiens, par *Charles Salmon* (Extrait du Dimanche). — Amiens, H. Yvert, 1876 ; 8 p. in-8°.

3701. — Notice abrégée sur le **chef de Saint-Jean Baptiste** conservé dans la Cathédrale d'Amiens. — Amiens, Langlois, 1877 ; 16 p. in-16.

3702. — Ricardi de Gerboredo episcopi Ambianensis. De capta et direpta a Latinis Constantinopoli, et quomodo

Walo **caput S. Iohannis Baptisti** innenit et ad Ambianum deportavit.

<small>Exuviæ sacræ Constant, par le Cte Paul Riant. — Genève, 1877, t. I, p. 35 à 44 ; in-8°.</small>

3703. — Lectiones Ambianenses. *Histoire du* **chef de St Jean Baptiste**.

<small>Ibid., t. II, p 26 à 30 ; in-8°.</small>

3704. — Inventaire du **Trésor** de la Cathédrale d'Amiens publié d'après les manuscrits, par M. J. Garnier.

<small>Mém. Soc. Ant. Pic., t X, p. 229 à 391 ; in-8°.</small>

3705. — Description des principales figures brodées sur une **chape donnée à la cathédrale** d'Amiens par le chanoine Le Moine, neveu du cardinal de ce nom. Communication de M. Dusevel.

<small>Bull. Com. Langue, Hist..., 1852-1853, p. 392 à 399 ; in-8°.</small>

3706. — Georges Durand. **Croix** provenant **du Paraclet** conservée à la Cathédrale d'Amiens. Paris, A. Lévy, 1885 ; 9 p. in-4° et 1 pl.

<small>Ext de la Gaz. archéolog.</small>

3707. — Note sur une **plaque en cuivre** émaillé, *commémorative d'une fondation faite par l'évêque Jean Avantage*, conservée à la Cathédrale d'Amiens, par M. Georges Durand.

<small>Bull. arch. du Comité, 1889, p. 193 à 198 av. 1 pl.; in-8°.</small>

3708. — Le **Reliquaire** du morceau de la **Vraie Croix** à Amiens d'après un manuscrit de la Bibliothèque de l'Arsenal, *par M. Robert Mowat*.

<small>Bull. monum., t. LXI, p. 230 à 235 av. 4 fig. dans le texte ; in-8°.</small>

3709. — **Vitraux** de la Cathédrale d'Amiens. Réparations. Rapport fait au nom d'une Commission composée de MM. Duval, Garnier, Jourdain, Le Serurier, Dufour pour répondre à M. le Préfet de la Somme.

<small>Bull. Soc. Ant. Pic., t. II, p. 362 à 368 ; in-8°.</small>

3710. — Note de Du Cange sur les **vitraux** de la cathédrale d'Amiens en 1667. Communiquée par M. Rigollot.

<small>Ibid, t. IV, p. 291 à 296 ; in-8°.</small>

3711. — *Description des* **verrières** *de la Cathédrale d'Amiens*.

<small>Hist. de la peint. sur verre, par de Lasteyrie. — Paris, Didot, 1857, t. I, p. 145 à 153 av. 1 pl.; in-folio.</small>

3712. — Deux **verrières** de la Cathédrale d'Amiens, par MM. Duval et Jourdain.

<small>Mém. Soc. Ant Pic., t. XXII, p 561 à 606; in-8°.</small>

3713. — La Peinture sur verre au XIIIe Siècle et les **Vitraux** de la Cathédrale d'Amiens, par M. G. Durand.

<small>Ibid, t. XXXI, p. 389 à 425 ; in-8°.</small>

§ 3. Chapitre de la Cathédrale

3714. — Mémoires de la Société des Antiquaires de Picardie. Documents inédits concernant la Province. Tome quatorzième. 1er Fascicule. **Cartulaire du Chapitre** de la Cathédrale d'Amiens. — Amiens, Yvert et Tellier, 1897 ; 336 p. in-4°.

3715. — Un feuillet du registre de la **quotidienne du Chapitre** de Notre-Dame d'Amiens, en 1354, par G. Boudon.

<small>Bull. Soc Ant. Pic., t. XVIII, 1891-1894, p 320 à 339 ; in-8°.</small>

3716. — **Statuts du Chapitre** d'Amiens. 1464.

<small>Act. de la prov. eccl. de Reims.., par Mgr Gousset, t. II, p. 742 à 746 ; in 4°.</small>

3717. — Lettres *de Louis XI, octobre 1469*, qui maintiennent le Chapitre d'Amiens dans l'exercice du privilège qu'il avait de ne pas recevoir des **Bâtards pour Chanoines**.

<small>Ord. des Rois de Fr., t. XVII., p. 262 ; in-folio.</small>

3718. — Un fragment de **compte du Chapitre** de Notre Dame d'Amiens (Fin du XVe Siècle), par M. G. Boudon.

<small>Bull. Soc. Ant. Pic., t. XVII, p. 348 à 355 ; in-8°.</small>

3719. — **Coutumes du Chapitre** de Notre-Dame d'Amiens, 1507, communiquées par M. Cocheris.

Ibid., t. V, p. 24 à 33; in-8°.

* **3720.** — Factum du procès pour maître **Gaspard de Pierresson**, maître ès-arts en l'Université de Paris et naguères l'un des quatre procureurs et examinateurs d'icelle, appelant... contre Antoine Picquet, jeune enfant, intimé..... — S. l. n. n., 1632; in-4°.

Relatif à la possession d'une prébende de l'église d'Amiens.
Bibl. Nat^{le}, 4° Fm, 2592.

3721. — Arrêt du Parlement de Paris, du 15 juillet 1633, par lequel un **vicaire** servant en l'église cathédrale d'Amiens, a été **maintenu en la possession d'une chapelle** (dite du pilier rouge), au préjudice du présenté par le patron, avec défenses au patron d'en présenter d'autres à l'avenir que de cette qualité. — Autre arrêt rendu au même Parlement le 31 Décembre 1686, par lequel il a été jugé qu'une chapelle affectée aux chantres et enfans de chœur de l'église cathédrale d'Amiens, ne peut pas être possédée par un autre ecclésiastique, avec exclusion même du vicaire du Doyen de ladite église cathédrale.

Rec. des Actes... du Clergé de France. — Paris, Vve Muguet, 1716, t. II, col. 1533 à 1539; in-folio.

3722. — **Jean Petit**, Résignataire en faveur, n'ayant pris possession du **Benefice** que le jour même (10 septembre 1638) du decez de son résignant *Nicolas Beauclet, Chanoine Chantre d'Amiens*, et peu de temps après, est déchu de son droit et le Bénéfice déclaré vacant après sa mort.

Rec. d'Arr. du Parl., par Bardet.—Paris, Robin, 1690, t. II, p. 495 à 497; in-folio.

3723. — Extraict des registres du Conseil Privé du Roy. *Arrêt, du 26 janvier 1644, portant* **règlement** *sur plusieurs questions* **entre l'Evêque d'Amiens et le Chapitre**. — S. l. n. n.; 86 p. in-4°.

Bibl. d'Amiens, Hist., n° 3814, t. I, 2.
Voir aussi Recueil des Act. du Clergé, t. VI, col. 370 a 380, in-folio.

3724. — Arrest de la Covr de Parlement Donné entre Monsieur l'Euesque d'Amiens defendeur en Requeste Civille, et les Doyen, Chanoines et Chapitre de son Eglise, demandeurs en Lettres en forme de Requeste Civille contre trois Arrests contradictoires de ladite Cour, des années 1578, 1581 et 1639. Les Chanoines nouellement pourueus, interuenans avec ledict Chapitre pour raison du droit d'**Annatte des prébendes** de ladite Eglise d'Amiens. — S. l. n. n.; 5 p. in-4°.

Bibl. comm^{le} d'Abbeville.

3725. — Arrest de la Covr de Parlement de Paris portant que les **Processions generales**, Te Deum et autres Prieres publiques qui se feront par l'ordre superieur, seront indites par l'Euesque *d'Amiens*, ou son Grand Vicaire dont le Chapitre, sera gracieusement aduerty. *Du 8 janvier 1647.* — Paris, Antoine Vitré, 1647; 7 p. in-8°.

Bibl Comm^{le} d'Abbeville
Voir aussi J^{al} des Aud. du Parl., par du Fresne. — Paris, 1757, t. I, p. 380; in-folio.

3726. — *Lettre circulaire du Chapitre de la Cathédrale d'Amiens relative à la* **procession de St Marc**; *1649.* — S. l. n. n.; 2 p. in-folio.

Bibl. d'Amiens, Hist., n° 3815.

3727. — Commission en vertv de laquelle feu Mr de Caumartin a fait assigner le Chapitre en la Cour (En exécution de l'Arrest d'Audience du huitième Ianvier 1647, immédiatement précédent) Sur le différent concernant la Translation de l'Office, Procession et Abstinence de la **Feste de S. Marc**, dont l'Instance y est encore indécise et pendante. *Suivent d'autres documents relatifs à la même affaire.* — S. l. n. n., vers 1654; 44 p. in-4°.

Bibl. Soc. Ant. Pic.

3728. — Arrest de la Covr de Parlement en faveur des Doyen, Chanoines et Chapitre de l'Eglise d'Amiens contre l'Vniversité des Chapellains de la mesme Eglise *au sujet du port des châsses, de la communion pascale et de diverses* **obligations des chanoines**. Du 14 février 1656. — S. l. n. n. ; 3 p. in-4°.

Bibl. d'Amiens, Hist., n° 3814, t. I, 5.

3729. — Le **Chapitre** de la Cathédrale d'Amiens présenté à Louis XIV, par P. Roger.

Bibl. hist. Pic. et Art., par P. Roger, p. 14 à 17, in-8°

3730. — *Reqûete* Pour monstrer, par les Doyen, Chanoines et Chapitre de l'Eglise d'Amiens, que l'Evocation que Monsieur l'Evesque d'Amiens prétend avoir fait faire au Conseil Priué du Roy, le 29 Décembre 1657 des Appellations comme d'abus qui sont à iuger entre eux : Au préjudice de l'Arrest du Conseil, rendu sur les Remonstrances de Monsieur le Procureur general, le 25 septembre precedent (Par lequel ces mêmes appellations comme d'abus ont été solennellement renuoyées au Parlement) ne se peut en aucune façon soustenir. — S. l. n. n. n. d. ; 12 p. in-4°.

Bibl. d'Amiens, Hist., n° 3814, t. I, 9.

3731. — Reqveste des Doyen, Chanoines et Chapitre de l'Eglise d'Amiens, A Nosseigneurs de Parlement : svr l'evocation que M^r l'Evesque d'Amiens pretend avoir fait faire au Conseil Priué du Roy, des appellations comme d'abvs dont la Cour estoit saisie : av preiudice de l'Arrest et Reglement du Conseil d'Estat du XJ^me Ianvier 1657, Registré en la Cour le 17 desdits mois et An. Et d'vn Arrest particulier du Conseil (Rendu sur les Remonstrances de M. le Procureur General) Par lequel ces mesmes Appellations comme d'Abus ont esté solennellement Renuoyées au Parlement. En suite de laquelle Requête sont les Pièces iustificatives des faits contenus en icelle. — M.DC.LVIII ; 44 p. in-4°.

Suivent les pièces justificatives dont voici les principales : Arrest dv conseil privé par leqvel, sur la Requeste Presentee par Monsieur l'Evesque d'Amiens afin d'Evocation des Trois Appellations comme d'Abus, sur lesquelles le Chapitre d'Amiens l'avoit fait intimer au Parlement : Il est dit que les Parties seront sommairement ouyes aux fins d'icelle, et cependant surcis à toutes poursuites au Parlement. *Du 20 mars 1657.*

Arrest dv Conseil privé Rendu au Rapport de Monsieur Voisin, Maistre des Requestes, sur les Remonstrances de Monsieur le Procureur General, Portant Renvoy au Parlement, conformément à l'Arrest et Règlement du Conseil d'Estat du 11 Ianvier 1657, les Appellations comme d'Abus, indécises et pendantes entre Monsieur l'Evesque d'Amiens, et le Chapitre. *Du 25 septembre 1657.*

Arrest dv Conseil privé, Obtenu par M^r l'Evesque d'Amiens sur simple Requeste, Portant Evocation de Deux, d'entre les Trois Appellations comme d'Abus, dont le chapitre d'Amiens avoit saisy le Parlement, et qui y avoient esté renuoyées, sur les Remonstrances de M. le Procureur General, par l'Arrest immédiatement précédent. *Du 29 décembre 1657.*

Arrest de la Covr à l'avdience Poursuiuy par feu Mr de Caumartin Evesque d'Amiens, (depuis et en exécution de l'Arrest du Conseil du 26 Janvier 1644), Portant Reglement, que les **Processions Generales, Te Deum et autres Prières** publiques qui se feront par Ordre Superieur, seront indites par l'Evesque, ou son Grand Vicaire, dont le Chapitre sera gracieusement adverty. Et quant à celles, pour lesquelles n'y aura Ordre Superieur, Elles se feront par la Resolution commune de l'Evesque et du Chapitre. *Du 8 janvier 1647.*

Commission en vertu de Laquelle feu

Mr de Caumartin a fait assigner le Chapitre en la Cour (En exécution de l'Arrest d'Audience du huictième Janvier 1647, immédiatement précédent), Sur le différend concernant la Translation de l'Office, Procession et Abstinence de la **Feste de S. Marc** dont l'instance y est encore indécise et pendante. *Du 4 mai 1649.*

Defenses fournies de la part du Chapitre à la Covr (en ladite Instance sur la Translation de la Feste de S. Marc), Contenant sa Demande incidente, pour l'entretenement et obseruance du Rituel ou Ceremonial de l'Eglise d'Amiens (vulgairement appellé le Liure ordinaire) dressé, il y a plus de 300 ans, de l'Authorité commune de l'Euesque, et du Chapitre.

Acte de la reprise faite par M. l'Euesque d'Amiens d'à present, au lieu de feu Monsieur de Caumartin, des susdites Instances pendantes en la Cour Pour la Translation de la Fête de S. Marc, et le droit d'Annatte des Prébendes. *Du 25 juin 1655.*

Avtre commission en vertv de laquelle feu Mr de Caumartin, a derechef fait assigner le Chapitre en la Cour. Pour le droit d'**Annatte des Prébendes** de l'Eglise d'Amiens, Dont l'Instance y est encore pareillement indécise et pendante. *Du 11 juillet 1648.*

Appointement en droict, interuenu en ladite Instance concernant le droict d'Annate, par lequel il appert de la demande incidente en complainte y formée de la part du Chapitre. *Du 23 août 1649.*

Concordat passé entre Monsieur l'Euesque d'Amiens d'à présent et le Chapitre, Sur l'execution de la Prouision, Ordonnée en attendant la Décision du Principal Renuoyé à Rheims A l'égard des deux Chefs Concernans la Conduitte et l'Assistance par luy pretenduès Officiant Pontificalement : Au moyen de quoi ne restant plus rien à exécuter, pour ce regard, de l'Arrêt du Conseil de 1644, le Chapitre est follement assigné audit Conseil en pretendue Exécution d'iceluy. *Du 12 août 1654.*

Ibid., Hist., 3814, t. I, 7.

3732. — Factvm povr les Doyen, Chanoines et **Chapitre** de l'Eglise d'Amiens, (Ayant pris le faict et cause de Louis Cauchetier, Nicolas Boulart et Nicolas Boyart, leurs Fermiers), Appellans de la Sentence Interlocutoire renduë par le Bailly d'Amiens, ou son Lieutenant, le 15 Février 1638. Et Demandeurs au Principal euoqué, par Arrests des 20 May 1643 et 22 Aoust 1663. Et Deffendeurs en Intervention. Contre la Communauté des Marchands **Hortillons** de la Ville, Faux-bourgs et Banlieuë dudit Amiens, Intimez sur ledit Appel, et Deffendeurs audit Principal. Et les Premier et Eschevins de la mesme Ville, Intervenans et Joints avec lesdits Hortillons — S. l. n. n., *1666;* 10 p. in-4°.

Ibid., Hist., n° 3814, t. I, 19

3733. — *Arrêt de la Cour des Comptes, du 14 août 1666, confirmant les* **redevances** *en nature dues au Chapitre de la Cathédrale pour raisons de certains hortillonnages.* — S. l. n. n. ; 6 p. in-4°.

Ibid , Hist., n° 3814. t. I, 18.

AFFAIRE DE HODENC.

3734. — Arrest concernant les droits et prérogatives de la **Dignité de Doyen** de l'Eglise Cathédrale d'Amiens. Extrait des Registres du Parlement. Du 15 juin 1672. — S. l. n. n. ; 8 p. in-4°.

Bibl. d'Amiens, Hist , n° 3818.

3735. — Du Ieudy 28 Iuillet 1672. 1. Si un **Doyen** non prébendé, peut comme **première Dignité** d'un Chapitre, faire l'office aux Festes solemnelles, et aux Principaux jours de ceremonie, en l'absence ou au défaut de l'Evesque, à l'exclusion des Chanoines et autres Dignitez prebendées. 2. Si ce même Doyen peut entrer au Chapitre, y présider et prononcer les Conclusions à la pluralité des suffrages en tout ce qui regarde le Spirituel, la correction des mœurs, la direction et la discipline de l'Eglise, sans exception d'aucunes délibérations que de celles qui regardent le temporel des Chanoines où il n'a point de part.

J^{nl} du Palais, 1672, p. 127 à 135 ; in-4°.

3736. — Arrest concernant la **dignité de doyen** d'une Eglise Cathédrale *(Amiens); du 17 janvier 1673.* — Paris, François Muguet, 1673 ; 12 p. in-4°.

Bibl. d'Amiens, Hist., n° 3818.

3737. — Arrest concernant la **dignité de préchantre** de l'Eglise Cathédrale d'Amiens. Du 17 janvier 1673. — S. l. n. n., 1673 ; 16 p. in-4°.

Ibid.

3738. — Extemporalis oratio In Senatu Parisiensi habita die 17. Ianuarii 1673 cvm **Decanus Ambianensis** Dignitatis suæ jura et πρεσβεια vindicaret. — S. l. n. n. ; 6 p. in-4°.

Ibid.

* **3739.** — Mémoire pour les Chanoines et Chapitre de l'église c. d'Amiens... contre M° **François d'Hodencq**. *Signé: Claude Houel.* — S. l. n. n., *1673* ; in-4°.

Bibl. Nat^{le}, 4° Fm, 429.

* **3740.** — Au Roi. *Requête pour l'Evêque et le Chapitre d'Amiens contre François de* **Hodenc**. — S. l. n. n., *1673* ; in-4°.

Bibl Nat^{le}, 4° Fm, 425.

* **3741.** — Au Roi. *Pour François de* **Hodencq**, *doyen de l'Eglise d'Amiens, prétendant à la présidence du Chœur et du Chapitre contre l'évêque d'Amiens.* — S. l. n. n., *1673* ; in-4°.

Bibl. Nat^{le}, 4° Fm, 15470.

3742. — Partie des pièces compvlsives concernant la **Cause du Doyen** d'Amiens, La Presidence dv Chœvr et dv Chapitre. — S. l. n. n., 1672 ; 10 p. in-folio.

Bibl. d'Amiens, Hist., n° 3818.

3743. — Lettre d'vn chanoine à vn de ses Confrères, sur le sujet dv Procès d'entre le Chapitre de l'Eglise d'Amiens, et le Sieur de **Hodenc**, Doyen de la mesme Eglise. Estat de la Question. Si un Doyen non Prébendé a droit d'entrer dans les Assemblées Capitulaires, pour y présider, recueillir les suffrages, et conclure à la Pluralité, lorsqu'il s'agit de Discipline Ecclésiastique, correction de vie et de mœurs, ou autres choses spirituelles. Le Sieur de Hodenc, Doyen Prébendé est pour l'affirmative. Le Chapitre pour la Négative. *Du 13 janvier 1673.* — S. l. n. n. ; 27 p. in-4°.

Ibid.

3744. — Lettre d'un avocat à un Chanoine d'Amiens contenant quelques Reflexions sur un Imprimé qui a pour titre : Lettre d'un Chanoine à un de ses Confreres sur le sujet d'un procès entre le Chapitre de l'Eglise d'Amiens et le sieur de **Hodencq** Doyen de la même Eglise. — S. l. n. n., *1673;* 36 p. in-4°.

Ibid.

3745. — Seconde lettre d'un Chanoine à un de ses confrères servant de réponse à un imprimé qui a pour titre : Lettre d'un avocat à un Chanoine d'Amiens.... De Paris, le 15 Décembre 1673. — S. n. ; 96 p. in-4°.

Ibid.

3746. — Arrest de renvoy av parquet des Gens du Roy pour en passer par leur avis. *Du 14 juin 1673.* — S. l. n. n. ; 2 p. in-4°.

Bibl. de Bonnault.

3747. — Du jeudy 15 Juin 1673. 1. Si un **Doyen non Prébendé** peut présider au Chapitre et prononcer les Conclusions Capitulaires à la pluralité des suffrages, en tout ce qui ne regarde point le revenu temporel et l'économie des Prébendes, et si son nom ne doit pas estre employé dans le titre des

Actes auxquels il prétend avoir droit de présider. 2. Si la Présidence du Chœur lui appartient à l'exclusion du Préchantre.

Journal du Palais, année..., p. 418 à 447 ; in-4°.

3748. — Raisons et pièces pour justifier la conduite du Chapitre de l'Eglise d'Amiens dans les affaires qu'il a contre Maistre François de Hodenc, Doyen de la même Eglise. — S. l. n. n , *1673 ;* 38 p. in-4°.

Bibl. d'Amiens, Hist., n° 3818.

3749. — Extraits dont les originaux sont dans le thrésor littéral dv Chapitre de la Catédrale d'Amiens, concernans les Droits et Fonctions du Doyen de ladite Eglise. — S. l. n. n., *1673 ;* 30 p. in-4°.

Ibid.

3750. — Arrest, *du 18 août 1673,* rendu *entre les chanoines et le* **Doyen du Chapitre** *d'Amiens,* sur les contraventions aux Arrests de la Cour. Extrait des Registres du Parlement. — S. l. n. n. ; 4 p. in-4°.

Ibid

3751. — Défense ou exposition du droit du **Doyen d'Amiens** contre deux Imprimez, l'un datté du 18 Janvier 1673 qui a pour titre : Lettre d'un Chanoine etc, et l'autre datté du 15 Décembre 1673 qui est intitulé : Seconde Lettre d'un Chanoine, etc. — S. l. n. n., *1674 ;* 30 p. in-4°.

Ibid.

3752. — Arrest, *du 23 février 1674,* qui ordonne l'exécution d'un autre Arrest du 18 Aoust 1673 *entre les chanoines d'Amiens et le* **Doyen du Chapitre.** Extrait des Registres du Parlement. — S. l. n. n. ; 2 p. in-4°.

Ibid.

3753. — Troisième lettre d'un chanoine à un de ses confrères servant de réponse à un imprimé qui a pour titre : Deffence ou exposition du droit du **Doyen d'Amiens** contre deux Imprimez, etc. Du 24 Aoust 1674. — S. l. n. n. ; 64 p. in-4°.

Ibid.

3754. — Arrest qui confirme les Droits et Prérogatives de la **Dignité de Doyen** de l'Eglise d'Amiens. Extrait des Registres du Parlement. *Du 15 janvier 1675.* — S. l. n. n. ; 3 p. in-4°.

Ibid.

3755. — Quatre arrêts du Parlement de Paris *(15 juin 1672, 17 janvier et 18 août 1673, 15 janvier 1675)* qui ont maintenu le **Doien** de l'Eglise cathédrale d'Amiens, en la possession d'officier aux fêtes solennelles en l'absence ou refus de M. l'Evêque, étant réglé plusieurs autres chefs contestez entre le doïen et le Chapitre de cette église.

Rec. des Act... du Clergé. — Paris, Muguet, 1716, t. II, col. 1716 à 1739 ; in-folio.

3756. — Quelle est la **fonction d'un Doyen** *(François de Hodencq)* dans une Eglise Cathédrale *(à Amiens).* Et si n'étant point Chanoine, il peut présider au Chœur et au Chapitre dans toutes les délibérations qui regardent le Chapitre. *Arrêts des 15 juin 1672, 17 janvier 1673, 18 Août 1673 et 15 janvier 1675.*

J^{al} des Aud. du Parl., par Jamet de la Guessière. — Paris, 1757, t. II, p 841 à 848 ; in-folio.

3757. — *Acte* de Fondation de la **prebende** vicariale du costé droit Dite **de Alliaco** ou de Vaussoire, faite en 1389 *en la cathédrale d'Amiens.* — S. l. n. n., *1675 ;* 7 p. in-4°.

Bibl. d'Amiens, Hist., n° 3814, t. I, 21.

3758. — Pour M^{rs} les Doyen, Chanoines et Chapitre d'Amiens, Intervenans pour Me François Nerlande, Prestre Chanoine Vicarial de Vaussoire, défendeur Contre Maistres Adrien et Louis Picard, demandeurs. — S. l. n. n., *1675 ;* 10 p. in-4°.

Au sujet d'une **chanoinie vicariale** de la Cathédrale.
Ibid., Hist., n° 3814, t. I, 20.

AFFAIRE DE BAR.

3759. — Requeste présentée au Roy par le **Sieur de Bar** Gouverneur d'Amiens. *Du 24 novembre 1667* — S. l. n. n. ; 2 p. in-4°.

Cette longue affaire a eu pour cause la prétention qu'avait le sieur de Bar d'être encensé après l'Evêque et avant les chanoines.
Toutes les pièces concernant le différend entre M. de Bar, l'Evêque d'Amiens et le Chapitre se trouvent à la Bibl. d'Amiens, Hist., n° 3819.

3760. — Extraict des Registres du Conseil d'Estat. *Arrêt, du 28 janvier 1678, ordonnant que M. de Bar sera encensé après l'Evêque.* — S. l. n. n. ; 3 p. in-4°.

* **3761.** — Factum pour messire **Guy de Bar**... gouverneur et bailli des ville et citadelle d'Amiens... contre les sieur évêque et chapitre d'Amiens, demandeurs en opposition à l'arrêt de Sa Majesté du 28 janvier 1678. — S. l. n. n. n. d. ; in-folio.

Bibl. Nat¹ᵉ, Thoisy, f° 258.

3762. — Requeste du Sieur **de Bar**, Gouverneur des Ville et Citadelle d'Amiens, contre le Sieur Evesque, Clergé et Chapitre de la Ville. Réplique à la Requeste du sieur de Bar. — S. l. n. n. n. d. ; 16 p. in-4°.

3763. — Procez verbal du scandale arrivé le jour de Pasques dernier 1678 dans le Chœur de l'Eglise d'Amiens. — S. l. n. n. n. d. ; 3 p. in-4°.

3764. — Au Roy. *Mémoire présenté par le Chapitre d'Amiens sur les évènements du jour de Pâques 1678.* — S. l. n. n. n. d. ; 23 p. in-4°.

3765. — Au Roy. *Requête du duc d'Elbeuf, gouverneur de Picardie, au sujet des encensements dus au S. de Bar.* — S. l. n. n. n. d. ; 3 p. in-folio.

3766. — Au Roy. *Autre requête du duc d'Elbeuf sur le même sujet.* — S. l. n. n. n. d. ; 6 p. in-folio.

3767. — Au Roy. *Requête du Sʳ de Bar au sujet des encensements qui lui sont dus.* — S. l. n. n. n. d. ; 3 p. in-folio.

3768. — Au Roy. *Autre requête sur le même sujet.* — S. l. n. n. n. d. ; 11 p. in-folio.

3769 — Au Roy. *Réponse de l'Evêque, du Clergé et du Chapitre à la requête du S. de Bar.* — S. l. n. n. n. d. ; 23 p. in-4°.

3770. — Au Roy. *Autre réponse des mêmes au sujet de l'intervention du duc d'Elbeuf.* — S. l. n. n. n. d. ; 15 p. in-4°.

3771. — Au Roy. *Autre réponse sur le même sujet. Présentée au Roy le 25 septembre 1678.* — S. l. n. n. ; 3 p. in-4°.

3772. — Mémoire *présenté au Roi le 29 septembre 1678, par l'Evêque et le Chapitre au sujet de l'affaire de Bar.* — S. l. n. n. ; 6 p. in-4°.

3773. — *Autre mémoire présenté au Roi par l'Evêque et le Chapitre dans la même cause.* — S. l. n. n. n. d. ; 11 p. in-4°.

3774. — *Autre mémoire des mêmes dans la même cause.* — S. l. n. n. n. d. ; 6 p. in-4°.

3775. — *Autre mémoire des mêmes dans la même cause.* — S. l. n. n. n. d. ; 39 p. in-4°.

3776. — *Autre mémoire des mêmes dans la même cause.* — S. l. n. n. n. d. ; 17 p. in-4°.

3777. — Responce de l'Evesque d'Amiens à la Remonstrance faite au Roy par le Sieur **de Bar** sur la manière dont cet Evesque est accompagné dans les grandes Ceremonies de son Eglise. — S. l. n. n. n. d. ; 7 p. in-4°.

3778. — Au Roy. *Supplique de François de Hodencq, Doyen du Chapitre d'Amiens, au sujet de l'affaire* **de Bar**. — S. l. n. n. n. d. ; 6 p. in-4°.

3779. — Au Roy. *Autre supplique du même sur le même sujet.* — S. l. n. n. n. d. ; 14 p. in-4°.

3780. — Au Roy. *Autre supplique du même sur le même sujet.* — S. l. n. n. n. d. ; 4 p. in-4°.

3781. — Au Roy. *Supplique de l'Évêque et du Chapitre d'Amiens contre le doyen François de Hodencq, au sujet de l'affaire* **de Bar**. — S. l. n. n. n. d. ; 10 p. in-4°.

3782. — Av Roy. *Supplique du duc d'Elbeuf au sujet de l'affaire* **de Bar**. — S. l. n. n. n. d. ; 3 p. in-4°.

3783. — Av Roy. *Autre supplique du même sur la même affaire; mars 1679.* — S. l. n. n. ; 4 p. in-4°.

3784. — Responce des Officiers de Vostre Maiesté, en la Ville d'Amiens, au second Factum injurieux, qu'a fait contr'eux le Sieur Evesque de la mesme Ville. — S. l. n. n. n. d. ; 12 p. in-4°.

Question de préséance connexe à l'affaire de Bar

3785. — Replique des Govvernevr, Officiers du Bailliage et Siège Presidial, Premier et Eschevins de la Ville d'Amiens, A la Reponse du Sieur Evesque d'Amiens. — S. l. n. n. n. d. ; 8 p. in-4°.

3786. — Responce de l'Evesque d'Amiens à la Replique du Sieur **de Bar**, sur la manière dont cet Evesque est accompagné dans les grandes Ceremonies de son Eglise. — S. l. n. n. n. d. ; 14 p. in-4°.

3787. — Extrait des Registres du Conseil d'Etat. *Arrêts, des 28 janvier 1678 et 27 mars 1679, ordonnant que M.* **de Bar** *et, en cas de présence, le duc d'Elbeuf seront encensés immédiatement après l'Evêque.* — S. l. n. n. ; 8 p. in-folio.

* **3788.** — *Circulaire de Mgr Faure, Evêque d'Amiens à tous les Evêques de France, au sujet du droit d'encensement prétendu par les gouverneurs de villes, du 29 septembre 1678 et commençant par ces mots* : Monseigneur vous verrez par les deux placets. — S. l. n. n. ; in-4°.

Epilogue de l'affaire de Bar.
Bibl. Nat^{le}.

3789. — Jugé qu'une **Chapelle** *(dite du* **Pilier rouge**, *à la Cathédrale d'Amiens)* affectée aux Chantres et Enfans de Chœur d'une Eglise Cathédrale ne peut pas être possédée par un autre Ecclésiastique *(Jean du Tilleul)* avec exclusion même du Vicaire du Doyen de ladite Eglise Cathédrale. *Du 31 décembre 1686.*

Journ. des Aud. du Parl., par Nupied. — Paris, 1757, t. IV, p. 34 à 36 ; in-folio.

3790. — Requête du Chapitre de l'Eglise Cathédrale d'Amiens, défendeur Contre les deux Religieux deservans les Prébendes, unies aux **Abbayes de S. Acheul et de S. Martin,** et les Religieux desdites Abbayes, demandeurs. *Du 23 novembre 1697.* — S. l. n. n. ; 15 p. in-4°.

Bibl. d'Amiens, Hist., n° 3822.

3791. — Autre Requête du Chapitre d'Amiens, defendeur. Contre les deux Religieux deservans les Prébendes, unies aux Abbayes de **S. Acheul et de S. Martin,** et les Religieux desdites Abbayes, demandeurs. *Du 11 août 1698.* — S. l. n. n. ; 11 p. in-4°.

Ibid., Hist., n° 3822, 2.

3792. — Factum pour Marc Antoine de Francine, Prestre, Chanoine Régulier commis à la desserte de la Prébende Sacerdotale de l'Eglise Cathédrale d'Amiens appartenante à **l'Abbaye de S. Acheul** : Et les Chanoines Reguliers, Abbé, Prieur et Chapitre de ladite Abbaye joints.

Et François Heron Prestre, Chanoine

Regulier commis à la desserte de la Prébende sacerdotale de ladite Eglise Cathédrale appartenante à **l'Abbaye de S. Martin aux Jumeaux** de ladite Ville. Et les Chanoines Reguliers, Prieur et Chapitre de ladite Abbaye joints, Intimez et Appellants de la Sentence du Bailly de Beauvais, du 19 Decembre 1698.

Contre les Sieurs Doyen, Chanoines et Chapitre de l'Eglise Cathédrale de ladite Ville, prenans le fait et cause de deux de leurs Bedeaux, nommez Pierre François, et Antoine Biberel, Appellans de ladite Sentence et Intimez. — S. l. n. n., *1699*; 39 p. in-folio.

Au sujet des droits honorifiques attachés à ces prébendes.
Ibid., Hist., n° 3823.

3793. — Arrest du Parlement concernant les droits des Canonicats et Prebendes Sacerdotales de l'Eglise Cathédrale d'Amiens, appartenants aux Abbayes de **S. Acheul et de S. Martin aux Jumeaux** de ladite Ville. *Du 2 avril 1700*. — S. l. n. n.; 9 p. in-folio.

Ibid., Hist., n° 3823.

3794. — Arrest du Parlement Concernant les Droits des Canonicats et Prebendes Sacerdotales de l'Eglise Cathedrale d'Amiens, appartenantes aux **Abbayes de saint Acheul et de S. Martin aux Jumeaux** de ladite Ville, confirmatif de l'Arrest du deux Avril mil sept cens. *Du 30 août 1700*. — S. l. n. n.; 3 p. in-folio.

Ibid., Hist., n° 3822.

3795. — Arrest du Parlement concernant les Droits des deux Canonicats et Prebendes Sacerdotales de l'Eglise Cathedrale d'Amiens, appartenantes aux **Abbayes de S. Acheul et de S. Martin aux Jumeaux** de ladite Ville. *Du 16 Mars 1701*. — S. l. n. n.; 1 p. in-folio.

Ibid., Hist., n° 3822.

3796. — Mémoire pour M° **Antoine Binet**, Prestre, Chanoine de l'Eglise Cathédrale d'Amiens, Demandeur en reprise d'Instance, Intimé et Appellant Contre les sieurs Doyen, Chanoines et Chapitre de ladite Eglise, Deffendeurs, Appellans et Intimez. — S. l. n. n., *vers 1702*; 8 p. in-folio.

Pour la **possession d'une prébende** de la cathédrale affectée à un sous-diacre.
Bibl. H. Macqueron.

* **3797**. — Mémoire des Doyen, Chanoines et Chapitre de l'église cathédrale d'Amiens, pour servir de réponse à celui de maître **Antoine Binet**... (*Signé : Pelletier*). — S. l. n. n., *vers 1702*; in-folio.

Bibl. Nat¹°, f° Fm, 190.

3798. — Mémoire pour les Doyen, Chanoines et Chapitre de l'Eglise Cathédrale d'Amiens, Défendeurs et Intimez. Contre Maistre **Antoine Binet**, Prêtre, Chanoine, Pourvû de la Prébende Subdiaconale de ladite Eglise, Demandeur en reprise d'Instance, et Appellant d'une Sentence de ses Requestes du Palais, du 23 Décembre 1698. — S. l. n. n. n. d.; 8 p. in-4°.

Bibl. d'Amiens, Hist., n° 3811, t I, 26.

3799. — Mémoire pour M° **Antoine Binet**, Prestre-Chanoine de l'Eglise Cathédrale d'Amiens. Pour servir de Réponse aux deux Mémoires des Sieurs Doyen, Chanoines et Chapitre de cette même Eglise. — *Paris*, Jean-François Knapen, *vers 1702*; 8 p. in-folio.

Bibl. A. de Caieu.

3800. — Mémoire pour les Doyen, Chanoines et Chapitre de l'Eglise Cathédrale d'Amiens, Intimés. Contre le Sieur **Picquet de Noyancourt**, Diacre, et Chanoine de l'Eglise d'Amiens, Appellant comme d'abus d'une Délibération Capitulaire du 22 Décembre 1702. *Signé : de Laverdy*. — *Paris*, Paulus du Mesnil, 1741; 9 p. in-folio.

Questions d'usages admis au Chapitre.
Bibl. d'Amiens, Hist., n° 3815.

3801. — Arrest du Parlement qui

homologue la Transaction passée le 21 Aoust 1705, entre les Abbayes de **Saint-Acheul et de Saint-Martin aux Jumeaux** d'Amiens, et les Sieurs Doyen et Chanoines de l'Eglise Cathédrale et qui règle tous les chefs de contestations formez par lesdits Sieurs Doyen et Chanoines sur l'exécution de l'Arrest du 2 Avril 1700, concernant les droits des deux Canonicats et Prébandes de ladite Eglise Cathédrale appartenans ausdites Abbayes : en sorte que le Hors de Cour prononcé par le présent Arrest ne tombe que sur la demande des Sieurs du Chapitre en dommages et interests, tous les autres chefs de contestation étant réglez par ce mesme Arrest. *Du 12 mai 1706.* — S. l. n. n. ; 4 p. in-folio.

Ibid., Hist., n° 3822.

3802. — Examen d'un projet d'accomodement proposé par le Chapitre de l'Eglise Cathédrale d'Amiens aux Chanoines, Diacres et Soûdiacres de cette même Eglise aux fins de terminer le Procès qui est entr'eux, touchant l'Acquit des **Fonctions du Diaconat et Soûdiaconat.** — S. l. n. n., *après 1710* ; 8 p. in-4°.

Ancne Bibl. de Marsy.

3803. — Factum pour Maître **Charles Oger,** pourvû de la Chapelle fondée sous l'invocation de Saint Jean, Demandeur en Complainte. Contre Maître Jean de Sachy, soydisant pourvû de la même Chapelle, Défendeur. — S. l. n. n. n. d. ; 4 p. in-4°.

Ibid.

3804. — Réponse au factvm de **Charles Oger** pour Me Robert de Sachy, Prestre, Chapellain de la Chapelle sous l'Invocation de S. Jean Baptiste en l'Eglise Cathédrale de cette Ville, demandeur en complainte du 3 Février dernier. Contre ledit Charles Oger, jeune écolier au-dessous de douze ans, soy-disant pourveu de ladite Chapelle, aussi demandeur en complainte dudit jour. — S. l. n. n. n. d. ; 4 p. in-4°.

Ibid.

3805. — Statuts qui établissent le **stage** de Messiurs *(sic)* de l'Université des **Chapelains** de la Cathédrale d'Amiens. Le 4 May 1726. Ordonnance de Monseigneur l'Evêque d'Amiens.— S. l. n. n. ; 4 p. in-4°.

Bibl. de M. l'abbé Gosselin.

3806. — Abrégé du Mémoire pour les Doyen, Chanoines et Chapitre de l'Eglise Cathédrale d'Amiens, Deffendeurs. Contre Messire **Pierre Sabatier,** Evêque d'Amiens, Demandeur et prenant fait et cause du sieur **Vilman,** son Aumônier, Défaillant. — S. l. n. n., *1720* ; 4 p. in-4°.

Les Chanoines se plaignent de ce que l'Evêque oblige l'Aumônier qu'il a fait Chanoine de quitter sa place au chœur « pour aller s'asseoir à ses pieds dans les chaises basses avec ses domestiques, à côté du Valet de Chambre qui lui porte la queue ».

Bibl. d'Amiens, Hist., n° 3814, t. I, 30.

3807. — Mémoire pour les Doyen, Chanoines et Chapitre de l'Eglise Cathédrale d'Amiens Demandeurs. Contre Messire **Pierre Sabatier,** Evêque d'Amiens, prenant fait et cause du Sieur Vilman, son Aumônier, Deffendeur. Et ledit Maistre Antoine Adrien **Vilman,** Prêtre Chanoine de l'Eglise d'Amiens, défaillant. — S. l., Jacques Josse, *1720*; 11 p. in-folio.

Ibid., Hist., n° 3815.

3808. — Mémoire pour Messire **Pierre Sabatier,** Evêque d'Amiens contre les Doyen, Chanoines et Chapitre de sa Cathédrale. — S. l n. n., *1720.*

Ibid., Hist., n° 3815, 15.

3809. — Précis du Mémoire de M. l'**Evêque d'Amiens** Contre les Doyen, Chanoines et Chapitre de sa Cathédrale. — *Paris,* Jean François Knapen, *1720* ; 6 p. gr. in-8°.

Ibid., Hist , n° 3814, t. I, 30.

3810. — Précis du Mémoire de M. l'**Evêque d'Amiens** contre les Doyen, Chanoines et Chapitre de sa

Cathédrale. — *Paris*, Knapen, 1720; 6 p. in-folio.

Ibid , Hist., n° 3815, 17.

3811. — Observations sur quelques faits répandus dans le Mémoire imprimé de M. l'**Evêque d'Amiens**. — S. l. n. n., *1720*; 3 p. in-4°.

Ibid., Hist, n° 3814, t. I, 30.

3812. — Mémoire pour M° Joseph **Debacq**, Prêtre, Docteur en Théologie de l'Université de Paris, Demandeur et Défendeur. Contre M° François Portier, Prêtre du Diocèse de Genève, aussi Docteur en Théologie de ladite Université et M° François-Xavier Jorom, Prêtre du Diocèse d'Amiens Défendeur et Demandeur — Amiens, Louis Godart, 1729; 7 p. in-folio.

Sur une question de maintenue de possession d'un canonicat de la Cathédrale.

Ibid., Hist., n° 3815

3813. — Mémoire pour M° Nicolas le Tourneur, Prêtre, Curé de Mézières, Demandeur et Deffendeur. Contre M° Joseph **Debacq**, Prêtre, Docteur en Théologie : et M° Nicolas le Mercier, Clerc du Diocèse d'Amiens, Deffendeurs et Demandeurs. — Amiens, Louis Godart, 1729 ; 7 p. in-folio.

Ibid , Hist., n° 3815.

3814. — Mémoire pour M° Antoine **de Bacq**, Prêtre, Docteur en Théologie Grand'Maitre et Principal du Collège du Cardinal le Moine, Défendeur. Et pour M° Joseph le Clerc, Prêtre, Chanoine et Chancelier de l'Eglise d'Amiens, Défendeur. Contre M° Jacques Astoin, Prêtre pourvu en Régale de la Chancellerie de l'Eglise d'Amiens, Demandeur. *Signé : Masson*. — *Paris*, Chardon, 1739 ; 19 p. in-folio.

Bibl. H Macqueron.

3815. — Lettre de M. le Comte de Saint-Florentin, *du 20 juillet 1741*, au sujet de la **préséance due au Chapitre d'Amiens** sur les Officiers du Corps de Ville au passage des Princes. Extrait des Registres aux Délibérations de l'Hôtel commun de la Ville d'Amiens du 28 Août 1741.

Pièces justif. du rapp. de l'Ass. du clergé de 1745. — Paris, Simon, 1745, p. CLXXII et CLXXIII ; in-folio.

* **3816.** — A Nosseigneurs de l'Assemblée générale du Clergé. *Pour le Chapitre d'Amiens et autres contre l'*Intendant de Picardie. *Signé : Couet de Montbayeux*. — S. l. n. n. n. d. ; in-folio.

Bibl Nat¹ᵉ, f° Fm, 194.

3817. — Mémoire sur la Contestation d'entre le feu Sieur Micquignon, les Sieurs Levasseur, Leroy, Decens, Haincelin, Enlard, Tavernier, Lespicier, Guidé, Asselin, et Godefroy, **Chapelains de l'Eglise Cathédrale** d'Amiens, Demandeurs originaires, Intimés et Intervenans. Contre les Sieurs Boucher, Watel, Fresnoy, et leurs Consors, aussi Chapelains de la même Eglise, Défendeurs et Appellans. *Signé : Lecouvreur*. — *Amiens*, Godart, 1748 ; 19 p. in-folio.

Au sujet de la reconstruction d'une maison dépendant de leur Communauté.

Bibl. de Galametz.

3818. — Second mémoire pour le Sieur Leroy et Consors, Membres de l'Université des **Chapelains de l'Eglise Cathédrale** d'Amiens, Intimés. En réponse à celui des Chapelains de la même Université, Appellans de la Sentence du Bailliage d'Amiens du 3 Mars dernier, souscrit par Maître Morgan, Avocat de l'Université. *Signé : Lecouvreur*. — *Amiens*, Godart, 1748 ; 20 p. in-folio.

Bibl. de Galametz.

3819. — Mémoire pour l'Université des **Chapelains de l'Eglise Cathédrale** d'Amiens Servant de réponse à un Imprimé signé par les Sieurs Le Roy, Enlart, Le Vasseur et Gaudefroy. *Signé : Morgan*. — S. l. n. n., *1748*; 20 p. in-folio.

Bibl. de Galametz.

39

3820. — Mémoire pour **Joseph le Clerc**, Prêtre, Chanoine de l'Eglise Cathédrale d'Amiens, Intimé, Demandeur et Défendeur. Contre Firmin Dufresne, Prêtre, Prévôt et Chanoine de l'Eglise Cathédrale d'Amiens, Appelant. Et encore contre les Doyen, Chanoines et Chapitre de l'Eglise Cathédrale d'Amiens, Défendeurs et Demandeurs. *Signé : Auvray*. — *Paris*, Paulus du Mesnil, 1749 ; 6 p. in-folio.

Au sujet d'un tourbage à Longueau et des droits du prévôt du Chapitre.
Bibl. de Galametz.

3821. — *Correspondance relative aux honneurs funèbres dus à M.* **d'Inguembert**, *frère de M. d'Inguembert, chancelier de la cathédrale d'Amiens*.

Nouv. eccl., n° du 27 Septembre 1753, p. 153 et 154 ; in-4°.

3822. — Mémoire pour les Doyen, Chanoines et Chapitre de l'Eglise Cathédrale d'Amiens, Intimés. Contre le Sieur Eloi **Jollier**, ci-devant Vicaire, **Maître de Musique** de ladite Eglise, et Pourvu en cette qualité de la Chapelle de Saint-Quentin, Appelant comme d'abus. *Signé : Lefebvre de Dampierre*. — *Paris*, Paulus du Mesnil, 1758 ; 12 p. in-folio.

Le S Jollier ayant donné sa démission de Maître de Musique, le Chapitre lui avait retiré sa chapelle de St Quentin.
Bibl. de Galametz.

3823. — Sommaire sur l'appel comme d'abus du Rescrit de Martin V de 1427. Pour le Chapitre de l'Eglise Cathédrale d'Amiens Contre le Sieur **Jollier**, Appelant comme d'abus. *Signé : Lefebvre de Dampierre*. — *Paris*, Paulus du Mesnil, 1758 ; 8 p. in-folio.

Bibl. de Galametz.

3824. — Mémoire pour Me Joseph-François **de Brecq**, Curé de la Paroisse de Berny, pourvu d'un Canonicat de l'Eglise Cathédrale d'Amiens. Contre Me Charles-Guy Dutilloy, Curé de la Paroisse de Saint-Firmin-le-Martyr en la même Ville. Et Me François-Bruno Guérard, Chapelain en l'Eglise d'Amiens. — *Paris*, Vincent, 1764 ; 15 p. in-folio.

Question de possession d'un canonicat.
Bibl. d'Abbeville.

3825. — Mémoire signifié pour Me Joseph-François **De Brecq**, Curé de la Paroisse de Berny, plus ancien Gradué, pourvû, en cette qualité, d'un Canonicat de l'Eglise Cathédrale d'Amiens. Contre Me Charles-Guy Dutilloy, Curé de la Paroisse de Saint-Firmin-le-Martyr, en la même Ville. Et Me François Bruno Guérard, Chapelain en l'Eglise d'Amiens, prétendant droit au même Bénéfice. — *Paris*, Vincent, 1764 ; 42 p. in-4°.

Bibl. A. de Caieu.

3826. — Mémoire pour Me Charles-Guy **du Tilloy**, Prêtre, Docteur de Sorbonne, Curé de la Paroisse Saint-Firmin-le-Martyr, dit en Castillon, de la Ville d'Amiens, Gradué nommé et duement qualifié sur l'Evêché d'Amiens, pourvu, en conséquence de ses Grades, par M. l'Evêque d'Amiens, d'un Canonicat en l'Eglise Cathedrale d'Amiens, Intimé. Contre Me François-Bruno Guérard, Prêtre, Chapelain de la Cathédrale d'Amiens ; et Me Joseph de Brecq, Curé de Berny, Diocèse d'Amiens ; et Me Michel-François le Bel, Professeur d'Eloquence au Collège de Mazarin, Appellans, Demandeurs et Défendeurs. *Signé : de Calonne*. — *Paris*, Vincent, 1764 ; 15 p. in-folio.

Renseignements intéressants sur les produits des cures de St Firmin en Castillon et de Berny sur Noye.
Bibl. de Galametz.

3827. — Mémoire pour le Sieur Guerard, Prêtre du Diocèse d'Amiens, Bachelier en Théologie, et Gradué nommé de l'Université de Paris, pourvû d'un Canonicat de l'Eglise Cathédrale d'Amiens, Appellant, Defendeur et Demandeur.

Contre le Sieur **Dutilloy**, Curé de la

Paroisse de Saint-Firmin le Martyr, dit en Castillon, de la Ville d'Amiens : et le Sieur de Brecq, Curé de la Paroisse de Berny, Diocèse d'Amiens, prétendant droit au même Canonicat, en leurs qualités de Gradués.

Encore contre le Sieur le Bel, gradué nommé et Régent septenaire de l'Université de Paris, ayant seulement requis le même Canonicat, et s'en rapportant à la prudence de la Cour. — *Paris*, Knapen, 1764 ; 22 p. in-4°.

Cette pièce contient le tableau détaillé des revenus de la cure de St Firmin en Castillon.
Bibl A. de Caieu.

3828. — Mémoire sommaire pour le Sieur Guerard, Prêtre du Diocèse d'Amiens, Bachelier en Théologie et Gradué nommé de l'Université de Paris, pourvu d'un Canonicat de l'Eglise Cathédrale d'Amiens, Appellant, Défendeur et Demandeur. Contre le sieur **Dutilloy**, Curé de la Paroisse de Saint-Firmin-le-Martyr, dit en Castillon, de la Ville d'Amiens ; et le Sieur de Brecq, Curé de la Paroisse de Berny, Diocèse d'Amiens, prétendant droit au même Canonicat, en leurs qualités de Gradués. — *Paris*, Knapen, 1764 ; 24 p. in-4°.

Bibl. d'Amiens, Jurisp., n° 841, t. V.

* **3829** — Mémoire pour l'Université des **Chapelains de la Cathédrale** d'Amiens. Contre les Doyen, Chanoines et Chapitre de la même Cathédrale. — *Paris*, s. n., 1768 ; 42 p. in-4°.

* **3830**. — Mémoire pour le Chapitre de l'Eglise Cathédrale d'Amiens. Contre l'Université des **Chapelains** de ladite Eglise. — *Paris*, s. n., 1768 ; 34 p. in-4°.

Ce mémoire et le précédent contiennent des détails sur les travaux et embellissements faits à cette époque dans la cathédrale d'Amiens.

3831. — Réponse signifiée pour les Doyen, Chanoines et Chapitre de l'Eglise Cathédrale d'Amiens, Supérieurs et Grands Maistres du **Collège des Cholets**, Défendeurs. Contre les Doyen, Chanoines et Chapitre de l'Eglise Cathédrale de Beauvais, aussi Supérieurs et Grands Maistres du même Collège, Demandeurs. — *Paris*, H. J. J. Gissey, 1769 ; 8 p. in-folio.

Bibl. d'Amiens, Hist , n° 3815.

3832. — Très humbles et très respectueuses représentations des Chapitres de Beauvais et d'Amiens, Administrateurs spirituels et temporels de la **Maison de Cholet**, réunie au Collège de Louis le Grand. — *Paris*, G. Desprez, 1769 ; 21 p. in-4°.

Ibid., Hist , n° 3815.

3833. — Mémoire pour les Sieurs Doyen, Chanoines et Chapitre de l'Eglise Cathédrale d'Amiens, Défendeurs. Contre le Sieur **Ducandas**, Chanoine de la même Eglise, Demandeur. — Amiens, Louis Ch. Caron, 1773 ; 23 p. in-4°.

Ibid., Hist., n° 3814, t. I, 35.

3834. — Mémoire pour le Sieur **Ducandas**, Chanoine de l'église cathédrale d'Amiens, Demandeur. Contre les Sieurs Doyen, Chanoines et Chapitre de ladite église cathédrale d'Amiens, Défendeurs. — Amiens, veuve Godart, 1773 ; 27 et 8 p. in-4°.

Ibid., Hist., n° 3814, t. I, 36.

3835. — Mémoire pour le sieur Isidore Parfait **Mimerel**, Chapelain de la Chapelle de Notre-Dame, dite de l'Aurore, érigée dans l'Eglise Cathédrale d'Amiens, Défendeur. Contre le Sieur Jean-Baptiste Asselin, Vicaire de la Paroisse de Notre-Dame, Titulaire de la Chapelle de Saint-Eloi, érigée dans l'Eglise Cathédrale de cette Ville, de celle de Saint-Quentin, desservie dans la même Eglise ; de celle de Saint-Jacques dans l'Eglise de Saint-Remi, et de celle de Notre-Dame de la Rose, dans l'Eglise de Fricamps, Demandeur. — *Amiens*, veuve Godart, 1776 ; 44 p. in-4°.

Ibid., Hist., n° 3814, t. I.

3836. — Mémoire signifié pour les Doyen, Chanoines et **Chapitre de l'Eglise Cathédrale** d'Amiens, Seigneurs de Fontaine-sous-Cathcux, Intimés. Contre Jean Louis de Bonnaire, et encore contre Jean-Baptiste de Bonnaire, laboureurs audit Fontaine, Appellans. — *Paris*, P.-G Simon, 1779 ; 30 p. in-4°.

Au sujet des droits de la Seigneurie.
Ibid., Hist., n° 3814, t I, 39.

3837. — Mémoire pour le Sieur Jean-Baptiste **Guidé**, Chanoine vicarial de l'Eglise d'Amiens, et en cette qualité, Seigneur de la Terre et Seigneurie de Vaussoire, Intimé, Demandeur et Défendeur ; et pour les Doyen, Chanoines et Chapitre de l'Eglise d'Amiens, Intervenans : et encore pour les Sieurs Pierre-François Bondu, Gilles-Adrien Lagache, Jean-François Masson et Jean-Baptiste Godefroy, Titulaires des Prébendes vicariales de ladite Eglise, aussi Intervenans. Contre Messire Louis-Armand de Seiglière de Belleforière, Marquis de Soyecourt, Seigneur de Tilloloi, Maréchal des Camps et Armées du Roi, Appellant, Demandeur et Défendeur : Et contre les nommés Trouvé, de Puille et Consorts, le Sieur Vaconssin et Consorts, Appellans, Défendeurs et Demandeurs ; Et encore contre les Prieur et Religieux de l'Abbaye de Sainte-Corneille de Compiègne, Défendeurs et Demandeurs. — *Paris*, veuve Ballard et fils, 1785 ; 46 p. in-4°.

Bibl. H. Macqueron.

3838. — Précis pour M. l'Abbé **Guidé**, Prêtre, Chanoine de l'Eglise d'Amiens, Intimé. Contre les Sieurs Bondu et Masson, Chanoines Vicariaux de la même Eglise, Appellans comme d'abus. En présence de M. l'Evêque d'Amiens, Intervenant. *Signé* : *Fleury d'Assigny*. — *Paris*, Cellot, 1786 ; 14 p. in-4°.

Bibl. H. Macqueron.

3839. — Déclaration du **Chapitre de l'Eglise Cathédrale** d'Amiens présentée le 13 Décembre 1790, à MM. les Administrateurs du Directoire du District de la même Ville, pour être insérée en leur Procès-Verbal. — *Amiens*, J. B. Caron l'aîné, 1790 ; 8 p. in-8°.

Bibl. d'Amiens, Hist., n° 3814, t I, 45.

3840. — **Statuts du Chapitre** d'Amiens. *Du 8 octobre 1802.* — S. l. n. n. ; 3 p. in-4°.

Bibl. de M. l'abbé Gosselin.

3841. — Discours prononcé *le 11 décembre 1803* par M. le Vicaire général archidiacre du Diocèse d'Amiens, au moment de la double **Installation de M. Duminy**, Curé de la Cathédrale, et de M. Fertel, Chanoine Théologal de la même Eglise, tous deux Membres du Conseil de M. l'Evêque et Dignitaires du Chapitre. — *Amiens*, J. B. Caron ; 12 p. in-12.

3842. — Les **dignitaires de la Cathédrale** d'Amiens qui ne figurent pas dans la Gallia Christiana, par l'Abbé J. B. M. Roze. — *Amiens*, Lenoel-Herouart, 1874 ; 103 p. in-8°.

Ext de la Picardie.

II. EGLISES PAROISSIALES.

3843. — Loi Relative à la **Circonscription des Paroisses** de la Ville d'Amiens. Donnée à Paris le 26 janvier 1791. — *Paris*, Imprimerie Royale, 1791 ; 4 p. in-4°.

3844. — Notice sur l'ancienne église **Saint-Firmin-à-la-Porte** d'Amiens (1492-1710), par Robert Guerlain. — *Amiens*, Langlois, 1890 ; 20 p. in-8°.

Ext. du Dimanche.

3845. — Devotion à Jésus Crucifié erigée en Société dans l'Eglise Paroissiale de S. **Firmin** le Martyr à Amiens, dit **en Castillon**, à l'occasion d'une Croix benite avec la permission de

Monseigneur Louis-François-Gabriel d'Orléans de la Motte, Evêque d'Amiens et placée sur la Porte principale par M. Pléard, Curé de cette Eglise le 24 d'août 1745. — Amiens, veuve Charles Caron-Hubault, 1747; 60 p. in-16.

Bibl. d Amiens, Théol., n° 5943, t. I.

3846. — Dévotion à Jésus Crucifié.. à l'occasion d'une Croix bénite... le 24 Août 1745. Nouvelle édition. — Amiens, veuve Godart, 1751; 64 p. in-16.

Bibl. H. Macqueron.

3847. — Tableau exact et détaillé des revenus annuels de la Cure de S**t** **Firmin en Castillon** de la Ville d'Amiens, formé sur les Comptes de la Fabrique de cette Paroisse, sur la Déclaration fournie à la Chambre des Décimes du Diocèse en 1756 par le sieur Dutilloy, Curé, sur l'Extrait des Registres aux Baptêmes, Mariages et Sépultures depuis dix ans, délivré par le Greffier du Bailliage de ladite Ville, sur la Déclaration de six Ciriers, faite par devant Notaires pour l'estimation des Cires, sur les Comptes de Messieurs les Curés de ladite Ville, extraits aussi depuis dix ans et sur les Confréries. — S. l. n. n., 1763; placard in-folio.

Bibl. H. Macqueron.

3848. — Mémoire pour M**e** François-Bruno Guerard, Prêtre, Bachelier en Théologie de l'Université de Paris, Curé de la Paroisse de **Saint Firmin-le-Martyr, dit en Castillon,** de la Ville d'Amiens et les Marguilliers anciens et en exercice de ladite Paroisse, Intimés et Demandeurs. Contre M**e** Nicolas-Lupien Roussel, Prêtre, Chanoine Régulier de Saint Jean d'Amiens, Ordre de Prémontré, Curé de la Paroisse de Saint-Firmin-à-la-Porte, de ladite Ville, et les Marguilliers de la même Paroisse, Appellans, Demandeurs et Défendeurs. — Paris, P. G. Simon, 1769; 24 p. in-4°.

Question de paroissialité.
Bibl. A. de Caieu.

3849. — Factum pour Maîtres Jean du Mesnil et Adrien Descamps, tous deux Curez de la Paroisse de **S. Firmin le Confesseur** à Amiens, Demandeurs et incidemment Défendeurs. Contre les Marguilliers de ladite Paroisse, Défendeurs et Demandeurs. — S. l. n. n., *vers 1668*; 7 p. in-4°.

Au sujet de la perception des cires de l'église et de la fixation des jours de séances des marguilliers.
Bibl. d'Amiens, Hist., n° 3814, t. II, 6.

3850. — Réponse au factum pour les Marguilliers de la Paroisse de **S. Firmin le Confesseur,** défendeurs et demandeurs en complainte. Contre Maîtres Jean du Mesnil et Adrien Descamps, Prêtres Cures de ladite Paroisse, demandeurs et défendeurs. — S. l. n. n., *vers 1668*; 8 p. in-4°.

Ibid., Hist., n° 3814, t. II, 7.

3851. — *Arrêt, du 18 Janvier 1694, concernant la cure de l'église* S**t** **Firmin le Confesseur** *d'Amiens.*

J**al** des Aud. du Parl., par Nupied. — Paris, 1737, t. IV, p. 497 et 498, in-folio.

3852. — Mémoire pour Monsieur l'Evesque d'Amiens, Intimé et Défendeur. Contre Monsieur l'Abbé de Prémontré et Frère Louis Debonnaire Appellans comme d'abus et Demandeurs. — S. l., Charles Huguier, *1710;* 16 p. in-folio.

Au sujet de la nomination d'un curé de S. Firmin le Confesseur.
Bibl. d'Amiens, Hist., n° 3815.

3853. — Mémoire des Marguilliers de l'Eglise Paroissiale de **Saint Firmin le Confesseur** d'Amiens et Consultation de deux Avocats du Bailliage dudit Amiens, ordonnée par la Sentence de M. le Lieutenant Général audit Bailliage, du 30 Mai 1764, sur les Droits et Privilèges de l'Eglise Paroissiale dudit S. Firmin le Confesseur, résultans du Concordat fait entre les Marguilliers, Paroissiens et les Chanoines de la même

Eglise le 28 Octobre 1452. — Amiens, veuve Godart, 1765 ; 14 p. in-4°.

Anc^{ne} Bibl. de Marsy.

3854. — Précis pour les Prevot, Chanoines et Chapitre de l'Eglise Collégiale-Paroissiale de **S. Firmin-le-Confesseur** de la Ville d'Amiens ; Contre le Sieur Brandicourt, Prêtre, Curé-Vicaire perpétuel de ladite Eglise Collégiale et Paroissiale : En présence des Sieurs Marguilliers de ladite Eglise et du Syndic du Diocèse d'Amiens. — Amiens, J. B. Caron l'aîné, 1788 ; 15 p. in-4°.

Question de droits honorifiques.
Bibl. d'Amiens, Hist., n° 3811, t. II, 8.

3855. — Notice sur l'ancienne chapelle du Saint-Sépulcre de **Saint-Firmin-le-Confesseur** d'Amiens et sur diverses fondations curieuses de Simon Le Bourguignon au XVe siècle par Ferd. Pouy. — Amiens, Lemer aîné, 1865 ; 16 p. in-8°.

Ext. Mém. Soc. Ant. Pic.

3856. — L'Eglise St **Germain** d'Amiens par l'abbé Jules Corblet. — Amiens, Yvert, 1854 ; 24 p. in-12.

3857. — De la liturgie des cloches à propos d'une bénédiction de cloches à **St Germain** d'Amiens, par l'abbé Jules Corblet. — Amiens, Yvert, 1855 ; 72 p. in-12.

3858. — Histoire de l'église **St Germain** d'Amiens, ouvrage posthume de M. François Guérard. — Amiens, veuve Herment, 1860 ; 343 p. in-8°.

Ext. Mém. Soc. Ant. Pic.

3859. — *Compte rendu de l'ouvrage précédent, par M. l'abbé Corblet.*

Revue de l'art chrétien, t. V, p. 217 à 220 ; in-8°.

3860. — La Picardie historique et monumentale. Amiens, Eglise **Saint Germain l'Ecossais**. Notice par M. G. Durand. Eglises **Saint Leu** et **Saint Remi**. Notices par Edmond Soyez.

La Pic. hist. et monum., t. I, p. 109 à 195 av. 15 pl. h. t. et 20 fig. dans le texte ; gr. in-4°.

3861. — *Acte concernant la fourniture du lutrin de l'église* **St Germain** *d'Amiens.* Extrait des Minutes de Boujounier, notaire à Abbeville, 20 février 1644. Communication de M. Henri Macqueron.

Bull. Soc. Ant. Pic., t. XX, 1898-1900, p. 53 à 55, in-8°.

3862 — Office de S. Germain Descosse Martyr et Pontif, Patron de l'Eglise Paroissiale de **S. Germain** d'Amiens Pour le iour de sa Feste au second iour de May, et de l'Octaue. Le tout corrigé et rendu conforme au nouveau Bréviaire d'Amiens, et aux rubriques dudit office mises en François en faveur des Paroissiens de ladite Esglise. — *Amiens*, s. n., *1683* ; 8 p. in-24 n. num.

Bibl. Pinsard.

3863. — Office de la translation des Sacrees Reliques de **S. Germain** l'Ecossois Martyr et Pontif. — S. l. n. n. n. d. ; 16 p. in-24.

Bibl. Pinsard.

3864. — Plusieurs Habitants du faubourg de Beauvais d'Amiens à MM. les membres du conseil municipal d'Amiens, composant la commission chargée de faire un rapport sur la construction d'une **église au faubourg de Beauvais**. *Signé : Louis Fée.* — Amiens, Yvert, 1855 ; in-8°.

3865. — A M. le Maire et MM. les adjoints et membres du Conseil municipal de la ville d'Amiens. Observations sur l'emplacement d'une nouvelle **église au faubourg de Beauvais**. — Amiens, Caron, 1855 ; 7 p. in-8°.

3866. — Extrait des Registres du Parlement. *Arrêt, du 17 avril 1651, relatif à la possession de la cure de* **S. Jacques**. — S. l. n. n. ; 4 p. in-4°.

Bibl. d'Amiens, Hist., n° 3814, t. II, 6.

3867. — Extrait des Registres du Parlement. *Arrêt, du 11 avril 1652, relatif à la cure de* **S⁺ Jacques**, *rendu entre M° Jacques Avisse et M° Gabriel Rogeau.* — S. l. n. n. ; 3 p. in-4°.

Ibid., Hist , n° 3814, t. II, 4 bis.

3868. — Mémoire instructif pour Messire Antoine Glachant, Prêtre, Docteur de Sorbonne, Curé de **saint Jacques** de la Ville d'Amiens, Appellant et Demandeur. Pour M° Claude Bourse, Diacre, Appellant et Demandeur. Pour François Hemart, Marguillier en Charge et les anciens Marguilliers, au nombre de dix-huit, de la même Eglise, demandeurs en Intervention. Contre M° François Hennebert, Intimé et Défendeur. Contre Jean Francière, et Jean Avrant, et quelques Marguilliers de la même Eglise, Demandeurs en Intervention. — S. l. n. n., *vers 1700;* 4 p. in-folio.

Au sujet du droit du curé de nommer les diacre et sous-diacre.
Bibl. Pinsard.

3869. — Moyens des Lettres de Rescision obtenues par Messire Antoine Glachant, Prêtre Docteur de Sorbonne, et Curé de **Saint-Jacques** de la Ville d'Amiens. Contre les Consentemens par luy donnés à la convocation des Marguilliers pour la Nomination des Diacre et Sou-diacre, en son Eglise. — S. l. n. n., *vers 1700;* 4 p. in-4°.

Bibl. d'Amiens, Hist., n° 3815.

* **3870** — Mémoire signifié pour M° Antoine de La Court, Greffier en chef de l'Election et Grenier à Sel d'Amiens, appelant. Contre Jean-Joseph-Hyacinthe Renouard et Dame Marie-Jeanne-Françoise de La Court, son épouse, ... intimés. *Signé : de Beaubois.* — *Paris*, Lottin, 1737 ; in-folio.

Au sujet de l'église **St Jacques** d'Amiens.
Bibl. Nat¹⁰, Joly de Fleury, 2020, f° 141.

* **3871.** — Addition au mémoire et à la question de l'usure pour Antoine de la Court ... appelant. Contre Jean Joseph Hyacinthe Renouard et dame Marie Jeanne Françoyse de la Court, son épouse, ... Et contre les Curé et Marguilliers de la paroisse de **Saint-Jacques** d'Amiens. *Signé : Beaubois.* — *Paris*, Lottin, 1737 ; in-folio.

Ibid., f° 153.

* **3872.** — Mémoire pour Jean-Joseph-Hyacinthe Renouard, ... seigneur de la Chaussée ... dame Marie-Jeanne-Françoise de La Cour, son épouse et consorts, intimés. Contre M° Antoine de La Cour, ... appelant et les Curé et Marguilliers de la paroisse de **S⁺ Jacques** d'Amiens, intimés. *Signé : Raffelin.* — *Paris*, Paulus du Mesnil, 1737 ; in-folio.

Ibid , f° 198.

3873. — Notice sur la reconstruction de l'Eglise **Saint-Jacques** d'Amiens. —Amiens, Caron-Vitet, 1842 ; 16 p. in-8°.

3874. — Office solennel de S. Jacques le Majeur, Apôtre. Nouvellement dressé pour l'Eglise Paroissiale de **Saint Jacques** de la Ville d'Amiens. Selon le nouveau Bréviaire avec la vie du même saint. — Amiens, veuve Godart, 1752 ; 84 p. in-16.

Bibl. d'Abbeville.

3875. — Office solennel de S. Jacques le Majeur, Apôtre. Nouvellement dressé pour l'Eglise Paroissiale de **Saint Jacques** de la Ville d'Amiens Suivant le nouveau Bréviaire Avec la vie du même saint. — Amiens, Louis-Charles Caron, 1774 ; 80 p. in-16.

* **3876.** — Office solennel de **Saint-Jacques** le Majeur, Apôtre. Nouvelle édition. — Amiens, Caron-Berquier, 1808 ; 1 vol.

3877. — Confrérie du Saint-Rosaire de la Très Sainte Vierge avec un Office propre en latin et en français, approuvé par Mgr l'Evêque d'Amiens pour l'Eglise paroissiale de **S⁺ Jacques** le Majeur, en sa ville épiscopale. — Amiens, Caron-Vitet, 1829 ; 141 p. in-16.

3878. — Offices propres de l'église paroissiale de **S Jacques** le Majeur, traduits en français par deux jeunes demoiselles de cette paroisse : Imprimé par les soins de M. Voclin, Curé-doyen de ladite paroisse, Chanoine honoraire de l'Eglise Cathédrale d'Amiens. — Amiens, Caron-Vitet, 1831 ; XII-396 p. in-12.

* **3879.** — Hommage aux dames patronnesses de l'ouvroir de la maison de charité de **S. Jacques**, en souvenir du baptême conféré, le 10 novembre 1856, par monseigneur l'évêque d'Amiens, à une famille juive préparée par les Sœurs de Charité de la paroisse... Abjuration d'une famille juive à l'église Saint Jacques (Extrait de " l'Ami de l'Ordre " du 11 novembre 1856). (Signé: l'abbé Corblet). — Amiens, E. Yvert, s. d. ; in-8°.

Bibl. Nat¹ᵉ, Ld¹⁸⁴, n° 204.

3880. — Mémoire pour les Sieur Prévôt, Corps et Communauté des Curés de la Ville d'Amiens, Défendeurs. Contre le Sieur Nicolas Lucet, Chanoine de l'Eglise Cathédrale de cetteVille, Vice-Promoteur en l'Officialité d'Amiens, Titulaire d'une Chapelle, ou Chapellenie fondée en l'Eglise de **Saint-Laurent** de ladite Ville, Demandeur. *Signé : Trespagne.* — Amiens, veuve Godart, 1750 ; 12 p. in-folio.

Bibl. d'Amiens, Hist., n° 3815.

3881. — Addition *au mémoire précédent.* — S. l. n. n., *1750 ;* 2 p. in-folio.

Ancⁿᵉ Bibl. de Marsy.

3882. — Nouvelle addition au mémoire des Curez d'Amiens, contre le sieur Lucet, soit-disant Titulaire d'une Chapelle ou Chapellenie, fondée en l'Eglise de **Saint-Laurent** d'Amiens. *Signé : Trespagne.* — Amiens, veuve Godart, 1750 ; 5 p. in-folio.

Bibl de Galametz.

3883. — Factvm pour Frère René de Pauie, Prestre, Religieux Profez de l'Ordre de Prémonstré, Règle de S. Augustin en l'Abbaye S. Iean d'Amyens dudit Ordre, et Bachelier en Droict Canon de la Faculté de Paris, gradué nommé par l'Vniversité de ladite Ville sur l'Abbaye de sainct Martin aux Iumeaux, en la Ville d'Amyens dès le 23 Mars 1607 et pourueu en cette qualité du Prieuré Cure de **S. Leu** en ladite Ville, et encore par deuolu demandeur en interuention et appelant. Contre Frère Pierre de Metz, soydisant Religieux Profez de ladite Abbaye de S. Martin aux Iumeaux, et soydisant subrogé aux droits de F. Nicolas Berger, et de feu Christophe Mareschal et Frere Louys d'Inval intimez, deffendeurs. — S. l. n. n., *vers 1641 ;* 4 p. in-4°.

Au sujet de la possession du Prieuré-Cure de Sᵗ Leu d'Amiens.
Bibl. d'Amiens, Hist. des Relig., n° 994.

3884. — Procez d'un religieux. Plaidoyé troisiesme. Pour Frère René de Pauie Religieux Profez de l'Ordre de Prémonstré, demandeur en requeste Contre Frère Meuius Chanoine régulier defendeur. — S. l. n. n., *vers 1641 ;* 4 p. in-4°.

Au sujet de la possession du Prieuré de **St-Leu**.
Ibid., Jurisp , n° 786

3885. — Indulgence accordée par N. S. Père le Pape Alexandre VII. Avec les Statuts et Règlemens de la Confrérie du Très-Saint Sacrement, érigée en l'Eglise Paroissiale de **S. Leu** de cette Ville d'Amiens, sous le Titre de la Mission ou Division des Saints Apôtres. — Amiens, Charles Caron-Hubault, 1736 ; 108 p. in-24.

Ibid., Hist. des Religions, n° 1449.

3886. — Mémoire instructif pour les Cure et Marguilliers de la Paroisse de **Saint-Leu** contre Monsieur Louis Antoine Delacourt. *Du 20 février 1760.* — Amiens, veuve Godart ; 24 p. in-4°.

Bibl. H. Macqueron.

3887. — Cause entre le Curé de **Saint-Leu** de la ville d'Amiens, et les Religieuses du Tiers-Ordre de Saint-François de la même Ville. Droit de sépulture.

Gaz. des Trib., 1781, t. II, p. 401 et 402 ; in-12.

3888. — Discours prononcé *le 19 août 1804* par M. le Vicaire-Général Archidiacre, administrant par intérim le Diocèse d'Amiens, lors de l'Installation de M. Etienne Claude Caron, Successeur de M. Delignières dans la Cure de **Saint Leu**. — Amiens, J. B. Caron l'ainé, an 12, 1804 ; 8 p. in-12.

3889. — *Lettres de M. Loyer.* Deux mots à MM. Gaudissart, Curé de la paroisse **Saint Leu** et Delacourt Prêtre desservant de la Chapelle Saint-Honoré, au faubourg de Beauvais. — Amiens, 1840, Alfred Caron ; 12 p. in-24.

3890. — L'Office de Saint Leu Archevêque de Sens, à l'Usage de l'Eglise Paroissiale de **Saint Leu** d'Amiens. — Arras, Urbain César Duchamp, 1732 ; 187 p. in-12.

Bibl. d'Amiens, Théol., n° 1635.

3891. — L'Office dv S. Sacrement et les Reglemens de la Confrérie érigée dans la Paroisse de **S. Martin** d'Amiens. — Paris, Charles Fosset, M.DC.LXVIII ; 338 p. in-16.

Ibid., Théol., n° 1593.

3892. — Mémoire pour M° Louis du Castel, Prêtre, Curé de la Paroisse de **S. Martin** de la Ville d'Amiens, Intimé Contre M° Louis Collar, Prêtre, Appelant. — *Paris*, Paulus-du-Mesnil, 1743 ; 9 p. in-folio.

Contestation pour la possession de la cure.
Ibid.. Hist., n°-3815.

3893. — Mémoire pour M° Honoré Palyart, Prêtre du diocèse d'Amiens, Bachelier en Théologie de la Faculté de Paris, Curé de **Saint Martin** d'Amiens. Contre M° Joseph Roblot, Prêtre, Maître-ès-Arts de l'Université de Paris. Et encore contre M° Claude-Louis Colart, ancien Curé de la Paroisse Saint-Martin. — *Paris*, Cellot, 1766 ; 26 p. in-4°.

Au sujet de la possession de la cure.
Ibid., Jurispr., n° 841, t. V.

3894. — Observations sur délibéré pour l'Abbé Palyart, Curé de **Saint Martin** de la Ville d'Amiens contre l'abbé Roblot, prétendant droit au même Bénéfice. — *Paris*, Cellot, 1766 ; 8 p. in-4°.

Ibid.

3895. — Consultation servant de réponse au mémoire du sieur Palyard pour M° Joseph Robelot, Prêtre du Diocèse d'Amiens, Maître-ès-Arts de l'Université de Paris, et Résignataire de la Cure de **Saint-Martin** de ladite Ville d'Amiens, Appellant, Defendeur et Demandeur. Contre M° Claude-Louis Collart, Prêtre, ci-devant Curé de ladite Paroisse de Saint Martin d'Amiens, Résignant, Intimé, Demandeur et Defendeur. Et M° Honoré Palyard, Prêtre du Diocèse d'Amiens, se disant Curé de ladite Paroisse de Saint Martin d'Amiens, Intervenant, Defendeur et Demandeur. — Paris, Chardon, 1766 ; 26 p. in-4°.

Ibid.

3896. — Lettre de Mgr l'Evêque d'Amiens à M. l'abbé de Guillebon, Curé de **Saint-Martin**, pour la construction de son Eglise. *Du 6 janvier 1869.* — Amiens, Lenoel-Herouart ; 8-3 p. in-4°.

3897. — L'Office de **Saint-Maurice** et de ses Compagnons, Martyrs. — Amiens, Charles Caron-Hubault, 1841 ; 60 p. in-8°.

Bibl. d'Amiens, Théol., n° 1638.

3897 *bis*. — Mémoire pour Messire Nicolas de Lestocq, prêtre, docteur de la maison et société de Sorbonne, doyen de l'église cathédrale d'Amiens, en cette qualité curé de la paroisse de Notre-Dame, demandeur en complainte, et pour les prévost, chanoines et chapitre de ladite église cathédrale intervenans. Contre M° Jean Joseph Dufresne, prêtre, docteur en Sorbonne, curé de la paroisse de St **Michel** d'Amiens. — 1733; 4 p. in-folio.

Arch. dép. de la Somme, G, 730.

3898. — De par le Roi. *Ordonnance, du 23 février 1763, ordonnant l'interdiction de l'église* St **Michel**, *pour cause de vétusté.* — S. l. n. n.; plac. in-folio.

Arch. dép. de la Somme, C, n° 2004.

***3898** ^{bis}. — Factum pour Me Guillain Lucas, chanoine prébendé en l'église **St Nicolas au Cloistre** d'Amiens, appellant d'une sentence rendue par le prévost de Paris le 28 aoust 1658... — 3 p. in 4°.

Arch. dép. de la Somme, G, 1099.

* **3899**. — Factum pour Me Edme Gorillon... chanoine prébendé en l'église collégiale de **Saint-Nicolas**-au-Cloître d'Amiens..., contre Me Guillain Lucas, prétendant droit en ladite chanoinie et prébende, appelant de la sentence rendue par le prévôt de Paris, en son lieutenant le 28 août 1658. — S. l. n. n.; in-4°.

Bibl. Nat^{le}, Rec. Thoisy, 286, f° 294.

3899 ^{bis}. — Remarques et observations pour Me Edme Gorillon, clerc tonsuré du diocèze de Paris, chanoine prébendé en l'église St Nicolas au Cloistre d'Amiens, intimé... — 7 p. in-4°.

Arch. dép. de la Somme, G, 1099.

3900. — Sommaire dv procez d'Entre les Doyen, Chanoines et Chapitre de l'Eglise Cathédrale d'Amiens, Interuenans. Et M° Edme Gorillon, Clerc du Dioceze de Paris, soy disant pourveu d'une Chanoinie et Prébende en l'Eglise Collégiale de **Sainct-Nicolas** au Cloistre d'Amiens, Deffendeur Servant de réponse av factvm fait en la mesme Affaire de la part dudit Gorillon. — S. l. n. n. n. d.; 15 p. in-4°.

Bibl. d'Amiens, Hist., n° 3814, t. I, 10.

* **3901**. — Addition au factum du procès d'entre Me Edme Gorillon.... chanoine prébendé en l'église collégiale **Saint-Nicolas**-au-Cloitre d'Amiens... contre Me Guillain Lucas, prétendant droit en ladite chanoinie... — S. l. n. n. *vers 1658;* in-4°.

Bibl. Nat^{le}, Rec. Thoisy, 286, f° 298.

3902. — Factum pour les Chanoines de **S. Nicolas** de la ville d'Amiens, demandeurs. Contre les Prestres de la Congrégation de la Mission, établis au Séminaire de cette mesme Ville, défendeurs. — S. l. n. n., *1684*; 4 p. in-4°.

Au sujet des prétentions qu'avaient les missionnaires sur certaines propriétés de l'église et sur l'église même de St-Nicolas.

Bibl. d'Amiens, Hist., n° 3814, t. II, 17.

3903. — Collégiale **Saint Nicolas** à Amiens Département de la Somme.

Antiq. nation. de Millin. — Paris, Drouhin, an VII, t. V, p. 1 à 6 av. 1 pl.; in-4°.

3904. — Ville d'Amiens. Concours pour la construction de trois églises (**St Pierre**, *St Honoré, Longpré-les-Amiens*). — Amiens, Alfred Caron, *1855*; 18-2 p. in-8° av. plans.

3905. — Ville d'Amiens. Résultat du concours d'architecture pour la construction de trois églises (**St Pierre**, *St Honoré, Longpré-les-Amiens).* — Amiens, Alfred Caron, Mars 1856; 18 p. in-8° av. pl.

3906. — Observations et Conclusions définitives soumises à Monsieur le Président et Messieurs les Membres du Conseil de Préfecture du département de la Somme dans l'intérêt de Massenot, architecte, en réponse au dernier Mémoire de la ville d'Amiens, sur les Excédants de dépense de l'Eglise de **Saint-Pierre**. — Paris, Charles Jouaust, *1859*; 28 p. in-4°.

3907. — Réponse à la requête présentée au Conseil de Préfecture du département de la Somme par M. le Maire d'Amiens, relativement aux excédants de dépense de l'Eglise de **Saint-Pierre**, soumise à MM. les Président et Membres du Conseil de Préfecture par Massenot, architecte inspecteur diorésain. — Paris, Charles Jouaust, *1859;* 21 p. in-4°.

3908. — Discours prononcé *le 19 février 1804*, par M. le Vicaire Général, Archidiacre du Diocèse d'Amiens, au moment de la mise en possession de M. Fouquerel, curé-Desservant de la Paroisse de **Saint-Remy**. — Amiens, J. B. Caron l'aîné ; 7 p. in-12.

3909. — Allocution prononcée par M. l'Abbé Léraillé, Curé-Doyen de **Saint-Remi**, Vicaire Général du Diocèse, le jour du 50° anniversaire de sa promotion au Sacerdoce. — Amiens, Lenoel-Herouart, s. d. ; 12 p. in-8°.

3910. — La cure de **Saint-Remy**, l'hospice Saint-Charles et le Couvent de la Providence ou des Filles de Sainte-Geneviève d'Amiens. — Amiens, T. Jeunet, 1861 ; 11 p. in-8°.

3911. — Deux Evêques, *(Nicolas de la Couture et Nicolas Lagrené)* enterrés à Amiens au XVI° siècle *dans l'église St Remi et à l'Abbaye St Jean, par Charles Salmon.*

Le Dimanche, 1875, t. II, p. 201 à 205 ; in-8°.

3912. — Note sur un évangéliaire de l'église **Saint-Remy** d'Amiens, par M. Poujol de Fréchencourt.

Bull. Soc. Ant. Pic., t. XVI, p. 236 à 238 ; in-8°.

3913. — Notice historique sur l'église de **Saint-Remi** à Amiens, par le Président de Roquemont. — Amiens, Piteux, 1890 ; pet. in-4° de 40 p. av. 3 pl.

3914. — Mémoire sur l'ancienne église des Cordeliers d'Amiens (**Saint-Remy**) et sur les fouilles qui suivirent sa démolition, par R. de Guyencourt. — Amiens, Yvert et Tellier, 1891 ; 74 p. in-8° av. fig.

Ext. Mém. Soc. Ant. Pic.

3915. — Eglise **Saint-Remi** d'Amiens. Souvenir de la Bénédiction et de l'Inauguration des Grandes Orgues le 11 Février 1900. — Amiens, Piteux frères, 1900 ; 30 p. in-8°.

3916. — L'Office de **Saint-Remy**, Archevêque de Reims et Confesseur. — Amiens, Charles Caron-Hubault, 1717 ; 86 p. in-12.

Bibl. d'Amiens, Théol., n° 1642.

3917. — La dévotion au Sacré-Cœur de Jésus, Erigée en Société en l'Eglise de **Saint-Remy**, et dans plusieurs Paroisses du Diocèse. Imprimé par ordre de Monseigneur l'Evêque d'Amiens. — Amiens, veuve Charles Caron-Hubault, 1719 ; 184 p. in-24.

Ibid., Théol., n° 1600.

3918. — Divo Remigio Archiepiscopo Remensi et Confessori. *In fine.* Hos Hymnos nobilissimo et clarissimo Domino Joanni-Baptistæ Pingré, Ecclesiæ Ambianensis Canonico-Scholastico dicat, dedicat, Josephus-Antonius Dinouart, Ambiacus. Ad usum Parochialis Ecclesiæ **S. Remigii** Ambiaci. Ex licentiâ Illustrissimi Episcopi Ambiaci, 1737. — 4 p. in-12.

Bibl. Soc. Ant. Pic.

3919. — Illustrissimo ac Reverendissimo Episcopo D. Domino Ludovico-Franc-Gabrielli de la Motte d'Orléans Dicat-dedicat Hymnos Josephus Ant. Dinouart Ambiacus. — Ambiaci, Caron-Hubault, M.DCC.XXXVIII ; 6 p. in-16.

In fine : Canebat Josephus Dinouart ad usum parochialis Ecclesiæ sancti **Remigii** Ambiaci.

Ibid.

3920. — Manuel de l'archiconfrérie de Notre-Dame-du-Suffrage érigée canoniquement dans l'église de **Saint-**

Remi d'Amiens. — Amiens, Lenoel-Herouart, 1859 ; 120 p. in-16.

3921. — *Arrêt, du 2 janvier 1691, relatif à la possession de la cure de St Sulpice, d'Amiens.*
Jal des Aud. du Parl. — Paris, 1757, t. IV, p 303 et 304 ; in-folio.

3922. — La cloche de **Saint Sulpice** d'Amiens. *Signé : C. de Warloy.*
La Tradition, année 1887, p. 206 à 208 ; in-8°.

3923. — **Eglise réformée**. Oratoire d'Amiens. Rue des Lirots. Fête du Roi, 1er mai 1844. — Amiens, Duval et Herment, 1844 ; 11 p. in-8°.

* **3924.** — **Eglise réformée** d'Amiens. Installation des anciens du consistoire (20 septembre 1844). — Amiens, Duval et Herment; in-8°.
Bibl Nat¹ᵉ, Ld¹⁷⁸, n° 4.

* **3925.** — **Eglise réformée** de France. Inauguration du temple d'Amiens (Poésie). 1845.
Ibid.

3926. — Réponse à l'appel, fait à la raison et à la conscience des habitants de la ville d'Amiens, *par Martial Roussel.* — Amiens, Caron et Lambert, s. d. ; 23 p. in-8°.
Au sujet d'attaques faites par M. Puaux, **ministre protestant,** contre les sermons de M. Combalot.

3927. — Seconde réponse à M. Puaux ou Réfutation de sa Messe sans voiles suivie de : Un mot sur la dernière brochure de M. Puaux intitulée : Défense de mon appel à la raison et à la conscience des habitants d'Amiens contre l'écrit de Mr M. R., *par Martial Roussel.* — Amiens, Caron et Lambert, s. d. ; 39 p. in-8°.

3928. — Troisième réponse à M. Puaux ou quelques Observations sur sa manière de discuter les questions religieuses. *par Martial Roussel.* — Amiens, Caron et Lambert, s. d. ; 16 p. in-8°.

III. COUVENTS D'HOMMES.

§ 1. ABBAYE DE St ACHEUL · LES AUGUSTINS ET LES JÉSUITES.

3929. — Histoire de l'Abbaye de **Saint-Acheul**-lez-Amiens, étude de son temporel au point de vue économique par Joseph Roux. — Amiens, Yvert et Tellier, 1890 ; IV-616 p. in-4° av. 7 pl. et 19 fig.
Ext. Mém. Soc. Ant. Pic.

3930. — Charte de Roric, évêque d'Amiens, pour l'établissement des chanoines réguliers à **Saint-Acheul**. 1085.
Act de la prov. eccl. de Reims..... par Mgr Gousset, t. II, p. 95 a 97 ; in-4°.

3931. — Institutio **Canonicorum** Ordinis S. Augustini et jurium Decani Ambianensis confirmatio per Garinum Episcopum.
Spicilège de d'Achery, édᵒⁿ de 1723, t VII, p. 494 ; in-folio.

3932. — Factum pour les Abbé et Chanoines Reguliers de l'Ordre de saint Augustin de la Congregation de France, de l'Abbaye de **Saint Acheul** Contre Michel Blin et ses Cautions, Sous-Fermiers des Aydes de l'Election d'Amiens. — S. l. n. n.. *1700* ; 4 p. in-folio.
Refus de paiement d'impôts parce que l'Abbaye n'est pas dans la banlieue d'Amiens
Toutes les pièces concernant St Acheul qui n'ont pas d'indication particuliere sont à la Bibl d'Amiens, Hist , n° 3823.

3933. — Ordonnance de Monsieur le Bailly de l'Abbaye de **Saint Acheul** *défendant tous jeux de hasard dans la Seigneurie de la Neuville ; du 21 novembre 1710.* — S. l. n. n. ; placard in-folio.

3934 — Mémoire signifié pour les Abbé, Prieur et Chanoines Reguliers de l'Abbaye de **Saint Acheul**-les-Amiens, Intimés et Demandeurs Contre les nommés Evrard et Luce Defendeurs Et encore contre les Manans et Habitans du Faubourg d'Amiens, dit le Faubourg de Noyon, et les Maire et Echevins d'Amiens, 'Appellans. — *Paris*, veuve André Knapen, 1739 ; 6 p. in-folio.

Au sujet du droit de pâture sur les terres de l'Abbaye.

3935. — Memoire signifié pour les Abbé, Prieur et Chanoines Réguliers de **S. Acheul**-lès-Amiens, Appellans d'une Sentence rendue contr'eux par défaut au Bailliage d'Amiens Contre le Sieur Fontaine, Marchand Epicier en la même Ville, Intimé. — *Paris*, veuve André Knapen, 1741 ; 21 p. in-folio.

Au sujet d'une maison de la rue Neuve qui devait un cens à l'Abbaye.

* **3936.** — Mémoire pour les Prieur et Chanoines réguliers de l'Abbaye de **Saint-Acheul**-lès-Amiens, défendeurs et demandeurs en garantie ; Contre M° Jean-François Cochin, procureur au conseil, demandeur. Et encore contre M° Jean-Blondel, curé de Teufles, défendeurs. *Signé : Houlette*. — *Paris*, V°° Knapen, 1742 ; in-folio.

Relatif au paiement des honoraires de M° Cochin, à propos du procès des chanoines contre Jean Blondel.
Bibl. Nat^{le}, f° Fm 14913.

* **3937.** — Mémoire signifié pour Philippe de Fontaine, marchand épicier en la ville d'Amiens, contre les religieux prieur et couvent de l'abbaye de **Saint-Acheul** près Amiens... *Signé : Chantreau*. — *Paris*, J. Lamesle, 1743 ; in-folio.

Bibl. Nat^{le}, f° Fm, 6100.

3938. — Mémoire pour les Chanoines Réguliers de l'**Abbaye de Saint-Acheul** d'Amiens, Ordre de Saint-Augustin, Congrégation de France, Demandeurs. Contre Messire Nicolas de l'Estocq, Prêtre, Docteur de la Maison et Société de Sorbonne, Abbé Commandataire de ladite Abbaye, Deffendeur. Et encore contre le Sieur Martin le Sot, Entrepreneur de Batimens, Intervenant. — *Paris*, J. Lamesle, 1752 ; 13 p. in-folio.

Question de savoir qui devait payer les réparations de l'Abbaye.

3939. — Mémoire signifié pour Messire Nicolas de Lestocq, Docteur de la Maison et Société de Sorbonne, Abbé Commendataire de l'Abbaye de **Saint-Acheul**, Défendeur. Contre les Prieur et Chanoines Réguliers de la même Abbaye, Demandeurs Et Martin Le Sot. Hortillon ou Marescher et Sergent de ladite Abbaye, soi disant Entrepreneur de Batiment, aussi Demandeur. — *Paris*, Ballard, 1753 ; 22 p. in-folio.

3940. — Mémoire signifié pour les Prieur et Chanoines Réguliers de l'Abbaye de **Saint Acheul**, Congrégation de France, Diocèse d'Amiens. Demandeurs. Contre Messire Agricole de Blant de Brantes, Abbé Commendataire de la même Abbaye. Deffendeur. — *Paris*, J. B. Lamesle, 1756 ; 8 p. in-folio.

3941. — Elèves du petit séminaire de St **Acheul**. Années 1823 et 1824. — Amiens, Ledien-Canda ; 81 p. in-24.

3942. — D. O. M. In minori Seminario **sancti Acheoli** Solemnis Præmiorum Distributio Die 23 Augusti anno 1825. — Ambiani, apud Ledien-Canda ; 26 p. in-8°.

3943. — Discours d'une Huître, à son retour de **Saint-Acheul**. — Paris, Doyen, *1826* ; 16 p. in-32.

3944. — Réponse de M. Dupin aîné, avocat à la Cour Royale de Paris, aux calomnies répandues contre lui par quelques journaux, à l'occasion de sa visite à **Saint-Acheul** en juin 1826. — Paris, Everat ; 4 p. in-8°.

3945. — L'intérieur de **Saint Acheul**, peint par M. le Comte de... l'un de ses anciens élèves. — Paris, Delangle, 1828 ; 164 p. in-8°.

Violent pamphlet contre les Jésuites.

3946. — Lettre pastorale de Mgr l'Evêque d'Amiens à l'occasion des calomnies répandues contre les prêtres qui dirigent le petit séminaire de **Saint-**

Acheul. *Du 12 juin 1828*. — Amiens, J. Boudon-Caron ; 4 p. in-4°.

Voir aussi Tablettes du Clergé, juillet 1828, p. 10 et 11, in-8°.

3947. — Souvenirs de **Saint-Acheul**... ou Vie de quelques jeunes étudiants... — Amiens, Caron-Vitet, 1828 ; 471 p. in-18.

3948. — Souvenirs des petits séminaires de **Saint-Acheul**... Vies de plusieurs jeunes étudiants élevés dans ces huit petits séminaires. — Paris, Société catholique, 1830 ; 2 vol. in-12 de 218 p. et 230 p.

3949. — Souvenirs de **Saint-Acheul** et d'autres établissements français dirigés par les Pères de la Compagnie de Jésus, depuis le mois d'octobre 1814 jusqu'au mois d'avril 1857 : ou Vies de plusieurs jeunes Etudiants élevés dans ces maisons d'éducation, recueillies et mises en ordre par le R. P. Guidée. — Paris, Douniol, 1859 ; 462 p. in-12.

3950. — **Saint-Acheul**, *par J. Jouancoux*.

Arch. de Pic., t. I, p. 241 à 252 ; in-8°.

3951. — Notice sur **Notre-Dame de Saint-Acheul** ancienne Cathédrale d'Amiens *par P. Godefroy*. — Amiens, Caron et Lambert, 1854 ; 42 p. in-18.

3952. — Amiens et **Saint-Acheul**. Les trappistes et le comte de Boubers.

Mém. de M Dupuis. — Paris, Plon, 1855, t. I, p. 218 à 227 ; in-8°.

3953. — L'Eglise **Notre Dame de Saint Acheul**. Le Tombeau de Saint-Firmin *par Ch. Salmon*. Extrait du Dimanche. — Amiens, Langlois, 1877 ; 14 p. in-8°.

3954. — Les sculptures relatives à Saint-Firmin le Martyr dans la **crypte de Saint-Acheul** (xvi° siècle). Communication de M. Pouy.

Bull. arch. du Com., 1889, p. 205 et 206 ; in-8°.

§ 2. Couvent et Collège des Jésuites.

3955. — Recit véritable dv procédé tenu par Monseigneur l'Illustrissime Evesque d'Amiens svr qvelqves sermons du **P. le Iuge Iésuite**, avec les Procez-Verbaux et autres pièces iustificatiues pour seruir de défenses aux Sieurs de Labadie Prestre Chanoine en l'Eglise de S. Nicolas d'Amiens et M° Dabillon, Prestre et Docteur en Théologie. — Procez verbal contenant la declaration du Recteur du College des Iesuites d'Amiens à la descharge des sieurs de Labadie et Dabillon. — Procez-verbal contenant le desadueu fait en public ès Esglises de Nostre Dame d'Amiens et de S. Leu des quatorze propositions faussement imposées aux sieurs de Labadie et Dabillon. — S. l. n n., 1644 ; 16 p. in-4°.

Bibl. de Bonnault.

3956. — *Ordonnance de l'Officialité d'Amiens, enjoignant aux Curés de faire livrer par leurs paroissiens les exemplaires du Récit véritable... Du 23 juillet 1644.* — S. l. n. n. ; placard in-folio.

Bibl. d'Abbeville.

3957. — Veritable declaration des favssetez contenves dans vn imprimé que l'on fait courir par tout le Diocese d'Amiens et ailleurs, intitulé : Recit veritable du procédé tenu par Monseigneur d'Amiens, sur quelques sermons preschez par le **P. le Iuge Iésuite**, M.DC XLIV. — S. l. n. n. ; 28 p. in-8°.

Bibl. de Bonnault.

3958. — *Excommunication prononcée par les Vicaires généraux d'Amiens contre les auteurs de Véritable Déclaration des faussetés contenues dans un Imprimé... ayant pour titre : Récit véritable du procédé tenu par Monseigneur d'Amiens, sur quelques Sermons préchés par le **P. le Juge**, Jésuite. Du 16 septembre 1644.* — S. l. n. n. ; placard in-folio.

Bibl. d'Abbeville.

3959. — Bref de Nostre Sainct Père le Pape Innocent X, en faveur des Rectevr et Iesuites du College d'Amiens, sur l'appel comme de Iuge incompetent des procedures faites pardeuant l'Official de Monseigneur l'Euesque d'Amiens, contre les nommez Antoine Feuquière et Christophle le Iuge, Iesuites, appellans, accusez de Schisme et scandale public causé dans ledit Diocese d'Amiens : et d'estre fauteurs, complices et distributeurs du libelle diffamatoire intitulé : Declaration des faussetez, etc.

Auec les lettres de relief d'appel comme d'abus, de l'exécution dudit Bref, et de ce qui s'en est ensuiuy : Ensemble les Lettres patentes, Edicts, Arrests et autres actes.

Pour seruir en la cause d'appel comme d'abus, interietté par Maistre Louys Pecoul, Promoteur en l'Officialité d'Amiens, et faire voir que les Iesuites ne sont establis et restablis en France, qu'à la charge que l'Evesque Diocésain conformément à leur Declaration, aura toute surintendance, iurisdiction et correction sur la Société : Et que les Freres d'icelle ne feront au spirituel ny au temporel aucune chose au préiudice des Euesques, ains seront tenus se conformer entièrement à la disposition du droict commun. — A Paris, s. n., M.DC.XLV ; 88 p. in-4°.

Cette pièce renferme de nombreux documents sur le Collège des Jésuites d'Amiens.
Bibl. d'Amiens, Hist., n° 3816, 1.

3960. — Svitte des Pieces et Actes servans en la cause de l'appel comme d'abus, interjette par maistre Louys Pecoul Promoteur en l'Officialite d'Amiens, de l'execution du Bref de nostre S. Pere le Pape Innocent X, donne en faueur des Recteur et Iesuites du College d'Amiens, sur l'appel comme de Iuge incompetent des procedures faites par deuant l'Official de Monseigneur l'Euesque d'Amiens, contre les nommez Antoine Feuquiere, et Christophle le Iuge, Iesuites, appellans, accusez de schisme et scandale public. cause dans ledit Diocese d'Amiens, et d'estre fauteurs, complices, et distributeurs du libelle diffamatoire intitulé : Declaration des faulsetez, etc.

Pour monstrer que ledit Seigneur Euesque d'Amiens est en possession d'exercer sur les Iesuites du College d'Amiens, conformément à l'establissement et restablissement de leur Société au Royaume de France, et en ladite ville d'Amiens. — Paris, s. n., M.DC.XLV ; 5 p. in-4°.

Ibid., Hist., n° 3816, 2.

3961. — Arrest dv Conseil privé dv Roy, dv dernier Iuillet 1646, par lequel les nommez Antoine Feuquiere, et Christophle le Iuge, Iesuites du College d'Amiens, appellans comme de Iuge incompetent des procedure et Decrets de prise de corps decernez contre eux par l'Official d'Amiens. Et le Promoteur de l'Officialité dudit Amiens, appellant comme d'abus de l'execution du Bref par eux obtenu en consequence de l'Arrest dudit Conseil du 27 Octobre 1644 portant qu'ils se pouruoiroient en Cour de Rome sur ladite incompetence, sont remis en tel estat qu'ils estoient avant ledit Arrest du 27 Octobre. — Paris, Antoine Vitre, 1646 ; 8 p. in-8°.

Bibl. d'Abbeville.

3962. — Reqveste des Cvrez d'Amiens, presentee à Monseigneur leur Euesque le 5 Iuillet 1658 Contre un livre intitulé : Apologie pour les Casuistes Auec le Factum qu'ils luy ont aussi presenté le 27 du mesme mois, et les extraits des Escrits, dictez dans le College d'Amiens par trois **Iesuites** (*les PP. Longuet, de Lessau et Poignant*), Professeurs des Cas de conscience, contenans les mesmes ou semblables erreurs que l'Apologie. — S. l. n. n. n. d. ; 19 p. in-4°.

Ibid.

3963. — Plainte de la Ville d'Amiens contre vne entreprise des **Iesuites** de la mesme Ville *qui voulaient agrandir leur église sur le terrain du Cimetière Saint-Denis.* Le 8 Mars 1644. — S. l. n. n.; 4 p. in-4°.

Bibl. d'Amiens, Hist., n° 3816, 4.

3964 — Reqveste des Cvrez de la Ville d'Amiens à Monsieur Ioyeux, Prestre, Docteur en Theologie de la Faculté de Paris, Prevost, Chanoine de l'Eglise Cathedrale et Vicaire general de Monseigneur l'Illustrissime Evêque d'Amiens *contre les agissements du P. Martin, Recteur des* **Jésuites**; presentée le Vendredy septieme Decembre 1674. — S. l. n. n.; 4 p. in-4°.

Ibid , Hist., n° 3816, 5.

3965. — Reqveste des Cvrez d'Amiens Contre les **Iesuites** de la mesme Ville. A Monseigneur Monseigneur l'Illustrissime et Reverendissime Evesque d'Amiens. — S. l. n. n., *1676;* 11 p. in-4°.

Ibid., Hist., n° 3816, 6.

3966. — Factum des Curés d'Amiens soussignez, Demandeurs sur Requêtes des 7 Decembre 1674 et 11 Octobre 1675. Contre le P. Martin Recteur du College dudit Amiens et les autres **Jesuites** y demeurans Defendeurs.

A ce que faisant droit sur lesdites Requêtes, la Congrégation, dite de la bonne Mort, érigée en l'Église des Defendeurs, soit interdite conformement au Statut du Diocèse, comme n'ayant point été Canoniquement établie: En consequence le Bref d'Indulgence y accordé, déclaré subreptice, et celuy de la pretendue Prorogation d'un autre Bref pour la Communion generale faux ou supposé; avec deffenses aux Defendeurs d'afficher ou faire afficher plus les Indulgences de l'un et l'autre Bref, sous les peines de Droit. Ensemble que la qualité de Commissaire deputé en cette Partie par Sa Majesté sur laquelle qualité les Defendeurs pretendent de contester ici, sera rayée de leurs Escritures comme etant en cette partie ladite qualité injurieuse de l'Episcopat et particulièrement à Monseigneur l'Evêque d'Amiens, et les Defendeurs condamnez aux dépens. 11 janvier 1676. — S. l. n. n.; 12 p. in-4°.

Ibid., Hist., n° 3816, 7.

3967. — Ordonnance de Monseigneur l'Evesque d'Amiens, sur le different arrivé entre les Curés et les **Jésuites** de la Ville d'Amiens, à l'occasion des Confessions Paschales. *Du 31 Mai 1686.* — S. l. n. n.; 6 p. in-4°.

Ibid., Théol., n° 1858.

3968. — Recueil de toutes les pièces qui concernent le different du P. Jacques Desmothes, Prestre de la Compagnie de Jesus, et Predicateur du College des **Jesuites** d'Amiens avec les Curez de la mesme Ville, touchant la Confession Paschale. Et le Jugement definitif que Monseigneur l'Archevêque Duc de Reims, premier Pair de France, a rendu sur cette affaire, le vingtdeuxième Mars 1687. On y a joint quelques autres Pièces curieuses, qui regardent la jurisdiction et la dignité de l'Eglise Métropolitaine de Reims. — Paris, François Muguet, MDCLXXXVII; 150 p. in-4°.

Bibl. H. Macqueron.

3969. Ordonnance de Monseigneur l'Evêque d'Amiens svr le different arrivé entre les Curés et les **Jesuites** de la Ville d'Amiens à l'occasion des Confessions Paschales. — S. l. n. n., *1687;* 34 p. in-4°.

Bibl. d'Amiens, Hist , n° 3816, 8.

3970. — Jugement de Monseigneur l'Archevêque, Duc de Reims, premier Pair de France, etc. Sur un appel interjetté devant lui par tous les Curez de la Ville d'Amiens d'une Ordonnance rendue par M. l'Evêque d'Amiens le dernier jour de May 1686 sur une contestation survenue entre lesdits Curez et Frere Jacques Desmottes, Predicateur du College des **Jesuites** de ladite ville d'Amiens, à l'occasion de la Confession Paschale. Ledit jugement rendu à Reims par mondit Seigneur l'Archevêque le vingt-deuxième jour de Mars, veille du Dimanche des Rameaux, mil six cens quatre vingt sept. — S. l. n. n. ; 12 p. in-4°.

Autre édition avec le titre suivant : Décision catholique, conformément aux conciles, touchant la confession de Pâques Du 22 Mars 1687. — S. l. n. n. ; 11 p. in-4°.

Ibid , Hist., n° 3816, 11.

3971. — Ordonnance de Monseigneur l'Illustrissime et Reverendissime Évêque d'Amiens pour la jurisdiction des Evêques et des Curez, au sujet d'un écrit publié dans son Diocèse, intitulé : Propositions du **Père des Timbrieux**, etc. — Amiens, Michel Neufgermain, M.DC.XCVII ; 24 p. in-24.

Ancⁿᵉ Bibl. de Marsy.

3972. — Ordonnance de Monseigneur l'Illustrissime et Reverendissime Evesque d'Amiens, au sujet d'un Ecrit publié dans son Diocèse intitulé : Propositions du Père des Timbrieux, *professeur de théologie au collège des* **Jésuites** *d'Amiens*, etc. *Du 29 Avril 1697*. — S. l. n. n. ; 3 p. in-4°.

Bibl. Pinsard.

3973. — Mémoire pour le Syndic des Peres **Jesuites** du Collège de la Ville d'Amiens, auquel est uni le Prieuré-Cure de Pomponne, Intimé et Défendeur. Contre Frere André François Dapougny, prétendant droit à ce Prieuré à titre de dévolut, Appellant comme d'abus de l'union, et Demandeur en opposition. — *Paris*, J. Guillau, 1718 ; 12 p. in-folio.

Bibl. H. Macqueron.

3974. — Arrest notable dv grand Conseil, qui a déclaré abusive l'union du Prieuré Cure de Pomponne au Collège des **Jesuites** d'Amiens. Du 24 Septembre 1718. — *Paris*, C. L. Thiboust ; 4 p. in-4°.

Bibl. d'Amiens, Théol., n° 7331, t. VI.
Voir aussi Recueil des Actes conc. le clergé de France, t X, col. 2037 à 2047 ; in-folio.

* **3975**. — Mémoire pour frère André-François Dappougny... prieur curé de Pomponne... contre les... **Jésuites** du collège d'Amiens, demandeurs en cassation d'un arrêt contradictoire du grand conseil du 24 septembre 1718, qui a déclaré qu'il y avait abus dans l'union du prieuré-cure de Pomponne au collège d'Amiens. — S. l. n. n. n. d. ; in-folio.

Bibl. Natˡᵉ, f° Fm, 4407.

* **3976**. — Mémoire pour les Pères **Jésuites** du collège d'Amiens... contre le frère André François d'Apougny... *Signé : Clavyer*. — Paris, L. Vaugou, *1718* ; in-folio.

Ibid., f° Fm, 201.

* **3977**. — Mémoire pour frère André-François d'Appougny, prieur-curé de Pomponne, contre les PP. **Jésuites** du collège d'Amiens et maître Julien Charpentier. *Signé : Capon*. — Paris, A. Valleyre, *1718* ; in-4°.

Ibid., 4° Fm, 653.

* **3978**. — Mémoire pour frère André-François Dappougny... *contre les* **Jésuites** *d'Amiens*. — S. l. n. n., *1718*; in-folio.

Ibid., f° Fm, 4408.

3979. — Denonciation à Monseigneur l'Illustrissime et Reverendissime Evêque d'Amiens, de plusieurs Propositions pernicieuses, soûtenues et enseignées au College des Reverends PP. **Jesuites**, *par François Masclef ; du 8 septembre 1719*. — S. l. n. n. ; 8 p. in-4°.

Bibl. d'Amiens, Hist., n° 3816, 12.

3980. — Seconde denonciation à Monseigneur l'Illvstrissime et Reverendissime Evêque d'Amiens, de plusieurs Propositions pernicieuses, soûtenues et enseignées dans le College des Reverends Peres **Jesuites**, *par François*

Masclef; du 17 Octobre 1719. — S. l. n. n. ; 12 p. in-4°.

Ibid.. Hist , n° 3816, 13.

3981. — Troisième denonciation à Monseigneur l'Illvstrissime et Reverendissime Evêque d'Amiens, de plusieurs Propositions pernicieuses, soûtenues et enseignées au College des Reverends Peres **Jesuites**, *par François Masclef; du 9 novembre 1719.* — S. l. n. n. ; 3 p. in-4°.

Ibid., Hist., n° 3816, 14

3982. — Compte rendu aux Chambres assemblées par M. de l'Averdy, concernant le College que les ci-devant soi-disans **Jésuites** occupaient dans la ville d'Amiens. Du 15 Mars 1763. — S. l. n. n. ; 24 p. in-4°.

Auc^{ne} Bibl. de Marsy.

3983. — Fête du Révérend Père Couplet Supérieur de l'**Ecole** libre de **la Providence**, 15 et 16 juin 1880 à Amiens. — Abbeville, Paillart, 1880 ; 54 p. in-18.

3984. — M. l'abbé A. Crampon, Chanoine, Directeur de l'**Ecole libre de la Providence** et le Conseil académique de Douai (11 Novembre 1880). — Amiens, veuve Lambert-Caron ; 28 p. in-8°.

THÉATRE DU COLLÈGE DES JÉSUITES.

3985. — Genevieve, tragedie chrestienne povr la reception de Madame de Bar Govvernante d'Amiens dans le Collège de la Compagnie de Iesvs Le XV de May M.DC.LVII. — Amiens, Vefve Hubault ; 8 p. in-4°.

Cette pièce et toutes celles concernant le théâtre des Jésuites pour lesquelles il n'est pas fait d'indication particulière, sont à la Bibl. d'Amiens, B -Lett., n°s 2038 et 2247.

3986. — Maximianvs sive Religio vindicata tragœdia dabitvr a selecto rethorices flore Collegij Ambianensis Societatis Iesv die 31 Martij Ann. 1664. horâ post Meridiem secundâ. — Ambiani, Ioann. Musnier; 8 p. in-4°.

3987. — Victoria, virgo et martyr, tragœdia chistiana dabitvr a rhetoribus Collegij Ambianensis Societatis Iesv Die 25 Februarij hora post meridiem secunda. Anno M.DC.LXX. — Ambiani, ex Typ. Viduæ Roberti Hvbavlt, M.DC.LXX ; 4 p. in-4°.

3988. — D. O. M. Cleobaldvs dabitvr a rhetoribvs Collegij Ambianensis Societ. Iesv Die XIV. Aprilis horâ post meridiem sesquitertiâ. M.DC.LXXI. — S. l. n. n. ; 4 p. in-4°.

3989. — Philadelphvs, tragœdia *(auctore P. Tourne)*, dabitvr in theatrvm societatis Iesv, ad solemnem præmiorvm distribvtionem, agonotheta illustrissimo viro D. D. Pavlo Barillon d'Amoncovrt, Eqvite, domino de Macy, Marchione de Branche, Comite de Savigny, Regi ab omnibvs consiliis, libellorvm svpplicvm magistro, forensi, urbanæ, ærariæque rei Præfecto in Picardiâ, ac ditionibus Atrebatensi, Hannoniensi, etc., Ambiani Die... Augusti, horâ post meridiem primâ. M DC.LXXI. — S. l. n. n. ; 8 p. in-4°.

3990. — D. O. M. Borgia sev Mortis Trivmphvs *(auctore de Sachy)* dabitvr in Collegio Ambianensi Societatis Jesu ad solemnem Præmiorvm Distribvtionem Ex Munificentiâ Illvstrissimi Senatus Ambianensis. Die 31 Augusti, horâ post meridiem primâ. — Ambiani, apud Viduam Roberti Hubault, M.DC.LXXII ; 8 p. in-4°.

3991. — Henri l'Oiseleur. Tragédie, Dédiée à Monseigneur de Breteuil, intendant de la Picardie, de l'Artois, du Boulonnois, etc. — Amiens, Vve Robert Hubault, M.DC.LXXVI ; 8 p. in-4°.

Bibl. des Ecriv. de la Cie de Jésus, par de Backer. — Liège, 1861, 6e série, p 11.

3992. — Sennacherib, tragœdia, dabitur in theatrum Collegii Ambianensis Societatis Jesu ad solemnem præmiorum distributionem amplissimis Senatoribus Amb. agonothetis. Die undecimâ Augusti, Anno M.DC.LXXXI, horâ primâ post meridiem. — Ambiani, G. le Bel ; 8 p. in-4°.

* **3993**. — Ballet allégorique, qui représente les avantages que les belles-lettres reçoivent des prix donnez cette année par Messieurs du Présidial d'Amiens et la reconnoissance qu'elles en ont. Sera représenté le onzième d'Aoust 1681, à une heure après-midy. — Amiens, Guislain le Bel ; 4 p. in-4°.

Bibl des Ecriv. de la Cie de Jésus, 6e série, p. 11.

3994. — Stultus sapiens, comœdia *(auctore Renouard)* dabitur in theatrum collegij Ambianensis Societatis Jesu a selecto Secundanorum flore die 4 mensis Februarij anni 1682, horâ post meridiem primâ. — Ambiani, G. le Bel ; 4 p. in-4°.

3995. — La Fable victorieuse de la Vérité, ballet qui sera dansé à Amiens à la Tragédie du Collège de la Compagnie de Jésus le 19 Aoust 1682, à une heure après midy. — Amiens, veuve Robert Hubault, M.DC.LXXXII ; in-4°.

3996. — Celsus, tragédie qui sera representée au College de la Compagnie de Jésus le quatrième jour de May 1685, à une heure après midy. — Amiens, Guislain le Bel, M.DC.LXXXV ; 7 p. in-4°.

Bibl d'Amiens, B.-Lett., n° 2247.

3997. — Clarissimis ac religiosissimis viris DD. Decano, Canonicis et Capitulo insignis Ecclesiæ Ambianensis, Episcopatûs, Sede vacante, Administratoribus. Deiphoni Apotheosis, drama pastoritium, in funere illustrissimi ac reverendissimi DD. Francisci Faure Ambianensium Episcopi Dabitur in theatrum a selecto Collegij Ambianensis Flore in Aula ejusdem Collegij Ambianensis Societatis Jesu Die 14 Julij horâ secundâ cum mediâ post meridiem Anno M.DC.LXXXVII. — Ambiani, G. Le Bel ; 7 p. in-4°.

Ibid., Théol., n° 1858.

3998. — A Messieurs, Messieurs les vénérables Doyen, Chanoines, et Chapitre de l'Eglise Cathédrale d'Amiens, Administrateurs de l'Evêché, le Siège vacant. L'Apothéose de Déiphone, drame à la memoire de feu Illustrissime et Reverendissime Messire François Faure, Evesque d'Amiens, Sera représenté sur le Théâtre du Collège de la Compagnie de Jésus Le 14 de Juillet 1687, à deux heures et demie. — Amiens, G. Le Bel ; 7 p. in-4°.

Ibid., Théol., n° 1858.

3999. — Paroles de la Musique qui finira le prologue, et fera les intermèdes de la pièce, qu'on représente à la mémoire de feu Monseigneur d'Amiens. — Amiens, G. Le Bel, 1687 ; 3 p. in-8°.

Ibid., Théol., n° 1858.

4000. — Illustrissimo Ecclesiæ Principi Josepho Feydeau de Brou, Regi ab eleemosynis, in sacra Facultate parisiensi Doctore theologico, Ambianensium Episcopo designato, collegium præsentiâ suâ cohonestanti, recitabitur gratulatorium carmen a selectis scholasticis In Aulâ ejusdem Collegij Ambianensis Societatis Jesu Die 16 Novembris post meridiem Anno M.DC.LXXXVII. — Ambiani, G. Le Bel ; 4 p. in-4°.

Ibid , Théol , n° 1860.

4001. — La Boete de Pandore, ou la Curiosité punie, Tragi-comédie, sera représentée par les seconds sur le théâtre du Collège des Pères de la Compagnie de Jésus Le 16 jour de Février 1689 à une heure après midy. — Amiens, G. le Bel ; 8 p. in-4°.

4002. — Pandoræ Pixis, seu punita curiositas, tragi-comœdia *(auctore de Lestocq)*, dabitur in theatrum a secundanis in aula Collegij Ambianensis Societatis Jesu Die Februarij 1689 horâ post meridiem primâ. — Ambiani, G. le Bel ; 8 p. in-4°.

4003. — Le chasseur guerrier, drame-comique sera représenté par les

Rhétoriciens sur le Théâtre du Collège de la Compagnie de Jésus Le Fevrier 1689 à une heure. — Amiens, G. le Bel; 8 p. in-4°.

4004. — Gigantomachia tragico-comedia dabitur a secundanis in theatro Collegii Amb. Societ. Jesu Die Februarij An. 1691. horâ primâ. — Ambiani, G. Le Bel; 8 p. in-4°.

4005. — Domitilla Tragoedia dabitur in theatrum Collegij Ambianensis Societatis Jesu ad Solennem Præmiorum distributionem Agonothetis Aedilibus Ambianensibus. Die 21 Augusti, an. 1691 horâ post meridiem primâ. — Ambiani, apud Viduam Roberti Hubault, M.DC.LXXXXI; 4 p. in-4°.

4006. — La Ligne d'Augsbourg, ballet qui sera dansé au Collège d'Amiens à la tragédie de Domitille, le 21 iovr d'aovst 1691. — S. l. n. n.; 4 p. in-4°.

4007. — Domitille, tragédie, sera représentée sur le Théâtre du Collège de la Compagnie de Jésus, pour la distribution des Prix donnez par Messieurs les Premier, Eschevins, et Officiers de la Ville d'Amiens le 22 jour d'Aoust 1691, à une heure après midy. — Amiens, veuve Robert Hubault, M.DC.LXXXXI; 4 p. in-4°.

4008. — Berenice, Tragœdia, dabitur a secundanis in Theatrum Collegij Ambianensis Societatis Jesu, Die 13 Februarij horâ primâ. — Ambiani, G. Le Bel, 1692; 4 p. in-4°.

4009. — Le Carnaval, ballet, sera dansé au Collège des Pères de la Compagnie de Jésus, pour servir d'intermède à la tragédie de Bérénice Le 13 Février à une heure après-midy. — Amiens, veuve Robert Hubault, M.DC.XCII; 4 p. in-4°.

4010. — Dandolus, drama-comicum (auctore P. le Guet) dabitur a selectis secundanis in theatrum Collegii Societatis Jesu, Die 27 Januarij an. 1693, horâ post meridiem primâ. — Ambiani, apud Viduam Roberti Hubault, M.DC.XCIII; 8 p. in-4°.

4011. — De prædeterminatione physica Theses philosophicæ. Harum Conclusionum veritatem, Deo Duce, et auspice Deiparâ, tueri conabitur Claudius Godbert, Ambianus, in Aulâ Collegij Ambianensis Societatis Jesu, die Lunæ 16 Maij 1695 horâ post meridiem tertiâ cum mediâ pro LXI exercitatione publicâ. — S. l. n. n.; 14 p. in-4°.

Bibl. d'Abbeville.

4012. — Justo Ucondono tragédie sera représentée sur le Théâtre du Collège de la Compagnie de Jesvs le Mercredy 29 Fevrier M.DC.XCVI. — Amiens, le Bel; 7 p. in-4°.

4013. — Le faux scavant drame comique sera représenté sur le théâtre du Collège de la Compagnie de Jesus Mercredy 13 de Fevrier 1697. — Amiens, Nicolas Caron-Hubault, 6 p. in-4°.

4014. — Tite tragedie qui sera representee sur le Theâtre du College de la Compagnie de Jésus pour la distribution des prix donnez par Monseignevr l'Evesque d'Amiens le jour d'Aoust après midy. — Amiens, Nicolas Caron-Hubault, M.DC.XCVII; 8 p. in-4°.

4015. — La Guerre, ballet qui sera dansé sur le théâtre du Collège de la Compagnie de Jésus pour servir d'intermèdes à la tragédie de Tite. — Amiens, Nicolas Caron-Hubault, M.DC.XCVII; 4 p. in-4°.

4016. — Le Triomphe des Beaux-Arts pendant la Paix, balet qui sera dansé à la tragédie de Flavius sur le Théâtre du Collège de la Compagnie de Jésus, povr la distribution des Prix donnez par Monseigneur Bignon, Conseiller d'Estat, Intendant de Picardie, d'Artois, du Boulenois, etc Le Mecredy

27 Aoust 1698, à une heure précise après-midy. — Amiens, Guislain le Bel, M.DC.XCVIII ; 7 p. in-4°.

4017. — Rex unius diei, drama ludurum *(auctore P. de Lisle du Gast)* dabitur a selectis humanistis in Aulâ Collegij Ambianensis Societatis Jesu, Die Mercurij 26 Januarij an. 1701 horâ ipsâ post meridiem primâ. — Ambiani, apud Guislinum le Bel. M DCCI : 4 p. in-4°.

4018. — Les Rejouissances de la France à l'avénement de Philippe V à la couronne d'Espagne. Ballet, qui sera dansé à la tragédie de S. Quentin, martyr, sur le Theatre du College de la Compagnie de Jesus, povr la distribvtion des prix donnez par Messieurs les Doyen, Chanoines et Chapitre de Nôtre-Dame d'Amiens Le Mardy 30 Aoust M.DCCI à une heure précise après midy. — Amiens, Guislain le Bel ; 7 p. in-4°.

4019. — Harum Conclusionum veritatem Deo Duce et auspice Deiparâ, propugnabit Joannes Baptista Pingré, Clericus Ambianensis, Sodalitii B. V. Præfectus, In Logica Collegij Ambianensis Societatis Jesu die 4 Mercurij Julij 1708 horâ tertiâ cum mediâ post meridiem. Pro XXVI Exercitatione publicâ. — *Ambiani*, G. Le Bel ; in-folio.

4020. — Dom Thomas, Martyr Japonois, drame tragique, sera représenté par les seconds sur le théâtre du collège de la Compagnie de Jésus. Le Lundy 21 et le Mercredy 23 de Février 1718, à une heure précise après midy. — Amiens, veuve Morgan, 1718 ; 8 p. in-12.

4021. — Démocrite et Héraclite Drame latin sera représenté par les seconds du collège de la Compagnie de Jésus le Lundy vingt troisième Février mil sept cens trente trois à une heure et demie après midy. Tragédie francoise. Maxime martyr servira d'intermède au drame latin. — Amiens, Louis Godart, 1733 ; 4 p. in-4°.

4022. — L'Emporté, drame latin. sera représenté par les Rhétoriciens du Collège d'Amiens de la Compagnie de Jésus le Lundy vingt troisième Mars mil sept cens trente-trois, à une heure et demie après midy. — Amiens, Louis Godart, 1733 ; 8 p. in-8°.

4023. — Deo Opt Max. In solemnibus afflixorum disputationibus varios explicabunt authores selecti Tertiani. In Aula Collegii Ambianensis Societatis Jesu die Veneris 17 Julii 1733 et die Sabbati 18 hora nona matutina et hora post meridiem tertia. — S. l. n. n. ; in-folio.

4024. — Victor et Victorin, Martyrs, tragédie latine, sera représentée sur le théâtre du collège d'Amiens de la Comgnie de Jésus pour la distribution des prix donnez par M. Chauvelin, intendant de Picardie et d'Artois. Mardy 1ᵉʳ Septembre 1733 à onze heures du matin. — Amiens, Louis Godart, 1733 ; in-4°.

4025. — L'Empire de la Folie sur les hommes, ballet qui sera dansé sur le théâtre du collège d'Amiens, de la Compagnie de Jésus. Mardy premier Septembre 1733, à onze heures du matin Pour servir d'intermède à la tragédie latine. — Amiens, Louis Godart, 1733 ; 8 p. in-4°.

4026. — Néophite, martyr, tragédie françoise qui sera représentée par les écoliers de seconde au Collège d'Amiens, de la Compagnie de Jésus, le Vendredy 14ᵉ jour de Février 1744, à une heure après midy. — Amiens, veuve Godart : 4 p. in-8°.

4027. — Philedonus, sive juvenis voluptuarius a liberiore vita revocatus, drama comicum dabitur in theatrum a selectis secundanis in collegio Ambianensi Societatis Jesu Die Veneris 14 Februarii anno Dom. 1744, horâ post meridiem primâ. — Ambiani, apud Viduam Godart ; 4 p. in-8°.

4028. — Majori, quam fit, celebritate apud Gallos virtutes civiles esse prosequendas, dicet orator Collegii Ambianensis Societatis Jesu, in Aulâ ejusdem Collegii Die Lunæ 18 Decembris 1747, hora post meridiem quarta. — Ambiani, apud Viduam Godart, 1747 ; 1 p. in-folio.

<small>Arch. dép. de la Somme, D, n° 2.</small>

4029. — Etimopiste ou le Crédule, Comédie latine en trois actes sera représentée sur le théâtre du Collège de la Compagnie de Jesus à Amiens par les Ecoliers de Seconde le Mardi vingt-huitième jour de Janvier 1749, à une heure après-midi. — Amiens, veuve Godart, 1749 ; in-4°.

<small>Anc^{ne} Bibl. de Marsy.</small>

4030. — Anechrophilus, Drama comicum, dabitur in theatrum a selectis Scholæ Humanitatis Alumnis in Collegio Ambianensi Societatis Jesu, Die Veneris sextâ Februarii 1750, horâ primâ cum mediâ serotinâ. — Ambiani, apud Viduam Godart, 1750 ; 9 p. in-4°.

A la suite et sous la même pagination :
Lucius Junius Brutus, premier Consul des Romains, Tragédie françoise en cinq Actes sera représentée sur le Théâtre du Collège de la Compagnie de Jésus à Amiens par les Ecoliers de Seconde Vendredi prochain sixième jour de Février 1750.

Ibid.

4031. — Philomelus, Drama latinum dabitur in Theatrum a selectis Scholæ Humanitatis Alumnis in Collegio Ambianensi Societatis Jesu, Die Mercurii nonâ Februarii anni 1752, horâ post meridiem secundâ.

Maurice Empereur d'Orient, Tragédie françoise, sera représentée sur le Théâtre du Collège des Jésuites d'Amiens par les Ecoliers de Seconde, le Mercredi neuvième jour de Février 1752. — Ambiani, apud Viduam Godart, 1752 ; 6 p. in-4°.

Ibid.

4032. — L'Homme à Sistème, Comedie latine, qui sera représentée sur le Théâtre du Collège de la Compagnie de Jésus, pour la distribution des Prix donnés par Messieurs les Maire et Echevins de la Ville d'Amiens, Mercredi prochain trentième jour d'Août 1752, à midi. — Amiens, Veuve Godart, 1752 ; 12 p. in-4°.

Ibid.

4033. — D. O M. Delusor feliciter delusus, Fabula, dabitur a selectis Secundanis, in Theatrum Collegij Ambianensis Societatis Jesu. Die Jovis 20 mensis Decembris anni 1753, horâ nonâ matutinâ. — Ambiani, apud Viduam Godart, 1753 ; 6 p. in-4°.

Ibid.

4034. — L'Enfant mal élevé, Comédie latine sera représentée au Collège d'Amiens le Mercredi cinquième jour de Mars 1755, à deux heures précises après-midi. — Amiens, Veuve Godart, 1755 ; 8 p. in-4°.

Ibid.

§ 3. Saint-Martin-aux-Jumeaux.

4035. — Charte de Thierry, Evêque d'Amiens, en faveur de l'abbaye de **Saint Martin aux Jumeaux.** 1145.

<small>Act. de la prov. ecclés. de Reims.., par Mgr Gousset, t. II, p. 227 à 228 ; in-4°.</small>

4036. — Première sentence rendue au Concile de Basle, au profit du Chapitre de l'Eglise Cathédrale d'Amiens, Contre les Abbé et Religieux de l'Abbaye de **Saint-Martin aux Jumeaux** de ladite Ville, en date du 6 Juin 1438. — S. l. n n. n. d. ; 18 p. in-4°.

<small>Les articles sur St Martin aux Jumeaux qui n'ont pas d'indication speciale se trouvent à la Bibl d'Amiens, Hist., n° 3822.</small>

4037. — Seconde sentence du Concile de Basle, confirmative de la première, au profit desdits sieurs du Chapitre d'Amiens, contre lesdits Abbé et Religieux de **saint Martin**, du 12 Décembre 1438. — S. l. n. n. ; 10 p. in-4°.

4038. — Troisième Sentence du Concile de Basle, confirmative des deux précédentes, rendue au profit desdits sieurs du Chapitre d'Amiens, contre les Abbé et Religieux de **saint Martin aux Jumeaux**, du 29 Avril 1439. — S. l. n. n. ; 14 p. in-4°.

4039. — Littera Theodorici Episcopi de Ecclesiæ S. **Martini Ambianensis** Promotione in Abbatiam. *1545.*

Spicilège de d'Achery, édit. de 1723, t. III, p. 497 ; in-folio.

4040. — Concordat entre Monsieur le Cardinal de Crequy et les Chanoines Reguliers de l'Abbaye de **Saint Martin aux Jumeaux**, au sujet du partage des biens de ladite abbaye. *Du 17 août 1572.* — S. l. n. n. ; 4 p. in-4°.

4041. — Transaction faite entre Monseigneur le Cardinal de Crequi Evesque d'Amiens, et Abbé de l'Abbaye de **saint Martin aux Iumeaux** annexée audit Evesché ; Et les Prieur, Convent, et Religieux de ladite Abbaye, faite le 17 d'Aoust 1572. — S. l. n. n. ; 5 p. in-4°.

*** 4042.** — Institution de la confrérie de Sainte Geneviève en l'église de **Saint - Martin - aux Jumeaux** d'Amiens, publication de la bulle d'Alexandre VII, 18 octobre 1657 ; in-folio.

Avec un extrait des indulgences ; in-4°, texte encadré.
Vie de Mgr Faure par Pouy, ch. VI, n° 8.

4043. — Factvm pour Messire François Faure, Conseiller du Roy en ses Conseils d'Estat et priué, Evesque d'Amiens, Abbé de l'Abbaye de **Saint Martin aux Iumeaux** vnie audit Euesché, Maistre de l'Oratoire de sa Majesté Demandeur en adjournement en vertu du Mandement de sa Cour, du 5 iour de Septembre 1658, intime en appel et demandeur en Requeste pour estre receu appellant de son chef. Contre Messire Iacques Le Febure Sieur de sainct Port, Conseiller du Roy en ses Conseils. Et Messire Louys Le Feburc Sieur de Caumartin aussi Conseiller du Roy en ses Conseils, et Maistre des Requestes Ordinaire de son Hostel, héritiers de feu Messire François Le Febure de Caumartin, viuant Evesque dudit Amiens, appellant de Sentence Arbitralle du 19 Aout 1656, adjournez en vertu dudit Mandement, deffendeurs de ladite Requête et appel incident. — S. l. n. n., 1658 ; 12 p. in-4°.

Au sujet du paiement des réparations qui auraient été faites à l'abbaye par Mgr de Caumartin.
Bibl. Pinsard.

4044. — Fait sommaire dv procez pendant par deuant Nosseigneurs du grand Conseil entre Messire François Favre, Conseiller du Roy en ses Conseils, Maistre de son Oratoire, Evesque d'Amiens et Abbé de l'Abbaie de **sainct Martin aux Iumeaux** y annexée, demandeur. Contre Maistre Louis Langlois, deffendeur. — S. l. n. n., *1660* ; 8 p. in-4°.

4045. — Plaise à Monsieur Conseiller du Roy en son Grand Conseil, Auoir pour recommandé en Iustice le bon droict de Me Louis Langlois, Receueur du Domaine de sa Majesté en la Généralité de Picardie, à Amiens, Demandeur au principal et incidemment deffendeur. Contre Messire François Faure, Euesque d'Amiens, à cause dudit Euesché, Abbé de l'Abbaye de **Saint Martin aux Iumeaux**, y annexée, Deffendeur audit principal, et incidemment demandeur. — S. l. n. n., *1660* ; 4 p. in-4°.

4046. — De qui un Curé Religieux *(Jean Masson, curé de St Leu, religieux de St* **Martin aux Jumeaux**) doit recevoir les Sacremens, et par qui il doit être inhumé ; s'il les doit recevoir des Prieur et Religieux de son Monastère, ou de ceux d'entre les Ecclésiastiques Séculiers, à qui il appartient par droit et coutume d'administrer les Sacremens aux Curez. *Du 21 janvier 1671.*

Jal des Aud. du Parl., par Jamet de la Guessière. — Paris, 1757, t. III, p. 427 à 430 ; in-folio.

4047. — Extrait des Registres du Privé Conseil du Roy. *Arrêt, du 19 Avril 1673, ordonnant l'exécution du Concordat passé en 1572 entre l'évêque d'Amiens et* **S. Martin aux Jumeaux.** — S. l. n. n. ; 15 p. in-4°.

4048. — Factum pour Monsieur l'Evêque d'Amiens, Abbé de l'Abbaye de **S. Martin aux Jumeaux,** défendeur et demandeur, en exécution de l'Arrest du privé Conseil du 19 Avril 1673. Contre les Prieur, Religieux et Convent de ladite Abbaye, Chanoines Reguliers de S. Augustin, de la Congregation de France, demandeurs et defendeurs. — S. l. n. n. n. d. ; 11 p. in-4°.

Au sujet des biens assignés aux religieux par la transaction du 17 août 1572

4049. — Factum pour les Prieur et Religieux Chanoines Reguliers de l'Abbaye de **Saint Martin aux Jumeaux** de la Ville d'Amiens, de la Congrégation de France, demandeurs en exécution d'Arrest du privé Conseil du Roy en date du dix-neuf avril mil six cens soixante treize. Contre Illustrissime et Reverendissime Messire François Faure, Conseiller du Roy en ses Conseils, Evesque d'Amiens, défendeur. — S. l. n. n. n. d. ; 9 p. in-4°.

4050. — Ivstification de la demande des Religieux, Prieur et Convent des Chanoines Reguliers de saint Augustin de la Congregation de France, en l'Abbaye de **saint Martin aux Iumeaux** en la ville d'Amiens, demandeurs. Contre Monsieur l'Evesque d'Amiens, Abbé de la même Abbaye, unie à l'Evesché d'Amiens, deffendeur. *Signé : Le Gagneur.* — S. l. n. n., *1673;* 8 p. in-4°.

Bibl. Soc. Ant. Pic.

4051. — Factvm pour M. l'Evesque d'Amiens, Abbé de l'Abbaye de **S. Martin aux Iumeaux,** unie à son Evesché. Contre le Prieur et les Religieux de la même Abbaye. Remarqves pour servir de Réponses au Factum de Monsieur l'Evesque d'Amiens. — S. l. n. n., *1673;* 14 p. in-4°.

4052. — Extrait des Registres du Conseil Privé du Roy. *Arrêt, du 10 Mai 1673, ordonnant que les religieux de* **Saint-Martin-aux-Jumeaux** *auront la jouissance de la maison abbatiale.* — S. l. n. n. ; 2 p. in-4°.

4053. — Factvm pour Monsieur l'Evesque d'Amiens, Abbé de l'Abbaye de **S. Martin aux Jumeaux,** unie à son Evesché, appellant défendeur et demandeur en exécution d'une transaction de l'an 1572, confirmée par un Arrest contradictoire du Conseil, du 19 d'Avril 1673. Contre les Prieur, Religieux et Convent de ladite Abbaye, aussi appelans demandeurs et deffendeurs. — S. l. n. n., *1680;* 24 p. in-4°.

* **4054.** — Factum pour les chanoines de **Saint Martin aux Jumeaux** d'Amiens contre François Faure, évêque d'Amiens. — S. l. n. n., 1680 ; 6 p. in-4°.

4055. — Autre arrêt du même Parlement *(de Paris),* rendu le 21 Janvier 1681 contre les Religieux de l'Abbaie de **saint Martin aux Jumeaux,** qui avoient entrepris d'administrer les Sacremens au Curé de la paroisse de Saint-Leu de la ville d'Amiens, Religieux de leur Ordre : par lequel suivant les conclusions de M. l'avocat general Talon, la sentence rendue au Bailliage d'Amiens, le premier Fevrier 1680 a été confirmée, qui a maintenu le Chapitre de l'église cathédrale d'Amiens, en possession d'administrer les Sacremens par eux, leurs Vicaires ou commis, aux Curez de l'ancienne ville d'Amiens.

Rec. des actes., conc. le clergé de France. — Paris, v^{re} Muguet, 1716, t. III, col. 850 à 858, in-folio.

4056. — Au Roy et à Nosseignevrs de son Conseil. *Supplique de François Faure, relative au partage des biens de l'abbaye de* **S. Martin aux Jumeaux** *entre lui et les religieux; du 4 janvier 1681.* — S. l. n. n. ; 6 p. in-4°.

Bibl. Pinsard.

4057. — Processionale ad usum insignis Ecclesiæ **Sancti Martini ad Gemellos** Ambianensis Ordinis Canonicorum regularium congregationis Gallicanæ. — Parisiis, s. n., MDCXCVI ; 272-LXXV p. in-4° av. en tête et culs de lampe gravés.

Bibl. d'Amiens, Théol., n° 1661.

* **4058.** — Mémoire pour frère Nicolas Le Juge prêtre chanoine régulier de Saint-Augustin, ordre de Prémontré, procureur général du même ordre demandeur et defendeur. Contre les marguilliers et les habitans de la paroisse de Saint Germain de la ville d'Amiens, defendeurs et demandeurs. — S. l. n. n. n. d. ; in-folio.

Conflits au sujet du privilège de l'ordre de ne pouvoir être jugé que par le grand Conseil.
Bibl. Nat^{le}.

4059. — Memoire pour les Prieur et Chanoines Réguliers de l'Abbaye de **Saint Martin aux Jumeaux** de la Ville d'Amiens, Ordre de Saint Augustin, Congrégation de France, Deffendeurs. Contre Louis-François-Gabriel d'Orléans de la Motte, Evêque d'Amiens, Abbé de ladite Abbaye, se disant Cessionnaire des Droits des Administrateurs de l'Hopital General d'Amiens, Legataires Universels du feu sieur Sabattier, Evêque d'Amiens et Abbé de Saint-Martin aux Jumeaux. *Signé* : *Mariot*. — Paris, Prault, 1738 ; 6 p. in-folio.

Prétention des religieux de faire rebâtir leur église par l'évêque.

4060. — Addition au Mémoire pour les Prieur et Religieux Chanoines Reguliers de l'Abbaye de **Saint-Martin-aux-Jumeaux** de la Ville d'Amiens Contre M. l'Evêque d'Amiens, Abbé de ladite Abbaye. *Signé : Mariot*. — Paris, P. Prault, 1739 ; 3 p. in-4°.

4061. — Mémoire pour Messire Louis-François-Gabriel d'Orléans de la Motte, Evêque d'Amiens, prenant le fait et cause des Administrateurs de l'Hôpital de la même Ville Contre les Prieur et Religieux de l'Abbaye de * **Saint Martin-aux-Jumeaux**, Demandeurs originaires. *Signé : Gissey*. — *Paris, Mimerel, 1739 ;* 10 p. in-folio.

* **4062.** — Addition de mémoire pour monsieur l'Evêque d'Amiens, contre les prieur et religieux de **Saint-Martin-aux-Jumeaux**. *Signé : Seriny*. — Paris, J. Lamesle, 1739 ; in-folio.

Bibl. Nat^{le}, f° Fm, 196.

* **4063.** — Mémoire signifié pour les prieur et chanoines réguliers de l'abbaye de **Saint-Martin-aux-Jumeaux** de la ville d'Amiens contre Me François Gabry... les religieux Prémontrés de Selincourt... et... les... religieuses de Bertaucourt... *Signé : Blanchard*. — *Paris*, veuve Knapen, 1743 ; in-folio.

Bibl. Nat^{le}, f° Fm, 214.

4064. — Mémoire pour les Chanoines Reguliers de l'Abbaye de **Saint-Martin-aux-Jumeaux** de la Ville d'Amiens *contre l'union avec Saint-Acheul.* — S. l. n. n., *1746* ; 8 p. in-4°.

4065. — Second mémoire pour répondre à celui de Messieurs les Chanoines Régneliers de l'Abbaye de **Saint Martin-aux-Jumeaux**, au sujet de leur union à celle de Saint Acheul. — S. l. n. n., *vers 1746* ; 4 p. in-4°.

4066. — Union de l'Abbaye de St **Martin-aux-Jumeaux** à celle de S. Acheul. — S. l. n. n., *1746* ; 3 p. in-4°.

L'Union n'a pas eu lieu, par suite de la reconstruction de l'église de S. Martin.

4067. — Réponse à un écrit intitulé : Union de l'abbaye de S. **Martin aux Jumeaux** à celle de Saint Acheul, 1746. — S. l. n. n. ; 15 p. in-4°.

4068. — Memoire pour Frere Jean-Baptiste-Robert Cornet, Chanoine regulier de la Congregation de France, Commis perpetuel à la desserte de la Chanoinie dont la Prebende a été unie à l'Abbaye de S. **Martin-aux-Jumeaux**. Contre les Prieur et Religieux de ladite

42

Abbaye de S. Martin-aux-Jumeaux Et encore contre le Procureur-général de la Congrégation de France, Intervenant. *Signé : Vulpian.* — *Paris*, Grangé, 1758 ; 24 p. in-folio.

Bibl. de Galametz.

4069. — Consultation sur la Prébende de l'Eglise d'Amiens, affectée à l'Abbaye de **Saint Martin-aux-Jumeaux.** — *Paris*, veuve Lottin, 1758 ; 6 p. in-4°.

4070. — Réponse à une Consultation sur le Mémoire du Frère Jean-Baptiste-Robert Cornet, Chanoine Régulier de l'Abbaye de **Saint-Martin**, commis à la Desserte de la Prébende de cette Abbaye dans la Cathédrale d'Amiens. — *Paris*, P. G. Le Mercier, 1758 ; 12 p. in-4°.

4071. — *Note de M. Janvier sur une ancienne tombe de S^t* **Martin aux Jumeaux.**

Bull. Soc. Ant. Pic., t. XI, p. 304 à 308 ; in-8°.

4072. — Deux monuments de **Saint Martin** à Amiens *(Saint Martin-aux-Jumeaux et Saint Martin-au-Bourg),* par P. F. E.

Le Dimanche, 1878, t. II, p. 363 à 365 et 386 à 390 ; in-8°.

§ 4. Autres Couvents d'Hommes.

4073. — La Picardie historique et monumentale. Amiens. **Maisons** hospitalières et **religieuses**. Notices par A. Janvier.

La Pic. hist. et monum., p. 91 à 108 av. 3 pl. h. t. et 8 fig. dans le texte ; gr. in-4°

4074. — Notice sur l'ancienne communauté des **Augustins** d'Amiens, par M. F. Guerard.

Mém. Soc. Archéol. Somme, t. I, p. 153 à 213 av. 1 pl. ; in-8°.

4075. — *Série de documents sur les* **Augustins** *et ceux d'Amiens parmi lesquels* : La Régularité desdits **Augustins** de la Province de France demeurans dans ledit Conuent d'Amiens est de plus authentiquement prouvée. *1648.* — S. l. n. n. ; 8 p. in-4°.

Bibl. Nat^{le}, Ld¹⁵, n° 15.

4076. — *Autre série de pièces, en date du 6 juillet 1648 au 17 novembre 1650, relatives à l'affaire du couvent d'Amiens, entre les Pères* **Augustins** *de la province de Bourges et ceux de la province de France : la première ayant pour titre :* Litteræ R. P. Salvatoris, vicarii apostolici, generalis ordinis S. Augustini, quibus citat provinciam Franciæ, ejusdem ordinis, Romam, pro causa conventus Ambianensis judicanda.

Ibid., Ld¹⁵, n° 16.

4077. — *Autre série de pièces en date du 20 mai au 20 décembre, relatives à l'affaire du couvent d'Amiens entre les* **Augustins** *de la province de France et ceux de la province de Bourges. La première a pour titre* : Litteræ Reverendissimi P. Generalis Ord. S. August. quibus iubet P. Provinciali Prouinciæ Bituricensis seu sancti Guillelmi, restituere Conuentum Ambianensem Patribus Prouinciæ Franciæ iuxta Breue Apostolicum Innocentij X. *1650.* — S. l. n. n. ; 40 p. in-4°.

Ibid., Ld¹⁵, n° 17.

4078. — Factum Sommaire pour les Peres **Augustins** de la Prouince de France, demandeurs en homologation d'vn Bref contradictoire de nostre S. P. le Pape, intimés et deffendeurs. Contre les Peres Augustins de la Prouince de Bourges ou de S. Guillaume, Opposans et Appellans comme d'abus. — S. l. n. n., *vers 1650* ; 8 et 16 p. in-4°.

Au sujet de la substitution des Augustins de Bourges à ceux de France dans le couvent d'Amiens.

Bibl. d'Amiens, Hist. des Rel., n° 944, t. II.

* **4079.** — Mémoire pour les religieux **Augustins** de la ville d'Amiens contre M. le marquis de Sailly. *Signé* :

Pigné. — *Paris*, veuve Lefebvre, s. d.

Bibl. Nat^{le}, Fm, 440.

4080. — Fidele recveil et recit veritable des Vœux faits et rendvs povr les favevrs et graces admirables obtenües à l'Inuocation de **Nostre Dame de Foy**, seruie et honnoree en l'Eglise du Conuent des Peres **Augustins** d'Amiens. Dresse et mis en ordre par F. A. Bovrdon, Religieux et Docteur de Paris, et à present Prieur dudict Conuent. — Amiens, Iacqves Hvbavlt, MDCXXXIII ; 12-200 p. in-12.

La seconde partie porte un titre et une pagination séparés.

Second traicté des miracles de N. Dame de Foy ; 3-333 p. in-12.

Bibl. d'Amiens, Hist. des Relig., n° 2168.

4081. — Abrégé des Merveilles que Dieu a opérées par l'Invocation de **N. D. de Foy**, dont l'Image miraculeuse est honorée dans l'Eglise des **Augustins** d'Amiens, depuis le moi de May 1629, qu'elles commencèrent à paraître jusques à la fin de la présente année 1649, par le P. Augustin Doudieux, prieur du couvent d'Amiens. — Amiens, R. Hubault, MDCL ; 181 p. in-16.

Bibl. Nat^{le}, Lk⁷, n° 160.

4082. — Abrégé des merveilles que Dieu a opérées par l'Invocation de **Nôtre-Dame de Foy**, dont l'Image miraculeuse est honorée dans l'Eglise des **Augustins** d'Amiens, depuis le mois de May 1629, qu'elles commencèrent à paroître, *par le P. Charault.* — Amiens, veuve Robert-Hubault, M.DC.LXXVIII ; 226 p. in-24.

Bibl. d'Amiens, Hist. des Rel., n° 2169.

* **4083**. — Institution de la Confrérie des Agonisants, en l'Eglise des **Augustins** réformés de la ville d'Amiens, sous le titre et invocation du glorieux St Nicolas de Tolentin. — Douay, 1702 ; 70 p. in-12.

Cat. de la Lib. Voisin, 1888, n° 12686.

4084 — Notice sur la statue miraculeuse de **Notre Dame de Foy** conservée dans la cathédrale d'Amiens, par Charles Salmon. — Amiens, Langlois, 1878 ; 27 p. in-8°.

4085. — **Notre Dame de Foy**, *par Ch. Salmon*.

Le Dimanche, 7 Déc. 1879, p. 449 à 454 ; in-8°.

4086. — Note sur la confrérie de **N. D. de Foy**, par F. Poujol de Fréchencourt.

Bull. Soc. Ant. Pic , t. XV, p. 21 à 23 ; in-8°.

4087. — **Notre Dame de Foy**, image conservée à la Cathédrale d'Amiens. Notice historique par Edmond Soyez. — Amiens, Yvert et Tellier, 1897 ; 80 p. pet. in-4° av. 3 pl. h. t.

4088. — Rescrit, ou Bref obtenu par un Capucin, déclaré abusif. *Arrêt, du 10 juin 1678, concernant Jacques Le Fèvre d'Abbeville, religieux* **capucin** *à Amiens*.

Journ. des Aud. du Parl., t. IV, p. 32 à 36 ; in-folio.

* **4089**. — Lettre de Mgr Faure pour la réception des reliques des saints Félix et Victor, dans l'église des **Capucins** d'Amiens : octobre 1681.

Hist. de Mgr Faure, par Pouy, ch. VI, n° 45 bis.

4090. — Lettre d'un ecclésiastique d'Amiens à Monseigneur l'Evesque de… au sujet de la mission faite par les **Capucins** dans la Ville d'Amiens aux mois de Novembre et Décembre 1686. *Signé : F. A. E.* — Amiens, veuve Robert Hubault, M.DC.LXXXVII ; 30 p. in-4°.

Bibl. d'Amiens, Hist., n° 3814, t. II, n° 4.

4091. — Règlemens du Tiers-Ordre du séraphique Pere S. François dit de la Penitence établi à Amiens sous la conduite des RR. PP. **Capucins** de la même Ville. — Amiens, Louis Godart, 1723 ; 80 p. in-8°.

Bibl. H. Macqueron.

4092. — Lettres-patentes du roy Louis 14° pour l'établissement des Pères **Carmes** déchaussés à Amiens. *1648.*

La Picardie, 1862, p. 272 à 274 ; in-8°.

4093. — Fondation du Convent **(des Carmes)** d'Amiens. Persécutions faites contre le Convent.

Ann. des Carmes Déch., par C. P. de Sta Thérèse. — Paris, 1666, p. 494 à 500 ; in-folio.

4094. — Requeste des Curez de la Ville d'Amiens à Messieurs les Grands Vicaires du Venerable Chapitre d'Amiens, le Siege Episcopal vacant *contre un livre intitulé : les privilèges et devoirs de la confrérie de Notre Dame du* **Mont-Carmel** : *19 août 1687.* — S. l. n. n ; 3 p. in-4°.

Bibl. d'Amiens, Hist , n° 3814, t. II, 2.

4095. — *Récit des différends relatifs au Scapulaire survenus entre les* **Carmes** *et les Curés d'Amiens.* — S. l. n. n., *1687* ; 5 p. in-4°.

Ibid , Théol , n° 1858.

4096. — Documents inédits sur Amiens. Construction de l'Eglise des **Carmes.** 1714-1721.

La Picardie, 1862, p. 156 à 167 et 216 à 225 ; in-8°.

4097. — Documents inédits sur Amiens. Cérémonie de la Canonisation de N. S. P. Jean de la Croix, aux **Carmes.**

Ibid., 1862, p. 65 à 81 ; in-8°.

4098. — Tour de Maître Gonin. Des **Carmes** de l'ancienne Samarobrige.

Chronique burlesque .. — Londres, 1742, p. 224 à 228 ; in-12.

4099. — Arrest de la Cour de Parlement donné au profit des Pères **Célestins** de la ville d'Amiens. Contre les Religieux anciens et nouveaux de S. Martin aux lumeaux de ladite ville. Du 14 mai 1639. — S. l. n. n. ; 3 p. in-4°.

Translation des Célestins dans l'ancienne abbaye de St Martin.
Bibl. d'Amiens, Hist., n° 3822.

4100. — Sommaires observations pour les religieux **Célestins** de la ville d'Amiens, appelants, contre dame Antoinette-Renée de Gruel, dame de Ribérac, intimée. *Signé : Sevaille.* — S. l. n. n., 1667 ; in-folio.

Bibl. Nat^{le}, Thoisy, 140, f° 216.

4101. — 5 février 1781. Premier décret de M. l'Evêque d'Amiens *supprimant la Communauté des* **Célestins** *d'Amiens.* 1 Aout 1781. Second décret de M. l'Evêque d'Amiens *portant attribution des biens des Célestins aux établissements suivants : Fabrique de la Cathédrale, Chapitres de S. Nicolas et S. Firmin le Confesseur d'Amiens, Fabrique de S. Vulfran d'Abbeville, Hopital St Charles d'Amiens, village de Rainneville, Etablissement des Sourds-Muets, Hôpital de la Trinité de Montdidier, Fabrique de Montagne-Fayel.* Mars 1782. Lettres-patentes *approuvant les décrets.* Extrait des Registres du Parlement. *Arrêt d'enregistrement des Lettres-patentes, du 2 septembre 1783.* — *Paris*, Lambert et Baudouin, 1783 ; 79 p. pet. in-folio.

Bibl. d'Amiens, Hist., n° 3596.

4102. — Mémoire pour M° Jean-François Dencle, Prêtre, Syndic du Clergé du Diocèse d'Amiens, Défendeur : Contre les Frères Girardin, Bocquet, Henaut et Haire, Religieux **Célestins** de la Maison d'Amiens, Opposans et Demandeurs. — *Paris*, veuve Ballard et fils, 1783 ; 14 p. in-4°.

Les religieux demandaient une pension de 2400 livres au lieu de celle de 1500 livres qui leur avait été attribuée lors de la suppression du couvent.
Ibid., Hist., n° 3814, t II, 18.

4103. — Grand'Chambre. Pension des **Célestins** régularisée. *Arrêt, du 23 juillet 1783, qui fixe à 1800 livres la pension de chaque ancien religieux célestin.* — 3 p. in-8°.

Gaz. des Tribunaux.

4104. — Oraison funèbre de Très-Haute, Très-Puissante et Très-Excellente Princesse Marie Leczinski, Princesse de Pologne, Reine de France et de Nauarre, prononcée dans l'Eglise des RR. PP. **Cordeliers** à Amiens, en présence de MM. de l'Académie des Sciences, Belles-Lettres et Arts, le 13 Septembre 1768, par M. de Richery, Chanoine de la Cathédrale, et Membre de l'Académie. — Paris, Lacombe ; Amiens, veuve Godart, 1768 ; 30 p. in-4°.

Bibl. d'Amiens, B. Lett., n° 935, t. VII.

4105. — Oraison funèbre de très-grand-très-haut, très-puissant et très-excellent prince Louis XV le Bien-Aimé, Roi de France et de Navarre, prononcée dans l'Eglise des Révérends Pères **Cordeliers** à Amiens, en présence de Messieurs de l'Académie des Sciences, Belles-Lettres et Arts, le 20 Juillet 1774 par M. de Richery, Chanoine de la Cathédrale et Membre de l'Académie. — Paris, Lacombe ; Amiens, veuve Godart, 1774 ; 26 p. in-4°.

Bibl. H. Macqueron.

4106. — Notice sur une pierre tombale du Couvent des **Cordeliers** d'Amiens, par M. Georges Durand. — S. l. n. n. n. d. ; 3 p. in-8° et 1 pl.

Ext. du Bull. archéol.

4107. — Notes 1° Sur le Calvaire du Cimetière de Saint-Denis, par M. A. Dubois. 2° Travaux pour l'église du Couvent des **Cordeliers**.

Bull. Soc. Ant. Pic., 1898-1900, p. 196 à 200 ; in-8°.

4108. — Lettres du Roy, et Arrest contre une Confrairie qui se faisoit à Amiens *en l'église des* **Jacobins**. Extraict des Registres de Parlement, du Mercredy 15 Novembre 1595.

Preuves des Lib. de l'Egl. Gallic. — Paris, Cramoisy, 1751, p. 1067 et 1068 ; in-folio.

4109. — Raisons qvi font cognoistre qve la réforme dv convent des Reuerends Peres **Iacobins** d'Amiens n'est point vrayement reforme. — S. l. n. n., *vers 1625* ; 6 p. in-4°.

Bibl. d'Amiens, Hist., n° 3814, t. II, 19.

4110. — Mémoire pour la théologie des Peres **Jacobins** d'Amiens. — S. l. n. n. n. d. *(après 1658)* ; 3 p. in-folio.

Bibl. Nat^{le}, Lk⁷, 170.

4111. — Reqveste des Cvrez d'Amiens Presentée à Monseigneur leur Evesque le 24 Mars 1660 contre quelques propositions que le Frere... le Mesge, Religieux non réformé, de l'Ordre des **Frères Prêcheurs**, a avancé dans vn Sermon en l'Eglise Cathédrale. — S. l. n. n., *1660* ; 3 p. in-4°.

Bibl. H. Macqueron.

4112. — Manifeste pour servir de defense au Reverend Pere Mege, Prestre, Religieux de l'Ordre des **FF. Prescheurs**, Docteur en Theologie, Predicateur du Roy. Contre Vn Libelle diffamatoire, intitulé, Reqveste des Cvrez d'Amiens, etc. — S. l. n. n., *1660* ; 18 p. in-4°.

Ibid.

4113. — Relation des ceremonies, et de tout l'appareil qui s'est fait dans l'église des **Freres Prescheurs** de la ville d'Amiens, au sujet de la Solemnité des Saints et Bien-heureux du même Ordre, nouvellement Canonisez et Beatifiez par N. S. P. le Pape Clément X celebrée dans ladite Eglise depuis le 23 Avril jusqu'au 7 May 1673. — Amiens, Guislain le Bel, M.DC.LXXIII ; 16 p. in-4°.

Anc^{ne} Bibl. de M. l'abbé Roze.

• **4114.** — Au Roi. *Requête pour les* **Jacobins**, *revendiquant le droit d'enseigner la théologie à Amiens, contre les Pères Jésuites*. — S. l. n. n., *vers 1692* ; in-folio.

Bibl. Nat^{le}, 1° Fm, 198.

* 4115. — Plusieurs certificats et attestations pour servir de réplique aux Pères Jésuites, qui disent que les **Pères Jacobins** ne peuvent coter quatre années où ils aient enseigné la théologie aux séculiers dans la ville d'Amiens. — S. l. n. n., *1692;* in-folio.

Ibid., f° Fm, 200.

* 4116. — Copie de la lettre de M. d'Amiens au Père Prieur des **Jacobins** (8 mars 1753). — S. l. n. n. ; in-4°.

4117. — Lettre de M. l'Evêque d'Amiens à M. le Procureur Général du Parlement de Paris, au sujet d'une Lettre écrite par ce Prélat aux **PP. Dominicains** d'Amiens, sur laquelle le Parlement a ordonné d'informer. *Du 3 Avril 1753.* — S. l. n. n. ; 4 p. in-4°.

Au sujet de la Bulle Unigenitus.
Bibl. d'Amiens, Théol., n° 1663.

4118. — Lettre de M. l'Evêque d'Amiens *à M. le Procureur Général. Correspondance au sujet de cette lettre.*

Nouv. ecclés. du 26 juin 1753, p. 301 à 304 ; in-4°.

4119. — D'Amiens. *Correspondance relative aux poursuites faites, pour cause de jansénisme aux* **Dominicains** *d'Amiens et d'Abbeville.*

Nouv. ecclés., n° du 19 Mars 1756, p. 51 et 52 ; in-4°.

4120. — Annales de l'Abbaye de **Saint-Jean** d'Amiens Ordre de Prémontré, réunies et classées par le R. P. Maurice du Pré, Chanoine régulier et sous-prieur de cette Abbaye, traduites pour la première fois en français sur le Mss. latin 10110 de la Bibliothèque Nationale et publiées avec additions par Aug. Janvier et Ch. Bréard. — Amiens, Courtin-Hecquet, 1899 ; XII-241 p. in-8° av. 6 pl.

4121. — Factum pour les Marguilliers de la Fabrique et Paroisse de saint Firmin à la Pierre de la Ville d'Amiens demandeurs, et ceux de S. Germain de la même Ville, aussi demandeurs et intervenans Contre les Prieur, Religieux et Convent de l'Abbaye de **S* Jean** d'Amiens, Ordre de Prémontré, deffendeurs. *Signé : Petit.* — S. l. n. n., *12 novembre 1703;* 44 p. in-4°.

Bibl. d'Amiens, Hist., n° 3814, t. II, 9.
Sur la question de savoir à qui appartenait la cotte-morte des curés de ces paroisses.

4122. — Factum en forme de Plaidoyer sur la Cotte-morte des Religieux Beneficiers pour les Prieur et Chanoines Reguliers de l'Abbaye de **S. Jean** de la Ville d'Amiens, Ordre de Prémontré, Defendeurs. Contre les Marguilliers de la Paroisse de S. Firmin au Val, dit A la porte de ladite Ville, Demandeurs. Et contre les Curé et Marguilliers de la Paroisse de S. Germain, aussi de ladite Ville, Intervenans. Prononcé au Bailliage d'Amiens durant les Audiances des 14 et 19 Novembre 1704, par Maistre Jacques d'Esmery, Avocat en Parlement audit Bailliage et Siege Presidial d'Amiens. — S. l. n. n. n. d. ; 112 p. in-12.

Ibid., Hist., n° 3821.

4123. — Réponse au factum en forme de plaidoyer sur la cotte-morte des Religieux Bénéficiers Pour les Prieur et Chanoines Reguliers de l'Abbaye de **S. Jean** de la Ville d'Amiens, Ordre de Prémontré, Deffendeurs. Contre les Marguilliers de la Paroisse de S. Firmin au Val, dit à la Pierre, de ladite Ville, Demandeurs. Et contre les Marguilliers de la Paroisse de S. Germain, aussi de lad. ville, intervenans et aussi Demandeurs. Prononcé au Bailliage d'Amiens durant les Audiences des 14 et 19 Novembre 1703 ; par M° Jacques d'Esmery, Avocat en Parlement audit Bailliage et Siège Présidial d'Amiens. — S. l. n. n. n. d. ; 12 p. in-4°.

Ibid., Hist., n° 3596.

* 4124. — Memoire pour dame Marie de Louvencourt, veuve de Claude Feuquel... sieur de la Vicogne et dame

Marguerite Ursule Feuquel, épouse autorisée par justice au refus de Joseph de Virgile... sieur Dèsenarts, appelant d'une sentence du bailliage d'Amiens du 8 août 1708... contre les prieur et religieux de l'abbaye de **Saint-Jean** d'Amiens. — Paris, veuve G. Adam ; in-folio.

Bibl. Nat^{le}, Thoisy, 204, f° 37.

* **4125**. — Mémoire pour messire Louis-Auguste d'Albert d'Ailly, duc de Chaulnes... contre messire Nicolas Joseph de Paris, évêque d'Orléans, abbé commendataire de **Saint-Jean** d'Amiens, ... les héritiers de Jean Crignon et Pierre Jourdain, Meunier et autres... *Signé : Aubrelicque*. — Paris, Lamesle, 1735 ; in-folio.

Ibid., f° Fm, 3336.

4126. — Mémoire à consulter et Consultation *pour les Chanoines de S. Jean d'Amiens, demandant la déposition du Frère Briais, Procureur*. — Sur l'imprimé à Paris. Amiens. L. Caron, 1775 ; 18 p. in-4°.

Bibl. d'Amiens, Hist., n° 3596.

4127. — Achat de vin par des religieux picards *(les* **Prémontrés** *d'Amiens)*, au XVIIIe siècle, par le Baron X de Bonnault d'Houet.

Soc. hist. de Compiègne, Proc. verb., 1895, IV, p. 43 à 51 ; in-8°.

4128. — Les verrières de **Saint-Jean** d'Amiens (Ordre de Prémontré), par M. A. Dubois.

Bull. Soc. Ant Pic., t. XVIII, 1891-94, p. 162 à 169 ; in-8°.

4129. — Les peintures de l'ancien couvent des **Minimes** d'Amiens. *Rapport par M. Roux*.

Bull. Soc. Ant. Pic., t. XVII, p. 451 à 456 ; in-8°.

4130. — *Lettre de Mgr Faure, du 31 janvier 1657, relative a l'établissement du grand* **Séminaire**. — S. l. n. n. ; 1 p. in-4°.

Bibl. d'Amiens, Théol., n° 1858.

4131. — Premières lettres patentes du Roy, en faveur des pauvres Clercs du **Séminaire** d'Amiens, pour la levée des 3000 livres sur les Beneficiers dudit Diocèse. *Septembre 1684*. — S. l. n. n. ; 6 p. in-4°.

Ibid., Hist., n° 3825.

4132. — Lettres patentes du mois de Septembre 1684 *ordonnant l'imposition annuelle de 3000 livres pour le* **Séminaire** *et autres documents sur cette affaire*. — S. l. n. n. ; 11 p. in-4°.

Ibid.

4133. — Factum, pour la Chambre ecclésiastique du Diocèse d'Amiens, ou la Taxe des trois mil livres qu'elle a faite sur les Beneficiers du Diocèse, pour l'entretien des pauvres Ecoliers du **Séminaire** Deffendue et la conduite de l'Evêque d'Amiens, et des Deputez du Clergé, touchant les Impositions, les levées et l'employ des Deniers de la Recepte, justifiée. — S. l. n. n., *vers 1685* ; 40 p. in-4°.

Ibid.

4134. — Factvm pour justifier l'opposition formée par les Beneficiers du Diocèse d'Amiens, à la levée de trois mil livres par chacun an, que prétendent faire sur ledit Diocèze les Directeurs du **Séminaire**. — S. l. n. n., *vers 1685* ; 12 p. in-4°.

Ibid., Hist, n° 3825.

4135. — Estat des Revenus du **Séminaire** d'Amiens, que le Sieur Tillot Supérieur, a produit devant Monsieur de Chauvelin, Intendant. Reflexions des Beneficiers du Diocèse d'Amiens sur l'Estat des revenus et des préteuduës charges du Séminaire, aussi produites devant le sieur Chauvelin, Intendant. — S. l. n. n., *vers 1685* ; 18 p. in-4°.

Ibid.

4136. — Conditions et qvalitez requises en ceux qui sont receus au **Séminaire** des pauvres Escoliers du College d'Amiens appellez vulgairement les Capettes. — S. l. n. n., *XVII° Siècle;* 1 p. in-folio.

Arch. dép. de la Somme, D, n° 127.

4137. — Règlemens pour la Maison des **Capets**. — S. l. n. n., *XVIII° siècle;* 1 p. in-folio.

Ibid., D, n° 125.

4138.— Exercice sur l'histoire ecclésiastique qui se fera au petit **Séminaire** d'Amiens *le 20 juillet 1789*, trois heures après-midi. — Amiens, L. C. Caron, 1789; 10 p. in-4°.

Bibl H. Macqueron.

4139. — Exposé des faits relatifs au procès intenté à la Congrégation de Saint-Lazare, par M. Bailly, exclu de la même congrégation. — Paris, Adrien Leclère, *1840;* 24 p. in-4°.

4140. — Precis pour M. Amable-Ferdinand Bailly, Prêtre, ancien directeur du **Séminaire** d'Amiens et ancien grand-vicaire du Diocèse, demandeur et défendeur. Contre M. Jean-Baptiste Nozo, Prêtre, Supérieur-Général de la Congrégation de Saint-Lazare, défendeur et demandeur. — S. l. n. n., *1840;* 11 p. in-4°.

Bibl. de M. l'abbé Gosselin.

4141. — Précis pour M. Amable Ferdinand Bailly, Prêtre, ancien Directeur du **Séminaire** d'Amiens et ancien Grand-Vicaire du Diocèse, Demandeur et Défendeur. Contre M. Jean Baptiste Nozo, Prêtre, Supérieur-Général de la Congrégation de Saint-Lazare, Défendeur et Demandeur. *Signé : Creton.* — Amiens, Caron-Vitet, *1840;* 23 p. in-4°.

4142. — Consultation pour M. l'abbé Bailly, ancien grand-vicaire du Diocèse d'Amiens, ex-supérieur du **Séminaire** de cette ville, contre M. Nozo, supérieur-géneral de la Congrégation de Saint-Lazare. *Signé : Gaudry, 1840.* — S. l. n. n.; 23 p. in-4°.

4143. — Conclusions pour M. l'abbé Bailly, Intimé, contre M. Nozo, supérieur de la Congrégation de Saint-Lazare, appelant. — S. l., E. J. Bailly; 4 p. in-4°.

4144.—Notes rédigées par M. Bailly, pour servir de réponse a l'exposé, non signé, publié par M. Nozo, supérieur-géneral de Saint-Lazare. *Signé : Creton et Paillet.* — E. J. Bailly, à Paris, *1840*, 80 p. in-4°.

Documents intéressants sur l'administration et la situation financière du grand **Séminaire**.

4145 — Affaire Bailly contre Nozo. 4° chambre du tribunal civil de la Seine. Conclusions de M. de Charenay.— S. l., E. J. Bailly, *1840;* 39 p. in-4°.

Autre édition plus compacte en 15 p. in-4°.

IV. COUVENTS DE FEMMES.

4146. — Fondation du Monastère des **Carmélites** d'Amiens. *A la suite, abrégé de la vie de plusieurs religieuses de ce couvent.*

Chron. de l'Ordr. des Carmél. en France. — Troyes, 1850, t. II, p 365 à 397 ; in-8°.

4147. — Deux fondations amiénoises de couvent *(les* **Carmélites** *et les Religieuses de Marie Auxiliatrice),* par l'abbé F.

Le Dimanche, 1872, t. I, p. 311 à 316 ; in-8°.

4148. — L'établissement des **Carmélites** à Amiens (1606-1608) par M. Charles Salmon.— Amiens, Douillet, 1881 ; 49 p. in-8°.

Ext. Mém. Soc. Ant. Pic.

4149. — Fondation du **Carmel** d'Amiens.

Etud. relig., phil., hist. et litt., 1896, t. IV, p. 411 à 419 ; in-8°.

4150. — Trois reines chez les **Carmélites** d'Amiens, par M. Charles Salmon.

Bull. Soc. Ant. Pic., t. XI, p. 351 à 376 ; in-8°.

4151. — Lettre de la prieure des **Carmélites** d'Amiens sur la vie et la mort de Sœur Marie de Jésus. 1694. — 3 p. in-4°.

4152. — *Lettre, du 16 avril 1749, relative au décès de Marie-Josèphe-Rose de St Elie*, **carmélite**, *à Amiens.* — S. l. n. n. ; 4 p. in-4°.

4153. — Mémoire pour les Doyen, Chanoines et Chapitre de l'Eglise Royale de S. Quentin. Contre les Dames Prieure et Religieuses **Carmélites** de la Ville d'Amiens En présence de l'Inspecteur-Général des Domaines. — Paris, Demonville, 1778 ; 84 p. in-4°.

Contestation au sujet d'une rente due sur le moulin Bequerel, à St Quentin.
Bibl. d'Amiens, Hist., n° 3824, 1.

4154. — Mémoire signifié pour les Prieure et Religieuses **Carmélites** de la Ville d'Amiens ; Contre les Doyen, Chanoines et Chapitre de l'Eglise Royale de Saint-Quentin : En présence du sieur Inspecteur général des Domaines de la Couronne. — Paris, P. G. Simon, 1779 ; 123 p. in-4°.

Ibid , Hist , n° 3824, 2.

4155. — Résumé pour les **Carmélites** d'Amiens. Contre le Chapitre de Saint-Quentin. — Paris, P. G. Simon, 1779 ; 47 p. in-4°.

Ibid., Hist., n° 3824, 4.

4156. — Reponse aux Observations pour les Prieure et Religieuses **Carmélites** d'Amiens. Contre le Chapitre de Saint Quentin. En présence du Sieur Inspecteur général du domaine de la Couronne. — Paris, P. G. Simon, 1779 ; 79 p. in-4°.

Ibid., Hist., n° 3824, 3.

4157. — *Lettre de la Supérieure des* **Carmélites** *d'Amiens, du 19 Avril 1784, annonçant la mort de la mère Isabelle. . Eugénie de la Divine Providence.* — S. I. n. n. ; 4 p. in-4°.

4158. — Dernier Mémoire pour les Prieure et Religieuses **Carmélites** de la Ville d'Amiens. Contre les Doyen, Chanoines et Chapitre de l'Eglise Royale de Saint-Quentin. En présence du sieur Inspecteur Général des Domaines de la Couronne. — Paris, Prault, 1786 ; 224 p. in-4°.

Bibl. d'Amiens, Hist., n° 3824, 5.

4159. — Aperçu pour les **Carmélites** d'Amiens Contre le Chapitre de Saint-Quentin. — *Paris*, Demonville, 1787 ; 8 p. in-4°.

Ibid., Hist , n° 3824, 7.

4160. — Tableau succinct pour les Dames **Carmélites** d'Amiens contre le Chapitre de Saint - Quentin. — Paris, Demonville, 1787 ; 3 p. in-4°.

Ibid., Hist., n° 3824, 6.

4161. — Remarques décisives pour le Chapitre de Saint-Quentin sur l'Aperçu et le Tableau succinct des Dames **Carmélites** d'Amiens. — *Paris*, Demonville, 1787 ; 17 p. in-4°.

Ibid., Hist., n° 3824, 11.

4162. — Point de vue bien simple sous lequel on peut considérer l'affaire des **Carmélites** d'Amiens ; contre le Chapitre de Saint-Quentin. — Paris, Demonville, 1787 ; 8 p. in-4°.

Ibid., Hist., n° 3824, 8.

4163. — Résumé général pour les Doyen, Chanoines et Chapitre de l'Eglise Royale de Saint-Quentin contre les dames Prieure et Religieuses **Carmélites** de la ville d'Amiens En présence des sieurs Inspecteur et Administrateur généraux des domaines, assignés en garantie. — Paris, Demonville, 1787 ; 52 p. in-4°.

Ibid., Hist., n° 3824, 9.

4164. — Réponse au Résumé général pour les dame Prieure et Religieuses **Carmélites** de la ville d'Amiens ; Contre les Doyen, Chanoines et Chapitre de l'église de Saint-Quentin ; Et encore contre les sieurs Inspecteur et administrateur généraux des Domaines. — *Paris*, Demonville, 1787; 51 p. in-4°.

Ibid., Hist., n° 3824, 10.

4165. — *Lettre de la supérieure des* **Carmélites** *d'Amiens, du 3 Avril 1791, annonçant la mort de la Sœur Marie-Madeleine-Agnès de Sainte Thérèse.* — S. l. n. n. ; 4 p. in-4°.

4166. — Philippo, Domino loci de Saveuse, et Mariæ de Lully Monasterium Ordinis **S. Claræ** (nunc Monialium Capucinarum) in civitate Ambianensi construendi facultatem largitur. *Bulle du pape Eugène IV; 1442.*

Bullarium Capucinorum. — Romæ, 1748, t. V, p 29 à 31, in-folio.

4167. — Mandement de Monseigneur l'Evêque d'Amiens pour l'établissement de la Confrairie de l'Adoration perpétuelle du Très-Saint Sacrement dans l'Eglise des Religieuses de **Sainte-Claire**, et la publication des Indulgences accordées à ladite Confrairie par le Souverain Pontife. *Du 23 décembre 1773.* — S. l. n. n, ; 1 p. in-folio.

Bibl H. Macqueron.

4168 — Pratiques de Piété, à l'usage des Personnes associées à l'Adoration perpétuelle du Très-Saint-Sacrement, exposé perpétuellement dans l'Eglise des Religieuses de **Sainte Claire** de la Ville d'Amiens. — Amiens, L. C. Caron, 1774 ; in-16.

· **4169**. — Monuments antiques. Description d'une tombe trouvée dans les décombres de l'église des ci-devant religieuses de **Sainte-Claire** à Amiens en avril 1842, par Antoine-Joseph Levrier. — In-4°.

4170. — Inscriptions funéraires trouvées dans l'ancien Cimetière du Couvent primitif des **Clarisses** *d'Amiens*, par l'abbé J. Corblet.

Bull. Soc. Ant. Pic., t. X, p. 401 à 404 ; in-8°.

4171. — L'Adoration perpétuelle du Saint-Sacrement chez les **Clarisses** d'Amiens, par Ch. Salmon.

Le Dimanche, 1873, t. II, p. 477 à 480 et s. ; in-8°.

4172. — Deux bréviaires manuscrits conservés au monastère des Religieuses **Clarisses** à Amiens, par Robert Guerlin. — Paris, Plon, 1894 ; 61 p. in-8° av. 1 pl.

4173. — Règles et Constitutions des Filles des Sacrés-Cœurs de Jésus et de Marie, dites de **Louvencourt**. — Amiens, Duval et Herment, 1846; 130 p. in-18.

4174. — Abrégé de l'histoire moderne des principales nations de l'Europe, pour faire suite à l'histoire de France, à l'usage des pensionnats dirigés par les Religieuses des Sacrés-Cœurs de Jésus et de Marie, dites de **Louvencourt**. — Amiens, Duval et Herment, 1847 ; 254 p. in-18.

· **4175**. — Factum pour les dames religieuses, abbesse et convent du **Paraclet**, demanderesses, contre dame Anne de Raure, tutrice des enfans mineurs de M. le duc de Créquy, seigneur de Moreul, défenderesse. — S. l. n. n., 1627 ; in-4°.

Bibl. Nat^{le}, Thoisy, 408, f° 254

4176. — *Arrêt, du 10 janvier 1651, rendu entre le S. Randon, élu d'Amiens, et le couvent du* **Paraclet**, *réfugié en cette ville et jugeant* Qu'une somme de cinq mille livres de dot convenue pour l'ingression d'une fille en Religion, n'est estimée excéder modum alimentorum.

Journ. des Aud. du Parl, par Duchesne. — Paris, 1752, t. I, p. 482 et 483 ; in-folio.

4177. — Oraison funèbre de Madame Suzanne Desfriches de Brasseuse, Abbesse de N. D. du **Paraclit** d'Amiens Prononcée dans l'Eglise de son Abbaye le 15 Avril 1681 par le R. P. de Ponssemothe de Lestoille. — Amiens, Guislain le Bel, M.DC.LXXXI ; 41 p. in-4°.

Bibl. d'Abbeville.

* **4178.** — Mémoire pour M. le duc de Chaulnes, défendeur et demandeur, contre les dames religieuses du **Paraclet** d'Amiens, demanderesses en requête du 15 juin 1688, et défenderesses. *Signé : Daramond.* — S. l. n. n. ; in-folio.

Bibl. Nat^{le}, Thoisy, 167, f° 256.

* **4179.** — Vers irréguliers présentés le premier jour dè l'an à Mme de Matignon, abbesse du **Paraclet** d'Amiens par de jeunes filles pensionnaires dans son couvent.

Satyres nouvelles, par Benech de Cantenac .. — Amsterdam, veuve Chayer, 1690 ; pet. in-8°.

4180. — Factum pour Dame Eléonore de Matignon, Abbesse et les Dames Religieuses de l'Abbaye du **Paraclet** d'Amiens, Demanderesses. Contre Maistre Jean Thierry, Sieur de Genouville, Deffendeur. — S. l. n. n., *1695* ; 4 p. in-4°.

Revendication de propriété.
Bibl. d'Amiens, Hist.. n° 3596.

4181. — Projet de regles pour les filles de **Sainte Ulphe**. — Amiens, N. Caron-Hubault, M.DC.XCVIII ; in-16 de 4 p. n. n. et 52 p.

Ibid., Hist. des Relig., n° 1430.

4182. — Oraison funèbre de Madame Eléonore de Matignon, Abbesse de N. D. du **Paraclet** d'Amiens, Prononcée dans l'Eglise de son Abbaye le 30 Octobre 1706, par le R. P. le Gendre, Prieur des Augustins de la même Ville. — Amiens, Charles Caron-Hubault, 1706 ; 32 p. in-4°.

Ibid., B. Lett., n° 938, t. XIV.

4183. — Oraison funèbre de Madame Claudine Le Vergeur de St Souplet, Abbesse de Nostre-Dame du **Paraclet** d'Amiens Prononcée le 6 Février par un Religieux de l'Ordre de Saint-Dominique *(le P. Coupey).* — Amiens, veuve Jean-Baptiste Morgan, 1721 ; 23 p. in-4°.

Ibid., B. Lett., n° 938, t. VIII.

* **4184.** — Mémoire signifié pour les dames abbesse et religieuses de l'abbaye du **Paraclet** d'Amiens... contre Pierre Vignon... appelant d'une sentence contradictoire rendue au bailliage d'Amiens le 3 juin 1734. *Signé : Fuet.* — Paris, Paulus du Mesnil, 1736 ; in-folio.

Bibl. Nat^{le}, f° Fm, 203.

4185. — Sommaire du Procès des Dames Abbesse et Religieuses du **Paraclet** contre Vignon, leur Fermier. — S. l. n. n., *1750* ; 2 p. in-4°.

Bibl. d'Amiens, Hist., n° 3596.

4186. — Notice sur quatre religieuses de **Port-Royal-des-Champs** exilées dans divers monastères d'Amiens, par M. l'abbé J. Corblet. — Amiens, Lemer ainé, 1861 ; 19 p. in-8°.

Ext. Mém. Soc. Ant. Pic.

4187. — Mémoire pour Monsieur Louis Vacquette de l'Enchères, Conseiller au Grand Conseil, Défendeur. Contre les Dames Religieuses de la Communauté de Sainte-Geneviève, dite de la **Providence**, de la Ville d'Amiens, Demanderesses. — *Paris*, Gissey, *1755* ; 11 p. in-4°.

Bibl. de Péronne, Rec. Mém., t. X.

4188. — Mémoire signifié pour les Dames Religieuses de la Communauté de Sainte Geneviève, dite de la **Providence**, de la Ville d'Amiens, Demanderesses. Contre M. Louis Vaquette de l'Enchères, Conseiller au Grand Conseil, Défendeur. — *Paris*, Knapen, 1755 ; 14 p. in-folio.

Demande en paiement.
Ibid.

* **4189.** — Lettre d'une religieuse de **S. Julien** d'Amiens, à Madame l'Abbesse du Port-Royal de Paris sur la mort

d'une de ses filles du Port-Royal des Champs *(Marie Euphrasie Robert)*. décédée dans ledit Monastère de S. Julien le 8 novembre 1700. — Paris, Simon Langlois, 1700 ; 24 p. in-12

Bibl. Nat^{le}, Ld¹, n° 646.

4190. — Lettre d'une religieuse de S. Julien d'Amiens à Madame l'Abbesse du Port Royal de Paris, sur la mort d'une de ses filles du Port-Royal des Champs décédée dans ledit Monastère de saint Julien le huit Novembre 1700. — Amiens, Charles Caron-Hubault, s. d. ; 9 p. in-4°.

Bibl. H. Macqueron.

4191. — Rituel des Religieuses de **Sainte Elizabeth** d'Amiens, du Tiers Ordre de S. François, Divisé en deux Parties, Dont la premiere contient la forme et les Ceremonies, qui s'observent aux Vétures et aux Professions. La seconde contient la forme d'administrer les Sacremens aux malades, et de faire les Funerailles des Trépassez. Le tout conforme au Rituel Romain et à l'usage Regulier. — Amiens, G. le Bel, M.DC.XCIII ; VI-94-269 p. in-8° av. 2 fig.

Bibl. H. Macqueron.

4192. — Parlement de Paris. Grand'-Chambre. Droits des Curés sur les Pensionnaires demeurants dans les Couvents, pour leur administrer les Sacremens et la Sépulture.

Différend entre le Curé de St Firmin et les Sœurs grises d'Amiens
Gaz. des Trib., 1785, n° 3 ; in-12

4193. — Contrat d'ingression de Catherine Cornet, Religieuse **Ursuline** *a Amiens*. Du 5 juin 1631. Note par M. F. Poujol de Fréchencourt.

Bull. Soc. Ant. Pic., t. XIV, p. 113 à 116 ; in-8°.

4194. — *Circulaire de la supérieure des* **Ursulines** *d'Amiens annonçant la mort de Marie Barbe Yolande de Riencourt d'Orival, dite de Saint-François : du 19 septembre 1676.* — S. l. n. n. ; 3 p. in-4°.

Arch. dép de la Somme, E, n° 629.

4195. — Des **Vrsulines** d'Amiens, ce 26 Ianvier 1680. *Lettre sur la mort de sœur Marguerite Ursule le Bon*. — S. l. n. n. ; 4 p. in-4°.

4196. — La Devotion à Sainte-Ursule, protectrice des mourans, ou exercices spirituels pour les Associés à la Confrairie de la bonne mort, érigée dans l'Eglise du Monastère des Religieuses **Ursulines** de la Ville d'Amiens sous l'invocation de Sainte Ursule. Par l'autorité du Saint-Siège Apostolique, et de Monseigneur Louis François Gaariel *(sic)* d'Orléans de la Motte, Evêque d'Amiens, Avec un Abrégé de la Vie et Martyre de la Sainte, et une courte Instruction sur les dispositions pour bien mourir. — Amiens, veuve C. Caron-Hubault, 1766 ; 144 p. in-12.

Bibl. d'Amiens, Théol., n° 6048.

4197. — Petit manuel à l'usage des congrégations et confréries établies dans le pensionnat des religieuses **Ursulines** de la ville d'Amiens, par l'abbé Dangez. — Amiens, Caron et Lambert, 1848 ; 576 p. in-24.

Le même ouvrage a été publié en 1859 avec un titre où le mot Abbeville remplace celui d'Amiens.

4198. — Note sur deux tableaux en broderie de soie provenant des **Ursulines** d'Amiens et représentant deux épisodes de la vie de S. Augustin, par M. l'abbé Hareux.

Bull. Soc. Ant. Pic., t. XXV, p. 52 à 56 ; in-8°.

4199. — Notice sur les broderies exécutées par les religieuses **Ursulines** d'Amiens, par Robert Guerlin. — Paris, Plon, Nourrit et Cie, 1891 ; 15 p. in-8°.

4200. — Note sur quelques Broderies exécutées par les Religieuses **Ur-**

sulines d'Amiens, par Robert Guerlin. — S. l. n. n. n. d. ; 3 p. in-4° avec 3 fig.

Extr. de la Rev. de l'Art Chrétien, 1895.

4201. — Abrégé de la vie et des vertus de la très honorée Mère Marie-Euphrosine Turpin, décédée en notre Monastère *de la* **Visitation** *d'Amiens*, le 20 décembre 1651.

Année sainte des Relig. de la Visit — Annecy, 1871, t. XII, p. 395 à 414 ; in-8°.

4202. — Lordre des Ceremonies Pour la Beatification du Bien-heureux François de Sales Euesque de Geneue et Fondateur des Religieuses de la **Visitation** de Sainte-Marie *au couvent de la Visitation d'Amiens, les 19 et 20 avril 1662.* — S. l. n. n. ; 1 p. in-folio.

Bibl. d'Amiens. Théol., n° 1858.

4203. — Lettre en forme de relation, simple et naifue, sur les Ceremonies de la Canonisation de Saint François de Sales, Euesque et Prince de Geneue, celebrée dans l'Eglise Cathedrale, et dans celle des Religieuses de la **Visitation** Sainte Marie de la ville d'Amiens, et écrite par elles à leurs très-cheres Sœurs des autres Monastères de la Visitation. — Paris, Pierre de Bresche et Iacqves de Laize, 1665 ; 22 p. in-4°.

Bibl. H. Macqueron.

4204. — De notre Monastère d'Amiens, ce 22 Novembre 1679. *Lettres des Sœurs et Servantes de la Communauté de la* **Visitation** *Sainte-Marie sur les morts des Sœurs Catherine Pecquet, Favier, Grambeaume, Lidivine Cornet et Angélique Mallart.* — S. l. n. n. ; 23 p. in-4°.

Bibl. d'Amiens, Hist., n° 3814, t. II, 16

4205. — Nouveaux renseignements sur la Sœur Marie-Madeleine de Sainte-Cécile Bertrand, religieuse de Port-Royal-des-Champs, exilée au monastère de la **Visitation** d'Amiens, par Arthur Demarsy.

Bull. Soc. Ant. Pic., t. X, p. 326 à 332 ; in-8°.

4206. — *Lettres sans titre, émanées des religieuses de la* **Visitation** *Sainte Marie d'Amiens et annonçant le décès de religieuses du couvent Ces lettres, généralement de 2 à 10 pages portent les dates suivantes :* 10 juillet 1679, 12 septembre 1683, 12 décembre 1684, 7 octobre 1685, 13 avril 1689, 1er avril 1690, 3 février 1691, 30 janvier 1693, 25 novembre 1693, 9 octobre 1696, 22 novembre 1701, 24 janvier 1704, 10 avril 1710, 17 septembre 1723, 24 février 1725, 6 février 1730, 8 mai 1738, 1er février 1739, 22 décembre 1740, 18 avril 1743, 1 avril 1755, 2 avril 1757, 5 décembre 1758, 6 septembre 1765 et 11 janvier 1768. — In-4°.

Ces lettres et toutes celles analogues. reprises ci-après et qui ne portent pas une indication spéciale. se trouvent à la Bibl. Nat^{le}, Ld^{173}, n° 2.

4207. — Abrege des vertvs de nostre chère sœur Marie Lucienne des Tuilles, Tourrière. — S. l. n. n., *1694* ; 2 p. in-4°.

4208. — Abrege des Vertvs de feve nostre chere Sœur Ieanne Marie Caron. — S. l. n. n., *1694* ; 2 p. in-4°.

4209. — Abrege des Vertvs de Nostre très chère Sœur Claire Isabelle Baudelocq. — S. l. n. n., *1696* ; 2 p. in-4°.

4210. — Abregé des Vertvs de nostre très chere Sœvr Marie Angelique Collin. — S. l. n. n., *1696* ; 3 p. in-4°.

4211. — Abrege des vertvs de nostre chere Sœur Marie-Gertrude Pingré, decedée en ce Monastère de la **Visitation** Sainte-Marie d'Amiens ce premier Decembre mil sept cens. — S. l. n. n. ; 4 p. in-4°.

4212. — Abrege des vertvs de nostre chere Sœvr Marie Marguerite Roger decedée en ce Monastère... d'Amiens ce seizième Ianvier mil sept cens un. — S. l. n. n. ; 4 p. in-4°.

4213. — Abrege des vertvs de feve nostre chere Sœur Anne-Jeronime Bigart, decedée en ce Monastère... d'Amiens, ce 12 May 1701. — S. l. n. n. ; 4 p. in-4°.

4214. — Abrege des Vertvs de nostre tres honorée sœvr Marie-Aymée Fourmies, decedée en ce Monastère... d'Amiens ce 28 août 1701. — S. l. n. n.; 7 p. in-4°.

4215. — Abrege des Vertvs de nostre tres chere Sœvr Marie Claire du Crocq, decedée en ce Monastère... d'Amiens ce 29 Aoust 1701. — S. l. n. n.; 4 p. in-4°.

4216. — Abrege des Vertvs de nostre tres chere Sœur Marguerite Dorothée Daguesseau, decedee en ce Monastere... d'Amiens le 7 Decembre 1703. — S. l. n. n.; 2 p. in-4°.

4217. — Abregé des Vertvs de nostre très chere Sœur Marie Sainte Bour, decedée en ce Monastère... d'Amiens, ce 15 Iuillet 1705. — S. l. n. n.; 4 p. in-4°.

4218. — Abregé des vertus de nôtre tres-chere Sœur Madeleine-Therese Le Roy de Jumelles, decedée en ce monastère... d'Amiens, ce 31 de Decembre 1705. — S. l. n. n.; 2 p. in-4°.

4219. — Abrege des Vertvs de nostre tres chere Sœvr Marie-Victoire de Bovfflers de Rovverel, decedee en ce Monastère... d'Amiens, le 8 Avril 1706. — S. l. n. n.; 6 p. in-4°.

4220. — Abrege des Vertus de notre chere Sœur Agnes-Elisabeth de Fresne, decedée en ce Monastère... d'Amiens le 29 Aoust 1707. — S. l. n. n.; 2 p. in-4°.

4221. — Abrege des Vertus de notre tres chere Sœur Marie-Elizabeth de Villers, decedée en ce Monastère... d'Amiens, ce 3 avril 1708. — S. l. n. n.; 3 p. in-4°.

4222. — Abrege des Vertus de quatre de nos cheres sœurs défuntes. — S. l. n. n., *1711*; 3 p. in-4°.

4223. — Abrege des Vertus de nostre tres-honorée Sœur Madelaine Scolastique Revellois, decedee en ce Monastère... d'Amiens le quinzième Mars 1712. — S. l. n. n.; 12 p. in-4°.

4224. — Abrege des Vertus de notre tres-honoree et chere Sœur Marie-Therese Hemart de Breviller, decedee en ce Monastère... d'Amiens le vingt-neuvieme Septembre 1712. — S. l. n. n.; 7 p. in-4°.

4225. — Abrege des Vertus de feue nostre chere et tres-Honoree Sœur Marie-Séraphine de Mons d'Hedicourt, decedee en ce Monastère... d'Amiens le 13 Septembre 1720. — S. l. n. n.; 3 p. in-4°.

4226. — Abregé des Vertus de feue Nôtre tres-honoree Mere Anne Josephine Cornet, decedee Superieure en ce Monastère... d'Amiens, le 13 Mars 1721. — S. l. n. n.; 3 p. in-4°.

4227. — Abrege des Vertus de Nôtre tres-Chere Sœur Anne-Françoise Forcedebras, decedée en ce Monastère... d'Amiens le 17 Decembre 1721. — S. l. n. n.; 2 p. in-4°.

4228. — Abrege des Vertus de feue Nostre Très-Honorée Sœur Catherine Agnès Volant, decedée en ce Monastère... d'Amiens, le 6 Mars 1722. — S. l. n. n.; 2 p. in-4°.

4229. — Abrege de la Vie et des Vertus de nôtre très-honoree Mere Marie-Helene de Moyenneville, decedee Superieure... le 28 de Novembre 1722. — S. l. n. n.; 8 p. in-4°.

4230. — Abrege des Vertus de Nostre Tres-Honorée Sœur Heleine Angelique Gon, decedee en ce Monastère... d'Amiens le 22 Novembre de l'année 1723. — S. l. n. n.; 3 p. in-4°.

4231. — Abregé des Vertus de Nôtre Tres-Honorée Sœur Marie-Cecile Cornet, decedée en ce Monastére... d'Amiens, ce 21 Decembre 1723. — S. l. n. n.; 3 p. in-4°.

4232. — Abregé des Vertus de Nôtre Tres Chere et Aimable Sœur Marie-Augustine de Wargemont, decedée en ce Monastère.. d'Amiens ce 14 Avril 1724. — S. l. n. n. ; 3 p. in-4°.

4233. — Abregé des Vertus de feue Nòtre Tres-Honorée Mère Marie-Agnès Damyens, decedée en ce Monastère... d'Amiens le 18 Avril 1724. — S. l. n. n.; 4 p. in-4°.

4234. — La Devotion au Sacré-Cœur de Jesus à l'usage des associez à la Confrairie établie sous ce titre dans le Monastère de la **Visitation** Sainte-Marie de la Ville d'Amiens par une bulle de N. S. P. le Pape Benoist XIII, du 16 avril 1725. — Amiens, Antoine Redé Fils, 1728 ; 174 p. in-12.

Bibl. Van Robais, a Abbeville.

4235. — Abrege des Vertus de Notre Chere Sœur Marie-Barbe Darcourt, decedée le... janvier 1730. — S. l. n. n. ; 2 p. in-4°.

4236. — Abrege des Vertus de Notre tres honoree Sœur Marie-Josephe Lefebvre, decedée en ce Monastère... d'Amiens le 12 Mai 1737. — S. l. n. n. ; 8 p. in-4°.

4237. — Abrege de la vie et des vertus de notre tres-chere et honoree Sœur Marie Félicité de Lameth, decedee en ce Monastère... d'Amiens le 18 Octobre 1740. — S. l. n. n. ; 11 p. in-4°.

4238. — Abrege de la vie et des vertus de notre très-chere et honorée Sœur Madelaine Angelique de Flocques, decedee en ce Monastère... d'Amiens le 11 May 1742. — S. l. n. n. ; 4 p. in-4°.

4239. — Abregé de la Vie et des Vertus de notre très-chere et très-honorée Sœur Marie-Victoire de la Court, décédée en ce Monastère... d'Amiens, le 19 Août 1745. — S. l. n. n. ; 4 p. in-4°.

Anc^{ne} Bibl. de Marsy.

4240. — Vive Jésus. De notre Monastère d'Amiens, le 7 Septembre 1750. *Lettre sur le décès de sœur Elisabeth Caron.* — S. l. n. n. ; 3 p. in-4°.

Ibid.

4241. — Abrege de la vie et des vertus de notre chère Sœur Marie-Marthe Despréaux, décédée en ce Monastère... d'Amiens le deuxième Janvier 1756. — S. l. n. n. ; 4 p. in-4°.

4242. — Abregé de la Vie et des Vertus de notre tres-honorée Sœur Françoise-Catherine Le Caron de Marieu décédée en ce Monastère... d'Amiens le 22 avril 1756. — S. l. n. n. ; 6 p. in-4°.

4243. — Abrege de la Vie et des Vertus de notre très-honorée Mere Françoise Madeleine de Saint-Vaast, décédée Supérieure en ce Monastère... d'Amiens le 18 Mars 1758. — S. l. n. n. ; 13 p. in-4°.

4244. — Abrege de la Vie et des Vertus de notre chère Sœur Marie-Véronique Dodé, decedée en ce Monastère... d'Amiens le 23 Mars de l'année 1758. — S. l. n. n. ; 4 p. in-4°.

4245. — Abregé de la Vie et des Vertus de notre très-honorée Sœur Anne Angelique Pillé, decedée en ce Monastère... d'Amiens le 5 avril 1758. — S. l. n. n. ; 7 p. in-4°.

4246. — Abregé de la Vie et des Vertus de notre très-chere Sœur Marie-Julie de Wasservas, decedée en ce Monastère... d'Amiens le 29 Mai 1761. — S. l. n. n. ; 6 p. in-4°.

4247. — Abrege des Vertus de notre très-honoree Sœur Françoise-Elisabeth de Moyenneville, decedée en ce Monastère... d'Amiens, ce 2 janvier 1762. — S. l. n. n. ; 6 p. in-4°.

4248. — Abrege des Vertus de feue notre très-honorée Sœur Marie-Aimée Dufresne decedee en ce Monastère...

d'Amiens, le 14 Fevrier 1763. — S. l. n. n.; 4 p. in-4°.

4249. — Abrege des Vertvs de Notre très-honorée Sœur Marie Scholastique Dincourt, decedée le 30 janvier 1766. — S. l. n. n.; 11 p. in-4°.

Bibl. A. de Caieu.

4250. — Vive Jésus. De notre Monastère d'Amiens, ce 24 Fevrier 1766. *Lettre sur le décès de sœur Françoise Geneviève Hérault.* — S. l. n. n.; 12 p. in-4°.

Ancⁿᵉ Bibl. de Marsy.

4251. — Abrege de la vie et des vertus de notre très-honorée Sœur Marie-Joséphine de Croy, decedée en ce Monastère... d'Amiens, le 7 Decembre 1766. — S. l. n. n.; 4 p. in-4°.

4252. — Abrégé des Vertus de notre très-honorée Sœur Jeanne-Cécile Forcedebras, décédée dans ce Monastère... d'Amiens, le 20 avril 1769... — S. l. n. n.; 4 p. in-4°.

Ancⁿᵉ Bibl. de Marsy.

4253. — Vive Jésus. De notre Monastère d'Amiens, ce 14 Juillet 1767. *Lettre sur le décès de Sœur Thérèse Hiacynthe d'Artus.* — S. l. n. n.; 4 p. in-4°.

Ancⁿᵉ Bibl. de Marsy.

4254. — Abrege de la vie et des vertus de notre très-honorée Sœur Marie-Augustine Desportes, decedée... le 6 Decembre 1767. — S. l. n. n.; 4 p. in-4°.

4255. — Abrege de la vie et des vertus de notre très-honorée Sœur Marie Constance Renouard de la Chaussée, decedée en ce Monastère... d'Amiens le 15 Decembre 1767. — S. l. n. n.; 4 p. in-4°.

4256. — Précis pour Mesdames Louise de Sales de Condé, Herbet, Bajoux, Solente et Douville, Religieuses, Appelantes. Contre les Héritiers de Mˡˡᵉ Cécile Cavillon, décédée Religieuse de la **Visitation**, Intimés. Audience du 23 décembre 1847. — Amiens, Duval et Herment; 27 p. in-4°.

Au sujet de la reconstruction du couvent de la rue Sᵗ Fuscien

4257. — Confrérie de Sᵗ François de Sales érigée dans l'église des Religieuses de la **Visitation** Sainte-Marie d'Amiens. — Amiens, Alfred Caron, *1859*; 27 p. in-32.

CHAPITRE V

ÉDIFICES MUNICIPAUX

BEFFROI, BIBLIOTHÈQUE, HALLES, HOTEL DE VILLE, MUSÉE, THÉATRE.

4258. — La Picardie historique et monumentale. Amiens. **Edifices civils.** Maisons particulières. La Malemaison. Le Logis du Roi. Le Bureau des Finances. Le Théâtre. La Halle au Blé. Les vieilles Maisons d'Amiens. Notices par A. Janvier.

La Pic. hist et monum., t. I, p. 65 à 88 av. 10 pl. h. t. et 6 fig. dans le texte; gr. in-4°.

4259. — Notes sur la construction et la décoration des **édifices publics** dans la ville d'Amiens au XVIᵉ siècle, par *H. Dusevel.*

La Picardie, t. VII, p. 245 à 253 ; in-8°.

4260. — **Beffroi** d'Amiens, *par H. Dusevel.* — S. l. n. n. n. d. ; 26 p. gr. in-8° av. 1 pl.

Tiré des Chat., Beffr., etc , t. II.

4261. — Notice sur l'horloge du **Beffroi** d'Amiens, par M. Dorbis.

Bull. Soc. Ant. Pic., t. II, p. 152 et 153 ; in-8°.

4262. — Documents inédits sur Amiens. L'incendie du **Beffroi**.

La Picardie, t. VII, p. 65 à 69 ; in-8°.

4263. — Notice historique et technologique sur l'horloge du **Beffroi** d'Amiens, par M. Martial Roussel, Lue à l'Académie d'Amiens dans la séance du 29 avril 1865. — Amiens, E. Yvert, 1866 ; 47 p. in-8°.

Ext. Mém. Acad. Amiens.

4264. — Mairie d'Amiens. *Pose de la première pierre de la* **Bibliothèque** ; *23 août 1823.* — *Amiens*, Caron-Duquenne ; 4 p. in-4°.

4265. — Rapport sur les Archives et les Bibliothèques... par MM. Dusevel et Rigollot. 23 février 1835 (Extrait). Chartes sur papyrus appartenant à la **Bibliothèque** d'Amiens.

Doc. hist. tirés... des Bibl., par Champ Figeac. — Paris, Didot, 1841, t. I, p. 430 et 431 ; in-4°.

4266. — Lettre adressée à M. Rigollot sur le manuscrit des Chroniques de Froissart, appartenant à la **Bibliothèque** d'Amiens, par M. de Cayrol.

Mém. Soc. Ant. Pic., t. III, p. 185 à 236 ; in-8°.

4267. — Catalogue descriptif et raisonné des **Manuscrits de la Bibliothèque** communale de la Ville d'Amiens, par J. Garnier. — Amiens, Duval et Herment, 1843 ; LV-563 p. in-8°.

4268. — **Bibliothèque** communale de la Ville d'Amiens. Catalogue de la Bibliothèque léguée par M. Cozette. — Amiens, Duval et Herment, 1844 ; XI-173 p. in-8° et 1 pl.

4269. — Catalogue méthodique de la **Bibliothèque** communale de la Ville d'Amiens, *par M. J. Garnier.* — In-8°.

Médecine.	Amiens. Duval et Herment, 1853 ;	XIV-576 p.
Belles-Lettr.	»	»	1854 ; VIII-644 p.
Histoire. I.	»	»	1856 ; 593 p.
Histoire. II.	»	E. Herment,	1857 ; p. 594 à 1170.
Scienc. et Arts.	»	Vᵛᵉ Herment, 1859 ;	VII 688 p
Hist. des Relig.	»	Caron et Lambert,	1862 ; VII-625 p.
Jurisprudence.	»	Lambert-Caron,	1864 ; VII-400 p.
Théologie I.	»	Yvert,	1869 ; VII-575 p
Théologie II.	»	»	1870 ; 762 p.
Polygraphie.	»	»	1873 ; 255 p.
1ᵉʳ Supplément.	»	»	1874 ; V 658 p.
Acquisitions de 1875.	»	Delattre-Lenoel,	1876 ; 48 p.
» 1876	»	Douillet,	1877 ; 19 p.

*** 4270.** — *Notes sur la* **Bibliothèque** *d'Amiens*.

Dict. des Manusc , Migne, 1853, t. I, p. 87 à 108 ; in-8°.

4271. — Le Livre de la propriété des choses par Barthélemy de Glanville. *Mémoire et Description du Manuscrit appartenant à la* **Bibliothèque** *d'Amiens*, par M. Janvier. — Paris, 1892 ; 20 p. in-8° et 1 pl.

Ext. Mém. Soc. Ant. France.

4272. — Ministère de l'Instruction Publique et des Beaux-Arts. Catalogue général des manuscrits des **bibliothèques** publiques de France. Départements. T. XIX. Amiens, par E. Coyecque. — Paris, Plon, Nourrit et Cⁱᵉ, 1893 ; 615 p. in-8°.

4273. Arrest du Conseil d'Etat du Roi. Du 13 Novembre 1784. Et Lettres-Patentes sur icelui. Données à Versailles, le 16 Février 1785, qui approuvent et confirment l'Adjudication des Ouvrages à faire pour reconstruire la porte d'entrée du **Bureau des Finances** d'Amiens. Registrées en la Cour des Aides, le 6 Avril 1785. — Paris, Knapen ; 6 p. in-4°.

Bibl. H. Macqueron.

4274. — **Halles** d'Amiens.
Dict. du Comm., par Savary, 1741, col. 1571 à 1573 ; in-folio.

4275. — Ville d'Amiens. Procès verbal d'inauguration du **Marché de Lanselles**, 27 octobre 1850. — *Amiens,* Duval et Herment ; 19 p. in-8°.

4276. — Notice sur les **Halles** de la Ville d'Amiens. Origine, traditions, époques gauloise, gallo-romaine, moyen-âge et moderne, par deux Membres de la Société des Antiquaires de Picardie. — Amiens, Alfred Caron, 1856 ; 69 p. in-12.

4277. — Simple appel à l'attention du conseil municipal d'Amiens. Pourquoi démolir la **halle foraine ?** *par J. Herbault.* 25 avril 1856. — Amiens, Alfred Caron ; in-folio.

4278. — Ville d'Amiens. Les **Halles aux Grains** à transférer dans le quartier Saint Leu pour sa régénération. Projet de M. Debaussaux. Dressé en Avril 1863. — S. l. n. n. ; 50 p. in-4° aut.

4279. — Notice des tableaux qui décorent les salles de la **Mairie** à Amiens. — *Amiens,* Caron-Vitet, 1820 ; 24 p. in-12.

4280. — **Hôtel de Ville** d'Amiens, *par H. Dusevel* — S. l. n. n. n. d. ; 44 p. gr. in-8° av. 2 pl. lith.
Tiré de Chat., Beffrois, etc., t. II.

4281. — L'**Hôtel-de-Ville** d'Amiens. Projet d'agrandissement et de dégagement. Observations soumises au corps municipal par Edouard Paris. — Amiens, Alfred Caron, Avril 1855 ; 44 p. in-8°.

4282. — Notice sur l'ancien **Hôtel de Ville** d'Amiens, *par A. Dubois.* — Amiens, Caron et Lambert, s. d. ; 4 p. in-16.
Extr. de la Picardie.

4283. — Ville d'Amiens. Projet d'achèvement de l'**Hôtel-de-Ville** d'un grand caractère monumental démasquant le Beffroi, créant immédiatement Place, Square, Avenue, débouchant les quartiers de Saint-Germain, des Tanneurs, des Chaudronniers, des Halles et Marchés, etc., tout en réalisant une économie considérable. Mémoire à l'appui des plans présentés à l'examen de l'Administration et du Conseil Municipal, par Daullé et J. Herbault, architectes, en Octobre 1865. — Amiens, E. Yvert, 1865 ; 18 p. in-4° av. phot.

4284. — Ville d'Amiens. Conseil municipal. Projet d'agrandissement de l'Hôtel-de-Ville. Rapport de M. Rousseau. — Amiens, Oscar Sorel, 1876 ; 16 p. in-8° av. plans.

4285. — Ville d'Amiens. Catalogue des Statues, Bustes et Bas-Reliefs du **Musée** des Figures antiques. — Amiens, R. Machart, *vers 1828 ;* 25 p. in-24.
Bibl. R. de Guyencourt.

4286. — Notice sur une feuille de dyptique d'ivoire représentant le baptême de Clovis, par M. J. R... *(Rigollot).* — Amiens, J. Boudon-Caron, 1832 ; 14 p. in-8° et 1 pl.
Cet ivoire se trouve au **Musée** d'Amiens.

4287. — Rapport sur le **Musée** d'Antiquités d'Amiens et les objets les plus remarquables offerts à cet établissement depuis sa création jusqu'au 5 juillet 1837.
Mém. Soc. Arch. dép. Somme, t. I, p. 85 à 99 ; in-8°.

4288. — Rapport sur les objets les plus remarquables offerts au **musée** d'Amiens, depuis le 5 juillet 1837, jusqu'au 30 juin 1838, par M. H. Dusevel.
Mém. Soc. Ant. Pic., t. II, p. 59 à 65 ; in-8°.

4289. — Rapport sur les objets les plus importants offerts au **Musée** de la Société, pendant l'année 1838-1839, lu dans la séance publique du 7 juillet 1839.

Ibid., t. III, p. 49 à 62 ; in-8°.

4290. — Proposition relative à l'établissement d'un **musée** départemental **d'histoire naturelle** à Amiens, par M. Pauquy.

Mém. Acad. Amiens, t. III, p. 259 à 272 ; in-8°.

4291. — Rapport sur l'établissement d'un **musée départemental,** par M. Cocquerel.

Ibid., t. III, p. 273 à 276 ; in-8°.

4292. — Rapport sur l'accroissement du **Musée** de la Société des Antiquaires de Picardie, depuis le 6 Juillet 1839 jusqu'au 12 Juillet 1840, par M. Ch. Dufour. — Amiens, Alfred Caron, 1840 ; XIX p. in-8°.

Ext. Mém. Soc. Ant. Pic.

4293. — Extrait du journal l'Abbevillois du 14 Juillet 1841. *Lettre de M. de Boubers au Directeur de l'Abbevillois au sujet de la* **tombe de Robert de Bouberch.** — Abbeville, C. Paillart ; 4 p. in-12.

4294. — **Musée** d'Antiquités d'Amiens. Description de la pierre tumulaire du Chevalier Robert de Bouberch, par M. Ch. Dufour. — Amiens, Duval et Herment, 1842 ; 16 p. in-8°.

Ext. Mém. Soc. Ant. Pic.

4295. — **Musée** d'Antiquités d'Amiens. Rapport sur son accroissement depuis le 12 juillet 1840 jusqu'au 24 juillet 1842, par M. Ch. Dufour. — Amiens, Duval et Herment, 1843 ; 21 p. in-8°.

Ibid.

4296. — **Musée** d'Antiquités d'Amiens. Rapport sur son accroissement depuis le 25 juillet 1842 jusqu'au 2 juillet 1843, par M. Ch. Dufour. — Amiens, Duval et Herment ; 17 p. in-8°.

Ibid.

4297. — Rapport sur les accroissements du **Musée,** du 2 juillet 1843 au 30 juin 1844, par M. Emm. Woillez.

Mém. Soc. Ant. Pic., t. VIII, p. 57 à 72 ; in-8°.

4298. — Tombe de Robert de Bouberch... aujourd'hui déposée dans le **Musée** d'Amiens. — Paris, Schneider et Legrand, 1845 ; in-4°.

4299. — **Catalogue du Musée** départemental et communal d'Antiquités fondé à Amiens en 1836 par la Société des Antiquaires de Picardie. — Amiens, Duval et Herment, 1845 ; 94 p. in-8°.

4300. — **Catalogue du Musée** départemental et communal d'Antiquités fondé à Amiens en 1836 par la Société des Antiquaires de Picardie. — Amiens, Duval et Herment, 1848 ; 130 p. in-8°.

4301. — La légende de S. Norbert, d'après dix tableaux sur bois conservés au **Musée** d'Antiquités d'Amiens, par M. l'abbé Jourdain. — Amiens, Duval et Herment, 1848 ; 16 p. in-8°.

Ext. Bull. Soc. Ant. Pic.

4302. — Société des Antiquaires de Picardie. **Loterie picarde** autorisée par le Gouvernement pour la construction d'un musée monumental à Amiens. Catalogue des 170 lots composant le tirage du 31 juillet 1853. — Amiens, Caron et Lambert ; 13 p. in-8°.

4303. — Ville d'Amiens. Conseil municipal. Construction du **Musée Napoléon.** Extrait du registre des délibérations du Conseil municipal. Séance du Samedi 4 Novembre 1854. — Amiens, E. Yvert ; 15 p. in-4°.

4304. — Société des Antiquaires de Picardie. Le **Musée Napoléon** et les Moreaucourt. Réponse aux observations présentées au Conseil Municipal à la suite du Rapport fait dans la Séance du 4 Novembre. — Amiens, Duval et Herment, 1854 ; 14 p. in-8°.

4305. — Corps législatif. Session 1854. Rapport fait au nom de la Commission chargée d'examiner le projet de loi ayant pour objet la concession gratuite par l'Etat de terrains domaniaux à la Société des Antiquaires de Picardie, par M. Allart. — S. l. n. n.; 6 p. in-8°.

4306. — Société des Antiquaires de Picardie. **Musée Napoléon**. Pose de la première Pierre, au nom de l'Empereur, par M^r le Comte de Beaumont, sénateur délégué de S. M. Procès-Verbal. — Amiens, Duval et Herment, 1855; 16 p. in-4°.

4307. — **Musée Napoléon**. Discours historique sur les Loteries, prononcé le 2 décembre 1860, dans la grande salle de l'Hôtel-de-Ville d'Amiens, par M. l'Abbé J. Corblet à l'occasion du premier tirage de la Loterie... — Amiens, T. Jeunet, 1861; 27 p. in-8°.

4308. — **Musée Napoléon**. Discours prononcé le 5 mai 1861, dans la grande salle de l'Hôtel de Ville d'Amiens, par M. J. Garnier, à l'occasion du deuxième tirage de la Loterie concédée par le Gouvernement pour l'achèvement du Monument fondé par S. M. l'Empereur, à Amiens. — Amiens, T. Jeunet, 1861; 12 p. in-12.

4309. — **Musée Napoléon**. Discours prononcé le 15 août 1861 par M. Ch. Dufour à l'occasion du dernier tirage de la Loterie... — Amiens, Lemer ainé, 1861; 15 p. in-8°.

4310. — Visite de M. le Conseiller d'Etat Cornuau, Préfet de la Somme, aux ouvriers du **Musée Napoléon**. 20 juin 1862. — Amiens, Lemer ainé, 1862; 8 p. in-8°.

4311. — Les comptes de la loterie du **Musée Napoléon**. — Amiens, T Jeunet, 1862; 20 p. in-8°.

4312. — Musée Napoléon. **Exposition** publique de peinture au profit de la caisse des travaux du monument. Catalogue. — Amiens, Lemer, 1863; 16 p. in-12.

4313. — **Musée Napoléon**. Visite de M. le Surintendant des Beaux-Arts. 30 Mars 1864. Extrait du Mémorial d'Amiens. — Amiens, Lemer ainé, 1864; 8 p. in-8°.

4314. — Le Musée Napoléon à Amiens, *par l'abbé J. Corblet*

Rev. Art chrétien, t. VIII, p. 595 à 617; in-8°

4315. — Rapport sur les comptes de la dernière loterie du **Musée Napoléon**. — Amiens, Lemer ainé, 1866; 29 p. in-8°.

4316. — Guide de l'étranger au **Musée Napoléon** d'Amiens, par J. Corblet. — Amiens, s. n., 1866; 46 p. in-24.

4317. — Le **Musée Napoléon** cédé à la ville d'Amiens par la Société des Antiquaires de Picardie. — Amiens, Caillaux, *(vers 1868)*; 42 p. in-8°.

4318. — Note sur la question du **Musée Napoléon**, *par le chanoine Jourdain*. — Amiens, Caillaux, 1868; 14 p. in-8°.

4319. — Le passé et le présent de la question du Musée Napoléon. Note présentée à M. G. d'Auribeau, Préfet de la Somme, par la commission de cession du **Musée** au nom de la Société des Antiquaires de Picardie. — Amiens, T. Jeunet, 1869; 22 p. in-8°.

4320. — **Musée Napoléon**. La Société des Antiquaires de Picardie contre M. Charles Dufour. Exception d'incompétence. — Amiens, T. Jeunet, *1869*; 23 p. in-8°.

4321. — **Catalogue** des ouvrages de peinture et sculpture exposés dans le **Musée** de Picardie. — Amiens, Alfred Caron, 1875; 87 p. in-8°.

4322. — Anciennes mesures. Notice sur quelques mesures de pierre qui se trouvent au **Musée** d'Amiens, par E. Borély. — Hâvre, Lepelletier, 1875; 13 p. in-8° et 1 pl.

Ext. des Public. de la Soc. havr. d'Etudes diverses.

4323. — Ville d'Amiens. **Catalogue** des objets d'antiquité et de curiosité exposés dans le **Musée** de Picardie. — Amiens, Alfred Caron, 1876 ; 200 p. in-8°.

4324. — Ville d'Amiens. **Catalogue** raisonné et méthodique des ouvrages de peinture et sculpture exposés dans le **Musée** de Picardie. — Amiens, Oscar Sorel, 1878 ; 178 p. in-16.

4325. — Les Inscriptions romaines du **Musée** d'Amiens par M. Ernest Desjardins. Extrait de la Revue archéologique. Décembre 1880. — S. l. n. n. ; 8 p. in-8° et 2 pl.

4326. — Notice sur une Inscription Romaine du **Musée** de Picardie relative à une Expédition en Bretagne, par M. E. T. Hamy.

Bull. Soc. Acad. Boulogne-sur-Mer, t. IV, p. 37 à 43 fig. ; in-8°.

4327. — Notice sur un Vase du xiii° siècle au **Musée** d'Amiens, par M. Georges Durand.

Bull. Soc. Ant. Pic., t. XVII, p. 25 à 32 av. 1 pl. ; in-8°.

4328. — Catalogue de la Collection des Oiseaux du **Musée** d'Amiens, par F. Choquart.

Bull. Soc. Linn., t. XIII, p. 133 à 144 et 149 à 157 ; in-8°.

4329. — Le Grand Pingouin du **Musée d'histoire naturelle** d'Amiens, par M. H. Duchaussoy. — Amiens, Piteux, 1897 ; 41 p. in-8° et 1 pl.

4330. — Le Grand Pingouin du **Musée d'histoire naturelle** d'Amiens. Notes additionnelles par H. Duchaussoy. — Amiens, Piteux, 1898 ; 13 p. in-8°.

4331. — Prologue pour l'ouverture de la nouvelle **salle des spectacles** d'Amiens par M. Klairwall Représenté le Vendredi 21 Janvier 1780. — Amiens, J. B. Caron fils, 1780 ; 16 p. in-8°.

Bibl. H. Macqueron.

4332. — Petite bibliothèque picarde. 21 Janvier 1780. Inauguration de la **Salle de Spectacle** d'Amiens, *par M. Janvier*. — Amiens, T. Jeunet, 1887 ; 31 p. in-18.

4333. — Réflexions soumises à l'administration municipale et à MM. les Conseillers municipaux sur le projet de déplacement du **Théâtre** de la Ville d'Amiens, *par M. Daullé*. — Amiens, T. Jeunet, 1860 ; 10 p. in-8°.

4334. — Pierre d'Aubier *(Dubois)*. Notes d'un fureteur sur le **Théâtre** d'Amiens. Extrait de l'Echo de la Somme de Février 1891. — Amiens, Yvert et Tellier, 1891 ; 30 p. in-8°.

4335. — Notice sur la façade du **Théâtre** municipal d'Amiens et sur les sculpteurs Carpentier père et fils, par M. Robert Guerlin. — Paris, Plon, Nourrit et Cie, 1894 ; 19 p. in-8°.

CHAPITRE VI

RUES ET MAISONS

4336. — Tableau des **Rues**, Places, Culs-de-Sac, Ports, Faubourgs et Banlieue, composant la Ville d'Amiens, divisés en quatre arrondissements ; *an VIII.* —*Amiens*, Patin ; plac. in-folio.

Bibl. d'Amiens, Hist., n° 3793, t. II.

4337 — Histoire des **Rues** d'Amiens, par M. A. Goze.
Tome I. Amiens gaulois. — Amiens, Alfred Caron, 1854 ; 204 p. in-12.
Tome II. Amiens romain, 1re partie. — Amiens, Alfred Caron, 1858 ; 228 p. in-12.
Tome III. Amiens romain, 2me partie. — Amiens, Alfred Caron, 1858 ; 253 p. in-12
Tome IV. Amiens français. —Amiens, Alfred Caron, 1861 ; 178 p. in-12.

Cet ouvrage a été publié d'abord dans le Journal du Commerce de la Somme.

4338. — Notice sur quelques vieilles **Enseignes** de la Ville d'Amiens, par A. Janvier. — Amiens, Alfred Caron, 1856 ; 31 p. in-12.

4339. — Le **Quartier St Leu**, son passé, son avenir. — Amiens, E. Yvert, 1856 ; 68 p. in-8°.

4340. — Souvenirs du **Logis-du-Roi** d'Amiens, par M. H. Dusevel — Amiens, Yvert, 1857 ; 14 p. in-8°.

4341. — Essai historique sur la porte **Montrescu** et le Logis-du-Roi d'Amiens, par M. H. Dusevel. — Amiens, Lenoel-Herouart, 1858 ; 23 p. in-8°.

Ext. de la Picardie.

4342. — Jean Riant, une **enseigne** d'Amiens, par E. Prarond.

La Picardie, t. IV, p. 283 à 286 ; in-8°.

4343. — Ville d'Amiens. Projet d'ouverture de la **rue centrale** entre le port d'amont et le port d'aval. Extraits du Registre des Délibérations du Conseil municipal. Séance du Samedi 15 Mai 1858. — Amiens, Jeunet ; 24 p. in-4°.

4344. — Compagnie immobilière d'Amiens Louis Fée et Cie. Observations sur le rapport fait au Conseil Municipal relativement au projet de percement d'une **rue** du port d'aval au port d'amont, avec prolongement jusqu'à la gare du chemin de fer du Nord dite Rue Centrale. — Amiens, Jeunet, 1858 ; 24 p. in-4°.

4345. — Lettres sur les embellissements d'Amiens, publiées par le Moniteur picard. *Signé : E. P.* — Amiens, Alfred Caron, 1859 ; 83 p. in-12.

Question de la rue centrale.

4346. — Quelques mots sur la **rue centrale** et sur l'avenir de la ville d'Amiens. — Amiens, 1860 ; 20 p. in-12.

4347. — La **rue centrale** jugée, *par L. Viée.* — Amiens, Jeunet, novembre 1860 ; 34 p. in-8°.

4348. — **Dégagement** des abords de la **cathédrale**. — Amiens, Jeunet, 1860 ; 14 p. in-8°.

4349. — Origine et histoire de quelques-unes des **rues** d'Amiens.

Revue Picarde, n°s 20, 27, 29 et 86, années 1860 et 1861 ; in-4°.

4350. — Notes pour servir à l'histoire de quelques-unes des **rues** d'Amiens, *par A. V.*
Revue picarde, n°⁸ 30, 37, 38 et 48, années 1860 et 1861 ; in-4°.

4351. — Les **ponts d'amour**. Extrait du Moniteur Picard du 2 septembre 1860. — Amiens, Alfred Caron ; 3 p. in-8°.

4352. — Le Chastillon. Les anciennes écoles. Les **rues** des Jeunes-Mâtins et des Verts-Aulnois.
Revue picarde, n° du 23 avril 1860, p. 1 à 3.

4353. — Ville d'Amiens. **Rue Centrale**. Extrait du Registre des Délibérations du Conseil municipal de la Ville d'Amiens. Séance extraordinaire du samedi 2 mars 1861. — Amiens, Alfred Caron ; 15 p. in-4°.

4354. — Recherches sur la **rue de Cocquerel**, à Amiens.
Mél. d'hist. et d'arch., par Guérard. — Amiens, Lemer, 1861, p. 1 à 16, in-8°.

4355. — Elargissement de la **Rue des Crignons**. Etat de la question. *Signé : Vallet.* — Amiens, Yvert, 1861 ; 7 p. in-4°.

4356. — Les **Caves** sous les rues d'Amiens. Droits et Devoirs des Propriétaires, *par Vallet.* — Amiens, Yvert, 1862 ; 15 p. in-8°.

4357. — Conseil municipal d'Amiens. Projets **d'ouverture de rues** à travers les terrains de l'ancienne caserne du collège. 14 mars 1863. — Amiens, Lambert-Caron ; 35 p. in-4°.

4358. — Ville d'Amiens. Projet de **rue diagonale**. Nécessité de relier les rues S¹ Dominique et des Jacobins ainsi que nos services publics les plus actifs avec la place S¹ Denis et la Gare des chemins de Fer. Dressé et proposé par Daullé et J. Herbault, Architectes à Amiens. Résumé de leurs précédentes observations et justification de la dépense. Note présentée à Monsieur le Maire et à Messieurs les Membres du Conseil Municipal le 15 Décembre 1863. — Amiens, E. Yvert, 1863 ; 8 p. in-4° av. plan.

4359. — Ville d'Amiens. Projet d'entrée pour la **rue des Trois Cailloux**... par MM. Daullé et Herbault. — Amiens, Yvert, *1863;* 7 p. in-4°.

4360. — Ville d'Amiens. Projet d'entrée monumentale et de rélargissement de la Rue des Trois Cailloux vers la **place Saint-Denis**... 10 décembre 1869. — Amiens, Lenoel-Herouart, 1865 ; 11 p. in-4°.

4361. — Recherches sur la **maison** où naquit **du Cange**, *par A. Dubois.* Extrait du Bulletin de la Société des Antiquaires de Picardie. Année 1865. — Amiens, Lemer aîné ; 8 p. in-8°.

4362. — Recherches sur la **Maison** où naquit à Amiens Vincent **Voiture** par M. A. Dubois.
Bull. Soc. Ant. Pic., t. IX, p. 204 à 210 ; in-8°.

4363. — Maison du **Blanc-Pignon**. Extrait du Mémorial d'Amiens du 17 Avril 1869. — 8 p. in-8°.

4364. — **La Hotoie**. Extrait du Journal le Commerce de la Somme, *par J. Mancel.* — Amiens, Alfred Caron, s. d. ; 2 fasc. de 11 et 16 p. in-16.

4365. — Les plantations de la promenade de la **Hotoie**, par M. de Beaussire. — Amiens, 1873 ; 12 p. in-8°.

4366. — Les Enseignes des Maisons de la Place du **Marché-aux-Herbes** au xiv°, au xv°, au xvi° et au xvii° siècles, par M. A. Dubois.
Bull. Soc. Ant. Pic, t. XIII, p. 216 à 224 ; in-8°.

4367. — Note sur l'emplacement de la **maison** où naquit Vaquette **de Gribeauval**, par M. A. Dubois. — Amiens, Douillet et C¹ᵉ, 1880 ; 6 p. in-8°.
Extr. Bull. Soc. Ant. Pic.

4368. — Notice sur le monument des

Illustrations picardes. — Amiens, T. Jeunet, 1881; in-12 carré de 78 p. av. 1 phot.

4369. — Les **Rues et Enseignes** d'Amiens (1re et 2me enceintes) par A. Dubois. — Amiens, A. Douillet et Cie, 1889; 171 p. in-8°.

<small>Extr. Bull. Soc. Ant. Pic.</small>

4370. — Les nouvelles dénominations des **Rues** d'Amiens. — Amiens, Lucas, 1889; 16 p. in-16.

4371. — L'Horloge de la **place Gambetta**, par M. Peugniez.

<small>Mém. Acad. Amiens, t. XLIV, 1897, p. 927 à 303; in-8°.</small>

CHAPITRE VII

ORGANISATION JUDICIAIRE

I. TRIBUNAUX.

4372. — Cour d'Appel d'Amiens. Audience solennelle de rentrée du 4 novembre 1879. La **Justice de l'Echevinage** à Amiens (1117-1597). Discours prononcé par M. E. Noyelle, Substitut de M. le Procureur-Général. — Amiens, Douillet, 1879; 67 p. in-8°.

4373. — Dépenses faites pour le rétablissement de l'image du Christ dans le **plaidoir des Cloquiers** (1453-1454). Communication de M. de Lavernier.

<small>Bull. Soc. Ant. Pic., t. I, p. 205 et 206; in-8°.</small>

4374. — *Arrêt du 14 Janvier 1572*. Pour la **préséance** d'entre les Conseillers d'vn siège Présidial et les Aduocats et procureur du Roy *d'Amiens*. Que les Conseillers précèdent les Aduocats et Procureur du Roy, et l'Aduocat le Procureur.

<small>Recueil des Règl. not..., par Jean Chenu. — Lyon, Rigaud, 1630, p. 503 et 504 et Paris, Buon, 1691, p. 147 à 149; in-4°.</small>

4375. — Règlement entre les Grands Audienciers de la Chancellerie de France et les Officiers et Procureurs du Siège Presidial d'Amiens, pour l'obtention et **expedition des lettres Royaux**. *Du 27 mai 1587*.

<small>Ibid, 1691, p. 105 à 107 et 1630, p. 98 et 99; in-4°.</small>

4376. — **Justice** et bourreaux à Amiens dans les **XVe et XVIe siècles** par A. Dubois. — Amiens, Caron et Lambert, s. d.; 32 p. in-8°.

4377. — Composition du **Bailliage d'Amiens** à la fin du XVIIe siècle et au commencement du XVIIIe, par L. de Caruelle.

<small>Cab. hist. Pic. et Art., t. II, p. 68 à 78; in-8°.</small>

4378 — Extrait dv registre du Conseil priué du Roy. *Arrêt, du 2 août 1650, donnant aux membres du Présidial d'Amiens la* **préséance** *sur les Trésoriers de France*. — S. l. n. n.; 2 p. in-4°.

<small>Anc. Bibl. de Marsy.</small>

4379. — Arrest dv Conseil d'Estat, donné au profit des Officiers du Bailliage et siege Presidial d'Amiens, sur le débat de leur **prescéance**. Contre Les Officiers du Bureau des Finances

— 353 —

dudit lieu. Du 11 Ianvier 1651. — S l. n. n., M.DC.LI ; 12 p. in-4°.

Bibl. d'Amiens, Hist., n° 3793, 5.

4380. — Arrest de la Covr de Parlement, Portant **Reglement** entre les Lieutenant General, Ciuil, Particulier, Assesseur, et Conseillers du **Bailliage et Siege Presidial d'Amiens**, pour les fonctions et exercice de leurs Charges. *Du 25 Mai 1651.* — Amiens, s. n., M.DC.LIV ; 10 p. in-4°.

Ibid , Hist , n° 3793, 6.
Il en existe une autre édition de 1704.

4381. — Droits et privilèges des fonctions des seize **Sergens à masse** de la Ville et Prevosté royale d'Amiens. *Du 23 juillet 1665.* — S. l. n. n. ; 4 p. in-4°.

Ibid , Hist., n° 3793, n° 21.

4382. — *Sentence du Lieutenant général du Bailliage d'Amiens, maintenant les* **Sergents à masse** *dans leurs attributions réglées par l'édit de 1597; du 16 janvier 1670.* — S. l. n. n. ; 4 p. in-4°.

Anc^{ne} Bibl. de Marsy.

4383. — Factvm Pour les Officiers du Roy au **Baillage et Siège Presidial** d'Amiens, défendeurs. Contre les Tresoriers du Bureau des Finances de la mesme Ville, demandeurs. — S. l. n. n., *1680;* 4 p. in-4°.

Question de préséance
Bibl. d'Amiens, Hist., n° 3793, 12.

4384. — Arrest du Conseil privé du Roy, portant Reglement pour la **prescéance** entre les Présidens Tresoriers de France, et Officiers du Bureau des Finances d'Amiens : et les Officiers du Bailliage et Siege Presidial dudit lieu. Du 16 Avril 1680. — S. l. n. n. ; 14 p. in-4°.

Bibl. d'Abbeville.

4385. — Factvm pour les huit **Sergens à masse** de la Prevosté Royale, Iustice Civile et Police d'Amiens, Deffendeurs. Contre Pierre Benoist, Premier Huissier Audiancier en ladite Iustice Civile d'Amiens. Demandeur aux fins de la Commission par luy obtenue en la Chancellerie le 7 Septembre 1680. Et les huit Sergens à Masse de l'Eschevinage de lad. Ville d'Amiens, Intervenans. — S. l. n. n. n. d. ; 6 p. in-4°.

Au sujet du maintien de leurs droits et de leurs attributions respectives.
Bibl. d'Amiens, Hist , n° 3793, 11

4386. — Extrait du Registre aux Chartes du Bailliage d'Amiens. *Arrêt relatif aux droits d'expédition que doivent réclamer les* **greffiers du Bailliage**. Du dix Novembre 1688. — S. l. n. n. ; 3 p. in-4°.

Anc^{ne} Bibl. de Marsy.

4387. — Arrest de la Cour de Parlement portant **Reglement** entre les Lieutenant General, Civil, Particulier, Assesseur et Conseillers **du Bailliage et Siege Presidial** d'Amiens pour les fonctions et exercice de leurs charges. — Amiens, s. n., 1704 ; 12 p. in-4°.

Ibid.

4388. — Edit du Roy portant union aux Offices du Bureau des Finances d'Amiens, des deux Offices d'**Auditeurs-Rapporteurs** des Comptes des Estapes et Trésoriers de France, créez par Edit du mois de Novembre 1707. Donné à Marly au mois d'Août 1713. — Paris. veuve Muguet et Hubert Muguet, 1713 ; 4 p. in-4°.

Bibl. H. Macqueron.

4389. — Arrest du Conseil d'Estat du Roy, qui Casse deux Sentences des Officiers de l'Election d'Amiens, et ordonne que les **Sentences** ou Jugemens définitifs qui seront rendus en matière civile ou criminelle, tant en la Prévôté, qu'au Bailliage et autres Jurisdictions de ladite ville d'Amiens, seront **expédiées en Parchemin** timbré, avec défenses aux Greffiers desdites Jurisdictions d'en expédier aucunes autrement, à peine de 300 livres d'a-

45

mende. Du dixième Décembre 1720. — S. l. n. n ; 8 p. in-4°.

Ibid.

4390. — Arrest du Parlement, du 17 Fevrier 1723, rendu au profit de Jean-Baptiste Thiery, Chevalier, Seigneur de Viencourt, Genonville, et autres Lieux, Conseiller du Roy en ses Conseils, Lieutenant General au Bailliage et Siège Présidial d'Amiens, et Commissaire Enquesteur audit Bailliage : Jean Baptiste Gresset, Charles Vicart et Alexandre le Grand aussi Conseillers du Roy, Commissaires Enquesteurs ausdits Bailliage et Siège Présidial d'Amiens. Contre Jean Gougier, Ecuyer, Seigneur de Seux, Fluy et autres Lieux, Conseiller du Roy, Lieutenant Criminel audit Bailliage d'Amiens. — S. l. n. n. ; 8 p. in-4°.

Règlement d'attributions.
Bibl. d'Amiens, Hist., n° 5561.
Voir aussi Règlement sur les scellez... — Paris, du Mesnil, 1734, p 696 à 699 ; in-folio.

4391. — Arrest de la Cour de Parlement, Rendu en faveur des **Officiers du Bailliage et Siège Présidial** d'Amiens. Contre M° Martin Baron, Prevôt Royal de ladite Ville d'Amiens. Du 30 Mars 1732. — S. l. n. n. ; 14 p. in-4°.

Bibl. H. Macqueron.

* **4392**. — Requête des présidents **trésoriers généraux** de France des bureaux des finances d'**Amiens**, Soissons, Bourges, Orléans, Châlons..... servant de réplique au mémoire imprimé sous le nom des Officiers de la Chambre des comptes de Paris. *Signe : du Portault. — Paris*, Paulus du Mesnil, 1733 ; in-4°.

Bibl Nat¹ᵉ, 1° Fm, 31577.

4393. — Jugement souverain des Requestes de l'Hostel en faveur des **Officiers du Bailliage** d'Amiens, Subdeleguez par la Chambre de Justice. Contre Jean Lempereur, ci-devant Subdélégué à l'Intendance de Picardie en la Ville de Montdidier qui déclare ces Officiers follement Intimez, et mal pris à partie par ledit Lempereur, et le condamne en tous dommages et intérêts. Du 26 Mars 1736. — Paris, Paulus du Mesnil, 1736 ; 6 p. in-4°.

Bibl. d'Amiens, Hist., n° 5561.

* **4394**. — Mémoire signifié pour les présidents, trésoriers de France, généraux des finances, grands voyers... de Picardie, les avocats, procureur du Roi, et greffier en chef du **bureau des finances d'Amiens**... contre Barthelemy Midy, Antoine Artus... habitants de la paroisse de Saint-Martin de la ville d'Amiens... *Signé : Taboué — Paris*, Paulus du Mesnil, 1743 ; in-folio.

Bibl. Nat¹ᵉ, f° Fm, 217.

4395. — Déclaration du Roy, portant **Suppression des Offices** de Substitut des Procureurs du Roi ès Jurisdictions Royales d'Amiens, vacans aux Parties Casuelles, ensemble de celui de Substitut des Avocat et Procureur du Roi aux Traites-Foraines de ladite Ville. Donnée à Versailles le 6 Février 1749. — Paris, P. G. Simon, 1749 ; 3 p. in-4°.

Bibl. H. Macqueron.

4396. — Au Roi. *Supplique des* **juges** *du Bailliage d'Amiens* **demandant l'anoblissement**. — S. l. n. n., *vers 1750* ; 2 p. in-folio.

Ancⁿᵉ Bibl. de Marsy.

4397. — Representations des **Bailliages** de S. Dizier, de Pontoise et d'**Amiens**, à Monseigneur le Chancelier. M.DCC.LIV. — S. l. n. n. ; 24 p. in-16.

Bibl. H. Macqueron.

4398. — **Règlement** entre le Président et le Lieutenant Général d'Amiens, touchant la réception des Officiers de leur Siège, ou ressortissans en icelny.

Jᵃˡ des Aud. du Parl., par Dufresne. — Paris, 1757, t. I, p. 46 ; in-folio.

4399. — **Faux-monnayeurs** bannis

— 355 —

de la Généralité d'Amiens. *Arrêt du 28 février 1761.*

Cab. hist. Pic. et Art., t. I, p. 95 et 96 ; in-8°.

4400. — A Nosseigneurs du Parlement, les Chambres assemblées. **Supplique** des *Officiers* **du Bailliage d'Amiens,** *demandant radiation d'imputations calomnieuses faites à leur égard dans des requêtes.* — *Paris,* G. Lamesle, 1762 ; 12 p. in-4°.

Bibl d'Amiens, Hist., n° 3793, 46

4401. — Sentence du Bailliage criminel d'Amiens, qui fait **défenses d'appeller** qui que ce soit du nom de **Prussien,** ou de termes équivalens. Du 6 Aout 1765. — Amiens, veuve Godart, 1765 ; placard in-folio.

Arch. dép. de la Somme, C, n° 245.

4402. — Lettres patentes du Roi, qui attribuent aux Baillis et Sénéchaux des Généralités de Soissons, Amiens et Châlons, la connaissance en première instance de tous délits concernant l'exploitation des terres, même des incendies. Données à Versailles le trois Juillet 1769. Registrées au Parlement le 11 Juillet 1769. — Paris, P. G. Simon, 1769 ; 4 p. in-4°.

Bibl. d'Amiens, Jurisp., n° 328.

4403. — Arrêt du Conseil d'Etat du Roi, Qui fait défenses aux Juges du Bailliage d'*Amiens* de prononcer Toutes choses demeurantes en état, lorsqu'ils recevront l'appel des Jugements de Police : casse et annulle une Ordonnance du Bailliage, du 2 août 1788, dans laquelle cette disposition avoit été insérée. Du 10 Janvier 1789. — *Amiens,* L. C. Caron père ; 6 p. in-4°.

Ibid , Hist., n° 3597.

4404. — Discours de M. Levrier, Commissaire du Roi près le Tribunal Criminel du Département de la Somme, lors de la prestation de son serment le Lundi 16 Janvier 1792, jour de **l'installation du Tribunal,** en présence de la Municipalité, du Directoire du Département. de celui du District, et autres Corps qui avoient été invités. — *Amiens,* J. B. Caron l'aîné ; 6 p. in-8°.

4405. — Ordonnance du Tribunal criminel du département de la Somme, rendue sur le Réquisitoire du Commissaire du Roi, touchant les formes à observer par tous les Juges de District, Directeurs de Juré, et les Officiers de Police de sûreté du Département, relativement à la **population** de la Ville **d'Amiens,** Chef-lieu et Siège du Tribunal. Du Samedi 31 Mars 1792. — Amiens, J. B. Caron l'aîné, 1792 ; 8 p. in-4°.

4406. — Adresse au Roi des Juges et Commissaires du Roi du Tribunal d'Amiens, du 23 Juin 1792, l'an II° de la liberté. — Paris, Imprimerie Royale, 1792 ; 2 p. in-4°.

Protestation contre la **journée du 20 juin**
Bibl. Nat¹°, Lb³⁹, 6001.

4407. — Précis et actes servant la dénonciation contre le Tribunal du District d'Amiens par le Conseil général du Département de la Somme *pour avoir élargi le* **vicaire général Dargnies.** Lesdites pièces déposées sur le bureau de la Convention Nationale, dans la séance du 25 Février. — *Paris,* Valade, Mars 1793 ; 43 p. in-4°.

Bibl. d'Amiens, Hist , n° 3659.

4408 — Ordonnance du Tribunal du District d'Amiens, relativement à la fixation des **jours d'audiences** et autres Actes de Juridiction, en conformité de l'Ere Républicaine. Du premier du deuxième mois de l'an deuxième. — *Amiens,* Caron-Berquier ; 4 p. in-4°.

4409. — Jugement du Tribunal criminel du département de la Somme, qui commet le citoyen Bouteiller, Juge, pour remplacer le citoyen **Lange de Beaujour,** décédé dans le cours du procès commencé contre Jacques Petit, ci-devant Administrateur du Département : Et qui exprime les regrets du Tribunal sur la perte qu'il vient d'éprouver. Du 21 Vendémiaire an III°. — Amiens, J. B. Caron l'aîné ; 4 p. in-4°.

4410. — Ordonnance du Tribunal criminel du département de la Somme et adresse de **félicitation à la Convention** Nationale pour avoir sauvé la Patrie. Du 8 Prairial an troisième. — Amiens, de l'Imprimerie des Associés ; 4 p. in-4°.

4411. — Extrait du Registre aux Arrêtés du Tribunal civil du Département de la Somme, les deux Sections réunies. Du 21 Frimaire an 4. — Amiens, Patin et Cie ; 7 p. in-4°.

Délibération relative à l'**installation du tribunal aux Prémontrés.**

4412. — Extrait du Registre aux Arrêtés du Tribunal Civil du Département de la Somme, séant à Amiens. En sa Séance du 16 Germinal an 4°. — Amiens, Patin et Cie ; 4 p. in-4°.

Règlement du Tribunal.

4413 — Au Corps Législatif. *Proclamation par* Les Membres composant le Tribunal Civil du Département de la Somme, séant à Amiens. *Du 30 frimaire an V*. — Amiens, Patin ; 6 p. in-8°.

4414. — Robert Godefroy. Le **Tribunal d'appel** d'Amiens **En l'an VIII** de la République Française une et indivisible. — Amiens, s. n., 1882 ; 38 p. in-8°.

'4415. — Considérations sur la proposition d'établir un **Tribunal d'appel** dans la ville d'Amiens. — Paris, Beaudouin, *an VIII ;* 10 p. in-8°.

4416. — Procès-verbal d'**installation du Tribunal d'appel** séant à Amiens. *Du 25 thermidor an VIII.* — *Amiens*, Caron-Berquier ; 19 p. in-8°.

4417. — **Règlement du Tribunal d'appel** séant à Amiens. Du 6 Fructidor an 8. Rendu provisoirement exécutoire le 5 Vendémiaire an 9 par le Ministre de la Justice. — Amiens, Fr. Caron-Berquier : L'an IX ; 21 p. in-12.

4418. — **Règlement du Tribunal civil** de première instance séant à Amiens. Du 2° Jour complémentaire de l'an 8. Rendu provisoirement exécutoire, le 18 Brumaire an 9, par le Ministre de la Justice. — Amiens, Patin et Cie, an IX ; 23 p. in-8°.

4419. — **Règlement du Tribunal criminel** du département de la Somme, séant à Amiens. Du 8 Nivôse an 9. — Amiens, Patin et Cie, An IX ; 16 p. in-8°.

4420. — Supplément au **règlement du Tribunal d'appel** séant à Amiens. Du 14 floréal an 10. — Amiens, Fr. Caron-Berquier ; 8 p. in-8°.

4421. — **Organisation** judiciaire **du Tribunal d'appel** d'Amiens : comprenant les justices de paix, les tribunaux de première instance et ceux de commerce de son ressort... par P. G. Chanlaire. — Amiens, Fr. Caron-Berquier, an X ; VI-24 p. petit in-4° av. 4 pl.

4422. — **Règlement du Tribunal** de première instance séant à Amiens du 2 Novembre 1808. — Amiens, Maisnel fils, 1808 ; 24 p. in-12.

4423. — **Règlement** provisoire de la **Cour Impériale** séante à Amiens. Du 20 Avril 1811. — Amiens, Caron-Berquier ; 15 p. in-8°.

4424. — Ville d'Amiens. Extrait du Registre des Délibérations du Conseil municipal. Séance du Samedi 29 Juillet 1848. *Délibération contre le* **projet de suppression de la Cour d'Amiens**. — Amiens, Duval et Herment ; 10 p. in-4°.

*4425. — Organisation judiciaire. Cour d'appel d'Amiens. Observations tendant à démontrer l'**importance** réelle **de la Cour**. *Signé : Lacolley, avocat*. — Amiens, Duval et Herment, 1848 ; in-8°.

4426. — **Inauguration du Palais-de-Justice** d'Amiens, 16 avril 1874. — Amiens, Emile Glorieux, 1874 ; 60 p. in-8° et 1 pl.

4427. — Tribunal de Commerce d'Abbeville. Rapport sur la nécessité du **maintien de la Cour d'appel** d'Amiens par M. Charles Paillart, juge. — Abbeville, Paillart, 1882 ; 8 p. in-8°.

4428. — Cour d'Appel d'Amiens. Audience solennelle de rentrée du 16 octobre 1900. **Le Centenaire** et les premiers Magistrats **de la Cour d'Appel** d'Amiens. Discours prononcé par M. Pironneau, Avocat général. — Amiens, 1900 ; 54 p. in-8°.

4429. — **Jurisprudence de la Cour** Royale **d'Amiens** ou Recueil des Arrêts rendus par cette Cour sur les questions les plus importantes en matière civile, commerciale et criminelle. Tome I. — Amiens, Ledien-Canda, 1821 ; 416 p. in-8°.

<small>Cette revue a eu une durée de quatorze ans ; le dernier volume a été publié en 1844.
Bibl. de la Cour d'Amiens.</small>

4430. — Journal des **Audiences de la Cour d'Amiens** et des Tribunaux du Ressort. 1re année. Du 1 mars 1862 au 1 mars 1863. — Amiens, Lemer ; 388 p. in-4° et 11 p. de table.

<small>Continue de paraître.</small>

II. AUDIENCES SOLENNELLES DE LA COUR D'APPEL

4431. — Discours prononcé par le Citoyen **Petit**, Commissaire du Gouvernement près le Tribunal d'Appel, séant à Amiens, à l'Audience solennelle de rentrée le Mardi 16 Brumaire an douze. — Amiens, Fr. Caron-Berquier ; 18 p. in-4°.

<small>Tous les ouvrages repris sous ce paragraphe se trouvent, sauf indication contraire, à la Bibl. d'Amiens, Hist., n° 3659 ou à la Bibl. de la Cour d'Appel.</small>

4432. — Discours prononcé par M. le Procureur Général (**Morgan de Béthune**) à la rentrée de la Cour Royale séante à Amiens, *le 8 Novembre 1815*. — Amiens, Caron l'aîné ; 15 p. in-4°.

4433. — Discours prononcé par M. le Procureur Général à la **rentrée de la Cour** Royale séante à Amiens. *1816*. — Amiens, Caron l'aîné ; 15 p. in-4°.

4434. — Extrait du procès-verbal de l'**installation de la Cour Royale** séante à Amiens, du lundi quatorze décembre mil huit cent dix-huit. *Discours prononcés par MM. Avoyne de Chantereine, premier Président et Morgan de Béthune, Procureur Général.* — Amiens, Fr. Caron-Berquier ; 24 p. in-4°.

4435. — Discours prononcé par Monsieur le Procureur Général à la **rentrée de la Cour** Royale d'Amiens, le 3 Novembre 1819. — Amiens, Fr. Caron-Berquier ; 8 p. in-4°.

4436. — Discours prononcé par M. le **Cte de Malleville**, Premier Président de la Cour Royale d'Amiens à l'audience solennelle de rentrée de cette Cour le 5 Novembre 1821. — Amiens, Maisnel fils ; 15 p. in-12.

4437. — Cour Royale d'Amiens. Procès-Verbal de l'**inauguration du Portrait** en pied **du Roi**. — Amiens, François Caron-Berquier, 1822 ; 16 p. in-4°.

4438. — Discours prononcé par M. le Procureur Général, le Lundi 4 Novembre 1822, commençant la **nouvelle année judiciaire** de la Cour Royale. — Amiens, Fr. Caron-Berquier ; 10 p. in-4°.

4439. — Discours prononcé par M. le Procureur Général près la Cour Royale d'Amiens, à l'**Audience solennelle de rentrée**, le 5 Novembre 1823. — Amiens, Maisnel ; 8 p. in-4°.

4440. — Discours de Mr le **Cte de Malleville**, 1er Président de la Cour Royale d'Amiens Prononcé à l'Audience Solennelle de rentrée de cette Cour, le 4 Novembre 1824. — Amiens, Ledien-Canda ; 13 p. in-12.

4441. — Discours prononcé par

Monsieur le Procureur-Général à la **rentrée de la Cour** Royale d'Amiens, le 4 Novembre 1824. — Amiens, F. Caron-Berquier, 1824 ; 14 p. in-4°.

4442. — Discours prononcé par Monsieur le Procureur-Général à la **rentrée de la Cour** Royale d'Amiens, le 3 Novembre 1825. — Amiens, Fr. Caron-Berquier ; 11 p. in-4°.

4443. — Discours prononcé par Monsieur le Procureur-Général, à la **rentrée de la Cour** Royale d'Amiens, le 6 Novembre 1826. — Amiens, Caron-Isnard ; 12 p. in-4°.

4444. — Discours prononcé par Monsieur le Procureur Général, à la **rentrée de la Cour** Royale d'Amiens, le 5 Novembre 1827. — Amiens, Caron-Isnard ; 12 p. in-4°.

4445. — Discours prononcé par Mᵉ le **Baron de Cambon**, Premier-Président de la Cour Royale d'Amiens, le 5 Novembre 1828. — Amiens, Caron-Isnard ; 4 p. in-12.

4446. — Discours prononcé par M. le Procureur Général à la **rentrée de la Cour**, le 5 novembre 1828. — Amiens, J. Boudon-Caron ; 12 p. in-4°.

4447. — Discours prononcé par M. le Procureur Général à la **rentrée de la Cour** Royale d'Amiens le 5 Novembre 1829. — Amiens, R. Machart ; 12 p. in-12.

4448. — Discours prononcé par M. le **Procureur-Général Vivien** à l'audience de rentrée de la Cour Royale d'Amiens, le 3 Novembre 1830. — Amiens, R. Machart ; 12 p. in-4°.

4449. — Cour Royale d'Amiens. **Installation de M. Pascalis**, Procureur-Général, le mercredi 11 mai 1831. — Amiens, R. Machart ; 7 p. in-4°.

4450. — Discours prononcé par M. le **Procureur-Général Pascalis** à l'audience de rentrée de la Cour Royale d'Amiens, le 3 Novembre 1831. — Amiens, R. Machart, 1831 ; 17 p. in-4°.

4451. — Discours prononcé par **Mʳ Souef**, 1ᵉʳ Avocat Général, à l'Audience de Rentrée de la Cour Royale d'Amiens, le 3 Novembre 1832. — Amiens, R. Machart, 1832 ; 11 p. in-4°.

4452. — Discours prononcé à l'audience solennelle de rentrée de la Cour Royale d'Amiens le 4 Novembre 1833, par le Procureur-Général du Roi, **M. J. L. Gillon**, Député de la Meuse. — Amiens, R. Machart, 1833 ; 19 p. in-4°.

4453. — Discours prononcé à l'Audience Solennelle de Rentrée de la Cour Royale d'Amiens, le 3 Novembre 1834, par le Procureur Général du Roi, **M. J. L. Gillon**, Député de la Meuse, Docteur en la Faculté de Droit de Paris. — Amiens, R. Machart, 1834 ; 20 p. in-4°.

* **4454.** — Extrait de " L'Observateur des Tribunaux ". De l'indépendance des magistrats. Discours prononcé par **M. J. L. Gillon**, procureur général... à l'audience solennelle de rentrée de la Cour Royale d'Amiens, le 3 novembre 1834. — Paris, Desauche ; in-8°.

4455. — Discours prononcé à l'audience solennelle de rentrée de la Cour Royale d'Amiens le mardi 3 novembre 1835 par le Procureur Général du Roi, **M. J. L. Gillon**. — Amiens, Machart, 1835 ; 24 p. in-4°.

Autre édition Paris, Dezauche ; in-8°.

4456. — Discours prononcé par **M. J. L. Gillon**... à l'audience solennelle de rentrée de la Cour Royale d'Amiens, le 3 novembre 1836. — Paris, Desauche ; in-8°.

4457. — Discours prononcé à l'Audience solennelle de rentrée de la Cour Royale d'Amiens, le 11 novembre 1837, par **M. Souef**, premier Avocat-Général. — Amiens, R. Machart, 1837 ; 14 p. in-4°.

4458. — Discours prononcé à l'audience solennelle de rentrée de la Cour Royale d'Amiens, le 5 novembre 1838, par **M. Caussin de Perceval**, Avocat-Général. — Amiens, Duval et Herment, 1838 ; 20 p. in-4°.

4459. — Discours prononcé à l'Audience solennelle de rentrée de la Cour Royale d'Amiens le 4 novembre 1839, par **M. Plougoulm**, Procureur-Général du Roi. — Amiens, Duval et Herment, 1839 ; 38 p. in-8°.

4460. — **Installation de M. Salveton**, en qualité de Procureur-Général du Roi près la Cour Royale d'Amiens. *3 février 1840*. — Amiens, Duval et Herment, 1840 ; 24 p. in-4°.

4461. — Discours prononcé à l'audience solennelle de rentrée la de Cour Royale d'Amiens le 4 Novembre 1840, par **M. Salveton**, Procureur-Général du Roi. — Amiens, Duval et Herment, 1840 ; 68 p. in-12.

4462. — Discours prononcé à l'audience solennelle de rentrée de la Cour Royale d'Amiens le 4 Novembre 1841 par **M. Caussin de Perceval**, premier Avocat Général. — Amiens, Duval et Herment, 1841 ; 20 p. in-4°.

4463. — Discours prononcé à l'Audience solennelle de rentrée de la Cour Royale d'Amiens, le 3 Novembre 1842 par **M. Salveton**, Procureur Général du Roi. — Amiens, Duval et Herment, 1842 ; 35 p in-12.

4464. — La puissance du droit. Discours prononcé à l'audience solennelle de rentrée de la Cour Royale d'Amiens, le 4 Novembre 1843 par **M. Damay**, Avocat Général. — Amiens, Duval et Herment, 1843 ; 33 p. in-8°.

4465. — **Installation de M. d'Oms** en qualité de Procureur Général du Roi près la Cour Royale d'Amiens. 20 mai 1844. — Amiens, Duval et Herment, 1844 ; in-8°.

4466. — Discours prononcé à l'audience solennelle de rentrée de la Cour Royale d'Amiens, le 4 novembre 1844, par **M. d'Oms**, Procureur Général du Roi. — Amiens, Duval et Herment, 1844 ; 21 p. in-8°.

4467. — Discours prononcé à l'audience solennelle de rentrée de la Cour Royale d'Amiens, le 4 novembre 1845, par **M. d'Oms**. — Amiens, Duval et Herment, 1845 ; in-8°.

4468. — Cour Royale d'Amiens. Installation de **M. Preux**, Procureur Général, à l'Audience solennelle de rentrée du 3 novembre 1846. — Amiens, Duval et Herment, 1846 ; 30 p. in-4°.

4469. — **Installation de M. Jallon**, Procureur Général du Roi, à l'audience solennelle du 5 juin 1847. — Amiens, Duval et Herment, 1847 ; 22 p. in-8°.

4470. — Discours prononcé à l'audience solennelle de rentrée de la Cour Royale d'Amiens, par **M. Jallon**, Procureur Général du Roi. Du Ministère public à la Cour d'Assises. — Amiens, Duval et Herment, 1847 ; in-8°.

4471. — Cour d'Appel d'Amiens. Installation de **M. Huré**, Procureur Général et de M. Jolibois, Avocat Général à l'Audience solennelle du 14 mars 1848. — Amiens, Duval et Herment, 1848 ; 18 p. in-8°.

4472. — République Française. Cour d'Appel. **Installation de M. Damay**, Procureur Général et de M. Jolibois, 1er Avocat Général, à l'Audience solennelle du 24 juin 1848. — Amiens, Duval et Herment, 1848 ; in-8°.

4473. — Cour d'Appel d'Amiens. Installation de **M. Gastambide**, Procureur Général à l'Audience solennelle du 20 janvier 1849. — Amiens, Duval et Herment, 1849 ; in-8°.

4474. — Cour d'Appel d'Amiens. Discours prononcé à l'Audience solennelle de rentrée le 4 novembre 1850, par **M. Siraudin**, 1er Avocat Général. — Amiens, Duval et Herment, 1850 ; 23 p. in-8°.

— 360 —

4475. — Cour d'Appel d'Amiens. Discours prononcé à l'Audience solennelle de rentrée, le 4 novembre 1851, par **M. Merville**, Avocat Général. — Amiens, Duval et Herment, 1841 ; 30 p. in-8°.

4476. — Cour Impériale d'Amiens. Discours prononcé à l'Audience solennelle de rentrée le 3 novembre 1853, par **M. Em. Siraudin**, premier Avocat Général. — Amiens, Duval et Herment, 1853 ; 20 p. in-8°.

4477. — Cour Impériale d'Amiens. Discours prononcé à l'audience solennelle de rentrée le 3 novembre 1854, par **M. Merville**, Avocat Général. De l'importance sociale et historique du Droit. — Amiens, Duval et Herment, 1854 ; 30 p. in-8°.

4478. — Cour Impériale d'Amiens. **Installation de M. Guyho**, Procureur Général à l'Audience solennelle du 16 novembre 1854. — Amiens, Duval et Herment, 1854 ; 23 p. in-8°.

4479. — Cour Impériale d'Amiens. Discours prononcé à l'Audience solennelle de rentrée le 3 novembre 1855, par **M. Guyho**, Procureur Général. — Amiens, Duval et Herment, 1855 ; 32 p. in-8°.

4480. — Cour Impériale d'Amiens. Discours prononcé à l'Audience solennelle de rentrée, le 4 novembre 1856, par **M. Em. Siraudin**, Premier Avocat Général. — Amiens, Duval et Herment, 1856 ; 40 p. in-8°.

4481. — Cour Impériale d'Amiens. **Installation de M. Dufour**, Procureur Général (4 décembre 1856). — Amiens, Duval et Herment, 1856 ; 20 p. in-8°.

4482. — Cour Impériale d'Amiens. Discours prononcé par **M. Bécot**, Avocat Général à l'Audience solennelle de rentrée du 3 novembre 1857. De l'Esprit d'Equité dans nos Lois et dans la Magistrature. — Amiens, Herment, 1857 ; 32 p. in-4°.

4483. — Cour Impériale d'Amiens. Audience de rentrée du 3 novembre 1858. Discours prononcé par **M. Louis Dufour**, Procureur Général. — Amiens, veuve Herment, 1858 ; 39 p. in-8°.

4484. — Cour Impériale d'Amiens. Réception et **Installation de M.** le Premier Président **de Thorigny**, Sénateur. 17 et 18 janvier 1859. — Amiens, veuve Herment, 1859 ; 26 p. in-8°.

4485. — Cour Impériale d'Amiens. Audience de rentrée du 3 novembre 1859. Discours prononcé par **M. Em. Siraudin**, Premier Avocat-Général. — Amiens, Vᵉ Herment, 1859 ; 64 p. in-8°.

4486. — Cour Impériale d'Amiens. **Audience de rentrée** du 3 Novembre 1860. — Amiens, veuve Herment ; 30 p. in-4°.

4487. — Cour Impériale d'Amiens. Audience de rentrée du 4 Novembre 1861. Discours prononcé par **M. Paul Watteau**, Avocat Général. — Amiens, Lemer aîné, 1861 ; 30 p. in-8°.

4488. — Cour Impériale d'Amiens. Audience de Rentrée du 3 Novembre 1862. Discours prononcé par **M. Louis Dufour**, Procureur Général. — Amiens, T. Jeunet, 1862 ; 64 p. in-8°.

4489. — Cour Impériale d'Amiens. **Installation** de **Mʳ** le Procureur Général **Saudbreuil**. Audience solennelle du 28 avril 1863. — Amiens, Lemer aîné, 1863 ; 30 p. in-8°.

4490. — Philippe de Beaumanoir. Cour Impériale d'Amiens. Audience de rentrée du 3 novembre 1863. Discours prononcé par **M. Bécot**, Premier Avocat-Général. — Amiens, Lemer aîné, 1863 ; 36 p. in-8°.

4491. — Cour Impériale d'Amiens. Discours prononcé à l'Audience solennelle de rentrée le 3 novembre 1866 par **M. Marie-Paul Bernard**, Substitut du Procureur-Général. Influence des Etats-Généraux sur l'unité de la Législation française.— Amiens, Lemer aîné. 1866 ; 73 p. in-8°.

4492. — Cour Impériale d'Amiens. Audience solennelle de rentrée du 4 Novembre 1867. Discours prononcé par M **Paul Watteau,** Premier Avocat Général. Antoine Loysel. — Amiens, Caillaux, 1867 ; 36 p. in-8°.

4493. — Cour Impériale d'Amiens. **Installation de M.** le Premier Président **Saudbreuil et de M.** le Procureur Général **Talandier.** 22 août 1868. — Amiens, Caillaux, 1868 ; 50 p. in-8°.

4494. — Cour Impériale d'Amiens. Audience solennelle de rentrée du mardi 3 Novembre 1868. De la liberté civile. Discours prononcé par **M. Froissart.** — Amiens, E. Caillaux, 1868 ; 46 p. in-8°.

4495. — Cour Impériale d'Amiens. Présidence de M. Saudbreuil, Premier Président. Discours prononcé à l'audience solennelle de rentrée le 3 Novembre 1869, par **M. Gesbert de la Noë-Seiche,** Avocat Général. — Amiens, Caillaux, 1869 ; 38 p. in-8°.

4496. — Cour d'Appel d'Amiens. Procès-verbal de l'**installation de M. Goblet,** en qualité de Procureur Général de la République. Audience solennelle du 15 septembre 1870. — Amiens, Caillaux, 1870 ; 22 p. in-8°.

III. OFFICIERS MINISTÉRIELS.

4497. — **Basoche et Basochiens** à Amiens, au xvi° siècle. Lecture faite à la séance publique du 2 juillet 1882, par M. Ernest Noyelle.

Mém. Soc. Ant. Pic., t. XXVIII, p. 31 à 69 ; in-8°.

4498. — *Arrêt, du 16 janvier 1635, jugeant qu'un* **Prevôt Royal** *d'une Justice subalterne (a Beauquesne), étant* Avocat au Bailliage et Siège Présidial *d'Amiens, doit être* conservé en la pos-session d'y précéder tous les **Avocats** dans le Barreau, quoique plus anciens que lui.

J^{al} des Aud. de Parl^t, par Duchesne, édit. de 1657, t. 1, p. 191 à 194 ; in-folio.

4499. — Extraict des Registres de Parlement. *Arrêt relatif à une contestation entre les* **Avocats** *au Bailliage d'Amiens et les* **Officiers de l'Election.** *Du 26 septembre 1660.* — S. l. n. n. ; 3 p. in-4°.

Bibl. d'Amiens, Hist., n° 5561.

4500. — Extraict des Registres dv Conseil d'Estat. *Arrêt, du 5 janvier 1661, relatif aux préséances entre les* **Avocats** *au Bailliage d'Amiens et les* **Officiers de l'Election.** — S. l. n. n. ; 4 p. in-4°.

Anc^{ne} Bibl de Marsy.

4501. — Statuts et **Règlemens** faits et dressés en la Communauté **des Procureurs** du Bailliage d'Amiens, pour y être gardés et observés. — Amiens, veuve Godart, 1744 ; 14 p. in-4°.

Bibl. d'Amiens, Hist , n° 3777.

4502. — Extrait du Registre aux Délibérations de la Communauté des **Procureurs** du Bailliage d'Amiens. *Du 18 mai 1744.* — Amiens, veuve Godart, 1750 ; 7 p. in-4°.

Relatif aux moyens de prévenir les **abus** qui pourraient s'introduire **dans les procedures.**
Ibid , Hist., n° 3777.

4503. — Edit et Declarations du Roi des mois de Septembre 1748 et 6 Février 1749 concernant la réduction et suppression des Offices de **Procureurs Postulans** au Bailliage et Siège Présidial d'Amiens. — Amiens, veuve Godart, 1757 ; 12 p. in-4°

Anc^{ne} Bibl de Marsy.

4504. — Mémoire pour servir au Procès-verbal commencé chez Monsieur Ducastel, Subdélégué de l'Intendance à Amiens Pour dix-huit **Procureurs** au Bailliage d'Amiens, qui sont aussi **No-**

taires. Contre une partie des autres Procureurs au même Siège. — S. l. n. n., *1752*; 10 p. in-folio.

Bibl H. Macqueron.

4505. — Mémoire pour la Communauté des Procureurs au Bailliage et Siège Présidial d'Amiens Contre dix-neuf **Procureurs** au même Siège; pourvûs d'Offices de **Notaires-Greffiers** et Receveurs des Consignations. *Signé : Challaye*. — *Paris*, Delaguette, 1752 ; 25 p. in-folio.

Demande de suppression des offices de procureurs remplis par des notaires
Ibid.

4506. — Second mémoire contenant des observations importantes pour les Procureurs au Baillage et Siège Présidial d'Amiens Contre les Pourvûs des Offices de **Notaires et Procureurs** dans les mêmes juridictions. — *Paris*, Delaguette, *vers 1753* ; 8 p. in-4°.

Anc^{ne} Bibl. de Marsy.

4507. — Edit et Declaration du Roi des mois de Septembre 1748 et 6 Février 1749, concernant la réduction et suppression des Offices de **Procureurs Postulans** au Bailliage et Siège Présidial d'Amiens ; et la Liste contenant le nombre, les noms des Titulaires, la date de leur réception, ensemble les noms des Prédécesseurs des Titulaires actuels des Offices de Procureurs au Bailliage et Siège Présidial d'Amiens, faite et arrêtée en leur Chambre de Communauté, le 9 Mai 1757. — Amiens, veuve Godart, 1757 ; 12 p. in-4°.

Arch. dép de la Somme, C, 1565.

4508. — Arrest du Conseil d'Etat du Roi portant suppression des dix Offices de **Procureurs** postulants au Bureau des Finances d'Amiens, et Réunion de fonctions à la Communauté des Procureurs postulans au Bailliage et Siège Présidial d'Amiens. Du 12 Juillet 1757.
A la suite : Arrest du Conseil d'Etat du Roi qui en dispensant les pourvûs actuels d'Offices de Procureurs au Bailliage et Siège Présidial d'Amiens, de se faire recevoir et prêter serment au Bureau des Finances de ladite Ville, oblige leurs Successeurs aux dites réceptions et prétations de serment. Du premier Avril 1758. — S. l. n. n., 4 p. in-4°.

Ibid., C, n° 2000.

4509. — Précis pour la Communauté des **Procureurs** de la Ville d'Amiens. Contre la Congrégation des Notaires de la même ville et Pierre Sohier. — Paris, 1758 ; 12 p. in-folio.

4510. — Extrait des Registres aux Délibérations de la Communauté des **Procureurs**, tant du Bailliage et Siège Présidial d'Amiens, que du Bureau des Finances de la Ville d'Amiens. Du 16 Août 1760. — S. l. n. n. ; 3 p. in-4°.

Arch. dép. de la Somme, C, 1565.

4511. — Arrest de la Cour du Parlement, qui homologue la Délibération faite par la Communauté des **Procureurs** du Bailliage d'Amiens, le 6 Décembre 1763, ensemble la Sentence dudit Bailliage du 30 Janvier 1764, concernant les Présentations. Du 30 Mai 1769. — Amiens, veuve Godart ; 6 p. in-4°.

Bibl. d'Amiens, Hist., n° 3777.

4512. — Extrait du Registre aux Délibérations de la Communauté des **Procureurs** du Bailliage d'Amiens. *Du 13 décembre 1771*. — S. l. n. n. ; 3 p. in-4°.

Arch. dép. de la Somme, C, 1565.

4513. — Extrait du Registre aux Délibérations de la Communauté des **Procureurs** au Bailliage et Siège Présidial d'Amiens *Du 25 Février 1774*. — S. l. n. n. ; 6 p. in-4°.

Ibid , C, 1565.

4514. — Extrait d'une Délibération de la Communauté des **Procureurs** au Bailliage d'Amiens, du vingt-quatre Décembre 1783. — Amiens, L. C. Caron père ; 4 p. in-4°.

— 363 —

Fixation de la composition de la Bourse commune.
Bibl. d'Amiens, Hist., n° 3777.

4515. — Pétition définitive des **Procureurs** des ci-devant bailliage, présidial et bureau de finances d'Amiens. *Signé : Patin, délégué.* — Paris, Imp. nationale, *vers 1790* ; 7 p. in-8°.

Bibl. de M. Jules Mollet, à Roye.

4516. — Nouveau **Tarif** pour les Avocats, Procureurs, Huissiers et Sergens, Travaillans au Bailliage et Siège Présidial d'Amiens. — Amiens, Louis Charles Caron Père, 1785 ; 30 p. in-4°.

Bibl. H. Macqueron.

4517. — Extrait des Registres de la Cour de Parlement. *Arrêt, du 24 juillet 1682, défendant au Sr Corbelet de faire acte de* **notaire** *à Amiens.* — S. l. n. n. ; 1 p. in-4°.

Arch. dép. de la Somme, B, n° 324.

4518. — Extrait des Registres du Conseil d'Etat. *Arrêt rendu, le 10 avril 1685, entre Joseph Joachim de Cohorn et le sieur de Saintôt, propriétaires du greffe du Bailliage d'Amiens et la Communauté des* **Notaires** *Royaux d'Amiens.* — *Paris*, Delaguette, juin 1752 ; 25 p. in-folio.

Bibl. d'Abbeville

4519. — Mémoire pour les **Notaires du Roi**, Tabellions et Greffiers des Arbitrages de la Ville d'Amiens. Contre les Commissaires et Greffiers du Bailliage de la même Ville. — S. l. n. n., *1702* ; 10 p. in-folio.

Question de leurs attributions respectives
Anc^{ne} Bibl. de Marsy.

* **4520.** — Mémoire signifié pour les **Notaires** et Tabellions royaux de la ville d'Amiens.... contre Philippe-Gérard-Jacques. *Signé : Chastelain.* — *Paris*, Delaguette, 1750 ; in-folio.

Bibl. Nat^{le}, f° Fm, 208.

* **4521.** — Mémoire signifié pour les **Notaires** royaux, Tabellions... de la ville d'Amiens, contre les lieutenant-général et les trois autres commissaires enquêteurs du bailliage de ladite ville... *Signé : Lievrel.* — Paris, Prault, 1751 ; in-folio.

Ibid., I° Fm, 209.

* **4522.** — Précis signifié pour les **Notaires** d'Amiens contre les Commissaires, le greffier du Bailliage et les sergents à masse de ladite ville. *Signé : Lievrel.* — Paris, P. Prault, 1752 ; in-folio.

Ibid , f° Fm, 210.

* **4523.** — Extrait sommaire des titres produits en l'instance ou visés dans les arrêts du conseil rendus au profit des notaires de Tours.. Pour les vingt-quatre **notaires** de la ville d'Amiens contre les quatre commissaires enquêteurs et le greffier du Bailliage d'Amiens. — S. l. n. n., *1752* ; in-4°.

Ibid., 4°, Fm, 442.

* **4524.** — Réponses aux deux mémoires signifiés les 19 et 20 janvier 1752, pour le sieur Dufresne... commissaire enquêteur au bailliage... d'Amiens, et les sieurs Tripier, Bultel et Machart... contre les notaires d'Amiens. *Signé : Challaye.* — Paris, Delaguette, 1752 ; in-folio.

Ibid., f° Fm, 188.

* **4525.** — Réponse aux Observations sommaires pour les **Notaires** royaux de la ville d'Amiens contre les quatre Commissaires enquêteurs et examinateurs du Bailliage d'Amiens. *Signé : Lievrel.* — Paris, Prault, 1752 ; in-folio.

Ibid., f° Fm, 211.

4526. — Mémoire pour les **Notaires** d'Amiens pour le maintien de la Vénalité de leurs Offices. — Amiens, J. B. Caron l'aîné, 1789 ; 18 p. in-4°.

Bibl. d'Amiens, Hist., n° 3794, 18.

4527. — Tableau général des **Notaires** qui ont exercé leurs fonctions dans l'arrondissement d'Amiens.....

dressé en conformité d'une délibération du... 4 août 1835. — Amiens, Boudon-Caron, 1838; 81 p. in-4°.

<small>Ce tableau parait être le premier qui ait été imprimé ; il y en a eu d'autres depuis.</small>

4528. — A MM. les **Notaires** de l'arrondissement d'Amiens. Amiens le 9 août 1855. *Signé : Duparc.* — Amiens, Yvert ; in-4°.

<small>Compte rendu de la conférence tenue à Paris par la commission des délégués.</small>

4529. — Statuts de la Conférence des **Clercs de Notaires** d'Amiens adoptés dans la séance du 26 août 1869. — Amiens, Caillaux, 1869; 31 p. in-8°.

4530. — *Arrêt du Siège Présidial d'Amiens relatif aux fonctions des* **huissiers** *d'Amiens; du 13 mars 1668.* — S. l. n. n. ; 1 p. in-4°.

<small>Anc^{ne} Bibl. de Marsy.</small>

4531. — Arrêt du Conseil d'Etat du Roi, qui fait Main-levée au Sieur Carré des Oppositions à sa réception dans l'Etat et Office de **Juré-Priseur-Vendeur de Meubles** de la Ville, Faux-bourgs et Banlieue d'Amiens... le maintient dans le droit de faire seul et à l'exclusion des Sergens à Masse, ainsi que des Jurés-Priseurs patrimoniaux... les Prisées, Expositions et Ventes de tous biens Meubles, soit volontaires, soit forcées... Condamne les Officiers Municipaux de ladite Ville d'Amiens à l'amende de soixante-quinze Livres envers Sa Majesté... Du vingt un Août mil sept cent quatre vingt sept. — *Amiens*, J. B. Caron l'aîné ; 15 p. in-4°.

<small>Arch. dép. de la Somme, C, 566.</small>

4532. — Tarif et taxes des **huissiers** des tribunaux du Département de la Somme. *Du 3 prairial an VII.* — Amiens, Caron l'aîné ; 7 p. in-4°.

4533. — A MM. les membres du Conseil général de la Somme. 20 septembre 1846. — Amiens, Duval et Herment ; in-8°.

<small>Pétition des huissiers de l'arrondissement d'Amiens au sujet des ventes judiciaires de récoltes.</small>

4534. — Délibération de la Chambre des **Huissiers** de l'arrondissement d'Amiens concernant l'encaissement des billets à ordre. Séance du 27 mars 1855. — Amiens, Duval et Herment ; in-4°.

4535. — Délibération de la Chambre des **Huissiers** de l'arrondissement d'Amiens, concernant les copies de pièces. Séance du 27 mars 1855. — Amiens, Duval et Herment ; in-4°.

4536. — Extrait d'une délibération de la Chambre des **Huissiers** de l'arrondissement d'Amiens, en date du 28 décembre 1858. — Amiens, v^e Herment; in-4°.

<small>Au sujet des honoraires des huissiers.</small>

CHAPITRE VIII

ENSEIGNEMENT SECONDAIRE

I. COLLÈGE ET LYCÉE D'AMIENS.

4537. — Lettres patentes du Roi, portant Confirmation et Règlement pour le **Collège** de la Ville d'Amiens. Données à Versailles, le vingt-un Mai 1763. — Paris, P. G. Simon, 1763 ; 4 p. in-4°.

Bibl. H. Macqueron.

4538. — Mémoire justificatif de la conduite que les Maire et Echevins d'Amiens ont tenue envers le Sieur Jean-Baptiste-François **Morgan**, l'un d'eux, et leur Député à Paris, sous les conditions par lui promises et avérées, à l'effet principalement de leur envoyer quelques Professeurs qui leurs *(sic)* manquoient pour la tenue du nouveau Collège d'Amiens, et de voir M. le Procureur Général pour, sous sa protection, procurer le plus grand bien de ce collège, même l'affiliation à l'Université, pour y acquérir (à l'effet des Grades) le tems d'Etude dont elle jouit. — Amiens, veuve Caron, 1763 ; 18 p. in-folio.

Bibl. d'Amiens, Hist., n° 3595.

4539. — Arrest de la Cour de Parlement qui supprime un Mémoire imprimé ayant pour titre : Mémoire justificatif de la conduite que les Maire et Echevins de la ville d'Amiens ont tenue envers le sieur Jean-Baptiste-François **Morgan**, etc., comme injurieux à l'honneur et réputation des Sieurs de Sachy de Carouge et Morgan. Du quinze Octobre 1763. — Paris, P. G. Simon, 1763 ; 4 p. in-4°.

Bibl. H. Macqueron.

4540. — *Lettre des Avocats au Parlement et Bailliage Présidial d'Amiens, relative à l'arrêt rendu au profit de M.* **Morgan** ; *du 29 octobre 1763.* — Amiens, veuve Caron ; 16 p. in-folio.

Bibl d'Amiens, Jurisp , n° 841, t. III.
Autre édition : S. l. n. n. ; 15 p. in-4°.

4541. — *Délibération des avocats d'Amiens attaquée sur demande de radiation de l'avocat* **Morgan**. — Amiens, veuve Caron, 1763 ; 14 p. in-folio.

Ancne Bibl. de Marsy.

4542. — *Réponse de M.* **Morgan** *à M. Boullenger de la Mothe, Conseiller du Point d'Honneur et Doyen des Avocats d'Amiens. Du 30 Novembre 1763.* — S. l. n. n. ; 30 p. in-4°.

Bibl. d'Amiens, Jurisp., n° 841, t. V.

4543. — Réponse d'un Avocat d'Amiens à la Lettre du Sieur **Morgan** au Doyen des Avocats de la même Ville. *Du 4 décembre 1763.* — S. l. n. n. ; 7 p. in-4°.

Ibid., Jurisp., n° 841, t. V.

4544. — Arrest de la Cour de Parlement qui ordonne la suppression de deux Imprimés *relatifs à l'affaire* **Morgan** distribués à Amiens. Du vingt Décembre mil sept cent soixante trois. — Paris, P. G. Simon ; 3 p. in-4°.

Ancne Bibl. de Marsy.

4545. — Mémoire pour le Sieur Roland le Virloys, Architecte et Professeur de Physique au **Collège** d'Amiens. Contre les prétentions du sieur Bellegueule, Prêtre, Professeur de Logique au même Collège. — *Paris*, Antoine Boudet, *vers 1765;* 40 p. in-4°.

Débat entre les deux professeurs au sujet de leur savoir.
Bibl. d'Abbeville.
Voir aussi : Mém. et Plaid. de Linguet... — Amsterdam, 1773, t. I, p. 33 à 90 ; in-12.

4546. — Lettres-Patentes du Roi portant Règlement définitif pour le **Collège** de la Ville d'Amiens. Données à Versailles le 28 Novembre 1767. Registrées en Parlement le 18 Décembre 1767. — Paris, P. G. Simon, 1767 ; 7 p. in-4°.

4547. — Lettre de Monseigneur l'Evêque d'Amiens à MM. les Curés de son Diocèse. *Annonce d'une* Pension pour les Ecoliers de la Campagne dans la Maison de Retraite, dépendance du **Collège** d'Amiens. — S. l. n. n. ; 3 p. in-4°.
Bibl. H. Macqueron.

4548. — Thèses de Mathématiques, où seront démontrées les principales Vérités théoriques et pratiques du Calcul, de la Géométrie, des Sections coniques, de la Sphère, du Calendrier, de la Gnomonique et de l'Astronomie optico-systématique. Ces Thèses seront soutenues dans la Salle des Actes du **Collège** d'Amiens. — Amiens, veuve Godart, 1769 ; 26 p. in-4°.
Bibl. d'Amiens, Sc. et Arts, n° 2049.

4549. — Thèses de mathématiques où seront démontrées les principales vérités théoriques et pratiques du calcul de l'analyse, de la géométrie... Ces thèses seront soutenues dans la salle des actes du **Collège** d'Amiens, le mardi 25 juin 1771, par M. L. L. Cousin de la Morlière, de Montdidier. — Amiens, Godart, 1771 ; 24 p. in-4°.

4550. — Un commentaire sur l'almanach des Muses de 1775, par M. A. Janvier. — Amiens, Yvert et Tellier, 1897 ; 14 p. in-8°.
Au sujet d'une poésie satirique contre un des administrateurs du **Collège** d'Amiens

4551. — Thèses de Mathématiques, concernant les vérités élémentaires de l'Arithmétique, de l'Algèbre, de la Géométrie, de la Trigonométrie, des Sections coniques, de la Sphère, de la Gnomonique et de l'Astronomie optico-systématique. Ces Thèses seront soutenues dans la Salle des Actes du **Collège** d'Amiens le Mercredi 21 Juin 1775, et le Lundi suivant 26 du même mois. — Amiens, veuve Godart, 1775 ; 23 p. in-4°.
Bibl. d'Amiens, Sc. et Arts, n° 2049.

* **4552**. — Plan d'un cours de chimie expérimentale fait à Amiens par M. Dhervillez, docteur en médecine et M. Lapostolle, maître apothicaire. — Amiens, 1777 ; 28 p. in-8°.

* **4553**. — Plan d'un cours d'histoire naturelle fait à Amiens par M. Denamps. — Amiens, 1777 ; 20 p. in-8°.

4554. — Arrest de la Cour du Parlement concernant le **Collège** d'Amiens. Du cinq Septembre mil sept cent quatre vingt. — Paris, P. G. Simon, 1781 ; 27 p. in-4°.
Cet arret envoie le Collège d'Amiens en possession de 48 corps d'immeubles ou rentes y énoncés.
Bibl. H. Macqueron.

4555. — *Prospectus du* Pensionnat du **Collège** d'Amiens. — Amiens, J. B. Caron fils, 1781 ; 4 p. in-4°.
Bibl. Pinsard

4556. — **Collège** d'Amiens. Tableau pour les Congés de l'année 1782. — S. l. n. n. ; plac. in-folio.
Arch. dép. de la Somme, D, n° 11.

4557. — Mémoire à consulter dans l'affaire de Jean François Dury, contre les Administrateurs du **Collège** d'Amiens. — Amiens, L. C. Caron père, 1783 ; 14 p. in-4°.
Au sujet du droit de champart appartenant au collège sur le prieuré de St Denis
Bibl. d'Amiens, Hist., n° 3794, 17

4558. — Edit, Lettres Patentes et Arrêt du Parlement, concernant les Collèges qui ne dépendent pas des Universités, et portant **Règlement** définitif **pour le Collège** de la Ville d'Amiens. — Amiens, veuve Godart, 1784 ; 74 p. in-12.
Bibl. d'Amiens, Hist., n° 3772.

— 367 —

4559. — F. Pouy. Le **Lycée** d'Amiens et les Ecoles secondaires à leur origine. — Amiens, Delattre-Lenoel, 1887 ; 18 p. in-8°.

Ext. de la Picardie.

4560. — Procès-verbal de l'**Installation du Lycée** d'Amiens. — Amiens, Maisnel fils, *1806* ; 26 p. in-12.

* **4561.** — Programme des exercices des élèves du **Lycée** d'Amiens pour l'an 1808. — 20 p. in-4°.

4562. — Pourquoi des révoltes dans les Collèges de l'Université en réponse à M. le Professeur de philosophie. — Amiens, Boudon-Caron, *vers 1831 ;* 64 p. in-8°.

Violente diatribe contre l'éducation des **Lycées** à propos d'une revolte à celui d'Amiens.
Bibl. H. Macqueron.

4563. — Extrait du Glaneur du 1er septembre 1838. Distribution solennelle des Prix au **Collège Royal** d'Amiens, le jeudi 30 Août 1838, présidée par M. de Salvandy, Ministre de l'Instruction publique. — Amiens, R. Machart ; 8 p. in-8°.

4564. — Discours prononcé le 17 août 1840, à la Distribution solennelle des Prix du **Collège Royal** d'Amiens par M. Martin, Recteur de l'Académie. — Amiens, Duval et Herment ; 2 p. in-8°.

4565. — Discours Prononcé le 19 Août 1841 à la Distribution solennelle des Prix du **Collège Royal** d'Amiens, par M. Martin, Recteur de l'Académie. — Amiens, Duval et Herment ; 3 p. in-8°.

4566. — Sur l'Etude de la Langue et de la Littérature latines. Discours prononcé à la Distribution des Prix du **Lycée Impérial** d'Amiens le 11 août 1856, *par M. Tivier*. — Amiens, Lenoel-Hérouart ; 15 p. in-8°.

4567. — Allocution prononcée par Mgr Boudinet, Evêque d'Amiens, à la distribution solennelle des prix du **Lycée impérial** le 7 août 1865. — Amiens, Lenoel-Herouart ; 19 p. in-8°.

4568. — La Picardie et les Picards, Discours prononcé par M. Meuriot, Professeur d'Histoire à l'occasion de la Distribution des Prix du **Lycée** d'Amiens le 31 juillet 1891. — Amiens, Jeunet, 1891 ; 22 p. in-16.

4569. — Association de bienfaisance des **anciens élèves du Lycée** d'Amiens, reconnue d'utilité publique par décret impérial du 12 janvier 1867. Compte rendu. Année 1867. — Paris, Renou et Maulde, 1868 ; 36 p. in-8°.

Ce compte rendu a continué à paraître chaque année

* **4570.** — Discours sur l'histoire naturelle prononcés par les frères Le Bergue, d'Amiens, élèves du citoyen **Clément Dumetz**, lors de l'exercice en sa **maison d'éducation** le 28 fructidor an XI. Dédiés au Sauveur de la France. — Amiens, Caron-Berquier, an XI ; 22 p. in-8°.

Cat. Libr. Pineau, à Beauvais, 1864.

4571. — De l'organisation d'une **école préparatoire** à l'Enseignement supérieur des Sciences et des Lettres à Amiens, *par Michel Vion*.

La Picardie, 1856, p. 279 à 284 ; in-8°.

II. ÉCOLE DE MÉDECINE.
MÉDECINS.

* **4572.** — Circulaire concernant le **cours d'accouchement** établi à Amiens. 1778. — 3 p. in-4°.

Arch. mun. d'Amiens, BB, n° 122.

4573. — Hospices civils. Etablissement d'une **école pratique de santé**, dans l'Hôtel-Dieu d'Amiens, sous les auspices de l'administration. *1er germinal an XII.* — Amiens, Fr. Caron-Berquier ; 8 p. in-4°.

Bibl. d Amiens, Hist , n° 3787.

4574. — Hospices civils. Distribution solennelle des prix aux élèves des **cours de médecine**, chirurgie et de pharmacie qui se fera dans l'Amphitéâtre de l'Hôtel-Dieu d'Amiens, le 18 Octobre 1809, à midi précis. — Amiens, Fr. Caron-Berquier ; 8 p. in-8°.

Notice sur les résultats de l Ecole de Médecine depuis sa foudation.

4575. — Université de France. Académie d'Amiens. **Ecole secondaire de Médecine** d'Amiens. Séance pour l'Ouverture des Cours de l'année Scolastique 1825-1826 et pour l'Inauguration du Buste de S. M. Charles X. — Amiens, Fr. Caron-Berquier ; 7 p. in-4°.

4576. — Discours prononcé à la Distribution des Prix de l'**Ecole secondaire de Médecine** d'Amiens le 19 août 1833, par M. J. B. L. Routier. — Amiens, Caron-Vitet, 1833 ; 26 p. in-8°.

4577. — Discours prononcé dans la séance publique de **rentrée de l'Ecole préparatoire de Médecine** et de Pharmacie d'Amiens pour l'ouverture de l'Année scolaire 1843-1844, par M. le Professeur Rigollot. — Amiens, Duval et Herment, 1843 ; 22 p. in-8°.

4578. — Discours prononcé le 4 Novembre 1853 à la séance de **rentrée de l'Ecole de Médecine** et de Pharmacie d'Amiens, par le Professeur Rigollot. — Amiens, Caron et Lambert ; 20 p. in 8°.

4579. — 6 Novembre 1854. **Rentrée de l'Ecole de Médecine** d'Amiens. Discours prononcé par M. le Docteur Tavernier. — Amiens, Alfred Caron, 1854 ; 30 p. in-8°.

4580. — Discours de **rentrée de l'Ecole de Médecine** d'Amiens prononcé par le Docteur Josse. 1856. Du fluide vital. — Amiens, Caron et Lambert ; 22 p. in-8°.

4581. — Compensations dans la Vie du Médecin. Discours prononcé à la **rentrée de l'Ecole de Médecine** d'Amiens, le 9 novembre 1857, par M. le docteur Follet. — Amiens, Alfred Caron, 1857 ; 16 p. in-8°.

4582. — **Rentrée de l'Ecole de Médecine** d'Amiens le 12 Novembre 1860. Discours prononcé par le Dr Alexandre. — Amiens, Alfred Caron ; 26 p. in-8°.

4583. — **Rentrée de l'Ecole de Médecine** d'Amiens le 11 Novembre 1861. Discours prononcé par le Dr Henry Herbet. — Amiens, Alfred Caron ; 21 p. in-8°.

4584. — **Ecole de Médecine** et de Pharmacie d'Amiens. Séance solennelle de **rentrée** du 10 Novembre 1862. Discours prononcé par le Dr J. James. — Amiens, Jeunet, 1862 ; 24 p. in-8°.

4585. — Aperçu sur les progrès de la Médecine et de la Chirurgie. Discours prononcé dans la séance solennelle de **rentrée de l'Ecole** préparatoire **de Médecine** et de Pharmacie d'Amiens, par Amédée Coulon. — Amiens, Alfred Caron, 1865 ; 22 p. in-8°.

4586. — Discours historique sur le **Jardin des Plantes** et le cours de Botanique d'Amiens, depuis leur fondation jusqu'à nos jours, prononcé à l'ouverture de ce cours, le 22 Mai 1858, par le Dr J. James. — Amiens, E. Yvert. 1858 ; 34 p. in-8°.

4587. — Discours prononcé à l'ouverture du **cours** communal **de botanique** de la ville d'Amiens, le 16 mai 1866, par M. Richer.

Mém. Soc. Linn.. t I, p. 49 à 73 , in-8°.

4588. — Notice sur le **Jardin des Plantes** d'Amiens, par le Dr Richer.

Ibid., t. II, 1868-71, p 252 à 254, in-8°.

4589. — Les trois Conservateurs du **Jardin des Plantes** d'Amiens, par M. Richer.

Bull. Soc. Linn., 1877. t. III, p. 305 et suiv. ; in-8°.

4590. — Statvta salvberrimi **Collegii Medicorvm** Ambianensivm. — Ambiani, apud Robertum Hubault, M.DC.LVI ; 11 p. in-4°.

Bibl. Soc. Ant. Pic., Q, XII, 2.

* **4591**. — Mémoire pour Claude Colombier, maître chirurgien en la ville d'Amiens, intimé, contre les égards, corps et **communauté des chirurgiens** de la même ville, et le nommé Jolibois, appelant. — S. l. n. n., 1681 ; in-4°.

Bibl. Nat^{le}, Thoisy, 79, f° 276.

4592. — Arrest de la Cour de Parlement rendu au profit du Sieur Jacques Lignières, Maître Chirurgien-Juré et Greffier du premier Chirurgien du Roy, dans la **Communauté des Maîtres Chirurgiens** de la Ville d'Amiens. Contre Antoine Bernard Collignon, Guillaume Devaux, Jean-Baptiste Dupré, et Joseph Hannart, héritier de Jean-Baptiste Hannart, son frère, tous Maîtres Chirurgiens, en ladite Ville. Du 19 Août 1750. — Amiens, veuve Godart, 1750 ; 8 p. in-4°.

Bibl. d'Abbeville.

4593. — Mémoire signifié pour Maître Pierre-Antoine **Marteau**, Docteur en Médecine des Universités de Reims et de Caen, Intimé, Contre les Sieurs Doyen, Syndic et **Médecins du Collège d'Amiens**, Appellans. — Amiens, veuve Godart, 1763 ; 17 p. in-4°.

Bibl. d'Amiens, Médec., n° 2523, t. I.

III. HYGIÈNE, MÉTÉRÉOLOGIE.

4594. — Avertissement du Maire d'Amiens à ses concitoyens indigens, sur les avantages de la **Vaccine**, et sur la nécessité d'y faire participer leurs Enfans. *Du 1er Floréal an IX. — Amiens*, J. B. Caron l'aîné ; 3 p. in-4°.

4595. — Analyse de diverses **Eaux d'Amiens**, par M. P. Poiré.

Bull Soc. Industr. Amiens, t. V, 1866, p. 267 à 275 ; in-8°.

4596. — De la mortalité des enfants du premier âge à Amiens, par le Dr A. Faucon. — Amiens, Jeunet, 1874 ; 76 p. in-8°.

4597. — La **mortalité à Amiens** comparée à celle des principales villes de France, par M. Charles Labbé.

Bull. Soc. Industr. Amiens, t. XVII, 1879, p. 274 à 283, in-8°.

4598. — Note sur les **observations pluviométriques** faites à Amiens, du 1er février 1855 au 1er juin 1856, *par M de Commines de Marsilly*.

Cultiv. de la Somme, 1856, p. 5 à 11 ; in-8°.

4599. — Physique du globe. **Aurore boréale** observée à **Amiens** le 12 octobre, par M. C. Decharmes.

C^{tes} rendus de l'Ac. des Sc., t. XLIX, 1859, p 549 et 550 ; in-4°.

4600. — **Températures** minima observées à **Amiens**, par M. A. Lefèvre.

Bull. Soc. Linn., t. V, 1881, p. 341 et s. ; in-8°.

4601. — L'**Année météréologique** à Amiens. 1889. *Résumé des observations faites à l'Ecole normale*, par H. Duchaussoy.

Bull. Soc. Linn., t. X, p. 6 à 11 ; in-8°.
Des observations analogues pour les années suivantes ont été publiées par le même auteur dans les bulletins suivants de la même Société.

CHAPITRE IX

HOSPICES ET BUREAU DE BIENFAISANCE

I. HOSPICES.

4602. — Règlements de Geoffroy d'Eu, Evêque d'Amiens pour l'**hôpital** de cette ville. 1233.

Act. de la prov. ecclés. de Reims... par M⁸ʳ Gousset, t. II, p. 371 et 372 ; in-4°.

4603. — Lettre de Geoffroy d'Eu, Evêque d'Amiens, pour la **translation** de l'église de Saint-Firmin et de l'**hôpital**.

Ibid., t. II. p. 381 à 383 ; in-4°.

4604. — **Cens et procès** d'après pièces d'archives de **l'Hôtel-Dieu** d'Amiens. 1333-1569. Discours de réception de M. G. Boudon et Réponse de M. Durand, Président de la Société des Antiquaires de Picardie. Séance du 13 août 1889. — Amiens, Yvert et Tellier, 1889 ; 31 p. in-8°.

4605. — *Arrêt relatif au testament d'Anthoine de Glisy fait en faveur de l'***Hôtel-Dieu** *d'Amiens : du 27 juin 1625.* — S. l. n. n. ; 6 p. in-4°.

Bibl. H Macqueron.

4606. — Declaration du Roy sur l'article cinquante-cinquiesme de la Coustume du Bailliage d'Amiens : par laquelle sa Majesté confirme les Testamens faitz auparauant l'Arrest de la Cour de Parlement contre l'**Hostel-Dieu** d'Amiens. Du 31 juillet 1627.

Rec. d'arrêts notables par Boucher et Joly. — Paris, Loysor, 1629, p. 229 à 234 ; in-4°.

4607. — Si les Curez sont tenus de commettre à leurs dépens, des Prêtres ès lieux de Santé, pour administrer les Contagiez. *Arrêt, du 31 janvier 1633,* *relatif à l'***Hôtel-Dieu** *d'Amiens et aux Prêtres qui administraient les malades pendant les épidémies.*

Journ. des Aud. du Parlem , par Dufresne. — Paris, 1757, p. 161 à 164, t. I et Rec. des Actes, Titres... conc. le Clergé. — Paris, Muguet, 1716, t. III, col. 370 à 380 ; in-folio.

4608. — Testament non signé du Testateur atteint de Contagion, qui ne fait mention de la Cause, ni qu'il ait été interpellé de signer, ne peut révoquer un précédent Testament Holographe. *Arrêt, du 8 mars 1638, relatif au testament fait en faveur de l'***Hôtel-Dieu** *d'Amiens, par Jacques Noyel, prêtre d'Amiens.*

Rec. d'arr. du Parl. de Paris, par Bardet. — Paris, Bobin, 1690, t. II, p. 427 à 430 ; in-folio.

4609. — Factvm pour les administrateurs de l'**Hospital de S. Charles** et de sainte Anne *d'Amiens*, adiournez en sommation, demádeurs en excipant et incidemment sur Requeste. Contre François Louuel, Escuyer, sieur de Fresnes, Frere et Légataire universel de feu M. Antoine Louuel, viuant, Prestre, Chanoine, Curé de S. Remy et Administrateur dudit Hospital, demandeur en sommation et deffendeur. — S. l. n. n., *vers 1650* ; 4 p. in-4°.

Au sujet d'un legs fait à l'Hôpital.
Bibl. H. Macqueron.

4610. — Règlements povr l'**Hostel Diev** d'Amiens faits dans Nostre Visite *(Mgʳ Faure)* de l'An 1658, au mois de Iuillet. — S. l. n. n. ; placard in-folio.

Bibl. d'Amiens, Hist., n° 3787.

4611. — Factvm apologétique povr les Maistre, Mère et Religieuses de l'**Hostel-Dieu** d'Amiens, demandeurs aux fins de la Commission du vnzième Septembre 1658 et Extrait fait en conséquence le 18 dudit mois : Et appellans comme d'abus de la permission d'informer, decernée par l'Official d'Amiens, ou son Vice-gerent, Information si aucune se trouue auoir esté faite, et de tout ce qui s'en est ensuiuy. Contre Messire François Faure, Euesque d'Amiens, Deffendeur et Intimé au lieu de son Promoteur. — S. l. n. n. n. d. ; 39 p. in-4°.

Opposition des religieuses aux nouveaux règlements imposés par M⁰ʳ Faure.
Bibl. d'Amiens, Hist., n° 3787.

4612. — Extrait des Registres du Parlement. *Arrêt, du 27 janvier 1659, déboutant les religieuses de leur demande.* — S. l. n. n. ; 2 p. in-4°.

Ibid., Hist., n° 3787.

4613. — Factvm pour les Maistre, Mère et Religieuses de l'**Hostel Dieu** d'Amiens, Demandeurs en complainte et en Requeste incidente par eux présentée le 15° iour de Nouembre 1658 : Contre les Sieurs Premier et Eschevins de ladite Ville d'Amiens, Deffendeurs. — S. l. n. n. n. d. ; 9 p. in-4°.

Au sujet de la propriété d'une salle et d'un jardin dit jardin aux Oziers sis au bout du grand cimetière.
Ibid , Hist., n° 3787.

4614. — Factum pour les Sieurs Chanoines et Chapitre de l'Eglise Cathédrale de la Ville d'Amiens, demandeurs. Contre Anne de Sachy, Marie Sauvage et consors, les Prieur, Religieux et Convent des Celestins, et contre les Maitre, Mere et Sœurs de l'**Hotel-Dieu** dudit Amiens, defendeurs. — S. l. n. n.. *1666* ; 6 p. in-4°.

Au sujet de la propriété des dîmes des hortillonnages
Ibid . Hist., n° 3787.

4615. — Mandement de Monseignevr l'Illustrissime et Reverendissime Euesque d'Amiens *prescriuant des quêtes* pour l'**Hospital General**. *Du 13 octobre 1674*. — S. l. n. n. ; 1 p. in-folio.

Ibid., Théol., n° 1858.

4616. — Transaction entre les directeurs de l'**Hospital general** et le curé de la paroisse de Saint-Remy. *Du 20 septembre 1683*. — S. l. n. n. ; 8 p. in-4°.

Au sujet des droits spirituels et temporels du curé sur l'Hôpital.
Ibid., Hist., n° 3787.
Il existe une autre édition en 6 p. in-4°.

4617. — Règlement pour les **Filles Hospitalières** d'Amiens : du 20 mai 1689. — S. l. n. n. ; 16 p. in-12.

Cette pièce est signée du secrétaire du Chapitre "Douvry" et du Syndic des Maïeurs "Hérissier"
Ces noms de Douvry et Hérissier existaient à Amiens de 1650 à 1700.
Bibl. H. Macqueron.

4618. — Factum pour les Maitre, Mère et Religieuses de l'**Hôtel Dieu** de la Ville d'Amiens, Deffendeurs. Contre les Commissaires et Syndic de l'Hôpital general de ladite Ville, Demandeurs suivant leur Requête du 3 Ianvier dernier 1691. — S. l. n. n. n. d. ; 4 p. in-4°.

Opposition au droit exclusif que prétend avoir l'Hôpital de vendre de la viande pendant le Carême.
Bibl. d'Amiens, Hist., n° 3787.

4619. — Mémoire pour les Administrateurs de l'**Hopital général** de la ville d'Amiens. Contre Louis-François de Montmorency et Philippe François de Montmorency fils et héritiers de dame Charlotte Louise de Saveuse, veuve de François de Montmorency. — Paris, 1735 ; 15 p. in-folio.

4620. — Memoire pour les sieur et dame Du Fresne appelants et demandeurs, contre les administrateurs de l'**hôpital général** d'Amiens .. *Signé : Pasquier*. — *Paris*, C. Huguier, s. d. ; in-folio.

Bibl. Natˡᵉ, f° Fm, 5275

4621. — Memoire pour l'**Hôpital General** de la Ville d'Amiens, Appellant Contre les présumés Héritiers de la Veuve Fauquet, Intimés. — *Paris*, veuve Simon, 1769; 23 p. in-4°.

Bibl. H. Macqueron.

4622. — Extrait des Registres du Conseil d'Etat du Roi. Règlement concernant les Enfans trouvés reçus à l'**Hôpital St Charles** d'Amiens, et quelques autres objets relatifs à l'administration de cet Hôpital. *Du 5 décembre 1786*. — *Amiens*, L. C. Caron père; 16 p. in-4°.

Bibl. d'Amiens, Hist., n° 3787.

4623. — Règlement pour l'**Hôpital général** de la Commune d'Amiens. *Du 4 pluviôse an II*. — *Amiens*, Caron-Berquier ; 12 p. in-4°.

Ibid., Hist., n° 3787.

* **4624**. — Rapport fait *au Conseil des Cinq-Cents, sur la situation des* **hospices civils** *d'Amiens* au nom d'une commission spéciale, par Scellier : séance du 22 brumaire an VI. — Paris, Impr. nation., brumaire an VI ; in-8°.

4625. — Corps Législatif. Conseil des Anciens. Rapport fait par A. F Peré (des Hautes Pyrénées), sur la résolution relative au remplacement des biens vendus qui appartiennent aux **Hospices civils** de la commune d'Amiens. Séance du 7 nivôse an 6. — De l'Imprimerie Nationale, Nivôse an 6; 18 p. in-8°.

Bibl. Nat^le, Le^45, n° 7830.

4626. — Discours pour l'inauguration de l'**Hôpital des Incurables**, prononcé à l'église cathédrale le 13 décembre 1839, par M. Léraillé. — Amiens, Caron-Vitet; 16 p. in-8°.

4627. — **Hospices** d'Amiens. Règlement général et service intérieur. *Du 23 décembre 1846*. — S. l. n. n. ; 29 p. in-4°.

4628. — Dispositions législatives relevées des Ordonnances, Arrêtés et Règlements pour l'ordre à observer et le service à faire par les **Elèves internes et externes** de l'**Hôtel-Dieu** d'Amiens, et par les Elèves stagiaires de l'Ecole préparatoire de Médecine. — Amiens, Lenoel-Herouart, *vers 1852;* 12 p. in-8°.

4629. — **Hospices** d'Amiens. Compte moral et administratif. Exercice

1853	Amiens,	Lenoel-Herouart ; 30 p. in-4°.
1854	»	»	»	: 26 p.	»
1860	»		Jeunet,	; 28 p.	»
1863.	»		Lemer aîné,	1864; 40 p. in-4°.
1864.	»		»	1865; 37 p.	»
1865.	»		»	1866, 38 p.	»
1866.	»		Caillaux,	1867; 39 p.	»
1867.	»		»	1868, 40 p.	»
1868	»		Lenoel-Herouart,1869; 44 p.	»
1869	»		»	»	1870, 43 p.	»
1870.	»		»	»	1872, 43 p.	»

Ces comptes rendus ont continué à paraître régulièrement chaque année, il ne semble pas qu'il en ait été imprimé pour les années antérieures à 1853, ni pour les années 1855 à 1859, 1861 et 1862.

4630. — Rapport sur l'**agrandissement** et l'amélioration de l'**Hôtel-Dieu** d'Amiens fait à la Commission administrative des Hospices, dans sa séance du 27 janvier 1854, et dont les conclusions ont été adoptées à l'unanimité. — Amiens, Lenoel-Herouart; 18 p. in-4° av. plans.

4631. — Administration des Hospices d'Amiens. **Hospice des Incurables**. Legs fait à cet Hospice par M. Auguste Leprince. Séance tenue le 28 Mars 1856. — Amiens, Duval et Herment ; 15 p. in-4°.

4632. — Legs de M. Leprince. Terrain de la Fosse-Ferneuse. Observations présentées au Conseil Municipal, *par M. J. Mancel, le 30 juin 1856*. — Amiens, E. Yvert ; 16 p. in-4°.

4633. — Reconstruction de l'**Hospice des Incurables**. Procès-verbal de la pose de la première pierre, *le 2 avril 1859*. — Amiens, T. Jeunet, 1859; 7 p. in-4°.

4634. — L'**Hospice Saint-Charles**.

— 373 —

Réponse à M. Frédéric Petit, par R. Guilbert. — Amiens, s. n., 1879; in-12.

<small>Réponse à des attaques dirigées contre les religieuses de cet hospice.</small>

4635. — Adam Planchon, bienfaiteur de la **Maladrerie** d'Amiens, par A. Janvier.

<small>Cab. hist. Pic. et Art., t. I, p. 296 à 300; in-8°.</small>

4636. — Ville d'Amiens. Legs de M. Victor Cauvel de Beauvillé. Concours pour la construction de l'**Hospice de Saint Victor**. Rapport du Jury. — Amiens, 1888 ; 28 p. in-8°.

4637. — L'**assistance hospitalière** aux gens de guerre à Amiens, par le docteur H. Fournié.

<small>Bull. Soc. Ant. Pic., t. XX, p. 521 à 550 ; in-8°.</small>

II. BUREAU DE BIENFAISANCE.

4638. — Extrait des Registres dv Conseil d'Estat. *Arrêt, du 17 février 1667, relatif à l'Union des Hospices St Charles et Ste Anne au* **Bureau des Pauvres** *d'Amiens*. — S. l. n. n. ; 2 p. in-folio.

<small>Bibl. Soc. Ant. Pic.</small>

4639. — Mémoire pour les Pauvres de la Paroisse de Saint-Michel de cette Ville d'Amiens. Contre les Sieurs Commissaires et Administrateurs de l'Hôpital General et du **Bureau des Pauvres** de la même Ville. — S. l. n. n. n. d. ; 8 p. in-folio.

<small>Au sujet des biens des premiers que les seconds voulaient s'attribuer
Bibl. d'Amiens, Hist., n° 3815, 31.</small>

4640. — Récapitulation des Comptes du **Bureau-Général des Pauvres** d'Amiens pendant l'année 1784, avec quelques observations qui ont paru nécessaires. — *Amiens*, L. C. Caron père, 1785; 4 p. in-4°.

<small>Arch dép. de la Somme, C, 1609.</small>

4641. — Lettres patentes pour l'établissement d'un **bureau général des pauvres** à Amiens, et règlement pour les bureaux de charité de la même ville. — Amiens, L. C. Caron père, 1789 ; 34 p. in-4°.

<small>Bibl. d'Amiens, Hist., n° 3787.</small>

4642. — Récapitulation des Comptes du **Bureau général des Pauvres** d'Amiens, pendant l'année 1790. — Amiens, J. B. Caron l'aîné, 1791; 4 p. in-4°.

<small>Ibid , Hist., n° 3787.</small>

4643. — Commune d'Amiens. Compte rendu par la **Commission de Secours** à domicile à ses Concitoyens, de la Recette et Dépense pendant le courant de l'an VIII. — *Amiens*, Fr. Caron-Berquier ; 15 p. in-4°.

<small>Ibid., Hist., n° 3787.</small>

4644. - Extrait du Compte rendu par l'**administration des Secours publics** de la Ville d'Amiens pour les

<small>Dix derniers mois de l'année 1812. Amiens,Maisnel ; 8 p. in-4°.
Année 1813. » » 4 p. »
Années 1814 et 1815. » » 7 p. »
Année 1816. » » 6 p. »
Années 1821, 1822, 1823 et 1824. » R. Machart,1827,15 p. »
Années 1830, 1831, 1832 et 1833. » » 11 p. »

Ce sont les seuls que j'ai pu trouver à la Bibl. d'Amiens, Hist., n° 3787 ; il y en a probablement d'autres.</small>

4645. — Aux habitants de la Ville d'Amiens. Les membres composant le Conseil général de l'administration des **secours publics**, réunis d'après l'autorisation de M. le Préfet. *Du 25 avril 1814*. — Amiens, Maisnel fils; 4 p. in-4°.

<small>Appel pour une souscription en faveur des pauvres a l'occasion de l'arrivée de Louis XVIII.</small>

4646. — Lettre sur l'Etablissement d'une **Aumône unique et générale** dans la Ville d'Amiens. — S. l. n. n., *vers 1815* ; 4 p. gr. in-8° à 2 col.

4647. — Règlement pour l'**administration des secours** de la ville d'Amiens. *Du 11 juillet 1817*. — Amiens, Maisnel fils ; 15 p. in-4°.

4648. — Ville d'Amiens. **Secours**

extraordinaires à la classe ouvrière et nécessiteuse. Extrait du registre des délibérations du Conseil Municipal. Séance du Mercredi 2 Novembre 1853. — Amiens, E. Yvert ; 4 p. in-4°.

4649. — A MM. les membres de la commission municipale chargée d'étudier les mesures les plus efficaces à prendre pour le **soulagement de la classe ouvrière** pendant l'hiver de 1855. *Signé : Ferdinand Legendre*. 19 septembre 1855. — Amiens, Caron ; in-8°.

4650. — Ville d'Amiens. **Secours extraordinaires** à la classe ouvrière et nécessiteuse. Extrait du registre aux délibérations du Conseil Municipal. Séance du Mercredi 11 Octobre 1855. — Amiens, Caron et Lambert ; 11 p. in-4°.

4651. — **Bureau de Bienfaisance** d'Amiens. Compte moral et administratif de l'exercice

1865. Amiens, Lemer aîné, 1866 ; 18 p. in-4°
1866.   »   Caillaux, 1867, 13 p.   »
1867.   »   »   1868, 14 p.   »
1868.   »   »   1869 ; 14 p. »
1869.   »   »   1870 ; 18 p. »

A continué les années suivantes.

4652. — **Bureau de Bienfaisance** d'Amiens. 1774 à 1867. Aperçu historique. — Amiens, Caillaux, 1847 ; 8 p. in-4°.

4653. — Essai sur l'**histoire de l'assistance** à Amiens par M. le Baron de Morgan-Frondeville. — Amiens, Caillaux, 1869 ; 64 p. in-8°.

Ext. du Congr. scient. d'Amiens.

4654. — Ville d'Amiens. **Legs Cozette**. Fondation d'une maison de secours et de travail. *Documents divers*. — Amiens, Alfred Caron, 1859 ; 16 p. in-8°.

4655. — Ville d'Amiens. **Maison Cozette**. Etablissement de secours et de travail. Compte moral pour l'exercice

1859. Amiens, Challier, 1860 , 8 p. in-4°.
1860.   »   »   1861, 12 p.   »
1861.   »   »   1862, 14 p.   »
1862.   »   »   1863, 15 p.   »
1863.   »   »   1864, 19 p.   »
1864.   »   »   1865, 16 p.   »
1865.   »   »   1866 ; 19 p. »
1866.   »   »   1867 ; 12 p. »
1867-1868. »   »   1869, 22 p.   »
1869.   »   »   1870 ; 12 p. »
1870-1871. »   »   1872, 24 p.   »

A continué d'être publié chaque année.

4656. — Ville d'Amiens. Fondations de bienfaisance dues aux **libéralités de M. Vagniez-Fiquet**. Récompenses au travail et à la bonne conduite. — Amiens, Glorieux, 1872 ; 32 p. in-8°.

CHAPITRE X

SOCIÉTÉS SAVANTES

I. ACADÉMIE D'AMIENS.

4657. — Lettres-patentes et **Règlemens de l'Académie** des Sciences, Belles-Lettres et Arts d'Amiens : avec la Liste des Académiciens. — Amiens, veuve Godart, 1751 ; 26 p. in-12.

Bibl. d'Amiens, Hist., n° 3774.

4658. — **Règlemens** particuliers pour la Police intérieure **de l'Académie** des Sciences, Belles-Lettres et Arts d'Amiens. — Amiens, veuve Godart, 1751 ; 18 p. in-12.

Ibid.

4659. — Lettres-patentes, Statuts et **Règlemens** généraux et particuliers de **l'Académie** des Sciences, Belles-Lettres et Arts d'Amiens. Avec la Liste des Académiciens. — Amiens, J. B. Caron l'aîné, 1785 ; 47 p. in-12.

Bibl. H. Macqueron.

4660. — Règlement de la **Société libre d'agriculture** du département de la Somme, créée le 25 floréal an VII. — Amiens, Caron-Berquier ; 8 p. in-8°.

Seule publication de cette Société qui fut de courte durée et qui, de concert avec une Société d'Emulation établie à Amiens à la même époque, réorganisa l'ancienne Académie fondée en 1750.

4661. — **Société d'Emulation** d'Amiens. Règlement. *Du 10 Floréal an X.* — Amiens, J. B. Caron ; 7 p. in-8°.

Bibl. R. de Guyencourt.

4662. — Discours prononcé par le Cit. Acher, Vice-Président de la **Société d'Emulation** d'Amiens, pour la Clôture des séances de cette Société, le 23 Thermidor an 10. — Amiens, J. B. Caron l'aîné ; 4 p. in-12.

Bibl. H. Macqueron.

4663. — **Réglement de l'Académie** des Sciences, Agriculture, Commerce, Belles-Lettres et Arts du département de la Somme. — Amiens, an II *(XI)*, Fr. Caron-Berquier ; 16 p. in-8°.

Ibid.

4664. — **Règlement de l'Académie** du Département de la Somme. — Amiens, R. Machart, *1831 ;* 31 p. in-8°.

4665. — **Règlement de l'Académie** des Sciences, Agriculture, Commerce, Belles-Lettres et Arts du département de la Somme. — Amiens, Duval et Herment, *1842 ;* 38 p. in-8°.

4666. — Tableau chronologique des **Membres de l'Académie** depuis son origine jusqu'au 31 décembre 1850.

Mém. Acad. d'Amiens, t. VIII, p. 513 à 568 ; in-8°.

4667. — Etudes historiques et littéraires sur les anciennes **Sociétés académiques** de la Ville d'Amiens, par Ferd. Pouy. — Amiens, Lenoel-Herouart, 1861 ; 41 p. in-8°.

Ext. de la Picardie.

4668. — Les **Finances de l'Académie** des Sciences, des Belles-Lettres et des Arts d'Amiens (Extrait d'une histoire de cette compagnie, par M. J. Garnier). Lu dans la Séance du 25 Décembre 1868.

Mém. Acad. Amiens, t. XVII, p. 359 412 ; in-8°.

4669. — **Académie** des Sciences, Arts et Belles-Lettres d'Amiens. **Règlement**. — Amiens, Yvert, 1869; 40 p. in-12.

4670 — Décret reconnaissant l'**Académie** d'Amiens comme établissement d'**utilité publique** : *du 20 décembre 1876.*
Mém. Acad. Amiens, t. XXV, p. 1 à XII; in-8°.

4671. — **Académie** des Sciences, des Lettres et des Arts d'Amiens. **Règlement**. — Amiens, H. Yvert, 1876; 23 p. in-8°.

4672.[1] — **Eloges d'Académiciens** du XVIII° siècle par M. Baron, Secrétaire Perpétuel de l'Académie de 1750 à 1785, Abrégés par M. Leleu.
Mém. Acad Amiens, t. XLVI, 1899, p. 219 à 352 ; in 8°.

4673. — Dissertation sur l'ancienne **Jonction de l'Angleterre à la France**, qui a remporté le Prix, au jugement de l'Académie des Sciences, Belles-Lettres et Arts d'Amiens en l'année 1751, Avec des Plans et des Cartes Topographiques. Par Monsieur Desmarest. — Amiens, veuve Godart, 1753; in-8° de 8 p. n. n. et 158 p.
Bibl H. Macqueron.

4674. — Dissertation sur l'**état du commerce en France** sous les rois de la première et de la seconde Race, qui a remporté le Prix au jugement de l'Académie des Sciences, Belles-Lettres et Arts d'Amiens, en l'année 1752, par Monsieur l'abbé Carlier. — Amiens, veuve Godart, 1753 ; 166 p. in-8°.
Ibid.

[1] Les travaux de l'Académie d'Amiens qui traitent de sujets relatifs au département de la Somme, sont mentionnés aux chapitres affectés à ces sujets. Nous n'avons pas cru devoir mentionner les tirages à part de travaux publiés dans les Mémoires et étrangers à l'histoire locale.

4675. — Mémoire sur les **laines** qui a remporté le prix au jugement de l'Académie des Sciences, Belles-Lettres et Arts d'Amiens, en l'année 1754, par Monsieur de Blancheville. — Amiens, veuve Godart, 1755 ; 88 p. in-16.
Ibid.

4676. — Dissertation sur l'état du **commerce en France** depuis Hugues-Capet jusqu'à François I, qui a remporté le Prix au jugement de l'Académie des Sciences, Belles-Lettres et Arts d'Amiens en l'année 1756, par M. Clicquot-Blervache, de Reims. — Amiens, veuve Godart, 1756 ; 96 p. in-12.
Ancne Bibl. de M. l'abbé Roze.

4677. — Mémoire sur la **Navigation et le Commerce du Nord**, qui a remporté le Prix, au jugement de l'Académie d'Amiens, en l'année 1760. Par M. Duval, Négociant au Hâvre. — Amiens, veuve Godart, 1760 ; 36 p. in-12.
Bibl. H. Macqueron.

4678. — **Eloge de M. de Chevert**, Commandeur Grand Croix de l'Ordre de S. Louis, Chevalier de l'Ordre Royal de l'Aigle blanc de Pologne, Gouverneur de Givet et de Charlemont, Lieutenant-Général des Armées du Roi, Lu le 25 Août 1769, dans l'Assemblée publique de l'Académie d'Amiens, par M. Vallier, Colonel d'Infanterie, des Académies d'Amiens et de Nancy, etc. Poésie. — A Amsterdam et à Paris, Lacombe, M.DCC.LXIX ; 22 p. in-16.
Bibl. H. Macqueron.

4679. — Dissertation sur la **fièvre miliaire**, ouvrage qui a obtenu l'Accessit du Prix de l'Académie des Sciences, Beaux-Arts et Belles-Lettres d'Amiens, le 25 Août 1770 par M. Planchon, Médecin à Tournai. — Tournai, Adrien Serré, 1772 ; X-144 p. in-8°.
Bibl. d'Amiens, Médec., n° 3360.

* **4680.** — Mémoire dans lequel on cherche à déterminer quelle influence

les **mœurs des Français** ont sur leur santé, qui a remporté le prix au jugement de l'Académie d'Amiens en 1771, par Maret. — Amiens, veuve Godard, 1772 ; in-12.

4681. — Copie d'un Mémoire sur un **Hygromètre comparable** présenté à la Société Royale de Londres, en Octobre 1773, par J. A. Dubuc, Citoyen de Genève, Membre de cette Société… et couronné par l'Académie d'Amiens en 1774.

Observ. sur la physique, par l'abbé Rozier, t. V, mai 1775, p. 381 à 397 ; in-4°.

4682. — **Eloge de Dom d'Achery**, avec des Notes historiques qui a remporté le Prix d'Eloquence au jugement de l'Académie des Sciences, Belles-Lettres et Arts d'Amiens, en l'année 1775, par M. Maugendre l'aîné, étudiant en Philosophie. — Amiens, veuve Godart, 1776 ; 95 p. in-16.

Bibl. d'Amiens, B.-Lett., n° 994, t. III.

4683. — Lettre XVII. **Discours** prononcé dans la séance publique de l'Académie d'Amiens, par M. l'abbé de C.

L'Année Littéraire, 1778, t. VII, p. 333 à 339 ; in-12.

* **4684**. — **Eloge de J. B. Rousseau**. Discours qui a remporté le prix d'éloquence de l'Académie d'Amiens en 1778, par M. Demaux. — Amiens, Godart, 1778 ; 36 p. in-4°.

Voir le Compte rendu dans l'Année littéraire, 1779, t. I, p. 289 à 308.

4685. — **Eloge** historique **du brave Crillon**, discours qui a remporté le Prix d'Eloquence de l'Académie d'Amiens en 1779, par M. l'Abbé Regley, Prieur d'Estrechy. — Paris, veuve Duchesne, 1779 ; 56 p. in-12.

Bibl. H. Macqueron.

4686. — Discours prononcé dans la Grand'salle de l'Hôtel-de-Ville, à la séance publique de l'Académie des Sciences, Belles-Lettres et Arts d'Amiens, le 25 Août 1784, par M. le Président Rolland, des Académies d'Amiens, d'Orléans et de la Rochelle et Docteur d'honneur de la Faculté de Droit de Poitiers. — Amiens, Jean-Baptiste Caron l'aîné, 1788 ; 23 p. in-4°

Bibl. d'Amiens, B. Lett., n° 100.

* **4687**. — Discours qui a concouru pour le prix adjugé en 1787 par l'académie d'Amiens sur cette question : Quel est le moyen le plus simple et le moins dispendieux de prévenir et d'éviter dans la généralité d'Amiens les **incendies des campagnes**. — Beauvais, veuve Desjardins, 1788 ; 40 p. in-4°.

4688. — Extrait du Mercure de France, n° 19, Mai 1785, et de l'Affiche de Picardie du Samedi 1er Septembre 1787. Sur les **Incendies**. — 2 p. in-4°.

Au sujet du concours ouvert par l'Académie d'Amiens sur le moyen de prévenir les incendies dans les campagnes.

Arch. dép. de la Somme, D, n° 138.

4689. — Séance de l'Académie d'Amiens. Du 25 août 1787. — S. l. n. n. ; 2 p. in-4°.

Arch. dép. de la Somme, D, n° 138.

4690. — Séance publique de l'Académie des Sciences, Arts, Agriculture et Belles-Lettres d'Amiens, Le 15 Germinal An XII. — Amiens, Fr. Caron-Berquier, An XII ; 48 p. in-8°.

Bibl. H. Macqueron.

4691. — Lettres sur la séance publique de l'Académie d'Amiens, tenue le 15 germinal an XII par R… *(Rivoire)*. — *Amiens*, s. n. ; 52 p. in-8°.

C'est une critique assez vive des lectures faites dans cette séance.

Ibid.

4692. — Collection des **rapports analytiques** des Travaux de l'Académie d'Amiens. 1er Volume. — Amiens, Fr. Caron-Berquier, an XIII ; 318 p. in-4°.

Malgré le titre an XIII, ce volume se compose des rapports de l'académie jusqu'en 1811 ; il est le seul paru.

4693. — Rêve géométrique sur la **quadrature du Cercle** lu à l'Académie d'Amiens, par M⁺ l'abbé Tournyer. — Amiens, Marielle, 1806; 60 p. in-24.

Bibl. d'Amiens, Sc. et Arts, n° 1455.

4694. — Analyse d'un mémoire contenant l'examen critique d'une **Charte de 1174**, attribuée à Louis VII, dit le Jeune, Lu en la Séance publique de l'Académie d'Amiens le 16 Août 1808, par M. Levrier. — Amiens, Fr. Caron-Berquier, 1808; 23 p. in-8°.

Bibl. Soc. Emul. Abbeville.

* **4695.** — **Eloge de Jacques Delille**, discours qui a obtenu le prix à l'académie d'Amiens au concours de 1817, par Saint A... Berville. — Paris, Delaunay; 32 p. in-8°.

4696. — **Racine et Boileau**, dialogue sur le bonheur domestique, couronné par l'Académie d'Amiens, dans sa séance publique du 25 août 1826, par Alexandre Bouthors. — Amiens, Caron-Duquenne, 1826; 10 p. in-8°.

4697. — Le **Bonheur domestique**, élégie couronnée par l'Académie d'Amiens dans sa séance publique du 29 août 1826 par M. N. J. Creton, au profit des Grecs. — Amiens, Allo, 1826; 8 p. in-8°.

4698. — **Voyage du Roi** au camp de Saint-Omer, poème. Couronné par l'Académie d'Amiens dans sa séance publique du 25 août 1828, par Alex. Bouthors. — Amiens, J. Boudon-Caron, 1828; 14 p. in-4° imp. sur velin.

Bibl. H. Macqueron.

4699. — Rapport à l'Académie d'Amiens, dans sa Séance du 15 Décembre 1832 *sur le projet d'une statistique du Département de la Somme*. — *Amiens*, R. Machart, s. d., 1833; 10 p. in-4°.

Ce projet n'a pas été exécuté.

4700. — **Mémoires** de l'Académie des Sciences, Agriculture, Commerce, Belles-Lettres et Arts du Département de la Somme. — In-8°.

Tome				
I.	Amiens,	Machart,	1835;	VIII-745 p. et 2 pl.
» *II.*	»	»	1837;	339 p. et 3 tab.
» *III.*	»	Duval et Herment,	1839;	726 p. et 1 tab.
» *IV.*	»	»	1841;	646 p. et 2 pl.
» *V.*	»	»	1843,	494 p.
» *VI.*	»	»	1845,	343 p.
» *VII.*	»	»	1847;	487 p.
» *VIII.*	»	»	1848-49-50;	578 p.
» *IX.*	»	»	1851;	618 p.
» *X.*	»	Vve Herment,	1854-55-56 57;	739 p. et 3 pl.

Mémoires de l'Académie des Sciences, Belles-Lettres, Arts, Agriculture et Commerce du département de la Somme. Deuxième Série.

Tome				
I.	Amiens,	Vve Herment,	1858-1859-1860;	602 p.
» *II.*	»	»	1862,	643 p. et 1 pl.
» *III.*	»	»	1863;	512 p. et 1 pl.
» *IV.*	»	»	1865;	463 p.
» *V.*	»	»	1866;	536 p.
» *VI.*	»	»	1867-1868,	423 p.
» *VII.*	»	»	1869,	572 p.

Mémoires de l'Académie des Sciences, Belles-Lettres et Arts d'Amiens.

2ᵐᵉ Série.				
VIII.	Amiens,	Yvert,	1872;	446 p.
» *IX.*	»	»	1872;	369 p.
» *X.*	»	»	1873;	584 p.

Mémoires de l'Académie des Sciences, des Lettres et des Arts d'Amiens.

3ᵐᵉ Série.				
I.	Amiens,	Yvert,	1874;	492 p.
» *II.*	»	»	1875,	430 p.
» *III.*	»	»	1876;	347 p.
» *IV.*	»	»	1878;	287 p.
» *V.*	»	»	1879;	378 p.
» *VI.*	»	»	1880,	442 p.
» *VII.*	»	»	1881;	405 p.
» *VIII.*	1881. Amiens,	Yvert,	1882;	279 p.
» *IX.*	1882. »	»	1883;	415 p.
» *X.*	1883. »	»	1884;	468 p.
Tome *XXXI.*	1884. »	»	1886;	515 p.
» *XXXII.*	1885. »	»	1887;	251 p. et 18 fig.
» *XXXIII.*	1886. »	»	1888;	471 p. et 20 fig.
» *XXXIV.*	1887. »	»	1889;	407 p.
» *XXXV.*	1888. »	»	1889;	255 p.
» *XXXVI.*	1889. »	Yvert et Tellier,	1889;	425 p.
» *XXXVII.*	1890. »	»	1890,	403 p.
» *XXXVIII.*	1891. »	»	1891;	571 p.
» *XXXIX.*	1892. »	»	1892,	467 p.
» *XL.*	1893. »	»	1893;	331 p.
» *XLI.*	1894. »	»	1894;	415 p.
» *XLII.*	1895. »	»	1896;	427 p.
» *XLIII.*	1896. »	»	1897;	299 p.
» *XLIV.*	1897. »	»	1898;	484 p.
» *XLV.*	1898. »	»	1899;	306 p.
» *XLVI.*	1899. »	»	1900,	364 p.
» *XLVII.*	1900. »	»	1901;	445 p.

4701. — **Mémoires** de l'Académie des Sciences, Agriculture, Commerce, Belles-Lettres et Arts du Département de la Somme. Tome 8°. *Compte rendu par S. A. Berville*

La Picardie, t. I, p 175 à 181 ; in-8°.

4702. — **Mémoires** de l'Académie des Sciences, Belles-Lettres, Arts, Agriculture et Commerce du Département de la Somme. *Comptes rendus de divers volumes, par M. Francis Wey.*

Rev. des Soc Sav. des Dép. 1863, p. 387 à 389 ; 1872, p. 34 à 38 ; 1873, p. 27 à 31 ; 1876, p. 369 à 377 et 1880, p. 45 à 48 ; in-8°.

4703. — **Mémoires** de l'Académie des Sciences... du Département de la Somme, t. IV et V, 2° série. *Compte rendu par M. Huillard-Bréholles.*

Rev des Soc. Sav. des Dép., 1868, p. 251 à 260; in-8°.

II. SOCIÉTÉ DES ANTIQUAIRES DE PICARDIE.

4704. — Lettre des **fondateurs de la Société d'Archéologie** à M. le Préfet du Département de la Somme.

Mém. Soc Arch. Dép. Somme, t. I, p. 15 à 24 ; in 8°.

4705. — **Statuts** de la Société d'Archéologie du Département de la Somme. — Amiens, Ledien fils, *1836* ; 11 p. in-8°.

4706. — **Statuts et Règlements** de la Société des Antiquaires de Picardie. — Amiens, Alfred Caron, *1840*; 30 p. in-8°.

4707. — Mémoire présenté à M. le Ministre de l'Instruction Publique, au nom des Sociétés savantes de la France départementale par la Société des Antiquaires de Picardie. Demande d'un **concours annuel.** — Amiens, Duval et Herment, 1851 ; 13 p. in-8°.

4708. — Société des Antiquaires de Picardie. Témoignage de **reconnaissance** offert à **M. le Comte de Tanlay** Préfet de la Somme à l'occasion de la loi du 20 avril 1854. — Amiens, Duval et Herment, 1854 ; in-8°.

4709. — **Statuts et Règlements** de la Société des Antiquaires de Picardie. — Amiens, A. Douillet, 1881 ; 43 p. in-8°.

4710. — **Notice sur la Société** des Antiquaires de Picardie, réponse à la circulaire de M. le Ministre de l'Instruction publique et des Beaux-Arts du 11 Juillet 1881, par M. J. Garnier. — Amiens, Douillet, 1884 ; 22 p. in-8°.

Ext. Mém. Soc. Ant. Pic.

4711. — Société des Antiquaires de Picardie. **Cinquantenaire** de sa fondation. 1836-1886. **Congrès** historique et archéologique ouvert à Amiens les 8, 9, 10 et 11 Juin 1886.

Mém. Soc. Ant. Pic , t. XXX, p. 1 à 63 ; in-8°.

4712.[1] — **Mémoires** de la Société d'Archéologie du Département de la Somme. Tome Ier. — Amiens, Ledien fils, 1838; 491 p. in-8° av. 9 pl.

C'est le premier volume de la collection qui au second volume a pris le titre de :

Mémoires de la Société des Antiquaires de Picardie. — In-8°.

Tome II.	Amiens,	Ledien fils,	1839; 500 p.
» III.	»	Alfred Caron,	1840; 495 p. et atl. de 40 pl.
» IV.	»	»	1840; CXXXII-442 p.
T. IV. Sup.	»	»	1841, 83 p. in-8° et 9 pl.
T. V.	»	Duval et Herment,	1842; 367 p et 9 pl.
T. VI.	»	»	1843, 518 p. et atl. de 16 pl.
T. VII.	»	»	1844; 578 p. et atl. de 20 pl.
T. VIII.	»	»	1846; 618 p. et 10 pl.
I. IX.	»	»	1848; 600 p. et 12 pl.
T. X.	»	»	1850; 643 p. et 12 pl.
2° S. T.	I.	»	1851; 706 p.
» T. II.	»	»	1853; 681 p et 1 pl.
» T. III.	»	»	1854; 700 p et 4 pl.
» T. IV.	»	»	1856; 800 p , 14 pl. et 6 fig.

[1] Nous n'avons pas cru devoir mentionner les tirages à part de discours de réception et d'ouverture de séances publiques étrangers à l'histoire locale non plus que les comptes rendus des travaux annuels et les rapports sur les concours.

2ᵉ S. T.	V.	Amiens Vve Herment,	1858; 716 p. et 7 pl.
» T.	VI. »	»	1859; 739 p.
» T.	VII. »	»	1860; 856 p., 1 pl. et 14 fig.
» T.	VIII. »	Lemer aîné,	1861; 475 p., 11 pl. et 8 fig.
» T.	IX. »	»	1863; 593 p., 13 pl. et 7 fig.
» T.	X. »	»	1865; 663 p. et 4 pl.
3ᵉ S. T.	I. »	»	1867; 528 p.
» T.	II. »	Caillaux,	1868, 636 p. et 15 pl.
» T.	III. »	Émile Glorieux,	1873; 584 p. et 32 pl.
» T.	IV. »	Douillet,	1878 (sic); 527 p.
» T.	V. »	»	1876, 676 p.
» T.	VI. »	»	1880; 558 p., 9 pl., 3 fig.
» T.	VII. »	»	1882; 652 p. et 2 pl.
» T.	VIII. »	»	1885; 600 p. et 1 pl.
» T.	IX. »	»	1887; 618 p. et 3 pl.
» T.	X. »	»	1889; 534 p. et 12 pl.
4ᵉ S. T.	I. »	Yvert et Tellier,	1891; 511 p et 23 pl.
» T.	II. »	»	1894; 568 p., 1 pl. et 18 fig.
» T.	III. »	»	1899; 729 p., 8 pl. et 1 fig.

4713. — **Mémoires** de la Société des Antiquaires de Picardie. **Documents inédits** concernant la province. 14 vol. in-4°.

Cette collection se compose des ouvrages suivants :

T. I et II. Coutumes locales du Bailliage d'Amiens, publiées par M. Bouthors.

T. III. Introduction à l'histoire générale de la Province de Picardie, par Dom Grenier.

T. IV. Recherches historiques sur les anciens Comtes de Beaumont-sur-Oise du XIᵉ au XIIIᵉ siècle, avec une carte du Comté, par L. Douet d'Arcq. — Amiens, Duval et Herment, 1855; CXXXVI-275 p. in-4°.

T. V. Histoire de la Ville de Doullens, par M. l'Abbé Delgove.

T. VI. Cartulaire de l'Abbaye de Notre-Dame d'Ourscamps, de l'ordre de Cîteaux, fondée en 1629 au diocèse de Noyon, publié par M. Peigné-Delacourt. — Amiens, Lemer aîné, 1865; VIII-620 p. in-4°.

T. VII et VIII. Bénéfices de l'Eglise d'Amiens, par M. Darsy.

T. IX, X et XI. Histoire de l'Abbaye et de la Ville de Saint-Riquier, par M. l'Abbé Hénocque.

T. XII. Histoire de l'Abbaye de Saint-Acheul-lez-Amiens, par M. Roux.

T. XIII. Le Clergé de l'Eglise d'Amiens en 1789, par M. Darsy.

T. XIV. Cartulaire du Chapitre de la Cathédrale d'Amiens, 1ᵉʳ fascicule.

Les titres détaillés de ceux de ces ouvrages qui sont relatifs au département de la Somme se trouvent aux chapitres qui les concernent.

4714. — **Bulletins** de la Société des Antiquaires de Picardie. — In-8°.

T.	I. 1841-42-43.	Amiens, Duval et Herment,	1844; 396 p.
T.	II 1844-45-46.	»	1846; 392 p.
T.	III. 1847-48-49.	»	1849, 492 p.
T.	IV. 1850-51-52.	»	1852; 438 p.
T.	V. 1853-54-55.	»	1855; 466 p.
T.	VI. 1856-57-58.	»	Vve Herment, 1859, 660 p. et 1 pl.
T.	VII. 1859-60-61.	»	Lemer aîné, 1861, 467 p. et 1 pl.
T.	VIII. 1862-63-64.	»	» 1863; 538 p. et 1 pl.
T.	IX 1865-66-67.	»	Caillaux, 1867; 574 p. et 1 pl.
T.	X. 1868-69-70.	»	» 1870; 462 p.
T.	XI. 1871-72-73.	»	Glorieux, 1873; 424 p. et 5 pl.
T.	XII. 1874-75-76.	»	Douillet, 1876; 444 p. et 2 pl.
T.	XIII. 1877-78-79.	»	» 1880; 321 p. et 4 pl.
T.	XIV. 1880-81-82.	»	» 1882; 553 p. et 3 pl.
T.	XV. 1883-84-85.	»	» 1886; 547 p. et 2 pl.
T.	XVI. 1886-87-88.	»	» 1889; 566 p. et 2 pl.
T.	XVII. 1889-90 91.	»	Yvert et Tellier, 1892; 621 p. et 7 pl.
T.	XVIII. 1892-93-94.	»	» 1895; 752 p., 9 pl., 9 f.
T.	XIX. 1895 96-97.	»	» 1898, 919 p. et 11 pl.
T.	XX. 1898-99-1900.	»	» 1901; 801 p. 4 p., 12 f.

4715. — Rapport fait à la section d'histoire et de philologie du comité impérial des travaux historiques sur les **Mémoires** (1858-1859) et le Bulletin (1856-1858) de la Société des Antiquaires de Picardie, par M. J. Desnoyers, Membre du Comité. — Paris, Paul Dupont; 10 p. in-8°.

Ext. Rev. Soc. Sav.

4716. — **Rapports** *par M. J. Desnoyers sur différents volumes publiés par la Société des Antiquaires de Picardie.*

Rev. Soc. Sav. Dép., années 1862, p. 115 à 135; 1865, p. 383 à 410; 1868, p. 243 à 245; 1869, p. 305 à 318 et 1874, p. 426 à 433.

4717. — Société des Antiquaires de Picardie. **Album archéologique.** — Amiens, Yvert et Tellier, 1886-1898; 134 ff. n. n. av. 65 pl. h. texte.

4718. — Société des Antiquaires de Picardie. Fondation Edmond Soyez. La **Picardie historique et monumentale.** Tome I. Arrondissement d'Amiens.

— Amiens, Yvert ; Paris, Picard, 1893-1899 ; gr. in-4° de 490 p. av. 101 pl. et 170 fig.

4719. — Société des Antiquaires de Picardie. **Catalogue de la Bibliothèque.** Série U. Ouvrages relatifs aux départements de l'Aisne, du Nord, de l'Oise, du Pas-de-Calais et de la Seine-Inférieure. — Amiens, Yvert, 1900 ; 273 p. in-8°.

III. AUTRES SOCIÉTÉS SAVANTES.

4720. — **Ambiania**, Société d'excursionnistes fondée le 31 mars 1890.

Cette Société, qui fut de courte durée, a publié douze bulletins in-8° illustrés, six autographiés et six imprimés ; ils concernent Picquigny, Boves, Sains, Amiens, Naours, Prouzel, Longpré les Corps Saints, Rambures et Folleville.

4721. — Statuts de la Société des **Amis des Arts** du département de la Somme. — Amiens, Boudon-Caron, 1836 ; 15 p. in-8°.

4722. — Statuts de la Société des **Amis des Arts** du département de la Somme. — Amiens, Ledien fils, 1837 ; 16 p. in-8°.

4723. — Statuts de la Société des **Amis des Arts** du Département de la Somme. — Amiens, Yvert, 1845 ; 14 p. in-8°.

4724. — Société des **Amis des Arts** du Département de la Somme. Statuts. — Amiens, Yvert, 1875 ; 12 p. in-12.

4725. — **Conférence** littéraire et scientifique **de Picardie**. Statuts approuvés le 4 Février 1879. — Amiens, Jeunet, 1879 ; 14 p. in-8°.

4726. — Bulletin de la **Conférence** littéraire et scientique **de Picardie**.
1879. 1re année. Amiens, Jeunet ; 208 p. in-8°.
1880. 2e » » » »
1881. 3e » » » 192 p. »

4727. — Règlement de la Société d'**Horticulture** du département de la Somme. 1844. — Amiens, Duval et Herment ; 15 p. in-8°.

4728. — Bulletin de la Société d'**Horticulture** du département de la Somme, tome I. — Amiens, Yvert, 1849 ; 548 p. in-8°.

Ce volume est la réunion des fascicules séparés publiés de 1844 à 1849 ; ce bulletin a depuis lors paru régulièrement sans interruption ; en 1900 a paru le tome XVII. Il porte depuis 1858 le titre de : Bulletin de la Société d'Horticulture de Picardie.

4729. — Journal de la Société impériale et centrale d'horticulture de France. Compte-rendu de l'exposition de la Société d'**Horticulture** de Picardie, tenue à Amiens du 30 mai au 2 juin 1867, par M. Paillard. — Abbeville, P. Briez ; 4 p. in-4°.

4730. — Société d'**Horticulture** de Picardie. Statuts et Règlement. — Amiens, Imprimerie amiénoise, 1890 ; 35 p. in-8°.

4731. — Une promenade à l'Exposition du Cinquantenaire de la Société d'**Horticulture** de Picardie, par M. Duchaussoy.

Bull. Soc. Linn., t XII, p 150 à 153 et 186 à 191 ; in-8°.

4732. — Société d'**Horticulture** de Picardie. Statuts de la Section horticole de Secours mutuels de la Société, Approuvés par Arrêté ministériel du 27 Décembre 1899. — Amiens, Yvert et Tellier, 1900 ; 16 p. in-8°.

4733. — Statuts de la Société **industrielle** du Département de la Somme. — Amiens, Boudon-Caron, 1836 ; 8 p. in-8°.

4734. — Société **industrielle** du département de la Somme. — Amiens, Ledien fils, 1837 ; 8 p. in-4°.

C'est le procès verbal de la séance publique du 28 juillet 1837.

4735. — Statuts de la Société **industrielle** du Département de la Somme. — Amiens, Ledien, fils, 1838; 7 p. in-8°.

4736. — Ville d'Amiens. Actes de dévouement. Société **industrielle** du département de la Somme. Distribution de médailles et de prix, *le 29 juillet 1838.* — Amiens, Ledien fils; 19 p. in-4°.

4737. — Société **industrielle** du Département de la Somme. *Séance du 31 juillet 1838.* — Amiens, Ledien fils; 8 p. in-4°.

4738. — Bulletin de la Société **industrielle** du département de la Somme. — Amiens, Caron-Vitet, 1840; 68 p. in-8°.

4739. — Règlement de la Société industrielle d'Amiens. — Amiens, Jeunet, 1861; 19 p. in-8°.

4740. — Société **industrielle** d'Amiens. Compte rendu de l'assemblée générale du 15 décembre 1861. — Amiens, 1861; 43 p. in-4°.

4741. — Bulletins de la Société **industrielle** d'Amiens. — In-8°.

Tome				
»	I. 1862. Amiens, Jeunet,	1862,	426 p. et 11 pl.
»	II. 1863.	»	»	1863, 482 p. et 8 pl.
»	III. 1864.	»	»	1864; 603 p et 25 pl
»	IV. 1865	»	»	1865, 484 p.
»	V. 1866.	»	»	1866; 437 p.
»	VI. 1867.	»	»	1867, 496 p.
»	VII. 1868.	»	»	1868; 526 p.
»	VIII. 1869	»	»	1869; 351 p. et 1 pl.
»	IX. 1870.	»	»	1870; 327 p.
»	X.1871-1872. »	»	1872, 340 p. et 2 pl.
»	XI 1873.	»	»	1873, 358 p.
»	XII. 1874.	»	»	1874; 314 p. et 2 pl.
»	XIII. 1875	»	»	1875, 278 p.
»	XIV. 1876.	»	»	1876; 378 p.
»	XV. 1877.	»	»	1877; 304 p
»	XVI. 1878.	»	»	1878, 488 p. et 4 pl.
»	XVII 1879.	»	»	1879; 398 p. et 1 pl.
»	XVIII 1880.	»	»	1880, 467 p. et 1 pl.
»	XIX 1881.	»	»	1881; 480 p.
»	XX. 1882.	»	»	1882; 548 p.
»	XXI. 1883.	»	»	1883; 444 p.
»	XXII 1884.	»	»	1884; 453 p. et 1 pl.
»	XXIII. 1885.	»	»	1885; 402 p. et 3 pl.
»	XXIV. 1886.	»	»	1886; 542 p.
»	XXV. 1887.	»	»	1887; 434 p.
»	XXVI. 1888.	»	»	1888; 357 p. et 5 pl.
Tome	XXVII 1889. Amiens, Jeunet,	1889; 394 p. et 6 pl.
»	XXVIII. 1890.	»	»	1890; 416 p.
»	XXIX. 1891.	»	»	1891; 472 p. et 2 pl.
»	XXX. 1892.	»	»	1892; 587 p.
»	XXXI. 1893.	»	»	1893; 380 p
»	XXXII 1894.	»	»	1894, 310 p. et 8 pl.
»	XXXIII. 1895.	»	»	1895; 398 p. et 6 pl.
»	XXXIV. 1896.	»	»	1896; 352 p. et 3 pl.
»	XXXV. 1897.	»	»	1897; 371 p. et 1 pl.
»	XXXVI 1898.	»	»	1898; 283 p
»	XXXVII. 1899.	»	»	1899; 475 p.
»	XXXVIII. 1900.	»	»	1900; 436 p.

Continue à paraître chaque année.

4742. — Rapport présenté *par M. Vulfran Mollet* au nom de la Société **industrielle** d'Amiens, à MM. les membres de la commission supérieure des chemins de fer près le ministère de l'agriculture, du commerce et des travaux publics. — Amiens, Jeunet, 1862; 52 p. in-8°.

4743. — Société **industrielle** d'Amiens. Questionnaire relatif à l'Exposition de Londres pour les membres de la Société qui se rendront en Angleterre. — Amiens, Jeunet, 1862; 28 p. in-8°.

4744. — Société **industrielle** d'Amiens. De la création de bibliothèques populaires à Amiens. Lecture faite a la Société industrielle, par M. A¹⁰ Janvier. — Amiens, Jeunet, 1865; 24 p. in-8°.

4745. — Société **industrielle** d'Amiens. Rapport sur la boulangerie de MM. Macron de Warloy, par M. Moullart. — Amiens, Jeunet, 1866; 32 p. in-8°.

4746. — Cours d'économie politique fondé par la Société **industrielle** d'Amiens. *Discours d'ouverture prononcé par* M. A. Moullart, professeur. — Amiens, Jeunet, 1866; 32 p. in-8°.

4747. — Société **industrielle** d'Amiens. Extrait du compte-rendu de la 1ʳᵉ Assemblée générale mensuelle de l'Année 1872. (Séance du 25 Février 1872). — Amiens, Jeunet; 8 p. in-8°.

4748. — Statuts de la Société industrielle d'Amiens. — Amiens, Jeunet, 1875 ; 14 p. in-8°.

4749. — Société **industrielle** d'Amiens. Catalogue de la Bibliothèque de la Société industrielle d'Amiens. 1ᵉʳ janvier 1879. — Amiens, Jeunet, 1879 ; 134 p. in-8°.

4750. — Notice sur l'Organisation et le Fonctionnement de la Société **Industrielle** d'Amiens. — Amiens, Jeunet, 1900 ; 26 p. in-4°.

4751. — Société **Linnéenne** du Nord de la France. Règlement. — Abbeville, Boulanger, s. d. *(1838)* ; 8 p. in-8°.

4752. — Société **Linnéenne** du Nord de la France. Compte rendu de la première session tenue à Abbeville en juin 1838. — Abbeville, Paillart ; 42 p. in-8°.

4753. — Bulletin de la Société **Linnéenne** du Nord de la France. Vol. 1ᵉʳ. — Abbeville, C. Paillart, 1840 ; 380 p. in-8° et 14 pl.

C'est le seul volume publié alors par cette Société fondée à Abbeville et qui s'est reformée plus tard à Amiens.

4754. — Société **Linnéenne** du Nord de la France. Statuts organiques de 1865. — Amiens, Lenoel-Herouart, 1866 ; 8 p. in-8°.

4755. — Mémoires de la Société **Linnéenne** du Nord de la France. — In-8°.

Tome I. Années 1866 et 1867. — Amiens, Caillaux, 1869 ; VIII-456 p. av. 10 fig. et 1 pl.

Le premier fascicule porte : Mémoires de la Société Linnéenne du Nord de la France. Année 1866. — Amiens, Lemer, 1867.

Tome II. Années 1868, 1869, 1870 et 1871. — Amiens, Lenoel-Herouart, 1872 ; 460 p. et 3 pl.

Le premier fascicule porte : Tome II. Années 1868 et 1869.

T. III. An 1872 et 1873. Amiens, Lenoel Herouart, 1873, 230 p.
T. IV. » 1874-1877. » Delattre-Lenoel, 1877 ; 344 p. et 1 pl.
T. V An. 1878-1883. Amiens, Delattre Lenoel, 1883, 255 p.
T. VI. » 1884-1885. » » 1885 ; 330 p. et 8 pl.
T. VII. » 1886-1888. » » 1888 ; 327 p.
T. VIII. » 1889-1891. » Piteux, 1892, 465 p.
T. IX. » 1892-1898. » » 1898 ; 283 p.
T. X. » 1899-1902. » » 1902 ; 617 p. et 1 pl.

4756. — Société **Linnéenne** du Nord de la France. Bulletin mensuel. — In-8°.

Tome I. 1872-1873. Amiens, Lenoel-Herouart ; 296 p.
» II. 1874-1875. » Delattre-Lenoel ; 380 p.
» III. 1875-1877 » » 380 p.
» IV. 1878-1879. » » 384 p.
» V. 1880-1881. » » 384 p.
» VI. 1882 1883. » » 384 p.
» VII. 1884-1885. » » 384 p.
» VIII. 1885-1886. » » 388 p
» IX. 1888-1889. » » 384 p.
» X. 1890-1891. » » 384 p.
» XI. 1892-1893. » Piteux frères ; 384 p.
» XII. 1894-1895. » » 384 p.
» XIII. 1896-1897. » » 320 p.
» XIV. 1898-1899. » » 320 p.
» XV. 1900-1901. » » 160 p.

4757. — Notice sur la Société **Linnéenne** du Nord de la France rédigée en réponse à la Circulaire de M. le Ministre de l'Instruction publique du 11 juillet 1881, par M. J. Garnier.

Mém. Soc. Linn., t. V, 1883, p. 161 à 171 ; in-8°.

4758. — Société **Littéraire** d'Amiens. Notice historique par Ferdinand Pouy. — Amiens, Lenoel-Herouart, 1862 ; 20 p. in-8° av. 1 pl.

4759 — **Rosati** Picards. 1895-1898. *Statuts et Documents*. — Amiens, Jeunet, 1898 ; 22 p. in-12.

IV. EXPOSITIONS ARTISTIQUES ET INDUSTRIELLES FAITES A AMIENS

4760. — Catalogue des **tableaux** exposés par les artistes et amateurs de la ville d'Amiens au profit de la caisse des travaux de charité. — Amiens, R. Machart, 1827 ; 16 et 4 p. in-8°.

— 384 —

4761. — Exposition de **tableaux** (1827), à *Amiens*. Compte-rendu en 5 Articles, *par M. Warmé*.

Dern. homm. de M. V. Warmé..., p. 345 à 397; in-8°.

4762. — Ville d'Amiens. Exposition des produits de l'**industrie**, des arts libéraux et de l'horticulture. *Règlement.* Amiens, J. Boudon-Caron, 1835; 6 p. in-8°.

4763. — Exposition des Produits de l'**Industrie** et des Arts dans la Ville d'Amiens. 1835. *Catalogue.* — Amiens, Boudon-Caron, juin 1835; 32 p. in-8°.

4764. — Catalogue des **plantes** présentées par MM. les Amateurs et Jardiniers Fleuristes d'Amiens, lors de l'exposition des Produits de l'Industrie, des Arts et de l'Horticulture en 1835. — Amiens, R. Machart, 1835; 10 p. in-8°.

4765. — Exposition des **produits des manufactures**, des arts industriels, des beaux arts et de l'horticulture à *Amiens. Rapports et Procès-Verbaux.* — Amiens, Boudon-Caron, 1835; 72 p. in-8°.

4766. — Département de la Somme. Exposition des **produits des manufactures**, des arts industriels, des beaux arts et de l'horticulture. *Distribution des récompenses.* — Amiens, Boudon-Caron, 1836; 88 p. in-8°.

4767. — Exposition des produits de l'**industrie** et des arts dans la ville d'Amiens. 1836. *Catalogue.* — Amiens, Boudon-Caron, 1836; 38 p. in-8°.

4768. — Société des Amis des Arts du département de la Somme. Exposition des produits des **Beaux-Arts** dans la Ville d'Amiens. *Catalogue.*

1837.	Amiens,	Ledien fils ;	24 p. in-8°.
1838.	»	» »	24 p. in-8°.
1839.	»	» »	40 p in-8°.
1840.	»	» »	36 p. in-8°.
1841.	»	Yvert :	33 p. in-8°.
1842.	»	»	47 p. in-8°.
1843.	»	»	32 p. in-8°.
1844.	»	»	32 p. in-8°.
1845.	Amiens,	Yvert :	36 p. in-8°.
1846.	»	»	38 p in-8°
1847.	»	»	39 p. in-8°
1850.	»	»	28 p. in-8°.
1853.	»	»	31 p. in-8°.

A partir de cette époque, les expositions ont eu lieu irrégulièrement jusqu'en 1876, époque de la reconstitution de la Société.

4769. — Lettres sur la Province. **Exposition** d'Amiens, *par G. Laviron.*

L'Artiste, année 1839, p. 234 à 237 ; in-4°.

4770. — Ville d'Amiens. Exposition des produits de l'**industrie** manufacturière et de ceux des arts et métiers du département de la Somme. 1840. *Arrêté du Maire d'Amiens.* — Amiens, E. Yvert; 4 p. in-8°.

4771. — Exposition des produits de l'**industrie** du département de la Somme, ouverte a Amiens le 24 juin, et close le 20 juillet 1840. Rapport du jury. — Amiens, Caron-Vitet, 1840 ; 48 p. in-8°.

4772. — Exposition des produits des **Beaux-Arts** à Amiens *en 1841.*

Arch. de Pic., t. II, p. 85 à 90 et 125 à 132 ; in-8°.

4773. — Exposition des produits de l'**industrie** du département de la Somme en 1845. *Catalogue.* — Amiens, E. Yvert ; 39 p. in-8°.

4774. — Exposition des produits de l'**industrie** du département de la Somme en 1845. Rapport du jury, *par M. Vulfran Mollet.* — Amiens, E. Yvert, 1846 ; 89 p. in-8°.

4775. — Société des Amis des Arts du Département de la Somme. Exposition extraordinaire au profit des Pauvres de **Tableaux et Objets d'arts**, anciens et modernes, appartenant a des amateurs et artistes d'Amiens et du département. 1847. — Amiens, Yvert; 39 p. in-8°.

4776. — Société des Antiquaires de Picardie. Exposition d'**objets d'art** anciens et modernes et de haute curiosité ouverte dans la Salle de la Bibliothèque les 11 et 12 juin 1848, en l'honneur de la fête de la Garde Nationale d'Amiens. — Amiens, Duval et Herment, 1848 ; 12 p. in-8°.

4777. — Société des Antiquaires de Picardie. Exposition provinciale. Notice des **Tableaux** et **Objets d'art**, d'antiquité et de curiosité exposés dans les salles de l'Hôtel de Ville d'Amiens, du 20 mai au 7 juin 1860. — Amiens, V° Herment, 1860 ; XCIII-261 p. in-8°.

4778. — Inauguration de l'**Exposition artistique** et archéologique. Séance du 20 Mai 1860.

Bull. Soc. Ant. Pic., t. VII, p. 213 à 241 ; in-8°.

4779. — **Exposition archéologique** d'Amiens, *par H. Dusevel.*

La Picardie, t. VI, 1860, p. 193 à 202 ; in-8°.

4780. — Exposition d'art et d'archéologie à Amiens, *par Alfred Darcel.*

Gaz. des Beaux-Arts, t. VII, 1860, p. 33 à 45 et 95 à 109 av. fig. ; in-8°.

4781. — Exposition de **peintures anciennes** au Musée Napoléon, *par l'abbé Corblet.*

Rev. de l'Art Chrétien, t. IX, p. 459 à 489 ; in-8°.

4782. — Musée Napoléon à Amiens. Exposition rétrospective sous le patronage de M. le Surintendant des Beaux-Arts. Catalogue de **Peintures** anciennes, empruntées à des galeries particulières. — Amiens, Lemer aîné, 1866 ; 43 p. in-8°.

4783. — **Exposition Rétrospective** de 1866 au Musée Napoléon d'Amiens par M. l'abbé J. Corblet. Extrait de la Revue de l'Art Chrétien. — Arras, Rousseau-Leroy, 1866 ; 70 p. in-8°.

4784. — Société industrielle d'Amiens. **Expositions ouvrières**. Compte rendu de l'inauguration de la première exposition. 25 Septembre 1881. — Amiens, Jeunet, 1881 ; 14 p. in-8°.

4785. — Société industrielle d'Amiens. **Exposition ouvrière** de 1883. Catalogue des objets exposés. — Amiens, Jeunet, 1883 ; 63 p. in-24.

4786. — 1886. Société des Antiquaires de Picardie. Cinquantenaire de sa fondation. **Exposition archéologique**. Notice des tableaux, objets d'art, d'antiquité et de curiosité exposés dans les galeries du Musée de Picardie du 1er juin au 4 juillet 1886. — Amiens, Douillet, 1886 ; XVI-191 p. in-12.

4787 — Rapport de M. Janvier, Président de la Commission de l'**Exposition** et Liste des Récompenses décernées à cette occasion.

Bull. Soc. Ant. Pic., t. XVI, p. 131 à 139, in-8°.

4788. — Ris-Paquot. Cinquantenaire de la Société des Antiquaires de Picardie. Souvenir de son **Exposition Archéologique** et Historique. Extrait du Journal des Artistes. — Arcis-sur-Aube, Frémont, 1886 ; 31 p. in-18.

4789. — Le **Salon** de la Société des **Amis des Arts**, par Alfred de Preissac. — Amiens, Rousseau-Leroy, 1887 ; 47 p. in-16.

4790. — Les Artistes et Amateurs Abbevillois à l'exposition des **Amis des Arts** du département de la Somme en 1892, *par Em. Delignières*. — Abbeville, Paillart ; 6 p. in-8°.

Ext. Bull. Soc. Emul. Abb.

CHAPITRE XI

SOCIÉTÉS DIVERSES

I. SOCIÉTÉS RELIGIEUSES.

4791. — Œuvre de l'**Adoration nocturne** du Très Saint Sacrement. Amiens. — Amiens, Lenoel-Herouart, 1870; 23 p. in-8°.

4792. — Catalogue de la **Bibliothèque des Machabées**. — Amiens, Duval et Herment, 1839; 36 p. in-12.

* **4793**. — Association de la **bonne mort** sous la protection des Saints Anges gardiens. 1674.
Hist. de Mgr Faure, par Pouy, ch VI, n° 38.

* **4794**. — Société de **Charité maternelle** d'Amiens. Assemblée générale tenue le mardi 11 février 1845. — Amiens, Lenoel-Herouart; 8 p. in-4°.
C'est le premier des comptes-rendus des assemblées de cette Société qui ont été publiés régulièrement jusqu'en 1868.

4795. — Assemblée générale de l'Association des **Dames de la Providence** de la Ville d'Amiens. Séance du 20 Mai 1825. — Amiens, Caron-Vitet; 16 p. in-8°.

4796. — Œuvre des **Ecoles Apostoliques**. 1er Compte Rendu de l'École d'Amiens. 1870. — Amiens, Lambert-Caron, 1871; 24 p. in-24.
Ce compte rendu a depuis été publié chaque année.

4797 — L'Homme de la Grand'Route. Notice sur l'Œuvre de l'**Hospitalité de nuit** à Amiens, par l'abbé Clabaut. Mars 1890. — Amiens, s. n.; 71 p. in-12.

4798. — Etablissement d'une **Maison de Charité** dans la paroisse de la Cathédrale formée sous la Protection du Gouvernement, et sous les Auspices de de Monseigneur l'Evêque. — Amiens, Fr. Caron-Berquier, vers 1820; 4 p. in-4°.

4799. — Quelques observations au sujet de la **Maison de Charité** que M. le Curé de St Leu vient de faire construire entre la rue Azéronde et la rue du Gros-Navet. — Amiens, Duval et Herment, 1846; 3 p. in-4°.

4800. — 1858. Œuvre des **Malades**. Compte rendu de l'année 1857. — Amiens, Lenoel-Herouart; 16 p. in-4°.

4801. — Indulgences octroyées par N. S. Père le Pape Innocent X, aux Confrères Maistres et Maistresses de la Confrérie de **Notre Dame du Puy**, érigée en l'Eglise Cathédrale d'Amiens. — Amiens, Louis Godart, 1731; 31 p. pet. in-4°.
Bibl. d'Amiens, Hist.. n° 5654.

4802. — Discours sur la confrérie de **Notre-Dame du Puy** d'Amiens, lu par le Dr Rigollot, Président de la Société des Antiquaires de Picardie, à la séance publique du 10 juillet 1853. — Amiens, Duval et Herment, 1853; 20 p. in-8°.
Ext. Mém. Soc. Ant. Pic.

4803. — La Confrérie de **Notre Dame du Puy** d'Amiens, par M. A. Breuil. — Amiens, Duval et Herment, 1854; 182 p. in-8°.
Ext. Mém. Soc. Ant. Pic.

4804. — Les Œuvres d'art de la Confrérie de **Notre Dame du Puy** d'Amiens, Mémoire posthume de M' le D' Rigollot, revu et terminé par M. A. Breuil. — Amiens, V° Herment, 1858; 195 p. in-8° et 3 pl.

Ext. Mém. Soc. Ant. Pic.

4805. — Chants royaux en l'honneur de la Sainte Vierge prononcés au **Pui** d'Amiens.

Man. franç. de la Bibl. du Roi, par Paulin Paris, t. I, p. 297 à 304 ; in-8°.

4806. — La Confrérie de **Notre-Dame du Puy** d'Amiens, par M. Soyez.

Le Dimanche, 1871, p. 525 à 528 et 555 à 560; in-8°

4807. — Peintres d'Amiens au XVI° siècle. Communication de M. Pouy.

Bull. archéol., 1888, p. 419 à 421 ; in-8°.

4808. — L'Art à Amiens vers la fin du moyen-âge dans ses rapports avec l'école flamande, par Mgr C. Dehaisnes.

Rev. de l Art Chrétien, nlle série, t. I, p. 390 et suiv. ; in-4°.

4809. — L'art à Amiens dans ses rapports avec l'Ecole flamande primitive, par Mgr C. Dehaisnes.

Congr. arch. de Fr., LX° session, 1893, p. 165 à 173 ; in-8°.

4810. — La Vierge au Palmier. Tableau de 1520 de la Confrérie du **Puy** d'Amiens, par A. Janvier. — Amiens, *Piteux*, 1896 ; 30 p. pet. in-4° et 1 pl.

4811. — Notes sur les tableaux offerts à la confrérie de **Notre-Dame du Puy** à Amiens, par Robert Guerlin. — Paris, Plon, 1898; 20 p. in-8° av. 2 pl.

4812. — La Confrérie de **St Sébastien** à Amiens. Sa fondation, ses maitres au XVII° siècle, par Robert Guerlin. — Amiens, Delattre-Lenoel, 1884; 21 p. in-8°.

Extr. de la Picardie.

4813. — Société de Saint Vincent de Paul. Rapport sur l'Œuvre du **Patronage** des Apprentis, des Ouvriers et des jeunes Ouvriers établie dans la ville d'Amiens.

Amiens, Lenoel-Herouart, 1855 ; 14 p. in-8°.
» » » 1856 ; 23 p. in-8°.

4814. — Société de Saint Vincent de Paul d'Amiens. Œuvre du **Patronage** des Apprentis, des Ouvriers et des jeunes Ouvriers. Rapport adressé à la Commission du Patronage et aux Bienfaiteurs de l'Œuvre. Comprenant le Compte rendu de l'année.

1856-1857. Amiens, Lenoel-Herouart ; 20 p. in-8°.
1860. » » » 20 p. in-8°.
1861. » » » 30 p in-8°.
1862. » » » 37 p. in-8°.

4815. — Société de Saint Vincent de Paul d'Amiens. Œuvre du **Patronage** des Apprentis, des jeunes Ouvriers et des Ouvriers. Rapport adressé aux Membres des diverses Conférences comprenant le compte-rendu de l'année

1863. Amiens, Lenoel-Herouart ; 43 p in-8°.
1864. » » » 38 p. in-8°.
1865. » » » »
1866. » » » 31 p. in-8°.

4816. — Notice extraite du rapport de 1865 sur l'établissement de l'Œuvre du **Patronage** des Apprentis et des jeunes Ouvriers de la Société de Saint Vincent de Paul et ses progrès ultérieurs. — Amiens, Lenoel-Herouart ; 12 p. in-8°.

4817. — Œuvre des **Patronages** de Saint-Vincent de Paul d'Amiens. Ecoliers, Apprentis, jeunes Ouvriers et Ouvriers. Rapport de l'année 1870. — Amiens, Lenoel-Herouart ; 30 p. in-8°.

4818. — Le cinquantième anniversaire de la fondation du **Patronage** des Apprentis et des Jeunes Ouvriers d'Amiens, le 19 Juillet 1891. — Amiens, Langlois, 1891 ; 15 p. in-8° av. portr.

4819. — Œuvre des **Pauvres malades**. Compte rendu de l'année 1849.

— Amiens, Lenoel-Herouart; 12 p. in-8°.

C'est la 1re année de ce compte rendu qui paraissait encore régulièrement en 1870.

4820. — Institution, statuts, indulgence et prières de la confrairie de la **Pénitence**, sous le nom et invocation de Sainte Marie-Madeleine. — Amiens, Vve Hubault, 1672; 192 p. in-18.

4821. — Société de **Saint Vincent de Paul**. Conseil d'Amiens. Compte rendu de l'Assemblée générale du 8 Décembre 1850. — Amiens, Caron et Lambert; 24 p. in-8°.

4822. — Société de **Saint Vincent de Paul**. Conseil d'Amiens. Procès-verbal de la séance générale du 3 avril 1854. — Amiens, Lenoel-Herouart; 24 p. in-8°.

4823. — Société de **Saint Vincent de Paul**. Rapport lu à la réunion générale des Conférences de la Ville d'Amiens, le 8 décembre 1856. — Amiens, Lenoel-Herouart, 1856; 8 p. in-8°

4824. — Société de **Saint Vincent de Paul**. Conseil central d'Amiens. Compte-rendu de l'Assemblée générale tenue le

13 Mars 1857   Amiens, Lenoel-Herouart; 26 p. in-8°.
19 Juillet 1858   »   »   »   38 p in-8°.
10 Décembre 1859.   »   »   »   42 p. in-8°.

4825. — Société de **Saint Vincent de Paul**. Conseil particulier des Conférences d'Amiens. Assemblée générale tenue à l'Evêché le 19 Juillet 1864. — Amiens, Lenoel-Herouart; 17 p. in-8°.

4826. — Société de Saint Vincent de Paul. Assemblée générale des Conférences d'Amiens, tenue le 19 juillet 1865. — Amiens, Lenoel-Herouart; 26 p. in-8°.

4827. — Société de **Saint Vincent de Paul**. Conférences d'Amiens. Rapport lu à l'Assemblée générale du 19 juillet 1866 et relatif à l'année 1865. — Amiens, Lenoel-Herouart; 23 p. in-8°.

4828. — Extrait du Registre aux Délibérations du Comité central *d'Amiens*, des souscripteurs pour les **Salles d'asile** en faveur de l'enfance. — Amiens, 1834; 12 p. in-8°.

4829. — Extrait du Registre aux Délibérations du Comité central des souscripteurs pour les **Salles d'Asile** en faveur de l'enfance, *à Amiens* : 27 *mai et 3 juin 1835*. — Amiens, J. Boudon Caron ; 12 p. in-8°.

II. SOCIÉTÉS DIVERSES

4830. — Association des **anciens élèves** de l'école mutuelle d'Amiens. Statuts. — Amiens, Jeunet, 1868; 20 p. in-16.

4831. — Association de Secours mutuels en faveur des **anciens militaires** médaillés de Sainte Hélène. Assemblée générale du*. Rapport de M. A. Duflos.

5 Mai 1861. Amiens, Challier, 1862; 14 p. in-8°.
11   »   1862.   »   »   1862; 19 p.   »
          1863.   »   »   1863;   »   »
1   »   1864.   »   »   1864, 19 p.   »
25   »   1865.   »   »   1865; 16 p.   »
29 Avril 1866.   »   »   1866; 19 p.   »
2 Août 1867.   »   Caillaux, 1867; 15 p.   »
13   »   1868.   »   »   1869; 15 p   »
20 Juillet 1869.   »   »   1869; 19 p.   »

A partir de 1864, les mots : « Secours mutuels, » ont été supprimés.

4832. — Société protectrice des **Animaux domestiques** du département de la Somme. 1853. *Statuts*. — Amiens, Yvert; 7 p. in-8°.

4833. — Nouveaux statuts de la Société protectrice des **Animaux domestiques** pour le département de la Somme. — Amiens, Lenoel-Herouart, 1854 ; 4 p. in-8°.

4834. — Projet de statuts. L'Union, Société coopérative de **Consommation** à *Amiens*. — Amiens, Lenoel-Herouart, 1867 ; 10 p. in-12.

4835. — Projets de statuts d'une Société coopérative de **Consommation** à *Amiens*. — Amiens, Lenoel-Herouart, 1867 ; 14 p. in-12.

4836. — **Caisse de Crédit** foncier pour le Département de la Somme. Projet de statuts. — Amiens, Yvert, 1852 ; 24 p. in-8°.

4837. — Projet d'une **Caisse d'Epargne** et de Prévoyance à Amiens. Caisse d'Epargne et de Prévoyance du département de la Somme. Rapport sur son Etablissement et ses Opérations jusqu'au 31 décembre 1834.

Dern hommage de M. V. Warmé... p. 301 à 334 ; in-8°.

4338. — **Caisse d'Epargne** et de Prévoyance du département de la Somme. Séance publique tenue le 1er février 1835, en la grande salle de l'Hôtel-de-Ville à Amiens. — Amiens, Machart, 1835 ; in-8° de 13 p. et 3 p. n. n.

4839. — **Caisse d'Epargne** et de Prévoyance du département de la Somme. Rapport sur les opérations de l'année*, présenté à MM. les membres du conseil d'administration et à MM. les souscripteurs

*1835. Amiens, Machart, 1836 ; 7 p. in-8°.
1837. » » 1837 ; 8 p. in-8°.

4840. — **Caisse d'Epargne** et de Prévoyance d'Amiens. Compte rendu des Opérations de la Caisse d'Epargne d'Amiens pendant l'année

1851. Amiens, Duval et Herment, 1852 ; 8 p. in-8°.
1859. » Vve Herment, 1860 ; 17 p. »
1861. » Lemer, 1862 ; 18 p »
1862. » » 1863. 19 p. »
1863. » Alfred Caron, 1864 ; 25 p. »
1864. » Lemer, 1865 ; 27 p. »
1865 » » 1866. 26 p »
1866. » Caillaux, 1867 ; 23 p. in-4°.
1867. » Alfred Caron, 1868 ; 27 p. »
1868. Amiens, Alfred Caron, 1869 ; 30 p. in-4°.
1869. » » 1870 ; 26 p. »
1870. » » 1871 ; 22 p. »

Ces comptes rendus ont continué de paraître régulièrement chaque année ; il ne semble pas qu'il y en ait eu d'imprimés pour les années 1838 à 1850, 1852 à 1858 et 1860.

4841. — **Caisse d'Epargne** d'Amiens. Mémoire pour le rétablissement des anciennes Succursales et notamment de celle de Conty. — Amiens, Lemer aîné, 1862 ; 20 p. in-8°.

4842. — Statuts et Règlement intérieur du **Cercle Amiénois**. — Amiens, Boudon-Caron, 1838 ; 22 p. in-12.

4843. — Statuts et Règlemens du **Cercle Amiénois**. — Amiens, Ledien fils, 1840 ; 22 p. in-12.

4844. — **Cercle d'escrime** d'Amiens. Statuts. — Amiens, Jeunet, 1891 ; 15 p. in-16.

4845. — **Cercle de l'Industrie** fondé à Amiens en 1845. Statuts et Règlement. — Amiens, Lemer aîné, 1862 ; 22 p. in-8°.

4846. — Statuts et Règlemens du **Cercle de l'Union**. — Amiens, E. Yvert, 1850 ; 15 p. in-8°.

4847. — **Cercle de l'Union**. Acte de société. Acquisition de l'Hôtel d'Auberville. — Amiens, Lucien Boileau, 1859 ; 23 p. in-8° aut.

4848. — **Cercle de l'Union** fondé en 1850. Statuts et Règlement. — Amiens, Lenoel-Herouart, 1869 ; 15 p. in-8°.

Autre édition en 1875.

4849. — Société de **Chasse** d'Amiens pour la répression du Braconnage. Procès-verbal de la réunion tenue à l'Hôtel de Ville d'Amiens *le 15 décembre 1862* dans le but d'organiser la Société.

Journ. des Chasseurs, t. XXXIV, p. 279 à 283 ; gr. in-8°.

4850. — Lettres *de Louis XI, du 2 mars 1473*, par lesquelles le Roi accorde aux **Couleuvriniers** d'Amiens les Prérogatives, Franchises et Libertés. qu'il avait précédemment accordées aux Archers et Arbalétriers de la même ville.

Ord. des Rois de Fr., t. XVII, p. 612 à 614; in-folio.

4851. — **Courses** de chevaux au trot et au galop qui auront lieu à Amiens dans la prairie dite le Marais d'Amiens le Dimanche 25 juillet 1852. — Amiens, Duval et Herment, 1852; 12 p. in-8°.

Ce programme a continué d'être imprimé chaque année dans la même forme.

4852. — Société des **Courses** d'Amiens. Amélioration des Races de Chevaux. Règlement. — Amiens, E. Yvert, 1855; 16 p. in-8°.

4853. — Société des **Courses** d'Amiens. Amélioration des Races de Chevaux. Règlement; *du 24 avril 1857.* — Amiens, Yvert, 1858; 16 p. in-8°.

4854. — Société anonyme pour l'établissement a Amiens d'**Entrepôts** et de Magasins Généraux avec Salles de Ventes Publiques. Notice. — Amiens, Jeunet, 1864; 29 p. in-12 av. 1 pl.

4855. — Compagnie d'**Entrepôts** et de Magasins Généraux d'Amiens. Statuts. — Amiens, Jeunet, 1864; 23 p. in-12.

4856. — Compagnie anonyme. **Entrepôts** et Magasins Généraux à Amiens. Livret renfermant les Lois, Décrets généraux. Décret spécial d'autorisation, Règlement particulier et Tarif. — Amiens, Jeunet, 1865; 64 p. in-12.

4857. — Société anonyme d'**Entrepôts** et de Magasins Généraux à Amiens. Assemblée générale des Actionnaires du

25 février 1865. Amiens, Jeunet, 1865; 15 p. in-8°.
24 mai 1866.   »   »   1866; 22 p   »
25 avril 1867.   »   »   1867; 29 p   »
14 mai 1868.   »   »   1868, 23 p.   »
15 mars 1869   »   »   1869; 23 p.   »
18 juillet 1870.   » Alfred Caron, 1870, 24 p.   »

Ces comptes rendus ont continué de paraître.

4858. — Planche des Travaux de la R. L. Française et Ecossaise (sous 2 rites) de la Parfaite Sincérité, à l'O.·. d'Amiens, tracée à l'occasion de la Fête de l'Inauguration du Buste du Roi le désiré. Le 5 mars 1816. — Amiens, Caron-Vitet; 46 p. in-8°.

Ancne Bibl. de Marsy.

4859. — L.·. Rénovation O.·. d'Amiens. Fête Solsticiale d'été. Anniversaire de la fondation de la L.·. Tenue du 20 août 1865. — Amiens, Lemer, 1865; 30 p. in-8°.

4860. — Statuts de la Société des **Francs-Tireurs** de la Somme, Autorisée par Arrêté Préfectoral en date du 3 Septembre 1867. Amiens. — Amiens, Moncourt: 8 p. in-8°.

4861. — **Harmonie** d'Amiens. Liste nominative des Membres honoraires et titulaires au 1er Octobre 1874. — Amiens, Lambert-Prieur, 1874; 43 p. in-8°.

4862. — Petite bibliothèque picarde. L'**Harmonie** d'Amiens au concours de Rouen (24 août 1884), par Pierre d'Issy. — Amiens, Jeunet, 1884; 25 p. in-24.

4863. — Statuts de la Société anonyme des **Maisons ouvrières** à Amiens. — Amiens, Lambert-Caron, 16 p. in-12.

Autre édition Amiens, Lenoel-Herouart; 31 p. in-12.

4864. — Société anonyme des **Maisons ouvrières** d'Amiens. Compte-rendu de l'Assemblée générale des actionnaires du

15 décembre 1867 Amiens, Jeunet; 19 p. in-8°.
31 janvier 1869   »   »   29 p.   »

4865. — Historique de la Société anonyme des **Maisons ouvrières** d'Amiens, par M. Charles Labbé, 1866-1894. — Amiens, Jeunet, 1895 ; 120 p. gr. in-8° av. 4 pl.

4866. — Création d'un **Mont-de-Piété** à Amiens. Projet, *par de Lyden*. — Amiens, Yvert, 1860 ; 20 p. in-12.

* **4867.** — Règlements des quarante de la Société de **Musique** établie en la ville d'Amiens au mois d'août 1743. — Amiens, veuve Charles Caron, 1746 ; 38 p. in-8°.

Bibl. Caumartin, à Amiens.

4868. — Copie des Articles pour ceux qui voudront contribuer à l'établissement et à la construction d'une Salle de Concert dans le Logis du Roy pour la Société de **Musique** établie en cette Ville d'Amiens. *Du 23 juin 1748.* — S. l. n. n. ; 2 p. in-folio.

Bibl. Soc Ant. Pic , Q, 6, n° 15.

4869. — Paroles du Concert d'Amiens du... — Amiens, Louis Godart, s. d. ; 16 p. in-8°.

Pouy, Rech. sur l'Impr., n° 123.

4870. — Règlement de la Société **Nautique** d'Amiens. — Amiens, Alfred Caron, 1853 ; 15 p. in-8°.

4871. — Historique du Sport **Nautique** d'Amiens MDCCCLXV-MDCCCLXXVIII. — Amiens, T. Jeunet, 1879 ; in 8° carré de 119 p. et 6 pl.

4872 — Sport **nautique** d'Amiens. Règlement des Sociétaires-Equipiers. 1876. — Amiens, L. Challier ; 12 p. in-24.

4873. — Règlement de la Société des **Orphéonistes** d'Amiens. — Amiens, T. Jeunet, 1860 ; 16 p. in-12.

4874. — Allocution prononcée à la Cathédrale le 5 mai 1864, par Mgr l'Evêque d'Amiens, à l'occasion de la bénédiction de la Bannière donnée par l'Empereur aux **Orphéonistes** d'Amiens. — Amiens, Lenoel-Herouart ; 11 p. in-8°.

4875. — Société des **Orphéonistes** d'Amiens. Règlement. — Amiens, Lemer ainé, 1865 ; 20 p. in-16.

4876. — Société des **Orphéonistes** d'Amiens. Rapport présenté par le Vice-Président à l'Assemblée générale du
13 janvier 1867. Amiens, Lemer ; 8 p. in-8°.
16 » 1870. » Caillaux, 7 p. »

4877. — La Société des **Orphéonistes** d'Amiens. 16 octobre 1870. 1er Mai 1872. — Amiens, Emile Glorieux, 1872 ; 16 p. in-8°.

4878. — Société des **Paumistes** d'Amiens. Statuts constitutifs. Règlement, etc. — Amiens, Alfred Caron, 1858 ; 58 p. in-24.

4879. — Statuts de la Société **philharmonique** de la Ville d'Amiens. — Amiens, J. Boudon-Caron, 1836 ; 8 p. in-12.

4880. — Statuts de la Société **philharmonique** de la Ville d'Amiens. — Amiens, Yvert, 1861 ; 7 p. in-8°.

4881. — Relevé des cent concerts donnés par la Société **philharmonique** d'Amiens depuis le 7 Janvier 1848 jusqu'au 14 Mars 1876. — Amiens, H. Yvert ; 14 p. in-8°.

4882. — Département de la Somme. Ville d'Amiens. Statuts et Règlement de la Société de **Secours** pour les Ouvriers malades. — Amiens, Duval et Herment, 1846 ; 24 p. in-24.

4883. — Société de Prévoyance et de **Secours mutuels** d'Amiens. Statuts. — Amiens, E. Yvert, 1851 ; in-8°.

Autres éditions en 1853 et 1857.

4884. — Quelques mots aux Ouvriers à l'occasion de la fondation de la Société de Prévoyance et de **Secours mutuels** d'Amiens. — Amiens, Yvert, 1851; 14 p. in-8°.

4885. — Société de Prévoyance et de **Secours Mutuels** d'Amiens. Compte rendu de l'Assemblée générale du

16 janvier 1853.	Amiens, Yvert, 1853; 39 p. in-8°.			
13 » 1854.	»	»	1854; 38 p.	»
11 février 1855	»	»	1855; 24 p	»
30 mars 1856.	»	»	1856; 23 p.	»
22 » 1857.	»	»	1857; 32 p.	»
14 » 1858.	»	»	1858; 31 p.	»
3 avril 1859.	»	»	1859; 31 p.	»
1860.	»			
24 mars 1861.	»	Jeunet, 1861; 32 p.		»

A continué depuis à paraître chaque année.

4886. — Société de **Sobriété** d'Amiens. Premier concours. Essai sur l'intempérance des classes laborieuses et l'établissement en France des Sociétés de Sobriété par M. A. Labourt. Ouvrage couronné et publié par la Société. Précédé du Rapport fait au nom du Jury d'examen par M. Amable Dubois et suivi du programme d'un second concours. — Amiens, R. Machart, 1837; in-8° de 26, 120 et 7 p.

4887. — Société du **Tir de Picardie** autorisée par Décision préfectorale du 3 Septembre 1867. Statuts... Siège de la Société : Amiens. — Amiens, Jeunet; 22 p. in-8°.

4888. — A mes anciens collègues de la Société du **Tir de Picardie**. *Signé : Roy-Guibet.* — Rennes, Oberthur; 22 p. in-8°.

4889. — Règlement de la Société **Typographique** de secours mutuels de la Somme. Siège social à Amiens. — Amiens, Lambert-Caron, 1873; 29 p. in-24.

CHAPITRE XII

INDUSTRIE ET COMMERCE

I. INDUSTRIE.

4890. — De l'Etat du **Commerce** et de l'**Industrie à Amiens** du douzième au seizième siècle. Thèse soutenue par Charles-Léon Hiélard.

Ecole des Chartes. Thèses... de la promotion 1852-1855. — Paris, Rançon, 1855, p. 23 à 26; in-8°.

4891. — Lettre à M. le Président de la Société *industrielle d'Amiens* sur l'**Industrie** amiénoise **au XV° siècle.**

Bull. Soc. Ind. d'Amiens, t. III, 1864, p. 409 à 413, in-8°.

4892. — Recherches historiques sur les ouvrages exécutés dans la ville d'Amiens par des **maîtres de l'œuvre**, maçons, entailleurs, peintres, verriers, brodeurs, orfèvres, serruriers et fondeurs pendant les xiv°, xv° et xvi° siècles, par M. Dusevel. — Amiens, Lenoel-Herouart, 1858; 43 p. in-8°.

Extr. de la Picardie.

4893. — **Tapisseries** Amiénoises, par M. A. Dubois. *Contrat de fabrication de tapisserie, du 13 mars 1630.*

Bull. Soc. Ant. Pic., t XIX, 1895-97, p. 433 à 446; in-8°.

4894. — Règlement de l'Estat de la **Sayeterie** de la Ville et Cité d'Amiens, ordonné et arresté par Monsieur le Bailly d'Amiens, ou son Lieutenant, suiuant l'Arrest de la Cour de Parlement, par forme de prouision et autres faits et arrestez, iusques en l'an 1640. — Amiens, Robert Hvbavlt, 1641 ; 48 feuillets in-4°.

Bibl. d'Amiens et Abbeville.

4895. — Arrest de Nosseigneurs de la Cour de Parlement par lequel les **Saietteurs** de la Ville d'Amiens, sont condamnez faire peser tous les fil de Saiette qu'ils employeront, lequel il ne pourront achepter qu'au Marché ordinaire, avec deffenses aux Filatiers, Revendeurs et autres d'en faire vente ailleurs qu'au Marché, et ausdits Saietteurs et Houpiers de recevoir ny permettre entrer en leur maison lesdits Filatiers, Revendeurs ou autres chargez de fil, pour quelque cause ou occasion que ce soit, à peine de confiscation, etc. *Du 7 septembre 1662*. — S. l. n. n. ; placard in-folio.

Arch. dép. de la Somme, C, n° 561.

4896. — Arrest de la Cour de Parlement, portant que les **Hautelisseurs** de la Ville d'Amiens seront tenus achepter tout le Fil de Sayette qu'ils employeront, lequel il ne pourront achepter qu'au marché ordinaire. Et pour les Fines Laines blanches de bouchons qu'ils pourront faire venir et achepter audit Amiens seront tenus de déclarer ausdits Peseurs, à peine de quatre-vingt livres parisis d'amende et de confiscation, et pourront lesdits Peseurs faire recherche et visites ès maisons desdits Hautellisseurs. *Du 1er septembre 1663*. — S. l. n. n. ; 4 p. in-4°.

Ibid , C, n° 581.

4897. — *Sentence de M. de Bar, Gouverneur et Bailli d'Amiens relative aux* **Hautelisseurs** *de la Ville d'Amiens*. *Du 9 Juillet 1668*. — S. l. n. n. ; 3 p. in-4°.

Bibl. H. Macqueron

4898. — Arrest du Conseil Royal de Commerce *relatif à la Communauté des* **Marchands drapiers** *d'Amiens*. Du 25 Aoust 1670.

Règl. conc. les manuf — Paris, Vve Saugrain, 1727, t. I, p. 240 à 248 ; in-12.

4899. — Arrest concernant la **visite des marchandises** dans la Ville d'Amiens. Du 25 Aoust 1670.

Rec. des Règl. conc. les Manuf... — Paris. Imp. Royale, 1730, t. II, p. 272 à 276 ; in-4°.

4900. — Procès verbal du Conseil de Police, pour les **Manufactures** tenu en la ville d'Amiens, au mois de Ianvier 1671, ainsi qu'il est ordonné par les Règlemens généraux des Manufactures. — Paris, F. Muguet ; 10 p. in-4°.

Bibl. H. Macqueron. Voir aussi Règl. conc. les manuf. — Paris, Vve Saugrain, 1727, t. I, p. 283 à 298 ; in-12.

4901. — Jugement des Echevins de la Ville d'Amiens, portant **confiscation** de trois pièces de **Camelot** trop étroites, et qu'elles seront coupées chacune en trois morceaux, pour être mises au poteau, avec des écriteaux, contenant les noms des Ouvriers, qui sont aussi interdits de leurs métiers pour un mois. Du 6 Février 1671.

Ibid , t. I, p. 306 et 307.

4902. — Arrests du Conseil portant que les Camelots, façon de Bruxelles et Hollande, de la **Manufacture du Sieur Marissal** établie à Amiens, seront de demi-aulne et demi-quart de large au moins, à peine de confiscation. Du 11 Mars 1673.

Ibid., t. II, p. 27 à 29 ; in-12.

4903. — Arrest qui permet aux **Sayteurs et Hautelisseurs** de la Ville d'Amiens, de vendre leurs étoffes sans avoir esté apprestées, ou après leur avoir fait donner le dernier apprest, à leur choix, à la charge de les faire porter à la Halle en noir, pour y estre vuës, visitées et marquées du plomb de loyauté. Du 18 Février 1684.

<small>Rec. des Règl. conc. les manuf... Paris, Imp. Royale, 1730, t. II, p. 277 à 279 ; in-4°.</small>

4904. — Arrest du Conseil d'Estat, portant que les Premier et Eschevins de la Ville d'Amiens, pour le fait des **Manufactures et Teintures**, jugeront en dernier ressort, et sans appel, jusques à 150 livres, conformément au Règlement de Manufacture de l'année 1669. Avec défenses au Parlement de Paris d'en connoître, et aux Parties de s'y pourvoir, à peine de nullité, et de 500 livres d'amende. Du 15 Avril 1684. — Amiens, Guislain Le Bel, M.DC.LXXXIV ; 7 p. in-4°.

<small>Bibl. d'Amiens, Hist., 3793, 13.</small>

4905. — Mémoire pour les **manufacturiers** d'Amiens *contre les marchands d'étoffes forains.* — S. l. n. n., *1685;* 4 p. in-folio.

<small>Ibid., Hist., n° 3594.</small>

4906. — Arrest portant Reglement entre les Sayteurs et Hautelisseurs, Houpiers et Foulons, pour la **visite des laines** qui se façonnent dans la Ville d'Amiens. Du 20 Novembre 1696.

<small>Rec. des Règl. conc. les Manuf... — Paris, Imp. Royale, 1730, t. II, p. 284 à 287 ; in-4°.</small>

4907. — Arrest servant de Reglement entre les Communautez des Houpiers, Hautelisseurs et Sayteurs de la Ville d'Amiens, pour l'**achat des laines.** Du 9 Fevrier 1711.

<small>Ibid., t. II, p 288 à 299 ; in-4°.</small>

4908. — Memoire pour les **Meusniers** de la Ville d'Amiens et Banlieue, Appellants des Ordonnances du sieur de Bernage, Intendant en Picardie, des 30 Aout, 12 Novembre 1711 et 5 Mars 1712, Intervenants et Défendeurs. Contre Philippes Renard, Munitionnaire General des Vivres de Flandres et d'Allemagne, Intimé : Et Nicolas le Sot de la Panneterie, son Commis, Garde-Magasin en la Ville d'Amiens, Demandeur. — S. l. n. n. n. d. ; 16 p. in-folio.

<small>Au sujet d'inexécution des engagements pris par les meuniers.
Bibl. d'Amiens, Hist., n° 3594.</small>

4909. — Arrest portant Reglement pour les **Peluches** qui se fabriquent à Amiens. Du 5 Décembre 1716.

<small>Rec. des Règl. conc. les Manuf. — Paris, Impr. Roy. 1730, t. II, p. 305 à 308 ; in-4°.</small>

4910. — Arrest du Conseil d'Estat du Roy portant Règlement pour les **Manufactures** d'Amiens, dont les Fabriquans n'ont point de Statuts particuliers. Du 17 Mars 1717. — Paris, Imprimerie Royale, 1717 ; 11 p. in-4°.

<small>Bibl. d Amiens, Jurispr., n° 328. Voir aussi les recueils sus indiqués de 1727 et 1730.</small>

4911. — Arrêt du Conseil d'Etat déboutant les fabricants de **baracans** d'Amiens de leur demande tendant à modifier les articles 84 et 85 de leurs statuts de 1666. *Du 30 août 1721.* — S. l. n. n. ; placard in-folio.

<small>Arch. dép. de la Somme, C, n° 155.
Voir aussi Rec. des Règl. conc. les Manuf. — Paris, Imp. Royale, 1730, t. II, p 316 à 319 ; in-4°.</small>

4912. — Arrest du Conseil d'Estat du Roy portant Nouveau Règlement pour la **Manufacture** d'Amiens. Du 19 Novembre 1722. — Paris, Imprimerie Royale, 1722 ; 7 p. in-4°.

<small>Bibl. Pinsard.
Voir aussi les recueils sus-indiqués de 1727 et 1730.</small>

Autre édition : Paris, veuve Saugrain et Pierre Prault, 1723 ; 7 p. in-4°.

4913. — Ordonnance de M. Chauvelin... condamnant plusieurs gardes saiteurs et hautelisseurs d'Amiens pour avoir fait un rôle de répartition sur tous les maîtres et veuves de la communauté pour le paiement de l'**inspecteur des manufactures**. Du 19 Août 1723. — S. l. n. n. ; placard in-folio.

<small>Arch. dép. de la Somme, C, n° 157.</small>

* **4914**. — Addition de mémoire pour la communauté des **tanneurs** d'Amiens contre Jean Palyart... et Charles Gervaise.... *Signé : Thorel.* — Paris, d'Houry, 1725 ; in-folio.

Bibl. Nat^{le}, f° Fm, 215.

* **4915**. — Ordonnance de M. Chauvelin... prescrivant de renvoyer les **ouvriers étrangers** ou de la campagne et de n'employer que des ouvriers de la ville *d'Amiens*, avec défense à ceux-ci de faire aucune ligue ou Monopole entre eux pour raison de leurs façons. Du 10 janvier 1726. — S. l. n. n. ; placard in-folio.

Arch. dép. de la Somme, C, n° 157.

4916. — Arrest qui permet aux **Teinturiers** en noir de la Ville d'Amiens d'employer dans leurs teintures du bois d'Inde en petite quantité. Du 9 Avril 1726.

Rec. des Règl. conc. les Manuf. — Paris, Imp. Royale, 1730, t. II, p. 328 à 332 ; in-4°.

* **4917**. — Mémoire pour les Corps et Communauté des Marchands et des Fabricants de la ville d'Amiens, au sujet d'un nouveau tarif dressé par les fermiers généraux, suivant lequel ils ont augmenté les droits de sortie sur les **étamines et camelots** fins mêlés de soie... *Signé : Baize.* — *Paris*, Paulus du Mesnil, 1728 ; in-folio.

Bibl. Nat^{le}, f° Fm, 207.

4918. — Arrest portant Règlement pour les **Camelots** façon de Lille, appellez Petits Bruxelles, qui se fabriquent dans la Ville d'Amiens. Du 7 Décembre 1728.

Rec. des Règl. conc. les Manuf. — Paris, Imp. Royale, 1730, t. IV, p. 544 à 546 ; in-4°.

4919. — Arrest du Conseil d'Estat du Roy, concernant les **Camelots** et autres Etofes de la Fabrique d'Amiens qui se font de long aunage. Du 13 Août 1730. — S. l. n. n. ; placard in-folio.

Arch. dep. de la Somme, C, n° 164.

4920. — Arrest du Conseil d'Estat du Roy, Portant reglement pour les **Peluches** qui se fabriquent dans la ville d'Amiens et autres lieux de la province de Picardie. Du 15 Aout 1736. — Paris, Imprimerie Royale, 1736 ; 12 p. in-4°.

Bibl. d'Amiens, Hist., n° 3793, 23.
Autre édition en placard in-folio.
Arch. dép. de la Somme, C, n° 180.

4921. — Arrest du Conseil d'Estat du Roy, Portant reglement pour différentes sortes de **Camelots et Estamines** qui se fabriquent à Amiens. Du 18 septembre 1736. — Paris, Imprimerie Royale, 1736 ; 11 p. in-4°.

Bibl. H. Macqueron.
Autre édition en placard in-folio.
Arch. dep. de la Somme, C. n° 181.

4922. — Arrest du Conseil d'Estat du Roy, qui, en interprétant l'article III de l'Arrest du Conseil du 9 Février 1734, dispense les Jurez-gardes de la communauté des **Sayeteurs**, et de celle des **Hautelisseurs** de la ville d'Amiens, actuellement en exercice, et ceux qui leur succèderont à l'avenir dans les fonctions de Jurez-gardes desdites communautez, d'avoir chacun leur coin ou marque particulière, et de faire graver la première lettre de leur nom et leur surnom en entier, sur les coins ou marques dont ils se serviront pour appliquer les plombs sur les étoffes de leur manufacture, qu'ils auront visitées, à condition que la date de l'année d'exercice sera gravée sur lesdits coins ou marques, suivant ce qui est prescrit par l'article II dudit arrest du 9 Fevrier 1734 et à la charge par lesdits Jurez-gardes, d'estre solidairement garants des plombs qu'ils auront appliquez pendant le temps de leur exercice. Du 11 Décembre 1736. — Paris, Imprimerie Royale, 1736 ; 4 p. in-4°.

Bibl. H. Macqueron.

4923. — Arrest du Conseil d'Estat du Roy, qui ordonne la suppression de plusieurs ouvrages saisis chez le nommé Redé, Imprimeur à Amiens, surpris en contravention aux réglemens de Police : Et qui le déclare déchu de la qualité d'**Imprimeur**. Du 18 Mars 1737. — Paris, Imprimerie Royale, 1737; 3 p. in-4°.

Bibl. d'Amiens, Jurispr., n° 328.

4924. — Arrest du Conseil d'Estat du Roy portant réunion des deux Communautez des Maîtres **Sayeteurs et Hautelisseurs** de la Ville d'Amiens, en une seule et même Communauté de Fabriquans, sous le nom de Maîtres Sayeteurs-Hautelisseurs. Du 10 Aout 1738. — Amiens, Louis Godart, 1738 ; 38 p. in-4°.

Arch. dép. de la Somme, C, n° 481.

4925. — Arrest du Conseil d'Etat du Roy qui ordonne l'exécution de deux sentences des Maire et Echevins de la ville d'Amiens des 16 septembre et 18 octobre 1746, portant **confiscation** de vingt deux pièces **de serges**, façon de Londres, teintes en violet faux ; et condamnation contre les marchands de Lyon qui en ont fait l'envoi, aux différentes amendes portées par les règlemens pour chaque pièce et chaque contravention... Du 29 Décembre 1746. — Paris, Imprimerie Royale, 1747 ; 4 p. in-4°.

Bibl. H. Macqueron,

4926 — Arrest du Conseil d'Estat du Roy, qui dispense les **Gardes-Jurés** du Corps et Communauté **des Marchands** unis de la Ville d'Amiens, qui entreront en exercice au 2 Janvier prochain, et ceux qui leur succéderont à l'avenir dans les fonctions de Gardes-jurés de ladite Communauté, de faire graver la première lettre de leur nom et leur surnom en entier, sur les coins ou marques dont ils se serviront pour appliquer les plombs de contrôle sur les Draps et autres Etoffes de laine, soie, poil, fil, coton et autres matières, qu'ils auront visitées. Du 29 Mars 1747. — S. l. n. n. ; placard in-folio.

Arch. dép. de la Somme, C, n° 215.

4927. — Arrest du Conseil d'Etat du Roy, qui prononce la **confiscation** de deux pièces de **Serge** noire de Mende, saisies par l'Inspecteur des Manufactures et les Gardes-jurés des Marchands d'Amiens, parce que les chefs desdites Serges où est la rose bleue, ont reçù un pied différent de celui donné au reste de l'Etoffe. Condamne le Maître Teinturier de Lyon qui les a teintes à cinq cens livres d'amende, et ordonne qu'il demeurera déchû de la Maîtrise. Du 19 décembre 1747. — S. l. n. n. ; placard in-folio.

Ibid., C, n° 215.

* **4928**. — Ordonnance des Maire et Echevins d'Amiens défendant aux maîtres **saiteurs-hautelisseurs** de faire des avances à leurs ouvriers. Amiens, 2 décembre 1749. — Plac. in-folio.

Arch. mun. d'Amiens, BB, n° 129.

4929. — Arrest du Conseil d'Etat du Roi portant réunion de la Communauté des Maîtres **Fabricans de Bas** au métier de la Ville, Fauxbourgs et Banlieue d'Amiens, à celle des Maîtres Marchands et Ouvriers Bonnetiers de la même Ville. Du premier Mars 1753. — S. l. n. n. ; placard in-folio.

Arch dép. de la Somme, C, 231.

4930. — Sentence des Lieutenant-Général de police, Maire et Echevins, Juges de Manufacture, de la ville d'Amiens, qui défend l'**emploi** d'une matière étrangère, dite **Poil de chèvre** de l'Amérique, dans les Etoffes de Manufacture de cette Ville. *Du 29 avril 1755.* — Amiens, veuve Caron ; 14 p. in-4°.

Bibl d'Amiens, Hist., n° 3793, 37.

4931. — Sentence de Messieurs les Lieutenant-Général de police, Maire et Echevins, Juges de Manufacture, de la Ville d'Amiens, pour la **Tonte des Peluches** façonnées, dites Caffas. *Du 30 août 1755.* — S. l. n. n. ; in-4°.

Ibid., Hist., n° 3793, 40.

4932. — Ordonnance de l'Intendant d'Invau, permettant aux négociants d'Amiens de faire fabriquer par tels fabricans qu'ils jugeront convenables, les camelots mi-soie d'une demie-aune de largeur au lieu de 5/8 prescrits par les règlements ; du 28 mai 1757. — S. l. n. n. ; placard in-folio.

Arch. dép. de la Somme, C, n° 241.

4933. — Arrest du Conseil d'Etat du Roi, qui ordonne que le nombre des **Imprimeurs** de la Généralité d'Amiens, sera et demeurera fixé à celui de six. Du 12 Mai 1759. — Paris, Imprimerie Royale, 1759 ; 3 p. in-4°.

Bibl. H. Macqueron

4934. — Second Mémoire présenté à Messieurs les Maire et Echevins d'Amiens *par les habitants du quartier du moulin du Hocquet, pour faire expulser, a cause du danger d'incendie, l'***impression d'étoffes à fleurs** *du sieur Cateigne*. Du 28 Janvier 1763. — S. l. n. n. ; 3 p. in-4°.

Anc^{ne} Bibl. de Marsy.

4935. — Arrest du Conseil d'Etat du Roi qui ordonne que les nommés Beaumont, Mutino, d'Estampes et Delboul, demeureront destitués de la charge de **Gardes-jurés** de la Communauté **des Saiteurs**-Hautelisseurs de la Ville d'Amiens. Du 3 Novembre 1763. — S. l. n. n. ; placard in-folio.

Arch. dép de la Somme, C, n° 245.

4936. — Arrest de la Cour de Parlement qui ordonne la **rentrée des Métiers** en la Ville d'Amiens. Du 11 Janvier 1764. — Amiens, veuve Caron ; 11 p. in-4°.

Ibid., C, n° 245.

4937. — Mémoire *contre l'arrêt du 11 janvier 1764*, pour les Corps et Communautés, Gardes en charge et Syndic des Maîtres **Sayeteurs, Hautelisseurs et Houpiers** réunis de la Ville d'Amiens, consenti par Délibération des Marchands des trois Corps réunis de la même Ville d'Amiens, en leur Assemblée des quarante tenue le 21 novembre 1764. — Paris, Didot, 1764 ; 27 p. in-folio.

Cette pièce contient tous les noms des fabricants d'Amiens.
Ibid., C, n° 245.

4938. — Jugement définitif du 7 Mars 1765 Rendu sur Délibéré du 29 Janvier 1765 *et relatif à une question de manufacture et de police intéressant les* **Saiteurs-Hautelisseurs et Houpiers** *réunis de la ville d'Amiens*. — S. l. n. n. ; 3 p. in-4°.

Bibl. d'Amiens, Hist., n° 3793, 48.

4939. — Arrest du Conseil d'Etat du Roi, qui fait défenses par provision à toutes personnes, et notamment aux Gardes et Maîtres de la Communauté des **Saiteurs et Hautelisseurs** d'Amiens de troubler ni inquiéter en aucune façon les Habitants des Fauxbourgs, Villages et Hameaux qui composent la Banlieue de la Ville d'Amiens dans la faculté de fabriquer des Etoffes dans leurs Maisons comme les Habitants des Campagnes. Du 15 Octobre 1765. — Amiens, veuve Godart ; 12 p. in-4°.

Arch. dép. de la Somme, C, 245
Autre édition en placard in-folio
Bibl. Pinsard.

4940. — Technologie du **velours de coton** fabriqué à Amiens, soit à bras, soit mécaniquement, et coupé sur table (de 1765 à 1865), par Ed. Gand. — Amiens, Jeunet, 1865 ; IV-135 p. in-8° av. 25 pl. et 60 fig.

4941. — Arrest du Conseil d'Etat du Roi, qui déclare nul un **Rôle de contribution** fait par les Gardes-Jurés de la Communauté des Saiteurs-Hautelisseurs d'Amiens, et rendu exécutoire par les Maire et Echevins de ladite Ville le 15 juin 1765. Déclare les gardes lors en exercice qui ont fait ledit Rôle et l'Etat des dettes qui le précède, exclus de posséder à l'avenir aucunes charges dans ladite Communauté. Ordonne que ceux desdits Gardes qui seroient encore en exercice lors de la notification et publication dudit Arrêt, seront et demeureront destitués, et qu'il sera procede pardevant M. l'Intendant de Picardie à une nouvelle liquidation des dettes légitimes de ladite Communauté et des fonds qu'elle a ou doit avoir en caisse, etc. Du 12 Avril 1766. — Amiens, veuve Godart, 1776 ; 11 p. in-4°.

Bibl. A. de Caieu.

4942. — Sentence des Juges de Manufactures d'Amiens qui **interdit** Mathieu Mille, Maître Saiteur, et le dechoit pour toujours de sa Maitrise, **à cause de ses contraventions** récidives. *Du 15 avril 1766.* — S. l. n. n. ; placard in-folio.

Arch dép de la Somme, C, n° 279.

4943. — Arrest du Conseil d'Etat du Roi qui ordonne l'exécution des Arrêt et Lettres-Patentes du 13 Février 1765 ; Déclare nulles les Sentences des Maire et Echevins d'Amiens et du Bailliage de ladite Ville des 15 Octobre 1765 et 10 Mars 1766, et maintient les **Fabricans de la Campagne** dans la faculté d'acheter à Amiens les Matières, Outils et Ustensiles propres pour toutes espèces de fabrications, avec défenses aux Gardes de la Communauté des Saiteurs et à tous autres de saisir lesdites Matières, Outils et Ustensiles, sous prétexte que lesdites Matières seroient ouvrées, mélangées, teintes ou préparées, ni sous aucun autre prétexte que ce puisse être, etc. Du premier juillet 1766. Amiens, veuve Godart, 1766 ; 10 p. in-4°.

Autre édition en placard in-folio.
Ibid., C, n° 245.

4944. — Sentence des Officiers municipaux de la Ville d'Amiens, qui condamne Pierre-Joseph Soyer fils, Maître Saiteur, en l'amende de dix livres, pour avoir **refusé** l'ouverture de sa porte **aux Gardes-Jurés** de la Manufacture, lors de leurs Visites. *Du 24 Novembre 1766.* — S. l. n. n. ; placard in-folio.

Ibid., C, n° 245.

4945. — Mémoire pour le Sieur Bonvalet, Entrepreneur de la **Manufacture d'Etoffes fleuries**, établie à Saint-Maurice-lès-Amiens. Contre Charles-Michel Cateigne et Jean-Louis Cateigne, Frères. — *Paris*, d'Houry, 1766 ; 15 p. in-4°.

Bibl. d'Amiens, Jurispr., n° 841, t. V.

4946. — Mémoire signifié pour Charles-Michel Cateigne, ci-devant Associé en la **Manufacture** d'impression **d'étoffes fleuries**, établie à Saint-Maurice-les-Amiens, Appellant. Contre Alexandre Bonvalet, Entrepreneur de ladite Manufacture, Intimé. — *Paris*, Knapen, 1766 ; 45 p. in-4°.

Ibid., Jurisp., n° 841. t. V.

4947. — Arrêt de la Cour de Parlement de Paris qui condamne Charles-Michel et Jean-Louis **Cateigne**, frères, solidairement et par corps en dix-huit mille livres d'indemnité, et de dommages-intérêts envers le sieur Jacques-Alexandre Bonvalet, pour avoir écrit et porté une **Lettre anonyme** tendante à lui faire perdre son honneur et son crédit. Du quatre Septembre mil sept cent soixante-six. — *Paris*, d'Houry, 1766 ; 16 p. in-4°.

Ibid., Jurisp., n° 341, t. V.

4948. — Sentence des Officiers Municipaux de la Ville d'Amiens, qui condamne François Lucas, Aubergiste et Commissionnaire de Voitures en cette Ville, en Cent livres d'amende, pour avoir reçu et fait décharger chez lui des Balots de **Draperie foraine**, sans avoir été préalablement portés au Bureau de la Halle foraine. Du 11 Novembre 1767. — S. l. n. n. ; placard in-folio.

Arch. dép. de la Somme, C, n° 279.

4949. — Ordonnance des Officiers Municipaux de la Ville d'Amiens portant Règlement pour les **Peseurs de Fil de Sayette.** *Du 21 juillet 1768.* — S. l. n. n. ; placard in-folio.

Ibid., C, n° 561.

4950. — Lettres-Patentes du Roi sur l'Arrêt du dix Septembre mil sept cent soixante-huit **modifiant** *certains articles* **des Règlements** *de la fabrique d'Amiens.* Données à Versailles le 10 Septembre 1768. Registrées en Parlement le 9 Décembre 1768. — Paris, P. G. Simon, 1768 ; 3 p. in-4°.

Autre édition : Paris, Simon, 1775.

4951. — Prix des **apprêts anglais,** Etablis à Amiens en 1774, par ordre et sous la protection du Gouvernement. — S. l. n. n. n. d. ; placard in-folio.

Bibl Pinsard.

4952. — Mémoire présenté à MM. les président et membres de la Chambre de commerce de Picardie, par Jacques-Alexandre Bonvalet, *manufacturier à Amiens,* inventeur d'une nouvelle **impression en taille-douce pour étoffes.** — Amiens, veuve Godart, 1775 ; 11 p. in-4°.

Bibl d'Amiens.

4953. — Pièces justificatives pour le Sieur Bonvalet, Entrepreneur de la **Manufacture d'Etoffes fleuries,** établie à Saint-Maurice-lès-Amiens. — S. l. n. n., *vers 1775 ;* 30 p. in-4°.

Documents intéressants sur cette fabrique.
Arch. dép. de la Somme, C, n° 332.

4954. — Précis pour le sieur Flesselle, Entrepreneur de l'une de ces **Manufactures floriées** de la Ville d'Amiens ; et encore les Sieurs Mercier et Doucet, tous deux Voituriers au Village de Saint-Maurice-lès-Amiens : Contre les soi-disant Compagnons Fluqueurs et Déchargeurs de la Ville d'Amiens, et contre les Maire, Echevins et autres Officiers Municipaux de la Ville d'Amiens. En présence de M. le Procureur-Général. — Paris, Delaguette, 1776 ; 18 p. in-4°.

Anc^{ne} Bibl. de Marsy.

4955. — Déclaration du Roi, portant création d'une **Communauté de Tondeurs** à grandes forces dans la Ville d'Amiens. Donnée à Versailles le 20 Novembre 1779. Registrée en Parlement le quatorze janvier mil sept cent quatre-vingt. — Paris, P. G. Simon, 1780 ; 3 p. in-4°.

Bibl. H Macqueron.

4956. — Ordonnance des Officiers municipaux de la Ville d'Amiens, portant Règlement sur le **paiement des ouvriers** employés par les Maîtres Fabricans de la Manufacture à doubler les Fils. *Du 7 février 1786.* — Amiens, L. C. Caron ; 3 p. in-4°.

Bibl. d'Amiens, Hist, n° 3793, 71.

4957. — Discours sur la nécessité de rappeller les **ouvriers** de la manufacture d'Amiens **dans l'enceinte de la ville** prononcé par M. Patin, Greffier principal de la Maréchaussée de Picardie, et Procureur au Bailliage-Présidial d'Amiens, en l'Assemblée du Tiers-Etat de ladite Ville, tenue le 19 avril 1789, suivi d'un Placet relatif à ce Discours. — Amiens, J. B. Caron l'ainé, 1789 ; 32 p. in-4°.

Bibl. H. Macqueron.

4958. — *Etude* **industrielle et commerciale** *sur* Amiens.

Dict. de la Géog. commerc., par Peuchet. — Paris, an VII, t. I, p. 327 à 344 ; in-4°.

4959. — Avertissement du Maire d'Amiens, aux Fabricans et Négocians de la Ville, sur l'exécution de l'Arrêté des Consuls, du 3 Fructidor an 9, relatif à la **Marque** et à l'**Estampille** des Bassins, Piqués, Mousselinettes, Toiles, Draps et Velours de Coton. *Du 3 pluviôse an X.* — Amiens, J. B. Caron l'ainé ; 3 p. in-4°.

Bibl. d'Amiens, Hist., n° 3793, t. II

4960. — Mémoire des propriétaires des **moulins et usines** de la ville d'Amiens contre la Surtaxe de ces Etablissements au Rôle Foncier. — Amiens, Caron-Duquenne, 1828; 7 p. in-4°.

4961. — Nouvelles observations pour les Propriétaires des **Moulins et Usines** de la Ville d'Amiens, demandeurs en rappel à l'égalité proportionnelle pour raison du revenu imposable donné à ces Etablissemens industriels; *du 30 mai 1828.* — Amiens, Ledien Canda; 12 p. in-4°.

4962 — Edouard Gand. Les vieux **sayetiers** d'Amiens. Notice historique sur les tissus Jacquard de 1836 à 1891. — Amiens, Hecquet, 1891; 47 p. in-12.

4963. — **Amiens industriel,** son passé, son présent, son avenir par M. Narcisse Ponche. — Amiens, T. Jeunet, 1865; 33 et 42 p. in-8°.

Ext. Bull. Soc. Ind. d'Amiens

4964. — Les **Tapisseries** d'Amiens, par Boyer de Ste Suzanne.

Rev. de l'art chrétien, 2ᵉ série, t. II, p. 61 à 63, in-8°.

4965. — *Discours sur l'*industrie amiénoise*, prononcé le 9 juin 1885 par M. Georges Durand*

Bull. Soc. Ant Pic, t. XV, p. 369 à 384, in-8°.

4966. — Discours sur le **travail chrétien** prononcé dans la Cathédrale d'Amiens le 14 juillet 1885 à l'occasion de la Fête patronale de la Fabrique et du Commerce, par M. l'Abbé E. Francqueville. — Amiens, Laforest; 12 p. in-8°.

4967. — Notes historiques relatives à l'**industrie d'Amiens** à diverses époques, par F. Pouy.

Bull. Soc. Ind. Amiens, t. XXVI, p. 85 à 90, in-8°.

4968. — Notice sur les **anciennes Industries** amiénoises, par Pouy. — Amiens, Langlois, s. d.; in-8°

4969. — Les **Tapisseries** d'Amiens, par Robert Guerlin.

Corresp. hist. et arch., 1895, p. 65 à 69; in-8°.

4970. — Société des Antiquaires de Picardie. **Tableaux pour exportation,** lecture faite par M. Janvier. — Amiens, Yvert et Tellier, 1898; 7 p. in-8°.

Ext. Bull. Soc. Ant. Pic.

II. COMMERCE.

4971. — Lettres *de Charles V, du 7 août 1378,* qui permettent à quelques **Estrangers** de demeurer pendant six ans dans les villes d'Amiens, d'Abbeville et de Meaux, d'y **faire le commerce** et d'y prester de l'argent; et qui leur accordent à cet effet certains privilèges.

Ord. des Rois de Fr., t. VI, p. 335 à 339; in folio.

4972. — **Privilèges** accordez *par Charles V. le 17 août 1380,* à plusieurs personnes auxquelles il est permis de demeurer pendant quinze ans à Paris, à Amiens et à Abbeville, **pour y faire le Commerce**, et pour y prester de l'argent.

Ibid., t. VI, p. 487 et 488; in-folio.

4973. Lettres *de Louis XI,* concernant les Bouchers et la **Vente de la Viande** à Amiens. *Avril 1471.*

Ibid., t. XVII, p. 417 à 418; in-folio.

4974. — **Prix et Salaires** à Amiens au xvᵉ siècle. Discours de réception de M. Georges Boudon. Réponse de M. Moullart. — Amiens, Yvert et Tellier, 1894; 53 p. in-8°.

Ext. Mém. Acad. Amiens.

* **4975.** — Extrait du Registre aux Causes de la ville, police et échevinage d'Amiens. Sentence concernant la **vente et l'aunage des toiles** et tiretaines. Amiens, 4 juin 1636. — Plac. in-folio.

Arch. mun d'Amiens, BB. n° 259.

— 401 —

4976. — Pour les **courtiers de vins** d'Amyens contre Baudouin Chedary et Séjourné. xvii⁰ siècle. — 2 p in-4°.

Arch. mun d'Amiens, BB, n° 274.

4977. — Arrest du Conseil d'Estat du Roy portant cassation d'un Arrest de la Cour des Aydes obtenu par M. Claude Petit, soy disant intéressé en la prproieté *(sic)* des Offices de **Vendeurs de Poisson** de la Ville d'Amiens... et pour les contrauentions faites par ledit Petit audit Arrest du Conseil, Sa Majesté l'a condamné en trois cens livres d'amende, et privé du reuenu qui lui pourroit appartenir. Du 26 Février 1656. — Paris, Prault, 1746 ; 4 p. in-4°.

Bibl. H. Macqueron

4978. — Arrest du Conseil d'Estat du Roy par lequel Sa Majesté ordonne que les contraintes encommencées sur Jean le Roux le jeune, **Marchand de Poisson** à Amiens, seront parachevées, même que le Procès lui sera et à ses complices fait et parfait jusques à Sentence diffinitive *(sic)* inclusivement, sauf l'appel en la Cour des Aydes de Paris, par ledit le Couvreur assesseur criminel au Bailliage d'Amiens, faisant la fonction de Juge des Ports, pour l'absence dudit Juge des Ports : et que pour les Contraventions faites par les Elûs audit Arrest du Conseil, M. Louis Petit, Président de l'Election, sera assigné au Conseil au mois, et cependant interdit de la fonction de sa charge. Du 12 juillet 1656. — Paris, Prault, 1746 ; 4 p. in-4°.

Ibid.

4979. — Extraict des Registres du Conseil d'Estat. *Arrêt, du 10 juin 1665, faisant défenses aux* **bouchers** *d'acheter des viandes dans l'étendue des trois lieues de la Ville d'Amiens.* — S. l. n. n. ; 3 p. in-4°.

Bibl. Nat¹ᵉ, F, 3444, F, 40.

4980. — Extraict des Registres de Parlement. *Arrêt, du 16 mars 1667, règlant les droits respectifs des Maîtres* **Cordonniers et Savetiers** *de la Ville d'Amiens.* — S. l. n. n.; 11 p. in-4°.

Bibl. H. Macqueron.

4981. — Extraict des Registres de Parlement. *Arrêt, du 5 mai 1667, règlant les droits respectifs des* **Cordonniers** *et des* **Sueurs** *en vieil de la ville d'Amiens.* — S. l. n. n. ; 3 p. in-4°.

Ibid.

4982. — Factvm pour les Egards, Corps et Communauté des Maîtres **Patissiers, Cuisiniers** de cette ville d'Amiens, demandeurs en exécution des Arrests de Parlement 1631, 24 Iuillet 1632, et du Conseil d'Estat du 4 Octobre 1664. Contre Iean de Ouarsi Hostelier en cette dite ville, seul en cause. — S. l. n. n. n. d. ; 8 p. in-4°.

Ibid.

4983. — Extraict des Registres de Parlement. *Arrêt, du 26 juin 1668, défendant aux* **Hôteliers** *d'Amiens de tenir boutique de viande et aux* **Cuisiniers** *d'exercer le métier de Cabaretier ou Hôtelier.* — S. l. n. n. ; 4 p. in-4°.

Ibid.

4984. — Arrest de Nosseigneurs de la Cour de Parlement portant deffenses aux **Hostelliers Gabarettiers**, d'entreprendre sur le Mestier de Cuisinier Pâtissier et pour l'avoir fait, condamnez chacun en quatre livres d'amende, et aux dépens, mesme ceux reservez par l'Arrest du 26 Iuin 1668, lequel sera exécuté selon sa forme et teneur. — S. l. n. n. n. d. ; 7 p. in-4°.

Ancⁿᵉ Bibl. de Marsy.

4985. — Arrest du Conseil Royal de Commerce *relatif aux* **marchands drapiers** *d'Amiens; du 25 août 1670.* — *Paris*, F. Muguet, 1670 ; 4 p. in-folio.

Bibl. H. Macqueron.

4986. — Ordonnance des Premier et Echevins de la Ville d'Amiens, pour

51

l'apprêt et la marque des **Marchandises foraines**, envoyées en ladite Ville. Du 2 Janvier 1671.

Règl. conc. les manuf. — Paris, Saugrain, 1727, t. I, p. 279 à 280 ; in-12

4987. — Extrait des Registres du Conseil d'Etat concernant les Arts et Métiers. *Ordonnance de l'Intendant Chauvelin, du 26 février 1692, rattachant à la troisième classe la* **communauté des cloutiers** *d'Amiens*. — S. l. n. n. ; 3 p. in-folio.

Arch. dép. de la Somme, C, n° 429.

* **4988.** — Sentence des maires et échevins d'Amiens concernant les **auneurs jurés** de ladite ville. Amiens, 13 février 1698. — Plac. in-folio.

* **4989.** — Factum pour le corps des marchands **drapiers et chaussetiers** de la ville d'Amiens.. contre Henri Mouret, marchand mercier de ladite ville. — S. l. n. n. n. d. ; in-4°.

Bibl. Nat^{le}, Thoisy, 369, f° 92.

4990. — Sentence obtenue à la Police à la requeste de Nicolas Froissart aspirant à la Maîtrise de Sculpteur et la plus saine partie de la Communauté des **Peintres et Sculpteurs** jointe, contre Antoine Quillet, Jean de Rincheval et Sebastien Quillet, opposans. Du 29 Novembre 1701. — S. l. n. n. ; 4 p. in-4°.

Auc^{ne} Bibl. de Marsy.

4991. — Arrest de la Cour de Parlement du 1er 7bre 1706 contradictoire entre la Communauté des **Vinaigriers** d'Amiens, et les **Merciers Epiciers** de ladite Ville, confirmatif d'une Sentence des Maire et Echevins d'Amiens du 21 Novembre 1705 qui fait défenses ausdits Merciers-Epiciers de vendre du Vinaigre à toutes personnes à plus grande mesure que la demi-Pinte seulement, à peine de vingt livres d'amende et de confiscation. — S. l. n. n ; 4 p. in-4°.

Ibid.

4992. — *Arrêt, du 12 mars 1707, décidant qu'*Un Maître, *mercier d'Amiens*, qui a fait cession de biens peut prendre un **Aprentif**.

J^{al} des Aud. du Parl., par M. Nupied. — Paris, Gosselin, 1736, t. V, 2e p^{te}, p. 21 ; in-folio.

4993. — Arrest du Conseil portant Reglement sur les Enregistremens de ceux qui voudroient faire partie du Corps des **Marchands en gros** de la Ville d'Amiens. Du troisième Juin 1711.

Règl conc. les Manuf.. — Paris, Saugrain. 1727, t. II. p 435 à 442 ; in-12.

4994. — Arrest du Conseil qui permet aux Marchands de la Ville d'Amiens, de vendre les **Serges d'Aumalle**. Du 12 Septembre 1711.

Ibid., t. II, p. 442 à 449 ; in-12.

4995. — Arrest du Conseil d'Estat du Roy portant Reglement sur les **Enregistremens** de ceux qui voudroient faire partie du Corps **des Marchands en gros** de la Ville d'Amiens, aux Clauses et Conditions mentionnées audit Arrest. *Du 12 septembre 1711* — S. l. n. n. ; 4 p. in-4°.

Bibl H. Macqueron.

4996. — Arrest du Conseil d'Etat, qui défend à tous les Habitans de la Ville d'Amiens, de vendre ni faire vendre directement ni indirectement aucuns **Vins sur l'Etape**, tant en gros qu'en détail, pendant les Foires de S. Martin et S. Nicolas, à peine de confiscation et de cinq cens livres d'amende. *Du 9 janvier 1712*. — S. l. n. n. ; 4 p. in-4°.

Bibl. d'Amiens, Hist , n° 3793, 16.

4997. — Arrest du Conseil d'Etat du Roy, qui déboute les **Merciers détailleurs** de la Ville d'Amiens, et les Drapiers de ladite Ville des Oppositions par eux formees à l'exécution de l'Arrest du Conseil du 12 Septembre 1711. *Du 26 janvier 1712*. — S. l. n. n. ; 6 p. in-4°.

Bibl. H. Macqueron.

4998. — Extrait des Registres du

Conseil d'Etat. *Arrêt rendu sur une contestation entre le Corps des* **marchands en gros** *d'Amiens et celui des* **Drapiers** *de la même ville ; du 12 juillet 1712.* — S. l. n. n. ; 5 p. in-4°.

Ibid.

4999. — Arrest portant que les **Gardes des Marchands en gros** de la Ville d'Amiens, seront tenus de se trouver chaque jour aux Bureaux des marques de la Manufacture, Halle aux Draps, Guesdes et Teintures, pour visiter et veiller à ce qu'il ne se commette aucun abus et contravention aux Reglemens des Manufactures. Du 12 juillet 1712.

Rec. de Règl conc. les Manuf. — Paris, Impr Royale, 1730, t. II, p. 305 ; in 4°.

5000. — Factum pour Pierre Fontaine Marchand à Amiens Défendeur Contre les Gardes et Communauté des Marchands **Merciers** de la Ville d'Amiens Demandeurs en Requeste insérée en l'Arrest du Conseil du 21 Octobre 1715. En présence d'André Ronjard, René Godart Marchands à Amiens et des Maîtres et Gardes du Corps des Marchands Merciers-Grossiers-Jouailliers de la Ville de Paris, Intervenans. — Paris, Laurent Rondet, 1715 ; 3 p. in-4°.

Question d'admission dans la corporation.
Bibl de Péronne.

5001. — Extrait des Registres dv Conseil d'Estat Privé du Roy. *Arrêt, du 28 août 1719, relatif aux marchands* **Merciers-Joüailliers** *d'Amiens.* — Paris, J. F. Knapen ; 10 p. in-folio.

Bibl. H Macqueron.

5002. — Arrest du Conseil d'Estat du Roy, qui casse une Ordonnance de Monsieur l'Intendant d'Amiens, et ordonne que la veuve Choquet **Traiteuse**, payera les Droits de Détail des Boissons qui se trouveront en sa possession, tant qu'elle donnera à manger, et sans aucune réduction. Du 13 Juin 1721. — Paris, Veuve Saugrain, et Pierre Prault, 1731 ; 4 p. in-4°.

Ibid.

5003. — Arrest du Conseil d'Estat du Roy, qui déboute la Communauté des **Hôteliers**, Taverniers et Cabaretiers de la Ville d'Amiens, de leur opposition à l'Arrest du 14 Juillet dernier, par lequel il a été permis au nommé Joüan et autres, de faire commerce de Vin et autres Boissons, en gros et en détail, en satisfaisant aux formalités prescrites par l'Ordonnance, etc. Du 29 Septembre 1722. — Paris, Prault, 1747 ; 11 p. in-4°.

Ibid.

*5004. — Mémoire au conseil de commerce pour les maire et échevins... d'Amiens... intervenans au procès des **marchands d'Amiens** contre les fermiers généraux. *Signé* : *Moreau*. — Paris, Knapen, 1728 ; in-folio.

Bibl Nat^{le}, f° Fm, 204.

*5005. — Mémoire pour Martin de Bonnaire, Pierre-Augustin Damien fils, Antoine Artus. . tous particuliers négociants... de la ville d'Amiens... contre... Gabriel Florent de Sachy de Carouges... *Signé* : *Chantreau*. — Paris, J. Lamesle, 1743 ; in-folio.

Bibl. Nat^{le}, f° Fm, 1729.

5006. — Déclaration du Roy, qui fait deffenses à tous Marchands et Fabriquans de la Ville d'Amiens, de vendre ou acheter aucunes marchandises ou étoffes par le **ministère de Courtiers** ou Courtières, ou autres gens sans qualités. Donnée à Versailles le 20 Février 1731. — Paris, Imprimerie Royale, 1731 ; 3 p. in-4°.

Bibl. d'Amiens, Hist., n° 3793, 20.

5007. — Arrest du Conseil d'Estat du Roy, qui permet aux Epiciers-Merciers, et à tous autres Marchands de la Ville d'Amiens, de peser chez eux les Marchandises dont ils font Commerce dans leurs Boutiques et Magasins, et d'avoir tous les **Poids et Balances** nécessaires à cet effet. Du 12 Février 1737. — S. l n. n. ; placard in-folio.

Arch. dép. de la Somme, C, 561.

5008. — Arrest du Conseil d'Estat du Roy, qui, en renouvellant les dispositions de l'arrest du Conseil du 5 Décembre 1730, ordonne que tous les ballots de **marchandises** de Draperie qui seront apportez dans la ville d'Amiens, tant par terre que par eau, soit qu'ils soient munis du plomb de la doüane, ou de celuy de controlle de quelqu'autre ville, ou non, et qu'ils soient destinez pour la ville d'Amiens, ou adressez à des Marchands ou Commissionnaires de la mesme ville, pour passer de-bout, seront, à leur arrivée, directement conduits et deschargez au Bureau de la halle foraine, pour y estre **visitez** en la forme prescrite par l'arrest et sous les peines y portées. Du 19 Aoust 1739. — Paris, Imprimerie Royale, 1739 ; 4 p. in-4°.

Bibl. H. Macqueron.

* **5009.** — Mémoire signifié pour les grandgarde et gardes, corps et communauté des **marchands en gros**, et pour les maîtres et gardes de la communauté des marchands merciers de la ville d'Amiens... contre les jurés en charge... *Signé : Le Seneschal.* — Paris, Montalant, 1740 ; in-folio.

Bibl Nat^{le}, f° Fm, 206.

* **5010.** — Requeste et consultation des Maîtres-Pâtissiers Flaniers de la ville d'Amiens, contre une ordonnance des maire et échevins de la Ville d'Amiens, qui fait défenses de faire de la pâtisserie, et notamment des **pâtez de canards,** dindons, perdrix et autres, qui s'envoyent à Paris et dans tout le royaume. — Paris, 1740 ; 12 p. in-folio.

5011. — *Arrêt, du 27 juin 1742, réglant un débat entre les tailleurs, les fripiers et les marchands de draps d'Amiens, relatif à la vente des étoffes et à la* **façon des habits.** — Paris, Pierre-Guillaume Simon, 1742 ; 18 p. in-folio.

Bibl. d'Amiens, Hist., n° 3594.

* **5012.** — Mémoire signifié pour les **hoteliers**-cabaretiers de la ville d'Amiens... contre les **charcutiers** de la même ville. *Signé : Seriny.* — Paris, J. Lamesle, 1742 ; in-folio.

Bibl. Nat^{le}, f° Fm, 197.

* **5013.** — Mémoire pour les maîtres-**charcutiers** de la ville d'Amiens... contre les **hôteliers**-cabaretiers de ladite ville. *Signé : Le Roy.* — Paris, J. Lamesle, 1742 ; in-folio.

Bibl Nat., f° Fm, 189.

5014. — Arrest contradictoire du Conseil d'Estat du Roy, Qui déboute les Marchands **Détailleurs d'Eau-de-vie** de la Ville d'Amiens de l'opposition par eux formée à l'exécution de l'Arrest du Conseil du 13 Février 1742 et des Lettres Patentes sur iceluy du 9 Mars suivant, par lesquels il est fait deffense à ceux qui acheteront des Eaux-de-vie dans des vaisseaux dont la contenance est au-dessous de 60 pintes, mesure de Paris, d'en faire l'enlèvement et le transport sans en avoir fait la déclaration au Bureau du Fermier des Aydes et y avoir pris un Congé, à peine de confiscation et de cent livres d'amende... Du 23 Juillet 1743. — Paris, P. Prault, 1743 ; 12 p. in-4°.

Bibl. H. Macqueron.

* **5015.** — Mémoire pour... Martin de Bonnaire, Pierre Auguste Damien fils, Antoine Artus... tous particuliers **négociants**... de la ville d'Amiens... contre... Gabriel Florent de Sachy de Carouges. *Signé : Chantreau.* — Paris, J. Lamesle, 1743 ; in-folio.

Bibl. Nat^{le}, f° Fm, 1729.

5016. — Mémoire signifié pour les Gardes et Communauté des Marchands

Maîtres Orfèvres de la ville d'Amiens, Appellans et Demandeurs. Contre Pierre Joseph Stievenard, natif de Mons en Haynault, Intimé et Défendeur. En présence de M. le Procureur Général, Appellant et Demandeur. — *Paris*, d'Houry, 1744 ; 19 p. in-4°.

Question d'admission dans la corporation.
Bibl. de Péronne, Rec. de Mém , t. LVII.

5017. — Arrest du Conseil d'Etat du Roy, qui met au néant les Requêtes des Maîtres et Gardes de la Communauté des **Fripiers** de la ville d'Amiens, et les condamne aux dépens envers la communauté des Maîtres Tailleurs-d'Habits de la même Ville. Du 12 Janvier 1745. — S. l. n. n. ; 7 p. in-4°.

Anc^{ne} Bibl. de Marsy.

5018. — Arrest de la Cour de Parlement, qui ordonne que les **Tailleurs d'Habits** de la Ville d'Amiens, pourront seuls, et à l'exclusion des Fripiers, couper et façonner les Habits neufs d'Hommes, de Femmes, et de petits Enfans. Du 6 Septembre 1745. — S. l. n. n. ; 4 p. in-4°.

Ibid.

5019. — Arrest du Conseil d'Estat du Roy, portant réunion de la Communauté des Maîtres **Tailleurs d'habits** de la Ville d'Amiens, à celle des Maîtres Viésiers ou Fripiers de la même Ville. Du 23 May 1747. — S. l. n. n. ; placard in-folio.

Bibl. d'Amiens, Hist , n° 3781 :

5020. — Mémoire pour Monsieur l'Abbé de Pompone, Doyen des Conseillers d'Etat ordinaires, Commandeur et Chancelier des Ordres du Roy, Madame Bignon, veuve de Monsieur Bignon, Conseiller d'Etat, Intendant de la Généralité de Paris ; et autres Propriétaires des **Offices de Vendeurs de Cuirs**, tant dans la Ville d'Amiens, que dans l'étendue de huit lieuës de l'arrondissement, Demandeurs. Contre les nommés Bizeux et Mouret, Tanneurs et Corroyeurs à Breteuil, Morel et Macre, Corroyeurs à Boneuil Défendeurs. *Signé : Gervaise.* — Paris, Pierre Prault, 1747 ; 14 p. in-folio.

Bibl H. Macqueron.

* **5021.** — Mémoire signifié pour les corroyeurs de Breteuil et de Bonneuil contre les propriétaires des **offices de vendeurs de cuirs** de la ville d'Amiens et de huit lieues d'arrondissement. — Paris, veuve Delatour, 1748 ; in-folio.

Bibl. Nat^{le}, 1° Fm, 2316.

* **5022.** — Factum pour les **merciers-joailliers** de la ville d'Amiens... contre Jean Pigou et Judith Watelet, veuve de Jacques Pigou. — S. l. n. n. n. d. ; in-4°.

Bibl. Nat^{le}, Thoisy, 377, f° 50.

* **5023.** — Mémoire pour les gardes, jurés et communauté des **vinaigriers** de la ville d'Amiens.... contre les maîtres et gardes des marchands épiciers, merciers de la même ville. *Signé : Normant.* — S. l. n. n. n. d. ; in-folio.

Bibl Nat^{le}, f^e Fm, 218.

5024. — Extrait des Registres du Conseil d'Etat. *Arrêt rendu entre les* **Gardes des Marchands** *d'Amiens et le Sr Martin, fabricant à Amiens ; du 27 avril 1751.* — Paris, Moreau ; 14 p. in-4°.

Bibl. d'Amiens, Hist , n° 5561.

5025. — Arrest contradictoire du Conseil d'Estat du Roy. qui casse deux Sentences rendues par les Officiers du Bailliage d'Amiens, les 22 Mai 1749, et 29 Juillet 1750, Portant défenses aux Cabaretiers d'Amiens d'étaler et vendre des Boissons dans le Village d'**Estouvy**, sans la permission du Seigneur. Permet Sa Majesté auxdits Cabaretiers et autres Débitans de Boissons, d'en faire transporter dans les Villages pendant l'Octave des Fêtes Patronnales et à cet effet de s'y établir, et d'y étaler et vendre leurs Boissons le long des Rues et

Places, sans être tenus de prendre à cet égard aucune permission des Seigneurs des lieux, mais en observant de ne point gêner le passage et la liberté des rues et voyes publiques. Ordonne en outre Sa Majesté que lesdits Cabaretiers et Débitans de Boissons se conformeront pour la vente d'icelles aux Règlemens rendus sur le fait des Aydes. Du 14 Mai 1754. — Paris, P. Prault, 1754 ; 12 p. in-4°.

Bibl. H Macqueron.

5026. — De par les Lieutenant-Général de police, Maire et Echevins de la Ville d'Amiens. *Arrêté, du 18 octobre 1754, réglementant le Commerce des* **Tourbes** *à Amiens.* — S. l. n. n. ; 7 p. in-4°.

Bibl. d'Amiens, Hist., n° 3793, 34.

* **5027.** — Ordonnance des Lieutenant-général de Police, Maire et Echevins d'Amiens concernant le **commerce des toiles.** Amiens, 24 mai 1759. — Plac. in-folio.

Arch. mun. d'Amiens, BB, n° 259.

5028. — Mémoire pour les Corps et Communauté, Grand-Garde et Gardes en charge des **Marchands des Trois Corps** réunis de la Ville d'Amiens, rédigé en conséquence d'une Délibération de leur Assemblée générale tenue à cet effet en leur Bureau le cinq Décembre 1765. — S. l. n. n. ; 28 p. in-4°.

Bibl Pinsard.

5029. — Mémoire pour plusieurs Négociants, **Marchands de Toile** de la Ville d'Amiens, Demandeurs. Contre Jean-Jacques Prévost, adjudicataire des Fermes Générales, Défendeur. — Paris, P. G. Simon, 1766 ; 54 p. in-4°.

Au sujet d'une saisie illégale de marchandises faite par le S. Prévost.
Bibl. d'Amiens, Hist., n° 3794, 16.

* **5030.** — Ordonnance des Officiers Municipaux de la Ville d'Amiens, qui porte que les **aulneurs** de cette ville ne feront bourse commune entre eux que de la moitié des salaires du travail de chacun d'eux. Amiens, 22 novembre 1722. — Placard in-folio.

Arch. mun. d'Amiens, BB, n° 259.

5031. — Mémoire pour les Grand-Garde, Gardes en charge, Corps et Communauté des **Marchands** des Trois Corps Réunis. Contre les Sieurs Jacques-Chrysostome et Nicolas Firmin Godart, Frères Associés.—Amiens, L. Ch. Caron, 1775 ; 47 p. in-4°.

Anc^{ne} Bibl. de Marsy.

5032. — Mémoire pour les Sieurs Godart frères, Négociants. Contre les Trois-Corps-Réunis des Marchands de la Ville d'Amiens. — Amiens, veuve Godart, 1775 ; 40 p. in-4°.

Au sujet de la distinction entre le commerce de **gros** et celui de **détail**.
Ibid.

5033. — Précis pour Nicolas d'Argent, Négociant et ancien Consul de la Ville d'Amiens. Demandeur. Contre le Sieur Debaye, Directeur des Aides, et le Receveur du Port du Quay d'Amiens, Défendeurs, sous le nom de Me Laurent David, Adjudicataire Général des Fermes-unies de France *accusés d'*arbitraire *dans la perception des droits.* — Amiens, Louis C. Caron, 1776 ; 28 p. in-4°.

Bibl. d'Amiens, Jurisp., n° 841, t. I.

* **5034.** — Avis de l'ouverture d'un cours de **meunerie** et de **boulangerie** à Amiens le 7 octobre 1782. — Placard in-folio.

Arch. mun. d Amiens, BB, n° 126.

5035. — Arrest du Conseil d'Etat du Roi, qui autorise les Officiers Municipaux d'Amiens, à laisser libre à l'avenir pendant le **Carême**, la Vente de la **Viande de Boucherie** à tous les Bouchers de ladite Ville, aux conditions et charges portées audit Arrêt. Du 14 Février 1784. — *Amiens*, L. C. Caron père ; 4 p. in-4°.

Bibl d'Amiens, Hist., n° 3793, 68.

5036. — De par les Maire et Echevins de la Ville d'Amiens. *Ordonnance sur le commerce de la* **Boucherie pendant le Carême** ; *du 1 février 1785.* — Amiens, L. C. Caron ; plac. in-folio.

Bibl. Soc Ant, Pic.

5037. — Ordonnance des Officiers Municipaux, Juges de Police de la Ville d'Amiens, portant réunion en un seul Equipage de tous les **Porteurs** attachés au service **du vieux et nouveau Port** de cette Ville. *Du 6 février 1787.* — *Amiens*, Louis Charles Caron père ; 4 p. in-4°.

Bibl. d'Amiens, Hist., n° 3793, 77.

5038. — Mémoire à *l'Assemblée Nationale* par M. Bussillot, négociant à Amiens suivi d'un Mémoire pour les **Négociants** d'Amiens *contre le* **monopole** *de l'administration* **des Postes** *et les fonds perdus par sa négligence* ; accompagné de pièces justificatives. — Amiens, Fr. Caron-Berquier, 1790 ; in-4°.

Bibl. d'Amiens, Hist., n° 3794, 20.

5039. — Mémoire pour les Maîtres et Compagnons Fluqueurs Lieurs, Chargeurs et **Déchargeurs de Voitures** ; les Maîtres et Compagnons **Dévaleurs de Vin** ; les Maîtres et Compagnons **Charbonniers** ; les Auneurs Jurés ; et les Maîtres et **Porteurs au Sac** de la Ville d'Amiens *pour la conservation de leurs offices*. — Amiens, J. B. Caron l'aîné, 1790 ; 38 p. in-4°.

Ibid., Hist., n° 3794, 22.

5040. — Mémoire instructif pour servir au Procès d'Estienne Ducert, cy-devant Fluqueur de cette Ville *(d'Amiens)*, demandeur. Contre la **Communauté des Fluqueurs** de cette dite Ville, défendeurs. — S. l. n. n. n. d. ; 3 p. in-4°.

Anc^{ne} Bibl. de Marsy.

5041. — Arrêté du Conseil Général du District d'Amiens en permanence, Séance publique du vingt et unième jour du 1er mois de la deuxième année de la République Françoise *établissant le* **Maximum**. *A la suite* : Tableau de Taxation des Denrées et Marchandises de 1re nécessité dans le District d'Amiens. — C. Caron-Berquier ; 16 p. in-4°.

Bibl. d'Amiens, Hist., n° 3644.

5042. — *Tableaux du* **maximum** *d'Amiens*.

N° 1er. Viande fraîche et salée. Poissons secs et salés. — 8 p. in-4°. N° 2. Légumes secs. — 3 p. in-4°. N° 3. Tableau des productions d'animaux vivants. — 3 p. in-4°. N° 4 Tableau des Boissons. — 8 p. in-4°. N° 5. Tableau de l'épicerie et droguerie. — 27 p. in-4°. — Caron-Berquier ; an II.

N° 6. Tableau du prix des laines et draperies. — 71 p. in-4°. Suite du n° 6. Tableau du prix des laines et draperies. — 7 p. in-4°. — J. B. Caron l'aîné, au II.

N° 7. Supplément aux marchandises d'Amiens omises dans le Maximum général et dans le Tableau du District d'Amiens, n° 6, concernant Laine et Draperies ainsi que teintures et apprêts omis sur divers articles, suivi du Tableau du prix des Tabacs. — 4 p. in-4°. N° 8. Tableau des fils et rubans de fil. — 7 p. in-4°. N° 9. Tableau des toiles. — 7 p. in-4°. N° 10. Tableau des cotons, fils de coton et cotonnades. — 28 p. in-4°. Omission au n° 10. Tableau du prix des velours et autres étoffes fabriquées en coton. — 7 p. in-4°. — Caron-Berquier, an II.

N° 11. Tableau du maximum de la bonneterie. — 19 p. in-4° — J. B. Caron l'aîné, an II.

N° 13. Tableau des cuirs et peaux. — 11 p. in-4°. N° 14. Tableau de la chapellerie. — 7 p. in-4°. N° 16. Tableau du prix des fers en 1790. — 7 p. in-4°. — Caron-Berquier, an II.

N° 17. Tableau de la quincaillerie. — 63 p. in-4°. N° 19. Tableau des bois à brûler. 3 p. in-4°. — Caron-Berquier. an II[1].

Bibl d'Amiens, Hist.. n° 3644.

5043. — Mémoire présenté à la Commission consultative exécutive de la République Française par les **Négociants et Manufacturiers** d'Amiens. — Amiens, Patin, an X; 8 p. in-4°.

Ibid., Jurispr., n° 953, t. III.

5044. — Conclusions pour les Marchands d'Amiens contre les **Colporteurs.** — Amiens, Caron-Vitet, 1838; 8 p. in-4°.

5045. — Situation de la **boulangerie** d'Amiens, *rapport fait au Comice agricole*, par M. Joseph Mancel. Juillet 1846. — Amiens, Duval et Herment; 65 p. in-8°.

5046. — **Commerce maritime** d'Amiens (Extrait du Journal le Commerce de la Somme), *par Fl. Lefils.* — Amiens, Alfred Caron, s. d. ; 11 p. in-12.

5047. — **Boucherie** par actions d'Amiens. Rapport concernant les opérations... pendant le mois de Décembre 1858 présenté le 25 Janvier 1859, par F^{on} Laurent. — Amiens, Yvert, 1859; 154 p. in-12.

5048. — **Boucherie** par actions d'Amiens. — Amiens, Yvert, 1859 ; 15 p in-8°.

5049. — Rétablissement de la **Bourse de Commerce** d'Amiens, par Chivot-Naudé. Note lue à la Société industrielle d'Amiens le 24 février 1867. — Amiens, T. Jeunet, 1867; 15 p. in-8°.

5050. — Historique du Tailleur et de la **Confection** à Amiens, par M. A. Denamps.

Bull. Soc. Indust. d'Amiens, t. XVI, p. 168 à 195 ; in-8°.

5051. — Les **Pâtés de canards**

[1] Nous n'avons pu trouver les tableaux n°s 12, 15 et 18.

d'Amiens. Documents historiques, publiés par F. Pouy, précédés d'une légende par Pierre d'Issy. — Amiens, T. Jeunet, 1886; 60 p. petit in-4°.

III. STATUTS DES CORPORATIONS.

5052. — Confirmation, *par Charles VI.* des Règlemens faits pour les **Selliers** de la Ville d'Amiens. *Du 4 mai 1303.*

Ord. des Rois de Fr, t. VII, p. 564 à 566; in-folio.

5053. — Lettres de Charles VI, *du 17 juin 1409*, confirmatives des Statuts et Règlemens faits pour la **Draperie** de la Ville d'Amiens.

Ibid., t. IX, p. 437 à 439, in-folio

5054. — Picardie. Manufacture d'Amiens. Statuts et Règlemens arrestez au Conseil. pour les **Sayteurs**, Hautelisseurs, Houpiers. Foulons et autres Ouvriers faisant partie de la Manufacture d'Amiens. Du 23 Août 1666.

Rec. des Règl. conc. les manuf... — Paris, Imp. Royale, 1730, t. II, p 218 à 272; in-4°.

5055. — Statuts de la Communauté des Marchands **Vinaigriers-Moutardiers**-Verjutiers de la Ville d'Amiens. Arrêtés le 9 Novembre 1702. — Amiens, veuve Godart, 1762 ; 12 p. in-4°.

Bibl. d'Amiens, Hist., n° 3782.

5056. — Statuts et Règlemens Des **Marchands en Gros** de la Ville d'Amiens. — Paris. Jean-François Knapen, 1711 ; 30 p in-4°.

Bibl. II Macqueron.

5057. — Statuts et Règlemens des Marchands **Merciers-Grossiers,** Jouailliers de la Ville d'Amiens. — Amiens, Charles Caron-Hubault, 1712; 24 p. in-4°.

Arch. dép. de la Somme, C, n° 484.

5058. — Confirmation des Statuts

pour les **Chaircuitiers** d'Amiens. Mai 1715. *Suivent les Statuts.* — S. l. n. n.; 12 p. in-4°.

Ibid., C, n° 479.

5059. — Statuts, Règlemens et Ordonnances des **Menuisiers** de la Ville, Fauxbourgs et Ban-lieüe d'Amiens. — Amiens, Charles Caron-Hubault, 1718; 16 p. in-4°.
Autre édition : Amiens, veuve Godart, 1743; 19 p. in-4°.

Ibid , C, n° 487.

5059bis. — Statuts et Règlemens en faveur des Marchands **Merciers, Ciriers, Graissiers, Epiciers, et Droguistes** de la Ville d'Amiens.—Amiens. Charles Caron-Hubault, 1621; 16 p. in-4°.

Anc^ne Bibl. de Marsy.

5060. — Statuts et Règlemens pour les **Saiteurs**, Hautelisseurs, Houpiers, Foulons et autres Ouvriers qui font partie de la Manufacture de la Ville d'Amiens. — Amiens, Charles Caron-Hubault, 1721; 55 p. in-4°.

Bibl. Pinsard.

5061. — Statuts et Règlemens des Marchands **Merciers-Grossiers-Jouailliers** de la Ville d'Amiens *avec de nombreux arrêts concernant la corporation.* — Amiens, Louis Godart, 1728; 43 p. in-4°.

Arch. dép. de la Somme, C, n° 480.

5062. Statuts et Règlemens des Marchands **Merciers-Grossiers-Joüailliers** de la Ville d'Amiens. — Amiens, Charles Caron-Hubault, 1737; 44 p. in-4°.

Ibid., C, n° 480.

5063. — L'Office de Saint Louis Roy de France et Confesseur à l'usage de Messieurs les Marchands **Merciers-Grossiers-Joüailliers** de la Ville d'Amiens. — Amiens, Charles Caron-Hubault, 1737; 4 p. n. n. et 121 p. in-12.

Bibl H. Macquerou.

5064. — Statuts, Ordonnances et Privilèges des Syndics, Jurés. Bacheliers et Maîtres **Serruriers** de la Ville, Faux-Bourgs et Banlieue d'Amiens. — Amiens, Charles Caron-Hubault, 1741; 24 p. in-4°.

Bibl. d'Amiens, Hist.. n° 3780.

5065. — Statuts et Règlemens des Maîtres **Peintres, Illumineurs, Sculpteurs** et **Brodeurs** de la Ville d'Amiens. — Amiens, Charles Caron-Hubault, 1742; 12 p. in-4°.

Arch. dép. de la Somme, C, n° 481.

5066. — Statuts pour la Communauté des Maîtres **Tailleurs-d'habits** de la Ville, Fauxbourgs et Banlieue d'Amiens. — Amiens, Charles Caron Hubault; 22 p. in-4°.

Ibid.. C, n° 481.

5067. — Statuts et Règlemens des **marchands réunis** de la ville d'Amiens. — Amiens, veuve Charles Caron-Hubault, 1750; 118 p. in-4°.
Ce recueil contient de nombreux documents sur les corporations d'Amiens : voici les principaux : Lettres patentes sur l'Arrêt du 6 Mars 1746 qui réunit en une seule et même Communauté les Marchands Drapiers et Marchands en gros, et Marchands Merciers Grossiers de la Ville d'Amiens, et sur celui de cejourdh'ui portant nouveaux Statuts et Règlemens desdits Marchands réunis. Données à Versailles le 24 Février 1747. — Arrest rendu sur l'opposition à l'enregistrement des Statuts, qui réforme les articles sixième et douzième. — Transaction passée entre les Marchands Merciers Grossiers Jouailliers de la Ville d'Amiens, les Marchands Epiciers, Ciriers, Droguistes et Apoticaires de ladite ville, le treize May 1644. — Brefs et Statuts accordés aux Marchands Merciers Grossiers Jouailliers de la Ville d'Amiens, le 16 juin 1644. — Lettres patentes confirmatives des Brefs et Statuts des Marchands Merciers Grossiers Jouailliers de la Ville d'A-

miens, de la Transaction passée entre lesdits Marchands et les Marchands Epiciers, Droguistes, Ciriers, Graissiers, et Apoticaires de ladite Ville. — Arrest du Conseil d'Estat du Roi qui ordonne que les Apprentifs de la Communauté des Marchands Merciers, Grossiers, Jouailliers de la Ville d'Amiens, sont tenus de justifier de leurs services chez les Maîtres pendant trois années, outre les trois années d'Apprentissage. Du 31 Juillet 1725. — Arrest du Conseil d'Etat du Roy du vingtième Mars 1707 (1708), qui permet... aux Marchands en gros, non incorporés de la Ville d'Amiens, de s'unir en Corps et Communauté particulière et distincte des autres Communautés de Marchands et Négocians de ladite Ville. — Lettres patentes confirmatives des dix-neuf Articles des Statuts des Marchands en gros de la Ville d'Amiens, insérées en l'Arrêt du Conseil du 20 Mars 1708. — Déclaration du Roy, portant défense à tous Marchands et Fabriquans de la Ville d'Amiens, de vendre ni acheter aucunes Marchandises et Etoffes par le ministère des Courtiers et Courtières, ou autres Gens sans qualité. Donnée à Versailles le 20 Février 1731.

Bibl. d'Amiens.

5068. — Statuts de la Communauté réunie des Maîtres **Tailleurs d'Habits et Fripiers-Viésiers** de la Ville d'Amiens. — Amiens, veuve Godart, 1750 ; 16 p. in-4°.

Arch. dép. de la Somme, C, n° 481.

5069. — Brefs et Statuts des Maîtres Marchands **Tapissiers** de la Ville d'Amiens. *Du 10 février 1753.* — S. l. n. n. ; 12 p. in-4°.

Ibid , C. n° 481

5070. — Statuts et Règlemens en faveur des Marchands **Merciers, Ciriers, Graissiers, Epiciers** et **Droguistes** de la Ville d'Amiens. — Amiens, veuve Charles Caron-Hubault, 1753 ; 16 p. in-4°.

Ibid., C, n° 481.

5071. — Lettres patentes portant homologation des Nouveaux Statuts pour la Communauté des **Maîtres Tailleurs et Frippiers d'Habits** en neuf et en vieux de la Ville d'Amiens. Données à Versailles le 7 Juillet 1787. — Amiens, Louis Charles Caron Père, 1789 ; 31 p. in-4°.

Cette pièce contient aussi : Lettres de surannation sur confirmation desdits Statuts Données à Versailles le 29 Octobre 1788. — Arrest de la Cour du Parlement qui a ordonné l'exécution et l'enregistrement desdites Lettres Patentes..

Bibl. d'Amiens, Hist., n° 3781.

5072. — Règlement des **Ouvriers Tisseurs** de la Ville d'Amiens. 22 avril 1849. — Amiens, Duval et Herment ; 8 p. in-16.

5073. — Règlement des **Peigneurs de Laine** de la Ville d'Amiens, 1850. — Amiens, Alfred Caron ; 8 p. in-12.

5074. — Chambre syndicale des **Entrepreneurs de bâtiments** de la Ville d'Amiens. Statuts constitutifs — Amiens, Alfred Caron, 1854 ; 16 p. in-8°.

5075. — Chambre syndicale des **Entrepreneurs de Bâtiments** de la Ville d'Amiens. Statuts constitutifs et Règlement. — Amiens, Jeunet, 1870 ; 23 p. gr. in-4°.

IV. CHAMBRE ET TRIBUNAL DE COMMERCE.

5076. — Arrest du Conseil d'Estat du Roi, portant établissement d'une **Chambre de Commerce** en la Ville d'Amiens. Du 6 Août 1761. — Amiens, veuve Godart, 1761 ; 8 p. in-4°.

Bibl H. Macqueron.

5077. — Observations de la **Chambre de Commerce** d'Amiens, sur le Projet de loi concernant les Contributions indirectes... — Amiens, Caron-Vitet, 1816 ; 58 p. in-8°.

5078. — **Chambre de Commerce** d'Amiens. Du système commercial de la France et des attaques dont il a été récemment l'objet. — Amiens, Caron-Vitet, 1834 ; 50 p. in-4°.

5079. — Observations présentées à la **Chambre de Commerce** d'Amiens par un de ses membres, sur les projets de loi de 1834 et 1835, relatifs aux Patentes, précédées de l'analyse des deux rapports faits à la Chambre des Députés par MM. Caumartin et Rivière de Larque. — Amiens, Caron-Vitet ; 43 p. in-8°.

5080. — **Chambre de Commerce** d'Amiens. De la Liberté commerciale, du Système Protecteur et des Traités de Commerce. — Amiens, Caron-Vitet, 1843 ; 21 p. in-8°.

5081. — **Chambre de Commerce** d'Amiens. Question des Sucres et de la Marine marchande. Rapport fait par M. Félix Labbé le 29 Janvier 1849. — Amiens, Yvert, 1849 ; 22 p. in-8°.

5082. — Compte rendu des travaux de la **Chambre de Commerce** d'Amiens à la séance d'installation des nouveaux Membres le 14 février 1849. — Amiens, Yvert, 1849 ; 40 p. in-8°.

5083. — **Chambre de Commerce** d'Amiens. Abaissement des droits sur les Sucres et sur les Cafés. Rapport fait par M. Félix Labbé le 18 septembre 1850. — Amiens, Alfred Caron, 1850 ; 20 p. in-8°.

5084. — **Chambre de Commerce** d'Amiens. Question des Sucres et des Cafés. 1851. — Amiens, Alfred Caron ; 8 p. in-8°.

5085. — **Chambre de Commerce** d'Amiens. Nouvelles Observations sur la question de l'affermage des Canaux. Octobre 1851. — Amiens, Alfred Caron, 1851 ; 15 p. in-8°.

5086. — Exposition Universelle. Rapport à la **Chambre de Commerce** d'Amiens, sur les produits exposés par les filateurs et les fabricants de tissus de sa circonscription, lu par M. Jules Lamy, son secrétaire. Séance du 26 Septembre 1855. — Amiens, Alfred Caron, 1855 ; 26 p. in-8°.

5087. — **Chambre de Commerce** d'Amiens. Industrie des Velours de coton d'Amiens. Observations adressées à Messieurs les Membres du Corps Législatif sur le projet de loi des Douanes soumis à leur examen. Juin 1856. — Amiens, Alfred Caron ; 19 p. in-8°.

5088. — 15 novembre 1856. Question des prohibitions. Industrie des velours de coton. Rapport présenté à la **Chambre de Commerce** d'Amiens par M. Ed. de Roucy, l'un de ses membres à son retour d'un voyage en Angleterre, où il a accompagné MM. Minotte et Sauvalle, Délégués de la fabrique d'Amiens. — Amiens, Alfred Caron ; 26 p. in-12.

5089. — Compte rendu des travaux de la **Chambre de Commerce** d'Amiens pendant les années 1849, 1850, 1851 et 1852 lu par M. Isid^{re} N^{as} Daveluy, Président, dans la séance du 27 Avril 1853. — Amiens, Yvert, 1853 ; 44 p. in-8°.

5090. — Compte rendu des travaux de la **Chambre de Commerce** d'Amiens pendant les années 1853 et 1854, lu... dans la séance du 10 Août 1855. — Amiens, Yvert, 1851 ; 32 p. in-8°.

5091. — Compte rendu des travaux de la **Chambre de Commerce** d'Amiens du mois de Juin 1855 au mois d'Août 1857, lu... dans la séance du 18 Novembre 1857. — Amiens, Yvert, 1857 ; 34 p. in-8°.

5092. — Compte rendu des travaux de la **Chambre de Commerce** d'Amiens du mois d'Août 1857 au mois de Mai 1859, lu... dans la Séance du

1ᵉʳ Juin 1859. — Amiens, Yvert, 1859 ; 32 p. in-8°.

5093. — Compte rendu des travaux de la **Chambre de Commerce** d'Amiens du Mois de Mai 1859 au mois de Septembre 1862. Lu par M. Péru-Lorel, Président dans la séance du 3 Décembre 1862. — Amiens, E. Yvert, 1863 ; 61 p. in-8°.

5094. — **Chambre de Commerce** d'Amiens. Observations sur le projet de loi concernant les Sociétés à responsabilité limitée. Février 1863.— Amiens, Yvert, 1863 ; in-8°.

5095. — **Chambre de Commerce** d'Amiens. Délibérations sur les questions relatives à l'organisation des Conseils de Prudhommes et aux Livrets des Ouvriers, 23 Novembre 1868. — Amiens, E. Yvert, 1867 ; 14 p. in-8°.

5096. — **Chambre de Commerce** d'Amiens. Enquête administrative sur les Traités de Commerce. Séance du mardi 26 octobre 1869 présidée par M. Ozenne. — Amiens, Jeunet, 1869 ; 75 p. in-8°.

5097 — **Chambre de Commerce** d'Amiens. Séance du 30 Décembre 1869 sous la présidence de M. G. d'Auribeau, Préfet de la Somme. Installation de la Chambre. Nomination du bureau. — Amiens, T. Jeunet, 1870 ; 10 p. in-8°.

5098. — La **Chambre de Commerce** d'Amiens à M. le Ministre de l'Agriculture et du Commerce. *Lettre, du 17 juillet 1873, sur le projet de loi d'impôt sur les tissus.* — Amiens, T. Jeunet ; 3 p. in-4°.

5099. — **Chambre de Commerce** d'Amiens. Installation de la Bourse de Commerce d'Amiens. 18 Novembre 1877. — Amiens, Jeunet, 1877 ; 40 p. in-8°.

5100. — **Chambre de Commerce** d'Amiens. Rapport sur le questionnaire relatif à l'impôt des boissons, par M. Eugène Gallet. — Amiens, Jeunet, 1880 ; 33 p. in-8°.

5101. — **Chambre de Commerce** d'Amiens. Séances des 13 avril, 4 mai et 21 juin 1881. Délibérations sur le grand canal du Nord vers Paris. Rapport de M. Vulfran Mollet. — Amiens, Jeunet, 1881 ; 22 p. in-8°.

5102. — **Chambre de Commerce** d'Amiens. Extrait du Procès-Verbal de la Séance du 7 Mars 1883. Installation des Membres nouvellement élus et Constitution du Bureau. — Amiens, Jeunet, 1883 ; 23 p. in-8°.

5103. — **Chambre de Commerce** d'Amiens. Canal du Nord. Extrait du Procès-Verbal de la Séance de la Chambre de Commerce d'Amiens en date du 7 août 1889. — Amiens, Jeunet, 1889 ; 7 p. in-8°.

5104. — **Chambre de Commerce** d'Amiens. Compte rendu des travaux de la Chambre de Commerce d'Amiens pendant les années

1881, 1882, 1883. Amiens, Jeunet, 1884 ; 56 p. in-8°
1884. Amiens, Jeunet, 1885 ; 93 p. in-8° et 3 tab.
1885.   »   »   1886 ; 59 p in-8°.
1886.   »   »   1887 ; 93 p. in-8°.
1887.   »   »   1888 ; 116 p in-8°.
1888.   »   »   1889 ; 109 p in-8°
1889.   »   »   1890 ; 105 p. in-8°
1890.   »   »   1891 ; 101 p. in-8°.
1891.   »   »   1892 ; 56 p in-8°
1892.   »   »   1893 ; 98 p in-8°.
1893.   »   »   1894 ; 109 p. in-8°
1894.   »   »   1895 ; 108 p. in-8°.
1895.   »   »   1896 ; 89 p. in-8°
1896.   »   »   1897 ; 122 p in-8°
1897.   »   »   1898 ; 111 p in-8°
1898.   »   »   1898 ; 153 p. in-8°

5105. — Arrest de la Cour de Parlement, qui deffend aux **Juges-Consuls** de la Ville d'Amiens de connoistre des affaires criminelles, ny de commettre aucuns desdits Juges pour faire la fonction de Monsieur le Procureur Général du Roy. Du 8 Aoust 1702. — Paris, Gissey ; 4 p. in-4°.

— 413 —

Bibl H. Macqueron.
Voir aussi Journ, des Aud. du Parl., par Nupied. — Paris, 1736, t. V, p. 276 et 277 ; in-folio.

5106. — Arrest du Conseil d'Estat du Roy, du vingt-neuvième Aoust mil sept cent vingt-un Qui casse une Sentence des Consuls d'Amiens, condamne les Juges qui l'ont rendue en 500 liv. d'amende chacun Interdit en outre l'ancien Consul de ses fonctions de Juge pour l'avoir rendue : Ordonne qu'elle sera rayée et biffée sur le Registre du Greffe et que mention sera faite en marge de la Minute d'icelle du présent Arrest : Et enjoint ausdits **Juges Consuls** et à ceux des autres Villes du Royaume, de se conformer aux Reglemens rendus sur le fait du Controlle des Actes des Notaires, Controlle des Actes sous signature privée, petit Scel et Insinuations Laïques aux peines y portées. — *Paris*, Jouvenel, 1721 ; 16 p. in-4°.

Bibl. H. Macqueron.

5107. — Arrest du Conseil d'Estat du Roy du 10 octobre 1721, qui déboute les **Juges-Consuls** d'Amiens, ensemble les nommés Cochemin Greffier, Cauvry Sergent et Maillard Procureur de leur opposition à l'Arrest du 29 Juillet dernier : Par lequel ils ont été condamnés en différentes Amendes pour Contraventions par eux commises aux Reglemens de Controlle des Actes sous Signature privée et des Petits Scels. — *Paris*, Jouvenel ; 16 p. in-4°.

Ibid.

5108. — Déclaration du Roy qui fixe le nombre des **Juge et Consuls** de la Ville d'Amiens. Donnée à Versailles le premier juillet 1738. — Paris, Imprimerie Royale, 1738 ; 8 p. in-4°.

Bibl. d'Amiens, Jurisp , n° 328.

5109. — Au Roi et à Nosseigneurs de son Conseil. Très humbles et très respectueuses Remontrances que font au Roi, à Monseigneur le Chancelier et à Nosseigneurs du Conseil Les **Juge et Consuls** de la Ville d'Amiens *pour le maintien de la Justice Consulaire.* — S. l. n. n., *vers 1759* ; 8 p. in-folio.

Anc^{ne} Bibl. de Marsy.

5110. — Lettres patentes du Roi qui ordonnent qu'à l'avenir, il ne sera plus élu annuellement pour le service de la **Jurisdiction Consulaire** d'Amiens, que deux Consuls, au lieu de quatre, lesquels resteront en Exercice pendant deux années au lieu d'une ; mais de manière qu'il y ait toujours en fonctions deux anciens Consuls avec deux nouveaux. Du 13 Janvier 1788. — Amiens, J. B. Caron l'aîné, 1788 ; 4 p. in-4°.

Bibl Pinsard.

5111. — Tribunal de Commerce de l'arrondissement d'Amiens. 28 octobre 1862. Séance d'installation du Tribunal. Procès-verbal. Discours. — Amiens, Yvert, 1862 ; 22 p. in-8°.

5112. — Tribunal de Commerce de l'arrondissement d'Amiens.Audience du 30 Octobre 1866. Installation de MM. les Président, Juges et Juges suppléants institués par décret impérial du 1er octobre 1866. — Amiens, Challier, 1866 ; 31 p. in-4°.

5113. — Réponse du Conseil des **Prudhommes** d'Amiens au rapport fait au Conseil général du Commerce sur la révision de la Législation relative aux Conseils de Prudhommes. — Amiens, Duval et Herment, 1838 ; 32 p. in-8°.

5114. — Remarques et Observations touchant certains points de la Jurisprudence du Conseil des **Prudhommes** d'Amiens, suivies d'une Note Relative à la Révision projetée de la Législation concernant les Prudhommes.— Amiens, Duval et Herment, 1839 ; 16 p. in-8°.

5115. — Règlement du Conseil des **Prudhommes** séant à Amiens. Département de la Somme. — Amiens, Vve Herment, 1859 ; 25 p. in-12.

— 414 —

CHAPITRE XIII

JOURNAUX ET ALMANACHS

I. JOURNAUX.

5116. — **L'Abeille Picarde**, journal consacré aux nouvelles du département de la Somme, à celles administratives, commerciales ou agricoles, à la littérature et aux avis et annonces judiciaires. 1827-1837.

Journal hebdomadaire rédigé et signé par Binet fils aîné; a été imprimé à Amiens par Ledien-Canda, puis par Ledien fils et Boudon-Caron. Il a paru d'abord in-8°, puis le 21 décembre 1828 en in-4° et plus tard en petit in-folio. Le plus ancien numéro que nous ayons vu est du 3 octobre 1827 (est-ce le premier ?), le plus nouveau celui du 29 mars 1837 (est-ce le dernier ?).

5117. — **L'Ami de l'Ordre.**

A continué la Gazette de Picardie à partir du 8 novembre 1848 Imprimé à Amiens chez M. Yvert, il paraissait encore en 1856. (Voir n° 5146).

5118. — **L'Avenir de la Somme.** Organe politique absolument indépendant et de Défense Commerciale. — 1898.

Journal hebdomadaire publié à Amiens ; le premier numéro est du 3 décembre 1898 ; a succédé au Rappel Picard. (Voir n° 5176).

5119. — Le **Beffroi**, journal hebdomadaire, paraissant le dimanche. Rédacteur en Chef : Armand Grébeauval.

Le 1er numéro est du 18 mars 1888 ; il a paru d'abord en fascicules de 16 p. petit in-4° et est devenu quotidien et de grand format pour soutenir la candidature du général Boulanger dans la Somme, le dernier numéro est du 25 novembre 1888.

5120. — Le **Bonhomme Picard.** — Amiens, Jeunet ; 1870.

Journal hebdomadaire qui a paru du 13 février au 28 août 1870 en 29 numéros.

5121. — Le **Bulletin de la Somme.** 1807-1809.

Continuation de la Décade (Voir n° 5134). A paru en petit in-folio chez Maisnel, du 6 janvier 1807 au 27 juin 1809.

5122. — Le **Canard d'Amiens.** Numéro unique. 1889. — 4 p. in-4°.

5123. — Les **Chroniques Amiénoises.** Journal mensuel paraissant le dernier dimanche de chaque mois. Rédacteur en chef : Louis Lorrain.

Ce journal de format petit in-4° a eu peu de durée. Le 1er numéro est du 29 juillet 1888.

5124. — **Chronique de Picardie**, journal d'Amiens et du département de la Somme, 1858. — Amiens ; Yvert.

A eu 8 numéros du 14 novembre au 9 décembre 1858.

5125. — La **Chronique** picarde de la **Croix**. — Amiens, 1888.

Le premier numéro est du 25 décembre 1888 ; d'abord bi-hebdomadaire, elle est devenue tri-hebdomadaire le 5 décembre 1895 et quotidienne le 8 décembre 1898 avec deux éditions, avec ou sans la reproduction du journal La Croix.

5126. — Le **Commerce de la Somme.** Annales de la Ville d'Amiens

Journal hebdomadaire publié par Alfred Caron et dont le premier numéro est d'octobre 1851 ; il paraissait encore en 1856.

5127. — Le **Courrier de la Somme**, journal politique, industriel, agricole et littéraire. — 1848.

Journal quotidien conservateur dont le premier numéro a paru le 15 mars 1848.

5128. — Etude de M° Bazot, notaire à Amiens. Statuts de la Société en Commandite du Journal Le **Courrier de la Somme**. 1ᵉʳ mai 1848. — Amiens, Alfred Caron; 7 p. in-8°.

* **5129**. — Complainte sur le dernier canard du **"Courrier de la Somme"**, n° du 15 juin 1849.

Au sujet d'un complot ourdi dans le département.
Bibl. Natˡᵉ.

5130. — Procès du **Courrier de la Somme**. — Amiens, Alfred Caron, 1851 ; 24 p. in-8°.

5131. — Le **Courrier de la Somme**, journal politique quotidien.

Le 1ᵉʳ numéro est du 31 juin 1881 ; imprimé à Amiens chez la Vᵛᵉ Rousseau-Leroy ; a paru jusqu'en 1884.

5132. — Le **Courrier de Picardie**.

Imprimé à Amiens (imprimerie picarde), dura seulement quelques mois et après la disparition du Courrier de la Somme.

5133. — **Courrier du département de la Somme**, par J. C. Duméril. 1790.

Publié à Amiens chez Caron-Berquier par cahiers in-8°. Le 1ᵉʳ numéro est du 4 juillet 1790 ; il a paru encore le 7 novembre 1790. Y a-t-il eu des numéros postérieurs ?

5134. — La **Décade** du département de la Somme. 1800-1806.

Le premier numéro est du 10 pluviose an VIII. Le 20 prairial an X ce journal qui a été imprimé dans le format in-4°, par Patin, puis par Maisnel fils a pris le titre de Bulletin de la Somme. Il a cessé de paraitre à la fin de 1806.

5135. — Le **Démocrate**, journal de l'atelier. 1848.

Journal imprimé par M. Yvert et qui n'a eu que huit numéros du 30 mai au 17 juillet 1848.

5136. — L'**Echo d'Amiens**, journal littéraire, scientifique, historique, agricole, commercial, de modes et d'annonces, paraissant une fois par semaine le vendredi matin. — Amiens, rue des Trois-Cailloux.

Le premier numéro de ce journal est du 14 avril 1843 ; il paraissait encore le 9 août 1844 ; nous n'avons pu retrouver la date à laquelle il a fini sa publication.

5137. — L'**Echo de la Somme** 1870-1895.

Journal quotidien royaliste dirigé par MM. Yvert ; le 1ᵉʳ numéro est du 12 octobre 1870, le dernier du 30 juin 1895.

5138. — L'**Eclaireur**, Journal de l'Union Conservatrice de la Somme.

A paru en septembre et octobre 1877 pour soutenir les candidats conservateurs aux élections du 14 octobre.

5139. — L'**Eclaireur de la Somme**, paraissant le dimanche, journal instructif et intéressant. — Amiens, 1870 ; Caillaux.

A eu cinq numéros du 13 février au 13 mars 1870.

5140. — L'**Eclaireur picard**, journal républicain quotidien. — Amiens, Imprimerie nouvelle.

Ce journal paru le 18 août 1898 n'a eu que quelques numéros

5141. — L'**Etoile de la Somme**. Petites affiches du département, Nouvelles locales, Faits divers, Commerce, Agriculture, Littérature.

A paru en 1855, imprimé par Lenoel-Hérouart ; continue encore sa publication sous un titre légèrement modifié ; hebdomadaire.

5142. — **Feuille d'affiches**, annonces judiciaires et avis divers de la ville d'Amiens, chef-lieu du département de la Somme. Commerce, agriculture, industrie, lettres et arts et actes administratifs.

Publiée depuis 1810 jusqu'au 7 février 1829 sous les signatures successives de J. B Caron l'ainé et Caron Duquenne en format in-4°.
Bibliog. Dufour, n° 342.

5143. — Le **Franc Picard**. 1834-1835.

Journal imprimé à Amiens par M. Ledien fils. A eu 53 numéros du 31 décembre 1834 au 30 décembre 1835.

5144. — Le **Franc-Picard**, journal littéraire, commercial et agricole. 1841.

Journal hebdomadaire paru du 1ᵉʳ août au 27 novembre 1841. Daté dès son premier numéro de la 3ᵐᵉ année, comme continuant le Franc-Picard de 1835 ; édité à Amiens par Alfred Caron.

5145 — **Le Franc Picard**, journal hebdomadaire, politique, littéraire, artistique, agricole et financier.

Publié à Amiens ; le 1ᵉʳ numéro a paru en novembre 1891, le dernier en décembre 1896 ; il a été remplacé par le Rappel Picard. (Voir n° 5176).

5146. — **La Gazette de Picardie.** 1831-1848.

Journal légitimiste paraissant à Amiens tous les mercredis Rédigé par M. Yvert, il a commencé sa publication le 30 septembre 1831 et a cessé de paraître le 1ᵉʳ novembre 1848. Remplacé par l'Ami de l'Ordre. (Voir n° 5117)

5147. — **Le Glaneur.** 1820-1850.

Ce journal a dû commencer à paraître à Amiens vers 1820, car le n° du 11 février 1826, le plus ancien que nous ayons rencontré, porte la date septième année, n° 1. Publié et signé par Auguste Caron jusqu'au 8 avril 1826, R. Machart en prit ensuite la direction jusqu'au 23 juin 1838. Il fut ensuite signé par Eugène Herment, puis imprimé par Duval et Herment du 16 septembre 1838 jusqu'au 27 juin 1862, où il cessa de paraître.
Caron le publia en cahiers in-8°, Machart en une feuille in-4° puis en petit in-folio ; il devint grand in-folio le 21 juillet 1838
Consacré d'abord à la littérature et aux avis judiciaires, il devint politique en 1829, il fut hebdomadaire jusqu'au 11 octobre 1845 et à cette époque parut deux fois par semaine C'est dans ce journal qu'ont été publiées les notices illustrées réunies en un volume sous le titre . Monuments anciens et modernes de la ville d'Amiens. (Voir n° 2701).

5148. — **L'Impartial** de la Somme. 1848-1849.

Imprimé à Amiens chez Lenoel-Herouart, ce journal qui soutenait la politique du général Cavaignac a paru du 12 novembre 1848 au 25 novembre 1849

5149. — **L'Indicateur d'Amiens**, feuille d'avis du département de la Somme, paraissant le dimanche. — Amiens, Yvert.

Le 1ᵉʳ numéro est du 15 mars 1874.

5150. — **L'Indicateur du département** de la Somme. 1824-1826.

Publié par Caron-Berquier du 8 janvier 1824 au 7 juin 1826 ; les 5 premiers numéros ont paru en in-8°, les autres en in-4°.

5151. — **Journal d'agriculture** et de commerce du département de la Somme.

Publié du 7 juin 1817 a fin octobre 1819, paraissait par cahiers hebdomadaires in-8° ; a été remplacé par le Journal de la Somme. (Voir n° 5153).

5152. — **Journal d'Amiens**, Moniteur de la Somme.

A continué le Napoléonien (voir n° 5164) ; le premier numéro est du 1 janvier 1861, il continue à paraître tous les jours.

5153. — **Journal de la Somme**, nouvelles du département, actes administratifs, agriculture, commerce, sciences, arts et littérature, annonces, avis judiciaires et particuliers.

A paru chez Caron-Vitet du 6 novembre 1819 au 26 décembre 1829 par cahiers hebdomadaires in-8°.

5154 — **Journal de la Somme** (Sentinelle picarde et Eveil d'Abbeville réunis). 1839-1845.

Paraissait à Amiens tous les deux jours ; le dernier numéro est du 28 mars 1845 Ce journal, qui était d'opposition constitutionnelle a été remplacé par le Journal de la Somme. (Voir n° 5155).

5155. — **Journal de la Somme**, politique, littéraire, judiciaire, industriel et agricole. 1845-1848.

Ce journal d'opposition avancée paraissait à Amiens six fois par semaine ; le dernier numéro est du 31 août 1848.

5156. — **Journal des Agriculteurs** Manufacturiers et Commerçans du Département de la Somme. 1829.

Rédigé par M. Jourdain-Lecocq et imprimé à Amiens chez Caron-Vitet, ce journal mensuel n'a eu que 12 numéros dont le premier est daté du 1 janvier 1829 ; format in-8°.

5157. — **Journal du département** de la Somme. 1810-1813.

Feuille hebdomadaire de format in-4° publiée par J. B Caron, du 6 janvier 1810 au 28 décembre 1811, et par Maisnel, du 1ᵉʳ janvier 1812 au 30 décembre 1813,
Bibl. d'Amiens, Hist., n° 3671

5158. — **La Lanterne de Sᵗ Acheul.**

Ce journal qui a duré du 15 octobre 1882 au 1ᵉʳ avril 1883, eu 94 numéros, a été d'abord imprimé, puis autographié ; paraissait en fascicules de 16 p. in-16

5159. — Le **Mémorial d'Amiens** et du Département de la Somme.

Le premier numéro de ce journal est du 25 octobre 1851; il a depuis continué de paraître régulièrement tous les jours sauf le lundi.

5160. — Le **Messager d'Amiens**, Journal du département de la Somme.

Journal politique quotidien, fondé par Emile Glorieux : le 1er numéro est du 21 octobre 1871, il a duré environ trois ans.

5161. — Le **Messager de la Somme**, journal hebdomadaire.

Le 1er numéro est du 13 juin 1886; le format a été diminué le 7 avril 1887 et on a ajouté le sous-titre : Journal politique et hebdomadaire; le 10 novembre 1889, on a pris le nouveau sous-titre : Supplément picard à la Croix du Dimanche. Il continue à paraître sous le titre : Messager de la Somme, chronique picarde hebdomadaire.

5162. — Le **Miroir de la Somme**. 1822-1823.

A paru du 2 mai 1822 au 23 avril 1823 en 52 numéros, le jeudi de chaque semaine. Les nos 1 et 2 ont été imprimés à Amiens, par Carou-Berquier; les nos 3 à 26, par Moreau à Paris ; les nos 27 à 52 à Abbeville, chez Deverité.
Bibl. d'Amiens, Hist, n° 4675.

5163. — Le **Moniteur picard**, remplaçant le Commerce de la Somme et l'Indicateur d'Amiens.

Publié à Amiens par Alfred Caron, hebdomadaire, a paru en format in-4° le 2 janvier 1858. Il est devenu in-folio en 1859 sous le titre : Le Moniteur picard, journal d'annonces et avis divers, et a duré jusqu'au 26 mars 1861.

5164. — Le **Napoléonien**, Moniteur de la Somme.

Journal quotidien publié à Amiens par M. Jeunet. Le 1er numéro est du 25 mars 1852 ; il avait été précédé d'un numéro spécimen; a duré jusqu'au 31 décembre 1860 et est devenu le Journal d'Amiens. (Voir n° 5152)

5165. — Le **Nouvelliste** Echo de la Somme. 1895.

Continuation sous un autre titre de l'Echo de la Somme ; le 1er numéro est du 1 juillet 1895, continue à paraître tous les jours.

5166. — Le **Petit Journal de la Somme**, journal quotidien. — Amiens, 1870-71.

A paru du 25 septembre 1870 au 14 mai 1871 en 108 numéros avec interruption du 27 novembre au 26 Mars, causée par l'occupation prussienne ; d'opinion républicaine, il a cessé lors de l'apparition de "La Somme".

5167. — Le **Petit Picard** illustré de l'Arrondissement d'Amiens.

Ce journal paraît n'avoir eu que quatre numéros, le premier est daté du 17 août 1893

5168. — Le **Petit Progrès de la Somme**. 1876-1892.

Journal républicain quotidien imprimé à Amiens; le 1er n° est du 31 janvier 1876, le dernier du 16 octobre 1892.

5169. — Les **petites affiches** du département de la Somme, feuille spécialement consacrée à la publication des annonces, paraissant tous les samedis. — Amiens, Lenoel-Herouart.

Cette feuille d'affiches a commencé le 27 juillet 1850 et a pris en 1855 le titre d'Etoile de la Somme (Voir n° 5141)

5170. — Le **Peuple Picard**, Organe hebdomadaire Républicain Socialiste.

Publié à Amiens; le 1er numéro est du 18 mai 1890, ce journal paraissait encore le 3 mai 1891 et a disparu peu après.

5171. — La **Picardie Républicaine**. Organe de l'Union Républicaine Démocratique de la Somme, commercial, industriel et agricole paraissant le Samedi.

Le 1er n° est du 11 mars 1900.

5172. — La **Pique Hardie** hebdomadaire, journal socialiste. Directeur : Quignon.

Six numéros seulement, le premier du 14 juin 1896

5173 — Le **Progrès de la Somme**. Organe de la Démocratie. 1870.

A paru sous ce titre quotidiennement du 16 mai au 27 novembre 1870. Il a reparu sous le titre : Le Progrès de la Somme, du 20 mai 1872 au 15 février 1874, époque à laquelle il a été interdit par arrêté du Gouverneur de Paris; le 11 janvier 1876, il a repris sa publication qui continue.

5174. — Le **Publicateur** du département de la Somme, journal d'Amiens.

Hebdomadaire, publié à Amiens par Caron et Lambert ; le 1ᵉʳ numéro est du 12 avril 1851.

5175. — La **Publicité**, petites affiches de la ville d'Amiens et du Département de la Somme. 1846-1847.

Du 14 mars 1847 au 6 mars 1847 ; imprimé à Amiens chez Alfred Caron.

5176. — Le **Rappel Picard**, journal républicain progressiste et indépendant.

Journal hebdomadaire ; a paru de 1896 a 1898 avec 100 numéros environ, succédant au Franc-Picard (Voir n° 5145).

5177. — Le **Réveil de la Somme.**

Ce journal patronné par l'Union démocratique et les Chambres syndicales d'Amiens a paru en janvier 1892 ; il a duré peu de temps

5178. — Le **Réveil Démocratique** de Picardie, journal républicain radical.

Ce journal a paru le 2 mai 1896 et n'a eu que quelques numéros.

5179. — La **Sentinelle Picarde**, feuille politique et littéraire, industrie, commerce, agriculture, tribunaux, spectacles, beaux-arts, annonces judiciaires et avis particuliers. 1829-1840.

Le premier numéro est du 15 février 1829, le dernier du 14 mars 1840. Fondé pour soutenir les idées libérales sous la Restauration, ce journal a été remplacé par le Journal de la Somme. (Voir n° 5154).

5180. — La **Sentinelle Républicaine.** 1886.

Journal hebdomadaire publié à l'imprimerie du Progrès de la Somme ; le 1ᵉʳ numéro est du 2 juillet 1886 ; continue à paraître.

5181. — La **Somme**, journal politique quotidien. Rédacteur en Chef : Edmond Magnier. — Amiens, 1871-1872.

Journal républicain ; a paru du 15 mars 1871 au 5 mai 1872.

5182. — Le **Sport Picard** Organe hebdomadaire de l'automobile et de tous les sports dans la région picarde.

Journal édité à Amiens ; le premier numéro est du 3 février 1900.

5183. — Le **Travailleur Picard.** Organe des Syndicats et des Groupes du Parti ouvrier de la Somme.

Le n° 1 est du 18 février 1893 ; journal hebdomadaire qui a peu duré.

5184. — La **Tribune Picarde.** Organe libre.

A commencé a paraître le 30 Décembre 1888, n'a eu que quelques numéros.

5185. — La **Tribune Picarde.** Organe indépendant d'Action Démocratique.

Le 1ᵉʳ numéro est daté du 12 juin 1898 ; journal hebdomadaire.

5186. — La **Vérité**, journal quotidien. 1870-1871.

Journal républicain imprimé à Amiens, a paru en 91 numéros du 21 septembre 1870 au 30 mai 1871, avec interruption du 26 novembre au 30 avril.

II. ALMANACHS.[1]

5187. — **Almanach du Commerce** et des Arts et Métiers de la Ville d'Amiens pour 1836. — Amiens, au Bureau de l'Almanach du Commerce (R. Machart) ; 442 p. in-12.

5188. — **Almanach du Commerce** et des Arts et Métiers de la ville d'Amiens pour 1839, précédé d'une notice sur cette ville et contenant la liste de toutes les Administrations religieuses, judiciaires et militaires, les noms et adresses... Amiens, Lamon-Mercier, 1839 ; 449 p. in-12.

5189. — **Annuaire de la Ville d'Amiens** contenant l'adresse de tous les membres des Administrations Civiles, Religieuses, Judiciaires et Militaires, les noms et adresses des Négociants, Fabricants, Marchands et Propriétaires suivi du Tableau des Communes du

---

[1] Nous n'avons pas cru devoir faire figurer ici les Almanachs populaires dits 'Almanachs d'Amiens" qui ne contiennent rien d'intéressant pour l'histoire locale.

Département de la Somme. Année 1843. — Amiens, Alfred Caron. 1843; 263 p. in-12.

Cet annuaire a continué de paraître chaque année avec des titres plus ou moins modifiés. Il s'appelle maintenant : Annuaire commercial de la Ville d'Amiens et de ses sections rurales, et a été publié en 1900 par l'Imprimerie picarde.

* **5190** — Petites **étrennes picardes** (1re année 1849). — Amiens, Caron et Lambert; in-18.

Seule année parue.

5191. — **Liste** alphabétique **des principaux habitants** de la Ville **d'Amiens,** par A. Dubois. — Amiens, Caron et Lambert, 1862; 251 p. in-12.

Cette publication a paru deux années.

5192. — Le **Nouvel Annuaire** de la Ville d'Amiens et de ses Banlieues. — Amiens, Redonnet; in-8°.

La première année est de 1890, la dernière parue 1901; ne paraît guère que tous les deux ans

CHAPITRE XIV

FAUXBOURGS ET BANLIEUE D'AMIENS

5193. — **Factum** pour les Religieux Prieur et Convent de l'Abbaye de Saint-Fuscien aux Bois, Ordre de S. Benoît, Congrégation de S. Maur, Appellans d'une Sentence par défaut, renduc au Bailliage d'Amiens, le 27 avril 1705, Demandeurs et Défendeurs. Contre Dom Henry de Machy, Religieux non réformé de l'Ordre de S. Benoit, et Curé de **Longpré**, Intimé et Défendeur. Et encore contre le Sieur Abbé de S. Fuscien, Défendeur. *Signé : Livoire.* — S. l. n. n., *1706;* 8 p. in-folio.

Question de la propriété du fief St Léger à Longpré.
Bibl. d'Amiens, Hist., n° 3596.

5194. — Arrest du Grand-Conseil contre les Habitans du **Petit-Saint-Jean-lez-Amiens**, et les Sieurs Moreaux et Consors *et les condamnant à construire un presbytère; du 13 septembre 1741.* — S. l. n. n.; 7 p. in-folio.

Ibid., Hist., n° 3596.

5195. — Arrest de la Cour des Aydes de Paris, qui fait défenses de mettre à exécution deux Ordonnances du Sieur Intendant d'Amiens des 18 Mai 1740, et 5 Janvier 1741, obtenues par les Syndics et Habitans du Village de la **Bouteillerie** contre la Contrainte du Fermier des Aydes et la Sentence des Elùs d'Amiens du 5 Novembre 1740, pour Droits d'Entrées, d'Inventaires des Vins et Boissons par eux recueillis sur le Terroir dudit Village. Reçoit le Fermier... Du 10 Février 1741. — Paris, Pierre Prault, 1748; 3 p. in-4°.

Bibl. H. Macqueron.

5196. — Mémoire pour le Comte de Noailles Contre Jacques Maillard et sa femme, Appelants. — *Paris*, G. Desprez, 1767; 27 p. in-4°.

Au sujet des droits féodaux de la terre de **Renancourt**.
Bibl. d'Amiens, Hist , n° 3669.

5197. — Mémoire pour Jean-Baptiste Morgan, Ecuyer, Seigneur de Frucourt, Doudelainville et Warcheville, demeurant à Amiens, Défendeur et Demandeur.

Contre le Sieur Sanson Leprince, Agent de Change, demeurant audit Amiens, Demandeur et Défendeur. En présence de M. l'Evèque d'Amiens. — Amiens, veuve Godart, 1775; 34 p. in-4° et 1 plan.

Au sujet de la propriété des **eaux de la Selle** entre la Hautoye et la Somme.
Ibid., Hist., n° 3669.

5198. — Réfutation pour le sieur Leprince Contre le sieur Morgan de Freucourt. — Amiens, veuve Godart, 1776; 13 p. in-4°.
Même affaire.
Ibid., Hist., n° 3669.

5199. — Mémoire signifié pour le Sieur Samson Leprince, Agent de Change. Contre le sieur Jean-Baptiste Morgan de Freucourt, Ecuyer, Négociant. — Amiens, veuve Godart, 1776; 49 p. in-4° et 1 plan.
Même affaire.
Ibid., Hist., n° 3669.

5199 bis. — Réplique du Sieur Morgan de Frucourt, Ecuyer, au Mémoire du Sieur Leprince. — Amiens, veuve Godart, 1776; 28 p. in-4°.
Même affaire.
Ibid., Hist, n° 3669.

5200. — Précis pour le Sieur Morgan de Frucourt, Ecuyer, Appelant. Contre le sieur Leprince, intimé. Et contre M. l'Evèque d'Amiens, appellé en garantie. — Paris, Simon et Nyon, 1784; 12 p. in-4°.
Même affaire.
Ibid., Hist., n° 3669.

5201. — Précis pour le Sieur Matthieu Joseph Benoit, ancien Marchand, demeurant à Amiens, Appellant Défendeur sur anticipation et Opposant : Contre les sieurs Godart Frères, Négocians, demeurant audit Amiens, Anticipans, Demandeurs et Opposans : Contre le sieur Lefebvre l'aîné, Notaire, demeurant audit Amiens, Intimé et Contre le sieur Billot, Arpenteur, aussi Intimé. — Amiens, J. B. Caron, 1792; 24 p. in-4°.

Au sujet de la vente du **château de Monthières** comme bien national.
Ibid., Jurisp. n° 953, t. II.

5202. — Mémoire servant de réponse pour les sieurs Jacques-Chrysostome et Nicolas Firmin Godart Frères, Négocians à Amiens, Anticipans, Demandeurs et Opposants : Contre le Sieur Benoit, Appellant, Défendeur sur anticipation et Opposant. — Amiens, J. B. Caron l'aîné, 1792; 32 p. in-4°.
Même affaire.
Ibid., Jurisp., n° 735, t. I.

5203. — Notice statistique sur les **hortillonnages** de la vallée de la Somme, par M. le vicomte Héricart de Thury, et Médaille d'honneur décernée à M. Louis-Auguste Cauchetier, hortillon d'Amiens, par la Société d'horticulture de Paris, dans sa séance publique du dimanche 9 juin 1833. — Paris, Duverger, 1833; 27 p. in-8°.

5204. — Notice sur les **hortillons** des environs d'Amiens, *par le Vte Héricart de Thury.*
Jal Le Cultivateur, 1838, p. 398 à 407 ; in-8°.

5205. — Les **deux Selle** (Extrait du Journal le Commerce de la Somme), *par Jules Mancel.* — Amiens, Alfred Caron, s. d.; 43 p. in-12.

5206. — Le barrage de **St Maurice** *par Jules Mancel.* — Amiens, Alfred Caron, s. d. ; 18 p. in-12.

5207. — Les Carrières de **Saint Maurice-lez-Amiens**, *par Louis Douchet.*
Revue picarde, n° du 23 janvier 1860, p. 4 et 5 ; in-4°.

5208. — **Longpré-lès-Amiens** et les du Gard Seigneurs dudit lieu, Maïeurs et Echevins d'Amiens, etc., à partir du XIIIe siècle. Testament en vers du chevalier du Gard par F. Pouy. — Paris, Baur et Detaille, 1870; 60 p. in-8°.

5209. — Les **Hortillonnages** d'Amiens ou l'art de transformer les Marais insalubres et improductifs en saines et riches cultures maraichères. Notes et documents recueillis par H. Rattel. — Amiens, Yvert et Tellier, 1890; 185 p. in-8°.

5210. — Les **Hortillonnages** d'Amiens.

Observations critiques sur l'ouvrage de M. Rattel par MM. Gonse, Dubois, Duchaussoy et autres. Bull. Soc Linn., t. X, p. 102 à 109; in-8°.

5211. — Frère Bruno et les Sayetiers d'Amiens, par Pierre d'Issy.

Rev. du Nord de la Fr, 1890, p. 141 à 143; in 8°.

Histoire plaisante arrivée à **Renancourt**.

CHAPITRE XV

COMMUNES RURALES DES CANTONS D'AMIENS

5211bis. — **Allonville**, Sonnet.

Les Mélancoliques, par Joseph Bard, 1839, p. 207 et 208.

5212. — Office complet de la décollation de Saint-Jean-Baptiste, patron de la paroisse d'**Allonville**. — Amiens, Caron et Lambert, 1848; 48 p. in-8°.

* **5213**. — Mémoire sur la question de la seigneurie d'**Argœuves** et des droits honorifiques de l'église. Pour dame Françoise Eudel, veuve de Charles Gorguette... seigneur du Bus, dame d'Argœuves... contre M° René Louis Roussel, conseiller au bailliage d'Amiens, intimé... *Signé : de la Grenée.* — S. l. n. n., *1651*; in-folio.

Bibl. Nat^{le}, f° Fm, 6897.

* **5214**. — *Mémoire* pour dame Françoise Eudel, dame d'**Argœuves** contre le sieur Roussel, sur la question de la seigneurie d'Argœuves, et des droits honorifiques de l'Eglise. — S. l. n. n. d. ; in-folio.

Ibid., Thoisy, 136, f° 67.

* **5215**. — Mémoire pour dame Françoise Eudel, dame d'**Argœuves**, contre le sieur Roussel... — S. l. n. n., *vers 1651*; in-folio.

Ibid., Thoisy, 136, f° 71.

5216. — Mémoire pour les Prieur et Chanoines Réguliers de l'Abbaye de Saint Acheul-lès-Amiens, Ordre de Saint-Augustin, Congrégation de France, Demandeurs. Contre M° Louis le Brun, Prêtre, Curé de la Paroisse d'**Argœuves**, Défendeur. Et encore contre les Prieur et Chanoines Réguliers de l'Abbaye de Saint Jean d'Amiens, Ordre de Prémontré, aussi Défendeurs. — Paris, veuve Knapen, 1739; 6 p. in-folio.

Question des dîmes d'Argœuves. Bibl. d'Amiens, Hist., n° 3823, 19.

5217. — Second Mémoire pour les Prieur et Chanoines Réguliers de l'Abbaye de Saint Acheul lès-Amiens, Demandeurs Contre M° Louis le Brun, Curé d'**Argœuve**, Défendeur. — Paris, veuve André Knapen, 1739; 4 p. in-folio.

Ibid., Hist., n° 3823, 21.

5218. — Mémoire des Chanoines Réguliers de l'Abbaye de Saint Martin aux Jumeaux Contre M. Thiery de Genonville, Seigneur du Grand et du Petit **Cagny**. — S. l. n. n., *1750*; 16 p in-4°.
Question de lief.
Ibid., Hist., n° 3822, 26

5219. — Mémoire pour Messire Jean **Thierry**, Chevalier, Seigneur de Genonville, grand et petit **Cagny**, la Bouteillerie, et autres lieux Appellant. Contre François Riou Huissier aux Tailles de l'Election d'Amiens, Intimé. *Signé : Le Lurez-Deligny.* — *Paris*, Paulus-du-Mesnil, 1755; 10 p. in-folio.
Curieux procès de dommages causés par des lapins sur le terroir de Cagny.
Bibl H. Macqueron.

5220. — Précis pour le Chapitre de l'Eglise d'Amiens, appellant Contre la Communauté des Habitans de **Camon**, Intimés. — *Paris*, Grangé, 1742; 16 p. in-4°.
Au sujet du droit de champart dû au Chapitre sur certaines terres de Camon.
Bibl. d'Amiens, Hist, n° 3814, t. I, 31

5221. — Mémoire signifié pour les Doyen, Chanoines et Chapitre de l'Eglise d'Amiens, Seigneurs de Camon, Appellants. Contre les Habitans, Corps et Communauté dudit **Camon**, Intimes. — *Paris*, André Knapen, 1765; 54 p. in-4°.
Ibid., Hist , n° 3814, t. I 32.

5222. — Mémoire pour les Sieurs Doyen, Chanoines et Chapitre de l'Eglise d'Amiens, Seigneurs Hauts-Justiciers, Voyers du Village de **Camon**, Défendeurs et Demandeurs : Contre la Communauté des Habitans de Camon, Demanderesse, Intervenante, et Défenderesse. Et encore, contre François Thuillier, Nicolas Langelé, François Langlet et Jean-Baptiste de Vauchelle, se disant Fermiers de ladite Communauté, Défendeurs. — Paris, P. G. Simon, 1779; 31 p. in-4°.
Ibid., Hist., n° 3814, t I, 33.

5223. — Arrest du Conseil d'Etat du Roy, qui maintient les Doyen, Chanoines et Chapitre de l'Eglise Cathédrale d'Amiens, et les Religieux Célestins de la même Ville, chacun pour la part et portion qui leur appartient, dans le Droit de Péage au Lieu de **Longueau**. Du 8 Mars 1746. — S. l. n. n.; placard in-folio.
Arch. dép. de la Somme, C. 1207

5224. — Mémoire signifié pour le Chapitre de l'Eglise Cathédrale d'Amiens, Appellant, Demandeur. Contre les Habitants de **Longuau**, Intimés, Défendeurs. — *Paris*, Paulus du Mesnil, 1750 ; 18 p. in-folio.
Bibl. d'Amiens, Hist., n° 3815, 22

5225. — Mémoire signifié pour les Syndic, Habitans, Corps et Communauté du Village de **Longueau**, Intimés Contre le Chapitre de l'Eglise Cathédrale d'Amiens, Appellant de Sentence renduc en la Maîtrise Particulière des Eaux et Forests d'Amiens, le 12 juillet 1748. — *Paris*, veuve Lamesle, 1750; 11 p. in-folio.
Arch dép. de la Somme, C, 946.

5226. — Arrest du Conseil d'Etat du Roy, qui, en maintenant les Doyen, Chanoine et Chapitre de la Cathédrale d'Amiens et les Religieux Célestins de la même Ville, dans le Droit de Péage par terre, au Lieu de **Longueau**, réforme le Tarif inséré dans l'Arrêt du 8 Mars 1746 et ordonne l'exécution de celui contenu ci-dessus. Du 27 juillet 1751. — S. l. n n.; placard in-folio.
Bibl. d'Amiens, Hist., n° 3815, 23.

5227. — Arrest du Conseil d'Etat du Roy, qui ordonne la réformation au tarif inséré dans un autre arrêt du Conseil du 8 Mars 1746, par lequel les Doyen et Chanoines du Chapitre de l'église cathédrale d'Amiens, et les religieux Célestins de la même ville, ont été maintenus dans un droit de péage à **Longueaue**, généralité d'Amiens ; à la charge d'entretenir en bon état les ponts et chaussées de ce lieu. Du 27 juillet 1751.— Paris, Imprimerie Royale; 3 p. in-4°.

Arch dep. de la Somme, C, 1209
Il existe deux autres éditions en placard in-folio.

5228. — De par le Roy et Messieurs les vénérables Doyen, Chanoines et Chapitre de l'Eglise Cathédrale d'Amiens, et les Prieur et Religieux du Couvent des Célestins dudit Amiens, le travers de **Longueau** se cueille par ceux qui ont droit, part et portion d'iceluy, ainsi qu'il ensuit. *Suit le tarif des droits*. — S. l. n. n., *1751*; placard in-folio.

Bibl d'Amiens, Hist., n° 3815, 24.

5229. — Mémoire signifié pour le Chapitre de l'Eglise Cathédrale d'Amiens, Seigneur Haut Justicier de Longueau, Appelant, Défendeur. Contre les Habitans de **Longueau**, Intimés, Demandeurs. *Signé : Lefebvre de Dampierre*. — *Paris*, Ch. Est. Chenault, 1759; 36 p. in-folio av. plan.

Ibid., Hist., n° 3815, 26

5230. — Mémoire sommaire servant de réponse pour les Syndic et Habitans du Village de **Longueau**, Intimés. Contre les Doyen, Chanoines et Chapitre de la Cathédrale d'Amiens, Appellans de la Sentence de la Maitrise des Eaux et Forêts d'Amiens; du 12 juillet 1748. *Signé : Gervaise de la Touche*. — Paris, P. G. Simon, 1759; 24 p. in-4°.

Bibl. de Galametz.

5231. — Mémoire signifié sur l'appel appointé et joint, pour les Syndic, Corps et Communauté d'Habitans du Village de **Longueau**, Intimes. Contre les Doyen, Chanoines et Chapitre de l'Eglise Cathédrale d'Amiens, Appellans de Sentence rendue en la Maitrise Particulière de la Ville d'Amiens, le 12 Juin 1750. *Signé : Gervaise de la Touche*. — Paris, P. G. Simon, 1759; 14 p. in-folio.

Ibid.

5232. — Mémoire signifié sur l'instance jointe pour le Chapitre de l'Eglise d'Amiens, Seigneur Haut - Justicier Voyer de Longueau, Appelant. Contre les Habitans de **Longueau**, Intimés. *Signé : Lefebvre de Dampierre*. — *Paris*, Ch. Est. Chenault, 1759; 18 p. in-folio.

Au sujet de la propriété du marais de Longueau.
Bibl. d'Amiens, Hist, n° 3815, 25.

5233. — Réflexions sommaires pour les Habitants du Village de **Longueau**, Intimés. Contre le Chapitre de l'Eglise Cathédrale d'Amiens, Appelant. *Signé : Le Seneschal*. — *Paris*, Ch. Est. Chesnault, 1759 ; 17 p. in-4°.

Bibl. de Galametz.

5234. — Sommaire servant de réponse à l'Imprimé intitulé Réflexions pour le Chapitre d'Amiens, Seigneur Haut-Justicier de Longueau. Contre les Habitans de **Longueau**. *Signé : Lefebvre de Dampierre*. — *Paris*, Ch. Est. Chesnault, 1759; 10 p. in-4°.

Ibid.

5235. — Mémoire sur l'interlocutoire pour les Syndic, Habitans, Corps et Communauté du Village de **Longueau**, Intimés. Contre le Chapitre de l'Eglise Cathédrale d'Amiens, Appellant de Sentence rendue en la Maitrise Particulière des Eaux et Forêts d'Amiens, le 12 Juillet 1748. *Signé : Gervaise de la Touche*. — Paris, P. G. Simon, 1759; 50 p in-folio.

Ibid.

5236. — Précis de la cause pendante au Conseil du Roi, pour les Veuve, Enfans et Héritiers de feu M° Pierre Mouchard, Procureur au Bailliage d'Amiens, Appelant de deux Ordonnances de M. l'Intendant d'Amiens du 22 Aout 1767. Contre les Syndics, Adjoints, Habitans et Communauté de **Longueau**, près Amiens en Picardie, Intimés. — *Paris*, d'Houry, 1779; 16 p. in-4°.

Au sujet du règlement des frais du procès contre le Chapitre
Bibl. H. Macqueron.

5237. — Ordonnance du Roi concernant une Congrégation *dite des frères de St Joseph, créée par Mgr l'Evéque d'Amiens* destinée à fournir *dans un noviciat ouvert à* **Longueau** aux campagnes des Clercs-Laïcs et des Maîtres d'École. Du 3 décembre 1823. — Amiens, Caron-Vitet ; 4 p. in-4°.

5238. — Extrait du Journal de la Somme, du 7 février 1824. *Solennité de l'ouverture du noviciat des frères de St Joseph à* **Longueau**. — 2 p. in-12.

* **5239.** — Factum pour Louise-Charlotte Pingré, demoiselle du Viage, contre messire François de Famechon… sieur de Trouville et consorts, intimés. — S. l. n. n., *après 1702* ; in-folio.

Au sujet de la possession d'un héritage sis au **Pont-de-Metz**.
Bibl. Nat^{le}, Thoisy, 81, f° 136.

5240. — Mémoire pour Messire Louis Auguste d'Albert d'Ailly, Duc de Chaulnes, Baron de Picquigny, Chevalier des Ordres du Roi, Lieutenant Général de ses Armées, Capitaine, Lieutenant des deux cent Chevaux-Légers de la Garde ordinaire du Roi, Vidame et Gouverneur d'Amiens, Demandeur et Défendeur. Contre Messire Nicolas-Joseph de Paris, Evêque d'Orléans, Abbé Commendataire de l'Abbaye de Saint-Jean d'Amiens, Ordre de Prémontré ; et les Chanoines Réguliers de ladite Ville, Défendeurs et Demandeurs. Les Héritiers de Jean Crignier et Pierre Jourdain, Meûnier et autres, Défendeurs. *Signé* : *Aubrelicque*. — Paris, Lamesle, 1735 ; 20 p. in-folio.

A qui appartient la justice sur la rivière de Selle entre les deux **ponts de Metz** et Micire.
Bibl d Amiens, Hist., n° 3596.

5241. — Arrest du Conseil d'Etat du Roy, qui maintient les Doyen et Chanoines du Chapitre de l'église cathédrale d'Amiens, et les sieurs Bernard, Jourdain et Gorguette, dans un droit de péage sur le **pont de Metz**, généralité d'Amiens, à la charge d'entretenir en bon état ledit pont et la chaussée. Du 8 Mars 1746. — Paris, Imprimerie Royale, 1752 ; 3 p. in-4°.

Arch. dép. de la Somme, C, 1202.
Autre édition. — Amiens, veuve Caron ; placard in-folio.
Bibl. d Amiens, Hist , n° 3594

5242. — A propos du nom d'un village en Amiénois **(Pont de Metz)**, par F. I. Darsy. — Amiens, Yvert et Tellier, 1898 ; 10 p. in-8°.

Ext. Bull. Soc. Ant. Pic.

5243. — Arrest du Conseil d'Etat du Roy, qui supprime un droit de peage qui était prétendu par le sieur duc de Chaulnes, au lieu de **Poulainville**, généralité d'Amiens. Du 11 Janvier 1750. — Paris, Imprimerie Royale, 1752 ; 2 p. in-4°.

Bibl. H. Macqueron.

5244. — Conseil municipal de la Commune de **Poulainville**. Séance du 15 juin 1862. *Délibération relative à la délimitation des communes de Poulainville, Bertangles et Coisy*. — Amiens, Jeunet ; 8 p. in-4°.

* **5245.** — Mémoire pour damoiselle Marie-Anne Ricard, veuve de Maître Firmin Roger, demandeur. Contre Maître Claude Boulenger, seigneur de Rivery, défendeur. *Signé* : *Gaignart*. — Paris, Chrétien, *vers 1704* ; in-folio.

Relatif aux droits féodaux dus par les sieurs de Berny dans la seigneurie de **Rivery**.
Bibl. Nat^{le}, Mss. Doullens, 119, Boulenger, f° 7.

5246. — Manifeste sur les Droits de Joyeux Avenement apartenans au Seigneur de **Rivery**-les-Amiens, à chaque mutation et Entrée des Seigneurs Evéques d'Amiens dans cette Ville Capitale, par *Boullenger de Rivery*.. — S. l. n. n., *1733* ; 5 p. in-folio.

Bibl. de Galametz

5247. — La Fondation de l'Eglise de **Saint Sauveur** au village d'**Hédi-**

court Diocèse d'Amiens avec quelques traits sur les Pélerinages par F. Charles de Louvencourt, chanoine régulier de l'Abbaye de S¹ Acheul, et curé dudit Hédicourt. — Arras, chez Guillaume de la Rivière, 1607 ; 148 p. in-24.

Anc^{ne} Bibl. de l'abbé Roze.

* **5248.** — A Nosseigneurs des Requêtes du Palais. *Requête du sieur et de la dame de Mons, au sujet des droits honorifiques prétendus par le duc de Chaulnes dans l'église de* **Hédicourt**. *Signé* : *Mesnar*.

Bibl. Nat^{le}, Thoisy, 136, f° 107.

5249. — Mémoire en forme de factum pour Claude François de Mons, Ecuyer, Seigneur d'**Hédicourt-Saint-Sauveur**, Trésorier de France en la Généralité d'Amiens ; et Dame Catherine Pilon, veuve de Jacques de Mons, vivant Ecuyer Seigneur dudit Hédicourt-Saint-Sauveur, Conseiller du Roy au Présidial d'Amiens, Dame Douairière dudit Hédicourt-Saint-Sauveur, Demandeurs en complainte, et Deffendeurs. Contre Monsieur le Duc de Chaulnes, Deffendeur et Demandeur. — S. l. n. n., *après 1695;* 4 p. in-folio.

Sur la question de la propriété des droits honorifiques dans l'église de S¹ Sauveur.
Bibl. d'Amiens, Hist , n° 3594.

* **5250.** — Chronologies servant de factum pour M. le Duc de Chaulnes, contre François Claude Demons, Trésorier de France au bureau des finances d'Amiens et dame Catherine Pilon, sa mère. *Signé* : *Godemel*. — S. l. n. n., 1696 ; in-folio.

Bibl. Nat^{le}, Thoisy, 136, f° 101.

* **5251.** — Requête pour M. le Duc de Chaulnes *(Charles d'Ailly)* contre les sieur et dame de Mons, pour justifier la vérité des chronologies servant de factum pour M. le duc de Chaulnes et la fausseté des réponses des sieur et dame de Mons. — Paris, C. Guillery, 1698 ; in-folio.

Ibid., Thoisy, 136, f° 113.

* **5252.** — Mémoire pour M. le duc de Chaulnes, appelant demandeur en évocation du principal et intimé, contre le sieur de Mons et la dame sa nièce. *Signé* : *Godemel*. — S. l. n. n. n. d. ; in-folio.

Ibid., Thoisy, 136, f° 149.

* **5253.** — Dispositif de la sentence contradictoire rendue par Nosseigneurs des Requêtes du Palais en la première chambre... le 23 janvier 1698...., entre M. le duc de Chaulnes... et la dame Catherine Pilon, veuve de M. Jacques de Mons. — S. l. n. n. ; in-4°.

Ibid., Thoisy, 126, f° 127.

5254. — Drame spirituelle*(sic)* entremêlée d'entractes qui sera représentée sur le Théâtre du Collège de la Communauté de **Saveuze**, *par le curé de Saveuse*. — Amiens, G. le Bel, M.DCC ; 4 p. in-4°.

Bibl d'Amiens, B.-Lett., n° 2247.

CHAPITRE XVI

CANTON DE BOVES

5255. — La Picardie historique et monumentale. **Canton de Boves.** Boves, Notice par M. A. Janvier. Appendice au canton de Boves par M. C. Enlart. Le manoir de Rumigny par M. J. Roux.

<small>La Pic. hist. et monum, t. 1, p. 251 à 271 avec 2 pl. h. t. et 13 fig. dans le texte ; gr. in-4°.</small>

5256. — Histoire des prêtres constitutionnels du **Doyenné de Sains,** par l'abbé Messio. — Amiens, Lenoel-Herouart, s. d. ; 18 p. in-8°.

5257. — Promenade d'**Amiens à Boves.** Signé : D. à Amiens.

<small>Alman. d'Abbeville, année 1844, p. 122 à 130 ; in-16.</small>

5258. — Notice sur les château, seigneurie et village de **Boves,** canton de Sains, département de la Somme, par Charles Salmon. — Amiens, Lenoel-Herouart, 1850 ; 34 p. in-8°.

<small>Extr. de la Picardie.</small>

5259. — Lettre... sur le **château de Boves**-lez-Amiens, par M. de Dion.

<small>Bull. monum., 1867, p. 435 à 444 ; in 8°.</small>

5260. — **Boves** et ses Seigneurs. Etude historique sur la commune de Boves, par A. Janvier. — Amiens, A. Douillet, 1877 ; 480 p. in-8°. av. 18 pl.

5261. — La **Seigneurie de Boves** en Picardie au XVII° et au XVIII° Siècles, par M. Victor Advielle. — Corbie, Dubois et Bleux, 1894 ; 116 p. in-16.

5262. — Arrêt, du 28 septembre 1657, relatif à un conflit entre la communauté de **Boves** et Antoine Durant, prieur commandataire de St **Ausbert.** — S. l. n. n. ; 4 p. in-4°.

<small>Anc^{ne} Bibl. de Marsy.</small>

5263. — Factvm povr M° Antoine Durant, Aumonier de son Altesse Royale, Prieur Commandataire du Prieuré de S. **Ausbert de Boues,** Ordre de Clugny, Dioceze d'Amiens, Intimé, et Appellant. Contre Mre Charles de Moy, Chevalier, Marquis de Riberpré, Seigneur de la Baronnie de Boues, Appellant et Intimé. — S. l. n. n., 1661 ; 10 p. in-4°.

<small>Au sujet des droits seigneuriaux contestés à ce prieuré.
Bibl. d'Amiens, Hist., n° 3814, t. II, 23.</small>

5264. — Extraict des Registres de Parlement. Arrêt, du 12 avril 1661, confirmant les droits de haute, moyenne et basse-justice du prieuré de **Saint-Ausbert de Boves.** — S. l. n. n. ; 4 p. in-4°.

<small>Ibid., Hist., n° 3596.</small>

5265. — Mémoire pour Mre Jean de Turmenyes, Conseiller du Roy en ses Conseils d'Estat, Garde de son Trésor Royal, Maître des Requestes ordinaire de son Hostel, Seigneur de Nointel et de la Baronnie de Boues, prenant le fait et cause d'Alexandre de Boues l'aîné, du nommé Marais, et autres Gardes-Chasse en ladite Baronnie de Boues, Appellant de la Procedure extraordinaire faite contre lesdits Particuliers en la Maîtrise Particuliere des Eaux et Forêts d'Amiens. Contre M° Charles Moreau Prestre, Docteur de Sorbonne,

Prieur du Prieuré de Boues, Intimé. — S. l. n. n., *1715*; 6 p. in-4°.

Ibid , Hist., n° 3596

5266. — Mémoire sommaire pour M⁰ Charles Moreau, Prêtre, Docteur de Sorbonne, Prieur de **Saint-Ausbert de Boves**, Intimé. Contre Monsieur de Turmenies, Appellant. — S. l. n. n., *1715*; 3 p. in-4°.

Au sujet du droit de chasse sur les villages dépendant de la baronnie de Boves.
Ibid., Hist , n° 3596.

5267 — Mémoire pour M⁰ Charles Moreau, Prestre, Docteur en Théologie de la Faculté de Paris, Prieur de **Saint-Ausbert de Boves**, Intimé. Contre Messire Jean de Turmenies, Garde du Trésor Royal, Appellant. — S. l, n. n.. *1715*; 4 p. in-folio.

Ibid., Hist , n° 3596.

5268. — Addition au Mémoire pour M⁰ Charles Moreau, Prêtre, Docteur en Théologie de la Faculté de Paris, Prieur de **S. Ausbert de Boves**, Intimé. Contre Monsieur de Turmenies. — *Paris*, veuve Grou, 1715; 4 p. in-folio.

Ibid., Hist , n° 3596

5269. — Factum pour Maistre Charles Moreau, Prestre, Docteur en Théologie de la Faculté de Paris, Prieur Commendataire du Prieuré de **Saint-Ausbert de Boves**, Ordre de Cluny, Deffendeur et Demandeur. Contre les Dames Abbesse et Religieuses du Paraclet, Demanderesses et Deffenderesses. — S. l. n. n., *1730*; 12 p. in-folio.

Ibid., Hist., n° 3596.

5270. — Au Roy et à Nosseigneurs en son Conseil. *Requête de Marie-Anne de Turmenies, veuve de Guy André Comte de Laval, relative aux terres de* **Boves.** — *Paris*, veuve Morge, *vers 1746*; 14 p. in-4°.

Bibl. de Péronne, Rec de Mém., t. LIX.

5271. — Arrest de la Cour de Parlement, qui maintient dans le Droit de percevoir douze sols six deniers sur les Chariots, et six sols trois deniers, faisant moitié, sur les Charettes, qui passent et repassent dans l'étendue de la **Baronnie de Boves**, chargés de toutes Marchandises, telles qu'elles puissent être, et spécialement sur les Cendres de Tourbes et Marchandises de Laine. Du 9 Décembre 1747. — S. l. n. n. ; placard in-folio.

Arch. dép. de la Somme, C, 1207.

5272. — Documents sur l'**Hôpital** Saint-Nicolas **de Boves**.

Bull. Com. Trav. Hist., année 1883, p. 200 et 226 ; in-8°

5273. — Notice sur les bureaux d'**Enregistrement**. **Boves** (Somme), par M. Liébron. Extrait des Annales de l'Enregistrement (2° Série, Année 1892). — Hâvre, L. Murer, 1892; 15 p. in-8°.

5274. — *Note de MM. Jouancoux et Rembault sur une pierre tombale trouvée à* **Cachy** *et qui serait celle de Paschase Radbert. Observations de M. Hénocque*.

Bull Soc. Ant. Pic., t. XII, p. 147 à 149 et 203 à 206 ; in-8°

5275. — Factum pour les Religieux, Prieur et Couvent de l'Abbaye Royale de S. Pierre de Corbie, Intimez. Contre Joseph de Sachy, sieur de Belliveux en partie, et Demoiselle Marie Marguerite le Febvre, sa femme. — S. l. n. n., *vers 1680* ; 4 p. in-4°.

Question relative à la terre de **Cachy**.
Bibl. d'Amiens, Hist., n° 3828, 22.

5276. — Mémoire sur le référé pour les Abbé et Religieux de Corbie, Demandeurs. Contre les Habitants de **Cachy** et Consors, Défendeurs. Signé : *Carré jeune.* — *Paris*, Jacques Vincent, 1720; 4 p. in-folio.

Au sujet des droits de l'abbaye de Corbie sur les terres de Cachy et Gentelles
Ibid , Hist., n° 3828, 39

5277. — *Ordonnance de renvoi au Parlement de l'affaire des habitants de* **Cachy** *contre l'abbaye de Corbie; du 25 janvier 1727.* — S. l. n. n. ; 3 p. in-4°.

Ibid , Hist., n° 3828, 39.

5278. — *Arrêt, du 28 février 1731, relatif aux droits seigneuriaux de l'abbaye de Corbie sur les terres et habitants de* **Cachy.** — S. l. n. n. ; 3 p. in-4°.

Ibid., Hist., n° 3829, 10.

5279. — Petite bibliothèque picarde. Souvenirs de l'Invasion. Le **Combat de Cachy** (27 Novembre 1870), par J. B^{te} Jouancoux. — Amiens, T. Jeunet, 1884 ; 52 p. in-24.

5280. — Anniversaires du **Combat de Dury**, 27 Novembre 1870. 1871-1884. — Amiens, Delattre-Lenoel, 1885 ; 58 p. in-8°.

5281. — Cuve baptismale découverte dans l'église de **Fouencamps** (Somme). Communication de M. Ferdinand Pouy.

Rev. Soc Sav. Dép., t. IV, 6° série, 1876, p. 516 ; in-8°.

5282. — Conference ov Assemblee pastoralle, faicte av village de **Gentelles**, le premier jour d'Octobre an present mil six cens et seize, entre les plus anciens Bergers de la contrée, sçauoir N. D. F. et V. — S. l. n. n., M. DC. XVI ; 6 p. in-8°.

Bibl. Nat^{le}, Lb³⁶, n° 891.

5283. — Résultats des fouilles les plus importantes. *Fouilles faites en 1863 et 1866 à Noroy et à Glisy*. Réponse à la 5° question *du Congrès scientifique* ; par M. Bazot.

Congr. scient d'Amiens, p. 408 à 413 ; in-8°.

5284. — Monnaies trouvées à **Glisy** (Somme). Rapport à la Société des Antiquaires de Picardie, par M. Bazot. — Amiens, Lemer aîné, 1866 ; 18 p. in-8°.

Ext. Bull. Soc. Ant. Pic.

5285. — Description des monnaies carlovingiennes trouvées à **Glisy** en 1865, par M. E. Gariel.

Ann. Soc. franç numism., 1867, p. 349 à 358 ; in-8°.

5286. — J. Charvet. Monnaies carlovingiennes. Découverte de **Glisy**. — Paris, s. n., 1870 ; 23 p in-8° av. 24 fig.

Extr. Rev. numism. belge.

5287. — *Catalogue de la découverte de monnaies carlovingiennes faite à* **Glisy** *en 1865, par M. Gariel.*

Ann. Soc. franç. numism., 1878, p. 161 à 165 ; in-8°.

5288. — *Note sur la pierre tombale de* **Glisy**, *par M. Janvier.*

Bull Soc. Ant. Pic., t. XIV, p. 145 à 147 ; in-8°.

5289. — Quelques mots sur **Grattepanche** (Somme), *par A. de C.* — S. l. n. n. n. d. ; 4 p. in-16.

5290. — Extrait des Registres des Requestes du Palais. Du Mercredi 18 Septembre 1754. — S. l. n. n. ; placard in-folio.

Arrêt relatif à la terre de **Guyencourt**. Bibl R de Guyencourt.

5291. — Note sur le Baldaquin de l'église de Saint-Firmin-le-Confesseur de **Guyencourt**, canton de Boves, par M. Hervé de Rougé.

Bull Soc. Ant. Pic., t. XV, p. 334 à 336 ; in-8°.

5292. — **Remiencourt** (Canton de Boves). Notice historique, par M. G. de Witasse.

Ann. offic. du Dép^t de la Somme pour 1900, p. 421 à 432 ; in-8°.

5293. — Précis pour François Frère, Laboureur à Estrées, Demandeur. Contre le s^r Jean Baptiste Firmin Ducroquet, Ecuyer, seigneur de Guyencourt, Estrées, et autres Lieux, Défendeur. — Amiens, J. B. Caron l'aîné, 1787 ; 16 p. in-8°.

Au sujet de la banalité du moulin de **Remiencourt**.
Bibl. d'Amiens, Hist., n° 3669.

5294. — Sanctuaires de la Sainte Vierge en Picardie. **Notre-Dame de Remiencourt** (La Nativité), par Gaetan de Witasse.— Amiens, Langlois, 1886 ; 8 p. in-8°.

5295. — Note sur un flacon gallo-romain, en verre, *trouvé à* **Rumigny**, *en 1895*, par M. Collombier.
Bull. Soc. Ant. Pic., 1896, p. 376 à 378 av. 2 pl.; in-8°.

5296. — Mémoire pour les Maire, Echevins, Syndic, Habitans, Corps et Communauté de **Rumigny**, Appellans. Contre M° Joly, Avocat en la Cour, Tuteur onéraire, et Secrétaire des Commandemens de Louis-Joseph de Bourbon, Prince de Condé, Prince du Sang et Grand Maître de France, Duc de Guise et Baron de Rumigny, Intimé. — **Paris**, G. Lamesle, 1752 ; 9 p. in-4°.

Au sujet de la banalité du moulin de Rumigny.
Anc^{ne} Bibl. de Marsy.

5297. — Description de **Saince** au III° siècle, par M. l'abbé A. Messio.
Bull. Soc. Ant. Pic., t. VIII, p. 261 à 265 ; in-8°.

* **5298.** — Statuts de la Confrérie érigée dans l'église paroissiale de Sains, à l'honneur des SS. Fuscien, Victorix et Gentien, par Mgr l'Illustrissime et Reverendissime Evesque d'Amiens. — Amiens, v° Robert-Hubault, 1655 ; 17 p. in-18.
Hist. de Mgr Faure, par Pouy, ch. VI, n° 20.

5299. — Département de la Somme. Commune de **Sains**. Transport du chef-lieu de canton de Sains à Boves. Séance du Conseil Municipal du 4 Mai 1879. — Amiens, Dutilloy, 1879 ; 8 p. in-8°.

5300. — Pèlerinages picards. Le Tombeau des Saints Martyrs Fuscien, Victorix et Gentien à **Sains**, *par Ch. Salmon.* — Amiens, Rousseau-Leroy, 1887 ; 20 p. in-18.

5301. — Notice historique sur l'Abbaye et le Village de **Saint-Fuscien** au Bois, près d'Amiens, par Ch. Salmon. —Amiens, Lenoel-Herouart, 1856 ; 48 p. in-8°.
Extr. de la Picardie.

5302. — Synode d'Amiens. *Fondation de l'Abbaye de* S. **Fuscien.** 1105.
Act. de la prov. eccl. de Reims.... par Mgr Gousset, t. II, p. 161 à 165 ; in-4°.

5303. — *Nombreux documents sur* **Saint Fuscien.**
Ann. Ord. S. Bened. auct. D. Mabillon, t. I. p. 238 et s ; in-folio.

5304. — Factvm pour la Deffense des Habitants du Village de **S. Fuscien** contre les Poursuites du Curé de Sains et des Marguilliers de ladite Paroisse.— S. l. n. n., *après 1657*; 10 p in-8°.

Opposition à la prétention du curé de Sains qui voulait forcer les habitants de St-Fuscien à faire tous leurs actes de paroissiens dans son eglise.
Bibl. d'Amiens, Hist., n° 3814, t. II, 8

* **5305** —Factum pour les Religieux, Prieur et Convent des Abbayes de Corbie et **Saint-Fuscien**, Ordre de S. Benoit, Congrégation de S. Maur, demandeurs. Contre Nicolas Le Buteux, poursuivant le décret des biens d'Antoine Dacheu, ... sieur de Faucquencourt.—S. l. n. n., *vers 1663*; in-4°.

Demande en exécution d'un arrêt du 18 juin 1663 qui permet aux religieux de rentrer en possession de la terre et seigneurie de Beauvois.
Bibl. Nat^{le}, Ms. Picardie, 194, 1° 289.

* **5306.** — Mémoire pour M° Louis Sublet d'Heudicourt, Abbé Commendataire de l'Abbaye de **S. Fuscien.** Contre les Prieur et Religieux de ladite Abbaye. — S. l. n. n., *1696* ; in-folio.

Réponse à la requête des religieux du 1 février 1696, relative aux dégradations des bois de l'Abbaye.
Bibl. Nat^{le}, Thoisy, 145, f° 367.

5307. — Observations pour prouver les avantages de la maison (*l'abbaye*) de **Saint-Fuscien**, sur celle de Breteuil, et faire connoître la nécessité de conserver la première par préférence à l'autre. — S. l. n. n., *vers 1765;* 15 p. in-4°.

Bibl. d'Amiens, Hist. des Relig., n° 1077, t. II.

5308. — Mandement de Mgr l'Evêque d'Amiens, concernant l'Etablissement à **Saint-Fuscien** d'une maison de Frères destinée à l'éducation des enfants de la campagne; *du 20 août 1823*. — Amiens, Caron-Duquenne; in-4°.

5309. — Notice sur l'institut religieux de **Saint-Fuscien**. — Amiens, Caron et Lambert, s. d.; 16 p. in-8°.

5310. — Institut religieux de **Saint-Fuscien-au-Bois**, par Clovis Detranchant. — Amiens, Caron et Lambert, s. d.; 16 p. in-12.

5311. — Notice historique sur l'abbaye de **Saint-Fuscien** et sur M. Lardeur, Fondateur de la Congrégation des Frères de S. Joseph. — Amiens, Lambert-Prieur, 1876; 24 p. in-8°.

5312. — *Note sur des découvertes archéologiques faites à* **Saleux**, *par M. Pinsard.*

Bull. Soc. Ant Pic., t. XIV, p 211 à 213; in-8°.

5313. — Précis pour le Chapitre de l'Eglise d'Amiens : Contre le Seigneur en partie, et les Proprietaires et Habitans du Village de **Salleux**. Et le Principal et Administrateurs du College de la Ville d'Amiens. En presence des Proprietaires et Habitans du Village de Sallouel. — Paris, P. M. Delaguette, 1780; 12 p. in-4°.

Au sujet de la contribution des habitants de Salouel aux réparations de l'église de Saleux.
Bibl. d Amiens, Hist.. n° 3814, t. I, 40.

5314. — Rapport de M. Bazot sur des monnaies trouvées à **Thézy-Glimont**.

Bull. Soc. Ant. Pic., t X, p. 61 à 67 ; in-8°.

5315. — Notice historique sur les communes de **Vers** et d'**Hébécourt**, canton de Boves, publiées par Hector Josse, d'après les recherches inédites de Dom Pierre Constant, bénédictin de St Maur et de Cuvillier Morel d'Acy. — Amiens, Douillet, 1889; 187 p. in-8° av. 4 pl.

Ext. Mém. Soc. Ant. Pic.

5316. — Récit du combat d'**Hébécourt**. Discours prononcé le 26 Janvier 1873 à l'occasion de la Bénédiction des Monuments élevés aux Soldats Français tombés sur le territoire d'Hébécourt le 27 novembre 1870, par Edmond Fiquet. — Amiens, Yvert, 1873; 15 p. in-8°.

CHAPITRE XVII

CANTON DE CONTY

5317. — Histoire civile, ecclésiastique et littéraire du **Doienné de Conty**, par M. l'Abbé Daire, publié d'après le manuscrit autographe, par M. J. Garnier. — Amiens, Lemer aîné, 1865 ; 124 p. in-16.

5318. — Le Clergé du **Doyenné de Conty** pendant la Révolution avec quelques pièces concernant le Diocèse d'Amiens, par l'abbé J. B. M. Roze. — Amiens, Delattre-Lenoel, 1877 ; 48 p. in-8°.

Extr. de la Picardie.

5319. — La Picardie historique et monumentale. **Canton de Conty**. Notices par M. R. de Guyencourt.

La Pic hist. et monum, t. I, p. 275 à 322 avec 11 pl. h. t. et 16 fig dans le texte ; gr. in-4°.

5320. — Le Père Daire. Histoire civile, ecclésiastique et littéraire du **Doienné de Conty**, annotée et publiée par Alcius Ledieu.—Paris, Alph. Picard et fils, 1898 ; 186 p. in-8° av. 6 pl.

Cet ouvrage contient des notices sur les communes du canton actuel de Conty et sur Clairy-Saulchoy, Dury, Flers-sur-Noye, Ferrieres, Fransures, Guignemicourt, Montières, Renancourt, Pissy, Petit St-Jean, Pont-de-Metz, Revelles, Rogy, Rumigny, Grattepanche, Saleux, St-Saulheu, Saveuse, Vers-Hébécourt et quelques notices biographiques.

5321.—Règlement relatif au Curage, Faucardement, Entretien ordinaire et amélioration de la **Rivière de Selle** et de ses affluents. Du 2 septembre 1852. — Amiens, Duval et Herment ; 16 p. in-8°.

5322. — Préfecture de la Somme. Règlement relatif aux Curage, faucardement, entretien et amélioration de la **rivière de Selle**, et des rivières de Taussac ou des Evoissons, de Bief ou de Poix, du ruisseau d'Extre ou des Parquets et des autres ruisseaux innommés, ses affluents et fossés de dessèchement d'intérêt commun —Amiens, Yvert, 1867 ; 38 p. in-8°

5323.—Notice sur l'église, le château et la seigneurie de **Conty**, arrondissed'Amiens, département de la Somme, par M. A. Gabriel Rembault.— Amiens, Alfred Caron, 1861 ; 115 p. gr. in-8° et 1 pl.

Ext de Chât , Beffrois, etc.

5324.—Conty. Notice historique, par A. Janvier.

Annuaire de la Somme, 1890, p. 387 à 397 ; in-12.

5325. — Arrest du Conseil d'Estat du Roy qui supprime le droit de péage ou travers par terre prétendu par le sieur Comte d'Enrichemont, représentant le sieur Comte d'Orval, dans l'étendue du marquisat de **Conty**, généralité d'Amiens. Du 21 Octobre 1738. — Paris, Imprimerie Royale, 1739 ; 2 p. in-4°.

Bibl. d'Amiens, Jurispr , n° 328.

5326. — Mémoire pour Demoiselle Marguerite-Françoise Filleux, Veuve d'Honorable Homme Claude Becquerel, à son décès Négociant et ancien Consul de la Ville d'Amiens, y demeurante, Fille aînée et Héritière féodale de ses Père et Mère, Demanderesse. Contre Dame Marie-Angélique Filleux, Veuve du sieur Nicolas Boullanger, Seigneur du Hamel, et contre le sieur François Galand, Négociant, ancien Maire de ladite Ville, et ses Consors ès noms, demeurans audit Amiens, Défendeurs. *Signé : Morgand. Jérosme.* — Amiens, veuve Godart, 1750 ; 18 p. in-folio.

Au sujet de la terre de **Luzières-lès-Conty**
Bibl. H Macqueron

5327. — Ordonnance de M. l'Intentendant de la Généralité de Picardie qui, en ordonnant l'exécution des Arrêts du Conseil d'État du Roi, des 3 Avril 1753 et 18 Septembre 1781, condamne les nommés Charles-François Follet, Jean-François Caron, Antoine et Joseph Guérin frères… au paiement d'une somme de 300 livres par forme de restitution et de dommages et intérêts, pour avoir coupé et enlevé des Herbes, en contravention des Règlements, dans les portions de Pré mises en réserve dans les Marais communs de la Paroisse de **Conty**. Du neuf Juin mil sept cent quatre-vingt-deux. — Amiens, Jⁿ B^{te} Caron fils, 1782 ; placard in-folio.

Arch. dép. de la Somme, C, 859.

5328. — Extrait des Registres du Greffe du Tribunal du District d'Amiens. *Série de documents sur une affaire arrivée à* **Conty** *en 1791 et qui avait occasionné une dénonciation contre les membres du tribunal d'Amiens.* — Amiens, Jean Baptiste Caron l'aîné, 1792 ; 6 p. in-4°.

Bibl. d'Amiens, Hist., n° 3659.

5329 — *Pétition des Juges du Tribunal d'Amiens à l'Assemblée Nationale au sujet de la dénonciation faite contre eux dans l'affaire de* **Conty**.—S. l. n. n., *12 janvier 1792* ; 3 p. in-folio.

5330.— Factum pour Me Jean Baptiste de Contes… prieur du **prieuré** Saint-Antoine de **Conty**… contre frère Léonor Canu… Me Nicolas de Verdun, Nicolas Hanin….. — S. l. n. n., *1630* ; in-4°.

Bibl. Nat^{le}, 4° Fm, 5706.

5331. — Arrests notables du Parlement rendus en faveur des Curez Primitifs concernant les Réparations des Chœurs, Nefs, Clochers, Chapelles et Croisées des Eglises. L'entretien du Service Divin, et fourniture de ce qui y est nécessaire. L'ordre dans les Deniers publics des Paroisses et dans ceux des Œuvres et Fabriques. Les Logements des Curez et Vicaires perpetuels. Les Gages et Appointements du Magister des Eglises. Et plusieurs autres choses qui regardent lesdits Curez Primitifs. *Arrêts, des 8 août 1690 et 13 février 1692, relatifs à l'église* St **Antoine de Conty**. — Paris, Saugrain ; 12 p. in-4°.

Bibl. H. Macqueron

5332.—Arrêt du Parlement de Paris, du 13 Février 1692, qui condamne les marguilliers et habitans de la paroisse de **saint Antoine de Conty**, de fournir à leur curé un presbytère convenable et de l'entretenir de grosses réparations.

Rec. des actes, tit .. conc. le clergé de France. — Paris, Muguet, 1716, t. III, col. 247 à 257, in-folio.
Cet arrêt se trouve aussi dans le Recueil des Edits… en faveur des Curez.— Paris, Saugrain, 1694, t. II, p. 59 à 71 et 1706, p. 275 à 287; in-8° et dans le Journ. des Aud. du Parl., par Nupied. — Paris, 1757, t. IV, p. 415 à 418 ; in-folio.

5333. — Factum pour damoiselle Anne Cardon, héritière sous bénéfice d'inventaire de Me François Cardon, vivant **prieur de Conty**… contre Me Charles Harcouet, prieur dudit Conty, appelant d'une sentence rendue aux Requêtes du Palais, le 7 mai 1694. *Signé : Mesnart.* — S. l. n. n. n. d. ; in-4°.

Bibl. Nat^{le}, 4° Fm, 21805

5334. — Mémoire au Conseil. *Pour Me Jean Le Sure, avocat, pourvu à cause de mort du* **Prieuré de Conty,** *contre l'abbé Bauldry, suivi d'observations du sieur Le Sure sur la rétractation des avocats consultants.*— Paris, Mesnier, *1729* ; 8 p. in-4°.

Bibl. Pinsard.

5335— Seconde partie de la consultation du 6 juin 1729 *relative au* **Prieuré de Conty.** — S. l. n. n.; 3 p. in-4°.

Ibid.

5336. — Mémoire pour M° Jean le Sure, Clerc Tonsuré, Avocat en la Cour, Intimé. Contre M. l'Abbé Bauldry, Conseiller en la Cour, Appelant. — S. l. n. n. n. d.; 47 p. in-4°.

Ibid.

5337. — Mémoire pour Monsieur l'Abbé Bauldry, Conseiller au Parlement, Appellant d'une Sentence par défaut des Requestes du Palais. Contre M° Jean le Sure, Clerc tonsuré du Diocèse de Reims, Dévolutaire du **Prieuré de Conty**, Diocèse d'Amiens, et du Prieuré de Notre-Dame de Morrée, Diocèse de Blois, Intimé. *Signé : Guillet de Blaru.* — Paris, Knapen, 1730; 19 p. in-folio.

Bibl. d'Amiens. Hist., n° 3596.

5338. — *Consultation, du 8 février 1730, pour M. Bauldry. Signé : Nesuet, Guillet et autres.* — Paris, Knapen, 1730; 4 p. in-folio.

5339. — *Consultation, du 20 février 1730, pour M. Bauldry. Signé : Capon.* — Paris, André Knapen, 1730; 4 p. in-folio.

5340. — *Consultation, du 22 février 1730, pour M. Bauldry. Signé : Jullien de Prumay et autres.* — Paris, André Knapen, 1730; 3 p. in-folio.

5341. — Second Mémoire pour Monsieur l'Abbé Bauldry, Conseiller au Parlement, Appellant d'une Sentence par défaut des Requêtes du Palais. Contre M° Jean le Sure, Clerc Tonsuré du Diocèse de Reims, Dévolutaire des **Prieurez de S. Antoine de Conty** et de Notre Dame de Morée, Intimé. *Signé : Guillet de Blaru.* — *A la suite :* Actes et Ecrits *relatifs au procès.* — Paris, André Knapen, 1730; 39 et 6 p. in-folio.

Bibl. H Macqueron.

5342. — Troisième Mémoire pour M. l'Abbé Bauldry, Conseiller au Parlement. Contre M° Jean le Sure, Clerc du Diocèse de Reims, Dévolutaire. — *Paris*, André Knapen, 1730; 20 p. in-folio.

Bibl. d Amiens, Hist., n° 3596.

5343. — Mémoire concernant les nullitez et les abus qui sont dans les Titres de M. E. Bauldry, concernant les **Prieurez de Conty** et de Morée. Pour M° Jean le Sure, Clerc Tonsuré, Avocat en la Cour, Appellant comme d'abus. Contre M. l'Abbé Bauldry, Conseiller en la Cour, Intimé. — *Paris*, Mesnier, 1730; 12 p. in-4°.

Bibl Pinsard.

5344. — Second mémoire pour M° Jean le Sure, Avocat en la Cour, Clerc tonsuré, Intimé. Contre M. l'Abbé Bauldry, Conseiller en la Cour, Appellant. — *Paris*, Mesnier, 1730; 24 p. in-4°.

Bibl. Pinsard.

*****5345.** — Sommaire pour M° Le Sure, intimé. Contre M. l'abbé Bauldry, appelant. — Paris, Mesnier, 1720; in-folio.

Bibl. Nat¹°, f° Fm, 9738 bis.

5346. — Mémoire pour le sieur André Le Fricque, seigneur d'Aguillecourt, Demandeur en intervention. Contre Monsieur l'Abbé Bauldry, Conseiller en la Cour, Défendeur. — *Paris*, Mesnier, 1730; 4 p. in-4°.

Bibl. Pinsard.

5347. — Mémoire pour le s' André le Fricque, Clerc Tonsuré du Diocèse de Rheims, Demandeur en intervention. Contre M' l'Abbé Bauldry, Conseiller en la Cour, Défendeur. *Signé : Pasquier.* — Paris, Alexis Mesnier, 1730; 4 p. in-folio.

Bibl H Macqueron.

*****5348.** — Mémoire signifié pour M° Jean Le Sure... pourvu per obitum du **prieuré de Conty**, demandeur en complainte, contre le sieur Claude Cherrier, prétendu dévolutaire, défendeur. *Signé : Blanchard*. — Paris, Mesnier, 1730; in-folio.

Bibl. Nat^{le}, f° Fm, 9733.

* **5349.** — Addition au mémoire signifié pour Me Jean Le Sure... contre le sieur Claude Cherrier..... *Signé : Blanchard*. — Paris, Mesnier, 1730; in-4°.

Ibid., f° Fm, 19300.

* **5350.** — Sommaire pour Me Jean Le Sure, demandeur en complainte, contre le sieur Claude Cherrier, défendeur. *Signé : Le Sure*. — S. l. n. n., 1730; in-folio.

Ibid., f° Fm, 9734.

* **5351.** — Au Roi. *Requête de Jean Le Sure, contre l'arrêt du 3 août 1703*. *Signé : Le Sure*. — S. l. n. n., 1731; in-folio.

Ibid., f° Fm, 9736.

5352. — Au Roy. *Supplique du S. Bauldry contre l'arrêt du 3 août 1730 qui le condamne*. May 1731. — *Paris*, Paulus du Mesnil, 1731; 20 p. in-folio.

Bibl. d'Amiens, Histoire, n° 3596.

5353. — Mémoire pour le sieur le Sure, Demandeur en intervention. Contre le sieur Abbé Bauldry, Défendeur. — *Paris*, Mesnier, vers 1733; 12 p. in-4°.

Bibl. Pinsard.

5354. — Second mémoire signifié servant de réponse, pour Me Jean le Sure, Avocat, Demandeur en intervention. Contre le sieur Abbé Bauldry, Défendeur. — *Paris*, Mesnier, 1733; 12 p. in-4°.

Ibid.

5355. — Mémoire pour le S^r le Sure, Demandeur en Requeste. Contre le Sr Abbé Bauldry, Défendeur. — *Paris*, Mesnier, 1733; 23 p. in-4°.

Ibid.

* **5356.** — Mémoire important dans lequel sont démontrés, selon la méthode des géomètres, douze moyens de requête civile, au sujet de l'arrêt rendu en la troisième chambre des enquêtes du parlement, le 3 août 1730, entre le sieur abbé Bauldry, le sieur Le Sure... *Signé : Le Sure*. — Paris, Mesnier, 1734; in-4°.

Bibl. Nat^{le}. 4° Fm, 1934.

* **5357.** — Mémoire signifié pour l'abbé Bauldry contre Jean Le Sure, demandeur en intervention. *Signé : Armand*. — *Paris*, Paulus du Mesnil, 1734; in-folio.

Ibid., f° Fm, 973.

* **5358.** — Réponse à la requête de M. le procureur général, du 9 mars 1735, pour Me Jean Le Sure,... contre le procureur général... *Signé : Le Sure*. — S. l. n. n.; in-4°.

Ibid., 4° Fm, 19285.

* **5359.** — Récapitulation des moyens de M^e Le Sure contre la demande de M. le procureur général. — S. l. n. n., 1735; in-4°.

Ibid., 4° Fm, 19287.

* **5360.** — Arrêt contradictoire du parlement rendu en faveur de Me Jean Le Sure... contre M. le procureur général. Extrait des Registres du Parlement. *Du 25 mai 1735*. — *Paris*, Mesnier; in-4°.

Ibid., 4° Fm, 19283 bis.

* **5361.** — Observations nouvelles et décisives *pour Me Jean Le Sure contre l'abbé Bauldry, appelant de l'Arrêt du 25 mai 1735*. *Signé : Le Sure*. — S. l. n. n. d.; in-4°.

Ibid., 4° Fm, 19299.

* **5362.** — Sommaire pour Me Jean Le Sure, avocat en la Cour, demandeur en homologation de l'acte du 1er juin dernier... contre M. l'abbé Bauldry, défendeur. *Signé : Le Sure*. — Paris, Mesnier, 1735; in-4°.

Ibid., 4° Fm, 19284.

5363. — Une dalle funéraire du xiii° siècle dans l'église de **Conty**, par F. Pouy.— Amiens, Yvert et Tellier, 1890 ; 7 p. in-8°.

5364. — Office complet de Saint Antoine Abbé, patron de **Conty**. — Amiens, Caron-Vitet, 1821 ; 116 p. in-24.

5365. — Litanies et Cantiques en l'honneur du grand Saint-Antoine, patron de l'Eglise de **Conty**. — Amiens, Caron-Vitet, s. d. ; 8 p. in-24.

5366. — Factum pour frère Claude Pierre, Prestre, Religieux profex de l'Abbaye de S. Acheul lez Amiens, cy-deuant Prieur du **Prieuré** Curat **de Bacoüel** et ses secours au Diocèse d'Amiens. Intimé sur l'appel de la sentence de maintenue rendue à son profit par le Bailly d'Amiens ou son Lieutenant, le 15 Octob. 1638. Et incidamment demandeur en faux, contre l'acte de pretendue prise de possession de ce Prieuré rapporté par l'appelant, en date du 23 Septembre 1636. Et encore demandeur en Requeste par lui presentee à la Cour le 21 Novembre 1650.

Et Frere Jean de l'Espinoy, Prestre, Chanoine Regulier de l'Ordre de Premonstré, à present pourueu dudit Prieuré Curat de Bacouel, par la resignation de Maistre Firmin Hugot, Prestre du mesme Diocese d'Amiens, qui estoit pareillement resignataire dudit frere Claude Pierre, interuenant et joint en cause auec luy. Contre frere François Hanique, Prieur du Prieuré Curat de S. Blaise des Chaizes au Diocese de Chartres, soydisant Religieux Profex de ladite Abbaye de S. Aschœul, et pareillement pourueu dudit Prieuré de Bacouel, appellant de ladite sentence de maintenue, et incidemment deffendeur, tant audit faux, qu'interuention et Requeste. — S. l. n. n. n. d., *vers 1650* ; 20 p. in-4°.

Au sujet de la possession du Prieuré de Bacouel.
Bibl. d'Amiens, Hist., n° 3814, t. II, 20.

* **5367.**— Arrêt de la Cour de Parlement, du 27 mai 1762, *concernant la prise de possession par Gilles Thomas du Prieuré simple de Fresne-Moutier, vulgairement* **Frémontiers**. — Paris, N. Besnard, 1762 ; gr. in-4°.

Bibl. Nat^{le}, f° Fm, 6314.

* **5368.**—Extrait des charges qui sont au Procez contre la Dame de Brosse, Sieur et Dame de Bourdin. — S. l. n. n., *1680-1686* ; 4 p. pet. in-folio.

Affaire scandaleuse. Assassinat commis par Villecourt. Violences et faux témoignages des seigneurs de **Monsure**, etc....

5369.—Mémoire pour Dame Gillette Bauchez, veuve de Messire Henry Aimé de Bourdin, Chevalier, Seigneur de **Monsures** et des Fiefs de Brosse, ancien Capitaine dans le Régiment de Brosse : Et Gaspard de Rey de Soupat, Ecuyer, Chevalier de l'Ordre militaire de Saint Louis, ancien Capitaine dans le Régiment d'Angoumois, Accusés et Appellans, Contre Monsieur le Procureur Général, Intimé. — *Paris*, Delespine, 1738 ; 12 p. in-folio.

Appel de condamnations criminelles prononcées pour faits de violence commis à Monsures.
Bibl. de Péronne.

5370. — Consultation pour Gaspard de Rey de Soupat, Ecuyer, Chevalier de l'Ordre Militaire de saint Louis, ancien Capitaine au Régiment d'Angoumois, Romain de Nation. Et Dame Gillette Bauchez, son épouse, veuve en premières noces de Messire Henri-Aimé de Bourdin, Chevalier, Seigneur de Monsures et autres lieux.

Au sujet de la possession de la terre de **Monsures.** 1747.
Plaidoyers et Mém., par Manuory. — Paris, Hermant, 1744, t. XII, p 65 à 156 ; in-12.

5371. — Mémoire à consulter pour Gaspard de Rey de Soupat, Ecuyer, Chevalier de l'Ordre Militaire de St Louis, ancien capitaine au Régiment d'Angoumois, Romain de Nation. Et

Dame Gillette Bauchez son épouse, veuve en première nôces (sic) de Messire Henri-Aimé de Bourdin, Chevalier, Seigneur de Monsure et autres lieux. 30 juillet 1747. — Paris, veuve Girou ; 40 p. in-4°.

Au sujet de la terre de **Monsures**.

5372. — Eglise de **Namps-au-Val**, par A. Goze.

Arch. de Pic., t. I, p. 141 à 148 ; in-8°.

5373. — Notice sur l'Eglise de **Namps-au-Val** (Canton de Conty, Arrond' d'Amiens), par J. Garnier. — Amiens, Duval et Herment, 1842 ; 19 p in-8° avec 4 pl.

Ext. Mém. Soc. Ant. Pic.

5374. — Mémoire pour Messire Henry Le Roy, Chevalier, Marquis de Jumelles, Intimé : *au sujet de la terre d'***Oresmeaux***.* — S. l. n. n., vers 1658 ; 3 p. in-4°.

Bibl. d'Amiens, Hist., n° 5561.

5375. — Mémoire pour Messire Henry le Roy, Chevalier, Marquis de Jumelles, Intimé et Deffendeur. Contre Messire Phelippes de Bery, Chevalier, Seigneur Dessertaux, Appelant et Demandeur. Le Sieur Jossy et autres aussi Appellans : *au sujet de la terre d'***Oresmeaux***.* — S. l. n. n., vers 1658 ; 8 p. in-4°.

Ibid., Hist., n° 5561.

5376. — Factum pour les Abbé et Religieux de l'Abbaye Royale de saint Pierre de Corbie, Deffendeurs. Contre Michel le Bon, Escuyer, sieur de la Motte d'Aronde et de Guisy, Demandeur. Signé : de Lesseville. — S. l. n. n. n. d., XVIII° siècle ; 4 p. in-4°.

Question de redevance due par l'Abbaye sur la terre de Guisy, à **Oresmeaux**.
Bibl. Soc. Ant. Pic.

5377. — *Edit, du 5 janvier 1657, relatif au droit de champart et plein terrage seigneurial appartenant au Chapitre d'Amiens au village de* **Plachy et Buyon***.* — S. l. n. n. ; 3 p. in-4°.

Bibl. d'Amiens, Hist., n° 3815, 11.

5378. — *Arrêt, du 16 juin 1682, relatif au droit de champart du Chapitre d'Amiens sur le fief de Baillon ou* **Buyon***.* — S. l. n. n. ; 4 p. in-4°.

Bibl. d'Amiens, Hist., n° 3815, 12.

5379. — Mémoire signifié pour Messire Louis-Joseph Gaillard, Chevalier, Seigneur de Boencourt et de Prouselles, Conseiller du Roi, Président au Présidial d'Abbeville, demandeur. Contre Philippe Rayés, Mùenier (sic) du Moulin de **Plachy**, deffendeur et opposant. — S. l. n. n., 1778 ; 14 p. in-4°.

Question d'eaux.
Ibid., Hist., n° 3669.

5380. — Les vieux papiers du château de **Prouzel**, par M. Charles Bréard.

Bull. Soc. Ant. Pic., 1895, p. 34 à 69 ; in-8°.

5381. — Recherches historiques sur **Prouzel**, son château, son église et ses seigneurs, par M. Charles Bréard. — Amiens, Yvert et Tellier, 1897 ; 132 p. in-8° et 1 pl.

Ext Mém. Soc. Ant Pic.

5382. — Obsèques de M. L. Obry, Directeur des Papeteries de **Prouzel**. — Amiens, Jeunet, 1861 ; 4 p. in-8°.

5383 — Château, Terre et Seigneurie de **Thoix**, par *Gabriel Rembault*. — S. l. n. n. n. d. ; 31 p. gr. in-8° av. 1 pl.

Ext. de Chât., Beffrois, etc.

5384 — Précis pour les Syndic, Habitans, Corps et Communauté de la Paroisse de **Tilloy**, en la Généralité d'Amiens, Intimés. Contre les Syndic, Habitans et Communauté de Conty, Appellans. — Paris, Gueflier, s. d. ; 24 p. in-4°.

Anc. Bibl. de l'abbé Roze.

CHAPITRE XVIII

CANTON DE CORBIE

I. VILLE DE CORBIE

§ I. HISTOIRE CIVILE

5385. — Histoire civile, ecclésiastique et littéraire du **Doïenné de Fouilloy**, *par le Père Daire, publiée par Alcius Ledieu.*
Cab. hist. de la Pic et de l'Art., année 1898, p 257 et s. et année 1899, p. 62 et s. av. 3 pl ; in-8°.

5386. — La Picardie historique et monumentale. **Canton de Corbie.** Notice par Hector Josse.
La Pic. hist. et monum.. t. I, p. 333 à 483 av. 8 pl. h. t. et 29 fig. dans le texte ; gr. in-4°.

5387. — **Corbie.**
Dict. géog des Gaules, par Expilly — Paris, Desaint, 1772. t. II. p. 468 et 469, in-folio.

5388. — Notice historique sur la commune de **Corbie**, par M. Bouthors. — Amiens, Ledien fils, 1839 ; 66 p. in-8°.
Extr. Mém. Soc. Ant. Pic.

5389. — **Corbie.**
Notice en trois colonnes formant feuilleton d'un journal d'Amiens en 1839.

5390. — Notes historiques sur la Ville et l'Abbaye de **Corbie** et sur l'ancien Doyenné de Fouilloy, par F.-I. Darsy. — Amiens, E. Caillaux. 1870 ; 70 p. in-4°.
Ext. Mém. Soc. Ant. Pic.

5391. — **Corbie.** Notice historique, par Hector Josse.
Ann. de la Somme, 1891, p. 390 à 398 ; in-12.

5392. — Château-Landon. 1180. Charta Philippi regis quâ communiam **Corbeiensem** confirmat.
Layettes du Tr. des Chartes, t. I, p. 127 et 128 ; in-8°

5393. — Lettres de Philippe-Auguste par lesquelles il confirme les droits de Commune, accordés par Louis VI à la ville de **Corbie.** *1180.*
Ord. des Rois de Fr., t. XI, p. 216 ; in-folio.

5394. — *Lettre du roi Louis VII* Ad majores de Nesli et Gilonem et Juratos communiæ **Corbeiensis.**
Rec. des hist. des Gaules, t. XVI (suite), p 12 ; in-folio.

5395. — Melun. 1225. Charta Ludovici regis pro privilegiis **Corbeiensis** communiæ confirmandis.
Layet. du Trés. des Ch., t. II, p. 63 ; in-8°.

5396. — Les deffences de Monseigneur le Prince, et de Messieurs les Ducs de Longueuille, et de Mayenne, envoyées avx garnisons de **Corbie**, Chasteau-Thierry, Soissons, Noyon, et autres places depuis la réconciliation desdits sieurs Princes avec sa Maiesté. — Paris, Anthoine du Brueil, M. DC. XVI ; 7 p. in-8°.
Bibl. Nat^le, Lb 36, 834.

5397. — Lettre svr le désastre des Habitans et Garnison de la ville de **Corbie.** Et des furieuses batteries faites contre icelle. Par Monsieur le Marquis de la Force, suivant les Commandemens du Roy. — A Paris, chez Clavde Morlot, M.DC.XXVI ; 14 p. in-8°.
Ibid., Lb 36, 3098.

* **5398.** — La défaite de cent Espagnols à la prise du moulin de **Corbie** par le sieur de Beaufort et la reprise de Roye en Picardie, par Monsieur sur les mêmes ennemis. — A Grenoble, chez Pierre Verdier... Jouxte la copie imprimée à Paris, *1636* ; 4 p. in-4°.

Voir Cab. hist. de la Pic. et de l'Art., t. V. p. 191.

* **5399.** — Extraordinaire contenant la justice exemplaire des excez qui se commettent en l'armée et la prise de tous les travaux faits par les Ennemis devant **Corbie** au-deçà de la Somme par le Marquis de la Force. — Du Bureau d'Adresse, 30 septembre 1636; in-4°.

5400. — N° 159. Extraordinaire du XVIII. Octobre M DC.XXXVI contenant la continuation du journal de **Corbie**, avec les travaux mémorables du Roi ; la mort du Lieutenant de la ville ; le moulin abbattu, et les autres choses arrivées au blocus de cette place, depuis le 8 du courant. Et l'enlèvement d'vn quartier de Croates par le Cardinal de la Valette avec la mort de 300 des ennemis. — A Paris, du Bureau d'Adresse, le 18 Octobre 1636; 4 p. petit in-4°.

Bibl. H. Macqueron.

5401. — N° 164. Extraordinaire du XXVIII Octobre MDCXXXVI. Contenant 1. Le blocus de **Corbie** en sa perfection, avec le voyage de Sa Majesté en deçà. 2. Et la victoire obtenue par le general Banier sur les Imperiaux et Saxons... — Du Bureau d'Adresse, le 28 Octobre 1636; 4 p. petit in-4°.

Bibl. H. Macqueron.

5402. — Declaration dv Roy, tant contre les Bourgeois et Habitans de la Ville de **Corbie**, qu'aucuns des Religieux de l'Abbaye de l'Ordre Sainct Benoit de ladite Ville. *Du 14 novembre 1636*. Verifiee en Parlement le vingt-septième Nouembre 1636. — Paris, par A. Estienne, M.DC.XXXVI. ; 11 p. in-8°.

Déchéance des privilèges de Corbie à raison de sa prise par les Espagnols.
Bibl. Nat¹ᵉ, Lb³⁶, 3099.

5403. — Ioannis Grangerii professoris regii eloquentiæ de deditione **Corbeiæ** Oratio habita in Avditorio Cameracensi Regio Die XV Nouemb An. M.DC.XXXVI. — Parisiis, Ioan. Libert; 20 p. in-4°.

Ibid., Lb³⁶, 3100.

5404. — Sur la reprise de **Corbie**. Stances. Du 17 Nouembre 1636. — S. l. n. n. ; 1 p. in-4°.

Bibl. d'Amiens, B. Lett., n° 1610, t. II.

* **5405.** — Les Articles de la capitulation accordée à la garnison de **Corbie**, par Monseigneur le Conte de Soissons. — Du bureau d'adresse à Paris, le 24 novembre 1636 ; 4 p. in-4°.

Cat. de la Lib. Dufossé, 1886, n° 129.

5406. — Relation veritable de ce qvi s'est passe en Piedmont... avec la defaite de six cõpagnies de caualerie espagnole, par la garnison Françoise de **Corbie**. — A Paris, En l'Isle du Palais, 1637 ; 8 p. in-8°.

Bibl. d'Amiens, Hist, n° 2705, t. VI

5407. — Obsidio **Corbeiensis**, dicata Regi ab Antonio de Ville Equite Gallo, Cum figuris a Michaele Van Lochom ænearum tabularum sculptore Regio calatis et excusis. — Parisiis. apud viduam N. Bvon, M.DC.XXXVIII; petit in-folio de 12 p. n. n., 52 p. et 14 pl. grav.

Ibid., Hist., n° 3827.

* **5408.** — Lettre du Roy escrite à Monseigneur le duc de Montbazon, pair et grand veneur de France, gouverneur de Paris et Isle de France ; sur le suiect de la réduction de la ville de **Corbie** en l'obéissance de sa Majesté, et la retraicte des ennemis hors la duché de Bourgongne. — Paris, Cl. Ribot, 1636 ; 7 p. in-8°.

5409. — La reprise de **Corbie**. Corbeivm ex manibvs hostium vendicatum. — Reprise de Corbie (1636). Corbeivm recuperatvm, et ex manibus hostium vendicatum. 1636.

OBSIDIO
CORBEIENSIS.
DICATA REGI
AB

ANTONIO DE VILLE

Equite Gallo.

Cum figuris à Michaële Van Lochom ænearum tabularum sculptore Regio calatis & excusis.

PARISIIS,

Apud viduam N. BVON, viâ Iacobeâ sub signo sancti Claudij iuxta Mathurinenses.

M. DC XXXVII.
Cum Priuilegio Regis.

Nº 5407

GRANDEUR RÉELLE : 0.300 × 0.200

Les Triomphes de Louis le Juste, par Jean Valdor. — Paris, Imp. Royale, 1649, p 66 à 69 et 83 à 84 av. grav. allég. et plan; in-folio.

5410. — *Lettre de Voiture* à Monsieur *** après que la ville de **Corbie** eut esté reprise sur les Espagnols par l'Armée du Roy. *Du 24 Décembre 1636.*

Œuvres de Voiture. — Paris, Courbé, 1650, p. 255 à 268, in-4°.

5411. — Opérations de la reprise de **Corbie** sur les Espagnols par l'armée française, en 1636, *par J. Jouancoux.* — S. l. n. n. n. d.; 14 p. in-8°.

Ext. des Arch. de Pic.

5412. — Passage de la Somme par l'armée espagnole. Siège de **Corbie**. Députation de la ville d'Amiens au roi pour être secourue. Envoi d'un secours. Fortifications exécutées à cette époque pour la défense de la place (1636). Communication de M. H. Dusevel.

Bull. du Com., t. II, 1853-55, p. 182 à 188; in-8°.

5413. — Episode de la reprise de **Corbie** en 1636, *par Fl. Lefils*

La Picardie, t. V, p. 474 à 480, in-8°.

5414. — Reprise de la ville de **Corbie** sur les Espagnols en 16.. 36. D'après des Documents inédits publiés avec des notes par M. J. Mancel, Membre de l'Académie d'Amiens. — Paris, Detaille, 1876 ; 24 p. in-18.

* **5415.** — Factum pour Me Jean Joly.... juge ordinaire et prévôt de la prévôté royale de Foulloy... et Me Jacques Hébert, greffier et garde-scel de ladite prévôté, contre les sieurs abbé, religieux, bailli et officiers de l'abbaye de Saint-Pierre de Corbie. — S. l. n. n., 1656; in-folio.

Au sujet du droit de justice revendiqué par l'abbaye dans la ville de **Corbie** contre le prévôt de **Foulloy**.
Bibl. Nat^{le}, Thoisy, f° 194.

* **5416.** — *Lettre de Mgr Faure, du 20 novembre 1666, relative à un prétendu miracle arrivé à* **Corbie**, *le 9 juin précédent, lors d'un incendie.* — S. l. n. n.; 2 p. in-8°.

Bibl. Soc. Ant. Pic.

5417. — Extrait des Registres du Conseil d'Estat. *Arrêt, du 16 février 1671, relatif à la* **nomination** *par le prieur claustral au mépris des droits de l'abbé,* **du prévôt** *et des échevins de* **Corbie,** *et maintenant les nominations faites par l'abbé.* — S. l. n. n.; 4 p. in-folio.

Bibl. d'Amiens, Hist., n° 3828, 7.

5418. — Réponse des Religieux, Prieur et Convent de l'Abbaye de **Corbie,** aux Requestes presentées au Roy sous le nom du Serenissime Prince Philippe de Savoye leur Abbé, sur lesquelles ont estez donnez l'Arrest du 16 Fevrier et la Lettre de Cachet du 22 Mars 1671. — S. l. n. n.; 12 p. in-4°.

Ibid., Hist., n° 3829, 4.

5419. — Memoire signifié pour Melchior de Polignac, Cardinal de la Sainte Eglise Romaine, Archevêque d'Auch, Commandeur de l'Ordre du S. Esprit, Abbé et Comte de Corbie, etc. Et les Prieur, et Religieux de la même Abbaye, Demandeurs et Appelans d'une Ordonnance du Sieur Intendant de Picardie du 5 May 1736. Contre les Prevôt, Echevins et Communauté des **Habitans** des Ville, Fauxbourgs et Banlieue de **Corbie,** Intimés et Défendeurs. Signé : *Mol de Lurieux.* — Paris, Jacques Vincent, 1740 ; 26 p. in-folio.

Au sujet du droit de jouissance des marais.
Ibid., Hist., n° 3828, 45.

5420. — Précis signifié pour les Prevôt, Echevins et la Communauté des Habitans de la Ville de **Corbie,** Intimez et Défendeurs. Contre les Abbé, Prieur et Religieux de l'Abbaye de Saint Pierre de Corbie, Appellans et Demandeurs. En présence de l'Inspecteur du Domaine. — Paris, veuve André Knapen, 1741 ; 15 p. in-folio.

Ibid., Hist., n° 3828, 46

5421. — Addition de mémoire pour

Melchior de Polignac, Cardinal....... Abbé et Comte de Corbie. Et les Prieur et Religieux de la même Abbaye. Servant de Réponse à la Requête des Prevôt, Echevins et Communauté des Habitans des Ville, Fauxbourgs et Banlieue de **Corbie**, signifiée le 7 Janvier 1741. — *Paris*, Jacques Vincent ; 20 p. in-folio.

Ibid., Hist., n° 3828, 47.

5422. — Sommaire signifié pour Melchior de Polignac, Cardinal....... Abbé et Comte de Corbie, etc. Les Prieur et Religieux de la même Abbaye. Contre les Moyens de Prescription objectés par les Prevôt, Echevins et Habitans de **Corbie**, Fauxbourgs et Banlieue. — *Paris*, Jacques Vincent, 1741 ; 8 p. in-folio.

Ibid., Hist , n° 3828, 47 *bis*.

5423.—Recapitulation generale pour M' L'Ancien Evêque de Mirepoix, Précepteur de Monsieur le Dauphin, Abbé et Comte de Corbie, et les Prieur et Religieux de la même Abbaye. Contre les Prevôt, Echevins et Communauté des Ville, Fauxbourgs et Banlieue de **Corbie**. — *Paris*, Valleyre, 1744 ; 54 p. in-folio.

Demande de l'Abbaye à fin de **partage** ou cantonnement **des marais** de Corbie et de réduction de l usage des habitants dans ces marais.

Ibid., Hist., n° 3828, 48.

5424. — Précis signifié pour M. l'ancien evêque de Mirepoix... abbé... de Corbie et les... religieux de la même abbaye, contre les prevôt, échevins et communauté... de **Corbie**. *Signé : Mol de Lurieux*.— Paris, Valleyre, 1745; in-folio.

Bibl. N^{le} f° Fm, 4047.

5425 — Extraits des Mémoires signifiés servant de réponse à l'addition du Précis des Habitans de Corbie. Pour Monsieur l'ancien Evêque de Mirepoix, Précepteur de Monseigneur le Dauphin, Abbé et Comte de Corbie, et les Prieur et Religieux de la même Abbaye. Contre les Prevôt, Echevins et Communauté des Ville, Faubourgs et Banlieue de **Corbie**. *Signé : Mol de Lurieux*.— *Paris*, Valleyre, 1745 ; 8 p. in-folio.

Bibl. d'Amiens, Hist., n° 3828 ; 49.

5426. — Précis signifié pour M. l'ancien Evêque de Mirepoix, Précepteur de Monsieur le Dauphin, Abbé et Comte de Corbie, et les Prieur et Religieux de la même Abbaye. Contre les Prevôt, Echevins et Communauté des Ville, Fauxbourgs et Banlieue de **Corbie**. — *Paris*, Valleyre, 1750 ; 16 p. in-folio.

Ibid., Hist , n° 3828, 49 *bis*.

5427. — Arrest du Conseil d'Etat du Roy, qui supprime les **Droits de Péage** et de Chaussée prétendus en la Ville de **Corbie** par les Abbé, Prieur et Religieux de l'Abbaye de Corbie. Du 11 Janvier 1750.—S. l. n. n.; plac. in-folio.

Arch. dép. de la Somme, C, 1209.
Autre édition : Paris, Imprimerie Royale, 1752 ; 2 p. in-4°.

*****5428.** — Factum pour les prevôt, echevins et habitans de la ville de **Corbie**... contre Me Jean Godefroy, ancien prevôt dudit Corbie... *Signé : de Fresne*. — S. l. n. n. n. d. ; in-4°.

Bibl. Nat^{le}, Thoisy, 395, f° 54.

*****5429.** — Au Roy, et à Nosseigneurs de son Conseil. *Placet des Prevot, Maire, Echevins, Habitans et Communauté de* **Corbie** *relatif au décombrement du* **Canal de la Barrette**. — *Paris*, Knapen, 1758 ; 54 p. in-4°.

Bibl. Soc. Ant. Pic.

5430.— Sommaire de l'instance concernant le décombrement du Canal de la Barrette. — *Paris*, Ch. Est. Chenault, 1759 ; 8 p. in-4°.

Opposition de l'abbaye de **Corbie**.
Ibid.

5431. — Memoire pour M. le Cardinal de Luynes, Archevêque de Sens, Commandeur de l'Ordre du Saint-Esprit,

Abbé et Comte de Corbie Demandeur et Défendeur. Contre les Habitants de la Ville de **Corbie**, Opposans et Demandeurs. — *Paris*, P. G. Le Mercier, 1766; 47 p. in-4°.

Au sujet du droit de **nomination des échevins**.
Bibl. d'Amiens, Hist., n° 3829, 25.

5432. — Précis pour les Officiers Municipaux, Ville, Habitans et Communauté de **Corbie**, Opposans, Appellans et Demandeurs, Contre M. le Cardinal de Luynes, en qualité d'Abbé Commendataire de l'Abbaye de Corbie, Ordre de Saint-Benoit. Demandeur, Intimé et Défendeur. — *Paris*, Michel Lambert, 1766; 114 p. in-4°.

Au sujet de la **nomination des échevins**.
Ibid., Hist., n° 3829, 26.

5433. — Arrest de la Cour de Parlement qui maintient les Abbé et Religieux de l'Abbaye Royale de Saint Pierre de Corbie, dans le droit de **nomination des Officiers municipaux de** la Ville de **Corbie**. (Du 5 septembre 1768). — *Paris*, Gueffier, 1768; plac. in-folio.

Arch. dép. de la Somme, C, n° 865.

5434. — Un **archiviste de Corbie** en 1779, par M. F. Pouy.

Bull. Soc. Ant. Pic., t. XI, p. 398 à 400; in-8°.

5435. — Notice sur Corbie, comprenant quelques documents historiques sur l'Abbaye et la Ville, la Commune et l'Hôtel-de-Ville; et suivie du programme officiel des **Fêtes** qui seront célébrées à **Corbie**, les Dimanche 11 et Lundi 12 juin 1854, à l'occasion de l'inauguration de l'Hôtel-de-Ville, par le B°ⁿ de C. de Sᵗ A. *(Caix de Sᵗ Aymour)*. — Amiens, Alfred Caron; 16 p. in-12.

5436. — Installation du **Maire** de la Ville de **Corbie** le 18 Mars 1855. — Amiens, Alfred Caron, 1855; 10 p. in-24.

5437. — Règlement pour le service intérieur de l'**Hôpital-Hospice** de la ville **de Corbie**. — Amiens, Yvert, 1856; 31 p. in-8°.

5438. — Règlement du **Bureau de Bienfaisance** de la Ville **de Corbie**. — Amiens, Yvert, 1856; 16 p. in-8°.

§ II. HISTOIRE ECCLÉSIASTIQUE

5439. — *Nombreux documents sur l'abbaye de Corbie*.

Ann. Ord. S. Bened., auct. Mabillon, t. I, p. 44 et s.; in folio.

5440. — Historiæ Regalis **Abbatiæ Corbeiensis** compendium, auctore Dom Benedicto Cocquelin, ejusdem abbatiæ officiali, seu fori ecclesiastici contensioni præfecto ab an. 1672 ad 1678. Edidit et annotavit J. Garnier. — Amiens, Duval et Herment. 1847; 158 p. in-8°.

Ext. Mém. Soc. Ant. Pic.

5441. — Privilegia **Corbeiæ**.

Spicilegium.., D. Lucæ d'Achery. — Parisiis, Montalant, 1723, t. III, p. 313 à 349, in-folio.

5442. — Notice historique sur l'**abbaye de Corbie**, par Hector Josse.

Le Dimanche, années 1879 à 1883; in-8°.

5443. — XXII. Sacramentaire de Corbie. Ms latin 12050 de la Bibliothèque nationale. — LI. Sacramentaire de l'**abbaye de Corbie**. Ms latin 12051 de la Bibliothèque nationale. — LVI. Sacramentaire des abbayes de Saint-Vast et de Corbie. Ms latin 12052 de la Bibliothèque. — V. Calendrier du Sacramentaire de Saint-Vast et de Corbie. — Notice sur un calendrier des églises d'Arras et de Corbie.

Mémoire sur d'anciens sacramentaires, par M. L. Delisle, dans les Mem. Acad. Ins et B -Lett., t. XXXIII, p. 122 et s ; in-4°.

5444. — Recherches historiques sur les premiers temps de l'**abbaye de Corbie**, *par H. Dusevel*.

Arch. de Pic , t. II, p. 239 à 256; in-8°.

5445. — Diploma Chlotarii III, Regis

56

Francorum, quo villam Corbeiam et alias confert **monasterio** Sanctorum Petri et Pauli, in loco qui dicitur **Corbeia**, super fluvium qui vocatur Somma (Ann. 659).

Diplomata, chartæ... collecta a de Brequigny,.. edidit Pardessus. — Lutetiæ, 1849, t. II, p 114 et 115 ; in-folio.

5446 —Diploma Chlotarii III, Regis Francorum, quo immunitatem ab omni teloneo concedit **monasterio Corbeiensi** (ann. 660).

Ibid., t. II, p. 115 et 116.

5447. — Charta quâ Berthefredus, Ambianensis Episcopus **Corbeiensi monasterio**, privilegia concedit (anno 662).

Ibid, t. II, p. 126 à 128.

5448. — Priuilegium libertatis **Monasterio Corbeiensi** concessum a Bertefrido Episcopo Ambianensi anno 664.

Preuv. des Lib. de l Egl Gallic — Paris, Cramoisy, 1751, p. 1449 à 1451. in-folio.

5449. — Theodorici Regis Præceptum, quo confirmat **electionem Eremberti** Abbatis Corbeiensis, anno 670.

Ibid., p. 545 et 546.

5450. — Diploma Theodorici III, regis Francorum, quo **electionem Eremberti** in abbatem Corbeiensem confirmat (ann. 681).

Diplomata... de Brequigny... Pardessus. t. II, p. 188 et 189; in-folio.

5451. — Diploma Chilperici II, regis Francorum, quo plurima **dona** confert monasterio **Corbeiensi** (ann. 716).

Ibid, t. II, p 308 à 310.

5452. — Diploma Caroli regis pro monasterio Corbeiensi. Confirmat **privilegia** ab aliis regibus **Corbeiensi** monasterio concessa. Anno 769.

Veterum scriptorum... DD. Martene et Durand, 1724, t. I, col. 31 et 32 ; in-folio.

5453.—Fragmentum veteris **Calendarii** ex ms. **Corbiensi**. *VIIIe siècle.*

Thes. nov. anecd..., D. Martene, 1717, t. III, col. 1591 a 1594; in-folio.

5454.—Antiquum **Corbeiensis** monasterii **Martyrologium**. *IXe siècle.*

Ibid., t III, col. 1571 a 1588.

5455. — **Statvta** antiqva Abbatiæ S. Petri **Corbeiensis**. Brevis, qvem Adalardvs ad **Corbeiam** regressus anno IncarnationisDomini DCCCXXII Mensis Ianuarij, Indictione XV Imperij verò gloriosi Chlvdvvici Avgvsti VIII fieri jussit.

Spicil... d'Achery, 1661, t. V, p. 1 à 20 ; in-4°.

5456. — Diploma Ludovici et Lotharii imperatorum pro **S. Adalardo** abbate **Corbeiensi** Monasterium Corbeiense sub sua suscipiunt protectione. Anno 826.

Veterum scriptorum.. collectio, DD. Martene et Durand. — Parisiis, Montalant, 1724, t. I, col. 81 et 82; in-folio.

5457. — Diploma Illotharii imperatoris pro monasterio Corbeiense. Confirmat monasterio **Corbeiensi** factam **donationem** a comite Enchone. Anno 844.

Ibid, t I, p. 104 et 105.

5458. — Diploma Caroli-Calvi regis pro **Corbeiensi monasterio**. Ad precem Odonis abbatis quasdam res ei concedit in villa Vasliaco, quam antea ex commutatione ipsi donaverat. Anno 857.

Ibid.. t. 1, col. 179 et 180.

5459. — Examen d'un diplôme de l'an 877 par un membre (*le Marquis Le Ver*) de la Société des Antiquaires de Normandie. — Paris, Lottin, 1832 ; 22 p. in-8°.

Le *titre de départ porte* : Confirmation d une **donation** d'un lieu nommé Uscias faite à Hodo, abbé de **Corbie**, par un diplôme de l'an 877.

5460. — Præceptum Hugonis Regis pro **Corbeiensi** monasterio. **Privilegia** ei ab antecessoribus concessa confirmat.

Veter scrip .., DD. Martene et Durand. .., 1724, t. I, col. 344 et 345 ; in-folio.

5461. — Antiquum **Calendarium Corbeiense**. *X° siècle*.

Thes. nov. anecd .., Dom Martène, 1717, t. III, col. 1593 à 1604; in-folio.

5462. — Diploma Roberti Regis Francorum pro **Corbeiensi monasterio**. Reprimit iniquas Elfredi de Encra advocati Corbeiensis consuetudines et oppressiones. Anno 1016.

Veter. script .., DD Martene et Durand, 1724, t. I. col. 379 et 380, in-folio.

5463. — Charte de Gui, Evêque d'Amiens, en faveur de l'**abbaye de Corbie**. 1066.

Act. de la prov. eccl. de Reims ..., par Mgr Gousset, t. II, p. 78 et 79; in-4°.

5464. — Donation faite en faveur de l'**Abbaye de Corbie** (France), par Robert, comte de Flandre, en 1096. *Signé* : R. M. K. R.

Ann pour servir à l'hist. ecclés. de Belgique, t. II, 1865, p. 259 et s.; in-8°.

5465. — Accord entre le Comte de Flandre et l'**Abbaye de Corbie** pour le partage de la **forêt de Wouthulst** et des terres adjacentes, ladite forêt sise dans la châtellenie de Bruges. 1096. Communiqué par M. le Marquis de Godefroy Ménilglaise.

Bull Soc. Ant. Pic., t. XII, 1874-76, p. 76 à 82; in-8°.

5466. — Notice sur une inscription du XIme siècle provenant de l'Abbaye **de Corbie**, par M. l'abbé J. Corblet. — Arras, Rousseau-Leroy, 1866; 16 p. in-8°.

Voir aussi Bull Soc. Ant. Pic., t IX, p. 79 à 94; in-8°.

5467. — An dominus Ecclesiasticus (**l'abbé de Corbie**) exemptus possit conqueri in casu nouitatis ob Clericum subditum non redditum; *anno 1386*.

Arrets notables ..., par Jean Tournel. — Paris, Billaine, 1631, t. I, p. 340 et 341; in-folio.

5468. — 53. Lettre de l'**abbé de Corbie** au chancelier. Publication à Amiens d'un nouveau mandement qui appelle les possesseurs de fiefs au service de l'arrière ban. Demandes d'exemptions faites autrefois par l'abbé de Corbie. Supplique nouvelle qu'il adresse en faveur du lieutenant du bailli et du lieutenant du prévôt. 21 mai 1465.

Doc. hist. inéd..., par Champ Figeac. — Paris, Didot, 1843, t. II, p. 272 et 273; in-8°.

5469. — 57. Lettre de l'**Abbé de Corbie** au chancelier. Guillaume Hugonnet envoyé à Corbie par le Comte de Charolais. Créance dont il était chargé. Délibération publique sur cette matière. Réponse des habitants de la ville. Réserve qu'ils mettent à leur assentiment. L'émissaire bourguignon accepte leurs conditions.

Ibid., p. 287 et 288.

5470. — 71. Lettre du Chancelier de France et de la commune d'Amiens à l'**abbé** et aux habitants **de Corbie**. Parlementaires envoyés à Corbie par le Comte de Charolais. Leurs menaces. Réponse de ceux de Corbie. Convocation des notables à l'hôtel de ville d'Amiens. Lecture publique des lettres envoyées par les habitants de Corbie. Conclusion prise dans l'assemblée. Révocation de l'accord fait par ceux de Corbie. Remontrance concernant le serment de fidélité qu'ils ont prêté au Roi. Conseils qui leur sont donnés. 10 juin 1465.

Ibid., t. II, p. 291 à 294.

*****5471.** — Factum pour messire René Gouffier, sieur d'Epagny et dame Catherine Gouffier, son épouse, appelants... d'une sentence rendue par les commissaires députés par le Roi pour la direction des affaires et bénéfices de M. le cardinal de Guise, archevêque duc de Reims, abbé et comte de Corbie, le 3 septembre 1619... contre M° François Le Grand, receveur général du revenu temporel de ladite abbaye de **Corbie**... — S. l. n. n. d.; in-4°.

Relatif aux redevances seigneuriales des **fiefs du Sart**, donnés à Catherine de Gouffier par la dame de Lannoy, sa mère.
Bibl. Nat^{le}, 4° Fm, 14096.

5472. — Arrêt, du 2 mai 1634, portant règlement pour les portions congrues des curez. — Paris, 1634; 7 p. in-8°.

En faveur du curé de Roquelicour (?) contre les **religieux de Corbie**.
Catalogue de la Lib. Voisin, janvier 1894, n° 1421.

5473. — Factum pour les Abbé et Religieux de l'**Abbaye** Royale de saint Pierre **de Corbie**, Deffendeurs. Contre Michel le Bon, Escuyer, sieur de la Motte d'Aronde et de Guisy, Demandeur. — S. l. n. n., *après 1637*; 4 p. in-4°.

Au sujet du mode de paiement des redevances seigneuriales.
Bibl. d Amiens, Hist., n° 3829, 5.

5474. — Declaration du Roy, verifiée en parlement en faueur des Religieux Benedictins de l'**Abbaye** de saint Pierre **de Corbie**. — Paris, Cramoisy, 1639; 14 p. in-12.

Anc^{ne} Bibl. de Marsy.

5475. — Factum pour les Religieux, Prieur et Conuent de l'**Abbaye de Corbie**, appelans de la Sentence du 14 Juillet 1645 et demandeurs en deux Requestes, des 5 May 1645 et 14 Mars 1646, afin de compensation. Contre Maistre Nicolas le Page ayant droit par transport de defunct Guillaume Angier, legataire vniversel de defunct Iean Angier, son père, et Antoine Deuil, à cause de Marie Angier, sa femme, et Raoul Angier, heritiers dudit feu Guillaume Angier ayant repris le procez, intimez. Et Messire Henry de Lorraine, Duc de Guise, cydevant abbé de Corbie, defendeur en ladite compensation. — S. l. n. n., *vers 1646*; 4 p. in-4°.

Bibl. d'Amiens, Hist., n° 3829, 3.

5476. — Extraict des Registres du Conseil d'Estat. *Arrêt. du 26 septembre 1646, relatif à des contestations entre l'abbé de Corbie et le Chapitre d'Amiens.* — S. l. n. n.; 3 p. in-folio.

Ibid., Hist., n° 3828, 2.

5477. — Extrait des Registres du Conseil d'Estat. *Arrêt, du 25 Mai 1647, relatif aux mêmes contestations.* — S. l. n. n.; 3 p. in-folio.

Ibid., Hist., n° 3828, 2.

5478. — *Arrêt, du 18 Novembre 1648, relatif au* **temporel de l'abbaye de Corbie.** — S. l. n. n.; 2 p. in-folio.

Ibid., Hist., n° 3828, 10.

5479. — Extrait des Registres du Parlement. *Arrêt, du 8 août 1650, relatif aux paiements à faire par les* **fermiers de l'abbaye de Corbie.** — S. l. n. n.; 4 p. in-4°.

Ibid , Hist., n° 3829, 1.

5480. — *Arrêt du Roi, du 3 août 1651, disant que tous les procès faits au* **Cardinal Mazarin**, *à l'occasion de l'abbaye de Corbie, seront jugés directement au Grand Conseil.* — S. l. n. n.; 3 p. in-folio.

Ibid., Hist , n° 3828, 1.

5481. — *Arrêt, du 28 février 1652, relatif à l'***administration de l'abbaye** *de Corbie.* — S. l. n. n.; 3 p. in-4°.

Ibid , Hist., n° 3829, 2.

5482. — *Arrêt, du 21 juin 1652, prescrivant l'exécution de celui du 28 février de la même année.* — S. l n. n.; 4 p. in-4°.

Ibid., Hist , n° 3829, 2bis.

*****5483.** — Factum pour les religieux, prieur et convent de l'**abbaye** de Saint-Pierre **de Corbie**,... contre Me Jacques Vacquette..... curé de la paroisse de Paillart. — S. l. n. n., 1653; in-folio.

Bibl. Nat^{le}, f° Fm, 4051.

5484. — Factum pour Messire Jules Cardinal Mazarini, Abbé et Comte de **Corbie**, seul Seigneur au spirituel et temporel de ladite Ville; Et les Religieux, Prieur et Conuent de ladite **Abbaye**, joints avec Maistre Claude Eudel, Bailly General de ladite Ville et Comté, et Philippe Vrayet, Procureur Fiscal, demandeurs et defendeurs aux

fins de l'Arrest du dernier Mars 1655, touchant la preuention, **police et preseance** : Et encores demandeurs en Lettres en forme de Requeste ciuile du 11 Fevrier 1656.
Contre Maistre Iean Ioly, Preuost Royal de la Preuosté de Foulloy : Et Iacques Hebert, Officier de ladite Preuosté, demandeurs et defendeurs esdits chefs de preuention, police et preseance et defendeurs contre lesdites Lettres de Requeste ciuile. — S. l. n. n , *vers 1656;* 7 p. in-folio.

Bibl. d'Amiens, Hist., n° 3828, 19.

5485.—Pour les Religieux de l'Abbaye de saint Pierre de Corbie, defendeurs et demandeurs en Sommation. Contre les Dauvilliers, se disant heritiers mediats de Pierre Chevy, et Catherine Coffin, sa femme, demandeurs; et Monsieur l'Abbé de **Corbie**, défendeur. — S. l. n. n., *vers 1660;* 3 p. in-folio.

Au sujet des **droits** respectifs **de l'abbé** et des religieux.
Ibid., Hist., n° 3828, 17.

5486. — **Corbeia**. In cruce crystallina Roberti de Clarinco.—Sanctuarium quod Robertus, miles de Clari, attulit Constantinopoli. — .. J. Bonnefons, Historia Corbiensis (1668).

Exuviæ Constantinopolitanæ... Riant, t. II, p. 175 à 176, 197 à 199 et 239 à 240 ; in-8°.

5487. — Extrait des Registres du Conseil Priué du Roi. *Arrêt, du 7 décembre 1661, relatif à l'économat de Pierre Gervaisot.* — S. l. n. n. ; 2 p. in-folio.

Bibl. d'Amiens, Hist , n° 3828, 4.

5488. — Extraict des Registres du Conseil Priué du Roy. *Arrêt, du 13 décembre 1661, relatif à l'économat de Pierre Gervaisot, et aux sommes dues à l'***Abbaye de Corbie** *par des sous-fermiers de ladite abbaye, de N. D. du Gard et de St Médard de Soissons.* — S. l. n. n.; 2. p. in-folio.

Ibid., Hist., n° 3828, 3.

5489. — Extraict des Registres du Conseil d'Estat. *Arrêt. du 23 mars 1662, relatif aux* **fermiers** *de l'abbaye de Corbie et a l'économat de Pierre Gervaisot.* — S. l. n. n. ; 3 p. in-folio.

Ibid , Hist., n° 3828, 5.

5490. — Factvm povr les Religieux, Prieur et Convent de l'Abbaye de S. Pierre de Corbie. Contre le Serenissime Prince Philippes de Savoye, Abbé Commendataire de ladite Abbaye. — S. l. n. n., *1672;* 4 p. in-4°.

Demande de **partage des biens de l'abbaye** en trois parts, une pour l'abbé commendataire, une pour les religieux et une pour les charges de l'abbaye en dehors des offices claustraux.
Ibid., Hist., n° 3829, 6.

5491. — Extrait des Registres dv Conseil d'Estat. *Arrêt, du 26 février 1672, qui décharge les Abbés et* **Religieux de Corbie** *et de St Riquier d'assignations à eur faites par les curés de La Neuville-lès-Corbie, Heilly et Boisbergues.* — S. l. n. n. ; in-4°.

Ibid., Hist. des Rel., n° 1077, t III.

5492. — Factum pour Messire Ogier de Cavois, et Dame Marie Gaude, son Epouse, parauant veuve de Messire Louis de Bains, Chevalier, Seigneur d'Aubigny, Lancheres et autres Lieux, Mere et Tutrice des Enfans dudit feu, et d'elle, Deffendeurs, Contre Me Hubert Graillet, Receveur de l'**Abbaye de Corbie** Demandeur, et les Abbé et Religieux de ladite Abbaye, intervenans. — S. l. n. n., *1673;* 4 p. in-4°.

Ibid., Hist., n° 3829.

5493. — De par Monseigneur l'Abbé et le Cellerier des Eaux de l'Abbaye de S. Pierre de Corbie. *Avis relatif à la* **police des** *eaux et* **marais** *dépendant de l'Abbaye.* — S l. n. n., *vers 1680;* placard in-folio.

Ibid., Hist., n° 3828.

5494.—Factum pour Messire Pierre Cousin, prêtre,... contre Messire Hubert Graillet... receveur général de l'abbaye de Corbie. — S. l. n. n., 1680; in-4°.

Au sujet de la perception des **dîmes** du village **de Lignières**, appartenant à l'Abbaye.
Bibl. Nat^{le}, 4° Fm, 8134.

5495. — Factum pour les Religieux, Prieur et Convent de l'Abbaye de S. Pierre de Corbie, défendeurs et incidemment demandeurs en Lettres de rescision du 19 septembre 1682, suivant leur Requeste du 20 Novembre audit an. Contre Messire François de Gaudechart, Chevalier, Marquis de Querrieu, demandeur en Requeste du 27 Novembre 1681 et défendeur. — S. l. n. n., *vers 1682*; 8 p. in-4°.

Au sujet du champart des terres de l'**hôpital de Rocquemont**.
Bibl d'Amiens, Hist., n° 3829, 8.

5496.—Factum pour les **Religieux**, Prieur et Convent de S. Pierre **de Corbie**, Appellans. Contre les Chanoines et Chapitre de Saint Nicolas au Cloistre d'Amiens, Intimés. — S. l. n. n., *vers 1692*; 4 p. in-folio.

Contestation sur le mode de paiement d'une redevance
Ibid., Hist., n° 3828, 18.

5497.—Factum pour les **Religieux**, Prieur et Convent de l'Abbaye Royale de S. Pierre **de Corbie**, Seigneurs en partie d'Aubigny, Intimez. Contre Damoiselle Marguerite de Bainsi, fille majeure et héritière de Deffunt Messire Louis de Bainsi son père, Appellante. — S. l. n. n., *1696*; 4 p. in-folio.

Réclamation de sommes dues pour fondation de messes.
Ibid , Hist , n° 3828, 12.

5498. — Factum pour Demoiselle Marguerite de Bainsy, fille et heritière de defunt Messire Louis de Bainsy, Chevalier, Seigneur d'Aubigny, Lanchères, Elincour, et autres lieux, Lieutenant pour le Roy au Gouvernement de Corbie, Appellante. Contre les Religieux de l'**Abbaye de Corbie** et Maistre Hubert Graillet, cy-devant leur Receveur, intimez. — S. l. n. n., *1696*; in-folio.

Ibid., Hist, n° 3828, 14.

* **5499**. — Factum pour les religieux... de l'**Abbaye** royale de Saint-Pierre **de Corbie**, appelants d'une sentence rendue aux Requêtes du Palais, le 6 octobre 1711, contre messire Nicolas de Grieu,... seigneur d'Antheuil... *Signé : Pelletier*. — Paris, Vincent; in-folio.

Bibl. N^{le}, f° Fm, 4050.

5500. — Memoire pour Messire Toussaint Cardinal de Janson Forbin, Evêque et Comte de Beauvais, Pair et Grand Aumônier de France, Commandeur des Ordres du Roy et de saint Jean de Jerusalem, Vidame de Gerberoi, Abbé Commendataire de l'**Abbaye** Royale de Saint-Pierre **de Corbie**, Demandeur et Défendeur. Contre François Boulanger et Françoise Caron sa femme, cydevant Fermiers du Domaine de Popincourt, Défendeurs et Demandeurs. Et Estienne Dorlé, Demandeur et Défendeur. — S. l. n. n., *vers 1712*; in-4°.

Bibl. d'Amiens, Hist., n° 3828, 24.

* **5501**. — Mémoire pour messire Toussaint, cardinal de Janson-Forbin, evêque et comte de Beauvais,... abbé commendataire. et les religieux de l'**Abbaye** royale de Saint-Pierre **de Corbie** ... contre les ... chanoines de Saint-Gervais et Saint-Protais de la ville de Guise. *Signé : Pelletier*. — S. l. n. n., 1712; in-folio.

Bibl. Nat^{le}, f° Fm, 4045.

5502.— Moyens d'opposition à la réception de M. Philippes Honoré Eudel, Prevost Royal de Fouilloy, et Maire de Corbie, en la charge de Bailly du Comté de Corbie, que donnent pardevant Monsieur le Lieutenant General au Bailliage d'Amiens, les Religieux, Prieur et Convent de l'**Abbaye** Royalle de S. Pierre **de Corbie**. — S. l. n. n., *1714*; 5 p. in-folio.

Bibl. d'Amiens, Hist , n° 3828, 35

5503. — Memoire signifié pour les Religieux, Prieur et Convent de l'Abbaye Royale de Corbie, Appellans d'une sentence rendue par le Lieutenant-Criminel du Bailliage d'Amiens, le 26 Janvier 1715 et Intimez. Contre Maitre Philippes-Honoré Eudel, Intimé et Appelant. Et Jacques Desprez, ci-devant greffier du Comté de Corbie, Appellant. — *Paris*, Jacques Vincent, *1715 ;* 8 p. in-folio.

Ibid., Hist., n° 3828, 36.

5504. — Memoire pour M. le Procureur du Roy d'Amiens, poursuite et diligence des Religieux, Prieur et Convent de l'**Abbaye** Royale de S. Pierre **de Corbie**. Contre M. Philippes Honoré Eudel. — S. l. n. n., *1715 ;* 4 p. in-folio.

Ibid., Hist., n° 3828, 37.

5505. — Arrest de la Chambre des Vacations, contre M. Philippes Honoré Eudel, Prévôt Royal de Foulloy et Jacques Desprez, Notaire Royal *et les déclarant incapables de remplir aucune charge publique.* Du 8 Octobre 1715 — S. l. n. n. ; 4 p. in-folio.

Ibid., Hist., n° 3828, 28.

5506. — Factum que met pardevant vous Messieurs le Lieutenant General Criminel et Conseillers au Bailliage et Siège Presidial d'Amiens, M. Philippe Honoré Eudel, Conseiller du Roi, Prevost Roial de la Prevôté de Foulloi et Bailli General de la Ville et Comté de Corbie. Contre les Religieux, Prieur et Convent de l'**Abbaie** S. Pierre dudit **Corbie**. — S. l. n. n , *vers 1720 ;* 7 p. in-4°.

Bibl. H Macqueron.

5507. — Arret du Conseil d'Etat du Roi, du 16 Avril 1746 *renvoyant au Parlement de Douai l'affaire entre* l'**Abbaye de Corbie** *et le Prince de Ligne.* — S. l. n. n. ; 7 p. in-4°.

Ibid , Hist., n° 3829. 15.

5508. — Précis de l'instance au conseil des depêches entre le prince de Ligne, opposant à un arrêt du conseil du 16 avril 1746, M. l'ancien évêque de Mirepoix, abbé commendataire de l'**abbaye** royale **de Corbie**, défendeur à l'opposition du prince de Ligne, et le prince de Modène, abbé commendataire de l'abbaye d'Anchin, partie intervenante... *Signé : Bocquet de Chanterenne.* — Paris, J. Guerin, 1748 ; in-4°.

Au sujet de biens usurpés sur l'abbaye de Corbie par Godefroy de Bocholdt, seigneur de Grewenbrock, auteur du prince de Ligne.

Bibl. Nat¹⁰, 4° Fm, 7774.

5509. — Consultation pour les Abbé, Prieur et Religieux de l'**Abbaye de Corbie**, Et M. l'abbé de Modène, Abbé Commandataire de l'Abbaye d'Anchin, et les Prieur et Religieux de ladite Abbaye. Contre M. le Prince de Ligne. — *Paris*, C. F. Simon, 1749 ; 28 p. in-folio.

Demande d annulation de ventes faites en fraude des droits des Abbayes.

Bibl. d'Amiens, Hist , n° 3828, 50.

5510. — Précis du procès qui subsiste depuis deux cent ans, entre les Abbé, Prieur et Religieux de l'**Abbaye** Royale de Saint Pierre **de Corbie**, et les Heritiers du sieur Grewembrock, aujourd'hui représentés par le Prince de Ligne. — *Paris*, Valleyre, *vers 1750 ;* 12 p. in-4°.

Ibid., Hist., n° 3829, n° 14.

5511. — Sommaire pour les **Abbés de Corbie** et d'Anchin contre le Prince de Ligne. — *Paris*, Jacques Guerin, 1750 ; 11 p. in-4°.

Ibid., Hist., n° 3829, 12

5512. — Mémoire *pour les* **abbés de Corbie** *et d'Anchin contre le prince de Ligne.* — S. l. n n., *1750 ;* 12 p. in-4°.

Ibid., Hist , n° 3829, 11.

5513. — Extrait des Registres du Conseil d'Etat du Roy. *Arrêt, du 14 août 1753, relatif à un* **droit de travers** *réclamé par l'Abbaye sur le pont dit à Limage, hors les murs de Corbie.* — S. l. n. n. ; 3 p. in-folio.

Ibid., Hist , n° 3828, 52.

5514. — Requête au Roi, pour M. le Cardinal de Luynes, Archevêque de Sens, Abbé Commendataire de l'**Abbaye** Royale **de Corbie**, et les Prieur et Religieux de la même Abbaye : Contre M. le Prince de Ligne. Signifiée le 19 Décembre 1772. — *Paris*, Quillau, 1776 : 163 p. in-4°.

Ibid, Hist., n° 3829, 30.

5515. — Résumé des moyens tendans à faire débouter M. le Prince de Ligne de son opposition à l'arrêt du 16 Avril 1746, qui a déclaré nuls et incompétens, la Procédure faite et les Jugemens rendus au Conseil de Malines contre l'**Abbaye de Corbie**. Pour M. le Cardinal de Luynes, Abbé de Corbie, et les Prieur et Religieux de cette Abbaye. Contre M. le Prince de Ligne. — *Paris*, Quillau, 1776 ; 22 p. in-4°.

Ibid., Hist., n° 3829, 13.

*****5516.** — Mémoire pour les sieurs Thérouanne et de la Saudraic, et la veuve Lacombe. Contre les sieurs Valmalette. — *Paris*, 1781 ; 33 p. in-4°.

Intéressant pour l'**abbaye de Corbie**.

*****5517.** — Mémoire sur délibéré pour dame Eléonore de Lancry, veuve de messire François-Raymond de Pavie de Villevieille, dame de Vaux, contre les prieur et religieux de l'**abbaye** de Saint-Pierre **de Corbie**. *Signé : Paillet des Brunières.* — *Paris*, veuve Knapen, . s. d. ; in-4°.

Bibl. Nle, Mss Joly de Fleury, 1058, f° 249.

5518. — *Officia* propria regalis monasterii Sancti Petri **Corbeiensis** Ordinis S. Benedicti, congregationis S. Mauri. Ad limam Breviarii Monastici expolita. — Luteciæ Parisiorum, apud Johannem Baptistam Coignard, MDCLXXVII ; 116 p. in-8° av. front. gravé.

Bibl. d'Amiens, Théol , n° 1704

5519. — Ordo divini officii ad usum regalis Abbatiæ sancti Petri **Corbeien**sis. Nullo medio ad sedem Apostolicam pertinentis. Pro singulis diebus anni Domini *.

Ambiani,	Fiduæ Caron Hubault,	M DCC LX ;	44 p. in-8°.
»	Ludovici Caroli Caron,	M.DCC.LXXIX ;	48 p in 8°.
»	»	»	M.DCC LXXX ;	48 p. in-8°.
»	»	»	M DCC LXXXI ;	48 p. in-8°.
»	»	»	M.DCC LXXXVI ;	48 p. in-8°.
»	»	»	M DCC LXXXVII ;	48 p. in-8°.
»	»	»	M DCC LXXXVIII ;	49 p. in-8°.

Ibid , Théol., nos 1697 à 1703.

5520. — Histoire abrégée du **Trésor** de l'Abbaye Royale de Saint-Pierre **de Corbie**. — S. l. n. n., 1757 ; 71 p. in-18.

Ancne Bibl. de Marsy.

5521. — Histoire abrégée du **Trésor** de l'Abbaye Royale de Saint-Pierre **de Corbie**. Nouvelle édition augmentée de notes, par M. H. Duseval. — Amiens, Lemer aîné, 1861 ; II-93 p. in-18.

*****5522.** — Hænel. Catalogus librorum in **bibliotheca Corbeiensi**.

Serapeum, 1844, t. II, p. 107 à 111.

5523. — La **Bibliothèque** de Corbie.

Cab. des Manusc de la Bibl. Natle par L Delisle, t II, p. 104 à 141 ; gr. in-4°.

5524. — Recherches sur l'ancienne **bibliothèque de Corbie**, par Léopold Delisle. — Paris, Durand, 1860 ; 65 p. in-8°.

Ext. Bibl. Ecole des Chartes.

5524 bis. — Recherches sur l'ancienne **bibliothèque de Corbie**, par M. Léopold Delisle.

Mém. Acad. Insc. et B. Lett , t. XXIV, p. 266 à 342 ; in-4°.

*****5525.** — Un **manuscrit de Corbie**, par H. Omont.

Rev. de Philol , 1880, t. IV, p. 67 à 68 , in-8°.

*****5526.** — *Documents sur l'ancienne* **bibliothèque de Corbie**.

Becker, Cat. biblioth ant., 1885, p. 139 à 140, 185 à 192 et 277 à 287.

*****5527.** — Recueil épigraphique contenu dans un ancien **manuscrit de Corbie** actuellement conservé à la bibliothèque impériale de Pétersbourg, par G. B. de Rossi.

Bull. archeol. crist., 1888, c. VI, trad. franç., p 5 à 27.

5528. — Eglise S¹ Pierre de Corbie, par *H. Dusevel*. — S. l. n. n. n. d.; 24 p. gr. in-8° av. 3 pl.

Ext. de Chât., Beffrois, etc

5529. — *Note sur l'*église de Corbie, *par M. l'abbé Duval*.

Bull. archéol. du Com., t. II, p. 450 à 452; in-8°.

5530. — La chapelle sépulcrale des Seigneurs de Soyecourt dans l'ancienne église abbatiale de Corbie, par Hector Josse. — Amiens, A. Douillet, 1881; 14 p. in-8°.

Ext. Bull. Soc. Ant. Pic.

5531. — A Nosseigneurs de la Cour du Parlement de Paris en la Tournelle Criminelle. *Requête de Charles de Bertin, curé de* S¹ Eloy de Corbie *sur un différend avec Antoine Gressier, curé de S¹ Jean.* — S. l. n. n. n. d.; 4 p. in-folio.

Bibl. d'Amiens, Hist., n° 3828, 8.

5532. — Factum pour M⁰ François Joseph le Marchant, Prêtre gradué pourvû de la Cure de S. Thomas de Corbie, Deffendeur. Contre M⁰ Michel Peltiez, Prêtre, Curé de Bresles et Caritable de Corbie, se disant pourvû de la Cure de S. Thomas, Demandeur. — S. l. n. n. n. d.; 4 p. in-folio.

Contestation sur la possession de cette cure. Ibid., Hist., n° 3828, 9.

5533. — Memoire signifié pour Monsieur le Cardinal de Polignac, Archevêque d'Auch, Abbé, et les Religieux de l'Abbaye de Corbie, Demandeurs et Defendeurs. Contre les Sœurs rebelles de l'Hôpital de Corbie, Demanderesses et Defenderesses. — *Paris*, Vincent, 1710; 4 p. in-folio.

Contestation sur la nomination d une supérieure Ibid., Hist., n° 3828, 43.

II. COMMUNES DU CANTON DE CORBIE

5534. — Memoire pour les Religieux, Prieur et Convent de l'Abbaye Royalle de Corbie, Défendeurs. Contre Messire Louis de Gomer, Seigneur d'Inneville et de Dours, la Dame Marguerite de Saveuse, Monsieur le Duc de Chevreuse, le Sieur de la Simonne, et Maistre Jean Paljart Acquereur de la terre d'Aubigny, Demandeurs. — S. l. n. n., *1706*; 8 p. in-folio.

Question de mouvance sur deux pièces de pré, à Aubigny.

Bibl. d'Amiens, Hist., n° 3828, 13.

5535. — Memoire pour les Religieux, Prieur et Convent de l'Abbaye Royale de S. Pierre de Corbie. Contre Messire Louis de Gomer, Seigneur d'Inneville et de Dours. Et contre Maistre Jean Palliart, Conseiller Honoraire au Bailliage d'Amiens, Acquereur de la Terre et Seigneurie d'Aubigny. — S. l. n. n., 1706; 8 p. in-folio.

Ibid., Hist., n° 3828, 13.

5536. — Factum pour Jean Palyart, Seigneur d'Aubigny, Conseiller au Bailliage et Siege Presidial d'Amiens, Défendeur et Demandeur. Contre Messire Louis de Gomer, Seigneur d'Ineville et de Dours, Gabriel-Dominique de la Simonne, Seigneur du Hamel, Messire Charles-Honoré d'Albert Duc de Chevreuse, Seigneur de Pecquigny, Flixecourt et Vinacourt, Dame Françoise d'Estournelle veuve de Messire François de Saveuse, Seigneur de Fouilloy Demandeurs en saisies féodales. Et encore contre Damoiselle Marguerite de Bainsy, et les Religieux de l'Abbaye de Saint Pierre de Corbye, Défendeurs et Demandeurs. — S. l. n. n., *1706*; 4 p. in-folio.

Ibid., Hist., n° 3828, 14.

5537. — *Autre* Factum pour Jean Palyart, Seigneur d'Aubigny.... Deffendeur et Demandeur. Contre Messire

Louis de Gomer, Seigneur de Dours : Gabriel Dominique de la Simonne, Seigneur du Hamel ; Messire..... Duc de Chevreuse, Seigneur de Picquigny, et Vinacourt ; Dame Françoise d'Estournelle, veuve de... Saveuse, Seigneur de Fouilloy, Demandeurs en saisies Feodales. Et encore contre Damoiselle .... de Bainsy, et les Religieux ..... de Corbye, Deffendeurs et Demandeurs. — S. l. n. n., *1706* ; 4 p. in-folio.

Ibid., Hist., n° 3828, 15.

5538. — Note relative à la carte agronomique du territoire d'**Aubigny** (canton de Corbie, Somme), par H. Roger.

Mém. Soc. Linn. Nord de la Fr., t. IX, p. 252 à 260 ; in-8°.

5539. — Jugement rendu en dernier ressort par le tribunal du District de Péronne qui condamne Pierre Petit, ancien Soldat au Régiment d'Anjou, aux Galères à perpétuité, pour avoir le 17 Novembre 1776, sur la Place et à la fête de **Bézieux**. dans une rixe, tué d'un coup d'Epée le nommé Etienne la Planche ; et Darras, dit Juste, Dragon, contumax aux Galères pendant cinq ans, pour avoir, dans la même rixe, frappé de son Sabre und, différentes personnes et occasionné le meurtre dudit la Planche ; lesdits Petit et Darras préalablement flétris par l'exécuteur des jugemens criminels des trois lettres G. A. L. Du mercredi 17 août 1791. — Amiens, Fr. Caron-Berquier ; 7 p. in-4°.

Bibl. de Péronne.

5540. — Une course à **Baisieux** (canton de Corbie), par M. J. Garnier. — Amiens, Lemer aîné, s. d. ; 7 p. in-8°.

5541. — Note sur quelques objets trouvés en Mai 1864 dans les Tourbières de **Dours** (Somme), par M. J. Garnier. — Amiens, Lemer, 1864 ; 6 p. in-8°.

Ext. Bull. Soc. Ant. Pic.

5542. — Factum pour les habitants de Bussy. Contre le Seigneur et les Habitants de **Dours**. — S. l. n. n., *1687* ; 4 p. in-4°.

Sur la question de savoir si les marais d'Alais, des Hallettes et vers Blangy sont communs entre les paroisses de Bussy, Daours et Vecquemont et relèvent du Roi ou des seigneurs de Daours. Bibl d'Amiens, Hist , n° 3669.

5543. — Factum pour Messire Jean de Longueval, Chevalier, Châtelain de **Dours**, Seigneur d'Allonville, Vecquemont et autres Lieux, Commandant pour le Roy dans la Citadelle d'Amiens, Intimé. Contre Thomas de Saint Pol, Adrien et Jean Poiré, Antoine Domont, Jean Renard, Marc Darras tous Habitans du Village de Bussy, Appellans. Et contre Messire Philippes de Sacquespée, Chevallier, Seigneur de Bussy, Intervenant et prenant le fait et cause de Jean Domont et Thomas de Saint-Pol, aussi Habitans du Village de Bussy, Appellans. — S. l. n. n., *1687* ; 4 p. in-8°.

Ibid., Hist , n° 3669.

* **5544.** — Factum pour Messire Jean de Longueval... seigneur de **Dours**... commandant en la citadelle d'Amiens... contre Thomas Saint-Paul et consors, habitans de Bussy et messire Dominique de Sacquespée... seigneur dudit lieu de Bussy, appellans d'une sentence rendue au Bailliage d'Amiens le 22 juillet 1688. *Signé : Robert du Chaslard*. — S. l. n. n., *1688* ; in-4°.

Bibl. Nat^{le}, 4° Fm, 19479.

5545. — Factum pour Messire Louis de Gomer, Châtelain de Dours, seigneur d'Hinneville, Allonville, Vecquemont, et autres Lieux, Commandant pour le Roy dans la Citadelle d'Amiens, intervenant et prenant le fait et cause des Habitans de **Dours**. Contre les Habitans de Bussy, Demandeurs. — S. l. n. n.. *1690* ; 4 p. in-folio.

Bibl. d'Amiens, Hist., n° 3594.

5546. — Factum pour les Habitans, Corps et Communautez du Village de

Dours, Deffendeurs. Contre les Habitans de Bussy, Demandeurs.—S. l. n. n., *1693*; 4 p. in-4°.

Ibid., Hist., n° 3669.
Autre édition, s. l. n. n. n. d. ; 3 p. in-4°.

5547. — Factum pour Messire Jean de Longueval, Châtelain de Dours, Seigneur de Vecquemon, Allonville, Graval et autres Lieux, Commandant pour le Roy en la Citadelle d'Amiens, intervenant et prenant fait et cause des Habitans de **Dours**, Deffendeurs. Contre les Habitans de Bussy, Demandeurs.— S. l. n. n., *1693;* 4 p. in-4°.

Ibid., Hist., 3669.

5548. — Arrest du Conseil d'Etat du Roy, qui permet au sieur Vacquette de Frechencourt, de continuer de tenir un bac au village de **Dours**, généralité d'Amiens, et d'en percevoir les droits suivant le tarif y inséré. Du 25 Novembre 1738. — Paris, Imprimerie Royale, 1741 ; *3* p. in-4°.

Bibl. d'Amiens, Jurisp.. n° 328
Autre édition en placard in-folio.

5549. — Arrest du Conseil d'Etat du Roy, qui supprime les droits de péage par eau et par terre, prétendus par le sieur Vacquette de Frechencourt, dans les lieux de **Dours** et Querieu-lès-Pont, généralité d'Amiens. Du 25 novembre 1738. — Paris, Imprimerie Royale, 1742 ; 2 p. in-4°.

Ibid., Jurisp., n° 328.

5550. — *Arrêt rendu, le 20 juin 1764, au profit des habitants de* **Daours**, *Vecquemont et Bussy contre Pierre Adrien Vacquette de Fréchencourt et défendant à ce dernier de faire aucun acte de propriété dans ces trois communes.* — S. l. n. n. ; 52 p. in-folio.

Ibid., Hist., n° 3594.

5551. — Arrest du Conseil d'Etat du Roi, qui ordonne que les Huit sous pour livre, établis par Edit de novembre 1771, continueront d'être perçus, en sus du principal des droits de Passage au bac à **Dours**, élection de Doulens, sur les articles seulement qui seront d'une quotité de quinze deniers et au dessus ; et que le produit desdits Sous pour livre sera versé dans la caisse de Julien Alaterre, Adjudicataire des fermes générales. Du 10 janvier 1773. — Paris, Imprimerie Royale, 1773 ; 4 p. in-4°.

Ibid., Jurisp., n° 330.
Autre édition : Paris. P. G. Simon, 1773 ; 4 p. in-4°.

5552. — Précis pour les Seigneur et Dame de Moyenneville, Appellans. Contre les Seigneur et Dame de La Ferté-lès-Saint-Ricquier, Intimés. — *Paris*, Stouppe, 1779 ; 5 p. in-4°.

Au sujet des Terres de **Daours** et de Vecquemont.
Bibl. H. Macqueron.

5553. — Un bas relief de l'ancienne église de **Daours** (canton de Corbie), par M. Hector Josse.

Bull. Soc. Ant. Pic , t. XIV, p. 374 à 378 ; in-8°.

5554. — Ordinationes Gaufridi Ambianensis Episcopi pro Canonicis S. Matthæi de **Foilliaco** prope Corbeiam. Anno MCCXXXIII.

Spicilegium. . d'Achery, 1723, t. I, p. 613 et 614 ; in-folio.

5555. — Statuta facta ad mores corrigendos Canonicorum **Foilliacensium**. Anno MCCXL.

Ibid., t I, p 620 et 621,

5556. — Factum pour Maistre Pierre du Quesnoy, Chanoine de Foüilloy et l'un des vingt Caritables fondés en l'Eglise de S. Estienne de Corbie, estant ès lieux Et droits de Maistre François Nyon, cy-deuant pourveu desdits Benefices, demandeur et deffendeur en complainte. Contre Maistre Anthoine Gressier, Prêtre Doyen dudit **Foüilloy**, deffendeur et demandeur.— S. l. n. n., *vers 1670;* 4 p. in-4°.

Anc. Bibl. de Marsy.

— 452 —

5557. — Factum pour Maistre Antoine Gressier, Prestre, Doyen et Chanoine de **Foüilloy**, et l'un des vingt Caritables fondez en l'Eglise de Saint Estienne de Corbie, deffendeur. Contre Pierre du Quesnoy, estant ès-lieux, et droits de François Nyon, demandeur.— S. l. n. n., *vers 1670;* 3 p in-4°.

Ibid.

5558. — Sommaire pour la Communauté du Village de **Hamel**, près Corbie, Intimée; Contre les Habitans d'Abancourt et de Warfusée, Appellans. En présence de MM. les Abbé, Prieur et Religieux de Corbie, Intervenans.— Paris, veuve Hérissant, 1781 ; 16 p. in-4°.

Au sujet de la propriété du marais du Hamel.
Bibl. d'Amiens, Hist., n° 3829, 29.

5559. — Extrait d'un mémoire sur la terre du **Hamel-lès-Corbie**, par M. le Comte du Hamel.

Mém. Soc. Ant. Pic., t II, p. 265 à 271; in-8°.

5560. — Monographies de Picardie. **Heilly**, par l'Abbé Ed. Jumel.—Amiens, Delattre-Lenoël, 1876; 100 p. in-8°.

Ext. de la Picardie.

5561.—Factum pour dame Françoise de Pisseleu, Dame de Brazeux, demanderesse, contre Messire Honoré Louis Gouffier, chevalier, seigneur marquis d'**Heilly**, et la dame Germaine Martineau, son épouse, défendeurs. — S. l. n. n., *vers 1651* ; 4 p. in-4°.

Demande des intérêts du fonds du douaire qui lui est du.
Bibl. Soc. Ant. Pic.

5562. — Factum pour Honoré-Louis Gouffier, marquis d'**Heilly** et dame Martineau, son épouse, défendeurs et demandeurs, contre M. Robert Vigneron, lieutenant particulier de Beauvais. — S. l. n. n., *vers 1651;* 8 p. in-4°.

Ibid.

5563. — Ordre et distribution de la somme de 200000 livres pour prix des terres de Fontaine, Oudeuil, Pisseleu, Gaudechart, fief de Crevecœur, Bouillencourt, Malpart et Gratibus, leurs circonstances et dépendances, suivant les arrêts des 7 septembre 1650, 10 janvier et 26 mars 1652, rendus entre messire Charles-Antoine Gouffier, chevalier, marquis de Brazeux et dame Françoise de Pisseleu, son épouse, d'une part ; messire Honoré-Louis Gouffier, chevalier marquis d'**Heilly**, et dame Germaine Martineau, son épouse, d'autre part ; *du 31 juillet 1653.* — S. l. n. n. ; 26 p. in-folio.

Ibid.

5564. — Arrêt du Conseil d'Etat qui autorise M. Louis-Charles, marquis de Gouffier, maréchal des camps et armées du Roi, seigneur d'**Heilly**, Ribemont et autres lieux, à creuser à ses frais un canal de 35 à 40 arpents dans une prairie sise au devant de son château. Versailles, 8 novembre 1749 ; et autre arrêt qui ordonne, sur la requête du marquis de Gouffier, qu'avant de procéder à l'estimation des terrains nécessaires pour la confection dudit canal et dépendances, les experts feront sonder en la manière accoutumée ceux de chaque propriétaire ... Versailles, 18 février 1750.— *Paris,* Knapen, 1750 ; 15 p. in-4°.

Arch. dép. de la Somme, C., n° 928.

5565.—Autorisation à Louis-Charles de Gouffier, seigneur d'**Heilly**, d'exproprier pour rebâtir son château et creuser un canal, en se conformant aux clauses de l'arrêt du 18 février 1750. — Paris, Knapen, 1750 ; 16 p. in-4°.

Bibl. Soc. Ant. Pic.

5566. — Procès-verbal d'arpentage des parties de terrains et maisons qui doivent entrer dans le **canal d'Heilly** à Ribemont et rapport d'expertise desd. terrains ; *du 30 juillet 1750.* — *Paris,* Knapen, 1750 ; 82 p. in-4°.

Arch. dép. de la Somme, C. 928.

5567. — Procès-verbaux d'enquête concernant la construction du **canal d'Heilly.** — Paris, Knapen, 1750; 82 p. in-4°.

5568. — Ordonnance définitive de M. Chauvelin, intendant de Picardie et d'Artois, commissaire en cette partie, concernant la confection du **canal d'Heilly** ; du 24 janvier 1751. — Paris, Simon ; placard in-folio.

Bibl. Soc. Ant. Pic.

5569. — Mémoire pour les Sieur et Demoiselle de Caix, Intimés. Contre Louis-Charles, Marquis de Gouffier, Appelant.— S. l. n. n., *1752* ; 6 p. in-folio.

Au sujet du bail général des **terres** de la seigneurie d'**Heilly**.

Anc^{ne} Bibl de Marsy.

5570. — Requête au Conseil des Habitans de Corbie, Bonnay et Méricourt, portant opposition à la **navigation** proposée (d'**Heilly** *à Corbie*), et demande à fin de suppression du Moulin de Ribemont. Réponse du Marquis de Gouffier. — S. l. n. n., *1752* ; 17 p. in-folio.

Bibl. d'Amiens, Hist., n° 3828, 51.

5571. — Réponse à la Requête de M. le Marquis de Gouffier, à fin d'établissement d'un **canal** au lieu d'**Heilly**. Pour M. l'ancien Evêque de Mirepoix, Abbé Commendataire et Comte de Corbie, et les Prieur et Religieux de ladite Abbaye. Réplique pour M. le Marquis de Gouffier, contre M. l'ancien Evêque de Mirepoix, Abbé Commendataire et Comte de Corbie, et les Prieur et Religieux de l'Abbaye de Corbie. — S. l. n. n., *1753* ; 64 p. in-folio.

Ibid., Hist., n° 3828, 53

5572. — Certificat des Seigneurs voisins d'Heilly *sur la demande de Mr de Gouffier, relative au canal, et Actes de délibération des habitans* d'**Heilly**. *Ribemont, Méricourt, Bonnay et Corbie au sujet de la même affaire*; 1753. — S. l. n. n. ; 13 p. in-folio.

Ibid , Hist , n° 3828, 51 *bis*.

5573. — Requête au Conseil des Habitans de Corbie, Bonnay et Méricourt, portant opposition à la navigation proposée, et demande à fin de suppression du Moulin de Ribemont. Réponse du Marquis de Gouffier. — S. l. n. n., *1753* ; 17 et 13 p. in-folio.

Arch. dép. de la Somme, C, n° 928.

5574. — Au Roy et à Nosseigneurs de son Conseil. *Supplique du marquis de Gouffier relative au projet de* **canal d'Heilly**.

A la suite. Certificats et observations faisant partie des Pièces justificatives. Mémoire d'observation que les Habitans, Corps et Communauté du Village de Bonnay, ont l'honneur de présenter à Monsieur le Marquis de Gouffier, pour dissiper les fantômes qu'il a plu à Monsieur l'Evêque de Mirepoix, Abbé de Corbie, et aux Religieux de la même Abbaye, de grossir leur dernière requête imprimée en 1754 contre la légitimité du canal dont Monsieur le Marquis demande l'établissement. — S. l. n. n., *1755*; 112 p. in-4°.

Bibl. d'Amiens, Hist , n°s 3829, 17 et 20.

5575. — Requête présentée au Roy, par les Prévôt, Maire, Echevins et Habitans de la ville de Corbie, Corps et Communautés des Villages de Bonnay et Méricourt-l'Abbé. En réponse à la seconde Requête de M. le Marquis de Gouffier, concernant le Projet d'établissement d'un **Canal à Heilly**.— *Paris*, Guérin et Delatour, 1754 ; 21 p. in-4°.

Ibid., Hist., n° 3829, 19.

5576. — Requête présentée au Roy par Mre Jean-François Boyer, ancien Evêque de Mirepoix, Abbé et Comte de Corbie ; et les Prieur et Religieux de l'Abbaye de Corbie. En réponse à la seconde Requête de M. le Marquis de Gouffier, concernant le projet d'Etablissement d'un **Canal à Heilly**.— *Paris*, Guérin et Delatour, 1754 ; 32 p. in-4°.

Arch. dép. de la Somme, C, n° 928.

5577. — Réponse à la Requête de M. le Marquis de Gouffier à fin d'établissement d'un **Canal au Lieu d'Heilly** Pour M. l'ancien Evêque de Mirepoix, Abbé Commendataire et Comte de Corbie ; et les Prieur et Religieux de ladite Abbaye. Réplique pour le Marquis de Gouffier Contre M. l'ancien Evêque de Mirepoix, Abbé Commendataire et Comte de Corbie ; et les Prieur et Religieux de l'Abbaye de Corbie.
— S. l. n. n., *vers 1755 ;* 64 p. in-folio.

Ibid., C, n° 928.

5578. — Requête d'intervention de M. le Marquis de Gouffier dans l'Instance au Conseil, entre la Ville de Corbie, et les Abbé et Religieux dudit Corbie, relativement à son projet de **Navigation**. — S. l. n. n., *vers 1755 ;* 58 p. in-4°.

Bibl. d'Amiens, Hist., n° 3829, 16.

5579. — Au Roy et à Nosseigneurs de son Conseil. *Supplique des Habitants de Corbie relative à la création du* **Canal d'Heilly**. — *Paris*, veuve Paulus-du-Mesnil, 1758 ; 22 p. in-4°.

Ibid., Hist., n° 3829, 21.

5580. — Au Roy et à Nosseigneurs de son Conseil. *Autre supplique des mêmes sur le même sujet.* — *Paris*, Knapen, 1758 ; 55 p. in-4°.

Ibid., Hist., n° 3829, 22.

5581. — Mémoire pour le Marquis de Gouffier, Maréchal des Camps et Armées du Roi, Seigneur d'**Heilly**, Défendeur. Contre le sieur de Varenne de Champfleury, héritier bénéficiaire de M. Boyer, ancien évêque de Mirepoix, Abbé de Corbie, Demandeur. Et encore contre M. le Cardinal de Luynes, actuellement Abbé de Corbie. — *Paris*, d'Houry, 1759 ; 14 p. in-folio.

Au sujet du curage de la **rivière de la Boulangerie**.
Bibl. de Péronne, Rec. de Mém., t. XXI.

5582. — A Monseigneur d'Invau, Intendant de Justice, Police et Finances en la Généralité d'Amiens. *Supplique des Habitants d'Heilly relative a l'écoulement des eaux de la* **rivière d'Heilly**. — Amiens, veuve Godart, 1759 ; 17 p. in-4°.

Bibl. d'Amiens, Hist., n° 3829, 23.

5583. — Mémoire pour M. le Cardinal de Luynes, Archevêque de Sens, premier aumônier de Madame la Dauphine, Abbé et Comte de Corbie, Commandeur de l'Ordre du Saint-Esprit, Défendeur. Contre le Sieur de Varennes de Champfleury, Ecuyer, Seigneur de Biénassis et autres Lieux, Héritier Bénéficiaire de feu M. l'ancien Evêque de Mirepoix, Abbé de Corbie, Demandeur. — *Paris*, P. G. Lemercier, 1759 ; 8 p. in-folio.

Au sujet des droits respectifs de l'abbaye et de M. de Gouffier sur la **rivière de la Boulangerie** à Heilly.
Ibid., Hist., n° 3828, 54.

5584. — Mémoire pour M. le Cardinal de Luynes..... Abbé et Comte de Corbie, Commandeur de l'Ordre du Saint-Esprit, Intervenant et Demandeur. Contre M. le Marquis de Gouffier, Maréchal des Camps et Armées du Roi, Seigneur d'**Heilly**, Défendeur. — *Paris*, P. G. Lemercier, 1760 ; 10 p. in-folio.

Au sujet des eaux de la **rivière de la Boulangerie**.
Ibid., Hist., n° 3828, 55.

5585. — Addition sur délibéré au Mémoire pour M. le Cardinal de Luynes. Contre M. le Marquis de Gouffier. — *Paris*, P. G. Lemercier, 1760 ; 6 p. in-folio.

Ibid., Hist., n° 3828, 55 bis.

5586. — Lettres de plusieurs personnages célèbres trouvées au **château d'Heilly**, par l'abbé Friant.

Mém. Soc. Ant. Pic., t. II, p. 171 à 181 ; in-8°.

5587. — Inventaire de quelques papiers provenant du **château d'Heilly**, par M. J. Garnier.

Mém. Soc. Ant. Pic., t. IX, p. 311 à 355 ; in-8°.

5588. — Légendes du **château d'Heilly**, par C. de Warloy.
Rev. du Nord de la Fr , 1890, p. 161 à 163; in-8°.

5589. — Château de **Hénencourt**, par A. Goze. — S. l. n. n. n. d.; 42 p. gr. in-8° av. 2 pl.
Ext. de Chât , Beffrois, etc.

5590. — La Fête patriotique de la commune d'**Hénencourt** (25-26 juillet 1897), par le vicomte Oscar de Poli. — Albert de Bréda, 1897 ; 162 p. petit in-4° av. pl. et 34 fig.

5591. — La chasse aux Cygnes à **Lamotte-Brebière**.
Rev. d'Amiens, 1833, p. 155 à 160; in-8°.

5592. — **Lamotte-en-Santerre** canton de Corbie, par Adolphe de Cardevacque. — Amiens, Douillet, 1879; 23 p. in-8°.
Extr. Mém. Soc. Ant. Pic.

5593. — Factum pour les Dames Abbesse et Religieuses du Paraclit d'Amiens, Demanderesses. Contre Sebastien Maressel, Pierre Vasseur et Consors, Défendeurs.— S. l. n. n., 1705; 6 p. in-folio.
Au sujet de redevances de blé sur les fiefs Potonville et Gonnet, à **Lamotte-en Santerre**.
Bibl. d'Amiens, Hist., n° 3596.

5594.—Alexandre Fossé, dit Cadet, ménager et neveu de Charles Fossé, assassiné à **Lamotte-en-Santerre**. A Monsieur le Procureur du Roi près le Tribunal civil de l'arrondissement d'Amiens. — Amiens, Ledien-Canda, 1827 ; 12 p. in-4°.
Au sujet de crimes commis à Lamotte.
Bibl. Pinsard.

5595.—Alexandre Fossé (dit Cadet), ménager et neveu de Charles Fossé, assassiné à **Lamotte-en-Sangterre**, à Monsieur le Procureur-Général près la Cour Royale d'Amiens. — *Paris*, Migneret, 1828; 11 p. in-4°.
Ibid.

5596. — Observations pour Frère Antoine-Emmanuel Brunel, Docteur de Sorbonne, Chanoine Regulier de l'Abbaye Saint-Jean d'Amiens, Ordre de Prémontré, pourvû de la Cure de **Marcel-Cave**, dépendante de la mesme Abbaye; sur la présentation de M. l'Evêque d'Orléans qui en est Abbé, Demandeur. Contre Maistre Antoine Cardot Prestre, prétendant droit à la mesme Cure, Défendeur. — *Paris*, V. C. Guillery, 1712 ; 5 p. in-folio.
Bibl. d'Amiens, Hist., n° 3596.

5597.— Factum pour Frere Antoine-Emanuel Brunel, Prestre Docteur de Sorbonne, Chanoine Regulier et Prieur Claustral de l'Abbaye de S. Jean d'Amiens, de l'Ordre de Prémontré, pourvû de la Cure de **Marcel-Cave**, dépendante de cette Abbaye, sur la Presentation de M. l'Evêque d'Orléans, qui en est Abbé, Demandeur en complainte. Contre Maistre Antoine Cardot, Chapelain de l'Eglise d'Amiens, prétendant droit à la même Cure, Défendeur. — S. l. n. n., 1713; 20 p. in-folio.
Ibid , Hist., n° 3596.

5598. — Arrest du Grand Conseil du Roy, qui condamne les Habitans, Corps et Communauté de **Marcel-Cave**, à faire rebâtir l'ancien Presbytère de cette Paroisse, et à fournir au Curé un logement convenable : condamne pareillement lesdits Habitans à rembourser au Curé dudit lieu, les loyers de la Maison qu'il avoit été obligé de louer pour son habitation depuis 1719, et ce sur le pied de vingt cinq livres par chacun an, comme aussi de continuer à l'avenir jusqu'à ce qu'ils lui aient fourni à l'avenir un logement convenable. Du 28 Mars 1736.
Pièces justif. du rapport des Agens gén. du Clergé fait en 1740. — Paris, Simon, 1741, p. 418 à 504 ; in-folio.

* **5599.** — Mémoire pour François Rochon, créancier de la succession de demoiselle Jeanne d'Aumal d'Haucourt.

Contre les veuve et heritiers Papin et le sieur de Liambrune, héritier bénéficiaire de ladite demoiselle d'Haucourt. — Paris, *XVIII° siècle* ; 14 p. in-folio.

Au sujet de la vente des terres de **Marcelcave** et de Genne, dépendant de la succession de la demoiselle d'Haucourt.

5600. — Précis pour la Veuve et les Héritiers de Herculin Pringuet, ci-devant Fermier de la Ferme de **Marcelcave**, dépendante de l'Abbaye de Saint-Jean d'Amiens, Appellans et Défendeurs. Contre M. l'Evêque de Noyon, Abbé de Saint-Jean d'Amiens, Intimé et Défendeur : Et contre Jean Laffillé et Consors, Fermiers actuels de Marcelcave. aussi Intimés et Demandeurs. — Paris, L. F. Prault, 1788 ; 19 p. in-4°.

Bibl. d'Amiens, Jurispr., n° 841, t. IV.

5601. — 1152. Guerri, abbé de Saint-Vaast *d'Arras*, fait savoir à quelles conditions il cède à la collégiale de Saint-Laurent, en **Ribemont-lez-Corbie**, une terre de l'Abbaye dépendante de sa ferme de Pont-Noyelles.

Com. des trav. hist., Bull. hist., 1896, p. 274 et 275, in-8°.

5602. — Mémoire signifié pour les Grand-Prieur et Religieux de l'Abbaye de Saint Pierre de Corbie, Ordre de Saint-Benoit, Congregation de Saint-Maur, ayant pris le fait et cause de Jacques Bousse, Jacques et Pasquier de Cotte, et Médard de Creissen, leurs Commis Carriers, Défendeurs et Evoquans. Contre Dame Eléonore de Hannery (*Lanery*), veuve de Messire François Raymond de Panne de Villevielle, Dame du Fief de **Vaux**, Demanderesse. — Paris, Pierre Simon, 1740 ; 7 p. in-folio.

Au sujet des carrières et des droits de seigneurie de Vaux-sous-Corbie.

Bibl d'Amiens, Hist., n° 3328, 44.

5603. — Conclusions motivées pour Monsieur le Maire de la Commune de **Vaux-sous-Corbie**, Intimé. Contre Monsieur le Conseiller d'Etat Préfet de la Somme agissant au nom de l'Etat, Appellant. — *Amiens*, Ledien-Canda, 1822 ; 13 p. in-4°.

Pour la propriété des marais de Vaux.

5604. — Aux Habitants de **Vaulx-sous-Corbie**. — Amiens, Duval et Herment, 1849 ; in-8°.

Au sujet de la profanation du cimetière de la commune.

5605. — La pierre tombale de **Vaux-sous-Corbie**, par *M. J. Roux*.

Bull. Soc. Ant. Pic., t. XVII, p 457 à 462 av. 1 pl. ; in-8°.

5606. — Factum pour les Religieux, Prieur et Convent de l'Abbaye Royale de S. Pierre de Corbie, intimez, demandeurs et opposans. Contre M° Christophe Linart Seigneur d'Aveluy, appellant, défendeur et intimé. — S. l. n. n., *vers 1695* ; in-4°.

Au sujet de l'acquisition du fief de Hochecocq, à **Ville-sous-Corbie**.

Bibl. d'Amiens, Hist., n° 3828, 20.

5607. — Factum pour Christophe Linard Seigneur Daveluy, Appelant tant comme de Juge incompétent qu'autrement du Bailly du Comté de Corbie, et Deffendeur sur opposition formée à l'exécution de la Sentence de ce Siège, par laquelle avec Monsieur l'Abbé il a esté ensaisiné du Fief de Hoschecot dont s'agit. Contre les Religieux de Corbie Intimez au lieu de leur Procureur d'office et opposans à l'exécution de ladite Sentence. — S. l. n. n., *vers 1695* ; 4 p. in-4°.

Ibid., n° 3828, 21.

5608. — Arrest du Conseil qui ordonne l'exécution de l'Article 111 du Règlement du 17 Mars 1717 *en ce qui concerne les fabriques de* **Villers-Bretonneux** *et lieux circonvoisins*. Du 14 Décembre 1723.

Règl. conc. les Manuf. — Paris, Saugrain, 1727, t. III, p. 185 à 188 ; in-4°.

5609. — Arrest du Conseil d'Estat du Roy, Ordonne que l'Inspecteur des Manufactures du Département d'Amiens, assisté d'un Officier de Police de ladite Ville, se transportera tant à **Villers** que dans les lieux circonvoisins, pour apposer sur les Serges qui s'y fabriquent et qui sont actuellement sur les mestiers, une marque de grâce, telle qui sera désignée par le Sr Intendant de la Généralité d'Amiens : Et en conséquence, permet aux Fabriquans desdits lieux de vendre les Serges qui seront ainsi marquées, pendant six mois, à compter du jour de la publication de l'Arrest. Du 7 Mars 1724. — Paris, Imprimerie Royale, 1724 ; 4 p. in-4°.

Bibl. H Macqueron.
Autre édition en placard in-folio.
Se trouve dans Rec. des Règl. conc. les Manuf. — Paris, Saugrain, 1727, t. III, p. 195 à 198 ; in-4°.

5610. — Relation du combat de **Villers-Bretonneux** accompagnée d'une petite carte du Santerre indiquant les positions respectives de l'armée française et de l'armée prussienne..... par M. Pécourt. — Chez l'auteur, à Villers-Bretonneux, s. d. ; 16-IV p. in-8°.

5611. — Souvenirs de **Villers-Bretonneux**, à propos de la cérémonie du 4 juillet 1871 en l'honneur des victimes du combat. — Amiens, Yvert, 1871 ; 24 p. in-8°.

5612. — Le souterrain-refuge de **Warloy**, par M. G. de Witasse.

Cab. hist. Pic. et Art., t. VII, p. 268 à 270 ; in-8°.

5613. — Arrest du Conseil d'Estat du Roy, qui ordonne que les Habitans du Village de **Baillon**, seront tenus de remettre pardevant Monsieur l'Intendant d'Amiens, dans un mois du jour de la signification du present Arrest, les Titres et Pièces par lesquels ils prétendent dépendre de l'Artois : et en attendant, Ordonne que par provision il sera nommé par ledit sieur Intendant un Particulier dudit Village, pour faire, à l'exclusion de tous autres, la distribution de l'Eau-de-vie nécessaire pour la consommation desdits Habitans, sur laquelle consommation il sera passé dix Bariques d'Eau-de-Vie de vingt-sept veltes chacune, en exemption des Droits d'Aydes ; et que celui qui sera chargé de ladite Fourniture, sera tenu de payer les Droits du surplus. Défend sa Majesté à tous autres Habitans que celui qui sera nommé par M. l'Intendant, de faire commerce d'Eau-de-vie dans le Village de Baillon, à peine de confiscation, et de cinq cent livres d'amende. Ordonne en outre Sa Majesté, qu'il sera nommé un des Habitans dudit lieu pour recevoir les déclarations de tous ceux qui y feront venir des boissons. Du deux avril mil sept cent trente-sept. — Paris, Pierre Prault, 1737 ; 10 p. in-4°.

Bibl. H. Macqueron.

5614. — Mémoire pour le Curé de **Warloy**, Diocèse d'Amiens, Appellant. Contre Angélique Gallet, veuve Clément. Et encore, contre M. le Procureur Général, Intimés. — *Paris*, Simon, 1773 ; 63 p. in-4°.

Au sujet de refus de sépulture à Pierre Clément, protestant.

5615. — Précis pour le Curé de **Warloy**, Diocèse d'Amiens. Contre Angélique Gallet, veuve de Pierre Clément. Et encore contre M. le Procureur Général, Intimés. — *Paris*, Simon, 1773 ; 21 p. in-4°.

Bibl. Pinsard.

5616. — Mémoire pour Angélique Gallet, veuve Clément, Intimée et Défenderesse. Contre Joseph et Jean-Baptiste Leroi, neveux et heritiers de Me Jean-Baptiste Leroi, en son vivant curé de Warloy, ayant repris l'instance en cette qualité, Appellans et Demandeurs ; Et encore contre Messire Louis-François-Gabriel d'Orléans de la Motte, Evêque d'Amiens, et contre Me Collet, Curé actuel de la Paroisse de **Warloy**, Intervenans, Appellans et Demandeurs.

58

En présence de M. le Procureur Général, Intimé.— Paris, P. G. Simon, 1774; 28 p. in-4°.

Ibid.

5617. — Arrêt de la Cour de Parlement (entre le curé de **Warloy** et la veuve Clément). Du 29 Mars 1774. — *Amiens*, Louis-Charles Caron; 8 p. in-8°.

Bibl. H. Macqueron.

5618. — Traditions populaires de **Warloy-Baillon** (Somme), *par Henri Carnoy*.

Mélusine, n° du 5 février 1877; in-4°.

5619. — Usages du jour du mardi-gras à **Warloy-Baillon** (Somme), *par Henri Carnoy*.

Mélusine, n° du 5 mars 1877; in-4°.

5620. — Prières populaires (**Warloy-Baillon**, Amiens), *par Henri Carnoy*.

Mélusine, n° du 20 avril 1877; in-4°.

CHAPITRE XIX

CANTON D'HORNOY

5621. — La **Vallée du Liger** et ses environs, par Alcius Ledieu. — Paris, Alphonse Picard, 1887; in-8° de XIII-432 p. av. 12 pl.

Ce volume comprend les monographies des communes de : Vraignes, Tronchoy Guibermesnil, Brocourt, Liomer, Le Quesne, Laboissière, Beaucamps le-Vieux, Gouy-l'Hôpital, Lincheux, Hornoy, Boisrault, Aumont, Arguel, Villers-Campsart et Dromesnil, du canton d'Hornoy; Saint-Aubin-Rivière, Le Mazis, Inval-Boiron, Senarpont, Neuville-Coppegueule, Saint-Léger-le-Pauvre, Fresneville, Andainville, Fresnoy-Andainville, Mesnil-Eudin, Bernapré et Lignières-hors-Foucaucourt, du canton d'Oisemont.

Extr. Mém. Soc. Emul. Abbeville.

5622. — La Picardie historique et monumentale. **Canton d'Hornoy**. Notices par A. Janvier.

La Pic. hist. et monum., t. 1, p. 407 à 418 av. 2 pl. h. t. et 8 fig. dans le texte; gr. in-4°.

5623. — Bourg d'Hornoy. — S. l. n. n. n. d.; 32 p. in-4°.

5624. — Notice historique sur Hornoy et Blanchemaison (Somme), par M. Alcius Ledieu. — Paris, Picard, 1887; 28 p. in-8°.

5625. — Lettres de terrier accordées par Sa Majesté le 3 Septembre 1785, à Messire Alexandre-Marie-François de Paule de Dompierre d'Hornoy, Chevalier, Conseiller en ses Conseils, et Président en sa Cour de Parlement à Paris, Seigneur de la Châtelenie d'**Hornoy**, en Picardie, et des fiefs des Hurtauts, de Fauvi, des Rotis, du Prieuré, de Blanchemaison, de Campmartel, de Maison, de la Cabotière et autres lieux. — Abbeville, Devérité; 4 p. in-4°.

Bibl. H Macqueron.

5626. — Arrêt de la Cour de Parlement qui ordonne qu'une Ordonnance rendue par les Officiers de la Justice d'**Hornoy**, le 17 Août 1786, pour les réparations des chemins dans l'étendue de ladite Justice, et les alignemens à donner pour la construction des maisons sera exécutée, selon sa forme et teneur. Du vingt-neuf Août mil sept cent quatre-vingt-six. — Paris, P. G. Simon et N. H. Nyon, 1786; 16 p. in-4°.

Ibid.

5627. — Notice historique sur Arguel (Somme), par P. J. Limichin. — Reims, Imp. de l'Académie, 1896; 87 p. in-8° av. 1 pl. et 1 fig.

5628. — Mémoire pour les communes d'**Arguel** et du Quesne, demanderesses en désunion des biens provenant de leur ancienne maladrerie contre l'hospice d'Airaines, par M. Ch. Dufour. — Paris, Ch. Bonnet, 1860; 28 p. in-4°.

5629. — *Arrêt, du 11 janvier 1636, rendu entre Jean le Bel, curé de la paroisse d'*Aumont* et les habitants de ce village relativement à la possession par ces derniers de terres franches et exemptes de dîmes.*

Journ. des Aud. du Parl. par Duchesne. — Paris, 1757, t. I, p. 274 et 275; in-folio.

5630. — Notice historique sur **Beaucamps-le-Jeune** (Somme), suivie d'une Notice sur Anne de Pisseleu, par P. L. Limichin. — Reims, Monce, 1898; 66 p. in-8° av. 2 pl.

* **5631.** — Mémoire concernant l'Eglise de **Beaucamp-le-Jeune**, en Picardie. — Paris, 1733; 14 p. in-folio.

Catal. de la Libr. Schlesinger, fév. 1875, n° 72.

5632. — Le droit de présentation à la cure de **Beaucamps-le-Jeune** (Somme). Extrait d'un Mémoire judiciaire, publié par l'Abbé A. J. Armand. — Lille, 1894; 12 p. in-8°.

Extr. du Cab. hist. Pic. et Art.

5633. — Notice historique sur **Beaucamps-le-Vieux** (Somme), par P. L. Limichin. — Reims, Monce, 1895; 84 p. in-8°.

5634. — Arrest du Conseil d'Estat du Roy Portant Règlement pour les Etoffes qui se fabriquent à Aumalle, Grandvilliers, Feuquières, Crévecœur, Blicourt, Tricot, **Beaucamps-le-Vieil** et autres lieux des Environs. Du 17 Mars 1717. — S. l. n. n.; 11 p. in-4°.

Bibl. d'Amiens, Jurisp., n° 328.
Voir aussi Règl. conc. les manuf. — Paris, Saugrain, 1727, t. II, p. 504 à 515; in-12.

5635. — Arrest du Conseil d'Estat du Roy, portant Règlement pour les Serges et autres Etofes qui se fabriquent à Aumale, Grandvilliers, Feuquières, Crèvecœur, Blicourt, Tricot, **Beaucamps-le-Vieil** et autres Lieux des environs. Du 18 Janvier 1729. — S. l. n. n.; placard in-folio.

Arch. dép. de la Somme, C, n° 152.

5636. — Arrest du Conseil d'Etat du Roy, qui ordonne qu'il sera établi un auneur-juré à **Beaucamp-le-Vieil** et que les Tiretaines qui se trouveront marquées du plomb d'aunage dudit Beaucamp, ne seront plus sujettes à aucun aunage dans les Lieux de leur destination. Du 2 Avril 1748. — Amiens, veuve Godart, 1748; 4 p. in-4°.

Arch. dép. de la Somme, C, 213.
Autre édition: Paris, Imprimerie Royale, 1748; 4 p. in-4°.

5637. — *Ordonnance de M. Chauvelin sur les tiretaines qui se fabriquent à* **Beaucamps-le-Vieil**, *Neuville-Coppegueule, Saint-Aubin, etc.; du 23 janvier 1750.* — S. l. n. n.; placard in-folio.

Ibid., C, n° 213.

5638. — Ordonnance de l'Intendant d'Invau, prescrivant que les pièces de tiretaine fabriquées à **Beaucamp-le-Vieil**, *Neuville-Coppegueule, Saint-Aubin, etc.,* auront 60 aunes de longueur au lieu de 40; du 26 août 1756. — S. l. n. n.; placard in-folio.

Ibid., C. n° 213.

5639. — Mémoire pour Madame la Duchesse de Richelieu, Princesse de Poix, Intimée et Demanderesse. Contre le sieur Roussel, Ecuyer, Sieur de Belloy-Saint-Léonard, Appellant et Défendeur, et Demandeur en garantie : Et encore contre les Sieurs et Demoiselles Cornet, Seigneurs de Warlus, Défendeurs. — *Paris*, André Knapen, 1726 ; 8 p. in-folio.

Au sujet de la possession du fief de **Belloy-Saint Léonard**.
Bibl. d'Amiens, Hist., n° 3594.

5640. — Notice historique sur **Gouy-l'Hôpital**, **Lincheux** et Hallivillers, par Alcius Ledieu. — Paris, Picard, 1887 ; 24 p. in-8° av. 1 pl.

5641. — Quarante deux apparitions de la S¹ᵉ Vierge. La Vérité sur les Prophéties de **Gouy-l'Hôpital** (Somme), par des Serviteurs de Marie témoins des Apparitions. Seul récit authentique y compris l'Apparition du 27 août 1881, recueilli par F. Hermier. — Tourcoing, Lille, 1881 ; 47 p. in-8°.

5642. — Au Bois de **Lincheux**. 25 Mars 1881. — Amiens, Guillaume ; 14 p. in-12.

Histoire de prétendues apparitions.

5643. — La Vérité sur les Prophéties de **Gouy l'Hôpital** par des Serviteurs de Marie, témoins des Apparitions : seul récit authentique recueilli par F. Hermier. — Paris, Dillet, 1881 ; 71 p. in-18.

5644. — Arrest du Conseil d'Estat du Roy, Qui ordonne que Jacques de Forceville, Fermier de la Terre de Vatteville et de **Guibermesnil**, Election d'Abbeville, Généralité d'Amiens, payera la Taille dans ladite Paroisse, pour les journaux de Terre qu'il y exerce. Du 12 Août 1732. — Paris, veuve Saugrain et Pierre Prault, 1732 ; 7 p. in-4°.

Bibl. H. Macqueron.

5645. — Mémoire pour..... Jean-Baptiste Bérard, prêtre, vicaire de la paroisse de **la Fresnoye**, contre dom Pierre Neu.... curé de Saint-Nicolas et curé primitif de la paroisse de la Fresnoye. *Signé : Lancesseur*. — Paris, Lemercier, 1733 ; in-folio.

Bibl. Natⁱᵉ, f° Fm, 1225.

* **5646.** — *Requête de Jean-Baptiste Bérard, vicaire de* **la Fresnoye**, *Diocèse de Rouen, au sujet d'une réduction de sa portion congrue. Signé : Lancesseur.* — Paris, Lemercier, 1733 ; in-folio.

Bibl. Natⁱᵉ, f° Fm, 1226.

5647. — Précis pour Antoine Barthélémi Martin Laboureur, en la Paroisse de **la Fresnoye**, fils et héritier de Pierre Martin, ayant repris en son lieu et place Appellant, Défendeur et Demandeur. Contre M. Louis de Bourbon, Comte d'Eu, et Duc d'Aumale, Demandeur et Défendeur. Pierre Pepin, Fermier de la partie de champart de la Fresnoye appartenant à M. le Comte d'Eu, Intimé, Défendeur et Demandeur. Et Dom Pierre de Bon, Religieux Bénédictin, Prieur-Titulaire de la Fresnoye, Co-Seigneur du Champart, et gros Décimateur de la Fresnoye, Défendeur, Intervenant et Demandeur. — *Paris*, d'Houry, 1767 ; 10 p. in-4°.

Question de droits seigneuriaux
Bibl. d'Amiens, Hist., n° 3814, t. II.

5648. — Mémoire pour Messire Nicolas de Villers, Chevalier, Seigneur de Rousseville et de Famechon. Contre Madame la Duchesse de Richelieu, Dame de la Principauté de Poix. Et encore contre le sieur de Court, Seigneur d'Hallivillers. — *Paris*, A. Paulus-du-Mesnil, 1700 ; 11 p. in-folio.

Au sujet de la mouvance de la seigneurie d'Hallivillers, commune de **Lincheux**.
Ibid , Hist., n° 3594.

* **5649.** — Factum pour messire Jean-Augustin de Riencourt..... seigneur

marquis d'**Orival** et de la Chatellenie de d'Argie en Picardie, défendeur. Contre Louis de Coste, sieur de la Houssaye, cessionnaire d'Anne de Caurel, sieur de Tagny, demandeur. *Signé : Gondouin.* — S. l. n. n., 1696 ; in 4°.

Concernant une demande en restitution de droits féodaux formée contre le sieur d'Orival.
Bibl. Nat^{le}, 4° Fm, 23458.

5650. — Mémoire pour Messire Jean-Augustin de Riencourt..... seigneur d'**Orival**... demandeur. Contre Nicolas de Villers, défendeur. *Signé : le Vasseur.* — Paris, P. A. Le Mercier, 1713 ; in-folio.

Ibid., Mss. P. O. 2482. Riencourt, f° 52.

* **5651.** — Procès-verbal en exécution de l'Arrêt du Conseil d'Etat du Roi rendu le 18 août 1714 pour Messire Jean-Augustin de Riencourt, marquis d'**Orival**... contre M° Nicolas de Villers, sieur de Rousseville ; *24 janvier 1715.* — Paris, P. A. Le Mercier; in-4°.

Ibid., Inv. P. F. 21076.

5652. — Notice historique sur **Le Quesne**, par Alcius Ledieu. — Paris, Alphonse Picard, 1887 ; 46 p. in-8° et 1 pl.

5653. — Charte de Warin, évêque d'Amiens pour la fondation de l'abbaye de **Selincourt**. 1131.

Act. de la prov. ecclés. de Reims..... par Mgr Gousset, t. II, n°s 207 et 208 ; in-4°.

5654. — Lettre de Guillaume Marafin, Evêque de Noyon, en faveur de l'abbaye de **Selincourt**, ruinée par un incendie. 1498.

Ibid., t. II, p. 771 à 773.

* **5655.** — Factum pour messire Claude Du Val, seigneur de Mandre...-ci-devant abbé commendataire de Saint-Pierre de **Selincourt**.... contre messire Antoine de Vrevin... abbé dudit Saint-Pierre. — S. l. n. n., 1676 ; in-4°.

Bibl. Nat^{le}, Thoisy, 280, f° 249.

5656. — Instruction en faveur des Pelerins de la Sainte Larme de Nôtre Seigneur Iesus Christ, adoree dans l'Eglise de S. Pierre-lez-Selincourt, Ordre de Premontre au Diocese d'Amiens. Avec les Litanies et quelques Oraisons, que chaque Pelerin peut reciter à son honneur. Et à la fin sont quelques Miracles arrivez par sa faveur. — Amiens, N. Caron-Hubault, MDCCI ; 36 p. in-12.

Ibid., LK⁷, 3498.

5657. — Factum pour Frere François Durieux, Prêtre, Chanoine Regulier de saint-Augustin, Ordre de Prémontré, Prieur-Curé de Nôtre-Dame de **Selincourt**. demandeur en complainte, et défendeur sur l'intervention et Messire François de Croy, Abbé Commendataire de l'Abbaye de saint Pierre lès Selincourt, intervenant. Contre Dame Gabrielle-Angelique de Sacquespée, épouse non commune en biens de Philippe Manessier, Escuyer, Seigneur d'Aussy et Charles Nicolas Manessier, Escuyer, Seigneur de Selincourt, son fils, Lieutenant au Régiment du Roy. defendeurs en complainte, et les vingt-quatre habitans de Selincourt, intervenans. *Signé : Caron.* — S. l. n. n., 1700 ; 4 p. in-folio.

Question de dimes.
Bibl. d Amiens, Hist., n° 3596.

5658. — Factum pour Maistre François Durieux, Prieur Curé de la Paroisse de Notre-Dame de **Selincourt**, Religieux Profès de la maison de saint-Jean, demandeur en complainte et deffendeur sur l'intervention, et Messire François de Croy Abbé Commendataire de l'Abbaye de saint Pierre-lez-Selincourt, Intervenant. Contre Leonor de Gresolier, Escuyer, Seigneur d'Hervelois et dudit Selincourt, deffendeur sur ladite complainte : Et encore contre Robert Boyaval, Iean Bihet, Iean Marchand, Nicolas Rhetel le jeune, et autres particuliers habitans audit Selincourt, intervenans. *Signé : d'Esmery. Caron.* — S. l. n. n., 1700 ; 4 p. in-folio.

Question de dimes.
Ibid., Hist., n° 3594.

5659. — Histoire de la Larme Sainte de N. S. Jésus Christ. Reverée dans l'Abbaye de saint Pierre lès **Selincourt**, Ordre de Prémontré, au Diocèse d'Amiens : Avec une instruction pour faire un bon usage des larmes, et quelques Oraisons propres à s'exciter à la pénitence. Et à la fin sont plusieurs Miracles operez de Dieu en faveur de cette Larme adorable. Par le R. P. Jacques le Mercier, Chanoine Regulier Profez de ladite Abbaye, et Prieur-Curé de la Maronde. — A Amiens, de l'Imprimerie de Charles Caron-Hubault, 1707; 66 p. in-12.

Bibl. de M. de Beauvillé.

M. de Beauvillé a fait faire de cet ouvrage une réimpression fac-simile portant cette mention : Imp. Claye, 1875.

5660. — Histoire de la Larme Sainte de Nostre-Seigneur Jésus Christ reverée dans l'Abbaye de S. Pierre-lez-**Selincourt**, Ordre de Premontre, au Diocese d'Amiens avec une instruction pour faire un bon usage des larmes, et quelques Oraisons propres à s'exciter à la Penitence. Et à la fin sont plusieurs Miracles operez de Dieu en faveur de ceux qui ont visité et humblement adore cette Larme precieuse de Jesus, par le Reverend Pere Jacques Le Merchier, Chanoine Regulier Profez de ladite Abbaye, et Prieur Curé de Lamaronde. Seconde édition. — S. l. n. n., MDCCXXV; 45 p. in-12.

Bibl. Nat^{le}, LK⁴, n° 3499.

5661. — *Arrêt, du 21 août 1778, qui maintient Mr Tascher de la Pagerie, abbé de* **Selincourt**, *en possession des droits de champart de Thieulloy, Fay-les-Hornoy, Vraignes et Lamaronde.* — Paris, veuve Hérissant, 1779; 24 p. in-folio.

Bibl. d'Amiens, Hist., n° 3596.

5662. — Histoire et thèse sur l'insigne relique du précieux sang dite de la Sainte-Larme de **Selincourt**, par M. l'abbé Pillon, de Thusy, vicaire-général du Kansas.—Paris, Cosson, 1857; 35 p. in-8°.

5663. — Extrait authentique de l'Histoire de la Sainte Larme de Notre-Seigneur Jesus-Christ par le R. P. Jacques Le Merchier... d'après l'exemplaire de 1736, conservé dans la bibliothèque de M. l'abbé Corblet. — Le Mans, Julien, 1857; 16 p. in-8°.

5664. — La Sainte Larme de **Selincourt**. Notice historique et bibliographique par un bibliophile picard (*Pouy*). — Amiens, A. Douillet, 1876; 16 p. in-8°.

5665. — Médaille de pèlerinage de la Sainte Larme de **Selincourt** (Somme). *Rapport de M. Clément de Ris sur une* Communication de M. Pouy. (Séance du 10 avril 1876.)

Rev. des Soc. Sav. Dép., 1876, p. 215 à 218; in-8°.

5666.—Histoire de la Saincte Larme de N. S. Jésus Christ apportée de Constantinople à l'abbaye de **Selincourt** par Bernard de Moreuil.

Exuv. sacr Constant — Genève, 1877, t. I, p. 189 a 196; in-8°.

5667. — Lettre du C. Traullé au C. Millin sur le trésor numismatique trouvé à Tronchoy, *près Hornoy en Picardie*. — S. l. n. n., *1801*; 13 p. in-8°.

Bibl. d'Abbeville.

5668. — Observations (lues à la Société d'emulation d'Abbeville) sur la lettre du cit. Traullé, substitut du Commissaire du gouvernement au citoyen Millin, Conservateur du Muséum des antiques à Paris ; à l'occasion du trésor Romain trouvé au **Tronchoy** près Hornoy, au département de la Somme, *par L. A. Devérité.*—Paris, Debray, *septembre 1801*; 15 p. in-12.

Ibid.

5669. — Mémoire signifié pour le sieur Homassel, Seigneur du **Tronchoy**, Défendeur et Demandeur. Contre Monsieur Roujault, Conseiller au Parlement en la Grand-Chambre, ancien titulaire du Prieuré d'Hornoy, Demandeur et Défendeur. Me Jacques Mantel, Titulaire actuel du même Prieuré, Demandeur et Défendeur. Et encore contre Messire Jérôme de Copesquenne, Chevalier, Seigneur de Fressenneville, Défendeur. *Signé : de Calonne.* — *Paris,* Montalant, 1742 ; 34 p. in-folio.

Au sujet de la seigneurie du **Tronchoy.**
Bibl. Nat^{le}, f° Fm, 7582.

5670. — Copie de la Charte du Roi Philippe IV, dit le Bel pour le Chevalier Jehan Hibon l'an 1314, au mois d'août *relative à la fondation d'un hospice à* **Villers-Campsart.**

Mém Soc. Ant. Pic., t. XXX, p 95 et 96; in-8°.

CHAPITRE XX

CANTON DE MOLLIENS-VIDAME

5671. — La Picardie historique et monumentale. Canton de **Molliens-Vidame.** Notices par M. R. de Guyencourt.

La Pic. hist. et monum., t. I, p. 377 à 416 av. 6 pl. h. t. et 12 fig. dans le texte; gr. in-4°.

5672. — Notes sur une épidémie de dysenterie observée dans le Canton de **Molliens-Vidame** (Somme). Thèse présentée à la Faculté de Médecine de Strasbourg le mercredi 31 août 1859 par Aimable Omer Fruleux. — Strasbourg, Silbermann, 1859; 33 p. in-4°.

5673. — Restes de construction Romaine à **Molliens-Vidame.**

Bull. Soc. Ant. Pic., t VIII, p. 262 à 265; in-8°.

5674. — Notice sur **Molliens-Vidame,** par M. Albert Renard.—Amiens, Lenoel-Herouart, 1864 ; 21 p. in-8°.

Extr. de la Picardie,

5675. — Notice sur **Molliens-Vidame,** par Albert Renard, 1864. 2e édition. — Amiens, Alfred Caron ; 57 p. in-18.

5676. — La Charte de Commune de **Molliens-Vidame.**

Cab. hist. Pic. et Art.,t. VIII, p. 156 et s.; in-8°.

5677. — Copie de la Coutume de **Moliens-le-Vidame** sur l'Original de l'an 1209. — S. l. n. n. n. d.; 15 p. in-4°.

5678. — Mémoire signifié pour les Maire, Echevins, Manans et Habitans, Corps et Communauté de **Moliens-le-Vidame,** Appellans d'une Sentence arbitrale du 12 Juin 1751, et de Sentences des Requêtes du Palais, des 22 dudit mois de Juin, 5, 15 Juillet, et 11 Août de la même année. Contre Monsieur le Duc de Chaulnes, Pair de France, Baron de Picquigny, et en cette qualité Seigneur dudit Moliens-le-Vidame et du Fief Châtelain, Intimé. *Signé : Mimerel.*— *Paris,* Brunet, 1756 ; 56 p. in-folio.

Question de droits seigneuriaux.
Bibl. de Galametz.

5679.—Précis pour les Habitans de **Moliens-le-Vidame,** Appelans. Contre M. le Duc de Chaulnes, Seigneur dudit Lieu, Intimé. *Signé : Mimerel.*— *Paris,* Brunet, 1758; 10 p. in-folio.

Ibid.

5680.—Sommaire signifié pour Messire Louis-Edouard de Calonne, Chevalier, Seigneur d'Avesnes et de ses Annexes, circonstances et dépendances, au Terroir de **Molliens-Vidame**, cantons d'Alloigne et de Hurtebize particulièrement, de Boisrault. Saint-Jean les Brocourt, Frenneville, Condé-Folie en partie, et autres Lieux, leurs circonstances et dépendances, Intimé sur appel de Sentences des Officiers de sa Justice d'Avesnes, de 1749.

Contre Pierre Boucher, J. B. Vacossin, après et après Lemaire, Marie Gamard, Veuve Jean Lemaire, Firmin Boucher et Madeleine Lemaire, sa femme, Pierre Lemaire, J. B. Leclerc, François Delaporte (du Village de Camps-en-Amienois), les Enfans mineurs de Jean Delarosière et de Marie Rose Delaruelle (de la ville d'Amiens) et Georges Bernard, leur Curateur (Sergent-Royal à Picquigny) Appelans tous en commun, par union, des Sentences de la Justice d'Avesnes, des 21 Janvier, 16 Mai, premier et 8 Juillet 1749, à raison de huit de leurs portions de terre au canton proprement dit de Hurtebize s'y tenantes et joignantes en tous sens, et leur appartenantes respectivement à des titres particuliers. *Signé* : *Le Couvreur*. — *Amiens*, veuve Godart, 1762 ; 29 p. in-folio.

Question de droits seigneuriaux.
Ibid.

5681. — Le Presbytère et l'Eglise de **Molliens-Vidame**, par M. Alcius Ledieu.

Bull. Soc. Em. Abb., 1894-96, p. 70 à 76 ; in-8°.

5682. — Notice encyclographique sur **Airaines**, par A. Machy.—Airaines, chez l'auteur, 1852 ; 76 p. in-8°.

5683. — Alcius Ledieu. **Airaines et Dreuil-Hamel**. Notice et Chartes inédites.— Amiens, Delattre-Lenoel, 1883 ; 52 p. in-8°.

Extr. de la Picardie.

5684. — **Airaines**. Notes historiques, par A. Janvier.

Ann. de la Somme, 1892, p. 397 à 406, in-12.

5685. — Le mouvement communal à **Airaines**, par l'abbé A. Marchand. — Abbeville, Imp. du Cabinet historique, 1889 ; 12 p. in-8°.

5686. — Mars 1258 (1259). *Charte de Donation* par Jeanne, reine de Castille et comtesse de Ponthieu *à la Ministrerie de Ponthermé* de onze livres parisis de revenu à prendre sur la vicomté d'**Airaines**.

Bull. Com. Arch. Senlis, 1894, p. 106 et 107 ; in-8°.

5687. — Factum pour les Habitans du Bourg d'**Ayraines** en Picardie appellans d'une Sentence des Eleus d'Amiens, pardevant Nosseigneurs de la Cour des Aydes Contre François Michaut Hostelier audit lieu Intimé *qui refusait de payer sa part de la taille*.— S. l. n. n., *vers 1676* ; in-4°.

5688. — Notice sur les **églises d'Airaines et de Conty**, arrondissement d'Amiens (Somme), par M. H. Dusevel.

Mém. Soc. Ant. Fr., 1844, p. 404 à 412 ; in-8°.

5689. — Offices propres de la paroisse de Saint Denis du Bourg d'**Airaines**.— S. l. n. n., 1768 ; 476 p. in-12.

Anc^{ne} Bibl. de M. l'abbé Roze.
Il en a été fait une réimpression. — Amiens, Maisnel, 1823 ; 384 p. in-12.

5690. — Paroisse d'**Airaines**. Fête de Saint Roch. 1900. Inauguration d'une nouvelle verrière dans la chapelle consacrée à ce Saint. — Amiens, Yvert et Tellier ; 4 p. gr. in-8°.

Extr. du Dimanche

5691. — Mémoire expositif des abus existans dans l'administration de l'**hospice d'Airaines**, canton de Molliens-Vidame (Somme), publié par Rançon, officier de santé à Airaines. — Amiens, J. Boudon-Caron, 1835 ; 14 p. in-12.

5692. — Statuts de la Société d'Instruction d'**Airaines**. — Abbeville, C. Paillart, 1840 ; 15 p. in-12.

5693. — Cri des Habitans de la Commune de **Bettencourt-Rivière**. Contre la prétention des Srs Louchet et Polleux aux fonctions de Maire et d'Adjoint. — S. l. n. n. n. d., *avant 1813*; 4 p. in-12.
Bibl. H. Macqueron.

5694. — Sommaire pour Me Thibault, Pourvu en Cour de Rome de la Cure de **Bovelle**, Demandeur. Contre Me Laurent, se prétendant Pourvu de la même Cure, par Grade, Défendeur. — *Paris*, Knapen, 1767 ; 8 p. in-4°.
Bibl. d'Amiens, Hist., n° 3814, t. II.

5695. — Mémoire pour Me Paul-Henri Laurent, Prêtre, Bachelier de la Faculté de Théologie en l'Université de Paris, et Chapelain de l'Eglise Cathédrale d'Amiens, Intimé. Contre le Sieur Pierre-Nicolas Thibault, aussi Prêtre et Chapelain dans la même Eglise, Appellant. *Signé : Linguet.* — *Paris*, Prault, 1769 ; 20 p. in-4°.
Au sujet de la cure de **Bovelles**.
Bibl. H. Macqueron.

5696. — **Dreuil-lès-Molliens**, incendié (1649) par le régiment de la Villette, *par de la Fons Mélicocq*.
La Picardie, t. VIII, p. 85 à 92, in-8°.

5697. — Découverte d'un sarcophage à **Fluy**. Note par M. Pinsard.
Bull. Soc. Ant. Pic., t. XIV, p. 103 à 105 ; in-8°.

5698. — Mémoire pour Me Louis-Jean-Baptiste Cochepin, Seigneur de **Métigny**, Avocat en Parlement et au Bailliage d'Amiens, Demandeur. Contre Firmin Sagnier, Laboureur et Syndic du Village de Métigny, Défendeur. — Amiens, veuve Godart, 1777 ; 20 p. in-8° av. plan.
Construction de moulin à eau et détournement de rivière pour le faire marcher.
Bibl. d'Amiens, Hist., n° 3669.

5699. — Mémoire pour Firmin Sannier, Laboureur, demeurant au Village de **Métigny**-Laleu, Défendeur. Contre Me Louis-Jean-Baptiste Cochepin de Métigny, Avocat en Parlement et au Bailliage d'Amiens, Demandeur. — Amiens, J. B. Caron fils, 1779 ; 16 p. in-4°.
Ibid.

5700. — Précis pour Me Cochepin de **Métigny**, Avocat. Contre Firmin Sagnier, Laboureur. — Amiens, Louis-Charles-Caron, 1779 ; 27 p. in-4°.
Ibid.

5701. — Seigneurie d'**Oissy**, *par G. de Witasse*.
La Picardie, 1881, p. 169 à 171, in-8°.

5702. — Effets dans une paroisse de campagne en Picardie (**Quesnoy-sous-Airanes**) du décri des espèces monétaires et de la création des billets de banque, 1712-1725, par M. l'abbé Charlier. — Amiens, Yvert et Tellier, 1891 ; 27 p. in-8°.
Ext. Mém. Soc Ant. Pic.

5703. — *Note sur les souterrains de* **Quevauvillers**. *par M. Riquier*.
Bull. Soc. Ant. Pic, t. XIV, p. 142 à 144 ; in-8°.

5704. — Monographies de Picardie. **Quevauvillers**, par M. l'abbé Ed. Jumel. — Amiens, Lenoël-Herouart, 1872 ; 49 p. in-8°.
Extr. de la Picardie.

5705. — Extrait du Registre aux Délibérations du Directoire Révolutionnaire du District d'Amiens ; *du 27 pluviôse an II.* — Fr. Caron-Berquier ; 4 p. in-4°.
Relatif au mauvais vouloir de la commune de **Quevauvillers** pour les convois à fournir à l'armée du Nord.

5706. — Sautereau. Représentant du Peuple dans les Départemens de la Seine-Inférieure et de la Somme. *Circulaire, du 23 brumaire an III, relative* *a l'arrestation de l'abbé Niquet, curé de Quevauvillers.* — *Amiens*, Caron-Berquier ; 3 p. in-4°.

Bibl. de Roye.

5707. — Précis pour Antoine de Savoye, Fermier de la Terre et Seigneurie d'Haineville, y demeurant, Demandeur et Defendeur. Contre les Habitans, Corps et Communauté du Village de **Revelles**, y demeurans, Defendeurs et Demandeurs incidemment. *Signé : Wattier.*— S. l. n. n., *1789* ; 7 p. in-folio.

Question de pâturage.
Bibl. de Galametz.

5708. — Un cimetière énigmatique à **Saint-Aubin-Montenoy** (Somme), *par l'abbé Corblet.*

Rev. de l'Art Chrétien, t. IX, p. 147 à 150 ; in-8°.

*****5709.** — Mémoire signifié pour le sieur Gabry, prieur-curé de **Warlus**, intimé, appelant et défendeur, contre les prieur et chanoines réguliers de l'abbaye de Saint-Martin-aux-Jumeaux de la ville d'Amiens...., les religieux prémontrés de Selincourt... et encore contre les dames religieuses de Bertaucourt. *Signé :* Aubry.— *Paris*, Jorry, 1741 ; in-folio.

Au sujet du partage des dîmes de Warlus et de Montagne.
Bibl. Nat^{le}, 4° Fm, 6384.

*****5710.** — Mémoire signifié pour frère François Gabry, prieur-curé de **Warlus**..... défendeur et demandeur en provision, contre les prieur, chanoines réguliers de l'abbaye de Saint-Martin-aux-Jumeaux..... de la ville d'Amiens, les prieur et religieux.... de l'abbaye de Saint-Pierre de Selincourt... et les prieure et religieuses... de l'abbaye de Bertaucourt... tous opposants à un arrêt de cassation du 15 juin 1744, et défendeurs à la demande en provision. *Signé :* Rome. — *Paris*, Mesnier, 1745 ; in-folio.

Ibid., f° Fm, 6383.

5711. — Mémoire signifié pour les Prieur et Chanoines Reguliers de l'Abbaye de Saint-Martin-aux-Jumeaux de la Ville d'Amiens, Ordre de Saint Augustin, Congregation de France, Appellans, Intimez, Demandeurs et Defendeurs. Contre Me François Gabry, Chanoine Regulier ad effectum, et en consequence Prieur-Curé de **Warlus**, Intimé, Appelant, Defendeur et Demandeur. Contre les Religieux Premontrez de Selincourt, Defendeurs et Demandeurs. Et encore contre les Dames Religieuses de Bertaucourt, Defenderesses et Demanderesses. — *Paris*, veuve André Knapen, 1742 ; 15 p. in-folio.

Bibl. d'Amiens, Hist., n° 3822, 20.

CHAPITRE XXI

CANTON D'OISEMONT

5712. — La Picardie historique et monumentale. **Canton d'Oisemont.** Notices par Edmond Soyez et A. Janvier.

La Pic. hist. et monum., t. I, p. 419 à 432 av. 3 pl. h. t. et 5 fig. dans le texte ; gr. in-4°.

5713. — Ode sur la bienfaisance, à Monsieur le Marquis de Chepy, à l'occasion de l'Incendie d'**Oisemont** arrivé au mois de Juillet 1787, par M. L. L. G. *(Clémenceau).* — Abbeville, Devérité, 1788 ; 21 p. in-8°.

Bibl. d'Abbeville.

5714. — Arrêt de la Cour de Parlement qui ordonne qu'aucune maison ne pourra être construite ou réédifiée à l'avenir dans le bourg d'**Oisemont**, qu'elle ne soit couverte en tuiles ou en ardoises, avec pignon de séparation en maçonnerie; fait défenses de mettre aucune traverse en bois dans les souches ou âtres des cheminées; et que les granges et autres bâtiments, qu'il ne serait pas possible de couvrir autrement qu'en chaume, ne pourront être construits que sur les derrières, ou dans des rues écartées, à la distance au moins de 60 pieds des habitations. Du 7 Août 1787. — Paris, N. H. Nyon ; 4 p. in-4°.

Bibl. H. Macqueron.

5715. — Requête d'atténuation à M. le lieutenant criminel au Bailliage d'Amiens par Jacques-Antoine Leclercq, huissier royal et Geneviève Dieudonné, sa femme, accusés d'être les auteurs volontaires de l'incendie d'**Oisemont**. *Du 25 octobre 1787.* — S. l. n. n.; 8 p. in-4°.

Arch. dép. de la Somme, C, n° 991.

* **5716.** — Factum pour Frère Jacques du Carrel Mercey..... **Commandeur d'Oisemont**. Contre François de Riencourt, sieur de Vaux et les manans et habitans dudit bourg d'Oisemont. — S. l. n. n. n. d.; in-4°.

Bibl. Nat^{le}, Mss. P. O. 2382. Riencourt, f° 34.

5717. — Arrest du Conseil qui décharge les Commandeurs de l'Ordre de Malte de faire enregistrer les baux de leurs Commanderies, sauf au Clergé (propriétaire du Greffe des Gens de Main-morte) à poursuivre les preneurs ; ordonne que les **Commandeurs d'Oisemont et de Fontaines**, soit qu'ils afferment ou qu'ils fassent valoir les domaines de leurs Commanderies en tout ou en partie, seront tenus en faire dès-à-présent et à l'avenir, de dix ans en dix ans, déclaration au Greffe des Gens de Main-morte du Diocèse d'Amiens, sans payer aucuns droits pour lesdites déclarations, sinon de celles des domaines qu'ils feront valoir; et décharge les Commandeurs des amendes par eux encourues. Du 27 Septembre 1748. — *Paris*, veuve d'Houry, 1748 ; in-4°.

Bibl. H. Macqueron.

5718 — Arrest du Conseil d'Etat du Roy, qui supprime un droit de péage, qui était prétendu par le **Commandeur d'Oisemont**, au lieu d'Oisemont, généralité d'Amiens. Du 21 Février 1741. — Paris, Imprimerie Royale, 1752; 2 p. in-4°.

Ibid.

5719. — **Commanderie d'Oisemont.**

Command du Gr. Prieuré de Fr., par Mannier. — Paris, Aubry, 1872, p. 604 à 613; in-8°.

5720. — N° 346. Département de la Somme. District d'Amiens. Canton d'Oisemont. *Vente et désignation des biens de l'***Hôpital d'Oisemont.** — Amiens, J. B. Caron, an III; plac. in-folio.

Bibl. H. Macqueron.

* **5721.** — Arrest portant deffence aux officiaux des evesques d'emprisonner aucun prestre sans réquisitoire. — 1632 ; in-12.

Arrêt rendu en faveur de Leblond, curé d'**Aumâtre**

Cat. de la Lib. Menu, nov. 1885, n° 2499.

5722. — Arrest de la Cour de Parlement qui condamne Alexis Bonvalet, Nicolas Bonvalet, Jean-François de la Barre et Joseph Soulas *poursuivis par le juge de la châtellenie d'***Avesnes-Chaussoy**, à être battus et fustigés nuds de verges, par l'Exécuteur de la Haute Justice, dans les lieux et carrefours accoutumés de la ville d'Amiens, et en l'un d'iceux flétris chacun d'un fer chaud en forme des trois lettres GAL. sur l'épaule droite par ledit Exécuteur; ce fait, menés et conduits ès Galères du Roi, pour en icelles être détenus et servir ledit Seigneur Roi, comme forçats, savoir les deux premiers pour neuf ans, et les deux autres pour cinq ans, pour vols de grains dans les champs et pendant la moisson à *Acesne, Frettecuisse et S. Maulvis.* Du quinze Mai mil sept cent quatre-vingt-un. — Paris, P. G. Simon, 1701; 6 p. in-4°.

Bibl. H. Macqueron.

* **5723.** — Factum pour M. l'evesque d'Amiens, et le sindic de son diocèse, contre Philippe de Routier, sieur de **Bernapré**, fesant profession de la religion prétendue réformée *et qui voulait exercer sa religion dans son château.* — S. l. n. n., 1680; 4 p. in-4°.

5724. — Arrest du Grand-Conseil qui déclare abusive l'Ordonnance de M. l'Evêque d'Amiens sur l'établissement d'une Vicairie au Village de **Cannessière**, dépendant de la Commanderie d'Oisemont. Du 12 Juin 1730. — *Paris*, Le Breton, 1760; 3 p. in-folio.

Bibl. H. Macqueron

* **5725.** — Déclaration de la Chambre ecclésiastique d'Amiens en faveur des curez d'**Epaumesnil** et de Lincheux, de l'Ordre de Malte, au sujet des décimes. Du 3 février 1735. — 2 p. in-folio.

5726. — Les anciens droits honorifiques dans les églises *et notamment dans celle de* **Fontaine-le-Sec**, par le Baron Tillette de Clermont-Tonnerre.

Mém. Soc. Em. Abb., t. XVI, p. 81 à 89; in-8°.

5727. — Mémoire signifié pour Messire Marc-Antoine-Alexandre Carpentin, Chevalier Seigneur du Fétel, Cumont, Frenneville, et autres lieux, Défendeur et Demandeur. Contre François Manchion et Geneviève Hénoque sa femme, Demandeurs et Défendeurs. — *Paris*, Vincent, 1736; 18 p. in-folio.

Au sujet du droit de champart dans la seigneurie de **Fresneville**.

Bibl. d'Abbeville.

5728. — Réponse signifiée pour Messire Marc-Antoine Carpentin, Chevalier, Seigneur de **Frenneville**. Contre François Manchion et Geneviève Henoque, sa femme. — *Paris*, Vincent, 1736; 6 p. in-folio.

Ibid.

5729. — Arrest contradictoire de la Cour des Aides de Paris, qui confirme, avec amende et dépens, deux Sentences des Elus de Ponthieu à Abbeville, des 10 mai 1770 et 4 juin 1772; Et une troisième sentence des Elus d'Amiens, du 27 mars 1772, par lesquelles les Syndic, Habitans, Corps et Communautés des paroisses de **Frettecuisse**, du **Quesne** et de **Saint-Aubin-Rivière**, ont été condamnés à souffrir les inventaires et récollemens de leurs Cidres et Poirés, suivant les règlemens; Et pour l'avoir refusé, lesdits habitans ont été condamnés solidairement chacun en cinquante livres d'amende et aux dépens. Du 1er Juillet 1775. — *Paris*, Imprimerie Royale, 1775; 12 p. in-4°.

Bibl. H. Macqueron.

5730. — Une visite à l'église d'**Inval-Boiron**, par M. A. Ledieu.

Bull. Soc. Ant. Pic., t. XIII, p. 50 à 54, in-8°.

5731. — Le bas-relief de l'église d'**Inval-Boiron**.

Cab. hist. Pic. et Art., t. I, p. 289 et 290 av. 1 pl.; in-8°.

5732. — Résumé des Faits, Moyens et Actes invoqués pour le Sieur de Tourville, appellant. Contre la Commune de **Mesnil-Eudin**, intimée. — Amiens, Caron-Duquenne, 1824; 19 p. in-4°.

5733. — E. de Clerambault. Les Enceintes fortifiées de **Mesnil-Eudin** et de Sorcy. — Beauvais, Avonde, 1900; 16 p. in-8° av. 1 pl.

5734. — Lettres patentes du Roi du mois de Mai mil sept cent soixante-dix-sept, enregistrées au Parlement de Paris le seize Janvier mil sept cent soixante-dix-huit, qui ordonnent que les Justices de **Nesle-l'Hôpital**, Neslette, Witainéglise, Vergies, le Fay, Cannessières, Mouflières, Villeroy, Beaucamps-le-Vieil, et le Quesne, seront exercées et administrées par le Bailli et autres Officiers de la Justice de Rambures, auquel lieu l'exercice desdites Justices sera transféré, sans néanmoins mutation de ressort pour les appellations qui continueront d'être portées au Bailliage d'Amiens et en la Sénéchaussée de Ponthieu à Abbeville, chacun en ce qui les concerne. — Paris, Knapen, 1778; 5 p. in-4°.

Bibl Pinsard.

5735. — Arrêt solennel qui juge que la Cotte-Morte, ou la Succession d'un Religieux-Curé apartient aux Pauvres et à la Fabrique de la Paroisse dont il est Curé. Factum sur lequel l'Arrêt de Règlement cy-après est intervenu pour les Habitants et Marguilliers de la Paroisse de **saint-Léger**, Diocèse d'Amiens, Apelans, Intimés et Demandeurs. Contre les Religieux, Prieur et Convent de l'Abaye de Saint Pierre de Selincourt, Intimés, Apelans et Défendeurs. — *Paris*, Jacques Lefebvre, 1710; 8 p. in-4°.

Bibl. d Amiens, Hist.. n° 3814, t. II.

5736. — Arrêt rendu au Parlement de Paris le 4 février 1710, qui juge que la cotte-morte, ou la succession d'un Religieux (*Firmin Caron*) - Curé (*de* **St Léger le Pauvre**), sera distribuée aux pauvres et à la fabrique de la Paroisse dont il étoit Curé, suivans l'avis de l'Evêque du lieu.

Rec. des Act., Tit. et Mém du Clergé de Fr.— Paris, Muguet, 1716, t. IV, col 1382 à 1398; in-folio. Voir aussi Arrêts Notables, par Augeard. — Paris, Guignard, 1712, t II, p. 637 à 654; in 4°.

5737. — Precis pour les Prieur et Religieux Chanoines Réguliers de l'Abbaye de Sainte-Larme, Intervenans, Défendeurs et Demandeurs. Contre Frère Antoine Leroux, Prieur de **Saint-Léger le Pauvre**, Demandeur au Principal, et Défendeur. *Signé : Varlet*. — *Amiens*, veuve Godart, 1763; 10 p. in-4°.

Au sujet du droit exclusif de pêche des religieux de Sainte-Larme, comme seigneurs de Saint-Léger.
Bibl. d'Amiens, Hist, n° 3814, t II.

5738. — Addition au précis pour les Prieur et Religieux Chanoines Réguliers de l'Abbaye de Sainte-Larme, Intervenans, Défendeurs et Demandeurs. Contre Frère Antoine Leroux, Prieur-Curé de **Saint-Léger-le-Pauvre**, Demandeur au principal, et Défendeur. — *Amiens*, veuve Godart, 1763; 6 p. in-4°.

Bibl. de Galametz

5739. — Factum pour Messire Charles de Biencourt, Chevalier, Seigneur de Poutrincourt, Demandeur en ouverture de substitution, Intimé. Contre la Dame de Saint-Sulpice Crocquoyson, Appellante, et Défenderesse, et contre la Dame Charlotte de Biencourt, Intervenante. — S. l. n. n., *vers 1680;* 11 p. in-folio.

Au sujet de la propriété de la terre de **Saint-Maulvis**.
Bibl. de Péronne.

5740. — Substitution jugée masculine. *Arrêt, du 28 août 1680, rendu entre les héritiers de Philippe de Biencourt, au sujet de la terre de St Maulvis*.

Journal des Aud. du Parl., par Jamet de la Guessière. — Paris, 1752, t. III, p. 401 à 411; in-folio.

5741. — Substitution jugée masculine. — *Arrêt, du 7 juillet 1682, rendu dans la même affaire*.

Journal des Aud. du Parl., t. IV, p. 139 à 153; in-folio.

5742. — Arrest de la Cour du Parlement de Paris. Rendu en faveur de Messire Louis Feydeau de Vaugien, Chevalier de l'Ordre de Saint Jean de

Jerusalem, Commandeur de la Commanderie de Saint Mauvy. Contre Messire Charles de Biancourt, Seigneur de Poutrincourt : Concernant les Droits Honorifiques et la qualité de Seigneur en partie du Bourg et Paroisse dudit **Saint Mauvy**. Du dixième Février 1700. — S. l. n. n. ; 14 p. in-folio.

<small>Bibl. d'Amiens, Hist., n° 3594.</small>

5743. — Rapport sur l'**église** écroulée **de Saint-Maulvis**.

<small>Bull. Soc. Ant Pic,, t. II, p. 262 à 272 ; in-8°.</small>

5744. — Commanderie de **Saint-Maulvis**.

<small>Les Command au Gr Prieuré de France, par Mannier.—Paris, Aubry, 1872, p 614 à 623 ; in-8°.</small>

5745. — Etudes historiques sur l'Ordre de Saint-Jean de Jérusalem. La **Commanderie de Saint-Maulvis** au Grand-Prieuré de France (Diocèse d'Amiens), par A. de Marsy. — Amiens, Lenoel-Herouart, 1874 ; 28 p. in-8°.

<small>Extr. de la Picardie.</small>

5746. — **Senarpont** et ses Seigneurs, par M. l'abbé Théodose Lefebvre. — Amiens, Douillet, 1876 ; 59 p. in-8°.

<small>Extr Mém. Soc Ant. Pic.</small>

5747. — Notice historique sur **Senarpont** et ses annexes, par Alcius Ledieu. — Paris, Picard, 1887 ; 45 p. in-8° et 5 pl.

5748. — **Senarpont**. Notice historique par Alcius Ledieu.

<small>Ann. de la Somme, 1891, p. 399 à 402 ; in-12.</small>

5749. — Etablissement de deux Foires annuelles à **Senarpont**, dans le Comté de Ponthieu. Octobre 1463.

<small>Ord. des Rois de Fr., t. XVI, p. 98 et 99 ; in-folio.</small>

5750. — Arrest du Conseil d'Etat du Roy, qui supprime le droit de péage ou travers par terre, prétendu par le sieur Marquis de Sénarpont, dans le bourg de **Sénarpont**, Généralité d'Amiens. Du 12 Août 1738. — Paris, Imprimerie Royale, 1742 ; 2 p. in-4°.

<small>Bibl. H. Macqueron</small>

5751. — Pierre tombale dans l'église de **Senarpont**, par Alcius Ledieu.

<small>Cab. hist. Pic et Art., t. I, p. 125 à 127 ; in-8°.</small>

5752. — Note sur un calice du XVe siècle (à **Vergies**), par M. l'Abbé J. Gosselin. — Abbeville, 1873 ; 7 p. in-8° et 2 pl.

CHAPITRE XXII

CANTON DE PICQUIGNY

5753. — Histoire civile, ecclésiastique et littéraire du **Doienné de Picquigny**, par M. l'abbé Daire, publiée d'après le manuscrit autographe, par M. J. Garnier. — Amiens, vᵉ Herment, 1860 ; VIII-95 p. in-18 av. 1 pl.

5754. — La Picardie historique et monumentale. **Canton de Picquigny**. Notices par M. Roux.

<small>La Pic. hist. et monum , t. I, p. 323 à 376 av. 17 pl. h. t. et 30 fig. dans le texte ; gr. in-4°.</small>

5755. — Alcius Ledieu. **Picquigny**

et son Canton. — Paris, Alph. Picard, 1896 ; 113 p. in-8° et 2 pl.

Ext. Cab. hist. Pic. et Art.

5756. — A M. le Président et MM. les Membres du Conseil Général de la Somme. *Signé : le délégué du canton de Picquigny : Cornet d'Yzeux*. — Amiens, Yvert, 1860 ; in-4°.

Sur la question de la sous-répartition foncière dans le **canton de Picquigny**.

5757. — Château, Eglise et Hôtel-de-Ville de **Picquigny**, *par M. Goze*. — S. l. n. n. n. d. ; 28 p. gr. in-8° av. 2 pl.

Extr. de Chât., Beffrois, etc.

5758. — **Picquigny** et ses Seigneurs, Vidames d'Amiens, par M. F. I. Darsy. — Abbeville, P. Briez, 1860 ; 192 p. in-8° av. 1 pl.

5759. — *Compte-rendu de l'ouvrage précédent, par M. Henri Hardouin.*

Revue de l'Art Chrétien, t. IV, p. 106 à 112 ; in-8°.

5760. — **Picquigny**, Notes historiques par M. Darsy.

Ann. de la Somme, 1889, p. 402 à 407 ; in-12.

5761. — Le Cartulaire de **Picquigny**, *par M. G. de Witasse*.

La Picardie, 1881, p. 140 à 144 et 286 à 288 ; in-8°.

5762. — Notes écrites par Bonnard, Notaire à **Picquigny**... en 1730 et années suivantes et par Montigny, Notaire au même lieu, en marge d'un exemplaire de la Coutume de Paris, communiquées par M. Pilastre.

Bull. Soc. Em. Abb., t. IV, p. 409 à 416 ; in-8°.

5763. — Etude sur la vie et la mort de Guillaume Longue-Epée, Duc de Normandie, par J. Lair. — Paris, Alph. Picard, 1893 ; 84 p. gr. in-4° et 4 pl.

Les pages 38 à 54 traitent de l'assassinat de Guillaume Longue-Epée à **Picquigny** le 16 janvier 943.

5764. — Dénombrement de la Terre de **Picquigny** et Vidamé d'Amiens, servi au Comté de Corbie, le 14 Novembre 1300. — S. l. n. n. n. d. ; 16 p. in-4°.

Bibl. d'Amiens, Hist., 3830¹.

5765. — Dénombrement de la Terre de **Picquigny** et Vidamé d'Amiens, servi au Comté de Corbie, le 14 Novembre 1300. — *Paris*, Stouppe, 1779 ; 20 p. in-4°.

Edition plus complète que la précédente.

5766. — Version du Dénombrement servi *en novembre 1300* à l'Abbaye de Corbie et du Supplément audit Dénombrement. — *Paris*, Stouppe, 1778 ; 7 p. in-4°.

Anc^{ne} Bibl. de Marsy.

5767. — Transaction passée au mois de Janvier 1302 entre l'Evêque et le Chapitre d'Amiens et le Seigneur de **Picquigny**, Vidame d'Amiens. — *Paris*, Stouppe, 1779 ; 14 p. in-4°.

Ibid.

5768. — Version de la Transaction passée au mois de Janvier 1302 entre l'Evêque et le Chapitre d'Amiens, et le Seigneur de **Picquigny**, Vidame d'Amiens. — *Paris*, Stouppe, 1778 ; 6 p. in-4°.

5769. — Version française du Dénombrement,de la Terre de **Picquigny** et du Vidamé d'Amiens, servi à l'Evêché d'Amiens, et suivi au mois de Janvier 1302. — *Paris*, Stouppe, 1778 ; 14 p. in-4°.

Anc^{ne} Bibl de Marsy.

5770. — Sentence par main souveraine, accordée à Charles d'Ailly, de la Baronnie de **Picquigny** et du Vidamé d'Amiens, tenus en un seul Fief de l'Evêché d'Amiens. Du 8 Mars 1485. — *Paris*, Stouppe, 1778 ; 6 p. in-4°.

Ibid.

5771. — Arrest du Conseil d'Etat du Roi, qui supprime le Droit de Hal-

---

¹ C'est sous ce n° que se trouvent toutes les pièces concernant Picquigny pour lesquelles il ne sera pas donné d'indication particulière.

lage, ou Péage, prétendu par le sieur De Lahaye, sur la Rivière de Somme, au Lieu de **Picquigny**. Du 16 mars 1760. — S. l. n. n. ; plac. in-folio.

Arch. dép. de la Somme, C, n° 1211.

5772. — Tarif des droits d'acquit et peage sur la Riviere de Somme à cause de la chaîne de **Picquigny**. — S. l. n. n. n. d. ; plac. in-folio.

Ibid, C, n° 1216

AFFAIRE CALMER

5773. — Consultations pour le S' Calmer, Seigneur de la Baronie de **Picquigny** et du Vidamé d'Amiens. Sur la question de savoir s'il est dû un droit de Quint et Requint à M. l'Evêque d'Amiens, pour la vente faite au prix de 1500500 livres de la Baronie de Picquigny, du Vidamé d'Amiens et dépendances, tenus en un seul Fief de son Evêché. — Paris, Clousier 1776 ; 105 p. in-4°.

5774. — Réponse à une consultation du 14 Avril 1776. Sur les Questions de savoir, s'il est dû des Droits de Quint et Requint à l'Abbaye de Corbie et à l'Evêché d'Amiens, pour les Vente et Revente de la Terre de **Picquigny** et Vidamé d'Amiens. — Amiens, L. C. Caron ; 133 p. in-4°.

5775. — Observations pour Monsieur l'Evêque d'Amiens sur le mémoire du sieur Calmer, second Acquéreur des Vidamé d'Amiens et Baronnie de **Picquigny**. — *Paris*, Stouppe, 1778 ; 40 p. in-4°.

5776. — Précis pour Monsieur le Cardinal de Luynes, Abbé Comte de Corbie. Contre le sieur Calmer. En présence de Monsieur l'Evêque d'Amiens. — Paris, Knapen, 1778 ; 28 p. in-4°.

5777. — Mémoire pour S. E. M. le Cardinal de Luynes, Abbé Comte de Corbie. Contre M. l'Evêque d'Amiens. — Paris, Knapen, 1778 ; 54 p. in-4°.

Si la mouvance de **Picquigny** est indivise entre l'Abbaye de Corbie et l'Evêché ou si elle est à l'Evêché seul, l'Abbaye n'ayant que la seigneurie d'un fief incorporel.

5778. — Mémoire *pour le Cardinal de Luynes*. — *Paris*, Stouppe, 1778 ; 31 p. in-4°.

Contient l'énumération de nombreux titres.
Anc'° Bibl. de Marsy.

5779. — Mémoire pour M. l'Evêque d'Amiens, Intimé, Défendeur et Demandeur. Contre le Sieur Liefman Calmer, Grand Bourgeois de la ville de La Haye, Acquéreur du Vidamé d'Amiens, Baronnie de **Picquigny** et dépendances, Appellant, Demandeur et Défendeur. — *Paris*, Stouppe, 1778 ; 62 p. in-4°.

Réclamations des droits de quint et de requint.

5780. — Précis pour le Sieur Calmer, Seigneur de la Baronnie de **Picquigny** et du Vidamé d'Amiens. Contre M. l'Evêque d'Amiens. Et contre M. le Cardinal de Luynes, Abbé de Corbie. — *Paris*, Clousier, 1779 ; 11 p. in-4°.

5781. — Cahier des Pièces qui contiennent la Loi particulière du Fief de Picquigny Pour le sieur Liefman Calmer, Seigneur de la Baronnie de **Picquigny** et du Vidamé d'Amiens. Contre M. l'Evêque d'Amiens. Et contre M. le Cardinal de Luynes, Abbé de Corbie. — *Paris*, Clousier, 1779 ; 42 p. in-4°.

5782. — Dernier mémoire contenant le développement d'un principe de M. d'Aguesseau, sur les Fiefs propres et impropres, qui a été employé sommairement dans la Consultation du 14 Avril 1776, page 27, et l'application de ce principe à la loi particulière du Fief impropre de la Baronnie de **Picquigny**, contenue dans des actes passés en 1300 et 1302 entre Guillaume de Mâcon, Evêque d'Amiens, Garnier, Abbé de Corbie, et Jean de Picquigny.

Le titre de départ porte : Dernier mémoire pour le Sieur Liefman Calmer, Seigneur de la Baronnie de Picquigny, du Vidamé d'Amiens et dépendances. Contre M. l'Evêque d'Amiens. Et contre M. le Cardinal de Luynes, Abbé de Corbie. — *Paris*, Clousier, 1779 ; 110 p. in-4°.

5783. — Réponse au mémoire du Sieur Liefman Calmer pour M. le Cardinal de Luynes, Archevêque de Sens, Abbé et Comte de Corbie; Contre ledit Sieur Calmer; En présence de M. l'Evêque d'Amiens.—Paris, Stouppe, 1779; 71 p. in-4°.

5784. — Observations très importantes pour M. l'Evêque d'Amiens sur le dernier Mémoire du sieur Calmer.— Paris, Stouppe, 1779; 18 p. in-4°.

5785. — Découverte singulière au Procès contre le sieur Calmer, second Acquéreur de la terre de **Picquigny**. — Paris, Stouppe, 1779; 1 p. in-4°.

5786. — Eclaircissemens sur quelques faits importans pour M. l'Evêque d'Amiens contre le sieur Calmer. — Paris, Stouppe, 1779; 7 p. in-4°.

5787. — Résumé pour M. le Cardinal de Luynes Contre le sieur Calmer En présence de M. l'Evêque d'Amiens. — Paris, Stouppe, 1779; 14 p. in 4°.

5788. — Résumé pour M. le Cardinal de Luynes contre le Sieur Calmer. En présence de M. l'Evêque d'Amiens.

Réponse au résumé de M. le Cardinal de Luynes pour le Sieur Calmer, Seigneur de la Baronnie de **Picquigny** et du Vidamé d'Amiens.

Paris, Clousier, 1779; 31 p. in-4°.

5789. — Réponse aux Observations très-importantes de M. l'Evêque d'Amiens pour le Sieur Calmer. Du 21 Mars 1779. — Paris, Clousier, 1779; 14 p. in-4°.
Bibl. H. Macqueron.

5790. — Mémoire que présente à MM. les Arbitres, amiablement choisis, M. le Cardinal de Luynes, Archevêque de Sens, Abbé et Comte de Corbie, pour parvenir avec M. l'Evêque d'Amiens, au Règlement définitif des mouvances de la Baronnie de **Picquigny**. — Paris, P. G. Simon, 1780; 50 p. in-4°.

5791. — Observations pour le Sieur Calmer Contre M. le Cardinal de Luynes et M. l'Evêque d'Amiens. — Paris, Valade, 1780; 14 p. in-4°.

5792. — Réponse pour S. E. M. le Cardinal de Luynes et M. l'Evêque d'Amiens. Contre le sieur Calmer.— Paris, P. G. Simon, 1780; 6 p. in-4°.
Aucne Bibl. de Marsy.

5793. — Notice des Titres de la mouvance de l'Evêché d'Amiens sur la Seigneurie de **Picquigny**. — Paris, Stouppe, 1782; 15 p. in-4°.

5794. — Arrêt, du 3 juin 1783, entre Mgr de Machault et le Sr Calmer, maintenant l'évêque d'Amiens et l'abbaye de Corbie dans la mouvance sur la terre et seigneurie de **Picquigny**. — Paris, Stouppe, 1784; 21 p. in-4°.
Bibl. A. de Caieu.

5795. — Affaire Calmer, de **Picquigny**.
Causes célèbres. — Paris, 1783, t. XCVIII, p. 1 à 170; in-12.

5796.—Parlement. Grand-Chambre. Affaire du Sieur Calmer, Seigneur de **Picquigny**.
Gaz. des Trib., t. IV, 1777, p 97 à 100; in-8°.
Voir au sujet de la même affaire ; Gaz des Trib., t. III, 1777, p. 68 à 71 et 129 à 132 et t. VI, 1778, p. 24 et 25; in-8°.

AFFAIRE DU Cte D'ARTOIS

5797. — Mémoire pour Mgr de Machault, Evêque d'Amiens. Contre Monseigneur le Comte d'Artois prétendant à la mouvance immédiate sur la Seigneurie de **Picquigny** et Vidamé d'Amiens. — Paris, Stouppe, 1782; 37 p. in-4°.

5798. — Mémoire pour M. de Machault, Evêque d'Amiens. Contre Monseigneur Comte d'Artois. — Paris, Stouppe, 1782; 11 p. in-4°.

5799. — Mémoire pour prouver la mouvance du Roi sur la Terre de **Picquigny**, contre les Eglises d'Amiens et de Corbie. Première partie.
Le titre de départ porte : Mémoire pour Monseigneur Comte d'Artois.

Cessionnaire du droit de Prélation du Roi sur la Baronnie de Picquigny. Contre M. l'Evêque d'Amiens, et les Abbé, Prieur et Religieux de Corbie, prétendans droit à la mouvance de ladite Baronnie : Le Sieur Briet de Bernapré, et les Sieur et Dame Calmer, acquéreurs de Picquigny. En présence de M. le Procureur Général. — *Paris*, Ballard, 1783 ; 8-100 p. in-4°.
La seconde partie porte également le même titre.—Paris, Ballard, 1783, 10-151 p. in-4°, *ainsi que la suite de la seconde partie.* — Paris, Ballard, 1783 ; 20-180 p. in-4°.

5800. — Réponse sommaire de M. l'Evêque d'Amiens et des Abbé, Grand-Prieur et Religieux de Corbie, aux Mémoires distribués sous le nom de Monseigneur Comte d'Artois dans l'affaire de **Picquigny**. — Paris, P. G. Simon et N. H. Nyon, 1783 ; 27 p. in-4°.

5801. — Observations pour M. l'Evêque d'Amiens. Contre Monseigneur Comte d'Artois.—*Paris*, Stouppe, 1783 ; 21 p. in-4°.

5802. — Affaire de **Picquigny**. Pièce importante nouvellement découverte. — S. l. n. n., *1783 ;* 2 p. in-4°.

5803 — Réponse à la pièce importante nouvellement découverte par les Adversaires du Roi dans l'affaire de **Picquigny**. — *Paris*, veuve Ballard et fils, 1783 ; 4 p. in-4°.

Anc^{ne} Bibl. de Marsy.

5804. — Défenses de M. l'Evêque d'Amiens à la requête et production nouvelle de Monseigneur Comte d'Artois, du 21 mai 1783. — *Paris*, Stouppe ; 11 p. in-4°.

5805. — Réponse pour M. l'Evêque d'Amiens, aux Mémoires de Monseigneur Comte d'Artois.—*Paris*, Stouppe, 1783 ; 25 p. in-4°.

5806. — Précis suivi d'une Notice des titres, monumens et preuves de la mouvance féodale du Comté de Corbie sur une partie considérable de la terre de **Picquigny** ; Pour M. le Cardinal de Luynes, Archevêque de Sens, Abbé et Comte de Corbie, et les Grand-Prieur et Religieux de cette Abbaye ; Contre Monseigneur Comte d'Artois, Acquéreur de la Terre et Baronnie de Picquigny, et Cessionnaire du Roi, pour le droit éventuel de prélation. En présence de M. l'Evêque d'Amiens.— Paris, P. G. Simon et N. H. Nyon, 1783 ; 34 p. in-4°.

5807. — Notice des Titres de la mouvance de l'Evêché d'Amiens sur les Fief et Seigneurie de **Picquigny**. — *Paris*, Stouppe, 1783 ; 36 p. in-4°.

* **5808.** — Eclaircissemens sur le fait de la prétendue union primitive de la terre de **Picquigny** et du vidamé d'Amiens. *Pour le Comte d'Artois contre l'Evêque d'Amiens.* — Paris, Ballard, 1783 ; in-4°.

Bibl. Nat^{le}, 4° Fm, 35404.

5809 — A Nosseigneurs du Parlement en la Grand-Chambre. *Supplique de l'évêque d'Amiens relative au procès avec l'abbaye de Corbie sur la mouvance de* **Picquigny**. — *Paris*, Stoupe, 1784 ; 19 p. in-4°.

5810.—*Arrêt, du 21 mai 1784, fixant la mouvance de l'Abbaye de Corbie sur la terre de* **Picquigny**. — *Paris*, Stoupe. 1784 ; in 4°.

5811.— Mémoire pour Monseigneur Comte d'Artois, Fils de France, Frère du Roi ; Contre M. l'Evêque d'Amiens. — *Paris*, Ballard, 1787 ; 63 p. in-4°.

5812.—Mémoire pour Louis-Charles de Machault, Evêque d'Amiens, Demandeur. Contre Charles-Philippe de France, Comte d'Artois, Seigneur de **Picquigny**, Défendeur. Contre les Veuve et Enfants héritiers de Liefman Calmer, Défendeurs. Et contre Pierre-Marie de la Haye, Ecuyer, et autres Particuliers, Acquéreurs de Domaines et Fiefs faisant partie de la Seigneurie de Picquigny, Défendeurs. — *Paris*, Stoupe, 1786 ; 83 p. in-4°.

5813. — Addition au Mémoire pour M. l'Evêque d'Amiens; Contre M. le Comte d'Artois, frère du Roi. Ladite Addition contenant des notes abrégées et décisives sur l'ouvrage immense signifié sous le nom de M. le Comte d'Artois le 31 Janvier 1787. — *Paris*, Stoupe, 1787; 27 p. in-4°.

Anc^{ne} Bibl. de Marsy.

5814. — *Arrêt, du 15 mai 1787, dans l'affaire entre le comte d'Artois et l'évêque d'Amiens relative à la terre de* **Picquigny**. — *Paris*, Veuve Rolland et fils, 1787; 82 p. pet. in-folio.

Ibid.

5815. — Arrêt de la Cour de Parlement qui ordonne que les Lettres de supplément d'Apanage des mois d'Août 1785 et de Février 1786, accordées à M. le Comte d'Artois, ne seront enregistrées qu'aux charges et conditions de la maintenue de l'Evêché d'Amiens dans tous les droits résultants de la Charte de 1185, et qui ordonne que lesdites charges et conditions seront insérées dans l'Arrêt d'enregistrement. Du trois Février mil sept cent quatre-vingt-sept. — Paris, N. H. Nyon, 1788; 7 p. in-4°.

Ibid.

5816. — Mémoire sur délibéré pour les ci-devant Stelliers et Francs-Sergens du Vidamé d'Amiens, Demandeurs. Contre le citoyen Deselle, propriétaire du ci-devant Fief du Vidamé d'Amiens et Baronnie de **Picquigny**, Défendeur. L'an III de la République. — Amiens, de l'Impr. des Associés; in-4°.

Le titre de départ porte : Mémoire sur délibéré pour Alexis Miger et de Savoye, sa femme, icelle fille et héritière de François Firmin de Savoye, décédé maitre des stelliers et francs-sergens du Vidamé d'Amiens, André Nicolas Postel, Jean-Baptiste Dieudonné, Nicolas Bachimont, Pierre Valentin Bernaut, Josse Gosselin, Jean-Baptiste Augustin Leleu, Nicolas Quentin, Nicolas Chivot, Jean-Baptiste Lemattre, Pierre Delattre, Jean-Baptiste André Vignon, Louis Riquier, Louis Joseph Petit, Etienne Robillard, Firmin Patte, Jean-Baptiste Bailli, Firmin Vignon, Louis Joli, Joseph Bouttin, Etienne du Croquet, Jean François Vignonet, Henri Obissac, tous ci-devant pourvus d'office de stellier et francs sergens du Vidamé d'Amiens, demandeur. Contre Charles François Deselles ci-devant propriétaire du Fief du Vidamé d'Amiens et de la Baronnie de Picquigny demeurant au Mesnil près Franciade, deffendeurs.

Réclamations par les stelliers du remboursement du prix de leurs offices variant de 4.500 à 14000 livres.
Bibl. d'Amiens, Hist., n° 3783

5817. — Précis pour le Citoyen Deselle, défendeur. Contre les Maitres Stelliers, Francs-Sergens du **Vidamé d'Amiens**, demandeurs. — Paris, Imprimerie de l'Union, *an III*; 23 p. in-4°.

Ibid., Hist., n° 3783.

5818. — Mémoire sur délibéré pour Charles-François Deselles, demeurant au Mesnil-Saint-Denis, Défendeur. Contre les Maîtres Stelliers, Francs Sergens du **Vidamé d'Amiens**, y demeurans, Demandeurs. — Amiens, J. B. Caron l'aîné, an III; 37 p. in-4°.

Ibid., Hist., n° 3783.

5819. — Mémoire pour les **Chanoines de Picquigny** contre le sieur de la Haye, du dix juillet mil sept cens. — S. l. n. n.; 3 p. in-4°.

Prétention du doyen de jouir seul de la dime.
Ibid., Hist., n° 3814, t. II.

5820. — Mémoire pour les Doyen, Chanoines et **Chapitre** de l'Eglise Collégiale saint Martin **de Picquigny**, deffendeurs et demandeurs en Requête du 26 Novembre 1701. Contre Jean Godart Maître Masson à Amiens, demandeur originaire suivant sa requête du 9 juin 1701 et deffendeur. Et contre

Messire Charles Honoré d'Albert, Duc de Chevreuse, Baron de Piquigny, et en cette qualité Fondateur et Patron dudit Chapitre, demandeur en sommation et aussi deffendeur. Du 9 janvier 1702. — S. l. n. n.; 4 p. in-4°.

Au sujet de réparations faites à l'église de Picquigny.
Ibid., Hist., n° 3814, t. II.

5821. — Mémoire pour M° Jean-Baptiste Maressal, Prêtre, Bachelier en Théologie de la Faculté de Paris, Chanoine et Doyen de l'**Eglise** Collégiale de **Saint Martin de Picquigni**, Appellant, Demandeur et Défendeur. Contre M° Lupien Pleyart, Prêtre, et Chanoine de la même Eglise, Intimé, Appellant, Défendeur et Demandeur. *Signé : Cochin.* — *Paris*, Mesnier, 1734 ; 10 p. in-folio.

Question de canonicat.
Bibl. H. Macqueron.

5822. — Memoire pour le sieur Filleux de Roncière, Clerc Tonsuré du Diocèse de Beauvais, pourvû d'un Canonicat de l'Eglise de **Saint-Martin de Picquigny**, Appellant comme d'abus, et Défendeur. Et encore pour le Sieur Calmer, Seigneur de la Terre et Baronnie de Picquigny, et en cette qualité Vidame d'Amiens, Intervenant. Contre le sieur Poulet, se disant pourvu par M. l'Evèque d'Amiens du même canonicat, Intimé et Demandeur. — Paris, Clousier, 1777 ; 30 p. in-4°.

Anc^{ne} Bibl. de Marsy.

5823. — Memoire et consultation pour le Sieur Poulet, Prêtre, Pourvu par M. l'Evèque d'Amiens, d'un **Canonicat** de l'Eglise Collégiale **de Pecquigny**, Tiers-Opposant à l'Arrêt qui a maintenu dans la possession de la même Prébende le sieur de Roncière, Collataire du sieur Calmer. — *Paris*, L. Cellot, 1777 ; 30 p. in-4°.

*****5824.** — Réponse de M··· avocat au présidial de Meaux, à la lettre de M··· avocat au présidial d'Amiens, touchant les mémoires pour le sieur Hecquet, pourvu par M. l'evèque d'Amiens du bénéfice de trésorier de **Saint Martin de Pequigny**, et pour le sieur Poulet, pourvu par le même prélat d'une prébende dans la même collégiale ; *26 septembre 1777.* — S. l. n. n. ; in-12.

Bibl Nat^{le}, 4° Fp, 5193.

*****5825.** — Mémoire pour le sieur Calmer, seigneur de la Terre et Baronnie de Picquigny, vidame d'Amiens. Contre le sieur Hecquet, se disant pourvù de la Trésorerie de l'**Eglise** collégiale de **Picquigny**. — Paris, 1777 ; in-4°.

Cat. de la Libr. Voisin, juin 1886.

5826. — Vérités incontestables et décisives pour Pierre-Ignace Hecquet, prêtre catholique, chanoine et **trésorier de l'église** collégiale **de Picquigny**, intimé. Contre Liefman Calmer, juif, syndic de la synagogue, rue Brisemiche, à Paris, appellant comme d'abus de la collation d'un bénéfice faite par un évêque chrétien. — *Paris*, P. G. Simon, 1778 ; 6 p. in-4°.

5827. — Précis sur partage pour le Sieur Calmer, Seigneur de **Picquigny**. Vidame d'Amiens. Contre le Sieur Hecquet. — *Paris*, Clousier, 1778 ; 15 p. in-4°.

5828. — Résumé pour le Sieur Hecquet, pourvu de la **Trésorerie** de la Collégiale **de Pecquigny** par M. l'Evèque d'Amiens contre le Sieur Lieffmann-Calmer, Juif. — *Paris*, Cellot, 1778 ; 12 p. in-4°.

5829. — Parlement. Première Chambre des Enquêtes. Entre le Sieur Abbé Hecquet Et le Sieur Calmer. — Lettre de M. Picard, Avocat au Parlement, à l'auteur de ces feuilles.

Gaz. des Trib., 1779, p. 33 et 34 et 89 et 90 ; in-12.

5830. — Une Visite aux Cryptes de l'**Eglise de Picquigny** (1842-1860), par M. J. Garnier. — Amiens, Vve Herment ; 8 p. in-8°.

Ext. Bull. Soc. Ant. Pic.

5831. — Mémoire pour M⁰ Antoine Lebel, Prestre, Docteur en la Faculté de Théologie, Maison et Société de Sorbonne, Prieur Commendataire du Prieuré de **Notre-Dame de Surlemont**, *près Picquigny*, Demandeur; Contre Nicolas Brandicourt et sa femme, Deffendeurs. — *Paris*, Lamesle, 1750 ; 5 p. in-12.

Question de tourbage.
Bibl. de Péronne.

5832. — Le Journal de **Picquigny**, organe des intérêts du canton de l'arrondissement.

Le 1ᵉʳ n° est du 1ᵉʳ mars 1891 : continue de paraître tous les dimanches.

5833. — Note sur une Branche de Mors préhistorique en corne de cerf *trouvée à* **Ailly-sur-Somme**, *en août 1896*, par MM. Pinsard et de Guyencourt.

Bull. Soc. Ant. Pic., 1896, p. 437 à 442 av. 2 pl.; in-8°.

5834. — Arrest du Conseil d'Etat du Roy, qui supprime le droit de travers ou pontonnage prétendu par le sieur d'Hervilly de Canisy, sur le pont d'**Ailly**, Généralité d'Amiens. Du 2 Juillet 1737. — Paris, Imprimerie Royale, 1737 ; 2 p. in-4°.

Bibl. d'Amiens, Jurisp., n° 328

5835. — Extrait des Registres du Conseil d'Estat. *Arrêt, du 30 Avril 1709, qui fait défense à Jean Picquet, Seigneur de Belloy, de contraindre les habitants de* **Belloy-sur-Somme** *au paiement des sommes portées à un exécutoire rendu en Parlement le 26 octobre 1707*. — S. l. n. n.; plac. in-folio.

Arch. dép. de la Somme, C, n° 817.

5836. — Mémoire pour la Marquise de Pons, Dame de la Terre et Seigneurie de **Beloi-sur-Somme**, Appellante et Intimée. Contre les sieurs Picquet, Seigneurs des Fiefs de la Motte et de Belloi, dans ladite Terre et Seigneurie de Belloi, Intimés. Et Contre la Communauté des habitants de ladite Terre de Belloi, Appellans.—*Paris*, Le Prieur, 1760; 27 p. in-folio.

Au sujet de la propriété et seigneurie des marais de Belloy.
Bibl. A. de Caieu.

5837. — Observations sommaires pour la Marquise de Pons, Dame de **Belloy-sur-Somme**. Contre les sieurs Picquet, Seigneurs des Fiefs de Belloy et de la Motte, situés dans la Terre de Belloy. — *Paris*, Le Prieur, 1760; 6 p. in-folio.

Ibid.

5838. — Précis signifié servant de Réponse au Mémoire des Seigneurs de **Belloi-sur-Somme**. Pour les Habitans dudit Belloi-sur-Somme. — *Paris*, Knapen, 1762; 14 p. in-4°.

Au sujet des droits au tourbage.
Bibl. d'Amiens, Hist., n° 3669.

5839. — Mémoire pour M⁰ Joseph-René Boistel, Ecuyer, Seigneur de **Belloy-sur-Somme** et de la Cour-Longueau, Avocat au Parlement et au Bailliage d'Amiens, Défendeur. Contre les sieurs Claude et Balthasar Picquet, Chevaliers de l'Ordre Royal et Militaire de S. Louis, Seigneurs de Belloy-sur-Somme, Demandeurs.— *Paris*, Ch. Est. Chesnault, 1767; 29 p. in-4°.

Même affaire.
Bibl. Pinsard.

5840. — Précis pour M⁰ Boistel. Contre les Sieurs Picquet.— *Paris*, Ch. Est. Chenault, 1767; 8 p. in-4°.

Question des droits honorifiques dans l'église de **Belloy**.
Ibid.

5841. — *Annonce de l'adjudication des travaux pour la reconstruction de la nef de l'église et du presbytère de* **Belloy-sur-Somme**. — Amiens, J. B. Caron, 1785 ; plac. in-8°.

Arch. départ. de la Somme, C, n° 829.

5842. — Précis pour la Commune de **Belloy-sur-Somme**, demanderesse, contre les Héritiers de Bureuil, défendeurs. Mars 1836. — Amiens, Boudon-Caron, 1836; 21 p. in-4°.

Procès relatif à la possession des marais.

* **5843.** — Réponse pour M. le Comte et Mme la Comtesse de Piolenc au précis de la Commune de **Belloy-sur-Somme**, demanderesse. Mars 1836. — Amiens, R. Machart, 1836; 28 p. in-4°.

5844. — **Bourdon** et ses anciens Seigneurs Vicomtes de Domart, par l'Abbé Ed. Jumel. — Amiens, Lambert-Caron, 1868; 80 p. in-8°.

5845 — Mémoire signifié pour Messire Pierre-Louis Blin, Ecuyer, Seigneur de Bourdon et autres lieux, Intimé et Défendeur. Contre les Syndics, Manans et Habitans, Corps et Communauté de **Bourdon**. Appelans tant comme de Juges incompétens qu'autrement, des Sentences rendues en la Maîtrise des Eaux et Forêts d'Amiens les 11 Mars et 3 Juin 1740, et de tout ce qui a précédé et suivi : comme aussi Appelans purement et simplement d'une Ordonnance rendue le 26 Avril 1740, par le Grand-Maître au département de Picardie, et Demandeurs. Et encore, contre Jean-François Melange, Habitant du Village d'Hangest, Sequestre nommé en exécution de l'Arrêt de la Cour du 18 May 1741, Demandeur et Défendeur. — *Paris*, Paulus-du-Mesnil, 1743; 26 p. in-folio.

Au sujet des droits des habitants de Bourdon sur les marais seigneuriaux.
Bibl. d'Amiens, Hist., n° 3594.

5846. — Note sur des substructions découvertes par M. Digeon, ancien notaire, au lieu dit le Montjoie, commune de **Breilly** (Somme), par M. Janvier.

Bull. Soc. Ant. Pic., t. XV, p. 98 à 101, in-8°.

5847. — Ordonnance de M. l'Intendant de Picardie qui condamne les Syndic et deux principaux Habitans ou plus haut cotisés à la Taille de la Communauté de **Breilly**, Election d'Amiens, solidairement en l'Amende de mille livres..... pour être contrevenus aux dispositions de son Ordonnance du 22 Janvier dernier pour la rédaction des Etats concernant les Noms, Surnoms, Age, Taille et Profession de tous les Garçons et Hommes veufs, sans Enfans, exempts ou non exempts du tirage pour les Troupes Provinciales. Du vingt Mai mil sept cent quatre vingt cinq. — Amiens, J. B. Caron l'aîné, 1785; plac. in-folio.

Arch. dép. de la Somme, C. n° 843.

5848. — Monographie de **Croy**, par l'Abbé Ed. Jumel. — Amiens, Lenoel-Hérouart, 1869; 46 p. in-8°.

Extr. de la Picardie.

5849. — L'Abbaye du **Gard**, par M. l'abbé Delgove. — Amiens, Lemer aîné, 1886; 204 p. in-8°.

Ext. Mém. Soc. Ant. Pic.

5850. — *Compte-rendu de l'ouvrage précédent, par M. Pouy.*

La Picardie, 1867, p. 233 à 240; in-8°.

5851. — Sentence de Nosseigneurs des Requestes ordinaires de l'Hostel du Roy qui ordonne le partage des Biens et Revenus de l'**Abbaye du Gard** Ordre de Citeaux. Du 4 Aoust 1699. — S. l. n. n.; 4 p. in-folio.

Bibl. d'Amiens, Hist., n° 396.

5852. — Arrest du Parlement de Paris du 8 Avril 1702 qui condamne les Religieux de l'**abbaïe du Gard**, diocèse d'Amiens, au paiement des dons gratuits, rentes nouvelles et subventions extraordinaires du Clergé, imposées sur les manses conventuelles.

Rapp. de MM les agens du Clergé... en 1705.
— Paris, Vve Muguet, 1710, t. II, p. 401 a 423; in folio et Rec. des Actes, Titres... du Clergé.
— Paris, V° Muguet, 1716, t. IV, col. 1186 a 1207; in-folio.

5853. — Réglement entre Monsieur l'Evêque de Soissons. **Abbé du Gard** et les Religieux de la même Abbaye, sur le partage des Manses, le nombre des Religieux, les charges claustrales qui doivent être acquittées par les Religieux qui sont jugez tenus du payement des dons gratuits, rentes nouvelles et subventions extraordinaires du Clergé imposées sur les Manses conventuelles. — Paris, Mœtte, 1709; in-4°.

Bibl. Nat^{le}, f° Fm, 30289.
Voir aussi : Journ. des Aud. du Parl., par Nupied. — Paris, Gosselin, 1736, t. V, p. 214 à 220; in-folio.

*5854. — Mémoire en l'instance d'appointé à mettre, pour les religieux de l'abbaye du Gard, ordre de Citeaux... contre messire Fabio Bruslard de Sillery, évêque de Soissons, abbé commendataire de ladite abbaye... *Signé : Pavart.* — S. l., 1704; in-4°.

Au sujet des réparations de l'abbaye.
Bibl. Nat^{le}, 4° Fm, 13143.

5855. — Lettres patentes du Roi, qui ordonnent que la surséance portée par la Déclaration du 20 Février 1725, soit levée et otée, en ce qui concerne l'**Abbaye du Gard**. Données à Versailles le huit Avril 1772. Registrées en Parlement le premier Juin 1772. — Paris, P. G. Simon, 1772; 3 p. in-4°.

Bibl. H. Macqueron.

5856. — Précis pour les Prieur et Religieux de l'**Abbaye du Gard**, Ordre de Citeaux, filiation de Clairvaux. Et Messire Jean-François de Louvencourt, Chevalier, Châtelain de Long-Pré-les-Corps-Saints, Seigneur de Bettencourt, Rivière, Condé-Folie, Beaupré, du Rilleux et autres Lieux, ancien Officier au Régiment du Roi, Infanterie Les Religieux du Gard et le Sieur de Louvencourt, ayant droit conjointement avec le Sieur Abbé de Sainte-Larme, au Champart Seigneurial qui s'est perçu dans tous les temps sur le terroir de Rilleux et dépendances. Contre les Tenanciers dénommés en une délibération du 26 juin 1763, produite en l'Instance, et les Syndic et Habitans du village de Thieuloy l'Abbaye. Et encore Messire Pierre Tascher, Abbé Commendataire de l'Abbaye de Saint-Pierre-lez-Selincourt, dite Sainte-Larme, Vicaire-Général du Diocèse de Mâcon ; se disant seul Seigneur des Cantons dit l'Ecusson, la Vallée Guillemine, et des Terres à Douze, dépendans du terroir de Rilleux. — *Paris*, veuve Hérissart, 1778; 56 p. in-4°.

Bibl. d'Amiens, Hist., n° 3814, t. II.

5857. — Précis pour les Prieur et Religieux de l'**Abbaye** de Notre-Dame **du Gard**, Ordre de Citeaux, Filiation de Clairvaux. Et Messire Jean-François Marquis de Louvencourt, Chevalier, ancien Officier au Régiment du Roi, Infanterie. Contre Messire Pierre Tascher, Abbé Commendataire de l'Abbaye de Saint-Pierre lès Selincourt, dite Sainte-Larme. — *Paris*, veuve Herissart, 1781 ; 17 p. in-4°.

Ibid., Hist., n° 3814, t. II.

5858. — Mémoire justificatif de François Marie Delaporte, Administrateur du District d'Amiens et Membre du Directoire. — Amiens, J.-B. Caron l'aîné, 1791; 43 p. in-4°.

Au sujet des comptes de la liquidation de l'**abbaye du Gard**.
Ibid., Hist., n° 3794, 21.

5859. — Réponse de M. Deville, *ancien trésorier de France* au mémoire de M. Delaporte *au sujet de la vente de l'*abbaye du Gard. — Amiens, Fr. Caron-Berquier, 1790; 11 p. in-4°.

Ibid., Jurisp., n° 953, t. I.

5860. — Les Trappistes du **Gard**, près de Picquigny, Diocèse d'Amiens, *par l'abbé Hardy.* — Paris, Adrien Le Clerc, 1840; 40 p. in-8°.

5861. — La Nouvelle Chartreuse du **Gard**.

Le Dimanche, 1872, t. II, p. 425 à 432; in-8°.

5862. — Que les Curez primitifs principaux Dîmeurs des Paroisses sont tenus solidairement aux réparations du Chœur et du Cancel, sauf leur recours contre les Codîmeurs ; même qu'ils sont tenus de fournir les Calices, Livres et Ornemens, la paroisse étant pauvre. *Arrêt, du 22 février 1650, rendu entre les marguilliers de* **Ferrières** *et le Chatre d'Amiens, curé primitif.*

Journal des Aud. du Parl , par Dufresne. — Paris, 1757, t. I, p. 453 ; in-folio.

5863. — Mémoire pour les Doyen, Chanoines et Chapitre de la Cathédrale d'Amiens, Appellants. Contre Me Joseph Daire, Curé de la Paroisse de **Ferrières**, Diocèse d'Amiens, Intimé. — *Paris*, Mesnier, 1731 ; 8 p. in-folio.

Bibl. d'Amiens, Hist., n° 3815, 18.

5864. — Notice sur une découverte de tombeaux faite à St Accart, commune de **Flixecourt**, par M. Garnier.

Bull. Soc. Ant. Pic., t. I, p. 271 à 277 ; in-8°.

5865. — Monographies picardes ou Etudes historiques sur les Communes. **Flixecourt**, par l'Abbé Ed. Jumel. — Amiens, Lenoel-Herouart, 1870 ; 100 p. in-8°.

5866. — Notice historique sur **Flixecourt**, par l'abbé Ed. Jumel. — Amiens, Jeunet, 1898 ; 31 p. in 12.

5867. — Mémoire signifié servant de contredits et de salvations pour Messire Claude Boullanger, Ecuyer, Sieur de Rivery, Conseiller en la Cour des Monnoyes à Paris, Appellant et Demandeur. Contre Dame Marie-Antoinette-Charlotte le Coreur, Veuve d'Oudart Abel le Coreur, Ecuyer, Sieur de la Ferrière ; et Oudart Philibert le Coreur, leur fils, Intimés. *Signé : de Saint-Aubin*. — Paris, Montalant, 1745 ; 34 p. in-folio.

Au sujet de biens situés à **Flixecourt** et Béthencourt.
Bibl II. Macqueron.

5868. — *Annonce pour le 4 mars 1771 du bail des dîmes et de la maison prieurale de* **Flixecourt** *appartenant au collège d'Amiens*. — S. l. n. n. ; plac. in-folio.

Arch. dép. de la Somme, D, n° 64.

*****5869.** — Précis pour François de la Cour de Fiefs, seigneur de la châtellenie de **Flixecourt**. Contre M. l'Evêque d'Amiens. Et contre la veuve et les héritiers du sieur Liefman Calmer. En présence de M. le comte d'Artois, seigneur de la baronnie de Picquigny. — Paris, 1787 ; 10 p. in-4°.

5870. — Conclusions pour M. Beaussart, Intimé au Principal, Appelant incidemment. Contre M. Fouache d'Halloy, Appelant au principal, Intimé sur l'appel incident. — *Amiens*, Duval et Herment, *1848* ; 21 p. in-4°.

Au sujet des usines de **Flixecourt**.

5871. — Deuxième consultation pour M. Fouache d'Halloy. — Amiens, Duval et Herment, 1848 ; 22 p. in-4°.

5872. — Un Village de l'Amiénois. **Fourdrinoy** et son Église, par Alcius Ledieu. — Amiens, Delattre-Lenoel, 1880 ; 32-16 p. in-8° av. 3 pl.

Extr. Picardie et Bull. Soc. Ant. Pic.
Voir aussi Rev. Art. Chrétien, 1844, p. 168 à 172 ; in-4°.

5873. — **Hangest - sur - Somme.** Notice historique, par M. Georges Durand.

Ann. du dép. de la Somme, 1897, p. 417 à 426 ; in-12.

*****5874.** — Mémoire pour Messire Jean-Baptiste Le Moictier.... seigneur de Bichecourt, châtelain d'**Hangest**... contre M. le duc de Chaulnes. — *Paris*, veuve Mazuel..., 1713 ; in-folio.

Bibl. Nat^{le}, f° Fm, 5911.

5875. — Factum pour Mre J. B. Le Moitié, chevalier, seig^r de Bichecourt,

Hangest et autres lieux, demandeur. Contre les manants et habitans, corps et communauté du village d'**Hangest-sur-Somme**. *Signé : Mathieu Marais.— Paris*, Quillau, 1720; 7 p. in-folio.

Au sujet de la propriété et du droit de tourbage dans les marais d Hangest.
Nombreux documents historiques sur la commune.

Bibl. H. Macqueron.

5876. — Mémoire signifié pour Messire Antoine-Adrien le Moictier, Chevalier, Seigneur de Bichecourt, Hangest et autres lieux ; Et Messire Firmin-Auguste le Moictier, Chevalier, Seigneur d'Hauteville, Officier des Mousquetaires du Roy, tous deux fils et héritiers de Messire Jean-Baptiste le Moictier, Chevalier, Seigneur de Bichecourt, Hangest et autres lieux : Appelans d'une sentence rendue aux Requestes du Palais le 21 Fevrier 1720, et Intimez. Contre les Syndic, Manans, Habitans, Corps et Communauté du Village d'**Hangest**. Intimez et Appelans de la même sentence *Signé : de Saint-Aubin. — Paris*, Paulus du Mesnil, 1735; 21 p. in-folio.

Contestation sur la jouissance des marais, la fermeture de carrières et la jouissance d'un corps-de-garde des gabelles.

Bibl. d'Amiens, Hist., n° 3594.

5877. — Addition de mémoire pour les Seigneurs d'**Hangest**, Appelans, Intimes, Défendeurs et Demandeurs. Contre les Habitans du même lieu, Intimez, Appelans, Demandeurs et Défendeurs. *Signé : de Saint-Aubin. — Paris*, Paulus du Mesnil, 1736; 12 p. in-folio.

Bibl. H. Macqueron.

5878.— Offices notés en plain-chant de Sainte-Marguerite et de Saint-Roch, patrons de la paroisse d'**Hangest-sur-Somme**. — Amiens, Lenoel-Herouart, s. d.; 60 p. in-8°.

5879. — Dissertation sur quelques Camps connus en France sous le nom de Camps de César, par M. l'abbé de Fontenu. Troisième partie. Du camp de Pequigny **(Tirancourt)** sur la Somme.

Mém. Ac. Inscr. et B.-Lett., t. X, p. 436 à 456 av. 1 pl., in-4°.

* **5880**. — Eclaircissement sur quelques prétendus restes de camps des Romains, notamment celui de Pecquigny, par L. Baulaire. — 1740 ; in-8°.

Bibliogr. Ruelle, n° 964.

5881. — Note sur le Pré d'Acon (*à la Chaussée-Tirancourt*), par MM. Viellard et Pinsard.

Bull. Soc. Ant. Pic., t. XV, p. 18 à 21 ; in-8°.

5882. — Suite des Dissertations sur quelques Camps connus en France sous le nom de Camps de César par M. l'Abbé de Fontenu. Quatrième partie. *Camp de* l'**Etoile**.

Mém. Ac. Insc. et B -Lett., t. XIII, p. 410 à 414 av. 1 pl.; in-4°.

5883. — Mémoire sur les Meules de Moulins employées par les anciens et les modernes, et sur des Meules à bras, antiques, trouvées près d'Abbeville (à l'**Etoile**), par M. Maugez.

Hist. et Mém de l Inst , Classe d'Hist. — Paris, Didot, 1818, t. III, p. 441 à 488; in-4°

5884. — Extrait d'une note sur deux casques et une épée en bronze trouvés dans le camp de l'**Etoile** (Somme). Communication de M. Duseval, dessins de M. Duthoit.

Bull. du Com., t. II, 1855-56, p. 435 et 436 av. 1 pl ; in 8°.

5885. — Arrest du Conseil d'Etat du Roi, qui permet au sieur Coquerel de tenir un bac sur la rivière de Somme, au lieu de l'**Etoile**, généralité d'Amiens. Du 22 août 1752. — Imprimerie Royale, 1753 ; 3 p. in-4°.

Bibl. H. Macqueron

* **5886**. — Précis pour le Duc de Chaulnes contre les habitants de l'**Etoile** et de Condé-Folie-Bas. — 1765; 8 p. in-4°.

5887. — Précis pour le Sieur Ambroise-Léopold Jourdain de l'Eloge, Ecuyer, Seigneur de l'Etoile, Conde-Folie-Bas, etc. Contre les Syndic et Habitans de la Paroisse de l'**Etoile**. — S. l. n. n., *vers 1769*; 24 p. in-16.

Bibl X. de Bonnault, à Compiègne.

5888. — *Note de M. Hecquet d'Orval sur des fouilles faites en 1827, à l'Abbaye de* **Moreaucourt**.

Bull. Soc. Em. Abb., t. II, 3ᵉ série, p. 464 à 466; in-8°.

5889. — Monographies picardes. Deuxième Série. **Vignacourt**, par l'Abbé Ed. Jumel. — Amiens, Lenoel-Herouart, 1871; 80 p. in-8°.

Extr. de la Picardie.

5890. — Remise *par Adelelme d'Amiens à l'abbaye de Sᵗ Corneille* du droit de travers à **Vignacourt** et Longueau. *Charte de 1101.*

Carl. de Sᵗ Corneille. — Compiègne, 1896, p 56 et 57; in-4°.

5891. — Factum pour Pierre Lefebvre, greffier de la Châtellenie de **Vinacourt**, pour M. le Duc de Chaulnes, contre Louis de Vauchelles, contrôleur d'exploits en titre d'office, et greffier des rôles des tailles dudit Vinacourt, appelant du décret de prise de corps contre lui décerné par le bailli d'Amiens … le 11 janvier 1694… *Signé: Godquin.* — S. l. n. n. n. d.; in-folio.

Bibl. Nˡᵉ, Thoisy, f° 484.

5892. — Mémoire pour Maître Jean Thuillier, Curé et Chanoine de l'Eglise Paroissiale et Collégiale de **Vinacourt**, Défendeur au principal et Demandeur incidemment. Contre les Doyen, Chanoines et Chapitre de l'Eglise Collégiale du même lieu, Demandeurs en principal et Défendeurs. *Signé : d'Esmery*. — S. l. n. n., *vers 1746*; 10 p. in-folio.

Bibl. H. Macqueron.

5893. — Mémoire pour les Doyen, Chanoines et Chapitre de l'Eglise Collégiale-Paroissiale de **Vinacourt**, Demandeurs et Défendeurs. Contre Maître Jean Thuillier, Chanoine-Curé annexé de ladite Eglise, Défendeur et Demandeur. — S. l. n. n., *1746*; 8 p. in-folio.

Contestation au sujet de certains droits, d'enterrer, de prêcher, etc.; pièces accessoires très intéressantes.

Bibl. d'Amiens.

5894. — Précis pour les Habitans de **Vinacourt**; Contre Philippe Duboisle, Habitant dud. lieu; Et contre le Sieur de Famechon, Chevalier, Seigneur de Cantelou, Etouvi et autres lieux. — *Paris*, d'Houry, 1779; in-4°.

Réclamation par les habitants de terrains seigneuriaux pour l'usage des jeux publics . curieux comme style de genre pastoral.

Bibl. d'Amiens, Hist., n° 3669.

5895. — Réception de M. Godart-Dubuc, fondateur de la nouvelle église de **Vignacourt** et Bénédiction de la premiere pierre de l'église le 29 septembre 1872. — Amiens, Langlois, 1872; 11 p. in-8°.

5896. — **Vignacourt**. Reconstruction de l'église et fêtes qui l'accompagnèrent. — Amiens, Mannequin-Catin, 1879; 48 p. in-8°.

CHAPITRE XXIII

CANTON DE POIX

5897. — Coup d'œil sur le **canton de Poix**. Communication de M. l'abbé Martin.

Bull Soc. Ant. Pic , t. V, p. 393 à 396 ; in-8°.

5898. — Calendrier du **Canton de Poix** par M. G. Pouillet. — Amiens, Duval et Herment, 1856 ; 87 p. in-8°.

Le titre de départ porte : Ephémérides Pohières ou Tablettes historiques du canton de Poix contenant pour chaque jour un fait mémorable relatif à l'histoire de cette partie de la Picardie, recueillies par M. G. Pouillet.

5899. — Le Père Daire. Histoire civile, ecclésiastique et littéraire du **Doyenné de Poix**, annotée et publiée par Alcius Ledieu. — Paris, Alph. Picard, 1898 ; VI-93 p. in-8° av. 5 pl.

5900. — La Picardie historique et monumentale. **Canton de Poix**. Notices par M. Roux.

La Pic. hist. et monum., t 1, p. 199 à 234 av. 10 pl. h. t. et 10 fig. dans le texte ; gr. in-4°.

5901. — Mémoire sur les Antiquités de **Poix** et de ses environs et sur l'origine du nom de Picardie, par M. Bresseau.

Mém. Acad. Amiens, t. III, p. 53 à 68 ; in-8°.

5902. — Extrait d'une histoire inédite de **Poix**, par *Bresseau*.

Arch. de Pic., t. I, p 258 à 260 ; in-8°.

5903. — **Poix** et ses Seigneurs, par l'abbé Delgove. — Amiens, Douillet, 1877 ; 269 p. in-8°.

Extr. Mém. Soc. Ant. Pic.

5904. — Confirmation de la Charte de Commune de la Ville de **Poix** ; *mars 1393*.

Ord. des Rois de Fr., t. VII, p 600 à 607 ; in-folio.

* **5905.** — Mémoires dans la cause entre Dame Marguerite Thérèse Rouillé, veuve de M. le Duc de Richelieu et le tuteur de Charles-Armand-René, duc de la Trémoüille. — Paris, 1725 ; 8 et 6 p. in-folio.

Procès relatif à la Terre et Principauté de **Poix**. Cat. de la Libr. Voisin.

5906. — De par le Roi. *Ordonnance de l'Intendant d'Invau, du 13 mars 1761, relative aux chevaux et voitures à fournir pour les troupes par la Ville de Poix.* — Amiens, veuve Godart, 1761 ; 4 p. in-4°.

Arch. dép. de la Somme, C, n° 1277.

5907. — Arrêt de la Cour du Parlement, qui ordonne que les Arrêts et Règlements de la Cour, notamment celui du 25 Mai 1745, seront exécutés selon leur forme et teneur et qu'à l'avenir les Baux des terres dépendantes de toutes les Eglises de la Principauté de **Poix** ne pourront être adjugés qu'après trois Publications et trois Affiches, au plus Offrant et dernier Enchérisseur ; qu'il y aura un Coffre dans chaque Eglise, fermant à trois Clefs dont l'une au Curé, une au Procureur Fiscal, et la troisième au Marguillier en exercice, et qui enjoint aux Officiers de la Justice de Poix d'y tenir la main. Du 7 Septembre 1774. — S. l. n. n. ; plac. in-folio.

Ibid., E, n° 531.

5908. — La Saint-Michel à **Poix**. Aperçus historiques sur les Foires qui se tenaient en cette ville, par M. l'Abbé Pouillet. — Amiens, veuve Herment, s. d.; 6 p. in-8°.
Ext. Bull. Soc Ant. Pic.

5909. — Château et Eglise de **Poix**, par M. A. Goze.— S. l. n. n. n. d.; 32 p. gr. in-8° av. 3 pl.
Extr. de Chât., Beffrois, etc.

5910. — Note sur une clochette du XVI° siècle *dans l'église de* **Poix**, par MM. Dusevel et Goze.
Bull. du Com., 1849, p. 22 à 24; in-8°.

5911. — Le cabinet d'un amateur picard. Collection de M. de Crept à **Poix**, par M. E. Delignières.
Bull. Soc. Em. Abb , 1891-93, p. 241 à 246; in-8°

5912. — Description des vitraux de l'Eglise d'**Agnières** (canton de Poix), par l'Abbé A. Normand. — Amiens, Lemer aîné, 1863; 16 p. in-8° av. 3 pl.
Extr. Mém. Soc Ant. Pic

5913. — Rapport sur les fouilles exécutées à **Blangy**, canton de **Poix**, par M. Decrept.
Bull. Soc. Ant Pic., t. V, p. 430 a 437; in-8°.

5914. — Jugement rendu au tribunal de District d'Amiens au profit du sieur Bellencourt, contre les Officiers Municipaux de **Bergicourt**, relativement au droit de champart. Du Lundi 30 Juillet 1792.—Amiens, J. B. Caron l'aîné, 1792; 3 p. in-4°.
Bibl. Pinsard.

5915. — Mémoire pour Pierre Langlois, Chevalier, Seigneur de Septenville et autres lieux, Intimé. Contre Firmin Veissier, ancien Maire de Poix, Appelant. — *Paris*, Montalant, 1746; 31 p. in-folio.
Au sujet de la terre de **Courcelles-sous-Moyencourt**.
Bibl. H. Macqueron.

5916. — Copies de différentes consultations de MM. Duhamel, Visinier et Pothouin, avocats au Parlement pour Messire Pierre Langlois, Chevalier, Seigneur de Septenville, Courcelles, Fossebleuet et autres Lieux, Demandeurs. Contre Firmin Vésier, Manant et Habitant du Village de **Courcelles**, Défendeur. — S. l. n. n. n. d.; 8 p. in-folio.
Ibid.

5917. — Rapport sur les cultures et spécialement sur la collection de Camellias de M. le Comte de Gomer, à **Courcelles** (Somme) : M. P. Duchartre, rapporteur.
Journal de la Soc. d'Hortic , 1866, p. 301 à 368; in-8°.

5918. — Arrest du Conseil d'Estat du Roy, qui casse une sentence des Elus d'Amiens : Confisque des Boissons entreposées chez le voisin d'un Cabaretier de la Paroisse de **Croiraux** ; Condamne solidairement ledit Cabaretier et celuy chez qui lesdites Boissons estoient entreposées en 500 livres d'Amende; Et juge que les Commis et Gardes ne sont pas tenus de faire mention de la Jurisdiction où ils ont été reçus lorsqu'ils ne sortent pas de leur district. Du vingt-sept May 1721. — Paris, veuve Saugrain et Pierre Prault, 1721 ; 4 p. in-4°.
Bibl. H. Macqueron.

5919. — Arrêt de la Cour de Parlement qui condamne Anastase Morel à faire amende honorable au devant de la principale porte de l'Eglise Cathédrale d'Amiens, ayant écriteau devant et derrière portant ces mots : (Voleur de Vases sacrés avec effraction et profanation), ensuite conduit par l'Exécuteur de la Haute-Justice, dans un tombereau, en la Place du grand Marché de ladite ville d'Amiens, pour, audit lieu, y avoir le poing coupé et ensuite brûlé vif, ses cendres jettées au vent : ledit Anastase Morel préalablement appliqué à la question ordinaire et extraordinaire. Du dix janvier mil sept cent quatre-vingt-un.— Paris, P. G. Simon, 1781 ; in-8°.

Il s'agit d'un vol commis dans l'église d Eplessier.
Bibl. H. Macqueron.

5920. — *Arrêt intervenu le 27 avril 1716 entre* Nicolas le Boucher, Ecuier, Sieur du Mesnil, Fresnemontiers *(Frémontiers)*, Suzanneville et autres lieux, Conseiller du Roi, Trésorier de France à Amiens. Et Messire Nicolas de Villers, Chevalier, Seigneur de Rousseville, Famechon et autres Lieux... *et reconnaissant à de Villers la propriété et la jouissance de la Rivière, vulgairement appelée la Rivière de Rost, depuis le Moulin a blé de* **Famechon** *jusqu'a la Fosse de Rost et le droit exclusif de pêche dans ladite étendue.* — S. l. n. n.; 11 p. in-folio.
Ibid.

5921. — A S. Exc. Monseigneur le Ministre de l'Intérieur, 20 mai 1854. — Amiens, Caron et Lambert; in-4°.
Petition de la commune de **Famechon** pour la conservation de sa maladrerie.

5922. — Le Château de **Famechon**.
Cab. hist. Pic. et Art., t. IV, p. 29 à 31 av. 1 pl.; in-8°.

5923. — **Fourcigny** (Canton de Poix). Notice historique, par Georges Beaurain.
Ann. officiel de la Somme, 1901, p. 423 à 432; in-8°.

*****5924.** — Factum pour Pierre Pingré... sieur de Fricamps et d'Ambreville... intimé, contre Pantaléon Pingré... Vincent, Henry et Joseph Pingré frères... damoiselle Pingré, veuve de défunt Pierre Pioger, damoiselle Pingré, veuve de défunt Lebon... et Pierre Potel, appelans. —S. l. n. n. (*1665*); in-4°.
Appel d une sentence arbitrale du 27 avril 1655, relative à la possession des terres de **Fricamps** et d'Ambreville.
Bibl. Nat¹ᵉ, 4° Fm, 34014.

*****5925.** — Pour Pierre Pingré, écuyer, intimé, contre Pantaléon Pingré et consorts, écuyers, appelants. — S. l. n. n., *1665* ; in-4°.
Suivi de deux arrêts du Parlement des 16 mai 1654 et 2 janvier 1623 qui ont jugé la question en pareil cas.
Bibl Natlᵉ, 4° Fm, 34015.

*****5926.** — Factum pour Pantaléon Pingré... sieur de **Fricamps** et consorts, appelants d'une sentence arbitrale rendue par défaut, le 27 avril 1665, contre Pierre Pingré, sieur d'Ambreville... et consorts... intimés. — S. l. n. n.; in-folio.
Ibid., 4° Fm, 34016.

*****5927.** — Addition de factum pour Pantaléon Pingré, appelant et aîné, contre Pierre Pingré, intimé et puîné. — S. l. n. n., *1666*; in-folio.
Ibid., 4° Fm, 34017.

5928.—Mémoire pour le sieur Delamarre, Laboureur à Sarcus, Appellant; Contre le Marquis de Grasse et Consors, Intimés. — Amiens, Jⁿ Bᵗᵉ Caron, 1789; 34 p. in-4°.
Au sujet de la terre d **Hescamps-Saint-Clair**.
Bibl. d Amiens, Jurisp., n° 841, t. III.

5929.— Réponse du sieur Delamarre au Précis du Marquis de Grasse et Consors. — Amiens, J. B. Caron l'aîné, 1789; 20 p. in-4°.
Ibid., Jurisp , n° 841, t. II.

5930. — Mémoire signifié pour Mᵉ Charles-Antoine Magnier, Maître ès Arts en l'Université de Paris, Prêtre, Curé de **Lignières-Châtelain**, Défendeur. Contre le Sieur Guillaume Cardon, Prêtre du Diocèse de Séez, Demandeur. — Amiens, veuve Godart, 1764; 56 p. in-4°.
Au sujet de la possession de la cure.
Ibid., Hist , n° 3814, t. II.

5931. — Office de Saint Barthelemy, patron de l'église paroissiale de **Li-**

gnières-Châtelain. — Amiens, Caron-Vitet ; 16 p. in-12.

5932. — Rapport fait à l'Assemblée générale de 1867 sur la situation de la Société de Secours mutuels de la 20e Compagnie cantonale de Sapeurs-Pompiers dont le chef-lieu est **Lignières-Châtelain**. — Amiens, Alfred Caron, 1867 ; 18 p. in-12.

5933. — Us et coutumes des habitants de **Meigneux**, par R. de Guyencourt. — Amiens, Yvert et Tellier, 1890 ; 51 p. in-8°.
Ext. Bull. Soc. Ant Pic.

5934. — Mémoire signifié, Pour Louis Daboval, Capitaine au Régiment de Bourbonois, Chevalier de l'Ordre Militaire de S. Louis ; Jean-Louis Daboval, Ecuyer, Garde du Corps du Roi ; Damoiselles Catherine, Laurence, Marie, Angelique, et Jacqueline Daboval, enfans puisnés de deffunts Messire Jean Daboval, et Clair du Chastelet, et Legataires universels de leur pere, Intervenans et Demandeurs.
Contre Dame Marguerite Dufresne, Veuve de Messire Nicolas de Villers, Chevalier, Seigneur de Rousseville ; et Antoinette de Villers, sa fille, épouse separée quant aux biens de Messire Anne Gedeon, Comte de Joyeuse, Demanderesses et Deffenderesses. Messire Leonard-Maximilien de Sarcus, Chevalier, Seigneur de Rouchecombre, Chevalier de l'Ordre Militaire de S. Louis ; et Dame Marie-Françoise Roger, son épouse de lui separée quant aux biens, Intervenans, Demandeurs et Deffendeurs. Et Messire Charles-François de Gomer, Chevalier, Seigneur de Quevauvilliers ; et Dame Marguerite-Gabrielle de Mornay de Montchevreuil, son épouse, Deffendeurs et Demandeurs. *Signé: Moulin.* — Paris, V. Delormel, 1745 ; 17 p. in-folio.
Au sujet de la terre de **Moyencourt**.
Bibl. H. Macqueron.

5935. — Notes sur des enceintes à Ambleny (Aisne) et à Frocourt, commune de **Saint-Romain** (Somme), par M. O. Vauvillé.
Mém. Soc. Ant. France, t. LIX, 1900, p. 173 à 206 ; in-8°.

* **5936.** — Mémoire signifié pour les habitans de **Saint-Romain** et du hameau de La Haye en dépendant, appelans d'une ordonnance de M. l'Intendant d'Amiens, du 20 février 1740 ; Contre les habitans du hameau de Frocourt, annexe de la paroisse de Saint-Romain, intimés. *Signé : de Chancourt.* — Paris, Montaland, 1746 ; in-folio.
Relatif aux réparations de l'église de Saint-Romain
Bibl. Nat^{le}, f° Fm, 15264.

* **5937.** — Mémoire pour les habitants de la paroisse de Fraucourt, intimés, contre les habitants de la paroisse de **Saint-Romain** et de la Haye, hameau en dépendant, appelants d'une ordonnance de M. l'intendant d'Amiens, du 20 février 1740. *Signé : Goyre de la Planche.* — Paris, P. Prault, 1745 ; in-folio.
Bibl. Nat^{le}, f° Fm, 6284.

5938. — Notes sur la terre de **Frocourt** (Diocèse d'Amiens, commune de **Saint-Romain** (Somme), par M Armand Rendu.
Bull Soc. Ant Pic., t. XIV, p. 12 à 44 ; in-8°.

5939. — Puits néolithique pour l'extraction du silex sur **Frocourt**, commune de **Saint-Romain** (Somme), par M. O. Vauvillé. — S. l. n. n. n. d. ; 3 p. in-8° av. 1 fig.
Ext. Bull. Soc. Anthrop. Paris.

5940. — Histoire de **Sainte-Segrée** par Léopold Hodent. — Amiens, Jeunet, 1890 ; 118 p. in-12.

5941. — **Sainte-Segrée**. Notice historique par Léopold Hodent.
Ann. de la Somme, 1892, p. 424 à 428, in-12.

5942. — Histoire de **Sainte-Segrée** par Léopold Hodent. Deuxième partie. — Abbeville, Lafosse, 1900 ; 139 p. in-12.

CHAPITRE XXIV

CANTON DE VILLERS-BOCAGE

5943. — La Picardie historique et monumentale. **Canton de Villers-Bocage.** Notices par M. de Guyencourt.
<small>La Pic. hist. et monum., t. I, p. 237 à 248 av. 2 pl. h. t. et 7 fig. dans le texte ; gr. in-4°.</small>

5944. — **Villers-Bocage.** Notes historiques par Léopold Hodent.
<small>Ann. de la Somme, 1892, p 429 à 436, in-12.</small>

5945. — Arrêt, du 26 juin 1662, rendu au profit d'Alexandre de Créquy, comte de Bernieulles, seigneur de **Villers-au-Bocage** contre le commissaire aux saisies réelles. — Paris, 1662 ; 3 p. in-4°.
<small>Relatif à la terre de Villers-Bocage.
Cat. Lib. Voisin, août 1897.</small>

* **5946** — Contrat de vente de la terre et seigneurie de **Villers-au-Bocage**, par M. le comte de Créquy au profit de M. Berthe. Du 22 janvier 1683. — S. l. n. n. ; in-folio.
<small>Bibl. Nat^{le}, Thoisy, 233, f° 317.</small>

* **5947.** — Factum pour le sieur Berthe, *acquéreur de la terre de* **Villers-Bocage**, appelant d'une sentence rendue au Châtelet le 27 juillet 1684... contre... Alexandre Comte de Créquy ... et encore damoiselle Marie Marguerite de Créquy, demanderesse en requête et défenderesse. *Signé : de La Marlière.* — S. l. n. n. ; in-folio.
<small>Ibid., Thoisy, 233, f° 311.</small>

5948. — Sentence des Requêtes du Palais, contre Monsieur de **Villers-Bocage**, laquelle ordonne que la Dîme sera perçue avant le Champart. Du 14 Juin 1745. Arrêt de la Grand'Chambre qui confirme la susdite Sentence. Du 10 Janvier 1746. — Amiens, veuve Godart ; 8 p. in-4°.
<small>Bibl. d'Amiens, Hist., n° 3669.</small>

5949. — Mémoire à consulter et Consultation pour Angélique-Marie-Marguerite-Jérosine Berthe de Villers, et Marie-Marguerite-Jérosine Berthe d'Ossonville, Demoiselles, toutes deux Majeures, demeurantes à Amiens, Demanderesses. Contre Jean - Baptiste - Louis - Marie - Adrien Berthe de Villers, Chevalier, demeurant au Château de Villers, Défendeur. — *Amiens*, Louis Charles Caron, 1777 ; 35 p. in-4°.
<small>Au sujet de la terre de **Villers-Bocage**.
Bibl de Roye.</small>

5950. — Mémoire pour M. le Marié d'Aubigny, Chevalier, Conseiller du Roi en sa Chambre des Comptes de Paris, au nom et comme Tuteur des mineurs Berthe de Villers, tiers opposant et demandeur. Contre les Demoiselles Berthe et d'Ossonville, filles majeures, Défenderesses. En présence des Créanciers du sieur Berthe de Villers, tiers Opposans et Demandeurs ; et du Sieur Jean-Baptiste-Louis-Marie-Adrien Berthe de Villers, Défendeur et Appelant. — Paris, P. M. Delaguette, 1779 ; 23 p. in-4°.
<small>Bibl. de Roye.</small>

5951. — Précis pour Mre Jean-Baptiste-Louis-Adrien Berthe de Villers, Chevalier, Seigneur de **Villers-Bocage**, Ossonville, Flesseroles et autres lieux, Appelant. Contre les Demoiselles Berthe de Villers et Berthe d'Ossonville,

Demoiselles majeures, Intimées. — *Paris*, veuve Hérissant, 1779 ; 24 p. in-4°.

Ibid.

5952. — Note sur une pierre à polir les silex (à **Behencourt**) par M. Pinsard.

Bull. Soc. Ant. Pic , t. XIII, p. 360 à 363 ; in-8°.

5953. — **Bertangles**. Notice historique par Léopold Hodent.

Ann. de la Somme, 1894, p. 403 à 416 ; in-12.

5954. — Château de **Bertangles**. — Paris, Noblet, s. d. ; 11 p. in-12.

5955. — Château de **Bertangles** par A. Goze. — S. l. n. n. n. d.; 24 p. gr. in-8° av. 1 pl.

Ext. de Chât , Beffrois, etc

5956. — Documents historiques existant au château de **Bertangles** (Somme), par H. Dusevel. — S. l. n. n. n. d.; 33 p. in-8°.

Ext. Mém. Soc. Ant. Pic.

5957. — Mémoire signifié pour Pierre Domont, Marchand de Laine, Intimé et Défendeur. Contre Madame la Princesse de Montmorency, et le Chapitre de Picquigny, Co-Seigneurs de la Paroisse de la **Cardonnette**. Et encore contre le Principal et le Collège d'Amiens, Intimés et Demandeurs. — Paris, P. G. Simon, 1774 ; 25 p. in-4°.

Question de censives.
Bibl. A. de Calcu.

5958. — Nouvelles constructions ogivales. Eglise de **Coisy** (Somme), par A. Goze. — Amiens, Caron et Lambert, s. d. ; 7 p. in-8° av. 2 fig.

Ext. Rev. Art Chrétien.

5959. — **Contay**. Notice historique par Léopold Hodent.

Ann. de la Somme, 1896, p 417 à 426 , in-12.

5960. — Mémoire pour Messire Louis Gaston Fleuriau d'Armenonville, Evêque d'Orléans, Abbé de Saint-Jean d'Amiens, Demandeur et Deffendeur. Et encore pour les Religieux, Prieur et Convent des Chanoines Reguliers de la même Abbaye. Intervenans. Contre Messire Louis de Clermont, Chevalier, Comte de Thoury, Seigneur de Bertangles, Deffendeur et Demandeur. — *Paris*, V. C. Guillery, *1723* ; 7 p. in-folio.

Au sujet de la propriété du bois de **Savières**, commune de **Flesselles**.
Bibl. d'Amiens, Hist., n° 3596.

5961. — Mémoire pour Messire Nicolas de Paris, Evêque d'Orléans, Abbé Commendataire de l'Abbaye de S. Jean d'Amiens. Et les Prieur et Religieux, Chanoines Reguliers de ladite Abbaye, Défendeurs. Contre Messire Louis de Clermont, Chevalier, Comte de Thoury, Demandeur. — *Paris*, Paulus-du-Mesnil, 1734 ; 12 p. in-folio.

Au sujet du bois de **Savières**.
Ibid., Hist., n° 3596.

5962. — L'ancienne ferme de **Savières**, par Léopold Hodent.

Cab. hist. Pic. et Art., t. III, p. 107 à 110 ; in-8°.

5963. — *Discours sur la Seigneurie de* **Fréchencourt**, *par M. Poujol de Fréchencourt*.

Bull. Soc. Ant. Pic , t. XIII, p. 310 à 318 ; in-8°.

5964. — Mandement de Monsievr l'Evesque d'Amiens povr invoquer l'ayde de Dieu, contre les désordres et sacrilèges que commettent les gens de Guerre, envers le très-sainct Sacrement de l'Autel. — Iouxte la copie Imprimée à Amiens, MDCL ; 6 p. in-4°.

Au sujet de la profanation de l'église de **Mirvaux**.
Bibl. Nat¹⁰, Lb³⁷, n° 1534.

5965. — Mémoire pour M° Charles-Nicolas-François Derouveroy, Notaire Royal au Bailliage d'Amiens, Deman-

MANDEMENT
DE MONSIEVR
L'EVESQVE D'AMIENS,
POVR INVOQVER

l'ayde de Dieu, contre les deſordres & ſacrileges que commettent les gens de Guerre, enuers le tres-ſainct Sacrement de l'Autel.

Iouxte la copie Imprimée à Amiens, par le commandement de monditſieur Eueſque d'Amiens.

M. DC. L.

deur. Contre Adrien Capron, Laboureur, demeurant au bout de **Molliens les Pierregot**, Défendeur. *Signé : Baillet.* — S. l. n. n., *1760;* 17 p. in-folio.
Au sujet du fief d'Obigni, sis à Molliens.
Bibl. de Galametz.

5966. — Mémoire pour Adrien Capron, Laboureur, demeurant au bout de **Molliens-lès-Piergot**, Défendeur. Contre M° Charles-Nicolas-François Derouveroy, Notaire Royal au Bailliage d'Amiens, Demandeur. *Signé : d'Esmery le Jeune.* — Amiens, veuve Godart, 1760; 36 p. in-folio.
Ibid.

5967. — Note sur le retable de **Montonvillers** (Somme), par M. Poujol de Fréchencourt.
Bull. Soc. Ant. Pic., 1896, p. 292 à 294 ; in-8°.

5968. — 1167. Convention faite, après arbitrage, entre les abbayes de Saint-Vaast et de Corbie, au sujet du « reportage » ou demi-dîme, prétendu par celle-ci sur les terres que ses paroissiens cultivaient à **Pont-Noyelles**.
Com. trav. hist., Bull. hist. et phil., 1896, p. 281 à 283, in-8°.

5969. — *Supplique du Sr Joly à M. Chauvelin relative à l'acquisition qu'il a faite de terrain tourbeux vendu pour payer une somme de 4000 livres due par la commune de* **Pont-Noyelles** *pour les réparations de l'église.* — S. l. n. n., 1745; 8 p. in-folio.
Arch. dép. de la Somme, C, n° 1042.

5970. — Récit de la bataille de **Pont-Noyelles**, par M. Daussy.
Mém. Acad. Amiens, t. XXI, p. 297 à 316 ; in-8°.

5971. — D'Amiens à Albert après la bataille de **Pont-Noyelles**, par M. H. Daussy. — Yvert, 1884 ; 30 p. in-8°.

5972. — Ereignisse an der Somme. Die Schlacht an der **Hallue** am 23 sten und 24 sten Dezember.
Der Deutsch Französische Krieg. — Berlin, 1878, t. IV, p. 734 à 755; in-8°.

5973. — Souvenir de l'invasion, par M. Daussy. Comment le cheval de Faidherbe ne lui fut pas rendu par les Prussiens. *Episode de la bataille de* **Pont-Noyelles**. — Amiens, Jeunet, 1886; 40 p. in-12.

5974. — Pont et **Querrieux**. 1146. Carta Theodorici Ambianensis episcopi de censu quem Canonici Ambianenses debent apud Pons de terra W. Molenac. *Suivent d'autres chartes relatives à Querrieux et Pont-Noyelles.*
Les Biens de l'Abbaye St Vaast d'Arras, par Ricouart, p. 89 à 97 et 188 à 215; in-4°.

5975. — Donation d'un Fief par la mère à ses enfans puisnez, dans la Coutume d'Amiens, leur tient lieu du quint hérédital, et les portions des puisnez decedez mesme avant la mère, accroissent aux autres puisnez à l'exclusion de l'aisné. *Arrêt, du 14 mars 1630, relatif à la possession de la terre de* **Querrieux**.
Rec. d'arr. du Parl., par Bardet. — Paris, Bobin, 1690, t. I, p. 447 à 448; in-folio.

5976. — Mémoire en forme de factum pour les Abbez et Chanoines Reguliers de l'Abbaye de S. Acheul près d'Amiens, Intimez. Contre la Dame de **Querrieu**, tant en son nom que comme Tutrice de ses enfans, Appelante. — *Paris*, Simon Langlois, 1709 ; 4 p. in-folio.
Question de droits féodaux.
Bibl. d'Amiens, Hist., n° 3823, 5.

5977. — Précis pour les Habitans de Pons et de **Querrieu**. Contre les sieurs Gaudechard de Querrieu, et Consorts. — *Paris*, veuve Delaguette, 1790 ; 7 p. in-4°.
Au sujet des droits du seigneur et des habitants sur les marais.
Bibl. H. Macqueron.

5978. — Mémoire signifié pour les Communes de Pont et de **Querrieux**, Département de la Somme, intimées et incidemment Appelantes; Contre le Citoyen Gaudechart, ci-devant Seigneur de Querrieux, Appelant. — Amiens, J. B. Caron l'aîné, an VII ; 84 p. in-4°.

Ibid.

* **5979**. — Consultation pour le marquis de Querrieux. Contre les communes de Pont-Noyelles et de **Querrieux**. — Paris, 1822 ; 27 p. in-4°.

* **5980**. — Mémoire pour le marquis de **Querrieux**. Contre les communes de Pont-Noyelle et Querrieux. — Paris. 1822 ; in-4°.

5981. — Conclusions pour les Habitants des Communes de Pont et de **Querrieux**, Intimés. Contre M. le Marquis de Gaudechart, Appelant. — Amiens, Ledien-Canda, *1832* ; 21 p. in-4°.

5982. — Notice sur le Château de **Querrieux**, *par A. Goze*. — S. l. n. n. n. d. ; 36 p. gr. in-8° av. 1 pl.

Ext. de Chât., Beffrois, etc.

5983. — Précis pour les Prieur et Religieux de l'Abbaye de Saint-Pierre de Corbie, Défendeurs. Contre les Sieur et Demoiselles de Caumont, Demandeurs. — *Paris*, veuve Hérissant, 1780 ; 36 p. in-4°.

Question de la cense de **Beauvoir** à **Rainneville**.

Bibl. d'Amiens, Hist., n° 3827, 27.

5984. — Addition au Mémoire ou Factum pour les Religieux de S. Pierre de Corbie contre la Dame de Saveuse, Sieur du Bout des Bois et autres. — S. l. n. n. n. d. ; 3 p. in-folio.

Au sujet de la cense de **Beauvoir**.

Ibid., Hist., n° 3868, 16.

5985. — Sommaire pour les Prieur et Religieux de l'Abbaye de Saint-Pierre de Corbie, Défendeurs. Contre les Sieur et Demoiselles de Caumont, Demandeurs. — *Paris*, veuve Hérissant, 1780 ; 8 p. in-4°.

Même affaire.

Ibid., Hist., n° 3829, 28.

5986. — Observations pour le pourveu de la Cure de **Rubempré**, sur la présentation du Prieur de Lihons. Contre le présenté par le Religieux dit Tresorier du Couvent. Et contre le pourveu depuis en Cour de Rome. — S. l. n. n. n. d. ; in-4°.

Anc^{ne} Bibl. de Marsy.

5987. — Mémoire pour les héritiers de la Dame Veuve de Villers-Autertre, Appelans. Contre la Dame Lemaire, intimée. — Amiens, Caron-Duquenne, 1820 ; 42 p. in-4°.

Relatif à la possession de la terre de **Vadencourt**.

Bibl. Pinsard.

5988. — Coppie de la Charte de Thibauld, XLI Evêque d'Amiens, de l'an 1196. Par laquelle appert le Chapitre auoir esté dès lors maintenu et gardé en la qualité de seul Seigneur en toutes sortes de Iustices dans la Terre et Village de **Vaulx-en-Amiennois**, à laquelle on donne le tiltre de Vicomté, Allencontre de Pierre d'Amiens, Chastellain de Vinacourt ; Au lieu duquel est aujourd'huy Monsieur le Duc de Chaulnes, de qui Sindelis a voulu dire lors de la plaidoyrie de la Cause (sur laquelle est intervenue la Sentence du 18 septembre 1641) que releue son prétendu Fief et imaginaire Seigneurie de Vaulx en Amiennois.

A la suite : Extraict du contract de vente et des Lettres de Saisine, du mois de Decembre 1411, contenant l'Enumération et Consistance de six Fiefs et plusieurs Terres Cottieres, ou en Censives, assis au Terroir de Vaulx-en-Amyennois, ou ès environs, Acquis pour Me Pierre Ionglet, Aduocat à Amiens, du nommé Guerard Ionglet, et sa femme. — S. l. n. n., *vers 1650* ; 16 p. in-4°.

Bibl. d'Amiens, Hist., n° 3814, t. I.

5989. — Déclaration faite *le 13 avril 1617* par Novs Sire Robert Grenet,

Prestre Curé de **Vaux en Amiennois**, Fermier avec François Cavillon, des Droits que prennent Messieurs les Doyen, et Chanoines de la Grande Eglise de Nostre Dame d'Amiens, sur le Terroir du village de Vaux, tant pour le Droict de Dixme que Champart. — S. l. n. n., *vers 1650 ;* 5 p. in-4°.

Ibid., Hist., n° 3814, t. I.

5990. — Ensvivent les coppies des favsses Sentences, Arrests et Reliefs dont a esté cy-dessus parlé, Produits par ledit de Sindelis, contre les Doyen, Chanoines et Chapitre d'Amyens, au Procez dont Monsieur dv Lavrent Conseiller en la Cour est Rapporteur. Concernant la qualité de Seigneurs, et les Droits honorifiques de l'Eglise de **Vaulx-en-Amyennois**. — S. l. n. n., *1650;* 29 p. in-4°.

Bibl. d Abbeville.

5991. — *Arrêt, du 13 mai 1656, rendu sur une contestation entre le Chapitre d'Amiens et les marguilliers de* **Vaulx l'Amiennois** *relative à la fourniture des objets nécessaires au culte dans l'église du village.*— S. l. n. n.; 8 p. in-4°.

Bibl. d Amiens, Hist., n° 3814, t. I.

5992. — Arrest confirmatif de la Sentence dv Bailly d'Amiens portant Condamnation du Droict de Champart pour les Doyen, Chanoines et Chapitre d'Amiens, Seigneurs du Village de **Vaulx en Amiennois**. Contre les Habitans dudit lieu. *Du 8 janvier 1661.* — S. l. n. n.; 4 p. in-4°.

Ibid., Hist., n° 3814.

5993. — Factum du Procez d'entre les Doyen, Chanoines et Chapitre de l'Eglise d'Amiens, Appellans et Intimez, Demandeurs, Opposans et Deffendeurs. Et Charles de Sindelis, Escuyer, Sieur d'Obigny, prétendu Donataire de Charles de Sindelis son Père, Et en cette qualité ayant requis le procès en son lieu. Concernant la Seigneurie de la Terre et les Droits Honorifiques de l'Eglise du Village de **Vaulx en Amiennois**. — S. l. n. n., *1663;* in-4°.

Bibl. d'Abbeville.

5994.—Sentence du Bailly d'Amiens. Au profit des Doyen, Chanoines et Chapitre d'Amiens, Seigneurs du Village de **Vaulx en Amiennois**. Contre la Communauté des Manans et Habitants dudit lieu. Pour le Payement du Droict de Menues Dixmes des Laines, et autres choses subjettes audit Droict à raison de Dix du Cent, En Nature. *Du 31 mai 1663.* — S. l. n. n.; 4 p. in-4°.

Bibl. d'Amiens, Hist., n° 3814, t. I.

5995. — Arrest de la Cour du Parlement Pour les Doyen, Chanoines Et Chapitre de l'Eglise d'Amiens. Contre Charles de Sindelys, sieur d'Aubigny, Par lequel lesdites de (*sic*) Chapitre sont Maintenues et gardez, En la Possession et Iouyssance de se Tiltrer Seuls Seigneurs de **Vaux, en Amiennois**. Deffences faictes audit de Sindelys d'en prendre la Qualité, et Condamné aux despens. *Du 13 août 1667.* — S. l. n. n.; 6 p. in-4°.

Ibid., Hist., n° 3814, t. I.

TABLE DES MATIÈRES

Pages.

Préface I

LIVRE PREMIER

GÉNÉRALITÉS SUR LE DÉPARTEMENT DE LA SOMME

CHAPITRE PREMIER.

Topographie, Etymologies, Descriptions générales.

I. Topographie, n°s 1 à 19 1
II. Etymologies, n°s 20 à 30 3
III. Descriptions générales, n°s 31 à 83 3

CHAPITRE II.

Histoire naturelle.

I. Géologie, n°s 84 à 142 6
II. Botanique, n°s 143 à 193 10
III. Zoologie, n°s 194 à 234 13
IV. Météorologie, n°s 235 à 246 15

CHAPITRE III.

Archéologie.

I. Archéologie préhistorique, n°s 247 à 312 19
II. Archéologie, n°s 313 à 375 20
III. Numismatique, n°s 376 à 412 24
IV. Sigillographie, n°s 413 à 420 26

CHAPITRE IV.

Bibliographie et Iconographie, n°s 421 à 448 27

CHAPITRE V.

Patois Picard et Littérature Picarde.

	Pages.
I. Ouvrages sur le Patois Picard, n°s 449 à 471	29
II. Ouvrages en Patois Picard, n°s 472 à 513.	31
III. Folk-Lore, Légendes et Romans sur des Sujets relatifs a la Picardie, n°s 514 à 588.	34

CHAPITRE VI.

Histoire du Département de la Somme.

I. Ouvrages généraux, n°s 589 à 648.	38
II. Ouvrages sur les différentes Époques de l'Histoire, n°s 649 à 798.	42
III. Mœurs et Usages, n°s 799 à 812.	53

CHAPITRE VII.

Administration provinciale et départementale.

I. Généralités, n°s 813 à 840	55
II. Assistance publique, Caisse des Incendies, n°s 841 à 858.	57
III. Eaux et Forets, n°s 859 à 864.	59
IV. Administration financière, Impots directs et indirects, n°s 865 à 1006	59
V. Instruction publique.	
§ 1. Nation de Picardie, n°s 1007 à 1021	77
§ 2. Instruction primaire et secondaire, n°s 1022 à 1042	79
VI. Poids et Mesures, n°s 1043 à 1055	80
VII. Police, n°s 1056 à 1061.	82
VIII. Subsistances et Marchés, n°s 1062 à 1070.	82
IX. Voirie, n°s 1071 à 1092.	83

CHAPITRE VIII.

Elections, n°s 1093 à 1152 85

CHAPITRE IX.

Administration militaire, Régiments de Picardie et de Ponthieu, n°s 1153 à 1195 89

CHAPITRE X.

Administration judiciaire.

	Pages.
I. Généralités, n°s 1196 à 1202	92
II. Coutumes.	
§ 1. Coutumes générales, n°s 1203 à 1210	93
§ 2. Coutumes d'Amiens, n°s 1211 à 1243	94
§ 3. Coutumes de Ponthieu, n°s 1244 à 1259	98
§ 4. Coutumes de Péronne, Montdidier et Roye, n°s 1260 à 1271	99
III. Listes du jury, n°s 1272 à 1314	101
IV. Jugements rendus par le Tribunal criminel de la Somme, n°s 1315 à 1342	105

CHAPITRE XI.

Administration ecclésiastique.

I. Généralités, n°s 1343 à 1367	110
II. Administration temporelle, Rapports de l'Église et de l'État, n°s 1368 à 1406	112
III. Administration spirituelle, Discipline ecclésiastique, n°s 1407 à 1517	115
IV. Statuts Synodaux, n°s 1518 à 1556	123
V. Conférences ecclésiastiques, n°s 1557 à 1588	125
VI. Mandements, n°s 1589 à 1885	127
VII. Liturgie, n°s 1886 à 1993	145
VIII. Jansénisme, n°s 1994 à 2022	155
IX. Protestantisme, n°s 2023 à 2038	157

CHAPITRE XII.

Baie et Rivière de Somme, Pêche et Navigation.

I. Côtes de Picardie, n°s 2039 à 2048	159
II. Baie de Somme, n°s 2049 à 2095	159
III. Pêche et Chasse maritimes, n°s 2096 à 2112	163
IV. Canal de la Haute-Somme, n°s 2113 à 2149	164
V. Canal de la Basse-Somme, n°s 2150 à 2210	168
VI. Navigation de la Somme, Gribannages, n°s 2211 à 2245	173

CHAPITRE XIII.

Chemins de Fer.

	Pages.
I. Grandes Lignes, n°˙ 2246 à 2279	177
II. Lignes secondaires, n°˙ 2280 à 2369	179
III. Chemins de fer a Voies étroites, n°˙ 2370 à 2375	186

CHAPITRE XIV.

Agriculture, Commerce, Industrie.

I. Agriculture.
    § 1. Administration, Ouvrages sur l'Agriculture, Epizooties, n°˙ 2376 à 2430. 187
    § 2. Concours agricoles, Sociétés et Journaux d'Agriculture, n°˙ 2431 à 2466. 191
    § 3. Droit de Marché, n°˙ 2467 à 2488 194
II. Commerce, n°˙ 2489 à 2511 196
III. Industrie, n°˙ 2512 à 2565 198

CHAPITRE XV.

Santé publique, Médecine, Epidémies, Sociétés médicales, n°˙ 2566 à 2600 . . 203

CHAPITRE XVI.

Publications périodiques.

I. Revues savantes et littéraires, n°˙ 2601 à 2614	205
II. Journaux, n°˙ 2615 à 2624	207
III. Almanachs, n°˙ 2625 à 2647	208

LIVRE DEUXIEME

ARRONDISSEMENT D'AMIENS.

CHAPITRE PREMIER.

	Pages.
Amiens, Archéologie Gallo-Romaine, n°s 2648 à 2676	211

CHAPITRE II.

Histoire d'Amiens.

I. Ouvrages généraux, n°s 2677 à 2732	213
II. Ouvrages sur les différentes Époques de l'Histoire d'Amiens, n°s 2733 à 3094.	218
III. Mœurs et Usages, n°s 3095 à 3115	244

CHAPITRE III.

Administration municipale d'Amiens.

I. Généralités, Constitution de la Commune, Archives, n°s 3116 à 3180 . . .	246
II. Alimentation, n°s 3181 à 3206	252
III. Domaine.	
§ 1. Seigneurie des Eaux de la Somme, n°s 3207 à 3230	255
§ 2. Propriétés communales, Cimetières, n°s 3231 à 3242	257
IV. Éclairage public, n°s 3243 à 3253	258
V. Finances et Impots, n°s 3254 à 3306	259
VI. Fontaines publiques, n°s 3307 à 3318	264
VII. Garde bourgeoise, Garde nationale, Pompiers, n°s 3319 à 3371	265
VIII. Instruction primaire, n°s 3372 à 3390	269
IX. Marchés et Foires, n°s 3391 à 3422.	
X. Octroi	
§ 1. Procès du Droit de Travers de la Somme dans Amiens, n°s 3423 à 3454 .	273
§ 2. Octrois municipaux, n°s 3455 à 3489	276
XI. Police, n°s 3490 à 3565	279
XII. Voirie, n°s 3566 à 3578	285

CHAPITRE IV.

Eglises et Couvents.

		Pages.
I. Cathédrale d'Amiens.		
§ 1. Descriptions générales et particulieres du Monument, Faits historiques, Poésie et Littérature, nos 3579 à 3655.		287
§ 2. Autels, Chapelles, Clôtures du Chœur, Dallage, Orgues, Stalles, Tombeaux,, Trésor et Reliques, Vitraux, nos 3656 à 3713.		291
§ 3. Chapitre de la Cathédrale, nos 3714 à 3842.		295
II. Eglises Paroissiales, nos 3843 à 3928		308
III. Couvents d'Hommes.		
§ 1. Abbaye de Saint-Acheul : Les Augustins et les Jésuites, nos 3929 à 3954.		316
§ 2. Couvent et Collège des Jésuites, nos 3955 à 4034.		318
§ 3. Saint-Martin-aux-Jumeaux, nos 4035 à 4072.		326
§ 4. Autres Couvents d'Hommes, nos 4073 à 4145		336
IV. Couvents de Femmes, nos 4146 à 4257.		

CHAPITRE V.

Edifices municipaux.

Beffroi, Bibliothèque, Halles, Hotel de Ville, Musée, Théâtre, nos 4258 à 4335. 344

CHAPITRE VI.

Rues et Maisons, nos 4336 à 4371. 350

CHAPITRE VII.

Organisation judiciaire.

I. Tribunaux, nos 4372 à 4430 352
II. Audiences solennelles de la Cour d'Appel, nos 4431 à 4496 357
III. Officiers ministériels, nos 4497 à 4536 361

CHAPITRE VIII.

Enseignement secondaire.

	Pages.
I. Collège et Lycée d'Amiens, n°s 4537 à 4571	365
II. École de Médecine, Médecins, n°s 4572 à 4593	367
III. Hygiène, Météorologie, n°s 4594 à 4601	368

CHAPITRE IX.

Hospices et Bureau de Bienfaisance.

I. Hospices, n°s 4602 à 4637	370
II. Bureau de Bienfaisance, n°s 4638 à 4656	373

CHAPITRE X.

Sociétés Savantes.

I. Académie d'Amiens, n°s 4657 à 4703	375
II. Société des Antiquaires de Picardie, n°s 4704 à 4719	379
III. Autres Sociétés Savantes, n°s 4720 à 4759	381
IV. Expositions artistiques et industrielles faites à Amiens, n°s 4760 à 4790	383

CHAPITRE XI.

Sociétés diverses.

I. Sociétés religieuses, n°s 4791 à 4829	386
II. Sociétés diverses, n°s 4830 à 4889	388

CHAPITRE XII.

Industrie et Commerce.

I. Industrie, n°s 4890 à 4970	392
II. Commerce, n°s 4971 à 5051	400
III. Statuts des Corporations, n°s 5052 à 5075	408
IV. Chambre et Tribunal de Commerce, n°s 5076 à 5115	410

CHAPITRE XIII.

Journaux et Almanachs.

	Pages.
I. Journaux, n°s 5116 à 5186	414
II. Almanachs, n°s 5187 à 5192	418

CHAPITRE XIV.

Faubourgs et Banlieue d'Amiens, n°s 5193 à 5211 419

CHAPITRE XV.

Communes rurales des Cantons d'Amiens, n°s 5211 bis à 5254. 421

CHAPITRE XVI.

Canton de Boves, n°s 5255 à 5316 426

CHAPITRE XVII.

Canton de Conty, n°s 5317 à 5384 431

CHAPITRE XVIII.

Canton de Corbie.

I. Ville de Corbie.
    § 1. Histoire civile, n°s 5385 à 5438 437
    § 2. Histoire ecclésiastique, n°s 5439 à 5533 441
II. Communes du Canton de Corbie, n°s 5534 à 5620 449

CHAPITRE XIX.

Canton d'Hornoy, n°s 5621 à 5670. 458

CHAPITRE XX.

Canton de Molliens-Vidame, n°s 5671 à 5711 463

CHAPITRE XXI.

	Pages.
Canton d'Oisemont, nos 3712 à 3752	466

CHAPITRE XXII.

| Canton de Picquigny, nos 5753 à 5896. . . . . | 470 |

CHAPITRE XXIII.

| Canton de Poix, nos 5897 à 5942 . . . . | 483 |

CHAPITRE XXIV.

| Canton de Villers-Bocage, nos 5943 à 5995. . . . . | 487 |
| Table des Matières . . . . | 493 |

www.ingramcontent.com/pod-product-compliance
Lightning Source LLC
Chambersburg PA
CBHW051359230426
43669CB00011B/1694